Thomas Schlemmer
Aufbruch, Krise und Erneuerung

Quellen und Darstellungen zur Zeitgeschichte
Herausgegeben vom Institut für Zeitgeschichte

Band 41

R. Oldenbourg Verlag München 1998

Thomas Schlemmer

# Aufbruch, Krise und Erneuerung

Die Christlich-Soziale Union 1945 bis 1955

R. Oldenbourg Verlag München 1998

Die Deutsche Bibliothek – CIP-Einheitsaufnahme

**Schlemmer, Thomas:**
Aufbruch, Krise und Erneuerung : die Christlich-Soziale Union 1945 bis 1955 / Thomas Schlemmer. – München : Oldenbourg, 1998
(Quellen und Darstellungen zur Zeitgeschichte ; Bd. 41)
Zugl.: München, Univ., Diss., 1996
ISBN 3-486-56366-1


Rosenheimer Straße 145, D-81671 München
Internet: http://www.oldenbourg.de



Umschlaggestaltung: Dieter Vollendorf
Umschlagabbildung: Karikatur von Ernst Maria Lang aus: SZ vom 21. Februar 1948
Gedruckt auf säurefreiem, alterungsbeständigem Papier (chlorfrei gebleicht).
Gesamtherstellung: R. Oldenbourg Graphische Betriebe, München

ISBN 3-486-56366-1

# Inhalt

# I. Einleitung

Wenige Monate nach dem triumphalen Erfolg der CSU bei den bayerischen Landtagswahlen am 22. November 1970[1] schrieb Franz Josef Strauß in einem Geleitwort zu einer kleinen Festschrift anläßlich des 25. Geburtstags seiner Partei, die CSU habe seit ihrer Gründung „nichts von ihrer Zielstrebigkeit, von ihrer konsequenten Haltung im politischen Tagesgeschehen und nichts von ihrer Verbundenheit mit der großen Mehrheit der Bevölkerung unseres Landes verloren“. Die CSU habe sich der „breitesten Zustimmung aus allen Schichten der Bevölkerung“ zu jeder Zeit sicher sein können, und auch die Wahlergebnisse zeigten, welches Vertrauen die bayerischen Wähler der Union „in den vergangenen 25 Jahren immer wieder“ entgegengebracht hätten[2]. Generalsekretär Max Streibl fügte ebenso entschieden wie selbstbewußt hinzu: „Die CSU ist heute wie vor 25 Jahren eine moderne Partei.“[3]

Es ist nicht zuletzt auf diese geschickte Selbstdarstellung der Parteizentrale zurückzuführen, daß die CSU heute als ungewöhnlich gut organisierte, in der Bevölkerung tief verankerte Volkspartei gilt, die als dominierende politische Kraft den Strukturwandel Bayerns vom Agrar- zum Industrie- und High-Tech-Land mit Erfolg gestaltet hat. Überdies ist es der CSU, die sich schon früh als „Staatspartei und Ordnungspartei“ verstanden hat[4], gelungen, sich als einzig legitime Vertreterin bayerischer Interessen zu profilieren. Bayern und die CSU, so hat es den Anschein, sind mittlerweile für viele Zeitgenossen zwei Seiten derselben Medaille[5]. Die CSU ist selbstverständlich darum bemüht, diese Entwicklung nach Kräften zu fördern. So warb sie 1982 mit dem vielzitierten Schlagwort „Wir in Bayern“ um Wählerstimmen, und acht Jahre später konnte man auf Wahlplakaten den Slogan lesen: „Bayern im Herzen, die CSU im Sinn“[6].

Daß die bayerische Unionspartei nicht immer so erfolgreich war, steht auf einem anderen Blatt. Aber da für eine offene Auseinandersetzung mit der eigenen Geschichte

---

[1] Die CSU kam bei einem Zugewinn von 8,3 Prozent auf 56,4 Prozent der Stimmen und errang damit erstmals seit 1946 bei Landtagswahlen wieder die absolute Mehrheit; vgl. Gerhard A. Ritter, Merith Niehuss, Wahlen in Deutschland 1946–1991. Ein Handbuch, München 1991, S. 174f.

[2] Franz Josef Strauß, Der Auftrag ist klar, in: 25 Jahre Christlich-Soziale Union in Bayern, hrsg. von der CSU-Landesleitung, München 1971, S. 3f.

[3] Max Streibl, Seit 25 Jahren eine moderne Partei, in: 25 Jahre CSU, S. 5.

[4] Emil Muhler, Die ideologischen Grundlagen der CSU, in: Politisches Jahrbuch der CSU 1954, S. 13–32, hier S. 25.

[5] Die bayerische SPD sah sich in einer Werbeschrift für die Landtagswahlen am 22. 11. 1970 sogar gezwungen, daran zu erinnern, daß Bayern von „der Natur und Generationen fleißiger Bewohner geschaffen“ worden sei und nicht von der CSU, „auch wenn sie so tut“. SPD-Broschüre „Tür auf für den Fortschritt“, auszugsweise abgedruckt in: Geschichte einer Volkspartei. 50 Jahre CSU 1945–1995, Grünwald 1995, S. 792. Der Journalist Herbert Riehl-Heyse gab seinem 1979 in München erschienenen Buch bissig den Titel: CSU. Die Partei, die das schöne Bayern erfunden hat.

[6] Wahlplakat „Wir in Bayern“ (1982) und Wahlplakat „Bayern im Herzen, die CSU im Sinn“ (1990), abgedruckt in: Geschichte einer Volkspartei, S. 805 und S. 810.

lange Zeit kein Platz war, gerieten die Krisenjahre der CSU mehr und mehr in Vergessenheit. Franz Josef Strauß verschwendete in seinen kurzen Ausführungen zum 25jährigen Gründungsjubiläum keinen Gedanken an die erbitterten internen Auseinandersetzungen, von denen die CSU bis in die fünfziger Jahre erschüttert wurde, oder an den „Kampf auf Leben und Tod" mit der Bayernpartei[7]. Er bemerkte lediglich, die CSU habe sich nicht „zuletzt aufgrund der Vielfalt der Meinungen und der Gegensätzlichkeit der Personen [...] zu der eigenwilligen und mit erheblichem Durchsetzungsvermögen ausgestatteten politischen Kraft" entwickelt, als die sie sich heute darstelle[8]. Dabei waren es gerade jene ungemein schwierigen und konfliktreichen Jahre zwischen 1945 und 1955, in denen das Schicksal der CSU mehr als einmal auf des Messers Schneide stand und in denen die Weichen für die weitere Geschichte der Partei gestellt wurden.

Die Gründung der CSU stand unter keinem guten Stern. Gewiß, die Resonanz, auf die der Unionsgedanke, die Entwicklung der CSU zur autonomen Landespartei und ihr – von der Parteiführung nicht unbedingt beabsichtigter – bürgerlich-bäuerlicher Zuschnitt bei der bayerischen Bevölkerung stießen, war groß; das zeigten schon die Ergebnisse der ersten Wahlen im Frühjahr 1946[9]. Die Gründung einer „machtvollen Sammelbewegung" von Männern und Frauen „aus einst getrennten politischen Lagern"[10] barg jedoch auch das Risiko von Richtungsstreitigkeiten und Flügelkämpfen in sich. Die territoriale Kontinuität Bayerns, die den politischen Neubeginn und den Aufbau einer landesweiten Parteiorganisation erleichterte, vergrößerte diese Gefahr[11], denn eine Reihe von staats- und kulturpolitischen Konflikten, deren Ursprung weit ins 19. Jahrhundert zurückreichte, drohten wieder aufzubrechen, nachdem sie durch Diktatur und Krieg mehr als zwölf Jahre lang verdeckt worden waren.

In der Tat begannen die Differenzen praktisch mit der Parteigründung. Die ständigen Streitereien, die sich etwa an der Diskussion über die Rolle der BVP in der Weimarer Republik und an der „bayerischen Frage"[12] entzündeten, lähmten nicht nur die politische Arbeit auf Landesebene, sondern reproduzierten sich auf allen Ebenen der Parteiorganisation. Als besonders folgenschwer erwies sich der seit Sommer 1946 bestehende Dualismus zwischen der Parteiführung um Josef Müller, den Bannerträger der interkonfessionellen Idee, und der von Alois Hundhammer geführten CSU-Fraktion, in der die katholisch-konservativen Abgeordneten aus den Rei-

---

7 Protokoll der Sitzung der CDU/CSU-Bundestagsfraktion am 1. 9. 1949, in: Auftakt zur Ära Adenauer. Koalitionsverhandlungen und Regierungsbildung 1949, bearb. von Udo Wengst, Düsseldorf 1985, S. 143 (Konrad Adenauer).

8 Strauß, Auftrag, in: 25 Jahre CSU, S. 4.

9 Vgl. die Tabelle bei Wolfgang Benz, Parteigründungen und erste Wahlen. Der Wiederbeginn des politischen Lebens, in: ders. (Hrsg.), Neuanfang in Bayern 1945–1949. Politik und Gesellschaft in der Nachkriegszeit, München 1988, S. 9–35, hier S. 35.

10 „Zehn Punkte der Union" vom 31. 12. 1945, abgedruckt in: Die CSU 1945–1948. Protokolle und Materialien zur Frühgeschichte der Christlich-Sozialen Union, hrsg. von Barbara Fait und Alf Mintzel unter Mitarbeit von Thomas Schlemmer, München 1993, S. 1713f.

11 Vgl. Alf Mintzel, Die Christlich-Soziale Union in Bayern, in: ders., Heinrich Oberreuter (Hrsg.), Parteien in der Bundesrepublik Deutschland, Bonn 1990, S. 199–236, hier S. 199–203.

12 Davon sprach Karl Schwend noch Anfang der fünfziger Jahre in der Einleitung zu dem von ihm herausgegebenen Buch Bayerische Politik. Ansprachen und Reden des bayerischen Ministerpräsidenten Dr. Hans Ehard, München 1952, S. 10.

hen der untergegangenen BVP den Ton angaben. Dieser Gegensatz konnte erst mit dem Sturz Josef Müllers und der Wahl des amtierenden Ministerpräsidenten Hans Ehard zum Parteivorsitzenden im Mai 1949 überwunden werden, dessen wichtigste Aufgabe es war, die Führungs- und Flügelkämpfe zu beenden. Tatsächlich setzte nach Ehards Wahl zunächst eine erschöpfungsbedingte Beruhigung ein, die dann in eine oberflächliche Konsolidierung und einen instabilen Burgfrieden mündete. Dazu trug vor allem bei, daß viele politische Freunde Josef Müllers nach der Entmachtung ihres Mentors ihre Ämter und Mandate verloren, aus der Partei austraten oder einfach in der Versenkung verschwanden. Dies führte zu einer sichtbaren Schwächung der liberalen und der protestantischen Kräfte, die Programmatik und Politik der CSU in den ersten Jahren wesentlich mitgeprägt hatten. Zudem brachte die Strategie der neuen Parteiführung, kontroverse Fragen oder Parteiinterna auf keinen Fall publik werden zu lassen, einen Abbau an Partizipationsmöglichkeiten und eine Beschränkung der innerparteilichen Demokratie mit sich. Zwischen 1949 und 1955 trug die bayerische Unionspartei deutlich konservativere und konfessionellere Züge als in der Ära Müller. Gleichzeitig formierte sich aber hinter den Kulissen eine Riege reformbereiter jüngerer Politiker, die für die altbayerische Ideologie eines Alois Hundhammer kein Verständnis mehr aufbringen konnten[13]. Franz Josef Strauß, Fritz Zimmermann, Franz Sackmann, Hans Weiß oder Otto Schedl, die aus dem Umfeld Josef Müllers kamen und erst am Beginn ihrer politischen Karriere standen, warteten nur auf ihre Chance, die sich Mitte der fünfziger Jahre auch tatsächlich bieten sollte.

Die Gründung der CSU als interkonfessionelle Sammlungspartei war Hand in Hand mit dem Versuch gegangen, einen schlagkräftigen Parteiapparat aufzubauen. Josef Müller und seine Mitstreiter hatten sich darum bemüht, durch eine zentral gesteuerte Organisationspolitik nicht nur die innerparteilichen Widerstände zu überwinden, sondern darüber hinaus die Partei zu einem Instrument der gesellschaftlichen und politischen Integration zu formen[14]. Obwohl die bayerische Unionspartei am Vorabend der Währungsreform bereits über ein organisatorisches Potential verfügte, das das der ehemaligen BVP bei weitem übertraf, wies die Parteiverwaltung aber noch deutliche Züge der brüchigen und improvisierten „Amateurapparate" auf, wie sie Max Weber nach dem Ende des Ersten Weltkriegs beobachtet hatte[15]. Die Folgen der Währungsreform im Juni 1948 entzogen der CSU im Verein mit den anhaltenden innerparteilichen Auseinandersetzungen die finanzielle Basis, um einen Apparat auf-

[13] So schreibt beispielsweise Fritz Zimmermann über die Anfangsjahre der bayerischen Unionspartei: „Die CSU [...] war damals wirklich schwarz. Schäffer und Hundhammer lagen in Wettstreit miteinander um den Segen der Pfarrhäuser [...] Und zweitens war die CSU höchst bavariozentrisch. Soweit man sehen konnte, trug allein Josef Müller, der Ochsensepp, [...] einen liberalen, transkrähwinkligen Zug in die Partei." Friedrich Zimmermann, Kabinettstücke. Politik mit Strauß und Kohl 1976–1991, München, Berlin 1991, S. 320.

[14] So Alf Mintzel, Die CSU. Anatomie einer konservativen Partei 1945–1972, Opladen 1975, S. 139f.

[15] Nach Max Weber, Wirtschaft und Gesellschaft. Grundriß der verstehenden Soziologie, bearb. von Johannes Winckelmann, Tübingen 5., überarbeitete Auflage 1980, S. 851, sind diese Amateurapparate oft von Studenten geprägt, die einem Mann mit Führungseigenschaften ihre Mitarbeit anbieten, ohne jedoch über die entsprechenden Erfahrungen auf politisch-administrativem Gebiet zu verfügen. Tatsächlich versuchte Josef Müller, gerade Vertreter der jüngeren Generation anzusprechen und in die Parteibürokratie einzubauen, obwohl diesen oft die Voraussetzungen und damit auch die nötige Effizienz fehlten.

rechtzuerhalten, der auch nur annähernd in der Lage gewesen wäre, die in ihn gesetzten Erwartungen zu erfüllen. Die geringe Zahl an Parteimitgliedern und die anhaltende Finanzschwäche ließen alle Reorganisationsversuche scheitern, auch wenn diese zum Teil durchaus erfolgversprechend angelaufen waren. Unter dem Vorsitz von Hans Ehard degenerierten Parteiorganisation und -apparat der CSU zu bloßen Hilfsorganen von Landtagsfraktion, Landesgruppe und der von ihnen getragenen Regierungen. Was übrigblieb, war kaum mehr als ein „System der lokalen Honoratiorenverwaltung“[16].

Das Blatt wendete sich erst nach dem unvermuteten Sturz der CSU auf die harten Oppositionsbänke nach der Bildung des zweiten Kabinetts Hoegner im Dezember 1954. Die durch den Machtverlust ausgelöste Krise, eine der folgenschwersten in der Entwicklung der bayerischen Unionspartei, war zugleich der Beginn einer grundlegenden personellen, programmatischen und organisatorischen Erneuerung. Mit der Neuformierung der Führungselite der CSU, aus der prominente Vertreter des katholisch-konservativen Flügels und streitbare Mitbegründer der Partei zugunsten einer neuen Politikergeneration ausschieden, begann der endgültige Aufstieg der CSU zur „bayerischen Staats- und Hegemonialpartei“[17].

Im Zentrum der vorliegenden Studie steht die innere Entwicklung der CSU unter dem Landesvorsitz von Josef Müller und Hans Ehard. Untersucht werden Aspekte der politischen Programmatik, die Geschichte von Parteiorganisation und -apparat sowie die Ergebnisse verschiedener Wahlen, wobei die Wahlergebnisse nicht nur als Indikator für den Erfolg oder Mißerfolg der CSU verstanden werden, sondern auch als Indikator für den Zustand der Partei insgesamt und für ihre Stellung im Parteiensystem Bayerns und der Bundesrepublik. Auch gilt es, das Führungspersonal der CSU eingehend zu studieren, um Aufschluß über die soziale Basis der Parteielite – vor allem in der Gründungs- und Formierungsphase – zu gewinnen. Dabei ist unter anderem danach zu fragen, ob sich die innerparteilichen Auseinandersetzungen auch im sozialen und politischen Profil bestimmter Gremien widerspiegeln. Personalentscheidungen und die Besetzung von Führungspositionen spielen in diesem Zusammenhang eine wichtige Rolle. Schließlich sind Veränderungen in den Spitzenämtern politischer Parteien in vielen Fällen Verschiebungen des inneren Machtgefüges oder veränderten Rahmenbedingungen geschuldet und lassen daher Rückschlüsse auf tiefergehende Entwicklungen zu. Ferner nehmen in dieser Arbeit die innerparteilichen Konflikte breiten Raum ein, die für die Geschichte der CSU in den ersten Nachkriegsjahren geradezu konstitutiv waren und so etwas wie das Geburtstrauma der Partei darstellen, das in seinen Auswirkungen weit über die Jahre 1949 oder 1954 hinausreichte. Die oft erbittert ausgefochtenen Führungs- und Flügelkämpfe sind vor allem deshalb so interessant, weil sich darin divergierende Erfahrungen, Konzepte, Programme und Strategien bündeln wie Sonnenstrahlen in einem Brennglas. Die Untersuchung der innerparteilichen Auseinandersetzungen geht daher über eine bloße Konfliktgeschichte hinaus und erlaubt es,

---

[16] Ebenda, S. 840.

[17] Alf Mintzel, Regionale politische Traditionen und CSU-Hegemonie in Bayern, in: Dieter Oberndörfer, Karl Schmitt (Hrsg.), Parteien und regionale Traditionen in der Bundesrepublik Deutschland, Berlin 1991, S. 125–180, hier S. 126.

nach den Protagonisten, Themen und Phasen der Flügelkämpfe ebenso zu fragen wie nach Konstellationen, Trägerschichten und verschütteten Entwicklungsmöglichkeiten.

Die Beschäftigung mit der Führungselite der CSU macht eine Begriffsklärung notwendig. In der Soziologie bezeichnet man als Elite in allgemeiner Form „alle Mitglieder eines sozialen Systems, die aus einem Selektionsprozeß als den übrigen Mitgliedern überlegen hervorgingen“[18]. Fest umrissen ist der Inhalt dieses Terminus' trotz seiner häufigen Erwähnung jedoch keineswegs, vielmehr existieren mehrere Definitionen und Konzepte nebeneinander: So unterscheidet man beispielsweise zwischen Werteliten, Machteliten oder Funktionseliten. Dem Elitebegriff, wie er auch in der vorliegenden Studie Verwendung findet, liegt Otto Stammers Konzept der Funktionseliten zugrunde. Darunter ist „die Gesamtheit der sozialen und politischen Führungsgruppen in einer pluralistischen Demokratie“ zu verstehen, wobei diese nicht als sozial abgeschlossen, sondern als grundsätzlich offen gedacht werden und der Aufstieg in Führungspositionen jedem Mitglied eines Gemeinwesens aufgrund seiner eigenen Leistungsfähigkeit möglich sein soll[19]. Mit anderen Worten: Im Sinne von Funktionseliten gebraucht, bezeichnet der Elitebegriff „funktional und positionell abgrenzbare Führungsgruppen des politischen Systems“[20], zu denen Stammer unter anderem die Führungsgremien politischer Parteien gezählt hat[21]. Als Elite politischer Parteien im weiteren Sinne soll im folgenden „die Gesamtheit derjenigen Personen“ verstanden werden, „deren innerparteiliche Mitarbeit über die reine Mitgliedschaft und lokal begrenzte Aktivität hinausgeht“[22].

Die vorliegende Studie ist keine Gesamtdarstellung der Geschichte der CSU zwischen 1945 und 1955. Mit dem Verhältnis zur Schwesterpartei CDU und der Politik der bayerischen Unionspartei als Regierungspartei in München und Bonn bleiben zwei wesentliche Themenbereiche größtenteils ausgespart. Die zu keiner Zeit einfache Allianz der Unionsparteien wäre sicherlich ein lohnendes Forschungsfeld gewesen, konnte im Rahmen dieser Arbeit aber nur am Rande berücksichtigt werden. Ebenso verhält es sich mit dem Einfluß der CSU auf die politischen Grundsatzentscheidungen im ersten Nachkriegsjahrzehnt. Die Ebene der Staats- und Regierungspolitik wird lediglich an einigen Stellen in die Analyse einbezogen, um die Interdependenz von parteiinternen Entwicklungen und politischen Entscheidungen aufzuzeigen. Dieses Manko ist zweifellos bedauerlich. Um die landes- und bundespolitische Rolle der CSU nachzuzeichnen, hätte es aber eines anderen Zugriffs und anderer Fragestellungen bedurft. Man muß dabei auch bedenken, daß es zumindest für das erste Nachkriegsjahrzehnt kaum möglich ist, die Geschichte der CSU gleichsam von der großen Politik her zu schreiben. Zu groß war die Autonomie des Regie-

[18] Günter Endruweit, Elitebegriffe in den Sozialwissenschaften, in: ZfP 26 (1979), S. 31–46, hier S. 34; zum folgenden vgl. ebenda, S. 30f.

[19] Kurt Lenk, „Elite“ – Begriff oder Phänomen?, in: APuZ 42/82, S. 27–37, hier S. 36.

[20] Klaus von Beyme, Die politischen Theorien der Gegenwart. Eine Einführung, München, Zürich 6., überarbeitete und ergänzte Auflage 1986, S. 262.

[21] Vgl. Otto Stammer, Das Elitenproblem in der Demokratie, in: Wilfried Röhrich (Hrsg.), „Demokratische“ Elitenherrschaft. Traditionsbestände eines sozialwissenschaftlichen Problems, Darmstadt 1975, S. 192–224, hier S. 216f.

[22] Oskar Niedermayer, Hermann Schmitt, Sozialstruktur, Partizipation und politischer Status in Parteiorganisationen, in: PVS 24 (1983), S. 293–310, hier S. 298.

rungsapparats, zu eigenständig agierten die CSU-Abgeordneten in München und Bonn, wobei es insbesondere die Landtagsfraktion war, die sich jede Einmischung durch die eigene Partei verbat und deren Führungsgremien auch vor wichtigen Entscheidungen nicht einmal konsultierte. Im Falle der CSU dauerte es lange, bis sich zwischen Partei und Fraktion ein Verhältnis herausgebildet hatte, das den Anforderungen und Gegebenheiten einer Parteiendemokratie entsprach. Als die bayerische SPD im September 1947 die Koalition aufkündigte und die CSU daraufhin die alleinige Regierungsverantwortung übernahm, wurde weder der Landesausschuß noch die Landesversammlung einberufen, die Bildung der ersten Bundesregierung im Sommer 1949 vollzog sich ebenfalls unter Ausschluß der Parteibasis, und noch 1952 beklagte sich ein Delegierter darüber, daß der Landesausschuß weder zum umstrittenen Betriebsverfassungsgesetz noch zur Montanunion oder zum Generalvertrag gehört worden sei[23]. Selbst die Landtagsfraktion sah sich von den eigenen Regierungsmitgliedern oft unzureichend informiert oder sogar übergangen und bei Personalentscheidungen zurückgesetzt[24].

Der Chronologie folgend ist die vorliegende Arbeit in vier Kapitel gegliedert. Kapitel II behandelt die Gründung der CSU und ihre Entwicklung bis zum Sommer 1946; dabei finden das Führungspersonal der neuen Partei, die andauernden Flügelkämpfe und die Frage, inwieweit diese Auseinandersetzungen gleichsam strukturell vorprogrammiert waren, besondere Berücksichtigung. Kapitel III befaßt sich mit dem folgenschweren Antagonismus von Partei und Fraktion bis zum Frühjahr 1948, wobei der Konflikt um die Staatspräsidentenfrage, die Bildung des ersten Kabinetts Ehard und die vergleichende Untersuchung der Zusammensetzung von Landesvorstand und Landtagsfraktion von zentraler Bedeutung sind. Kapitel IV hat das schleichende Ende der Ära Müller zum Thema, ausgehend von der Rebellion des CSU-Bezirksverbands Oberbayern im Februar 1948, über die ersten Wahlschlappen und den Zerfall des Parteiapparats im Zuge der Währungsreform bis zum Sturz Josef Müllers auf der Straubinger Landesversammlung im Mai 1949. Kapitel V beschäftigt sich mit der Geschichte der CSU unter dem Landesvorsitz von Hans Ehard, dem neuen Hoffnungsträger der Partei. Der mühsame Neubeginn nach dem Sturz des Ochsensepp wird dabei ebenso behandelt wie die katastrophale Niederlage der CSU bei den ersten Bundestagswahlen, die nur halbwegs gelungene Eindämmung der Flügelkämpfe und die personellen und strukturellen Veränderungen im Gefüge der Partei. Der zeitliche Horizont dieser Studie endet mit der Jahreswende 1954/1955. Diese Zäsur wird durch drei Faktoren konstituiert: erstens, durch den Machtverlust nach der Bildung der Viererkoalition im Dezember 1954, zweitens, durch die Wahl Hanns Seidels zum Parteivorsitzenden und die weitgehende Neutralisierung des katholisch-konservativen Flügels der CSU, die den Beginn eines tiefgreifenden Elitenwechsels markieren, und, drittens, durch den organisationspolitischen Neubeginn durch die Ernennung Friedrich Zimmermanns zum Hauptgeschäftsführer der Partei.

---

[23] ACSP, CSU-LL, Protokoll der Landesversammlung der CSU am 5./6. 7. 1952 in Regensburg (Delegierter Huber, München).

[24] ACSP, CSU-LTF I, 15–14, Protokolle der Fraktionssitzungen am 21. 6. und 14. 12. 1949 sowie am 17. 1. und 7. 2. 1950.

Eine kurze Zusammenfassung und ein Ausblick auf die weitere Entwicklung der CSU schließen die vorliegende Studie ab, die durch einen tabellarischen Überblick über die Führungselite der bayerischen Unionspartei im ersten Nachkriegsjahrzehnt[25] und einen ausführlichen Bericht über Forschungsstand und Quellenlage ergänzt wird.

[25] Es finden sich Übersichten über die Mitglieder des geschäftsführenden Landesvorstands, die Vorsitzenden der Bezirksverbände, die Mitglieder des Vorstands der Landtagsfraktion, die Mitglieder der Landtagsfraktion, die Mitglieder des Vorstands der Landesgruppe und die Mitglieder der Landesgruppe. Die Aufstellung der Mitglieder des geschäftsführenden Landesvorstands beruht auf dem Positionstableau bei Mintzel, Anatomie, S. 678–685; die Vorsitzenden der Bezirksverbände wurden durch Anfragen bei den zehn Bezirksgeschäftsstellen ermittelt, die Übersichten über die Landtags- und Bundestagsabgeordneten wurden erstellt anhand von: Die Bundestagswahl von A bis Z. 11. Bundestagswahl in Bayern am 25. Januar 1987, hrsg. vom Bayerischen Landesamt für Statistik und Datenverarbeitung und der Bayerischen Landeszentrale für politische Bildungsarbeit, München 1987, und Die Landtagswahl von A bis Z. 12. Landtagswahl in Bayern am 14. Oktober 1990, hrsg. vom Bayerischen Landesamt für Statistik und Datenverarbeitung und der Bayerischen Landeszentrale für politische Bildungsarbeit, München 1990; die Mitglieder der Vorstände von Landtagsfraktion und Landesgruppe wurden aus den Sitzungsprotokollen selbst oder aus einschlägigem Aktenmaterial ermittelt. Abgeordnete anderer Parteien, die im Laufe einer Legislaturperiode zur CSU wechselten, wurden nicht berücksichtigt; offensichtliche Fehler, die sich in allen herangezogenen Publikationen finden, wurden stillschweigend korrigiert. Bis auf wenige Ausnahmen finden sich Kurzbiographien der Mitglieder des geschäftsführenden Landesvorstands, der Vorsitzenden der Bezirksverbände und der Mitglieder der Vorstände von Landtagsfraktion und Landesgruppe im von mir erarbeiteten biographischen Anhang zu den vom Institut für Zeitgeschichte herausgegebenen Protokollen und Materialien zur Geschichte der CSU (S. 1835–1948). Die fehlenden Kurzbiographien wurden neu erstellt und beruhen auf der Auswertung der einschlägigen Literatur, Nachschlagewerken und Parlamentshandbüchern, Parteipublikationen wie dem Bayern-Kurier und der CSU-Correspondenz sowie auf Archivrecherchen. Aus Gründen der Übersichtlichkeit wurde auf Einzelnachweise verzichtet.

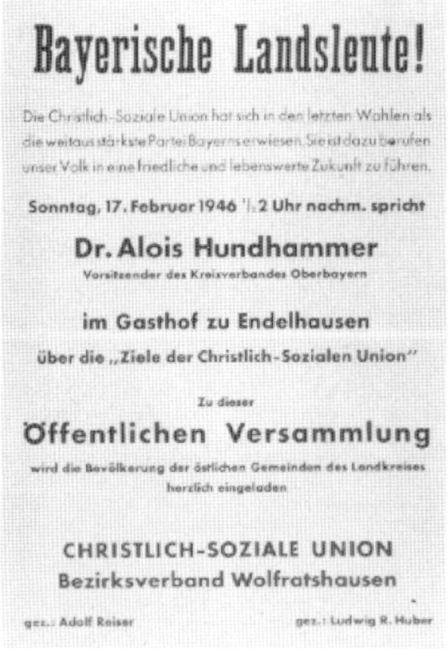

Bayerische Landsleute!

Die Christlich-Soziale Union hat sich in den letzten Wahlen als die weitaus stärkste Partei Bayerns erwiesen. Sie ist dazu berufen unser Volk in eine friedliche und lebenswerte Zukunft zu führen.

Sonntag, 17. Februar 1946 ½ 2 Uhr nachm. spricht

Dr. Alois Hundhammer

Vorsitzender des Kreisverbandes Oberbayern

im Gasthof zu Endelhausen

über die „Ziele der Christlich-Sozialen Union"

Zu dieser

Öffentlichen Versammlung

wird die Bevölkerung der östlichen Gemeinden des Landkreises herzlich eingeladen

CHRISTLICH-SOZIALE UNION
Bezirksverband Wolfratshausen

gez.: Adolf Reiser — gez.: Ludwig R. Huber

*Ankündigung der CSU in Wolfratshausen für eine öffentliche Versammlung im Februar 1946*

*Josef Müller (April 1951)*

*Plakate für die Kommunalwahlen in München am 26. Mai 1946*

*Michael Horlacher (Dezember 1951)*
*Horlacher*

*Alois Hundhammer (ca. 1947)*

*Mitglieder der CSU-Fraktion im bayerischen Landtag (1947), erste Reihe von links: Alois Hundhammer, Friedrich Wilhelm von Prittwitz und Gaffron, Konrad Kübler*

*Josef Müller und Franz Josef Strauß auf der Landesversammlung der CSU vom 27. bis zum 29. Mai 1949 in Straubing*

*Franz Josef Strauß, Josef Müller und Fritz Schäffer (1963)*

*Die CSU im Wahlkampf, vermutlich 1953*

*Wahlkampfveranstaltung der CSU mit Konrad Adenauer (von links nach rechts: Franz Elsen, Franz Sackmann, Konrad Adenauer, Hans Ehard, Josef Müller), vermutlich 1953*

*Mitglieder der bayerischen Staatsregierung bei der Fronleichnamsprozession 1949 in München, erste Reihe von links: Kultusminister Alois Hundhammer, Innenminister Willi Ankermüller, Ministerpräsident Hans Ehard, Justizminister Josef Müller*

*„Nun spielen sie wieder ... Hansi: ‚Da geht ja nie eine Mannschaft z'samm'“. Karikatur von Ernst Maria Lang in der SZ vom 18./19. 11. 1950*

„Der Entscheidung entgegen". Plakat für die Landtagswahlen 1950

„Deine Stimme Dr. Josef Müller". Plakat für die Landtagswahlen 1950

„Wir können nicht zaubern". Plakat für die Landtagswahlen 1950

„Wer christlich denkt, sozial handelt und bayerisch fühlt, wählt CSU". Plakat für die Landtagswahlen 1954

*Plakate für die Landtagswahlen 1954*

*„Die Gegenkoalition? ‚Der Starke ist am schwächlichsten allein . . .'". Karikatur von Ernst Maria Lang in der SZ vom 2. 12. 1954*

*Zehn Jahre Christlich-Soziale Union 1955, erste Reihe von links: Franz Sackmann, Georg Meixner, Hans Ehard, Richard Jaeger, Alois Hundhammer, Fritz Schäffer, zweite Reihe zweiter von links Fritz Pirkl, daneben Alfons Kreußel*

*Tagung des Landesausschusses der CSU am 7./8. Juni 1958 in Hof, erste Reihe von links: Alois Klughammer, Hanns Seidel, Franz Josef Strauß, Rudolf Eberhard*

# II. Der programmierte Konflikt? Gründung und Entwicklung der CSU 1945/1946

## 1. Konfliktpotentiale und Gemeinsamkeiten

### *a) „An der Wiege der CSU“[1]. Die Gründung der Union in Würzburg, Bamberg, Nürnberg und Regensburg*

Mit der Besetzung durch amerikanische Truppen ging im April 1945 auch in Bayern der Zweite Weltkrieg zu Ende. Die Militärmaschinerie des Dritten Reiches war unter den alliierten Offensiven ebenso zusammengebrochen wie die Strukturen der staatlichen Bürokratie oder die noch vor kurzem so mächtig erscheinende NSDAP, deren Würdenträger ihr Heil zumeist in der feigen Flucht gesucht hatten[2]. Die ersten Nachkriegswochen boten auch denjenigen nur wenig Raum für politische Betätigung, die das nationalsozialistische Regime bekämpft oder ihm zumindest ablehnend gegenübergestanden hatten. Das lag nicht nur daran, daß die Militärregierung alle politischen Aktivitäten zunächst verbot, sondern auch und vor allem an dem unüberschaubaren Chaos, das sechs Jahre Krieg und zwölf Jahre Diktatur hinterlassen hatten. Doch aller Apathie und allen Hindernissen zum Trotz fanden sich schon bald wieder informelle Gesprächszirkel und lokale Initiativen zusammen, die zum Teil in Anknüpfung an Traditionen der Weimarer Republik, aber auch in Erinnerung an vor 1933 gescheiterte Konzepte oder an Überlegungen, die während der NS-Zeit in Oppositionskreisen angestellt worden waren, über die politische Neuordnung diskutierten[3].

Der Gedanke, katholische und evangelische Christen in einer Partei zusammenzuführen, stand dabei vielfach im Vordergrund. Er ging auf Vorstellungen aus der Zeit des Kaiserreiches und der ersten deutschen Demokratie zurück, war aber in dem stark milieugebundenen und hochgradig fragmentierten Parteiensystem der Weimarer Republik nicht zu realisieren gewesen. Versuche, das Zentrum und die neu gegründete BVP nach dem Ersten Weltkrieg aus dem Korsett konfessioneller Zwänge zu befreien und zu christlichen Volksparteien umzubauen, waren bereits in den Ansätzen gescheitert[4].

---

[1] Franz Josef Strauß, An der Wiege der CSU. Der Gewerkschaftsführer und Politiker Adam Stegerwald, in: Politische Studien Sonderheft 3/1981, S. 41–45.

[2] Vgl. dazu die ausgezeichnete Darstellung von Klaus-Dietmar Henke, Die amerikanische Besetzung Deutschlands, München 1995, S. 802–844; zu Kriegsende und Neubeginn in Bayern vgl. auch Thomas Schlemmer, Die Amerikaner in Bayern. Militärregierung und Demokratisierung nach 1945, in: Heinrich Oberreuter, Jürgen Weber (Hrsg.), Freundliche Feinde? Die Alliierten und die Demokratiegründung in Deutschland, München 1996, S. 67–99.

[3] Vgl. Benz, Parteigründungen und erste Wahlen, in: ders. (Hrsg.), Neuanfang in Bayern, S. 9–35.

[4] Vgl. Winfried Becker, Historische Grundlagen der christlich-demokratischen Parteibildung nach 1945, in: Günter Buchstab, Klaus Gotto (Hrsg.), Die Gründung der Union. Traditionen, Entstehung und Repräsentanten, München, Wien 1981, S. 7–33, und Winfried Becker, Die CDU im demokratischen Neubeginn 1945/1946 – Motive der Gründung und parteipolitischer Standort, in: Günther Rüther (Hrsg.), Geschichte der Christlich-Demokratischen und Christlich-Sozialen Bewegungen in

Die NS-Herrschaft und die Folgen des totalen Kriegs hatten die deutsche Gesellschaft aber bis in ihre Fundamente erschüttert; Grenzen konfessioneller oder sozialer Art, die sich vor 1933 als unüberwindlich erwiesen hatten, begannen durchlässig zu werden, ohne aber gänzlich zu verschwinden und ihre Prägekraft zu verlieren[5]. Außerdem hatte die gemeinsame Erfahrung von Verfolgung und Widerstand auch Frauen und Männer zusammengeführt, die in der Vergangenheit in unterschiedlichen politischen Lagern gestanden hatten; diese Erfahrung wirkte auf die Gründung der Unionsparteien geradezu katalytisch. Nicht zu Unrecht hat der Kölner CDU-Politiker Leo Schwering von einem „Katakombengeist" gesprochen, der sich zu „Kreisen des Widerstands geformt", alles überspannt und alle zusammengeklammert habe[6].

So fanden sich nach dem Ende des Dritten Reiches konservative, nationale, liberale und soziale Kräfte in der Union zusammen, die von dem gemeinsamen Willen getragen waren, eine Volkspartei auf breiter Basis aufzubauen und die christlichen Grundwerte zum Leitfaden ihrer Politik zu machen[7]. Bei aller Übereinstimmung im Grundsätzlichen waren diese Integrationsprozesse jedoch alles andere als unkompliziert. Sie waren von teilweise heftigen Konflikten um den Parteiaufbau und die konkreten programmatischen Zielsetzungen begleitet, die durch persönliche Animositäten, regionale Disparitäten oder konfessionelle Querelen zusätzlich verstärkt wurden[8]. Hans-Otto Kleinmann hat zu Recht darauf hingewiesen, daß die Frage, von wo nun die Initialzündung für die Gründung der Union ausgegangen sei, zu keiner befriedigenden Antwort führe. Entscheidender sei vielmehr die Tatsache,

> „daß die christlich-demokratische Idee sich noch im Chaos des Zusammenbruchs, von einigen Kristallisationskernen ausstrahlend, durch freundschaftliche und verwandtschaftliche Beziehungen, Bekanntschaften aus dem kirchlichen Raum sowie wiederbelebte Verbindungen aus einstiger Partei-, Gewerkschafts- oder Verbandsmitgliedschaft weitergetragen, wie eine Kettenreaktion ausbreitete"[9].

Auch in Bayern fiel die Unionsidee auf fruchtbaren Boden. Städte wie Würzburg, Bamberg, Nürnberg, Regensburg oder München entwickelten sich in den Sommermonaten des Jahres 1945 zu Zentren programmatischer Diskussion und organisatorischer Aktivität[10]. In dieser frühen Phase gingen vor allem von Würzburg wichtige Impulse aus. Als spiritus rector wirkte dort Adam Stegerwald, der frühere Reichsminister und preußische Ministerpräsident, den die amerikanischen Militärbehörden zum Regierungspräsidenten von Unterfranken ernannt hatten[11]. Der führende Repräsentant der

Deutschland. Grundlagen, Unterrichtsmodelle, Quellen und Arbeitshilfen für die politische Bildung, Bonn ²1987, S. 333–360.

5 Mit dem Blick auf Bayern vgl. Mintzel, Regionale politische Traditionen, in: Oberndörfer/Schmitt (Hrsg.), Parteien und regionale Traditionen, S. 141.

6 Leo Schwering, Vorgeschichte und Entstehung der CDU, Köln ²1952, S. 25.

7 Vgl. Brigitte Kaff, Eine Volkspartei entsteht. Zirkel und Zentren der Unionsgründung, in: Buchstab/Gotto (Hrsg.), Gründung der Union, S. 70–101, hier S. 99.

8 Bei Hans-Otto Kleinmann, Geschichte der CDU 1945–1982, Stuttgart 1993, S. 23–49, werden diese Konflikte allenfalls am Rande thematisiert; Kleinmanns Darstellung neigt generell zur Harmonisierung.

9 Ebenda, S. 22.

10 Vgl. Winfried Becker, Gründung und Wurzeln der Christlich-Sozialen Union, in: Geschichte einer Volkspartei, S. 69–107.

11 Zur Biographie vgl. Helmut J. Schorr, Adam Stegerwald. Gewerkschaftler und Politiker der ersten deutschen Republik. Ein Beitrag zur Geschichte der christlich-sozialen Bewegung in Deutschland, Recklinghausen 1966, insbesondere S. 286–298, sowie Helmut J. Schorr, Adam Stegerwald. Skizze

interkonfessionellen Christlichen Gewerkschaften zählte seit langem zu den Wortführern einer Neuordnung des deutschen Parteiensystems und hatte im November 1920 mit einer großen Rede vor dem zehnten Kongreß der Christlichen Gewerkschaften Deutschlands Aufsehen erregt[12]. Stegerwald hatte schon damals das Konzept einer christlichen Volkspartei entworfen, die – eine fortschrittliche Sozialpolitik praktizierend – als „politische Zusammenfassung der positiven christlichen Kräfte" zu einer „möglichst geschlossenen politischen Einheitsfront" führen sollte. Er charakterisierte sein Programm, das teilweise durchaus konservative und autoritäre Züge trug, mit den Worten: „Deutsch, christlich, demokratisch, sozial"[13]. Zwar erwiesen sich diese Pläne unter den bestehenden Verhältnissen als nicht praktikabel, der Gewerkschafter hatte durch seine richtungweisende Rede aber einen Orientierungspunkt für diejenigen gesetzt, die nach 1945 den politischen Neubeginn wagten, und auch er selbst knüpfte direkt an diese Vorstellungen an.

Obwohl der Regierungspräsident eigentlich parteipolitische Zurückhaltung zu üben hatte, nahm Stegerwald die Gründung der Union im Raum Würzburg in die Hand[14]. Wie er sich ein zukünftiges Parteiensystem vorstellte, erläuterte er mehreren Offizieren der amerikanischen Militärregierung im Juni 1945. Stegerwald ging davon aus, daß sich in einer neuen Demokratie die Parteienzersplitterung nicht wiederholen würde, die die Weimarer Republik schwer belastet hatte[15]. Er rechnete wegen der gegebenen Not- und Umbruchsituation mit einer Neigung vieler Menschen zum politischen Radikalismus, die zu einer starken kommunistischen Partei und – wenn die Besatzungsmächte dies überhaupt gestatteten – zu einer „schwachen Rechtspartei" führen würde. Als „Auffangpartei gegen links" sollte eine starke sozialdemokratische Partei

---

eines mutigen Lebens, in: Christliche Demokraten der ersten Stunde, hrsg. von der Konrad-Adenauer-Stiftung, Bonn 1966, S. 363–382, hier S. 377f. Zu Ernennung und Tätigkeit Stegerwalds als Regierungspräsident von Unterfranken vgl. auch Herbert Schott, Die Amerikaner als Besatzungsmacht in Würzburg 1945–1949, Würzburg 1985, S. 27ff.

12 Vgl. dazu Larry Eugene Jones, Adam Stegerwald und die Krise des deutschen Parteiensystems, in: VfZ 27 (1979), S. 1–29.

13 Rede Adam Stegerwalds vor dem zehnten Kongreß der Christlichen Gewerkschaften Deutschlands am 21. 11. 1920 in Essen (Auszug), abgedruckt in: Rüther (Hrsg.), Geschichte der Christlich-Demokratischen und Christlich-Sozialen Bewegungen in Deutschland, S. 669f.; die vorstehenden Zitate ebenda.

14 Vgl. dazu ausführlich Peter Herde, Unionsparteien zwischen Tradition und Neubeginn: Adam Stegerwald, in: Winfried Becker (Hrsg.), Die Kapitulation von 1945 und der Neubeginn in Deutschland, Köln, Wien 1987, S. 245–295. Stegerwald hatte die Gründung der Würzburger CSU mit zwei großen programmatischen Reden am 21. und 25. 8. 1945 eingeleitet, die eigentliche Gründungsversammlung der Partei fand jedoch erst am 13. 10. 1945 statt. Im September und noch einmal im November 1945 hatte der Regierungspräsident zwei Konferenzen auf regionaler und überregionaler Ebene einberufen, um eine bessere Kooperation der verschiedenen Gründungszirkel zu gewährleisten und um seinen eigenen Führungsanspruch anzumelden. Interventionen der Militärregierung verhinderten jedoch, daß die Tagungen in der geplanten Form stattfinden konnten. Vgl. ebenda, S. 271f. und S. 277f., sowie Winfried Becker, CDU und CSU 1945–1950. Vorläufer, Gründung und regionale Entwicklung bis zum Entstehen der CDU-Bundespartei, Mainz 1987, S. 78. Interessant sind in diesem Zusammenhang Adam Stegerwalds „Staatspolitische Leitgedanken" vom 15. 9. 1945; ACSP, NL Müller 1.

15 BAK, NL Schäffer 19, Bl. 127–129, Adam Stegerwald an Fritz Schäffer vom 23. 6. 1945; die folgenden Zitate ebenda. Ähnlich auch IfZ-Archiv, Smlg. Henke, Aufzeichnung über ein Gespräch von Angehörigen des OSS mit Adam Stegerwald vom 20. 7. 1945. Mit dieser Einschätzung, die beispielsweise auch Schäffer teilte, stand Stegerwald nicht allein; vgl. Christoph Henzler, Fritz Schäffer 1945–1967. Eine biographische Studie zum ersten bayerischen Nachkriegs-Ministerpräsidenten und ersten Finanzminister der Bundesrepublik Deutschland, München 1994, S. 166.

dienen, der im gemäßigten Teil des politischen Spektrums eine ebenbürtige „Mittelpartei" gegenüberstehen sollte; Stegerwald räumte dieser „Mittelpartei" allerdings nur dann Chancen ein, wenn Zentrum und BVP ihren konfessionellen Charakter ablegten, um so „wertvolle Kräfte von rechts anziehen" zu können. Hand in Hand damit ging eine scharfe Distanzierung vom politischen Katholizismus der Zwischenkriegszeit, die in dem Verdikt endete: „Demokratischer Staat und konfessionelle Minderheitspartei sind letzten Endes einander ausschließende Begriffe."[16]

Stegerwald brachte jedoch nicht nur die Konzeption einer interkonfessionellen Sammlungspartei in den Gründungsprozeß der CSU ein. Er stellte durch Kontakte nach Berlin, Frankfurt und Köln zumindest eine lose Verbindung zwischen den verschiedenen Gründungszirkeln der Unionsparteien her. Dabei versuchte Stegerwald, „seine Bemühungen in Würzburg in den gesamtdeutschen Rahmen des Neubeginns einer christlichen Partei zu integrieren"[17]. Stegerwald war jedoch von Anfang an ein Außenseiter unter den führenden Mitbegründern der CSU. Die Distanz des ehemaligen Reichsministers zu bayerischen Problemen, seine nationale und unitarische Orientierung lassen vermuten, daß der im Dezember 1945 überraschend verstorbene Stegerwald im Zuge der wachsenden Spannungen innerhalb der neu gegründeten CSU noch schneller aus den Führungsgremien der bayerischen Unionspartei verdrängt worden wäre als der erste Parteivorsitzende Josef Müller.

In Verbindung mit Adam Stegerwald stand auch Gerhard Kroll[18], einer der Gründerväter der CSU in Bamberg und Oberfranken. Der aus Breslau stammende Nationalökonom hatte zwischen 1929 und 1938 auch Philosophie und Religionsphilosophie studiert, auf eine Habilitation aber aus politischen Gründen verzichtet[19]. Nach 1933 war Kroll wegen weltanschaulicher Differenzen wiederholt mit dem nationalsozialistischen Regime in Konflikt geraten und beruflich benachteiligt worden. In der Weimarer Republik Mitglied der SPD, entwickelte sich der Katholik nach der totalitären Erfahrung des Dritten Reiches zu einem der wichtigsten Programmatiker der Union in Bayern. Im August 1945 trat Kroll mit einer „Denkschrift zur Schaffung einer politischen Einheitsfront aller Christen Deutschlands" an die Öffentlichkeit, deren eigentlicher Adressat die Konferenz der katholischen Bischöfe Deutschlands war[20]. Wie manche Vertreter der christlich-demokratischen Idee in den Westzonen, mit denen er Kontakt aufgenommen hatte, machte er den Abfall des deutschen Volkes vom christlichen Glauben für die gegenwärtige Katastrophe verantwortlich. Daraus zog Kroll die Konsequenz, daß eine Erneuerung von Staat und Gesellschaft allein auf der Grundlage ei-

[16] Adam Stegerwald, Wohin gehen wir?, Würzburg 1946, S. 49. Die Ausführungen in dieser 70-seitigen Broschüre bauen auf Stegerwalds Rede anläßlich der Gründungsversammlung der Würzburger CSU am 13. 10. 1945 auf.

[17] Herde, Unionsparteien, in: Becker (Hrsg.), Kapitulation, S. 270. Stegerwald hatte bereits im August und September Kontakte zu den wichtigsten Gründungszirkeln der Union außerhalb Bayerns hergestellt und reiste am 20. und 21. 10. 1945 selbst nach Köln, um Vorträge vor ehemaligen Zentrumspolitikern und christlichen Gewerkschaftern zu halten. Vgl. auch Schorr, Adam Stegerwald, S. 287–290.

[18] IfZ-Archiv, Fh 56, Gerhard Kroll an Josef Müller vom 5. 11. 1945.

[19] StA Bamberg, K3/1981–55, OMGUS-Fragebogen Gerhard Krolls vom 17. 2. 1946, und IfZ-Archiv, Fh 56, Lebenslauf Gerhard Krolls vom 26. 1. 1959.

[20] IfZ-Archiv, ED 720 Smlg. Mintzel 1, „Christliche Union. Bamberger Denkschrift zur Schaffung einer politischen Einheitsfront aller Christen Deutschlands"; vgl. dazu auch Arcadius R. Gurland, Die CDU/CSU. Ursprünge und Entwicklung bis 1953, Frankfurt am Main 1980, S. 58f.

nes aktiven Christentums möglich sei und daß dies nur dann gelingen könne, wenn sich die Gräben zwischen den Konfessionen zumindest auf dem Feld der Politik überwinden ließen[21]. Im Bereich der Wirtschaftspolitik forderte er einen radikalen Bruch mit liberalen Prinzipien und entwarf dagegen das Bild einer Wirtschaftsordnung, die auf ständischer Selbstverwaltung unter staatlicher Kontrolle basieren sollte. Orientiert am Primat der Stabilität zeichnete Kroll diesen Staat – und damit wußte er sich mit vielen Zeitgenossen einig, die das Scheitern der Weimarer Republik erlebt hatten – zwar als demokratischen Staat, der jedoch durchaus autoritäre Züge trug. Krolls Vorstellungen waren sichtlich stärker von christlich-religiösen Idealen geprägt als die Adam Stegerwalds, der zuweilen geradezu antiklerikale Töne anschlug[22]. Stegerwald und Kroll trafen sich jedoch in der gesamtdeutschen Ausrichtung ihrer Programme, in denen föderalistische Gedanken nur eine untergeordnete Rolle spielten.

In Bamberg diskutierten im Sommer 1945 mehrere Gruppen über die Gründung politischer Parteien[23]. Neben den Verfechtern der Unionsidee, zu denen außer Kroll beispielsweise auch der aus der katholischen Jugendbewegung kommende spätere Bundestagsabgeordnete Emil Kemmer zählte, bildeten prominente Repräsentanten der ehemaligen BVP wie der Domkapitular Georg Meixner oder der Jurist Lorenz Krapp die einflußreichste Gruppierung im konservativen Lager. Unter dem Eindruck der Schrecken von Krieg und Diktatur und aus Furcht vor einem Erstarken von SPD und KPD fanden sich diese heterogenen Kreise, zu denen noch einige Vertreter monarchistischen respektive liberalen Gedankenguts stießen, zur CSU zusammen[24], die am 16. November 1945 ihre Gründungsversammlung abhielt.

Würzburg und Bamberg hatten vor 1933 zu den Hochburgen des politischen Katholizismus in Bayern gezählt. In Nürnberg, wo sich circa zwei Drittel der Bevölkerung zum evangelischen Glauben bekannten, hatten prononciert katholische Parteien dagegen stets einen schweren Stand, vor allem dann, wenn sie wie die BVP bayerisch-patriotische Züge trugen[25]. Darüber hinaus war Nürnberg einer der wenigen industriellen Kerne Bayerns mit einer zahlenmäßig starken Arbeiterschaft, die überwiegend zur Sozialdemokratie – in geringerem Maße auch zur KPD – tendierte. Die Initiatoren einer interkonfessionellen Volkspartei standen angesichts dieser Gegebenheiten vor einem doppelten strategischen Problem: Sollte der Durchbruch zur Mehrheitsfähigkeit gelingen, mußten die tief verwurzelten Gegensätze zwischen den Konfessionen überbrückt und zugleich zumindest Teile der sozialdemokratisch orientierten Arbeiterschaft gewonnen werden. Das war nicht gerade einfach, da zwar auf katholischer Seite traditio-

[21] Als überzeugter Anhänger des interkonfessionellen Gedankens gehörte Kroll seit 1938 der Una-Sancta-Bewegung an; StA Bamberg, K3/1981–55, OMGUS-Fragebogen Gerhard Krolls vom 17. 2. 1946.

[22] Vgl. Stegerwald, Wohin gehen wir, S. 55–59.

[23] Stadtarchiv Bamberg, Bamberg-Sammlung 2838, Bericht über die Gründung der CSU in Bamberg, ungezeichnet, undatiert; vgl. auch Josef Ludwig Lypp, Die Entstehungsgeschichte der Christlich-Sozialen Union in Bamberg, unveröffentlichte Diplomarbeit, Bamberg 1983, und Georg Güttler, Die Entwicklung des CSU-Kreisverbands Bamberg-Stadt (1945–1975), unveröffentlichte Zulassungsarbeit, Bamberg 1976.

[24] IfZ-Archiv, Fh 56, undatierter Aufruf der CSU für Bamberg-Stadt und -Land.

[25] Zur politischen Entwicklung in Nürnberg vor 1933 und nach 1945 vgl. Wolfgang Eckart, Amerikanische Reformpolitik und deutsche Tradition. Nürnberg 1945–1949. Nachkriegspolitik im Spannungsfeld zwischen Neuordnungsvorstellungen, Notlage und pragmatischer Krisenbewältigung, Nürnberg 1988, S. 30–60 und S. 324–384.

nelle Verbindungen zur Arbeiterschaft bestanden, die protestantische Stadtbevölkerung aber ausgesprochen bürgerlich-konservativ geprägt war[26]. Eine Vermittlung in diesem Zielkonflikt war überaus schwierig, und die CSU in Nürnberg drohte lange Jahre davon zerrieben zu werden.

Vielleicht wäre die Partei überhaupt nie so recht auf die Beine gekommen, hätten nicht die Kirchen eine führende Rolle im Gründungsprozeß der Nürnberger CSU übernommen[27]. Unterstützt von Geistlichen fanden erste Besprechungen zur Gründung einer neuen Partei in katholischen Männervereinen statt, die sich mit Duldung der Militärregierung bereits wenige Wochen nach Kriegsende gebildet hatten. Auf protestantischer Seite gab es zunächst keine organisierten Gruppierungen. Die Initiative lag damit ebenso wie in der Folgezeit die organisatorische Hauptlast der Parteigründung bei den Katholiken. Der Idee einer konservativen Sammlungspartei auf interkonfessioneller Grundlage begegnete man allerdings auch bei den Protestanten nicht ohne Sympathie. Das Erbe von Krieg und Diktatur ließ eine Verständigung zwischen katholischen und evangelischen Christen denkbar und notwendig erscheinen. Die im bürgerlichen Lager weit verbreitete Furcht vor einem Linksrutsch der notleidenden Bevölkerung[28] trug ebenfalls dazu bei, daß man sich entschloß, den zunächst diskutierten Plan, mit dem Christlichen Volksdienst eine dezidiert protestantische Partei zu gründen, fallenzulassen.

Vorbehalte gegen den interkonfessionellen Gedanken waren damit jedoch ebensowenig ausgeräumt wie die Befürchtung, die CSU sei nichts anderes als die Fortsetzung der Bayerischen Volkspartei mit anderen Mitteln. Derartige Ängste wurden auch durch die Tatsache geschürt, daß die prominentesten Mitbegründer der CSU vor 1933 der BVP angehört hatten[29]. Auf protestantischer Seite tat man sich dagegen schwer, profilierte Persönlichkeiten oder gar erfahrene Politiker zu finden, die bereit waren, sich aktiv am Aufbau der Union zu beteiligen. Als Träger nationalkonservativer Traditionen waren sie entweder politisch belastet oder so verunsichert, daß sie die weitere Entwicklung erst einmal abwarten wollten[30]. Damit stand die CSU in Nürnberg wie in allen Teilen Bayerns, die primär protestantisch geprägt waren, vor einem existenzgefährdenden Dilemma: Wie konnte die evangelische Bevölkerung für eine Partei gewonnen werden, deren öffentliche Bekenntnisse zur Interkonfessionalität schon wegen des hohen Anteils an Katholiken in Führungspositionen zweifelhaft erscheinen mußten, auch wenn der Rückgriff auf den organisatorischen und politi-

[26] Zur Gründung der CSU in Nürnberg vgl. ebenda, S. 355–372, und die nützliche, aber wissenschaftlich ungenügende Darstellung von Heinz-Werner Stuiber, Die CSU in Nürnberg-Fürth. Zur Geschichte des Bezirksverbandes 1945–1983, Nürnberg 1983, S. 41–48.

[27] Zur Rolle der Kirchen bei der Gründung der CSU in Franken vgl. Franz Kühnel, Die CSU und der fränkische Protestantismus 1945–1953, unveröffentlichte Magisterarbeit, Erlangen 1983, S. 16–24; Hans Woller, Gesellschaft und Politik in der amerikanischen Besatzungszone. Die Region Ansbach und Fürth, München 1986, S. 187–194; Jutta Beyer, Demokratie als Lernprozeß. Politische Kultur und lokale Politik nach 1945 am Beispiel der Städte Forchheim und Schwabach, Nürnberg 1989, S. 226–240.

[28] IfZ-Archiv, Smlg. Henke, Field Intelligence Study 29: „The political Parties of Nürnberg".

[29] Zu nennen wären an erster Stelle der im oberbayerischen Moorenweis geborene Emanuel Deggendorfer, vor 1933 für die BVP im Nürnberger Stadtrat, der spätere Landtagsabgeordnete Josef Donsberger und Adolf Konrad, der vor 1933 als Vorsitzender der Christlichen Gewerkschaften in Nürnberg fungiert und die BVP seit 1919 im Landtag vertreten hatte.

[30] Vgl. dazu Clemens Vollnhals, Die Hypothek des Nationalprotestantismus. Entnazifizierung und Strafverfolgung von NS-Verbrechen nach 1945, in: GuG 18 (1992), S. 51–69.

schen Sachverstand ehemaliger BVP-Mitglieder zumindest in der Gründungsphase mehr auf strukturelle Zwänge als auf planvolles Handeln zurückzuführen war? Auf der Gründungsversammlung der Nürnberger CSU am 13. Oktober 1945 war man sich noch darüber einig, daß die Protestanten mehr Ämter und Mandate erhalten sollten, als es ihrer Mitgliederzahl entsprach, um die Union glaubwürdig und für evangelische Christen attraktiv zu machen[31]. In der Folgezeit standen Fragen der konfessionellen Parität und des konfessionellen Proporzes im Mittelpunkt der parteiinternen Diskussion. Diesbezügliche Konflikte, die oft genug in erbitterte persönliche Auseinandersetzungen mündeten, überlagerten alle anderen Probleme und trugen viel dazu bei, daß die Nürnberger CSU kaum ein eigenes politisches und programmatisches Profil entwickeln konnte[32].

In Niederbayern und in der Oberpfalz wurde Regensburg zum wichtigsten Ausgangspunkt für die Gründung der Union. Der dortige Gründungszirkel fungierte nicht nur als Kommunikationszentrum, sondern unterstützte die lokalen Initiativen in den umliegenden Landkreisen auch organisatorisch und programmatisch[33]. Die amerikanische Militärregierung hatte die Union in Regensburg unter dem Namen Partei der Christlich-Sozialen Einigung in Bayern zwar erst am 15. November 1945 lizenziert, die Vorgeschichte der neu gegründeten Partei reichte jedoch weiter zurück als es das Datum der Lizenzierung vermuten läßt. Schon während des Krieges kam eine Gruppe von NS-Gegnern – ehemalige BVP-Politiker und Liberale, christliche Gewerkschafter und Vertreter katholischer Organisationen – zu Gesprächen über die politische Neuordnung nach der zu erwartenden Niederlage Deutschlands zusammen. Im Herbst 1944 wurden Leitsätze für eine christliche Partei erarbeitet, die dann im Januar 1945 in das Programm für einen Christlich-Demokratischen Volksbund bzw. für einen Christlichen Volksbund Bayerns eingingen. Die Verfasser dieses Programms verurteilten die nationalsozialistische Diktatur und forderten eine christlich-demokratische Erneuerungsbewegung in der Tradition der tausendjährigen Kultur des christlichen Abendlandes, „um den drohenden Zusammenbruch und Untergang unseres Volkes und unserer Kultur abzuwenden und Frieden, Arbeit und Brot zu sichern“[34]. Die Zehn Gebote als Fundament und Ausdruck des christlichen Sittengesetzes sollten die Grundlage des politischen und gesellschaftlichen Lebens bilden.

Als die Mitbegründer der Christlich-Sozialen Einigung im Sommer 1945 ein erstes Parteiprogramm entwarfen, griffen sie diese Vorarbeiten auf, wie die kurze Präambel des Grundsatz- und Aktionsprogramms zeigt, das den Unterlagen für die Militärregie-

---

[31] Vgl. Eckart, Amerikanische Reformpolitik, S. 366.

[32] ACSP, NL Müller 107, enhält eine Vielzahl von Dokumenten zu diesem Problemkomplex. Zur programmatischen Entwicklung der CSU in Nürnberg vgl. Eckart, Amerikanische Reformpolitik, S. 367–370, auf der Basis der bisher kaum ausgewerteten Artikel in der Fränkischen Volksstimme, die in den ersten Monaten des Jahres 1946 als Mitteilungsblatt der CSU in Franken eine wichtige Funktion erfüllte. Ein Programm der Nürnberger CSU in deutscher und englischer Sprache findet sich im IfZ-Archiv, Fh 56.

[33] Zur Gründung der CSU in Regensburg vgl. Michaela Riebel, CSU im Werden. Gründung und Entwicklung der Christlich-Sozialen Union in Regensburg von 1945 bis zu den Wahlen zum Ersten Deutschen Bundestag, Regensburg 1985, S. 30–49, und Thomas Schlemmer, Auf dem Weg zur Demokratie. Parteigründungen und erste Wahlen in Regensburg 1945/46, in: Regensburger Almanach 29 (1996), S. 59–72.

[34] Zit. nach Josef Kirchmann, Die Bedeutung christlicher Werte in Programm und Praxis der CSU, Diss., St. Ottilien 1985, S. 27.

rung beigefügt war[35]. Erstaunlicherweise enthielt dieses Programm kein Bekenntnis zum eigentlichen Kernpunkt des Unionsgedankens, dem Prinzip der Interkonfessionalität. Dabei stand es von Anfang an außer Zweifel, daß die neue Partei nur auf der Basis der gleichberechtigten Zusammenarbeit von katholischen und evangelischen Christen aufgebaut werden konnte. Wie sehr die Erinnerung an das Scheitern der Weimarer Republik und die Schrecken der vergangenen Jahre die Mitbegründer der Union beeinflußten, zeigt eine Rede Karl Staudingers, der vor 1933 im Regensburger Stadtrat die Deutsche Demokratische Partei vertreten hatte und nun zu den führenden Repräsentanten der Christlich-Sozialen Einigung gehörte: Staudinger erklärte am Neujahrstag des Jahres 1946 vor einer dichtgedrängten Zuhörerschaft in Wenzenbach:

„Die ehemaligen Gruppen der Bayerischen Volkspartei, der demokratischen Fraktion, des Bauernbundes, der liberalen Wirtschaftsvereinigung, der christlich orientierten Landwirte, Handwerker, Mittelständler und Arbeiter der Stirn und der Faust hatten das Gefühl: Gott sei Dank, daß einmal das Trennende zurückgerückt und das Einigende in den Vordergrund gestellt wird. Hätten vor 12 Jahren die Mehrheitssozialisten, die kath[olischen] Parteien, die Demokraten und der Bauernbund den Mut und die Selbstüberwindung zu einer geschlossenen Abwehrfront gegen die NSDAP aufgebracht, es wäre uns ein Meer von Blut, ein Berg von Not, eine Flut von Tränen, eine Milliardenlast von [...] Innenschulden und Wiedergutmachungsforderungen [...] erspart geblieben!“[36]

Staudingers Rede machte auch klar, daß die Partei der Christlich-Sozialen Einigung nicht nur eine Partei gläubiger evangelischer und katholischer Christen sein sollte, sondern eine große Sammlungspartei, die allen Bevölkerungsschichten und politischen Strömungen Platz bot, sofern sie sich auf den Boden des Dekalogs und des christlichen Sittengesetzes stellten.

Anders als in Würzburg, Bamberg und Nürnberg hielt man in Regensburg zunächst am Namen Partei der Christlich-Sozialen Einigung fest. „Von dem Namen ‚Union‘ will man hier nichts wissen“, schrieb Josef Held, ein Sohn des ehemaligen bayerischen Ministerpräsidenten Heinrich Held, Anfang Dezember 1945 an Josef Müller. Dieser Begriff sei erstmals in Berlin gebraucht worden und überdies „ein wirtschaftlicher Begriff“[37]. Noch im Vorfeld der Lizenzierung der CSU auf Landesebene teilte Geschäftsführer Otto Schedl im Namen der Christlich-Sozialen Einigung dem vorläufigen Landesvorsitzenden Josef Müller mit:

„Unsere Regensburger Gründungsmitglieder tragen durch die Übersendung ihrer Unterschriften der Forderung zur Gründung einer Landespartei Rechnung. Sie bekennen sich jedoch mit der Unterschrift nicht automatisch zum Münchner Programm und Münchner Namen, sie halten vielmehr zur endgültigen Festlegung des Namens und zur Aufstellung eines endgültigen Programms und Satzungen eine Sitzung der Landespartei für nötig.“[38]

Diese Skepsis gegenüber dem Münchner Gründerkreis, von dessen Aktivitäten noch ausführlich die Rede sein wird, richtete sich vor allem gegen die Vorstellungen von Föderalismus und Reichspolitik, die Josef Müller und seine Anhänger vertraten. War man im Kreis um den Ochsensepp reichsfreundlich und gemäßigt föderalistisch einge-

[35] Grundsatz- und Aktionsprogramm der Partei der Christlich-Sozialen Einigung in Bayern, abgedruckt in: Geschichte einer Volkspartei, S. 433–436.
[36] Mittelbayerische Zeitung vom 8. 1. 1946: „Politische Versammlungen“.
[37] ACSP, NL Müller 163, Josef Held an Josef Müller vom 4. 12. 1945.
[38] ACSP, NL Müller 161, Otto Schedl an Josef Müller vom 28. 12. 1945.

stellt, so lautete die erste Forderung im Programm der Partei der Christlich-Sozialen Einigung in Regensburg: „Der bayerische Staat, dessen eigene Staatshoheit durch Unrecht und nationalsozialistische Gewaltherrschaft zerstört wurde, ist wieder herzustellen.“[39]

### *b) Chance und Hypothek: Die „bayerische Frage“*

Der Unionsgedanke als Konzept zur Überwindung der nach Kriegsende herrschenden materiellen und geistig-ideellen Not zielte im Kern auf eine Überbrückung aller „Grabenbrüche der neueren deutschen Geschichte“[40] und beinhaltete damit nicht nur ein Ende der konfessionellen Spaltung auf dem Feld der Politik, sondern schloß auch landsmannschaftliche Gegensätze oder gar die Revitalisierung des alten bayerischen Reichsvorbehalts aus[41]. Die Gründung der CSU zeigte jedoch bald, daß die Praxis erheblich anders aussah. Seit den Herbstmonaten des Jahres 1945 prallten vor allem im Münchner Gründerkreis divergierende und nur schwer zu vereinbarende Vorstellungen von der Lösung der „bayerischen Frage“ aufeinander. Die diesbezüglichen Konflikte drohten alle anderen Probleme zu überlagern und waren mitverantwortlich für die Schärfe und Erbitterung, mit der die Führungs- und Flügelkämpfe in der jungen Partei ausgefochten wurden. Die „bayerische Frage“, das heißt die Frage nach der Stellung Bayerns in einem übergeordneten deutschen Staatswesen und nach seinen Einflußmöglichkeiten im nationalen Rahmen, war immer dann besonders aktuell, wenn die staatliche Neuordnung Deutschlands auf der Tagesordnung stand[42].

Da der neu gegründeten Christlich-Sozialen Union Protagonisten der bayerischen Eigenstaatlichkeit ebenso angehörten wie gemäßigte Befürworter eines deutschen Bundesstaates und Politiker, für die der Begriff Föderalismus mehr oder weniger ein Fremdwort war, litt die bayerische Unionspartei unter den desintegrierenden Auswirkungen der Debatten über die künftige Stellung Bayerns besonders. Die „bayerische Frage“ war der Brennpunkt der Flügelkämpfe und bestimmte nicht nur den Rhythmus der innerparteilichen Auseinandersetzungen, sondern belastete auch die Beziehungen der CSU zu den Unionsparteien in den anderen Teilen Deutschlands schwer[43].

Um dieses Problem in seiner ganzen Tragweite erfassen zu können, muß man sich einige Stationen der neueren bayerischen Geschichte in Erinnerung rufen. Anders als es eine weitverbreitete staatsbayerische Ideologie suggeriert[44], die auch von den kon-

---

[39] Grundsatz- und Aktionsprogramm der Partei der Christlich-Sozialen Einigung in Bayern, abgedruckt in: Geschichte einer Volkspartei, S. 433–436.

[40] Gerhard Schulz, Die CDU – Merkmale ihres Aufbaus, in: Max Gustav Lange u. a., Parteien in der Bundesrepublik. Studien zur Entwicklung der deutschen Parteien bis zur Bundestagswahl 1953, Stuttgart, Düsseldorf 1955, S. 3–153, hier S. 31.

[41] Vgl. Günter Müchler, Zum frühen Verhältnis von CDU und CSU, in: Politische Studien 23 (1972), S. 595–613, hier S. 596.

[42] Vgl. Ilse Unger, Die Bayerische Bewegung. Politische Strömungen in Bayern nach 1945, unveröffentlichte Magisterarbeit, Erlangen 1969, S. 1–33.

[43] Für Barbara Fait, Die Anfänge der CSU 1945–1948. Der holprige Weg zur Erfolgspartei, München 1995, S. 264ff., spielen die Auseinandersetzungen um die „bayerische Frage“ dagegen nur eine vergleichsweise untergeordnete Rolle.

[44] Unterstützt von einem großen Teil der katholischen Bevölkerung in den altbayerischen und schwäbischen Regionen legitimierten verantwortliche Politiker ihr Streben nach der möglichst weitgehenden Selbständigkeit Bayerns immer wieder mit einer mehr als 1000 jährigen Stammes-, Kultur- und Staatstradition, die die Basis eines Souveränitätsanspruchs bildete, der sich „unmittelbar auf die

servativ-patriotischen Kräften in der CSU vertreten wurde[45], ist Bayern in seiner heutigen Gestalt ein Produkt der napoleonischen Ära und der Neuordnung Europas im Zuge des Wiener Kongresses. Das junge Königreich vereinigte neben den altbayerischen Kernlanden viele vormals selbständige Territorien des Heiligen Römischen Reiches[46], Regionen, die aus einer „Mehrzahl heterogener und verwaltungsmäßig abgegrenzter ‚politischer Kulturen'" bestanden und die „ihrerseits in eine Vielzahl soziokultureller Milieus gegliedert waren"[47]. Die Bemühungen der königlichen Regierung, Bayern zu einem einheitlichen Staat zu formen, riefen in den neu erworbenen Territorien meist Widerstände hervor und führten vor allem dort, wo eine erfolgreiche Integrationspolitik durch besondere Blockaden, beispielsweise durch konfessionelle Gegensätze, beeinträchtigt wurde, zur Ausbildung eines dauerhaften regionalen Sonderbewußtseins[48]. Noch heute lassen sich in Bayern drei sogenannte Traditionszonen ausmachen, die auf diese Entwicklung zurückgehen und ihre Prägekraft zum Teil erst in der jüngsten Vergangenheit verloren haben[49]. An erster Stelle ist die altbayerische Traditionszone zu nennen, die den Kern des katholischen Kurfürstentums Bayern umfaßt, dann die schwäbische Traditionszone und schließlich die fränkische, die wiederum in katholische und protestantische Regionen zerfällt. Der Erwerb der markgräflich-brandenburgischen Gebiete Ansbach und Bayreuth sowie verschiedener reichsstädtischer Territorien im fränkischen Raum schuf gleichsam eine Schneise, in der eine bewußt protestantisch-reformatorische Tradition dominierte und so das Königreich in das überwiegend katholische Mainfranken und das ebenfalls hauptsächlich katholische Süd- und Südostbayern teilte. Die Eingliederung der markgräflich-brandenburgischen und der reichsstädtischen Territorien zählte dort noch lange Zeit zu den einschneidendsten kollektiven Erfahrungen, die Ressentiments und Mißtrauen gegen den bayerischen Staat schürten.

Die Beharrungskraft der heterogenen politisch-kulturellen Traditionen zeigte sich auch in einem regional fragmentierten Parteiensystem. Die fränkisch-protestantischen Landesteile bildeten für eine bayerisch orientierte, katholische Partei lange Zeit eine Art Tabubezirk; sie entwickelten sich ebenso wie die Industrieinseln im agrarisch ge-

---

staatsbildende Funktion der Stämme und die darauf gegründete unabgeleitete Herrschergewalt" bezog. Zugleich wurde der „immerwährende Bund zwischen Stamm und Staat" betont, ohne den Bayern nicht alle Herausforderungen und Katastrophen der Geschichte überstanden hätte und der auch die Voraussetzung für den Erhalt der bayerischen Stammeseigenart sei. Vgl. Peter Jakob Kock, Bayerns Weg in die Bundesrepublik, München $^{2}$1988, S. 31, bzw. Max Spindler, Die Grundlagen der Kulturentwicklung in Bayern. Vortrag im Herbst 1946, gehalten vor dem Bayerischen Landesverein für Heimatpflege, in: ders., Erbe und Verpflichtung. Aufsätze und Vorträge zur bayerischen Geschichte, hrsg. von Andreas Kraus, München 1966, S. 4–23, hier S. 13 (Zitat) und S. 22f.

[45] IfZ-Archiv, Fh 56, Aktennotiz über eine Rede Alois Hundhammers am 10. 8. 1947 in Waldsassen.

[46] Vgl. dazu Peter Claus Hartmann, Bayerns Weg in die Gegenwart. Vom Stammesherzogtum zum Freistaat heute, Regensburg 1989, S. 351–357.

[47] Mintzel, Regionale politische Traditionen, in: Oberndörfer/Schmitt (Hrsg.), Parteien und regionale Traditionen, S. 132.

[48] Vgl. Helmut Berding, Staatliche Identität, nationale Integration und politischer Regionalismus, in: ders., Aufklären durch Geschichte. Ausgewählte Aufsätze, Göttingen 1990, S. 284–309, hier S. 287ff. und S. 293–300. Zur staatlichen Integrationspolitik in der zweiten Hälfte des 19. Jahrhunderts vgl. auch Manfred Hanisch, Für Fürst und Vaterland. Legitimitätsstiftung in Bayern zwischen Revolution 1848 und deutscher Einheit, München 1991.

[49] Vgl. hierzu und zum folgenden Mintzel, Regionale politische Traditionen, in: Oberndörfer/Schmitt (Hrsg.), Parteien und regionale Traditionen, S. 131–138, und Alf Mintzel, Geschichte der CSU. Ein Überblick, Opladen 1977, S. 29–34.

prägten Flächenstaat tendenziell zu Hochburgen nationalliberaler Parteien oder der Sozialdemokratie. Die katholische Bevölkerung Bayerns war in zwei Lager gespalten, wobei das bäuerlich-kleinbürgerliche, prononciert katholisch-konservative im altbayerischen Raum dominierte, während sich eine mehr reichsorientierte Strömung in Schwaben und Mainfranken behaupten konnte.

Die betont bayerischen Kräfte in Altbayern und den katholischen Teilen Schwabens hatten sich aus Protest gegen Liberalismus, Preußentum und eine Lösung der deutschen Frage ohne Österreich erstmals nach dem Krieg von 1866 in patriotischen Bauernvereinen und katholischen Kasinos formiert. Aus diesen Wurzeln entstand 1869 die Bayerische Patriotenpartei, die bei den Landtagswahlen zwar auf Anhieb die Mehrheit der Mandate eroberte, nach der Reichsgründung jedoch in vorsichtige Befürworter und radikale Gegner des Kaiserreichs zerfiel[50]. 1877 benannte sich die Patriotenpartei in bayerisches Zentrum um, ohne aber ihre bayerisch-föderalistische Orientierung und ihre organisatorische Eigenständigkeit aufzugeben. Mit der Gründung der antisozialistischen und radikal föderalistischen Bayerischen Volkspartei wurde 1918 erneut eine autonome bayerische Landespartei ins Leben gerufen, die bis 1933 die Geschicke Bayerns wesentlich bestimmte[51]. Aber auch der BVP gelang es nicht, die innerbayerischen Spannungslinien und Regionalismen außer Kraft zu setzen, obwohl sie die stärkste politische Kraft war. Die BVP blieb eine überwiegend „altbayerische Partei mit relativ starken subregionalen Verankerungen im katholischen Mainfranken“[52], die sich überdies mit dem liberaleren und teilweise antiklerikalen Bayerischen Bauernbund (BBB) starker landespolitischer Konkurrenz ausgesetzt sah[53].

Der Erfolg konservativer, katholisch-konfessioneller und föderalistischer Parteien wie der Patriotenpartei oder der BVP ist nicht nur auf die Verwurzelung der Staats- und Stammestradition in breiten Schichten der bayerischen Bevölkerung und deren bewußte politische Instrumentalisierung zurückzuführen, sondern verweist auch auf ein sozial- und mentalitätsgeschichtlich interessantes Phänomen, dessen Ursprünge in die zweite Hälfte des 19. Jahrhunderts zurückreichen. Als Folge der Industrialisierung griff damals eine von Teilen des Landvolks und der katholischen Geistlichkeit getragene Fortschrittskritik ausgesprochen destruktiven Charakters um sich, der es nicht darum ging, die als bedrohlich empfundenen Veränderungsprozesse gleichsam im Sinne wertkonservativer Normen zu gestalten[54]. Die Konsequenzen des ökonomischen und sozialen Wandels, wie man sie insbesondere in den rasch wachsenden Städten beobachten konnte, wurden vielmehr rundheraus abgelehnt. Altbayerische Stammestradition, Katholizismus und das Beharrungsvermögen einer von den Folgen der Industrialisierung lange Zeit nur mittelbar betroffenen Agrargesellschaft „verbanden sich zumal in

[50] Vgl. Dieter Albrecht, Von der Reichsgründung bis zum Ende des Ersten Weltkrieges (1871–1918), in: Max Spindler (Hrsg.), Handbuch der bayerischen Geschichte, Bd. IV/1: Das Neue Bayern 1800–1970, München 1974, S. 283–386, hier S. 298–307.

[51] Vgl. Klaus Schönhoven, Die Bayerische Volkspartei 1924–1932, Düsseldorf 1972, S. 17–50.

[52] Mintzel, Regionale politische Traditionen, in: Oberndörfer/Schmitt (Hrsg.), Parteien und regionale Traditionen, S. 138.

[53] Zum BBB vgl. Hannsjörg Bergmann, Der Bayerische Bauernbund und der Bayerische Christliche Bauernverein 1919–1928, München 1986.

[54] Vgl. Klaus Tenfelde, Bayerische Wirtschaft und Gesellschaft im 19. und frühen 20. Jahrhundert, in: Hartmut Mehringer (Hrsg.), Von der Klassenbewegung zur Volkspartei. Wegmarken der bayerischen Sozialdemokratie 1892–1992, München u. a. 1992, S. 9–19, hier S. 12ff.; das folgende Zitat ebenda, S. 13.

Krisenzeiten zu einem bayerischen Syndrom, das ganze Generationen von Bauern, ländlichen Unterschichten und Kleinbürgern prägte". In den unsicheren Jahren der Weimarer Republik, vor allem aber während der nationalsozialistischen Diktatur und des Zweiten Weltkriegs erhielt dieses Phänomen noch einmal neue Nahrung.

Aufmerksamen Zeitgenossen wie dem 1944 hingerichteten Ulrich von Hassell war die Vertiefung der bestehenden Kluft zwischen dem Norden und dem Süden Deutschlands nicht entgangen[55]. Die althergebrachten antipreußischen Ressentiments, aufgeladen durch die egalisierenden Zumutungen eines immer gewaltbereiteren Regimes, durch die zermürbenden Erfahrungen des Bombenkrieges und insbesondere durch den wachsenden Zustrom von Flüchtlingen, Vertriebenen und Evakuierten, kamen aber erst nach dem Ende der Kampfhandlungen voll zum Ausbruch. Dabei waren diese traditionellen Stereotypen nicht nur Ausdruck des skizzierten „bayerischen Syndroms" und des Strebens nach staatlicher Eigenständigkeit. Die Gleichsetzung von Preußentum und Nationalsozialismus[56] und das Werben für die Wiederherstellung der vollen bayerischen Souveränität waren auch ein Versuch, von der eigenen Verantwortung für die deutsche Katastrophe abzulenken, und damit eine „partikularistische Ausflucht aus der gemeinsamen Erblast"[57] mit dem Ziel, ähnlich wie Österreich eine mildere Behandlung durch die Siegermächte zu erreichen[58].

Als Reaktion auf die totale Niederlage war nach Kriegsende in vielen Teilen Deutschlands eine Renaissance föderalistischer Ideen zu beobachten, „und zwar als Allheilmittel gegen Diktatur und Totalitarismus"[59]. Antizentralistische und partikularistische Tendenzen, gepaart mit antipreußischen Ressentiments, waren nicht nur in Bayern weit verbreitet, sondern auch im Rheinland, in Schleswig-Holstein oder in Niedersachsen[60], wenn sie dort auch wesentlich weniger Sprengkraft zu entfalten ver-

---

[55] Vgl. Ulrich von Hassell, Vom andern Deutschland. Aus den nachgelassenen Tagebüchern 1938–1944, Zürich, Freiburg 1946, S. 59. Als „Preußen" wurden im Prinzip alle mißliebigen Personen diffamiert, die nicht aus Süddeutschland oder Österreich, sondern aus anderen Regionen Deutschlands stammten.

[56] Die Gleichsetzung von Preußentum und Nationalsozialismus war in bayerisch-konservativen Kreisen nicht erst seit 1945 ein feststehender Topos. So hieß es in einem Memorandum der Bayerischen Heimatbewegung: „Deutschland ist zugrunde gegangen, weil es preußisch war. Deutschland ist so hemmungslos dem Nationalsozialismus verfallen, weil Preußentum und Nationalsozialismus wesensähnlich sind. [...] Für die Bayern bedeutet die Ausrottung des Nationalsozialismus auch die Ausmerzung alles Preußischen aus Bayern. 1400 Jahre selbständig, schütteln wir die kurzlebige unselige preußisch-deutsche Herrschaft ab und verkünden aufs neue den souveränen Staat Bayern." Zit. nach Kock, Bayerns Weg, S. 95. Zum ambivalenten Verhältnis von preußischen Traditionen, nationalsozialistischer Weltanschauung und nationalsozialistischer Herrschaftspraxis vgl. Hans Mommsen, Preußentum und Nationalsozialismus, in: Wolfgang Benz, Hans Buchheim, Hans Mommsen (Hrsg.), Der Nationalsozialismus. Studien zur Ideologie und Herrschaft, Frankfurt am Main 1993, S. 29–41.

[57] Lutz Niethammer, Problematik der Entnazifizierung in der BRD, in: Sebastian Meissl, Klaus-Dieter Mulley, Oliver Rathkolb (Hrsg.), Verdrängte Schuld, verfehlte Sühne. Entnazifizierung in Österreich 1945–1955, München 1986, S. 15–27, hier S. 20.

[58] Zur besonderen Situation Österreichs, das in der alliierten Nachkriegsplanung seit der Moskauer Konferenz vom Oktober/November 1943 als erstes Opfer des Nationalsozialismus bezeichnet wurde, vgl. Günter Bischof, Die Instrumentalisierung der Moskauer Erklärung nach dem 2. Weltkrieg, in: Zeitgeschichte 20 (1993), S. 345–366.

[59] Kock, Bayerns Weg, S. 17; eine instruktive Zusammenfassung der Föderalismusdebatte in den ersten Nachkriegsjahren ebenda, S. 17–27.

[60] Vgl. Unger, Bayerische Bewegung, S. 1. In Niedersachsen kam es wie in Bayern zur Gründung einer autonomen Landespartei, der Niedersächsischen Landespartei, seit 1947 Deutsche Partei, die sich al-

mochten. Der demokratische Neubeginn und der Aufbau politischer Parteien im Sommer 1945 reflektierten diese Entwicklung. In Ober- und Niederbayern sowie in der Oberpfalz trugen die enstehenden nichtsozialistischen Gruppierungen betont, zum Teil sogar radikal staatsbayerische und monarchistische Züge; in München versuchte Anton von Aretin mit einigen Mitgliedern der 1939 zerschlagenen Widerstandsgruppe um Josef Zott und Adolf Freiherr von Harnier eine Bayerische Arbeiter- und Bauernpartei als Kristallisationpunkt für alle bayerischen, föderalistischen und königstreuen Kräfte ins Leben zu rufen[61]. Auch in den Gründungszirkeln der altbayerischen Sozialdemokratie sah man, unter dem Einfluß Wilhelm Hoegners stehend, keinen Gegensatz zwischen sozialistischer Politik und bayerischer Eigenständigkeit[62]. Selbst der KPD-Landesverband Bayern forderte gegen jede marxistische Tradition die „volle Entfaltung der Bundesländer auf föderativer Grundlage“[63]. Es entstand so etwas wie eine „bayerische Bewegung“, die sich die Wiederherstellung und später die Verteidigung der Staatlichkeit Bayerns auf ihre Fahnen geschrieben hatte[64]. Auf der Basis des bayerischen Staats- und Stammesbewußtseins fand die „bayerische Bewegung“ Anhänger bei allen politischen Richtungen und umfaßte – jeweils stark bayerisch-traditionalistisch eingefärbt – Sozialdemokraten, Monarchisten und Vertreter bürgerlich-demokratischen oder christlich-konservativen Gedankenguts. Wenn die Zielvorstellungen der „bayerischen Bewegung“ auch ähnlich heterogen waren wie ihre Trägerschichten, so war sie doch ein politischer Faktor, mit dem bis in die Anfangsjahre der Bundesrepublik gerechnet werden mußte.

Wie groß das in der „bayerischen Frage“ enthaltene Konfliktpotential war und wie schwer die CSU daran zu tragen haben würde, deutete sich bereits in den ersten programmatischen Texten an, die 1945 in den verschiedenen Gründungszirkeln der CSU verfaßt wurden. Dabei zeigte sich, daß die entscheidende Bruchlinie entlang der historisch gewachsenen Grenze zwischen der altbayerischen und der fränkischen Traditionszone verlief. Während man in den Landkreisen Oberbayerns, Niederbayerns und der Oberpfalz mehrheitlich den staatlichen Rechten Bayerns erste Priorität einräumte[65], wiesen die nördlich der Donau erarbeiteten Parteiprogramme zumeist über die bayerischen Grenzen hinaus und stellten Fragen des gesamtstaatlichen Aufbaus oder der Sozial- und Wirtschaftspolitik in den Mittelpunkt[66]. Wohlgemerkt: daß ein künftiger deutscher Staat nur auf föderativer Basis aufgebaut sein könnte, war unter den Mit begründern der CSU weithin unumstritten. Die entscheidende Frage war vielmehr,

lerdings nur bis zum Ende der fünfziger Jahre behaupten konnte; vgl. Horst W. Schmollinger, Die Deutsche Partei, in: Richard Stöss (Hrsg.), Parteien-Handbuch. Die Parteien der Bundesrepublik Deutschland 1945–1980, Bd. 2: CSU bis DSU, Opladen 1986, S. 1025–1111.

[61] BayHStA, NL Pfeiffer 52, Aktennotiz für Fritz Schäffer vom 18. 9. 1945.

[62] Vgl. Peter Kritzer, Wilhelm Hoegner. Politische Biographie eines bayerischen Sozialdemokraten, München 1979, S. 248–277.

[63] SZ vom 22. 1. 1946: Programm der KPD, Landesbezirk Bayern.

[64] Vgl. hierzu und zum folgenden Unger, Bayerische Bewegung, S. I-V.

[65] Für Oberbayern beispielsweise das „Politische Glaubensbekenntnis und Arbeitsprogramm der christlich-sozialen Union bayerischer Demokraten“ aus Altötting (IfZ-Archiv, Fh 56), für die Oberpfalz das Programm der Partei der Christlich-Sozialen Einigung in Regensburg (abgedruckt in: Geschichte einer Volkspartei, S. 433–436), für Niederbayern den Aufruf und die Satzung der Christlich-Sozialen Volkspartei in Rottenburg an der Laaber (BayHStA, NL Pfeiffer 144).

[66] Dies blieb auch der amerikanischen Militärregierung nicht verborgen; IfZ-Archiv, RG 260, 12/147–2/16, OMGBY – Historical Report, 13. 11. 1945–14. 12. 1945.

*wie* ein solches Staatswesen konkret ausgestaltet sein sollte und welche Stellung für Bayern darin vorgesehen war. Die Programme und Aufrufe der CSU in Hof, Bamberg oder Nürnberg forderten zwar ebenfalls den bundesstaatlichen Aufbau des neuen Deutschlands, aber ihre deutsche, ja reichsfreundliche Orientierung war doch unverkennbar[67]. Daher verwundert es nicht, daß diese Aussagen in Südbayern auf Mißtrauen oder gar offene Ablehnung stießen. Dort teilte man vielfach extrem föderalistische und radikal bayerische Vorstellungen, wie sie beispielsweise der spätere Bundesminister und langjährige Vizepräsident des Deutschen Bundestages Richard Jaeger im Herbst 1945 in seinen „Gedanken zur bayerischen Selbstbesinnung" niedergelegt hatte[68]: Für den jungen Juristen, der Krieg und Gefangenschaft erst seit wenigen Wochen hinter sich gelassen hatte, war die ökonomische, kulturelle und politische Hegemonie Preußens ebenso für die deutsche Katastrophe verantwortlich wie der Nationalsozialismus, für den das Preußentum als stärkster „Gegensatz zu den wahren Werten deutscher Kultur" und als „antihumane, im tiefsten antichristliche Weltanschauung" der ideale Nährboden gewesen sei. Der Eintritt Bayerns in das Bismarckreich erschien Jaeger als „die Tat eines geisteskranken Königs und einer geistig verwirrten Landtagsmehrheit" und damit als „eine der folgenschwersten Fehlentscheidungen der bayerischen Geschichte". Die Abkehr Deutschlands von einem seit den Kriegen Friedrichs des Großen beschrittenen Irrweg, so Jaeger weiter, sei nur dann möglich, wenn neben dem Nationalsozialismus „auch das Preußentum mit Stumpf und Stil ausgerottet und vernichtet" und der preußische Staat zerschlagen würde. Erst die Ausschaltung des Faktors Preußen garantiere den Frieden und die Sicherheit der Welt, erst dadurch werde der Neuaufbau Deutschlands und Mitteleuropas auf der Grundlage eines echten Föderalismus möglich.

Der Föderalismusbegriff Jaegers war dabei weniger an den Leitbildern der deutschen Verfassungsgeschichte orientiert als an den Verfassungen der Schweiz oder der USA. Was ihm vorschwebte, war ein lockerer Bund deutscher Staaten, eingebettet in eine europäische Konföderation auf der Basis einer mittelalterlich anmutenden Universalreichsidee. Aber auch monarchistische und partikularistische Gedankengänge waren dem jungen Mitbegründer der CSU nicht fremd. So schrieb er mit Blick auf den südöstlichen Nachbarn Bayerns: „Ist es für Österreich recht, ein selbständiger und unabhängiger Staat zu werden, so ist es für Bayern billig." Als ersten Schritt zur Verwirklichung seines Programms forderte Jaeger die Übernahme der vollen Souveränität durch den bayerischen Staat, der zugleich nicht nur von aktiven Nationalsozialisten und Exponenten von Preußentum und Militarismus gesäubert werden sollte, sondern überhaupt „von allen landfremden Elementen". Die Erneuerung der bayerischen Staatsbürgerschaft, die beschleunigte Rückführung der Evakuierten und die dauerhafte politische Entrechtung der Flüchtlinge sollten ebenfalls

---

[67] IfZ-Archiv, Fh 56, Programm des CSU-Ortsverbands Hof, Aufruf des CSU-Kreisverbands Bamberg-Stadt und -Land, undatiert, sowie Programm der Nürnberger CSU.

[68] Vgl. Richard Jaeger, Auf dem Weg zur Demokratie. Gedanken zur bayerischen Selbstbesinnung vom Herbst 1945, in: Lehrjahre der CSU. Eine Nachkriegspartei im Spiegel vertraulicher Berichte an die amerikanische Militärregierung, hrsg. von Klaus-Dietmar Henke und Hans Woller, Stuttgart 1984, S. 145–196; die folgenden Zitate ebenda, S. 152ff., S. 157 und S. 159. Während Jaeger Preußentum und Nationalsozialismus in einem Atemzug nannte, schrieb er dem bayerischen Volk „seit germanischen Zeiten" eine stark demokratische Gesinnung zu. Ebenda, S. 171.

dazu dienen, „Bayern den Bayern“[69] zurückzugeben und seine Souveränität dauerhaft zu sichern.

Für die protestantische Bevölkerung Mittel- und Oberfrankens, die im mehrheitlich evangelischen Reich stets ein Gegengewicht zum katholisch dominierten bayerischen Staat gesehen hatte, stammten derartige Vorstellungen aus dem separatistischen Gruselkabinett. Aber auch viele fränkische und schwäbische Mitbegründer der CSU, die sich zwar als Bayern fühlten, aber stets dem nationalen Gedanken verbunden gewesen waren, konnten damit nur wenig anfangen, selbst dann, wenn sie föderalistische Ideen nicht grundsätzlich ablehnten. Der evangelische Vorsitzende des Bezirksverbands Oberfranken, Georg Barth, in dem bereits das Mißtrauen erwachte, wenn in Stellungnahmen zur staatlichen Neuordnung Deutschlands der Terminus Reich durch den Begriff Bund ersetzt wurde, stellte angesichts der radikal föderalistischen Forderungen aus dem Süden Bayerns gar den Grundkonsens in Frage, auf dem die CSU ruhte:

„Die Union in Bayern gewann in den Wahlen zur verfassunggebenden Landesversammlung – gewisse Persönlichkeiten sagen gern dafür Nationalversammlung! – über 1.600.000 Stimmen. Rund 400.000 Wähler haben sich also mit den Anhängern der einstigen BVP zusammengefunden. Es ist der christliche Grundgedanke, der bewußt oder gefühlt einigend wirkt; es ist darüber hinaus die immer wieder gegebene ehrliche Versicherung, daß die BVP tot ist, daß deren Gedankengut 1933 überrollt und damit endgültig versunken ist. Eine Reihe von Beobachtungen aber drängt die Frage auf, die nicht mehr unterdrückt werden kann: Ist die BVP wirklich tot? Ist es für viele nicht nur eine Änderung des Firmenschildes, wenn man heute unter dem guten Namen der Union die alten hausbackenen politischen Ziele der BVP verfolgt?“[70]

Die frühen Programmentwürfe und öffentlichen Aufrufe des Münchner Gründerkreises, die als Orientierungspunkte für eine künftige Partei auf Landesebene gedacht waren, verraten nur wenig von der stark bayerisch-föderalistischen, antipreußischen Gesinnung vieler Gründungsmitglieder. Diesen programmatischen Texten, die all denen entgegenkamen, die vor 1933 den Reichsvorbehalt der BVP abgelehnt hatten und die nun für die neue Sammlungspartei gewonnen werden sollten, ist ihr Kompromißcharakter deutlich anzumerken. Das „Grundsatz-Programm einer Christlich-Demokratischen Volkspartei in Bayern“ aus den ersten Septembertagen des Jahres 1945 gab sich beispielsweise mit der Forderung zufrieden, ein neuer deutscher Staat müsse von unten nach oben aufgebaut werden, auf einer „gebietsmässig und kräftemässig ausgeglichenen föderativen Grundlage“ beruhen und Bayern als geschlossenem staatlichen Gebilde die freie „Entfaltung seiner kulturellen Kräfte“ ermöglichen. Zugleich sah man in der „Aufrechterhaltung aller bei Deutschland verbleibenden Gebiete“ eine entscheidende Voraussetzung für den Neuanfang[71]. Auch die staatspolitischen Leitsät-

[69] So lautete eine der wichtigsten Forderungen des allgemeinen Programms der BVP, in: Im Zeichen des Föderalismus. Programme und Programmatisches der Bayerischen Volkspartei, München 1924, S. 3–7, hier S. 6.

[70] ACSP, NL Müller 5, Memorandum Georg Barths „Ist die Bayerische Volkspartei tot?“ vom 17. 7. 1946.

[71] BayHStA, NL Pfeiffer 41, „Grundsatz-Programm einer Christlich-Demokratischen Volkspartei in Bayern“ vom September 1945; auch abgedruckt in: Andreas Kraus (Hrsg.), Land und Reich, Stamm und Nation. Probleme und Perspektiven bayerischer Geschichte. Festgabe für Max Spindler zum 90. Geburtstag, Bd. 3: Vom Vormärz bis zur Gegenwart, München 1984, S. 469ff. Eine ähnliche Formulierung findet sich in dem Aufruf „Bayerische Christlich-Soziale Union“, dessen erster Entwurf (BayHStA, NL Pfeiffer 41) vom 10. 9. 1945 datiert; Entwurf und publizierte Fassung abgedruckt in: Christiane Reuter, „Graue Eminenz der bayerischen Politik“. Eine politische Biographie Anton Pfeiffers (1888–1957), München 1987, S. 322–329.

ze des ersten offiziellen Programms der CSU, der „Zehn Punkte der Christlich-Sozialen Union" vom 31. Dezember 1945, klangen moderat. An wenig exponierter Stelle fanden sich dort die Forderungen nach der föderativen „Neugestaltung des Reiches, Stärkung der Verantwortlichkeit der Länder und Selbstverwaltungskörper, Pflege der besonderen Belange unserer bayerischen Heimat"[72]. Solche eher unverbindlichen Formulierungen spiegeln aber weniger die tatsächliche Kompromißbereitschaft im heterogenen Münchner Gründerkreis wider als das Kräfteverhältnis zwischen den Verfechtern der Unionsidee um den gemäßigt föderalistischen, aber stets über Bayern hinaus denkenden Josef Müller und den Anhängern der ehemaligen BVP. Wie die BVP-Traditionalisten wirklich dachten, zeigt ein Programmentwurf, der wohl Ende September 1945 von Anton Pfeiffer als Alternative zu den Überlegungen des Müller-Kreises verfaßt wurde und in vielem an die Forderungen Richard Jaegers erinnerte[73].

Wie die weitere Entwicklung zeigte, waren die unterschiedlichen Positionen kaum miteinander zu vereinbaren. Zu groß war das gegenseitige Mißtrauen, zu schwer wogen die tiefgreifenden Differenzen, die die historisch gewachsenen Spannungslinien offen zutage treten ließen. In der „bayerischen Frage" waren die verschiedenen Gruppierungen in der CSU lange Zeit nur zu Formelkompromissen fähig, über deren Ausgestaltung immer wieder erbittert gerungen wurde. Zumindest für Teile der CSU „bedeutete der Föderalismus das Kernstück aller Politik", und nahezu „alle innerparteilichen Schlachten wurden im Zeichen der Alternative Föderalismus – Zentralismus geschlagen"[74].

Die Auseinandersetzungen über die „bayerische Frage" erschöpften sich jedoch nicht in Debatten über die Stellung Bayerns in einem künftigen deutschen Staat. Sie waren vielmehr untrennbar verknüpft mit dem Konflikt, der sich an der Streitfrage entzündete, wie das Verhältnis der CSU zu den Unionsparteien in den anderen Teilen Deutschlands gestaltet werden sollte[75]. Josef Müller stellte seiner im Vergleich zu den Vertretern der innerparteilichen Opposition geradezu deutschen und europäischen Orientierung eine entsprechende organisationspolitische Konzeption zur Seite. Eine „Reichspartei im früheren Sinne" lehnte Müller ab. Er forderte dagegen einen organisatorischen Rahmen auf der Basis starker Landesverbände mit einem Parteivorstand, in dem die einzelnen Landesvorsitzenden eine dominierende Rolle spielen sollten[76]. Auf längere Sicht sah Müller die CSU als Landesverband in einer künftigen – wenn auch stark dezentralisierten – gesamtdeutschen Unionspartei.

Im April 1946 forcierte Müller den Versuch, die Unionsparteien der US-Zone ähnlich wie in der britischen Besatzungszone zu einem Zonenverband zusammenzufas-

---

[72] Abgedruckt in: Protokolle und Materialien, S. 1713f. Vgl. dazu Mintzel, Geschichte der CSU, S. 205ff., und die anderslautende, aber plausiblere Interpretation von Konrad Repgen, Über die Anfänge des CSU-Programms von 1945, in: Kraus (Hrsg.), Land und Reich, Bd. 3, S. 459–471, hier S. 461.

[73] BayHStA, NL Pfeiffer 41, ungezeichneter, undatierter Programmentwurf; eine ähnliche Stoßrichtung weist auch das vorläufige Programm der Münchner CSU auf (NL Pfeiffer 41, im Entwurf NL Pfeiffer 142), das im November 1945 dem Lizenzierungsantrag beigelegt wurde.

[74] Günter Müchler, CDU/CSU. Das schwierige Bündnis, München 1976, S. 24.

[75] Vgl. Mintzel, CSU, in: ders./Oberreuter (Hrsg.), Parteien in der BRD, S. 201.

[76] Vgl. Josef Müller, Maximen der Unionspolitik, in: Unsere soziale Revolution, München 1948, S. 3–7, hier S. 5f., und das Protokoll der Sitzung des Landesarbeitsausschusses der CSU am 1. 5. 1946 in München, in: Protokolle und Materialien, S. 201.

sen[77]. Obwohl zunächst Einigung über eine Zonenpartei mit der Bezeichnung Christliche Union erzielt werden konnte, kam das Projekt, die CSU in eine umfassendere organisatorische Konstruktion einzubinden, nicht zustande. Bald auftretende Bedenken gegen die mühsam austarierte Kompromißformel und persönliche Rivalitäten dürften dafür verantwortlich gewesen sein, daß diese Initiative zunächst im Sande verlief[78]. Als die Vorsitzenden der süddeutschen Unionsparteien im September einen weiteren Versuch unternahmen, scheiterte der Plan erneut. Diesmal sprach sich auch Josef Müller dagegen aus[79], da sich in der Zwischenzeit Veränderungen im Kräfteverhältnis innerhalb der CSU ergeben hatten, die den Landesvorsitzenden dazu zwangen, der stärker werdenden innerparteilichen Opposition Tribut zu zollen[80].

Waren die Außenbeziehungen der Partei in den ersten Monaten des Jahres 1946 noch weitgehend Monopol des vorläufigen Landesvorsitzenden, so versuchten die Gegenspieler Müllers im Vorfeld der ersten ordentlichen Landesversammlung im Mai 1946, sein diesbezügliches Engagement stärker als bisher zu kontrollieren und an die vorläufigen Führungsgremien der Partei zu binden[81]. In dieser Frage kam es zu einer für die Parteiführung um Josef Müller unbequemen Koalition zwischen den Exponenten des katholisch-konservativen Parteiflügels und prominenten bäuerlichen Interessenvertretern, die jede potentielle Einschränkung der Selbständigkeit der CSU ebenso mit Mißtrauen betrachteten wie Aktivitäten, die ihrer Meinung nach zu einer Gefahr für die bayerische Eigenstaatlichkeit werden konnten. Es war Michael Horlacher, der diesen Bedenken vor dem Landesarbeitsausschuß der CSU Ausdruck gab:

„Ich habe Verständnis, wenn die Berliner Unterstützung brauchen, aber uns dürfen sie nicht mehr überspielen. Diesen Zustand mache ich nicht mehr mit, ich bin kein Preußenfeind, ich bin ein Freund aller Demokraten Deutschlands. Aber nach dem Zerfall Preußens muß die Geschichte von 1860 bis 1945 zurückrevidiert werden. Es muß der Süden des Reiches eine beherrschende Rolle im ganzen Reich gewinnen."[82]

Die Konsequenz, die Horlacher daraus für das Verhältnis der einzelnen Unionsparteien zog, war eindeutig: „Darum die Frage der Verhandlungen mit anderen Zonen nur in der Form von Arbeitsgemeinschaften".

[77] Vgl. hierzu Müchler, Zum frühen Verhältnis, S. 602, und Henning Köhler, Adenauer. Eine politische Biographie, Frankfurt am Main, Berlin 1994, S. 418ff.

[78] Vgl. dazu auch das Schreiben Adenauers „An die Teilnehmer eines bizonalen CDU/CSU-Treffens in Stuttgart" vom 8. 4. 1946 und die Aktennotiz Konrad Adenauers vom 6. 4. 1946, in: Adenauer. Briefe 1945–1947, bearb. von Hans Peter Mensing, Berlin 1983, S. 202–205 bzw. S. 208f.

[79] Im Entwurf eines Schreibens an Konrad Adenauer (ACSP, NL Müller 410/6) betonte Müller im August 1946: „Ich sprach mich gegen eine Gründung der Partei auf U. S. Zonenbasis aus. Ich bin der Auffassung, dass die Entwicklung schon darüber hinweggegangen ist.Wir müssen der Lösung auf gesamtdeutscher Basis nähertreten."

[80] Unterstützt von Müller führte August Haußleiter am 28. 2. 1947 vor den Mitgliedern des Landesvorstands der CSU aus (ACSP, NL Müller 9): „In der amerikanischen Zone allein sind die Länder die Träger der politischen Entwicklung. Nur in der amerikanischen Zone spielen die Landtage eine große Rolle. Da wir ein föderalistisch gegliedertes Deutschland haben, wollen wir auch eine föderalistische Gliederung der Organe der Union Deutschlands. Eine zentralistisch organisierte Partei wird unvermeidlich den zentralistischen Staat ansteuern. Daher ist eine föderalistische Gliederung der Union wichtig. Bayern will die Zonenorganisation, die unnatürlich ist, ausschalten und [die] Länder herausarbeiten."

[81] Vgl. Mintzel, Anatomie, S. 251–270.

[82] Protokoll der Sitzung des Landesarbeitsausschusses der CSU am 1. 5. 1946 in München, in: Protokolle und Materialien, S. 200; das folgende Zitat ebenda.

Das organisatorische Prinzip einer Arbeitsgemeinschaft der Unionsparteien war auch das Kernstück der Resolution, die Joseph Baumgartner am 17. Mai 1946 den Delegierten der Landesversammlung vorlegte. Die Initiatoren forderten die Landesversammlung auf, „eine Christlich-Soziale Union als Einheitspartei der Christlich-Sozialen Unionen für ganz Deutschland" abzulehnen und lediglich der Bildung einer Arbeitsgemeinschaft zuzustimmen, die die „Selbständigkeit der einzelnen Christlich-Sozialen Unionen [...] auf jeden Fall [...] unberührt" ließe[83]. Zwar gelang es Müller, diesen Antrag von der Tagesordnung abzusetzen[84], aber die innerparteiliche Opposition hatte aufgezeigt, wo für sie die Grenze der Kooperation mit den Schwesterparteien in den anderen Teilen Deutschlands lag[85]. Solchen Bedenken und Warnungen mußte Josef Müller um so mehr Rechnung tragen, als sich in der zweiten Hälfte des Jahres 1946 mit den Fraktionen in der Verfassunggebenden Landesversammlung und dann vor allem im Landtag alternative Entscheidungszentren innerhalb der CSU herausbildeten, die den Handlungsspielraum der Parteiführung mehr und mehr einschränkten[86]. Nachdem der Parteivorsitzende bei der Regierungsbildung im Dezember 1946 von seinen innerparteilichen Gegnern im Verein mit Teilen der SPD überspielt worden war, wurde es für die CSU-Führung zunehmend schwieriger, ihren Einfluß auf politische Grundsatzentscheidungen geltend zu machen. Auch die Tatsache, daß mit Hans Ehard ein CSU-Politiker das Amt des Ministerpräsidenten bekleidete, der die Förderung und Verteidigung föderalistischer Prinzipien auf seine Fahnen geschrieben hatte, trug nicht dazu bei, die Position Müllers zu stärken. Die Prärogative des bayerischen Ministerpräsidenten und seines wichtigsten politischen Koordinierungsinstruments, der Staatskanzlei, auf dem Feld der bayerischen Außenbeziehungen blieb auch nach dem Eintritt Josef Müllers in das zweite Kabinett Ehard im September 1947 erhalten[87].

Die Entwicklung der CSU zur autonomen Landespartei, so könnte man bilanzieren, begann bereits 1946 und war weitgehend zementiert, als die Bayernpartei im Frühjahr 1948 landesweit lizenziert wurde. Dabei ging die Verfestigung dieser Sonderrolle Hand in Hand mit der Erosion der innerparteilichen Machtstellung Josef Müllers[88]. Hans Ehard, längst schon zu einem der Meinungsführer in der CSU avanciert, defi-

---

[83] IfZ-Archiv, ED 132 NL Baumgartner 2, Resolution für die Landesversammlung der CSU am 17. 5. 1946 in München. Zu den 15 Unterzeichnern gehörten neben Landwirtschaftsminister Baumgartner u. a. Michael Horlacher, Alois Schlögl und Fridolin Rothermel, drei der einflußreichsten Vertreter des Bayerischen Bauernverbands.

[84] Zum Verlauf der Debatte vgl. das Protokoll der Landesversammlung der CSU am 17. 5. 1946 in München, in: Protokolle und Materialien, S. 257–263.

[85] Zur Arbeitsgemeinschaft der CDU/CSU Deutschlands vgl. Die Unionsparteien 1946–1950. Protokolle der Arbeitsgemeinschaft der CDU/CSU Deutschlands und der Konferenzen der Landesvorsitzenden, bearb. von Brigitte Kaff, Düsseldorf 1991, S. IX-XXIV.

[86] Am 6. September versuchte Müller, die mißtrauischen Mitglieder des Landesausschusses zu beruhigen, wobei er seinen Kontrahenten durchaus entgegenkam, ohne allerdings sein Hauptziel aufzugeben: „Ich darf nochmals feststellen: Auch die Union, die eines Tages für Deutschland entstehen wird, die jetzt zunächst durch eine Arbeitsgemeinschaft repräsentiert ist, wird auf föderalistischer Basis aufgebaut sein, als eine Zusammenfassung von gleichberechtigten Unionen. Ich habe klargestellt, daß es ausgeschlossen ist, daß wir in dieser Hinsicht unsere Selbständigkeit aufgeben könnten oder auch nur unseren Namen ändern würden." Protokoll der Sitzung des Landesausschusses der CSU am 6. 9. 1946 in München, in: Protokolle und Materialien, S. 542.

[87] Vgl. Karl-Ulrich Gelberg, Hans Ehard. Die föderalistische Politik des bayerischen Ministerpräsidenten 1946–1954, Düsseldorf 1992, S. 48f.

[88] Vgl. dagegen die teilweise anderslautenden Ausführungen von Müchler, Zum frühen Verhältnis, S. 595 und S. 606.

nierte auf der Landesversammlung im Januar 1948 das Verhältnis der CSU zu den anderen Unionsparteien folgendermaßen: Die CSU sei eine „bayerische Partei mit einer bayerischen Zielsetzung". Ihre Politik bedürfe daher

„eigenständiger politischer Organisationen, die in sich selbst ruhen und ihre politischen Impulse aus sich selbst empfangen; das heißt, wir brauchen eine Landespartei, die ihre oberste Instanz in sich selbst hat und die frei ist von irgendwelchen Weisungen, die von außen an sie kommen. (Beifall.) Die Christlich-Soziale Union ist als eine selbständige Landespartei gegründet, und es widerspräche ihrem natürlichen Entwicklungsgesetz, nach dem sie angetreten ist, wollte man sie etwa in ein Teilstück einer Reichspartei umwandeln. (Erneuter Beifall.) Reichsparteien entstehen [...] immer unter dem Einfluß zentralistischer Tendenzen."[89]

Damit war klar ausgedrückt, welche Rolle der CSU im föderalistischen Kalkül Hans Ehards zukam: Als autonome Landespartei sollte sie sowohl ein sichtbares Zeichen als auch ein wirksames Instrument bayerischer Eigenstaatlichkeit sein, deren Verwirklichung und Sicherung Persönlichkeiten wie Ehard, Hundhammer oder Pfeiffer auf ihre Fahnen geschrieben hatten.

### *c) Sammlungskonzept und Sozialismusfurcht*

Angesichts der historischen Hypotheken, mit denen die neu gegründete Partei von Anfang an belastet war, und angesichts der erbitterten Führungs- und Flügelkämpfe, die daraus resultierten, erscheint es auf den ersten Blick erstaunlich, daß die CSU nicht zerbrach, sondern ihre organisatorische Einheit allen Wirren zum Trotz wahren konnte. Unter diesen Auspizien übersieht man jedoch leicht, wie groß auch die Gemeinsamkeiten waren, die die Gründung der CSU als interkonfessionelle Sammlungspartei überhaupt erst ermöglichten und die Partei später zusammenhielten[90]. Die inneren Bindungskräfte waren immerhin stark genug, um die Kontrahenten auch in schier ausweglosen Situationen vor dem offenen Bruch zurückschrecken zu lassen. Aus berechtigter Furcht, ihre Mitstreiter könnten ihnen in letzter Konsequenz die Gefolgschaft verweigern, wagten es weder die Exponenten des Müller-Flügels noch ihre katholisch-konservativen Gegenspieler, die Spaltung der Partei zu riskieren.

Was hielt nun die so zerrissene CSU im Innersten zusammen[91]? Da war einmal die Idee, Katholiken und Protestanten, Konservative und Liberale, Bürger, Arbeiter und Bauern in einer Partei der Sammlung auf der Basis des christlichen Sittengesetzes zusammenzuführen, von der die Union getragen wurde[92]. Ob ihnen der Unionsgedanke

---

[89] Protokoll der Landesversammlung der CSU am 24./25. 1. 1948 in Marktredwitz, in: Protokolle und Materialien, S. 1493f.

[90] So erklärte beispielsweise Franz Josef Strauß, nachdem die Delegierten der Landesversammlung seinen Mentor Josef Müller im Mai 1949 als Parteivorsitzenden abgewählt hatten: „Schon oft hat es so ausgesehen, als gehe die Partei auseinander, schon oft ist sie als dem Zusammenbruch nahe erklärt worden. Aber das ist gerade das Erstaunliche und Große an der Union, daß sie trotz aller Risse und Streitigkeiten und Schwierigkeiten immer wieder an der Idee fest- und zusammengehalten hat, daß immer wieder die Idee der Union stärker war als die Kräfte, die sie auseinanderreissen wollten." IfZ-Archiv, ED 720 Smlg. Mintzel 46, Protokoll der Sitzung des Vorstands des CSU-Bezirksverbands Schwaben am 11.6. 1949.

[91] Zu nennen wäre in diesem Zusammenhang auch die Rolle der Militärregierung; vgl. S. 64f.

[92] In einem Bericht des amerikanischen Geheimdienstes OSS über ein Gespräch mit einem ungenannten Mitglied der Münchner Stadtverwaltung, das vor 1933 der BVP angehört hatte, heißt es: „He felt that the BVP would be revived to represent the buergerlich Christian bloc of the population, but suggested that its base be broadened to appeal to both Catholics and Protestants. He claimed

wirklich am Herzen lag oder ob sie ihn aus taktischen Erwägungen befürworteten[93]: Den Mitbegründern der CSU war in ihrer überwiegenden Mehrheit klar, daß die Neuauflage der 1933 untergegangenen Parteien auch zu einer Neuauflage der als verhängnisvoll erkannten Zersplitterung der Parteienlandschaft führen mußte[94] und daß eine breit angelegte Sammlungsbewegung naturgemäß die besten Chancen hatte, den politischen Neubeginn nach den eigenen Vorstellungen zu gestalten. Dazu kam ein weiterer wichtiger Punkt: die weit verbreitete Furcht vor einem Linksrutsch und vor einer Radikalisierung der Bevölkerung, die den Zusammenschluß aller nicht- bzw. antisozialistischen Kräfte zu einer verlockenden Vorstellung werden ließ. Josef Müller versuchte, diese Sozialismusängste in seinem Sinne zu instrumentalisieren. Wenn man die Situation geschickt ausnütze, so vertraute Müller Ende 1945 einem Vertreter der Militärregierung an, sei es möglich, den verschiedenen Zirkeln „die Notwendigkeit einer alle Gruppen umfassenden christlichen Partei soweit" klarzumachen, „daß sie wenigstens dieses eine Mal zusammengingen". Er fürchtete jedoch zugleich, die neue Partei könne zerbrechen, „wenn die anfängliche Furcht vor der Linken nachlasse"[95].

Wie die ersten Wahlen im Frühjahr 1946 zeigten, erwies sich die Angst vor einem galoppierenden Linksradikalismus als unbegründet[96]. Die Ereignisse in der SBZ – Repressionen gegen die CDU oder die (Zwangs-)Vereinigung von SPD und KPD – hielten die antisozialistischen und antikommunistischen Affekte in der bayerischen Unionspartei aber ebenso wach wie die immer schärferen Auseinandersetzungen zwischen den westlichen Alliierten und der Sowjetunion im Zeichen des beginnenden Kalten Krieges[97]. Der Rekurs auf linke Feindbilder diente in der CSU so stets einem doppelten Zweck: zum einen der Mobilisierung von Wählern und Mitgliedern, zum anderen der Stärkung des zeitweise ungenügenden innerparteilichen Zusammenhalts. Prälat Georg Meixner, zu dieser Zeit Vorsitzender der CSU-Landtagsfraktion, ging 1954 sogar so weit, die Notwendigkeit einer interkonfessionellen Partei mit der kommunistischen Bedrohung zu begründen. Meixner erklärte vor dem Landesausschuß:

---

that [ein Wort unleserlich] strife had been largely overcome during the Nazi regime." IfZ-Archiv, Smlg. Henke, „Interview with BVP Municipal Official (Munich)", 5. 6. 1946; das Gespräch fand bereits am 30. Mai statt.

93 Daß das Konzept, die alten Parteigrenzen aus der Zeit vor 1933 durch eine breit angelegte Sammlungspartei zu überwinden, bei den meisten Mitbegründern der CSU Anklang fand, heißt nicht, daß man sich darüber einig gewesen wäre, welche politischen Strömungen in der neu zu gründenden Partei zusammengefaßt werden sollten.

94 Vgl. z. B. Stegerwald, Wohin gehen wir, S. 5.

95 Die politischen Parteien in Bayern – Tendenzen im Landesmaßstab (8. 11. 1945), in: Zwischen Befreiung und Besatzung. Analysen des US-Geheimdienstes über Positionen und Strukturen deutscher Politik 1945, hrsg. von Ulrich Borsdorf und Lutz Niethammer, Wuppertal 1976, S. 229–253, hier S. 234 f. Zusammenfassend wurde noch einmal festgestellt, die „Ablehnung des Sozialismus sei das einzige Mittel, um die auseinanderstrebenden Elemente der Union zusammenzuhalten."

96 Bei den Gemeindewahlen am 27. 1. 1946 erreichte die SPD 16,6 Prozent und die KPD nur 2,3 Prozent, bei den Wahlen auf Landkreisebene am 28. 4. 1946 22,9 und 3,9 Prozent und sogar bei den Stadtkreiswahlen am 26. 5. 1946 blieben die SPD (38,0 Prozent) und die KPD (6,9 Prozent) hinter der CSU (45,1 Prozent) zurück. Angaben nach der Tabelle bei Benz, Parteigündungen und erste Wahlen, in: ders. (Hrsg.), Neuanfang in Bayern, S. 35.

97 Eine Vielzahl von Belegen dafür bieten die Protokolle der Führungsgremien der CSU aus den Jahren 1946–1948; vgl. z. B. die Ausführungen August Haußleiters vor dem Landesausschuß am 6. 9. 1946, in: Protokolle und Materialien, S. 531 f.

„Auf politischem Feld aber haben wir uns zu gemeinsamen Tun [und] zu gemeinsamer Abwehr des beide Konfessionen und Kirchen in gleicher Weise bedrohenden atheistischen Kommunismus zusammengefunden. Und daß dies ein Gebot der Stunde und angesichts der derzeitigen Weltlage eine dringende Notwendigkeit ist – ich glaube, das bedarf keines weiteren Beweises."[98]

### *d) Die totalitäre Erfahrung als Voraussetzung der Unionsgründung und ihre Instrumentalisierung in den Führungs- und Flügelkämpfen*

Auch wenn die Auseinandersetzung mit den sozialistischen Parteien in den letzten Monaten des Jahres 1945 mehr und mehr an Bedeutung gewann, darf man doch nicht übersehen, daß die CSU nicht nur als Gegengewicht zu SPD und KPD gegründet wurde, sondern auch und vor allem als Antwort auf die totalitäre Erfahrung des Dritten Reiches. Die nationalsozialistische Diktatur und die Folgen des Zweiten Weltkriegs bildeten den Ausgangspunkt aller wichtigen programmatischen Texte aus den Gründungstagen der bayerischen Unionspartei. Die kompromißlose Ablehnung von Ideologie und Herrschaftspraxis des NS-Staates ging Hand in Hand mit einer Absage an jede Form von Militarismus, Expansionismus oder übersteigertem Nationalismus, und auch in den Kristallisationskernen der CSU begriff man den Nationalsozialismus – wie jede Form totalitärer Herrschaft – als „schuldhafte Verirrung in materialistisches und kollektivistisches Denken und Verhalten"[99]. Freilich gingen die Mitbegründer der CSU nicht überall so weit wie im niederbayerischen Rottenburg, wo die Bevölkerung in einem Aufruf mit deutlichen Worten daran erinnert wurde, wie tief das NS-Regime in der deutschen Gesellschaft verankert gewesen sei:

„Die ganze Welt mußte sich erheben gegen diese abscheulichste Tyrannei, die je die Weltgeschichte geschaut. [...] Wie war das alles möglich? Gestehen wir es ein! Weil eine übergroße Mehrheit unseres Volkes, unpolitisch in jeder Form, gleichgültig und gedankenlos, ohne Ernst und Verantwortungsbewußtsein, ohne inneren sittlichen Halt und ohne bürgerlichen Mut, ohne Gefühl für die Wahrheit, Recht und Gerechtigkeit und staatsbürgerliche Wohlanständigkeit den Hetzern und Maulhelden nachlief, gleichgültig und sogar wohlgefällig einen Teil seiner besten Männer in den Kot ziehen und vergewaltigen ließ, gedanken- und verantwortungslos wirtschaftliche und moralische Bankrotteure auf den Schild erhob und ihre zeitweiligen Erfolge anbetete, dem Radikalismus und der brutalsten Vergewaltigung Andersdenkender laut zujubelte oder wenigstens heimlich zunickte, feige und unentschlossen sich vor jeder Drohung oder Gewaltanwendung niederbückte, um eines scheinbaren oder wirklichen Vorteiles willen Haltung und Gesicht verlor und – ohne Bedenken aus Eigennutz – nicht selten um eines Groschen Gewinnes oder Verlustes willen – die eigene Seele verkaufte."[100]

Solche Passagen, die sich in abgewandelter und abgeschwächter Form in vielen Programmen der ersten Stunde finden, waren nicht nur leere Worte oder ein Tribut an die amerikanische Besatzungsmacht. Sie waren auch Ausdruck eines ernsthaften Bemühens, die Überreste des Nationalsozialismus zu beseitigen. Daß man die Notwendigkeit einer politischen Säuberung nirgendwo bestritt und der Forderung nach Be-

---

[98] ACSP, CSU-LL, Protokoll der Sitzung des Landesausschusses der CSU am 3. 7. 1954 in Landshut.

[99] Kleinmann, Geschichte der CDU, S. 80; vgl. auch Maria Mitchell, Materialism and Secularism: CDU Politicians and National Socialism 1945–1949, in: JMH 67 (1995), S. 278–308.

[100] BayHStA, NL Pfeiffer 144, Aufruf der Christlich-Sozialen Volkspartei in Bayern (Landkreis Rottenburg an der Laaber), undatiert; fast identische Formulierungen finden sich im Aufruf der CSU „An alle wahlfähigen Männer und Frauen des Landkreises Marktheidenfeld" vom Dezember 1945/Januar 1946; IfZ-Archiv, Fh 56.

strafung der Schuldigen wiederholt erste Priorität einräumte[101], hieß jedoch nicht, daß die führenden Vertreter der CSU den diesbezüglichen Initiativen der Militärregierung kritiklos gegenüberstanden. Im Gegenteil, die Frage der Entnazifizierung, deren Praxis beispielsweise von Josef Müller wiederholt abgelehnt und angeprangert wurde, entwickelte sich 1946 zu einem zentralen Konfliktfeld zwischen den Besatzungsbehörden und der bayerischen Unionspartei[102].

Dessen ungeachtet gehörten die totalitäre Erfahrung und der daraus resultierende antinationalsozialistische Impuls sicherlich zu den Gegengewichten, die die zentrifugalen Wirkungen der Führungs- und Flügelkämpfe ausbalancierten. Verfolgung, Unterdrückung und Widerstand mußten zwar nicht unbedingt zur Veränderung bestehender politischer Überzeugungen führen; der gemeinsame Erfahrungshorizont erleichterte jedoch 1945 den Dialog zwischen Menschen, die vor 1933 in unterschiedlichen politischen Lagern gestanden hatten und nun in einer Partei zusammenarbeiten wollten, und ermöglichte später manchen Kompromiß.

Die Frage, in welchem Ausmaß die Mitbegründer der CSU mit dem nationalsozialistischen Regime in Konflikt geraten waren, ließ sich bisher nur ansatzweise beantworten[103]. Einer breiteren Öffentlichkeit sind nur wenige prominente Politiker der bayerischen Unionspartei bekannt, die Verfolgungsmaßnahmen ausgesetzt gewesen waren oder der braunen Diktatur aktiven Widerstand entgegengesetzt hatten[104]. Dagegen weiß man kaum etwas darüber, wie die Träger der neuen Partei auf regionaler oder lokaler Ebene die NS-Zeit erlebt hatten, wie viele von ihnen in die Mühlen des Herrschafts- und Unterdrückungsapparats geraten waren oder welche Konzessionen sie den neuen Machthabern gegenüber gemacht hatten. Um etwas Licht in das Dunkel

[101] So beispielsweise im ersten Punkt des Aufrufs der Bayerischen Christlich-Sozialen Union vom September oder Oktober 1945 (abgedruckt in: Protokolle und Materialien, S. 1708ff.), der auf eine frühere Fassung im „Grundsatz-Programm einer Christlich-Demokratischen Volkspartei in Bayern" vom September 1945 zurückgeht (BayHStA, NL Pfeiffer 41). Zugleich wurde schon früh der Gedanke der Rehabilitierung und Integration von Mitläufern in die neu zu schaffende demokratische Gesellschaft geäußert. So heißt es in der Denkschrift Richard Jaegers vom Herbst 1945: „Ziel der Säuberung ist die Liquidation des Nationalsozialismus, nicht aber die der Nationalsozialisten. [...] Am Ende aber müssen alle Nationalsozialisten, an deren Händen keine Blutschuld klebt, für die Demokratie gewonnen werden." Lehrjahre, S. 159.

[102] Vgl. dazu Lutz Niethammer, Die Mitläuferfabrik. Die Entnazifizierung am Beispiel Bayerns, Berlin, Bonn 1982, insbesondere S. 219–225, und Friedrich Hermann Hettler, Josef Müller („Ochsensepp"). Mann des Widerstandes und erster CSU-Vorsitzender, München 1991, S. 266–269, sowie Reuter, Anton Pfeiffer, S. 104–115. Vgl. auch die Diskussionen in den Führungsgremien der CSU, beispielsweise im Erweiterten Landesausschuß am 6. 7. 1946 oder im Landesausschuß am 4. 10. 1946; in: Protokolle und Materialien, S. 481–488 bzw. S. 648–670, sowie IfZ-Archiv, RG 260, 11/35–2/9, Bericht Erwin Wendts „Josef Mueller's (CSU Bavaria) View on Denazification" vom 18. 6. 1946, und ACSP, NL Müller 1, Gedanken Josef Müllers zur Regierungsbildung im September 1945.

[103] Becker, Gründung und Wurzeln, in: Geschichte einer Volkspartei, S. 71, kommt nach einer Untersuchung von Einzelfällen zu dem bedenkenswerten Schluß, die „persönlichen Lebensschicksale von Unionsgründern unterschiedlicher Herkunft in Bayern" zeigten „die bewußtseinsbildende Bedeutung der Auseinandersetzung mit dem Nationalsozialismus". Ob man angesichts der Forschungslage aber so weit gehen kann zu behaupten, daß in den Reihen der Unionsgründer in Bayern „die Verhaltensformen des Widerstands" bzw. „der Verweigerung oder der Nichtanpassung" *dominierten*, ist fraglich.

[104] Vgl. z. B. Hettler, Josef Müller, S. 56–199, oder Bernhard Zittel, Alois Hundhammer (1900–1974), in: Jürgen Aretz, Rudolf Morsey, Anton Rauscher (Hrsg.), Zeitgeschichte in Lebensbildern. Aus dem deutschen Katholizismus des 19. und 20. Jahrhunderts, Bd. 5, Mainz 1982, S. 253–265, hier S. 261f. Einiges auch bei Klaus Schönhoven, Der politische Katholizismus in Bayern unter der NS-Herrschaft 1933–1945, in: Martin Broszat, Hartmut Mehringer (Hrsg.), Bayern in der NS-Zeit, Bd. 5: Die Parteien KPD, SPD, BVP in Verfolgung und Widerstand, München, Wien 1983, S. 541–646.

zu bringen, sollen im folgenden die Biographien der Personen, die zwischen Januar und Oktober 1946 dem (Erweiterten) Landesausschuß der CSU angehörten, unter dieser Fragestellung untersucht werden. Der (Erweiterte) Landesausschuß war die erste landesweite Vertretung der bayerischen Unionspartei, noch bevor die Delegierten am 17. Mai 1946 erstmals zu einem ordentlichen Parteitag zusammentraten. Dort wurden alle wichtigen politischen und organisatorischen Probleme beraten, oft kontrovers diskutiert und vielfach auch entschieden. Dem (Erweiterten) Landesausschuß gehörten neben den Vertretern des Münchner Gründerkreises und den CSU-Mitgliedern, die Ministerpräsident Hoegner in sein Kabinett berufen hatte, Delegierte aus allen Bezirksverbänden an. Auch wenn diese auf Landesebene nicht weiter hervortraten, nahmen sie in ihrem Wirkungskreis oftmals wichtige Funktionen wahr; sie prägten das Bild der CSU in den Orts- und Kreisverbänden und agierten immer wieder als Stellvertreter der eigentlichen Kontrahenten in den Auseinandersetzungen, von denen die Frühgeschichte der CSU gekennzeichnet ist[105].

Von den ca. 220 Delegierten und Gästen, die zwischen Januar und Oktober 1946 an den Tagungen des (Erweiterten) Landesausschusses teilnahmen, konnten 178 mehr oder weniger vollständig erfaßt werden. Davon kamen mindestens 95 Personen, also immerhin mehr als die Hälfte, in der einen oder anderen Weise mit dem nationalsozialistischen Herrschaftssystem in Konflikt[106]; bei weiteren legt die Biographie – politische Betätigung oder Aktivitäten in kirchlichen Organisationen – die Vermutung von Verfolgung oder nicht systemkonformem Verhalten nahe, ohne daß dies explizit nachzuweisen ist. 61 Männer und Frauen wurden zwischen 1933 und 1945 zum Teil wiederholt verhaftet und zumeist für mehrere Wochen in „Schutzhaft" gehalten. Oft genug beglichen die NS-Schergen dabei blutig und gnadenlos die Rechnungen, die aus der Zeit der sich mehr und mehr radikalisierenden politischen Auseinandersetzungen vor der Machtübernahme Hitlers offengeblieben waren. Alois Hundhammer beispielsweise, als Landtagsabgeordneter der BVP den neuen Machthabern besonders verhaßt, wurde im Konzentrationslager Dachau gequält und gedemütigt[107], sein Fraktionskollege Alois Schlögl entging zwar der Verhaftung, ein Rollkommando der SA aus seinem Stimmkreis Landshut spürte ihn aber im Juni 1933 auf und mißhandelte den Direktor des Niederbayerischen Christlichen Bauernvereins so lange, bis er schwer verletzt und besinnungslos liegen blieb[108].

Ein Teil der Verhafteten kam jedoch nicht mit einigen Wochen „Schutzhaft" davon. Franz Fackler, Franz Liedig, Josef Müller, Emil Muhler[109], Hans Nientimp und Franz Steber saßen für lange Monate, wenn nicht gar Jahre in den Gefängnissen oder Kon-

---

105 Zu Zusammensetzung, Funktion und Stellung des (Erweiterten) Landesausschusses der CSU vgl. S. 69ff. Dort auch Angaben zur Erhebung der biographischen Daten, die – soweit nicht anders angegeben – aus dem Fundus stammen, der für das Dokumentationsprojekt „Protokolle und Materialien zur Frühgeschichte der Christlich-Sozialen Union" zusammengetragen wurde. Alle Zahlenangaben beruhen auf eigenen Recherchen und Berechnungen.

106 Darunter sind die nationalsozialistischen Verfolgungsmaßnahmen in ihrer ganzen Bandbreite sowie alle nachweisbaren Aktivitäten, die gegen das Regime gerichtet waren, zu verstehen.

107 Vgl. Zittel, Alois Hundhammer, in: Aretz/Morsey/Rauscher (Hrsg.), Zeitgeschichte in Lebensbildern, Bd. 5, S. 261.

108 Vgl. Schönhoven, Politischer Katholizismus in Bayern, in: Broszat/Mehringer (Hrsg.), Bayern in der NS-Zeit, Bd. 5, S. 643.

109 Vgl. Otto Gritschneder, Die Akten des Sondergerichts über Stadtpfarrer Dr. Emil Muhler, in: Beiträge zur altbayerischen Kirchengeschichte 29 (1975), S. 125–149.

zentrationslagern des Dritten Reiches ein. Steber trug schwere gesundheitliche Schäden davon[110], Müller wurde wiederholt mit dem Tode bedroht[111], und es grenzt an ein Wunder, daß er nicht dem Furor der Nationalsozialisten zum Opfer fiel, der noch in den letzten Tagen des Krieges so viele Widerstandskämpfer und Regimegegner das Leben kostete[112].

Soweit feststellbar, waren darüber hinaus 46 Personen „nur" oder zusätzlich von beruflicher Benachteiligung betroffen. Die Palette der Diskriminierungen reichte dabei von der Nichtberücksichtigung bei Beförderungen über disziplinarische Maßnahmen und Strafversetzungen bis hin zur Entlassung und zum Verlust der beruflichen Existenz. Besonders hart traf es hauptamtliche Mitarbeiter von politischen Parteien oder gesellschaftlichen Organisationen, die nach 1933 entweder aufgelöst oder in neue Strukturen überführt worden waren. Funktionäre der Christlichen Gewerkschaften wie Hugo Karpf, Lorenz Sedlmayr, Albert Kaifer und Heinrich Krehle hatten ebenso ihren Arbeitsplatz verloren wie führende Repräsentanten der Bayerischen Christlichen Bauernvereine oder die wenigen Angestellten im Generalsekretariat der BVP unter Anton Pfeiffer. Daß dieser Personenkreis oft längere Zeit, ja manchmal mehrere Jahre, arbeitslos war, lag nicht nur an der schwierigen Wirtschaftslage. Mindestens genauso schwer wog die Tatsache, daß viele Arbeitgeber aus Furcht vor Repressalien davor zurückschreckten, ehemalige „Gewerkschafts-Bonzen"[113] oder führende Männer und Frauen der „Systemzeit" einzustellen. Ein Teil der nun stellungslosen Politiker oder Verbandsfunktionäre kam in der katholischen Kirchenverwaltung unter[114], andere – beispielsweise Anton Pfeiffer, der als Beamter unter besonderem Druck der neuen Machthaber stand, oder Joseph Baumgartner, der sich eine neue Existenz als Versicherungsangestellter aufzubauen versuchte – beugten sich vor dem NS-Regime und bekundeten wenigstens äußerlich ihre Loyalität[115]. Wer dazu nicht bereit war, über kein Vermögen verfügte und nicht in seinen angestammten Beruf zurückkehren konnte, mußte demütigende, schlecht bezahlte Hilfsarbeiten übernehmen oder sich in eine ökonomische Nische zurückziehen. So konnten beispielsweise Lorenz Sedlmayr und Alois Hundhammer ein Einzelhandelsgeschäft in München über-

---

110 Vgl. Franz Heubl, Jugend und Demokratie. Erfahrungen nach dem Zusammenbruch, in: Christoph Böhr (Hrsg.), Jugend bewegt Politik. Die Junge Union Deutschlands 1947 bis 1987, Krefeld 1988, S. 69–80, hier S. 73. Steber war Reichsführer der katholischen Sturmschar gewesen und wurde 1937 vom Volksgerichtshof zu fünf Jahren Zuchthaus verurteilt.

111 ACSP, NL Müller 198, Rede Josef Müllers am 28. 5. 1948 in Würzburg.

112 Zu den terroristischen Auswüchsen des NS-Regimes in der Endphase des Krieges vgl. Henke, Amerikanische Besetzung, S. 844–861.

113 BayHStA, NL Sedlmayr 1, Lebenserinnerungen Lorenz Sedlmayrs, abgeschlossen 1968.

114 Beispielsweise Heinrich Krehle, 1930–1933 Landessekretär der Christlichen Gewerkschaften Bayerns, der nach mehrmonatiger Arbeitslosigkeit 1934 bei einem katholischen Kirchensteueramt unterkam. Bei Hugo Karpf hinterließ die Erinnerung daran einen bitteren Beigeschmack: „Die Kirche, d. h. das Würzburger Ordinariat, hat mir in diesen zwölf Jahren [1933–1945] keine Tätigkeit, etwa in einem Kirchensteueramt o. ä., verschafft [. . .] und sich auch sonst mir gegenüber doch recht zurückgehalten, so daß manchmal das bittere Gefühl aufkommen konnte: Der Mohr hat seine Schuldigkeit getan, der Mohr kann gehen." Erinnerungen Hugo Karpfs, in: Abgeordnetete des Deutschen Bundestages. Aufzeichnungen und Erinnerungen, Bd. 3, Boppard am Rhein 1985, S. 88–139, hier S. 105.

115 Vgl. Reuter, Anton Pfeiffer, S. 67f., bzw. BAK, NL Schäffer 17, Bl. 9f., Bayerische Versicherungsbank – Allianz – AG an Fritz Schäffer vom 28. 3. 1946 und dessen Antwortschreiben vom 29. 3. 1946, sowie Bl. 26ff., zusammenfassender und kommentierter Bericht über ein Schreiben Joseph Baumgartners vom November 1933.

nehmen[116], während Hugo Karpf zunächst für den katholischen Begräbnisverein Aschaffenburg und später – obwohl gelernter Schneider – nur als Hilfsarbeiter in einer Textilfabrik tätig war[117].

Doch die Unsicherheit, erneut in die Fänge des Regimes zu geraten, blieb auch nach der Haftentlassung und einer mehr oder weniger gelungenen beruflichen Neuorientierung ein ständiger Begleiter. Rupert Berger, der sich als Vorsitzender der BVP in Traunstein unter den dortigen Nationalsozialisten viele Feinde gemacht hatte, tauchte 1933 zunächst für einige Wochen unter und wurde dann, nachdem er sich den Behörden gestellt hatte, für mehrere Monate im KL Dachau inhaftiert. Da er seine Stellung als Angestellter bei der Allgemeinen Ortskrankenkasse in Traunstein verloren hatte, pachtete er nach seiner Entlassung ein kleines Kolonialwarengeschäft. Doch Berger war den örtlichen NS-Größen nach wie vor ein Dorn im Auge: Im Frühjahr 1934 verübte die SA einen Sprengstoffanschlag auf seinen Laden, der dabei schwer beschädigt wurde. Zudem zwang man den späteren Oberbürgermeister von Traunstein und langjährigen CSU-Landtagsabgeordneten, seine Heimatstadt zu verlassen. Erst als Gastwirt in Regensburg und Landshut blieb Berger von Übergriffen weitgehend verschont[118].

Neben der Furcht vor immer neuen Verfolgungsmaßnahmen und neben der oft großen materiellen Unsicherheit wogen die soziale Isolation und die Ausgrenzung besonders schwer. Hugo Karpf, Gewerkschaftssekretär und BVP-Reichstagsabgeordneter, dachte noch 1983 mit Bitterkeit an diese Jahre zurück:

„Von vielen in Aschaffenburg wurde ich nun wie ein Aussätziger behandelt, so daß ich mit meiner Familie lange lieber nicht auf öffentlichen Wegen spazierenging. Empörend war nicht so sehr das Verhalten der ‚Alten Kämpfer'; peinlich war, wie nicht wenige, auch von unserer Seite, zu den Nazis überschwenkten und erklärten, schon immer so gedacht zu haben. Man wurde nun von allen Seiten gemieden und konnte in einer kleinen Stadt, wo jeder jeden kannte, praktisch kaum mehr Kontakte zu Gleichgesinnten halten."[119]

Von den Personen, die 1946 an den Sitzungen des (Erweiterten) Landesausschusses teilnahmen, hatten mindestens zehn der braunen Diktatur aktiven, organisierten Widerstand entgegengesetzt, für den sie zum Teil teuer bezahlen mußten. So zählten Franz Fackler, Georg Gamperl, Albert Kaifer, Josef Messmer und Josef Stürmann zum Kreis der bayerischen Monarchisten um den 1945 hingerichteten Josef Zott und den kurz nach Kriegsende verstorbenen Adolf von Harnier, die sich die Restauration einer konstitutionellen Monarchie auf christlich-sozialer Basis auf ihre Fahnen geschrieben hatten[120]. Im August 1939 zerschlug die Gestapo diese Gruppe und verhaftete 125 Personen, darunter auch Gamperl, Kaifer, Messmer, Stürmann und Fackler; Fackler saß bis 1944 in Untersuchungshaft, bevor er vom Volksgerichtshof zu zwei

---

[116] BayHStA, NL Sedlmayr 1, Lebenserinnerungen, bzw. Zittel, Alois Hundhammer, in: Aretz/Morsey/Rauscher (Hrsg.), Zeitgeschichte in Lebensbildern, Bd. 5, S. 262.

[117] Vgl. Karpf, Erinnerungen, in: Abgeordnetete des Deutschen Bundestages, Bd. 3, S. 104f.

[118] Traunsteiner Wochenblatt vom 11. 2. 1958: „Rupert Berger war ein Kämpfer für echte Freiheit".

[119] Karpf, Erinnerungen, in: Abgeordnetete des Deutschen Bundestages, Bd. 3, S. 104; ähnliches wußte auch Maria Probst zu berichten; vgl. Ursula Männle, Maria Probst (1902–1967), in: Aretz/Morsey/Rauscher (Hrsg.), Zeitgeschichte in Lebensbildern, Bd. 7, S. 113–127, hier S. 114.

[120] Auch die späteren CSU-Politiker Hans und Heinrich Pflüger gehörten diesem Kreis an; Heinrich Pflüger wurde 1944 vom Volksgerichtshof zu fünf Jahren Zuchthaus verurteilt. Der Harnier-Kreis nahm auch mit Alois Hundhammer Kontakt auf, der sich jedoch aus Vorsicht schnell von dieser Gruppierung distanzierte. Vgl. Christina M. Förster, Der Harnier-Kreis. Widerstand gegen den Nationalsozialismus in Bayern, Paderborn u. a. 1996, S. 156f., S. 320, S. 517 und S. 549.

Jahren und drei Monaten Gefängnis verurteilt wurde[121]. Josef Müller dagegen arbeitete nicht in einer der stark bayerisch-etatistisch ausgerichteten Gruppierungen gegen das NS-Regime, sondern führte im Auftrag der national-konservativen Militäropposition, der auch sein späterer Vertrauter und Mitstreiter Franz Liedig zuzurechnen ist, Sondierungsgespräche mit Vertretern der britischen Regierung unter Vermittlung des Vatikans. Müller wurde 1943 verhaftet und – obwohl vom Reichskriegsgericht freigesprochen – bis Kriegsende in verschiedenen Konzentrationslagern und Gefängnissen inhaftiert; im Mai 1945 befreiten ihn amerikanische Truppen zusammen mit Liedig und anderen Sondergefangenen der SS im Pustertal[122].

Von 15 weiteren Mitgliedern des (Erweiterten) Landesausschusses, die das Glück hatten, nach 1933 einer Verhaftung zu entgehen, ist bekannt, daß sie von anderen Verfolgungsmaßnahmen wie Überwachung und Polizeiaufsicht, Vermögensbeschlagnahme[123], Haussuchungen und Verhören, Zensur und Redeverbot oder körperlichen Mißhandlungen betroffen waren oder durch kritische Äußerungen, kirchliches Engagement und Hilfe für politisch oder rassisch Verfolgte mit dem Regime in Konflikt gerieten. Mit Maria Deku, Berta Dötsch, Elisabeth Hahn und Maria Probst[124] mußten vier zum Teil selbst verfolgte Mitbegründerinnen der CSU zudem mit ansehen, wie nahe Angehörige verhaftet oder beruflich benachteiligt wurden. Emigranten sucht man dagegen nahezu vergeblich. Lediglich Georg Gamperl, 1946 bis 1949 Müllers Statthalter im CSU-Bezirksverband Oberpfalz, und der spätere Schwandorfer Landtagsabgeordnete Josef Krempl entzogen sich dem Zugriff des Unterdrückungsapparats vorübergehend durch Flucht ins Ausland.

Erwähnenswert sind überdies zwei weitere Fälle: Friedrich Wilhelm von Prittwitz und Gaffron, ein überzeugter Demokrat, legte 1933 aus Protest gegen die Machtübernahme der Nationalsozialisten sein Amt als Botschafter in den USA nieder[125]; der Journalist Hans Geiselberger, der zeitweilig als Sekretär der BVP-Reichstagsfraktion fungiert hatte, wurde in den Wirren der letzten Kriegstage von einem SS-Standgericht zum Tode verurteilt, konnte sich jedoch der Vollstreckung des Urteils entziehen[126].

---

121 Vgl. James Donohoe, Hitler's conservative opponents in Bavaria 1930–1945. A study of Catholic, monarchist and separatist anti-Nazi activities, Leiden 1961, S. 130–146 und S. 268–311, und Hildegard Vieregg, Wächst Gras darüber? München: Hochburg des Nationalsozialismus und Zentrum des Widerstands, München 1993, S. 120–126, sowie Wilhelm Seutter von Lötzen, Bayerns Königstreue im Widerstand. Erinnerungen 1933–1964, Feldafing o. J. (1978). Nach der bei Donohoe, Conservative opponents, S. 279f., abgedruckten Liste fungierte Kaifer im Zott-Harnier-Kreis als „Hauptkreisleiter" für Schwaben, Franz Fackler als Mitglied der Landesleitung und stellvertretender „Kreisleiter" von München.

122 Vgl. dazu Josef Müller, Bis zur letzten Konsequenz. Ein Leben für Frieden und Freiheit, München 1975, S. 80–281; die Befreiung der „Sonderhäftlinge" in Südtirol schildert Henke, Amerikanische Besetzung, S. 875–881.

123 Eine Liste mit den Namen führender BVP-Politiker, deren Konten Ende Juni 1933 auf Anordnung der Bayerischen Politischen Polizei gesperrt wurden, findet sich im BAK, NL Lex 16, Schreiben der Direktion der Bayerischen Hypotheken- und Wechselbank vom 26. 6. 1933.

124 BAK, NL Probst 599, mehrere Versionen des Lebenslaufs von Maria Probst, die mit dem 1945 gefallenen ehemaligen BVP-Landtagsabgeordneten Alfred Probst verheiratet gewesen war.

125 Telegramm Friedrich Wilhelm von Prittwitz und Gaffrons an Reichsaußenminister Konstantin Freiherr von Neurath vom 11. 3. 1933, abgedruckt in: Günter Buchstab, Brigitte Kaff, Hans-Otto Kleinmann (Hrsg.), Verfolgung und Widerstand 1933–1945. Christliche Demokraten gegen Hitler, Düsseldorf 1986, S. 123.

126 Zu Hans Geiselberger vgl. auch Norbert Frei, Nationalsozialistische Eroberung der Provinzpresse. Gleichschaltung, Selbstanpassung und Resistenz in Bayern, Stuttgart 1980, S. 231ff.

Betrachtet man den untersuchten Personenkreis genauer, ergibt sich folgendes Bild: Von den 95 Mitgliedern des (Erweiterten) Landesausschusses der CSU, die in die Mühlen des nationalsozialistischen Verfolgungsapparats geraten waren, bekannten sich 79 zum katholischen und zwölf zum evangelischen Glauben[127]. Mindestens 53 Personen hatten vor 1933 der BVP und sechs dem Zentrum angehört; davon hatten 43 ein Amt in diesen Parteien bekleidet oder ein Mandat auf kommunaler, Landes- oder Reichsebene ausgeübt[128]. Diese Zahlen verweisen nicht nur auf das Gewicht der ehemaligen BVP-Mitglieder in der Formierungsphase der CSU. Sie verdeutlichen auch, in welchem Ausmaß deren von einer spezifisch bayerischen Variante des politischen Katholizismus geprägte Orientierung durch die Erfahrung von Resistenz, Haft und Verfolgung überformt wurde, zumal ein erheblicher Teil des hier untersuchten Personenkreises 1933 entweder noch zum politischen Nachwuchs gehörte oder erst dabei war, in hohe Ämter aufzusteigen. Hunderte Funktions- und Mandatsträger der BVP wurden im März 1933 in „Schutzhaft" genommen oder im Juni 1933 vorübergehend verhaftet, weil die NS-Machthaber die Auflösung der BVP erzwingen wollten[129]. Die Mitglieder und Anhänger der BVP blieben jedoch trotz allem zumeist den weltanschaulichen Grundlagen und Zielen ihrer Partei verpflichtet und wurden von den Nationalsozialisten stets mit Argwohn betrachtet. Sie reagierten „auf die Zerschlagung ihrer Organisation in der Regel mit Rückzug und Distanzierung", verschanzten „sich meist hinter den Barrikaden des kirchenkatholischen Verbands- bzw. Pfarreilebens" und nahmen „vielfach von dort in Form individueller und kollektiver Gesinnungsopposition den weltanschaulichen Kleinkrieg gegen das Regime auf"[130]. So war es keine Überraschung, daß sich viele ehemalige BVP-Politiker erneut in Gefängnissen und Konzentrationslagern wiederfanden, als nach dem gescheiterten Attentat auf Hitler am 20. Juli 1944 mit den Aktionen „Gitter" und „Gewitter" eine große Verhaftungswelle ausgelöst wurde[131].

Zwar gingen die Nationalsozialisten gegen Sozialdemokraten oder Kommunisten noch wesentlich brutaler vor als gegen die Parteien des bürgerlichen Lagers – von den Reichstagsabgeordneten der KPD starben zwischen 1933 und 1945 42 an den Konse-

---

[127] Bei vier Personen ließ sich die Konfession nicht ermitteln. 15 Laien hatten vor 1933 nachweislich aktiv in katholischen Organisationen mitgearbeitet, bei mindestens vier Personen ist eine enge Bindung an die evangelische Kirche feststellbar. Unter den sonstigen Verbandsmitgliedschaften fällt der hohe Anteil an Mitgliedern der Christlichen Gewerkschaften auf, denen wenigstens 15 Personen angehört hatten.

[128] Lediglich elf Personen waren vor 1933 Mitglieder anderer Parteien gewesen. Vier hatten – soweit feststellbar – dem Bayerischen Bauernbund, einer dem Bayerischen Landbund, zwei der DVP, zwei der DDP/StP und zwei der SPD angehört.

[129] BayHStA, Stk 106523, „Verzeichnis der anläßlich der Aktion gegen die Bayerische Volkspartei in Schutzhaft genommenen Personen", angefertigt von der Bayerischen Politischen Polizei, vom 1. 8. 1933; diese Liste enthält die Namen von rund 2000 BVP-Politikern.

[130] Förster, Harnier-Kreis, S. 128.

[131] Vgl. Schönhoven, Politischer Katholizismus in Bayern, in: Broszat/Mehringer (Hrsg.), Bayern in der NS-Zeit, Bd. 5, S. 546ff. und S. 576–583. Zur politischen Verfolgung der bayerischen Landtagsabgeordneten vgl. Martin Schumacher (Hrsg.), Das Ende der Parlamente 1933 und die Abgeordneten der Landtage und Bürgerschaften der Weimarer Republik in der Zeit des Nationalsozialismus. Politische Verfolgung, Emigration und Ausbürgerung 1933–1945. Ein biographischer Index, Düsseldorf 1995, S. 21*-25*. Zu den Aktionen „Gitter" und „Gewitter" vgl. Martin Schumacher (Hrsg.), M. d. R. Die Reichstagsabgeordneten der Weimarer Republik in der Zeit des Nationalsozialismus. Politische Verfolgung, Emigration und Ausbürgerung 1933–1945. Eine biographische Dokumentation, Düsseldorf 3., erheblich erweiterte und überarbeitete Auflage 1994, S. 38* f.

quenzen der erlittenen Verfolgung, von den Reichstagsabgeordneten der SPD 38, von den Reichstagsabgeordneten von BVP, Zentrum und verwandten Parteien dagegen „nur“ sieben[132]. Gleichwohl: Für einen Politiker der BVP, der sich als Mitglied einer staatstragenden Partei gesehen hatte, in seiner engeren Heimat zu den geachteten Honoratioren zählte und den vielleicht sogar punktuelle Sympathien mit der NSDAP verbanden, mußten staatliche Willkür und der Terror von SA und SS als etwas schier Unbegreifliches erscheinen.

Ohne einer fundierten sozialgeschichtlichen Untersuchung der Unionsgründung vorgreifen zu können, lassen sich aus dem vorliegenden Material einige vorläufige Schlüsse ziehen, die für die Interpretation der Frühgeschichte der bayerischen Unionspartei von großer Bedeutung sind. Wie die programmatischen Texte aus der Gründungsphase und die politische Praxis der ersten Nachkriegsjahre zeigen, bewirkte die konkrete Verfolgungserfahrung bei vielen Mitbegründern der CSU eine Abkehr von allzu antidemokratischem, reaktionärem und autoritärem Gedankengut, von dem die BVP zumindest teilweise ebenso geprägt gewesen war wie die nationalliberalen oder protestantisch-konservativen Parteien der Weimarer Republik. Das heißt nicht, daß die Form der pluralistischen, freiheitlich-demokratischen Regierungs- und Gesellschaftssysteme westlicher Prägung nun unbedingt bejaht wurde[133]; die Achtung von unveräußerlichen Grund- und Menschenrechten, Rechtssicherheit und Rechtsstaatlichkeit gewannen jedoch einen bisher nicht gekannten Stellenwert[134]. Dieses Fundament für einen demokratischen Neubeginn wurde bei einigen Mitbegründern der bayerischen Unionspartei durch eine dauerhafte antifaschistische Gesinnung verstärkt, die Politikern wie Josef Müller sogar während des Kalten Krieges das Gespräch mit Vertretern der radikalen Linken ermöglichte[135]. Müller entwickelte sich wie sein großer Gegenspieler Hundhammer mit den Jahren zu einer Art moralischer Instanz in der CSU; beide erhoben immer wieder ihre Stimme und protestierten, wenn politisch kompromittierte Persönlichkeiten mit Ämtern oder Mandaten betraut werden sollten[136].

---

132 Vgl. ebenda, S. 44*; unter den Zahlenangaben für Zentrum und BVP sind auch betroffene Reichstagsabgeordnete des CSVD, des Volksdienstes und der Christlich-Föderalistischen Partei subsumiert.

133 Vgl. z. B. die am Primat der Stabilität orientierten Vorstellungen in den Denkschriften von Richard Jaeger (in: Lehrjahre, S. 172–177) und Gerhard Kroll (IfZ-Archiv, ED 720 Smlg. Mintzel 1, „Christliche Union. Bamberger Denkschrift zur Schaffung einer politischen Einheitsfront aller Christen Deutschlands“).

134 Vgl. z. B. das Kapitel „Recht und Staat“ in der Denkschrift Richard Jaegers, in: Lehrjahre, S. 166–169.

135 So berichtete Ernst Nieckisch, der im Rahmen einer Vortragsreihe für die Nationale Front der Blockparteien und Massenorganisationen der DDR im März 1950 auch Josef Müller besuchte, Ministerpräsident Otto Grotewohl: „Die Presse nahm von meinem Erscheinen in Bayern Notiz. Durch einen Mittelsmann erhielt ich eine Einladung zu dem bayerischen Justizminister und stellvertretenden Ministerpräsidenten Dr. Josef Müller. Dr. Müller empfing mich im Justizministerium. Bisher war ich mit ihm nicht bekannt, doch begrüsste er mich wie einen alten Bekannten. Er habe seinerzeit meine Broschüre ‚Hitler, ein deutsches Verhängnis‘ gelesen; es habe ihm sehr imponiert, dass ich trotz dieser Broschüre in Deutschland geblieben sei und mich der Rache der Nazi ausgesetzt habe. Er wisse von meiner Minierarbeit gegen das Hitlerregime bis zu meiner Verhaftung 1937 und von meiner Verurteilung zu lebenslänglichem Zuchthaus. Da er selbst ein Verfolgter war, genoss ich wie selbstverständlich seine Sympathie.“ Stiftung Archiv der Parteien und Massenorganisationen der DDR im Bundesarchiv, NL Nieckisch 517, Bericht Ernst Nieckischs über ein Gespräch mit Josef Müller im März 1950. Ich danke Birgit Rätsch für eine Kopie dieses Dokuments.

136 BAK, NL Guttenberg 248, Bl. 219–230, Protokoll der außerordentlichen Sitzung des Vorstands des CSU-Bezirksverbands München am 8. 9. 1958; ACSP, CSU-LL, Protokoll der Sitzung des geschäftsführenden Landesvorstands am 30. 11. 1963.

Dagegen blieb die Kommunikation zwischen den Vertretern der verschiedenen Traditionsstränge des Widerstands gegen den Nationalsozialismus in der CSU schwierig. So betrachteten die ehemaligen Mitglieder prononciert bayerischer Widerstandszirkel, die sich im Juli 1946 zur „Widerstandsgruppe der Christlich-Sozialen Union" zusammengeschlossen und – ihrem mehrdeutigen Namen gemäß – mit Alois Hundhammer einen erklärten Gegner der Parteiführung um den Ochsensepp zu ihrem Vorsitzenden gewählt hatten[137], Aktivisten der Militäropposition wie Müller und Liedig mit Skepsis und unterstellten ihnen Sympathien für Preußentum und Zentralismus. Die „bayerische Frage" überlagerte auch in diesem Fall gemeinsame Erfahrungen und ähnliche programmatische Vorstellungen in anderen Bereichen, die mit dem Bekenntnis der „Widerstandsgruppe" zu einem „Sozialismus aus christlichem Verantwortungsgefühl"[138], einem Erbe des Zott-Harnier-Kreises, durchaus gegeben waren[139].

Verglichen mit der Zahl der NS-Gegner scheint die Zahl der Delegierten, die der NSDAP bzw. anderen NS-Organisationen angehört hatten oder von der amerikanischen Militärregierung als politisch belastet angesehen wurden, gering gewesen zu sein. 17 Mitglieder des (Erweiterten) Landesausschusses waren der NSDAP respektive einer dieser Partei angegliederten, von ihr überwachten oder beeinflußten Gruppierung beigetreten, elf weiteren verweigerte die Militärregierung aus meist nicht näher bekannten politischen Gründen das Vertrauen[140]. Soweit sich dies feststellen läßt – und solche Angaben sind aus verständlichen Gründen stets besonders schwer zu ermitteln –, nahmen mit Bernhard Burges, Karl Gronwald und Otto Schedl lediglich drei ehemalige Parteigenossen an den Sitzungen des (Erweiterten) Landesausschusses teil[141]; August Wilhelm Schmidt hatte seit 1941 zu den Anwärtern der NSDAP gezählt. Fritz Gerathewohl, Richard Jaeger, Georg Nentwig und Paul Nerreter gehörten als Mitglieder oder Anwärter der SA ebenso zum Personenkreis der aus formalen Gründen politisch Belasteten[142] wie sieben weitere CSU-Politiker der ersten Stunde, die den Gliede-

---

[137] ACSP, NL Müller 20, „Protokoll über die Sitzung der politisch Verfolgten des Bezirksverbands München der Christlich-Sozialen Union" am 5. 7. 1946, und NL Müller 48, Einladung zu einer Tagung der „Widerstandsgruppe der Christlich-Sozialen Union" am 11. 5. 1947 vom 30. 4. 1947. Zur sogenannten Bayerischen Widerstandsbewegung allgemein IfZ-Archiv, RG 84, 747/30, Bericht für Robert Murphy vom 23. 2. 1946.

[138] ACSP, NL Müller 20, „Protokoll über die Sitzung der politisch Verfolgten des Bezirksverbands München der Christlich-Sozialen Union" am 5. 7. 1946. Zur Kritik an der „Generalstabs- und OKW-Clique im Landessekretariat" ACSP, NL Müller 18, Aktennotiz vom 5. 10. 1946 und Achim Oster an Karl Theodor Freiherr von und zu Guttenberg vom 9. 9. 1946.

[139] ACSP, CSU-LTF II/1, 15–12/1, Resolution der „Widerstandsgruppe" in der CSU zum Fall Josef Müller vom 12. 11. 1946.

[140] Darüber hinaus gibt es Hinweise auf eine politische Belastung der späteren CSU-Landtagsabgeordneten Josef Prüschenk und Pius Haugg. BayHStA, NL Schwalber 50, Bericht Josef Schwalbers über die Arbeit des Wahlprüfungsausschusses während der Sitzung des Landtags am 25. 6. 1947. Pius Haugg, dem man vorwarf, 1943 einen Vorgesetzten denunziert zu haben, wurde jedoch 1949 in einem Spruchkammerverfahren rehabilitiert. Vgl. Bernd Lerch, Klaus Stephan, Josef Walter König, Eine Stadt und ihre Christlich-Soziale Union. Donauwörth 1945–1995, Donauwörth 1995, S. 74f.

[141] Bernhard Burges und Otto Schedl waren der NSDAP 1937 beigetreten, für Karl Gronwald ließ sich kein Beitrittsdatum ermitteln. Georg Barth gab 1946 an, 1933–1935 ohne sein Wissen als NSDAP-Mitglied geführt worden zu sein. Zum Fall Barth, der sich nicht genau klären ließ, vgl. das Protokoll der Sitzung des Landesarbeitsausschusses der CSU am 13. 6. 1946 in München, in: Protokolle und Materialien, S. 372f.

[142] Andreas Tremmel, Mitbegründer der CSU in Straubing und 1945 kurzzeitig Oberbürgermeister der Stadt, wurde im Juli von den Besatzungsbehörden seines Amtes mit der Begründung enthoben, er sei

rungen der NSDAP und anderen Organisationen unter NS-Einfluß beigetreten waren[143]; dazu kam der ehemalige BVP-Reichstagsabgeordnete Hans Ritter von Lex, der 1933 vorübergehend bei der NSDAP-Reichstagsfraktion hospitiert hatte[144].

Wer jedoch erwartet, regelrechte NS-Aktivisten im (Erweiterten) Landesausschuß zu finden, wird enttäuscht. Dort waren lediglich Mitläufer vertreten, die unter den Bedingungen totalitärer Herrschaft entweder dem „strukturell-bedingten Opportunismus“[145] erlegen und mit dem Eintritt in eine der zahlreichen NS-Organisationen den Weg des geringsten Widerstandes gegangen waren oder die partiell mit den Ideen des Nationalsozialismus sympathisiert, sich jedoch bald wieder davon abgewandt hatten[146]. Paul Nerreter beispielsweise, Mitbegünder der CSU in Nürnberg, war 1933 der SA beigetreten, weil er „einen positiven Versuch mit dem Nationalsozialismus machen wollte“[147]. Das Experiment währte bis 1935; dann schied Nerreter aus dieser nationalsozialistischen Kampforganisation aus. Die Militärregierung reagierte auf diese kurze Liaison Nerreters zwiespältig. Zwar gewährte sie dem Juristen 1945 die Zulassung als Rechtsanwalt, lehnte ihn aber einige Monate später sowohl als Kandidat für den Bayerischen Beratenden Landesausschuß als auch als Landrat ab; gegen seine Mitarbeit beim Aufbau der CSU hatte sie dagegen nichts einzuwenden.

Von Bedeutung ist darüber hinaus die Tatsache, daß von den 28 Mitgliedern des (Erweiterten) Landesausschusses, die aus formalen Gründen politisch belastet oder der Militärregierung suspekt waren, immerhin 14 auch auf die eine oder andere Weise mit dem NS-Regime in Konflikt gekommen waren. So war etwa Fritz Gerathewohl, Lektor für Sprechkunde und Rhetorik an der Universität München und Mitbegünder der DDP in Bayern, 1933 in die SA eingetreten, ohne sich dort besonders zu engagieren, und hatte sich auch bereit gefunden, im Auftrag der DAF zu arbeiten[148]. Dennoch galt er weiterhin als politisch unzuverlässig und blieb von Beförderungen ausgeschlossen. 1938 wurde Gerathewohl wegen fehlender Aktivitäten aus der SA entfernt, in den Jahren 1940 und 1942 erhielt er Redeverbot durch die Gauleitung der NSDAP für München und Oberbayern. Bei Kriegsende zählte Gerathewohl zu den entschlossenen Gegnern der Nationalsozialisten. Als die Freiheitsaktion Bayern zum Sturz der morsch gewordenen Tyrannis aufrief, war Gerathewohl unter denen, die ihr Leben

förderndes Mitglied der SS gewesen und habe dies in seinem Fragebogen verschwiegen. Ein Militärgericht sprach Tremmel wenig später aus Mangel an Beweisen frei; Tremmel hatte angegeben, lediglich aufgrund eines Mißverständnisses als förderndes SS-Mitglied geführt worden zu sein. Regensburger Post vom 13. 7. 1945: „Bankier Tremmel freigesprochen“.

143 Diese Einstufung nach der Liste in der Direktive Nr. 24 des Alliierten Kontrollrats vom 12. 1. 1946; in: Sammlung der vom Alliierten Kontrollrat und der amerikanischen Militärregierung erlassenen Proklamationen, Gesetze, Verordnungen, Befehle, hrsg. von Ruth Hemken, Bd. 1, Stuttgart o. J. Mitgliedschaft in der DAF blieb unberücksichtigt.

144 Vgl. Peter Hubert, Uniformierter Reichstag. Die Geschichte der Pseudo-Volksvertretung 1933–1945, Düsseldorf 1992, S. 75f.

145 Hans Buchheim, Die Lebensbedingungen unter totalitärer Herrschaft, in: Karl Forster (Hrsg.), Möglichkeiten und Grenzen für die Bewältigung historischer und politischer Schuld in Strafprozessen, Würzburg 1962, S. 89–106, hier S. 95.

146 Vgl. auch das Fallbeispiel Ansbach bei Woller, Gesellschaft und Politik, S. 192.

147 Protokoll der Sitzung des Vorläufigen Landesausschusses der CSU am 25. 2. 1946 in München, in: Protokolle und Materialien, S. 31.

148 Vgl. Fritz Gerathewohl, Jederzeit redebereit, hrsg. von der DAF, München o. J.; vgl. auch das Vorwort zu Gerathewohls 1934 in zweiter Auflage erschienenem Werk Die Quellen erfolgreicher Lebensführung, aus dem sich deutliche Konzessionen an die neuen Machthaber herauslesen lassen.

für diese Sache einsetzten[149]. Dennoch wurde er nicht nur von der Militärregierung als Universitätslektor entlassen, sondern auch aus der eigenen Partei heraus angefeindet, der er als für die Schulung politischer Redner zuständiger Abteilungsleiter in der Landesgeschäftsstelle diente[150].

Auch wenn diese Angaben über die politische Belastung von Mitgliedern des (Erweiterten) Landesausschusses unvollständig sein sollten[151], so kristallisiert sich doch ein Punkt heraus: Der Anteil politisch Belasteter in den Führungsgremien der CSU war in der unmittelbaren Nachkriegszeit vergleichsweise gering. Schon die Zusammensetzung der Führungsgremien erschwerte in dieser Phase die Infiltration der bayerischen Unionspartei durch politisch schwerer belastete Personen. Welchen Affront hätte es für die vielen Opfer des Nationalsozialismus unter den Mitbegründern der CSU bedeutet, hätten sie mit wirklichen Nazis an einem Tisch sitzen müssen? Wie tief der Stachel der totalitären Erfahrung saß, zeigt ein Redebeitrag der Augsburger CSU-Politikerin Franziska Wittmann im Landesausschuß der bayerischen Unionspartei zum Thema Entnazifizierung. Zu einer Zeit, als die politische Säuberung in der praktizierten Form bereits reichlich diskreditiert war, führte die im Dritten Reich selbst verfolgte Lehrerin aus:

> „Diejenigen, die ein Volk in diesen Abgrund von Not und Elend getrieben haben, sie sind alle mitgegangen. Auch die 1937-er [Parteigenossen] waren mit schuld. [...] Warum sind die Leute mitgelaufen? Aus Geldbeutelzwang, aus Feigheitszwang! Heute redet man von Zwang, nur von Zwang. Und was für ein Zwang! Es ist ganz schrecklich. Dann sitzen wir in der Spruchkammer und lesen alle diese Gesuche. Es könnte einem übel werden. [...] Was wäre, wenn es anders hinausgegangen wäre? [...] Glauben Sie, daß einer von uns heute noch auf diesem Stuhl sitzen würde? [...] Aber nicht bloß die großen Nazi, auch die Mitläufer hätten uns mit ihren Stiefeln totgetreten, erst recht die, die sich heute so unschuldig gebärden und nichts haben als ihre furchtbar christliche Einstellung und die behaupten, daß sie immer und alle Zeiten darüber [über den Nationalsozialismus] geschimpft haben."[152]

Auch die Besatzungsbehörden reagierten allergisch darauf, wenn Politiker mit brauner Vergangenheit in den neuen demokratischen Parteien Ämter oder Mandate bekleideten[153]. So griff die amerikanische Militärregierung vor allem im Jahr 1946 massiv in die Geschicke der bayerischen Unionspartei ein und erzwang die Ablösung einiger Persönlichkeiten, die sie wegen ihrer Vergangenheit für kompromittiert hielt oder deren antinationalsozialistische Einstellung sie in Zweifel zog. Den Auftakt dieser Interventionen bildete am 24. April 1946 die Ausschaltung Fritz Schäffers aus dem politi-

---

[149] ACSP, NL Müller 18, Fritz Gerathewohl an Josef Müller vom 29. 1. 1946; dieses Schreiben, das Gerathewohl als Reaktion auf erste Angriffe und Verdächtigungen verfaßte, scheint glaubwürdiger zu sein als vergleichbare Verteidigungsschriften, da es bewußt als Nachtrag zu den Angaben konzipiert wurde, die Gerathewohl in seinem OMGUS-Fragebogen gemacht hatte.

[150] Sitzung des Dienstag-Clubs am 8. 10. 1946, in: Lehrjahre, S. 103.

[151] Das ist angesichts der nach 1945 unternommenen Versuche, Mitgliedschaften in NS-Organisationen zu verschweigen, durchaus möglich. Dagegen ist kaum vorstellbar, daß schwererwiegende Fälle von politischer Belastung verborgen geblieben sind. Schließlich achteten die Amerikaner akribisch auf das Führungspersonal der demokratischen Parteien, und der politische Gegner versuchte alles, um die CSU durch Enthüllungen über belastete Personen in ihren Reihen zu diskreditieren. Vgl. z. B. den Artikel „Entlassene Landräte der CSU in Bayern" im Sopade-Informationsdienst vom 8. 3. 1947.

[152] Protokoll der Sitzung des Landesausschusses der CSU am 4. 10. 1946 in München, in: Protokolle und Materialien, S. 663f.

[153] Vgl. Michael Schröder, Die Parteien-Lizenzierungspolitik der amerikanischen Militärregierung in Bayern nach 1945, in: ders., Bayern 1945: Demokratischer Neubeginn. Interviews mit Augenzeugen, München 1985, S. 9–14, hier S. 11ff.

schen Leben[154]. Begründet wurde dies mit Untersuchungen der Special Branch von OMGBY, die ergeben hätten, daß der ehemalige BVP-Vorsitzende als „Nazi sympathizer and collaborator" sowie als Exponent ultranationalistischer und militaristischer Ideologie angesehen werden müsse und daß er als vorläufiger Ministerpräsident versucht habe, die amerikanische Entnazifizierungspolitik zu unterlaufen[155]. Diese Aktion der Militärregierung gegen den profiliertesten Vertreter des bayerisch-konservativen Flügels der CSU schlug in der Partei hohe Wellen, doch die Anhänger der Union hatten nur wenig Zeit, sich davon zu erholen. Nur vier Wochen später enthob die Militärregierung den Vorsitzenden des CSU-Kreisverbands Würzburg, Kaspar Dürr, seines Amtes, da er in den Augen der zuständigen Besatzungsoffiziere sowohl gegen die geltenden Säuberungsrichtlinien als auch gegen die Verpflichtung zur demokratischen Amtsführung verstoßen hatte. Nachdem die Delegierten der Kreisversammlung Dürr aufgrund eines Mißverständnisses erneut zu ihrem Vorsitzenden gewählt hatten, griff das Würzburger Detachment der Militärregierung zu drastischen Maßnahmen: Am 1. Juni, vier Wochen vor den Wahlen zur Verfassunggebenden Landesversammlung, wurde die CSU im Stadt- und Landkreis Würzburg suspendiert[156]. Am 13. Juni erreichte die in München tagenden Mitglieder des Landesarbeitsausschusses eine weitere Hiobsbotschaft. Georg Barth, Vorsitzender des CSU-Bezirksverbands Oberfranken und prominenter evangelischer Vertreter in den Führungsgremien der bayerischen Unionspartei, wurde verdächtigt, von 1933 bis 1935 der NSDAP angehört zu haben. Die Militärbehörden reagierten prompt, und Barth mußte sein Amt als Bezirksvorsitzender niederlegen[157]. Fast gleichzeitig verboten die lokalen Besatzungsbehörden die CSU im niederbayerischen Landkreis Viechtach wegen Verstößen gegen Auflagen der Militärregierung und – was weit schwerer wog – wegen der Unterstützung eines angeblich politisch belasteten Kandidaten für das Amt des Landrats[158].

---

154 Vgl. dazu die ausführliche Darstellung bei Henzler, Fritz Schäffer, S. 190–199.

155 Peter Vacca an Josef Müller vom 24. 4. 1946, abgedruckt in: Peter Claus Hartmann, Otto Altendorfer (Hrsg.), 100 Jahre Fritz Schäffer. Politik in schwierigen Zeiten. Katalog der Ausstellung im Museum Kloster Asbach 12. Mai–15. August 1988, Passau 1988, S. 125. Müller teilte Fritz Schäffer die Anordnungen der Militärregierung noch am selben Tag in zwei Schreiben mit; BAK, NL Schäffer 9, Bl. 115f.

156 Vgl. Schott, Amerikaner als Besatzungsmacht, S. 56ff., sowie die ausführliche Diskussion im Landesarbeitsausschuß der CSU am 13. 6. 1946 in München und im Erweiterten Landesausschuß am 6. 7. 1946 in München, in: Protokolle und Materialien, S. 377–391 und S. 457ff. Interessant auch IfZ-Archiv, RG 260, 10/89–3/5, Berichte von Versammlungen der CSU in Würzburg am 4.6., 20.6. und 26. 6. 1946. Daß die Besatzungsoffiziere in Würzburg besonders sensibel auf angebliche oder tatsächliche Verstöße gegen die geltenden Säuberungsrichtlinien reagierten, war auch darauf zurückzuführen, daß sie einem Detachment angehörten, das nach vehementer Kritik an der Zusammensetzung der Stadtverwaltung von Aachen nach Würzburg strafversetzt worden war. Zum „Aachen Scandal" und zur Versetzung des Detachments vgl. Henke, Amerikanische Besetzung, S. 284–297. So viel Staub der Fall Würzburg anfangs aufwirbelte, so unspektakulär wurde er zu den Akten gelegt: Am 24. 6. 1946 hob die Militärregierung die Suspendierung wieder auf; Major Vorhees, der die Angelegenheit zu verantworten hatte, wurde im Dezember 1946 durch eine „special order" abgelöst. Vgl. Schott, Amerikaner als Besatzungsmacht, S. 58.

157 Protokoll der Sitzung des Landesarbeitsausschusses der CSU am 13. 6. 1946 in München, Protokoll der Sitzung des Erweiterten Landesausschusses am 6. 7. 1946 in München und Protokoll der Sitzung des Landesausschusses der CSU am 6. 12. 1946 in München, in: Protokolle und Materialien, S. 372f., S. 392, S. 460 und S. 812. Georg Barth wurde erst 1947 rehabilitiert.

158 Protokoll der Sitzung des Landesarbeitsausschusses der CSU am 13. 6. 1946 in München und Protokoll der Sitzung des Erweiterten Landesausschusses der CSU am 6. 7. 1946 in München, in: Protokolle und Materialien, S. 382 und S. 459f., sowie SZ vom 25. 6. 1946: „CSU im Landkreis Viechtach aufgelöst" und vom 2. 7. 1946: „CSU in Viechtach wieder zugelassen".

Diese Vorfälle, die auch von der Öffentlichkeit interessiert aufgenommen wurden[159], lösten in der CSU Bestürzung und Verunsicherung aus. Schließlich befand man sich in den ersten sechs Monaten des Jahres 1946 in einer Art improvisiertem Dauerwahlkampf, und die Furcht, derartige Vorfälle könnten den Ausgang der Wahlen negativ beeinflussen, war groß. Darüber hinaus gab es Befürchtungen, die Militärregierung könnte die CSU, die von ihren Gegnern immer wieder als reaktionäre Partei und Sammelbecken für ehemalige Nationalsozialisten gebrandmarkt worden war[160], in ihrer Bewegungsfreiheit beschneiden oder gar in toto verbieten[161]. Tatsächlich gab es in den Reihen der Militärregierung eine Reihe linksliberaler Offiziere, die mit der Sozialdemokratie sympathisierten und denen die CSU gerade nach ihren großen Erfolgen bei den ersten Kommunalwahlen ein Dorn im Auge war[162]. Einige führende Mitbegründer der bayerischen Unionspartei machten es ihren Kontrahenten aber auch nicht gerade schwer, sie als unverbesserliche Reaktionäre abzustempeln und so den Unionsgedanken insgesamt zu diskreditieren. So kündigte die Rosenheimer CSU im November 1945 eine öffentliche Versammlung mit Schäffer als Hauptredner mit einem Flugblatt an, auf der sie als „Volksbund zur Sammlung aller rechtsstehenden Kreise“ firmierte[163]. Das SPD-nahe Oberbayerische Volksblatt griff dieses Schriftstück noch im Mai 1946 geradezu genüßlich auf, als sich die Führung der CSU bemühte, den durch die Ausschaltung Schäffers entstandenen Eindruck zu entkräften, die Militärregierung sehe in der Union einen Hort der Reaktion[164]. Daß die neue Sammlungspartei mit besonderen „Geburtswehen“ zu kämpfen habe, stand dort zu lesen, sei nicht verwunderlich; wie jedoch mit „rechtsstehenden Elementen“ – und darunter seien doch nur „begüterte ehemalige Nazi bzw. Nutznießer des Dritten Reiches“ zu verstehen – ein demokratischer Staat aufgebaut werden könne, sei schleierhaft[165].

Die Interventionen der Militärregierung, aber auch die permanenten Angriffe der politischen Gegner führten zu einer Sensibilisierung gegenüber tatsächlichen oder angeblichen Versuchen politisch Belasteter, in der Union Karriere zu machen. Zugleich wurden die im Raum stehenden Vorwürfe in den parteiinternen Führungs- und Flügelkämpfen instrumentalisiert. Antinationalsozialistische Gesinnung, politische Überzeugung und persönliches Interesse verbanden sich schon bald zu einem vielschichtigen, nur schwer durchschaubaren Komplex. Flüsterpropaganda, dieser oder jener sei poli-

---

159 SZ vom 7. 6. 1946: „Verbot der Christlich-Sozialen Union. Im Stadt- und Landkreis Würzburg“.

160 Protokoll der Landesversammlung der CSU am 17. 5. 1946 in München, Protokoll der Sitzung des Landesarbeitsausschusses der CSU am 13. 6. 1946 in München und Protokoll der Sitzung des Erweiterten Landesausschusses der CSU am 6. 7. 1946 in München, in: Protokolle und Materialien, S. 310f., S. 383 und S. 456f.

161 Protokoll der Sitzung des Erweiterten Landesausschusses der CSU am 6. 7. 1946 in München, in: Protokolle und Materialien, S. 424f., und Sitzung des Dienstag-Clubs am 4. 6. 1946 (Zusatzbericht), in: Lehrjahre, S. 58.

162 IfZ-Archiv, RG 260, 17/162–1/7, Memorandum „Political Reaction in Bavaria“, ungezeichnet, undatiert, und Memorandum Walter L. Dorns „The Anti-Democratic Reaction in Bavaria and a Proposal for a Council for Cultural Affairs“ vom 22. 5. 1946, sowie IfZ-Archiv, RG 260, 10/90–1/26, Manifest gegen eine neue Reaktion, ungezeichnet, undatiert. Interessant sind in diesem Zusammenhang auch die Ausführungen Karl Scharnagls während einer Sitzung des Dienstag-Clubs am 4. 6. 1946 und Fritz Gerathewohls vor dem Ochsen-Club am 26. 6. 1946; Lehrjahre, S. 56f. und S. 69.

163 IfZ-Archiv, Fh 56.

164 Vgl. z. B. die Rede Müllers „Der neue Weg“ am 30. 4. 1946 in München (ACSP, NL Müller 416) und seine Ausführungen vor der Landesversammlung der CSU am 17. 5. 1946 in München, in: Protokolle und Materialien, S. 310f.

165 Oberbayerisches Volksblatt vom 7. 5. 1946: „CSU nicht reaktionär“.

tisch belastet, oder eine gezielte Indiskretion gegenüber den Besatzungsbehörden mit dem Ziel, Mißtrauen zu erzeugen und sich auf elegante Weise mißliebiger Gegner zu entledigen, waren scharfe Waffen in den innerparteilichen Auseinandersetzungen, die bald die eine und bald die andere Seite trafen. Als die Amtsenthebung Kaspar Dürrs bekannt wurde, rieben sich die Gegner der Parteiführung um Josef Müller die Hände: „Jetzt hammer wieder einmal Gelegenheit, im Landessekretariat zu ‚schießen'", freute sich ein Mitglied des Dienstag-Clubs, in dem sich jüngere CSU-Mitglieder, die nicht gerade zu den politischen Freunden des Ochsensepp zählten, regelmäßig zu Diskussionen trafen[166].

Daß in der Landesgeschäftsstelle Personen beschäftigt waren, die als politisch belastet gelten mußten und noch nicht entnazifiziert waren, war sowohl der Militärregierung als auch informierten Kreisen in der CSU nicht unbekannt[167]. Zumeist handelte es sich um kleine Mitläufer, die sich der NSDAP erst 1937 oder später angeschlossen und zu keiner Zeit größere Aktivitäten entfaltet hatten. Darunter befand sich mit August Wilhelm Schmidt auch der Landesgeschäftsführer, der von 1941 bis 1943 zu den Anwärtern der NSDAP gehört hatte. Schmidt, ein loyaler Gefolgsmann Müllers und eine Schlüsselfigur beim Aufbau eines schlagkräftigen Parteiapparats, stand seit längerem auf der Schwarzen Liste der innerparteilichen Opposition, die nun nicht nur die Chance sah, wichtige Stützen des Parteivorsitzenden auszuschalten, sondern überhaupt Einfluß auf die Personalpolitik der Landesleitung zu gewinnen, die bisher fast ausschließlich eine Domäne Müllers gewesen war[168]. Einmal mehr ging die Initiative von Alois Hundhammer aus. Während in den Führungsgremien der CSU noch über die Fälle Viechtach und Würzburg sowie über die Vorwürfe gegen Georg Barth diskutiert wurde, forderte der kämpferische Vorsitzende des oberbayerischen Bezirksverbands am 13. Juni 1946 den Landesarbeitsausschuß auf zu beschließen, daß „im Landessekretariat der Partei frühere Mitglieder der NSDAP, Anwärter oder Angehörige nationalsozialistischer Formationen nicht beschäftigt werden können". Die politisch belasteten Personen, die bereits angestellt seien, hätten aus der Parteizentrale auszuscheiden[169]. Josef Müller gelang es diesmal nicht, eine Abstimmung über diesen Antrag zu verhindern. Er konnte lediglich eine Formulierung durchsetzen, die es ermöglichte, die zu entlassenden Personen nach erfolgter Entnazifizierung erneut zu beschäftigen. In dieser Form wurde Hundhammers Antrag vom Landesarbeitsausschuß einstimmig angenommen[170]. Der Ochsensepp war ein Meister in der Kunst, Aktivitäten der Opposition mit Geschäftsordnungstricks ins Leere laufen zu lassen, auf Zeit zu spielen, wenn es darum ging, seine Gegner auszumanövrieren, oder den

[166] Sitzung des Dienstag-Clubs am 4. 6. 1946 (Zusatzbericht), in: Lehrjahre, S. 58.

[167] Protokoll der Sitzung des Erweiterten Landesausschusses der CSU am 6. 7. 1946 in München, in: Protokolle und Materialien, S. 501.

[168] Kurt Heinrich Heizmann, der Informant der Militärregierung, notierte nach der Sitzung des Dienstag-Clubs am 4. 6. 1946: „Der Generalsekretär der CSU, Schmidt, ein unbedingter Steigbügelhalter Dr. Josef Müllers, und darum ebenso wie dieser im Club wie fast bei allen Jüngeren unbeliebt, ja fast verhaßt, war Parteianwärter und steht schon lange auf der Liste der ‚Abzuschießenden'." Lehrjahre, S. 59.

[169] Protokoll der Sitzung des Landesarbeitsausschusses der CSU am 13. 6. 1946 in München, in: Protokolle und Materialien, S. 396. Vgl. dazu auch die – leicht fehlerhafte – Darstellung bei Mintzel, Anatomie, S. 153ff., und den unbefriedigenden Abschnitt bei Hettler, Josef Müller, S. 263f.

[170] Protokoll der Sitzung des Landesarbeitsausschusses der CSU am 13. 6. 1946 in München, in: Protokolle und Materialien, S. 404.

materiellen Gehalt ihm nicht genehmer Resolutionen zu verwässern. Doch diesmal war alle Mühe vergeblich. Daran änderte weder das Argument etwas, es sei unanständig, jemanden, der sich Tag und Nacht für die Union eingesetzt habe, sang- und klanglos zu entlassen, noch der Hinweis, man solle nicht „päpstlicher als der Papst" sein und gegen leicht belastete Personen vorgehen, gegen deren Tätigkeit im Landessekretariat bislang nicht einmal die Militärregierung Einwände erhoben habe[171]. Zu tief saß der „Nervenschock"[172], den die Interventionen der Besatzungsbehörden ausgelöst hatten, zu stark war bei vielen Mitbegründern der CSU noch der antinationalsozialistische Impuls[173]. Zudem blieb Hundhammer hartnäckig. Nur vier Tage nach seinem ersten Vorstoß im Landesarbeitsausschuß forderte er in einer internen Besprechung erneut die Ablösung politisch belasteter Mitarbeiter, ohne jedoch etwas zu erreichen[174]. Als Hundhammer dieses Problem am 6. Juli erneut zur Sprache brachte, setzten die Delegierten des Erweiterten Landesausschusses einen fünfköpfigen Ausschuß ein, der das Personal des Parteiapparats auf seine politische Unbedenklichkeit prüfen sollte[175].

Der „Sonderausschuß der CSU zur Beurteilung von Personalfragen" nahm wenig später seine Arbeit auf[176]. Neben Hundhammer, dem auch der Vorsitz im „Prüfungsausschuß" übertragen wurde, gehörten Elisabeth Hahn, Karl Köhler, Hans Ritter von Lex und Friedrich Wilhelm von Prittwitz und Gaffron diesem Gremium an. Damit waren zwar die Anhänger Josef Müllers und die innerparteiliche Opposition etwa gleich stark vertreten, was einer einseitigen politischen Instrumentalisierung des Prüfungsausschusses entgegenwirkte. Dennoch war die Zusammensetzung der Kommission nicht unumstritten. Schließlich saß mit Ritter von Lex ein ehemaliger Reichstagsabgeordneter der BVP am Tisch, der im März 1933 die Zustimmung der BVP-Fraktion zum Ermächtigungsgesetz begründet[177] und später einige Zeit bei der NSDAP-Fraktion hospitiert hatte[178]. Schon dies ist ein Indiz dafür, daß es nicht nur um die Frage politischer Belastung und politischer Verantwortung ging, sondern auch um die Destabi-

[171] Protokoll der Sitzung des Erweiterten Landesausschusses der CSU am 6. 7. 1946 in München, in: Protokolle und Materialien, S. 501.

[172] Protokoll der Sitzung des Landesarbeitsausschusses der CSU am 13. 6. 1946 in München, in: Protokolle und Materialien, S. 404.

[173] Protokoll der Sitzung des Landesausschusses der CSU am 4. 10. 1946 in München, in: Protokolle und Materialien, S. 651 f.

[174] Sitzung des Dienstag-Clubs am 18. 6. 1946, in: Lehrjahre, S. 66.

[175] Protokoll der Sitzung des Landesausschusses der CSU am 6. 7. 1946 in München, in: Protokolle und Materialien, S. 500. Der Arbeitsauftrag des Ausschusses war nur verschwommen formuliert, seine Kompetenzen nicht klar umrissen, was für die Gegner Müllers nur positiv war.

[176] ACSP, NL Müller 33, Protokoll der ersten Sitzung des Sonderausschusses am 9. 7. 1946; der wohl offizielle Titel erscheint erstmals im Protokoll der zweiten Sitzung am 12. 7. 1946, meist wurde jedoch der Terminus „Prüfungsausschuß" verwendet.

[177] Stenographisches Protokoll der Sitzung des Reichstags am 23. 3. 1933, auszugsweise abgedruckt in: Das „Ermächtigungsgesetz" vom 24. März 1933. Quellen zur Geschichte und Interpretation des „Gesetzes zur Behebung der Not von Volk und Reich", hrsg. von Rudolf Morsey, Düsseldorf 1992, S. 64–75, die Ausführungen von Lex' auf S. 71 f. Vgl. dazu auch BAK, NL Lex 16, Aufzeichnung Hans Ritter von Lex' über die Zustimmung der BVP zum Ermächtigungsgesetz vom 8. 4. 1946, und ACSP, NL Müller 298, Memorandum „Hitlers Ermächtigungsgesetz und die bürgerliche Mitte", ungezeichnet, undatiert; beide Dokumente sind von apologetischen Argumenten nicht frei.

[178] ACSP, NL Müller 18, Franz Liedig an Alois Hundhammer vom 21. 8. 1946. Ritter von Lex schied im August 1946 bis zur Klärung der gegen ihn erhobenen Vorwürfe aus dem Prüfungsausschuß aus.

lisierung der im Aufbau begriffenen Parteiverwaltung, die zu Müllers wichtigsten Trümpfen im innerparteilichen Machtkampf zählte.

Der erste und zugleich prominenteste Fall war der des Landesgeschäftsführers Schmidt. Da Einigkeit darüber bestand, daß „die Union unbedingt von früheren Parteigenossen, die noch nicht das Spruchkammerverfahren durchlaufen hatten, in den leitenden Positionen zu reinigen" sei, standen Schmidts Chancen von vornherein schlecht[179]. Dabei fiel auch die Tatsache kaum ins Gewicht, daß Schmidt erst nach Rücksprache mit dem amerikanischen Nachrichtendienst CIC mit dem organisatorischen und technischen Aufbau der Union in Bayern betraut worden war[180] und vor dem Prüfungsausschuß mit einigen entlastenden Erläuterungen aufwarten konnte. Die Kommission beschloß, der Parteiführung nahezulegen, Schmidt „bei aller Anerkennung seiner Verdienste" als Landesgeschäftsführer zu entlassen und ihn im Interesse der CSU auch von seinem Amt als stellvertretender Vorsitzender des Organisations- und Werbeausschusses zu entbinden[181]. Doch der Prüfungsausschuß mußte noch einmal ausdrücklich auf seiner Entscheidung bestehen, bis sich Josef Müller dazu bereit fand, das Dienstverhältnis zum 31. August 1946 zu beenden und Schmidt bis dahin mit sofortiger Wirkung zu beurlauben[182]. Mit der Entlassung des Landesgeschäftsführers – zweifellos ein Erfolg der innerparteilichen Opposition – war die Arbeit des Ausschusses keineswegs zu Ende. Soweit sich feststellen läßt, wurden die politische Vergangenheit von 27 Parteiangestellten in leitenden und untergeordneten Positionen überprüft und zwei weitere Fälle, in denen die Militärregierung aktiv geworden war, beraten; mindestens fünf Personen sollten nach dem Willen der Kommission aus ihren Stellungen ausscheiden[183]. Zwar gerieten im Zuge dieser nur teilweise als Säuberungsaktion zu verstehenden Initiative vor allem Mitarbeiter Josef Müllers ins Schußfeld der innerparteilichen Opposition, doch auch der Parteivorsitzende konnte einen Erfolg verbuchen. Mit Richard Jaeger, der sich schon als zukünftigen Landesgeschäftsführer gesehen hatte, mußte auch einer der wenigen in der Parteizentrale beschäftigten Gefolgsleute des katholisch-konservativen CSU-Flügels wegen seiner Mitgliedschaft in der SA den Hut nehmen[184].

---

179 ACSP, NL Müller 33, Protokoll der ersten Sitzung des Sonderausschusses am 9. 7. 1946.

180 ACSP, NL Müller 18, Josef Müller an das Arbeitsamt München vom 4. 3. 1946.

181 ACSP, NL Müller 33, Protokoll der ersten Sitzung des Sonderausschusses am 9. 7. 1946.

182 ACSP, NL Müller 33, Protokoll der zweiten Sitzung des Sonderausschusses am 12. 7. 1946, und NL Müller 18, zwei Schreiben Josef Müllers an August Wilhelm Schmidt vom 15. 7. 1946; daraus geht auch hervor, daß Schmidt nach der für ihn wenig erfreulichen Sitzung des Landesarbeitsausschusses am 13.6. 1946 darum gebeten hatte, von seinen Geschäften entbunden zu werden, um wieder in seine alte Stellung bei der Allianz-Versicherungsgesellschaft zurückkehren zu können. Vgl. auch die Sitzung des Ochsen-Clubs am 17. 7. 1946, in: Lehrjahre, S. 81.

183 Zahlen nach den vier vorliegenden Sitzungsprotokollen des Sonderausschusses (ACSP, NL Müller 33); weitere Sitzungen sind nicht dokumentiert, haben aber möglicherweise stattgefunden. Danach waren elf Personen Mitglieder bzw. Anwärter der NSDAP (Eintrittsdatum: drei 1937, drei 1939, zwei 1940, zwei 1941, einer unbekannt) und drei Personen Mitglieder von SA oder SS. Von den fünf Angestellten, deren Entlassung bis zum 2. 8. 1946 gefordert wurde, schieden nachweislich Georg Banzer und August Wilhelm Schmidt aus ihren Stellungen aus, Otto Schedl dagegen blieb Geschäftsführer der Partei im Bezirk Oberpfalz und wechselte 1947 in die Landesgeschäftsstelle. Nach der Liste der vom Prüfungsausschuß als belastet angesehenen Personen liegt die Vermutung nahe, daß die Entlassung weiterer Mitarbeiter gefordert wurde; wie viele Angestellte insgesamt im Zuge dieser Aktion ihren Platz räumen mußten, ist unbekannt.

184 Sitzung des Dienstag-Clubs am 8. 10. 1946, in: Lehrjahre, S. 103.

### *e) Frühe CSU-Programme im Vergleich*

Die erbitterten innerparteilichen Auseinandersetzungen, die die CSU bis 1949 kaum zur Ruhe kommen ließen, legen die Vermutung nahe, daß die Positionen der diversen Flügel und Gruppierungen in zentralen programmatischen Fragen von Anfang an nur schwer zu vereinbaren gewesen sind. Als Partei der Sammlung, als Union unterschiedlicher politischer Strömungen mit eigenen Traditionen tat sich die CSU naturgemäß schwerer als andere Parteien, tragfähige Kompromisse und eine allseits akzeptierte programmatische Linie zu finden – zumal unter den schwierigen Bedingungen der Besatzungsszeit. In einem Programm „nach altem Muster" zu fordern und zu versprechen, so Josef Müller im April 1946, sei einfach, aber nach der deutschen Katastrophe gebe es nichts mehr zu versprechen. „Wir können nur vor euch hintreten [. . .] und sagen, daß wir eine klare Grundlinie haben", rief der Ochsensepp seinem Publikum zu, „darüber hinaus sind wir Suchende wie ihr alle!"[185] Diese „klare Grundlinie" ging in den Führungs- und Flügelkämpfen oft verloren, wenn sie in dieser Form überhaupt vorhanden war. Untersucht man jedoch programmatische Texte aus den Gründungstagen der CSU[186], so zeigt sich – allen Differenzen zum Trotz – in bestimmten Bereichen ein erstaunliches Maß an Gemeinsamkeiten. Daß viele von diesen Schriftstücken „niemals von einem legitimierten Organ der Partei in einem geregelten Verfahren als Programm anerkannt" wurden, ist sicherlich richtig; auch der Einwand, daß sie oft bereits nach kurzer Zeit ersetzt wurden und sich über ihre politische Relevanz nur wenig aussagen läßt, ist bedenkenswert[187]. Die Bedeutung dieser Texte liegt jedoch in ihrer

[185] SZ vom 3. 5. 1946: „Die CSU und der Fall Schäffer. Eine Stellungnahme des Landesvorsitzenden Dr. Müller".

[186] Soweit wie möglich wurden alle Zentren der Unionsgründung in Bayern berücksichtigt und aus jedem Regierungsbezirk zumindest ein Beispiel ausgewählt. Für den Münchner Gründerkreis: BayHStA, NL Pfeiffer 41, Entwurf für das Grundsatzprogramm einer „Christlichen Volkspartei in Bayern" vom 5.9. 1945, das eventuell als begleitender Aufruf konzipierte „Grundsatz-Programm einer Christlich-Demokratischen Volkspartei in Bayern", zwei Entwürfe eines Programms für die „Christlich-Soziale Union in Bayern" vom 10. 9. 1945 bzw. undatiert sowie ein undatierter Programmentwurf Anton Pfeiffers, und BayHStA, NL Pfeiffer 142, Entwurf für ein Programm der CSU München, undatiert, sowie dessen endgültige Fassung vom November 1945 (IfZ-Archiv, Fh 56); die vorwiegend im Münchner Gründerkreis erarbeiteten „Zehn Punkte der Union" vom 31. 12. 1945, abgedruckt in: Protokolle und Materialien, S. 1713 f., wurden ebenfalls berücksichtigt, für Oberbayern: IfZ-Archiv, Fh 56, „Politisches Glaubensbekenntnis und Arbeitsprogramm der christlich-sozialen Union bayerischer Demokraten" (Landkreis Altötting), undatiert; für Augsburg und Schwaben: Eugen Rindt, „Gedanken zu dem Programm einer christlich-politischen Partei in Bayern" vom August 1945, abgedruckt in: Protokolle und Materialien, S. 1705 ff.; für Niederbayern: BayHStA, NL Pfeiffer 144, Aufruf der Christlich-Sozialen Volkspartei in Bayern (Landkreis Rottenburg an der Laaber), undatiert; für die Oberpfalz: Grundsatz- und Aktionsprogramm der Partei der Christlich-Sozialen Einigung in Bayern, abgedruckt in: Geschichte einer Volkspartei, S. 433–436; für Nürnberg und Mittelfranken: IfZ-Archiv, Fh 56, Programm der CSU, undatiert; für Oberfranken: IfZ-Archiv, Fh 56, Programm der CSU, Ortsverband Hof, undatiert; für Unterfranken: IfZ-Archiv, Fh 56, Aufruf und Programm der CSU im Landkreis Marktheidenfeld vom Dezember 1945/Januar 1946, und die Manuskripte programmatischer Reden von Adam Stegerwald, „Wo stehen wir?", „Wohin gehen wir?" und „Von deutscher Zukunft", die 1946 nach Stegerwalds Tod in Würzburg publiziert wurden; das „Programm der Christlich-Sozialen Union für Würzburg Stadt und -Land", undatiert, ist abgedruckt in: Herde, Unionsparteien, in: Becker (Hrsg.), Kapitulation, S. 287–291. Wichtig sind in diesem Zusammenhang auch die bereits mehrfach zitierten Denkschriften von Richard Jaeger (in: Lehrjahre, S. 145–186) und Gerhard Kroll (IfZ-Archiv, ED 720 Smlg. Mintzel 1).

[187] Vgl. Mintzel, Geschichte der CSU, S. 205, mit Blick auf das Zehn-Punkte-Programm vom 31. 12. 1945.

Funktion als Orientierungspunkte für einen demokratischen Neubeginn im Chaos des Zusammenbruchs, gespeist aus den Motiven und Zielen derer, die mit der Gründung der Union letztlich ein neues Kapitel in der deutschen Parteiengeschichte aufschlugen.

So war die Einsicht, daß die Erneuerung von Staat und Gesellschaft nur aus dem christlichen Glauben heraus möglich sei und nur durch „die in zwölfjähriger Verfolgung wiedergeborene Einheitsfront aller christlichen Bekenntnisse" verwirklicht werden könne[188], unumstrittene Grundlage aller wichtigen Programmentwürfe, Aufrufe und Denkschriften. Auch wenn die evangelische Kirche dem Gedanken, durch eine politische Partei „die christliche Sache gegenüber dem Staat und der Öffentlichkeit zu stärken", skeptisch gegenüberstand[189], machten sich die protestantischen Mitbegründer der CSU diese Idee zu eigen[190], die den Katholiken seit langem vertraut war. Daß es dabei „niemals Hauptaufgabe des Christen in der Welt" sein könne, „die Rechte der Kirche zu verteidigen", sondern daß „das gesamte private und öffentliche Leben aus dem Geist des Evangeliums" erneuert werden müsse, war eine Meinung, die in Würzburg, Bamberg oder München ebenso weit verbreitet war wie die Erkenntnis, daß die Zusammenarbeit von katholischen und evangelischen Christen in einer Partei „keine dogmatische Vereinigung" voraussetze, wohl aber gegenseitige Rücksichtnahme und Anerkennung der bestehenden Gegensätze[191].

Auch auf dem Feld der Sozial- und Wirtschaftspolitik gab es durchaus eine gemeinsame Basis. Meist an den Prinzipien der katholischen Soziallehre orientiert[192], wurden weitgehende Forderungen nach einer evolutionären Umgestaltung der bestehenden Ordnung erhoben. Umverteilung des noch vorhandenen Volksvermögens, Ausgleich der Kriegsfolgelasten zwischen den besitzenden und den verarmten Bevölkerungsschichten, Entproletarisierung der Arbeiterschaft und Förderung von Eigentumsbildung, Schutz von Ehe und Familie waren immer wieder gebrauchte Schlagworte zur Charakterisierung eines gesellschaftspolitischen Leitbildes, das teilweise ständisch-korporatistische Züge trug und zuweilen an die Volksgemeinschaftsideologie des Dritten Reiches erinnerte[193]. Was die Organisation der Wirtschaft betrifft, so lehnte man planwirtschaftliche Konzepte sozialistischer Prägung weitgehend ab und forderte dagegen eine Kontrolle und Lenkung der Wirtschaft durch den Staat bei prinzipieller Anerken-

188 Denkschrift Richard Jaegers, in: Lehrjahre, S. 147.

189 Vortrag auf einem evangelischen Pfarrkonvent in Leutershausen am 6. 5. 1946; zit. nach Woller, Gesellschaft und Politik, S. 189.

190 Fränkische Volksstimme vom 31. 1. 1946: „Was lehren uns die Gemeindewahlen?" Der Artikel stammt aus der Feder des Protestanten Paul Nerreter.

191 Denkschrift Richard Jaegers, in: Lehrjahre, S. 148 (Zitat), und IfZ-Archiv, ED 720 Smlg. Mintzel 1, „Christliche Union. Bamberger Denkschrift zur Schaffung einer politischen Einheitsfront aller Christen Deutschlands". Die Frage, wie eng das Verhältnis von Staat und Kirche gestaltet werden sollte, war dagegen nicht unumstritten. Am weitesten ging Adam Stegerwald, der für eine „stärkere Auflockerung des Verhältnisses zwischen Staat und Kirche" plädierte. Vgl. Stegerwald, Wohin gehen wir, S. 55–59, Zitat S. 57. Für eine enge Kooperation sprach sich dagegen Gerhard Kroll in seiner Bamberger Denkschrift aus.

192 Am explizitesten formuliert in der Denkschrift Richard Jaegers, in: Lehrjahre, S. 162–166.

193 Im Herbst 1945 hatte man sich auch noch nicht gänzlich von der NS-Terminologie gelöst: So war im „Grundsatz-Programm einer Christlich-Demokratischen Volkspartei in Bayern" (BayHStA, NL Pfeiffer 41) vom Ziel einer „soziale[n] Volksgemeinschaft", basierend auf dem christlichen Sittengesetz und den Grundsätzen christlicher Solidarität die Rede, und in einem undatierten Entwurf für ein Programm für die „Christlich-Soziale Union in Bayern" (BayHStA, NL Pfeiffer 41) von „Volksgemeinschaft aus wahrer sozialer Gesinnung".

nung der unternehmerischen Eigeninitiative[194]. Zugleich wurden verschiedene Modelle innerbetrieblicher Mitbestimmung und Gewinnbeteiligung diskutiert[195]. Das private Eigentum sollte zwar unter staatlichem Schutz stehen, zugleich jedoch dem Gemeinwohl verpflichtet sein. In diesem Zusammenhang scheuten sich die Verfasser der hier ausgewerteten programmatischen Texte auch nicht, die Sozialisierung oder Verstaatlichung bestimmter Wirtschaftszweige zu befürworten[196]. In den ersten Nachkriegsmonaten wurde diese Position noch wiederholt mit dem umstrittenen Begriff „christlicher Sozialismus" gekennzeichnet[197]; im Grundsatzprogramm der CSU von 1946 hieß es dagegen nur:

„Die Wirtschaft ist nicht Selbstzweck; sie muß dem Wohl der Gesamtheit wie des einzelnen dienen. Wir anerkennen das Recht des Staates, die Wirtschaft nach Gesichtspunkten des Gemeinwohls zu lenken. Wir lehnen die Planwirtschaft als Ausfluß eines kollektivistischen Denkens ab. Wir kämpfen gegen den Wirtschaftsliberalismus und treten ein für freie Entfaltung der Einzelpersönlichkeit im Rahmen [ihrer] sozialen Pflichten."[198]

Selbst auf dem so heiklen Feld der Verfassungspolitik existierten nicht nur Gegensätze. Daß die Menschen- und Bürgerrechte in einem künftigen demokratischen Staatswesen zu verankern seien, war eine Forderung, die nach dem Ende des Dritten Reiches in den

[194] Es herrschte jedoch vielfach Unklarheit darüber, wie weit der staatliche Einfluß gehen und wie die künftige Wirtschaftsordnung im einzelnen aufgebaut werden sollte. Die detailliertesten und interessantesten Vorstellungen dazu entwickelte in dieser frühen Phase der Volkswirt Gerhard Kroll, der unter anderem die von John M. Keynes entwickelten Theorien in seine Überlegungen einbezog. IfZ-Archiv, ED 720 Smlg. Mintzel 1, „Christliche Union. Bamberger Denkschrift zur Schaffung einer politischen Einheitsfront aller Christen Deutschlands". Im Programm der Nürnberger CSU (IfZ-Archiv, Fh 56) hieß es lediglich: „Der Staat hat die Wirtschaft nach den Bedürfnissen des gesamten Volkes zu lenken." Ähnliche Formulierungen auch in den beiden Entwürfen eines Programms für die „Christlich-Soziale Union in Bayern" vom 10. 9. 1945 bzw. undatiert (BayHStA, NL Pfeiffer 41). Im Programm des CSU-Ortsverbands Hof (IfZ-Archiv, Fh 56) war dagegen zu lesen: „Wir fordern den Wiederaufbau der deutschen Wirtschaft nach den Grundsätzen der Unternehmerinitiative und des Privateigentums."

[195] So empfahl Gerhard Kroll, Stiftungen ähnlich der Carl-Zeiß-Stiftung zu schaffen und dadurch bestimmte Betriebe „in das Gemeineigentum aller Arbeiter und Angestellten" zu überführen. IfZ-Archiv, ED 720 Smlg. Mintzel 1, „Christliche Union. Bamberger Denkschrift zur Schaffung einer politischen Einheitsfront aller Christen Deutschlands".

[196] Im „Programm der Christlich-Sozialen Union für Würzburg Stadt und -Land" (abgedruckt in: Herde, Unionsparteien, in: Becker (Hrsg.), Kapitulation, S. 289) heißt es: „Wir bejahen das Privateigentum, das die Entfaltung der Persönlichkeit verbürgt und den Eigentümer zum verantwortlichen Gebrauch gegenüber der Allgemeinheit verpflichtet. Um in dieser Notzeit Arbeit und Nahrung, Kleidung und Wohnung zu sichern, ist das Wirtschaftsleben planmäßig zu lenken. Die Schlüsselindustrien, die Bodenschätze, der Bergbau, die Energiewirtschaft und alle monopolartigen Unternehmungen sind entweder in das Staatseigentum zu überführen oder dem Einfluß der öffentlichen Gewalt zu unterstellen, um das Staatsleben vor illegitimen Einmischungen und vor Mißbrauch wirtschaftlicher Machtzusammenballungen zu bewahren". Das politische „Glaubensbekenntnis und Arbeitsprogramm der christlich-sozialen Union bayerischer Demokraten" im Landkreis Altötting (IfZ-Archiv, Fh 56) nahm eine mittlere Position ein: „Wir fordern schärfstes Einschreiten der Volksvertretung und des Staates gegen alle privatwirtschaftlichen Monopolstellungen, nötigenfalls durch Vergesellschaftung einzelner Industriezweige als staatliche oder kommunale Versorgungsbetriebe. Im übrigen fordern wir [...] grundsätzliche Anerkennung und Gewährleistung des Privateigentums und freie Wirtschaft für alle Berufsstände." Das Programm des CSU-Ortsverbands Hof (IfZ-Archiv, Fh 56) gehört zu den Ausnahmen, da jeder Bezug auf die Sozialisierungsfrage fehlt.

[197] Fränkische Volksstimme vom 26. 1. 1946: „Der Weg ist frei", oder das „Programm der Christlich-Sozialen Union für Würzburg Stadt und -Land", undatiert, abgedruckt in: Herde, Unionsparteien, in: Becker (Hrsg.), Kapitulation, S. 287–291.

[198] Grundsatzprogramm der CSU von 1946, abgedruckt in: Protokolle und Materialien, S. 1723–1728, hier S. 1726.

Gründungszirkeln der bayerischen Unionspartei auf breite Zustimmung stieß[199]. Zugleich stand man jedoch einer weitgehenden Demokratisierung von Staat und Gesellschaft nicht ohne Skepsis gegenüber[200]. Eine „radikale Demokratie entspricht nicht dem bayerischen und deutschen Wesen", erklärte Richard Jaeger im Herbst 1945 und forderte in diesem Sinne, die „deutsche Demokratie der Zukunft" müsse „staatsrechtlich (nicht sozial!) konservativ aufgebaut werden"[201]. Demokratie- und Parlamentarismuskritik, wie sie in den bürgerlichen Parteien vor 1933 weit verbreitet gewesen war, und die Erfahrung des Untergangs der Weimarer Republik verbanden sich vielfach zu Vorstellungen von einem zwar demokratischen, aber am Primat der Stabilität orientierten politischen System mit einer übermächtigen Exekutive als Garant für die Funktionsfähigkeit des Staates auch in Krisenzeiten[202].

Diese frühen Parteiprogramme waren sicherlich nicht mehr als eine Plattform zur Diskussion über Formulierung und Umsetzung detaillierterer politischer Konzepte. Möglicherweise hätte das jedoch ausgereicht, um Kompromisse zu erarbeiten, die für alle Seiten einigermaßen akzeptabel gewesen wären. Daß dies nicht gelang, ist vor allem auf die tiefgreifenden Differenzen in der „bayerischen Frage" zurückzuführen, die alles überschatteten[203]. Die Programme, Aufrufe und Denkschriften, die in altbayerischen Landkreisen erarbeitet wurden, trugen überwiegend bayerisch-etatistische Züge und sollten als Richtlinien für eine *bayerische* Partei dienen. In frühen Unionsprogrammen aus Franken überwogen dagegen reichsorientierte Überlegungen mit einem deutlichen Schwerpunkt im Bereich der Sozial- und Wirtschaftspolitik; man dachte dort auch weniger an die Gründung einer autonomen Landespartei als an eine Eingliederung der CSU in statu nascendi in eine länder- und zonenübergreifende Organisation[204]. Diese unterschiedliche Prioritätensetzung und die daraus resultierende Unvereinbarkeit der Positionen überdeckte die auf anderen Politikfeldern bestehenden Gemeinsamkeiten. Richard Jaeger umriß im Herbst 1945 das Programm der zu gründenden Partei mit folgenden Schlagworten: „Die Union ist christlich, aber nicht konfessionell begrenzt;

---

199 So hieß es im „Programm der Christlich-Sozialen Union für Würzburg Stadt und -Land" (abgedruckt in: Herde, Unionsparteien, in: Becker (Hrsg.), Kapitulation, S. 288) an exponierter Stelle: „Das Recht muß wieder die Grundlage des gesamten Volkslebens bilden. Die Justiz darf nicht wieder zur Dirne der Politik werden. Die Rechtspflege ist unabhängigen, gerechten Richtern anzuvertrauen; ihr Leitstern ist das Gesetz, vor dem alle gleich sind. Auch die obersten Führer des Volkes unterliegen dem Gesetz."

200 So schrieb beispielsweise Gerhard Kroll im Herbst 1945: „Der verantwortungslose Parlamentarismus, der in Deutschland nach der Weltkriegszeit zu einem System der Parteisplitter führte und sich unfähig erwies, eine Regierung für längere Dauer zu bilden, soll ebenso vermieden werden, wie jede Staatsform, die aufs neue, verhüllt oder offen, die Gewaltherrschaft anstrebt." IfZ-Archiv, ED 720 Smlg. Mintzel 1, „Christliche Union. Bamberger Denkschrift zur Schaffung einer politischen Einheitsfront aller Christen Deutschlands".

201 Denkschrift Richard Jaegers, in: Lehrjahre, S. 172f.

202 Besonders deutlich bei Gerhard Kroll, der zur Stabilisierung des politischen Systems neben den parlamentarischen Gremien und der von den Abgeordneten gewählten Regierung einen überparteilichen Landes- bzw. Reichsrat und einen mit umfassenden Kompetenzen ausgestatteten Landes- bzw. Reichsberater vorschlug. IfZ-Archiv, ED 720 Smlg. Mintzel 1, „Christliche Union. Bamberger Denkschrift zur Schaffung einer politischen Einheitsfront aller Christen Deutschlands".

203 So erklärte Karl Scharnagl am 4. 6. 1946 vor dem Dienstag-Club, es herrsche in der Union immerhin Übereinstimmung über bestimmte Grundprinzipien, aber leider „sei in einer so wichtigen Frage wie der des Staatsaufbaus keine Einigkeit vorhanden". Lehrjahre, S. 56.

204 Im Programm der Nürnberger CSU (IfZ-Archiv, Fh 56) hieß es nur: „Das Deutsche Reich muß als Einheit erhalten bleiben. Die Länder sind seine organischen Glieder. Ländern und Gemeinden soll ein weitgehendes Recht zur Selbstverwaltung eingeräumt werden."

bayerisch, aber nicht partikularistisch; deutsch, aber antipreußisch; radikal-sozial, aber nicht sozialistisch; demokratisch, aber nicht liberal."[205] Daß die CSU am „Leitstern [. . .] der christlichen Weltanschauung"[206] ausgerichtet sein sollte, war unter den Mitbegründern der bayerischen Unionspartei ebensowenig umstritten wie die Forderung nach weitgehenden sozialen Reformen oder das Bekenntnis zur Demokratie. Soweit sie aus dem Süden Bayerns stammten oder der Tradition der untergegangenen BVP verhaftet waren, hätten viele CSU-Politiker der ersten Stunde auch die übrigen Punkte in Jaegers skizzenhaftem Rahmenprogramm unterschreiben können. Dagegen mußten diese Aussagen zur künftigen Stellung Bayerns in den fränkischen Landesteilen trotz der vagen Zugeständnisse vor allem bei der reichsorientierten protestantischen Bevölkerung, die es für die Union zu gewinnen galt, auf tiefe Skepsis stoßen.

## 2. Im Zentrum des Geschehens: Der Münchner Gründerkreis

### *a) Die Regierung Schäffer und der politische Neubeginn*

Am 28. Mai 1945, nur zwanzig Tage nach der bedingungslosen Kapitulation des Deutschen Reiches, wurde Fritz Schäffer, der zwischen 1929 und 1933 als Vorsitzender der BVP zu den führenden Persönlichkeiten der bayerischen Politik gehört hatte, zum „einstweiligen Bayerischen Ministerpräsidenten" ernannt[207]. Die Einsetzung eines Ministerpräsidenten mußte – auch wenn sie ausdrücklich nur ein Provisorium darstellte – im verfassungsrechtlichen Vakuum der unmittelbaren Nachkriegszeit geradezu als eine Bestätigung der staatlichen Tradition Bayerns verstanden werden[208]. Damit hatte das Regional Military Government einen „politischen Raum Bayern" geschaffen, dessen staatsrechtliche Position freilich erst noch zu bestimmen war[209]. Mit der Proklamation Nr. 2 der Militärregierung erfolgte am 19. September 1945 die Einteilung der US-Zone in die „Staaten" Bayern, Groß-Hessen und Württemberg-Baden[210]. Dies war ein weiterer Schritt auf dem Weg zur Beendigung des Schwebezustands Bayerns[211], und

[205] Denkschrift Richard Jaegers, in: Lehrjahre, S. 183.

[206] ACSP, NL Müller 201, von Fritz Schäffer gezeichneter „Wahlaufruf der Bayerischen Christlichen Sozialen Union zu den Bayerischen Gemeindewahlen" am 27. 1. 1946.

[207] Ernennungsschreiben für Fritz Schäffer, abgedruckt in: Fritz Baer, Die Ministerpräsidenten Bayerns 1945–1962. Dokumentation und Analyse, München 1971, S. 255; zu Schäffers Ernennung vgl. die Einleitung zu den Protokollen des Bayerischen Ministerrats 1945–1954: Das Kabinett Schäffer – 28. Mai bis 28. September 1945, bearb. von Karl-Ulrich Gelberg, München 1995, S. 20–33. Zum Gesamtzusammenhang vgl. Lutz Niethammer, Die amerikanische Besatzungsmacht zwischen Verwaltungstradition und politischen Parteien in Bayern 1945, in: VfZ 15 (1967), S. 153–210, sowie Wolf D. Gruner, Fritz Schäffer und der Neubeginn in Bayern nach 1945, in: Wolfgang J. Mückl (Hrsg.), Föderalismus und Finanzpolitik. Gedenkschrift für Fritz Schäffer, Paderborn u. a. 1990, S. 37–66, insbesondere S. 40–59, und Reinhard Heydenreuter, Office of Military Government for Bavaria, in: Christoph Weisz (Hrsg.), OMGUS-Handbuch. Die amerikanische Militärregierung in Deutschland 1945–1949, München 1994, S. 143–315, hier S. 154ff.

[208] Vgl. Anton Pfeiffer, Wie Bayern wieder ein Staat wurde, in: Unser Bayern. Politik, Wirtschaft, Kultur, hrsg. von der Bayerischen Staatskanzlei, München 1950, S. 7–10.

[209] Henzler, Fritz Schäffer, S. 100; ähnlich auch Niethammer, Amerikanische Besatzungsmacht, S. 164.

[210] Proklamation Nr. 2 Dwight D. Eisenhowers vom 19. 9. 1945, abgedruckt in: Baer, Ministerpräsidenten, S. 256f.

[211] Zur Bedeutung der Proklamation Nr. 2 aus staatsrechtlicher Sicht vgl. Eduard Schmidt, Staatsgründung und Verfassungsgebung in Bayern. Die Entstehung der Bayerischen Verfassung vom 8. Dezember 1946, Bd. 1, München 1997, S. 55–59.

die Protagonisten der „bayerischen Bewegung" verstanden die Proklamation Nr. 2 als ein positives Signal der Besatzungsmacht für ihr Streben nach einem weitgehend selbständigen Staat[212].

Daß das Regional Military Government großen Wert auf die zügige Rekonstruktion administrativer Effizienz legte, kam den Vorstellungen Schäffers durchaus entgegen. Der bayerische Ministerpräsident folgte der Konzeption einer zumindest vordergründig apolitischen Notstandsverwaltung unter Ausschaltung parteipolitischer Einflüsse und versuchte, die Lizenzierung von Parteien – für ihn gleichbedeutend mit der baldigen Abhaltung von Wahlen – möglichst weit hinauszuzögern[213]. In diesem Sinne traf sich Schäffers Konzeption mit den Vorgaben und Vorstellungen der amerikanischen Besatzungsmacht, die noch im Mai 1945 der Freiheitsaktion Bayern und dem in Dachau gegründeten Nationalkomitee Freies Deutschland auf der Basis der grundlegenden Besatzungsdirektive JCS 1067 die politische Betätigung untersagt hatte[214]. Diese zurückhaltende Politik wurde allerdings von den sowjetischen Militärbehörden durchkreuzt, als sie am 10. Juni 1945 die Bildung antifaschistischer Parteien und Gewerkschaften in ihrer Besatzungszone gestatteten. Spätestens mit den während der Potsdamer Konferenz verabschiedeten Grundsätzen zur Besatzungspolitik, die ausdrücklich nicht nur die Erlaubnis, sondern auch die Förderung demokratischer Parteien vorsahen[215], war die Entwicklung auch in der US-Zone nicht mehr aufzuhalten. Am 14. August 1945 teilte Colonel Robert Reese dem Ministerpräsidenten mit, daß sich die Militärregierung „zwar nicht unter dem Druck des russischen Vorgehens, aber doch veranlaßt hiedurch", gezwungen sähe, die Bildung und Tätigkeit politischer Parteien früher zuzulassen, als dies ursprünglich geplant gewesen sei[216]. Man sicherte Schäffer jedoch zu, „für München und Bayern trotzdem die Erlaubnis noch etwas zurück[zu]halten". Auch wenn Schäffer vor den möglichen Folgen der Lizenzierung politischer Parteien für das öffentliche Leben und für sein Kabinett warnte, erkannte er wohl, daß sich dies nicht mehr würde umgehen lassen, bat aber darum, politische Tätigkeit nur stufenweise zuzulassen[217]. Somit kam es dem Ministerpräsidenten sicherlich entgegen, daß die amerikanischen Militärbehörden bei der Lizenzierung politischer Parteien sehr restriktiv verfuhren und diese seit August 1945 nur auf Kreisebene und nur nach einem aufwendigen Genehmigungsverfahren zuließen[218].

---

212 So z. B. Michael Horlacher; Protokoll der Sitzung des Erweiterten Landesausschusses der CSU am 6. 7. 1946 in München, in: Protokolle und Materialien, S. 511.

213 Vgl. Niethammer, Amerikanische Besatzungsmacht, S. 186f. Schäffer war nicht der einzige, der einer raschen Demokratisierung des öffentlichen Lebens skeptisch gegenüberstand. Vor allzu frühen Wahlen hatte auch Adam Stegerwald gewarnt; Wilhelm Hoegner glaubte noch in seinen Memoiren, daß die ersten Wahlen im Frühjahr 1946 von der Besatzungsmacht „viel zu früh angesetzt" gewesen seien, ähnlich äußerte sich auch Josef Müller. BAK, NL Schäffer 19, Bl. 127–129, Adam Stegerwald an Fritz Schäffer vom 23. 6. 1945; Wilhelm Hoegner, Der schwierige Außenseiter. Erinnerungen eines Abgeordneten, Emigranten und Ministerpräsidenten, München 1959, S. 242; BayHStA, NL Pfeiffer 41, Notizen Anton Pfeiffers über eine Besprechung am 14. 8. 1945.

214 Vgl. dazu Benz, Parteigründungen und erste Wahlen, in: ders. (Hrsg.), Neuanfang in Bayern, S. 13–17.

215 Vgl. Schröder, Parteien-Lizenzierungspolitik, in: ders., Bayern 1945, S. 10.

216 BayHStA, NL Pfeiffer 142, Aktennotiz über ein Gespräch zwischen Fritz Schäffer und Robert R. Reese am 14. 8. 1945; das folgende Zitat ebenda.

217 BayHStA, NL Pfeiffer 142, Fritz Schäffer an Robert R. Reese vom 17. 8. 1945.

218 BayHStA, NL Pfeiffer 142, ungezeichnete „Richtlinien über die Parteibildung" vom 21. 9. 1945. Vgl. auch Schröder, Parteien-Lizenzierungspolitik, in: ders., Bayern 1945, S. 11ff.

Schäffer sollte jedoch nur noch wenige Wochen im Amt bleiben. Wegen unüberbrückbarer Differenzen wurde der frühere BVP-Vorsitzende am 28. September 1945, genau vier Monate nach seiner Ernennung, entlassen. Zum neuen bayerischen Ministerpräsidenten berief die Militärregierung den Sozialdemokraten Wilhelm Hoegner[219].

Zu diesem Zeitpunkt war die Entstehung politischer Parteien bereits im Gange. Während ehemalige Funktions- und Mandatsträger der beiden Arbeiterparteien SPD und KPD bereits kurze Zeit nach dem Zusammenbruch des NS-Regimes an den Wiederaufbau ihrer Organisationen gingen, war die Frage höchst umstritten, ob die BVP als spezifisch bayerische Variante des politischen Katholizismus wieder gegründet werden sollte oder ob nicht der bald diskutierten Alternative einer christlichen Sammlungsbewegung der Vorzug zu geben sei. Noch im Mai 1945, wenige Tage nach seiner Ernennung zum bayerischen Ministerpräsidenten, erklärte Schäffer in einem Interview, er sei sehr dafür, die BVP wieder ins Leben zu rufen, selbstverständlich aber erst dann, wenn die Militärregierung ihr Placet dazu gegeben habe[220]. Schäffer war überzeugt davon, die BVP binnen kurzer Zeit in ihrer alten Form wiederbeleben zu können, ja es schien für den ehemaligen BVP-Vorsitzenden geradezu selbstverständlich, die in der Weimarer Republik stärkste Partei Bayerns neu zu gründen[221]. Schäffer hielt es allerdings zunächst für geboten, zusammen mit den Mitgliedern seines Kabinetts jeder parteipolitischen Tätigkeit zu entsagen. Als Colonel Reese den Ministerpräsidenten am 14. August über die Pläne der amerikanischen Militärregierung zur Genehmigung politischer Parteien informierte, forderte er Schäffer zugleich auf, zu der Frage Stellung zu nehmen, ob „bei der Bildung der neuen Parteien auch Mitglieder der Landesregierung aktiv hervortreten" könnten[222]. Mit sichtlichem Unbehagen antwortete Schäffer wenige Tage später, und er machte keinen Hehl daraus, daß er die Zulassung politischer Parteien für verfrüht und den Zeitpunkt für ungünstig gewählt hielt. Die Frage nach der Beteiligung von Kabinettsmitgliedern an parteipolitischen Aktivitäten verneinte Schäffer und verwies – nicht ganz zutreffend – darauf, daß er bei der Besetzung von Ämtern bewußt auf die Berücksichtigung früherer politischer Bindungen verzichtet habe. Zugleich warnte Schäffer davor, daß parteipolitische Einflüsse die Arbeit der Regierung erschweren würden[223]. Damit waren neben Schäffer auch so prominenten Politikern der untergegangenen BVP wie Anton Pfeiffer oder Kultusminister Otto Hipp mehr oder weniger die Hände gebunden, als sich im August 1945 die Gründung einer christlichen Partei anbahnte[224].

[219] Die Absetzung Schäffers und seine eigene Ernennung beschreibt Hoegner, Außenseiter, S. 200. Schäffers Version der Ereignisse findet sich in einer umfangreichen Aktennotiz Josef Helds vom 6. 2. 1946; IfZ-Archiv, Fh 56. Vgl. auch die Einleitung zu den Protokollen des Bayerischen Ministerrats: Kabinett Schäffer, S. 56–80.

[220] Vgl. Niethammer, Amerikanische Besatzungsmacht, S. 181.

[221] IfZ-Archiv, RG 260, 13/142–2/1, Weekly Historical Report for Bavaria No. 6, June 15th – June 22nd. Auch Anton Pfeiffer, Leiter der Staatskanzlei, wollte die Möglichkeit einer Neugründung der BVP nicht ausschließen; BayHStA, NL Pfeiffer 32, Notiz Anton Pfeiffers über ein Gespräch mit Vertretern der Militärregierung am 6. 7. 1945.

[222] BayHStA, NL Pfeiffer 142, Aktennotiz über ein Gespräch zwischen Fritz Schäffer und Robert R. Reese am 14. 8. 1945.

[223] BayHStA, NL Pfeiffer 142, Fritz Schäffer an Robert R. Reese vom 17. 8. 1945.

[224] Zur parteipolitischen Zurückhaltung der ehemaligen BVP-Spitzenpolitiker vgl. Henzler, Fritz Schäffer, S. 165–171. Von indirekten Versuchen Schäffers, die Gründung einer „Art Bayerische[r] Volkspartei" zu forcieren, berichtet dagegen der zum Kreis um Josef Müller gehörende Karl Köhler, Der Mittwochskreis beim „Ochsensepp". Die Union wird geboren, in: Schröder, Bayern 1945, S. 67–88, hier S. 72.

### *b) Zwischen Bayerischer Volkspartei und Christlich-Sozialer Union*

Seit Juli 1945 wurden in einem Kreis um den Münchner Rechtsanwalt Josef Müller Gespräche über die Gründung einer neuen Partei auf interkonfessioneller Grundlage unter bewußter Abgrenzung von der ehemaligen BVP geführt[225]. Müller und die Teilnehmer des „Mittwochskreises", dem neben anderen Joseph Baumgartner, Michael Horlacher, Heinrich Krehle, Walther von Miller, Emil Muhler, Friedrich Wilhelm von Prittwitz und Gaffron, Karl Scharnagl und gegen Ende des Jahres auch Franz Josef Strauß angehörten, waren sich mehrheitlich einig darüber, daß die neue Partei eine auf christlichem Solidarismus beruhende, dynamische Bewegung mit stark sozialevolutionären Impulsen sein sollte. Am 8. Juli 1945, nur wenige Wochen nachdem er in Südtirol aus den Händen der SS-Schergen befreit worden war, traf Josef Müller in Rothenburg ob der Tauber mit Adam Stegerwald zusammen, den die amerikanische Besatzungsmacht im April zum Regierungspräsidenten von Unterfranken ernannt hatte[226]. Bei diesem Meinungsaustausch fanden Müller und Stegerwald schnell einen gemeinsamen Nenner. Da kein Protokoll dieser Unterredung überliefert ist, sind wir auf Müllers Erinnerungen angewiesen[227]. Demnach waren der noch weitgehend unbekannte Rechtsanwalt und der ehemalige preußische Ministerpräsident der Meinung, daß eingedenk des Widerstandes evangelischer und katholischer Christen gegen das nationalsozialistische Regime eine neue christliche Partei nur auf interkonfessioneller Grundlage aufgebaut werden könne. Überdies waren beide dafür, „das starre Parteiensystem früherer Zeit" durch eine „dynamische Gruppierung" aufzubrechen. Es sollte jedoch nicht darum gehen, „Katholisches und Evangelisches [zu] addieren, um Mehrheiten zu schaffen", sondern um „eine geistige Erneuerung" mit dem Ziel, dem „zu erwartenden Trend zur Vermassung und zum politischen Kollektiv" durch die „Dynamik dessen entgegen[zu]wirken, was man unter christlicher Kultur verstand". Was den Namen der zu gründenden Partei anging, so plädierten beide für das Doppelattribut christlich-sozial, umstritten war lediglich der letzte Bestandteil des Parteinamens. Stegerwalds Vorschlag, die neue Gruppierung als Christlich-Soziale Arbeiter- und Bauernpartei ins Leben zu rufen, konnte sich nicht durchsetzen. Müller hielt es überhaupt für falsch, Begriffe wie Partei oder Bewegung zu gebrauchen, da sie ihm durch ihre spezifische Bedeutung in der NS-Zeit diskreditiert schienen. Daher legte man sich im Münchner Kreis um Müller wenig später auf den Terminus Union fest, der im Juni 1945 in Berlin aufgekommen war[228].

[225] Vgl. ebenda sowie Müller, Konsequenz, S. 304f., und Hettler, Josef Müller, S. 203ff. Mitschriften dieser Gesprächsrunden wurden offensichtlich nicht angefertigt. Kurt Heinrich Heizmann, der Informant der Militärregierung, stieß erst im Frühjahr 1946 zum Kreis um Josef Müller; vgl. Lehrjahre, S. 27f.

[226] Müller, Konsequenz, S. 306, verlegt dieses Treffen irrtümlich in den Juni; die korrekte Datierung bei Walter Berberich, Die historische Entwicklung der Christlich-Sozialen Union in Bayern bis zum Eintritt in die Bundespolitik, Diss., Würzburg 1965, S. 34.

[227] Vgl. hierzu und zum folgenden Müller, Konsequenz, S. 306ff.

[228] Müller schildert dies in seinen Erinnerungen so: „Plötzlich kam mir der Gedanke, daß im 30 jährigen Krieg die protestantischen Fürsten sich unter dem Namen ‚Union' gegen den katholischen Feldherrn Tilly gestellt hatten. Ich bat meinen Gast zu überlegen, ob nicht gerade den evangelischen Christen von der in der Politik, vor allem in Bayern, fester gefügten katholischen Gruppe der Beweis paritätischer Gesinnung am besten dadurch zu erbringen sei, daß wir in Erinnerung an vergangene Zeiten den bei evangelischen Christen im Gedächtnis verbliebenen Namen ‚Union' präsentierten." Ebenda,

Während sich Adam Stegerwald in Würzburg um den Aufbau der Union bemühte, fielen im Münchner Gründerkreis seit August 1945 Vorentscheidungen, die für die Frühgeschichte der CSU von grundlegender Bedeutung waren. Am 10. August traten die Gründerväter erstmals mit einem Rundschreiben an die Öffentlichkeit[229]. Der Zeitpunkt für diesen Schritt war kaum zufällig gewählt, die Initiative erscheint vielmehr als vorbereitete Reaktion auf die erwartete Genehmigung politischer Betätigung durch die Militärregierung[230]. Als Autor dieser programmatischen Ausführungen zeichnete lediglich der vorläufige Münchner Oberbürgermeister Karl Scharnagl, doch sie erinnern so sehr an die zwischen Josef Müller und Adam Stegerwald abgestimmten Vorstellungen, daß Müllers Mitverfasserschaft nicht auszuschließen ist[231]. Scharnagl skizzierte eine neue politische Partei, die sich „bewußt und entschieden zu einer christlichen Staats- und Gesellschaftsauffassung bekennen und dieses Bekenntnis, soweit wie möglich, praktisch werden lassen“ müsse. Zugleich verlieh der Oberbürgermeister der Hoffnung Ausdruck, daß diese Partei „den Hauptteil der Bevölkerung erfassen“ würde, und zwar Menschen „aller Berufskreise und aller Schichten“. In diesem Sinne plädierte er für eine Abkehr von bisherigen Traditionen und dafür, „neue Wege“ zu gehen. Die „bisherigen Formen politischer Betätigung der Parteien“ müßten „verschwinden“, da sie ihrer Zersplitterung und „ihrer beengten Zielsetzungen wegen überholt und in der Zukunft unmöglich“ seien. Es stand für Scharnagl auch fest, daß man keinesfalls an die Namen von ehemaligen Parteien anknüpfen konnte; er schlug in Anlehnung an die Entwicklungen im Rheinland die Bezeichnungen „Christliche Demokraten“ und „Christliche Demokratische Volksbewegung“ vor[232].

Bereits vier Tage später fand im Münchner Rathaus eine erste Besprechung statt, die mehr war als die bisherigen Aktivitäten der eher privaten Zirkel[233]. Die Einladung dazu war von Karl Scharnagl ausgegangen, wie Müller später berichtete, auf seine Bitte hin[234]. Unter denjenigen, die sich am 14. August im Rathaus einfanden, waren neben Scharnagl und Josef Müller Persönlichkeiten wie der Münchner Stadtpfarrer Emil Muhler, der spätere Vorsitzende des Satzungsausschusses der CSU Max Gerstl, Heinrich Krehle, in den Kabinetten Hoegners und Ehards Staatssekretär und Arbeitsminister, der spätere Landwirtschaftsminister und Vorsitzende der Bayernpartei Joseph Baumgartner, Franz Xaver Stadelmayer, im Mai 1945 von den amerikanischen Militär-

---

S. 308f. Ob Müller und Stegerwald von den Berliner Entwicklungen zu diesem Zeitpunkt bereits Kenntnis hatten, ist unklar. Vgl. Herde, Unionsparteien, in: Becker (Hrsg.), Kapitulation, S. 267f. und Anm. 79.

229 IfZ-Archiv, ED 120 NL Hoegner 331, Rundschreiben Karl Scharnagls vom 10. 8. 1945.

230 Das Rundschreiben beginnt mit dem Satz: „General Eisenhower hat in seiner Proklamation betont, daß nunmehr auch wieder eine örtliche politische Betätigung zugelassen werden soll.“

231 Vgl. Fait, Einleitung zu: Protokolle und Materialien, S. IX f.

232 Konrad Adenauer setzte Scharnagl wenig später ausführlicher über die Gründung einer christlichen Partei im Rheinland in Kenntnis und bat den Münchner Oberbürgermeister und seine Gesinnungsgenossen „sich dieser Entwicklung anschließen zu wollen“. Konrad Adenauer an Karl Scharnagl vom 21.8. 1945, in: Adenauer, Briefe 1945–1947, S. 77ff.

233 BayHStA, NL Pfeiffer 41, Notizen Anton Pfeiffers über eine Besprechung am 14. 8. 1945. Die Übertragung der stenographischen Mitschrift Pfeiffers wurde nachträglich in den Nachlaß eingefügt. Die Notizen Pfeiffers von den Sitzungen am 14.8. und am 12. 9. 1945 wurden erstmals ausgewertet von Reuter, Anton Pfeiffer, S. 121–135; vgl. auch Fait, Einleitung zu: Protokolle und Materialien, S. VIII-XX, und Fait, Anfänge, S. 26–36.

234 Vgl. Müller, Konsequenz, S. 310. Berberich, Historische Entwicklung, S. 38, und Reuter, Anton Pfeiffer, S. 121, gehen dagegen davon aus, daß Scharnagl im Einvernehmen mit Müller und Schäffer zu den Gründungsgesprächen einlud, ohne jedoch einen Quellenbeleg dafür zu nennen.

behörden zu einem der Stellvertreter Scharnagls ernannt, sowie Max Grasmann, der zwischen 1946 und 1948 das undankbare Amt des Landesschatzmeisters der CSU bekleiden sollte. Adam Stegerwald war in diesem Kreis nicht vertreten[235], und auch Fritz Schäffer war nicht erschienen. Als Vertreter des Ministerpräsidenten fungierte jedoch Anton Pfeiffer, der Leiter der Staatskanzlei und ehemalige Generalsekretär der BVP[236]. Im Zentrum der Besprechung stand eine programmatische Rede Müllers, der die Anwesenden über die politische Lage informierte und dann seine Vorstellungen von einer neuen, interkonfessionellen Sammlungspartei als Alternative zu sozialdemokratischen und kommunistischen Gruppierungen skizzierte. Nach den stichpunktartigen Notizen Pfeiffers führte Müller aus:

„Für uns: Gruppierung, die auf Reichsgruppierung hinausläuft, Reichstreue und R[eichs]-Verfassung. Hauptfrage: die christl[ichen] Bekenntnisse. Nicht in alte Parteigliederungen und alte Personen. In N[ord]-Deutschland auch P[artei]-Bildung schon begonnen. Christl[iche] Bekenntnisse die aktivsten Kräfte gegen N. S. ... [Unter]grundkampf. Front der Anständigen. Zuerst Fühlung gesucht mit den kirchlichen Kreisen, dann mit den anderen Kreisen, besonders mit der linken Seite [...] Schwierig, wenn der Personenkreis angelehnt wird an die Kreise der alten B. V.[P.] oder der alten D. N. V.[P.] Zuerst Programm aufstellen und dann die Personen feststellen. [...] Man kommt nicht mit den alten Methoden des Denkens und der Parteien durch. [...] Überalterung im Augenblick. Wird von den Amerikanern jetzt betont. Wird auch in der Parteiführung zum Ausdruck kommen.“[237]

Damit machte Müller unmißverständlich klar, daß er die Wiederbelebung von 1933 verbotenen oder aufgelösten Organisationen ebenso ablehnte wie die Gründung einer auf Bayern begrenzten Partei nach dem Vorbild der BVP. Auch eine rein bürgerliche Partei kam für ihn nicht in Frage; „Bürgertum“, so Müller, sei ein überholter Begriff.

Obwohl auch Bedenken gegen die frühzeitige Wiederzulassung politischer Parteien laut wurden, besteht kein Zweifel, daß sich der Münchner Gründerkreis als Kristallisationskern einer künftigen landesweiten Partei verstand und einen entsprechenden Führungsanspruch erhob . Max Grasmann betonte, es sei „höchste Zeit, die Organisation hinzustellen“, und forderte, „Fühlung mit außerhalb [zu] nehmen“ und eine „Dachorganisation auf[zu]bauen für das Land“. Zugleich beklagte Grasmann die bisher fehlende Koordination zwischen den regionalen und lokalen Initiativen[238].

Während der Diskussion zeichnete sich bereits ein Konfliktpunkt ab, der die Gründung der bayerischen Unionspartei und ihre weitere Entwicklung stark belasten sollte: das von Anfang an problematische Verhältnis zwischen führenden Repräsentanten der untergegangenen BVP und den Vertretern der neuen Konzepte, die sich bewußt von

---

235 Nach Herde, Unionsparteien, in: Becker (Hrsg.), Kapitulation, S. 268, war Stegerwald nicht eingeladen, was angesichts der politischen Rahmenbedingungen durchaus wahrscheinlich ist. Ob Franziska Kimpfler, die Privatsekretärin Stegerwalds, in dessen Auftrag an der Sitzung am 14. August teilgenommen hat oder erst an der Sitzung am 12. September, ist nicht zweifelsfrei zu klären; vgl. ebenda, S. 268 f. und Anm. 80.

236 Vgl. Reuter, Anton Pfeiffer, S. 121.

237 BayHStA, NL Pfeiffer 41, Notizen Anton Pfeiffers über eine Besprechung am 14. 8. 1945; das folgende nach ebenda.

238 Nach Müllers Ausführungen erwartete man offenbar nicht, daß die Militärregierung die Gründung politischer Parteien auf Orts- und Kreisebene begrenzen würde; darauf verwies Fritz Schäffer erst in einer Besprechung am 12. September; BayHStA, NL Pfeiffer 41, Notizen Anton Pfeiffers über eine Besprechung (Aktionsausschuß), undatiert. Die Übertragung der stenographischen Mitschrift Pfeiffers wurde nachträglich in den Nachlaß eingefügt.

dieser katholisch-konservativen, extrem föderalistischen Landespartei absetzten[239]. Nach Müllers Erinnerungen verwies Anton Pfeiffer in der Besprechung am 14. August „auf die einstige Größe und Bedeutung der BVP und vertrat die Meinung, Fritz Schäffer als ihr einstiger Vorsitzender habe ein primäres Recht, auch an die Spitze einer Neugründung zu treten"[240]. Doch diese Worte stießen offensichtlich auf taube Ohren; lediglich Max Gerstl verwies auf die Notwendigkeit, den „bayer[ischen] Anhang" in die Überlegungen zur Parteigründung einzubeziehen. Ansonsten sprachen sich alle Diskussionsteilnehmer mehr oder weniger eindeutig gegen eine Anknüpfung an überkommene Traditionen aus.

Die Auseinandersetzung über die Rolle der BVP in der Weimarer Republik und über die künftige Rolle von ehemaligen BVP-Politikern in der neu zu gründenden Partei begann wenige Wochen später zu eskalieren. Am 12. September kam die Kommission, die im August zur Erarbeitung eines Programmentwurfes bestellt worden war[241], zu einer Sitzung zusammen. Neben den fünf Mitgliedern – Grasmann, Krehle, Müller, Schlögl und Pfeiffer – hatten sich unplanmäßig auch andere Personen eingefunden, darunter erstmals auch Fritz Schäffer, der seine parteipolitische Zurückhaltung allmählich aufzugeben begann[242]. Im Mittelpunkt der Besprechung standen die Wahl eines „arbeitsfähigen" Ausschusses, der mit vordringlichen Satzungs-, Organisations- und Programmfragen betraut werden sollte, sowie die zumindest vorläufige Festlegung eines Parteinamens. Da beide Entscheidungen eng mit der Frage zusammenhingen, ob man an die Tradition der BVP anknüpfen oder sich davon abgrenzen sollte, war die Atmosphäre von Anfang an gespannt. Wieder machte sich Anton Pfeiffer Notizen, und bereits die einleitenden Worte über die Führungsmannschaft der neu zu gründenden Partei mußten den ehemaligen Generalsekretär der BVP alarmieren:

> „Entscheidend [ist] die Personenauswahl. – Darf keine Fortsetzung der alten Bayerischen Volkspartei sein. 1.) In 1. Linie Personen wählen, die politisch Neuland sind, für die Masse, die politisch Neuland ist. 2.) Nach den Gesichtspunkten, wie sie sich in den letzten 12 Jahren kämpferisch bewährt haben."

So dachte die Mehrheit, Schäffer hingegen war anderer Meinung. Aus der vorsichtigen Stellungnahme des Ministerpräsidenten sprach Skepsis gegen den Gedanken einer Sammlungspartei, und er warnte davor, ein „Beispiel aus der russischen Zone nach[zu]machen"[243]. Man müsse, so Schäffer weiter, entweder versuchen, „alles, was

[239] Noch elf Monate später bezeichnete Wilhelm Eichhorn „die personellen Schwierigkeiten innerhalb der Union als Erbe der Bayerischen Volkspartei". Protokoll der Sitzung des Landesarbeitsausschusses der CSU am 5. 7. 1946 in München, in: Protokolle und Materialien, S. 413.

[240] Müller, Konsequenz, S. 310.

[241] Mehrere Programmentwürfe finden sich im BayHStA, NL Pfeiffer 41. Der Entwurf des Grundsatzprogramms einer „Christlichen Volkspartei in Bayern" vom 5. 9. 1945 und das eventuell als begleitender Aufruf konzipierte „Grundsatz-Programm einer Christlich-Demokratischen Volkspartei in Bayern" vom selben Tag sind auch abgedruckt bei Repgen, Anfänge des CSU-Programms, in: Kraus (Hrsg.), Land und Reich, Bd. 3, S. 467–471.

[242] BayHStA, NL Pfeiffer 41, Notizen über eine Besprechung (Aktionsausschuß), undatiert; das folgende nach ebenda. Zur Datierung auf den 12. 9. 1945 vgl. Fait, Einleitung zu: Protokolle und Materialien, S. XVI. Vgl. auch Fait, Anfänge, S. 37–42.

[243] Es wird aus den Notizen Pfeiffers nicht ganz klar, worauf Schäffer mit dieser Bemerkung anspielte, ob auf die am 26. 6. 1945 in Berlin gegründete CDU oder die seit dem 14. 7. 1945 bestehende „Einheitsfront der antifaschistisch-demokratischen Parteien". Im Kontext der Ausführungen des Ministerpräsidenten erscheint jedoch ersteres wahrscheinlicher.

rechts von den Soz[ialisten] steht, zu nehmen, oder es macht jeder seinen alten Laden auf". Zugleich mahnte er jedoch zur Eile, da sozialdemokratische und kommunistische Gruppierungen schon aktiv geworden seien. Ob dies tatsächlich das alleinige Motiv für sein Drängen war, läßt sich nicht sagen, vielleicht hoffte Schäffer auch darauf, daß Zeitdruck notwendige Diskussionen im heterogenen Münchner Gründerkreis verhindern und den Sammlungsgedanken obsolet machen würde. In diesem Sinne könnte man jedenfalls seine Äußerung verstehen, an das Land die Empfehlung herauszugeben, vorerst wieder auf den alten Namen Bayerische Volkspartei zurückzugreifen, sofern keine anderen Richtlinien ergingen.

Diese Ausführungen riefen massiven Widerspruch hervor. Max Grasmann warf Schäffer vor, daß der Nationalsozialismus nicht zum Durchbruch gekommen wäre, „wenn die Parteien nicht so gefehlt hätten"[244], und der Münchner Domkapitular Erwin von Kienitz betonte, daß auch die katholische Kirche am Zustandekommen einer interkonfessionellen Partei interessiert sei und sich „nicht mehr hergeben [würde], einer früheren Bayerischen Volkspartei den Segen der Kirche zu geben"[245]. Auch Karl Scharnagl sah sich gezwungen, diesbezügliche Bedenken zu zerstreuen. „Niemand denkt ernsthaft daran", so der Oberbürgermeister, der vor 1933 selbst ein prominentes Mitglied der BVP gewesen war, „die Bayerische Volkspartei wieder zum Leben erstehen zu lassen. Weder im Namen noch im Programm noch im Umriß der zu benennenden Personen."[246] Damit hatte er sich nicht nur von der Tradition der BVP distanziert, sondern vor allem auch ihrem politisch ambitionierten Führungspersonal eine Absage erteilt. Ehemalige Spitzenpolitiker der BVP sollten in der neu zu gründenden Partei lediglich aus Gründen des inneren Proporzes und der Propaganda Verwendung finden. Grasmann sprach dies offen aus, allerdings nicht ohne versöhnlichere Töne anzuschlagen: „Es ist nicht so auf dem Land und nicht in der Stadt, daß man die früheren Parteien so ablehnt. Aus propagandistischen Gründ[en] eine Reihe von diesen Persönlichkeiten aufnehmen, weil wir ihre Arbeit und ihre Namen brauchen."

Die BVP-Traditionalisten wiesen die Vorwürfe gegen ihre alte Partei mit dem durchaus apologetischen Argument zurück, die BVP hätte seit 1919 „bewiesen, dass sie der stärkste Block i[n] Bayern im Kampf gegen den Nationalsozialismus und eine zentralistische Gewaltpolitik" gewesen sei[247]. „In Anerkennung der bewährten Grundsätze"

---

[244] Eine Zusammenfassung der Kritikpunkte an der Politik der BVP bei Müller, Konsequenz, S. 311.

[245] Auf diese Äußerungen reagierte Pfeiffer nur einen Tag später besonders ungehalten. Die BVP, so ihr ehemaliger Generalsekretär, hätte es bestimmt nicht nötig gehabt, „auf den Krücken kirchlichen Segens so einherzuhumpeln [...], wie es aus Ihren Worten geschlossen werden mußte". BayHStA, NL Pfeiffer 533, Anton Pfeiffer an Erwin von Kienitz vom 13. 9. 1945.

[246] Diese Position vertrat Scharnagl auch in der Folgezeit nachdrücklich: „Die im Brief niedergelegte Befürchtung einer Wiederauferstehung der Bayerischen Volkspartei mit der Wirkung einer neuerlichen Aufsplitterung ist tatsächlich in sehr weiten Kreisen verbreitet. Es ist nun meine Auffassung von Anfang an gewesen, diesen Befürchtungen den Boden zu entziehen durch die immer wiederkehrende und nachdrückliche Erklärung, daß die Bayerische Volkspartei als solche erledigt ist. Mit einer solchen Stellungnahme verleugnet man in gar keiner Weise die Partei als solche, ihre Tätigkeit oder gar ihre früheren Führer und Mitglieder. Ich bedauere sehr, daß man diese an sich ebenso notwendige wie billige Stellungnahme vielfach bei uns nicht einnehmen will." BAK, NL Schäffer 17, Bl. 558, Karl Scharnagl an Fritz Schäffer vom 9. 2. 1946.

[247] BayHStA, NL Pfeiffer 41, undatierter, vermutlich von Anton Pfeiffer oder Karl Schwend verfaßter Entwurf eines Aufrufs zur Gründung einer politischen Partei; das folgende Zitat ebenda. Ähnlich äußerte sich mehrere Monate später auch Fritz Schäffer, der warnend hinzufügte: „Wir können nicht die Leute der Bayerischen Volkspartei nur deshalb, weil sie dabei waren, als Unionsanhänger zweiter

glaubte man darüber hinaus, wieder auf die Unterstützung der Bevölkerung für eine Nachfolgepartei der BVP rechnen zu können. Besonders verbittert, aber auch kämpferisch reagierte Anton Pfeiffer, der Scharnagl nicht nur Verrat an den eigenen politischen Grundsätzen vorwarf, sondern auch drohend bemerkte, die „totgesagte Bayerische Volkspartei [habe] bestimmt mehr Lebenskraft und Lebenswillen als manches Gebilde, an dem z.Zt. herumgezimmert wird“[248].

Die Besprechung am 12. September brachte für die Anhänger der BVP eine doppelte Niederlage. Mit dem Terminus „Bayerische Christlich-Soziale Union“ entschied sich die Versammlung für einen Parteinamen, von dem Schäffer noch im März 1946 sagte, daß er ihm „ja noch nie sonderlich gefallen“ habe[249]. Nach Pfeiffers Notizen bestanden zwei Alternativen, und zwar der Name „Bayerische Union“, da man – wie Schäffer betonte – das „Wort bayerische [...] gar nicht mehr vermeiden“ könne, und die Empfehlung „Bayerische Arbeiter- und Bauernpartei“ von Franz Xaver Fackler[250]. Schließlich wurde über den von Prälat von Kienitz oder Josef Müller eingebrachten Vorschlag „Bayerische Christlich-Soziale Union“ abgestimmt, wobei die Anwesenden auf Antrag Pfeiffers die vier Namensbestandteile einzeln festlegten[251]. Die Entscheidung für das Prädikat „Christlich“ fiel mit neun gegen acht Stimmen denkbar knapp aus, dagegen stimmten bei vier Gegenstimmen und einer Enthaltung zwölf Teilnehmer für das Attribut „Sozial“, während der Begriff „Union“ bei einer Gegenstimme und einer Enthaltung fast einstimmig angenommen wurde. Ein abschließendes Votum über den kompletten Namensvorschlag ließ trotz der teilweise heftigen Diskussion keine Differenzen mehr erkennen.

Auch bei der Wahl des zehnköpfigen Ausschusses, dem die weitere organisatorische und programmatische Vorbereitung übertragen werden sollte, konnte sich das Führungspersonal der BVP nicht durchsetzen. Fritz Schäffer selbst war nicht vertreten, und auch sein Vertrauter Anton Pfeiffer, der sich in der am 14. August bestellten Kommission stark engagiert hatte, fehlte im neugewählten Ausschuß. Dagegen gehörten diesem Gremium mit Josef Müller, Johannes Semler, Alois Schlögl, Erwin von Kienitz und Max Schnurr Persönlichkeiten an, die sich explizit dagegen ausgesprochen hatten, an die Tradition der BVP anzuknüpfen[252].

Als dieser Ausschuß, der sich seit seiner konstituierenden Sitzung „Ausschuß zur Vorbereitung der Gründung einer Christlich-Sozialen Union“ nannte[253], am 21. Sep-

---

Klasse betrachten.“ Protokoll der Sitzung des Erweiterten Vorläufigen Landesausschusses der CSU am 30./31.3. 1946 in Bamberg, in: Protokolle und Materialien, S. 113.

[248] BayHStA, NL Pfeiffer 533, Anton Pfeiffer an Karl Scharnagl vom 13. 9. 1945; das Antwortschreiben Karl Scharnagls an Anton Pfeiffer vom 16. 9. 1945 ebenda.

[249] Protokoll der Sitzung des Erweiterten Vorläufigen Landesausschusses der CSU am 30./31. 3. 1946 in Bamberg, in: Protokolle und Materialien, S. 112. Die Militärregierung verlangte jedoch die Streichung des Attributs „Bayerische“, so daß die endgültige Bezeichnung Christlich-Soziale Union in Bayern lautete; vgl. Müller, Konsequenz, S. 310.

[250] BayHStA, NL Pfeiffer 41, Notizen über eine Besprechung (Aktionsausschuß), undatiert.

[251] Nach Pfeiffers Notizen kam der Vorschlag von Erwin von Kienitz, nach Müller, Konsequenz, S. 310, brachte der spätere CSU-Vorsitzende diese Empfehlung selbst in die Debatte ein. Müller berichtet auch von Pfeiffers Antrag, über jeden Namensbestandteil einzeln abzustimmen.

[252] Daneben gehörten Heinrich Krehle, Baumeister, Dr. Straimer, Hans Hermann von Eicken und Franz Xaver Fackler dem neu gewählten Ausschuß an.

[253] Vgl. das Protokoll der ersten Besprechung des Ausschusses zur Vorbereitung der Gründung einer Christlich-Sozialen Union am 17. 9. 1945 in München, in: Protokolle und Materialien, S. 3f. Vgl. auch Fait, Anfänge, S. 43.

tember zu einer Besprechung zusammenkam, fiel eine weitere Vorentscheidung, die für neuen Konfliktstoff sorgen sollte[254]. Im Zuge der Vorbereitungen für eine Gründungsversammlung der CSU in der Landeshauptstadt nahmen die Mitglieder des Vorbereitenden Ausschusses eine „probeweise Abstimmung über die Meinung der Anwesenden über die Person des künftigen Parteivorsitzenden für München" vor. Fünf der acht stimmberechtigten Teilnehmer, unter denen sich kein Vertreter Schäffers befand, votierten für Josef Müller, lediglich Baumeister stimmte dagegen, während sich Rudolf Schwarzer und Müller selbst der Stimme enthielten. Obwohl laut Protokoll Einvernehmen darüber bestand, „daß dieser Beschluß nur die Meinung des Ausschusses feststellen und der Abstimmung in der Gründungsversammlung nicht vorgreifen soll", war man sich der Brisanz der Abstimmung durchaus bewußt.

Der Versuch, Schäffer am nächsten Tag durch eine Delegation unter der Führung Michael Horlachers und Karl Scharnagls möglichst schonend vom Ergebnis der Probeabstimmung zu unterrichten, kam jedoch zu spät, da die Neuigkeit schnell die Runde machte. Der Ministerpräsident und seine Mitstreiter reagierten sofort. Noch am Abend des 21. September fand eine von Schäffer und Pfeiffer initiierte Besprechung über alternative Möglichkeiten einer Parteigründung statt[255]. Nur einen Tag später lud Pfeiffer zu einer Veranstaltung, auf der eine Konkurrenzpartei aus der Taufe gehoben werden sollte[256]. Dieser Versuch, die Initiative zurückzugewinnen, scheiterte jedoch, ja es läßt sich anhand der verfügbaren Quellen nicht einmal sagen, ob die für den 24. September angesetzte Versammlung überhaupt in der geplanten Form stattgefunden hat[257]. Vier Tage später teilte Josef Müller prominenten Vertretern der bayerischen Sozialdemokratie und der Kommunisten mit: „Die bayer[ische] christlich soziale Union ist gegründet worden, und zwar jetzt als einheitliches Gebilde." Es habe keine „Splitterungen" gegeben, auch die vorhandenen „Dissonanzen" seien behoben[258]. Man darf davon ausgehen, daß Müller die Konflikte in der eigenen Partei herunterzuspielen suchte, aber es spricht vieles dafür, daß die Kontrahenten zumindest eine vorübergehende Einigung erzielen konnten[259].

---

254 Vgl. Protokoll der Sitzung des Vorbereitenden Ausschusses der CSU am 21. 9. 1945, in: Protokolle und Materialien, S. 5f.; das folgende nach ebenda.

255 Ob die Initiative Schäffers und Pfeiffers tatsächlich durch das Ergebnis der Probeabstimmung ausgelöst wurde, läßt sich nicht mit Sicherheit sagen; Josef Müller berichtete Vertretern der Sozialdemokraten und Kommunisten schon am 20. September, daß in der neu zu gründenden christlichen Partei eine von Schäffer geführte „Opposition" vorhanden sei, „die zurückkommen wollte auf die bayer[ische] Volkspartei." ACSP, NL Müller 8, Protokoll über Verhandlungen zwischen Vertretern von CSU, SPD und KPD am 20. 9. 1945.

256 BayHStA, NL Pfeiffer 533, Anton Pfeiffer an Karl Scharnagl vom 22. 9. 1945. Die Einladung erging im Auftrag Fritz Schäffers, der auch für den Vorsitz dieser Besprechung vorgesehen war. Vgl. Fait, Anfänge, S. 44f.

257 So auch Henzler, Fritz Schäffer, S. 171. Etwas konstruiert dagegen Fait, Einleitung zu: Protokolle und Materialien, S. XXI ff. Eine maschinenschriftliche Teilnehmerliste für die Besprechung am 24. 9. 1945, die sich im BayHStA, NL Pfeiffer 41, findet, ist kein Beweis dafür, daß diese auch tatsächlich stattgefunden hat. Der Vermerk „Weiter sollen noch angeschrieben werden", gefolgt von einer Reihe weiterer Namen, ist eher ein Hinweis darauf, daß es sich hier um eine vorher angefertigte Einladungs- und nicht um eine Anwesenheitsliste handelt.

258 ACSP, NL Müller 8, Protokoll über Verhandlungen zwischen Vertetern von CSU, SPD und KPD am 28. 9. 1945.

259 Fritz Schäffer selbst berichtet von einem Versuch, in diesen Tagen mit Josef Müller „Frieden zu schließen", ohne jedoch Hinweise für eine genaue Datierung zu liefern. Protokoll der Sitzung des Erweiterten Vorläufigen Landesausschusses der CSU am 30./31. 3. 1946 in Bamberg, in: Protokolle und Materialien, S. 108.

### *c) Der Sturz Fritz Schäffers und seine Folgen*

Während Josef Müller noch mit Politikern der beiden Arbeiterparteien konferierte, bahnte sich bereits die nächste Krise im Münchner Gründerkreis an, die alle Versuche, die Gegensätze zwischen Müller und Schäffer zu überbrücken, illusorisch werden ließ. Am Abend des 28. September wurde Ministerpräsident Schäffer von der amerikanischen Militärregierung entlassen und durch den Sozialdemokraten Hoegner ersetzt. Die Ablösung Schäffers war zweifellos primär das Ergebnis einer Umorientierung der amerikanischen Besatzungspolitik und einer Pressekampagne über den angeblich skandalösen Verlauf der politischen Säuberung in Bayern. Ohne die wirklichen Hintergründe zu kennen, lastete der ehemalige BVP-Vorsitzende die Hauptverantwortung für seinen Sturz den ungeliebten Widersachern Josef Müller und Adam Stegerwald an[260]. Noch mehr als zwei Jahre später hatte der persönlich tief getroffene Schäffer seinen Groll gegen die vermeintlichen Intrigen nicht überwunden:

„Als ich noch Ministerpräsident war, merkte ich, daß es – nicht bei der Münchner Militärregierung, die Leute kannten mich und hatten zu mir persönliches Vertrauen, sondern außerhalb, in Frankfurt damals – deutsche Kreise gewesen sind, (hört!) die gegen mich intrigiert haben [...] Nun, es waren Leute unserer Richtung – ich darf einmal die Namen aussprechen: Stegerwald und Dr. Josef Müller (hört!) –, die in Frankfurt damals gegen mich Stimmung gemacht haben: (Pfui Teufel!) Das ist der sozialreaktionäre Mann!“[261]

Richtig ist, daß sich sowohl Müller als auch Stegerwald Chancen ausrechneten, bei einer Ablösung Schäffers selbst zu dessen Nachfolger berufen zu werden. Mitte September kursierte eine Kabinettsliste, in der Stegerwald oder Müller als Chef einer Regierung aus CSU, SPD und KPD geführt wurden[262]. Der spätere Vorsitzende der bayerischen Unionspartei hatte nie einen Hehl daraus gemacht, daß er das Kabinett Schäffer als „reine Notstandsregierung“ und „Übergangslösung“ betrachtete und daß er es für wünschenswert hielt, diese, „sobald die Verhältnisse dies erlaubten, durch eine Regierung zu ersetzen, in der die von der Bevölkerung vertretenen politischen Anschauungen etwa ihrem Gewicht entsprechend vertreten wären“[263]. In diesem Sinne äußerte sich Müller, der – um für alle Fälle gerüstet zu sein und Alternativen anbieten zu können – mit Vertretern der Kommunisten und Sozialdemokraten über ein gemeinsames Regierungsprogramm verhandelte[264], Mitte September auch gegenüber

[260] Vgl. dazu Henzler, Fritz Schäffer, S. 156ff., sowie Fait, Einleitung zu: Protokolle und Materialien, S. XXIII-XXVIII. Interessante Einblicke vermittelt auch IfZ-Archiv, RG 260, 15/108–2/17, OSS Field Intelligence Study 24: „The Position of Prime Minister Schaeffer and the Organization of the Bavarian Christian Social Union“, 27. 9. 1945; auszugsweise abgedruckt in: Zwischen Befreiung und Besatzung, S. 191 ff.

[261] BAK, NL Schäffer 22, Bl. 1–48 (hier Bl. 15 f.), Protokoll der Bezirksversammlung der CSU Oberbayern am 14. 2. 1948 in München.

[262] Vgl. Fait, Einleitung zu: Protokolle und Materialien, S. XXVII, und Schäffers eigene Ausführungen vor den Delegierten der Bezirksversammlung der CSU Oberbayern am 14. 2. 1948 in München; BAK, NL Schäffer 22, Bl. 1–48 (hier Bl. 15 f). ACSP, NL Müller 225, Kabinettsliste, undatiert.

[263] IfZ-Archiv, Fh 56, Aktennotiz Josef Müllers über sein Verhältnis zu Fritz Schäffer, undatiert (November/Dezember 1945). Müller hatte sich bereits während der Besprechung am 14. August skeptisch zu Schäffer und seiner provisorischen Regierung geäußert; BayHStA, NL Pfeiffer 41, Notizen Anton Pfeiffers über eine Besprechung am 14. 8. 1945.

[264] IfZ-Archiv, Fh 56, Aktennotiz Josef Müllers über sein Verhältnis zu Fritz Schäffer, undatiert (November/Dezember 1945).

der Militärregierung[265]. Müller führte seine Gespräche jedoch nicht hinter dem Rükken des Ministerpräsidenten, sondern setzte Anton Pfeiffer davon in Kenntnis und bat ihn, Schäffer zu informieren[266]. Ob der Ochsensepp seine Verbindungen zur Besatzungsmacht nutzte, um seine Vorbehalte gegen den ehemaligen BVP-Vorsitzenden geltend zu machen, sei dahingestellt. Ein Wochenbericht der amerikanischen Militärregierung in München zeigt jedoch ein anderes Bild. Nach seiner Meinung zur provisorischen Regierung Schäffer befragt, empfahl Müller der Militärregierung nachdrücklich, den Ministerpräsidenten entweder mehr als bisher zu unterstützen oder ihn zu ersetzen[267]. Zweifellos wurde auch Müller vom Zeitpunkt der Ablösung Schäffers überrascht, und es hieße seinen Einfluß zu überschätzen, wenn man ihm einen maßgeblichen Anteil an dieser Entscheidung zubilligte. Vor dem Hintergrund der sich abzeichnenden Führungs- und Flügelkämpfe in der jungen CSU hielten sich jedoch hartnäckig Gerüchte, Müller, der immer wieder mit seinen Verbindungen zu amerikanischen Stellen kokettierte, habe den Sturz des Ministerpräsidenten aktiv betrieben[268].

Mit seiner Entlassung war die Position des ehemaligen BVP-Vorsitzenden im Formierungsprozeß der CSU wesentlich schwächer geworden, da es ihm nun nicht mehr möglich war, aus seinem Staatsamt auch einen Anspruch auf die Führung der noch zu gründenden Partei abzuleiten[269]. Andererseits konnte sich Schäffer nun frei von allen Rücksichten, die die Ministerpräsidentschaft mit sich gebracht hatte, in den Aufbau der CSU einschalten. Nur wenige Tage nach seinem Sturz richtete Schäffer in einer Sitzung des Vorbereitenden Ausschusses scharfe Angriffe gegen Josef Müller und beschuldigte ihn, gemeinsam mit seinen politischen Freunden die provisorische Regierung gestürzt zu haben. Als Schäffer den Wahrheitsgehalt der Erklärungen seines Kontrahenten bezweifelte und sich weigerte, eine geforderte Ehrenerklärung für diesen abzugeben, kündigte Müller an, die Zusammenarbeit solange einzustellen, bis Schäffer

[265] IfZ-Archiv, Smlg. Henke, Bericht Richard G. Jacksons über ein Gespräch mit Josef Müller am 12.9. 1945; vgl. auch Ferdinand Kramer, Der Neuanfang des U. S.-Generalkonsulates in München nach 1945, in: Egon Johannes Greipl, Alois Schmid, Walter Ziegler (Hrsg.), Aus Bayerns Geschichte. Forschungen als Festgabe zum 70. Geburtstag von Andreas Kraus, St. Ottilien 1992, S. 465–496, hier S. 470.

[266] IfZ-Archiv, Fh 56, Aktennotiz Josef Müllers über sein Verhältnis zu Fritz Schäffer, undatiert (November/Dezember 1945); dies berichtete Müller auch Vertretern von SPD und KPD; ACSP, NL Müller 8, Protokoll über Verhandlungen zwischen Vertetern von CSU, SPD und KPD am 20. 9. 1945.

[267] IfZ-Archiv, Smlg. Henke, Bericht Richard G. Jacksons über ein Gespräch mit Josef Müller am 12.9. 1945. Eine andere Quelle spricht dagegen von einer „conspiracy“ zum Sturz Schäffers, angeführt von Müller und Stegerwald, die viel dazu beigetragen habe, die Stellung des Ministerpräsidenten zu schwächen und für einen großen Teil des Drucks verantwortlich gewesen sei, der schließlich zu Schäffers Sturz geführt habe. IfZ-Archiv, RG 260, AG 1947/1/2, Memorandum Innes Randolphs für General Conrad vom 26. 10. 1945. Die unterschiedlichen Sichtweisen dürften auf die jeweiligen Gesprächspartner und Informanten ebenso zurückzuführen sein wie auf die Nähe der amerikanischen Beobachter zum Ort des Geschehens und auf den politischen Standort der Besatzungsoffiziere selbst.

[268] So z. B. Hoegner, Außenseiter, S. 201.

[269] Müller berichtete später, Schäffer habe unmißverständlich erklärt, die amerikanischen Militärbehörden hätten ihn als Vorsitzenden der untergegangenen BVP zum Ministerpräsidenten ernannt und daher „könnte er jetzt von seinen Freunden, von den Leuten erwarten, daß sie ihm das Vertrauen zum Ausdruck bringen würden, daß er hier die Gründung vollziehe und die Führung übernehme“. Protokoll der Sitzung des Erweiterten Vorläufigen Landesausschusses am 30./31. 3. 1946 in Bamberg, in: Protokolle und Materialien, S. 130f.

seine Vorwürfe zurückgenommen habe[270]. Diese Entwicklungen überschatteten die Gründungsversammlung der Münchner CSU, die am 11. Oktober in größerem Rahmen abgehalten wurde[271]. Wieder stand die Wahl eines Ausschusses auf der Tagesordnung, der die Vorarbeiten für die Formulierung eines Parteiprogramms und einer Satzung übernehmen sollte. Um die persönlichen Gegensätze zwischen Müller und Schäffer nicht zu einer permanenten Belastung für den vorläufigen Vorstand der Münchner CSU werden zu lassen, entschied man sich nach einer Intervention Michael Horlachers für einen Kompromiß. In dem elfköpfigen Gremium, das mit großer Mehrheit gewählt wurde, waren weder Müller noch Schäffer vertreten, den Vorsitz übernahmen dagegen mit dem Katholiken Walther von Miller und dem Protestanten Wilhelm Eichhorn zwei „Verlegenheitskandidaten"[272]. Unterstützt von Alois Hundhammer, der erst wenige Wochen zuvor aus der Kriegsgefangenschaft entlassen worden war, erhob Schäffer Widerspruch gegen diese Entscheidungen, ohne jedoch etwas erreichen zu können. Josef Müller war auf der Gründungsversammlung nicht hervorgetreten, und die Tatsache, daß er in den folgenden Wochen den organisatorischen Aufbau von eher informellen Zirkeln aus energisch in Angriff nahm[273], spricht dafür, daß er es nicht als allzu großes Unglück empfand, nicht in den vorläufigen Vorstand der Münchner CSU gewählt worden zu sein[274].

Für Schäffer und die BVP-Traditionalisten bedeutete der Verlauf der Gründungsversammlung allerdings eine weitere Niederlage im Kampf um die Führung der entstehenden Partei. Entsprechend heftig dürften auch die Reaktionen auf die Personalentscheidungen des 11. Oktober ausgefallen sein. Denn noch fast drei Wochen später sahen sich Wilhelm Eichhorn und Walther von Miller veranlaßt, die Erklärung abzugeben, daß der Beschluß, weder Müller noch Schäffer in den vorläufigen Vorstand zu wählen, „in keiner Weise eine Kritik der Tätigkeit des Herrn Staatsrat[s] Schäffer als Bayerischer Ministerpräsident bedeutet" habe und daß man Schäffer Dank und Anerkennung „für seine aufopfernde Tätigkeit in der schwersten Zeit unseres Vaterlandes" ausspreche[275].

Schäffer nahm diese Niederlagen nicht tatenlos hin. Er rüstete zum Gegenangriff und setzte sich umgehend mit seinen politischen Freunden in Verbindung, sei es, um die Chancen für eine Revitalisierung der BVP zu sondieren[276], oder um seine Anhänger

[270] IfZ-Archiv, Fh 56, Aktennotiz Josef Müllers über sein Verhältnis zu Fritz Schäffer, undatiert (November/Dezember 1945), und Aktennotiz Josef Helds vom 6. 2. 1946.

[271] Protokoll der Gründungsversammlung der CSU München am 11. 10. 1945 in München, in: Protokolle und Materialien, S. 7–12; das folgende nach ebenda; vgl. auch Fait, Einleitung zu: Protokolle und Materialien, S. XXIX ff.

[272] BAK, NL Schäffer 17, Bl. 63, Wilhelm Eichhorn an Fritz Schäffer vom 2. 2. 1946.

[273] Protokoll einer Besprechung über Organisations- und Pressefragen am 25. 10. 1945 in München, in: Protokolle und Materialien, S. 13 ff. Der vorläufige Vorstand der CSU München sollte sich demnach vorwiegend mit den Problemen vor Ort beschäftigen, während Karl Scharnagl nach einer Vereinbarung mit Walther von Miller „im Auftrag der Münchner Union vorläufig Landesfragen" bearbeiten sollte.

[274] Müller schrieb später, der vorläufige Vorstand der CSU München sei mit seiner Zustimmung berufen worden; IfZ-Archiv, Fh 56, Aktennotiz Josef Müllers über sein Verhältnis zu Fritz Schäffer, undatiert (November/Dezember 1945).

[275] IfZ-Archiv, Fh 56, Erklärung Walther von Millers und Wilhelm Eichhorns im Namen des vorläufigen Vorstands der Münchner CSU vom 29. 10. 1945.

[276] Die politischen Parteien in Bayern – Tendenzen im Landesmaßstab vom 8. 11. 1945, in: Zwischen Befreiung und Besatzung, S. 234.

für die kommenden Auseinandersetzungen in der entstehenden CSU zu mobilisieren. Zugleich warb Schäffer dafür, die auf Landkreisebene gegründeten Gruppierungen nicht unter dem Namen Christlich-Soziale Union bei der Militärregierung anzumelden, sondern unter der Bezeichnung „Bayerischer Volksbund“[277].

Tatsächlich wurden in verschiedenen Landkreisen Altbayerns Parteien unter diesem Namen oder sogar unter dem Namen Bayerische Volkspartei gegründet[278]. Joseph Baumgartner berichtete, daß „Schäffer und seine Leute jetzt seit Wochen täglich auf dem Lande tätig sind“, und wies warnend auf die steigende Anzahl von Kreisparteiorganisationen hin, die als Bayerischer Volksbund lizenziert würden[279]. Die Aktivitäten des ehemaligen BVP-Vorsitzenden scheinen allerdings in den letzten Oktobertagen nicht darauf abgezielt zu haben, die CSU zu spalten, bevor sie überhaupt als Landespartei zugelassen war[280]. Vielmehr plante Schäffer, seine Position in den ländlichen Regionen Ober- und Niederbayerns auszubauen, um die bisherigen Entscheidungen über den Namen und das Programm der neuen Partei auf einer Landesversammlung revidieren zu können[281].

Ende Oktober 1945 gelang es Müller und Schäffer, ihre Streitigkeiten zumindest vorübergehend beizulegen. Nach Müllers Aufzeichnungen sagte Schäffer zu, seine Vorwürfe gegen ihn nicht weiter aufrechtzuerhalten und den Begriff „Union“ zumindest bedingt mitzutragen. Obwohl man sich auf die Formulierung einigte, „persönlich als Freunde auseinandergegangen“ zu sein, und obwohl Müller und Schäffer nach dieser Aussprache dem vorläufigen Vorstand der Münchner CSU beitraten und in dessen Auftrag am Aufbau einer landesweiten Organisation arbeiteten[282], sollte sich der Konsens bald als brüchig erweisen.

## 3. Auf dem Weg zur Landespartei

### *a) Die Entwicklung der CSU bis zum 8. Januar 1946*

Wenige Wochen später waren die besatzungspolitischen und innerparteilichen Voraussetzungen für den Aufbau der bayerischen Unionspartei auf Landesebene soweit gediehen, daß dieses Vorhaben endgültig in Angriff genommen werden konnte. Am 25. November trat der vorläufige Vorstand der CSU München mit einem landesweiten Aufruf an die Öffentlichkeit[283]. Das Rundschreiben sollte ein Signal setzen für die Gründung „einer großen Sammel- und Volkspartei aller Kreise, die von dem Grundge-

---

[277] IfZ-Archiv, Fh 56, Fritz Schäffer an Zeitungsverleger Bichlmeier (Moosburg), undatiert, und Rundschreiben Fritz Schäffers „Betreff: Parteienbildung“ vom 17. 10. 1945; IfZ-Archiv, RG 260, 13/147–2/16, Historical Report, Eastern Military District and OMGBY, 13. 11. 1945–14. 12. 1945.

[278] BayHStA, NL Schwalber 5, Flugblatt des Bayerischen Volksbunds Dachau „Was will der Bayerische Volksbund?“; vgl. Becker, CDU und CSU, S. 78.

[279] IfZ-Archiv, Fh 56, Joseph Baumgartner an Josef Müller vom 25. 10. 1945.

[280] Die politischen Parteien in Bayern – Tendenzen im Landesmaßstab vom 8. 11. 1945, in: Zwischen Befreiung und Besatzung, S. 234.

[281] IfZ-Archiv, Fh 56, Aktennotiz Josef Helds vom 6. 2. 1946.

[282] IfZ-Archiv, Fh 56, Aktennotiz Josef Müllers über sein Verhältnis zu Fritz Schäffer, undatiert (November/Dezember 1945).

[283] Rundschreiben des Vorbereitenden Ausschusses der Christlich-Sozialen Union München vom 25. 11. 1945, abgedruckt in: Protokolle und Materialien, S. 1751 f.; das folgende Zitat ebenda.

danken christlicher Kultur und des christlichen Sittengebotes ausgeht". Dieses Dokument ist in zweifacher Hinsicht äußerst bemerkenswert: Zum einen zeigt es den Führungsanspruch des Münchner Gründerkreises und der daraus hervorgegangenen vorläufigen Gründungs- und Führungsgremien, die den letztlich auch erfolgreichen Versuch unternahmen, die lokalen und regionalen Parteigründungen zu koordinieren und einheitlich unter dem Parteinamen CSU zusammenzuführen. Zum anderen enthielt der Aufruf Vorschläge für den vorläufigen Aufbau einer Parteiorganisation, die an die viergliedrige Organisationsstruktur der BVP auf Orts-, Landkreis-, Regierungsbezirks- und Landesebene angelehnt waren und die das organisatorische Gerüst der CSU präjudizierten, wie es sich in der Folgezeit herausbilden sollte[284].

Eine weitere wesentliche Vorentscheidung fiel am 17. Dezember 1945 im Vorläufigen Landesausschuß[285]. Auf Vorschlag Michael Horlachers wählten die Mitglieder dieses Gremiums ohne längere Diskussion Josef Müller einstimmig zum vorläufigen Vorsitzenden des vorbereitenden Landesausschusses und ermöglichten ihm dadurch, trotz einer außerordentlich schmalen Legitimationsbasis als vorläufiger Landesvorsitzender[286] zu fungieren. Zugleich beschloß der Vorläufige Landesausschuß, für den 8. Januar 1946 eine Konferenz nach München einzuberufen, an der erstmals je fünf Vertreter aus den einzelnen Regierungsbezirken Bayerns teilnehmen sollten. Bevor diese erste landesweite Versammlung der CSU jedoch zustande kam, gab der Vorläufige Landesausschuß am letzten Tag des Jahres 1945 mit den „Zehn Punkte[n] der Christlich-Sozialen Union" den immer noch weitgehend unverbundenen Kreisverbänden erstmals programmatische Richtlinien an die Hand[287].

Knapp drei Wochen vor den für den 27. Januar angesetzten Gemeindewahlen traf sich im Münchner Rathaus der Erweiterte Vorläufige Landesausschuß der CSU[288]. Auch dieses Gremium sprach Josef Müller das Vertrauen aus und beauftragte ihn einstimmig mit der weiteren Durchführung des organisatorischen Aufbaus. Dies gab Müller die Möglichkeit, die anstehenden organisationspolitischen Entscheidungen in seinem Sinne zu treffen und sich einen nur schwer einholbaren Einflußvorsprung zu verschaffen. Einen Tag später, am Vormittag des 9. Januar 1946, erhielt die CSU von der amerikanischen Militärregierung eine vorläufige Lizenz für die politische Betätigung auf Landesebene[289].

Die von vielfältigen Disparitäten und Widersprüchen gekennzeichnete Lage der CSU zwischen Oktober 1945 und ihrer landesweiten Lizenzierung im Januar 1946 spiegelte auch die politisch-kulturelle Heterogenität der bayerischen Regionen wider.

---

284 Vgl. Mintzel, Anatomie, S. 91 f.

285 Protokoll der Sitzung des Vorläufigen Landesausschusses der CSU am 17. 12. 1945 in München, in: Protokolle und Materialien, S. 17ff. Zur Charakterisierung dieses Gremiums und zum Verlauf der Sitzung vgl. Mintzel, Anatomie, S. 92ff.

286 Mit diesem Titel zeichnete Müller z. B. das Rundschreiben vom 31. 12. 1945; abgedruckt in: Protokolle und Materialien, S. 1751 f.

287 Die zehn Punkte der Christlich-Sozialen Union vom 31. 12. 1945, abgedruckt in: Protokolle und Materialien, S. 1713 f.

288 Protokoll der Sitzung des Erweiterten Vorläufigen Landesausschusses der CSU am 8. 1. 1945 in München, in: Protokolle und Materialien, S. 21–26. Zur Charakterisierung dieses Gremiums und zum Verlauf der Sitzung vgl. Mintzel, Anatomie, S. 95–99.

289 Die auf den 8. 1. 1946 datierte Lizenzierungsurkunde ist in deutscher und englischer Fassung abgedruckt in: Müller, Konsequenz, S. 314–319. Zum Zeitpunkt der Übergabe IfZ-Archiv, RG 260, 13/142–2/3, Weekly Summary No. 35 von OMGBY für den Zeitraum 3.1.–10. 1. 1946.

Da die Partei gemäß den Vorgaben der Militärregierung auf Stadt- und Landkreisebene entstanden war und sich der Münchner Gründerkreis erst allmählich zum Kristallisationspunkt einer landesweiten Organisation entwickelte, bestand die CSU aus einer Vielzahl von kaum zusammenhängenden Gruppierungen mit unterschiedlichen Zielsetzungen, die oft nicht einmal den Namen gemeinsam hatten[290]. In den drei altbayerischen Regierungsbezirken waren die Tradition der untergegangenen BVP und ihre ehemaligen Funktions- und Mandatsträger ein dominierender Faktor[291]. Dieses explizite Anknüpfen an Tradition und Struktur der BVP ermöglichte in diesen Regionen zwar den rascheren Aufbau einer geschlossenen Parteiorganisation, dafür trug die CSU in diesen Teilen Bayerns jedoch signifikant katholisch-konservative Züge[292].

Im mehrheitlich protestantischen Franken stellte sich die Situation dagegen anders dar. Die Träger des Unionsgedankens repräsentierten dort verschiedene Traditionsstränge deutscher Parteiengeschichte. Neben BVP-Mitgliedern waren es vor allem Vertreter der ehemaligen liberalen Parteien, der DNVP und des Christlich-Sozialen Volksdienstes, die zu den Mitbegründern der CSU zählten. Anders als in Altbayern, wo die Betonung der bayerischen Eigenstaatlichkeit ein unverzichtbarer Programmpunkt war, dachte man in Franken mehr in nationalen Begriffen. Darüber hinaus ließen konfessionelle Gegensätze und Ressentiments des evangelischen Bevölkerungsteils gegen die Vertreter des politischen Katholizismus den Aufbau der CSU in den protestantischen Zentren Mittel- und Oberfrankens zu einem schwierigen Unterfangen werden[293]. Damit war gegen Ende des Jahres 1945 die paradoxe Situation entstanden, daß in den Schaltstellen der bayerischen Unionspartei in München Kräfte dominierten, die sich ausdrücklich für einen parteipolitischen Neubeginn und gegen eine Wiederbelebung der BVP aussprachen, während sich in den organisatorischen Gravitationszentren Altbayerns gerade die beharrenden Kräfte weitgehend durchgesetzt hatten.

Wenn diese explosive innerparteiliche Situation nicht zum Zerfall der neu gegründeten CSU führte, hatte daran auch die amerikanische Militärregierung und ihre Politik gegenüber den bayerischen Parteien großen Anteil. Das Interesse der Verantwortlichen bei OMGBY an einem stabilen Parteiensystem und die Ablehnung übertriebener parteipolitischer Fragmentierung wirkten auf die krisengeschüttelte CSU geradezu wie ein Schutzschirm. So weigerte sich die Militärregierung, Flüchtlings- und Vertriebenenparteien zuzulassen[294], und verbot im Mai 1946 die in München gegründete Bayerische Heimat- und Königspartei, deren Existenz bei führenden Vertretern der CSU große Besorgnis hervorgerufen hatte[295]. Auch ließ die restriktive Lizenzierungspraxis

290 Vgl. Mintzel, Anatomie, S. 121 ff.

291 Die politischen Parteien in Bayern – Tendenzen im Landesmaßstab vom 8. 11. 1945, in: Zwischen Befreiung und Besatzung, S. 231 ff.

292 Vgl. Mintzel, Anatomie, S. 120 f. und S. 130 f., sowie den OSS-Bericht: Die politischen Parteien in Bayern – Tendenzen im Landesmaßstab vom 8. 11. 1945, in: Zwischen Befreiung und Besatzung, S. 231 ff.; das folgende Zitat ebenda, S. 232.

293 Ein instruktiver Einblick in die Schwierigkeiten der Unionsgründung in den protestantischen Teilen Frankens findet sich bei Woller, Gesellschaft und Politik, S. 187–194; vgl. auch Helmut Anzeneder, Willi Götz, 1946–1996. 50 Jahre CSU in Erlangen, Erlangen 1995, S. 38–47.

294 Vgl. Benz, Parteigründungen und erste Wahlen, in: ders. (Hrsg.), Neuanfang in Bayern, S. 22.

295 Zur BHKP und ihrem Verbot vgl. Konrad Maria Färber, Bayern wieder ein Königreich? Die monarchistische Bewegung in Bayern nach dem Zweiten Weltkrieg, in: Benz (Hrsg.), Neuanfang in Bayern, S. 163–182, insbesondere S. 171–177, und Joachim Selzam, Monarchistische Strömungen in der Bundesrepublik Deutschland 1945–1989, Diss., Erlangen 1994, S. 167–178. Wie unsicher die CSU-

der Militärregierung – seit dem Frühjahr 1946 wurden zwei Jahre lang keine Parteien mehr landesweit zugelassen – potentiellen Konkurrenzparteien, insbesondere der Bayernpartei, die ihre Lizenz erst im März 1948 erhielt[296], nur geringe Entfaltungsmöglichkeiten. Indirekte Hilfe leistete die Militärregierung beim Ausbau der CSU zu einem geschlossenen Landesverband[297]. OMGBY forderte alle politischen Parteien Bayerns auf, spätestens bis zum 5. September 1946 für die formale Eingliederung der Kreisverbände in die jeweilige Parteiorganisation zu sorgen. Die Drohung, nach diesem Termin nicht eingegliederte Kreisverbände weder weiterhin anzuerkennen noch zu Wahlen zuzulassen, verlieh dieser Forderung im Vorfeld der ersten Landtagswahlen den entsprechenden Nachdruck. Immerhin waren es 54 Kreisverbände, die den Anschluß an den CSU-Landesverband bis zum 5. September noch nicht vollzogen hatten. Der Bezirksverband München stellte widerstrebend am letztmöglichen Termin einen Aufnahmeantrag und war erst vom 1. Januar 1947 an vollständig in die Parteiorganisation integriert.

Diese Politik der Militärregierung erzwang die Fusion der widerstrebenden Gruppierungen in der CSU[298]. Die Bedingungen der Besatzungsdemokratie trugen somit wesentlich zur zumindest nominellen Einheit der bayerischen Unionspartei bei. Das förderte zwar die internen Konflikte, war aber zugleich eine wichtige Voraussetzung für die Wahlerfolge der CSU zwischen 1946 und 1948.

### *b) Wahljahr 1946: BVP und CSU im protestantischen Franken*

Trotz der anhaltenden Führungs- und Flügelkämpfe, trotz der bei der Parteibasis verbreiteten Unsicherheit wegen des Fehlens eines elaborierten Parteiprogramms und trotz eines noch im Aufbau begriffenen Parteiapparats ging die CSU aus den ersten Wahlen im Jahre 1946 als Siegerin hervor. Die Ergebnisse, die die bayerische Unionspartei erzielen konnte, waren beeindruckend[299]. Bei den Wahlen in Gemeinden mit bis zu 20000 Einwohnern am 27. Januar erhielt die CSU keine drei Wochen nach ihrer landesweiten Lizenzierung mit 43,6 Prozent mehr als doppelt so viele Stimmen wie die SPD, die sich als zweitstärkste Kraft mit nur 16,6 Prozent begnügen mußte. Als drei Monate später die Kreistage gewählt wurden, konnte die CSU ihren Stimmenanteil auf 67,9 Prozent ausbauen, während die SPD mit 22,9 Prozent noch weiter hinter die bayerische Unionspartei zurückfiel. Aber auch bei den Wahlen in den Stadtkreisen und Gemeinden mit mehr als 20000 Einwohnern am 26. Mai 1946 wurde die CSU –

Führung gegenüber der Königspartei war, zeigt auch die Diskussion im Landesarbeitsausschuß der CSU am 1.5. 1946, in: Protokolle und Materialien, S. 195f. und S. 206–209. Im Dienstag-Club empfand man das Verbot der Königspartei als „Erleichterung". Richard Jaeger erklärte am 14. 5. 1946: „Wir können uns ja nicht ausdenken, was mit der CSU geschehen wäre, wenn die Königspartei hätte kandidieren dürfen. Mindestens 50% der Unionswähler hätten für die Königspartei gestimmt." Lehrjahre, S. 53.

296 Vgl. Alf Mintzel, Die Bayernpartei, in: Stöss (Hrsg.), Parteien-Handbuch, Bd. 1: AUD-CDU, S. 395–489, hier S. 398f.

297 Das folgende nach Mintzel, Anatomie, S. 122f.

298 Mintzel, Regionale politische Traditionen, in: Oberndörfer/Schmitt (Hrsg.), Parteien und regionale Traditionen, S. 142, sieht die CSU bis 1948/1949 als „besatzungspolitisch verordnete bürgerliche Integrationspartei".

299 Eine Tabelle mit allen Wahlergebnissen des Jahres 1946 ist abgedruckt in: Benz (Hrsg.), Neuanfang in Bayern, S. 35; die folgenden Zahlenangaben nach ebenda.

wenn auch mit deutlich geringerem Vorsprung – stärkste Partei; sie konnte 45,1 Prozent der Wählerstimmen auf sich vereinigen und überflügelte die SPD (38 Prozent) erneut. Am 30. Juni war die Bevölkerung Bayerns erstmals seit 1932 wieder aufgerufen, eine landesweite parlamentarische Vertretung in freier Wahl zu bestimmen, und auch diese Wahl zur Verfassunggebenden Landesversammlung konnte die CSU mit 58,3 Prozent der Stimmen vor der SPD mit 28,8 Prozent gewinnen. Zwar glich dieser Vertrauensvorschuß für eine Partei, die ihre Integrationskraft und Regierungsfähigkeit erst noch unter Beweis stellen mußte, einem unsicheren Wechsel auf die Zukunft, aber die Wahlsiege der CSU zeigten auch, wie groß das Potential für eine liberal-konservative, christlich-interkonfessionelle Sammlungspartei in Bayern war und wie attraktiv die Unionsidee auf die von Krieg und Diktatur verunsicherten Menschen wirkte.

Mit Blick auf die unausgewogene Mitgliederstruktur der CSU hat Alf Mintzel dagegen betont, „daß der christlich-interkonfessionelle Gedanke nicht so gezündet“ habe, wie dies seitens der Parteiführung erwartet worden sei[300]. Nach Erhebungen der Landesgeschäftsstelle seien Ende 1947/Anfang 1948 lediglich 8,4 Prozent der Parteimitglieder Protestanten gewesen, während sich 91,3 Prozent zum katholischen Glauben bekannt hätten. Damit seien die evangelischen Christen, deren Anteil in Bayern etwas mehr als ein Viertel der Gesamtbevölkerung ausmachte, signifikant unterrepräsentiert gewesen. Insgesamt kam Mintzel zu dem Schluß, daß die Mitgliederstruktur der CSU von einem starken Süd-Nord- und Land-Stadt-Gefälle geprägt gewesen sei und daß sie als „Partei des alten gegenreformatorischen Bayern“ dort besonders mitgliederstark gewesen sei, wo vor 1933 BVP und BBB ihre Hochburgen gehabt hätten.

Die Erkenntnis, der CSU sei es in weit größerem Umfang gelungen, die katholisch-konservative Bevölkerung zu mobilisieren als die Protestanten in den fränkischen Landesteilen, ist sicherlich richtig. Aber ein Urteil über den Erfolg oder Mißerfolg der bayerischen Unionspartei ist immer auch vom Vergleichspunkt abhängig. Bezogen auf die Ansprüche der CSU-Führung und auf die Gesamtbevölkerung Bayerns fällt die Eröffnungsbilanz der bayerischen Unionspartei tatsächlich nicht unbedingt günstig aus. Vergleicht man die CSU in der Ära Müller jedoch mit der BVP, deren Erbe die CSU 1945 antrat, und berücksichtigt weiterhin neben organisationssoziologischen Faktoren auch die Wahlergebnisse von 1946, dann erscheint die bayerische Unionspartei in wesentlich besserem Licht, insbesondere dann, wenn man die Zähigkeit der innerbayerischen Spannungslinien und Regionalismen in Rechnung stellt, die dem Unionsgedanken entgegenstanden. Eine Untersuchung der Landtagswahlen vom 24. April 1932 und der Wahlen zur Verfassunggebenden Landesversammlung am 30. Juni 1946 in vergleichender Perspektive soll diese Überlegungen verdeutlichen.

Die BVP konnte bei den Wahlen im April 1932 mit 1272005 Stimmen oder 32,6 Prozent das beste Ergebnis ihrer Geschichte erzielen[301]. Gegenüber 1928 gewann die BVP 217000 Stimmen hinzu, und es gelang ihr, sich knapp als stärkste Partei vor der NSDAP zu behaupten. Unter den Bedingungen der sich mehr und mehr verschärfen-

[300] Mintzel, Anatomie, S. 177; eine ausführliche Analyse der Mitgliederstruktur der CSU um die Jahreswende 1947/1948 mit einer kritischen Würdigung der zugrundeliegenden Daten ebenda, S. 170–187.

[301] Vgl. Hartmann, Bayerns Weg, S. 499–502; Bergmann, BBB und BCBV, S. 395; Alois Egger, Die Landtagswahl am 24. April 1932, in: ZBSL 64 (1932), S. 357–424.

den Krise der Weimarer Republik hatte die BVP damit ihr Wählerpotential weitgehend ausgeschöpft, das durch die Spaltung der katholisch-bäuerlichen Bevölkerung Altbayerns einerseits und durch die einseitig konfessionelle Ausrichtung der BVP andererseits strukturell begrenzt war. In den Regierungsbezirken Oberpfalz (53,6 Prozent) und Unterfranken (49,3 Prozent) erreichte sie ihre besten Ergebnisse; in Oberbayern (37,3 Prozent), Niederbayern (40,7 Prozent) und Schwaben (36,1 Prozent), wo auch der Bayerische Bauernbund seine Hochburgen hatte, gelang es der BVP dagegen nicht, die 40-Prozent-Marke deutlich zu überschreiten und in den Bereich der absoluten Mehrheit vorzustoßen.

*Ergebnisse der BVP bei den Landtagswahlen 1932 und der CSU bei den Wahlen zur Verfassunggebenden Landesversammlung 1946 in ausgewählten ober- und mittelfränkischen Stimmkreisen*[302]

| Stimmkreis | BVP 1932 | CSU 1946 | Stimmkreis |
|---|---|---|---|
| Bayreuth-Pegnitz | 5,6 Prozent | 30,2 Prozent | *Bayreuth-Stadt* |
| | | 45,0 Prozent | **Bayreuth-Land** |
| | | 68,8 Prozent | Pegnitz |
| Coburg | 1,7 Prozent | 26,8 Prozent | **Coburg-Stadt** |
| | | 17,3 Prozent | **Coburg-Land** |
| Hersbruck-Lauf | 7,5 Prozent | 43,0 Prozent | **Hersbruck** |
| | | 33,6 Prozent | *Lauf* |
| Hof | 2,8 Prozent | 35,4 Prozent | **Hof-Stadt** |
| | | 27,1 Prozent | **Hof-Land** |
| Münchberg-Naila | 4,2 Prozent | 36,5 Prozent | **Münchberg** |
| | | 31,4 Prozent | **Naila** |
| Selb-Rehau | 3,0 Prozent | 37,2 Prozent | **Rehau** |
| Uffenheim-Neustadt a. d. Aisch-Scheinfeld | 8,4 Prozent | 72,2 Prozent | **Uffenheim** |
| | | 59,1 Prozent | **Neustadt a. d. Aisch** |
| | | 76,8 Prozent | Scheinfeld |

Von solchen Resultaten konnte man in den mehrheitlich protestantischen Regierungsbezirken Oberfranken und Mittelfranken dagegen nur träumen; in Oberfranken kam die BVP noch auf 22,2 Prozent, während sie sich in Mittelfranken mit 11,3 Prozent zufrieden geben mußte[303]. Für den Erfolg der CSU, die sich nicht nur als Union katholischer und evangelischer Christen verstand, sondern auch die Traditionen von BVP und BBB in sich vereinigte, war es von entscheidender Bedeutung, die historisch gewachse-

[302] Zahlen für 1932 nach ebenda, S. 380f., und für 1946 nach dem Statistischen Jahrbuch für Bayern für 1947, hrsg. vom Bayerischen Statistischen Landesamt, München o. J. (1948), S. 320–323. Die Stimmkreise, in denen 1946 der Anteil der Protestanten an der Wohnbevölkerung mehr als 50 Prozent betrug, sind kursiv gesetzt, die Stimmkreise mit einem Anteil von mehr als 75 Prozent dagegen fett. Im Kreis Pegnitz betrug der Anteil von Protestanten 44,5, im Kreis Scheinfeld 47,7 Prozent. Diesbezügliche Zahlenangaben nach dem Statistischen Jahrbuch für Bayern 1947, S. 386f. und S. 394f. Fehlerhafte Daten bei Berberich, Historische Entwicklung, S. 145.

[303] Zu den politischen Präferenzen, Wahlergebnissen und Wählerwanderungen in Ober- und Mittelfranken vgl. Dietrich Thränhardt, Wahlen und politische Strukturen in Bayern 1848–1953. Historisch-soziologische Untersuchungen zum Entstehen und zur Neuerrichtung eines Parteiensystems, Düsseldorf 1973, S. 152–162.

nen innerbayerischen Spannungslinien zu überwinden und Bevölkerungsschichten dauerhaft an sich zu binden, die der BVP vor 1933 ablehnend gegenübergestanden hatten. Wie das Ergebnis der Wahlen zur Verfassunggebenden Landesversammlung im Juni 1946 zeigte, waren diesbezügliche Hoffnungen nicht unbegründet[304]. Ihre Spitzenergebnisse erreichte die CSU mit 69,2 Prozent in Unterfranken, dicht gefolgt von Niederbayern/Oberpfalz[305] mit 67,2 Prozent und Schwaben mit 66,0 Prozent; in Oberbayern kam sie immerhin noch auf beachtliche 54,8 Prozent. Damit hatte die CSU die BVP selbst dort weit überflügelt, wo diese besonders erfolgreich gewesen war.

Doch wie stand es in der katholischen Diaspora Ober- und Mittelfrankens? Zwar blieb die CSU hier deutlich hinter den Ergebnissen der anderen Bezirke zurück, doch mit 46,2 Prozent hatte sich die neu gegründete Union mehr als achtbar aus der Affäre gezogen. Die BVP hatte 1932 bei den Landtagswahlen in Ober- und Mittelfranken lediglich 162.361 Stimmen errungen; die CSU konnte dieses Ergebnis im Juni 1946 mit 353.305 Stimmen mehr als verdoppeln und lag damit erheblich vor der SPD, die in diesem Wahlkreis mit vielen sozialdemokratischen Hochburgen nur 283.624 Stimmen (37,1 Prozent) gewann[306]. Daß dieser Erfolg unter anderem auf einen signifikanten Einbruch der bayerischen Unionspartei in das protestantische Wählerreservoir zurückzuführen war, den die BVP zu keiner Zeit geschafft hatte, zeigt ein Blick auf die Wahlergebnisse von BVP und CSU in ober- und mittelfränkischen Stimmkreisen mit einem hohen protestantischen Bevölkerungsanteil. In diesen protestantisch geprägten Land- und Stadtkreisen lagen die Ergebnisse der CSU – von den vier Ausnahmen Pegnitz, Uffenheim, Neustadt an der Aisch und Scheinfeld abgesehen – erheblich unter dem Landesdurchschnitt von 58,3 Prozent. Dieser Befund stützt zwar die gängige These von der Distanz der protestantischen Bevölkerung gegenüber der CSU; während die BVP in den untersuchten Kreisen jedoch eine Splitterpartei geblieben war und die 10-Prozent-Marke nirgends hatte überspringen können, kam die bayerische Unionspartei in 12 von 15 Stimmkreisen auf einen Stimmenanteil von mehr als 30 Prozent. Damit wurde die CSU auch im fränkisch-protestantischen Raum zu einer bedeutenden politischen Kraft, und es schien die Chance zu bestehen, die Union zu einer in allen Teilen Bayerns fest verankerten Partei auszubauen. In einigen stark protestantisch geprägten Stimmkreisen Ober- und Mittelfrankens konnte die CSU sogar geradezu sensationelle Ergebnisse verbuchen: so in Scheinfeld mit 76,8 Prozent, in Uffenheim mit 72,2 Prozent oder in Pegnitz mit 68,8 Prozent. Selbst dort, wo die CSU ihre schlechtesten Ergebnisse aufzuweisen hatte, nämlich in den Stimmkreisen Coburg-Stadt und -Land, schnitt sie im Vergleich zur BVP gut ab; mit 1,7 Prozent der Wählerstimmen hatte die BVP 1932 in dieser Region ein Debakel erlitten[307].

---

304 Die folgenden Zahlenangaben nach dem Statistischen Jahrbuch für Bayern 1947, S. 316–325.

305 Niederbayern und die Oberpfalz bildeten 1946 ebenso wie Ober- und Mittelfranken einen Wahlkreis.

306 Zu den Hochburgen und Diaspora-Gebieten der bayerischen SPD vgl. Wolfgang Behr, Sozialdemokratie und Konservatismus. Ein empirischer und theoretischer Beitrag zur regionalen Parteianalyse am Beispiel der Geschichte und Nachkriegsentwicklung Bayerns, Hannover 1969, S. 155 ff.

307 Neben Hof war in Coburg die Zahl der Katholiken am geringsten; die Kirchlichkeit dieser evangelischen Dekanate lag an der unteren Grenze. Von der Schwäche der CSU profitierte in Coburg die FDP, die hier eine ihrer Hochburgen hatte. Das ehemalige Herzogtum, das erst seit 1920 zu Bayern gehörte, wies zwar eine lange nationalliberale Tradition und ein nicht zu verachtendes sozialdemokratisches Potential auf, Coburg war jedoch zwischen 1924 und 1932 die Stadt mit dem höchsten

Aus dem Vergleich der Ergebnisse der Landtagswahlen 1932 und der Wahlen zur Verfassunggebenden Landesversammlung 1946 wird zweierlei deutlich: Zum einen zeigt sich, daß Mintzels auf die Analyse von Mitgliederstatistiken gestützte These, die CSU sei eine dominant katholische Partei mit Schwerpunkt in den alten kurbayerischen Territorien gewesen, der Relativierung bedarf. Bei Wahlen war die evangelische Bevölkerung Frankens zwischen 1946 und 1948 in erheblich größerem Maße bereit, für die CSU zu stimmen, als sich das in den Mitgliederzahlen ausdrückt. Offensichtlich standen viele Protestanten der Unionsidee zwar positiv gegenüber, wollten jedoch zunächst die weitere Entwicklung der CSU abwarten, ehe sie sich der Union anschlossen. Für eine neu gegründete Partei, deren Programmatik ebenso noch in den Anfängen steckte wie der Aufbau eines funktionsfähigen Parteiapparats, war das Abschneiden in den ober- und mittelfränkischen Stimmkreisen jedoch ein Erfolg, auf den sich aufbauen ließ. Zum anderen zeigt der Vergleich mit der BVP, daß die CSU durchaus in der Lage war, die Grenzen der großen bayerischen Traditionszonen zu überwinden. Es mußte den Verantwortlichen jedoch klar sein, daß dies angesichts der vielfältigen historischen Belastungen nicht von heute auf morgen geschehen konnte und daß mit Konflikten und Auseinandersetzungen durchaus zu rechnen war. Aber auch nachdem sich viele protestantische Mitbegründer der CSU von der bayerischen Unionspartei abgewandt hatten und der Elan der Gründungsmonate einem zähen innerparteilichen Kleinkrieg gewichen war, fiel die CSU in Ober- und Mittelfranken nicht auf den Stand der BVP zurück. Obwohl sie nach 1946 teilweise dramatische Stimmenverluste zu verzeichnen hatte, blieb die CSU auch in ihren Diaspora-Gebieten politisch präsent und war selbst in den frühen fünfziger Jahren, als sich das Profil der Partei stark veränderte, fränkischer und protestantischer, als es die BVP jemals gewesen war[308].

## 4. Neubeginn oder Restauration? Das Führungspersonal der CSU 1945/1946

### *a) Der Personenkreis*

Über die Trägerschichten der CSU in der schwierigen und für ihre Entwicklung prägenden Formierungsphase ist bisher so gut wie nichts bekannt. Zwar kennt man die wichtigsten Protagonisten der Flügelkämpfe wie Müller, Schäffer und Hundhammer. Aber wie sah die Gründergeneration der CSU ansonsten aus? Wer waren ihre Repräsentanten auf regionaler und lokaler Ebene? Weist das gruppenbiographische und sozialstatistische Profil dieses Personenkreises in eine andere Richtung, als es die Zusammensetzung der vorläufigen Parteiführung vermuten läßt? Oder mit anderen Worten: Bestätigt die Untersuchung der Führungselite der CSU im Jahre 1946 die Befunde, die bereits die vergleichende Wahlanalyse nahegelegt hat? Antworten auf diese und ähnliche Fragen sollen dazu dienen, das Wissen über die Mitbegründer der CSU zu verbreitern, allzu wohlfeile, aber empirisch kaum abgestützte Befunde zu überprüfen

---

Anteil an NSDAP-Stimmen. Vgl. Thränhardt, Wahlen und politische Strukturen, S. 160ff. und S. 309.

308 Ähnlich auch Thränhardt, ebenda, S. 317.

und Erkenntnisse über die regionalspezifische Ausprägung des Führungspersonals der CSU zu gewinnen.

Am 8. Januar 1946 traf sich mit dem Erweiterten Vorläufigen Landesausschuß erstmals ein Gremium, in dem neben den wichtigsten Vertretern des Münchner Gründerkreises auch Repräsentanten aller bayerischer Regierungsbezirke vertreten waren; an diesem Tag wurde auch eine erste Satzung verabschiedet, die der CSU für die nächsten Monate ein provisorisches Gerüst geben sollte. Der Erweiterte Vorläufige Landesausschuß bildete bis zur ersten Landesversammlung am 17. Mai 1946 die einzige landesweite Vertretung der CSU und fungierte in den folgenden Monaten unter den Bezeichnungen Erweiterter Landesausschuß und Landesausschuß als eigentliches Führungsgremium des Parteivorsitzenden Josef Müller[309]. Dem Landesausschuß, der zwischen Januar und Oktober 1946 durch Änderungen des heftig umstrittenen Delegiertenschlüssels und durch die Aufnahme bestimmter Personen qua Amt sein Gesicht mehrmals veränderte, gehörten im Januar 1946 ca. 50 stimmberechtigte Mitglieder und im Oktober ca. 100 stimmberechtigte Mitglieder an[310]. Dieses Gremium eignet sich aus zwei Gründen besonders für eine Untersuchung: zum einen wegen seiner Bedeutung in der Formierungsphase, zum anderen wegen seiner Zusammensetzung. Im Landesausschuß saßen nämlich neben den Mitgliedern der eigentlichen Parteiführung vor allem Vertreter der Bezirksverbände. Diese Delegierten nahmen auf regionaler und lokaler Ebene oft wichtige Funktionen wahr, ohne aber auf Landesebene stärker hervorzutreten.

An den Sitzungen des Landesausschusses nahmen zwischen Januar und Oktober 1946 circa 220 Personen teil; eine genauere Zahlenangabe ist aufgrund der teilweise lückenhaften Anwesenheitslisten nicht möglich. Von 178 Personen konnten die wesentlichen biographischen Daten erhoben werden, während sich bei 42 Personen entweder die Identität nicht klären ließ oder überhaupt keine Angaben zu finden waren[311]. Von den ermittelten Tagungsteilnehmern handelt es sich bei 151 Personen um

---

309 Neben dem Erweiterten Vorläufigen Landesausschuß fungierten der wesentlich kleinere Vorläufige Landesausschuß bzw. seit April 1946 der Landesarbeitsausschuß als eine Art vorläufiger Parteivorstand. Zum Stellenwert, der dem Erweiterten Vorläufigen Landesausschuß in Müllers Kalkül zukam, vgl. dessen Ausführungen vor der CSU-Fraktion in der Verfassunggebenden Landesversammlung am 2. 9. 1946; ACSP, NL Müller 208.

310 Zum Erweiterten Vorläufigen Landesausschuß vgl. Mintzel, Anatomie, S. 95–99; zu den Auseinandersetzungen um den Delegiertenschlüssel vgl. Fait, Einleitung zu: Protokolle und Materialien, S. XLVIII-LI.

311 Die biographischen Daten für die folgende Untersuchung sind zum Teil dem umfangreichen Fundus entnommen, der zwischen 1991 und 1993 für die Dokumentation „Die CSU 1945–1948" im Institut für Zeitgeschichte angelegt wurde. Zur Entstehungsgeschichte vgl. Thomas Schlemmer, Kurzbiographien der erwähnten Personen, in: Protokolle und Materialien, S. 1835–1840. Zum Teil beruhen die Angaben zum hier untersuchten Personenkreis auf eingehenden Recherchen in verschiedenen Archiven und auf der umfassenden Auswertung einschlägiger Nachschlagewerke wie Parlamentshandbüchern, Kompendien mit Angaben zu Land- und Reichstagsabgeordneten, Wer ist Wer? oder dem Munzinger-Archiv. Da es sich bei den Mitgliedern des (Erweiterten) Landesausschusses der CSU vielfach um Personen handelt, die lediglich auf lokaler und regionaler Ebene bekannt waren oder nach wenigen Monaten bereits wieder von der politischen Bühne verschwanden, war es nicht immer möglich, alle wünschenswerten Informationen lückenlos und widerspruchsfrei zu ermitteln. Die folgenden Ausführungen enthalten deshalb eine gleichsam natürliche Fehlerquote, die auf das zugrundeliegende Quellenmaterial und auf den schwierigen Untersuchungsgegenstand zurückgeht. Aufgrund der vergleichsweise hohen Zahl der hier untersuchten Personen dürften einzelne fehlerhafte Angaben jedoch nicht so stark ins Gewicht fallen, daß sie die erzielten Ergebnisse insgesamt verfälschen.

reguläre Mitglieder des Landesausschusses, bei den restlichen 27 um Gäste, die aus zwei Gründen in den zu untersuchenden Personenkreis aufgenommen wurden: Zum einen war es nicht immer zweifelsfrei möglich, Delegierte und Gäste zu unterscheiden, zum anderen handelt es sich bei vielen Gästen um wichtige Mitbegründer der CSU oder um Angehörige der Parteizentrale, die als Fachleute zu bestimmten Fragen gehört wurden oder für den organisatorischen Ablauf der Tagungen verantwortlich waren. Die Angaben über die Gäste verfälschen die Ergebnisse über das Profil der Gründergeneration der CSU deshalb in keiner Weise, sondern verbreitern lediglich die Basis der Untersuchung[312].

Im Oktober 1946 verabschiedete der Landesausschuß die von der Militärregierung genehmigte erste ordentliche Satzung der CSU, die mit einigen Änderungen bis 1952 in Kraft blieb[313]. Damit war eine wesentliche Grundlage für die organisatorische Konsolidierung der Partei geschaffen, die nun dazu übergehen konnte, die provisorischen Gremien der Gründungs- und Formierungsphase durch die satzungsgemäßen zu ersetzen. Mit der Sitzung des Landesausschusses am 31. Oktober 1946 endet somit auch die Analyse des Führungspersonals der CSU im Jahre 1946.

### *b) Parteizugehörigkeit vor 1933*

Unter den Mitbegründern der bayerischen Unionspartei stellten die Mitglieder der 1933 untergegangenen Parteien des politischen Katholizismus zweifellos die zahlenmäßig stärkste Gruppe. Von den 178 erfaßten Personen hatten mindestens 65 der Bayerischen Volkspartei und sieben weitere dem Zentrum angehört. Da zu einer ganzen Reihe von Delegierten nur spärliche Angaben vorliegen, dürfte der tatsächliche Anteil dieses Personenkreises insgesamt noch höher gelegen haben. Nur ein Drittel der ehemaligen Mitglieder von BVP und Zentrum, die 1946 an den Tagungen des (Erweiterten) Landesausschusses teilnahmen, hatte sich vor 1933 auf einfache Parteimitgliedschaft beschränkt. Dagegen lassen sich 42 Politikerinnen und Politiker aufgrund ihrer Aktivitäten der Führungselite der BVP, fünf der Führungselite des Zentrums zuordnen. Allein 17 hatten als Landtags- oder Reichstagsabgeordnete die Politik ihrer Partei an entscheidender Stelle mitbestimmt, darunter Persönlichkeiten wie Anton Pfeiffer, Karl Scharnagl oder Fritz Schäffer. Die übrigen waren zumeist auf kommunalpolitischer Ebene als Bürgermeister, Gemeinde- oder Stadträte aktiv gewesen, hatten Führungsfunktionen in den lokalen und regionalen Untergliederungen ihrer Partei ausgeübt oder wichtige Ämter in Suborganisationen der BVP wie der Bayernwacht, dem Jungbayern-Ring oder dem Wirtschaftsbeirat bekleidet.

Diese Angaben legen die Vermutung nahe, daß die Mehrheit der ehemaligen Funktions- und Mandatsträger der BVP nach Kriegsende bereit war, am Aufbau der CSU mitzuwirken, soweit sie die NS-Zeit und die Wirren des Krieges unbeschadet und unbelastet überstanden hatten. Ein Blick auf die politische Biographie der im April 1932 gewählten BVP-Landtagsabgeordneten scheint diese These zu bestätigen: Von den 45

[312] Interessant wäre in diesem Zusammenhang ein punktueller Vergleich zwischen der im (Erweiterten) Landesausschuß repräsentierten Führungselite und Parteimitgliedern ohne Amt. Ein Ansatzpunkt hierfür wäre etwa die detaillierte Mitgliederliste des CSU-Kreisverbandes Alzenau in Unterfranken vom 15. 9. 1946 (am Stichtag ca. 470 Mitglieder); StA Würzburg, LRA Alzenau 127.

[313] Vgl. dazu Fait, Einleitung zu: Protokolle und Materialien, S. XLVIII-LXVI.

Mitgliedern der Fraktion finden sich 1946 immerhin 15 in den Reihen der CSU wieder; zehn weitere waren 1875 und früher geboren, mit über 70 Jahren also vermutlich zu alt, um die Strapazen der Parteiarbeit noch einmal auf sich zu nehmen; die vier Abgeordneten aus der bayerischen Pfalz dürften – wenn überhaupt – in ihrer engeren Heimat wieder aktiv geworden sein; mindestens fünf Mitglieder der Landtagsfraktion des Jahres 1932 waren vor Kriegsende verstorben[314].

Die ehemaligen BVP-Politiker haben das Erscheinungsbild der Union in Bayern ebenso geprägt wie ihre programmatischen Grundsätze und die von ihr vertretene Politik. Doch allein deswegen zu behaupten, die CSU sei nichts anderes gewesen als die verkappte Neuauflage der Bayerischen Volkpartei, ginge weit an der Realität vorbei. Aufgrund ihrer Erfahrung aus der Weimarer Zeit waren viele frühere BVP-Politiker zwar gleichsam natürliche Anwärter auf Ämter in der CSU, doch sie stellten weder im (Erweiterten) Landesausschuß noch unter den einfachen Parteimitgliedern die Mehrheit. Wenn man den Mitgliederlisten trauen darf, hatten im Kreisverband Ingolstadt-Stadt und -Land Anfang 1946 beispielsweise von 519 Mitgliedern nur 27 der BVP angehört, also gerade einmal etwas mehr als fünf Prozent[315]. Auch scheint die bloße Mitgliedschaft in der BVP für die Stellung der einzelnen Politiker in den parteiinternen Führungs- und Flügelkämpfen nicht unbedingt ausschlaggebend gewesen zu sein, wie im nachhinein oft unterstellt wurde. Entscheidend war wohl vielmehr, welcher Gruppierung der BVP sie zuzurechnen waren und welche Position sie dort bekleidet hatten. Fragt man zum Beispiel danach, welche Stellung die ehemaligen Land- und Reichstagsabgeordneten der BVP im (Erweiterten) Landesausschuß in den innerparteilichen Auseinandersetzungen einnahmen, so ergibt sich folgendes Bild: Lediglich der unterfränkische Reichstagsabgeordnete und christliche Gewerkschafter Hugo Karpf trug die Konzeption Josef Müllers vorbehaltlos mit, neun ehemalige Mandatsträger – darunter mit Alois Hundhammer, Anton Pfeiffer und bis 1946 Fritz Schäffer auch die Speerspitzen der Opposition gegen den Ochsensepp – standen dagegen auf der anderen Seite. Karl Scharnagl und die Bauernvertreter Michael Horlacher, Fridolin Rothermel und Alois Schlögl gerieten zeitweise zwischen die Fronten. Sie unterstützten Müller und seine Mitstreiter zwar in ihrem Bemühen, eine Revitalisierung der BVP zu verhindern und dem Unionsgedanken zum Durchbruch zu verhelfen, in der „bayerischen Frage“ konnte es aber auch für sie keine Zugeständnisse geben. In den erbitterten Auseinandersetzungen um die Stellung Bayerns in einem künftigen deutschen Staat standen diese wichtigen „Geburtshelfer“ Josef Müllers[316] auf der Seite seiner Gegner.

Gemessen an der Zahl der ehemaligen Mitglieder von BVP und Zentrum war die Zahl derer, die vor 1933 anderen Parteien angehört hatten, gering. Soweit sich feststellen läßt, nahmen an den Landesausschußsitzungen lediglich 14 Personen teil, die in der Weimarer Republik parteipolitische Erfahrungen außerhalb von BVP und Zentrum gesammelt hatten. Davon waren fünf im Bayerischen Bauernbund, der ebenfalls in den katholischen Regionen Bayerns besonders starken liberal-konservativen Alternative

[314] Diese Angaben beruhen auf eigenen Recherchen sowie auf den diesbezüglichen Daten bei Schumacher (Hrsg.), M. d. L.

[315] Stadtarchiv Ingolstadt, XXI/25, Mitgliederlisten der CSU im Stadt- und Landkreis Ingolstadt, 1945/1946.

[316] So bezeichnete sich Michael Horlacher in seiner Rede vor der außerordentlichen Landesversammlung der CSU am 30./31. 8. 1947 in Eichstätt, in: Protokolle und Materialien, S. 1202.

zur BVP, aktiv gewesen, einer im protestantischen Bayerischen Landbund und je zwei in der DVP, der DDP/StP und der SPD; Karl Gronwald hatte der DNVP angehört, ebenso Hermann Strathmann, der jedoch 1930 zum Christlich-Sozialen Volksdienst übergetreten war[317]. Damit waren im (Erweiterten) Landesausschuß alle Gruppierungen vertreten, die nach 1945 in der Union zusammengefaßt werden sollten, wobei das Spektrum von ehemaligen Deutschnationalen bis hin zu früheren Sozialdemokraten reichte, die sich nun zum Christentum als politischer Leitidee bekannten. Daß unter diesen 14 Delegierten immerhin fünf Politiker des Bayerischen Bauernbundes wie Konrad Kübler oder Josef Piechl waren, ist kein Zufall. Die Berührungsängste zwischen früheren Anhängern von BVP und BBB waren – verglichen mit den Aversionen, die in den protestantischen Teilen Frankens gegen den politischen Katholizismus bestanden – relativ gering. Man hatte auch schon vor 1933 in verschiedenen Koalitionsregierungen zusammengearbeitet und vertrat gerade im Bereich der Agrarpolitik, aber auch auf dem Feld der „Reichspolitik", ähnliche Positionen[318]. Die Tatsache, daß die Verfechter der Unionsidee um Josef Müller den Einfluß des Klerus in der Partei gering zu halten gedachten, erleichterte die Integration der teilweise antiklerikalen BBB-Klientel zusätzlich.

Die wenigen Liberalen und Deutschnationalen im (Erweiterten) Landesausschuß der CSU konnten ihre Rolle als Bannerträger des Sammlungsgedankens dagegen nur mit begrenztem Erfolg ausfüllen. So gelang es 1946 zwar, Teile des nationalliberalen und deutschnationalen Wählerpotentials für die bayerische Unionspartei zu gewinnen[319], doch es blieben deutliche Vorbehalte gegen eine Partei spürbar, die sich zu einem guten Teil aus den Anhängern der BVP rekrutierte. Dies zeigte sich auch darin, daß ehemalige Mitglieder von DDP/StP, DVP und DNVP nur selten bereit waren, der CSU beizutreten, und auch die Wahlentscheidung vieler liberal oder national Gesonnener für die bayerische Unionspartei glich einer Art Ehe auf Probe. Dagegen darf man den Einfluß der zahlenmäßig schwachen liberalen und deutschnationalen Kräfte in den Führungsgremien der CSU auf die organisationspolitischen und programmatischen Grundsatzentscheidungen der Gründungs- und Formierungsphase nicht unterschätzen. Während die ehemaligen Politiker des Bayerischen Bauernbundes im (Erweiterten) Landesausschuß zumeist keine klare Position bezogen, standen Fritz Gerathewohl (DDP), Karl Gronwald (DNVP), August Haußleiter (DVP), Friedrich Wilhelm von Prittwitz und Gaffron (DDP) und Hermann Strathmann (DNVP/CSVD) geschlossen auf der Seite Josef Müllers. Im Grunde genommen blieb beiden Seiten auch kaum etwas anderes übrig. Müller verkörperte wie kein zweiter den Gedanken der Sammlung, auf dessen glaubwürdige Umsetzung wiederum die ehemaligen Mitglieder der liberalen und deutschnationalen Parteien angewiesen waren, wollten sie nicht ihren Kredit bei den Wählern verspielen. Müller dagegen konnte nur mit der Unterstützung von Persönlichkeiten wie Strathmann oder Prittwitz-Gaffron hoffen, seine politische Basis in Franken in dem Maße auszubauen, wie es nötig war, um die Auseinandersetzungen mit den katholisch-konservativen Kräften erfolgreich zu führen.

---

317 Zu Strathmanns politischer Tätigkeit vor 1933 vgl. Anzeneder/Götz, 50 Jahre CSU in Erlangen, S. 26–34.

318 Vgl. dazu Bergmann, BBB und BCBV, passim.

319 Vgl. Thränhardt, Wahlen und politische Strukturen, S. 289–327.

Viele Unionsgründer, die sich 1946 im (Erweiterten) Landesausschuß zusammenfanden, betraten jedoch nach dem Zusammenbruch der nationalsozialistischen Dikatur Neuland[320]. Parteipolitik war ihnen bisher fremd gewesen, sei es, daß sie vor 1933 zu jung gewesen waren, um einer Partei beizutreten, oder daß sie erst durch die totalitäre Erfahrung des Dritten Reiches zu der Einsicht gelangten, es sei notwendig, für Freiheit und Demokratie einzutreten. Dieser Teil der Gründergeneration brachte zwar kaum politische, organisatorische oder administrative Erfahrungen in die neue Partei ein, war dafür aber auch am wenigsten auf bestimmte Positionen und Traditionen festgelegt.

### *c) Konfessionszugehörigkeit*

Angesichts der besonderen Problematik, evangelische und katholische Christen in einer Partei zusammenzuführen, ist die konfessionelle Zusammensetzung der Gründergeneration der CSU von besonderer Bedeutung. Wie schon die vergleichende Untersuchung der Wahlergebnisse von BVP und CSU bei den Landtagswahlen von 1932 und bei den Wahlen zur Verfassunggebenden Landesversammlung 1946 gezeigt hat, muß die Aussage Mintzels, die CSU sei nach der konfessionellen Struktur ihrer Mitgliederschaft auch in der Ära Müller eine dominant katholische Partei gewesen, in ihrer Bedeutung relativiert werden[321]. Betrachtet man überdies den Anteil evangelischer Christen in den Führungsgremien der CSU und setzt diesen in Beziehung zum Anteil der Protestanten in der bayerischen Unionspartei und zum Prozentsatz der protestantischen Bevölkerung Bayerns, dann läßt sich das bisherige Bild noch weiter differenzieren. Während die um die Jahreswende 1947/1948 erhobene Mitgliederstatistik mehr als 91 Pozent Katholiken und nur 8,4 Prozent Protestanten aufweist[322], war die konfessionelle Zusammensetzung des (Erweiterten) Landesausschusses für die protestantische Seite erheblich günstiger. 135 Katholiken (75,84 Prozent) standen 31 Protestanten (17,42 Prozent) gegenüber[323]. Gemessen am Anteil der evangelischen Christen an der Gesamtbevölkerung Bayerns von 26,46 Prozent waren die Protestanten damit zwar signifikant unterrepräsentiert[324]; im (Erweiterten) Landesausschuß war die evangelische Seite aber mehr als doppelt so stark vertreten, als es ihr nach der konfessionellen Zusammensetzung der Unionsmitglieder zugekommen wäre.

Im Landesvorstand der CSU, der sich im Dezember 1946 konstituierte, war diese faktische Bevorzugung der evangelischen CSU-Mitglieder noch augenfälliger: Von den 43 Mitgliedern des Landesvorstands bekannten sich immerhin elf zum evangelischen Glauben (26,19 Prozent)[325]. Daß sich dieser Prozentsatz fast mit dem prozentualen Anteil der Protestanten an der bayerischen Bevölkerung deckte, ist sicherlich kein

[320] Vgl. Becker, Gründung und Wurzeln, in: Geschichte einer Volkspartei, S. 87.
[321] Vgl. Mintzel, Anatomie, S. 176f.
[322] Vgl. ebenda, S. 176.
[323] Bei 12 Mitgliedern des (Erweiterten) Landesausschusses (6,74 Prozent) ließ sich die Konfession nicht ermitteln.
[324] Vgl. Adolf Voelcker, Die Verteilung der katholischen und evangelischen Bevölkerung in Bayern 1933 und 1946, in: ZBSL 81 (1949), S. 37–44.
[325] Zum ersten Landesvorstand der CSU vgl. S. 158–165. Dort auch Angaben zur Konfessionsstruktur der Landtagsfraktion, die sich erheblich von der Konfessionstruktur des (Erweiterten) Landesausschusses und des Landesvorstands unterschied.

Zufall. Mit der paritätischen Besetzung des Landesvorstands sollte nicht nur eine immer wieder erhobene Forderung der Evangelischen Landeskirche erfüllt[326] und die dort vorhandene Skepsis gegen eine interkonfessionelle Sammlungspartei abgebaut werden. Es entsprach auch dem Konzept der Parteiführung um Josef Müller, den Protestanten die Ernsthaftigkeit und Tragfähigkeit des Unionsgedankens zu demonstrieren und durch eine Politik der Vorleistungen die evangelische Bevölkerung an die CSU heranzuführen und dieses Potential dauerhaft zu binden[327].

Bedenkt man die bisherigen Ausführungen, dann kann es nicht verwundern, daß die übergroße Mehrheit der Protestanten im (Erweiterten) Landesausschuß in den parteiinternen Führungs- und Flügelkämpfen auf der Seite Josef Müllers stand. Von den 31 evangelischen Delegierten zählten mindestens 23 zu den Stützen des Parteivorsitzenden; lediglich Richard Pflaum und Hans Hermann von Eicken standen von vornherein im oppositionellen Lager oder hatten sich schon früh von Müller abgewandt. Der Münchner Verleger Richard Pflaum traf sich in seiner föderalistischen Gesinnung mit der katholisch-konservativen Opposition um Alois Hundhammer und Fritz Schäffer; nach dessen Absetzung als Vorsitzender des Bezirksverbands München durch die amerikanische Militärregierung führte er vorübergehend den Bezirksverband in seinem Sinne weiter[328]. Von Eicken dagegen, der lange Zeit in Oberschlesien gelebt hatte, stand der programmatischen und organisationspolitischen Konzeption Müllers positiv gegenüber und zählte 1945/1946 zu seinen treuen Gefolgsleuten. Das Zerwürfnis zwischen Müller und von Eicken beruhte nicht auf politischen, sondern auf persönlichen Differenzen. Von Müller menschlich enttäuscht, begann er, an dessen Qualifikation für das Amt des Parteivorsitzenden zu zweifeln und schloß sich schließlich denen an, die in Hans Ehard den Retter der bayerischen Unionspartei sahen[329].

Bei näherer Betrachtung der Protestanten im (Erweiterten) Landesausschuß der CSU zeigt sich ferner: Das liberale, aber auch das deutschnationale Element in der frühen CSU wurde nahezu ausschließlich von Protestanten repräsentiert. So hatten von den acht evangelischen Delegierten, für die eine parteipolitische Betätigung vor 1933 nachweisbar ist, je zwei der DDP/StP und der DVP angehört und je einer dem BLB, dem BBB und der DNVP; der ehemalige Land- und Reichstagsabgeordnete Hermann Strathmann aus Erlangen war bis 1930 ebenfalls für die DNVP aktiv gewesen, dann aber zum CSVD übergetreten. Hinzu kommt, daß von den 31 evangelischen Delegierten des (Erweiterten) Landesausschusses lediglich 17 in Bayern, 13 dagegen in anderen Teilen Deutschlands oder außerhalb der Reichsgrenzen geboren worden waren. Für

[326] Zur Forderung nach konfessioneller Parität vgl. Michael Renner, Nachkriegsprotestantismus in Bayern. Untersuchungen zur politischen und sozialen Orientierung der Evangelisch-Lutherischen Kirche Bayerns und ihres Landesbischofs Hans Meiser in den Jahren 1945–1955, München 1991, S. 16–34.

[327] Eine gute Zusammenfassung der Gravamina der Protestanten in der CSU bietet das von August Haußleiter verfaßte Memorandum „Die Evangelische Gruppe in der Union. Eine Analyse ihrer Stellung nach den Wahlen vom 30. Juni" vom Juli 1946; IfZ-Archiv, Fh 56.

[328] Protokoll der Sitzung des Landesausschusses der CSU am 6. 9. 1946 in München und Protokoll der Landesversammlung der CSU am 14./15. 12. 1946 in Eichstätt, in: Protokolle und Materialien, S. 515f., S. 528, S. 530f., S. 534 und S. 849.

[329] IfZ-Archiv, Fh 56, Hans Hermann von Eicken an Hans Ehard vom 4. 9. 1947, sowie ACSP, NL Müller 6, Aktennotiz Franz Liedigs über ein Gespräch mit Hans Hermann von Eicken am 23. 9. 1946, NL Müller 18, Aktennotiz Achim Osters über ein Gespräch mit Hans Hermann von Eicken am 23. 11. 1946.

eine Partei, deren Mitglieder sich überwiegend aus Einheimischen rekrutierten, war dies ein außergewöhnlich hoher Prozentsatz. Man könnte demnach die – zugegeben überspitzte – These aufstellen, daß die protestantische Gruppe im (Erweiterten) Landesausschuß nicht nur für die liberalen und nationalen Kräfte in der CSU stand, sondern auch so etwas wie Weltoffenheit in den Gründungsprozeß der bayerischen Unionspartei einbrachte, während die katholisch-konservative Seite vielfach in provinzieller Begrenztheit gefangen blieb.

Die bloße Zugehörigkeit zu einer Glaubensgemeinschaft sagt bekanntlich noch nichts über die tatsächliche Kirchenbindung aus. Von den protestantischen Delegierten des (Erweiterten) Landesausschusses waren jedoch nachweisbar 13 stark in der Evangelischen Landeskirche engagiert. Mit Hermann Strathmann und Kurt Blaser gehörten sogar zwei evangelische Theologen dem Landesausschuß an und bildeten das Gegengewicht zu den politisierenden Geistlichen auf katholischer Seite, die bereits in der BVP aktiv gewesen waren. Else Dahm und Elisabeth Meyer-Spreckels waren führende Vertreterinnen der evangelischen Frauenbewegung, vier weitere Delegierte gehörten der Synode der Evangelisch-Lutherischen Kirche in Bayern an, darunter ihr Präsident Wilhelm Eichhorn. Zu den prominenten evangelischen Repräsentanten zählten auch Johannes Semler, einer der Vertrauensmänner von Landesbischof Meiser im Münchner Gründerkreis, sowie August Haußleiter und Karl Sigmund Mayr, die im Laufe des Jahres 1946 mehr und mehr in die Rolle von Sprechern der Protestanten in der CSU hineinwuchsen[330].

Daß die Protestanten im (Erweiterten) Landesausschuß der CSU keineswegs nur die Rolle von Gallionsfiguren spielten, zeigt ihre Verankerung in der Parteiorganisation. Mit Alfred Euerl (Nürnberg/Fürth), K. S. Mayr (Mittelfranken), Konrad Kübler (Niederbayern) und bis zu seiner Absetzung durch die Militärregierung auch Georg Barth (Oberfranken) waren zeitweise vier von zehn Bezirksvorsitzenden Protestanten; lediglich für zwei der 31 evangelischen Landesausschußmitglieder lassen sich keine weiteren Parteiämter nachweisen. Viele Delegierte hatten dagegen eine ganze Reihe von Funktionen und Mandaten inne – von kommunalpolitischen Ämtern bis zu Mandaten in der Verfassunggebenden Landesversammlung, von Parteiämtern auf Kreis- und Bezirksebene bis zu führenden Positionen in den Ausschüssen und Arbeitsgemeinschaften der CSU. Der protestantischen Gruppe im (Erweiterten) Landesausschuß fiel, so könnte man bilanzieren, eine Multiplikatorenrolle zu. Sie sollte für eine Verbreitung des Unionsgedankens in der evangelischen Bevölkerung sorgen, die der CSU skeptisch oder abwartend gegenüberstand. Dies konnte jedoch nur gelingen, wenn auch Programmatik und Politik der Partei für die Protestanten glaubwürdig waren.

### *d) Altersstruktur*

Mit einem Durchschnittsalter von 46,32 Jahren war der (Erweiterte) Landesausschuß ein vergleichsweise junges Gremium[331]. Der Altersdurchschnitt der CSU-Mitglieder

---

[330] Vgl. dazu Mintzel, Anatomie, S. 217.

[331] Stichtag für die Berechnung des Durchschnittsalters der Mitglieder des (Erweiterten) Landesausschusses ist der 1. 1. 1946, Stichtag für die Berechnung des Durchschnittsalters der Mitglieder von Landesvorstand und Landtagsfraktion dagegen der 1. 12. 1946. Bei einem von den untersuchten Mitgliedern des (Erweiterten) Landesausschusses ließ sich das Geburtsdatum nicht ermitteln.

betrug dagegen um die Jahreswende 1947/1948 circa 51 Jahre und deckte sich damit in etwa mit dem Altersdurchschnitt des im Dezember 1946 konstituierten Landesvorstands, der bei 50,21 Jahren lag; auch das Durchschnittsalter der Landtagsfraktion blieb mit 51,28 Jahren in diesem Rahmen. Die genannten Zahlen verweisen vor allem auf zweierlei: Während Parteivorstand und Landtagsfraktion zu den wichtigsten Entscheidungszentren der bayerischen Unionspartei zählten, war der (Erweiterte) Landesausschuß mit seinen bis zu 100 Mitgliedern mehr ein Ort der Diskussion und der Bestätigung bereits präformierter Beschlüsse. Dementsprechend gehörten sowohl dem Landesvorstand als auch der Landtagsfraktion tendenziell ältere und erfahrenere Politikerinnen und Politiker an, die ihre Nominierung oft auch der Tatsache verdankten, daß sie berufsständische Interessenverbände, konfessionelle Vereinigungen oder andere gesellschaftliche Gruppierungen vertraten, auf die die CSU Rücksicht zu nehmen hatte. Die Delegierten des (Erweiterten) Landesausschusses wurden dagegen weniger nach solchen Kriterien ausgewählt. Sie sollten vielmehr die Partei als ganzes repräsentieren, und zwar nicht unbedingt eine Partei, die in dieser Form bereits bestand, sondern eine weitgespannte Union, wie sie Josef Müller und seine Mitstreiter aufzubauen gedachten. In diesem Sinne sah die Satzung beispielsweise vor, daß die Frauen und die jüngere Generation im (Erweiterten) Landesausschuß besonders vertreten sein sollten[332]. Vor allem diese zehn Vertreter der Parteijugend, einer für jeden Bezirksverband, waren für den vergleichsweise niedrigen Altersdurchschnitt des hier untersuchten Personenkreises verantwortlich. Dies entsprach auch ganz der Konzeption Josef Müllers, der auf die jugendliche Dynamik des Parteinachwuchses setzte und immer wieder die „Vergreisung“ der CSU beklagte[333].

Weitere interessante Aufschlüsse über die Gründergeneration der bayerischen Unionspartei liefert die Untersuchung der Altersstruktur des (Erweiterten) Landesausschusses, die auch Rückschlüsse auf die Zugehörigkeit der Delegierten zu bestimmten politischen Generationen erlaubt. In Anlehnung an den klassischen Entwurf Karl Mannheims[334] hat Helmut Fogt als politische Generation alle Mitglieder einer Alterskohorte bezeichnet, die durch bestimmte Schlüsselereignisse geprägt wurden und dadurch zu einer „gleichgesinnten bewußten Auseinandersetzung mit den Leitideen und Werten der politischen Ordnung gelangten, in der sie aufwuchsen“[335]. Diese Auseinandersetzung findet normalerweise in der politisch prägenden Lebensphase statt (von 16 bis 21 Jahren) und führt zu langfristig stabilen – wenn auch nicht unveränderlichen – Orientierungen und grundlegenden Einstellungen[336]. Angehörige einer politischen Generation zeichnen sich demnach durch einen „Grundbestand gemeinsamer Einstellungen, Verhaltensdispositionen und Handlungspotentiale“ aus sowie durch gemeinsame politisch relevante Normen und Werte, die ihr Handeln in spezifischer Weise beein-

[332] Satzung der CSU in der Fassung vom 4. 10. 1946, abgedruckt in: Protokolle und Materialien, S. 1783–1803.

[333] Sitzung des Ochsen-Clubs am 24. 7. 1946, in: Lehrjahre, S. 84.

[334] Vgl. Karl Mannheim, Das Problem der Generationen, in: Martin Kohli (Hrsg.), Soziologie des Lebenslaufs, Darmstadt, Neuwied 1978, S. 38–53.

[335] Vgl. Helmut Fogt, Politische Generationen. Empirische Bedeutung und theoretisches Modell, Opladen 1982, S. 6–25; die folgenden Zitate ebenda, S. 21.

[336] Zum Konzept der politischen Sozialisation vgl. Bernhard Claußen, Was ist und wie erforscht man politische Sozialisation?, in: ders., Klaus Wasmund (Hrsg.), Handbuch der politischen Sozialisation, Braunschweig 1982, S. 1–22.

*Altersstruktur des (Erweiterten) Landesausschusses*

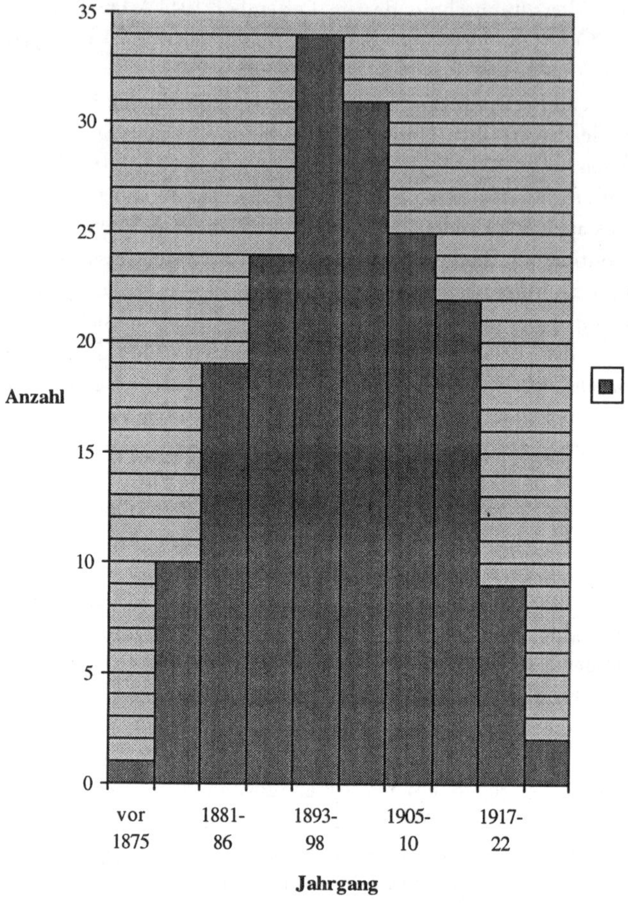


flussen können. Die notwendige Berücksichtigung einer Vielzahl intermittierender Variablen, beispielsweise regionale, konfessionelle oder sozioökonomische Disparitäten, macht es allerdings schwierig, zu Ergebnissen zu gelangen, die einerseits den empirischen Daten gerecht werden, andererseits aber noch ausreichende Erklärungskraft beanspruchen können. Hans Jaeger hat bereits vor längerer Zeit darauf verwiesen, daß man eine politische Generation vorwiegend als „Problemgemeinschaft, nicht aber als eine Problemlösungsgemeinschaft" zu betrachten habe[337]. Daraus ergibt sich die Notwendigkeit, Konzepte wie das der politischen Generation primär als heuristische Instrumente bei der Untersuchung sozialer Gruppen einzusetzen, wobei es weniger darum geht, zu allgemeingültigen Aussagen zu kommen, als darum, Indikatoren, Arbeitshypothesen oder Modelle zu entwickeln.

[337] Hans Jaeger, Generationen in der Geschichte. Überlegungen zu einer umstrittenen Konzeption, in: GuG 3 (1977), S. 429–452, hier S. 444.

In Anlehnung an ein von Hans-Ulrich Derlien entwickeltes Schema lassen sich die Mitglieder des (Erweiterten) Landesausschusses in zehn Geburtskohorten einteilen[338]: Vor 1875 geboren: Ära Bismarck, 1875–1880 und 1881–1886: wilhelminische Ära, 1887–1892: Vorgeschichte des Ersten Weltkriegs, 1893–1898: Erster Weltkrieg, 1899–1904: Revolution und Nachkriegswirren, 1905–1910: Jahre der scheinbaren Normalität, 1911–1916: Krise und Zerfall der Weimarer Republik, 1917–1922: NS-Machtergreifung und Machtsicherung, 1923–1928: Zweiter Weltkrieg.

Danach ergibt sich folgendes Bild: Die Mitglieder des (Erweiterten) Landesausschusses wurden zwischen 1868 und 1925 geboren. Die ältesten Delegierten hatten zu einer Zeit das Licht der Welt erblickt, als die Gründung des deutschen Kaiserreiches noch bevorstand, während die jüngsten in den wenigen scheinbar stabilen Jahren der Weimarer Republik zur Welt gekommen waren. Nicht wenige Delegierte hatten Monarchie, Revolution, Demokratie und Diktatur, einschließlich zweier Weltkriege, bewußt erlebt. Der älteste Delegierte war der 77 jährige Ernst-Arthur Voretzsch; der Protestant aus Sachsen-Altenburg hatte 1893 seine Studien mit der Promotion zum Dr. jur. beendet und trat anschließend in den Staatsdienst ein. Seit 1899 im diplomatischen Dienst, führte ihn seine Karriere über Indien, Norwegen und Südafrika in den Fernen Osten, von wo er in den Wirren des Ersten Weltkriegs zurückkehrte, um 1917 zum Generalkonsul in Kristiania ernannt zu werden. Das Ende des Krieges und die Novemberrevolution hatten auf Voretzsch' weitere Laufbahn keinen Einfluß; 1920 trat er sein Amt als deutscher Gesandter in Lissabon an und beendete seine Karriere 1933 als Botschafter in Tokio, da er die Altersgrenze erreicht hatte. Zu diesem Zeitpunkt war Franz Heubl, der zu den jüngsten Delegierten im (Erweiterten) Landesausschuß zählte, gerade neun Jahre alt. Während sich Voretzsch nach Mittelfranken zurückgezogen hatte, absolvierte Heubl im Schatten der nationalsozialistischen Diktatur das Gymnasium und wurde mit 19 Jahren zur Wehrmacht eingezogen. Beide zählten sie zu den Mitbegründern der CSU, Voretzsch in Mittelfranken, Heubl in München, beide bezogen sie in den Führungs- und Flügelkämpfen klar Stellung: Heubl für die katholisch-konservative Opposition um Schäffer und Hundhammer, Voretzsch für den Parteivorsitzenden Josef Müller. Der Botschafter a. D. zog sich bald aus der Politik zurück, und als er 1965 im Alter von fast 97 Jahren starb, war Heubl bereits drei Jahre lang Bayerischer Staatsminister für Bundesangelegenheiten und Bayerischer Bevollmächtigter beim Bund.

Die Graphik zeigt, daß die zwischen 1887 und 1904 Geborenen zu den wichtigsten Trägern der Parteiarbeit zählten. Diesen drei Alterskohorten gehörten insgesamt 89 Personen an, etwas mehr als die Hälfte des hier untersuchten Personenkreises. In den krisenhaften Jahren vor dem Ersten Weltkrieg, im Ersten Weltkrieg selbst oder in den schwierigen Anfangsjahren der Weimarer Republik politisch sozialisiert, hatten sie nicht nur die Novemberrevolution und die tiefgreifenden sozialen Umwälzungen, die Krieg und Zusammenbruch mit sich gebracht hatten, bewußt erlebt, sondern auch den Verlust herrschender Orientierungsmuster und Leitvorstellungen[339]. Diese Erleb-

[338] Vgl. Hans-Ulrich Derlien, Continuity and change in the West German federal elite 1949–1984, in: EJPR 18 (1990), S. 349–372. Für den hier untersuchten Personenkreis war es notwendig, Derliens Modell für die Geburtskohorten aus den Jahren vor 1893 zu differenzieren.

[339] Vgl. dazu Detlef Peukert, Die Weimarer Republik. Krisenjahre der Klassischen Moderne, Frankfurt am Main 1987, S. 13–31.

nisse führten bei vielen späteren Mitbegründern der CSU, die 1918/1919 zur jungen Generation gezählt hatten, zu einer tiefgreifenden Verunsicherung, zu einer Verstärkung konservativer Prädispositionen und zu einer ausgeprägten Sehnsucht nach Ruhe und Ordnung. Als die erste deutsche Demokratie nach der Berufung Hitlers zum Reichskanzler endgültig gescheitert war, hatten die 1887 bis circa 1895 Geborenen zum Teil bereits steile Karrieren hinter sich und bekleideten wie Fritz Schäffer oder Anton Pfeiffer politische Spitzenämter; die jüngeren Vertreter dieser drei Alterskohorten dagegen waren bis 1933 entweder politisch kaum hervorgetreten oder hatten als hoffnungsvolle Nachwuchspolitiker wie Alois Hundhammer gerade die ersten Stufen der Karriereleiter erklommen, als die nationalsozialistische Diktatur ihren Aktivitäten ein jähes Ende setzte. Bei Kriegsende zwischen 41 und 58 Jahre alt, drückten die zwischen 1887 und 1904 Geborenen der bayerischen Unionspartei ihren Stempel auf. Mit Joseph Baumgartner (1904), Hans Ehard (1887), Michael Horlacher (1888), Alois Hundhammer (1900), Josef Müller (1898), Anton Pfeiffer (1888), Fritz Schäffer (1888) und Alois Schlögl (1893) gehörten die vielleicht prominentesten Mitbegründer der CSU diesen Alterskohorten an. Ein Blick auf den im Dezember 1946 konstituierten Landesvorstand ergibt ein ähnliches Bild: 26 von 43 Vorstandsmitgliedern (60,47 Prozent) hatten zwischen 1887 und 1904 das Licht der Welt erblickt.

Zu den politisch erfahrensten Mitbegründern der CSU zählten zweifellos die bis 1886 Geborenen. Der Einfluß dieser Alterskohorten, die im (Erweiterten) Landesausschuß mit mindestens 30 Personen (16,95 Prozent) vertreten waren, ist gerade in der Formierungsphase der bayerischen Unionspartei deutlich erkennbar, nahm jedoch in der Folgezeit mehr und mehr ab. Auf der anderen Seite der Alterspyramide standen die zwischen 1905 und 1928 zur Welt Gekommenen, unter denen die zwischen 1905 und 1916 Geborenen mit 47 Delegierten (26,55 Prozent) die größte Gruppe stellten. Diese Delegierten, deren politische Sozialisation sich teils in der krisengeschüttelten Weimarer Republik, teils unter den Bedingungen totalitärer Herrschaft vollzogen hatte, waren nach dem Ende des Zweiten Weltkriegs, an dem sie zumeist teilgenommen hatten, überwiegend politische „Greenhorns“. Nur wenige waren vor 1933 in der Lage gewesen, parteipolitische Erfahrungen zu sammeln, schließlich waren selbst die Ältesten erst 28 Jahre alt gewesen, als Hitler zum Reichskanzler ernannt wurde, während die Jüngsten noch ihre Grundschulausbildung absolvierten. Um so prägender waren für viele junge Mitbegründer der bayerischen Unionspartei die erbitterten Auseinandersetzungen der Jahre 1945 bis 1949, die für sie am Beginn ihrer politischen Laufbahn standen. Während der Einfluß der älteren Generation nach 1954 mehr und mehr schwand, zählte eine Reihe von Mitbegründern der CSU, die 1946 noch zum hoffnungsvollen Nachwuchs gehört hatten, zu den Trägern einer tiefgreifenden inneren Reform der Partei, ohne die ihre großen Erfolge kaum möglich gewesen wären. Zu nennen wären dabei neben Franz Josef Strauß, der 1915 zur Welt kam, vor allem Franz Heubl (1923), Richard Jaeger (1913), Otto Schedl (1912), Richard Stücklen (1916) oder Hans Weiß (1919). Das Verhältnis der Generationen gestaltete sich dabei keinesfalls immer harmonisch. So betrachteten etablierte Entscheidungsträger den Gestaltungs- und Veränderungswillen jüngerer Parteifreunde mit Unbehagen[340], während diese der

---

[340] BayHStA, NL Pfeiffer 42, Rundschreiben Anton Hergenröders „Was ist Parteijugend und was ist ‚Junge Union‘?“ vom 21. 1. 1947.

politischen Vergangenheit mancher älterer Kollegen skeptisch gegenüberstanden. Richard Jaeger bemerkte beispielsweise im November 1946:

„Es wäre für uns alle das Beste, wenn diese ‚alten' Männer von 1933, die mit dem Ermächtigungsgesetz belastet sind, endlich einmal in der Union verschwinden würden, zumindest von den führenden Posten. Daran ist kein Zweifel, daß diese alten Abgeordneten und Politiker von 1933 schmählich versagt haben, ob aus Feigheit oder Dummheit, sei dahingestellt. Tatsache sei, daß diese Männer gegen den Nationalsozialismus gewählt worden seien und dann für den Nationalsozialismus gestimmt hätten! Diese Schuld könne ihnen niemand abnehmen!"[341]

### e) *Berufsgruppenschichtung*

Fragt man nach der Sozialstruktur der Gründergeneration der CSU, wie sie sich im (Erweiterten) Landesausschuß widerspiegelt, dann ist eine Analyse der Berufsgruppenschichtung unerläßlich, die nicht nur Aufschluß über soziale Herkunft und Rekrutierung von Funktionsträgern gibt, sondern auch darüber, welche Bevölkerungsgruppen in welchem Ausmaß am Aufbau der bayerischen Unionspartei beteiligt waren. Um erste Antworten auf diese Fragen zu erhalten, erwies sich ein von Heino Kaack entwickeltes und für die vorliegende Studie modifiziertes Berufsgruppenschema als hilfreich[342]. Entscheidendes Kriterium war hierbei nicht der erlernte, sondern der unmittelbar vor den Wahlen zur Verfassunggebenden Landesversammlung im Juni 1946 ausgeübte Beruf. Dieser Stichtag läßt sich einfach begründen: Mit der Wahl in die Verfassunggebende Landesversammlung begann für eine Reihe von Delegierten des (Erweiterten) Landesausschusses eine Karriere als Berufspolitiker; der Blick auf die Zeit vor dem 30. Juni 1946 ergibt ein differenzierteres Bild von der Gründergeneration der bayerischen Unionspartei. Ohne die folgende Tabelle erschöpfend interpretieren zu wollen, zeigt die Berufsgruppenschichtung einige markante Auffälligkeiten.

*Berufsgruppenschichtung der Mitglieder des (Erweiterten) Landesausschusses*

| | | | |
|---|---|---|---|
| Berufspolitiker | 23 | selbständiger Mittelstand | 13 |
| sonstiger öffentlicher Dienst | 24 | Landwirte | 7 |
| Dozenten, Wissenschaftler, Lehrer | 12 | Arbeiter | 1 |
| Journalisten, Medienbereich | 5 | Parteiangestellte | 21 |
| Rechtsanwälte | 4 | Verbandsangestellte | 5 |
| sonstige freie Berufe | 6 | Pfarrer | 2 |
| Angestellte | 18 | Sonstige (Hausfrauen, Rentner, Studenten) | 12 |
| Unternehmer | 2 | unbekannt | 23 |

[341] Sitzung des Dienstag-Clubs am 12. 11. 1946, in: Lehrjahre, S. 110; ähnlich auch Sitzung des Dienstag-Clubs am 24. 9. 1946, in: ebenda, S. 98; Protokoll der Sitzung des Erweiterten Vorläufigen Landesausschusses der CSU am 30./31. 3. 1946 in Bamberg, in: Protokolle und Materialien, S. 93 ff. (Franz Josef Strauß, Anton Ott), und ACSP, CSU-LTF I, 15–12/4 und 5, Alois Hundhammer an Anton Pfeiffer vom 25. 7. 1947, sowie CSU-LTF I, 15–20/0, Bericht über die Tagung des Bundesrats der Jungen Union Deutschlands in Holzkirchen am 14./15. 9. 1947.

[342] Vgl. Heino Kaack, Die soziale Zusammensetzung des Deutschen Bundestages, in: Uwe Thaysen, Roger H. Davidson, Robert G. Livingston (Hrsg.), US-Kongreß und Deutscher Bundestag. Bestandsaufnahmen im Vergleich, Opladen 1988, S. 128–151. Im Unterschied zu Kaack, der zwölf Berufsgruppen unterscheidet, hat sich für die vorliegende Untersuchung ein etwas differenzierteres Modell mit 16 Kategorien als nützlich erwiesen.

Da ist zum einen der hohe Anteil von Berufspolitikern, das heißt von Personen, die „hauptsächlich ein Amt ausgeübt haben, für das Parteiaktivitäten eine unerläßliche Voraussetzung sind"[343]. Dieses Kriterium trifft vor allem auf die Mitglieder der Staatsregierung zu sowie auf sonstige Inhaber von Spitzenämtern im Bereich der Exekutive und auf kommunale Wahlbeamte. Soweit die Minister und Staatssekretäre der CSU angehörten, waren sie seit März 1946 qua Amt mit Sitz und Stimme im (Erweiterten) Landesausschuß vertreten. Neben diesen fünf Kabinettsmitgliedern (Joseph Baumgartner, Hans Ehard, Michael Helmerich, Heinrich Krehle und Anton Pfeiffer) finden sich in der Sparte Berufspolitiker vor allem Landräte und hauptamtliche Bürgermeister größerer bayerischer Städte. Diese Kommunalpolitiker verdankten ihre Ämter zwar auch ihrer aktiven Mitarbeit in der CSU, in vielen Fällen war es aber so, daß die bewährten Amts- und Mandatsträger auf lokaler und regionaler Ebene in klassischer Honoratiorenmanier einen funktionsfähigen Parteiapparat ersetzten und dafür mit Parteiämtern belohnt wurden.

Auffallend hoch ist der Anteil an Lehrern, Dozenten und sonstigen Angehörigen des öffentlichen Dienstes. Diese Mitbegründer der CSU verfügten zumeist über eine fundierte Ausbildung, die ihren Einstieg in die Parteiarbeit erleichterte. Sie waren oftmals in politiknahen Bereichen tätig und hatten genügend Zeit für ihre parteipolitischen Aktivitäten. Der hohe Anteil an Beamten und Angestellten im öffentlichen Dienst ist aber auch ein Reflex auf den Erfolg der CSU 1946; damit bestand die Möglichkeit, Mitglieder der eigenen Partei in bestimmte Positionen zu bringen, sofern sie politisch nicht belastet waren. Die Zusammensetzung des (Erweiterten) Landesausschusses erinnert an die Zusammensetzung der Führungselite der BVP, die sich zu einem großen Teil aus der höheren Beamtenschaft und sonstigen Angehörigen des öffentlichen Dienstes rekrutiert hatte[344].

Eklatant unterrepräsentiert war die Arbeiterschaft. Mit dem Holzarbeiter Fritz Kaiser aus dem oberfränkischen Forchheim war lediglich ein Arbeiter Mitglied des (Erweiterten) Landesausschusses. Allein darin zeigt sich, wie schwer es für die als Sammlungsbewegung „aller Berufsstände aus einst getrennten politischen Lagern" angetretene CSU war[345], in den Reihen der Arbeiterschaft Fuß zu fassen. In Anlehnung an die Tradition der katholischen Arbeiterbewegung und der Christlichen Gewerkschaften[346] dürfte es der bayerischen Unionspartei – wie beispielsweise in Augsburg – zwar gelungen sein, einen Teil der bewußt christlichen Arbeiter für sich zu gewinnen, aber ebenso wie in der Weimarer Republik war auch in der Nachkriegszeit die SPD die politische Heimat für die große Mehrheit der bayerischen Arbeiter[347]. Daran änderte auch die

[343] Ebenda, S. 131 f. Kaack bezieht auch Parteiangestellte in diese Berufsgruppe mit ein. Für die vorliegende Analyse erwies es sich jedoch als sinnvoll, die Mitarbeiter der Parteiverwaltung und die Redakteure der Parteipresse gesondert auszuweisen, wobei vor allem zwei Gründe ausschlaggebend waren: Zum einen läßt sich das Personal des im Aufbau befindlichen Parteiapparats auf diese Weise besser untersuchen, zum anderen wurden die Mitarbeiter der Parteiverwaltung von den meisten Mitbegründern der CSU nicht als politische Funktionsträger, sondern als technisch-administrative Exekutivkräfte verstanden.

[344] Zur Begünstigung von Landwirten und Beamten in der BVP vgl. Schönhoven, BVP, S. 81 f., und Unger, Bayerische Bewegung, S. 50.

[345] „Zehn Punkte der Union" vom 31. 12. 1945, abgedruckt in: Protokolle und Materialien, S. 1713 f.

[346] Vgl. dazu ausführlich Dorit-Maria Krenn, Die christliche Arbeiterbewegung in Bayern vom Ersten Weltkrieg bis 1933, Mainz 1991, und Noel D. Cary, Political Catholicism and the reform of the German party system 1900–1957, Diss., Ann Arbor/Mich. 1988, insbesondere S. 310–409.

[347] Vgl. Mintzel, Anatomie, S. 185 f., und Behr, Sozialdemokratie und Konservatismus, S. 145.

Tatsache nichts, daß dem (Erweiterten) Landesausschuß der CSU mindestens 17 Mitglieder der 1933 zerschlagenen Christlichen Gewerkschaften angehörten, die als Träger des interkonfessionellen und sozialen Gedankens in der Formierungsphase der bayerischen Unionspartei eine wichtige Rolle spielten. Zwölf davon waren sogar aktive Gewerkschaftsfunktionäre gewesen, darunter Adolf Konrad, der Landesvorsitzende des christlich-nationalen Deutschen Gewerkschaftsbundes in Bayern, Heinrich Krehle, der Landessekretär der bayerischen Christlichen Gewerkschaften, oder Michael Helmerich, der Vorsitzende des christlichen Bayerischen Eisenbahnerverbands. Mit der Gründung von offiziell parteipolitisch neutralen, de facto aber vor allem der Sozialdemokratie nahestehenden Einheitsgewerkschaften hatte sich nach dem Ende des Zweiten Weltkriegs die Szenerie grundlegend verändert, und die im (Erweiterten) Landesausschuß der CSU vertretenen ehemaligen christlichen Gewerkschafter knüpften meist nicht mehr an ihre 1933 zwangsweise beendeten Aktivitäten an.

Soweit sich feststellen läßt, waren mit Hugo Karpf, Lorenz Sedlmayr und Paul Strenkert aus Kempten nur drei Delegierte des (Erweiterten) Landesausschusses aktiv am Aufbau des Bayerischen Gewerkschaftsbundes beteiligt. Josef Donsberger, vor 1933 Bezirksleiter beim christlichen Bayerischen Eisenbahnerverband, engagierte sich beim Bayerischen Beamtenbund. Heinrich Krehle, der auch in der Führungsetage des Bayerischen Gewerkschaftsbundes (BGB) in hohem Ansehen stand[348], wurde 1946 zwar als prominenter Vertreter der ehemaligen Christlichen Gewerkschaften zum Staatssekretär im Arbeitsministerium berufen, ansonsten gestaltete sich das Verhältnis zwischen CSU und BGB aber mehr schlecht als recht[349]. Johann Amberger und Heinrich Schilling, die beiden Vertreter der CSU im Vorstand des BGB, spielten in der Partei auch keine große Rolle und gehörten weder dem Landesvorstand noch dem Landesausschuß noch der Landtagsfraktion an[350].

Mit Blick auf die Mitgliederstruktur hat Alf Mintzel von der CSU als einer Partei des „Besitzmittelstandes bäuerlicher, handwerklicher und kleinunternehmerischer Provenienz" gesprochen[351]. Für den (Erweiterten) Landesausschuß gilt dieser Befund jedoch nur teilweise. Diesem Gremium gehörten zwar wenigstens 13 Vertreter des selbständigen Mittelstandes an, Einzelhändler wie der Münchner Delegierte Ludwig Blum, Handwerksmeister wie der Konditor Heinrich Elhardt oder mittelständische Unternehmer wie der Feinmechanikermeister Hans Hagn. Drei Landesausschußmitglieder – der schon erwähnte Elhardt als Obermeister der Münchner Bäcker- und Konditorinnung, Franz Schäfer als Kreishandwerkermeister und Vorstandsmitglied der oberbayerischen Handwerkskammer sowie Georg Weinzierl als Obermeister der Schlosserinnung und Vorstandsmitglied der Handwerkskammer für Mittelfranken – zählten nachweisbar zu den verbands- und standespolitisch aktiven Vertretern ihrer Zunft, bei anderen ist dies anzunehmen. Dagegen nahmen nur sieben nicht zugleich als Landräte oder

[348] Vgl. Claudia Lanig-Heese, Gewerkschaften in Bayern 1945 bis 1949, Marburg 1991, S. 201.

[349] Vgl. z. B. die Diskussion über den Generalstreik in Bayern während der Landesversammlung der CSU am 24./25. 1. 1948 in Marktredwitz, in: Protokolle und Materialien, S. 1464f., S. 1473, S. 1486f. und S. 1515.

[350] Vgl. Handbuch politischer Institutionen und Organisationen 1945–1949, bearb. von Heinrich Potthoff in Zusammenarbeit mit Rüdiger Wenzel, Düsseldorf 1983, S. 409; vgl. auch Günther Gerstenberg, Der Wiederaufbau der Münchner Gewerkschaftsbewegung und der Bayerische Gewerkschaftsbund 1945 bis 1949, unveröffentlichte Magisterarbeit, München 1984, S. 25ff. und S. 84.

[351] Mintzel, Anatomie, S. 183.

hauptamtliche Bürgermeister engagierte Landwirte an den Sitzungen des (Erweiterten) Landesausschusses teil[352]. Damit war dieser Berufsstand nicht nur im Vergleich zum Anteil der in Land- und Forstwirtschaft Beschäftigten, der 1946 in Bayern 25,8 Prozent der berufszugehörigen Bevölkerung betrug[353], stark unterrepräsentiert, sondern auch im Vergleich zum Anteil der bäuerlichen Bevölkerung an den Wählern und Mitgliedern der CSU[354]. Auch wenn man neben dem ausgeübten den erlernten Beruf als Kriterium heranzieht, gestaltet sich das Verhältnis nicht wesentlich günstiger, und es lassen sich lediglich sechs weitere Mitglieder des (Erweiterten) Landesausschusses ermitteln, die dem Agrarsektor entstammten; berücksichtigt man zusätzlich noch die „Bauerndoktoren" Joseph Baumgartner, Michael Horlacher, Alois Schlögl und – mit Abstrichen – Alois Hundhammer, so kommt man insgesamt auf 17 Personen, die den Bereich Landwirtschaft im (Erweiterten) Landesausschuß der CSU vertraten.

So gesehen waren die ständigen Klagen der führenden Repräsentanten des Bauernstandes nach stärkerer Berücksichtigung der von ihnen vertretenen Klientel in den Führungsgremien der CSU nicht ohne Berechtigung[355]. Allerdings waren die bäuerlichen Interessen bei den sieben Mitgliedern des Bayerischen Bauernverbands, die dem (Erweiterten) Landesausschuß nachweisbar angehörten, in den besten Händen. Fridolin Rothermel wurde im Dezember 1946 zum 1. Präsidenten des Bayerischen Bauernverbands gewählt, Michael Horlacher fungierte als einer der stellvertretenden Präsidenten und Alois Schlögl gehörte dem Präsidium des BBV als hauptamtlicher Generalsekretär an; Adam Sühler war Präsident des BBV in Oberfranken, Josef Piechl und Andreas Schweiger gehörten als stellvertretende Präsidenten in den Bezirken Niederbayern und Oberbayern ebenfalls zu den führenden Männern des Bauernverbands; der siebte im Bunde, Franz Ludwig Sauer, führte einen Kreisverband des BBV in Unterfranken. Keine andere Organisation war so eng mit der CSU verbunden wie der Bayerische Bauernverband. So gehörten im Dezember 1946 von sieben Präsidiumsmitgliedern des BBV mindestens vier der CSU an und nur je einer der SPD und der FDP; von den sieben Bezirksverbänden des BBV wurden ebenfalls mindestens vier von CSU-Mitgliedern geführt[356]. Waren sich die Vertreter agrarischer Interessen in den Führungsgremien der CSU einig, so konnten sie sicher sein, daß ihre Wünsche und Forderungen nicht ohne Wirkung blieben. Dieses Faktum kompensierte die mangelhafte zahlenmäßige Repräsentation im (Erweiterten) Landesausschuß der bayerischen Unionspartei reichlich.

Auffällig ist auch, wie viele Angestellte der Partei an den Sitzungen des (Erweiterten) Landesausschusses der CSU teilnahmen[357]. Dies zeigt einmal mehr die wichtige

---

352 Von diesen sieben Landwirten betrieben fünf nebenher einen Handwerksbetrieb, ein Einzelhandelsgeschäft, ein landwirtschaftliches Lagerhaus, eine Gastwirtschaft oder eine Brauerei.

353 Statistisches Jahrbuch für Bayern 1947, S. 164.

354 Vgl. Berberich, Historische Entwicklung, S. 153f., und Mintzel, Anatomie, S. 173.

355 Protokoll der Sitzung des Erweiterten Vorläufigen Landesausschusses der CSU am 30./31. 3. 1946 in Bamberg, Protokoll der Sitzung des Landesarbeitsausschusses der CSU am 1. 5. 1946 in München, Protokoll der Sitzung des Landesausschusses der CSU am 31. 10. 1946 in München, Protokoll der Sitzung des Landesausschusses der CSU am 3. 1. 1947 in Augsburg, in: Protokolle und Materialien, S. 179, S. 205, S. 687–693, S. 765 und S. 987.

356 Vgl. Handbuch der politischen Institutionen und Organisationen, S. 377f.; Zehn Jahre Bayerischer Bauernverband, München 1955; Heinz Haushofer, Der Bayerische Bauer und sein Verband 1945–1970, München u. a. 1970.

357 Aufgrund der schlechten Quellenlage war es nicht möglich, zwischen haupt-, neben- und ehren-

Rolle, die Mitarbeitern der Landesgeschäftsstelle wie August Wilhelm Schmidt, Franz Liedig, Karl Gronwald, Fritz Gerathewohl oder Hanswolf Haunhorst beim Aufbau der Partei zufiel. Dies entsprach zwar der Konzeption Josef Müllers, dem eine mitgliederstarke Volkspartei mit einer schlagkräftigen Parteiverwaltung vor Augen stand, war aber in der CSU nicht unumstritten. Vor allem BVP-Traditionalisten liefen Sturm gegen diese seelenlose „Parteimaschine“[358], wie sie überhaupt wiederholt die Versuche Müllers torpedierten, einen zentral gesteuerten Parteiapparat mit von der Landesleitung hauptamtlich angestellten Mitarbeitern aufzubauen, in dem sie zu Recht eine Stütze des verhaßten Parteivorsitzenden sahen[359].

Richtet man abschließend noch das Augenmerk auf die für eine christlich-interkonfessionelle Partei besonders wichtige Frage der Vertretung von Geistlichen und Theologen beider Konfessionen in den Führungsgremien, so ergibt sich ein ganz eindeutiges Bild: Während der Klerus – insbesondere die katholischen Pfarrer auf dem Land, in einigen Fällen aber auch evangelische Geistliche – beim Aufbau der CSU eine wichtige Rolle spielte, war er im (Erweiterten) Landesausschuß kaum vertreten. Für die katholische Seite gehörte der Münchner Stadtpfarrer und Müller-Intimus Emil Muhler dem (Erweiterten) Landesausschuß an[360], für die evangelische der Jugendseelsorger und Religionslehrer Kurt Blaser aus Hof; dazu kamen noch der ehemalige BVP-Politiker und amtierende Landrat von Rottenburg, Pfarrer Wolfgang Prechtl, für den Bezirksverband Niederbayern und Hermann Strathmann, Professor für evangelische Theologie an der Universität Erlangen, für den Bezirksverband Mittelfranken. Auch die zahlenmäßig schwache Repräsentanz katholischer und evangelischer Geistlicher im (Erweiterten) Landesausschuß paßte in das Konzept Josef Müllers, der den Einfluß der Kirchen auf die neugegründete CSU gering zu halten gedachte, um so größere politische Handlungsfreiheit zu gewinnen, als sie die BVP besessen hatte, aber auch um das Risiko konfessioneller Konflikte so weit wie möglich zu verringern. Davon war man freilich bei den katholisch-konservativen Unionspolitikern nicht sonderlich begeistert, und insbesondere die katholischen Geistlichen, die sich vor 1933 in der BVP engagiert hatten und nun die Fortsetzung ihrer politischen Aktivitäten bedroht sahen, protestierten dagegen vehement[361]. Um die Vertretung spezifischer konfessioneller Interessen mußte es jedoch vor allem den Katholiken nicht bange sein. Immerhin 25 Mitglieder des (Erweiterten) Landesausschusses waren nachweislich im katholischen Vereinswesen aktiv – vermutlich waren es weit mehr – und brachten ihre dort erworbenen Erfahrungen und Zielvorstellungen in den Formierungsprozeß der bayerischen Unionspartei ein.

amtlichen Mitarbeitern zu differenzieren; es ist auch möglich, daß einzelne Mitarbeiter nicht von der Partei, sondern direkt von Josef Müller oder anderen führenden CSU-Politikern besoldet wurden.

358 BAK, NL Schäffer 25, Bl. 146, Fritz Schäffer an Karl Warmuth vom 13. 6. 1948.

359 BAK, NL Schäffer 25, Bl. 242, Ludwig Dötsch an Fritz Schäffer vom 15. 3. 1948.

360 Zu Emil Muhler vgl. Johann Pörnbacher, Ein Pfarrer im Widerstand in München. Vor 100 Jahren wurde Emil Muhler in München geboren, in: Unser Bayern vom Oktober 1992, S. 78ff.

361 Protokoll der Landesversammlung der CSU am 17. 5. 1946 in München, in: Protokolle und Materialien, S. 342f. (Wolfgang Prechtl).

### *f) Kommunalpolitische Ämter und Mandate*

Die großen Erfolge bei den Kommunalwahlen von 1946 brachten es mit sich, daß viele Mitbegründer der CSU schnell und unerwartet Ämter und Mandate erhielten, auch wenn sie politisch noch unbeschriebene Blätter waren. Für diejenigen, die sich in den Führungs- und Flügelkämpfen zu behaupten wußten und nicht schon nach kurzer Zeit wieder aufgaben, stand die kommunalpolitische Tätigkeit oft am Beginn einer hoffnungsvollen Karriere. Die Institutionen der kommunalen Selbstverwaltung entwickelten sich gleichsam zu einer Schule und zu einem Rekrutierungsfeld für den politischen Nachwuchs der bayerischen Unionspartei. Erfahrungen als Landrat oder Bürgermeister galten bis in die sechziger Jahre hinein als Schlüsselqualifikation für die Berufung zum Minister oder Staatssekretär[362], wie beispielsweise die Karriereverläufe der späteren Staatsminister Josef Schwalber, Otto Schedl, Rudolf Eberhard, Philipp Held oder Alfons Goppel zeigen. In der Gründungsphase der CSU war jedoch ein anderer Faktor von noch größerer Bedeutung. In diesen schwierigen Monaten wirkten viele Bürgermeister, Landräte, Gemeinde-, Stadt- und Kreisräte als Multiplikatoren des Unionsgedankens in den kleinräumig-fragmentierten ländlichen Regionen, wo sie als Teil des Honoratiorensystems, auf dem die CSU unter anderem basierte, die fehlenden Parteigeschäftsstellen ersetzten. Mit Blick auf die Region Ansbach und Fürth hat Hans Woller zu Recht darauf hingewiesen, daß es vielfach die Bürgermeister kleiner Dörfer waren, die „der neuen Partei die Chance" eröffneten, „unter den protestantisch-kirchentreuen Bauern" Fuß zu fassen[363]. Auch im (Erweiterten) Landesausschuß wird dieser hohe Stellenwert der Kommunalpolitik sichtbar. Von den 178 erfaßten Delegierten waren mindestens 71 aktive Kommunalpolitiker; davon bekleideten 37 das Amt eines Gemeinde- oder Stadtrats, 17 auch/oder das eines Kreisrats, 18 fungierten als Bürgermeister oder stellvertretende Bürgermeister, 14 waren Landräte oder stellvertretende Landräte. 14 Mitglieder des (Erweiterten) Landesausschusses hatten nicht nur ein, sondern mehrere Ämter oder Mandate auf kommunaler Ebene inne. Georg Mack beispielsweise, ein protestantischer Landwirt aus dem Raum Ansbach, wurde 1945 von den amerikanischen Militärbehörden zum Bürgermeister seiner Heimatgemeinde ernannt und 1946 durch Wahl bestätigt; zugleich gehörte er dem Kreistag von Ansbach an, von dem er zum stellvertretenden Landrat gewählt wurde. Als prominenter Mitbegründer der CSU in Mittelfranken vertrat er seinen Stimmkreis zunächst auch in der Verfassunggebenden Landesversammlung und später im Landtag, dem er bis 1970 angehörte. Als zweites Beispiel mag Wilhelm Klenk aus Uffenheim dienen, der nicht nur als Stadtrat, Kreisrat und zeitweise als kommissarischer Landrat fungierte, sondern auch den CSU-Kreisverband Uffenheim führte und zeitweise auch dessen Geschäftsstelle leitete.

---

[362] Vgl. Hansjörg Dürr, Soziale Strukturen des Bayerischen Landtags. Aspekte der Soziologie parlamentarischer Mandatsträger, in: Reinhold Bocklet (Hrsg.), Das Regierungssystem des Freistaates Bayern, Bd. 1: Beiträge, München 1977, S. 211–393, hier S. 263ff.

[363] Woller, Gesellschaft und Politik, S. 193.

### *g) Parteipolitische Aktivitäten*

Geht man der Frage nach, welche parteipolitischen Aktivitäten die Mitglieder des (Erweiterten) Landesausschusses sonst noch entfalteten, so zeigt sich, daß 143 Personen neben ihrer Mitgliedschaft im (Erweiterten) Landesausschuß weitere Ämter in der bayerischen Unionspartei, zumeist auf Kreis- und Bezirksebene, bekleideten. Dieser Befund weist den (Erweiterten) Landesausschuß als einen mehr oder weniger repräsentativen Querschnitt der Führungsschicht der neu gegründeten CSU aus und unterstreicht, wie ernst es der großen Mehrheit der Delegierten mit ihrem Engagement war. So nahmen zwischen Juli und Oktober 1946 54 Abgeordnete der Verfassunggebenden Landesversammlung an den Tagungen des (Erweiterten) Landesausschusses teil, wobei die starke Präsenz der CSU-Fraktion freilich weniger zu einer besseren Abstimmung der Unionspolitik als zu anhaltenden Konflikten führte, von denen noch ausführlich die Rede sein wird. Die Vorsitzenden der Bezirksverbände waren ebenfalls im (Erweiterten) Landesausschuß vertreten; sie wurden verstärkt durch mindestens 22 weitere Mitglieder von Bezirksvorständen, die die mittlere Führungsebene repräsentierten. 26 Delegierte leiteten gleichzeitig einen Kreisverband der CSU, 22 waren z. T. führend in den verschiedenen Arbeits- und Parteiausschüssen aktiv, weitere 25 zählten zu den Mitbegründern der Jugend- und der Frauenorganisation der CSU. Interessant ist, daß sich bereits in dieser frühen Phase eine erstaunliche Ämterhäufung bei vielen Mitgliedern des Landesausschusses feststellen läßt: mindestens 50 Personen nahmen mehrere Ämter und Funktionen in der bayerischen Unionspartei wahr.

Angesichts der heftigen innerparteilichen Auseinandersetzungen ist es zu erwarten, daß viele Mitbegründer die CSU bald wieder verließen. War das tatsächlich so? Die diesbezüglichen Angaben sind zwar nicht immer zuverlässig[364], sie geben aber doch Aufschluß über politisch konnotierte Veränderungen in der Führungselite der bayerischen Unionspartei. Von den 178 erfaßten Mitgliedern des (Erweiterten) Landesausschusses zogen sich bis einschließlich 1949 mindestens 54 aus dem aktiven Parteileben zurück. Daß dafür vor allem die erbitterten Führungs- und Flügelkämpfe verantwortlich waren, die zu Resignation, Frustration, aber auch zu einer gewissen Radikalisierung führen konnten, liegt auf der Hand, obwohl man in Rechnung stellen muß, daß die personelle Fluktuation unter den Sonderbedingungen der Nachkriegszeit höher als normal gewesen ist.

1947 kehrten bereits zehn Mitbegründer der CSU, die ein Jahr zuvor noch dem (Erweiterten) Landesausschuß angehört hatten, ihrer Partei den Rücken. Die einen wandten sich aus Protest gegen die Ergebnisse der Regierungsbildung im Dezember 1946 von der bayerischen Unionspartei ab, andere – beispielsweise Anton Donhauser, Alfons Gaßner und Anfang 1948 auch Joseph Baumgartner und Ernst Falkner – traten aus der CSU aus, nachdem wiederholte „Putschversuche“ gegen den Ochsensepp und seine Führungsmannschaft gescheitert waren, und schlossen sich der aufstrebenden

---

[364] Als Indikator für aktive Mitarbeit in der CSU galten nachweisbare Ämter oder Mandate; gerade das Engagement auf Orts- und Kreisebene war jedoch nur schwer zu fassen. Über die weitere politische Laufbahn von 22 Mitgliedern des (Erweiterten) Landesausschusses war nichts zu ermitteln. Die folgenden Zahlen umfassen auch die verstorbenen Delegierten des (Erweiterten) Landesausschusses.

*Zur weiteren Laufbahn der Mitglieder des (Erweiterten) Landesausschusses in der CSU*

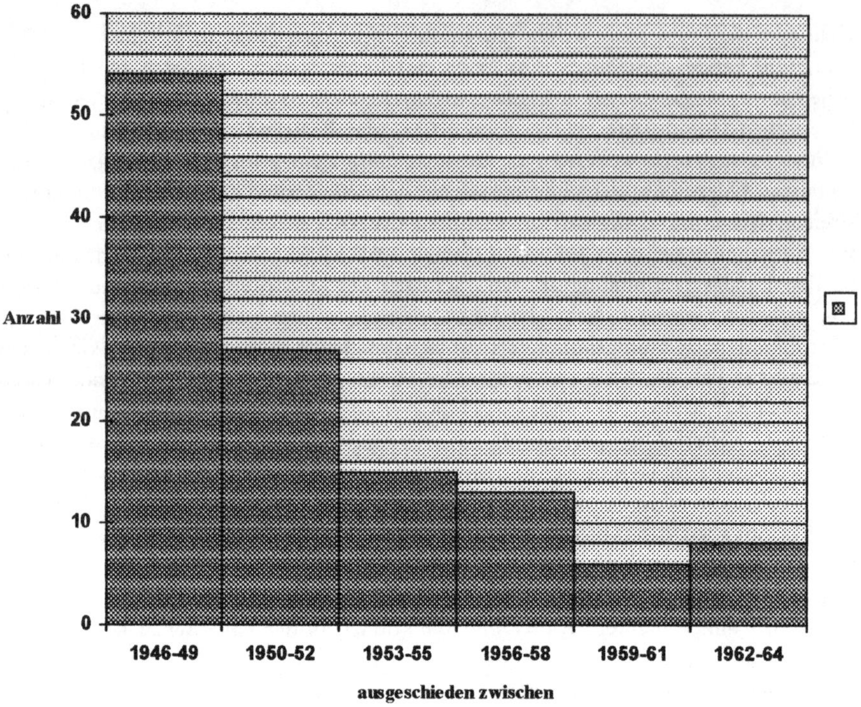


Bayernpartei an[365]. Dies waren jedoch nur Vorboten einer wahren Austritts- und Rückzugswelle, die zwischen 1948 und 1950 über die CSU hereinbrach. 1948 und 1949 kündigten insgesamt 36 Delegierte, die 1946 noch im (Erweiterten) Landesausschuß am Aufbau der bayerischen Unionspartei mitgewirkt hatten, ihrer Partei die Gefolgschaft auf, 1950 waren es noch einmal 19. Bis 1952 hatte nahezu die Hälfte der hier untersuchten Mitbegründer der CSU ihre Aktivitäten eingestellt. Diese dürren Zahlen verweisen auf eine fundamentale politische und organisatorische Krise, die mit der Rebellion des Bezirksverbands Oberbayern gegen die Parteiführung um Josef Müller im Februar 1948 eingesetzt hatte und durch die ersten Wahlerfolge der Bayernpartei wenige Wochen später noch verstärkt worden war; die Währungsreform im Juni wirkte auf den labil-krisenhaften Zustand der CSU geradezu katalytisch: Der Parteiapparat erwies sich als nicht mehr finanzierbar, Mitgliederbeiträge blieben aus, ganze Kreisverbände brachen zusammen, und die CSU begann in einigen Teilen Bayerns, wo sie gerade erst Fuß gefaßt hatte, für längere Zeit von der Bildfläche zu verschwinden. Mit dem Sturz Müllers im Mai 1949 war ein weiterer Höhepunkt der Dauerkrise erreicht, die nicht nur ehemalige Mitglieder des (Erweiterten) Landesausschusses aus der CSU trieb. Vor allem die Mitstreiter und Anhänger des Ochsensepp zogen sich enttäuscht

---

365 Vgl. dazu Regina Vossen, „Föderalistisch leben oder asiatisch sterben". Joseph Baumgartner und die bayerische Politik 1945–1953, unveröffentlichte Zulassungsarbeit, München 1993, S. 69f.

und verbittert zurück, sei es, um sich anderen Parteien anzuschließen, oder um sich gänzlich von der politischen Bühne zu verabschieden. Dieser Verdrängungsprozeß ließ die CSU zu einer anderen Partei werden, als sie dies in ihren Gründungstagen gewesen war.

Ähnliche Schlußfolgerungen legt auch eine Untersuchung der Bezirksvertreter im (Erweiterten) Landesausschuß nahe. Die Gründergeneration der CSU, so scheint es, unterschied sich in den protestantischen Teilen Frankens zum Teil erheblich von der in Altbayern, Schwaben und im katholischen Mainfranken. So war in den ober- und niederbayerischen, aber auch in den oberpfälzischen und schwäbischen Kreisverbänden auf der Ebene der Funktionäre nur wenig vom Unionsgedanken zu spüren, wenigstens suggeriert dies die konfessionelle Zusammensetzung der Delegierten, die sie in den (Erweiterten) Landesausschuß entsandten. Während – soweit feststellbar – Oberbayern, Augsburg und Schwaben keinen einzigen protestantischen Vertreter benannten, saß für die Oberpfalz und für Niederbayern wenigstens je ein Protestant im (Erweiterten) Landesausschuß, für Niederbayern mit dem ehemaligen BBB-Spitzenpolitiker Konrad Kübler immerhin der Bezirksvorsitzende. Sogar in Mittelfranken, dem Bezirksverband mit dem höchsten protestantischen Bevölkerungsanteil, waren die protestantischen Delegierten im Verhältnis 4:3 in der Unterzahl. Lediglich in Oberfranken stellten die Protestanten die Mehrheit der Bezirksvertreter für den (Erweiterten) Landesausschuß, nämlich sieben bei nur vier katholischen Delegierten. Doch die Repräsentanten des Bezirksverbands Oberfranken wiesen noch eine weitere Besonderheit auf: Soweit sich feststellen läßt, befand sich unter ihnen nur ein ehemaliges BVP-Mitglied, dafür aber fünf Politiker, die vor 1933 Parteien angehört hatten, deren Anhänger nun für die CSU gewonnen werden sollten. Daß damit die katholische Bevölkerung der alten BVP-Hochburg Bamberg nur schwach im (Erweiterten) Landesausschuß vertreten war, dürften Josef Müller und seine Mitstreiter gerne in Kauf genommen haben. Denn die oberfränkischen Delegierten waren so am ehesten in der Lage, den Unionsgedanken glaubhaft zu vertreten. Außerdem schien es zumindest vorübergehend gelungen zu sein, die politisch wieder aktive Prominenz der ehemaligen BVP ins zweite Glied zu verdrängen und damit dem oft gehörten Vorwurf, die CSU sei nichts anderes als die getarnte Neuauflage der BVP, die Spitze abzubrechen. Tatsächlich zählte der Bezirksverband Oberfranken bis 1948 zu den stärksten Stützen Josef Müllers; gerade dieser Bezirksverband war jedoch von der Zerfallskrise, die die CSU 1948 erfaßt hatte, besonders stark betroffen[366].Von den elf Delegierten, die Oberfranken 1946 im (Erweiterten) Landesausschuß vertreten hatten, zogen sich bis 1950 sechs weitgehend aus der CSU zurück oder traten gar aus der Partei aus. Von den 16 oberbayerischen Delegierten, die mehrheitlich zur innerparteilichen Opposition gegen Josef Müller zählten, schieden dagegen bis 1952 nur vier aus der aktiven Parteiarbeit aus. Diese Angaben verweisen wiederum auf den bereits angesprochenen Verdrängungsprozeß, dem überwiegend Anhänger des Ochsensepp zum Opfer fielen. Die Folge davon war eine innere Homogenisierung der CSU, die zwar eine wichtige Voraussetzung für ein Abflauen der inneren Konflikte bildete, die bayerische Unionspartei aber zugleich wesentlich ärmer werden ließ.

---

366 Zur Entwicklung des Bezirksverbands Oberfranken vgl. die Aktenüberlieferung im ACSP, NL Müller 133.

## 5. Die parteiinternen Führungs- und Flügelkämpfe

### *a) Konstellationen*

Die Führungs- und Flügelkämpfe in der Ära Müller gehören zweifellos zu den signifikantesten Erscheinungen in der Geschichte der CSU[367]. Nicht nur, daß sie die Arbeit in den Gremien der Partei teilweise vollständig lähmten, die andauernden Auseinandersetzungen und die Unfähigkeit, zu tragfähigen Kompromissen zu kommen, brachten die CSU bereits im ersten Jahr ihres Bestehens wiederholt an den Rand der Spaltung[368]. Für die politisch interessierte Öffentlichkeit, die das Spektakel der mit äußerster Härte ausgetragenen Konflikte in der Presse verfolgen konnte[369], war es im Laufe der Zeit immer weniger möglich, in dem Verwirrspiel der Führungs- und Flügelkämpfe die eigentlichen Ursachen für den Dauerkonflikt zu erkennen, ja es war in einigen Fällen schon schwierig genug herauszufinden, wer auf welcher Seite stand.

Vereinfacht gesagt verliefen die Frontlinien innerhalb der CSU seit den letzten Monaten des Jahres 1945 folgendermaßen[370]: Auf der einen Seite standen der Parteivorsitzende Josef Müller und seine politischen Freunde, die sich mit den Worten August Haußleiters selbst als den „fortschrittlichen Flügel" bezeichneten[371] und die für eine liberal-konservative, christlich-interkonfessionelle und gemäßigt föderalistische Politik eintraten. Neben Müller und seinem späteren Stellvertreter zählten die Landtagsabgeordneten Gerhard Kroll und Eugen Rindt, die Regierungsmitglieder Willi Ankermüller und Hanns Seidel, der Schongauer Landrat Franz Josef Strauß sowie führende CSU-Politiker auf regionaler Ebene wie der Mittelfranke Karl Sigmund Mayr oder die beiden Oberpfälzer Otto Schedl und Georg Gamperl zu den Mitgliedern dieser mehr oder weniger lockeren Gruppierung. Den Gegenpol zum sogenannten Müller-Flügel bildeten katholisch-konfessionelle, konservative und radikal föderalistische

---

367 Becker, Gründung und Wurzeln, in: Geschichte einer Volkspartei, S. 102, hat versucht, die Bedeutung der Führungs- und Flügelkämpfe zu relativieren. Genauer besehen, so Becker, ging die „These [von der überragenden Bedeutung der innerparteilichen Konflikte] auf teils überspitzt formulierte Auffassungen von Vertretern des Müller-Flügels selbst zurück". Eine wissenschaftliche Betrachtung sollte sich jedoch „über den Horizont der beteiligten Zeitgenossen erheben". Meines Erachtens führt aber kein Weg an der – von den Quellen gestützten – Erkenntnis vorbei, daß die innerparteilichen Auseinandersetzungen für die Geschichte der CSU zwischen 1945 und 1949 von *zentraler* Bedeutung waren. Daran ändert auch die Tatsache nichts, daß einige der damaligen Kontrahenten in der Rückschau die Kämpfe der Vergangenheit milder beurteilten – übrigens nicht ohne politisches Kalkül.

368 Solche wiederkehrenden Spaltungsgerüchte finden sich beispielsweise in einer Aktennotiz Hanswolf Haunhorsts für Josef Müller vom 23. 10. 1946; ACSP, NL Müller 52.

369 Henzler, Fritz Schäffer, S. 253, ist der Meinung, daß die scharfen Auseinandersetzungen in der bayerischen Unionspartei erst im Sommer 1948 einer breiteren Bevölkerungsschicht genauer bekannt geworden seien. Ein Blick in die wichtigsten Zeitungen Bayerns, in denen seit 1946 praktisch über alle wichtigen Sitzungen der Parteigremien ausführlich berichtet wurde, legt jedoch die gegenteilige Vermutung nahe.

370 Vgl. dazu Mintzel, CSU, in: ders./Oberreuter (Hrsg.), Parteien in der BRD, S. 201f., und Mintzel, Geschichte der CSU, S. 59f. In diesem Zusammenhang soll insbesondere auf den sogenannten Bauernflügel der CSU näher eingegangen werden, über dessen innerparteiliche Aktivitäten in der Literatur nur wenig bekannt ist. Vgl. dazu vor allem Walter Stelzle, Föderalismus und Eigenstaatlichkeit. Aspekte der bayerischen Innen- und Außenpolitik 1945–1947. Ein Beitrag zur Staatsideologie, Diss., München 1980, S. 39–42.

371 BayHStA, NL Ehard 1471, August Haußleiter, Die Politische Gesamtplanung des fortschrittlichen Flügels der CSU, undatiert.

Kreise um die ehemaligen BVP-Politiker Fritz Schäffer, Alois Hundhammer und Anton Pfeiffer[372].

Zwischen diesen beiden „Hauptkerngruppen“[373] standen die Vertreter agrarischer Interessen, meist nur der „Bauernflügel“[374] genannt. Unter der Führung Joseph Baumgartners, Michael Horlachers und Alois Schlögls bildeten die bäuerlichen Delegierten in den Führungsgremien der Parteiorganisation und später vor allem die bäuerlichen Abgeordneten in der CSU-Fraktion eine einflußreiche Pressure Group[375]. Baumgartner, seit Oktober 1945 Landwirtschaftsminister[376], Horlacher, ein Multifunktionär im landwirtschaftlichen Verbands- und Genossenschaftswesen, und Alois Schlögl, der Generalsekretär des Bayerischen Bauernverbands, kontrollierten Schlüsselpositionen der Agrarpolitik, was ihnen in der CSU ein entsprechendes Gewicht verlieh, die ihre Wähler zu einem großen Teil aus der bäuerlichen Bevölkerung rekrutierte[377].

Einigermaßen geschlossen agierten die Vertreter agrarischer Interessen allerdings nur 1946 und bedingt 1947, als wiederholt versucht wurde, Sach- und Personalentscheidungen massiv zu beeinflussen[378]. In der Wahl der Mittel waren sie dabei nicht zimperlich; Michael Horlacher scheute sich beispielsweise nicht, die Parteiführung mit der Drohung, eine eigene Bauernpartei zu gründen, unter Druck zu setzen[379]. Persönliche Rivalitäten, insbesondere zwischen Baumgartner und Schlögl, aber auch Spannungen zwischen verschiedenen Gruppierungen, die in der CSU wie auch im neu gegründeten Bayerischen Bauernverband unterschiedliche Traditionsstränge landwirtschaftlicher Interessenvertretung repräsentierten, gestalteten das gemeinschaftliche Handeln

[372] Becker, Gründung und Wurzeln, in: Geschichte einer Volkspartei, S. 103–106, hat jüngst eine Lanze für die ehemaligen BVP-Politiker in der CSU gebrochen, deren Verdienste um die bayerische Unionspartei er bisher nicht angemessen gewürdigt sieht. Beckers Argumentation ist dabei jedoch nicht unproblematisch. Was soll man etwa von der Aussage halten, vor dem „spezifisch bayerischen zeitgeschichtlichen Hintergrund“ sei der Charakter der BVP „demokratisch“ zu nennen, weil sich die Partei im Kampf gegen den Nationalsozialismus bewährt habe? Schließlich stehen Widerstand und Demokratie nicht unbedingt in kausalem Zusammenhang. Überdies läßt Becker die Rolle der BVP beim Aufstieg Hitlers und der NSDAP in den frühen zwanziger Jahren unerwähnt.

[373] Mintzel, CSU, in: ders./Oberreuter (Hrsg.), Parteien in der BRD, S. 201.

[374] So beispielsweise Josef Müller vor dem Ochsen-Club am 24. 7. 1946, in: Lehrjahre, S. 84.

[375] Mintzel, Geschichte der CSU, S. 59, und Gelberg, Hans Ehard, S. 38, zählen Alois Hundhammer ebenfalls zum „Bauernflügel“. Hundhammer stand zwar in der Tradition Georg Heims und bekleidete führende Positionen im Generalsekretariat der Bayerischen Christlichen Bauernvereine, stand den verbands- und parteipolitischen Konzeptionen Baumgartners, Horlachers und Schlögls nach dem Zweiten Weltkrieg jedoch fern. Der Generalsekretär des Bayerischen Bauernverbands schrieb Ende 1945: „Am meisten ärgern mich Hundhammer und Schäffer, die herumstänkern und bisher unserer Organisation [dem Bayerischen Bauernverband] ablehnend gegenüberstehen.“ IfZ-Archiv, ED 719 Smlg. Bayernpartei 156, Alois Schlögl an Jakob Fischbacher vom 29. 12. 1945. Zu Hundhammers Querelen mit Joseph Baumgartner und Alois Schlögl vgl. IfZ-Archiv, Fh 56, Aktennotiz Josef Müllers vom 25. 2. 1946.

[376] Zur Biographie des späteren Vorsitzenden der Bayernpartei vgl. die auf der Basis bislang unbekannter Quellen geschriebene Zulassungsarbeit von Vossen, Joseph Baumgartner.

[377] Vgl. Mintzel, Geschichte der CSU, S. 432.

[378] ACSP, NL Müller 224, Memorandum: „Politische Lage in Bayern“, ungezeichnet, undatiert (Oktober/November 1946); darin wird der Bayerische Bauerverband als „Partei in der Partei“ bezeichnet.

[379] Vgl. den Wortwechsel zwischen Müller und Horlacher während der Sitzung des Landesarbeitsausschusses der CSU am 1. 5. 1946 in München, in: Protokolle und Materialien, S. 205 f.; Müller sah sich fünf Wochen später veranlaßt festzustellen: „Was das Verhältnis zu Dr. Horlacher, Schlögl und dem Bauernverband angehe, so könne er für die Union die immerwährende Drohung eines Austrittes der Mitglieder des Bauernverbandes oder der Lawine einer Bauernpartei nicht vertragen.“ Protokoll der Sitzung des Erweiterten Landesausschusses der CSU am 6. 7. 1946 in München, in: ebenda, S. 495.

schwierig[380]. Überdies waren die politischen Leitlinien über bestimmte Fixpunkte hinaus eher unklar. Böse Zungen behaupteten sogar, die Vertreter der Bauern und ihrer Organisationen hätten überhaupt „keine echte politische Konzeption", sondern verfolgten „eine ganz primitive Interessenpolitik" und überträfen „an bajuwarischem Partikularismus und an politischer Instinktlosigkeit" sowohl den konservativen Flügel der CSU als auch den politischen Hauptgegner, die von Wilhelm Hoegner verkörperte Variante der bayerischen Sozialdemokratie[381].

Die Führungspersönlichkeiten der Agrarlobby standen im Formierungsprozeß der CSU auf der Seite Josef Müllers, wie Baumgartner, Horlacher und Schlögl später teils mit Stolz, teils mit Unbehagen betonten. Wie Müller lehnten auch sie eine Revitalisierung der BVP strikt ab und unterstützten einen parteipolitischen Neuanfang[382]. Diese Grundhaltung kam nicht von ungefähr und resultierte nicht nur aus den negativen Erfahrungen von Krieg und Diktatur. Die Präferenz wichtiger „Bauernführer"[383] für den Unionsgedanken hatte ihre tiefere Ursache vielmehr in einer Reihe von Problemen, die die Gründung der CSU und die Gründung des Bayerischen Bauernverbands gleichermaßen belasteten. Sowohl die CSU als auch der BBV hatten die Zusammenführung von Gruppierungen auf ihre Fahnen geschrieben, deren Einigung vor 1933 unmöglich gewesen war. Der BBV bildete gleichsam das verbands- und interessenpolitische Gegenstück zur bayerischen Unionspartei und war mit dieser – personell und weltanschaulich[384] – vielfach verflochten. Ein Auseinanderbrechen der CSU und eine Wiederbelebung der BVP, wie sie in den Sommer- und Herbstmonaten des Jahres 1945 verschiedentlich erwogen worden war, ließ auch eine Wiederbelebung der Bayerischen Christlichen Bauernvereine in den Bereich des Möglichen rücken und hätte die Einheit des Bayerischen Bauernverbands akut gefährdet. Bei einer allzu starken Dominanz ehemaliger BVP-Spitzenpolitiker in der CSU drohte ebenfalls eine Abspaltung der Kreise, die vor 1933 im Bayerischen Bauernbund oder im protestantischen Bayerischen Landbund organisiert gewesen waren[385]. Den Zusammenhalt ihres Verbands zu wah-

---

380 Zur Rivalität zwischen den verschiedenen Organisationen landwirtschaftlicher Interessenvertretung in Bayern in der Weimarer Republik vgl. Bergmann, BBB und BCBV.

381 BayHStA, NL Ehard 1471, August Haußleiter, Die Politische Gesamtplanung des fortschrittlichen Flügels der CSU, undatiert. Auf Unverständnis stieß auch die enge Zusammenarbeit zwischen dem offiziell zwar neutralen, aber der CSU nahestehenden BBV und dem offiziell ebenfalls neutralen, aber der SPD nahestehenden Bayerischen Gewerkschaftsbund. Vgl. Stelzle, Föderalismus und Eigenstaatlichkeit, S. 40. ACSP, NL Müller 109, „Politischer Stimmungsbericht über Oberbayern", verfaßt von Sepp Hort für Josef Müller und Otto Schedl, vom 10. 9. 1947.

382 Protokoll der Sitzung des Erweiterten Landesausschusses der CSU am 6. 7. 1946 in München, in: Protokolle und Materialien, S. 488–495 (Alois Schlögl), Protokoll der Sitzung des Landesausschusses der CSU am 3. 1. 1947 in Augsburg, in: ebenda, S. 974ff. (Michael Horlacher), und ACSP, CSU-LTF I, 15–14, Protokoll der Fraktionssitzung am 10. 1. 1947 (Joseph Baumgartner); IfZ-Archiv, RG 260, 13/142–2/3, Military Government Weekly Summary No. 35, 3.1.–10. 1. 1946.

383 Protokoll der Sitzung des Landesausschusses der CSU am 3. 1. 1947 in Augsburg, in: Protokolle und Materialien, S. 977.

384 Zu den personellen Verflechtungen vgl. S. 83f.; ebenso wie die CSU bekannte sich der BBV zum Prinzip der Interkonfessionalität und zum christlichen Sittengesetz als Grundlage der Politik. Wie Josef Müller und viele seiner Mitstreiter traten auch führende Vertreter der Agrarlobby in der CSU für eine fortschrittliche Sozialpolitik ein. Vgl. Stelzle, Föderalismus und Eigenstaatlichkeit, S. 41f.

385 In einem Schreiben des ehemaligen BBB-Politikers August Schwingenstein an Josef Müller vom 11.2. 1946 (IfZ-Archiv, Fh 56) heißt es beispielsweise: „Herr Dr. Hundhammer hätte allen Anlaß, Lobreden auf die Bayerische Volkspartei endlich zu unterlassen. Er täuscht sich, wenn er glaubt, daß die Bauernbündler lammfromm der Union folgen. Es war für mich nicht so einfach, diese mißtrauische Schar fast geschlossen in die Union einzuführen. Wenn nicht bald diese Lobgesänge auf

ren und den BBV als möglichst einzige Interessenvertretung der bayerischen Bauern dauerhaft zu etablieren, war jedoch das primäre Ziel von Horlacher, Schlögl und Co., denen daher daran gelegen sein mußte, den Einfluß der BVP-Traditionalisten in der CSU zu begrenzen und die Unionsidee glaubwürdig umzusetzen[386].

Nachdem sich der BBV im Frühjahr 1946 einigermaßen konsolidiert hatte und auch eine Revitalisierung der BVP nicht mehr zu befürchten war, begann sich die Szenerie zu verändern. Die Mehrheit der Bauernvertreter trat nun ebenso wie der katholisch-konservative Flügel der CSU für die möglichst weitgehende Selbständigkeit Bayerns in einem künftigen deutschen Staat ein und stellte sich im Laufe des Jahres 1946 mehr und mehr gegen den als Zentralisten diffamierten Josef Müller[387]. In toto war der sogenannte Bauernflügel weder der einen noch der anderen Seite zuzurechnen; man ging Koalitionen in Sach- und Personalfragen ein oder wechselte die Fronten, wenn es nötig schien. Im Herbst 1947 bahnte sich jedoch ein Zerfall der Führungstroika an, der den Einfluß der Agrarlobby in der bayerischen Unionspartei erheblich schwächte: Michael Horlacher und Josef Müller konnten ihre Meinungsverschiedenheiten beilegen, der enttäuschte Joseph Baumgartner hingegen wechselte zur Bayernpartei[388].

Die skizzierten Gruppierungen waren alles andere als homogen, sondern stellten sich dem Betrachter vielfach fragmentiert dar[389]. Ehrgeiz und persönliche Ambitionen, das Streben nach Ämtern und Mandaten, alte Animositäten, Freundschaften oder Loyalitätsverpflichtungen überlagerten vielfach politische Überzeugungen und ließen die Akteure in den Führungs- und Flügelkämpfen immer wieder anders handeln, als man dies von ihnen erwartet hätte. Die Hochburgen des Müller-Flügels lagen vor allem in den vier fränkischen Bezirksverbänden, aber auch in Schwaben und der Oberpfalz; selbst im Bezirksverband Niederbayern gab es eine vergleichsweise starke Fraktion, die den Kurs des Parteivorsitzenden unterstützte. München und Oberbayern waren dagegen die stärksten Bastionen der innerparteilichen Opposition; vor allem im Bezirksverband Oberbayern, der von Alois Hundhammer geführt wurde, blieben die Anhänger des Ochsensepp ein verlorenes Häuflein[390].

Die erbitterten Auseinandersetzungen, die die CSU zwischen 1945 und 1949 erschütterten, drohten die bayerische Unionspartei nicht nur auf Landesebene zu paralysieren. Sie reproduzierten sich auf allen Ebenen und machten eine effektive politische Arbeit in vielen Kreisverbänden, Kreistags- und Stadtratsfraktionen oder in den Arbeitgemeinschaften der CSU nahezu unmöglich. In fast allen Gremien waren Zirkel der einen wie

die Bayerische Volkspartei verstummen, dann sind auch die Bündler nicht mehr zu halten und brechen aus." Die Bedeutung der „bayerischen Frage" für die Beziehungen zwischen Josef Müller und den führenden Vertretern der Agrarlobby in der CSU unterstreicht ein Schreiben August Schwingensteins an Fritz Schäffer vom 18.5. 1948; BAK, NL Schäffer 25, Bl. 162f. Zum Verhältnis von CSU und BBV in statu nascendi vgl. auch ein Schreiben Sebastian Hubers vom 18. 9. 1945 (IfZ-Archiv, Fh 56).

386 IfZ-Archiv, Fh 56, Joseph Baumgartner an Josef Müller vom 25. 10. 1945, Fritz Schäffer an Josef Müller vom 13. 1. 1946, Joseph Baumgartner an Josef Müller vom 30. 1. 1946, Michael Horlacher an Josef Müller vom 23. 2. 1946.

387 IfZ-Archiv, RG 260, 10/90–3/8, „Subject: CSU-Funktionär zu Ehards Stellung zu Bonn" vom 24. 3. 1949.

388 Vgl. dazu Vossen, Joseph Baumgartner, S. 69f.

389 Neue Zürcher Zeitung vom 22. 6. 1947: „Die politischen Strömungen in Bayern. Die Stellung des Kabinetts Ehard"; Sopade-Informationsdienst vom 18. 8. 1947: „Konflikt in der CSU"; Der Spiegel vom 30. 8. 1947: „Die vier Flügel. Und eine Weltregierung".

390 Vgl. die differenzierungsbedürftigen Ausführungen bei Mintzel, Anatomie, S. 83–88.

auch der anderen Seite vertreten, lediglich die Kräfteverhältnisse wechselten. Im Bezirksverband Oberfranken, der bis Ende 1948 zu den stärksten Stützen Müllers zählte, bemühten sich Vertreter der Kreisverbände Bamberg-Stadt und -Land vorsichtig, die Interessen des BVP-nahen, katholisch-konservativen Flügels der CSU zu vertreten[391]. In Oberbayern waren es Mitglieder der Kreisverbände Schongau, Bad Aibling und Garmisch-Partenkirchen sowie Teile der Jungen Union und der organisierten katholischen Arbeiterschaft, die Josef Müller über Interna aus dem gegnerischen Lager auf dem laufenden hielten und gleichzeitig als Ansprechpartner für eigene Aktionen dienten[392].

„Die planmäßige Neugestaltung der Union" im Bereich des Bezirksverbands Oberbayern, so konnte man Ende 1946 in einem für Josef Müller bestimmten Strategiepapier lesen, „setzt eine Kleinarbeit voraus, die eine gewisse Zeit erfordert"[393]. Doch derartige Absichten erwiesen sich bald als illusorisch. Die Ressourcen des Parteivorsitzenden erwiesen sich letztlich als zu schwach, um die historischen Hypotheken und politischen Gegensätze überwinden zu können. Im Gegenteil: Seit den Sommermonaten des Jahres 1948 begann der Parteiflügel um Josef Müller akute Auflösungserscheinungen zu zeigen[394].

Die Forschung hat vor allem die strukturellen Ursachen für die innerparteilichen Auseinandersetzungen herausgehoben, und insbesondere Alf Mintzel versuchte, die krisenhaften Entwicklungen in der CSU als landeshistorisch bedingte Konsequenz innerbayerischer Regionalismen und Spannungslinien zu erklären[395]. Daran ist sicherlich vieles richtig. Eine Überbetonung der strukturellen Faktoren führt jedoch zu verzerrten Interpretationen und zu einem gewissen Determinismus, der den historischen Entwicklungsmöglichkeiten nicht gerecht wird[396]. Was die Führungs- und Flügelkämpfe in der CSU betrifft, so muß festgestellt werden, daß gerade persönliche Gegensätze und Aversionen oder die Ambitionen einzelner Persönlichkeiten im Laufe der Auseinandersetzungen zunehmend an Eigengewicht gewannen und abgelöst von den ursprünglichen Ursachen der Kontroverse zur Fortdauer der Streitigkeiten beitrugen. Auf dem vorläufigen Höhepunkt der Parteikrise – ausgelöst durch die Rebellion des Bezirksverbands Oberbayern gegen die Parteileitung im Februar 1948 – waren zumindest Teile der Parteibasis nicht mehr in der Lage, die eigentlichen Konfliktursachen zu erkennen. Für sie waren die Führungs- und Flügelkämpfe in der CSU mehr oder weniger Ausdruck persönlicher Auseinandersetzungen, die den Bestand der Partei gefährdeten[397]. Schon im Vorfeld der außerordentlichen Landesversammlung der bayerischen

---

[391] BayHStA, NL Ehard 887, Anton Hergenröder an Josef Müller vom 18. 1. 1947.

[392] ACSP, NL Müller 410/5, Berichte Josef Plonners über seine Informationsreise durch oberbayerische Kreisverbände vom 10.–13. 10. 1946, und Josef Plonner an Josef Müller vom 15. 11. 1946, sowie NL Müller 109, Bericht über eine Arbeitstagung der Flüchtlingsvertrauensleute aus dem Bezirksverband Oberbayern am 17. 4. 1947, und NL Müller 118, Bericht über die Bezirksversammlung Oberbayern am 25. 8. 1947, und Kreisverband Garmisch-Partenkirchen an Josef Müller vom 18. 2. 1948.

[393] ACSP, NL Müller 224, Memorandum: „Politische Lage in Bayern", ungezeichnet, undatiert (Oktober/November 1946).

[394] Vgl. S. 280–292.

[395] Vgl. Alf Mintzel, Die Christlich-Soziale Union in Bayern e. V., in: Stöss (Hrsg.), Parteien-Handbuch, Bd. 2, S. 661–718, hier S. 662–670, und Karl Möckl, Die Struktur der Christlich-Sozialen Union in Bayern in den ersten Jahren ihrer Gründung, in: ZfBLG 36 (1973), S. 719–753, hier S. 751.

[396] Vgl. Mintzel, Anatomie, S. 229ff.

[397] BAK, NL Schäffer 23, Bl. 58, Fritz Schäffer an Michael Grassl vom 31. 3. 1948: „Heute erhielt ich die Entschliessung des Kreisverbandes Berchtesgaden – Bad Reichenhall vom 23. 3. 1948. Offen gestanden, bin ich mir nicht über den Sinn der Entschliessung im klaren. Wenn ich Sie richtig verstehe,

Unionspartei im August 1947 bemerkte Andreas Maderer, immerhin ein Mitglied der Landtagsfraktion:

„Uns trennt nichts Grundsätzliches; man soll mich zählen zum Flügel der Vernünftigen. Wie hat sich der Zwist entwickelt? Als die Union aufgestellt wurde, war alles einig, dann kam die persönliche Eitelkeit der Herren da droben, jeder wollte der Schöpfer gewesen sein. Man kann durch falsche Erziehung einen Menschen zum R[owdy] machen. Müller hat man angegriffen, man hat ihn nicht in Schutz genommen. Durch das Hin- und Wider hat man sich entzweit, die Gegensätze haben sich vergößert und vertieft, und so war der Müller-Flügel und alle die anderen Flügel da."[398]

Die Führungs- und Flügelkämpfe waren aber auch nicht nur Ausdruck von zwangsläufig auftretenden Konflikten in einer neu gegründeten Sammlungspartei, wie dies Josef Müller immer wieder betonte[399]. Zumindest in der Parteispitze war man sich darüber klar, daß die Auseinandersetzungen auch grundsätzlicher Natur waren und über persönliche Konflikte hinausgingen[400].

### *b) Protagonisten: Josef Müller, Fritz Schäffer, Alois Hundhammer, Michael Horlacher*

Im Zentrum der Auseinandersetzungen stand der Münchner Rechtsanwalt Dr. Josef Müller[401], der am 17. Mai 1946 zum Parteivorsitzenden gewählt worden war. Der gebürtige Oberfranke hatte seit 1920 der BVP angehört[402], ohne allerdings ein Parteiamt oder ein landespolitisch bedeutsames Mandat zu bekleiden. Zum Eintrittsbillet für eine politische Karriere nach Kriegsende wurde für Müller seine Tätigkeit im Geheimdienst der Wehrmacht, wo sich unter Admiral Wilhelm Canaris und General Hans Oster eine Widerstandsgruppe formiert hatte. Seit 1939 selbst Abwehroffizier, führte Müller im Auftrag der Militäropposition mit der Regierung Großbritanniens Verhandlungen unter Vermittlung des Vatikans; zur römischen Kurie unterhielt der Katholik Müller beste Beziehungen[403]. Durch seine Mitarbeit bei der Abwehr wußte Müller

---

dann wird die Sache so aufgefasst, als ob nur ein aus persönlichem Ehrgeiz geborener Streit unter den führenden Männern der CSU ausgebrochen wäre, hinter dem sachlich nichts steht und der sich bei gutem Willen sofort bereinigen liesse."

398 ACSP, CSU-LTF I, 15–14, Protokoll der Fraktionssitzung am 21. 8. 1947.

399 Müller versuchte, dem Dauerkonflikt in der bayerischen Unionspartei etwas Positives abzugewinnen: „Die Union ist eine Mehrheitspartei, und infolgedessen wäre es sogar ungesund, wenn sich die Krisis, die unsere Demokratie bedroht, nicht auch in unserer Partei widerspiegeln würde. Wir sind kein kollektiver Haufen, der in einer Marschkolonne marschiert. Wir haben Persönlichkeiten und wir haben Gruppen, die verschiedene Meinungen haben. Und es ist gut so, denn dadurch zeigt sich, daß die Union eine lebende Partei ist. Nur greisenhafte Parteien würden heute eventuell eine besondere Geschlossenheit zur Schau tragen, denn nur sie könnten sagen, daß sie mit den Problemen des Alltags fertig werden." Protokoll der außerordentlichen Landesversammlung der CSU am 30./31. 8. 1947 in Eichstätt, in: Protokolle und Materialien, S. 1062.

400 So meinte beispielsweise Wilhelm Eichhorn treffend: „Es war nie ein reiner Personenstreit." Protokoll der Sitzung des Landesausschusses der CSU am 28./29. 2. 1948 in Regensburg, in: Protokolle und Materialien, S. 1651.

401 Personalangaben nach IfZ-Archiv, RG 260, 10/125–2/12, OMGUS-Fragebogen Josef Müllers vom 16. 8. 1945; der neueste Überblick – mit kritischen Untertönen – über die Biographie des Ochsensepp von Karl-Ulrich Gelberg, Josef Müller (1898–1979), in: Aretz/Morsey/Rauscher (Hrsg.), Zeitgeschichte in Lebensbildern, Bd. 8, S. 155–172.

402 Zu Müllers Stellung in der BVP und zu seiner Rolle im Freundeskreis um Heinrich Held vgl. BayHStA, NL Ehard 887, Josef Held an Willibrord Braunmiller vom 12. 11. 1946.

403 Die ausführlichste, wenn auch nicht immer befriedigende Darstellung von Müllers Widerstandstätigkeit und Haftzeit bei Hettler, Josef Müller, S. 56–193. Müller selbst hat sich immer wieder ausführlich dazu geäußert: IfZ-Archiv, ZS 659/1–4, Transkripte von Interviews mit Josef Müller.

von den Plänen und Konzeptionen des nationalkonservativen Widerstandes gegen den Nationalsozialismus, und so konnte er auch an andere Traditionsstränge anknüpfen als die Mitbegründer der CSU, die die Schreckensherrschaft des NS-Regimes in weitgehend unpolitischer Haltung überlebt hatten oder in staatsbayerisch-monarchistischen Widerstandszirkeln aktiv gewesen waren[404]. 1943 verhaftet und vor dem Reichskriegsgericht wegen Wehrkraftzersetzung, militärischem Ungehorsam und Vergehen gegen das Heimtückegesetz angeklagt[405], wurde Müller zwar freigesprochen, blieb aber weiterhin in Haft, aus der er erst Anfang Mai 1945 von amerikanischen Truppen befreit wurde. Die zweijährige Odyssee durch die Gefängnisse und Konzentrationslager des Dritten Reiches hatte tiefe Spuren in der Psyche und im politischen Denken des späteren CSU-Vorsitzenden hinterlassen; noch Jahre später kam Müller immer wieder auf seine Erlebnisse in der Haft zurück[406]. Dies zeigte sich im vertrauten, fast freundschaftlichen Umgang, den Müller mit ehemals politisch Verfolgten auch dann pflegte, wenn sie sozialdemokratischen oder sozialistischen Parteien angehörten[407], und dies zeigte sich, als Müller in den fünfziger und frühen sechziger Jahren gegen die Mitarbeit von aus der NS-Zeit belasteten Personen in der CSU opponierte[408]. Müller selbst hat auch nie einen Zweifel daran gelassen, wie sehr die Erfahrungen und Erlebnisse aus den Jahren der nationalsozialistischen Diktatur seine Konzeptionen geprägt haben[409].

Als Müller im Herbst 1945 zum vielleicht wichtigsten Initiator der Unionsgründung in Bayern avancierte, war er ein homo novus in der Politik. Er konnte nicht wie seine wichtigsten Konkurrenten auf eine politische Karriere in der Weimarer Republik zurückblicken, und ihm fehlte der typische Stallgeruch der bayerischen Ministerialbürokratie, der Politiker wie Ehard und Hoegner auch dann verband, wenn sie unterschiedlichen Parteien angehörten[410]. Müller verfügte überdies nur über geringe politisch-parlamentarische und organisatorisch-administrative Erfahrungen, was sich in entscheidenden Situationen immer wieder als gravierender Nachteil erwies. Der erste Vorsitzende der CSU, der seinen Beinamen Ochsensepp beinahe wie einen nom de guerre trug, hatte aber auch Vorzüge. Einer davon war, daß er einmal ins Auge gefaßte Ziele mit an Sturheit grenzender Hartnäckigkeit verfolgte. Müller war dabei bei der Wahl seiner taktischen Mittel so flexibel, daß er bald in dem Ruf stand, ein Meister der Regie und Intrige, wenn nicht sogar gänzlich prinzipienlos zu sein. Außerdem hatte er nach-

---

404 Vgl. Niethammer, Mitläuferfabrik, S. 80.

405 Militärhistorisches Archiv Prag, Reichskriegsgericht – Anklageschriften und Urteile, Anklageverfügung gegen Josef Müller und Randolf Freiherr von Breidbach vom 16. 9. 1943. Ich danke meinem Kollegen Jürgen Zarusky für die Kopie dieses Dokuments.

406 ACSP, NL Müller 416, Rede Josef Müllers „Der neue Weg" am 30. 4. 1946 in München, NL Müller 198, Rede Josef Müllers am 28. 5. 1948 in Würzburg, NL Müller 412, Manuskript einer Rundfunksendung „Das taten sie für Deutschland" am 18. 5. 1951, NL Müller 416, Rede Josef Müllers anläßlich der Feierlichkeiten am 20. 7. 1959 in Berlin.

407 Vgl. Müller, Konsequenz, S. 329f. (über ein Gespräch mit Kurt Schumacher), und Stiftung Archiv der Parteien und Massenorganisationen der DDR im Bundesarchiv, NL Nieckisch 517, Bericht Ernst Nieckischs über ein Gespräch mit Josef Müller im März 1950.

408 BAK, NL Guttenberg 248, Bl. 219–230, Protokoll der außerordentlichen Sitzung des Vorstands des CSU-Bezirksverbands München am 8. 9. 1958; ACSP, CSU-LL, Protokoll der Sitzung des geschäftsführenden Landesvorstands am 30. 11. 1963.

409 Vgl. Müller, Konsequenz, S. 281–322.

410 Zur bayerischen „Staatsbürokratie" als „einem maßgeblichen Traditionsfaktor" bayerischer Politik vgl. Mintzel, Regionale politische Traditionen, in: Oberndörfer/Schmitt (Hrsg.), Parteien und regionale Traditionen, S. 139f.

gerade einen Hang dazu, seine Karten nie vollständig aufzudecken oder mit versteckten Drohungen zu arbeiten[411]. Daß man ihm nachsagte, „Tod und Teufel" zu kennen[412], konnte dem Ochsensepp dabei nur recht sein, auch wenn er seine Beziehungen zur amerikanischen Militärregierung[413] oder auch zur Sowjetischen Militäradministration[414] erheblich überbewertete und diesen Kontakten weit größeres Gewicht zumaß, als ihnen tatsächlich zukam. In den Führungs- und Flügelkämpfen der ersten Nachkriegsjahre war dieser Faktor jedenfalls nicht zu unterschätzen; durch seine Berichte von Zusammenkünften mit hochrangigen Vertretern der Alliierten, die er wiederholt in die Form geheimnisvoller Andeutungen kleidete, verstand er es, seine Gefolgsleute zu beeindrucken und seine Gegenspieler zu verunsichern.

Müllers gesamtdeutsche Orientierung, sein Eintreten für ein flexibles Vorgehen gegenüber der sowjetischen Besatzungsmacht[415], seine Verbindungen zu Vertretern der SMAD in Karlshorst und seine Gespräche mit Vertretern von KPD und SED[416] lösten vielfach Unbehagen und Mißtrauen aus. So bot es sich für die Widersacher des Ochsensepp in den Monaten des heraufziehenden Kalten Krieges geradezu an, den CSU-Vorsitzenden als Befehlsempfänger der Sowjets und als Kryptomarxisten zu brandmarken[417]. Dagegen hielt Jakob Kaiser, der Vorsitzende der CDU in der SBZ, große Stücke auf seinen bayerischen Kollegen[418]. Dieser hob zwar offiziell immer wieder hervor, seine eigene Konzeption liege „in der Mitte zwischen Adenauer und Kaiser"[419], tatsächlich aber standen sich Müller und Kaiser weitaus näher als Müller und Adenauer, bei

---

411 Vgl. die treffende Charakterisierung Müllers von Henke und Woller, in: Lehrjahre, S. 12f. Im November 1946 seufzte „von allgemeinem Kopfnicken" begleitet ein Mitglied des Dienstag-Clubs: „Wenn man doch nur wüßte, wann Dr. Müller einmal die Wahrheit sagt!" Ebenda, S. 111.

412 Franz Josef Strauß, Die Erinnerungen, Berlin 1989, S. 69.

413 Die Skepsis, mit der Teile von OMBGY dem Ochsensepp gegenüberstanden, wird deutlich aus IfZ-Archiv, RG 84, 459/2, Pierre M. Purves an Donald R. Heath vom 13. 5. 1946, und IfZ-Archiv, RG 260, 10/91–1/1, „Subject: Confidental talk with Pater Johannes, Kloster Ettal" vom 5. 1. 1947. Vgl. auch Hettler, Josef Müller, S. 264ff. Auch in der amerikanischen und jüdischen Presse stand man dem Ochsensepp mit gemischten Gefühlen gegenüber: Vgl. Sefton Delmer, Dr. Müller bedarf der Beobachtung! Untergrundbewegung in Deutschland!, in: Daily Express vom 13. 9. 1946 (Übersetzung im BayHStA, NL Ehard 1058), und Joseph Dunner, Der neue „Führer" Bayerns, in: Aufbau vom 7. 6. 1946 (Abschrift im BayHStA, NL Ehard 1058).

414 Über Müllers Gespräche mit Vertretern der SMAD, insbesondere mit Leonid Georgiew und Sergej Tjulpanow, ist bisher kaum mehr als das bekannt, was der Ochsensepp selbst darüber berichtet hat. Vgl. Müller, Konsequenz, S. 324–332; Hettler, Josef Müller, S. 269–272; ACSP, CSU-LSG, Ordner Müller – Hundhammer 1952, „Niederschrift über den Beleidigungsprozeß Staatsminister Dr. Müller – Gaßner in Landshut" am 23. und 25. 8. 1948.

415 ACSP, NL Müller 410/6, Josef Müller an Maria Sevenich vom 14. 8. 1946, und NL Müller 128, Josef Müller an Karl Köhler vom 9. 5. 1947.

416 ACSP, NL Müller 406, Protokoll einer Besprechung zwischen Vertretern von CSU, KPD und SED am 27. 7. 1947 in München.

417 Vgl. beispielsweise das Flugblatt Josef E. Messmers, das während der Tagung des Erweiterten Vorläufigen Landesausschusses der CSU am 30./31. 3. 1946 in Bamberg verteilt wurde, und die im Ton moderatere Rede Schäffers vor diesem Gremium; Protokolle und Materialien, S. 87–91 bzw. S. 110ff. In diesem Zusammenhang auch interessant und wichtig BAK, NL Schäffer 24, Bl. 30–34, Zeugenaussagen Alois Hundhammers und Joseph Baumgartners in der Strafsache gegen Anton Donhauser wegen Beleidigung am 26. 8. 1948, und BayHStA, NL Ehard 1006, Zeugenaussage Fritz Schäffers in der Strafsache gegen Anton Donhauser wegen Beleidigung am 21. 7. 1948, sowie ACSP, CSU-LSG, Ordner Müller – Hundhammer 1952, „Niederschrift über den Beleidigungsprozeß Staatsminister Dr. Müller – Gaßner in Landshut" am 23. und 25. 8. 1948. Beide Verfahren hatte der CSU-Vorsitzende angestrengt, um sich gegen den Vorwurf zur Wehr zu setzen, er sei wiederholt zum Befehlsempfang nach Karlshorst, dem Sitz der SMAD, gefahren.

418 IfZ-Archiv, RG 84, 459/2, Pierre M. Purves an Donald R. Heath vom 13. 5. 1946.

419 ACSP, NL Müller 410/6, Josef Müller an Konrad Adenauer vom 8. 8. 1946.

dem August Haußleiter Gemeinsamkeiten mit dem katholisch-konservativen Flügel der CSU zu entdecken glaubte[420]. Kein Wunder, daß das Verhältnis der beiden einflußreichen Unionspolitiker von gegenseitigem Mißtrauen geprägt war. So fiel in einem Gespräch zwischen dem CSU-Vorsitzenden und Vertretern der britischen Besatzungsmacht die Bemerkung, Konrad Adenauer sei „der Schäffer der britischen Zone" und spiele dort die gleiche unglückliche Rolle wie der ehemalige Ministerpräsident in Bayern[421]. Adenauer machte andererseits keinen Hehl aus der Abneigung, die er für Josef Müller empfand, und bezeichnete ihn gegenüber Robert Murphy, dem politischen Berater des amerikanischen Militärgouverneurs, als „Abenteurer", der keine Zukunft habe[422].

Mit seinem unnachgiebigen, bisweilen selbstherrlichen Auftreten und seinen geheimnisumwitterten Touren schuf sich Müller eine Vielzahl unversöhnlicher Feinde. Selbst bei engen Mitarbeitern oder politischen und persönlichen Freunden löste sein Hang zur Geheimniskrämerei, seine Art, Versammlungen zu leiten und seine Gegenspieler durch überlegene Regie auszumanövrieren, immer wieder Irritationen aus und führte zu vermeidbaren Zerwürfnissen, die nur seine eigene Position schwächten[423]. Da er des öfteren Parteiarbeit mit seiner früheren Tätigkeit als Abwehroffizier zu verwechseln schien, fiel es seinen Widersachern nicht schwer, ihm und seinen Mitarbeitern „Canaris-Methoden" vorzuwerfen[424]. Überhaupt hielt man es für ein probates Mittel, Müllers Engagement für den Widerstand ins Zwielicht zu rücken[425]; noch 1952 bezeichnete Fritz Schäffer die Aktivitäten seines Kontrahenten während des Zweiten Weltkriegs offen als „Landesverrat"[426].

---

420 BayHStA, NL Ehard 1471, August Haußleiter, Die Politische Gesamtplanung des fortschrittlichen Flügels der CSU, undatiert. Adenauer versuchte tatsächlich, Kontakt mit den Gegnern Müllers in der CSU aufzunehmen. BayHStA, NL Pfeiffer 533, Konrad Adenauer an Gebhard Seelos vom 9. 2. 1947.

421 ACSP, NL Müller 410/6, Aktennotiz Maria Sevenichs über eine Besprechung mit Anton Schwan, Bruno Dörpinghaus, Josef Müller und zwei weiteren Vertretern der CSU am 30. 7. 1946 in München, und Maria Sevenich an Josef Müller vom 21. 8. 1946. Ob diese Aussage tatsächlich von Müller stammte, wie Maria Sevenich behauptete, oder von einem seiner britischen Gesprächspartner, wie Josef Müller berichtete (ACSP, NL Müller 410/6, Entwurf eines Schreibens Josef Müllers an Konrad Adenauer, undatiert), läßt sich nicht klären. Vgl. auch Köhler, Adenauer, S. 422.

422 IfZ-Archiv, RG 84, 461/16, Memorandum Robert Murphys vom 24. 11. 1948. Vgl. auch Hans-Peter Schwarz, Adenauer. Der Aufstieg: 1876–1952, Stuttgart [2]1986, S. 610.

423 IfZ-Archiv, Fh 56, Karl Theodor Freiherr von und zu Guttenberg an Josef Müller vom 8. 4. 1946; ACSP, NL Müller 144, Heinz Fischer an Josef Müller vom 4. 5. 1949, NL Müller 168, Eugen Rindt an Josef Müller vom 17. 7. 1948, und NL Müller 410/6, Josef Müller an Franz Steber vom 22. 11. 1946; BAK, NL Schäffer 25, Bl. 162f., August Schwingenstein an Fritz Schäffer vom 18. 5. 1948.

424 IfZ-Archiv, ED 132 NL Baumgartner 3, Joseph Baumgartner an Alois Hundhammer vom 8. 4. 1947, und das Protestschreiben Franz Liedigs an Joseph Baumgartner vom 14. 4. 1947. Auch Hundhammer warf seinem Parteivorsitzenden „Canaris-Methoden" vor; BAK, NL Schäffer 22, Bl. 1–48 (hier Bl. 23), Protokoll der Bezirksversammlung der CSU Oberbayern am 14. 2. 1948 in München. Das Nachrichtenmagazin Der Spiegel schlug in dieselbe Kerbe und schrieb, Müller sei der „begabteste Schüler des Spionagechefs Canaris" und „mit allen Wassern der Menschenbeeinflussung gewaschen"; Der Spiegel vom 10. 1. 1948: „Pfeiffer in den Rücken". Eine Stellungnahme Müllers findet sich im IfZ-Archiv, RG 260, AG 1947/1/2, „The Secret round Canaris", undatiert.

425 IfZ-Archiv, RG 260, 10/90–1/16, „Subject: Utterances about the affair Dr. J. Müller/Loritz" vom 22. 10. 1946.

426 Im Zentrum der Macht. Das Tagebuch von Staatssekretär Lenz 1951–1953, bearb. von Klaus Gotto, Hans-Otto Kleinmann, Reinhard Schreiber, Düsseldorf 1989, Eintrag vom 12. 5. 1952, S. 327. Während der Bezirksversammlung der CSU Oberbayern am 14. 2. 1948 in München bezeichnete ein Teilnehmer Müller als „Spitzel"; BAK, NL Schäffer 22, Bl. 1–48 (hier Bl. 23).

Müllers Herkunft, sein Temperament und sein nicht immer durchsichtiges Geschäftsgebaren als Wirtschaftsjurist[427] lieferten seinen Gegnern innerhalb und außerhalb der CSU genügend Munition, um ihn als „Frankenführer"[428], „Parteidiktator"[429] oder „typische Schieberfigur"[430] diffamieren zu können. Besonders verhaßt war der Landesvorsitzende bei seinen Parteifreunden in München und Oberbayern. Man wisse ja, „was der Ochsensepp für eine zwielichtige Type" sei, „sowohl in politischer wie in moralischer Hinsicht", erklärte Toni Böck, Mitglied der Jungen Union in München und Landessekretär der Katholischen Jungen Mannschaft Bayerns, einem Vertrauensmann der Militärregierung. „Ich kenne keine Persönlichkeit in der bayerischen Union", so Böck weiter, die „ein derart doppelzüngiges, undurchsichtiges Wesen hat wie der Ochsensepp". Müller sei dafür verantwortlich, „daß immer mehr Anständige aus der Union vertrieben" würden[431]. Auch Adolf Miller, Geschäftsführer des CSU-Bezirksverbands München, sprach aus, was viele dachten: „Dr. Müller ist der böse Geist der Partei."[432]

Gemäß der Parole: „Wir werden in Zukunft so wie die Ratten den alten Unrat aus den Kanalröhren holen, um ihn gegen Dr. Müller zu werfen"[433], sah sich der Ochsensepp einer dauerhaften Kampagne gegen seine eigene Person, seine Familie und seine Freunde ausgesetzt. Halbwahrheiten, gezielte Diffamierungen und Flüsterpropaganda sollten den CSU-Vorsitzenden in der Öffentlichkeit unmöglich machen und seine Stellung in der Partei untergraben[434]. Doch Müller, obwohl zunehmend dünnhäutiger, erwies sich als harter Brocken; „ich habe noch niemand gekannt, der ein so zähes Leben hat wie der Ochsensepp", stöhnte einer seiner Widersacher Ende 1948[435].

Zu diesen persönlichen Vorbehalten kam hinzu, daß Müllers politische Ziele von Anfang an umstritten waren und insbesondere seine altbayerischen Kontrahenten reizten. Der Parteivorsitzende war zwar weit davon entfernt, ein großer Programmatiker oder gar ein Visionär zu sein – noch 1963 wehrte er sich gegen eine Neufassung des Grundsatzprogramms der CSU mit den Worten, man solle „nicht gleich wieder mit den Programmen" anfangen, die „besten Wahlen habe man gewonnen, als man kein

---

427 Vgl. zu den verschiedenen Fällen Hettler, Josef Müller, S. 36–44, S. 47–51 und S. 386–390; zu den Arisierungsvorwürfen gegen Müller vgl. Johannes Ludwig, Boykott, Enteignung, Mord. Die „Entjudung" der deutschen Wirtschaft, Hamburg, München 1989, S. 87–103.

428 BayHStA, NL Ehard 887, CSU-Kreisverband Mindelheim an Hans Ehard, Alois Hundhammer und August Schwingenstein vom 31. 5. 1948.

429 IfZ-Archiv, ED 132 NL Baumgartner 3, Joseph Baumgartner an Alois Hundhammer vom 29. 7. 1947.

430 So Franz Heubl im Dienstag-Club am 2. 4. 1946, in: Lehrjahre, S. 41.

431 IfZ-Archiv, RG 260, 10/90–3/4, „Subject: Mitglied der Jungen Union über Dr. Josef Müller" vom 3. 8. 1948.

432 IfZ-Archiv, RG 260, 10/90–3/5, „Subject: Über Dr. Joseph Müller" vom 9. 12. 1948.

433 ACSP, CSU-LSG, Ordner Müller – Hundhammer 1952, „Niederschrift über den Beleidigungsprozeß Staatsminister Dr. Müller – Gaßner in Landshut" am 23. und 25. 8. 1948.

434 Ein 21-seitiges Dossier über Josef Müller, das wohl Ende 1948 entstanden ist und eine Vielzahl solcher diffamierenden Gerüchte enthält („It is a very strange fact that there is a certain ‚trend' among Müller's followers regrading the high percentages of homosexes and morphinists."), findet sich im IfZ-Archiv, RG 260, 10/90–3/1; ähnlich auch IfZ-Archiv, RG 260, 10/90–3/4, „Subject: Der Müller-Ring" vom 25. 6. 1948. Der spätere Bayernpartei-Vorsitzende Josef Panholzer schrieb am 14. 8. 1947 an einen Freund (BayHStA, NL Panholzer 55), Müller sei „das wahre Verhängnis" Bayerns, ein russophiler Zentralist „von schrankenlosem E[hr]geiz und Geltungsbewusstsein". Durch seine Tätigkeit als Offizier der Abwehr sei der Ochsensepp überdies „reichlich kompromittiert" und bringe keinerlei Interesse für geistige Dinge auf, „solange man den Alkohol nicht zum Geist" rechne.

435 IfZ-Archiv, RG 260, 10/90–3/5, „Subject: Über Dr. Joseph Müller" vom 9. 12. 1948.

Programm gehabt habe"[436] –, doch viele seiner Ideen und Überzeugungen wiesen den Weg in die Zukunft, während seine katholisch-konservativen Gegenspieler zumeist der Vergangenheit verhaftet blieben[437]. Dabei gehörte die Ausarbeitung eines Programms nicht zu den Aufgaben, denen Josef Müller in den Gründungsmonaten der CSU Priorität einräumte, für ihn waren der Aufbau und die organisatorische Konsolidierung der Partei wichtiger. Frühzeitige programmatische Festlegungen, wie sie von führenden Vertretern der innerparteilichen Opposition immer wieder gefordert wurden[438], hätten auch dem umfassenden Sammlungskonzept Müllers widersprochen, der hoffte, möglichst viele nichtsozialistische Gruppierungen in der Union zusammenführen zu können[439]. In diesem Sinne betonte der Landesvorsitzende, daß der Begriff christlich im Parteinamen der CSU für ihn lediglich bedeute, „daß jeder, der die christliche Kultur anerkenne, in die Partei aufgenommen werden könne"[440]. Diese Einstellung war nicht nur Männern wie dem entschiedenen Katholiken Hundhammer zu liberal, sondern auch in gemäßigteren Kreisen nicht leicht zu vermitteln. Doch Müllers Versuche, das Parteiprogramm auf die lange Bank zu schieben, hatten auch einen anderen Grund als den, vorhersehbare Konflikte zwischen den Repräsentanten verschiedener Traditionsstränge in der fragilen Sammlungspartei zu vermeiden[441]; der Ochsensepp wollte auch Zeit gewinnen, die notwendig war, wollte man der neuen Partei auch ein wirklich neues programmatisches Fundament zugrunde legen[442].

Wie indifferent die Konzeption Josef Müllers aber zunächst auch gewesen sein mag, eine Honoratiorenpartei nach dem Muster der BVP kam für ihn nicht in Frage. Seine Planungen liefen vielmehr darauf hinaus, die CSU mittels einer „zentral gesteuerten Organisationspolitik" in möglichst allen politischen Gemeinden des Freistaates zu verankern[443]. Am Ende der Entwicklung sollte eine liberal-konservative, christlich-interkonfessionelle Sammlungspartei gemäßigt föderalistischen Charakters stehen, die als große Mitgliederpartei mit schlagkräftigem Parteiapparat die Alternative zur Sozialdemokratie bilden sollte.

Der Parteichef versuchte vor allem, die junge Generation für seine Vorstellungen zu gewinnen. Unter den Nachwuchspolitikern, die in vielen Fällen seine Kritik an den Parteien der Weimarer Republik teilten[444], sollte ein „Stamm an Organisatoren und Funktionären" für die CSU geworben werden; von ihnen erwartete Josef Müller „die

[436] ACSP, CSU-LL, Protokoll der Sitzung des geschäftsführenden Landesvorstands am 19. 10. 1963.
[437] Auch Franz Heubl, einer der erbittertsten Gegner des Ochsensepp, räumte in der Rückschau ein, daß sich die Konzeption Josef Müllers als die tragfähigere und erfolgreichere erwiesen habe; vgl. Heubl, Jugend und Demokratie, in: Böhr (Hrsg.), Jugend bewegt Politik, S. 72–77.
[438] So bemerkte ein Mitglied des Dienstag-Clubs, „die Programmlosigkeit der Union sei nachgerade ein Skandal". Sitzung des Dienstag-Clubs am 4. 6. 1946, in: Lehrjahre, S. 56. Ähnlich auch IfZ-Archiv, RG 260, 10/80–1/26, „Subject: CSU round-up, week April 14th to 21st" vom 25. 4. 1946.
[439] ACSP, NL Müller 410/2, Fritz Gerathewohl, Meine Stellung zur Christlich-Sozialen Union, undatiert, und NL Müller 401, Thomas Dehler an Josef Müller vom 12. 3. 1946.
[440] Sitzung des Dienstag-Clubs am 14. 5. 1946, in: Lehrjahre, S. 52; zum folgenden vgl. ebenda, S. 52f.
[441] Vgl. die in dem OSS-Bericht: Die politischen Parteien in Bayern – Tendenzen im Landesmaßstab vom 8. 11. 1945, in: Zwischen Befreiung und Besatzung, S. 235, zitierten Ausführungen Josef Müllers.
[442] IfZ-Archiv, RG 260, 13/147–3/3, Military Government Weekly Summary No. 28, 15.11.–12. 12. 1945.
[443] Vgl. hierzu und zum folgenden Mintzel, Anatomie, S. 83–86, Zitat S. 83.
[444] So beispielsweise ein u. a. von Toni Böck und Richard Jaeger gezeichnetes Schreiben an Josef Müller vom 21. 12. 1945; IfZ-Archiv, Fh 56.

langfristige Erneuerung des christlichen Lagers in Bayern"[445]. Kein Wunder, daß die Junge Union zu den Stützen des umstrittenen Landesvorsitzenden zählte, kein Wunder auch, daß sich unter den Funktionären des im Aufbau befindlichen Parteiapparats eine ganze Reihe von CSU-Mitgliedern fanden, die der jüngeren Generation angehörten. Der Ochsensepp scheint es verstanden zu haben, gerade diesen Personenkreis besonders anzusprechen. So schrieb der 26 jährige Josef Plonner, der später auch zu den Mitarbeitern der Landesgeschäftsstelle stieß, nach einer Rede Müllers in Rosenheim an den Parteivorsitzenden:

„Die jungen Menschen, die viel Leid hinter sich haben, die um die Wahrheit u. Sauberkeit ringen und an das Gute glauben wollen, sind Ihnen jedenfalls von innerstem Herzen her dankbar. Ich habe das gespürt, als ich mit einigen noch nach der Versammlung sprach und deren Augen leuchteten, wie von einem heimlichen Feuer, das Sie angezündet u. entfacht haben."[446]

Die vielleicht erbittertsten Widersacher Müllers waren Fritz Schäffer, Alois Hundhammer und zeitweise auch Michael Horlacher. Ein ständiger Konfliktherd war – abgesehen von allen anderen Gegensätzen – Schäffers Anspruch auf die Führung der CSU. Auch wenn er öffentlich alle Ambitionen leugnete[447], schien er, der bayerische Staatsrat und langjährige BVP-Vorsitzende, nicht gewillt zu sein, den Newcomer Josef Müller für längere Zeit an der Spitze der CSU zu dulden[448]. So verwundert es nicht, daß Schäffer in den parteiinternen Führungs- und Flügelkämpfen ständig bemüht war, seine bisherige politische Karriere und seine daraus resultierende Prominenz in die Waagschale zu werfen[449]. Was seine Aktionen gegen den Parteichef vor allem auszeichnete, war neben kompromißloser Härte und rücksichtsloser Wahl der Mittel ein geradezu „religiöses Sendungsbewußtsein"[450]. Auch vor einer bewußten Verschärfung des Konflikts schreckte das „Eisenhaupt"[451] der bayerischen Unionspartei nicht zurück, die Einheit der CSU schien für ihn kein Wert an sich zu sein. „Mit dem bloßen Ruf nach Einigkeit", so der Staatsrat, „werden sie die CSU nicht erhalten. ‚Einig' sind auch die Schafe, die sich von dem hirnkranken Leithamm[el] in den Abgrund führen lassen." Widerstand zu leisten sei dann geradezu eine „Frage des sittlichen Rechts", wenn „ein Mann, der das Unglück und das Verderben einer Partei ist, die Führung an sich gerissen und eine dem Wesen der Partei feindliche Parteimaschine in die Hand genom-

445 OSS-Bericht: Die politischen Parteien in Bayern – Tendenzen im Landesmaßstab vom 8. 11. 1945, in: Zwischen Befreiung und Besatzung, S. 235.

446 ACSP, NL Müller 410/5, Josef Plonner an Josef Müller vom 13. 5. 1946.

447 Protokoll der Sitzung des Erweiterten Vorläufigen Landesausschusses der CSU am 30./31. 3. 1946 in Bamberg, in: Protokolle und Materialien, S. 122f.

448 BAK, NL Schäffer 17, Bl. 372, Richard Pflaum an Fritz Schäffer vom 1. 2. 1946. Nach einer Aktennotiz Josef Müllers vom 25. 2. 1946 (IfZ-Archiv, Fh 56) rechnete man in Schäffers Umfeld zu dieser Zeit noch mit dessen Wahl zum Landesvorsitzenden der CSU.

449 Vgl. z. B. Schäffers Rede vor dem Erweiterten Vorläufigen Landesausschuß der CSU am 30./31. 3. 1946 in Bamberg: „Nun sage ich Ihnen ehrlich: Ich bin eitel genug anzunehmen, daß weite Bevölkerungskreise in Bayern mich schätzen, (Bravo!) infolgedessen [ist] anzunehmen, daß, wenn Fritz Schäffer aus der Union ausscheidet, es für die Union ein Schlag sein wird." Protokolle und Materialien, S. 109. Vgl. auch BAK, NL Schäffer 17, Bl. 473f., Johannes Semler an Fritz Schäffer vom 1. 3. 1946.

450 Mintzel, Anatomie, S. 225. Zu den erfolglosen Versuchen, eine „Entgiftung des politischen Kampfes" zwischen dem Staatsrat und den Exponenten des Müller-Flügels zu erreichen: BAK, NL Schäffer 17, Bl. 476–479, Johannes Semler an Fritz Schäffer vom 12. 2. 1946.

451 Franz Josef Strauß über Schäffer; zit. nach Wolfgang Zorn, Bayerns Geschichte im 20. Jahrhundert. Von der Monarchie zum Bundesland, München 1986, S. 550.

men hat". Für Schäffer bestand die „Treue gegenüber der Partei" in einem solchen Fall darin, daß „man diese Führung ablehnt", ja er verstieg sich sogar zu einem Vergleich zwischen der Parteiführung der CSU und dem NS-Regime: „Der Führer, der an der Macht ist, wird immer sagen, das bedrohe die Einigkeit; er selbst wird nämlich der Einigkeit nie ein Opfer bringen. Als die Nazi an der Macht waren, war auch jeder Widerstand gegen sie eine Verletzung der deutschen ‚Einigkeit'!"[452]

Der Staatsrat warf dem Ochsensepp immer wieder vor, ihn bei der amerikanischen Militärregierung verleumdet zu haben und für seine Entlassung als Ministerpräsident verantwortlich zu sein[453]. Vom Gegenteil ließ er sich weder durch Erklärungen Müllers noch durch Stellungnahmen von Parteifreunden oder von amerikanischer Seite überzeugen[454]. Auch wenn Schäffer seine Vorwürfe nicht beweisen konnte, waren derartige Verdächtigungen eine scharfe Waffe in den Auseinandersetzungen um die Führung der bayerischen Unionspartei.

Sowohl für seine Anhänger als auch für seine Gegner galt Schäffer als der Inbegriff der BVP-Tradition[455]. Er selbst bekannte sich freimütig zu seiner alten Partei und ließ kaum eine Gelegenheit ungenutzt, um sie mit durchaus apologetischen Argumenten gegen alle Angriffe in Schutz zu nehmen[456]. Georg Pix, ein Intimfeind Schäffers, der Ende 1945 kurzzeitig als Generalsekretär der CSU fungiert hatte[457], erklärte in diesem Zusammenhang:

„Meine politischen Freunde und ich stehen auf dem Standpunkt, dass Sie auf Grund Ihrer politischen Vergangenheit *belastet* sind. Warum? Sie selber haben mit der Methode begonnen, die alte Bayerische Volkspartei zu verteidigen und es so hinzustellen, als ob die BVP vor 1933 politisch sich richtig verhalten habe. Können Sie sich da wundern, wenn [a]ndere kommen (und zwar nicht nur Sozialdemokraten!), die etwas anderer Meinung sind? Haben nicht gerade *Sie* mit dieser Taktik unerquickliche Auseinandersetzungen provoziert? Ich verstehe es durchaus, dass Sie als früherer Parteivorsitzender der BVP das Bestreben haben, die BVP zu rehabilitieren. Aber ich frage Sie: kann es die Aufgabe der Union sein, in Unions-Versammlungen die BVP zu rehabilitieren? *Die Union soll und darf mit früheren Sünden der BVP nicht belastet werden.* [...] Sie selber, Herr Staatsrat, waren Parteivorsitzender der BVP. Wenn Sie jetzt, nach dem Zusammenbruch, sich we-

---

452 BAK, NL Schäffer 25, Bl. 146, Fritz Schäffer an Karl Warmuth vom 13. 6. 1948.

453 Protokoll der Sitzung des Erweiterten Vorläufigen Landesausschusses der CSU am 30./31. 3. 1946 in Bamberg, in: Protokolle und Materialien, S. 109–120 und S. 158–161; BAK, NL Schäffer 22, Bl. 1–48 (hier Bl. 15ff.), Protokoll der Bezirksversammlung der CSU Oberbayern am 14. 2. 1948 in München; Protokoll der Sitzung des Landesausschusses der CSU am 28./29. 2. 1948 in Regensburg, in: Protokolle und Materialien, S. 1541–1546. Schäffer verdächtigte auch andere Mitglieder der CSU, z. B. Georg Pix, den Mitbegründer der CSU in Landshut und Chefredakteur der Isar Post, oder Michael Horlacher.

454 Protokoll der Sitzung des Erweiterten Vorläufigen Landesausschusses der CSU am 30./31. 3. 1946 in Bamberg, in: Protokolle und Materialien, S. 137f. und S. 160. Eine für Müller hochwillkommene Stellungnahme lieferte Robert G. Neumann, Professor der Staatswissenschaften an der University of California und 1945/1946 amerikanischer Nachrichtenoffizier in München, der Müller von allen diesbezüglichen Vorwürfen freisprach. BayHStA, NL Ehard 1006, Robert G. Neumann an Josef Müller vom 16. 11. 1948, und das Protestschreiben von Fritz Schäffer an Josef Müller vom 15. 12. 1948. ACSP, CSU-LSG, Ordner Müller – Hundhammer 1952, „Niederschrift über den Beleidigungsprozeß Staatsminister Dr. Müller – Gaßner in Landshut" am 23. und 25. 8. 1948.

455 BayHStA, NL Pfeiffer 368, Franz August Schmitt an Fritz Schäffer vom 14. 9. 1945.

456 IfZ-Archiv, Fh 56, Fritz Schäffer an Georg Pix vom 14. 12. 1945 und Fritz Schäffer an Josef Müller vom 21. 12. 1945; vgl. auch die Ausführungen Schäffers vor dem Erweiterten Vorläufigen Landesausschuß der CSU am 30./31. 3. 1946 in Bamberg, in: Protokolle und Materialien, S. 113f.

457 IfZ-Archiv, Fh 56, Fritz Schäffer an Georg Pix vom 14. 12. 1945 und ein von Georg Pix als verantwortlicher Generalsekretär der CSU unterzeichneter Aufruf von November oder Dezember 1945; die Angabe in: Lehrjahre, S. 39 Anm. 7, ist nicht korrekt.

nigstens von diesen Sünden der BVP losgesagt hätten und ehrlich und offen *frühere politische Fehler* zugegeben hätten, – dann hätte es vielleicht noch eine Plattform gegeben. Aber so stehen wir vor der Tatsache, dass sie diese Fehler heute noch decken wollen in einem Augenblick, da die Geschichte schon gesprochen und ihr Urteil gefällt hat. Begreifen Sie es nicht Herr Staatsrat, dass wir mit dem früheren Parteiplunder nichts mehr zu tun haben wollen, dass wir aus dem früheren Parteigestrüpp, aus all den Irrungen und Wirrungen heraus wollen? Dass wir nichts mehr wissen wollen von dem früheren Parteigezänk und all den parlamentarischen Kniffen, mit denen man ein gutmütiges Volk hinter den Mond geführt hat? Spüren Sie denn nicht, dass es uns darum geht, heute ins Volk hineinzukommen, und dass wir das Volk nicht mehr mit früheren Gemeinplätzen füttern dürfen?"[458]

Schäffer lehnte es ab, sich mit der Rolle der BVP in der Weimarer Republik wirklich auseinanderzusetzen. Seinem hitzigen Temperament entsprechend[459] kannte er meist nur eine Reaktion: den Gang vor das Schiedsgericht der bayerischen Unionspartei[460].

Während Schäffer in Altbayern hoch geachtet und verehrt wurde[461], sahen die Anhänger Josef Müllers in ihm und seinen „Hammer"-Methoden einen „Amokläufer" und den „Zerstörer" der Union in Bayern[462]. Vor allem evangelische Christen standen dem Führungsanspruch Schäffers mit großem Mißtrauen gegenüber. Wilhelm Eichhorn, prominentes Mitglied der Synode der Evangelisch-Lutherischen Kirche Bayerns und einer der autorisierten Sprecher der evangelischen Christen in der CSU, sprach sogar offen davon, daß Schäffer als Repräsentant einer prononciert katholischen Partei „für den protestantischen Bevölkerungsteil eine Belastung" sei[463].

Die Zurückhaltung der evangelischen Christen war ein wesentlicher Grund dafür, daß die BVP-Traditionalisten spätestens seit Ende 1945 eine bloße Revitalisierung ihrer 1933 untergegangenen Partei nicht mehr ernsthaft in Erwägung zogen. Sie wollten die Entscheidung innerhalb der CSU suchen, aber ihre Bekenntnisse zum Zusammenwirken der christlichen Konfessionen und zu konfessioneller Toleranz klangen eher taktisch bestimmt[464]. Die neu gegründete Partei sollte zwar für evangelische Wähler und Mitglieder möglichst weit offen sein – dies war schon notwendig, um Mehrheiten zu gewinnen –, wenn es jedoch um Zugeständnisse an die Protestanten im kultur-, personal- oder staatspolitischen Bereich ging, zeigte sich, daß die Kompromißbereitschaft des katholisch-konservativen Flügels schnell erschöpft war[465]. Als sich Schäffer im September und Oktober 1945 an der Gründung der CSU zu beteiligen begann, schwebte auch ihm keine bloße Neuauflage der BVP vor, sondern ein „Zusammen-

[458] IfZ-Archiv, Fh 56, Georg Pix an Fritz Schäffer vom 11. 2. 1946; Hervorhebungen im Original.
[459] Vgl. Zorn, Bayerns Geschichte, S. 550.
[460] IfZ-Archiv, Fh 56, Fritz Schäffer an Josef Müller vom 13. 1. 1946 und Fritz Schäffer an Josef Müller vom 28. 1. 1946.
[461] BAK, NL Schäffer 22, Bl. 1–48 (hier Bl. 36ff.), Protokoll der Bezirksversammlung der CSU Oberbayern am 14. 2. 1948 in München.
[462] Protokoll der Sitzung des Landesausschusses der CSU am 28./29. 2. 1948 in Regensburg, in: Protokolle und Materialien, S. 1628 (Gerhard Kroll), S. 1608 (August Haußleiter) und S. 1638 (Franz Josef Strauß).
[463] BAK, NL Schäffer 17, Bl. 71, Fritz Schäffer an Wilhelm Eichhorn vom 1. 12. 1945.
[464] BAK, NL Schäffer 23, Bl. 32f., Fritz Schäffer an Amia von Montgelas vom 12. 4. 1948, und NL Schäffer 25, Bl. 267, Pfarrer Joseph Eberl an Fritz Schäffer vom 26. 2. 1948: „Ausgerechnet die kath. Männer mit kath. Grundsätzen sollten weg! Wir wollen von einem Mann wie Hau[ß]leit[er] nichts wissen: Er hat bereits früher Reden geführt – gegen Dr. Hundhammer –, die zu einem Freimaurer passen würden, aber einem CSU-Mann schlecht anstehen. Wir verlangen eine christliche Weltanschauungspartei, die wirklich kath. Grundsätze vertritt, *mag die Partei nun heissen, wie sie will.*" Hervorhebung im Original.
[465] Vgl. z. B. die Kritik August Haußleiters in der Sitzung des Erweiterten Landesausschusses der CSU am 6. 7. 1946 in München, in: Protokolle und Materialien, S. 426–429.

schluss aller Nicht-Sozialisten und aller Nicht-Kommunisten" zu einem „geschlossenen Einheitsblock"[466]. Insofern traf sich Schäffer mit denjenigen, die die Gründung einer interkonfessionellen Sammlungspartei im Auge hatten. Die Union zwischen katholischen und evangelischen Christen stand dabei aber nicht im Zentrum der Überlegungen des Staatsrats. Er zielte vielmehr auf eine Fusion von BVP und Bayerischem Bauernbund[467], die in der Weimarer Republik getrennte Wege gegangen waren[468], oder – um mit Mintzel zu sprechen – auf eine „katholische Blockbildung mit altbayerischem Schwergewicht und Zentrum"[469].

Es gelang dem Staatsrat freilich nicht, seinen Führungsanspruch in der bayerischen Unionspartei durchzusetzen. Zwar wählte ihn die Bezirksversammlung der Münchner CSU am 21. März 1946 zum Vorsitzenden des Bezirksverbands[470], nur zehn Tage später mußte er jedoch auf der von Josef Müller geschickt inszenierten Tagung des Erweiterten Vorläufigen Landesausschusses in Bamberg eine entscheidende Niederlage hinnehmen[471]. Bevor Schäffer weitere Schritte unternehmen konnte[472], setzte die amerikanische Militärregierung am 24. April 1946 seinen Aktivitäten durch das Verbot jeder politischen Betätigung ein Ende. Begründet wurde dies mit Untersuchungsergebnissen der Special Branch, die ergeben hätten, daß Schäffer in seiner „ganzen politischen Laufbahn ein Exponent ultranationalistischer und militaristischer Ideologie gewesen" sei und während seiner Amtszeit als Ministerpräsident die amerikanische Entnazifizierungs- und Entmilitarisierungspolitik obstruiert habe[473]. Damit hatte Schäffer seine innerparteiliche Machtbasis und der katholisch-konservative Flügel der CSU eine Führungsfigur verloren, während die Parteiführung um Josef Müller eine Atempause in den parteiinternen Führungs- und Flügelkämpfen gewann. Allerdings verstärkte die neuerliche Intervention der Militärregierung die Vorbehalte der parteiinternen Opposition gegen Josef Müller, dem man wiederum unterstellte, er habe dabei seine Hände im Spiel gehabt[474]. Schlüssige Indizien für ein regelrechtes Komplott führender CSU-

---

[466] IfZ-Archiv, Fh 56, Fritz Schäffer an Zeitungsverleger Bichlmeier (Moosburg), undatiert.

[467] IfZ-Archiv, Fh 56, Aktennotiz Josef Helds vom 6. 2. 1946.

[468] Vgl. dazu den instruktiven Überblick bei Vossen, Joseph Baumgartner, S. 2–11.

[469] Mintzel, Anatomie, S. 227; Stadtarchiv Bamberg, NL Etzel 18, Fritz Schäffer an Hermann Etzel vom 11. 11. 1948.

[470] ACSP, NL Müller 68, Protokoll der Bezirksversammlung der CSU München am 21. 3. 1946. Schäffer hatte seit Mai 1924 den Kreisverband München der BVP geführt; vgl. Otto Altendorfer, Fritz Schäffer als Politiker der Bayerischen Volkspartei (1888–1945), München 1993, S. 284–308.

[471] Vgl. dazu Fait, Einleitung zu: Protokolle und Materialien, S. XXXV-XLVI. Zur Bedeutung der Bamberger Tagung, auf der die Delegierten Müller in seinem Amt als vorläufiger Landesvorsitzender bestätigten, vgl. auch ACSP, CSU-LSG, Ordner Müller – Hundhammer 1952, „Niederschrift über den Beleidigungsprozeß Staatsminister Dr. Müller – Gaßner in Landshut" am 23. und 25. 8. 1948.

[472] Nach Aktennotizen Josef Müllers vom 2.4. und 5. 4. 1946 plante Schäffer, gegen die Entscheidungen der Bamberger Tagung bei der Militärregierung zu protestieren; IfZ-Archiv, Fh 56.

[473] BAK, NL Schäffer 9, Bl. 119, OMGBY (Major Peter Vacca) an Fritz Schäffer vom 24. 4. 1946. Zur Haltung der Militärregierung IfZ-Archiv, RG 260, AG 1948/27/2, Memorandum von Walter J. Muller an OMGUS bezüglich Fritz Schäffer vom 28. 3. 1946, und IfZ-Archiv, RG 260, AG 1948/27/2, G. H. Garde an Lucius D. Clay vom 4. 4. 1946. Zur offiziellen Reaktion Josef Müllers: BAK, NL Schäffer 9, Bl. 115, Josef Müller an Fritz Schäffer vom 24. 4. 1946, und Bl. 116, Josef Müller an Fritz Schäffer vom 24.4. 1946. Die beste Darstellung der Ausschaltung Schäffers bei Henzler, Fritz Schäffer, S. 186–199. Vgl. auch Isar Post vom 30. 4. 1946: „Der Fall Schäffer" und „Schäffer aus der Politik ausgeschlossen", sowie SZ vom 3. 5. 1946: „Die CSU und der Fall Schäffer. Eine Stellungnahme des Landesvorsitzenden Dr. Müller".

[474] Vgl. den Bericht über die Sitzung des Dienstag-Clubs am 30. 4. 1946, in: Lehrjahre, S. 49.

Politiker gegen Schäffer finden sich in den Quellen jedoch nicht[475]. Dagegen gibt es durchaus Hinweise darauf, daß die Pressekampagne gegen Schäffer im Vorfeld der Bamberger Tagung mit Wissen Horlachers, Müllers und Baumgartners[476] inszeniert wurde. So mußte der Ochsensepp im August 1948 während eines Beleidigungsprozesses, den er gegen Alfons Gaßner von der Bayernpartei angestrengt hatte, einräumen, von den gegen Schäffer gerichteten Artikeln in der von Georg Pix herausgegebenen Isar Post[477] vor ihrer Veröffentlichung Kenntnis genommen zu haben[478].

Nach der Ausschaltung des ehemaligen BVP-Vorsitzenden – und dies zeigt, wie gespalten die CSU im Frühjahr 1946 noch vor ihrer ersten ordentlichen Landesversammlung war – gab es in der Partei Stimmen, die mit den Worten, nach *dem* Schäffer kämen nun *die* Schäffer an die Reihe, eine Säuberung der bayerischen Unionspartei forderten[479].

Zur neuen Führungsfigur des katholisch-konservativen Flügels der CSU avancierte nach der Kaltstellung Schäffers der promovierte Historiker und Volkswirt Alois Hundhammer, der – im September 1945 aus der Kriegsgefangenschaft zurückgekehrt – schon im schwierigen Prozeß der Parteigründung für Fritz Schäffer eingetreten war. Der streng katholische Hundhammer, nach eigener Aussage überzeugter Monarchist[480], dessen schwarzer Vollbart zu einem Symbol „von finsterer Entschlossenheit, religiöser Intoleranz und zivilisatorischer Rückständigkeit" werden sollte[481], hatte mit 18 Jahren noch an den letzten Monaten des Ersten Weltkriegs teilgenommen und war 1919 als Mitglied eines Freikorps gegen die Münchner Räterepublik zu Felde gezogen[482]. Nach Abschluß seiner Studien machte Hundhammer schnell Karriere bei den Bayerischen Christlichen Bauernvereinen, deren stellvertretender Generalsekretär er 1927 wurde, und in der BVP, für die er 1932 in den bayerischen Landtag einzog. Auch in der CSU gehörte er bald zu den führenden Persönlichkeiten. Seit Januar 1946 führte Hundhammer den Bezirksverband Oberbayern, den er nicht nur zu seiner persönlichen Hausmacht, sondern auch zu einer Speerspitze der innerparteilichen Opposition im Kampf gegen die Parteiführung ausbaute. Nach der Ausschaltung Schäf-

---

475 Vgl. dazu Fait, Einleitung zu: Protokolle und Materialien, S. XLIV-XLVIII.

476 IfZ-Archiv, RG 260, 10/80–1/26, „Subject: CSU round-up, week April 14th to 21st" vom 25. 4. 1946. In diesem Bericht wird Baumgartner mit den Worten zitiert, Schäffer sei zu sehr auf der Linie der ehemaligen BVP, seine Ideen seien zu gefährlich und es sei zu riskant, den „old Nazi" Schäffer die Führung der CSU übernehmen zu lassen. Überdies notierte der Vertrauensmann der Militärregierung, Baumgartner habe ihm Material gezeigt, das Schäffer belaste.

477 Isar Post vom 12. 3. 1946: „Der Weg der Union", vom 22. 3. 1946 unter derselben Schlagzeile, und vom 29. 3. 1946: „Ein Schritt zurück?" Die Artikel stammen sämtlich aus der Feder von Georg Pix.

478 ACSP, CSU-LSG, Ordner Müller – Hundhammer 1952, „Niederschrift über den Beleidigungsprozeß Staatsminister Dr. Müller – Gaßner in Landshut" am 23. und 25. 8. 1948.

479 So erklärte Hans Hermann von Eicken vor dem Landesarbeitsausschuß der CSU am 1. 5. 1946 in München: „Ich habe an den zweiten Vorsitzenden einen Brief schreiben müssen und muß auch im Lande feststellen, daß Schäffer zwar kaltgestellt ist, und die kleinen Schäffer dort weiterarbeiten. Wenn das so weiter geht, wird ein neuer Reinigungsprozeß nötig sein [. . .]" Protokolle und Materialien, S. 195. Ähnliches auch im Protokoll der Sitzung des Landesausschusses der CSU am 9. 5. 1946 in München, in: ebenda, S. 213.

480 Protokoll der Sitzung des Landesarbeitsausschusses der CSU am 1. 5. 1946 in München, in: Protokolle und Materialien, S. 208.

481 SZ vom 25. 2. 1965: „Der schwarze Mann schreckt nicht mehr. Alois Hundhammer, Mitbegründer der CSU und einstmals bayerischer Sittenwächter, wird 65 Jahre alt".

482 Biographisches zu Hundhammer findet sich in einem interessanten Dossier der amerikanischen Militärregierung; IfZ-Archiv, RG 260, 10/90–1/33, „Subject: Dr. Alois Hundhammer, CSU", vom 27. 12. 1946.

fers konnte Müller es nur mit Mühe verhindern, daß Hundhammer auch noch zum Vorsitzenden des Bezirksverbands München aufstieg[483]. Im Juli 1946 gelang es dem Ochsensepp und seinen Mitstreitern jedoch nicht, Hundhammers Wahl zum Chef der CSU-Fraktion in der Verfassunggebenden Landesversammlung zu blockieren, und vier Monate später stand er auch an der Spitze der CSU-Landtagsfraktion. Im Dezember 1946 trat Hundhammer als Kultusminister in das Koalitionskabinett des neuen Ministerpräsidenten Hans Ehard ein, an dessen Wahl er großen Anteil hatte. Damit hatte der „schwarze Alois", wie man ihn spöttisch, aber auch respektvoll nannte[484], drei Schlüsselpositionen inne, die ihm weitreichende Möglichkeiten in den innerparteilichen Auseinandersetzungen eröffneten, die ihn aber auch zu gewissen Rücksichten im politischen Kampf zwangen.

Die Konzeptionen und Zielvorstellungen Hundhammers deckten sich in vieler Hinsicht mit denen Schäffers. Während der ehemalige BVP-Vorsitzende aber von Anfang an jede wirkliche Einigung mit Josef Müller ablehnte, scheint Hundhammer nicht ganz so stur gewesen zu sein und das „zweifellos auch durch seinen Ehrgeiz" bestimmte Vorgehen des Staatsrats nicht immer gebilligt zu haben[485]. Für Hundhammer gab es angesichts der Konstellation in den Führungszirkeln der neu gegründeten CSU dennoch kaum eine andere Möglichkeit als einen möglichst engen Schulterschluß mit Schäffer. Josef Müller war darum bemüht, den Einfluß von Spitzenpolitikern der untergegangenen BVP auf die CSU zu begrenzen, und erhob in diesem Sinne auch Einspruch gegen die Wahl Hundhammers zum Vorsitzenden des CSU-Bezirksverbands Oberbayern. Der Weg in eine Position an der Spitze des Bayerischen Bauernverbands, die Hundhammer noch in den ersten Monaten des Jahres 1946 gereizt hätte, war verbaut, da einflußreiche Agrarlobbyisten wie Baumgartner, Horlacher oder Schlögl den programmatischen und verbandspolitischen Überzeugungen des früheren BVP-Landtagsabgeordneten und stellvertretenden Generalsekretärs der Bayerischen Christlichen Bauernvereine skeptisch gegenüberstanden und im Oktober 1945 bereits seine Berufung zum Landwirtschaftsminister erfolgreich hintertrieben hatten[486].

Der „mit fast alttestamentarischem Haß"[487] ausgetragene Konflikt zwischen Hundhammer und Müller hatte jedoch tiefere Ursachen: Müller plädierte für einen Dialog mit der Sowjetunion und für eine flexible Haltung gegenüber sozialistischen Ideen[488],

[483] ACSP, NL Müller 67, Protokoll der Sitzung des Bezirksausschusses der CSU München am 6. 5. 1946.

[484] Der Spiegel vom 5. 8. 1974: „Alois Hundhammer †".

[485] Aufschlüsse hierzu und zum folgenden gibt eine Aktennotiz Josef Müllers über sein Verhältnis zu Alois Hundhammer vom 25. 2. 1946; IfZ-Archiv, Fh 56.

[486] Zur Regierungsbildung Ende September/Anfang Oktober 1945 und zur Rolle Alois Hundhammers ACSP, CSU-LSG, Ordner Müller – Hundhammer 1952, „Niederschrift über den Beleidigungsprozeß Staatsminister Dr. Müller – Gaßner in Landshut" am 23. und 25. 8. 1948; IfZ-Archiv, RG 260, 10/90–3/5, „Subject: CSU – Versammlung – Dr. Hundhammer" vom 10. 11. 1948; BayHStA, NL Pfeiffer 53, Aufzeichnungen Anton Pfeiffers über die Bildung des Kabinetts Hoegner I, undatiert; Echo der Woche vom 18. 7. 1947: „Parteipolitik gegen Personalpolitik. Die CSU und die Politik Dr. Hundhammers". Vgl. auch die Einleitung zu: Die Protokolle des Bayerischen Ministerrats 1945–1954: Das Kabinett Hoegner I – 28. September 1945 bis 21. Dezember 1946, bearb. von Karl-Ulrich Gelberg, München 1996, S. XXXI-LII.

[487] Münchner Merkur vom 25. 2. 1970: „Ein Wahrzeichen Bayerns. Alois Hundhammer siebzig Jahre alt – Noch immer Einfluß und Gewicht in der weiß-blauen Politik".

[488] ACSP, NL Müller 128, Josef Müller an Karl Köhler vom 9. 5. 1947.

Hundhammer war dagegen zeitlebens ein brennender Antikommunist, ja gleichsam ein „Erbfeind des Bolschewismus“[489], der jeden Dialog mit kommunistischen Parteien strikt ablehnte und die Haltung seines Parteivorsitzenden in dieser Frage auf das schärfste mißbilligte[490]. Selbst das im Dezember 1946 geschlossene Regierungsbündnis zwischen CSU und SPD betrachtete Hundhammer mit gemischten Gefühlen; die Koalition sah er zwar als notwendig an, um die Wahl Josef Müllers zum Ministerpräsidenten zu verhindern, die Sozialdemokratie war für ihn jedoch stets mehr politischer Gegner als wirklicher Partner[491]. Hinzu kam, daß Hundhammer und Müller so unterschiedliche Charaktere hatten, daß eine enge Zusammenarbeit schon von daher kaum möglich war.

Die tiefe Gläubigkeit Hundhammers – für den Ritter des Ordens vom Heiligen Grab und Träger des Großkreuzes des Ordens vom Heiligen Papst Sylvester war es auch im fortgeschrittenen Alter eine Selbstverständlichkeit, in der Kirche zu ministrieren[492] – verband sich mit einem moralischen Rigorismus von seltener Schärfe, der ihm den zweifelhaften Ruf eines bayerischen „Großinquisitors“ eintrug[493]. Als schwarzer Mann mit weißer Weste war er bei Freund und Feind gefürchtet[494]; insbesondere der Bohemien Josef Müller, den Hundhammer für einen „zweiten Hitler“ hielt[495], und später auch Franz Josef Strauß wußten ein Lied von den Attacken Hundhammers gegen ihren Lebenswandel oder ihr Finanz- und Geschäftsgebaren zu singen[496].

Wie die meisten katholisch-konservativen CSU-Politiker hatte auch der „Homo Bavaricus“[497] Hundhammer die Festigung und Verteidigung der bayerischen Eigenstaatlichkeit auf seine Fahnen geschrieben. Seine radikal föderalistischen Positionen, die von antipreußischen Affekten und Überfremdungsängsten begleitet wurden, leitete er aus einer 1500 jährigen bayerischen Staats- und Kulturgeschichte ab[498]. Orientiert an den „Leitbildern einer traditionalistischen Gesellschaft auf bäuerlicher Basis“, lehnte Hundhammer jeden Versuch einer zentral gesteuerten Organisationspolitik ab und setzte dagegen das Modell einer mehr oder weniger locker organisierten Honoratiorenpartei[499].

Auch dem Versuch Josef Müllers, die CSU für Wähler außerhalb des prononciert christlichen Lagers attraktiv zu machen, stand er mehr als skeptisch gegenüber. Hundhammer meinte dazu in seiner kompromißlos prinzipientreuen Art:

489 Der Spiegel vom 5. 3. 1949: „Wo der Staat das Geld gibt“.
490 IfZ-Archiv, Fh 56, Schreiben Hundhammers an eine unbekannte Freundin vom 25. 12. 1946.
491 ACSP, CSU-LTF I, 15–12/4 und 5, Rede Alois Hundhammers am 25. 9. 1947 in München.
492 Münchner Merkur vom 25. 2. 1970: „Ein Wahrzeichen Bayerns. Alois Hundhammer siebzig Jahre alt – Noch immer Einfluß und Gewicht in der weiß-blauen Politik“; Der Spiegel vom 5. 8. 1974: „Alois Hundhammer †“.
493 Stuttgarter Zeitung vom 21. 4. 1954: „Sturm um Dr. Hundhammer“.
494 SZ vom 25. 2. 1965: „Der schwarze Mann schreckt nicht mehr. Alois Hundhammer, Mitbegründer der CSU und einstmals bayerischer Sittenwächter, wird 65 Jahre alt“.
495 IfZ-Archiv, Fh 56, Schreiben Hundhammers an eine unbekannte Freundin vom 25. 12. 1946.
496 Zur Affäre Auerbach vgl. S. 408ff., zu den Auseinandersetzungen zwischen Strauß und Hundhammer vgl. Hans Ferdinand Groß, Hanns Seidel 1901–1961. Eine politische Biographie, München 1992, S. 134ff.
497 Die Zeit vom 9. 8. 1974: „Patriot und Poltergeist“; den zitierten Begriff prägte Franz Josef Strauß.
498 IfZ-Archiv, Fh 56, Aufzeichnung einer Rede Alois Hundhammers „über die Grundsätze seiner Politik“ am 10. 8. 1947 in Waldsassen.
499 Vgl. Mintzel, Anatomie, S. 87f., dort auch das Zitat.

„Die Werbekraft der Partei liegt nicht in der Verwaschenheit, dadurch dass man glaubt, mit Freimaurern u[nd] Liberalen u[nd] Nationalsoz[ialisten], die man in die Partei hinein nimmt, die Partei zu stärken. Die CSU hat ihre Wähler bekommen, weil die grosse Mehrheit geglaubt hat, dass diese Partei bayerisch, christlich u[nd] sozial ist. Nur wenn man diese Prinzipien grundsätzlich vertritt u[nd] wenn man bereit ist, die Konsequenzen zu ziehen, dann wird man die Wähler hinter sich behalten."[500]

Daß Hundhammer im Dezember 1946 das Kultusministerium übernahm, war kein Zufall. Der Ausbau Bayerns zu einem christlichen Bollwerk gegen den Kommunismus und die Stärkung des bayerischen Staatsbewußtseins schienen ihm aus dieser Position heraus am ehesten möglich zu sein[501]. In diesem Sinne verstand sich Hundhammer gleichsam als Wächter und Gralshüter der bayerischen Politik[502], und obwohl er nur eine Legislaturperiode als Kultusminister amtierte, überschatteten diese vier Jahre die weitere Karriere Hundhammers, der die Öffentlichkeit polarisierte wie kaum ein anderer bayerischer Politiker[503].

August Haußleiter, einer der engsten Mitarbeiter Müllers, brandmarkte Vertreter von politischen Positionen, wie auch Hundhammer sie verfocht, als „Exponenten einer ultramontanen und klerikalen Politik", die mit der Monarchie liebäugelten, „bayerische Separatisten oder zumindest Partikularisten" seien und – soweit sie außenpolitische Pläne hegten – „an Paris oder Wien" dächten, „wie es ihre Vorfahren schon vor 200 Jahren taten". Gesellschaftspolitisch hielt Haußleiter die führenden Persönlichkeiten des katholisch-konservativen Flügels der eigenen Partei für Vertreter eines „besitzreaktionären" Standpunkts, staatspolitisch für „Anhänger einer schwach geführten Demokratie", die bei Regierungsbildungen „wirkliche Verantwortung vermeiden" und deshalb „Koalitionen um jeden Preis" bilden wollten. Daraus zog Haußleiter den Schluß: „Sie [die Vertreter des Schäffer/Hundhammer-Flügels] stehen in ihrer Politik dem weissblau-reaktionären H[oe]gnerflügel der SPD wesentlich näher als dem fortschrittlichen Flügel der eigenen Partei, dessen grundsätzlich revolutionäre Einstellung sie nicht begreifen, aber ahnen."[504]

Von den Personen, die die innerparteilichen Auseinandersetzungen bestimmten, gehörte Michael Horlacher sicher zu den undurchsichtigsten. Der selbsternannte „Führer des Landvolkes"[505], der wenig auf seine äußere Erscheinung achtete[506] und selten ohne sein Markenzeichen, eine brennende Virginia-Zigarre, zu sehen war[507], hatte vor 1933 die BVP im Landtag und im Reichstag vertreten. Nach 1945 stieg er als einer der Prä-

---

500 IfZ-Archiv, Fh 56, Aufzeichnung einer Rede Alois Hundhammers „über die Grundsätze seiner Politik" am 10. 8. 1947 in Waldsassen.

501 Zur Konzeption „christliches Bollwerk Bayern" vgl. Mintzel, Geschichte der CSU, S. 272ff. IfZ-Archiv, RG 260, 10/90–3/5, „Subject: CSU – Versammlung – Dr. Hundhammer" vom 10. 11. 1948. Noch 1950 rief Hundhammer den CSU-Landtagsabgeordneten zu, die Kulturpolitik sei und bleibe „das Schlüsselproblem der Staatspolitik". ACSP, CSU-LTF I, 15–14, Protokoll der Fraktionssitzung am 31. 5. 1950.

502 IfZ-Archiv, Fh 56, Schreiben Hundhammers an eine unbekannte Freundin vom 25. 12. 1946.

503 Stuttgarter Zeitung vom 21. 4. 1954: „Sturm um Dr. Hundhammer", oder Münchner Merkur vom 3./4. 8. 1974: „Die karge Jugend in hohen Ämtern nicht vergessen. Von den Freunden verehrt, von den Feinden respektiert".

504 BayHStA, NL Ehard 1471, August Haußleiter, Die Politische Gesamtplanung des fortschrittlichen Flügels der CSU, undatiert.

505 Protokoll der Sitzung des Landesausschusses der CSU am 3. 1. 1947 in Augsburg, in: Protokolle und Materialien, S. 973.

506 Bericht über die Sitzung des Dienstag-Clubs am 24. 9. 1946, in: Lehrjahre, S. 98.

507 BayHStA, NL Pfeiffer 46, Verse für die Weihnachtsfeier der CSU-Landtagsfraktion am 10. 1. 1947.

sidenten des Bayerischen Bauernverbands und Staatskommissar für das landwirtschaftliche Genossenschaftswesen zu einem der einflußreichsten Vertreter agrarischer Interessen in der CSU auf[508]. Impulsiv bis zur Unberechenbarkeit – auch Parteifreunde warfen ihm vor, „zu viel Schaukelpolitik" zu betreiben[509] – und schnell bereit, sich vom Feuer der eigenen Rede zu drastischen Ausfällen verführen zu lassen[510], dabei aber überaus empfindlich und leicht beleidigt[511], zählte Horlacher zunächst zu den verläßlichsten Stützen Josef Müllers.

Warum es im Laufe der ersten Monate des Jahres 1946 zum Bruch zwischen Horlacher und Müller kam, läßt sich nicht mehr zweifelsfrei feststellen. Erste offene Zusammenstöße gab es im Vorfeld der ersten ordentlichen Landesversammlung der CSU im Mai 1946[512]. Nachdem eine Pressemeldung, die Josef Müller mit den Worten zitierte, der „Zusammenschluß der Christlichen Unionen aller Zonen [stehe] kurz vor seinem Abschluß" und das weitere Ziel einer „deutschen Union" sei eine „Christliche Union Europas", für erhebliche Aufregung in den Reihen der CSU gesorgt hatte[513], legte Horlacher dem Landesarbeitsausschuß eine fünf Punkte umfassende Entschließung[514] vor und verlangte ultimativ im Namen von ca. 20 Unterzeichneten, darunter die führenden Bauernvertreter, daß die Landesversammlung darüber abstimmen sollte, am besten noch vor der Wahl des Parteivorsitzenden[515]. Die Mehrheit der Mitglieder des Landesarbeitsausschusses fühlte sich durch diesen Versuch, eine Art Wahlkapitulation in der Form kurzer programmatischer Erklärungen zu erzwingen, erpreßt, und Hans Hermann von Eicken befürchtete sogar, dies sei ein verstecktes Mißtrauensvotum gegen den Ochsensepp. Im Mittelpunkt der Auseinandersetzung stand der erste Abschnitt der Entschließung, in dem ein „klares Bekenntnis zum bayerischen Volk und Staat" gefordert wurde und dessen Bedeutung Horlacher nachdrücklich herausstellte[516]. Müller lehnte diesen Punkt „glatt ab" und drohte für den Fall, daß „diese Re-

---

508 Zur verbandspolitischen Tätigkeit Horlachers vgl. die Mitteilungen des Bayerischen Raiffeisenverbandes vom 15. 1. 1948: „Dr. Horlacher 60 Jahre"; Bayerisches Raiffeisenblatt vom 15. 1. 1953: „Präsident Dr. Horlacher 65 Jahre alt", vom 15. 10. 1957: „Dr. Horlacher ist nicht mehr", vom 1. 11. 1957: „Auf dem Waldfriedhof in Bad Tölz fand Dr. Horlacher seine letzte Ruhestätte".

509 ACSP, CSU-LTF I, 15–14, Protokoll der Fraktionssitzung am 17. 12. 1946 (Albert Kaifer).

510 So ein Mitglied des Dienstag-Clubs am 2. 4. 1946, in: Lehrjahre, S. 39. Franz Heubl bezeichnete Horlacher in derselben Sitzung (ebenda, S. 41) als „Klotz" und „Saubauer".

511 Protokoll der Sitzung des Landesausschusses der CSU am 31. 10. 1946 in München, in: Protokolle und Materialien, S. 765–769.

512 Vgl. auch die Auseinandersetzung zwischen Müller und Horlacher um den künftigen „Reichs-"Aufbau und den Aufbau der Union während der Sitzung des Landesarbeitsausschusses der CSU am 1. 5. 1946 in München; Protokolle und Materialien, S. 200–206.

513 Zit. nach dem Protokoll der Landesversammlung der CSU am 17. 5. 1946 in München, in: Protokolle und Materialien, S. 258. Zum Gesamtzusammenhang vgl. Mintzel, Anatomie, S. 262 ff.

514 Der vollständige Text der Entschließung, wie sie während der Sitzung des Landesarbeitsausschusses der CSU am 16. 5. 1946 in München verlesen wurde, in: Protokolle und Materialien, S. 241–244; der Resolutionsentwurf ist – allerdings ohne die kontroversen Vor- und Nachbemerkungen – abgedruckt in: Berberich, Historische Entwicklung, S. 174.

515 Protokoll der Sitzung des Landesarbeitsausschusses der CSU am 16. 5. 1946 in München, in: Protokolle und Materialien, S. 249. Bei einer Ablehnung des Resolutionsentwurfes, der ausdrücklich als die „Mindestforderungen" der Unterzeichneten gekennzeichnet war, drohte Horlacher, daß dann „die Schicksalsstunde der Union schlagen" werde. Ebenda, S. 245.

516 „1. Klares Bekenntnis zum bayerischen Volk und Staat. Der politische Neuaufbau muß den demokratischen Gedanken entsprechen und auf der Grundlage selbständiger Bundesstaaten erfolgen. Dem Reich ist an Aufgaben nur zu überlassen, was zur Erhaltung der politischen und wirtschaftlichen Reichseinheit unbedingt notwendig ist." Ebenda, S. 242.

solution [...] morgen eingebracht und angenommen wird", mit seinem sofortigen Rücktritt[517].

Diese Episode, die hier nicht weiterverfolgt werden muß, zeigt, daß es auch hier die „bayerische Frage" und damit verbunden die Frage der Stellung der CSU zu den anderen Unionsparteien in Deutschland war, die den Konflikt zwischen Horlacher und dem Ochsensepp wesentlich bestimmte, der in den Augen des Bauerndoktors ein Zentralist war[518]. Alf Mintzel ist freilich recht zu geben, wenn er Horlacher anders als Schäffer oder Hundhammer nicht zu den grundsätzlichen Gegnern Josef Müllers zählt[519], und Horlacher selbst meinte später, „in der grundsätzlichen Haltung, in den Grundlinien der Union" sei man sich einig gewesen. „Das andere", wie er seine Kämpfe mit dem Parteivorsitzenden umschrieb, seien lediglich „vorübergehende Erscheinungen" gewesen[520]. Diese Feststellung ändert jedoch nichts an der Tatsache, daß Horlacher länger als ein Jahr, bis Ende 1947, zu den führenden Köpfen der innerparteilichen Opposition gegen Josef Müller gehörte. Er war es, der als Präsident des bayerischen Landtags eine Ministerpräsidentschaft des eigenen Parteivorsitzenden verhindern half, und Horlacher war es auch, der auf der außerordentlichen Landesversammlung der CSU am 30. und 31. August 1947 der Parole folgte: „Heute wird der Ochsensepp geschlachtet."[521]

Nur wenige Monate später hatte sich die Szenerie grundlegend geändert. Angesichts der bevorstehenden Rückkehr Schäffers ins politische Leben vollführte Horlacher einen politischen „Purzelbaum" und gesellte sich wieder dem Lager Josef Müllers zu[522]. Oberstleutnant Paul Burns, der Chef der Political Activities Branch von OMGBY, notierte am 17. Dezember 1947: „Horlacher then proposed that he and Mueller came to an agreement against the old BVP people (i.e. Pfeiffer, Hundhammer, Schaeffer etc.)."[523] Dieser Grund für eine Wiederannäherung von Müller und Horlacher ist mehr als einleuchtend, wenn man berücksichtigt, daß Horlacher eine Anknüpfung an die BVP-Tradition von Anfang an abgelehnt hatte und sein persönliches Verhältnis zu Schäffer ausnehmend schlecht war[524]. Das Nachrichtenmagazin Der Spiegel vermutete darüber hinaus, Müller habe dem Landtagspräsidenten Versprechungen gemacht, etwa bezüglich des bayerischen Landwirtschaftsministeriums oder des stellvertretenden Parteivorsitzes, oder ihm mit „politischem Material" gedroht, das er gegen ihn gesammelt

---

[517] Ebenda, S. 250f.

[518] Horlacher vor dem Landesarbeitsausschuß (ebenda, S. 250): „Es ist eine Unmöglichkeit, daß wir eine Parteileitung ertragen können, die den reinen Unitarismus anstrebt." Ähnlich auch ACSP, CSU-LTF I, 15–14, Protokoll der Fraktionssitzung am 19. 2. 1947.

[519] Vgl. Mintzel, Anatomie, S. 104.

[520] Protokoll der Sitzung des Landesausschusses der CSU am 28./29. 2. 1948 in Regensburg, in: Protokolle und Materialien, S. 1604.

[521] Protokoll der Sitzung des Landesausschusses der CSU am 28./29. 2. 1948 in Regensburg, in: Protokolle und Materialien, S. 1619.

[522] Der Spiegel vom 10. 1. 1948: „Pfeiffer in den Rücken".

[523] IfZ-Archiv, RG 260, 15/102–2/1, Memorandum Lt.Col. Paul Burns' zum Thema „Ministry of Food and Agriculture" vom 17. 12. 1947.

[524] Protokoll der Sitzung des Erweiterten Vorläufigen Landesausschusses der CSU am 30./31. 3. 1946 in Bamberg, in: Protokolle und Materialien, S. 79: „Dr. Horlacher: [...] Wir wollen, und soweit ich sehe, will die große Mehrheit der Wähler der Union, daß wir uns erst mit neuen Gedankengängen in der Bevölkerung weiter durchsetzen, und zwar so, daß sich Evangelische, Katholische und auch Andersgläubige in unseren Reihen wohl fühlen, (Bravo!) damit man sieht, daß wir nicht mehr der Wurmfortsatz der alten Bayerischen Volkspartei sind." Zu Horlachers Auseinandersetzungen mit Schäffer vgl. sein Schreiben an Josef Müller vom 23. 2. 1946; IfZ-Archiv, Fh 56.

habe[525]. Ohne diese Spekulationen aus den Quellen bestätigen oder dementieren zu können, steht fest, daß Horlacher den Parteivorsitzenden im Streit um die Reform der Parteisatzung und bei der Abwehr der oberbayerischen Rebellion unterstützt hat. Seit der Wahl Horlachers zum stellvertretenden Landesvorsitzenden der CSU durch den Landesausschuß im Februar 1948 – übrigens auf Müllers Vorschlag – waren die Streitigkeiten zwischen dem Parteivorsitzenden und dem Präsidenten des bayerischen Landtags weitgehend beigelegt.

### c) *Phasen und Themen*

Versucht man eine Periodisierung der Führungs- und Flügelkämpfe, so bietet sich ein Drei-Phasen-Modell an. Die ersten Monate zwischen den vorbereitenden Besprechungen im Sommer und Herbst 1945 bis zur Landesversammlung im Mai 1946 waren gekennzeichnet von erbitterten Auseinandersetzungen über die Politik der BVP in der Weimarer Republik, über ihre Haltung gegenüber dem aufkommenden Nationalsozialismus und über die Rolle, die das Führungspersonal der BVP in der CSU spielen sollte. Josef Müller und seine Mitstreiter nahmen als Anhänger der Unionsidee und des interkonfessionellen Gedankens die organisatorischen Unzulänglichkeiten und politischen Fehler der BVP zum Anlaß, um scharf gegen deren Revitalisierung Stellung zu beziehen. Die Liste der Vorwürfe war lang[526]. Die BVP habe die von der NS-Bewegung ausgehende Gefahr zu spät erkannt und sei ihr nicht entschieden genug entgegengetreten; in diesem Sinne wurde auch die 1925 von der BVP-Führung ausgesprochene Empfehlung kritisiert, nicht den Zentrumspolitiker Wilhelm Marx, sondern den preußischen Feldmarschall Hindenburg zum Reichspräsidenten zu wählen. Am stärksten geriet jedoch das Verhalten der BVP in der Endphase der Weimarer Republik unter Beschuß. So mußten sich ehemalige BVP-Politiker die unangenehme Frage gefallen lassen, wie sie 1933 den Ermächtigungsgesetzen im Land- und Reichstag hatten zustimmen können[527] oder – noch schlimmer! – nach der Selbstauflösung ihrer Partei um Aufnahme in die NSDAP-Fraktionen als Hospitanten hatten nachsuchen können[528]. Diese mit zunehmender Härte geführte Auseinandersetzung barg für Josef Müller Chancen und Risiken; Chancen, weil die Diskussion über die politische Verantwor-

---

525 Der Spiegel vom 10. 1. 1948: „Pfeiffer in den Rücken“.

526 Vgl. dazu Müller, Konsequenz, S. 310f.; ACSP, NL Müller 416, Rede Josef Müllers „Der neue Weg“ am 30. 4. 1946 in München, und NL Müller 201, Rundschreiben des Generalsekretariats der CSU vom 16. 1. 1946; IfZ-Archiv, Fh 56, Georg Pix an Fritz Schäffer vom 11. 2. 1946 und Fritz Schäffer an Josef Müller vom 28. 1. 1946; Isar Post vom 12. 3. 1946: „Der Weg der Union“, vom 22. 3. 1946 unter derselben Schlagzeile, und vom 29. 3. 1946: „Ein Schritt zurück?“.

527 Müller warf beispielsweise Horlacher während der Sitzung des Landesarbeitsausschusses am 16. 5. 1946 in München explizit vor, im Reichstag für das Ermächtigungsgesetz gestimmt zu haben; Protokolle und Materialien, S. 250; seitens der Betroffenen sah man sich genötigt, ein apologetisches Memorandum zu verfassen: ACSP, NL Müller 298, „Hitlers Ermächtigungsgesetz und die bürgerliche Mitte“, ungezeichnet, undatiert. Im ACSP, NL Müller, findet sich ein Ordner mit dem Titel „1933 Held, Presse, Ermächtigungsgesetz“, der eine umfangreiche Materialsammlung über das Zustandekommen der Ermächtigungsgesetze und zur Frage nach der politischen Belastung der BVP-Politiker, die diesen Gesetzesvorlagen zustimmten, enthält. Diese Sammlung diente wohl als Munition gegen die innerparteiliche Opposition und sollte – wie der Verteiler zeigt – auch der amerikanischen Militärregierung zur Verfügung gestellt werden.

528 Einige Gesuche von Land- und Reichstagsabgeordneten der BVP aus dem Monat Juli 1933 mit der Bitte um Aufnahme in die jeweilige NSDAP-Fraktion als Hospitanten finden sich im BayHStA, NL Pfeiffer 14.

tung der BVP für den Aufstieg des Nationalsozialismus geeignet war, Politikern wie Schäffer den Weg an die Spitze der CSU zu verbauen; Risiken, weil der Konflikt wiederholt zu eskalieren drohte und sogar zu einer Spaltung der Partei führen konnte, bevor diese noch ihre ersten Gehversuche unternommen hatte. Josef Müller befand sich daher in einem Dilemma. Einerseits mußte er darum bemüht sein, die Anhängerschaft der BVP möglichst vollständig in die CSU zu überführen, andererseits eröffnete sich durch die Attacken auf die BVP die Chance, maßgebliche BVP-Traditionalisten ins zweite Glied zu verdrängen und ungestört die neue Partei nach den eigenen Vorstellungen aufzubauen[529], was auch dem protestantischen Flügel der CSU nur recht sein konnte[530]. Als es auf der Tagung des Erweiterten Vorläufigen Landesausschusses in Bamberg am 31. März 1946 zu einem harten Schlagabtausch zwischen den von Müller und Horlacher angeführten Verfechtern des Unionsgedankens und den BVP-Traditionalisten um Fritz Schäffer kam, erklärte der Ochsensepp:

> „Weil die Union eine neue Gruppierung von Menschen ist, kann sie auch nicht an die alte Zeit anknüpfen, und der frühere Vorsitzende der Bayerischen Volkspartei kann nicht der Vorsitzende der Union sein, weil sonst sofort die Union nur zur weiterentwickelten, bestenfalls zur erweiterten Bayerischen Volkspartei würde. [...] Wäre das geschehen, dann hätte ich die Freunde verraten, die aus anderen Gruppierungen von Menschen, aus dem weltanschaulichen Bereich, aber auch aus früheren Parteien heraus zu uns gekommen waren.“[531]

Soweit sich die Spitzenpolitiker der untergegangenen BVP nicht wie Michael Horlacher oder Karl Scharnagl weitgehend von der Partei distanzierten[532], für deren Ziele sie bis 1933 gekämpft hatten, blieb ihnen kaum etwas anderes übrig, als die Politik der Volkspartei und damit auch ihre eigenen Entscheidungen gegen alle Angriffe zu verteidigen, egal ob diese sachlich berechtigt waren oder nicht. Hätte man den immer wieder vorgetragenen Vorwürfen zugestimmt, so wäre dies einer Aufgabe aller Führungsansprüche und damit einer Selbstausschaltung gleichgekommen.

Das spektakuläre politische Betätigungsverbot, das die Militärregierung Ende April 1946 gegen Fritz Schäffer verhängte, bildete zugleich den Höhe- und den Endpunkt dieser ersten Phase der innerparteilichen Auseinandersetzungen. Damit war gleichsam der Stein des Anstoßes beseitigt, und zugleich hatten die Erfolge der CSU bei den ersten Wahlen viel dazu beigetragen, die Tragfähigkeit und Attraktivität des Unionsgedankens unter Beweis zu stellen. Zudem begann das politische Tagesgeschehen die Beschäftigung mit der Vergangenheit in den Hintergrund zu drängen. Als Schäffer diese Fragen nach seinem Comeback in den ersten Monaten des Jahres 1948 noch einmal aufrollte, zeigte sich schnell, daß die Zeit darüber hinweggegangen war.

---

[529] ACSP, NL Müller 416, Rede Josef Müllers „Der neue Weg“ am 30. 4. 1946 in München, und Rede Müllers vor dem Erweiterten Vorläufigen Landesausschuß der CSU am 31. 3. 1946 in Bamberg, in: Protokolle und Materialien, S. 123–144.

[530] ACSP, NL Müller 5, Memorandum Georg Barths „Ist die Bayerische Volkspartei tot?“ vom 17. 7. 1946.

[531] Rede Müllers vor dem Erweiterten Vorläufigen Landesausschuß der CSU am 31. 3. 1946 in Bamberg, in: Protokolle und Materialien, S. 131.

[532] Zu Horlacher vgl. dessen Redebeiträge vor den Delegierten des Erweiterten Vorläufigen Landesausschusses der CSU am 30./31. 3. 1946 in Bamberg und des Landesausschusses am 28. 2. 1948 in Regensburg, in: Protokolle und Materialien, S. 79, S. 167f. und S. 1557f. Zu Scharnagl vgl. BayHStA, NL Pfeiffer 533, Anton Pfeiffer an Karl Scharnagl vom 13. 9. 1945 und dessen Antwortschreiben vom 16. 9. 1945.

Die zweite, vom Frühjahr 1946 bis zum Februar 1948 reichende Phase der Konflikte stand ganz im Zeichen der „bayerischen Frage". Seit Ende April/Anfang Mai 1946 beherrschten die Diskussionen über die Stellung Bayerns in einem künftigen deutschen Staat und über das Verhältnis der CSU zu den Unionsparteien in den anderen Teilen Deutschlands alle Auseinandersetzungen. Diese Kontroversen waren jedoch kein „Machtkampf zwischen Zentralisten und Föderalisten"[533], selbst wenn immer wieder versucht wurde, die innerparteilichen Gegner unabhängig von ihrer tatsächlichen Position als Zentralisten oder als Separatisten zu brandmarken – eine scharfe Waffe im Kampf um die Führung und die Politik der CSU, die besonders Josef Müller immer wieder zu spüren bekam[534]. Diese These führt aber allein deshalb in die Irre, weil der CSU-Vorsitzende alles andere als zentralistisch eingestellt war und Berlin als Hauptstadt eines künftigen deutschen Staates ebenso ablehnte wie als Zentrale einer gesamtdeutschen Unionspartei[535]. Gleichzeitig warnte er jedoch davor, bayerische „Kirchturmpolitik" zu betreiben[536], und erklärte, der „Gedanke der Reichseinheit" sei die „unantastbare Grundlage unserer politischen Überzeugung"[537]. Vor dem Landesarbeitsausschuß der CSU brachte der Ochsensepp seine Konzeption auf den kurzen Nenner, „er sei für die Reichseinheit, aber gegen das Einheitsreich"[538]. Es sei notwendig, der Zentrale soviel Macht einzuräumen, „daß sie mit der Not von innen und außen fertig werden" könne. Dies werde jedoch nie der Fall sein, so Müller weiter, „wenn nicht die Länder ihrerseits wieder stark genug sind, von sich aus die Not bekämpfen zu können"[539]. Als Ideallösung schwebte ihm ein deutscher Bundesstaat vor, und zwar ein Bundesstaat als Mitglied einer europäischen Föderation[540].

Bayern war für Müller Ausgangspunkt und Operationsbasis seiner Politik, und anders als viele seiner Kontrahenten dachte er in nationalen Kategorien[541]. Von entscheidender Wichtigkeit sei es, „die bayerischen politischen Probleme im Rahmen der Reichspolitik zu sehen", weil Bayern „vor der Geschichte die Verantwortung" dafür trage, daß nicht andere Teile Deutschlands „nach dem Osten" abglitten, erklärte der

---

533 Müchler, CDU/CSU, S. 39.

534 BayHStA, NL Ehard 1471, August Haußleiter, Die Politische Gesamtplanung des fortschrittlichen Flügels der CSU, undatiert; Protokoll der Sitzung des Landesarbeitsausschusses der CSU am 16. 5. 1946 in München, in: Protokolle und Materialien, S. 241–253, BayHStA, NL Ehard 887, CSU Kreisverband Mindelheim an Hans Ehard, Alois Hundhammer und August Schwingenstein vom 31. 5. 1948: „Sofortiges Handeln tut not, für Bayern eine ausgesprochen bayerische Politik zu treiben und für Deutschland eine föderalistische Politik und nicht den von Dr. Müller vertretenen Zentralismus zu fördern." Im selben Schreiben wird Müller für den „Ausverkauf" der CSU verantwortlich gemacht.

535 Protokoll der Sitzung des Landesarbeitsausschusses der CSU am 1. 5. 1946 in München, in: Protokolle und Materialien, S. 198. Müllers föderalistische Grundhaltung bezeugt auch: BayHStA, NL Pfeiffer 533, Konrad Adenauer an Gebhard Seelos vom 9. 2. 1947.

536 Protokoll der Sitzung des Landesausschusses der CSU am 6. 9. 1946 in München, in: Protokolle und Materialien, S. 539.

537 Josef Müller, Der neue Weg, in: Bayerische Rundschau Nr. 1/2 (1946), S. 1 ff.

538 Protokoll der Sitzung des Landesarbeitsausschusses der CSU am 16. 5. 1946 in München, in: Protokolle und Materialien, S. 251.

539 Müller, Maximen der Unionspolitik, in: Unsere soziale Revolution, S. 6.

540 Vgl. ebenda, S. 3. August Haußleiter brachte diese Vorstellung auf die einprägsame Formel: „Wir wollen nicht zurück zu einem Partikularismus des Jahres 1866, sondern wir wollen vorwärts zu einem europäischen Föderalismus des Jahres 2000." BayHStA, NL Ehard 1471, August Haußleiter, Die Politische Gesamtplanung des fortschrittlichen Flügels der CSU, undatiert.

541 Vgl. Josef Müller, Föderalismus als Ordnungsprinzip, in: FAZ vom 11. 5. 1948.

Ochsensepp im Februar 1946 seinem Gegenspieler Alois Hundhammer[542]. Deshalb erschien ihm eine intensive Kooperation der Unionsparteien auf gesamtdeutscher Ebene noch 1948 dringend notwendig: „Komme was wolle, die Union in der Ostzone dürfen wir nicht aufgeben, vielmehr werden wir mit Intensität die Verbindung zu dieser Union pflegen."[543] Müller hielt auch den defensiven Verfassungsföderalismus, wie er von bayerisch-etatistischen CSU-Politikern wie Hans Ehard verfochten wurde, für nicht ausreichend, um die Rechte der Länder einerseits und die Stabilität des Gesamtstaates andererseits dauerhaft zu sichern. Er glaubte vielmehr, daß es notwendig sei, föderalistische Politik wirtschafts- und sozialpolitisch zu unterbauen[544]. Mit seiner gemäßigten Konzeption blieb der CSU-Vorsitzende allerdings weitgehend erfolglos, obwohl ihre Realisierungschancen wesentlich besser gewesen sein dürften als die der Maximalpositionen bayerischer Staatsföderalisten. Aber die politischen Entwicklungen zwischen 1946 und 1948 zwangen den Ochsensepp dazu, seine Pläne entweder schrittweise aufzugeben oder den Gegebenheiten anzupassen, die unter anderem vom Verlauf der Führungs- und Flügelkämpfe bestimmt wurden[545].

Im Schatten der Auseinandersetzungen um die „bayerische Frage" wurde 1946 in den Führungsgremien der CSU um die programmatische Linie der Partei gerungen. Dabei erschienen der innerparteilichen Opposition die von August Haußleiter und Eugen Rindt, zwei engen Mitarbeitern Müllers, erarbeiteten Entwürfe zu wenig bayerisch und zu reichsorientiert[546]. Ihr ging es primär um die Sicherung der bayerischen Eigenstaatlichkeit und um die Bewahrung bayerischer Kultur und Tradition. Aus diesem Grund waren die zahlreichen Gegner Josef Müllers bemüht, Probleme der Staatspolitik, die mit dem gleichzeitigen Prozeß der Verfassunggebung zusammenhingen, in den Mittelpunkt der Debatte zu rücken. Der Ochsensepp lehnte dies strikt ab. Die CSU sei „in erster Linie eine Zusammenfassung von gleichgerichteten Menschen auf kultureller Grundlage", so der Parteivorsitzende; staatspolitische Überlegungen, die „von den Ideen der christlichen Kulturwelt bestimmt" sein müßten, hätten sich dem unterzuordnen[547]. In diesem Sinne hielten es Müller und seine politischen Freunde nach dem Zusammenbruch der staatlichen und gesellschaftlichen Ordnung in Deutschland für die Hauptaufgabe der CSU, der „Gefahr der Verelendung, aber auch der geistigen Verproletarisierung" entgegenzuwirken[548]. Appelle an das Gewissen des einzelnen und an das Gebot der Nächstenliebe schienen in der gegebenen Situation ebensowenig auszureichen wie eine christliche Kulturpolitik, der alleine es Müller nicht zutraute, das „Ziel einer geistigen Erneuerung" zu erreichen. Müller selbst, aber auch der Gewerkschafter Lorenz Sedlmayr, der spätere Ministerpräsident und Partei-

---

542 IfZ-Archiv, Fh 56, Aktennotiz Josef Müllers über sein Verhältnis zu Alois Hundhammer vom 25.2. 1946.

543 Müller, Maximen der Unionspolitik, in: Unsere soziale Revolution, S. 5f.

544 Vgl. Josef Müller, Föderalismus als Ordnungsprinzip, in: FAZ vom 11. 5. 1948, sowie seine Rede vor dem Erweiterten Vorläufigen Landesausschuß der CSU am 31. 3. 1946 in Bamberg, in: Protokolle und Materialien, S. 135.

545 Vgl. dazu allgemein Mintzel, Geschichte der CSU, S. 78–93, und Hettler, Josef Müller, S. 318–328.

546 Programmentwürfe Eugen Rindts und August Haußleiters, in: Protokolle und Materialien, S. 1717–1722 und S. 1729–1733. Zum Gesamtzusammenhang vgl. Mintzel, Geschichte der CSU, S. 209–215.

547 Protokoll der Sitzung des Landesausschusses der CSU am 6. 9. 1946 in München, in: Protokolle und Materialien, S. 539f.

548 Müller, Maximen der Unionspolitik, in: Unsere soziale Revolution, S. 3; das folgende Zitat ebenda.

vorsitzende Hanns Seidel oder der Wirtschaftsfachmann Johannes Semler betonten die Bedeutung der Wirtschafts- und Sozialpolitik und erhoben die Forderung nach einem umfassenden Ausgleich der Kriegsfolgelasten, um soziale Gerechtigkeit zu schaffen und die Not zu überwinden[549]. „Nur eine Revolution", so lautete das Fazit, „kann den Wandel herbeiführen. Das ist unsere soziale Revolution. Es ist eine friedliche Revolution. Sie muß erfüllt sein vom tätigen Christentum."[550]

Diese herausgehobene Stellung wirtschafts- und sozialpolitischer Grundsätze stieß bei Teilen der CSU auf Ablehnung und Unverständnis. Alois Hundhammer glaubte, sich „leidenschaftlich" dagegen wehren zu müssen, daß „aus einer Weltanschauungspartei [...] eine Wirtschaftspartei gemacht" werde, da nicht die „Wirtschaftsfrage" das entscheidende Problem der Gegenwart sei, „sondern die Entscheidung zwischen dem christlichen Abendland und dem neuheidnisch russischen Osten"[551]. Prononciert christliche Kulturpolitik war für Hundhammer daher stets wichtiger als alle Fragen der Sozial- oder Wirtschaftspolitik, und noch 1950 beschwor er die von ihm geführte Landtagsfraktion, „nie, auch nicht vorübergehend das Kultusministerium aus der Hand" zu geben[552].

Die Forderung nach einer christlichen Politik, verbunden mit einem spezifisch bayerischen Sendungsbewußtsein und oft genug mit einer antisozialistischen Spitze versehen, führte in letzter Konsequenz zu dem, was Alf Mintzel als Konzept eines „christlichen Bollwerks Bayern" bezeichnet hat[553]. Dabei war diese Zielvorstellung weniger umstritten als der Weg dorthin und die Konsequenzen, die sich daraus für die Politik der CSU ergaben. Als Repräsentant des katholisch-konservativen Flügels der Partei propagierte Hundhammer eine mehr defensive Strategie und trat dafür ein, „zunächst das bayerische Volk in sich selber [zu] festigen", bevor man über die Grenzen des Freistaates hinausgreifen könne[554]. Gerhard Kroll, eine wichtige Stütze Josef Müllers,

[549] Vgl. Lorenz Sedlmayr, Die soziale Neuordnung, in: Unsere soziale Revolution, S. 8ff.; IfZ-Archiv, RG 260, 13/149–2/1, Rundfunkrede Lorenz Seldmayrs „Die Wirtschafts- und Sozialpolitik der Christlich-Sozialen Union" am 22. 10. 1946; ACSP, NL Müller 280, Denkschrift „Reale Wirtschaftspolitik. Gedanken über ein deutsches Mindestprogramm", undatiert, und NL Müller 275, Denkschrift „Christliche Sozialordnung (nach Quadrigesimo anno Pius' XI.)", undatiert. Zu den wirtschaftspolitischen Vorstellungen der CSU vgl. auch Johannes Semler, Wirtschaftslage und Wirtschaftsgestaltung, München 1946, und Mintzel, Geschichte der CSU, S. 235–247.

[550] So das ungezeichnete Vorwort zu: Unsere soziale Revolution, S. 2. Diesen unbestimmten, vagen Revolutionsbegriff propagierten insbesondere August Haußleiter (BayHStA, NL Ehard 1171, Die Politische Gesamtplanung des fortschrittlichen Flügels der CSU, undatiert) und Eugen Rindt (Protokoll der Sitzung des Landesausschusses der CSU am 6. 9. 1946 in München, in: Protokolle und Materialien, S. 537). Die Überzeugung, revolutionäre Maßnahmen seien notwendig, um mit den ungeheuren politischen, sozialen und ökonomischen Problemen nach Kriegsende fertigzuwerden, war nicht nur unter den Mitbegründern der CSU verbreitet. So notierte Heinrich Krone, der an der Gründung der Union in Berlin beteiligt war, am 1. 7. 1945 in sein Tagebuch: „Die Zahl der Flüchtlinge aus dem Osten nimmt von Tag zu Tag zu. [...] Wie wollen wir diese vielen Menschen, diese Millionen aus unseren Ostgebieten unterbringen? Wir müssen den Großgrundbesitz aufteilen und ihnen Land geben. Die Not drängt, die Zeit verlangt es. Jetzt muß es geschehen, nicht später. Wir dürfen die Stunde nicht verpassen. Große Entscheidungen verlangen die richtige Stunde. Es gibt Zeiten, da der konservative Mensch fortschrittlich handeln muß. *Der konservative Mensch muß zur gegebenen Stunde Revolutionär sein.* Handelt er anders, wird er zum Totengräber dessen, was er erhalten will." Heinrich Krone. Tagebücher, Bd. 1: 1945–1961, bearb. von Hans-Otto Kleinmann, Düsseldorf 1995, S. 19; Hervorhebung von mir.

[551] Alois Hundhammer vor dem Dienstag-Club am 30. 4. 1946, in: Lehrjahre, S. 45.

[552] ACSP, CSU-LTF I, 15–14, Protokoll der Fraktionssitzung am 31. 5. 1950.

[553] Mintzel, Geschichte der CSU, S. 274. Zum Gesamtzusammenhang vgl. ebenda, S. 272ff.

[554] Protokoll der außerordentlichen Landesversammlung der CSU am 30./31. 8. 1947 in Eichstätt, in: Protokolle und Materialien, S. 1143f.; die folgenden Zitate ebenda, S. 1137f.

sprach dagegen die Befürchtung aus, „daß bloße Defensive letztlich nicht hinreichend sein wird, um das Christentum zu erhalten" und daß die von Hundhammer vorgeschlagene Strategie letztlich auf „die Abkapselung eines noch christlichen Restgebietes in Europa" hinauslaufen könnte. Im Sinne der gemäßigt föderalistischen Orientierung der Parteiführung forderte Kroll eine aktiv gestaltende Rolle Bayerns in Deutschland und Europa und gab der Überzeugung Ausdruck, daß „wir eines Tages vom christlichen Süden her zur christlichen Offensive werden schreiten müssen, wenn wir das Abgleiten Europas in den Nihilismus verhindern wollen".

Im Zuge der Diskussion über die programmatische Linie der CSU kam es bald auch zu Auseinandersetzungen über das von Jakob Kaiser entwickelte Konzept eines christlichen Sozialismus[555]. Das maßgeblich von Adam Stegerwald beeinflußte Programm der Würzburger CSU hatte im Oktober 1945 noch keinen Zweifel daran gelassen, daß die neu gegründete Union „einen wahren christlichen Sozialismus" vertrete[556], und noch in der ersten Nummer der Fränkischen Volksstimme, einem der ersten Mitteilungsblätter der CSU, konnte man im Januar 1946 lesen, daß nur ein „christlicher Sozialismus, der einem christlich-geistigen Weltbild" entspringe, in der Lage sei, die Probleme der Gegenwart zu bewältigen[557]. Selbst Politiker wie Alois Hundhammer konnten sich den kapitalismuskritischen Tendenzen der ersten Nachkriegsjahre nicht entziehen. Auf die Frage, inwieweit man von einem christlichen Sozialismus sprechen dürfe, antwortete er im April 1946:

„Wenn Sozialismus grundsätzlich die Vergesellschaftung aller Produktionsgüter bedeutet [...], dann wäre es ein Unding, von ‚christlichem Sozialismus' zu sprechen. Dieser Sozialismus stünde im Widerspruch zur christlichen Lehre, die ausdrücklich besagt, daß in Übereinstimmung mit dem Naturrecht für den Christen das Privateigentum das Gottgewollte ist. Wenn wir aber Sozialismus heute so verstehen [...], nämlich als eine Vergesellschaftung von Produktionsgütern, deren Bedeutung so groß ist, daß sie die Privatinteressen in den Schatten stellen [...], dann ist ein ‚christlicher Sozialismus' selbstverständlich. Die schwierige Frage ist nur, wo die Grenze liegen wird. Sie wird nicht mit dem Metermaß abzustecken sein, sondern immer eine Frage des Ermessens bleiben."[558]

---

[555] Vgl. dazu Werner Conze, Jakob Kaiser, Bd. 3: Politiker zwischen Ost und West 1945–1949, Stuttgart u. a. 1969, S. 29–41. Im BAK, NL Kaiser 88, findet sich eine instruktive Materialsammlung zum Problemkomplex christlicher Sozialismus. Zur Diskussion in der CSU vgl. auch Klaus Schreyer, Bayern – ein Industriestaat. Die importierte Industrialisierung. Das wirtschaftliche Wachstum nach 1945 als Ordnungs- und Strukturproblem, München, Wien 1969, S. 101–109. Die Unterschiede zwischen den Vorstellungen Jakob Kaisers und den programmatischen Überlegungen von Mitbegründern der Union in der britischen und amerikanischen Besatzungszone hat Hans-Otto Kleinmann präzise herausgearbeitet. Seine auf Köln und Frankfurt zugeschnittenen Ausführungen zur Bedeutung des Begriffs christlicher Sozialismus im Westen Deutschlands lassen sich cum grano salis auch auf die Kristallisationskerne der Unionsgründung in Bayern übertragen, sofern sie Adam Stegerwald und Josef Müller nahestanden: „Während im Westen die antikapitalistische und antiliberale Tradition katholischen Denkens sowie Grundvorstellungen der katholischen Soziallehre wie Genossenschaftsgedanke, Subsidiarität und Mitbestimmung die frühe Programmatik beeinflußten, entwickelte sich der Christliche Sozialismus Berliner Prägung unter Kaisers maßgeblichem Einfluß zu einem politischen Programm, das neben der prinzipiellen Abgrenzung gegen Marxismus und Kapitalismus vor allem [...] die Verknüpfung von sozialem Neuaufbau und nationaler Orientierung zur Verhinderung einer Teilung Deutschlands leisten sollte." Krone, Tagebücher, Bd. 1, S. 48 Anm. 20. Zu diesem Problem vgl. allgemein Franz Focke, Sozialismus aus christlicher Verantwortung. Die Idee eines christlichen Sozialismus in der katholisch-sozialen Bewegung und in der CDU, Wuppertal ²1981, und Rudolf Uertz, Christentum und Sozialismus in der frühen CDU. Grundlagen und Wirkungen der christlich-sozialen Ideen in der Union 1945–1949, Stuttgart 1981.

[556] Abgedruckt in: Becker (Hrsg.), Kapitulation, S. 287–292, hier S. 290.

[557] Fränkische Volksstimme vom 26. 1. 1946: „Der Weg ist frei!"

[558] Alois Hundhammer vor dem Dienstag-Club am 30. 4. 1946, in: Lehrjahre, S. 46.

Wie die verbreitete Unsicherheit im Umgang mit dem Sozialismusbegriff zeigt, war es für die CSU in der Tat ein Problem, die eigenen Positionen von denen sozialdemokratischer und kommunistischer Parteien abzugrenzen[559], und das damit verbundene Unbehagen wuchs, je tiefer der sich mehr und mehr verschärfende Gegensatz zwischen Ost und West in das Bewußtsein der Akteure drang[560]. Als der Landesausschuß der CSU im September 1946 über die programmatischen Grundsätze der bayerischen Unionspartei beriet, waren Begriff und Konzept des christlichen Sozialismus auch bei den Anhängern Josef Müllers umstritten. So sehr die Mitstreiter des Ochsensepp in ihrer Mehrheit auch darum bemüht waren, ein innovatives Parteiprogramm als Antwort auf die Herausforderungen des politischen und materiellen Wiederaufbaus zu entwickeln[561], so sehr fürchteten sie andererseits, daß der christliche Sozialismus ein erster Schritt zu einem „neuen Staatskollektivismus" bolschewistischer Provenienz sein könnte. Der Parteivorsitzende selbst stand den Vorstellungen Jakob Kaisers durchaus positiv gegenüber und hatte sie sogar wiederholt verteidigt, aber auch er lehnte es ab, die Bezeichnung christlicher Sozialismus zu übernehmen. Allerdings empfahl er, die Konzeption Kaisers bei der Erarbeitung der eigenen Programme zu berücksichtigen, wobei es ihm weniger darauf ankam, „den christlichen Sozialismus als Forderung zu deklarieren, als vielmehr den Nachweis zu führen, dass der christliche Sozialismus vor dem marxistischen da war"[562]. Um den Sozialismusbegriff zu vermeiden, warf Müller die Termini „christliche Sozialreform" und „christlicher Solidarismus" in die Debatte[563], während Karl Scharnagl, der „das Wort und den Begriff christlicher Sozialismus" strikt ablehnte, für ein „soziales Christentum" plädierte. Gerhard Kroll sprach sich jedoch vorsichtig dafür aus:

„Bei der Ablehnung des Begriffes christlicher Sozialismus durch Herrn Dr. von Eicken möchte ich meinerseits feststellen, daß ich mich mehr darum bemühen muß, den christlichen Kapitalismus abzulehnen, (Sehr gut!) den es einmal gegeben hat und immer noch gibt, als den christlichen Sozialismus zu verdammen. Wir ringen [...] um einen schlagkräftigen Begriff eines revolutionär-christlich gestalteten Parteiprogramms. Mit bloßen Versprechungen der alten Schulen und der alten Parteien, mit dem Hinhalten in dieser Not der Flüchtlinge, der Ausgebombten und Evakuierten werden wir – das haben wir erfahren – keinen Hund hinter dem Ofen hervorlocken. Hier geht es nicht um den Begriff als solchen. Aber die Haltung, die in ihm ausgedrückt ist, muß Wirklichkeit werden, wenn wir etwas anderes sein wollen als eine alte bourgeoise Partei."

Aber auch wenn die Befürworter des christlichen Sozialismus in der CSU in der Minderheit blieben, zeigen die programmatischen Diskussionen der ersten Nachkriegsjahre neben einer antisozialistischen auch eine „antikapitalistische Grundströmung"[564],

[559] ACSP, NL Müller 275, Ausarbeitung Wilhelm Arnolds „Christentum und Sozialismus – eine Einheit?", undatiert; Fränkische Volksstimme vom 14. 2. 1946: „Die Maske ist gefallen"; Bayerische Rundschau vom 23. 2. 1946: „Ist ‚marxistisch' ein Schimpfwort?"

[560] Archiv des Erzbistums Bamberg, Rep. 4/3–192, Wilhelm Arnold an Bischof Joseph Otto Kolb vom 7. 9. 1946 und Stadtpfarrer J. Krauß (Nürnberg) an Bischof Joseph Otto Kolb vom 14. 9. 1946.

[561] Protokoll der Sitzung des Landesausschusses der CSU am 6. 9. 1946 in München, in: Protokolle und Materialien, S. 537; das folgende Zitat ebenda, S. 547. IfZ-Archiv, RG 260, 13/149–2/1, Rundfunkrede August Haußleiters „Das Programm der Union" am 12. 11. 1946.

[562] ACSP, NL Müller 410/6, Entwurf eines Schreibens Josef Müllers an Konrad Adenauer, undatiert (August 1946).

[563] Protokoll der Sitzung des Landesausschusses der CSU am 6. 9. 1946 in München, in: Protokolle und Materialien, S. 541; die folgenden Zitate ebenda, S. 546 und S. 545.

[564] Mintzel, Geschichte der CSU, S. 215.

die sich teilweise noch pointierter in der politischen Programmatik anderer Unionsparteien findet und die erst in der zweiten Hälfte des Jahres 1947 zu verlöschen begann.

Angesichts der Mehrheitsverhältnisse in den Führungsgremien der bayerischen Unionspartei hatte die innerparteiliche Opposition nur geringe Chancen, ihre programmatischen Vorstellungen durchzusetzen. Das Grundsatzprogramm der CSU, das ebenfalls im Dezember 1946 von der Landesversammlung verabschiedete Aktionsprogramm und das im August 1947 beschlossene Wirtschafts- und Sozialprogramm waren damit mehr oder weniger Programme des Müller-Flügels[565]. Da die Gegner des Ochsensepp jedoch Schlüsselstellen in Parlament und Regierung kontrollierten, gestaltete sich die Umsetzung der Parteiprogramme für die Führung der bayerischen Unionspartei außerordentlich schwierig, und obwohl das Grundsatzprogramm offiziell bis 1957 in Kraft blieb, war seine tatsächliche Relevanz gering.

Die dritte Phase der innerparteilichen Führungs- und Flügelkämpfe begann im Februar 1948 mit der Rebellion des von Fritz Schäffer geführten Bezirksverbands Oberbayern gegen die Parteiführung um Josef Müller und endete mit dem Sturz des Ochsensepp im Mai 1949. Der offene Kampf um die Macht, der Aufstieg der Bayernpartei und der Zusammenbruch des Parteiapparats im Zuge der Währungsreform brachten die CSU an den Rand des Abgrunds. Die Eskalation der Auseinandersetzungen drohte die Partei zu einem Zeitpunkt zu lähmen, als über die künftige Gestalt Westdeutschlands entschieden wurde, und der Landesvorsitzende Josef Müller, immerhin auch Justizminister und stellvertretender Ministerpräsident im Kabinett Hans Ehards, war mehr damit beschäftigt, seine erschütterte Position zu festigen als in den politischen Entscheidungsprozeß einzugreifen.

---

[565] Abgedruckt in: Protokolle und Materialien, S. 1723–1728, S. 1734–1741 und S. 1742–1750; vgl. auch Mintzel, Geschichte der CSU, S. 213–216 und S. 218–222, und Schreyer, Industriestaat, S. 93–99. Wenig überzeugend die Darstellung bei Kirchmann, Bedeutung christlicher Werte, S. 98–106.

# III. „Ein Kampf um Bayern"[1]: Der Dualismus zwischen Partei und Fraktion 1946–1948

## 1. Ursachen und Motive

Ein Schlüssel zum Verständnis der Geschichte der CSU in den ersten Jahren ihres Bestehens ist der spannungs- und konfliktreiche Dualismus zwischen den Führungsgremien der Parteiorganisation und den CSU-Fraktionen in der Verfassunggebenden Landesversammlung und im bayerischen Landtag. Anläßlich des Jubiläums zum dreißigjährigen Bestehen der Landtagsfraktion umschrieb die CSU-Correspondenz, das offizielle Sprachrohr der Fraktion, das Verhältnis von Partei und Fraktion folgendermaßen:

„Die Geschichte der CSU in Bayern ist [. . .] in wesentlichen Teilen auch die Geschichte ihrer Fraktion im Bayerischen Landtag. Partei und Fraktion lassen sich nicht trennen. Denn wie die Partei Voraussetzung für die Fraktion ist, so ist die Fraktion Ziel jeder Partei. Moderne Parteiregierung heißt auch Einflußnahme der Partei auf Fraktion und Regierung, denn die Fraktion ist die politische Handlungseinheit der Partei im Parlament."[2]

Wenn damit auch die idealtypische Interdependenz zwischen einer politischen Partei und ihrer Parlamentsfraktion in einem demokratisch-parlamentarischen Regierungssystem korrekt charakterisiert ist, so sah gerade für die bayerische Unionspartei die Realität zunächst ganz anders aus. In der Ära Müller war nicht die Kooperation das dominierende Element im Verhältnis von Partei und Fraktion, sondern gegenseitiges Mißtrauen, der fehlende Wille zur Zusammenarbeit und ein erheblich gestörter Informationsfluß, mit einem Wort: ein geradezu selbstzerstörerischer Dauerkonflikt. Die Gremien der Parteiorganisation standen mehrheitlich gegen einen großen Teil der Unionsfraktion, der wiederum versuchte, die ungeliebte, ja teilweise verhaßte Parteiführung um Josef Müller von den Zentren politischer Entscheidung zu isolieren.

Nach dem Sturz des Ochsensepp und der Wahl Hans Ehards zum Parteichef beruhigte sich die Situation zwar, aber die Landtagsfraktion führte dennoch bis weit in die fünfziger Jahre ein ausgeprägtes politisches Eigenleben. Josef Müller sah sich noch 1955 gezwungen, auf die Gefahr eines Auseinanderfallens von Partei und Fraktion hinzuweisen. Er erinnerte sich wohl mit Unbehagen an eigene leidvolle Erfahrungen, als er seine Parteifreunde ermahnte, die Fraktion dürfe weder erstarren noch zu übermächtig werden und den politischen Willen der Partei ersticken. Mit den ernsten Wor-

---

1 IfZ-Archiv, ED 120 NL Hoegner 331, Memorandum Josef E. Messmers vom 12. 6. 1947: „Ein Kampf um Bayern. Weshalb wurde Dr. Josef Müller nicht Ministerpräsident?".

2 Richard Keßler, 30 Jahre Landtags-Fraktion der CSU, in: Festschrift zum 30 jährigen Bestehen der Landtagsfraktion der CSU, München 1976, S. 4–9, hier S. 4 (zit. auch bei Mintzel, Geschichte der CSU, S. 316); vgl. auch Hermann Leeb, Die Regierungsfraktion im Bayerischen Parlament, in: Auftrag, Bewährung, Ausblick. 40 Jahre Bayerische Verfassung 1946–1986, München 1986, S. 45–51.

ten: „Es darf keinen sterilen Hochmut der Mandatsträger gegenüber der Parteiführung und es darf kein lähmendes Mißtrauen der anderen Parteigremien gegenüber den Fraktionen geben“, warnte Müller vor einer Situation, die ihn als Landesvorsitzenden vor schwerste Probleme gestellt hatte[3].

Der Dauerzwist zwischen Partei und Fraktion erklärt sich unter anderem aus den Parteistatuten der CSU und aus den strukturellen Verwerfungen im Parteiensystem Bayerns. Die Satzung der Partei, um die deshalb auch so außerordentlich hart gerungen wurde[4], begünstigte eindeutig die fränkischen Bezirksverbände, die sich bis 1948 stets als feste Stütze Müllers zeigten. Ohne Rücksicht auf Organisationsdichte oder Anzahl der Wähler kam jedem Bezirksverband der CSU im Landesausschuß die gleiche Anzahl an Vertretern zu, und auch zur Landesversammlung konnte jeder Kreisverband zwei Delegierte entsenden, gleichgültig wieviele Wähler und Parteimitglieder er aufzuweisen hatte[5]. Dieser Delegiertenschlüssel sicherte Müller eine komfortable Mehrheit in Landesausschuß und Landesversammlung, benachteiligte jedoch die wähler- und mitgliederstarken Bezirks- und Kreisverbände der CSU in Altbayern, wo die parteiinterne Opposition ihre wichtigsten Bastionen hatte. Bei Wahlen schnitt die CSU jedoch gerade in diesen Regionen besonders gut ab, wo sie an gewachsene organisatorische und politische Traditionen anknüpfen konnte, während sie in den fränkisch-protestantischen Landesteilen auf Hindernisse konfessioneller Art und auf antibajuwarische Ressentiments stieß. Hinzu kam, daß der Einfluß der Parteiführung auf die Aufstellung der Kandidaten für die Wahlen zur Verfassunggebenden Landesversammlung und zum bayerischen Landtag begrenzt war, so daß es für Müller nur wenige Möglichkeiten gab, die Zusammensetzung der künftigen Fraktion zu beeinflussen[6]. In den CSU-Fraktionen in der Verfassunggebenden Landesversammlung und im Landtag dominierten deshalb die Abgeordneten, die der Parteiführung um Josef Müller, wenn nicht in offener Opposition, so doch wenigstens mit abwartender Skepsis gegenüberstanden[7]. Diese strukturelle Mehrheit der innerparteilichen Gegner mußte nicht zwangsläufig zur Entmachtung Müllers führen[8], immerhin wußte der CSU-Vorsitzende einen zahlenmäßig nicht unbedeutenden Teil der Fraktion hinter sich. Erst die Unüberbrückbarkeit persönlicher Gegensätze, Aufstieg oder Versagen bestimmter Abgeordneter, die Entwicklung der politischen Situation und der seit Sommer 1948 fortschreitende Zerfall des

[3] Festansprache Josef Müllers anläßlich der Feierlichkeiten zum 10 jährigen Bestehen der CSU, in: 10 Jahre Christlich-Soziale Union in Bayern, hrsg. vom Generalsekretariat der Christlich-Sozialen Union in Bayern aus Anlaß des Landesparteitages am 23. Oktober 1955 in München, München 1955, S. 37–50, hier S. 48f.

[4] Vgl. dazu Fait, Anfänge, S. 126–142.

[5] Satzung der CSU in der Fassung vom 4. 10. 1946, abgedruckt in: Protokolle und Materialien, S. 1783–1803; 1948 veränderte eine kleine Satzungsreform das Kräfteverhältnis etwas zuungunsten des Müller-Flügels.

[6] Vgl. dazu S. 148–151.

[7] Wenn Anton Pfeiffer im Oktober 1946 gegenüber einem Vertreter der Besatzungsmacht erklärte, unter den CSU-Abgeordneten in der Verfassunggebenden Landesversammlung seien nur 26 für Josef Müller als Parteivorsitzenden, aber 80 gegen ihn, dürften diese Angaben in etwa korrekt und nur geringfügig zugunsten der Müller-Gegner geschönt sein. IfZ-Archiv, RG 84, 747/33, Memorandum of Conversations of J. D. Beam with Dr. Mueller und Dr. Pfeiffer, undatiert. In einem Strategiepapier aus der Umgebung Josef Müllers hieß es dagegen, bei geheimer Abstimmung seien die Kräfte in der Fraktion etwa gleich stark. ACSP, NL Müller 224, Memorandum: „Politische Lage in Bayern“, ungezeichnet, undatiert (Oktober/November 1946).

[8] Dies suggeriert Mintzel, Anatomie, S. 120.

Müller-Flügels ermöglichten es der innerparteilichen Opposition, die Landtagsfraktion zu ihrer wichtigsten Basis in den Führungs- und Flügelkämpfen auszubauen.

Der Gegensatz zwischen Parteiführung und Unionsfraktion schuf zwar die Voraussetzung für eine neue Qualität der innerparteilichen Auseinandersetzung, die Situation an sich aber war der Parteiführung nicht gänzlich unbekannt, denn schon 1945 hatte sich eine ähnliche Konstellation ergeben[9]. Mit der Berufung Wilhelm Hoegners zum Ministerpräsidenten hatte sich für die CSU in statu nascendi Anfang Oktober 1945 die Frage gestellt, ob sie sich an einem sozialdemokratisch geführten Kabinett beteiligen solle oder nicht[10]. Die Meinungsverschiedenheiten, die darüber unter den Mitgliedern des Münchner Gründerkreises bestanden, waren jedoch so groß, daß der Vorbereitende Ausschuß der CSU am 5. Oktober lediglich einen sehr ambivalenten Beschluß fassen konnte[11]. Einerseits wurde festgestellt, daß die CSU die Regierung Hoegner nicht als Koalitionskabinett betrachte und sich offiziell nicht daran beteilige; andererseits stellte man es den Parteimitgliedern aber frei, als Fachleute in das Kabinett einzutreten. Die parteioffizielle Distanz zur Regierung Hoegner bei gleichzeitiger Mitarbeit im Kabinett brachte der CSU unbestreitbar gewichtige Vorteile. Man konnte jederzeit auch aus wahltaktischen Erwägungen heraus öffentlich von notwendigen, aber unpopulären Maßnahmen abrücken[12] und zugleich die anstehenden Grundsatzentscheidungen an führender Stelle mitgestalten. Zugleich trug dieser Beschluß grundsätzlichen Erwägungen Müllers und Scharnagls Rechnung, für die eine klare Abgrenzung zwischen Regierung und Opposition zu den Kennzeichen einer funktionierenden Demokratie gehörte[13]. Allerdings bedeutete die Zurückhaltung der provisorischen Parteiführung in Fragen der Regierungspolitik auch einen selbstgewählten Rückzug aus einer bei allen Beschränkungen durch die amerikanische Besatzungsmacht doch wesentlichen Schaltstelle bayerischer Politik. Josef Müller gehörte noch nicht einmal der Delegation an, die im Oktober 1945 mit Vertretern von SPD und KPD über die Regierungsbildung verhandelte, während Fritz Schäffer und Alois Hundhammer zu den Wortführern der CSU zählten[14]. Josef Müller und seine Mitstreiter kümmerten sich in diesen Wochen vornehmlich um den organisatorischen Aufbau der CSU und um die Konsolidierung ihrer eigenen Position; das Machtvakuum, das durch die Abstinenz der Parteispitze entstanden war, füllten dagegen die CSU-Mitglieder im Kabinett Hoegner mehr und mehr aus.

---

[9] Vgl. Fait, Anfänge, S. 119ff.

[10] Zur Bildung des ersten Kabinetts Hoegner und zur Rolle der CSU vgl. Gelberg, Einleitung zu den Protokollen des Bayerischen Ministerrats: Kabinett Hoegner I, S. XXXI-LII.

[11] Protokoll der Sitzung des Vorläufigen Landesausschusses der CSU am 17. 12. 1945 in München, in: Protokolle und Materialien, S. 18f. Zur Regierungsbildung im Herbst 1945 vgl. BayHStA, NL Pfeiffer 53, Aufzeichnungen Anton Pfeiffers über die Bildung des Kabinetts Hoegner I, undatiert.

[12] Vgl. Mintzel, Geschichte der CSU, S. 325f.

[13] IfZ-Archiv, Fh 56, Karl Scharnagl an Josef Müller vom 3. 10. 1945. Für eine reguläre Beteiligung der CSU am Kabinett Hoegner hatten dagegen führende Vertreter des Bauernflügels plädiert, wie Alois Schlögl im Dezember 1946 nochmals betonte; ACSP, CSU-LTF I, 15–14, Protokoll der Fraktionssitzung am 9. 12. 1946.

[14] IfZ-Archiv, Fh 56, Aktennotiz Josef Müllers über sein Verhältnis zu Alois Hundhammer vom 25.2. 1946; ACSP, CSU-LSG, Ordner Müller – Hundhammer 1952, „Niederschrift über den Beleidigungsprozeß Staatsminister Dr. Müller – Gaßner in Landshut" am 23. und 25. 8. 1948; BayHStA, NL Pfeiffer 53, Aufzeichnungen Anton Pfeiffers über die Bildung des Kabinetts Hoegner I, undatiert; neben Schäffer und Hundhammer waren u. a. Johannes Semler, Anton Pfeiffer und Hans Ehard an den Besprechungen beteiligt.

Diese Konstellation begünstigte in den sich verschärfenden Konflikten die Opposition gegen den CSU-Vorsitzenden, wie sich bald herausstellte. Denn von den Ministern und Staatssekretären der bayerischen Unionspartei, die Hoegner berufen hatte, zählte keiner zum engeren Kreis um den Ochsensepp, lediglich Heinrich Krehle unterstützte zeitweise die politische Linie der Parteiführung. Dagegen bekleideten mit Anton Pfeiffer und später mit Joseph Baumgartner zwei prominente Gegner Müllers Schlüsselpositionen[15]. Von den insgesamt neun CSU-Politikern, die zwischen Oktober 1945 und Dezember 1946 im Kabinett saßen, hatten sieben der BVP, den Christlichen Bauernvereinen oder den Christlichen Gewerkschaften angehört; Pfeiffer, Baumgartner, Krehle und Helmerich hatten in diesen Organisationen auch wichtige Funktionen ausgeübt. Die Staatssekretäre Hans Ehard, Hans Kraus, Hans Meinzolt und Wilhelm Niklas entstammten der traditionell gouvernemental-föderalistischen bayerischen Ministerialbürokratie. Bis auf Hans Meinzolt[16], der zwischen 1933 und 1945 mit dem Titel eines Oberkirchenrats als Vizepräsident des evangelisch-lutherischen Landeskirchenrats in München fungiert hatte, bekannten sich alle Regierungsmitglieder der CSU zum katholischen Glauben.

Ein Regierungsamt ermöglichte es auch weniger bekannten Politikern, sich landesweit zu profilieren und schließlich in die Führungsmannschaft der CSU aufzusteigen. Wie bedeutend dieser kleine Kreis für die Entwicklung der bayerischen Politik insgesamt werden sollte, fällt sofort auf, wenn man die Karriereverläufe der neun CSU-Vertreter in der Regierung Hoegner prospektiv betrachtet: Hans Ehard stand zwischen 1946 und 1962 vier Kabinetten vor und war fünfeinhalb Jahre lang Vorsitzender seiner Partei. Joseph Baumgartner entwickelte sich zur Integrationsfigur der Bayernpartei, nachdem er die CSU verlassen hatte, und führte als stellvertretender Ministerpräsident 1954–1957 erneut das Landwirtschaftsministerium. Anton Pfeiffer hatte als Staatsminister und Vorsitzender der CDU/CSU-Fraktion im Parlamentarischen Rat maßgeblichen Anteil an der Gestaltung des Grundgesetzes. Heinrich Krehle amtierte bis 1954 als Staatssekretär und Staatsminister im Arbeitsministerium. Hans Kraus wurde im Januar 1947 zum bayerischen Finanzminister berufen und hatte dieses Amt bis zu seinem Rücktritt 1950 inne. Hans Müller blieb zunächst Staatssekretär im Finanzministerium und beendete seine Karriere 1955 als Präsident des Bundesfinanzhofes. Wilhelm Niklas wurde der erste Bundeslandwirtschaftsminister, und Hans Meinzolt, von Kultusminister Alois Hundhammer im Dezember 1946 zunächst aus seinem Amt verdrängt, gehörte als Staatssekretär im Kultusministerium auch dem zweiten Kabinett Wilhelm Hoegners an. Lediglich Michael Helmerich blieb eine weitere Karriere versagt[17], aber

[15] Baumgartner bekleidete das Amt des Landwirtschaftsministers, Pfeiffer war zunächst Hoegners Staatssekretär in der Staatskanzlei und seit Juli 1946 als Staatsminister für Sonderaufgaben mit der Durchführung der Entnazifizierung betraut, Michael Helmerich führte seit Februar 1946 das Verkehrsministerium. Pfeiffers Nachfolger als Leiter der Staatskanzlei war Hans Kraus, die übrigen Staatssekretäre der CSU waren folgenden Ministerien zugeordnet: Heinrich Krehle – Arbeitsministerium, Wilhelm Niklas – Landwirtschaftsministerium, Hans Müller – Finanzministerium, Hans Ehard – Justizministerium, Hans Meinzolt – Kultusministerium. Vgl. Protokolle des Bayerischen Ministerrats: Kabinett Hoegner I, S. LII-LX.

[16] Ob Hans Meinzolt formal der CSU angehörte, läßt sich nicht eindeutig klären, bei den Verhandlungen über die Regierungsbildung galt er jedoch als Kandidat und Repräsentant der CSU. BayHStA, NL Pfeiffer 53, Aufzeichnungen Anton Pfeiffers über die Bildung des Kabinetts Hoegner I, undatiert.

[17] Helmerich sollte auch im ersten Kabinett Ehard zum Verkehrsminister ernannt werden; Bedenken der Militärregierung verhinderten dies jedoch. ACSP, CSU-LTF I, 15–14, Protokoll der Fraktionssitzung am 10. 1. 1947.

er gehörte von 1950 bis 1966 immerhin für die CSU dem bayerischen Landtag an. Wie sehr sich das Verhältnis zwischen der Parteiführung und ihren eigenen Ministern und Staatssekretären bis zum Sommer 1946 verschlechtert hatte, zeigen die Klagen von Mitarbeitern Josef Müllers. Die Union sei über „Pläne und Entwürfe der Regierung völlig unzulänglich unterrichtet", hieß es. Die Schuld daran liege „zum Teil bei der Regierung, zum Teil bei den Kabinettsmitgliedern der Union, zum Teil bei der Union selbst". Es sei „unmöglich, dass die Partei über wichtige Gesetzesentwürfe erst viel zu spät durch Zufall oder aus der Presse Kenntnis" erhielte[18]. Doch diese Spannungen zwischen der Parteiführung und den Regierungsmitgliedern der CSU und die Isolierung und Selbstisolierung der Parteispitze von den Schalthebeln der Regierungsmacht waren lediglich der Prolog für die Auseinandersetzungen zwischen den Führungsgremien der Parteiorganisation und der CSU-Fraktion nach den ersten landesweiten Wahlen im Juni und Dezember 1946.

## 2. Die CSU-Fraktion in der Verfassunggebenden Landesversammlung

Die Wahlen zur Verfassunggebenden Landesversammlung Bayerns am 30. Juni 1946 waren für die CSU ein weiterer großer Erfolg. Mit 58,3 Prozent der Wählerstimmen errang die CSU die absolute Mehrheit und verfügte in der Verfassunggebenden Landesversammlung mit 109 Mandaten über mehr als doppelt soviele Sitze wie die bayerische SPD, die mit 28,8 Prozent der Stimmen und 51 Abgeordneten zur zweitstärksten Kraft geworden war[19]. Die Freude über diesen Wahlsieg war in der Führungsriege der Partei aber nicht ungetrübt. Josef Müller bereitete vor allem die Zusammensetzung der Fraktion Sorgen[20]. Der CSU-Vorsitzende, der auf jüngere Kräfte setzte und für den Dynamik zu den Schlüsselbegriffen politischen Denkens gehörte, hielt den Altersdurchschnitt der CSU-Abgeordneten mit mehr als 54 Jahren[21] für zu hoch und sprach von einer „Vergreisung" der Fraktion, die auch schon Vertreter der Militärregierung moniert hätten[22]. Überhaupt entsprach die Sozialstruktur der Fraktion nicht Müllers Vorstellungen, „da sie vor allem kein getreues Abbild der Union sei". Die Bauernvertreter „unter der Führung Horlachers und Schlögls" seien viel zu zahlreich vertreten, während die Arbeiterschaft stark unterrepräsentiert sei. In einem Strategiepapier der Landesleitung wurde überdies konstatiert, die wenigen Arbeitervertreter seien zwar „qualitativ gut", aber gerade im Vergleich mit den bäuerlichen Abgeordneten nicht „robust genug", um sich in der Unionsfraktion durchsetzen zu können. Das lag nicht

---

[18] ACSP, NL Müller 17, Notiz über eine „Besprechung organisatorischer Mängel in der Arbeit der Union und Diskussion von Verbesserungsvorschlägen" am 19. 8. 1946.

[19] Vgl. Ritter/Niehuss, Wahlen in Deutschland, S. 147. Eine interne Analyse des Wahlergebnisses der CSU findet sich in: ACSP, LTW 1946, „Auswertung des Wahlergebnisses vom 30. Juni 1946".

[20] Protokoll der Sitzung des Landesausschusses der CSU am 6. 9. 1946 in München, in: Protokolle und Materialien, S. 577, sowie Sitzung des Ochsen-Clubs am 24. 7. 1946, in: Lehrjahre, S. 84 f.

[21] Nach Schmidt, Staatsgründung und Verfassungsgebung, Bd. 1, S. 127, betrug der Altersdurchschnitt der CSU-Fraktion in der Verfassunggebenden Landesversammlung (Stichtag: 26. 10. 1946) 54,2 Jahre; die CSU stellte damit im Schnitt die ältesten Abgeordneten.

[22] Protokoll der Sitzung des Ochsen-Clubs am 24. 7. 1946, in: Lehrjahre, S. 84; die folgenden Zitate finden sich ebenda.

zuletzt daran, daß den Repräsentanten der christlichen Arbeiterschaft ebenso wie den evangelischen Mandatsträgern mehrheitlich jede parlamentarische Erfahrung fehlte, während auf der anderen Seite eine Reihe von ehemaligen BVP- und BBB-Politikern stand, die ihre Parteien vor 1933 bereits im Land- oder Reichstag vertreten hatten[23].

Wie ungünstig die Kräfteverhältnisse in der CSU-Fraktion für den Parteivorsitzenden und seine Mitstreiter wirklich standen, zeigte erstmals die Debatte um die Person des Fraktionschefs und um die Besetzung des Vorstands der Fraktion in der Verfassunggebenden Landesversammlung. Am 15. Juli 1946 traf sich die neugewählte Fraktion im Münchner Rathaus zu ihrer ersten Sitzung[24]. Den Vorsitz führte Josef Müller zunächst selbst. Damit verfügte der Parteichef über diverse Möglichkeiten, den Sitzungsverlauf in seinem Sinne zu beeinflussen – ein Instrumentarium, das der Ochsensepp in der Regel virtuos zu handhaben verstand. Angesichts der innerparteilichen Konfliktlage und der brisanten Personalentscheidungen, die auf der Tagesordnung standen, waren Auseinandersetzungen allerdings geradezu vorprogrammiert. Glaubt man Müllers eigenen Worten, so hatte er im Vorfeld davon abgesehen, Einfluß auf die Fraktion oder wenigstens auf einzelne Abgeordnete zu nehmen, und er verzichtete auch darauf, selbst eine Liste mit Personalvorschlägen für die wichtigsten Ämter in Fraktion und Verfassunggebender Landesversammlung vorzulegen[25].

Ein Teil der Mandatsträger, man sprach von etwa 40, scheint dagegen mit festumrissenen Vorstellungen in die Fraktion gekommen zu sein. Es waren dies die zahlreichen Vertreter bäuerlicher Interessen unter den CSU-Abgeordneten, die bereits vor der Sitzung zu einer Besprechung zusammengekommen waren[26]. Das Ziel einer solchen Initiative lag auf der Hand: die Sicherung des Einflusses der bäuerlichen Interessenvertreter – und damit indirekt des Bayerischen Bauernverbands – auf die Gestaltung der neuen Verfassung durch die Besetzung wichtiger Ämter mit eigenen Leuten. Auch daß damit eine Verschiebung des innerparteilichen Kräfteverhältnisses einhergehen konnte, mußte allen Beteiligten klar sein. Doch die ersten Personalvorschläge für das Amt des Fraktionsvorsitzenden, über dessen politische Bedeutung sich die Abgeordneten einig waren[27], kamen von anderer Seite. Landrat Josef Jörg aus Hammelburg nominierte

[23] ACSP, NL Müller 224, Memorandum: „Politische Lage in Bayern", ungezeichnet, undatiert (Oktober/November 1946).

[24] Zur ersten Sitzung der CSU-Fraktion in der Verfassunggebenden Landesversammlung (mit ausführlichen Zitaten aus dem Sitzungsprotokoll) vgl. In Verantwortung für Bayern. 50 Jahre CSU-Fraktion im Bayerischen Landtag 1946–1996, hrsg. von der CSU-Landtagsfraktion, München 1996, S. 58–67.

[25] ACSP, CSU-LTF I, 15–14, Protokoll der Sitzung der CSU-Fraktion in der Verfassunggebenden Landesversammlung am 15. 7. 1946; Protokoll der Sitzung des Landesausschusses der CSU am 6. 9. 1946 in München, in: Protokolle und Materialien, S. 576f. August Haußleiter erinnerte sich später: „Daß Hundhammer Fraktionsvorsitzender der CSU in der Verfassunggebenden Landesversammlung wurde, war bereits eine erste Weichenstellung gegen Müller. Auch wir Jüngeren, die eigentlich Anhänger des ‚Ochsensepp' waren, wählten Hundhammer mit. Denn woher sollten wir wissen, wer Hundhammer war und was er repräsentierte? Müller hatte uns schlecht informiert. Er war eben kein Organisator. Sonst hätte er die ersten Niederlagen nicht so erleben müssen." August Haußleiter, Der Sturz des „Ochsensepp", in: Schröder, Bayern 1945, S. 89–104, hier S. 99.

[26] ACSP, CSU-LTF I, 15–14, Protokoll der Sitzung der CSU-Fraktion in der Verfassunggebenden Landesversammlung am 15. 7. 1946; ACSP, NL Müller 224, Memorandum: „Politische Lage in Bayern", ungezeichnet, undatiert (Oktober/November 1946), und NL Müller 5, undatierte Aufzeichnung über die Haltung der Bauernvertreter in der CSU.

[27] Der Abgeordnete Josef Krempl erklärte: „Zweifellos hat der Fraktionsvorsitzende den wichtigsten Posten in der Partei." ACSP, CSU-LTF I, 15–14, Protokoll der Sitzung der CSU-Fraktion in der Verfassunggebenden Landesversammlung am 15. 7. 1946; das folgende nach ebenda.

den Parteivorsitzenden, Anton Pfeiffer brachte Staatssekretär Krehle ins Gespräch, Max Zwicknagl den knorrigen Michael Horlacher. Den Vorschlag, Josef Müller auch zum Fraktionschef zu wählen, konterte Pfeiffer mit einem einleuchtenden Hinweis:

„Wir haben eine Reihe sehr wichtiger Funktionen zu besetzen, die Fachkenntnis und politische Erfahrungen verlangen. Wir dürfen diese Funktionen nicht häufen. Für die Parteileitung, für die Fraktion, für die Ausschüsse und für die Regierung brauchen wir wenigstens 30–40 Leute. Diese Funktionen dürfen nicht bei einigen wenigen Personen angehäuft werden."

Dieses Verdikt, das auch als indirekte Ablehnung der Verbindung von Partei- und Fraktionsvorsitz verstanden werden konnte, entwickelte sich zum zentralen Argument gegen eine Kandidatur Josef Müllers und wurde beispielsweise von Joseph Baumgartner und Alois Schlögl, dem einflußreichen Generalsekretär des Bayerischen Bauernverbands, wiederholt vorgebracht. Landwirtschaftsminister Baumgartner war es, der den im Vorfeld abgestimmten Vorschlag des bäuerlichen Flügels der Fraktion präsentierte und damit die Katze aus dem Sack ließ:

„Vom Standpunkt der bäuerlichen Wähler, die über 60 % aller Stimmen ausmachen, bitte ich um Ihr Einverständnis, dass wir Horlacher, der eine grosse Erfahrung hat, als Fraktionsvorsitzenden nehmen. Ich hätte den grossen Wunsch, dass Sie Horlacher Ihr Vertrauen geben, damit auf diese Weise die bäuerlichen Wähler gewürdigt werden."

Ein Teil der Abgeordneten fühlte sich von Baumgartners Wahlempfehlung geradezu „überrumpelt". Franz Pfleger, Oberbürgermeister von Weiden, sprach sogar von diesem „Diktum" des Landwirtschaftsministers als einer „der grössten Enttäuschungen" seines politischen Lebens. Ohne formell vorgeschlagen zu sein oder selbst das Wort zu ergreifen, war auch Alois Hundhammer ein prominenter Kandidat für den Fraktionsvorsitz[28], so daß sich die Debatte früh auf drei Kandidaten zuspitzte, die in den parteiinternen Führungs- und Flügelkämpfen verschiedene Richtungen vertraten.

Josef Müller sah sich angesichts dieses Diskussionsverlaufs gezwungen, seine taktische Marschroute zu ändern[29]. Um einen Vertreter der internen Opposition wie Hundhammer oder den unberechenbaren Horlacher zu verhindern, plädierte er nun dafür, einen von den Auseinandersetzungen unbelasteten, „ganz neuen Mann" mit dem Fraktionsvorsitz zu betrauen oder die Entscheidung zu vertagen, wobei er wohl mit dem Gedanken liebäugelte, so lange die Fraktion selbst zu führen. Die Nominierung eines unbekannten Kompromißkandidaten hätte zu diesem Zeitpunkt ebenso einen Punktsieg Müllers bedeutet wie eine Verschiebung der fraktionsinternen Wahlen. Die Vorschläge des Landesvorsitzenden erwiesen sich jedoch allen Anstrengungen und taktischen Finessen zum Trotz als nicht durchsetzbar, und die Fraktion stimmte schließlich über ein Paket aus Personalvorschlägen ab, das Anton Pfeiffer in der Zwischenzeit geschnürt hatte und das den verschiedenen innerparteilichen Richtungen ebenso Rechnung trug, wie es Forderungen nach regionaler, konfessioneller und berufsständischer Repräsentation berücksichtigte. Die Bauernvertreter sollten den Fraktionsvorsitzenden benennen, August Haußleiter als Vertreter der evangelischen Teile Frankens und der Gewerkschafter Lorenz Sedlmayr sollten als stellvertretende Fraktionsvorsitzende fungieren.

[28] Max Rief brachte Hundhammer, der mehr „vom allgemeinen Gesichtspunkt aus geeignet" sei, ins Gespräch und sprach kurz vor der Abstimmung davon, daß für Hundhammer „die Reklametrommel gerührt" worden sei.

[29] Vgl. die unzutreffende Darstellung bei Fait, Anfänge, S. 118.

Das Wahlergebnis war jedoch eine Überraschung. Die Fraktion hatte nicht dem erklärten Favoriten Michael Horlacher das Vertrauen ausgesprochen, sondern Alois Hundhammer, der 51 Stimmen auf sich vereinigen konnte[30]. Gleichsam als Kompensation für seine Niederlage nominierte die Fraktion Horlacher für das Amt des Präsidenten der Verfassunggebenden Landesversammlung, und es bestanden keine Zweifel darüber, daß er im Plenum auch die notwendige Stimmenzahl erhalten würde[31]. Auch August Haußleiter, der sich – verlockt von der Aussicht auf einen Platz in der Fraktionsspitze – in der vorangegangenen Diskussion überraschend gegen Josef Müller gestellt hatte, konnte sich bei der Wahl der beiden stellvertretenden Vorsitzenden nicht durchsetzen. Er unterlag klar gegen den evangelischen Landwirt Adam Sühler aus Oberfranken[32] und den Augsburger CSU-Politiker Hans Imler, die beide zum Müller-Flügel der bayerischen Unionspartei tendierten. Komplettiert wurde der Fraktionsvorstand durch Anton Maier, einen alten Gefolgsmann Anton Pfeiffers aus dem Generalsekretariat der BVP, und den enttäuschten August Haußleiter[33].

Zweifelsohne war dieses Ergebnis für Müller und seine politischen Freunde eine schwere Niederlage, deren Auswirkungen sich noch gar nicht übersehen ließen. Mit der Wahl Hundhammers zum Fraktionsvorsitzenden war der vielleicht schärfste Gegner des Ochsensepp in eine der einflußreichsten Positionen gekommen, die die Partei zu vergeben hatte. Auch die Nominierung Horlachers für das Amt des Präsidenten der Verfassunggebenden Landesversammlung war für den Landesvorsitzenden eine zwiespältige Angelegenheit. Die Tatsache, daß nur eine Minderheit der CSU-Abgeordneten hinter ihm stand und daß sich offensichtlich auch ansonsten treue Mitstreiter mit seinen Gegnern verständigt hatten, mußte Müller ebenfalls alarmieren. Mit am schwersten wog jedoch: Die Wahl Hundhammers und Horlachers drohte die Verteilung der Spitzenämter in Fraktion und Landtagspräsidium nach den ersten Landtagswahlen zu präjudizieren. Bis dahin versuchte man, das Beste aus der verfahrenen Situation zu machen. Die Parteiführung habe sich nur deshalb nicht gegen die Wahl Hundhammers zur Wehr gesetzt, stand in einem Memorandum der Landesleitung zu lesen,

> „weil sie der Auffassung war, dass dem Dr. Hundhammer Gelegenheit gegeben würde, sich zu verbrauchen, und weil damit die Haltung der Union – Bayern ein selbstverständliches und gleichberechtigtes Glied des Deutschen Bundesstaates – gegen den Hauptexponenten des Baju[w]arismus mit teilweise monarchistisch-separatistischer Prägung herausgearbeitet werden könnte“[34].

Die Personalentscheidungen, die von den Abgeordneten am 15. Juli getroffen wurden, verhießen ebenso wie der Verlauf der konstituierenden Fraktionssitzung nichts Gutes

---

30 Horlacher erhielt nur 44 Stimmen, Josef Müller vier, Franz Pfleger zwei und Heinrich Krehle eine; drei Stimmzettel waren ungültig.

31 In der Stichwahl konnte sich Horlacher mit 57 Stimmen gegen Lorenz Krapp durchsetzen, der 45 Stimmen erhielt. Zugleich nominierte die Fraktion die beiden weiteren Mitglieder der CSU für das Präsidium der Verfassunggebenden Landesversammlung: Lorenz Sedlmayr als 2. Vizepräsidenten und Maria Deku als Schriftführerin, die beide zum Müller-Flügel der Partei tendierten.

32 Adam Sühler erhielt 72 Stimmen, die höchste Stimmenzahl bei diesen fraktionsinternen Wahlen überhaupt, August Haußleiter und Konrad Kübler erhielten je 12 und Maria Deku sechs.

33 ACSP, CSU-LTF I, 15–14/1, Liste der Mitglieder des Vorstands der CSU-Fraktion in der Verfassunggebenden Landesversammlung vom 29. 7. 1946.

34 ACSP, NL Müller 224, Memorandum: „Politische Lage in Bayern“, ungezeichnet, undatiert (Oktober/November 1946).

für die Zukunft[35]. Tatsächlich sollte es nicht lange dauern, bis sich die ersten gravierenden Konflikte zwischen den Führungsgremien der Partei und der Fraktion einstellten, und auch die Zusammenarbeit der verschiedenen Zirkel in der CSU-Fraktion erwies sich als schwierig. Wie zerrüttet das Verhältnis zwischen Parteiführung und Fraktionsmehrheit schon nach wenigen Wochen war, mußte beispielsweise Gerhard Kroll erfahren, als er darum bat, an einer Fraktionssitzung teilnehmen zu dürfen. Die Abgeordneten beschlossen jedoch mit Mehrheit, Gäste bei ihren Beratungen auch dann nicht zu dulden, wenn sie zu den maßgeblichen Mitgliedern der eigenen Partei zählten[36].

Aber nicht nur dieser Vorfall zeigte, daß Hundhammer und seine Gefolgsleute nicht gewillt waren, eine Einflußnahme der Parteiführung auf die Arbeit der Fraktion zu dulden. So begegnete man der Arbeit des Parteiausschusses für Verfassungsfragen bestenfalls mit Desinteresse[37], und Johannes Semler, der Vorsitzende des Wirtschaftspolitischen Ausschusses der CSU und autorisierte Sprecher der Partei in Wirtschaftsfragen, wurde bei der Gestaltung der Verfassungsartikel, die die Wirtschaftsordnung und den Senat betrafen, von Teilen der eigenen Fraktion im Zusammenspiel mit der SPD offen desavouiert[38]. Kein Wunder, daß dieses Vorgehen bei den Betroffenen Frustration, ja Erbitterung auslöste[39]. Karl Gronwald, ein Protestant, der vor 1933 der DNVP angehört hatte und nun zu den wichtigsten Mitstreitern Josef Müllers im fränkisch-protestantischen Raum zählte, stellte resigniert fest, die Tatsache, daß „unsere ganze Arbeit im Wirtschaftspolitischen Ausschuß einfach wie Makulatur behandelt" worden sei, habe seiner „Freudigkeit zur weiteren Mitarbeit doch einen neuen, erheblichen Stoss versetzt", und es sei für ihn fast unmöglich, seine Arbeit am Grundsatzprogramm der CSU fortzusetzen[40]. Die Jugendvertreter des Bezirksverbands Schwaben übten ebenfalls scharfe Kritik an den „alten Methoden", mit denen in der Unionsfraktion gearbeitet werde, und forderten Anfang September in einer scharf formulierten Resolution, die Abgeordneten „an die Grundsätze und Beschlüsse der Partei" zu binden[41].

---

[35] Schon drei Tage nach der ersten Fraktionssitzung teilte August Haußleiter dem Fraktionsvorsitzenden mit, daß er solange von einer Mitarbeit im Verfassungsausschuß der Verfassunggebenden Landesversammlung absehe, bis die Stellung der evangelischen Abgeordneten in der Fraktion geklärt sei. ACSP, NL Müller 5, August Haußleiter an Alois Hundhammer vom 18. 7. 1946.

[36] Protokoll der Sitzung des Landesausschusses der CSU am 6. 9. 1946 in München, in: Protokolle und Materialien, S. 516f. und S. 592.

[37] ACSP, CSU-LTF I, 15–12/4 und 5, Walter Keim an Alois Hundhammer vom 31. 7. 1946 und dessen Antwortschreiben an Walter Keim vom 3. 8. 1946.

[38] Vgl. dazu Mintzel, Geschichte der CSU, S. 235–242, und Peter Jakob Kock, Warum im Senat so viele Landwirte wie Gewerkschafter sitzen. Protokoll beweist: Der CSU-Wirtschaftsflügel wurde ausgebootet, in: Maximilianeum 4 (1992) Nr. 3, S. 36. ACSP, CSU-LTF I, 2–10, Memorandum des Wirtschaftspolitischen Ausschusses der CSU für die CSU-Fraktion in der Verfassunggebenden Landesversammlung vom 24. 7. 1946; BAK, NL Probst 616, Johannes Semler an die Mitglieder des Wirtschaftspolitischen Ausschusses der CSU vom 4. 9. 1946.

[39] Protokoll der Sitzung des Landesausschusses der CSU am 6. 9. 1946 in München, in: Protokolle und Materialien, S. 548–559 und S. 568–575.

[40] IfZ-Archiv, Fh 56, Karl Gronwald an Gerhard Kroll vom 11. 9. 1946. Tief enttäuscht fuhr Gronwald fort: „Von unseren Idealen und Zielen, für die wir vor Jahresfrist ausgezogen sind, ist fast nichts mehr übriggeblieben. Ich glaube, es ist fast leichter, aus der Sozialdemokratie eine wirklich christliche Partei zu machen, als in der unsrigen die Grundsätze zu verwirklichen, für deren Durchführung sie einmal gegründet wurde."

[41] Protokoll der Sitzung des Landesausschusses der CSU am 6. 9. 1946 in München, in: Protokolle und Materialien, S. 589f.

## 3. „Finis Bavariae"[42]? Die CSU und die Staatspräsidentenfrage

### *a) Das Erbe der BVP*

Zu diesem Zeitpunkt waren die Auseinandersetzungen um das Amt eines bayerischen Staatspräsidenten bereits voll entbrannt. Dieser Konflikt ließ den Antagonismus zwischen Partei und Fraktion offen zutage treten und brachte die CSU an den Rand der Spaltung. Die Staatspräsidentenkrise vom Sommer 1946 war ein Höhepunkt der Führungs- und Flügelkämpfe und kann geradezu als Musterbeispiel für die Interdependenz der sachlichen, persönlichen und strukturellen Konfliktursachen gelten, die für die ständigen Streitereien verantwortlich waren.

Um die Erbitterung verstehen zu können, mit der in der CSU um das Staatspräsidentenamt gerungen wurde, muß man sich die Grundzüge der föderalistischen Politik der BVP in den zwanziger Jahren in Erinnerung rufen. Der Kampf um den Bestand des bayerischen Staates, dessen Degeneration zu einer Reichsprovinz man befürchtete, war der eigentliche Kernbereich der Politik der BVP[43], die im Parteiensystem der Weimarer Republik als „eigenständige und eigenwillige Landespartei" eine Sonderstellung einnahm[44]. Trotz aller Anstrengungen und Propaganda läßt sich allerdings nicht übersehen, daß die BVP ihre weitgehenden Zielsetzungen, wie sie beispielsweise im föderalistischen Programm vom Oktober 1922 formuliert worden waren[45], nicht einmal annähernd erreichen konnte. Klaus Schönhoven hat das Dilemma der föderalistischen Politik der BVP in der Weimarer Republik treffend beschrieben:

> „Zunächst erstrebte man eine Ausweitung der Souveränität Bayerns über die Verfassung von 1871 hinaus; kurze Zeit später wäre man bereits mit der Rückkehr zur Bismarck-Verfassung zufrieden gewesen; dem folgte die Orientierung an den existenten Verfassungsverhältnissen, der Ruf nach föderalistischer Korrektur der Weimarer Verfassung; schließlich sah man sich in die Lage gedrängt, die Verfassung von Weimar verteidigen zu müssen, wollte man den totalen Einheitsstaat verhindern."[46]

Nachdem die Wirren des Krisenjahres 1923 die Phase der offenen Konfrontation zwischen Bayern und der Reichsregierung beendet hatten, begann sich die BVP zögernd auf den Boden der Weimarer Reichsverfassung zu stellen. Die Volkspartei und die von ihr maßgeblich mitgetragene Staatsregierung, an deren Spitze seit 1924 Heinrich Held stand, setzten nun auf „eine stark gouvernemental gehaltene föderalistische Revi-

---

[42] ACSP, NL Müller 208, Protokoll der Sitzung der CSU-Fraktion in der Verfassunggebenden Landesversammlung am 2. 9. 1946.

[43] Vgl. Fritz Schäffer, Die Aushöhlungs- und Aushungerungspolitik des Reiches gegenüber den Ländern. Nach einer Rede in der großen politischen Aussprache im bayerischen Landtag am 27. November 1928, München 1929. Vgl. auch Um den Bestand Bayerns! Bayerische Reichsprovinz? – nein, Staat Bayern! Gedanken und Materialien zu dem Verfassungskampf zwischen Einheitsstaat und Bundesstaat in Deutschland, hrsg. vom Generalsekretariat der BVP, München 1929, und Schönhoven, BVP, S. 279.

[44] Karl Schwend, Die Bayerische Volkspartei, in: Erich Matthias, Rudolf Morsey (Hrsg.), Das Ende der Parteien 1933, Düsseldorf 1960, S. 457–519, hier S. 457.

[45] Das föderalistische Programm der Bayerischen Volkspartei. Nach den Beschlüssen der Landesversammlung vom Oktober 1922, abgedruckt in: Im Zeichen des Föderalismus, S. 3–7.

[46] Schönhoven, BVP, S. 279f.

sionspolitik"[47] und waren in den Jahren zwischen 1924 und 1930 wesentlich an den Diskussionen über eine Reichsreform beteiligt[48].

Neben den Bemühungen um eine Neuregelung des Verhältnisses zwischen dem Reich und den Ländern hatte die föderalistische Politik der BVP auch eine gleichsam innenpolitische Dimension. Durch eine Neugestaltung der bayerischen Verfassung von 1919 gedachte man zum einen, die Staatlichkeit Bayerns so weit wie möglich zu betonen und abzusichern, sowie zum anderen, Veränderungen im Verfassungsgefüge herbeizuführen, um das zu beseitigen, was man für Auswüchse des Parlamentarismus hielt[49]. Ein Herzstück des Reformkonzepts der BVP, das zum Teil auch von ihren Koalitionspartnern im bayerischen Landtag unterstützt wurde, war die Forderung nach einem Staatspräsidenten. Ein mit weitgehenden Vollmachten ausgestatteter Staatspräsident, so hofften die Befürworter einer derartigen Institution, würde sowohl ein weithin sichtbares Symbol bayerischer Staatlichkeit sein als auch als neutrale Gewalt über den von politischen Parteien getragenen Verfassungsorganen stehen und so als Korrektiv gegen einen scheinbar allmächtigen Landtag wirken[50]. Damit war die Forderung nach einem Staatspräsidenten nicht nur eine Konsequenz bayerisch-föderalistischer Politik, sondern auch ein Reflex antidemokratischer und antiparlamentarischer Ressentiments.

Daß die Forderung nach einem mit großer Machtfülle ausgestatteten Staatsoberhaupt die Hoffnung oder Befürchtung wachrief, dies ziele auf die Restauration der Monarchie oder bedeute zumindest die Installation eines Ersatzmonarchen, ist nicht verwunderlich[51]. Da aber auch unter den Parteien, die dem Amt eines bayerischen Staatspräsidenten nicht prinzipiell ablehnend gegenüberstanden, große Differenzen über die Wahlmodalitäten und Befugnisse des Staatsoberhauptes bestanden, hatte dieses Unternehmen im Landtag nie wirklich Aussicht auf Erfolg. Die BVP hatte bereits im Sommer 1919 versucht, das Staatspräsidentenamt in der neuen Verfassung des Freistaates zu verankern, aber für diese Initiative war in der Verfassunggebenden Versammlung keine Mehrheit zu finden gewesen[52].

Die Forderung, einen Staatspräsidenten an die Spitze Bayerns zu stellen, war auch Teil der Koalitionsvereinbarung, die die Regierungsparteien nach der Landtagswahl im Juni 1920 geschlossen hatten[53]. Doch konkrete Schritte zur Verfassungsreform

---

[47] Karl Schwend, Bayern zwischen Monarchie und Diktatur. Beiträge zur Bayerischen Frage in der Zeit von 1918–1933, München 1954, S. 333.

[48] Vgl. dazu Schönhoven, BVP, S. 280, und Unger, Bayerische Bewegung, S. 14.

[49] Vgl. Kock, Bayerns Weg, S. 29.

[50] Vgl. Verhandlungen des Verfassungsausschusses über den Entwurf einer Verfassungsurkunde für den Freistaat Bayern vom 16. 6. 1920, in: Verhandlungen des Bayerischen Landtags, 1919/1920, Beilagen-Band II, München o. J., S. 88, S. 98, S. 132–139, S. 173–181, sowie Auszug aus der Niederschrift der Verhandlungen des Ausschusses für Verfassungsfragen vom 12. 12. 1922, in: Verhandlungen des Bayerischen Landtags, 1922/23, Beilagen-Band XI, S. 297–315; Stenographischer Bericht über die 174. öffentliche Sitzung des Bayerischen Landtags am 28. 2. 1923, in: Stenographische Berichte über die Verhandlungen des Bayerischen Landtags, München o. J., S. 953–969, und Stenographischer Bericht über die 117. öffentliche Sitzung des Bayerischen Landtags am 20. 5. 1926, S. 501 ff.

[51] Vgl. Stenographischer Bericht über die 24. öffentliche Sitzung des Bayerischen Landtags am 19.11. 1924, S. 653 f., und Stenographischer Bericht über die 117. öffentliche Sitzung des Bayerischen Landtags am 20. 5. 1926, S. 501.

[52] Vgl. Verhandlungen des Verfassungsausschusses über den Entwurf einer Verfassungsurkunde für den Freistaat Bayern vom 16. 6. 1920, in: Verhandlungen des Bayerischen Landtags, 1919/1920, Beilagen-Band II, S. 88.

[53] Vgl. Stenographischer Bericht über die 2. öffentliche Sitzung des Bayerischen Landtags am 16. 7. 1920, S. 8.

wurden weder von Ministerpräsident von Kahr noch von seinen Nachfolgern unternommen, und am 15. September 1921 brachte Fritz Schäffer im Namen der BVP-Fraktion einen Antrag im Parlament ein, in dem die Staatsregierung aufgefordert wurde, „baldmöglichst einen Gesetzentwurf vorzulegen, der einen Staatspräsidenten an der Spitze der Staatsregierung vorsieht“[54]. Der zuständige Landtagsausschuß für Verfassungsfragen behandelte Schäffers Antrag jedoch erst im Dezember des folgenden Jahres, und der Landtag nahm den geringfügig geänderten Antrag am 28. Februar 1923 an[55]. Da aber die BVP zu keiner Zeit in der Lage war, eine ausreichende parlamentarische Mehrheit für eine Änderung der bayerischen Verfassung in ihrem Sinne zustande zu bringen, wählte man den Weg des Volksentscheids. Schließlich war die BVP-Führung stets der Meinung gewesen, daß hinter der Forderung nach einem Staatspräsidenten „die große Masse des bayerischen Volkes steht“[56]. Am Tag der Neuwahl des Landtags, dem 6. April 1924, waren die Wähler aufgerufen, über ein bayerisches Staatsoberhaupt abzustimmen. Aber wie alle parlamentarischen Initiativen scheiterte auch der Versuch, eine Verfassungsänderung via Volksentscheid herbeizuführen. Die wahlberechtigte Bevölkerung Bayerns lehnte einen Staatspräsidenten ab[57].

### *b) Die Diskussion in der CSU*

Der Erfolg der CSU bei den Wahlen zur Verfassunggebenden Landesversammlung schien die Möglichkeit zu eröffnen, umstrittene Forderungen der BVP aus den zwanziger Jahren in der verfassungsrechtlich relativ offenen Situation des Jahres 1946 durchsetzen zu können[58]. Einem Alleingang der CSU bei der Gestaltung der bayerischen Verfassung standen allerdings zwei große Hindernisse entgegen: Einmal die strukturelle Kompromißunfähigkeit der diversen Parteiflügel in grundlegenden Fragen, dann die parteienübergreifende Überzeugung, im Interesse der Demokratie müsse die neue Verfassung auf ein möglichst breites Fundament gestellt werden[59]. Ohne detaillierte verfassungspolitische Konzeption[60] hatte die CSU den Wahlkampf in weiten Teilen Bay-

[54] Antrag Fritz Schäffers im Namen der BVP-Fraktion vom 15. 9. 1921, in: Verhandlungen des Bayerischen Landtags, 1921/22, S. 75. Schäffer selbst hat seine Gedanken über einen bayerischen Staatspräsidenten in einem Aufsatz niedergelegt: Fritz Schäffer, Ein bayerischer Staatspräsident. Kritische Betrachtungen und Vorschläge zur Bayerischen Verfassung vom 14. 8. 1919, München 1922.

[55] Vgl. Auszug aus der Niederschrift der Verhandlungen des Ausschusses für Verfassungsfragen vom 12. 12. 1922, in: Verhandlungen des Bayerischen Landtags, 1922/23, Beilagen-Band XI, S. 297–315, bzw. Stenographischer Bericht über die 174. öffentliche Sitzung des Bayerischen Landtags am 28.2. 1923, S. 968; Schäffers Antrag hatte den Wahlmodus für den Staatspräsidenten offengelassen, nach der Änderung sollte er direkt vom Volk gewählt werden.

[56] Auszug aus der Niederschrift der Verhandlungen des Ausschusses für Verfassungsfragen vom 12. 12. 1922, in: Verhandlungen des Bayerischen Landtags, 1922/23, Beilagen-Band XI, S. 298 (Heinrich Held). Vgl. auch Bayerischer Kurier vom 5. 4. 1924.

[57] Teilergebnisse veröffentlicht in: Bayerischer Kurier vom 7. 4. 1924.

[58] Ein instruktiver Vergleich der Rahmenbedingungen für die Verfassungsdiskussionen nach dem Ersten und Zweiten Weltkrieg mit besonderer Berücksichtigung der Möglichkeiten föderalistischer Politik bei Gelberg, Hans Ehard, S. 21–27.

[59] Zu den Verfassungsberatungen des Jahres 1946 allgemein vgl. Barbara Fait, „In einer Atmosphäre der Freiheit“. Die Rolle der Amerikaner bei der Verfassunggebung in den Ländern der US-Zone 1946, in: VfZ 33 (1985), S. 420–455; Barbara Fait, Auf Befehl der Besatzungsmacht? Der Weg zur Bayerischen Verfassung, in: Benz (Hrsg.), Neuanfang in Bayern, S. 36–63; Schmidt, Staatsgründung und Verfassungsgebung.

[60] Vgl. Henzler, Fritz Schäffer, S. 201 f. Die Parteiführung setzte einen Arbeitsausschuß für Verfassungsfragen ein (vgl. den Bericht über eine Sitzung des Dienstag-Clubs am 18. 6. 1946, in: Lehrjahre,

erns mit Forderungen bestritten, die stark an die Verfassungsreformbestrebungen der untergegangenen BVP angelehnt waren und die Gestaltung des künftigen Wahlrechts, die Einrichtung einer zweiten parlamentarischen Kammer und die Einsetzung eines bayerischen Staatspräsidenten betrafen[61].

Über dieses Verfassungsorgan hatte bereits im vorbereitenden Verfassungsausschuß, der unter der Leitung von Ministerpräsident Hoegner[62] zwischen März und Juni einen Verfassungsentwurf ausarbeitete, keine Einigkeit erzielt werden können[63]. Auch die CSU war allen Wahlkampfparolen zum Trotz in dieser Frage tief gespalten[64]. Wieviel Sprengstoff die Staatspräsidentenfrage tatsächlich in die CSU hineintragen sollte, zeigten aber erst die verfassungspolitischen Diskussionen in der Verfassunggebenden Landesversammlung. Im Gegensatz zu Josef Müller und seinen Mitstreitern, die einem bayerischen Staatspräsidenten wenn nicht mit offener Ablehnung, so doch mit deutlicher Reserve begegneten[65], befürwortete der Großteil der CSU-Abgeordneten ein solches Verfassungsorgan. Für die katholisch-konservativen Politiker in der CSU und für die Verfechter der BVP-Tradition war die Forderung nach einem bayerischen Staatsoberhaupt geradezu selbstverständlich, und die Vertreter stark föderalistischer Konzeptionen unter den bäuerlichen Interessenvertretern und den bayerischen Gouvernementalen unterstützten dieses Anliegen ebenfalls. Aber auch Politiker, die sich wie Karl Scharnagl zwar scharf von der ehemaligen BVP distanziert hatten, aber weiterhin in der Tradition bayerisch-föderalistischer Politik der Zwischenkriegszeit standen, kämpften nun an der Seite Alois Hundhammers für das Staatspräsidentenamt[66]. Dazu kam, daß die Mitglieder der Unionsfraktion Persönlichkeiten in entschei-

---

S. 65); zur Arbeit dieses Gremiums vgl. die Dokumente im ACSP, NL Müller 36; im IfZ-Archiv, Fh 56, finden sich die Protokolle der ersten beiden Sitzungen des Arbeitskreises für Verfassungsfragen am 14.6. und 18. 6. 1946. Interessant auch ACSP, CSU-LTF I, 2–10, Vorschläge des Arbeitskreises für Verfassungsfragen an die Unionsfraktion vom 22. 7. 1946; CSU-LTF I, 15–12/4 und 5, Walter Keim an Alois Hundhammer vom 31. 7. 1946 und dessen Antwortschreiben vom 3. 8. 1946. Zur Wahlpropaganda der CSU vgl. ACSP, LTW 1946, Rundschreiben des Landessekretariats vom 13. 6. 1949.

[61] ACSP, NL Müller 410/5, Flugblatt der CSU für die Wahl zur Verfassunggebenden Landesversammlung am 30. 6. 1946 „Du machst die Bayerische Verfassung“; ACSP, NL Müller 208, Protokoll der Sitzung der CSU-Fraktion in der Verfassunggebenden Landesversammlung am 2. 9. 1946. August Haußleiter betonte dagegen, „daß wir in Franken uns selbstverständlich nicht für den Staatspräsidenten [. . .] eingesetzt haben“. Ebenda. Vgl. auch Richard Jaeger, Was lehrt uns Weimar? Konstruktionsfehler der Demokratie, in: Bayerische Rundschau Nr. 1/2 (1946), S. 9ff. Vgl. auch Fait, Anfänge, S. 101–111.

[62] Zu Hoegners verfassungspolitischen Positionen und Initiativen vgl. Peter Kritzer, Wilhelm Hoegner und seine Verfassungspolitik, in: Mehringer (Hrsg.), Von der Klassenbewegung zur Volkspartei, S. 228–235.

[63] IfZ-Archiv, Dl-By, Bericht des Bayerischen Vorbereitenden Verfassungsausschusses an die Bayerische Verfassunggebende Landesversammlung, 1946.

[64] Richard Jaeger, zu dieser Zeit noch im Landessekretariat der CSU beschäftigt, erklärte am 4. 6. 1946 vor dem Dienstag-Club, „daß man sich in der Führung der Union zwar klar sei über die Notwendigkeit eines Zweikammersystems, daß aber die Frage eines Staatspräsidenten ganz offen sei.“ Am 18. 6. 1946 berichtete Jaeger vor dem gleichen Forum, „daß man soeben in der Landesleitung [. . .] ein Wahlplakat für die Wahlen zur Nationalversammlung fertiggestellt habe, das unter anderem die Forderung nach einem Staatspräsidenten stelle. Am Schluß sei alles so rasch gegangen, daß wahrscheinlich nicht jedem klar sei, daß in dem Plakat der Ruf nach einem Staatspräsidenten stehe. Und das sei gut so, sonst wäre dieser Satz wohl wieder gestrichen worden.“ Lehrjahre, S. 56 bzw. S. 64f.

[65] Zur Position des CSU-Vorsitzenden vgl. Hettler, Josef Müller, S. 240–250.

[66] Vgl. Scharnagls Ausführungen vor dem Dienstag-Club am 4. 6. 1946; Lehrjahre, S. 56. Wichtig in

dende Positionen beriefen, die zu den Fürsprechern eines bayerischen Staatsoberhauptes gehörten. Mit Alois Hundhammer führte der vielleicht entschiedenste Verfechter eines Staatspräsidenten die Fraktion, Michael Horlacher – längst ins Lager der Gegner des Ochsensepp gewechselt – stand der Verfassunggebenden Landesversammlung als Präsident vor, und auch Lorenz Krapp und Hans Ehard[67], die als Vorsitzender bzw. Schriftführer des Verfassungsausschusses einen wesentlichen Beitrag bei der Gestaltung der Verfassung leisteten, traten für einen bayerischen Staatspräsidenten ein[68].

Trotz dieses eigentlich eindeutigen Kräfteverhältnisses benötigte die CSU-Fraktion bis Anfang September vier Abstimmungen, um ihre Haltung in der Staatspräsidentenfrage festzulegen. In den ersten beiden Abstimmungen am 29. Juli und 19. August 1946 sprach sich die Fraktion dafür aus, in der zweiten Abstimmung, als ein Vorschlag Michael Horlachers zur Debatte stand, der die Grundlage interfraktioneller Verhandlungen mit der SPD bilden sollte, stimmte bei drei Enthaltungen lediglich ein CSU-Abgeordneter dagegen[69]. Nachdem sich jedoch die SPD-Fraktion gegen den Willen des Ministerpräsidenten gegen ein Staatsoberhaupt ausgesprochen hatte[70], schien die Stimmung unter den Abgeordneten der CSU umzuschlagen: In einer Fraktionssitzung, bei der allerdings lediglich 50 bis 60 Mandatsträger anwesend waren – Gegner des gefaßten Beschlusses sprachen deshalb abfällig von einer Sitzung der „Rumpffraktion“ –, lehnte nun auch die Mehrheit der CSU-Abgeordneten einen bayerischen Staatspräsidenten ab[71].

Am 2. September kam es in der Unionsfraktion zu einer entscheidenden Auseinandersetzung über die Frage, ob das Staatspräsidentenamt in der neuen Verfassung verankert werden sollte[72]. Die Diskussion wies dabei deutliche Parallelen zu den diesbezüglichen Landtagsdebatten aus den Jahren der Weimarer Republik auf, nur mit dem Unterschied, daß die Konflikte nun innerhalb der CSU ausgetragen wurden, die neben wesentlichen Teilen der untergegangenen BVP auch Kräfte aus dem fränkisch-protestantischen und dem liberalen Lager sowie aus den Reihen des ehemaligen Bayerischen Bauernbundes absorbiert hatte. Die Befürworter des Staatspräsidenten sahen in dieser Frage einen Angelpunkt der gesamten Verfassungsverhandlungen, und der Münchner Stadtrat Franz Fackler betonte, „daß in weitesten Kreisen der Union die Schaffung des Staatspräsidenten als der Prüfstein angesehen wird, an dem die Einstellung der

diesem Kontext auch ACSP, CSU-LTF I, 2–10, Denkschrift Karl Scharnagls „Die demokratische Gestaltung der Staatsführung“ vom 22. 4. 1946.

67 Zu Ehards Arbeit in der Verfassunggebenden Landesversammlung vgl. Gelberg, Hans Ehard, S. 35ff.

68 Zu den Funktionsträgern in der Verfassunggebenden Landesversammlung und in den einzelnen Fraktionen vgl. Handbuch politischer Institutionen und Organisationen, S. 88.

69 Vgl. Schmidt, Staatsgründung und Verfassungsgebung, Bd. 1, S. 212ff.; dort auch eine Zusammenfassung der Diskussion um den Staatspräsidenten in der CSU-Fraktion von Ende Juli bis September 1946.

70 Vgl. Karl-Ulrich Gelberg, Die Protokolle der SPD-Fraktion in der bayerischen Verfassunggebenden Landesversammlung 1946, in: ZfBLG 60 (1997), S. 1051–1093, hier S. 1062–1066.

71 ACSP, NL Müller 208, Protokoll der Sitzung der CSU-Fraktion in der Verfassunggebenden Landesversammlung am 2. 9. 1946; danach auch das folgende. Die Befürworter des Staatspräsidenten warfen ihren fränkischen Kollegen vor, sie hätten durch gezielte Indiskretionen über die uneinheitliche Haltung innerhalb der CSU-Fraktion das negative Votum der SPD mit verursacht. Josef Müller dagegen war der Meinung, diese unbewiesene Behauptung, die auf Erklärungen des Ministerpräsidenten zurückginge, sei lediglich ein Bluff Wilhelm Hoegners, der versuche, die Verantwortlichkeiten für die Ablehnung des Staatspräsidenten in seiner eigenen Fraktion zu verschleiern.

72 Zur Sitzung der CSU-Fraktion in der Verfassunggebenden Landesversammlung am 2. 9. 1946 (mit ausführlichen Zitaten aus dem Sitzungsprotokoll) vgl. In Verantwortung für Bayern, S. 68–76.

Union zum bayerischen Gedanken sich erweisen muss“[73]. Aber auch für die Gegner einer solchen Institution war diese Angelegenheit von grundsätzlicher Bedeutung, so daß die Diskussion allen Appellen zur Sachlichkeit zum Trotz äußerst turbulent verlief. Nach Meinung der Fraktionsmehrheit sollte ein Staatspräsident im künftigen Verfassungsgefüge des Freistaates Bayern eine gleichsam außenpolitische und eine innerbayerische Funktion erfüllen und damit sowohl Bayern nach außen vertreten als auch zur Stabilisierung des parlamentarischen Regierungssystems beitragen. Überdies hegte man die Hoffnung, daß sich die Verankerung des Staatspräsidentenamtes in der Verfassung präjudizierend auf die Gestaltung der Verfassungsordnungen in den anderen süddeutschen Ländern auswirken würde[74]. Sekundiert von Anton Pfeiffer und Hans Nawiasky übernahm es Hans Ehard, der Fraktion die staats- und verfassungsrechtliche Seite der Staatspräsidentenfrage noch einmal zu erläutern. Bei allen Parallelen zu Verfassungsdebatten der zwanziger Jahre[75] und bei allen Vorurteilen und aller Skepsis gegenüber der Funktionsfähigkeit einer von politischen Parteien getragenen parlamentarischen Demokratie machten die Redner immer wieder deutlich, daß sie anders als in der Weimarer Republik nicht mit autoritären oder autokratischen Ordnungsmodellen liebäugelten[76]. Sie versuchten auch, der Institution des Staatspräsidenten den Hauch des Reaktionären zu nehmen[77]. Der spätere Ministerpräsident und CSU-Vorsitzende ließ keinen Zweifel daran, daß seiner Meinung nach ein bayerischer Staatspräsident „die Krönung eines absolut durchgebildeten demokratischen Staatssystems“ sei, und nützte die Gelegenheit, der Fraktion die Grundzüge seines Föderalismusverständnisses vorzutragen:

„Der Staatspräsident soll doch nicht etwa der Exponent oder das äußere Zeichen eines Separatismus oder so etwas ähnliches sein. Keineswegs. Der Staatspräsident soll zeigen, daß wir ein eigener bayerischer Staat sind, der bei der Bildung des Reiches, das wir alle anstreben, entscheidend mitzureden hat. Er soll gewissermaßen auch nach außen das Zeichen sein: Der Staat Bayern will

[73] ACSP, CSU-LTF II/1, 15–12/2, Franz Fackler an Alois Hundhammer vom 30. 8. 1946; ähnlich auch CSU-LTF I, 15–20/0, Karl Bickleder an Alois Hundhammer vom 17. 9. 1946, und CSU-LTF I, 2–10, Hans Wutzlhofer an Alois Hundhammer vom 17. 8. 1946.

[74] Die wichtigsten Aspekte der Diskussion finden sich in der Denkschrift Otto Schefbecks „Gründe für die Schaffung des Amtes eines Bayerischen Staatspräsidenten“ und in der umfangreichen Stellungnahme des Arbeitskreises für Verfassungsfragen „Staatspräsident und Staatsregierung“, ACSP, CSU-LTF I, 2–10.

[75] Ehard wählte sogar ähnliche Formulierungen. So führte er aus (ACSP, NL Müller 208, Protokoll der Sitzung der CSU-Fraktion in der Verfassunggebenden Landesversammlung am 2. 9. 1946): „Nun muß man den Staatspräsidenten – das sei vorausgeschickt – nach zwei Seiten sehen, mit dem Blick ins Reich und mit dem Blick nach Bayern. Was soll nun dieser Staatspräsident zunächst bedeuten, wenn man ihn mit dem Blick ins eigene Land sieht? Er soll ein ruhender Pol in der Erscheinungen Flucht sei[n].“ Ministerpräsident Eugen von Knilling hatte im November 1922 vor dem Landtag betont: „Im Zusammenhange damit wird auch die unter dem Gesichtspunkte der Staatspersönlichkeit Bayerns erhobene Forderung nach Schaffung eines Staatspräsidenten zu behandeln sein. Nach meiner Meinung haben gerade die jüngsten Vorgänge neuerdings bestätigt, daß im Staatsleben ein fester Pol in der Flucht der parlamentarischen Erscheinungen nicht entbehrt werden kann.“ Stenographischer Bericht über die 145. öffentliche Sitzung des Bayerischen Landtags am 9. 11. 1922, S. 10.

[76] Vgl. Stenographischer Bericht über die 27. Sitzung des Verfassungsausschusses am 2. 9. 1946, in: Verhandlungen des Verfassungsausschusses der Verfassunggebenden Landesversammlung Bayerns, München 1946, S. 591–594 (Redebeiträge Ehards, Hoegners und Horlachers).

[77] ACSP, NL Müller 208, Protokoll der Sitzung der CSU-Fraktion in der Verfassunggebenden Landesversammlung am 2. 9. 1946 (danach auch das folgende), oder ACSP, CSU-LTF I, 2–10, von mehreren CSU-Abgeordneten unterzeichnete Erklärung zur Staatspräsidentenfrage, undatiert.

den Bundesstaat, will das Reich, aber bei dem Aufbau des Reiches wollen wir ein entscheidendes Wort mitreden. Wir wollen nicht bloß bei dem Aufbau des Reiches ein entscheidendes Wort mitreden, wir wollen das auch bei der Verwaltung des Reiches tun. Wir wollen diesen Staatspräsidenten gewissermaßen nach außenhin stellen, um damit zu zeigen, wir wollen es nicht, daß in Berlin ein General oder mehrere Generäle einen Befehl erteilen, und wir müssen die Ha[c]ken zusammenschlagen und zu allem Ja und Amen sagen. [...] Er ist nicht bloß ein rein äußeres Zeichen, er ist in der jetzigen Situation ein offenes, klares Bekenntnis zum Föderalismus in dem Sinne, daß wir ein föderativ aufgegliedertes Reich gründen wollen. Wir wollen den Staatspräsidenten nicht deshalb, weil wir in Bayern ei[ne] Eigenstaatlichkeit im Sinne eines Separatismus wollen, sondern weil wir mit diesem sichtbaren Repräsentanten unseren föderativen Gedanken nach außenhin dokumentieren wollen. [...] Was daran etwa auszusetzen sein könnte, das kann ich – wenn ich diese politische Bemerkung dazufügen darf – praktisch nicht einsehen."

Obwohl die Befürworter des Staatspräsidentenamtes immer wieder versuchten, die Bedenken ihrer widerstrebenden Fraktionskollegen zu zerstreuen, ließ sich die Mehrheit der fränkischen CSU-Abgeordneten, unterstützt durch einige schwäbische und altbayerische Mandatsträger, nicht von der Notwendigkeit eines solchen Verfassungsorgans überzeugen. So befürchteten sie, ein bayerischer Staatspräsident könnte sich bei der Eingliederung Bayerns in einen künftigen deutschen Staat als Hindernis erweisen, und August Haußleiter warnte davor zu glauben, man könne „zu irgendeiner Kleinstaatlichkeit etwa im Stile 1648" zurückkehren. Zwar lehnte auch Haußleiter einen zentralistisch verfaßten deutschen Staat ab und bekannte sich auch im Namen seiner politischen Freunde zu einem Föderalismus mit Blick auf den „europäischen Kulturzusammenhang". Bezüglich des Staatspräsidenten war er aber der Auffassung, daß dieses Verfassungsorgan ein „Rückschritt" zu einer unzeitgemäßen und historisch überholten „Kleinstaatlichkeit" sei.

Ein weiteres Argument der Staatspräsidentengegner in der Unionsfraktion war rein verfassungspolitischer Natur. Man befürchtete nämlich einen „Überhang der Exekutive gegenüber der Legislative", wenn neben einen starken Ministerpräsidenten – wie ihn der Verfassungsentwurf vorsah – auch noch ein mit bedeutenden Rechten ausgestatteter Staatspräsident treten würde. Auf die jüngste Vergangenheit verweisend, warnte der ehemalige deutsche Botschafter in den USA, von Prittwitz und Gaffron, daß eine starke Staatsspitze gerade in Krisenzeiten nicht unbedingt zur Stabilisierung der Demokratie beitragen müsse, sondern im Gegenteil auch dazu in der Lage sei, ein demokratisch gewähltes Parlament auszuschalten. Weiterhin fürchteten nicht nur verschiedene CSU-Abgeordnete, daß ein bayerischer Staatspräsident die Vorstufe einer Restauration der Monarchie bedeuten könnte, wozu trotz aller gegenteiligen Beteuerungen von seiten der Befürworter des Staatspräsidentenamtes sowohl das Taktieren Hundhammers im Verfassungsausschuß beitrug[78] als auch das Gerücht, ein Mitglied des Hauses Wittelsbach solle zum Präsidenten des Freistaates Bayern gewählt werden[79]. Den verbal schärfsten Angriff gegen die Verankerung des Staatspräsidentenamtes in der bayerischen Verfassung führte der unterfränkische Abgeordnete Hanns Seidel, Jahre später einer der energischsten Reformer der bayerischen Unionspartei:

„Und nun zur rechtlichen Frage. Der Herr Oberbürgermeister Dr. Scharnagl will einen starken Staatspräsident, der Minister Dr. Baumgartner wahrscheinlich einen noch stärkeren, der Herr

[78] Vgl. dazu Stenographischer Bericht über die 30. Sitzung des Verfassungsausschusses am 5. 9. 1946, S. 659–664.
[79] SZ vom 11. 10. 1946: „Die parteipolitische Diskussion um den Staatspräsidenten".

Dr. Sedl[mayr] wünscht einen schwachen Staatspräsident, und in dem Beschluß, der letzthin auf Veranlassung von Kollegen Dr. Horlacher gefaßt wurde, handelte es sich auch um einen schwachen Staatspräsidenten. Denn seine Befugnisse waren ja entsprechend eingeschränkt. Nun frage ich Sie, meine Herren, kann mit einem schwachen Staatspräsidenten, mit einer Scheinfigur die Eigenstaatlichkeit Bayerns gewährleistet und sichergestellt werden? Ich sage nein. Die Eigenstaatlichkeit Bayerns kann nur durch das Parlament, durch den Landtag sichergestellt werden, niemals durch einen Staatspräsidenten. [. . .] Etwas Weiteres. Der Herr Oberbürgermeister Dr. Scharnagl spricht von einem starken unabhängigen Staat, von einem Staatenbund. Diese Äußerungen, ich sage es ganz ehrlich, veranlaßten uns Franken, besonders vorsichtig zu sein. Denn seien Sie sich darüber klar, wenn wir Deutschland sagen, dann meinen wir in Franken auch das Reich. Wir sehnen die Wiedererstehung des Reiches herbei. Dies ist eine vaterländische deutsche Pflicht. [. . .] Das hat nichts damit zu tun, daß wir auch ein starkes Bayern wünschen. [. . .] Die Frage hat natürlich auch eine psychologische Seite. Leute, die einen Minister, der zu uns in die Fraktion kommt und ein Referat hält, mit hochverehrter Herr Minister anreden, in der dritten Person ansprechen, in Bücklingen erstarren, ihr Gesicht zu einem süßen Lächeln verziehen, während sie dann, wenn eine unserer tapferen Frauen auftritt, nur ein hämisches Grinsen übrig haben, solche Leute brauchen eine solche Institution, um ihre Untertan[en]gefühle abzureagieren. [. . .] Leute, die kein wirkliches Vertrauen zur Demokratie und zum Parlament haben, brauchen natürlich einen Staatspräsidenten."[80]

Diese Diskussion machte erneut deutlich, wie wirkungsmächtig die nur mühsam überbrückten innerbayerischen Brüche und Spannungen noch 1946 gewesen sind und wie sehr die Staatspräsidentenfrage dazu angetan war, einen Keil zwischen die nord- und südbayerischen Abgeordneten der CSU zu treiben. Für August Haußleiter war dementsprechend auch die „Kernfrage" der gesamten Debatte, wie ein starker Freistaat und zugleich der Zusammenhalt zwischen Franken und Südbayern zu sichern sei, ohne den Eindruck isolationistischer Tendenzen zu erwecken[81]. Konfliktverschärfend kam hinzu, daß die Gegner des Staatspräsidentenamtes in der Unionsfraktion den Beteuerungen ihrer Kollegen, sie würden weder separatistische noch partikularistische oder monarchistische Ziele verfolgen, keinen Glauben schenkten, und daß andererseits die Fraktionsmehrheit die Bekenntnisse fränkischer Abgeordneter zu den Prinzipien des Föderalismus nicht ernst nahm[82].

Daß der bloße Sachkonflikt um das Staatspräsidentenamt nicht allein für die Schärfe der Auseinandersetzung verantwortlich sein konnte, war vor allem den Gegnern einer solchen Institution durchaus bewußt. Vielmehr waren es die damit verknüpften Erwartungen und Hoffnungen auf der einen sowie die Befürchtungen auf der anderen Seite, die die Verhandlungen in der Fraktion entscheidend prägten und die „Diskussion um das große Symbol Bayerns" zeitweise zu einer Gefahr für die Einheit der CSU werden ließen. Auch wenn die Sprecher der Fraktionsmehrheit wieder und wieder betonten, ein bayerischer Staatspräsident müsse aus bloßen staatspolitischen Notwendigkeiten in der Verfassung verankert werden, so spricht der Diskussionsverlauf ebenso eine andere Sprache wie die Reaktion der unterlegenen Abgeordneten, nachdem sich die an-

[80] ACSP, NL Müller 208, Protokoll der Sitzung der CSU-Fraktion in der Verfassunggebenden Landesversammlung am 2. 9. 1946; danach auch das folgende.

[81] Auch altbayerische Abgeordnete wie der Regensburger Stadtrechtsrat Hermann Bauer anerkannten das Interesse des fränkisch-protestantischen Bevölkerungsteils, „in seinen fundamentalen Lebensinteressen nicht durch die zahlenmäßige Überlegenheit des katholischen Südens überstimmt zu werden", weil es ein „unbedingt glaubenswürdiges und beachtenswertes Interesse" wäre, das mit „dem Bestand der Union aufs engste verknüpft" sei. Ebenda.

[82] Vgl. die erregte Auseinandersetzung zwischen Otto Schefbeck und Josef Müller; ebenda.

wesenden Mitglieder der Unionsfraktion Ende August gegen das Staatspräsidentenamt ausgesprochen hatten: Eine Ablehnung des Staatspräsidenten in der Fraktion, so die dunkle Prophezeiung, bedeute nichts anderes als das „finis Bavariae".

Besonnene Stimmen hatten in diesem Grundsatzkonflikt zwischen bayerischer Staatsideologie[83] und programmatisch-politischer Neuorientierung von vornherein nur eine geringe Chance, Gehör zu finden[84]. Dagegen wurden schon bald Drohungen laut, die die CSU als christlich-interkonfessionelle Sammlungspartei in Frage stellten. Schon zu Beginn der Sachdebatte hatte Scharnagl angekündigt:

„Wenn in einer so entscheidenden Frage die Union versagen würde, dann würde man in den weitesten Teilen – jetzt will ich ganz vorsichtig sprechen des altbayerischen Volkes – die Union nicht mehr verstehen. Dann könnte ich nicht mehr die Hände ins Feuer legen für die Aufrechterhaltung der Einheit und der Geschlossenheit der Union."

Ein echter Kompromiß konnte in dieser Atmosphäre nur schwer gefunden werden, ja der Wille zur Kompromißbereitschaft scheint überhaupt nicht besonders ausgeprägt gewesen zu sein. So kam es nach einer mehr als siebenstündigen Diskussion zur Kampfabstimmung in der Fraktion, und zwar auf der Grundlage des Antrages von Michael Horlacher, den die Fraktion bereits einmal angenommen und dann wieder verworfen hatte[85]. Diesmal war das Ergebnis keine Überraschung: Von den 101 Abgeordneten, die an der Abstimmung teilnahmen, stimmten 71 für die Verankerung des Staatspräsidentenamtes in der Verfassung, 29 stimmten dagegen, und ein Abgeordneter enthielt sich der Stimme.

Besondere Bedeutung für die Meinungs- und Willensbildung in der Staatspräsidentenfrage kam der Position des Parteivorsitzenden zu. Intern hatte Josef Müller schon im Juli 1946 keinen Zweifel daran gelassen, daß er einem bayerischen Staatsoberhaupt ablehnend gegenüberstand, da er befürchtete, „daß wohl nicht mit Unrecht in Bayern die Stelle eines Staatspräsidenten mit der Hoffnung auf eine monarchische Spitze im Laufe der Zeit verknüpft werde"[86]. Doch obwohl der Zusammenhang zwischen der Staatspräsidenten- und der Monarchiefrage für den überzeugten Republikaner Müller[87] evident war, taktierte er in der Unionsfraktion wie auch im Landesausschuß zunächst vorsichtig, um die ohnehin gespannte Situation nicht zusätzlich zu verschärfen[88]. Im Laufe der Diskussion zeigte sich jedoch bald, daß Müller auch in Verfassungsfragen andere politische Prioritäten setzte als diejenigen CSU-Politiker, die „unter allen Um-

[83] Vgl. dazu Mintzel, Geschichte der CSU, S. 300.

[84] ACSP, NL Müller 208, Protokoll der Sitzung der CSU-Fraktion in der Verfassunggebenden Landesversammlung am 2. 9. 1946; danach auch das folgende.

[85] Der Antrag lautete folgendermaßen: „Die Fraktion erklärt sich für die Schaffung eines Staatspräsidenten zur Sicherung des demokratischen Funktionierens der Verfassung. Zu diesem Zwecke steht die CSU auf dem Standpunkt, daß der Staatspräsident a. vom Landtag gewählt wird, daß b. hinsichtlich der zu wählenden Person des Staatspräsidenten Bestimmungen in die Verfassung aufgenommen werden, die die demokratische Gesinnung des Staatspräsidenten absolut sicherstellen. [...] c. Der Staatspräsident kann normalerweise nicht in die politische Funktion des Ministerpräsidenten und dessen Verantwortlichkeit gegenüber dem Landtag eingreifen." Ebenda.

[86] Ausführungen Josef Müllers vor dem Ochsen-Club am 24. 7. 1946, in: Lehrjahre, S. 85.

[87] Vgl. Hettler, Josef Müller, S. 240f.

[88] ACSP, NL Müller 208, Protokoll der Sitzung der CSU-Fraktion in der Verfassunggebenden Landesversammlung am 2. 9. 1946; Protokoll der Sitzung des Landesausschusses der CSU am 6. 9. 1946 in München, in: Protokolle und Materialien, S. 578. In seinen Memoiren schrieb Müller dagegen: „Die neue Verfassung sah u. a. auch einen Bayerischen Staatspräsidenten vor, eine Institution, gegen die ich mich sofort zur Wehr setzte." Müller, Konsequenz, S. 333.

ständen" ein bayerisches Staatsoberhaupt durchsetzen wollten[89]. Der Vorsitzende der bayerischen Unionspartei warf den Verfechtern des Staatspräsidentenamtes vor, durch die Art und Weise der Diskussion würden „Fragen zweiter, dritter Ordnung zu Fragen erster Ordnung" hochstilisiert und so behandelt, „als ob das Weltanschauungsfragen oder kulturelle Fragen" wären[90]. Er warnte davor, staatspolitische Fragen allzu sehr in den Mittelpunkt zu rücken, und gab der Überzeugung Ausdruck, daß die politische Zukunft Bayerns und Deutschlands von der Bewältigung anderer dringender Probleme abhängen werde. Mit Blick auf die Weimarer Republik führte der CSU-Vorsitzende weiter aus: „Die Entwicklung eines Jahrzehnts hat diese ganzen schönen Verfassungen [gemeint ist vor allem die bayerische Verfassung von 1919] überhaupt über den Haufen geworfen und die ganze Demokratie durch andere dynamische Kräfte überspielt." Und mit bitterer Ironie fügte der Ochsensepp hinzu: „Gehen Sie hinein und fragen Sie meinetwegen in einem Flüchtlingslager, ob die Leute irgendeinen Sinn für die Staatspräsidentenfrage haben." Unter anderem[91] waren es die nicht verstummenden Gerüchte, der Sozialdemokrat Wilhelm Hoegner sei nach einer Absprache mit Teilen der CSU-Fraktion der aussichtsreichste Kandidat für das Staatspräsidentenamt, die Müller in seinem Nein zu dieser Institution bestärkten[92]. Schließlich fürchtete der Vorsitzende der bayerischen Unionspartei auch, daß eine rücksichtslose Durchsetzung des Staatspräsidentenamtes durch die Fraktionsmehrheit im schlimmsten Fall zur Spaltung der CSU führen könnte[93].

Um dies zu verhindern und um den Gegnern eines Staatsoberhaupts in Fraktion und Partei die Möglichkeit zu geben, ihre Interessen auch gegen die Fraktionsmehrheit zu vertreten, hatte Müller schon früh gefordert, bei der Abstimmung über den Staatspräsidenten den Fraktionszwang aufzuheben[94]. Während der turbulenten Fraktionssitzung am 2. September drohte er erstmals offen, er werde den Landesausschuß einberufen, falls irgendeine Form des Fraktionszwangs beschlossen werde[95]. Diese Erklärung provozierte heftige Reaktionen bei der Fraktionsmehrheit. Hundhammer bemerkte sofort, daß der einzelne Mandatsträger „bei einer Stimmabgabe nicht einem Auftrag der Lan-

[89] So z. B. Hans Ritter von Lex, 1932/1933 Reichstagsabgeordneter der BVP und 1949–1960 Staatssekretär im Bundesinnenministerium, der vor dem Landesausschuß die Position der Befürworter des Staatspräsidentenamtes vertrat; Protokoll der Sitzung des Landesausschusses der CSU am 6. 7. 1946 in München, in: Protokolle und Materialien, S. 452.

[90] ACSP, NL Müller 208, Protokoll der Sitzung der CSU-Fraktion in der Verfassunggebenden Landesversammlung am 2. 9. 1946; das folgende nach ebenda.

[91] Die Gründe für seine ablehnende Haltung faßte Müller am 30. 10. 1946 in einem Memorandum zusammen, das abgedruckt ist in: Müller, Konsequenz, S. 333–337.

[92] Protokoll der Sitzung des Landesausschusses der CSU am 6. 9. 1946 in München, in: Protokolle und Materialien, S. 580 und S. 586. Hartmut Mehringer, Waldemar von Knoeringen. Eine politische Biographie. Der Weg vom revolutionären Sozialismus zur sozialen Demokratie, München u. a. 1989, S. 284, ist der Meinung, Hoegner habe sich zwar Chancen ausgerechnet, zum ersten bayerischen Staatspräsidenten gewählt zu werden, spricht aber ansonsten ohne Quellenbeleg davon, daß diesbezügliche Gerüchte von „Josef Müller und seinen Anhängern" ausgestreut worden seien. Anders dagegen Hettler, Josef Müller, S. 246ff. Interessant ist auch das Gerücht von einer möglichen Kandidatur Kardinal Faulhabers; ACSP, CSU-LTF I, 2–10, Aktennotiz August Haußleiters über ein Gespräch mit Karl Theodor Freiherr von und zu Guttenberg vom 12. 9. 1946.

[93] ACSP, NL Müller 208, Protokoll der Sitzung der CSU-Fraktion in der Verfassunggebenden Landesversammlung am 2. 9. 1946.

[94] Ausführungen Josef Müllers vor dem Ochsen-Club am 10. 7. 1946, in: Lehrjahre, S. 79f.

[95] ACSP, NL Müller 208, Protokoll der Sitzung der CSU-Fraktion in der Verfassunggebenden Landesversammlung am 2. 9. 1946.

desversammlung" unterliege, der Abgeordnete Adolf Pfeuffer kündigte an, er werde einem Beschluß des Landesausschusses in keinem Fall Folge leisten, und Michael Horlacher zog sogar das Demokratieverständnis des Parteivorsitzenden in Zweifel.

Offiziell hatte die Parteiführung bereits wenige Tage nach der Wahl zur Verfassunggebenden Landesversammlung zum Spannungsverhältnis zwischen Partei- und Fraktionsdisziplin auf der einen und der Meinungs- und Entscheidungsfreiheit auf der anderen Seite Stellung genommen[96]. Da die CSU eine große, aber weltanschaulich gebundene Sammlungspartei „von Menschen verschiedenster Prägung und Auffassung" sei, so hieß es in einem von Josef Müller gezeichneten Rundschreiben, müßten alle Parteimitglieder das Recht haben, ihre Überzeugungen in der Partei offen zu vertreten, und zwar in dem Bewußtsein, daß auch Minderheitspositionen Respekt und Gehör fänden. Gleichzeitig forderte der Landesvorsitzende jedoch Parteidisziplin, damit die „Freiheit der Auseinandersetzung in Einzelheiten nicht in Ziellosigkeit ausartet". Sollte sich keine Einigung erzielen lassen, dann müsse eine Abstimmung entscheiden, der sich die Minderheit zu fügen habe. Daß der Parteichef diese Fragen allerdings sehr differenziert beurteilte, machte er den Abgeordneten seiner Fraktion am 15. Juli in einer einfühlsamen Rede klar:

> „Es wird das manchmal akut sein, zu bedenken, wenn Sie als freie Abgeordnete zu entscheiden haben, inwieweit Sie sich im Rahmen der Fraktion binden, wenn zur Frage steht, inwieweit Sie sich der Fraktionsdisziplin unterwerfen wollen. Viele an sich wertvolle Begriffe sind durch das vergangene Regime restlos verbraucht worden. So haben Worte wie Disziplin und Autorität beinah ihren Sinn verloren, wir müssen ihnen erst wieder einen neuen Inhalt geben. Sie werden auch in der Fraktion als freie Männer entscheiden müssen, und es wird die Kunst der Führung sein, dafür zu sorgen, dass Sie möglichst wenig in Ihren Entscheidungen gebunden werden. Zwang soll nur dort angesetzt werden, wo irgendeine Zwangsherrschaft im Entstehen begriffen ist. Zwang muß zur Seltenheit werden. Wir können eine einheitliche Willensentscheidung nur dann verlangen, wenn es um höchste Werte geht, wie um die Kulturgüter, um den Bestand des Vaterlandes und der Heimat, und wenn es gilt, Front zu machen gegen das Aufkommen neuer Diktaturgelüste. Sonst wollen wir möglichst wenig Zwang und möglichst selten das Wort Disziplin gebrauchen. Wir müssen so zusammenwirken, dass nicht eine Majorität eine Minorität majorisiert. [...] Es wird so sein, dass wir in den Tagesfragen unsere Meinungen nicht immer auf einen Nenner bringen können. Widerstehen Sie in solchen Fällen der Versuchung, sich immer und unter allen Umständen persönlich durchsetzen zu wollen. Das würde nur die Union gefährden."[97]

Virulent wurde dieses Problem aber erst im Zuge der Auseinandersetzungen um die Staatspräsidentenfrage. Die zuständigen Gremien der Partei, der Landesausschuß und der kleinere Landesarbeitsausschuß, hatten sich bereits wenige Tage nach der Wahl zur Verfassunggebenden Landesversammlung am 5. und 6. Juli 1946 damit befaßt[98]. Am 6. September tagte der Landesausschuß erneut. Müller hatte die Delegierten nicht nur zusammengerufen, um über Programm- und Satzungsfragen zu beraten, sondern vor allem, um eine Entscheidung der Partei über das strittige Problem Fraktionszwang herbeizuführen. Von Anfang an kämpften beide Seiten mit harten Bandagen. Die par-

---

[96] IfZ-Archiv, ED 132 NL Baumgartner 2, Rundschreiben Josef Müllers vom 5. 7. 1946; die folgenden Zitate ebenda.

[97] ACSP, CSU-LTF I, 15–14, Protokoll der Sitzung der CSU-Fraktion in der Verfassunggebenden Landesversammlung am 15. 7. 1946.

[98] Protokoll der Sitzung des Landesarbeitsausschusses der CSU am 5. 7. 1946 in München und Protokoll der Sitzung des Landesausschusses der CSU am 6. 7. 1946 in München, in: Protokolle und Materialien, S. 414 ff. und S. 450–453.

teiinterne Opposition versuchte, den Verlauf der Sitzung durch die Hereinnahme von Gästen zu beeinflussen, die diesem Gremium nicht angehörten. Müller konterte und setzte mit aller Härte der Geschäftsordnung durch, daß die Personen, die nicht zu den Mitgliedern des Landesausschusses gehörten oder ausdrücklich von der Landesleitung eingeladen worden waren, den Saal verlassen mußten[99]. Als der Landesausschuß in die Debatte über den Problemkomplex Staatspräsident und Fraktionszwang eintrat, versuchte Josef Müller, die erhitzten Gemüter mit dem Hinweis zu beruhigen, es sei nicht Sache der Parteigremien, den Abgeordneten in Entscheidungen über konkrete Sachfragen vorzugreifen, reizte sie aber gleich darauf wieder, als er erklärte, der Landesausschuß müsse prinzipiell über die Frage entscheiden, ob die Mandatsträger der CSU einem Fraktionszwang unterworfen werden könnten[100].

Die anschließende Auseinandersetzung zwischen dem Landesvorsitzenden und seinem Gegenspieler Hundhammer verrät viel über die gegensätzlichen Auffassungen bezüglich des Verhältnisses von Partei und Fraktion. Während Müller die Fraktion als Teil der Partei betrachtete und daraus Einflußmöglichkeiten der Parteigremien ableitete, verteidigte Hundhammer die Autonomie der Volksvertreter mit scharfen Worten. Er sprach dem Landesausschuß zwar nicht das Recht ab, strittige Themen zu diskutieren und sich mit Vorschlägen an die Fraktion zu wenden, machte aber unmißverständlich klar, daß die Entscheidung letztlich bei den Abgeordneten liege. Auch darüber, ob Fraktionszwang geübt werde oder nicht, könne kein Gremium der Partei entscheiden. Nach „alter parlamentarischer Sitte", so Hundhammer weiter, habe lediglich die Fraktion „die Möglichkeit, bei bestimmten Fragen festzulegen, daß die Fraktionsmitglieder zu einem bestimmten Problem geschlossen abstimmen".

Diesmal befand sich der streitbare Fraktionsvorsitzende allerdings in der schlechteren Ausgangsposition. Sein Kontrahent Josef Müller wußte nicht nur die Mehrheit des Landesausschusses hinter sich, sondern hatte noch ein weiteres As im Ärmel: eine Stellungnahme der amerikanischen Militärregierung zur Frage des Fraktionszwangs, die seine Position stützte[101]. Hanswolf Haunhorst, der als Verbindungsmann zwischen der Landesgeschäftsstelle der CSU und der Militärregierung fungierte, referierte den Standpunkt der Besatzungsmacht:

> „Ein Fraktionszwang kommt grundsätzlich nicht in Frage. [. . .] Die gewählten Vertreter sind nur ihren Wählern verantwortlich. Die Fraktion als Fraktion hingegen ist der Partei verantwortlich. Denn sie bedeutet den Zusammenschluß der Abgeordneten, die von der Partei im Parlament aufgestellt worden sind."

---

[99] Protokoll der Sitzung des Landesausschusses der CSU am 6. 9. 1946 in München, in: Protokolle und Materialien, S. 515ff. Die Taktik, durch „Gäste" den Verlauf von Diskussionen und Abstimmungen zu beeinflussen, hatte Josef Müller in den parteiinternen Führungs- und Flügelkämpfen bereits erfolgreich erprobt. Vgl. dazu den Bericht über eine Sitzung des Dienstag-Clubs am 2. 4. 1946, in: Lehrjahre, S. 37–41.

[100] Protokoll der Sitzung des Landesausschusses der CSU am 6. 9. 1946 in München, in: Protokolle und Materialien, S. 567 und S. 576. Das folgende nach ebenda, S. 567f. und S. 575f.; das Zitat findet sich auf S. 575.

[101] Haunhorst und Müller erklärten, sie hätten ihre Informationen von der „Politischen Abteilung" der amerikanischen Militärregierung in Bayern erhalten. Eine offizielle Stellungnahme von OMGBY wurde jedoch nicht verlesen, wie dies in anderen Fällen geschehen war, so daß sich der Verdacht nicht ausschließen läßt, daß der CSU-Vorsitzende lediglich eine informelle Auskunft eines ihm nahestehenden Offiziers der Militärregierung eingeholt hat. Ebenda, S. 576. Dort auch die beiden folgenden Zitate.

Haunhorst interpretierte diese Feststellung so, daß die Partei sich entschließen könne, einen Abgeordneten, der gegen die offizielle politische Linie verstoße, bei den nächsten Wahlen nicht mehr zu nominieren. Josef Müller ging jedoch wesentlich weiter. Er sah seine eigene Position, die Fraktion sei ein Teil der Partei und dürfe die frei gewählten Abgeordneten nicht zu einer einheitlichen Stimmabgabe zwingen, nicht nur voll bestätigt, sondern versuchte auch, die Stellungnahme der Militärregierung als Hebel zu benutzen, um die widerspenstige Mehrheit der Unionsfraktion zu bewegen, den politischen Führungsanspruch der Parteileitung anzuerkennen:

„Die Fraktion ihrerseits kann einen Zwang nicht aussprechen. [. . .] Die Partei als solche kann allerdings eine einheitliche Abstimmung vorsehen und gegebenenfalls anordnen. Sie muß es dann dem einzelnen Abgeordneten überlassen, dem Folge zu leisten. Leistet er nicht Folge, so kann er die Konsequenzen ziehen oder die Partei kann ihm gegenüber die Konsequenzen ziehen.“

Müller versuchte so, den Spieß umzudrehen und den Primat der Führungsgremien der CSU auch mit Hilfe disziplinarischer Drohungen gegen die Mandatsträger durchzusetzen. Damit war der Konflikt um das Staatspräsidentenamt zumindest vorübergehend in den Hintergrund gerückt. Hatten der Parteivorsitzende und seine politischen Freunde zunächst lediglich gefordert, die Abstimmung über die Staatspräsidentenfrage freizugeben, so stand nun die Forderung im Raum, einen Fraktionszwang grundsätzlich zu verwerfen. Ein entsprechender Beschluß des Landesausschusses, dessen weitere Konsequenzen sich nicht absehen ließen, hätte zumindest zweierlei bedeutet: einen weiteren Verlust an Geschlossenheit und politischer Aktionsfähigkeit auf der einen sowie einen Zugewinn an Handlungsspielraum für den jeweils unterlegenen Teil der Fraktion auf der anderen Seite. Michael Horlacher hatte schon in der Fraktionssitzung am 2. September davor gewarnt, den Fraktionszwang aufzuheben, da dies die Arbeit der Abgeordneten und ihrer gewählten Führung erheblich erschweren würde[102]. Auch Josef Müller mußte konzedieren, daß eine solche Entscheidung „die parlamentarische Arbeit nicht erleichtert“. Nicht ohne kalkulierte propagandistische Wirkung vermerkte er jedoch in einem umfangreichen Memorandum zur Staatspräsidentenfrage:

„Bei weitem wichtiger ist jedenfalls die positive Auswirkung dieses Beschlusses. Man kann ihn ohne Übertreibung als den grundsätzlichen Schritt von der statischen zur dynamischen Demokratie bezeichnen. Bei jedem Abgeordneten persönlich liegt die letzte Entscheidung, nicht bei einer anonymen Parteimaschine.“[103]

An diesen Maximen orientierte sich auch der Antrag, den August Haußleiter den Mitgliedern des Landesausschusses zur Entscheidung vorlegte. Demnach sollten die Abgeordneten der CSU einem Fraktionszwang prinzipiell nicht unterworfen werden können. Als frei gewählte Volksvertreter seien sie in Fragen von grundsätzlicher Bedeutung nur ihren Wählern und ihrem eigenen Gewissen verantwortlich. „Jede Einschränkung dieser Verantwortlichkeit“, so der Antrag herausfordernd, „widerspricht dem demokratischen Charakter der Union“[104]. Die Landesausschußsitzung endete mit einem Eklat. In dem sicheren Bewußtsein, bei einer Abstimmung eine Niederlage zu erleiden,

[102] ACSP, NL Müller 208, Protokoll der Sitzung der CSU-Fraktion in der Verfassunggebenden Landesversammlung am 2. 9. 1946.

[103] Memorandum Josef Müllers zur Staatspräsidentenfrage vom 3. 10. 1946, abgedruckt in: Müller, Konsequenz, S. 333–337, hier S. 337; das vorstehende Zitat ebenda.

[104] Protokoll der Sitzung des Landesausschusses der CSU am 6. 9. 1946 in München, in: Protokolle und Materialien, S. 595; das folgende nach ebenda, S. 594ff.

verließen die Gegner Müllers den Saal, um das Gremium beschlußunfähig zu machen. Doch auch diese Aktion konnte nicht verhindern, daß die noch anwesenden Delegierten dem Antrag Haußleiters mit großer Mehrheit zustimmten. Offiziell feierte die CSU ganz im Sinne ihres Parteivorsitzenden die Entscheidung gegen den Fraktionszwang als einen weiteren Schritt auf dem Weg zu einer lebendigen Demokratie. Die schweren innerparteilichen Kontroversen versuchte man dagegen herunterzuspielen:

> „Es war die Geburtsstunde und es waren die Geburtswehen der modernen Mehrparteien-Demokratie, die dabei zu überwinden waren. Gerade dabei hat sich aber auch die innere Festigkeit der Union erwiesen, die sich in voller Freiheit geschlossen zu ihrer christlichen und sozialen Ideenwelt bekennt.“[105]

Mit dieser Entscheidung des Landesausschusses war für die Gegner des Staatspräsidentenamtes der Weg frei, in der Verfassunggebenden Landesversammlung mit Nein zu stimmen. Zugleich vertieften sich aber die Gegensätze zwischen Parteiführung und Fraktionsmehrheit sichtbar, und die grundsätzliche Ablehnung des Fraktionszwangs durch den Landesausschuß sollte sich für Josef Müller schon bald als Pyrrhus-Sieg erweisen.

### *c) Die Ablehnung des Staatspräsidentenamtes in der Verfassunggebenden Landesversammlung und die Folgen für die CSU*

Unmittelbar nach der stürmischen Sitzung der CSU-Fraktion am 2. September beriet das zentrale Gremium der Verfassunggebenden Landesversammlung, der Verfassungsausschuß[106], auf Antrag der CSU-Fraktion über die Staatspräsidentenfrage. Als Berichterstatter fungierten Hans Ehard und Ministerpräsident Hoegner[107]. Der Vorsitzende der bayerischen Sozialdemokratie ließ ebenfalls erkennen, daß er aus staatspolitischen Erwägungen dem Amt eines bayerischen Staatspräsidenten positiv gegenüberstand, vorausgesetzt, geeignete Verfassungsbestimmungen würden einen Mißbrauch des Amtes zu reaktionären, separatistischen, militaristischen oder monarchistischen Zwecken verhindern. Gleichzeitig machte er darauf aufmerksam, daß diese Frage in der SPD-Fraktion noch nicht endgültig entschieden sei und nochmals diskutiert werden müsse. Der Verfassungsausschuß – insbesondere die Abgeordneten, die der CSU und der SPD angehörten – erarbeitete mit der Unterstützung Hans Nawiaskys in drei Sitzungen am 2., 3. und 5. September einen Entwurf, der dem Plenum der Verfassunggebenden Landesversammlung zur Abstimmung vorgelegt werden sollte[108].

Als die Verfassunggebende Landesversammlung am 12. September 1946 darüber zu entscheiden hatte, ob das Staatspräsidentenamt in der Verfassung verankert werden sollte, war der Ausgang der Abstimmung ungewiß. Zwar hatte in allen anderen wichtigen Fragen ein Kompromiß zwischen den beiden großen Parteien gefunden werden können, so daß dem Verfassungswerk eine breite Mehrheit sicher schien, doch an der

---

105 IfZ-Archiv, ED 132 NL Baumgartner 2, Erklärung der Landesgeschäftsstelle der CSU vom 13. 9. 1946: „Die Christlich-Soziale Union in Bayern, ein Spiegelbild echter Demokratie“.

106 Der Verfassungsausschuß zählte 21 Mitglieder, von denen 12 der CSU, sechs der SPD sowie je einer der WAV, der FDP und der KPD angehörten, Professor Hans Nawiasky nahm als Sachverständiger mit beratender Stimme an den Sitzungen des Verfassungsausschusses teil; zur Zusammensetzung und Arbeit des Verfassungsausschusses vgl. Schmidt, Staatsgründung und Verfassungsgebung, Bd. 1, S. 131 f.

107 Stenographischer Bericht über die 27. Sitzung des Verfassungsausschusses am 2. 9. 1946, S. 591 f. (Hans Ehard) sowie S. 592 und S. 596 (Wilhelm Hoegner).

108 Vgl. Schmidt, Staatsgründung und Verfassungsgebung, Bd. 1, S. 213–218.

Staatspräsidentenfrage schieden sich die Geister nach wie vor. Daß die Abgeordneten von FDP und KPD gegen das Staatspräsidentenamt stimmen würden, stand bereits vor der Abstimmung fest; die acht Abgeordneten der WAV hatten sich ihre Stellungnahme vorbehalten[109]. Zu den Gegnern eines bayerischen Staatspräsidenten zählte auch ungefähr ein Viertel der CSU-Fraktion. Damit war klar, daß die Befürworter des Staatspräsidentenamtes in der CSU Unterstützung aus der SPD-Fraktion benötigten, wollten sie eine Entscheidung zu ihren Gunsten herbeiführen.

Gegen den Willen Hoegners hatte die SPD-Fraktion das Staatspräsidentenamt während einer Sitzung am 25. August grundsätzlich abgelehnt[110]. Nach dem Antrag der CSU, die Institution eines bayerischen Staatspräsidenten in der Verfassung festzuschreiben, debattierten die sozialdemokratischen Abgeordneten dieses Problem erneut. Auch wenn die Fraktionsmehrheit bei ihrem Nein blieb, so kristallisierte sich doch die Meinung heraus, man dürfe die Verfassung nicht an dieser Frage scheitern lassen. Eine neuerliche Abstimmung in der SPD-Fraktion am 9. September zeigte, daß die Ablehnungsfront zu bröckeln begann. 29 Abgeordnete stimmten gegen, aber immerhin 15 für einen Staatspräsidenten. Gleichzeitig beschloß die Fraktion, den Fraktionszwang für diese Abstimmung aufzuheben. Zusammen mit den ca. 80 Stimmen, die aus der CSU zu erwarten waren, hätte ein ähnliches Abstimmungsverhalten der SPD-Abgeordneten im Plenum der Verfassunggebenden Landesversammlung eine relativ sichere Mehrheit für das Staatspräsidentenamt bedeutet. Als sich aber Gerüchte verdichteten, ein Teil der CSU-Abgeordneten würde mit Nein stimmen, veränderte sich die Lage für die sozialdemokratischen Abgeordneten grundlegend: Nun konnte man das ungeliebte Staatspräsidentenamt auch gegen die scheinbar übermächtige CSU zu Fall bringen, vorausgesetzt, die Fraktion stimmte einigermaßen geschlossen.

Zusammen mit dem ersten Hauptteil der Verfassung, in dem die Bestimmungen über „Aufbau und Aufgaben des Staates“ enthalten waren, debattierten die Abgeordneten am 11. und 12. September auch über die Staatspräsidentenfrage. Wie nicht anders zu erwarten, sprachen sich prominente CSU-Politiker wie Michael Horlacher oder Karl Scharnagl für ein Staatsoberhaupt aus und führten erneut verfassungsrechtliche und staatspolitische Argumente ins Feld[111]. Sie machten keinen Hehl daraus, daß sie Staatspräsidentenamt und Aufbau eines künftigen deutschen Staates in untrennbarem Zusammenhang sahen, wobei ihre Präferenz für staatenbündische Ordnungsmodelle unübersehbar war[112]. Für den gewichtigen, aber zahlenmäßig kleinen Ministerflügel der

[109] Stenographischer Bericht über die 4. Sitzung der Verfassunggebenden Landesversammlung am 11.9. 1946, in: Stenographische Berichte über die Verhandlungen der Bayerischen Verfassunggebenden Landesversammlung, München 1946, S. 72, und Stenographischer Bericht über die 27. Sitzung des Verfassungsausschusses am 2.9. 1946, S. 595.

[110] Vgl. hierzu und zum folgenden Gelberg, Protokolle, S. 1062–1080, sowie Mehringer, Waldemar von Knoeringen, S. 282f. Zu Hoegners Eintreten für das Staatspräsidentenamt vgl. Gerhard A. Ritter, Wilhelm Hoegner (1887–1980), in: Ferdinand Seibt (Hrsg.), Gesellschaftsgeschichte. Festschrift für Karl Bosl zum 80. Geburtstag, Bd. 2, München 1988, S. 337–360, hier S. 351f.

[111] Stenographischer Bericht über die 4. Sitzung der Verfassunggebenden Landesversammlung am 11.9. 1946, S. 77–80 (Michael Horlacher), und Stenographischer Bericht über die 5. Sitzung der Verfassunggebenden Landesversammlung am 12. 9. 1946, S. 120f. (Karl Scharnagl).

[112] Horlacher sprach nicht umsonst von den künftigen „Vereinigten Staaten von Deutschland“ (Stenographischer Bericht über die 4. Sitzung der Verfassunggebenden Landesversammlung am 11. 9. 1946, S. 79), auch Scharnagl wies auf den Aufbau der USA hin (Stenographischer Bericht über die 5. Sitzung der Verfassunggebenden Landesversammlung am 12. 9. 1946, S. 120).

SPD-Fraktion signalisierte Innenminister Josef Seifried ein positives Votum[113]. Daß dies nur eine Minderheitsposition war, machte der Abgeordnete Maag klar, als er ankündigte, die „große Mehrheit“ der SPD-Fraktion würde gegen den Staatspräsidenten stimmen, da diese Institution sich eventuell als Hindernis bei der Eingliederung des Freistaates in ein neues Deutschland erweisen könnte[114].

Wenige Minuten vor der Abstimmung trat Eugen Rindt an das Rednerpult, um im Namen eines Teils der CSU-Fraktion eine Erklärung abzugeben. Er betonte gleich zu Beginn seiner Ausführungen, auch er und seine Mitstreiter befürworteten den Charakter der Verfassung „als Ausdruck der bayerischen Staatspersönlichkeit“, aber sie sähen sich dennoch gezwungen, das Staatspräsidentenamt abzulehnen[115].

Spätestens nach dieser Erklärung mußte allen Abgeordneten klar sein, daß der Ausgang der Abstimmung völlig offen war. Noch während die Abstimmung im Gange war, kämpften die Befürworter des Staatspräsidentenamtes um jedes einzelne Votum[116]. Aber es reichte nicht: Die Verfassunggebende Landesversammlung lehnte mit 85 gegen 84 Stimmen bei vier Enthaltungen das Amt eines bayerischen Staatspräsidenten ab. Zusammen mit der Mehrheit der CSU-Fraktion stimmten fünf Abgeordnete der SPD (Fendt, Gentner, Hoegner, Roßhaupter und Seifried) mit Ja, vier Abgeordnete hatten sich der Stimme enthalten. Die Stimmen, die schließlich den Ausgang der Abstimmung zugunsten der Staatspräsidentengegner herbeiführten, kamen aus den Reihen der CSU; 23 Abgeordnete stimmten wie angekündigt mit Nein[117].

Doch man gab sich noch nicht geschlagen. Noch am selben Nachmittag verkündete Hundhammer, daß die CSU-Fraktion einstimmig den Beschluß gefaßt habe, die Verfassunggebende Landesversammlung aufzufordern, die Entscheidung über den Staatspräsidenten in letzter Instanz dem Volk zu überlassen[118]. Konkret hieß das, es sollte nicht nur ein Verfassungsentwurf zum Volksentscheid gebracht werden, sondern zwei Alternativentwürfe. Hundhammer begründete diesen Vorschlag mit dem knappen Abstimmungsergebnis – einige Tage später sprach er von einer „Zufallsmehrheit“[119] – und bezeichnete ein solches Verfahren als den „wirklich demokratische[n] Weg, in dieser Frage zu einer Entscheidung zu kommen“[120]. Während Albert Roßhaupter für die SPD Zustimmung signalisierte, zeigten sich die Vertreter von FDP, KPD und WAV im Verfassungsausschuß zumindest befremdet über Hundhammers Vorschlag, und der

---

113 Stenographischer Bericht über die 4. Sitzung der Verfassunggebenden Landesversammlung am 11.9. 1946, S. 82f.

114 Stenographischer Bericht über die 5. Sitzung der Verfassunggebenden Landesversammlung am 12.9. 1946, S. 109f.

115 Ebenda, S. 115. Eine undatierte Abschrift von Rindts Erklärung mit einigen erläuternden Zusätzen findet sich auch in: IfZ-Archiv, ED 132 NL Baumgartner 2.

116 Der CSU-Abgeordnete Georg Riedel, der zunächst mit Ja gestimmt hatte, versuchte während der Abstimmung sein Votum in ein Nein zu ändern. Horlacher und Hundhammer verhinderten dies erfolgreich. Stenographischer Bericht über die 5. Sitzung der Verfassunggebenden Landesversammlung am 12. 9. 1946, S. 121f.

117 Das Ergebnis der namentlichen Abstimmung ebenda. Von der CSU-Fraktion enthielten sich Hans Imler, Georg Stücklen und Julian Wittmann der Stimme. Zum Abstimmungsergebnis vgl. auch den Artikel in der SZ vom 17. 9. 1946: „Der umstrittene Staatspräsident. Zur Abstimmung in der Landesversammlung“.

118 Stenographischer Bericht über die 31. Sitzung des Verfassungsausschusses am 11. 9. 1946, S. 688.

119 Stenographischer Bericht über die 8. Sitzung der Verfassunggebenden Landesversammlung am 20.9. 1946, S. 177.

120 Stenographischer Bericht über die 31. Sitzung des Verfassungsausschusses am 11. 9. 1946, S. 691; zum folgenden vgl. ebenda, S. 687ff.

FDP-Abgeordnete Fritz Linnert beklagte sich bitter über das Demokratieverständnis der Befürworter des Staatspräsidentenamtes. Die Diskussion eskalierte sogar so weit, daß nicht nur Vertreter der CSU mit dem Gedanken spielten, die ganze Verfassung an der Staatspräsidentenfrage scheitern zu lassen, Neuwahlen auszuschreiben und alle Probleme nochmals in einem Gremium mit anderer Zusammensetzung aufzurollen[121].

Doch dazu kam es nicht. Statt den angekündigten Antrag einzubringen, überraschte die Fraktionsführung der CSU die Abgeordneten der Verfassunggebenden Landesversammlung mit einer neuen Variante. Hundhammer beantragte nun eine erneute Abstimmung über die das Staatspräsidentenamt betreffenden Verfassungsartikel, die zu diesem Zweck in einer Form modifiziert worden waren, die den Gegnern eines bayerischen Staatsoberhauptes entgegenkommen sollte[122]. Obwohl insbesondere die FDP heftig gegen dieses Verfahren protestierte[123], kam es am 20. September in der Verfassunggebenden Landesversammlung zu einer erneuten Debatte über die Staatspräsidentenfrage. Diesmal übernahm es Hundhammer selbst, die Notwendigkeit eines Staatsoberhaupts zu begründen, und seine Ausführungen enthielten Sätze, die für den politischen Horizont des CSU-Politikers überaus bezeichnend waren[124]:

„Ein zweiter Grund ist der, daß wir für ein starkes Bayern eintreten. Ich glaube, dieser letztere Grund ist ja wohl der entscheidende Hintergrund in dem Für und Wider. Wir halten ein starkes Bayern im Interesse des deutschen Volkes und des gesamteuropäischen Friedens für notwendig. [...] Es ist ein immanentes Gesetz des deutschen Raumes, daß ein angemessenes Staatswesen, welches die Ruhe nach innen und den Frieden in Mitteleuropa nach außen sichert, nur ein stark föderalistisch betonter deutscher Bundesstaat sein kann. [...] Ein föderalistisches Deutschland wird Frieden halten nach innen und außen. Ein zentralistisches Deutschland wird zwangsweise wieder in Krieg verwickelt werden. [...] Uns Deutschen paßt nicht der Rock des Einheitsstaates. Der ist uns nicht auf den Leib geschnitten (Lachen), sondern die Tracht der heimischen Gaue! (Zurufe: Sehr gut! Händeklatschen.) Aber so wie unsere Trachten heute von vielen Nichtbayern angelegt werden, so wird das Wort Föderalismus jetzt als Modebegriff auch von Leuten aus allen möglichen Lagern gebraucht. Jetzt muß es ernst werden und jetzt muß es sich zeigen, was echt ist an föderalistischer Gesinnung und was nicht!"

Dieses kämpferische politische Glaubensbekenntnis Hundhammers, die verzerrte Darstellung historischer Tatsachen, antipreußische Ressentiments verknüpft mit radikal föderalistischen Positionen, war nicht eben angetan, die Gegner des Staatspräsidentenamtes, die sich überdies an das zwiespältige Taktieren Hundhammers in der Monarchiefrage erinnerten[125], zu beruhigen oder gar umzustimmen. Dennoch waren Hundhammer und seine politischen Freunde relativ optimistisch in die Debatte gegangen. Schon im Verfassungsausschuß hatte ein Vertreter der CSU-Fraktion herausfordernd bemerkt, eine neuerliche Abstimmung über den Staatspräsidenten werde anders ausgehen, das stehe schon fest[126]. Da aber zusätzliche Stimmen für das Staatspräsidentenamt von den anderen Parteien kaum zu erwarten waren, mußten die fehlenden Stimmen aus den eigenen Reihen beschafft werden.

---

121 Ebenda, S. 691 f. (Alois Hundhammer, Albert Roßhaupter und Fritz Linnert).
122 Stenographischer Bericht über die 7. Sitzung der Verfassunggebenden Landesversammlung am 19.9. 1946, S. 173 f.
123 Ebenda, S. 174 (Thomas Dehler).
124 Stenographischer Bericht über die 8. Sitzung der Verfassunggebenden Landesversammlung am 20.9. 1946, S. 177 ff., Zitat S. 178.
125 Ebenda, S. 182 f. (Franz op den Orth, SPD).
126 Stenographischer Bericht über die 31. Sitzung des Verfassungsausschusses am 11. 9. 1946, S. 691.

Tatsächlich wurden die CSU-Abgeordneten, die sich gegen die Fraktionsmehrheit gestellt hatten, massiv unter Druck gesetzt. Daß sie „Neinsager“ seien, war noch das Harmloseste, was sie sich anzuhören hatten. Andere wurden deutlicher und bezeichneten sie als „Verräter“ und als „Kanalrattenpolitiker“, mit denen man ein für alle mal aufräumen müsse[127]. Mit Michael Horlacher mußte sich sogar der Präsident der Verfassunggebenden Landesversammlung von der Militärregierung fragen lassen, ob es zutreffe, daß er seine exponierte Stellung dazu mißbrauche, die Gegner des Staatspräsidentenamtes in der eigenen Partei einzuschüchtern. Horlacher, der den drohenden Unterton in der Stimme seines Gesprächspartners nicht überhörte, bezeichnete diesbezügliche Gerüchte sofort als Lüge[128], nahm es dabei mit der Wahrheit aber wohl selbst nicht so genau, denn Maria Deku beklagte sich bitter darüber, daß sie als Verbrecherin und Spionin beschimpft worden sei und daß sich Horlacher sogar dazu habe hinreißen lassen, sie „mit erhobenen Fäusten“ und „laut brüllend“ zu bedrohen[129]. Am 19. September kursierte in der Unionsfraktion ein vertrauliches Papier, das der fraktionsinternen Opposition mit deutlichen Worten die Folgen vor Augen führte, die ein erneutes Votum gegen den Staatspräsidenten für die gesamte Partei nach sich ziehen könnte[130]. Bezeichnend war, daß Hermann Bauer, der Verfasser dieses Rundschreibens, den Beschluß des Landesausschusses vom 6. September mit keiner Silbe erwähnte und den Gegnern des Staatspräsidentenamtes jede Legitimation dazu bestritt, sich gegen einen Mehrheitsbeschluß der Fraktion zu stellen. Die Botschaft an die Gegner des Staatspräsidentenamtes war unmißverständlich: Ein nochmaliges Scheitern dieser Institution im Plenum der Verfassunggebenden Landesversammlung bedeute das Auseinanderbrechen der bayerischen Unionspartei.

Am Abstimmungsergebnis änderten alle Drohungen freilich nichts. Als die Verfassunggebende Landesversammlung am 20. September erneut über das Staatspräsidentenamt zu befinden hatte, votierten 87 Abgeordnete dagegen und nur 81 dafür, zwei enthielten sich der Stimme. Aus den Reihen der SPD kam diesmal keine Ja-Stimme mehr, denn die vier sozialdemokratischen Minister hatten den Sitzungssaal vor Beginn der Abstimmung verlassen, während Hans Gentner mit seiner Fraktion stimmte[131]. Unter den Abgeordneten der CSU waren die Fronten weitgehend starr geblieben. Von denjenigen, die das Staatspräsidentenamt schon am 12. September abgelehnt hatten, nahmen lediglich die beiden evangelischen Bauernvertreter Adam Nüssel und Adam Sühler nicht an der Abstimmung teil, alle anderen 21 stimmten erneut gegen

---

[127] Stenographischer Bericht über die 8. Sitzung der Verfassunggebenden Landesversammlung am 20.9. 1946, S. 184 (Franz op den Orth), sowie Memorandum Josef Müllers zur Staatspräsidentenfrage vom 3. 10. 1946, abgedruckt in: Müller, Konsequenz, S. 333–337, hier S. 336.

[128] IfZ-Archiv, RG 260, 13/150–1/11, Bericht über ein Gespräch zwischen Albert C. Schweizer, Mr. Boegehold und Michael Horlacher, undatiert.

[129] ACSP, NL Müller 168, Maria Deku an Josef Müller vom 14. 9. 1946. „Eine Fraktion, die nicht einmal innerhalb ihrer eigenen Reihen demokratische Freiheit ohne Bedrohung und Beleidigung zu ertragen vermag“, so das ernüchterte Fazit Maria Dekus, müsse „auf Persönlichkeiten verzichten, die den Mut der Ueberzeugung und der eigenen Meinung“ besäßen, ja eine solche Fraktion könne nicht einmal den Anspruch erheben, „den Willen einer demokratisch gesinnten Wählerschaft zu repräsentieren“.

[130] IfZ-Archiv, ED 132 NL Baumgartner 2, Rundschreiben Hermann Bauers „An die Fraktion der CSU. Nur für den eigenen Gebrauch bestimmt!“ vom 19. 9. 1946.

[131] Stenographischer Bericht über die 8. Sitzung der Verfassunggebenden Landesversammlung am 20.9. 1946, S. 193f. Zum Abstimmungsergebnis vgl. auch den Artikel in der SZ vom 24. 9. 1946: „Bayerische Verfassung ohne Staatspräsident. In der Schlußberatung mit großer Mehrheit entschieden“.

ein bayerisches Staatsoberhaupt, nun verstärkt durch den Schwaben Georg Riedel, der am 12. September gezwungenermaßen mit Ja gestimmt hatte[132]. Der Fraktionsmehrheit war es lediglich gelungen, vier Abgeordnete zu mobilisieren, die an der ersten Abstimmung nicht teilgenommen oder sich der Stimme enthalten hatten; Franz Thierfelder, der sich zunächst der Fraktionsmehrheit angeschlossen hatte, enthielt sich diesmal.

Analysiert man dieses Abstimmungsergebnis unter strukturellen Gesichtspunkten, so zeigt sich erneut, wo die Bruchlinien in der CSU verliefen. Von den 22 Parlamentariern, die ein bayerisches Staatsoberhaupt am 20. September erneut ablehnten, vertraten 18 die fränkischen Wahlkreise, zwei den Wahlkreis Schwaben und Maria Deku den Wahlkreis Oberpfalz. Alle niederbayerischen Abgeordneten votierten für den Staatspräsidenten, aus Oberbayern kam lediglich eine Gegenstimme von Max Zwicknagl, der im Stimmkreis Wasserburg gewählt worden war. Soweit sich die Konfession ermitteln ließ, waren 12 Mandatsträger katholisch; immerhin sieben bekannten sich zum evangelischen Glauben, darunter so prominente Persönlichkeiten wie der Vorsitzende des CSU-Bezirksverbands Mittelfranken, Karl Sigmund Mayr, August Haußleiter, die rechte Hand Josef Müllers, die Fürther Stadträtin Elisabeth Meyer-Spreckels, die Müller nur wenige Wochen später in den geschäftsführenden Landesvorstand berufen sollte, Friedrich Wilhelm von Prittwitz und Gaffron oder Johannes Semler[133]. Mindestens elf Abgeordnete hatten vor 1933 der BVP angehört, mit den ehemaligen Reichstagsabgeordneten Huth und Karpf waren allerdings nur zwei Politiker darunter, die im engeren Sinne zur Führungselite der BVP gerechnet werden können. Maria Deku hatte der Zentrumspartei angehört, August Haußleiter der DVP und Friedrich Wilhelm von Prittwitz und Gaffron der DDP. Die fünf Regierungsmitglieder der CSU, die auch in der Verfassunggebenden Landesversammlung vertreten waren[134], stimmten für einen bayerischen Staatspräsidenten.

Auch wenn Alois Hundhammer nach der zweiten Abstimmung ankündigte, der unterlegene Teil der CSU-Fraktion werde das Ergebnis akzeptieren und dem Verfassungswerk trotzdem zustimmen[135], war die Erbitterung bei Teilen der Partei groß. Max Schnurr, ein Mitglied des Dienstag-Clubs, geißelte die „Verpreußung" der bayerischen Verwaltung und der CSU, die er indirekt dafür verantwortlich machte, daß sich die Mehrheit der Verfassunggebenden Landesversammlung gegen einen bayerischen

[132] ACSP, NL Müller 207, Liste der CSU-Abgeordneten, die am 12. 9. 1946 gegen den Staatspräsidenten gestimmt haben, undatiert; BayHStA, NL Ehard 887, Aufstellung über das Abstimmungsverhalten der CSU-Abgeordneten bei der Abstimmung über den Staatspräsidenten am 20. 9. 1946 vom 24. 9. 1946.

[133] Unter den wenigen Protestanten in der CSU-Fraktion, die für den Staatspräsidenten gestimmt hatten, war z. B. der in Mittelfranken prominente *Georg Bachmann*, geb. 6. 12. 1885 in Westheim/Mfr., gest. 23. 10. 1971 in Gunzenhausen/Mfr., ev., 1906–1909 Militärdienst, 1914–1918 Teilnahme am Ersten Weltkrieg, seit 1919 Landwirt, Ökonomierat, aktiv im landwirtschaftlichen Genossenschaftswesen tätig, Vorsitzender des bayerischen Raiffeisenverbands in Mittelfranken, 1920–1932 MdR (DNVP), seit 1940 NSDAP-Mitglied, 1946 MdVLV (CSU), 1946–1962 MdL (CSU), 1952–1954 dessen Vizepräsident, 1949–1958 Mitglied des Fraktionsvorstands, 1949–1954 Mitglied des Landesvorstands der CSU, Bürgermeister von Westheim, stellvertretender Landrat in Gunzenhausen, Bezirksobmann des BBV in Gunzenhausen.

[134] Joseph Baumgartner (Landwirtschaftsminister), Hans Ehard (Staatssekretär im Justizministerium), Michael Helmerich (Verkehrsminister), Heinrich Krehle (Staatssekretär im Arbeitsministerium) und Anton Pfeiffer (Minister für Sonderaufgaben).

[135] Stenographischer Bericht über die 8. Sitzung der Verfassunggebenden Landesversammlung am 20.9. 1946, S. 195.

Staatspräsidenten ausgesprochen hatte[136]. Es ging gegen die gebürtige Düsseldorferin Maria Deku, die die Kriegswirren nach Bayern verschlagen hatten, als Schnurr ausführte:

„Und in der Union sehe es ähnlich katastrophal aus. In der Führung säßen bald mehr Preußen als Einheimische. Das führe schließlich so weit, daß [. . .] eine Norddeutsche für die CSU aufgestellt und gewählt wurde, und diese Frau habe dann in der Nationalversammlung gegen den Staatspräsidenten gestimmt. So hätte also eine Preußin mitbestimmen dürfen, ob in Bayern ein Staatspräsident sein solle oder nicht."

Die Presseorgane der CSU, sämtlich fest in der Hand der Parteiführung um Josef Müller[137], versuchten, die Wogen zu glätten und die Bedeutung der Staatspräsidentenfrage herunterzuspielen. Von einer politischen Krise, so die Mitteilungen der Christlich-Sozialen Union, könne keine Rede sein, auch wenn man zugab, daß sich „aus den Vorgängen der letzten Woche unter Umständen eine ernste Staatskrise hätte entwickeln können"[138]. Eugen Rindt unternahm ebenfalls den Versuch, die Situation durch eine öffentliche Stellungnahme zu beruhigen. Indem er die Berechtigung der divergierenden Standpunkte in der Staatspräsidentenfrage ausdrücklich anerkannte, kam er dem unterlegenen Teil von Partei und Fraktion entgegen. Dann wandte der Augsburger CSU-Politiker die parteiinternen Auseinandersetzungen sogar ins Positive:

„Daß beide Überzeugungen aber auch nach außenhin derart kraftvoll vertreten werden konnten, wie es geschah, das ist ein Zeichen für die neuartige Struktur der Union als einer demokratischen Partei, die an die Stelle der starren Parteistrukturen vor 1933 die dynamische und lebensvoll bewegliche gesetzt hat; eine Parteistruktur, die sich aus der persönlichen christlich-weltanschaulichen und gewissensmässigen Bindung eines jeden einzelnen ergibt und ihren eindeutigen Ausdruck in der offiziellen Ablehnung jeglichen Fraktionszwangs als einer letztlich undemokratischen Einrichtung vergangener Epochen gefunden hat."[139]

Bei der Mehrheit der CSU-Fraktion in der Verfassunggebenden Landesversammlung stießen solche Versuche, die parteiinterne Konfliktsituation zu entspannen, auf wenig Gegenliebe. Am 10. Oktober 1946 verurteilten die CSU-Abgeordneten nicht nur die Berichterstattung des Mitteilungsblattes in der Staatspräsidentenfrage, sondern forderten auch, die „Einberufung einer Landesversammlung so rasch wie möglich herbeizuführen, damit die Frage des Vorsitzes in der Partei einer Entscheidung zugeführt" werden könne[140]. Das war unzweifelhaft die offene Kampfansage an Josef Müller, den sein

---

[136] Bericht über die Sitzung des Dienstag-Clubs am 24. 9. 1946, in: Lehrjahre, S. 100; das folgende Zitat ebenda.

[137] Eine ausführliche Untersuchung des publizistischen Apparats der CSU bis 1949 fehlt bisher; einiges dazu – wenn auch sehr allgemein – bei Mintzel, Anatomie, S. 157–164. Gerade Mitglieder der CSU-Fraktion beschwerten sich immer wieder über die in ihren Augen einseitige Berichterstattung der parteieigenen Presseorgane (ACSP, CSU-LTF I, 15–14, Protokoll der Fraktionssitzung am 2. 12. 1947), und das Problem blieb bis zum Ende der Ära Müller virulent (ACSP, CSU-LTF I, 15–14, Protokoll der Fraktionssitzung am 5. 4. 1949).

[138] „Eine politische Krise in Bayern? Staatspräsident abgelehnt – SPD. gegen Dr. H[oe]gner – Eine neue Partei", in: Mitteilungen der Christlich-Sozialen Union vom 21. 9. 1946.

[139] Eugen Rindt, Union und Staatspräsident, in: Mitteilungen der Christlich-Sozialen Union vom 5.10. 1946.

[140] BayHStA, NL Ehard 887, Beschluß der CSU-Fraktion in der Verfassunggebenden Landesversammlung vom 10. 10. 1946, ungezeichnet. Die Empörung der Fraktionsmehrheit richtete sich insbesondere gegen den Artikel in den Mitteilungen der Christlich-Sozialen Union vom 21. 9. 1946. IfZ-Archiv, RG 260, 15/102–2/23, Entwurf Josef Eduard Messmers für eine Resolution der CSU-Fraktion gegen Josef Müller vom 1. 10. 1946.

Gegenspieler Hundhammer persönlich für das Scheitern des Staatspräsidenten verantwortlich machte[141]. In der Umgebung Josef Müllers überlegte man dagegen, ob es nicht besser sei, eine Klärung der Fronten herbeizuführen und sich von den katholisch-konservativen, bayerisch-etatistischen Hardlinern zu trennen[142]. Nach der Zerreißprobe, die der Konflikt um das Staatspräsidentenamt heraufbeschworen hatte, war das Tischtuch zwischen Parteiführung und Fraktionsmehrheit endgültig zerschnitten[143], und die Fraktion wurde zunehmend zur Operationsbasis der Gegner Josef Müllers.

## 4. Die ersten Landtagswahlen und die Auseinandersetzung um die Führung der Fraktion

Die Landtagswahlen vom 1. Dezember 1946 brachten der CSU zwar erneut die absolute Mehrheit, diesmal hatte die bayerische Unionspartei jedoch beträchtliche Stimmenverluste zu verzeichnen. Verglichen mit den Wahlen zur Verfassunggebenden Landesversammlung büßte sie sechs Prozent der Stimmen ein und konnte nur noch 104 der 180 Abgeordneten in den ersten Nachkriegslandtag entsenden[144]. Damit hatte die CSU fünf Mandate verloren, wobei sich die Verluste nahezu gleichmäßig über die fünf Wahlkreise verteilten. Lediglich in Oberbayern, dem Zentrum der innerparteilichen Opposition, büßte die CSU zwei Parlamentssitze ein, während die Zahl der Unionsabgeordneten in Unterfranken konstant blieb[145].

Josef Müller hatte nie einen Hehl daraus gemacht, daß die Zusammensetzung der Fraktion in der Verfassunggebenden Landesversammlung in keiner Weise seinen Vor-

---

141 Müller erntete für seine Haltung in der Staatspräsidentenfrage jedoch nicht nur Kritik. So schrieb ein Vorstandsmitglied des CDU-Bezirksverbands Magdeburg am 24. 9. 1946 an den CSU-Vorsitzenden (ACSP, NL Müller 381): „Mit großer Freude haben wir in der Zeitung Ihre Einstellung zu der Wahl eines Staatspräsidenten verfolgt. Ihre Freunde in der Ostzone danken Ihnen für Ihr Eintreten gegen die Wahl eines Staatspräsidenten, denn der Einheit Deutschlands wäre durch die Wahl eines Staatspräsidenten nach unserem Dafürhalten bestimmt ein schwerer Schlag versetzt worden. Wir haben nicht in der Widerstandsbewegung gekämpft und gelitten, um jetzt separatistischen Umtrieben Vorschub zu leisten."

142 ACSP, NL Müller 224, Memorandum: „Politische Lage in Bayern", ungezeichnet, undatiert (Oktober/November 1946).

143 Aus einem Schreiben, das ein enger Mitarbeiter des Fraktionsvorsitzenden Alois Hundhammer im März 1949 an einen Vertrauten Josef Müllers richtete, wird deutlich, wie tief der Bruch ging:„ Die Fraktion spiegelt leider in manchen Fragen die Zerrissenheit innerhalb der Partei wider. Gerade der Landesvorsitzende hat die einmütige Zusammenarbeit der Fraktion gestört. Er hat eine kleine Gruppe veranlaßt, gegen den Staatspräsidenten zu stimmen und damit den ersten schweren Keil in die geschlossene Fraktion hinein getrieben." IfZ-Archiv, Fh 56, Karl Böck an Heinz Fischer vom 24. 3. 1949.

144 Die CSU erreichte 52,3 Prozent der Stimmen; zweitstärkste Partei wurde die SPD mit 28,6 Prozent. Die bayerische Unionspartei verfügte im Landtag über einen Mandatsanteil von 57,8 Prozent; in der Verfassunggebenden Landesversammlung hatte er noch 60,6 Prozent betragen. In den Wahlkreisen Oberbayern, Niederbayern/Oberpfalz, Schwaben, Oberfranken/Mittelfranken und Unterfranken wurde nach dem Verhältniswahlrecht auf Wahlkreislisten der Anteil der Parlamentssitze je Partei bestimmt. Die Bewerber waren gewählt, die in einem der 180 Stimmkreise die meisten Stimmen erhalten hatten. Die Zahlenangaben und die Angaben über das gültige Wahlrecht nach Ritter/Niehuss, Wahlen in Deutschland, S. 143 und S. 147.

145 IfZ-Archiv, ED 132 NL Baumgartner 2, Rundschreiben der Landesgeschäftsstelle der CSU, Presse- und Informationsabteilung, vom 2. 12. 1946; interessant auch die Analyse in: ACSP, Z-Pr, Rundschreiben der CSU-Landesgeschäftsstelle, Presse und Informationsabteilung, vom 8. 12. 1946.

stellungen entsprach[146]. Um so wichtiger war es für den Parteivorsitzenden, die Auswahl der Kandidaten für die kommenden Landtagswahlen in seinem Sinne zu beeinflussen. Die Parteiführung müsse „zur Zeit mit allen Mitteln versuchen, das Bild der nächsten Landtagsfraktion so zu gestalten, wie es der Parteistruktur entspricht", hieß es in einem Strategiepapier für Josef Müller, das im Zuge der Staatspräsidentenkrise verfaßt worden war[147]. Es ging, mit anderen Worten, darum, die „fortschrittlichen" Kräfte in der CSU zu stärken und das Gewicht des katholisch-konservativen Flügels in der künftigen Landtagsfraktion möglichst gering zu halten. Aus diesem Grund mahnte die Landesleitung vor allem eine Verjüngung der Kandidaten sowie die Aufstellung von Flüchtlings- und Arbeitervertretern und von Frauen an. Auch die Nominierung protestantischer Kandidaten in Ober- und Mittelfranken wurde unterstützt[148].

Die Chancen, dadurch den konfliktträchtigen Dualismus von Partei und Fraktion beenden zu können, standen allerdings nicht besonders gut. Allen Anstrengungen zum Trotz konnte die Parteiführung nämlich auf die Kandidatenaufstellung nur begrenzt Einfluß nehmen. Vor den Wahlen zur Verfassunggebenden Landesversammlung hatte wenigstens der erste ordentliche Parteitag Gelegenheit gehabt, die Kandidatenlisten zu diskutieren und Änderungswünsche anzumelden[149], die Wahlvorschläge für die Landtagswahlen gelangten dagegen nur in Einzelfällen vor den Landesausschuß[150]. Daß Auswahl und Nominierung der Mandatsträger an der Parteileitung weitgehend vorbeiliefen, ist einerseits auf die relativ geringe Steuerungskapazität des noch immer im Aufbau befindlichen Parteiapparats zurückzuführen[151]; andererseits waren die Nominierung der Kandidaten und die Aufstellung der Wahllisten sowohl nach den Statuten der CSU als auch nach den einschlägigen Bestimmungen des Wahlgesetzes genuine Aufgaben der Kreis- und Bezirksverbände[152]. Es war jedoch vielen CSU-Politikern unklar, wie die Kompetenzen im einzelnen verteilt waren, welche Aufgaben den Delegierten auf Kreisebene zukamen und welche Rechte Satzung und Wahlgesetz ihren Parteifreunden in den Bezirksversammlungen einräumten. Noch am 20. Oktober 1946, keine

[146] Protokoll der Sitzung des Landesausschusses der CSU am 6. 9. 1946 in München, in: Protokolle und Materialien, S. 585.

[147] ACSP, NL Müller 224, Memorandum: „Politische Lage in Bayern", ungezeichnet, undatiert (Oktober/November 1946).

[148] IfZ-Archiv, Fh 56, Rundschreiben Franz Liedigs an die Bezirksvorsitzenden vom 7. 10. 1946; ACSP, NL Müller 133, Aktennotiz Hanswolf Haunhorsts über die Frage der Kandidatenaufstellung in Oberfranken vom 15. 10. 1946, NL Müller 52, Aktennotiz Hanswolf Haunhorsts über die Frage der Kandidatenaufstellung in Mittelfranken vom 23. 10. 1946, und NL Müller 139, Franz Liedig an Alois Hundhammer vom 1. 11. 1946.

[149] Protokoll der Landesversammlung der CSU am 17. 5. 1946 in München, in: Protokolle und Materialien, S. 324–355.

[150] So wurde beispielsweise die Kandidatenaufstellung für die Landtagswahlen in München unter konfessionellen Aspekten diskutiert. Protokoll der Sitzung des Landesausschusses der CSU am 31. 10. 1946 in München, in: Protokolle und Materialien, S. 759–763.

[151] Interessant sind in diesem Zusammenhang die Ausführungen des Landesgeschäftsführers der CSU, Franz Liedig, und Fritz Gerathewohls über organisatorische Fragen des Wahlkampfes. Ebenda, S. 743–749.

[152] Satzung der CSU in der Fassung vom 4. 10. 1946, abgedruckt in: Protokolle und Materialien, S. 1783–1803; Protokoll der Sitzung des Landesausschusses der CSU am 31. 10. 1946 in München, in: ebenda, S. 691 f. (Georg Gamperl). Die Militärregierung hatte nach einer Aktennotiz Hanswolf Haunhorsts vom 25. 9. 1946 zunächst keine Einwände gegen das in den Satzungen der CSU festgelegte Verfahren; ACSP, NL Müller 200.

sechs Wochen vor den Landtagswahlen, bat Adolf Konrad, den die Bezirksversammlung der CSU für Nürnberg und Fürth mit der Wahlleitung beauftragt hatte, die Landesgeschäftsstelle um Aufklärung, wie die Aufstellung der Kandidaten denn nun vor sich zu gehen habe[153]. Die Verwirrung über den Modus der Kandidatenaufstellung ging sogar so weit, daß in manchen Stimmkreisen zwei Kandidaten nominiert wurden – einer von der Stimmkreisversammlung und einer von der Bezirksversammlung[154].

Die Landesleitung versuchte natürlich, die Vorsitzenden der Bezirksverbände für ihre Ziele zu gewinnen[155], aber gewichtige Sprecher der parteiinternen Opposition wie Alois Hundhammer oder Michael Horlacher zogen im Namen der Demokratie nicht nur gegen die Einflußnahme der Parteiführung, sondern bereits gegen die Mitwirkung der Bezirksverbände bei der Kandidatenaufstellung zu Felde[156]. Auch Hans Geiselberger, ein katholisch-konservativer Hardliner altbayerischer Prägung, lehnte vehement „irgendeine Einflussnahme" auf die „demokratischen Entscheidungen" der Kreisverbände ab; die „Mandatsträger des zukünftigen Landtags" seien schließlich „nicht Vertreter von Ständen oder sonstigen Personengruppen", sondern Vertreter ihrer Stimmkreise[157]. Das war eine klare Absage an die Politik der Parteiführung, die noch drei Wochen vor dem festgesetzten Wahltermin betonte, „dass die Kandidatenaufstellung rechtswirksam und verbindlich nur durch die Bezirksversammlung erfolgen kann [und] dass die Kreisversammlung nur das Recht hat, Kandidaten zu nominieren, d. h. vorzuschlagen"[158]. Doch aufgrund eines Gutachtens von Hans Ehard, dem zuständigen Staatssekretär im Justizministerium, erreichten die Kontrahenten Müllers bei der Militärregierung eine Interpretation des Wahlgesetzes in ihrem Sinne[159]. So konnte der Vorsitzende der CSU-Fraktion in der Verfassunggebenden Landesversammlung am 16. November erklären, die Entscheidung über die Aufstellung eines Kandidaten für die Landtagswahlen liege allein bei den zuständigen Kreisverbänden und nicht bei den Parteiorganisationen auf Regierungsbezirks- bzw. Wahlkreisebene. In Streitfällen, so Hundhammer weiter, habe der „vom Stimmkreis aufgestellte Kandidat [...] gegenüber dem vom Wahlkreis aufoktroyierten Kandidaten den Vorrang"[160].

---

153 ACSP, NL Müller 107, Adolf Konrad an die Landesgeschäftsstelle der CSU vom 20. 10. 1946.

154 BayHStA, NL Schwalber 50, Auszug aus dem Protokoll der 21. Sitzung des bayerischen Landtags am 25. 6. 1947; die herrschende Verunsicherung illustriert auch ACSP, NL Müller 52, Aktennotiz über Einwände der Militärregierung gegen die Kandidatenaufstellung im Wahlkreis Mittelfranken/Oberfranken vom 13. 11. 1946.

155 IfZ-Archiv, Fh 56, Rundschreiben Franz Liedigs an die Bezirksvorsitzenden vom 7. 10. 1946. Man versuchte auch, auf einzelne potentielle Kandidaten Einfluß zu nehmen; ACSP, NL Müller 197, Karl August Kroth an Josef Müller vom 28. 10. 1946.

156 BayHStA, NL Ehard 887, Beschluß der CSU-Fraktion in der Verfassunggebenden Landesversammlung vom 10. 10. 1946, ungezeichnet. Protokoll der Sitzung des Landesausschusses der CSU am 31. 10. 1946 in München und Protokoll der Sitzung des Landesausschusses der CSU am 6. 12. 1946 in München, in: Protokolle und Materialien, S. 684–695 (Michael Horlacher) und S. 809 (Alois Hundhammer).

157 BayHStA, NL Schwalber 5, Protokoll der Bezirksversammlung der CSU Oberbayern am 17. 10. 1946.

158 IfZ-Archiv, Fh 56, Rundschreiben Franz Liedigs an die Bezirksvorsitzenden vom 7. 11. 1946.

159 Darüber beklagte sich Josef Müller noch im Januar 1947 und erklärte, auch Ministerpräsident Hoegner sei an dieser Aktion beteiligt gewesen. Protokoll der Sitzung des Landesausschusses der CSU am 3.1. 1947 in Augsburg, in: Protokolle und Materialien, S. 986f.

160 BayHStA, NL Ehard 887, Rundschreiben Alois Hundhammers an die Mitglieder der CSU-Fraktion in der Verfassunggebenden Landesversammlung vom 16. 11. 1946. Der Fraktionsvorsitzende vergaß nicht zu betonen, daß Einwände der Kreisverbände gegen die Kandidatenlisten bis zehn Tage vor der Wahl erhoben werden könnten.

Derartige Initiativen zielten zweifellos darauf ab, der ungeliebten Parteiführung die Möglichkeit zu nehmen, die Zusammensetzung der künftigen Landtagsfraktion zu beeinflussen. Die Haltung Hundhammers und Horlachers stieß jedoch bei den Mitgliedern des Landesausschusses mehrheitlich auf Widerspruch. Ohne das Recht der Bezirksverbände, korrigierend auf die Kandidatenaufstellung einzuwirken, so das gewichtigste Argument, sei es unmöglich, der Bevölkerung ausgewogene Wahlvorschläge zu präsentieren[161]. Überdies öffne die fehlende Koordination dem persönlichen Ehrgeiz einzelner Tür und Tor[162]. Franz Ludwig Sauer, der Vorsitzende des CSU-Bezirksverbands Unterfranken, antwortete seinem Vorredner Hundhammer im Landesausschuß erbost:

„Wie soll denn eine geregelte Aufstellung der Kandidaten erfolgen, wenn der Bezirk überhaupt keinen Einfluß auf die Aufstellung durchführen [sic!] kann? Wo ist der Kreis, der draußen einen Flüchtling nominiert? Sagen Sie mir einen! ‚Ja, ich nehme keinen Flüchtling!' Dann kann die Union soweit kommen, daß nicht ein einziger Flüchtling in ganz Bayern aufgestellt wird. Die Folgen tragen Sie selbst! [...] Meine Herren! Entweder sind wir Bezirksvorsitzende und haben das Vertrauen und die Verantwortung, oder wir lehnen ab. Machen Sie, was Sie wollen."

Gleichwohl zeigte sich Josef Müller nach den Wahlen vorsichtig zufrieden mit der Struktur der Landtagsfraktion, auch wenn er im einzelnen noch Kritik übte[163]. Die offiziellen Erklärungen der Parteiführung verbreiteten ebenfalls Optimismus und suggerierten, daß mit den Wahlen auch ein Ende der Gegensätze zwischen Partei und Fraktion gekommen sei[164]. In einer Stellungnahme zum Wahlergebnis hieß es:

„Dies alles [die Zusammensetzung der neugewählten Fraktion] zeigt, dass der entschlossene Wille zu einer dynamischen Entwicklung in der Union klar und folgerichtig sich durchsetzt. Während

[161] Josef Müller selbst nahm dazu folgendermaßen Stellung: „Die Parteileitung hat diesmal davon abgesehen, irgendwelche Leute nominieren zu lassen. Ich hätte diese Frage auch in dem letzten Landesausschuß vorlegen und eventuell, wie es früher der Fall war, Landeskandidaten vorschlagen lassen können. Ich wollte absichtlich davon absehen, um nicht den Eindruck zu erwecken, als ob man die Kandidatenaufstellung zentral steuern wollte. Aber dann muß ich auch erwarten, daß eine einzelne Organisation ihrerseits draußen nicht Forderungen erhebt und dadurch ein Durcheinander schafft. Denn sonst erheben die Gewerkschaften mit dem gleichen Recht ihre Forderungen, ebenso wie alle anderen Kreise. Man kann natürlich Wünsche äußern, man kann Fühlung mit den Gremien nehmen, die die Kandidaten aufstellen, aber Forderungen als solche können höchstens von den beiden Gremien der CSU erhoben werden. Sonst werden wir nie Disziplin in die Organisation der Union hineinbringen." Michael Horlacher, auf den diese Bemerkung als Repräsentant des Bayerischen Bauernverbandes vor allem gemünzt war, antwortete darauf bezeichnenderweise: „Das interessiert mich alles nicht." Protokoll der Sitzung des Landesausschusses der CSU am 31. 10. 1946 in München, in: Protokolle und Materialien, S. 687.

[162] So ließ sich beispielsweise Alois Schlögl in mehreren erfolgversprechenden Stimmkreisen in Niederbayern und in Schwaben nominieren. Nach den gültigen Wahlrechtsbestimmungen war es möglich, einen Kandidaten in mehreren Stimmkreisen aufzustellen, solange diese nicht in verschiedenen Wahlkreisen lagen – wie es bei Schlögl der Fall war. Zu den Wahlrechtsbestimmungen vgl. Ritter/Niehuss, Wahlen in Deutschland, S. 143. Die Diskussion, die in der Sitzung des Landesausschusses der CSU am 31. 10. 1946 in München über diesen Fall geführt wurde, ist nachzulesen in: Protokolle und Materialien, S. 688–694; das folgende Zitat ebenda, S. 691. Vgl. auch ACSP, NL Müller 18, Aktennotiz für Josef Müller und Franz Liedig über ein Gespräch mit Hans Hermann von Eicken vom 12. 11. 1946; IfZ-Archiv, RG 260, 10/90–1/16, „Subject: About Dr. Lacherbauer (CSU)" vom 22. 10. 1946.

[163] Protokoll der Sitzung des Landesausschusses der CSU am 6. 12. 1946 in München, in: Protokolle und Materialien, S. 772f. Ob Müller seine Ansprüche – beispielsweise in der Frage des Altersdurchnitts – tatsächlich heruntergeschraubt hatte, oder ob er lediglich darum bemüht war, mögliche Konflikte zu dämpfen, muß offen bleiben.

[164] IfZ-Archiv, ED 132 NL Baumgartner 2, Rundschreiben der Landesgeschäftsstelle der CSU, Presse- und Informationsabteilung, vom 4. 12. 1946; das folgende Zitat ebenda.

man für die Verfassunggebende Versammlung auf bewährte und erfahrene Kräfte zurückgegriffen hatte, wodurch der Eindruck einer gewissen Erstarrung in der Fraktion entstanden war, haben sich jetzt die jüngeren Gruppen bereits in den Vordergrund gestellt. Sie bekennen sich zum Föderalismus, aber nicht zu einem rückwärts gewandten Föderalismus, sondern zu einem Föderalismus, der das gesamte Abendland umspannen soll und dem die Zukunft gehören soll. Dieser Föderalismus hat eine lebendig gegliederte Einheit Deutschlands zur unmittelbaren Voraussetzung. Die neu in die Fraktion eingetretenen Abgeordneten wurden vor allem deswegen aufgestellt und gewählt, weil sie den sozialen Kurs mit besonderem Nachdruck vertreten."

Daß diese Ausführungen allerdings mehr den Wunschvorstellungen der Parteiführung als den realen Gegebenheiten entsprachen, zeigt ein Blick auf die Zusammensetzung der CSU-Fraktion im bayerischen Landtag. Allein die Tatsache, daß von den 104 Abgeordneten mindestens 59 vor 1933 der BVP angehört hatten[165], widerspricht der Aussage von der Erneuerung der Fraktion. Vergleicht man die Landtagsfraktion mit der CSU-Fraktion, die Josef Müller bereits in der Verfassunggebenden Landesversammlung das Leben schwer gemacht hatte, so läßt sich eine erstaunliche Kontinuität feststellen. Von den nun gewählten Mandatsträgern hatten immerhin 63, also nahezu zwei Drittel, auch der Verfassunggebenden Landesversammlung angehört, lediglich 41 waren – wenn man so sagen darf – Neulinge[166]. Im Wahlkreis Oberbayern standen 15 wiedergewählten Abgeordneten nur fünf Mandatsträger gegenüber, die nicht an der Ausarbeitung der Verfassung mitgewirkt hatten; allein in Unterfranken überstieg die Zahl der Neulinge die Zahl der Wiedergewählten[167]. Mit Baumgartner, Horlacher, Hundhammer, Lacherbauer, Pfeiffer und Schlögl waren nahezu alle prominenten Mitglieder der Anti-Müller-Fronde auch in den Landtag gewählt worden, der Parteivorsitzende mußte dagegen auf einige Stützen seiner Politik verzichten[168]. So betrachtet, konnte von einer Beendigung des Dualismus' zwischen Partei und Fraktion nach den Landtagswahlen nicht die Rede sein; vielmehr bestand die Gefahr, daß die Gegensätze, die bereits in der Verfassunggebenden Landesversammlung zu Auseinandersetzungen geführt hatten, auch weiterhin lebendig bleiben würden.

Auf Einladung der Landesgeschäftsstelle fand am 9. Dezember 1946 die konstituierende Sitzung der neugewählten Landtagsfraktion statt[169]. Verglichen mit den turbulenten innerparteilichen Auseinandersetzungen um Staatspräsidentenamt und Frakti-

[165] Die Zahlenangabe beruht auf einer eigenen Auszählung auf der Basis des Amtlichen Handbuchs des Bayerischen Landtags, hrsg. vom Landtags-Amt, München 1948, S. 28–212, und des biographischen Anhangs in: Protokolle und Materialien, S. 1841–1948.

[166] Die folgenden Zahlenangaben beruhen auf einer eigenen Auszählung. Eine Liste der gewählten CSU-Abgeordneten findet sich als Anlage zu: IfZ-Archiv, ED 132 NL Baumgartner 2, Rundschreiben der Landesgeschäftsstelle der CSU, Presse- und Informationsabteilung, vom 4. 12. 1946. Eine Liste der CSU-Abgeordneten in der Verfassunggebenden Landesversammlung findet sich im BayHStA, NL Ehard 887, Aufstellung über das Abstimmungsverhalten der CSU-Abgeordneten bei der Abstimmung über den Staatspräsidenten am 20. 9. 1946 vom 24. 9. 1946.

[167] In Unterfranken betrug das Verhältnis zwischen Wiedergewählten und Neulingen 8:10. Im Wahlkreis Niederbayern/Oberpfalz betrug das Verhältnis 19:12, im Wahlkreis Oberfranken/Mittelfranken 12:9 und im Wahlkreis Schwaben 9:5. Von den ersten vier potentiellen Nachrückern hatten mit Ausnahme von Schwaben und Unterfranken in allen Wahlkreisen je zwei der Verfassunggebenden Landesversammlung angehört, im Wahlkreis Oberfranken/Mittelfranken alle vier und lediglich im Wahlkreis Schwaben keiner.

[168] So waren beispielsweise Heinrich Krehle und Lorenz Sedlmayr, die beide die sozialpolitischen Konzeptionen Müllers unterstützten, nicht in den Landtag gewählt worden; auch die Kandidaturen von Elisabeth Meyer-Spreckels und Hugo Karpf scheiterten.

[169] BayHStA, NL Ehard 887, Rundschreiben der Landesgeschäftsstelle der CSU vom 4. 12. 1946.

onszwang in den vergangenen Monaten hatte sich die Situation etwas beruhigt. Die Verluste bei den Landtagswahlen mit alarmierenden lokalen Spitzenwerten[170] und die bevorstehende Regierungsbildung ließen die Rufe nach einem Ausgleich zwischen den Widersachern oder zumindest nach einem vorübergehenden Waffenstillstand lauter werden[171]. Auf der Tagesordnung der konstituierenden Fraktionssitzung standen mit dem Bericht des Landesvorsitzenden zur politischen Lage, der anschließenden Diskussion über Fragen der Regierungsbildung und mit der Wahl des Fraktionsvorstands brisante Themen[172]. Ursprünglich sah die Tagesordnung vor, die fraktionsinternen Wahlen am Ende der Sitzung durchzuführen, noch bevor die Abgeordneten zusammentraten, entschied man sich jedoch dafür, die Fraktionssitzung mit den Vorstandswahlen zu eröffnen[173].

Anders als in der konstituierenden Sitzung der CSU-Fraktion in der Verfassunggebenden Landesversammlung zeigte sich die Mehrheit der Abgeordneten nun ernsthaft bemüht, einen für alle Seiten tragbaren Kompromiß zu finden und den „Rißzustand" in der Fraktion, der „von der Verfassunggebenden Landesversammlung übernommen worden" sei (Albert Kaifer), zu beenden. Der erste konkrete Vorschlag kam von Erwin Ammann, einem Angehörigen des Müller-Flügels. Ammann nominierte Eugen Rindt, den Vorsitzenden der CSU-Bezirksverbände Schwaben und Augsburg, der sich als Mitverfasser des Grundsatzprogramms der Partei und als Sprecher der fraktionsinternen Opposition in der Verfassunggebenden Landesversammlung einen Namen gemacht hatte. Rindt war ohne Zweifel der Wunschkandidat des Parteivorsitzenden, der diesmal mit genauen Vorstellungen von der Zusammensetzung des Fraktionsvorstands in die Sitzung gegangen war[174]. August Schwingenstein, Lizenzträger und Mitherausgeber der Süddeutschen Zeitung, schlug dagegen vor, erneut Alois Hundhammer zum Fraktionsvorsitzenden zu wählen. Weitere Namen wurden nicht genannt.

Als die Debatte um den künftigen Fraktionsvorsitzenden an einem toten Punkt anzugelangen drohte, ergriff Michael Horlacher das Wort. Der ehemalige Reichstagsabgeordnete befand sich nun in einer anderen Situation als nach den Wahlen zur Verfassunggebenden Landesversammlung. Damals war Horlacher nicht nur selbst der erklär-

---

170 Im Stimmkreis Hof-Stadt verlor die bayerische Unionspartei 36,4 Prozent und in Bayreuth 35,1 Prozent der Wahlerstimmen. Vgl. „Die Verteilung der Unionswähler", in: Union-Dienst vom Januar 1947.

171 So führte August Haußleiter vor den Landtagsabgeordneten der CSU aus: „Wir haben in den letzten Sitzungen der alten Fraktion sehr erbitterte Kämpfe erlebt, und ich glaube, manche Folgen des Wahlkampfes waren im hohen Maße das Ergebnis dieser scharfen Kämpfe in der alten Fraktion." ACSP, CSU-LTF I, 15–14, Protokoll der Fraktionssitzung am 9. 12. 1946.

172 BayHStA, NL Ehard 887, Rundschreiben der Landesgeschäftsstelle der CSU vom 4. 12. 1946.

173 ACSP, CSU-LTF I, 15–14, Protokoll der Fraktionssitzung am 9. 12. 1946; das folgende, soweit nicht anders belegt, nach dem Protokoll dieser Fraktionssitzung. Zur ersten Sitzung der CSU-Landtagsfraktion am 9. 12. 1946 (mit ausführlichen Zitaten aus dem Sitzungsprotokoll) vgl. In Verantwortung für Bayern, S. 78–87. Bis zur Wahl des Fraktionsvorstands leitete Josef Müller die Sitzung, der von den Mitgliedern des geschäftsfuhrenden Landesvorstands, die eingeladen waren, der Sitzung zeitweise beizuwohnen, zumindest passive Unterstützung erwarten konnte. Außer Josef Müller, August Haußleiter und Michael Horlacher, die der Fraktion ohnehin angehörten, waren auch Franz Josef Strauß, Emil Muhler und Lorenz Sedlmayr anwesend. ACSP, CSU-LL, Protokoll der Sitzung des Landesvorstands am 10. 12. 1946.

174 ACSP, NL Müller 209, undatierte Aufstellung über die mögliche Zusammensetzung von Landesvorstand und Fraktionsvorstand. Eugen Rindt sollte zum Fraktionsvorsitzenden gewählt werden, August Haußleiter und Josef Piechl zu seinen Stellvertretern sowie Maria Probst und Rupert Berger zu Schriftführern.

te Favorit der bäuerlichen Abgeordneten für das Amt des Fraktionschefs gewesen, sondern auch einer der profiliertesten Sprecher der Opposition gegen Josef Müller. In der konstituierenden Sitzung der Landtagsfraktion verzichtete Horlacher auf eine eigene Kandidatur, auch schien wenigstens ein gewisser Ausgleich mit dem Parteivorsitzenden gefunden, der seinen schwer berechenbaren Kontrahenten am 6. Dezember zur Wahl in den Landesvorstand vorgeschlagen und dann auch in den geschäftsführenden Landesvorstand berufen hatte[175]. Horlacher trat mit folgendem Vorschlag vor die Abgeordneten:

„Den Personenfragen als solche[n] stehe ich mit kühlem Verstand als Politiker gegenüber. Ich vermeide es, zu einzelnen Personen zu sprechen, aber ich möchte folgendes ausführen. Bei der Lage, in der wir uns befinden, besonders auch mit Rücksicht auf allgemeine politische Beziehungen, die außerhalb Bayerns liegen, wäre es an sich wünschenswert, daß ein Fraktionsvorsitzender gewählt wird, der von der übergroßen Mehrheit der Fraktion getragen ist. Das wäre das Gebot der Stunde; das sieht ja jeder ein. Wenn aber ein Fraktionsvorsitzender mit schwacher Mehrheit gewählt und das noch dazu hinausgetragen würde, dann wäre von Haus aus wieder eine unglückliche Lage für die Union als solche gegeben. [...] Mir wäre es viel lieber, man würde eine vorläufige Abstimmung vornehmen und dann unterbrechen, um den einzelnen Parteifreunden Gelegenheit zu geben, sich angesichts des Ergebnisses zu einer nochmaligen Aussprache zusammenzusetzen. (Sehr gut!) Vielleicht ist es möglich, sich auf einen anderen Vorschlag zu einigen, wenn der erste Vorschlag nicht den Bedürfnissen der politischen Lage entspricht. Ich halte das für vernünftig. [...] Ich stelle diesen Vorschlag zur Erwägung, damit wir nicht wieder bei der Abstimmung hart aufeinanderprallen."

Dieser Verfahrensvorschlag, der ganz im Sinne Josef Müllers gewesen sein dürfte, ermöglichte es, noch vor der endgültigen Wahl des Fraktionsvorstands die Kräfteverhältnisse zu bestimmen und eventuelle Wahlempfehlungen danach auszurichten. Auch wenn Horlacher es zu diesem Zeitpunkt nur andeutete, so implizierten seine Ausführungen den Gedanken, weder Hundhammer noch Rindt zum Fraktionsvorsitzenden zu wählen, sondern eine Persönlichkeit mit diesem Amt zu betrauen, die in den parteiinternen Führungs- und Flügelkämpfen relativ heil geblieben war. Dies hatte auch August Haußleiter erkannt, der die Abgeordneten nachdrücklich darauf hinwies, welche Folgen es haben könnte, wenn kein Ausgleich der gegensätzlichen Positionen gelänge: „Vier Jahre Streit – und darum geht es – würden zur Gefahr, und zwar zur Existenzgefahr für die Union werden."

Die von Horlacher vorgeschlagene Probeabstimmung endete mit einer Überraschung: Von 98 abgegebenen Stimmen entfielen 54 auf Alois Hundhammer, 42 auf Eugen Rindt, ein Abgeordneter votierte für Horlacher, und ein Stimmzettel war ungültig. Josef Müller unterbrach daraufhin wie vereinbart die Sitzung. Dann trat Michael Hor-

[175] Horlacher sprach bereits während der Sitzung des Landesausschusses – ohne Hundhammers Namen zu nennen, aber deutlich auf ihn gemünzt – gegen die parteiinterne Opposition. Protokoll der Sitzung des Landesausschusses der CSU am 6. 12. 1946 in München, in: Protokolle und Materialien, S. 799–803. Müller selbst führte hinsichtlich seines Verhältnisses zu Horlacher aus: „Sie haben gehört, daß ich Michel Horlacher als ersten für die Landesvorstandschaft vorgeschlagen habe. In der vergangenen Zeit, vor allem in der Fraktion, haben wir uns manchmal sehr kräftig gerauft; trotzdem habe ich es für notwendig gehalten, gerade ihn dabei zu haben. Es gibt nichts besseres, als wenn Leute sich kräftig auseinandersetzen – aber intern, nicht nach außen. Wir müssen dazu kommen, daß wir wirklich vernünftige Opposition durchführen. Ich weiß, daß ich mit Michel Horlacher in manchen Punkten nicht übereinstimme. Es ist viel besser, er kommt und sagt mir: Du bist dabei, eine Dummheit zu machen, als daß ich nachher einen Schuß von rückwärts bekomme. So muß gearbeitet werden. Jede andere Arbeit mit unsauberen Mitteln muß endgültig aufhören." Ebenda, S. 803.

lacher erneut vor die Fraktion. Sichtlich darum bemüht, Hundhammer nicht zu verärgern, verwies er auf das relativ knappe Ergebnis der Probeabstimmung und auf die Notwendigkeit, vorhandene Gegensätze auszugleichen. Der im „engen Kreise" ausgearbeitete Vorschlag, den Horlacher den Abgeordneten unterbreitete, war darauf abgestellt, die Interessen beider Seiten zu berücksichtigen. Zum Vorsitzenden der Landtagsfraktion sollte Josef Schwalber gewählt werden, als seine Stellvertreter Adam Sühler, August Haußleiter und Josef Donsberger, dazu Maria Probst und Albert Kaifer, die als Schriftführer ebenfalls dem Fraktionsvorstand angehören sollten. Dieses Personalpaket war sorgfältig austariert und taktisch geschickt zusammengestellt. Schwalber teilte nicht nur die politischen Auffassungen Hundhammers, sondern war auch dessen persönlicher Freund, so daß Hundhammer, den man mit dem Vorsitz eines wichtigen Landtagsausschusses abzufinden gedachte, nur schwer gegen diesen Vorschlag opponieren konnte. Die übrigen Kandidaten repräsentierten verschiedene Strömungen und Gruppierungen innerhalb der CSU oder trugen berufsständischen Interessen Rechnung[176], weswegen man sich entschloß, mit Karl Schmid auch noch einen Vertreter des Handwerks in die Liste aufzunehmen. Zugleich versuchte Horlacher, die Machtfülle des Fraktionsvorsitzenden zu begrenzen und so eine zweite Sicherung gegen weitergehende Ambitionen einzubauen:

> „Nun möchte ich der Fraktion eines mit auf den Weg geben: Wir müssen uns von den Überresten des Nationalsozialismus lösen. Ich meine damit das sogenannte Führerprinzip. Es hat in der Fraktion die Lähmung hervorgerufen. Ich spreche es ganz offen aus: In der Demokratie muß das Führerprinzip sein Ende finden! (Sehr richtig!) Der Fraktionsvorsitzende hat nur die Geschäfte zu führen, den Willen der Fraktion zu vollziehen und nach den Richtlinien und Beschlüssen der Fraktion zu arbeiten, nicht auf eigene Faust. Das wird manchem die Wahl in gewisser Beziehung erleichtern. Wir müssen wirklich zu demokratischen Zuständen kommen und uns von anderen Dingen entfernen."

Horlachers Vorschlag, zu einer „neutrale[n] Zusammensetzung des Fraktionsvorstandes" zu kommen (Franz Ludwig Sauer), wurde auf Antrag Josef Müllers in toto diskutiert und fand vor allem bei den Anhängern des Parteivorsitzenden Anklang. Konsensfähig war diese Position jedoch nicht, und Max Allwein, ein Repräsentant des altbayerisch-konservativen Flügels, der später zur Bayernpartei wechselte, erklärte, er sehe nicht ein, „warum immer wieder einer Minderheit nachgegeben werden" solle, wo die Probeabstimmung doch ein eindeutiges Votum fur Hundhammer ergeben habe.

Der Vorsitzende des Bezirksverbands Oberbayern hatte bis dahin nicht in die Debatte eingegriffen. Erst nachdem Horlacher seine Vorschlagsliste präsentiert hatte, meldete sich Hundhammer zu Wort und empfahl den Abgeordneten, Eugen Rindt zum zweiten Fraktionsvorsitzenden zu wählen. Damit hatte der bisherige Favorit für den Fraktionsvorsitz zu erkennen gegeben, daß er – ohne zu einer eigenen Kandidatur Stellung zu nehmen – im Falle seiner Wahl eine Zusammenarbeit mit Rindt für denkbar hielt. Die Idee, je einen Exponenten der beiden stärksten Gruppierungen an die Spitze der Fraktion zu stellen, fand großen Beifall bei den Abgeordneten, denn damit wurde Alois Hundhammer an führender Stelle berücksichtigt, zugleich aber schien dieser

[176] Adam Sühler stand für die bäuerlichen Zirkel und Agrarpolitiker in der CSU und vertrat mit Haußleiter den fränkisch-protestantischen Teil der Partei; Josef Donsberger und Albert Kaifer repräsentierten die Arbeitnehmerschaft und Maria Probst die Frauen.

Kompromißvorschlag die Chance für einen Ausgleich zwischen den Konfliktparteien zu bieten.

Das Ergebnis war freilich auch, daß damit der Versuch, Hundhammer von der Führung der Landtagsfraktion fernzuhalten, trotz aller Anstrengungen und Gegenargumente zum Scheitern verurteilt war. Leicht resigniert erkannte Horlacher, daß sich seine Konstruktion in der Fraktion nicht durchsetzen ließ, doch er war flexibel genug, sich auf die neuen Gegebenheiten einzustellen:

„Wenn ich das alles überlege, so neige ich persönlich dazu, den Vorschlag anzunehmen, demzufolge sich die Mehrheit mit der Minderheit zu einer Einheit verbindet, (Beifall) und zwar Dr. Hundhammer als ersten und Dr. Rindt als zweiten Vorsitzenden zu wählen mit der Maßgabe – und diesen Beschluß bitte ich gleichzeitig zu fassen; das ist bei einer großen Fraktion gar nicht anders möglich –, daß der erste und zweite Vorsitzende der Fraktion in allen entscheidenden Fragen, besonders dann, wenn die Fraktion nicht anwesend ist, gemeinsam handeln müssen. (Sehr richtig!) Das ist eine Grundvoraussetzung. Beide müssen miteinander gemeinsam handeln. Das ist auch möglich. Es muß einmal das Persönliche verschwinden und das Vertrauensverhältnis zwischen den einzelnen Herren hergestellt werden."

Damit hatte sich Horlachers Argumentation entscheidend verändert. Er beabsichtigte nun nicht länger, eine von den innerparteilichen Turbulenzen unbelastete Persönlichkeit mit dem Fraktionsvorsitz zu beauftragen, sondern versuchte, den Einfluß der Minderheit auf die Fraktionsführung zu sichern. Nachdem die Rednerliste erschöpft war, kam es aber nicht zur Abstimmung über die verschiedenen Personalvorschläge und ihre Varianten, die mittlerweile im Raum standen. Diesmal nutzte Müller seine Möglichkeiten als Versammlungsleiter und führte eine Sitzungspause herbei, in der er selbst, Hundhammer, Rindt und wohl auch Horlacher die Möglichkeiten für eine Verständigung sondierten[177]. Wieder war es Horlacher, der den Abgeordneten das Ergebnis vortrug. Danach sollte Hundhammer zum Fraktionsvorsitzenden und Rindt zu seinem Stellvertreter gewählt werden. Allerdings forderte er die Fraktion auf, gleichzeitig folgenden Zusatz zu beschließen: „Beide Fraktionsvorsitzende genießen innerhalb ihrer Tätigkeit in der Fraktion gleiche Rechte. In allen entscheidenden Fragen müssen sie gemeinsam handeln." Weiter sollten dem Vorstand August Haußleiter, Andreas Lang und Josef Donsberger als „Beiräte" sowie Maria Probst und Karl Schmid als Schriftführer angehören. Eine Diskussion über dieses Personalpaket gab es nicht mehr, lediglich Adam Sühler wurde auf nachdrückliche Bitte Hundhammers noch in die Kandidatenliste aufgenommen. Dann stimmte die Fraktion en bloc über den Vorschlag ab: 80 Abgeordnete votierten mit Ja, 16 mit Nein, sechs Stimmen waren ungültig.

Die Besetzung des Fraktionsvorstands beruhte zweifellos auf einem Proporz zwischen den beiden größten innerparteilichen Gruppierungen, aber sie bot weder die Gewähr für eine wirkliche Lösung der bestehenden Konflikte noch für eine funktionie-

[177] Rindt selbst berichtete am folgenden Tag über den Inhalt dieser kurzen Unterredung: „Ich habe gestern, als Hundhammer und Müller mich herausbaten, Dr. Hundhammer erklärt: 1. Wir müssen eine bayerische Politik machen, 2. wir müssen eine deutsche Politik machen, aus wirtschaftlichen Gründen, dann aber auch aus dem Grunde: Die Stellung, die Deutschland in Europa hat, ist die des Vorkämpfertums für christlich-abendländische Kultur. Daher müssen die Wege für eine Reichspolitik geebnet werden. Wir müssen eine realistische Politik machen, wir brauchen Erfolge. Müller wie Hundhammer haben dieser Formulierung zugestimmt." ACSP, CSU-LL, Protokoll der Sitzung des Landesvorstands am 10. 12. 1946.

rende Zusammenarbeit zwischen Partei und Fraktion. Aus der Sicht Josef Müllers gaben die fraktionsinternen Personalentscheidungen allerdings zu vorsichtigem Optimismus Anlaß. Zwar war es nicht gelungen, die Wahl Hundhammers zum Fraktionschef zu verhindern, doch sowohl die Probeabstimmung als auch die Personaldebatte hatten gezeigt, daß die Landtagswahlen das Kräfteverhältnis zugunsten des Parteivorsitzenden verschoben hatten. Die Mehrheit der Abgeordneten war nach wie vor der innerparteilichen Opposition zuzurechnen, aber die Mandatsträger, auf deren Unterstützung Josef Müller zählen konnte, machten immerhin 30 bis 40 Prozent der Landtagsfraktion aus. Wollte die CSU die Regierung übernehmen, so bedeutete dies angesichts der Sitzverteilung im Parlament, daß die beiden Flügel der CSU-Fraktion einen tragfähigen Kompromiß finden mußten oder daß die beiden Teilfraktionen gezwungen waren, Koalitionen mit anderen Parteien einzugehen.

Betrachtet man den Vorstand der Landtagsfraktion näher, dann zeigt sich, daß die Anhänger des Parteivorsitzenden durchaus angemessen repräsentiert waren. August Haußleiter, Maria Probst, Eugen Rindt und wohl auch Adam Sühler waren dem Müller-Flügel zuzurechnen oder zählten zumindest zu den Sympathisanten des Ochsensepp. Von Bedeutung schien in diesem Zusammenhang vor allem der auf Antrag Horlachers beschlossene Protokollzusatz, der Rindt maßgeblichen Einfluß auf die Führung der Fraktion zusicherte, den dieser noch weiter hätte ausbauen können, als Hundhammer zum Kultusminister berufen wurde. Doch es gelang dem stellvertretenden Fraktionsvorsitzenden nicht, die Abgeordneten im Sinne Josef Müllers zu führen. Im Gegenteil, es zeigte sich bald, daß Rindt aufgrund seines angegriffenen Gesundheitszustands und seiner vielfältigen anderweitigen Verpflichtungen nicht in der Lage war, die in ihn gesetzten Erwartungen zu erfüllen[178]. Auch dem Parteivorsitzenden fehlte die Zeit, seine Anhänger in der Fraktion selbst zu führen[179], bei denen sich bald Resignation und Orientierungslosigkeit breitmachten. Die Doppelbelastung Hundhammers und die offensichtliche Überforderung Rindts erzeugten ein Vakuum in der Fraktionsführung, das die Schlagkraft und Arbeitsfähigkeit der CSU-Fraktion erheblich beeinträchtigte[180].

---

178 Zur frühen Kritik an Rindt vgl. ACSP, CSU-LTF I, 15–14, Protokoll der Fraktionssitzung am 10. 4. 1947. Nach dem für Müller überaus negativen Verlauf der Regierungsbildung im Dezember 1946 scheint das bisher gute Verhältnis zwischen Müller und Rindt einen Knacks bekommen zu haben (ACSP, NL Müller 9, Protokoll der Sitzung des Landesvorstands am 28. 2. 1947). Im August 1947 gab Rindt den Vorsitz der Bezirksverbände Augsburg und Schwaben ab (IfZ-Archiv, MA 1420/13, Bericht Alfred Kiss' über den Rücktritt Rindts vom 25. 8. 1947) und widmete sich dem Aufbau des Sozialen Helferrings, der im Laufe des Jahres 1949 in große finanzielle Schwierigkeiten geriet. Die finanziellen Turbulenzen um den Sozialen Helferring waren auch die Ursache für den Rücktritt Rindts vom Amt des stellvertretenden Fraktionsvorsitzenden. Vgl. Eugen Rindt, Der Weg zur staatsbürgerlichen Selbsthilfe, in: Unsere soziale Revolution, S. 11–16. ACSP, CSU-LTF I, 15–14, Protokolle der Fraktionssitzungen am 17. 1. 1950 und am 14. 2. 1950.

179 ACSP, NL Müller 221, Maria Deku an Josef Müller vom 8. 7. 1947.

180 Hans Kraus sprach 1950 von einer „Krise der Fraktion", und der Abgeordnete Max Zillibiller klagte über die mangelnde Präsenz der Fraktion im wichtigen Haushaltsausschuß. Alois Schlögl bemerkte, ein Abgeordneter der SPD habe erklärt, „er kenne sich nicht mehr aus, ob seine Partei oder die CSU die Oppositionspartei sei". ACSP, CSU-LTF I, 15–14, Protokoll der Fraktionssitzung am 5. 9. 1950.

## 5. Landesvorstand und Landtagsfraktion

Drei Tage vor der konstituierenden Sitzung der Landtagsfraktion, am 6. Dezember 1946, wählten die Delegierten des Landesausschusses gemäß den Statuten 15 Mitglieder für den Landesvorstand der Partei, der damit seine Arbeit aufnehmen konnte[181]. Josef Müller legte dem Landesausschuß eine nahezu vollständige Kandidatenliste vor, auf der lediglich ein Vorschlag für den dritten Jugendvertreter fehlte[182]. Nach kurzer Diskussion folgten die Delegierten des Landesausschusses der Wahlempfehlung des Parteivorsitzenden, lediglich die Vertreter der Jugend nominierten mit Franz Steber und Franz Heubl eigene Kandidaten, die neben dem von Müller vorgeschlagenen Rudolf Birkl auch in die Parteiführung gewählt wurden.

Mit seinen Personalvorschlägen beabsichtigte der CSU-Vorsitzende zweierlei: Er wollte Parteifreunde, denen der Sprung in den Landtag nicht gelungen war, deren Mitarbeit er jedoch für unverzichtbar hielt, an führender Stelle in die Parteiorganisation einbinden[183]. Außerdem war Müllers Kandidatenliste an konfessionellen Gesichtspunkten orientiert. Von den 15 im Landesausschuß gewählten Mitgliedern des Landesvorstands bekannten sich fünf zum evangelischen Glauben, eine Quote, die ungefähr dem Anteil der Protestanten an der Gesamtbevölkerung Bayerns entsprach[184]. Nach seinen eigenen Worten kam es dem Parteivorsitzenden vor allem darauf an, „ein Gremium zu bekommen, das wirklich arbeitskräftig ist". In diesem Sinne berücksichtigte er in seiner Wahlempfehlung überwiegend seine Parteigänger; lediglich der schwer kalkulierbare Michael Horlacher sowie Heinrich Pflüger und der von den Jugendvertretern nominierte Franz Heubl zählten zu den zeitweiligen oder grundsätzlichen Gegnern des Ochsensepp und seiner Politik[185].

Das heißt jedoch nicht, daß die innerparteiliche Opposition nicht in der Lage gewesen wäre, ihre Positionen auch in der Parteiführung nachdrücklich zu vertreten. So gehörten die Mitglieder des Vorstands der Landtagsfraktion ebenso ex officio

---

181 Nach der gültigen Satzung bestand der Landesvorstand aus dem Landesvorsitzenden, zehn Mitgliedern, die vom Landesausschuß für die Dauer eines Jahres zu wählen waren, zwei Frauen- und drei Jugendvertretern, die ebenfalls der Landesausschuß zu wählen hatte, je einem Vertreter der Bezirksverbände, den Mitgliedern der bayerischen Staatsregierung, soweit sie der CSU angehörten, dem Vorstand der Landtagsfraktion und dem Vorstand eines berufsständischen Rats. Satzung der CSU in der Fassung vom 4. 10. 1946, abgedruckt in: Protokolle und Materialien, S. 1783–1803. Zum ersten Landesvorstand und zum ersten geschäftsführenden Landesvorstand der CSU vgl. Mintzel, Anatomie, S. 108ff. und S. 118ff.

182 Die Vorschläge Müllers waren: Wilhelm Eichhorn, Georg Gamperl, Max Grasmann, Michael Horlacher, Karl Sigmund Mayr, Emil Muhler, Heinrich Pflüger, Lorenz Sedlmayr, Johannes Semler und Franz Josef Strauß; Elisabeth Hahn und Elisabeth Meyer-Spreckels als Frauenvertreterinnen; Rudolf Birkl und Josef Plonner als Jugendvertreter. Protokoll der Sitzung des Landesausschusses der CSU am 6. 12. 1946 in München, in: Protokolle und Materialien, S. 779f. ACSP, NL Müller 209, undatierte Aufstellung über die mögliche Zusammensetzung von Landesvorstand und Fraktionsvorstand.

183 Protokoll der Sitzung des Landesausschusses der CSU am 6. 12. 1946 in München, in: Protokolle und Materialien, S. 772f.

184 Die evangelischen Kandidaten waren Rudolf Birkl, Wilhelm Eichhorn, Elisabeth Meyer-Spreckels, Karl Sigmund Mayr und Johannes Semler. Zum Stellenwert der konfessionellen Frage vgl. die diesbezügliche Debatte während der Sitzung des Landesausschusses am 6. 12. 1946 in München, in: Protokolle und Materialien, S. 781–784; das folgende Zitat ebenda, S. 779.

185 Die Tabelle bei Mintzel, Anatomie, S. 119, die auch die Konfession, frühere Zugehörigkeit zur BVP sowie die Haltung gegenüber Josef Müller angibt, ist fehlerhaft.

dem Landesvorstand an wie die Staatssekretäre und Minister der CSU in der bayerischen Staatsregierung. Da die Bezirksverbände ebenfalls je einen Vertreter in den Landesvorstand entsenden konnten, war es auch mehrheitlich oppositionellen Bezirken möglich, dezidierte Gegner des Landesvorsitzenden in den Parteivorstand zu delegieren.

Am 6. Dezember berief Josef Müller auch die sieben Mitglieder des geschäftsführenden Landesvorstands. Die Besetzung dieses engsten Führungsgremiums war das Vorrecht des Parteichefs[186], der sich dafür allerdings der Rückendeckung des Landesvorstands versicherte[187], um eventueller Kritik an seinem Führungsstil vorzubeugen. Mit der Ernennung von Max Grasmann, August Haußleiter, Michael Horlacher, Elisabeth Meyer-Spreckels, Emil Muhler, Lorenz Sedlmayr und Franz Josef Strauß berücksichtigte Müller keinen Vertreter des katholisch-konservativen Flügels um Alois Hundhammer[188]. Der Parteivorsitzende versuchte lediglich, die Unterstützung Horlachers zu gewinnen. Die Kritik Hundhammers ließ deshalb nicht lange auf sich warten. Der geschäftsführende Landesvorstand, so der Vorsitzende des Bezirksverbands Oberbayern, sei „eine einseitig zusammengesetzte Gruppe“[189].

Betrachtet man die Zusammensetzung des geschäftsführenden Landesvorstands unter dem Aspekt der künftigen Kooperation mit der Landtagsfraktion, so fällt auf, daß als einziges Mitglied des geschäftsführenden Landesvorstands August Haußleiter auch in den Vorstand der Landtagsfraktion gewählt wurde. Doch sollte man das nicht überschätzen, denn mit Josef Müller selbst und mit dem designierten Landtagspräsidenten Horlacher gehörten zwei weitere prominente Mitglieder des engsten Führungskreises der CSU der Landtagsfraktion an. Berücksichtigt man weiterhin, daß der Fraktionsvorstand qua Amt auch dem Landesvorstand angehörte, dann wäre rein technisch einer funktionierenden Zusammenarbeit zwischen der Parteiführung und der Fraktion nichts im Wege gestanden; insgesamt waren es immerhin 18 Abgeordnete, die auch dem 43-köpfigen Landesvorstand der bayerischen Unionspartei angehörten[190].

---

[186] Zu den Auseinandersetzungen, die um die entsprechenden Klauseln der Satzung geführt wurden, vgl. – allerdings farblos und eng der Argumentation Mintzels folgend – Hettler, Josef Müller, S. 256ff.

[187] Nach Mintzel, Anatomie, S. 120, ernannte Müller die Mitglieder des geschäftsführenden Landesvorstands „noch in der Sitzung des Landesausschusses am 6. Dezember 1946“. Das Protokoll dieser Sitzung stützt Mintzels Darstellung jedoch nicht. Müllers diesbezügliche Ausführungen lassen vielmehr den Schluß zu, daß zwischen der Wahl der 15 Landesvorstandsmitglieder und der zitierten Vorstellung des geschäftsführenden Landesvorstands eine kurze Sitzung der anwesenden Mitglieder des Landesvorstands stattgefunden hat, in der der CSU-Vorsitzende die Ernennungen vornahm. Da die Sitzung nach der Wahl für mehr als zwei Stunden – offiziell „zur Mittagspause“ – unterbrochen war, wäre dies auch zeitlich durchaus möglich gewesen. Protokoll der Sitzung des Landesausschusses der CSU am 6. 12. 1946 in München, in: Protokolle und Materialien, S. 790.

[188] So auch Mintzel, Anatomie, S. 120.

[189] Protokoll der Sitzung des Landesausschusses der CSU am 6. 12. 1946 in München, in: Protokolle und Materialien, S. 808. Die Tatsache, daß Hundhammer die Zusammensetzung des geschäftsführenden Landesvorstands erst nachträglich einer barschen Kritik unterzog, löste nicht nur bei Josef Müller Verständnislosigkeit und Erbitterung aus. Mintzel, Anatomie, S. 120, und Hettler, Josef Müller, S. 258, sind der Meinung, die Tatsache, daß Müllers Personalentscheidungen zunächst kritiklos akzeptiert worden seien, sei ein Beleg dafür, daß die Opposition bereits entschlossen war, den Parteivorsitzenden im Landtag entscheidend zu schlagen.

[190] Anders Mintzel, Anatomie, S. 120, der aber die Chronologie außer acht läßt. Die Zahlenangaben beruhen auf einer eigenen Auszählung.

Josef Müller führte die anhaltenden Reibereien zwischen Parteiführung und Fraktionsmehrheit auf die unterschiedliche Zusammensetzung der entsprechenden Gremien zurück. So bemerkte er im Januar 1947 vor den Delegierten des Landesausschusses:

„Wir müssen uns über eines klar sein: Die Fraktion, so wie sie jetzt gegeben ist, ist selbstverständlich das Sprachrohr der Union im Parlament. Auf der anderen Seite leiden wir – das muß frei heraus gesagt werden – darunter, daß Fraktion und Partei nicht völlig übereinstimmen, [. . .] auch in der Zusammensetzung sich nicht unbedingt widerspiegeln."[191]

Doch war das politische Profil von Parteiführung und Landtagsfraktion tatsächlich so verschieden, wie es der Parteichef oder zuweilen auch seine Gegner[192] glauben zu machen versuchten? Eine vergleichende Untersuchung des Anfang Dezember 1946 erstmals zusammengetretenen Landesvorstands und der kurz zuvor gewählten Unionsfraktion im bayerischen Landtag verspricht interessante Aufschlüsse über diese wichtige Frage[193]. Dabei gilt es, vor allem drei Kriterien in den Vordergrund zu stellen: die parteipolitischen Aktivitäten der Vorstandsmitglieder und der Landtagsabgeordneten vor 1933, ihre Konfessionszugehörigkeit und Berufsgruppenschichtung[194].

---

[191] Protokoll der Sitzung des Landesausschusses der CSU am 3. 1. 1947 in Augsburg, in: Protokolle und Materialien, S. 986.

[192] So schrieb der spätere Kultusminister Josef Schwalber am 21. 4. 1948 an Pfarrer Joseph Eberl: „Ich weiß, daß es sich hier [bei den Auseinandersetzungen um die umstrittenen Satzungsfragen] um das Kernproblem der CSU handelt und daß auf diesen Umstand auch die dauernden Gegensätze zwischen Parteifüh[r]ung und Fraktion zurückzuführen sind, weil eben die Fraktion in ihrer Zusammensetzung das wahre Gesicht der Wählerschaft darstellt, während die Parteileitung auf einer künstlich konstruierten Mehrheitsbildung basiert." BayHStA, NL Schwalber 5.

[193] In die folgende Untersuchung wurden lediglich die Abgeordneten einbezogen, die im Dezember 1946 in den Landtag gewählt worden waren und ihr Mandat angetreten hatten; Veränderungen in der Struktur der Fraktion, die sich aus der Fluktuation während der Legislaturperiode ergaben (Tod, Niederlegen des Mandats, Nachrücker), blieben unberücksichtigt. Die Angaben zum politischen und sozialen Profil des Landesvorstands beziehen sich auf den ersten Landesvorstand der CSU, wie er sich Anfang Dezember 1946 konstituierte. Durch die Bildung des ersten Kabinetts Ehard und durch einige andere Umbesetzungen begann sich die Zusammensetzung des Landesvorstands aber bereits wenig später zu verändern. Während von den Abgeordneten der CSU alle 104 erfaßt werden konnten, beziehen sich die Angaben zum Landesvorstand nur auf 42 von 43 Vorstandsmitgliedern.

[194] Da sich Altersdurchschnitt und Altersstruktur von Landtagsfraktion und Parteivorstand nur geringfügig unterschieden, wird auf eine eingehende Untersuchung verzichtet. Die Abgeordeten der CSU waren im Durchschnitt 51,28 Jahre alt, die Mitglieder des Landesvorstands 50,21 Jahre. Die Dominanz der älteren Jahrgänge ist vor allem auf folgende Ursachen zurückzuführen: Die Vertreter der älteren Generation verfügten über wertvolle parteipolitisch-parlamentarische und administrative Erfahrungen aus den Jahren der Weimarer Republik. Diese Aktivitäten hatten sie auf regionaler und überregionaler Ebene zu prominenten Personen gemacht, was bei der Fortsetzung der politischen Karriere nach 1945 eine wichtige Rolle spielen konnte. Die Jüngeren dagegen, die nach 1910 geboren waren und die nur die Agonie der Weimarer Republik und die nationalsozialistische Diktatur kennengelernt hatten, betraten nach Kriegsende überwiegend politisches Neuland und erhielten deshalb schon bei der Kandidatenaufstellung nicht die gleichen Chancen wie die Älteren. Für die Landtagsfraktion der CSU wie auch für den Parteivorstand waren drei Alterskohorten prägend, nämlich die zwischen 1887 und 1892 Geborenen, deren politische Sozialisation noch in die Zeit vor dem Ersten Weltkrieg fiel, ferner die zwischen 1893 und 1898 Geborenen, für die der Erste Weltkrieg zu einer einschneidenden Erfahrung wurde, und schließlich die zwischen 1899 und 1904 Geborenen, die die Novemberrevolution und die Anfangsjahre der Weimarer Republik als besonders prägend erfahren hatten. 64,42 Prozent aller CSU-Abgeordneten und immerhin 61,91 Prozent der Mitglieder des Landesvorstands zählten zu den Repräsentanten dieser drei Alterskohorten, die 1946 zwischen 42 und 59 Jahre alt waren. Während im Landesvorstand die zwischen 1887 und 1892 Geborenen mit einem Anteil von 23,81 Prozent die größte Gruppe stellten, waren in der Landtagsfraktion mit einem Anteil von 27,88 Prozent die Abgeordneten besonders stark vertreten, die zwischen 1899 und 1904 das Licht der Welt erblickt hatten. Zu diesem Problemkomplex vgl. auch allgemein Ulrich Zelinsky, Be-

Von den 104 Abgeordneten der bayerischen Unionspartei waren vor 1933 mindestens 59 in der BVP und zwei in der Zentrumspartei aktiv gewesen[195]; damit wurzelten fast 60 Prozent aller Landtagsabgeordneten der CSU im Sozialmilieu des politischen Katholizismus, was freilich nicht heißen soll, daß sie allesamt ihre Prägungen und Erfahrungen aus den Jahren der Weimarer Republik kritik- und kommentarlos in die Zeit des demokratischen Neubeginns herübergerettet hätten. Dies traf nur für einen Teil der früheren BVP-Aktivisten zu; andere sprachen sich gerade wegen dieser Erfahrungen für eine staats- und parteipolitische Neuorientierung aus. Unter den Mitgliedern des Landesvorstands war der Anteil ehemaliger Anhänger von BVP und Zentrum erheblich geringer. Soweit sich feststellen läßt, hatten lediglich 38,1 Prozent von ihnen vor 1933 der Bayerischen Volkspartei oder dem Zentrum angehört[196].

Der hohe Prozentsatz der Landtagsabgeordneten mit BVP-Tradition war für die neu gegründete Union Chance und Belastung zugleich[197]: Eine Chance, weil sich unter den ehemaligen BVP-Mitliedern in der Fraktion eine ganze Reihe von bewährten Parlamentariern oder Kommunalpolitikern befand, deren Sachkenntnis eine wertvolle Hilfe für ihre politisch unerfahrenen Kollegen darstellen konnte. Zugleich waren die vielen BVP-Aktivisten unter den Parlamentariern der CSU aber auch eine schwere Belastung für die Partei, weil sie das Bild der CSU nach außen so sehr prägten, daß es ihren politischen Gegnern nicht schwerfiel, die Union als getarnte Neuauflage der BVP zu diskreditieren und die mißtrauischen Anhänger und Sympathisanten der Partei in den protestantischen Regionen Frankens zu verunsichern[198]. Zweifelsohne waren die BVP-Traditionalisten in der CSU-Fraktion so stark, daß sie die Politik der Union im Landtag entscheidend beeinflussen konnten, und zwar auch gegen den Willen des Landesvorstands, in dem die reformorientierten Kräfte um Josef Müller dominierten.

Auch die konfessionelle Zusammensetzung der Landtagsfraktion entsprach nicht der des Landesvorstands. Mit einem Anteil von 88,46 Prozent waren die Katholiken in der Fraktion auch gemessen am Anteil der Katholiken an der Bevölkerung Bay-

---

dingungen und Probleme der Neubildung von Führungsgruppen in Deutschland 1945–1949, in: Josef Becker, Theo Stammen, Peter Waldmann (Hrsg.), Vorgeschichte der Bundesrepublik Deutschland. Zwischen Kapitulation und Grundgesetz, München 2., überarbeitete Auflage 1987, S. 223–239.

195 37 Abgeordnete (35,58 Prozent) hatten vor 1933 auch ein Amt oder Mandat in ihrer Partei innegehabt. 13 Landtagsabgeordnete der CSU hatten die BVP vor 1933 bereits im Landtag oder im Reichstag vertreten; die übrigen waren auf kommunaler oder regionaler Ebene für die BVP oder das Zentrum aktiv gewesen.

196 Neun Vorstandsmitglieder (21,43 Prozent) hatten vor 1933 auch ein Amt oder Mandat in der BVP oder der Zentrumspartei innegehabt.

197 16 Landtagsabgeordnete der CSU (15,38 Prozent) hatten vor 1933 nachweisbar anderen Parteien als BVP und Zentrum angehört, und zwar acht dem BBB (darunter auch Alois Weinzierl, der 1925 zur BVP übergetreten war), drei dem BLB sowie je einer der SPD, der DDP/StP, der DVP und der DNVP; Hermann Strathmann war ebenfalls für die DNVP aktiv gewesen, bevor er 1930 zum CSVD gewechselt war. Sechs Mitglieder des ersten Landesvorstands (14,29 Prozent – also ein ähnlich großer Anteil wie in der Landtagsfraktion) hatten vor der Machtübernahme der Nationalsozialisten parteipolitische Erfahrungen außerhalb von BVP und Zentrum gesammelt. Auffällig ist die vergleichsweise hohe Zahl der ehemaligen Mitglieder des BBB in der Landtagsfraktion; im Landesvorstand waren dagegen die ehemaligen Parteimitglieder, die nicht der BVP oder dem Zentrum angehört hatten, gleichmäßig über das politische Spektrum verteilt.

198 Vgl. beispielsweise die bitteren Ausführungen August Haußleiters zum Wahlkampf in Nordbayern; Protokoll der Sitzung des Landesausschusses der CSU am 3. 1. 1947 in Augsburg, in: Protokolle und Materialien, S. 1059.

erns, der 1946 71,35 Prozent betrug[199], deutlich überrepräsentiert. 92 katholischen CSU-Abgeordneten standen nur zwölf evangelische gegenüber, das heißt, die Protestanten machten nur 11,54 Prozent der Fraktion aus[200]. Die Konfessionsstruktur des Landesvorstands orientierte sich dagegen an der Konfessionsstruktur der bayerischen Bevölkerung: 71,43 Prozent der Vorstandsmitglieder waren Katholiken, 26,19 Prozent Protestanten[201]. Während die konfessionelle Zusammensetzung des Parteivorstands die Tragfähigkeit des Unionsgedankens unter Beweis stellen sollte, bewirkte die Dominanz der katholischen Abgeordneten in der CSU-Fraktion das genaue Gegenteil. Die offensichtliche Schwäche der evangelischen Seite führte wie das mangelnde Entgegenkommen der katholischen Parteifreunde bei Sach- und Personalentscheidungen nicht nur wiederholt zu konfessionell bedingten Auseinandersetzungen[202], sondern bei vielen Protestanten ganz allgemein zu Frustration, Resignation und Verbitterung.

Die Analyse der Berufsgruppenschichtung von Landtagsfraktion und Parteivorstand zeigt schon auf den ersten Blick signifikante Unterschiede und Gemeinsamkeiten. Besonders auffällig ist in beiden Gremien die Dominanz der im öffentlichen Dienst Beschäftigten und der Berufspolitiker.

*Berufsgruppenschichtung von Landtagsfraktion und Landesvorstand im Dezember 1946*

| Landtagsfraktion | Berufsgruppe | Landesvorstand |
|---|---|---|
| 26,92 Prozent (28) | Berufspolitiker | 33,33 Prozent (14) |
| 4,81 Prozent (5) | Lehrer, Dozenten, Wissenschaftler | 4,76 Prozent (2) |
| 3,85 Prozent (4) | sonstiger öffentlicher Dienst | 9,52 Prozent (4) |
| 25,0 Prozent (26) | Landwirte | 7,14 Prozent (3) |
| 11,54 Prozent (12) | selbständiger Mittelstand | 4,76 Prozent (2) |
| 0,96 Prozent (1) | Journalisten, Medienbereich | – |
| 3,85 Prozent (4) | Rechtsanwälte | – |
| 1,92 Prozent (2) | sonstige freie Berufe | 4,76 Prozent (2) |
| 0,96 Prozent (1) | Unternehmer | 2,38 Prozent (1) |
| 6,73 Prozent (7) | Angestellte | 11,90 Prozent (5) |
| 2,88 Prozent (3) | Arbeiter | – |
| 1,92 Prozent (2) | Verbandsangestellte | 2,38 Prozent (1) |
| 0,96 Prozent (1) | Parteiangestellte | 9,52 Prozent (4) |
| 0,96 Prozent (1) | Pfarrer[203] | 2,38 Prozent (1) |
| 1,92 Prozent (2) | sonstige | 7,14 Prozent (3) |
| 4,81 Prozent (5) | unbekannt | – |

---

[199] Die Zahlen zur konfessionellen Zusammensetzung der bayerischen Bevölkerung im Jahr 1946 nach Voelcker, Verteilung, S. 37.

[200] ACSP, CSU-LTF I, 15–12/1, Verzeichnis der CSU-Landtagsabgeordneten in der ersten Wahlperiode und ihrer Konfessionszugehörigkeit.

[201] Die Konfession eines Vorstandsmitglieds war nicht zu ermitteln.

[202] Ein Paradebeispiel dafür ist der Konflikt um die Ausschaltung der Protestanten bei der ersten parlamentarischen Regierungsbildung im Dezember 1946; diesbezügliche Dokumente finden sich im ACSP, NL Müller 5, 52 und 107.

[203] Unter den CSU-Abgeordneten befanden sich neben dem Bamberger Domkapitular Georg Meixner mit dem Studienprofessor Georg Gromer und Wolfgang Prechtl, dem amtierenden Landrat im niederbayerischen Rottenburg, zwei weitere katholische Priester; für die evangelische Seite gehörte der Theologieprofessor Hermann Strathmann der Landtagsfraktion an. Im Landesvorstand vertrat der Münchner Stadtpfarrer Emil Muhler die katholischen und wiederum Hermann Strathmann die evangelischen Christen.

In der Landtagsfraktion waren neben den Regierungsmitgliedern vor allem Landräte und hauptamtliche Bürgermeister vertreten, im Landesvorstand die Minister und Staatssekretäre, die diesem Gremium laut Satzung als geborene Mitglieder angehörten[204]. In der Landtagsfraktion waren zudem die Landwirte mit 26 Abgeordneten (25 Prozent) außergewöhnlich stark vertreten[205]. Damit spiegelte sich hier die Wähler- und Mitgliederstruktur der bayerischen Unionspartei wider, während die Landwirte im Parteivorstand der CSU mit drei Vertretern (7,14 Prozent) stark unterrepräsentiert waren[206]. Konnte es sich Josef Müller im Landesvorstand oder im Landesausschuß leisten, die Initiativen und Forderungen des Bauernflügels zu ignorieren, so bildeten die Vertreter der Landwirtschaft in der Landtagsfraktion eine einflußreiche Lobby, über die man nur schwer hinweggehen konnte. Da die Bauernschaft insbesondere in Altbayern in der föderalistisch-antipreußischen Tradition der Bayerischen Volkspartei und des Bayerischen Bauernbundes stand, deutete schon die hohe Zahl der bäuerlichen Abgeordneten an, daß es für den Parteivorsitzenden schwierig sein würde, in der Fraktion eine Mehrheit für seine umstrittene Reichspolitik zu finden.

Die drittgrößte Gruppe in der Fraktion stellten die Repräsentanten des selbständigen Mittelstandes mit 11,54 Prozent, was der Wähler- und Mitgliederstruktur der CSU ebenso in etwa entsprach wie der Bedeutung des gewerblichen Mittelstandes für die bayerische Wirtschaft. Im Parteivorstand machte diese Berufsgruppe hingegen nur 4,76 Prozent aller Mitglieder aus.

Zu den Berufsgruppen, die in der Landtagsfraktion am stärksten unterrepräsentiert waren, zählten die Arbeiter, die lediglich 2,88 Prozent aller Abgeordneten stellen konnten. Im Landesvorstand waren die Arbeiter als Berufsgruppe sogar überhaupt nicht vertreten, sieht man von dem Gewerkschaftssekretär Lorenz Sedlmayr einmal ab. Allein dieser Befund verdeutlicht, wie schwer sich die CSU mit der Integration der Arbeiterschaft tat, allen programmatischen und propagandistischen Beteuerungen zum Trotz.

Parteiangestellte spielten 1946 in der Landtagsfraktion noch keine Rolle. Der Parteiapparat wurde erst in späteren Jahren zu einer wichtigen Rekrutierungsinstanz für den politischen Nachwuchs. Im Landesvorstand machten die Parteiangestellten und Vertreter der Parteipresse dagegen fast zehn Prozent aus, obwohl sich die CSU aus-

---

204 Als sich der Landesvorstand im Dezember 1946 konstituierte, gehörten ihm acht Regierungsmitglieder und drei Landräte an. Zu den einschlägigen Satzungsbestimmungen vgl. die Satzung der CSU in der Fassung vom 4. 10. 1946, abgedruckt in: Protokolle und Materialien, S. 1783–1803.

205 Betrachtet man neben dem ausgeübten auch den erlernten Beruf, dann sind insgesamt sogar 30 Landtagsabgeordnete der CSU (28,85 Prozent) dem Agrarsektor zuzurechnen, wobei die „Bauerndoktoren" Joseph Baumgartner, Michael Horlacher und Alois Schlögl noch unberücksichtigt geblieben sind. Die CSU stellte damit weitaus die meisten Abgeordneten aus dem Bereich der Land- und Forstwirtschaft. Nach Hagmann, der auch Beamte und akademisch gebildete Angestellte dazu rechnet, sofern sie im Bereich Land- und Forstwirtschaft tätig waren, betrug der Anteil der CSU-Abgeordneten aus diesem Sektor der Wirtschaft 26 Prozent, die SPD stellte 1,9 Prozent, die WAV immerhin 15,4 Prozent; die FDP stellte keinen Abgeordneten aus der Land- oder Forstwirtschaft. Nach Hagmann betrug der Anteil der Abgeordneten aus dieser Berufsgruppe auf den ganzen Landtag bezogen 16,7 Prozent. Vgl. M. Hagmann, Volksentscheid und Landtagswahl 1946, in: Bayern in Zahlen. Monatshefte des Bayerischen Statistischen Landesamts 1 (1947), S. 118–123, hier S. 121.

206 Auch wenn man neben dem ausgeübten den erlernten Beruf betrachtet, sind nur drei der 42 Vorstandsmitglieder dem Agrarsektor zuzurechnen, wobei die „Bauerndoktoren" Joseph Baumgartner und Michael Horlacher unberücksichtigt geblieben sind.

drücklich nicht als Funktionärspartei verstand[207]. Die Koordinierung der politischen Arbeit, die im Landesvorstand geleistet werden sollte, ließ es jedoch geboten erscheinen, wichtige Vertreter des Parteiapparats in die Führungsgremien der Partei zu delegieren.

Wie das politische Profil und die Sozialstruktur der Landtagsfraktion zeigen, war der Unionsgedanke Ende 1946 in dreifacher Hinsicht nur ansatzweise verwirklicht. Die Protestanten hatten in der CSU zwar Fuß gefaßt, sie waren jedoch viel schwächer in der Fraktion vertreten, als man dies hätte erwarten können. Von einer Union aller Schichten, Klassen und Stände, wie sie 1945 propagiert worden war[208], war in der Fraktion ebenfalls wenig zu sehen; unter den Abgeordneten dominierten wie vor 1933 bei der BVP die Repräsentanten des öffentlichen Dienstes und des bäuerlichen und gewerblichen Besitzmittelstandes. Auch gemessen an einem weiteren Kriterium entsprach die Landtagsfraktion weder dem Leitbild einer Volkspartei noch dem einer echten Union, denn unter den Abgeordneten der CSU befand sich kein einziger Flüchtlingsvertreter. Von den 104 Mitgliedern der CSU-Fraktion waren 97 (93,27 Prozent) in Bayern rechts oder links des Rheins geboren und nur sechs jenseits der weiß-blauen Landesgrenzen (5,78 Prozent)[209], so daß sich die CSU nach der Zusammensetzung ihrer Landtagsabgeordneten als echte Bayern-Partei präsentierte. Nicht ganz so ausgeprägt war dieses Mißverhältnis im Landesvorstand. Zwar stammten fast achtzig Prozent der Vorstandsmitglieder aus Bayern oder der bayerischen Pfalz, aber nahezu 20 Prozent waren in anderen Teilen Deutschlands oder im Ausland geboren[210]; mit dem Schlesier Walter Rinke und dem Sudetendeutschen Hans Schütz, einem erfahrenen christlichen Gewerkschafter, der bis 1938 auch die Deutsche Christlich-Soziale Volkspartei im Parlament der Tschechoslowakei vertreten hatte[211], gehörten auch zwei Repräsentanten der Flüchtlinge und Heimatvertriebenen dem Landesvorstand an. Überhaupt muß man sagen, daß der Landesvorstand dem Ideal einer interkonfessionellen Volkspartei eher entsprach als die Landtagsfraktion, vor allem was die konfessionelle Zusammensetzung der Parteiführung und den Anteil ehemaliger BVP-Politiker betraf. Aber auch die Berufsgruppenschichtung des Landesvorstands war ausgewogener als die der Landtagsfraktion, sieht man einmal von der Dominanz der Berufspolitiker, die in einem solchen Gremium jedoch nicht ungewöhnlich ist, und von den fehlenden Vertretern der Arbeiterschaft ab. Nach der Sozialstruktur und der politischen Biographie ihrer Mitglieder, so könnte man bilanzieren, stand die

[207] Vgl. Mintzel, Anatomie, S. 140 und S. 143f.

[208] Vgl. den Aufruf der CSU vom 31. 12. 1945, abgedruckt in: Protokolle und Materialien, S. 1715f.

[209] Die Herkunft eines Abgeordneten ließ sich nicht klären. Die CSU-Abgeordneten, die nicht aus Bayern stammten, kamen aus Württemberg, Hessen, Westfalen oder aus dem Rheinland; Gerhard Kroll war zwar in Breslau geboren, hatte seine Heimatstadt aber schon lange vor Kriegsende verlassen.

[210] Nach der Zusammensetzung des Landesvorstands Anfang Dezember 1946 stammten 33 Vorstandsmitglieder (78,57 Prozent) aus Bayern, während acht (19,05 Prozent) außerhalb Bayerns geboren waren. Die Herkunft eines Vorstandsmitglieds ließ sich nicht klären. Die Vorstandsmitglieder, die nicht aus Bayern stammten, kamen beispielsweise aus Westfalen, Sachsen oder Hamburg.

[211] Vgl. Hans Schütz, Die Deutsche Christlichsoziale Volkspartei in der Ersten Tschechoslowakischen Republik, in: Karl Bosl (Hrsg.), Die Erste Tschechoslowakische Republik als multinationaler Parteienstaat, München, Wien 1979, S. 271–290, sowie Hans Schütz, Die christlichen Gewerkschaften und die Politik, in: Hans Schütz – Helfer und Wegweiser in schwerer Zeit. Gewerkschafter – Sozialpolitiker – Jungaktivist – Vertriebenenpolitiker – Europapolitiker, hrsg. von der Ackermann-Gemeinde, München 1982, S. 115–122.

CSU-Fraktion in der Kontinuität der BVP, während der Landesvorstand stärker die politische Neuorientierung verkörperte.

Wie schwierig sich die Zusammenarbeit von Partei und Fraktion in Zukunft gestalten sollte, zeigte bereits die konstituierende Sitzung der Landtagsfraktion. Waren die gewohnt scharfen Auseinandersetzungen bei der Wahl des Fraktionsvorstands noch ausgeblieben, so führte der Versuch Josef Müllers, den jungen Franz Josef Strauß als Verbindungsmann des geschäftsführenden Landesvorstands in die Fraktion zu entsenden, zu einem Eklat. Strauß, der nicht nur selbst Mitglied der engeren Parteiführung war, sondern auch eine schriftliche Einladung vorweisen konnte, hatte sich in der Aussprache über die bevorstehende Regierungsbildung zu Wort gemeldet[212]. Hundhammer nahm dies zum Anlaß für eine kurze Geschäftsordnungsdebatte über die Frage, ob Gäste, insbesondere Vertreter der Parteiorganisation, die der Fraktion nicht angehörten, das Recht erhalten sollten, vor den Abgeordneten zu sprechen. Der Fraktionsvorsitzende machte aus seiner ablehnenden Haltung keinen Hehl. Seiner Meinung nach genügte es, wenn der Landesvorsitzende selbst die Parteiführung in der Fraktion vertrat und sich die Mandatsträger die Möglichkeit vorbehielten, in bestimmten Fällen Sachverständige aus der Partei anzufordern. Von mißbilligenden Zwischenrufen begleitet, hielt Josef Müller dagegen, daß es im Sinne der Zusammenarbeit zwischen Partei und Fraktion „doch eigentlich eine Selbstverständlichkeit" sein müsse, ein Mitglied des geschäftsführenden Landesvorstands vor den Abgeordneten sprechen zu lassen. Doch die Fraktionsmehrheit votierte in einer Abstimmung dagegen. Dennoch erhielt der junge Landrat aus dem oberbayerischen Schongau kurz vor Ende der Fraktionssitzung Gelegenheit, eine Erklärung abzugeben, die er nicht nur zu einer persönlichen Vorstellung nutzte, sondern auch dazu, vor den Folgen eines offenen Konflikts zwischen Partei und Fraktion zu warnen. Erstaunlich kühl und unterschwellig drohend führte Strauß aus:

„Ich bin Landrat im Kreis Schongau und Referent im Kultusministerium. Ich habe draußen einen Kreis der Union aufgezogen und bin bisher von Nordbayern bis zum tiefsten Süden als Redner aufgetreten. Ich bin zu Gunsten eines Bauern, der neben mir sitzt, von einem todsicheren Mandat zurückgetreten, weil ich der Ansicht war, daß ohnedies zuviel Studierte im Parlament sitzen und zu wenig Bauern. Ich habe das Dr. Müller gegenüber, der mich vorschlug, ausdrücklich betont. Eines möchte ich noch dazu sagen, meine Herren. Ich habe 2 Ämter, die meine volle Arbeitskraft erfordern, auf dem Halse. Mir ist es vollkommen gleichgültig, ob ich reden darf oder nicht. Es geht mir überhaupt nicht darum, ob mir ein Maulkorb umgehängt wird oder nicht. Mir ist es auch gleichgültig, ob ich bei den Koalitionsverhandlungen dabei bin oder nicht. Ich habe mich zur Verfügung gestellt und leiste, was ich leisten kann. Wer mich nicht will, tut mir bestimmt keinen Abbruch damit, daß ich nicht reden darf. Eines aber möchte ich grundsätzlich sagen: Die Herren, die hier in der Fraktion sitzen – ich sitze deswegen nicht in der Fraktion, weil ich nicht gewollt habe –, sitzen deswegen drin, weil zahllose Hunderte und Tausende von Parteirednern sich landauf landab für sie und für die Partei eingesetzt und die Stimmen geworben haben. Es sind nicht allein die Abgeordneten gewählt worden, auch die Partei auf Grund der Redner, die für sie gesprochen haben. Es gibt nur eine Einigkeit meine Herren. Ich warne vor der verhängnisvollen Entwicklung, daß zwischen Fraktion und Partei, zwischen Fraktion und Wählerschaft der Partei ein Unterschied auftreten sollte. Ich glaube, es ist noch nicht der Fall. Dieser Unterschied aber macht sich im Untergrund in einem leisen Donner und Grollen bemerkbar. Wenn er hervortreten sollte, würden *Sie* das mehr zu bereuen haben als die anderen."

[212] ACSP, CSU-LTF I, 15–14, Protokoll der Fraktionssitzung am 9. 12. 1946; das folgende nach dem Protokoll dieser Fraktionssitzung; vgl. auch In Verantwortung für Bayern, S. 88f.

Diese Episode macht deutlich, wie sehr die Mehrheit der Landtagsabgeordneten darum bemüht war, ihre Autonomie gegenüber der Parteiführung zu verteidigen. Nahezu jede Fühlungnahme seitens des Parteivorsitzenden und seiner Mitarbeiter wurden von der innerparteilichen Opposition als Versuch gebrandmarkt, die Fraktion dem Primat einer wenig demokratischen Parteimaschine zu unterwerfen. Josef Müller mußte dies nur einen Tag nach der konstituierenden Sitzung der Landtagsfraktion erneut erfahren. Eine von ihm unterstützte Initiative, die es den Mitgliedern des geschäftsführenden Landesvorstands und aus besonderen Gründen vom Landesvorstand delegierten Parteifreunden erlauben sollte, „an jeder Sitzung der Parteigremien, einschliesslich der Fraktion, beratend" teilzunehmen, löste im Landesvorstand eine so heftige Auseinandersetzung aus, daß der Parteivorsitzende schließlich darauf verzichtete, über den Antrag abstimmen zu lassen[213].

Auch wenn sich Parteiführung und Fraktion schließlich doch auf einen modus vivendi verständigten[214], blieb das Problem der Koordination weiterhin ungelöst. Als sich der ansonsten besonnene Anton Pfeiffer im Zuge der Rebellion des Bezirksverbands Oberbayern fünfzehn Monate später dazu hinreißen ließ, die Führungsgremien der CSU mit einem „Politbüro" und die Partei selbst mit einer „Führer-wir-folgen-dir-Bewegung" zu vergleichen[215], hatte er auch das schwierige Verhältnis von Parteiführung und Landtagsfraktion im Blick. Mit einem Parteiausschlußverfahren konfrontiert und zu einer Erklärung genötigt, führte der Staatsminister während der turbulenten Sitzung des Landesausschusses am 28. und 29. Februar 1948 in Regensburg aus:

> „Politbüro! An der Spitze steht bei dem Begriff des Politbüros der Umstand, daß der Parteivorsitzende sich vorbehält, in jede Sitzung einschließlich denen der Landtagsfraktion einen besonderen Beauftragten, der selbst gar nicht Mitglied der Fraktion ist, zu schicken, der zur Berichterstattung an ihn verpflichtet ist. (Gelächter. – Vorsitzender [Josef Müller]: Wer ist das, bitte?) Das wißt Ihr alle miteinander; das ist unser Freund Strauß. (Entrüstung.) Bitte, das ist doch so! [...] (Dr. Strauß: Ich bin nicht dem Ochsensepp sein Sklave, auch nicht sein Beauftragter, der für ihn in den Versammlungen herumschleicht!) – Das habe ich auch nicht gesagt! Ich bitte, die Worte so zu lassen, wie ich sie sage. (Dr. Strauß: Das sind Zweideutigkeiten!)"[216]

Im Dezember 1946 wurde die schwierige Frage nach dem künftigen Verhältnis von Parteiorganisation und Landtagsfraktion zusätzlich von der bevorstehenden Regierungsbildung überschattet, die sich auch hinsichtlich der innerparteilichen Machtverhältnisse als höchst bedeutungsvoll erweisen sollte. Die führende Rolle bei den Verhandlungen über die Bildung der ersten demokratisch legitimierten Regierung seit 1933 hatte Josef Müller den Gremien der Partei zugedacht, in denen seine Anhänger

---

[213] ACSP, CSU-LL, Protokoll der Sitzung des Landesvorstands am 10. 12. 1946.

[214] Josef Müller betonte im Laufe einer weiteren Auseinandersetzung über das problematische Verhältnis von Parteiführung und Landtagsfraktion, die Fraktion habe der Anwesenheit von Mitgliedern des geschäftsführenden Landesvorstands bei ihren Sitzungen ausdrücklich zugestimmt. Protokoll der Sitzung des Landesausschusses der CSU am 28./29. 2. 1948 in Regensburg, in: Protokolle und Materialien, S. 1630. Schon am 22. 1. 1947 hatte der geschäftsführende Landesvorstand beschlossen, einen offiziellen Antrag an die Fraktion zu richten. ACSP, CSU-LL, Protokoll der Sitzung des geschäftsführenden Landesvorstands am 22. 1. 1947.

[215] Mitteilungen der Christlich-Sozialen Union vom 21. 2. 1948: „CSU Oberbayern gegen Landesleitung. Kritik an den Satzungen und an der Politik". Vgl. auch Reuter, Anton Pfeiffer, S. 134.

[216] Protokoll der Sitzung des Landesausschusses der CSU am 28./29. 2. 1948 in Regensburg, in: Protokolle und Materialien, S. 1630f.

über eine sichere Mehrheit verfügten[217]. Nur wenige Tage nach den Landtagswahlen kam aus der Landesgeschäftsstelle der CSU die Ankündigung, daß in Kürze sowohl der Landesausschuß als auch die Landesversammlung zusammentreten würden, um über das weitere Vorgehen der bayerischen Unionspartei zu entscheiden[218]. Taktisch nicht eben geschickt folgte Josef Müller dieser Linie auch während der konstituierenden Sitzung der Landtagsfraktion[219]. Doch der Parteivorsitzende hatte die Stimmung in der Fraktion falsch eingeschätzt. Unterstützt von der Mehrheit der Abgeordneten, erklärte Hundhammer kategorisch, es sei allein Sache der Fraktion, Koalitionsverhandlungen zu führen. Diesmal erhielt der Fraktionsvorsitzende auch Unterstützung von Michael Horlacher, der noch kurz zuvor gegen die Wahl Hundhammers zum Fraktionsvorsitzenden eingetreten war:

„Eine Koalitionsfrage einer Landesversammlung zu unterbreiten, wäre einzigartig in der Geschichte! (Zurufe: Sehr richtig! Das ist unmöglich!) Die Entscheidung wird in engen Gremien vorbereitet; ich kann sie nicht der Majorität überlassen, wo dann die Einzelheiten nicht geprüft werden können, wo die Leidenschaften hochgehen. Die Landesversammlung könnte auf diesem Gebiet beschließen, was sie will, denn letzten Endes muß die Fraktion den Ministerpräsidenten bestimmen. Das ist die Aufgabe der Fraktion. Darin darf die Fraktion nicht entrechtet werden. Die Fraktion, die Abgeordneten, sind das demokratische Moment; die Partei hat bloß die politische Richtlinie zu geben."

Die teilweise harsche Zurückweisung der Vorschläge Josef Müllers stieß jedoch nicht auf einhellige Zustimmung. Der ehemalige Reichstagsabgeordnete Fritz Huth versuchte ungehalten, die Dinge wieder ins rechte Licht zu rücken:

„Ich glaube, wir muten uns als Fraktion Dinge zu, die wir einfach nicht vertreten können. Wir können nicht von der Fraktion aus der Landesvorstandschaft vorschreiben, wen sie in die Verhandlungen schickt. Der Takt muß auch gewahrt bleiben; so geht es nicht weiter. Die Fraktion ist ein Bestandteil der Partei und nicht die Partei ein Bestandteil der Fraktion. [...] Ich war auch im Reichstag; wenn schwierige Situationen gegeben waren, hat die Partei von München einen oder mehrere Herren heraufgeschickt, die an den Verhandlungen teilgenommen haben. Solange ich im Reichstag war, habe ich nie, aber auch nicht in anderen Parteien, mit denen ich in sehr guter Verbindung stand, gefunden, daß eine Fraktion die Parteileitung abgelehnt hätte. Das gibt es nur in der Union in Bayern!"

Kein Wunder, daß die Frage, wie die Kommission für die Koalitionsverhandlungen besetzt werden sollte, zu einer neuen Nagelprobe zwischen der Fraktionsmehrheit und den Anhängern des Parteivorsitzenden geriet. Selbst sein Vorschlag, mit Franz Josef Strauß wenigstens ein weiteres Mitglied des geschäftsführenden Landesvorstands in die Verhandlungskommission aufzunehmen, die ansonsten aus dem Fraktionsvorstand und dem Parteichef bestehen sollte, stieß auf Ablehnung. Dies veranlaßte den Ochsensepp schließlich zu der Drohung, er werde selbst auf eine Teilnahme an den Verhandlungen verzichten, wenn er lediglich „gefälligst zugezogen" werde. Diesmal waren es Hans Ehard und Rupert Thaler, die eine weitere Eskalation der Auseinandersetzung verhinderten. Während der Staatssekretär versuchte, die Diskussion zu versachlichen, trat Thaler mit einem fertig geschnürten Personalpaket vor

[217] ACSP, CSU-LL, Protokoll der Sitzung des Landesvorstands am 10. 12. 1946.

[218] IfZ-Archiv, ED 132 NL Baumgartner 2, Rundschreiben der Landesgeschäftsstelle der CSU, Presse- und Informationsabteilung, vom 4. 12. 1946.

[219] ACSP, CSU-LTF I, 15–14, Protokoll der Fraktionssitzung am 9. 12. 1946; das folgende nach dem Protokoll dieser Fraktionssitzung.

die Fraktion. Die Verhandlungskommission sollte demnach aus den beiden Fraktionsvorsitzenden, Josef Müller und Michael Horlacher, die beide sowohl der Fraktion als auch dem geschäftsführenden Landesvorstand angehörten, Franz Josef Strauß als weiterem Mitglied der Parteiführung sowie aus Hans Ehard „als sehr ausgleichende[m] Element" bestehen. Von der vielstündigen Sitzung ermüdet, erhoben die Abgeordneten gegen diesen Vorschlag keinen Widerspruch mehr und stimmten ohne Ausnahme zu.

Damit war letztlich ein Ergebnis erzielt worden, mit dem auch der Parteivorsitzende und seine Anhänger in der Fraktion zufrieden sein konnten[220]. Auf dem Weg dahin zeigte sich aber nur allzu deutlich, daß die Abgeordneten der CSU mehrheitlich nicht bereit waren, die Politik Josef Müllers zu unterstützen. Der Dualismus von Parteiorganisation und CSU-Fraktion bestand weiter. Die Landtagswahlen, auf die Josef Müller so große Hoffnungen gesetzt hatte, hatten lediglich eine graduelle, aber keine grundsätzliche Änderung der Situation gebracht. Aus der Perspektive des Parteivorsitzenden waren dies sowohl hinsichtlich der bevorstehenden Regierungsbildung als auch hinsichtlich des weiteren Verlaufs der innerparteilichen Auseinandersetzungen keine erfreulichen Auspizien[221].

## 6. Bittere Niederlagen: Die Ausschaltung des Müller-Flügels bei der Regierungsbildung

### *a) Der Fall Müller*

Die Bildung der ersten demokratisch legitimierten Regierung in Bayern nach dem Zusammenbruch des nationalsozialistischen Terrorregimes stellte die CSU einmal mehr vor eine Zerreißprobe. Die Führungs- und Flügelkämpfe strebten einem weiteren Höhepunkt entgegen, wobei der Antagonismus zwischen Parteiorganisation und Landtagsfraktion voll zum Tragen kam[222]. Angesichts der Mehrheitsverhältnisse in den Führungsgremien der bayerischen Unionspartei waren – wie sich schon mehrfach gezeigt hatte – die Chancen der innerparteilichen Opposition, ihre Konzeptionen und Zielvorstellungen gegen den Willen Josef Müllers durchzusetzen, nicht besonders groß. Aus

---

[220] Diese Verhandlungskommission hatte aber nicht lange Bestand. Nach der Nominierung Anton Pfeiffers zum Kandidaten für das Amt des Ministerpräsidenten wurde eine neue Kommission bestimmt, die mit der ursprünglich gewählten nicht viel gemein hatte. Nun gehörten der Verhandlungskommission an: Alois Hundhammer, Josef Müller, Anton Pfeiffer, Michael Horlacher, Georg Stang, Heinrich Krehle und Franz Josef Strauß. StBKAH 08.70, Alois Hundhammer, Dokumente zur Bayerischen Politik: Die Bildung des Kabinetts Ehard, undatiert (ich danke Karl-Ulrich Gelberg für die Kopie dieses Dokuments). Eine von anderer Seite verfaßte Aktennotiz nennt anstatt Pfeiffer Hans Ehard. ACSP, NL Müller 225, ungezeichneter Bericht über die „Regierungsbildung in Bayern im Dezember 1946" vom 11.3. 1947. Das entsprechende Fraktionsprotokoll berichtet nichts über die Wahl der neuen Verhandlungskommission. ACSP, CSU-LTF I, 15–14, Protokoll der Fraktionssitzung am 18. 12. 1946.

[221] Nach der konstituierenden Sitzung der Landtagsfraktion bemerkte Franz Josef Strauß skeptisch: „Die Union ist ein Koloss auf tönernen Füssen. Das Zünglein an der Wa[a]ge ist die SPD. Ohne Fraktionszwang werden die 70% [der CSU-Fraktion] für Müller nicht stimmen, damit steht und fällt unsere ganze Fraktion." ACSP, CSU-LL, Protokoll der Sitzung des Landesvorstands am 10. 12. 1946.

[222] Die neuesten Darstellungen der Regierungsbildung bei Hettler, Josef Müller, S. 274–310, Gelberg, Hans Ehard, S. 37–44, und Fait, Anfänge, S. 143–187.

diesem Grund war der Versuch nur folgerichtig, den Parteivorsitzenden auf einem anderen Feld zu schlagen, wo die Erfolgsaussichten ungleich günstiger waren: in der Landtagsfraktion und im Landtag selbst. Wenn es gelang, den Ochsensepp und seine Parteigänger bei der Regierungsbildung auszumanövrieren sowie zugleich wichtige Regierungsämter mit Vertretern des konservativen Parteiflügels zu besetzen, so dürften die Exponenten der innerparteilichen Opposition kalkuliert haben, dann könnte dies mittelfristig auch die Mehrheitsverhältnisse in den Gremien der Parteiorganisation zu ihren Gunsten verändern. Überdies hatten nicht wenige CSU-Politiker persönliche Rechnungen mit Josef Müller zu begleichen, und die Möglichkeit dazu schien sich nach den ersten Landtagswahlen zu bieten[223]. Unter diesen Voraussetzungen wurde die Bildung des ersten Kabinetts Ehard im Dezember 1946 zu einem von Ränken und Intrigen begleiteten „Satyrspiel“[224].

In den letzten Monaten des Jahres 1946 stand Josef Müller im Mittelpunkt zahlreicher Angriffe, die nur zum Teil aus den Reihen seiner eigenen Partei kamen. Schon während der turbulenten Auseinandersetzungen um das Amt eines bayerischen Staatspräsidenten hatte der Vorsitzende der Wirtschaftlichen Aufbau-Vereinigung, Alfred Loritz, dem Ochsensepp vorgeworfen, er sei 1938 an der „Arisierung“ der Maschinenfabrik Michaelis beteiligt gewesen und habe sich dadurch persönliche Vorteile verschafft[225]. Der Angegriffene konnte zwar eine einstweilige Verfügung gegen den „weißen Hitler“ erwirken, und auch ein Gerichtsverfahren entlastete den CSU-Vorsitzenden im Oktober 1946[226], aber die Angriffe Loritz' waren lediglich das Vorspiel zu der Kampagne, der sich Josef Müller in den folgenden Wochen ausgesetzt sah.

Am 12. November setzte Edmund Goldschagg nach. Unter der sensationsträchtigen Schlagzeile „Dr. Josef Müller – Koalitionspartner Hitlers“ brandmarkte der sozialdemokratische Journalist in der Süddeutschen Zeitung den Vorsitzenden der bayerischen Unionspartei als „Steigbügelhalter“ des Nationalsozialismus[227]. Bei dem belastenden Dokument, das in der Süddeutschen Zeitung abgedruckt war, handelte es sich um einen Auszug aus einem Protokoll, das die Bayerische Politische Polizei am 9. Februar 1934 bei einer Vernehmung Müllers angefertigt hatte. Darin war die Aussage des späteren CSU-Vorsitzenden enthalten, er habe in seiner Eigenschaft als Vertrauter des bayerischen Ministerpräsidenten Heinrich Held in den Jahren 1932 und 1933 „Verhandlungen über eine Koalition zwischen Nationalsozialisten und Bayerischer Volkspartei geführt“[228]. Allerdings hatte Goldschagg bei seinen angeblichen Enthüllungen weder darauf hingewiesen, daß das Dokument nur ein aus dem Zusammenhang gerissenes Fragment eines umfangreicheren Vernehmungsprotokolls war, noch hatte er sei-

[223] ACSP, NL Arnold 3, Protokoll der Bezirksversammlung der CSU Mittelfranken am 18. 1. 1947.
[224] Niethammer, Mitläuferfabrik, S. 430.
[225] Vgl. Hans Woller, Die Loritz-Partei. Geschichte, Struktur und Politik der Wirtschaftlichen Aufbau-Vereinigung (WAV) 1945–1955, Stuttgart 1982, S. 46. Ähnliche Vorwürfe erhob auch der Rechtsanwalt Karl Gaab; IfZ-Archiv, ED 120 NL Hoegner 331, Karl Gaab an Wilhelm Hoegner vom 24. 10. 1946.
[226] BayHStA, NL Schwalber 9, Pressemitteilung der CSU-Landesgeschäftsstelle „Dr. Josef Müller gegen Loritz. Dr. Müller voll gerechtfertigt“ vom 19. 10. 1946. Vgl. auch SZ vom 18. 10. 1946: „Entscheidung im Prozeß Dr. Müller gegen Loritz“. Die Charakterisierung Loritz' in einem Artikel der Rhein-Ruhr-Zeitung vom 15. 11. 1948; zit. nach Woller, Loritz-Partei, S. 196.
[227] SZ vom 12. 11. 1946: „Dr. Josef Müller – Koalitionspartner Hitlers“. Vgl. dazu Hettler, Josef Müller, S. 274–280.
[228] Eine Kopie des fraglichen Dokuments findet sich im IfZ-Archiv, ED 120 NL Hoegner 331.

ne Leser darüber informiert, unter welchen Umständen Müllers Aussagen zustande gekommen waren. Entsprechend heftig setzte sich der CSU-Vorsitzende gegen die Anschuldigungen zur Wehr. Des Hochverrats bezichtigt, habe er in dem Bewußtsein, daß sein Leben in Gefahr sei, versucht, politische Gespräche mit seinem ehemaligen Kommilitonen Hans Frank als Koalitionsverhandlungen zwischen BVP und NSDAP erscheinen zu lassen, obwohl er dazu weder befugt gewesen noch damit beauftragt worden sei[229].

Die öffentliche Meinung stand diesmal überwiegend auf der Seite Müllers[230]. Auch in der CSU löste der Artikel in der Süddeutschen Zeitung einen Sturm der Entrüstung aus[231]. Selbst die CSU-Fraktion in der Verfassunggebenden Landesversammlung sah sich genötigt, eine Lanze für ihren Parteivorsitzenden zu brechen. Die Abgeordneten erhoben Protest „gegen die Verwendung von Gestapo-Material in dieser Form zur Herabsetzung einer Person [...], die unter dem Nationalsozialismus aufs Schwerste gelitten hat". Gleichzeitig ließ die Fraktion verlauten, daß die zuständigen Gremien der CSU „zu gegebener Zeit" ihre Entscheidungen treffen würden, und überließ es der Öffentlichkeit, wie sie diese Nachricht interpretierte[232].

Die unerwartete Loyalitätsbekundung der Fraktion wurde jedoch von deren Vorsitzenden Hundhammer sogleich wieder entwertet. Der Intimfeind Müllers versäumte es weder öffentlich noch intern zu betonen, daß der Parteivorsitzende nicht länger im Amt bleiben könne. Statt dessen schlug er vor, ein Direktorium aus den Vorsitzenden der Bezirksverbände zu bilden und eine Persönlichkeit aus diesem Kreis bis zur ordnungsgemäßen Neuwahl eines Landesvorsitzenden mit der Führung der Geschäfte zu beauftragen[233].

Mit Blick auf die Ziele der innerparteilichen Opposition und die Methoden, mit denen die Führungs- und Flügelkämpfe ausgefochten wurden, drängte sich schon damals die Frage auf, ob die Presseangriffe gegen Josef Müller nicht Teil eines Komplotts waren und von seinen Gegnern in der eigenen Partei mitinszeniert wurden. Obwohl Hundhammer und Schlögl derartige Anschuldigungen brüsk zurückwiesen[234], war man durchaus bereit, an ein Intrigenspiel zu glauben[235]. Zwar gibt es dafür einige Indi-

---

229 BayHStA, NL Ehard 1298, Erklärung Josef Müllers zu den Angriffen in der SZ vom 12. 11. 1946.

230 Vgl. Neue Zeitung vom 15. 11. 1946: „Diskussion um Dr. Josef Müller" und „Mißverstanden, mißbraucht, mißhandelt".

231 Zur Reaktion in der CSU vgl. den Artikel „Dr. Müller – Koalitionspartner Hitlers? Unsere Antwort an die ‚Süddeutsche Zeitung'" in den Mitteilungen der Christlich-Sozialen Union vom 16. 11. 1946.

232 IfZ-Archiv, ED 132 NL Baumgartner 2, Beschluß der CSU-Fraktion in der Verfassunggebenden Landesversammlung vom 15. 11. 1946.

233 Vgl. Neue Zeitung vom 15. 11. 1946: „Diskussion um Dr. Müller"; ACSP, CSU-LL, Protokoll der Sitzung des Landesvorstands am 10. 12. 1946; ähnlich äußerte sich auch Karl Scharnagl in einem Schreiben an die Unionsfraktion vom 13. 11. 1946: BayHStA, NL Ehard 887. Nach August Haußleiter berief Hundhammer sogar eine Sondersitzung der CSU-Fraktion in der Verfassunggebenden Landesversammlung ein, „um mit dem soeben veröffentlich[t]en Gestapo-Protokoll den Parteivorsitzenden Dr. Josef Müller zu stürzen". BayHStA, NL Schwalber 5, August Haußleiter an Josef Schwalber vom 28. 6. 1947.

234 Protokoll der Landesversammlung der CSU am 14./15. 12. 1946 in Eichstätt und Protokoll der Sitzung des Landesausschusses der CSU am 3. 1. 1947 in Augsburg, in: Protokolle und Materialien, S. 883 (Alois Hundhammer) und S. 987f. (Alois Schlögl).

235 Vgl. z. B. die Andeutungen im Artikel „Dr. Müller – Koalitionspartner Hitlers? Unsere Antwort an die ‚Süddeutsche Zeitung'" in den Mitteilungen der Christlich-Sozialen Union vom 16. 11. 1946. Vgl. auch Fait, Anfänge, S. 148f.

zien, aber eine direkte Beteiligung von Vertretern der innerparteilichen Opposition an der Affäre um die Veröffentlichung des Verhörprotokolls läßt sich nicht beweisen. Fest steht dagegen, daß Hundhammer, Lacherbauer und Schlögl wiederholt Repräsentanten der amerikanischen Militärregierung auf die angebliche politische Belastung Josef Müllers aufmerksam machten und den Führungsstil des Parteivorsitzenden als diktatorisch brandmarkten[236].

Solche Anschuldigungen fielen bei der amerikanischen Besatzungsmacht durchaus auf fruchtbaren Boden. Besonders bei der Militärregierung für das Land Bayern standen verschiedene Offiziere und zivile Fachkräfte dem in ihren Augen undurchsichtigen und intriganten Josef Müller mehr als skeptisch gegenüber. Schon Ende Januar 1946 hieß es in einem Schreiben der Information Control Division von OMGBY, Müller sei durch seine Tätigkeit für die Abwehr so stark diskreditiert, daß nochmals geprüft werden müsse, ob er als Vorsitzender der CSU tragbar sei[237]. Im September 1946 vermuteten gut informierte Kreise, daß sich mehrere Besatzungsoffiziere das Ziel gesetzt hätten, Müller auszuschalten, gleichgültig, ob die gegen ihn erhobenen Vorwürfe der Wahrheit entsprächen oder nicht[238]. Nachdem der Ochsensepp wenige Wochen später das Ziel schwerer Presseangriffe war, sah sich auch das Hauptquartier von OMGBY veranlaßt, eine Untersuchung gegen Müller einzuleiten. Dem potentiellen Kandidaten für das Ministerpräsidentenamt wurde unterstellt, er verfüge nicht über die für den demokratischen Neuaufbau notwendigen politischen und charakterlichen Qualitäten. Zugleich betonte man, daß Müllers Aktivitäten im militärischen Geheimdienst des Dritten Reiches den Bestimmungen der einschlägigen Direktiven für die politische Säuberung widersprächen; seine Rolle im Widerstand gegen das nationalsozialistische Regime wurde dabei geflissentlich übersehen[239].

Doch die zuständigen Stellen der amerikanischen Besatzungsmacht zeigten sich unentschlossen. Zwar erkannte man, daß im Fall Müller Handlungsbedarf bestand, zugleich scheute die Militärregierung aber davor zurück, durch Aktionen gegen den führenden Politiker der größten bayerischen Partei die bevorstehenden Landtagswahlen und die Bildung der ersten demokratisch legitimierten Regierung seit 1933 zu beeinflussen[240]. Aus diesem Grund empfahl Brigadegeneral Muller seinen Vorgesetzten in

[236] IfZ-Archiv, RG 260, AG 1945/46–1/5, Proposed Press Release on Dr. Josef Müller, undatiert.

[237] „2. Dr. Mueller was one of the section chiefs under Admiral Canaris, the former chief of the German Abwehr. There can be little doubt that the Abwehr ranges in the same category with the Gestapo and the SS Sicherheitsdienst. The fact that both Admiral Canaris and Dr. Mueller were subject to confinement late 1944 does not whitewash their crimes committed by them as leaders of the Abwehr up to that date. 3. It is suggested that a thorough investigation be undertaken of Dr. Mueller's activities and that his authorization as chairman of Christian Social Union Party be re-examined." IfZ-Archiv, RG 260, AG 1947–1/2, Schreiben Irving Dillards vom 25. 1. 1946 (dort auch das Zitat) und OMGBY an USFET vom 30. 1. 1946.

[238] IfZ-Archiv, RG 84, 747/33, James R. Wilkinson an Robert D. Murphy vom 27. 9. 1946. Nach Abschluß der Regierungsbildung in Bayern wurden auf Befehl General Clays überraschend sechs Offiziere von OMGBY versetzt, die sich als Gegner Müllers besonders hervorgetan hatten. Obwohl Clay versicherte, es handle sich keinesfalls um eine Strafversetzung im Zusammenhang mit dem Fall Dr. Josef Müller, ließ sich dieser Eindruck doch nicht vermeiden. ACSP, NL Müller 200, Übersetzung eines Artikels aus der Army-Zeitung Stars and Stripes vom 28. 1. 1947. Vgl. auch Niethammer, Mitläuferfabrik, S. 434f.

[239] IfZ-Archiv, RG 260, AG 1945/46–1/5, Memorandum Walter J. Mullers an OMGUS vom 18. 11. 1946.

[240] IfZ-Archiv, RG 260, AG 1945/46–1/5, Memorandum Henry Parkmans, Walter L. Dorns und Donald R. Heath' an OMGUS vom 22. 11. 1946.

Berlin, den Ochsensepp erst nach den Wahlen aus dem Verkehr zu ziehen. Das Betätigungsverbot für Josef Müller sollte nach Schließung der Wahllokale verkündet werden und am 2. Dezember in Kraft treten[241]. In der zu diesem Zweck vorbereiteten Presseerklärung hieß es nicht nur, daß die Militärregierung aufgrund neuer Erkenntnisse die früher ausgestellte Unbedenklichkeitserklärung für Josef Müller widerrufen habe; man erläuterte auch die Vorwürfe gegen den CSU-Vorsitzenden, die je nach Zuständigkeit von deutschen und amerikanischen Behörden geprüft werden sollten. Die Vorwürfe bezüglich Müllers Tätigkeit als Abwehroffizier verwies man ebenso an die deutschen Spruchkammern und an das Ministerium für Sonderaufgaben wie weitere Anschuldigungen, die nach dem „Gesetz zur Befreiung von Nationalsozialismus und Militarismus" zu verfolgen waren. Dagegen behielt es sich die Militärregierung vor, in eigener Regie zu untersuchen, ob Müllers Führungsstil tatsächlich demokratischen Gepflogenheiten widersprach.

Die politische Karriere des CSU-Vorsitzenden war somit im November und Dezember 1946 aufs äußerste bedroht. Es bestand zumindest eine Zeit lang die Gefahr, daß Müller das Schicksal seines im April von der Militärregierung kaltgestellten Rivalen Fritz Schäffer teilen mußte. Doch dazu kam es nicht. Die Besatzungsmacht setzte die geplante Aktion gegen Müller kurzfristig aus[242]. Als die Berliner Zeitung Telegraf am 5. Dezember die vorbereitete, aber nicht veröffentlichte Presseerklärung der Militärregierung publik machte, widerrief diese den Bericht, ohne nähere Erklärungen zum eigentlichen Sachverhalt abzugeben[243].

Die Affäre um die angebliche politische Belastung Josef Müllers war damit allerdings noch nicht zu Ende. Einer Weisung Lucius D. Clays folgend[244], bat General Muller am 7. Dezember Alois Hundhammer, Michael Horlacher, Franz Liedig und den Parteivorsitzenden selbst zu einer Besprechung. Er eröffnete den Spitzenpolitikern der CSU, daß die Militärregierung zwar bisher nichts gegen Josef Müller unternommen habe, daß aber noch immer ungeklärt sei, ob er nach den Bestimmungen des Befreiungsgesetzes überhaupt als Kandidat für das Amt des Ministerpräsidenten in Frage käme. Muller beendete seine Erklärung mit den sphingenhaften Worten „that action may be necessary in accordance therewith"[245]. Hinter dieser mißverständlichen Stellungnahme verbarg sich die Absicht von OMGUS, die Klärung der gegen den CSU-Vorsitzenden erhobenen Vorwürfe den zuständigen deutschen Behörden zu überlassen und die Militärregierung weitgehend aus der Affäre herauszuhalten[246].

Anton Pfeiffer, als Minister für Sonderaufgaben verantwortlich für die Durchführung der politischen Säuberung in Bayern, war wahrlich nicht zu beneiden. Einerseits schien sich der Anti-Müller-Fronde die Chance zu bieten, den ungeliebten Vorsitzenden empfindlich treffen zu können, andererseits war sich Pfeiffer, der selbst als entschiedener Gegner Josef Müllers bekannt war, bewußt, wie angreifbar er sich selbst

[241] IfZ-Archiv, RG 260, AG 1945/46–1/5, Memorandum Walter J. Mullers an OMGUS vom 18. 11. 1946.
[242] IfZ-Archiv, RG 260, AG 1945/46–1/6, Frank A. Keating an Lucius D. Clay vom 2. 12. 1946.
[243] IfZ-Archiv, RG 260, AG 1945/46–1/5, Frank A. Keating an Lucius D. Clay vom 5. 12. 1946.
[244] IfZ-Archiv, RG 260, AG 1945/46–1/6, Henry Parkman an Walter J. Muller vom 6. 12. 1946.
[245] IfZ-Archiv, RG 260, AG 1945/46–1/6, R. B. Gray an Charles K. Gailey vom 7. 12. 1946. Vgl. auch Heydenreuter, OMGBY, in: Weisz (Hrsg.), OMGUS-Handbuch, S. 187.
[246] IfZ-Archiv, RG 260, AG 1945/46–1/5, Charles K. Gailey an Walter J. Muller vom 26. 11. 1946; IfZ-Archiv, RG 260, AG 1945/46–1/6, Henry Parkman an Walter J. Muller vom 6. 12. 1946.

machte, wenn er gegen den CSU-Vorsitzenden tätig würde, ohne daß die Militärregierung ihre Unbedenklichkeitserklärungen für diesen widerrufen hätte oder neue Verdachtsmomente ans Tageslicht gekommen wären[247]. Nichtsdestotrotz leitete sein Ministerium am 11. Dezember ein Spruchkammerverfahren gegen den Vorsitzenden der bayerischen Unionspartei ein und verfügte überdies die Beschlagnahme seines Vermögens sowie ein Tätigkeits- und Beschäftigungsverbot[248].

Josef Müller setzte sich energisch gegen diese Maßnahmen zur Wehr, die durchaus geeignet waren, seine weitere politische Karriere zu gefährden, und erhob Einspruch bei der Militärregierung. Seine Argumentation, er sei nur formal zur Abwehr einberufen worden, um im Auftrag oppositioneller Kreise Verhandlungen im Ausland führen zu können, zeigte Wirkung. Oberst Paul Burns, der Leiter der Politischen Abteilung von OMGBY, hob noch am selben Tag die Sanktionen auf, die das Sonderministerium gegen Müller verhängt hatte[249]. Gleichzeitig erklärte die Militärregierung, daß die zuständigen bayerischen Behörden das Verfahren gegen den CSU-Vorsitzenden in eigener Regie eingeleitet hätten „und nicht auf Grund einer Anregung oder Anweisung" der Besatzungsmacht[250]. Dies entsprach zwar nicht ganz den Tatsachen, zeigt jedoch, daß die Militärregierung darum bemüht war, sich zumindest offiziell von der Affäre um Josef Müller zu distanzieren und eine weitere Eskalation zu vermeiden.

General Clay führte schließlich eine Entscheidung herbei. Während die Landesversammlung der CSU, die sowohl über die Regierungsbildung als auch über die Person des künftigen Ministerpräsidenten beriet, noch in vollem Gange war, bat der Militärgouverneur Josef Müller am Abend des 14. Dezember zu einer Besprechung nach Berlin[251]. Das Ergebnis der Verhandlungen zwischen dem CSU-Vorsitzenden, dem Militärgouverneur und dem politischen Berater der Militärregierung, Robert Murphy, war ein Kompromiß, der Müllers Handlungsspielraum nur geringfügig beschnitt. Für den Fall seiner Wahl zum bayerischen Ministerpräsidenten mußte Müller zusagen, sein neues Amt so lange nicht anzutreten, bis das laufende Entnazifizierungsverfahren die gegen ihn erhobenen Vorwürfe widerlegt oder seine Schuld bewiesen habe. In diesem

---

[247] IfZ-Archiv, RG 260, AG 1945/46–1/5, Frank A. Keating an Lucius D. Clay vom 9. 12. 1946; interessant auch Pfeiffers Rechtfertigung vor der Unionsfraktion; ACSP, CSU-LTF I, 15–14, Protokoll der Fraktionssitzung am 17. 12. 1946.

[248] BayHStA, NL Pfeiffer 49, Generalankläger Thomas Dehler an Josef Müller vom 11. 12. 1946. Vgl. auch Müllers eigene Schilderung vor der Landtagsfraktion; ACSP, CSU-LTF I, 15–14, Protokoll der Fraktionssitzung am 17. 12. 1946. Ministerpräsident Hoegner betonte am 13. 12. 1946 im Ministerrat, die Staatsregierung habe mit der Einleitung des Verfahrens gegen Müller „nicht das mindeste zu tun", sondern die Militärregierung habe dies in einer schriftlichen Weisung verlangt. Protokolle des Bayerischen Ministerrats: Kabinett Hoegner I, S. 1064 f.

[249] Vgl. Müller, Konsequenz, S. 323 f. Josef Müller rechtfertigte sich am 9. 12. 1946 in einem Schreiben an OMGBY und in einem Schreiben an die bayerische Staatsregierung vom 11. 12. 1946; IfZ-Archiv, RG 260, 15/102–2/10; Jakob Kaiser hatte sich bereits am 6. 12. 1946 in Schreiben an General Keating und Lucius D. Clay für Müller verwandt; IfZ-Archiv, RG 260, AG 1945/46–1/6. Vgl. auch die Materialsammlung zum Fall Müller im BAK, NL Kaiser 77. Vor der Landtagsfraktion erklärte Müller kämpferisch, sein Fall werde unter Umständen dazu beitragen „zu zeigen, dass das Gesetz zur Befreiung von Nationalsozialismus und Militarismus zugleich das Gesetz zur Befreiung von politischen Gegnern ist". ACSP, CSU-LTF I, 15–14, Protokoll der Fraktionssitzung am 17. 12. 1946.

[250] Stellungnahme von OMGBY zum Spruchkammerverfahren gegen Josef Müller vom 13. 12. 1946; zit. nach Hettler, Josef Müller, S. 288.

[251] Vgl. dazu Müllers eigenen Bericht vor der Landtagsfraktion: ACSP, CSU-LTF I, 15–14, Protokoll der Fraktionssitzung am 17. 12. 1946, sowie IfZ-Archiv, RG 260, AG 1945/46–1/6, Presseerklärung von OMGUS vom 15. 12. 1946.

Fall, darüber bestand Einigkeit, war Müller als Ministerpräsident nicht tragbar. Da der Vorsitzende fest mit seiner Entlastung rechnete und eine rasche Abwicklung des Verfahrens zugesichert war[252], schien weder einer Kandidatur noch einem einigermaßen fristgerechten Amtsantritt ein gravierendes Hindernis entgegenzustehen.

### *b) Die Unfähigkeit zum Konsens: Partei gegen Fraktion*

Doch sollte nicht der Eindruck entstehen, die CSU habe sich nach der Landtagswahl ausschließlich um Personalia gekümmert. Gleichzeitig wurde heftig darüber gestritten, ob die CSU kraft ihrer absoluten Mehrheit im Landtag allein die Regierung bilden oder ob sie eine Koalition mit anderen Parteien eingehen sollte[253]. Die Auseinandersetzungen über diesen Problemkreis zeigen einmal mehr, wie sehr die Meinungen zu grundsätzlichen politischen Fragen in den Führungsgremien der Parteiorganisation und in der Landtagsfraktion differierten. Der Versuch der Parteileitung, entscheidenden Einfluß auf die Landtagsfraktion auszuüben und die in der Satzung festgeschriebene Richtlinienkompetenz der Landesversammlung durchzusetzen[254], mißlang erneut – mit entscheidenden Konsequenzen für das innere Gefüge der bayerischen Unionspartei.

Die teilweise heftige Auseinandersetzung um die Koalitionsfrage verlief nicht immer entlang der gewohnten innerparteilichen Frontlinien. Es ist jedoch signifikant, daß – um die Diskussion verkürzt wiederzugeben – die Anhänger Josef Müllers mehrheitlich für die alleinige Übernahme der Regierungsverantwortung durch die CSU plädierten, während die entschiedensten Gegner des Parteivorsitzenden zu den Fürsprechern einer Koalitionsregierung zählten[255]. Diese Zurückhaltung ist nicht verwunderlich, und sie hatte gewiß nicht nur mit der Schwere der bevorstehenden Aufgaben und der Notwendigkeit, die SPD in die Verantwortung einzubinden, zu tun. Entscheidend war die innere Zerrissenheit der bayerischen Unionspartei und die daraus resultierende Furcht, die Fraktion könnte ähnlich auseinanderfallen wie bei der traumatischen Abstimmung über die Staatspräsidentenfrage. Aufgrund der negativen Erfahrungen aus der Zeit der Verfassunggebenden Landesversammlung und der tiefgreifenden Gegensätze zwischen den diversen Gruppierungen in Partei und Fraktion erschien es durchaus unsicher, ob die 104 Mandate der CSU ausreichen würden, um einem reinen Unionskabinett die notwendige parlamentarische Unterstützung gewähren zu können. Diese Befürchtungen waren um so berechtigter, als der Landesausschuß der Partei auf dem Höhepunkt der Krise um das Staatspräsidentenamt grundsätzlich gegen jede Art des Fraktionszwangs votiert hatte. Überdies war es höchst zweifelhaft, ob man sich in der CSU überhaupt auf einen von allen Flügeln getragenen Kandidaten für das Ministerpräsidentenamt und auf eine gemeinsame Regierungsmannschaft würde einigen können.

---

[252] Erst im November 1947 wurde Müller als vom Befreiungsgesetz für nicht betroffen erklärt; IfZ-Archiv, Fh 56, Schriftsatz des Generalklägers beim Kassationshof im Staatsministerium für Sonderaufgaben vom 26. 11. 1947.

[253] Mitteilungen der Christlich-Sozialen Union vom 21. 12. 1946: „Schwierige Regierungsbildung. Wer wird Ministerpräsident? – Die Frage der Koalition".

[254] Satzung der CSU in der Fassung vom 4. 10. 1946, abgedruckt in: Protokolle und Materialien, S. 1783–1803. In Paragraph 45 der Satzung hieß es: „Ihr [der Landesversammlung] obliegt ferner die Beschlußfassung über [. . .] die Richtlinien der Politik."

[255] ACSP, CSU-LTF I, 15–14, Protokoll der Fraktionssitzung am 9. 12. 1946.

Die Mitglieder des Landesausschusses diskutierten die Koalitionsfrage am 6. Dezember. Dabei ließ sich keine klare Linie erkennen, wenn sich auch eine knappe Mehrheit für eine Alleinregierung der CSU abzuzeichnen schien. Auch eine Presseerklärung besagte nicht viel und konstatierte nur, daß die CSU gewillt sei, „geschlossen zu handeln“[256]. Nach dem Willen des Parteivorsitzenden sollte jedoch die Landesversammlung „endgültig die letzten Entscheidungen“ treffen[257].

Als die Delegierten des Parteitags am 15. Dezember über die Regierungsbildung berieten, geschah dies in Abwesenheit Josef Müllers, der überraschend zu General Clay nach Berlin gerufen worden war. Die Haltung der Delegierten in der Koalitionsfrage war eindeutig. Mit nur wenigen Gegenstimmen nahm die Landesversammlung eine Resolution an, nach der die CSU „in erster Linie die Verantwortung allein übernehmen“ und eine Koalition nur dann erwogen werden sollte, „wenn auch in diesem Falle der entscheidende Einfluß der Union in der Regierung sichergestellt“ sei. Um die Landtagsabgeordneten festzulegen, wurde diese Resolution gemäß den Statuten, in denen der Primat der Landesversammlung kodifiziert war, ausdrücklich als „Richtlinie für die Arbeit der Fraktion“ verabschiedet[258]. Vertreter der Landtagsfraktion, insbesondere ihr Vorsitzender Hundhammer, hatten dagegen wiederholt erklärt, daß die Delegierten zu dieser Frage durchaus Stellung nehmen könnten, daß sich die Fraktion die Entscheidung darüber, ob eine Koalition eingegangen werden sollte, aber keinesfalls aus den Händen nehmen lassen würde.

Hundhammer handelte dabei nicht auf eigene Faust, denn zu diesem Zeitpunkt waren in der CSU-Fraktion bereits wesentliche Vorentscheidungen gefallen. Noch während der konstituierenden Sitzung am 9. Dezember hatte sich die Mehrheit der Abgeordneten gegen eine alleinige Übernahme der Regierungsverantwortung ausgesprochen, und Hundhammer hatte abschließend auch ohne Abstimmung „die grundsätzliche Meinung der Mehrheit der Fraktion“ festgestellt, daß „die Möglichkeit einer Koalitionsbildung geprüft“ werden solle, ohne aber eine Koalitionszusage „um jeden Preis“ zu erkaufen[259]. Daß die Mehrheit der Landtagsfraktion grundsätzlich anders votierte als wenig später die Delegierten der Landesversammlung, mag auch daran gelegen haben, daß viele Abgeordnete davor zurückschreckten, die alleinige Verantwortung für eine vom Nachkriegselend belastete Regierungspolitik zu übernehmen, während die meisten Delegierten unbelastet von derartigen Bedenken und Ängsten entscheiden konnten[260].

---

[256] Protokoll der Sitzung des Landesausschusses der CSU am 6. 12. 1946 in München, in: Protokolle und Materialien, S. 833. Die Stellungnahme der zehn Bezirksvorsitzenden, einer Frauenvertreterin und eines Vertreters der Jungen Union ebenda, S. 816–822; bevor die Diskussion eröffnet wurde, sprach Horlacher für und Haußleiter gegen eine Koalition (ebenda, S. 824–831). Im Vorfeld der Sitzung hatte eine Rundfunkmeldung für Unruhe gesorgt, in der General Joseph T. McNarney im Zusammenhang mit den gegen Müller erhobenen Vorwürfen mit den Worten zitiert wurde (ebenda, S. 793 f.): „Wir werden ihn [Josef Müller] möglicherweise vor der Wahl [zum Ministerpräsidenten] als Landesvorsitzenden der CSU entlassen.“ Dennoch sprach der Landesausschuß mit 76 gegen 22 Stimmen bei vier Enthaltungen dem Parteivorsitzenden das Vertrauen aus (ebenda, S. 816). Ein kurzer Bericht über diese Landesausschußsitzung: IfZ-Archiv, RG 84, 747/33, E. Tomlin Baily an das State Department vom 6. 12. 1946.

[257] Protokoll der Sitzung des Landesausschusses der CSU am 6. 12. 1946 in München, in: Protokolle und Materialien, S. 834.

[258] Protokoll der Landesversammlung der CSU am 14./15. 12. 1946 in Eichstätt, in: Protokolle und Materialien, S. 956. Zum folgenden vgl. ebenda, S. 957.

[259] ACSP, CSU-LTF I, 15–14, Protokoll der Fraktionssitzung am 9. 12. 1946.

[260] Vgl. Fait, Anfänge, S. 161.

Mit Sicherheit war ein Teil der Fraktion aber auch überzeugt, daß die eigenen politischen Zielsetzungen in einer Koalition mit der SPD größere Realisierungschancen hätten als in einem Bündnis mit den Anhängern des CSU-Vorsitzenden.

Josef Müller selbst enthielt sich zunächst jeder eindeutigen Stellungnahme in der Koalitionsfrage und favorisierte eine Politik, die ihm alle Optionen offenhalten sollte[261]. Sein schlechtes persönliches Verhältnis zu Wilhelm Hoegner und die Skepsis, die große Teile der von Horlacher, Hundhammer oder Pfeiffer umworbenen SPD dem CSU-Vorsitzenden entgegenbrachten, ließ die von der Unionsfraktion mehrheitlich favorisierte große Koalition jedenfalls unter Müllers Führung als wenig aussichtsreich erscheinen[262].

Die CSU hatte den Landtagswahlkampf ohne offiziellen Spitzenkandidaten bestritten. Es war aber klar, daß Josef Müller im Falle eines Wahlsieges zu den aussichtsreichsten Anwärtern auf das Ministerpräsidentenamt zählte[263]. Später erklärte Müller, er sei an und für sich dafür eingetreten, das Amt des Landesvorsitzenden vom Amt des Regierungschefs zu trennen und erst die diskriminierende Kampagne gegen seine Person habe ihn zu einer Kandidatur bewogen[264]. Diese Darstellung entsprach jedoch nicht ganz den Tatsachen. Abgesehen davon, daß die Rundfunkrede des CSU-Vorsitzenden zwei Tage nach den Landtagswahlen deutliche Züge einer Regierungserklärung trug[265], hatte Müller in den ersten Dezembertagen bereits weitgehend fertige Pläne für ein Kabinett unter seiner Führung in petto. Nach diesen schriftlich fixierten Kabinettslisten liefen die Planungen des Parteichefs auf eine Koalition zwischen CSU und FDP hinaus[266], in der Thomas Dehler das Justizministerium übernehmen und mehrere enge Vertraute Müllers Schlüsselpositionen besetzen sollten, während der Parteichef Vertreter der innerparteilichen Opposition kaum zu berücksichtigen gedachte[267].

Tatsächlich hatte Müller trotz der gegen ihn gerichteten Vorwürfe Grund zum Optimismus, insbesondere, nachdem ihn die Landesversammlung am 14. und 15. Dezember 1946 mit der beeindruckenden Mehrheit von 76 Prozent der Stimmen erneut zum Vorsitzenden der bayerischen Unionspartei gewählt hatte. Die Delegierten verabschiedeten

---

261 Protokoll der Sitzung des Landesausschusses der CSU am 6. 12. 1946 in München, in: Protokolle und Materialien, S. 814f.

262 August Schwingenstein berichtete am 18. Dezember seinen Kollegen: „Ich habe von einwandfreier Seite der SPD die Mitteilung erhalten, dass die Sozialdemokratie sich geschlossen gegen eine Kandidatur Müller aussprechen wird." ACSP, CSU-LTF I, 15–14, Protokoll der Fraktionssitzung am 18. 12. 1946. Nach einer Aktennotiz Hanswolf Haunhorsts vom 16. 12. 1946 erklärte Hoegner vor Pressevertretern, „dass er und seine Partei [. . .] die Teilnahme an einem Kabinett, in dem Dr. Müller massgeblich oder als Ministerpräsident beteiligt sei, unter allen Umständen ablehne. Als Grund hierfür gab Dr. H[oe]gner an, dass Dr. Müller Koalitionspartner Hitlers gewesen sei und es für die SPD untragbar sei, mit solchen Leuten zusammenzuarbeiten." ACSP, NL Müller 225.

263 IfZ-Archiv, RG 260, AG 1945/46–1/5, Memorandum Walter J. Mullers an OMGUS vom 18. 11. 1946. Zu potentiellen Kandidaten für das Amt des Ministerpräsidenten aus den Reihen der CSU vgl. auch IfZ-Archiv, RG 260, 13/147–3/3, OMGBY – Historical Report, 1. 10. 1946–31. 10. 1946.

264 ACSP, CSU-LL, Protokoll der Sitzung des Landesvorstands am 10. 12. 1946, und ACSP, CSU-LTF I, 15–14, Protokoll der Fraktionssitzung am 17. 12. 1946.

265 IfZ-Archiv, RG 260, 13/149–2/1, Rundfunkrede Josef Müllers am 3. 12. 1946.

266 Josef Müller bot dem Vorsitzenden der bayerischen FDP, Thomas Dehler, am 7. 12. 1946 im Namen des Landesvorstands der CSU „eine Aussprache von Partei zu Partei über die künftige Regierungsbildung" an. ACSP, NL Müller 225.

267 ACSP, NL Müller 225, zwei Entwürfe für ein Kabinett Müller, einer vom 2. 12. 1946, einer undatiert; auch abgedruckt in: Berberich, Historische Entwicklung, S. 208f.; eine weitere Kabinettsliste findet sich im ACSP, CSU-LTF I, 3–01.

zudem eine Resolution, in der Müller als der Mann bezeichnet wurde, „der auch bei der Regierungsbildung die entscheidende Rolle spielen soll“[268]. Trotz der vorsichtig gewählten Worte und trotz des Protestes von Alois Hundhammer, der die Delegierten auf das schwebende Verfahren gegen den Parteivorsitzenden verwies, kam das einer Nominierung Müllers für das Amt des Regierungschefs durch die Basis der CSU gleich[269].

Die letzte Entscheidung lag jedoch in den Händen der CSU-Abgeordneten, die am 17. und 18. Dezember darüber berieten, wer mit der Regierungsbildung beauftragt werden sollte. Dabei geriet die Fraktion zunehmend unter Zeitdruck, denn die Verfassung schrieb vor, daß die Wahl des Ministerpräsidenten spätestens eine Woche nach der konstituierenden Sitzung des Landtags – diese hatte am 16. Dezember stattgefunden – abgeschlossen sein müsse. Müller konnte sich auch hier zunächst auf der Siegerstraße fühlen. Die Landesversammlung und ihr deutliches Vertrauensvotum für ihn hatten ihre Wirkung auf die Abgeordneten ebensowenig verfehlt[270] wie die geschickte Rede des Parteivorsitzenden, mit der er seinen Gegnern gerade in der umstrittenen Föderalismusfrage entgegengekommen war[271]. Überdies verstand es Müller, seine Unterredung mit Clay als persönlichen Erfolg, ja als Auszeichnung hinzustellen[272], und seine Anhänger in der Fraktion taten ein übriges, um die Person des Parteivorsitzenden im besten Licht erscheinen zu lassen. Müller war selbstbewußt genug, daß er nach seinen Ausführungen über die Vorkommnisse der letzten Zeit um Nachfragen bat, um festzustellen, ob in der Fraktion „noch Opposition vorhanden“ sei[273]. In diese Richtung zielte auch ein Verfahrensvorschlag Max Zwicknagls, der die Kontrahenten des Parteivorsitzenden mit dem Antrag in Zugzwang zu bringen versuchte, ihre Argumente gegen Müller und ihre Alternativvorschläge vorzubringen.

Diese Taktik ging solange auf, bis sich Michael Horlacher bereit erklärte, „den Oppositionsredner“ zu machen. Der frisch gekürte Landtagspräsident und erfahrene Parlamentarier bezog klar Stellung gegen den Parteivorsitzenden. Horlacher umriß sachlich die Situation, und seine Ausführungen gipfelten in dem für Müller gefährlichen Argument, das die weitere Diskussion wesentlich prägen sollte: „Dr. Müller soll sich hier [im Amt des Ministerpräsidenten] nicht verbrauchen für seine grosse Aufgabe.“ Sein Kandidat war Hans Ehard, der sei „ein ruhiger, sachlicher Mensch“. Das zweite Argument, das in Horlachers kurzer Rede angelegt war und immer wieder gegen den CSU-Vorsitzenden ins Feld geführt wurde, fußte auf der Vermutung, daß die mehr-

[268] Protokoll der Landesversammlung der CSU am 14./15. 12. 1946 in Eichstätt, in: Protokolle und Materialien, S. 957. Ein Beobachter der Militärregierung notierte: „The whole convention, with the exception of the Hundhammer group (about 29 Delegates), voted in favor of Müller.“ IfZ-Archiv, RG 260, AG 1945/46–6/7, Bericht Henry Parkmans über die Landesversammlung der CSU am 14./15. 12. 1946 in Eichstätt vom 16. 12. 1946.

[269] Zum Protest Hundhammers vgl. das Protokoll der Landesversammlung der CSU am 14./15. 12. 1946 in Eichstätt, in: Protokolle und Materialien, S. 957.

[270] ACSP, CSU-LTF I, 15–14, Protokoll der Fraktionssitzung am 17. 12. 1946.

[271] Protokoll der Landesversammlung der CSU am 14./15. 12. 1946 in Eichstätt, in: Protokolle und Materialien, S. 872–877. Selbst Hundhammer bemerkte dazu: „Inzwischen war Eichstätt vorüber. Die dortige Tagung hat trotz aller Diskussionen, Abstimmungen und auseinandergehenden Meinungen eine gewisse menschliche Beruhigung und Wiederannäherung zwischen Dr. Müller und mir gebracht.“ IfZ-Archiv, Fh 56, Schreiben Hundhammers an eine unbekannte Freundin vom 25. 12. 1946.

[272] ACSP, CSU-LTF I, 15–14, Protokolle der Fraktionssitzungen am 16. 12. und 17. 12. 1946.

[273] ACSP, CSU-LTF I, 15–14, Protokoll der Fraktionssitzung am 17. 12. 1946; das folgende, soweit nicht anders belegt, nach dem Protokoll dieser Fraktionssitzung.

heitlich gewünschte Koalition mit der SPD nicht zustande käme, wenn die Fraktion Josef Müller mit der Regierungsbildung beauftragte. Tatsächlich hatten sich prominente Sozialdemokraten im Vorfeld der Entscheidung klar gegen Josef Müller ausgesprochen[274].

Die Fürsprecher des Landesvorsitzenden bemühten sich nach Kräften, den Parteivorsitzenden, der die ausschlaggebende Phase der Diskussion nicht im Fraktionsplenum erlebte, zu verteidigen. Sie verwiesen darauf, daß gerade die gegenwärtige Notsituation die besten Kräfte an der Spitze der Regierung erfordere, und stellten ihren Kollegen die empörte Frage, ob sie etwa der SPD das Recht zugestehen wollten, den Kandidaten der bayerischen Unionspartei für das Amt des Ministerpräsidenten zu benennen. Hermann Strathmann, Professor für evangelische Theologie in Erlangen, wies die Fraktion zudem auf den Auftrag der Partei hin:

> „Noch eine Erwägung: Wenn wir Müller nicht benennen, so gibt das eine sehr gefährliche Rückwirkung auf die Union. Ich muss daran erinnern, dass mit grosser Mehrheit eine Entschliessung gefasst wurde, die besagte, dass der Landesausschuss die vom Landesvorsitzenden vertretene politische Linie billige. Dies ist eine Richtlinie im Sinne der Parteisatzung. Wenn wir Dr. Müller nicht benennen, dann geht ein Sturm der Entrüstung durch die Union."[275]

Als schließlich die Abstimmung begann, standen drei Kandidaten zur Wahl. Neben Müller und Ehard war schon zu Beginn der Personaldebatte der ehemalige Generalsekretär der BVP und amtierende Staatsminister für Sonderaufgaben, Anton Pfeiffer, vorgeschlagen worden[276]. Das Ergebnis des ersten Wahlgangs war denkbar knapp: Auf Pfeiffer entfielen 45 Stimmen, auf den Parteivorsitzenden nur eine weniger, zwei Abgeordnete votierten für Hans Ehard, ein Stimmzettel war leer[277]. Jede Neutralitätspflicht verletzend, sprach Fraktionschef Hundhammer vor der Stichwahl die Empfehlung aus, „dass sich diejenigen, die für Ehard und Pfeiffer gestimmt haben, auf Pfeiffer einigen". Diesmal war der Wahlausgang eindeutig. Mit 52 gegen 40 Stimmen nominierte die Fraktion Anton Pfeiffer für das Amt des Regierungschefs[278].

### *c) Koalitionsverhandlungen*

Der designierte Ministerpräsident[279], der zuversichtlich war, daß ihn die gesamte Unionsfraktion unterstützen würde[280], machte sich umgehend an die Arbeit[281]. Sein Ziel war, schleunigst Verhandlungen mit den anderen Parteien aufzunehmen, um vor Ab-

---

[274] Vgl. SZ vom 19. 12. 1946: „Dr. Pfeiffer wünscht Koalitionsregierung", oder IfZ-Archiv, RG 260, 10/91–1/1, Bericht über ein Gespräch mit dem SPD-Politiker Franz Marx vom 4. 12. 1946.

[275] ACSP, CSU-LTF I, 15–14, Protokoll der Fraktionssitzung am 18. 12. 1946.

[276] ACSP, CSU-LTF I, 15–14, Protokoll der Fraktionssitzung am 17. 12. 1946 (Albert Kaifer).

[277] ACSP, CSU-LTF I, 15–14, Protokoll der Fraktionssitzung am 18. 12. 1946.

[278] Interessant ist in diesem Zusammenhang ein Memorandum von Oberstleutnant Paul Burns über die Sitzungen der CSU-Fraktion am 17. und 18. 12. 1946 und über die möglichen Folgen der Entscheidung für Anton Pfeiffer. IfZ-Archiv, RG 260, 13/150–1/4.

[279] Schon am 28. 10. 1946 schrieb Karl August Kroth an Josef Müller: „Nach den Worten des jungen L[aforet] scheint auch die künftige bayerische Regierung schon festzustehen, so vor allem, dass Dr. Pfeiffer Ministerpräsident wird. Von Dr. Müller meinte er, dass dieser seine Rolle ausgespielt habe." ACSP, NL Müller 197.

[280] ACSP, NL Müller 225, Notiz über ein Interview eines DANA-Journalisten mit Anton Pfeiffer vom 20. 12. 1946.

[281] ACSP, NL Müller 225, Bericht über die Regierungsbildung in Bayern im Dezember 1946 vom 11.3. 1947. Der sechs Seiten lange Bericht ist ungezeichnet; nach Reuter, Anton Pfeiffer, S. 271 Anm. 189,

lauf der offiziellen Frist eine Regierung zu bilden. Noch am 18. Dezember trat die Verhandlungskommission der CSU unter dem Vorsitz Pfeiffers zu einer ersten Sitzung zusammen. Sie wies nicht mehr den ausgewogenen Proporz zwischen den verschiedenen innerparteilichen Gruppierungen auf, der noch den am 9. Dezember gewählten Ausschuß ausgezeichnet hatte. Ehard hatte seinen Platz bereitwillig für Pfeiffer geräumt, Eugen Rindt, der stellvertretende Fraktionsvorsitzende, fehlte. Dafür saßen nun Heinrich Krehle und der ehemalige BVP-Politiker Georg Stang am Verhandlungstisch, die beide als Befürworter einer Koalitionsregierung hervorgetreten waren[282]. Josef Müller beging schon zu Beginn der Verhandlungen einen folgenschweren taktischen Fehler, als er nach der ersten Besprechung erklärte, er lehne es ab, mit Hoegner Verhandlungen zu führen, und den weiteren Sitzungen überhaupt fernblieb[283]. Damit lag die Last der Verantwortung, die Interessen der Parteiführung zu wahren, vor allem auf den Schultern des noch unerfahrenen Franz Josef Strauß, der ausgefuchsten Parlamentariern wie Michael Horlacher, Alois Hundhammer oder Anton Pfeiffer nur wenig entgegenzusetzen hatte und von Anfang an Gefahr lief, von seinen Kollegen – auf gut bayerisch – über den Tisch gezogen zu werden.

Die konkreten Vorschläge, die der Ausschuß für die Koalitionsverhandlungen unter Pfeiffers Vorsitz erarbeitete, zielten auf ein Regierungsbündnis zwischen CSU und SPD unter Einbeziehung der FDP. Dabei fällt auf, daß der Name Josef Müller auf keiner der vorbereiteten Kabinettslisten zu lesen war; die politischen Freunde des Parteivorsitzenden sollten lediglich Staatssekretärsposten im Innen- und Wirtschaftsministerium erhalten[284]. Überschattet wurde die Arbeit der Verhandlungskommission von Presseveröffentlichungen, die Pfeiffer bezichtigten, 1932 Koalitionsverhandlungen mit der NSDAP geführt zu haben[285], und von Gerüchten, die SPD lehne eine Koalition mit dem ehemaligen Generalsekretär der BVP als Ministerpräsidenten aufgrund angeblicher politischer Belastung ab[286]. Der designierte Regierungschef stufte diese Nachricht zunächst als „unwesentlich" ein, und Wilhelm Hoegner, der sozialdemokratische Verhandlungsführer, hielt sich während der ersten offiziellen Zusammenkunft der Kommissionen von CSU und SPD in dieser Frage bedeckt[287]. Am Nachmittag des

die dieses Dokument in den Akten eines parlamentarischen Untersuchungsausschusses gefunden hat, ohne es aber gründlich auszuwerten, war der Verfasser Franz Josef Strauß.

282 Zum freiwilligen Rückzug Ehards ACSP, CSU-LTF I, 15–14, Protokoll der Fraktionssitzung am 18.12. 1946; die Zusammensetzung des Verhandlungsausschusses in StBKAH 08.70, Alois Hundhammer, Dokumente zur Bayerischen Politik: Die Bildung des Kabinetts Ehard, undatiert, und – mit einer Abweichung – ACSP, NL Müller 225, Bericht über die Regierungsbildung in Bayern im Dezember 1946 vom 11. 3. 1947.

283 Hierzu und zum folgenden StBKAH 08.70, Alois Hundhammer, Dokumente zur Bayerischen Politik: Die Bildung des Kabinetts Ehard, undatiert, und ACSP, NL Müller 225, Bericht über die Regierungsbildung in Bayern im Dezember 1946 vom 11. 3. 1947.

284 ACSP, NL Müller 225, zwei Ministerlisten für ein Kabinett unter der Führung Hans Ehards bzw. Anton Pfeiffers, undatiert.

285 Zu den gegen Pfeiffer erhobenen Vorwürfen und zu Gerüchten, Josef Müller habe dabei seine Hand im Spiel gehabt, vgl. Reuter, Anton Pfeiffer, S. 117ff.

286 Abschriften mehrerer Schreiben Anton Pfeiffers an nationalsozialistische Kulturpolitiker aus dem Jahre 1934 finden sich in: IfZ-Archiv, ED 120 NL Hoegner 331. Bedenken gegen Pfeiffer wurden in der SPD bereits kurz nach den Landtagswahlen laut: IfZ-Archiv, RG 260, 10/91–1/1, Bericht über ein Gespräch mit dem SPD-Politiker Franz Marx vom 4. 12. 1946; vgl. auch Mehringer, Waldemar von Knoeringen, S. 309.

287 ACSP, NL Müller 225, Bericht über die Regierungsbildung in Bayern im Dezember 1946 vom 11. 3. 1947; das folgende nach ebenda.

20. Dezember teilte Hoegner seinem Ministerkollegen Pfeiffer in einer vertraulichen Aussprache jedoch mit, daß die SPD aufgrund schwerwiegender Bedenken gegen Pfeiffers politische Vergangenheit nicht bereit sei, seiner Wahl zum Ministerpräsidenten zuzustimmen. Sichtlich erregt gab Pfeiffer daraufhin den Auftrag zur Regierungsbildung an die Fraktion zurück.

Obwohl sich die Situation damit grundlegend geändert hatte, sah Hundhammer keinen Grund, die Fraktion zusammenzurufen und dort eine Entscheidung herbeizuführen. Auch die Verhandlungskommission hielt es nicht für nötig, die interfraktionellen Besprechungen zu unterbrechen. Sie stellte sich „entgegen gewissen vorgebrachten Bedenken" mehrheitlich auf den Standpunkt, daß sie von der CSU-Fraktion einen Verhandlungsauftrag „ohne Rücksicht auf die Person des Ministerpräsidenten" erhalten habe.

Nach der Ablehnung Pfeiffers durch die SPD durfte sich Josef Müller erneut Hoffnungen auf das Amt des bayerischen Ministerpräsidenten machen. Voraussetzung dafür waren freilich Absprachen mit der SPD. Zwar bestritt der CSU-Vorsitzende später, jemals mit Vertretern der Sozialdemokratie verhandelt zu haben[288], die Realitiät sah jedoch anders aus. Noch am 21. Dezember, wenige Stunden vor der entscheidenden Sitzung des Landtags, telefonierte Jürgen Ziebell, ein sozialdemokratischer Beamter im Staatsministerium für Sonderaufgaben, mit dem SPD-Politiker Hans Menzel. Ziebell gab an, in Müllers Auftrag zu handeln, und unterbreitete der sozialdemokratischen Fraktion das Angebot, Arbeits-, Finanz- und ein noch zu gründendes Flüchtlingsministerium sowie die Staatssekretariate im Wirtschaftsministerium und in der Staatskanzlei mit Fachleuten aus der SPD zu besetzen, wenn sich die sozialdemokratischen Abgeordneten Müllers Kandidatur nicht entgegenstellen, sondern durch die Abgabe weißer Stimmzettel „Neutralität" wahren würden. Die SPD-Fraktion beschloß jedoch einstimmig, einen angekündigten Unterhändler des CSU-Vorsitzenden nicht zu empfangen[289]. Mehr Erfolg war dagegen Müllers Bemühungen um die Unterstützung der FDP beschieden[290]. Ob die neun Mandate der bayerischen Liberalen allerdings ausreichen würden, um die Wahl des Ochsensepp auch gegen den Willen eines Teils der eigenen Fraktion zu sichern, war zweifelhaft.

Als die Fraktion der bayerischen Unionspartei am Vormittag des 21. Dezember zusammentrat, hatten die Abgeordneten kaum noch Zeit für eine klärende Debatte. Wenige Stunden später sollte die Plenarsitzung des Landtags beginnen, und selbst wenn sich die Wahl des Ministerpräsidenten noch verschieben ließ, blieb nach den Verfassungsbestimmungen höchstens eine Frist von zwei Tagen, um zu einer Entscheidung über die Person des Regierungschefs zu kommen. Doch weder Verhandlungen in der

[288] Protokoll der Sitzung des Landesausschusses der CSU am 3. 1. 1947 in Augsburg, in: Protokolle und Materialien, S. 984 und S. 988–991.

[289] IfZ-Archiv, ED 120 NL Hoegner 331, Aktennotiz für Waldemar von Knoeringen über ein Telefongespräch mit Jürgen Ziebell vom 21. 12. 1946. Zu den Aktivitäten des Ministerialrats im Sonderministerium, die Ermittlungen eines parlamentarischen Untersuchungsausschusses nach sich zogen, vgl. Jürgen Plöhn, Untersuchungsausschüsse der Landesparlamente als Instrumente der Politik, Opladen 1991, S. 192–200. Interessant ist in diesem Zusammenhang auch der Briefwechsel zwischen Hans Menzel und Josef Müller im Januar und Februar 1947 (ACSP, NL Müller 225) und ein Bericht der Militärregierung über die Arbeit des parlamentarischen Untersuchungsausschusses vom 19. 2. 1947 (IfZ-Archiv, RG 260, 13/150–1/4).

[290] Vgl. Hettler, Josef Müller, S. 299.

Fraktion noch in einem eigens benannten Sonderausschuß führten zu einem tragfähigen Kompromiß. Auch ein Vier-Augen-Gespräch zwischen Hundhammer und Müller, gleichsam die ultima ratio, blieb ergebnislos[291]. Was dabei besprochen wurde, ist einem Brief Hundhammers an eine ungenannte Freundin zu entnehmen, der zeigt, wie tief der Bruch zwischen dem Parteivorsitzenden und dem Fraktionschef wirklich ging:

„Unmittelbar vor der entscheidenden Abstimmung in der Fraktion fand noch eine Aussprache zwischen Dr. M. und mir unter vier Augen statt. Er bot mir vieles an, aber er war nicht bereit, seine Grundlinie zu ändern. Ich kann es nicht verantworten, einem Manne wie ihm den Staat und das Geschick des Volkes in die Hand zu geben. Was er mir über die Haltung Russland gegenüber sagte, hat den letzten Ausschlag gegeben. [. . .] Wir können keinen zweiten Hitler entstehen lassen, auch nicht, wenn er aus den eigenen Reihen kommen würde, um keinen Preis, auch wenn die Einheit der CSU in Gefahr kommt. Ein prüfender Blick auf die Männer (und Frauen), die um ihn sind, bestärkt mich in der Überzeugung, dass seine Tendenzen nicht die richtigen sein können, ganz abgesehen von anderen Gründen, die als Abgründe zwischen ihm und mir liegen."[292]

Das von der Unionsfraktion schließlich mehrheitlich gebilligte Resultat war reichlich unbefriedigend: Um im Landtagsplenum eine Kampfabstimmung zwischen zwei Kandidaten der CSU zu vermeiden, sollte für den ersten Wahlgang lediglich Josef Müller vorgeschlagen werden, obwohl dieser nicht vom Vertrauen der gesamten Fraktion getragen war. Der Parteivorsitzende gab sich trotzdem optimistisch, auch angesichts der Tatsache, daß der Fraktionszwang ausgesetzt blieb. Noch unmittelbar vor der entscheidenden Abstimmung teilte die Landesgeschäftsstelle der CSU Edward Litchfield, einem Vertreter der Militärregierung, mit, daß die Fraktion den Parteivorsitzenden einmütig und mit Zustimmung Hundhammers zum Kandidaten für das Ministerpräsidentenamt nominiert habe. Mit Blick auf die Mehrheitsverhältnisse im Landtag bemerkte Litchfield, diese Entwicklung mache die Wahl Müllers zu einer reinen Formsache[293].

### *d) Das erste Kabinett Ehard*

Am Nachmittag des 21. Dezember versammelte sich der Landtag bei klirrender Kälte in der Aula der Münchner Universität[294]. Landtagspräsident Horlacher legte im Einvernehmen mit den Abgeordneten den Wahlmodus fest: Bei der Wahl des Ministerpräsidenten genüge gemaß Artikel 23 der Verfassung die einfache Mehrheit der abgegebenen Stimmen, da kein anderes Stimmenverhältnis in der Verfassung vorgeschrieben sei. Die Stimmzettel, so Horlacher, müßten „enthalten entweder den Namen des Kandidaten oder eine klare Willensbekundung, ob man den Kandidaten will oder nicht". Unbeschriebene Stimmzettel sowie Stimmzettel mit der Aussage „Ich enthalte mich" sei-

[291] StBKAH 08.70, Alois Hundhammer, Dokumente zur Bayerischen Politik: Die Bildung des Kabinetts Ehard, undatiert; IfZ-Archiv, Fh 56, Schreiben Alois Hundhammers an eine unbekannte Freundin vom 25. 12. 1946; ACSP, NL Müller 128, Josef Müller an Karl Köhler vom 9. 5. 1947.

[292] IfZ-Archiv, Fh 56, Schreiben Alois Hundhammers an eine unbekannte Freundin vom 25. 12. 1946. Die Version des Parteivorsitzenden findet sich in einem Schreiben Josef Müllers an Karl Köhler vom 9.5. 1947; ACSP, NL Müller 128. Hundhammer war sichtlich bemüht, seinen Gegenspieler in die Nähe der Kommunisten zu rücken; StBKAH 08.70, Alois Hundhammer, Dokumente zur Bayerischen Politik: Die Bildung des Kabinetts Ehard, undatiert. Zum folgenden vgl. ebenda.

[293] IfZ-Archiv, RG 260, AG 1945–46/1/5, Memorandum Edward Litchfields vom 21. 12. 1946.

[294] Vgl. den Erinnerungsbericht des sozialdemokratischen Landtagsabgeordneten Franz Haas, Regierungsbildung mit klammen Fingern, in: Schröder, Bayern 1945, S. 163–174.

en dagegen ungültig. Überdies bereitete Horlacher die Parlamentarier darauf vor, daß eventuell ein zweiter Wahlgang nötig werden könnte[295]. Dann war es Eugen Rindt, der Stellvertreter Hundhammers, der Josef Müller als Kandidaten für das Ministerpräsidentenamt vorschlug. Weitere Vorschläge blieben aus, aber Vertreter von SPD und WAV erklärten, daß ihre Fraktionen geschlossen gegen den CSU-Vorsitzenden stimmen würden. Lediglich Fritz Linnert von der FDP ließ die Bereitschaft seiner Partei zur Zusammenarbeit erkennen. Das Ergebnis der Abstimmung war in mehrfacher Hinsicht eine Überraschung. Von 175 gültigen Stimmen entfielen 73 auf Josef Müller, 33 auf den nicht vorgeschlagenen Hans Ehard[296], 69 Stimmzettel lauteten auf Nein.

An dieser Stelle griff Landtagspräsident Horlacher massiv in die Wahl ein. Hatte er vor Beginn des ersten Wahlgangs davon gesprochen, daß die relative Mehrheit der abgegebenen Stimmen zur Wahl ausreiche, so gab er nun überraschend bekannt, daß zur Wahl des Ministerpräsidenten die absolute Mehrheit der Stimmen erforderlich sei. Da Müller die nach dieser Interpretation des Wahlergebnisses erforderlichen 88 Stimmen um 15 Stimmen verfehlt hatte, erklärte Horlacher den ersten Wahlgang für beendet und kündigte einen zweiten Wahlgang an. Damit war der Vorsitzende der bayerischen Unionspartei, der neben der Mehrheit der eigenen Fraktion wohl auch die Abgeordneten der FDP hinter sich hatte und damit tatsächlich die relative Mehrheit der Stimmen auf sich vereinigen konnte, beim Griff nach dem Amt des bayerischen Ministerpräsidenten gescheitert. Horlacher wandte jedoch noch einen zweiten Kunstgriff an, um Müllers Niederlage zu besiegeln. Anders als Georg Stücklen, der wenige Tage zuvor die Wahl des Landtagspräsidenten geleitet hatte[297], wertete Horlacher die Stimmen, die auf den nicht vorgeschlagenen Hans Ehard entfallen waren, nicht als ungültig, sondern zählte sie zu den Stimmzetteln, die auf Nein lauteten. Hätte Horlacher das bekannte Procedere beibehalten und die Stimmen für den nicht nominierten Ehard für ungültig erklärt, dann hätte Müller nicht nur die relative, sondern bei 142 gültigen Stimmen sogar die vom Landtagspräsidenten unvermittelt eingeforderte absolute Mehrheit erzielt[298].

Es überrascht, daß weder der sonst so energische CSU-Vorsitzende[299] noch seine politischen Freunde in der Unionsfraktion versuchten, mit Hilfe der Geschäftsordnung

[295] Stenographischer Bericht über die zweite öffentliche Sitzung des Bayerischen Landtags am 21. 12. 1946, in: Stenographische Berichte über die Verhandlungen des Bayerischen Landtags, München o. J., S. 23ff.; das folgende nach ebenda.

[296] Ein Beobachter der Militärregierung notierte, Alois Schlögl habe den Bauernvertretern in der Fraktion nahegelegt, den Namen des nicht nominierten Hans Ehard auf die Stimmzettel zu schreiben. IfZ-Archiv, RG 260, 15/102–2/10, Bericht Albert C. Schweizers „Political Sidelights on Election of Bavarian Minister President" für Walter J. Muller vom 26. 12. 1946.

[297] Vgl. Stenographischer Bericht über die erste öffentliche Sitzung des Bayerischen Landtags am 16.12. 1946, S. 2f.

[298] Vgl. dazu Gelberg, Hans Ehard, S. 40ff., und – mit anderen Ergebnissen – Hettler, Josef Müller, S. 303f.

[299] Müller, Konsequenz, S. 342, schrieb aus der Rückschau: „Dr. Horlacher hat sich später halbwegs bei mir entschuldigt, daß er damals zu diesem Trick gegriffen hatte. Noch in der Versammlung bestürmte mich Thomas Dehler von den Freien Demokraten – der über die Entscheidung genauso verblüfft war wie ich – Protest zu erheben, er würde mich mit aller Macht unterstützen. Aber was wäre mit einem Protest schon erreicht gewesen! Es gab damals keine Instanz, vor der ich gegen den willkürlichen Akt hätte vorgehen können, weder ein Verfassungsgericht noch ein oberstes bayerisches Gericht. Der einzige Weg, den ich hätte einschlagen können, wäre der Gang zur Besatzungsmacht gewesen, und das kam für mich nicht in Frage. Der erste freigewählte bayerische Ministerpräsident sollte nicht durch ein Machtwort in seinem Amt bestätigt werden."

Einspruch gegen Horlachers eigenwillige Verfahrenspraxis zu erheben. Statt dessen verließen sie unter lautstarkem Protest den Saal[300]. Lediglich Fritz Linnert (FDP) meldete später Bedenken an, die Horlacher jedoch mit der ganzen Autorität seines Amtes abwehrte[301].

Auf Antrag Hundhammers unterbrach der Landtagspräsident nach dem ersten Wahlgang die Sitzung für mehr als zehn Minuten[302]. Als die Abgeordneten wieder zusammengetreten waren, meldete sich der Vorsitzende der Unionsfraktion erneut zu Wort und schlug aufgrund „der inzwischen gepflogenen Verhandlungen" vor, Hans Ehard zum Ministerpräsidenten zu wählen. Die Abstimmung wurde vorgenommen, ohne daß die Parlamentarier noch einmal in die Debatte eintraten. Von den 147 abgegebenen Stimmen erhielt Ehard 121, 15 lauteten auf Nein, fünf wurden für Müller abgegeben und sechs waren ungültig. Damit war Ehard mit großer Mehrheit gewählt; wie tragfähig diese Mehrheit – gerade in der eigenen Fraktion – jedoch war, mußte sich erst erweisen.

Die Öffentlichkeit empfand die Wahl des relativ unbekannten Staatssekretärs im bayerischen Justizministerium als Überraschung, wenn nicht gar als Sensation[303]. Dabei war die Kandidatur Ehards in offiziellen und inoffiziellen Besprechungen sorgfältig eingefädelt worden. Schon am 6. Dezember meldete die Schwäbische Landeszeitung, daß Hans Ehard gute Aussichten habe, zum Regierungschef einer Koalition aus CSU, SPD und eventuell FDP gewählt zu werden. Über die Ressortverteilung war zu lesen, die SPD solle das Justiz-, Innen- und Arbeitsministerium erhalten, die CSU auf jeden Fall das Kultusministerium und entweder die FDP oder die Sozialdemokratie das für die politische Säuberung zuständige Ministerium für Sonderaufgaben. Als Wirtschaftsminister, so berichtete das in Augsburg erscheinende Blatt, sei ein parteiloser Fachmann vorgesehen[304]. Auch wenn man im Landesausschuß der CSU, wo dieser Artikel verlesen wurde, kaum geneigt war, den Spekulationen um Ämter und Personen Glauben zu schenken[305], kursierten weiterhin Gerüchte über die Person Hans Ehards und seine politische Zukunft. Der amerikanische Generalkonsul in München, James

[300] Der Spiegel schrieb am 4. 1. 1947 in einem Artikel mit der ironischen Überschrift „Die bayerische Kompro-Mißgeburt": „Dabei wäre letzterer [Josef Müller], von seinem Freund Dr. Rindt vorgeschlagen, beinah Ministerpräsident geworden, da er bei der Wahl 73 Stimmen für sich und 69 Stimmen gegen sich hatte. 33 ungültige Stimmen aus seinen eigenen Reihen lauteten auf den Namen des späteren Ministerpräsidenten Dr. Ehard. Sie wurden vom Landtagspräsidenten Horlacher als Nein-Stimmen gewertet, was einen allgemeinen Tumult auslöste. Minutenlang glich der bayerische Landtag einem Münchener Bierkeller während des Wahlkampfes. Dann verließ Dr. Müller mit einem Drittel der CSU-Fraktion und gefolgt von der FDP das Haus." Der Stenographische Bericht über die zweite öffentliche Sitzung des Bayerischen Landtags am 21. 12. 1946, S. 25, vermerkt während des ersten und zweiten Wahlgangs lediglich dreimal „Unruhe". Vgl. auch Passauer Neue Presse vom 23. 12. 1946: „Die neue Koalitionsregierung", und ACSP, NL Müller 225, „Ministerpräsidentenwahl anders gesehen! (Berichtet von einem Zuhörer aus dem Volke)".

[301] Vgl. Stenographischer Bericht über die zweite öffentliche Sitzung des Bayerischen Landtags am 21. 12. 1946, S. 25. Auch Vertreter der Militärregierung machten sich über Horlachers Wahlleitung Gedanken: IfZ-Archiv, RG 260, 15/102–2/10, Bericht Albert C. Schweizers „Political Sidelights on Election of Bavarian Minister President" für Walter J. Muller vom 26. 12. 1946; IfZ-Archiv, RG 260, 13/150–1/4, „Report on the Session of the Landtag on 21 December 1946" vom 23. 12. 1946.

[302] Vgl. auch zum folgenden Stenographischer Bericht über die zweite öffentliche Sitzung des Bayerischen Landtags am 21. 12. 1946, S. 25 f.

[303] Vgl. Gelberg, Hans Ehard, S. 37.

[304] Schwäbische Landeszeitung vom 6. 12. 1946: „Kabinett Ehard in Bayern".

[305] Protokoll der Sitzung des Landesausschusses der CSU am 6. 12. 1946 in München, in: Protokolle und Materialien, S. 796 f.

R. Wilkinson, unterrichtete am 12. Dezember das Department of State in Washington von einer Besprechung mit einem ungenannten, aber kenntnisreichen Informanten:

„Source is of the opinion that Dr. Ehard will be chosen as the Minister President of Bavaria, chiefly because there is no more positive person whom the left and right wings of the Union will accept now that Dr. Müller is out of the question. The CSU members of both wings are dissatisfied with this selection but can see no alternative.“[306]

Einen Tag später äußerte sich Alois Hundhammer gegenüber einem Vertreter der Civil Administration Division von OMGBY ähnlich. Die von ihm angestrebte Koalitionsregierung, so der Fraktionsvorsitzende, käme auf jeden Fall zustande, auch gegen den Widerstand der Landesversammlung der CSU. Für den Fall, daß Josef Müller trotz allem zum Ministerpräsidenten gewählt werden sollte, kündigte Hundhammer seine eigene und die Opposition seiner Anhänger an. Weiter führte er aus, Hoegner habe erkennen lassen, daß er eine Kandidatur Pfeiffers nur widerwillig akzeptiere und statt dessen Hans Ehard für das Amt des Ministerpräsidenten favorisiere[307].

Damit lag Hundhammer durchaus richtig, denn als die bevollmächtigten Vertreter der SPD am 20. Dezember mit dem Verhandlungsausschuß der CSU zusammentrafen, gab Hoegner nicht nur die Ablehnung Pfeiffers durch die SPD-Fraktion, sondern auch seinen eigenen Wunschkandidaten bekannt: Hans Ehard. Gleichzeitig erklärte der scheidende Ministerpräsident, er habe in Erfahrung gebracht, daß neben den sozialdemokratischen Abgeordneten „auch die Fraktion der FDP und [die] WAV geschlossen für einen Ministerpräsidenten Ehard stimmen würden“. Diese von Hoegner „mit großer Entschiedenheit vorgetragene Mitteilung“, so konstatierte Franz Josef Strauß, „machte sichtlich bestimmenden Eindruck auf die Vertreter der Union“. Daraufhin wurde der Staatssekretär, der zwei Tage zuvor in der fraktionsinternen Abstimmung gegen Pfeiffer und Müller unterlegen war, telephonisch zu den Koalitionsbesprechungen hinzugebeten[308]. Diese Entwicklung hatte sich bereits am Tag zuvor angebahnt[309], als sich der WAV-Vorsitzende Loritz und der SPD-Abgeordnete Hille mit Josef E. Messmer, einem der unberechenbarsten Guerilleros im Dschungel der Führungs- und Flügelkämpfe, zu geradezu konspirativen Gesprächen getroffen hatten. Hundhammer selbst scheint nach dem Scheitern des von ihm unterstützten Anton Pfeiffer zumindest kurzfristig eine eigene Kandidatur in Erwägung gezogen zu haben. Doch es stellte sich schnell heraus, daß der Widerstand gegen den katholisch-konservativen „Alois mit dem Barte“[310] quer durch alle Fraktionen zu stark war[311].

Nachdem die Wahl Josef Müllers gescheitert war, nutzte der Fraktionsvorsitzende die Sitzungspause nicht etwa dazu, um den für solche Fälle vorgesehenen Sonderausschuß seiner Fraktion einzuberufen, sondern er trat erneut in interfraktionelle Ver-

[306] IfZ-Archiv, RG 84, 747/33, James R. Wilkinson an das State Department vom 12. 12. 1946.
[307] IfZ-Archiv, RG 260, 15/102–2/10, Bericht Albert C. Schweizers „Political Sidelights on Election of Bavarian Minister President“ für Walter J. Muller vom 26. 12. 1946. Zur Rolle der SPD bei der Bildung des ersten Kabinetts Ehard vgl. Mehringer, Waldemar von Knoeringen, S. 304–310.
[308] ACSP, NL Müller 225, Bericht über die Regierungsbildung in Bayern im Dezember 1946 vom 11.3. 1947.
[309] IfZ-Archiv, ED 120 NL Hoegner 331, Bericht Josef E. Messmers über Verhandlungen mit Alfred Loritz und Arnold Hille am 19. 12. 1946.
[310] Der Spiegel vom 3. 4. 1947: „Mit dem Hundhammer. Das bayerische Sitzfleisch“.
[311] IfZ-Archiv, ED 120 NL Hoegner 331, Bericht Josef E. Messmers über Verhandlungen mit Alfred Loritz und Arnold Hille am 19. 12. 1946.

handlungen ein[312]. Taktisch überaus geschickt versicherten sich Vertreter der CSU noch vor dem zweiten Wahlgang bei Kardinal Faulhaber, daß seitens der Kirche keine Bedenken gegen den Katholiken Ehard bestanden, der nach evangelisch-lutherischer Zeremonie geheiratet und seinen Sohn hatte protestantisch taufen lassen[313]. Danach war der Weg für den vor allem von der SPD favorisierten Kompromißkandidaten frei, der im Landtag ohne Mühe die erforderliche Stimmenzahl erreichte.

Auf Antrag Hundhammers unterbrach der Landtagspräsident die Sitzung nach der Wahl erneut, um den künftigen Koalitionspartnern Gelegenheit zu geben, sich über die Verteilung und Besetzung der Ministerien und Staatssekretariate zu einigen[314]. Die Verhandlungsführer von CSU, SPD und WAV, die in der Staatskanzlei zusammentrafen, konnten zwar an die Vorüberlegungen und provisorischen Kabinettslisten anknüpfen, aber sowohl die Sozialdemokraten als auch die Unterhändler der WAV stellten angesichts der offensichtlichen Schwäche der Unionsfraktion neue Forderungen. Hoegner, der bei den interfraktionellen Verhandlungen das ganze Gewicht seiner Persönlichkeit in die Waagschale warf, hatte neben dem Arbeits- und dem Innenministerium auch den Anspruch seiner Partei auf „massgebenden Einfluss auf das Wirtschaftsministerium“ angemeldet. Weiterhin hatte der scheidende Ministerpräsident selbstbewußt erklärt, daß die SPD in einem Koalitionskabinett den stellvertretenden Ministerpräsidenten stellen müsse – allerdings mit erheblich erweiterten Kompetenzen – und daß „sie ferner in denjenigen Ministerien, in denen die Union den Minister stelle, selbstverständlich den Staatssekretärsposten besetzen müsse“[315]. Nach dem erzwungenen Verzicht von Anton Pfeiffer und der Kandidatur Hans Ehards gelang es den sozialdemokratischen Verhandlungsführern, den Preis für die Regierungsbeteiligung der SPD noch einmal in die Höhe zu treiben. Neben dem Innen- und dem Arbeitsministerium sowie dem Amt des stellvertretenden Regierungschefs erhielt die SPD, die der bayerischen Unionspartei im Landtag nahezu im Verhältnis von 1:2 unterlegen war, das Justiz- und das Wirtschaftsressort zugesprochen. Zugleich konnte sie die Staatssekretariate im Landwirtschafts-, Kultus- und Sonderministerium besetzen[316].

Der WAV gelang es relativ spät, auf das Personalkarussell aufzuspringen, das sich – einmal in Gang gekommen – immer schneller drehte. Nach der Ablehnung Pfeiffers durch die SPD und dem erneuten Versuch Josef Müllers, doch noch als Sieger aus dem Rennen um das Ministerpräsidentenamt hervorzugehen, gewannen die 13 Mandate der WAV zunehmend an Bedeutung. Die Architekten von Ehards Koalitionsregierung, die weder sichere Informationen über die Anzahl der Abgeordneten besaßen, auf die sich der Ochsensepp in der Unionsfraktion stützen konnte, noch ausschließen konnten, daß Müller trotz aller Vorsichtsmaßnahmen einige Stimmen aus den anderen Fraktionen erhalten würde, boten Loritz zunächst das Verkehrsministerium an, nach-

312 ACSP, CSU-LTF I, 15–14, Protokoll der Geheimsitzung des Müller-Flügels in der Fraktion am 9.1. 1947.
313 Vgl. Gelberg, Hans Ehard, S. 42.
314 Vgl. Stenographischer Bericht über die zweite öffentliche Sitzung des Bayerischen Landtags am 21.12. 1946, S. 26.
315 ACSP, NL Müller 225, Bericht über die Regierungsbildung in Bayern im Dezember 1946 vom 11.3. 1947. Ein nur geringfügig anderes Bild über die Personaldebatten zeichnet StBKAH 08.70, Alois Hundhammer, Dokumente zur Bayerischen Politik: Die Bildung des Kabinetts Ehard, undatiert.
316 ACSP, NL Müller 225, Bericht über die Regierungsbildung in Bayern im Dezember 1946 vom 11.3. 1947. Zur Haltung der SPD vgl. Mehringer, Waldemar von Knoeringen, S. 304–310.

dem bekannt geworden war, „dass Loritz einem Konzentrationskabinett unter Ehard beistimmen würde“[317]. Als sich die ebenfalls umworbene FDP jedoch auf den CSU-Vorsitzenden als Ministerpräsidenten festgelegt hatte, sah man sich auch bei der WAV in der Lage, Forderungen zu stellen[318]. Die Verhandlungsführer von CSU und SPD billigten schließlich dem demagogischen Loritz schweren Herzens das politisch heikle Ministerium für Sonderaufgaben zu, für das zunächst Thomas Dehler, der Vorsitzende der bayerischen Liberalen, dann der bisherige Amtsinhaber Anton Pfeiffer mit Dehler als Staatssekretär vorgesehen war[319]. Angesichts dieser Konstellation blieben der CSU neben dem Ministerpräsidenten lediglich das Kultus-, Finanz-, Landwirtschafts- und Verkehrsressort; damit war es der SPD gelungen, ebenso viele Ministerien zu gewinnen wie die nominelle Mehrheitspartei. Das Gewicht der CSU zeigte sich stärker bei den Staatssekretären mit Kabinettsrang. Zehn Staatssekretäre kamen aus ihren Reihen und sicherten der Union immerhin ein personelles Übergewicht im Ministerrat. Gleichwohl konnte sich am Ende der Eindruck aufdrängen, daß die Sozialdemokratie am Verhandlungstisch „nachträglich den Wahlsieg davongetragen“ hatte[320].

Als Hans Ehard zwei Stunden nach seiner Wahl vor das Landtagsplenum trat, konnte er den Abgeordneten nur ein Rumpfkabinett präsentieren, in dem gerade bei den Ministern und Staatssekretären, die von der CSU gestellt werden sollten, noch viele Namen offen blieben[321]. Die zweistündige Unterbrechung hatte gerade gereicht, um sich auf die Ressortverteilung zu einigen. Erst Anfang Januar 1947 war das Kabinett komplett. Unter den Ministern und Staatssekretären der CSU dominierten die Gefolgsleute Hundhammers, der Müller-Flügel war an den Rand gedrängt[322]. Daß Josef Müller selbst in die Koalitionsregierung eintreten würde, konnte nach dem Verlauf der Regierungsbildung niemand ernsthaft erwarten. Auch von seinen Mitstreitern fand sich keiner unter den Ministern; mit Willi Ankermüller im Innenministerium sowie Lorenz Sedlmayr und Hugo Geiger im Wirtschaftsministerium waren lediglich drei Vertreter des Müller-Flügels zu Staatssekretären ernannt worden. Zwar gehörten sämtliche Regierungsmitglieder der CSU qua Amt auch dem Landesvorstand der Partei an, von den Mitgliedern des geschäftsführenden Landesvorstands aber, dem Nervenzentrum der CSU, saß lediglich Lorenz Sedlmayr am Kabinettstisch.

### *e) Am Rande der Spaltung: Die Tagung des Landesausschusses am 3. Januar 1947*

Als Einzelheiten über die Regierungsbildung und die vorläufige Kabinettsliste bekannt wurden, brach in der CSU ein Sturm der Entrüstung los. Nicht nur die Wahl eines in der Bevölkerung kaum bekannten Überraschungskandidaten, sondern vor allem die

[317] ACSP, NL Müller 225, Bericht über die Regierungsbildung in Bayern im Dezember 1946 vom 11.3. 1947.

[318] Protokoll der Sitzung des Landesausschusses der CSU am 3. 1. 1947 in Augsburg, in: Protokolle und Materialien, S. 983 (Alois Hundhammer).

[319] StBKAH 08.70, Alois Hundhammer, Dokumente zur Bayerischen Politik: Die Bildung des Kabinetts Ehard, undatiert.

[320] ACSP, CSU-LTF I, 15–14, Protokoll der Geheimsitzung des Müller-Flügels in der Fraktion am 9. 1. 1947 (August Haußleiter).

[321] Vgl. Stenographischer Bericht über die zweite öffentliche Sitzung des Bayerischen Landtags am 21.12. 1946, S. 26f.

[322] Eine Kabinettsliste ist abgedruckt in: Baer, Ministerpräsidenten, S. 271.

Ressortverteilung, die sichtlich nicht der nominellen Stärke der Union im Landtag entsprach, löste Unverständnis und Erbitterung aus. Als Michael Horlacher den Mitgliedern des Landesausschusses erklärte, die CSU besetze in der neuen Regierung doch wesentliche Positionen, erntete er nichts als Gelächter[323]. Auch bei denen, die nicht zu den Anhängern Josef Müllers zählten, stieß die Besetzung der als besonders wichtig eingestuften Ministerien für Inneres und für Wirtschaft mit Vertretern der Sozialdemokratie auf wenig Gegenliebe. Daß man das zweischneidige Schwert der politischen Säuberung in die Hände der vielleicht skurrilsten Persönlichkeit gelegt hatte, die Bayern in den ersten Nachkriegsjahren hervorgebracht hatte, grenzte in den Augen vieler Beobachter an einen Skandal, dessen Folgen noch nicht abzusehen waren. Der Zorn derer, die sich innerhalb der CSU ausmanövriert und an den Rand gedrängt sahen, richtete sich primär gegen Alois Hundhammer und seinen altbayerischen Anhang, die man für die Misere verantwortlich machte[324]. Hermann Strathmann sprach denjenigen aus der Seele, die beim Kampf um die Regierungsmacht unterlegen waren, als er vor den Mitstreitern des Parteivorsitzenden in der CSU-Fraktion ausrief: „Wir sind betrogen worden. Man hat uns hinters Licht geführt.“[325] Josef Müller drückte es ähnlich aus: „Wir sind überspielt worden in brutaler Weise.“

Es ist nicht verwunderlich, daß in dieser Situation schnell Gerüchte über eine bevorstehende Spaltung der CSU die Runde machten. Zwar versicherten Müller und Hundhammer kurz nach der Wahl Hans Ehards, von einer drohenden Spaltung könne keine Rede sein[326], aber das Nachrichtenmagazin Der Spiegel zitierte Josef Müller in der ersten Ausgabe des Jahres 1947 mit den Worten, „er rechne damit, daß die CSU mit zwei Fraktionen im Landtag erscheinen werde“[327].

Während sich die Abgeordneten der CSU auf ein geruhsames Weihnachtsfest einstellten, liefen in der Landesgeschäftsstelle die Vorbereitungen für eine außerordentliche Sitzung des Landesausschusses auf Hochtouren. Am 23. Dezember ging telephonisch die Empfehlung an die Bezirks- und Kreisverbände, „zwecks Klärung der Lage“ eine Sitzung des Landesausschusses oder gar die Einberufung der Landesversammlung zu fordern. Zudem sollten die Kreisverbände veranlaßt werden, bei ihren Landtagsabgeordneten gegen Verlauf und Ergebnis der Regierungsbildung zu protestieren. Die in aggressivem Ton gehaltenen Empfehlungen der Landesleitung gingen jedoch noch wesentlich weiter:

---

[323] IfZ-Archiv, RG 260, 13/150–3/10, vertraulicher Bericht über die Sitzung des Landesausschusses der CSU am 3. 1. 1947 in Augsburg, ungezeichnet, undatiert.

[324] IfZ-Archiv, RG 260, 15/102–2/10, Comments of Political Leaders Throughout Bavaria on the New Government, ungezeichnet, undatiert.

[325] ACSP, CSU-LTF I, 15–14, Protokoll der Geheimsitzung des Müller-Flügels in der Fraktion am 9.1. 1947; das folgende Zitat ebenda.

[326] IfZ-Archiv, RG 260, 15/102–2/10, Bericht Albert C. Schweizers „Political Sidelights on Election of Bavarian Minister President“ für Walter J. Muller vom 26. 12. 1946.

[327] Der Spiegel vom 4. 1. 1947: „Die bayerische Kompro-Mißgeburt“. In einem „Gedanken zur Lage“ überschriebenen Papier aus dem Umkreis Josef Müllers vom 24. 12. 1946 hieß es: „Wir gehen in die parlamentarische Opposition, und zwar in der Form einer fortschrittlichen konstruktiven Opposition nach englischem Muster. Wir arbeiten mit sachlichen Argumenten und bekämpfen die derzeitigen Methoden persönlicher Diffamierung. Unser Teil der Fraktion arbeitet aufs Engste mit der Partei zusammen. [. . .] Parteiapparat wird weiter ausgebaut. Intensive Bearbeitung der Wahlkreise (Oberbayern). Starke Propagandatätigkeit [. . .] Geistige Erneuerung der Union.“ BAK, NL Probst 616.

„Gleichzeitig Forderung auf Ausschluss der Fraktionsmitglieder, die gegen Dr. Müller gestimmt haben und für das Kabinett Ehard, weil diese den klaren Willen der Mehrheit der Union, wie er sich in den Eichstätter Entschliessungen bekundete, missachtet und damit den Boden der Union verlassen haben. Die Union kann keine Regierung billigen, in der ein Mann wie Loritz Minister ist und die wesentlichen Ministerien (Innen-, Wirtschafts-, Arbeits- und [J]ustizministerium) an die Sozialdemokraten ausgeliefert wurden. Neue Regierung ist keine von der Union verantwortlich getragene Regierung, sondern ein verstärktes Kabinett H[oe]gner unter täuschender Firma."[328]

Die Zeichen standen ganz offensichtlich auf Sturm. Wenn die Führungsgremien der Partei die Eröffnung von Parteiausschlußverfahren gegen einen Teil der Abgeordneten beschlossen oder der von Hans Ehard geführten Koalitionsregierung offiziell die Unterstützung versagten, dann war die Spaltung der Unionsfraktion und damit auch die Spaltung der Partei kaum noch aufzuhalten.

Als sich die Mitglieder des Landesausschusses am Vormittag des 3. Januar 1947 im Augsburger Hotel Pfälzer Hof zusammenfanden, war die Spannung, die über der gesamten Tagung lag, mit Händen zu greifen. Es war den Delegierten durchaus bewußt, daß möglicherweise die „Todesstunde der Union" geschlagen hatte und daß es an ihnen lag, die Einheit der Partei zu wahren oder „die Union sterben [zu] lassen"[329]. Die Tagesordnung bot beiden Seiten genügend Raum, um die Wahl des Ministerpräsidenten und die Bildung des Kabinetts aus ihrer Sicht darzustellen. Dabei sah sich Michael Horlacher schon früh gezwungen, die Landtagsfraktion in Schutz zu nehmen. Er wiederholte seine Ansicht, daß Parteien in einer demokratischen Gesellschaft lediglich Kandidaten aufzustellen und Wahlkämpfe zu bestreiten hätten, während die gewählten Volksvertreter dazu berufen seien, nach ihrem Gewissen über alle Fragen der Politik, insbesondere aber über Personalfragen, zu entscheiden. In diesem Sinne interpretierte

---

[328] ACSP, CSU-LL, Notiz über telephonische Mitteilungen an die Kreis- und Bezirksverbände vom 23.12. 1946. Zur empörten Reaktion ganzer Kreisverbände und einzelner CSU-Politiker IfZ-Archiv, Fh 56, CSU-Kreisverband Coburg an die Landesleitung vom 23. 12. 1946; BAK, NL Probst 616, CSU-Kreisverband Hammelburg, gez. Adam Kaiser, an die CSU-Landesleitung vom 30. 12. 1946; ACSP, NL Müller 164, Maria Deku an Josef Müller vom 23. 12. 1946; NL Müller 198, Vitus Heller an Josef Müller vom 24. 12. 1946; NL Müller 107, Franz Xaver Butterhof an Josef Müller vom 25. 12. 1946; NL Müller 225, Hans Hermann von Eicken an Josef Müller vom 23. 12. 1946; NL Müller 410/6, Max und Hans Steiger an Josef Müller vom 28. 12. 1946; NL Müller 107, Wilhelm Arnold an Josef Müller vom 29. 12. 1946; NL Müller 155, Otto Bogendörfer an Josef Müller vom 16. 1. 1947. Als symptomatisch für die Stimmung unter den Anhängern Josef Müllers kann ein Schreiben Paul Nerreters an den Parteivorsitzenden vom 6. 1. 1947 (NL Müller 410/5) gelten, in dem es heißt: „Ich habe in diesen Wochen mit sehr vielen Leuten gesprochen und überall meine Ansicht als richtig bestätigt bekommen: Wenn Dr. Müller jetzt ein Oppositionsführer von Churchillschem Format wird, dann wird er in kurzer Zeit die beliebteste politische Persönlichkeit Bayerns, ja Süddeutschlands sein. Nur wird es notwendig sein, daß der Trennungsstrich gegenüber Dr. Hundhammer bald deutlich gezogen wird, weil sich sonst die Öffentlichkeit nicht mehr auskennt und, wenn von der Christlich-Sozialen Union die Rede ist, nicht mehr weiß, welche von beiden Unionen gemeint sein soll. [. . .] Grundverkehrt wäre es m. E., wenn Sie mit den Ihnen nahe stehenden Abgeordneten austreten würden. Denn: Wer geht, bleibt in der Minderheit. Sehen Sie daher zu, daß Sie den GmbH-Mantel der Union für sich behalten und Dr. Hundhammer hinausdrängen. Das einfachste Mittel wäre, Dr. Hundhammer wegen Ignorierung der Eichstätter Beschlüsse vor das Parteigericht der Union zu zitieren. Geht er dann nicht schon freiwillig aus Verärgerung, dann müßte er wegen Verstoßes gegen die Parteidisziplin ausgestoßen werden. Damit, daß er nicht allein geht, müssen wir rechnen. Man könnte sich dann in aller Freundschaft trennen, und wenn die Ausscheidenden sich unter dem Namen ‚Bayerische Volkspartei' neu zusammenfinden, dann würde das die Situation nur klären."

[329] Protokoll der Sitzung des Landesausschusses der CSU am 3. 1. 1947 in Augsburg, in: Protokolle und Materialien, S. 1002 (Gerhard Kroll) und S. 996 (Josef Kronthaler).

der Landtagspräsident die als Richtlinien für die Arbeit der Abgeordneten gedachten Beschlüsse der Landesversammlung vom 15. Dezember 1946 nicht als bindende Maximen, sondern lediglich als Empfehlungen[330]. Die Gegenposition formulierte einmal mehr der Parteivorsitzende selbst, der die Fraktion als „Sprachrohr" der CSU im Parlament bezeichnete[331].

Als die Vertreter der Bezirksverbände aufgefordert wurden, über die Stimmungslage in ihren Regionen zu berichten, erklärten lediglich Alois Hundhammer und Heinrich Krehle, die beide der Staatsregierung angehörten, Wähler und Mitglieder der CSU in Oberbayern und München stünden hinter der Koalitionsregierung unter Ehards Führung[332]. Alle anderen Bezirksverbände, darunter auch Niederbayern und die Oberpfalz, lehnten das „Kabinett Ehard-Hoegner-Loritz" mit mehr oder weniger scharfen Worten ab. Als dessen entschiedenste Gegner zeigten sich die Sprecher der vier fränkischen Bezirksverbände, aus deren Worten immer wieder Mißtrauen und Unverständnis gegenüber dem südbayerischen Teil der CSU sprach[333]. Karl Sigmund Mayr kündigte an, ein großer Teil der mittelfränkischen Abgeordneten werde aus der bayerischen Unionspartei austreten[334]; in einem vertraulichen Bericht über die Landesausschußsitzung hieß es sogar, die Vertreter Frankens hätten verlauten lassen, daß „sie sich der CDU [Jakob] Kaisers anschliessen wollten"[335]. Was die Delegierten aus den mehrheitlich protestantischen Regionen Frankens besonders erbitterte, war die Tatsache, daß die nach eigenem Anspruch interkonfessionelle CSU kein Regierungsmitglied evangelisch-lutherischen Glaubens stellte. Als Hundhammer darauf verwies, daß mit dem Sozialdemokraten Claus Pittroff doch ein Protestant das Amt des Staatssekretärs im Kultusministerium bekleide, kam es über diese Frage zum offenen Eklat. August Haußleiter erwiderte erregt: „Heute habe ich erlebt, daß mir von einem Parteifreund der Christlich-Sozialen Union der Sozialdemokrat Pittroff als evangelischer Vertreter im Kultusministerium vorgerechnet wird. Da sage ich Ihnen, meine Damen und Herren, das ist der Bruch der Union. Da machen wir nicht mit." [336]

Bei aller Schärfe der verbalen Auseinandersetzung und bei allen persönlichen Angriffen fällt auf, daß es die Redner weitgehend vermieden, Kritik an Hans Ehard zu üben. Der neue Ministerpräsident, der bisher in den Führungsgremien der Partei nur selten das Wort ergriffen hatte, führte sich mit einer zur Mäßigung und zur sachlichen Arbeit mahnenden Rede ein, die schon einiges von dem ausgleichenden Tempe-

---

330 Ebenda, S. 965–976.

331 Ebenda, S. 986.

332 Ebenda, S. 983 ff. (Alois Hundhammer) und S. 990 f. (Heinrich Krehle).

333 Ebenda, S. 991–995 (Konrad Kübler), S. 996 ff. (Josef Kronthaler), S. 998 f. (Otto Weinkamm), S. 1000 f. (Georg Gamperl), S. 1001–1004 (Gerhard Kroll), S. 1004 f. (Karl Sigmund Mayr), S. 1005 ff. (Alfred Euerl) und S. 1008 ff. (Franz Ludwig Sauer).

334 Karl Sigmund Mayr vor dem Landesausschuß: „Wir haben in Mittelfranken die Koalitionsbildung als einen Schlag empfunden, von dem wir uns kaum erholen können. Ich muß die Stimmung geradezu als schmerzlich bezeichnen. [...] Ein großer Teil der [evangelischen] Abgeordneten beabsichtigt, aus der CSU auszutreten. Und noch etwas: Unsere evangelischen Wähler fühlen sich nicht nur überspielt, der größte Teil von ihnen sagt: Wir wurden übertölpelt von einer Gruppe von Politikern, die früher der Bayerischen Volkspartei angehört haben und die willens sind, diese alte Politik in neuer Auflage wieder aufleben zu lassen." Ebenda, S. 1004 f.

335 IfZ-Archiv, RG 260, 13/150–3/10, vertraulicher Bericht über die Sitzung des Landesausschusses der CSU am 3. 1. 1947 in Augsburg, ungezeichnet, undatiert.

336 Protokoll der Sitzung des Landesausschusses der CSU am 3. 1. 1947 in Augsburg, in: Protokolle und Materialien, S. 1059.

rament verriet, das für die CSU in den folgenden Jahren so unverzichtbar werden sollte[337].

Die Entschließungsanträge, die Gerhard Kroll und August Haußleiter in der entscheidenden Phase der Debatte einbrachten, trugen den Keim der Spaltung in sich. Kroll forderte die Delegierten auf, für eine „sofortige Umbesetzung des Bayerischen Kabinetts", insbesondere des Innen- und des Wirtschaftsministeriums, zu stimmen. Weiter hieß es in der Resolution lapidar: „Das Kabinett in der jetzigen Zusammensetzung hat nicht das Vertrauen der Christlich-Sozialen Union." August Haußleiter ging noch einen Schritt weiter; er formulierte nicht einmal Vorschläge oder Bedingungen für den Erhalt der Parteieinheit. Seine Resolution sah ganz einfach vor, dem Koalitionskabinett das Mißtrauen auszusprechen[338].

Es lag auf der Hand, daß ein offener Bruch in der Partei unvermeidlich sein würde, falls der Landesausschuß einem dieser Entschließungsanträge seine Zustimmung erteilte[339]. Aber gleichsam im letzten Moment schien sich eine Alternative anzubahnen. Eugen Rindt, eine der wichtigsten Stützen Josef Müllers in der Fraktion, unterbreitete den Delegierten den Vorschlag, offensichtliche Disparitäten in der Zusammensetzung des Ministerrats dadurch auszugleichen, daß noch unbesetzte Stellen und Ämter ausschließlich an Mitglieder der CSU vergeben würden, genauer gesagt an die bisher nicht vertretenen Mitstreiter Josef Müllers[340]. Nachdem Horlacher und Hundhammer ihre Zustimmung unter der Bedingung signalisiert hatten, daß Umbesetzungen an der Spitze einzelner Ressorts unmöglich seien[341], entwarf Rindt zusammen mit Delegierten aus Augsburg und Schwaben folgenden Entschließungsantrag:

„Der Landesausschuß sieht in der gegenwärtigen Zusammensetzung der Regierung nicht den Einfluß der CSU als stärkster Partei Bayerns hinsichtlich der politischen Führung in der notwendigen Weise gewahrt. Trotzdem ist er entschlossen, die christliche und soziale Politik entsprechend der grundsätzlichen Haltung der Union durchzusetzen. Infolgedessen ist er der Auffassung, daß das Kabinett Ehard angesichts der großen Notlage unseres Volkes unterstützt werden muß. Unabdingbare Voraussetzung hierfür ist aber, daß durch entsprechende Besetzung der verschiedenen Stellen, vor allem innerhalb des Kabinetts, die politische Führung der CSU eindeutig sichergestellt wird. Die neu oder umzubesetzenden Stellen sind der bisher nicht vertretenen Richtung der CSU offenzuhalten."[342]

Auf diese Initiative, Regierungskrise und Parteispaltung durch einen geschickten Schachzug gleichermaßen zu vermeiden, war weder Josef Müller noch sein Anhang vorbereitet[343]. Für manche kam Rindts Vorschlag so überraschend, daß in den nächsten Tagen das Gerücht die Runde machte, der stellvertretende Vorsitzende der Landtagsfraktion habe sich bestechen lassen oder zumindest Absprachen mit der Gegenseite getroffen[344]. Josef Müller selbst scheute sich zwar nicht, seinen Standpunkt nach-

[337] Ebenda, S. 1015–1020.
[338] Ebenda, S. 1051 (Gerhard Kroll) und S. 1051 f. (August Haußleiter).
[339] Ebenda, S. 1054 (Alois Hundhammer).
[340] Ebenda, S. 1045–1048.
[341] Ebenda, S. 1051 f.
[342] Ebenda, S. 1056.
[343] Zur offiziellen Reaktion auf die Augsburger Beschlüsse vgl. Mitteilungen der Christlich-Sozialen Union vom 11. 1. 1947: „Bedenken gegen die Regierung. Trotzdem Unterstützung durch die Union – Der Landesausschuß tagte".
[344] IfZ-Archiv, Fh 56, CSU-Kreisverband Coburg an Eugen Rindt vom 6. 1. 1947; ACSP, CSU-LTF I, 15–14, Protokoll der Geheimsitzung des Müller-Flügels in der Fraktion am 9. 1. 1947.

drücklich zu vertreten, in seiner Eigenschaft als Parteivorsitzender und Versammlungsleiter mußte er jedoch zumindest offiziell bemüht sein, eine weitere Eskalation der Auseinandersetzungen zu vermeiden. Im Innersten aber war er durchaus konfliktbereit, und der scheinbare Königsweg zu einer Überbrückung der schärfsten Gegensätze, wie ihn der Antrag Eugen Rindts aufzeigte, entsprach ganz und gar nicht seinen Vorstellungen[345]. Im Kreise seiner Vertrauten gab er später offen zu, welchen der Entschließungsanträge er präferiert hätte: den scharf formulierten Antrag Gerhard Krolls[346].

Die Mitglieder des Landesausschusses waren aber nicht bereit, die Einheit der Partei ernstlich zu gefährden. Mit 53 gegen 48 Stimmen bei vier Enthaltungen lehnte es der Landesausschuß ab, auf den Vorschlag August Haußleiters einzugehen und dem Kabinett Ehard offiziell das Mißtrauen auszusprechen[347]. Die Resolution Gerhard Krolls scheiterte dagegen an der hauchdünnen Mehrheit von nur einer Stimme; bei zwei Enthaltungen stimmten 52 Delegierte mit Nein und nur 51 mit Ja. Die ernsten, aber versöhnlichen Worte Eugen Rindts hatten die Delegierten sichtlich beeindruckt und ihnen mehrheitlich das Bewußtsein vermittelt, daß eine Einigung doch noch zu erreichen sei. 59 Mitglieder des Landesausschusses sprachen sich für den Entschließungsantrag Rindts aus, 42 dagegen, drei Delegierte enthielten sich der Stimme.

Damit war die drohende Spaltung der CSU zwar vorerst verhindert worden, eine wirkliche Lösung der Konflikte war jedoch auch jetzt nicht in Sicht; man hatte lediglich Zeit gewonnen. Besonders für Josef Müller und seinen Anhang war das Ergebnis der Landesausschußsitzung eine Enttäuschung. Müller selbst sprach offen von einer „Niederlage"[348], und ein Mitarbeiter der Landesgeschäftsstelle, der an der Tagung teilgenommen hatte, notierte scharfsichtig, daß der Landesausschuß dem Parteivorsitzenden erstmals die Gefolgschaft verweigert habe[349]. Tatsächlich hatte Müller keines von den gesteckten Zielen erreicht. Es war weder gelungen, sich öffentlichkeitswirksam von den Ergebnissen der Regierungsbildung zu distanzieren, noch den Regierungsflügel der Landtagsfraktion und die Kabinettsmitglieder der CSU durch konkrete Forderungen unter Druck zu setzen. Statt dessen enthielt die „wachsweiche Resolution" Eugen Rindts eine Anerkennung der umstrittenen Koalitionsregierung, ohne daß die Gegenseite verbindliche Zusagen gemacht hatte. Ob der Versuch, eine Integration der widerstreitenden Gruppierungen durch eine nachträgliche Regierungsbeteiligung des Müller-Flügels zu erreichen, wirklich praktikabel war, mußte sich erst erweisen.

Entsprechend negativ fiel auch die Manöverkritik des Landessekretariats aus. Die Mehrheit habe in Augsburg vor Hundhammer und seinen Parteigängern kapituliert, hieß es, und man habe es versäumt, „endgültig Fraktur zu sprechen". Das Ergebnis der Tagung sei „eine bitter[e] Enttäuschung für diejenigen, die noch Ideale in der Uni-

345 Protokoll der Sitzung des Landesausschusses der CSU am 3. 1. 1947 in Augsburg, in: Protokolle und Materialien, S. 1050 f.

346 ACSP, CSU-LTF I, 15–14, Protokoll der Geheimsitzung des Müller-Flügels in der Fraktion am 9.1. 1947. Müllers Verhandlungsführung war auch unter seinen Anhängern nicht unumstritten, wie ein Schreiben Adolf Konrads vom 12. 1. 1947 zeigt; ACSP, NL Müller 410/4.

347 Protokoll der Sitzung des Landesausschusses der CSU am 3. 1. 1947 in Augsburg, in: Protokolle und Materialien, S. 1056; das folgende nach ebenda, S. 1056 f.

348 ACSP, CSU-LTF I, 15–14, Protokoll der Geheimsitzung des Müller-Flügels in der Fraktion am 9.1. 1947.

349 ACSP, CSU-LL, Aktennotiz Emil Rettingers vom 4. 1. 1947; die folgenden Zitate ebenda.

on erblicken, ein weiterer Sieg für die Kuhhandelspolitik und als letztes eine weitere Verzögerung der dringend notwendigen Klärung". Auch das taktische Vorgehen des Parteivorsitzenden und seiner Mitstreiter wurde kritisiert. Das bis dahin scheinbar reibungslos funktionierende System der Vorabsprachen und verdeckten Regieanweisungen hatte in Augsburg tatsächlich versagt. Anders ist es kaum zu erklären, daß mit Haußleiter, Kroll und Rindt drei enge Mitarbeiter des Landesvorsitzenden unabhängig voneinander Entschließungsanträge einbrachten, anstatt sich auf gemeinsame Forderungen zu einigen[350].

Nachdem die Augsburger Tagung die Lage etwas beruhigt hatte, verlagerte sich die Auseinandersetzung wieder in die Landtagsfraktion. Am Morgen des 9. Januar trafen sich die Anhänger des Parteivorsitzenden in der Unionsfraktion zu einer Geheimsitzung, um teils niedergeschlagen, teils aggressiv über ihr weiteres Vorgehen zu beraten[351]. August Haußleiter, der gemeinsam mit Josef Müller den Vorsitz führte, gab die Richtung vor. Er forderte die anwesenden Abgeordneten auf, Bedingungen für eine Einigung mit dem Regierungsflügel der eigenen Fraktion zu formulieren und sich dabei auf die Beschlüsse des Landesausschusses zu berufen. Außerdem riet er dazu, Überlegungen für den Fall anzustellen, daß die Gegenseite diese Bedingungen ablehnte. Weder Haußleiter noch Müller machten allerdings einen Hehl daraus, daß sie mit der Resolution Rindts unzufrieden waren, und der Parteichef wischte die Argumente des Bezirksvorsitzenden von Augsburg und Schwaben sogar mit wenigen Worten vom Tisch. Zugleich interpretierte er seine Rolle und die Rolle seiner Anhänger in der Fraktion neu:

„Wir müssen heute die Union als solche repräsentieren, dadurch dass wir klar stellen, die Regierung ist [k]eine Regierung der Union, damit wir nicht verantwortlich gemacht werden dafür, dass die SPD nachträglich den Wahlsieg davongetragen hat. Für mich als Vorsitzender besteht die Aufgabe, die Union noch fester zu stellen als sie steht. Ich muß viel mehr herausgehen. ... Die Union als solche muss stark bleiben. Wir müssen uns klar werden, wenn Sie eine eigene Oppositionsgruppe [in] der Fraktion bilden, dann kann nicht mehr der Oppositionsführer der Parteivorsitzende sein. Ich muss die Möglichkeit des Ausgleichs haben. Sie sollten nicht weich werden. Das Volk draussen muss sehen, dass innerhalb der Fraktion eine Gruppe ist, die das Parteiprogramm unter allen Umständen gewahrt wissen will. Wir müssen von unserem Flügel aus zeigen, was wir unter konstruktiver Opposition verstehen. Ich wollte in Augsburg versöhnend wirken.

---

350 Den Mangel an Koordination bestätigte wenig später Eugen Rindt selbst, als er sich im kleinen Kreis mit den Worten verteidigte, er habe seine Initiative nicht „als Aktion gegen Müller" verstanden, sondern geglaubt, damit dem Willen des Landesvorsitzenden zu entsprechen. ACSP, CSU-LTF I, 15–14, Protokoll der Geheimsitzung des Müller-Flügels in der Fraktion am 9. 1. 1947.

351 Schon am 26. 12. 1946 hatte August Haußleiter in einem Schreiben an Franz Liedig gefordert, eine solche Sitzung „auf Wunsch der Mehrheit des Fraktionsvorstandes (Rindt, Sühler, Haussleiter, Probst)" einzuberufen. Weiter hieß es in dem Schreiben: „Die Bildung der Regierung Ehard hat hier einen niederschmetternden Eindruck gemacht. Alles will aus der Union flüchten. Gerade die zuverlässigsten Leute sind am enttäuschtesten. [...] In dieser Lage muss die Union als Partei offen in die Opposition gehen. Sie muss die volle Schuld auf eine kleine Gruppe von Strebern in der Fraktion schieben, die der persönliche Ehrgeiz veranlasst hat, gegen den Willen der Partei zu handeln. [...] Gleichzeitig müssen wir unseren fortschrittlichen Charakter mit aller Schärfe herausarbeiten. In unserer oberfränkischen Presse wird Hundhammer bereits als der Führer ‚des gemässigten Flügels' der Union bezeichnet. Wir müssen nun mit aller Klarheit Hundhammer als Monarchisten und Separatisten herausstellen." ACSP, NL Müller 225. Haußleiter sprach davon, daß er „40–45 Freunde eingeladen" habe. ACSP, CSU-LTF I, 15–14, Protokoll der Geheimsitzung des Müller-Flügels in der Fraktion am 9. 1. 1947. Aus dem Protokoll der Sitzung lassen sich elf Abgeordnete als Redner ermitteln, dazu Johannes Semler, der über Fragen der Wirtschaftspolitik referierte. Das folgende nach dem Protokoll dieser Geheimsitzung.

Man soll erst mit ruhigen Nerven und sachlicher Überlegenheit alle Möglichkeiten wahrnehmen, dass die Schuld nicht auf unserer Seite liegt. Deshalb werde ich versöhnend wirken. Die Union ist abhängig davon, ob Franken stark bleibt und herausgeht. Wir müssen auf Franken Rücksicht nehmen, weil sonst in Franken andere Parteien vorstossen werden und uns schwächen werden. Und gerade in Rücksicht darauf dürfen Sie Ihrerseits nicht weich werden. Wenn ich ausgleiche, darf nicht jeder ausgleichen. Das ist der Fehler. Ich habe in der Staatspräsidenten-Frage den Oppositionsführer gemacht, um zu zeigen, dass wir fortschrittlich sind. [. . .] Wir werden die Union durchreissen, das ist die Aufgabe unseres Flügels."

Die Spaltung der Partei stand damit nicht mehr auf der Tagesordnung, zumindest nicht mehr ganz oben. Statt dessen hatten sich die Abgeordneten, die die politische Linie des Landesvorsitzenden unterstützten, vorgenommen, sich gleichsam als Fraktion in der Fraktion zu organisieren und durch geschlossenes Handeln ihre zahlenmäßige Unterlegenheit auszugleichen. Wie lange dieser Zustand der inneren Opposition dauern sollte, war ungewiß. August Haußleiter rief den anwesenden Parlamentariern jedoch kämpferisch zu: „Die Regierung wird scheitern und zugrunde gehen."

Schon dieser Slogan verhieß nichts Gutes. Dies galt auch für die Behauptung Haußleiters und Müllers, daß die Beschlüsse der Augsburger Tagung durch weitere Zusagen an die SPD gebrochen worden und noch immer keine Verhandlungen über die Vorschläge Rindts zustande gekommen seien, und es galt erst recht für die Absicht Max Zwicknagls, dem Kabinett Ehard aus diesem Grund im Landtag die Gefolgschaft zu verweigern. Eine Einigung in der Unionsfraktion und damit in der CSU insgesamt schien wieder in weite Ferne gerückt.

Als die Landtagsfraktion am Nachmittag des 9. Januar zu ihrer planmäßigen Sitzung zusammentrat, erlebten die konfliktbereiten Abgeordneten der fraktionsinternen Opposition jedoch eine Überraschung. In einem sachlichen Referat, das frei von persönlichen Angriffen war, informierte Ministerpräsident Ehard die Abgeordneten über die bevorstehende Ergänzung des Kabinetts. Unter den Personalvorschlägen, die Ehard der Fraktion unterbreitete, fanden sich auch die Namen von Willi Ankermüller, Hugo Geiger und Lorenz Sedlmayr, die Josef Müller nahestanden und als Staatssekretäre ins Innen- bzw. ins Wirtschaftsministerium berufen werden sollten. Darüber hinaus gab der Ministerpräsident bekannt, daß in der Frage des zwischen CSU und SPD umstrittenen Staatssekretariats für Flüchtlingsfragen noch keine Entscheidung gefallen sei[352]. Selbst Max Zwicknagl sah sich genötigt, das Vorgehen Ehards zu loben, was ihn jedoch nicht daran hinderte, im Namen der fraktionsinternen Opposition den Bruch der Augsburger Beschlüsse festzustellen, da bisher weder echte Zugeständnisse gemacht noch offizielle Verhandlungen mit dem Müller-Flügel der Fraktion eingeleitet worden seien.

Im Laufe der weiteren Debatte erzwang August Haußleiter mit einem Geschäftsordnungsantrag eine Abstimmung über die ergänzte Kabinettsliste. Das Votum der Abgeordneten zeigte, daß die Unionsfraktion in ihrer Haltung zum Kabinett Ehard nach wie vor tief gespalten war und daß Unzufriedenheit und Enttäuschung über den Kreis der Anhänger Josef Müllers hinausgingen. Lediglich 41 Mitglieder der Fraktion waren bereit, im Landtag für die Regierung zu stimmen, 41 sprachen sich dagegen aus, acht Abgeordnete enthielten sich. Damit schien nicht nur der Regierungschef, son-

352 ACSP, CSU-LTF I, 15–14, Protokoll der Fraktionssitzung am 9. 1. 1946; das folgende nach dem Protokoll dieser Fraktionssitzung.

dern auch der Fraktionsvorsitzende, der das Abstimmungsergebnis sofort zur geheimen Kommandosache erklärte, die Mehrheit in der Landtagsfraktion verloren zu haben. Haußleiter stellte triumphierend fest: „Die Abstimmung 41:41 bedeutet eine Niederlage. Mithin kann nur über eine Umbesetzung und Veränderung dieses Kabinetts verhandelt werden."

Doch die Vorstellung, die Ergebnisse der Regierungsbildung könnten grundlegend revidiert werden, erwies sich schnell als Illusion. Mit den Worten, „[w]enn wir 41 Stimmen für Ehard haben, so ist für mich die Sache im Plenum erledigt", kündigte Landtagspräsident Horlacher unmißverständlich an, daß die Koalition mit der SPD und der WAV auch gegen den Willen der Fraktionsmehrheit fortgesetzt würde. Ohne konkrete Beschlüsse gefaßt zu haben, vertagten sich die Abgeordneten nach ermüdenden Diskussionen und Aussprachen im kleinen Kreis spät am Abend auf den nächsten Tag.

Auf der Tagesordnung der für den 10. Januar angesetzten Plenarsitzung des Landtags stand neben einer Regierungserklärung des Ministerpräsidenten auch die Abstimmung über das ergänzte Kabinett. Zuvor bemühten sich die Mitglieder der Landtagsfraktion weiter um eine Klärung der verfahrenen Situation. Diesmal stand die Diskussion jedoch unter anderen Vorzeichen. Als Gerhard Kroll ankündigte, vor dem Landtag zu erklären, warum ein Teil der Unionsfraktion der Regierung ihre Unterstützung verweigere, erwiderte Lacherbauer: „Wenn wir heute das Schauspiel bieten, dass wir verschiedene Meinungen äussern, dann bilden wir zwei Fraktionen."[353] Alois Schlögl und Joseph Baumgartner drohten der fraktionsinternen Opposition für diesen Fall mit der Spaltung der Partei. Darauf ließen es weder der Landesvorsitzende noch seine Mitstreiter ankommen. Als im Landtag über das Kabinett Ehard abgestimmt wurde, kam es zu keiner weiteren Kraftprobe. Ein erheblicher Teil der Unionsfraktion blieb der Abstimmung entweder fern oder enthielt sich zusammen mit den Abgeordneten der FDP der Stimme[354].

## 7. „Wenn Ihr den Krieg wollt, könnt Ihr ihn haben"[355]! Das Verhältnis von Partei und Fraktion bis zum Sommer 1947

Damit war die Regierungsbildung zwar weitestgehend abgeschlossen, die innerparteiliche Situation beruhigte sich jedoch nur langsam, und das Verhältnis zwischen Parteiführung und Fraktionsmehrheit blieb überaus problematisch. Die Empörung über das Kabinett Ehard und seine Entstehungsgeschichte schlug in der CSU hohe Wellen. In den Mitteilungen der Christlich-Sozialen Union erschienen polemische Kommentare, die wenig geeignet waren, die vergiftete Atmosphäre zu bereinigen[356]. Auch in vielen

---

353 ACSP, CSU-LTF I, 15–14, Protokoll der Fraktionssitzung am 10. 1. 1946; das folgende nach dem Protokoll dieser Fraktionssitzung.

354 Vgl. Stenographischer Bericht über die dritte öffentliche Sitzung des Bayerischen Landtags, S. 31 f. ACSP, CSU-LTF I, 3–01, Aufstellung über das Abstimmungsverhalten der Mitglieder der CSU-Fraktion während der Plenarsitzung des Landtags am 10. 1. 1947.

355 ACSP, CSU-LTF I, 15–14, Protokoll der Fraktionssitzung am 29. 1. 1947 (August Haußleiter).

356 Mitteilungen der Christlich-Sozialen Union vom 11. 1. 1947: „Boches, Saupreußen und Bajuvaren. Die verratenen Flüchtlinge". Zu den Auseinandersetzungen, die dieser von Joseph Koenig verfaßte Artikel in der CSU auslöste, vgl. BayHStA, NL Ehard 887, Alois Hundhammer an Josef Müller

Kreis- und Bezirksverbänden herrschte Aufruhr; insbesondere in Franken kehrte keine Ruhe ein. Nach teilweise hitzigen Diskussionen verabschiedeten die Bezirksversammlungen der CSU in Mittel- und Oberfranken Entschließungsanträge, die sich in scharfer Form gegen die Zusammensetzung des Kabinetts wandten und Sanktionen gegen die Verantwortlichen forderten[357]. Die CSU in den altbayerischen Bezirksverbänden stand ebenfalls nicht einmütig hinter der Regierung Ehard. Die Kreisverbände Passau-Stadt und -Land traten für eine sofortige Neuverteilung der Ressorts ein, da die „Zusammensetzung des gegenwärtigen Kabinetts nicht dem Willen der Wähler" entspreche[358]. Das Parlament der Jungen Union, das am 11. und 12. Januar 1947 erstmals zusammentrat und sich bald zu einer Stütze Josef Müllers entwickeln sollte, verabschiedete mit großer Mehrheit eine Resolution, in der man sowohl die „Methoden, die bei der letzten Regierungsbildung angewandt wurden", als auch die „Regierung [...], die nicht Gewähr dafür bietet, dass eine klare Unionspolitik betrieben wird und die nicht nach dem Willen der Unionswähler gebildet wurde", grundsätzlich ablehnte[359]. Eines forderten all diese Protestaktionen: die Einberufung einer außerordentlichen Landesversammlung.

Die zerrissene Unionsfraktion schwankte nach der Abstimmung über die ergänzte Kabinettsliste zwischen Konfrontation und vorsichtiger Kooperation. So gelang es beispielsweise, die letzten beiden Staatssekretariate im gegenseitigen Einvernehmen zu besetzen[360]; die Auseinandersetzungen um den sozialdemokratischen Wirtschaftsminister Zorn konnten aber nicht beigelegt werden[361]. Die Ansätze zur Zusammenarbeit in Sachfragen und der Wille, trotz aller Gegensätze doch noch eine gemeinsame Basis zu finden, wurden immer wieder durch persönliche Reibereien überlagert und bereits im Keim erstickt[362]. Im Eifer des Gefechts fielen auch weiterhin drohende Sätze wie: „Wenn Ihr den Krieg wollt, könnt Ihr ihn haben" oder „Das sind ja Goebbels-Manieren"[363], die zeigten, daß die tiefen Gräben zwischen den Anhängern Josef Müllers und dem Regierungsflügel der Unionsfraktion noch lange nicht überbrückt waren.

---

vom 13. 1. 1947, und ACSP, CSU-LL, Protokoll der Sitzung des geschäftsführenden Landesvorstands am 18. 2. 1947, sowie ACSP, CSU-LTF I, 15–14, Protokoll der Fraktionssitzung am 29. 1. 1946.

357 BayHStA, NL Ehard 887, Entschließung der Bezirksversammlung der CSU Mittelfranken vom 18.1. 1947 und Anton Hergenröder an Josef Müller vom 18. 1. 1947; IfZ-Archiv, Fh 56, CSU-Kreisverband Coburg an die Landesgeschäftsstelle vom 23. 12. 1946, CSU-Kreisverband Coburg an Hans Ehard vom 17. 1. 1947, Bericht über die Bezirksversammlung der CSU Oberfranken am 18. 1. 1947, Resolution der Bezirksversammlung der CSU Oberfranken vom 18. 1. 1947 und CSU-Bezirksverband Oberfranken an den Landesvorstand vom 10. 2. 1947.

358 IfZ-Archiv, Fh 56, Rundschreiben der CSU-Kreisverbände Passau-Stadt und -Land an „sämtliche Kreisverbände von Bayern" vom 20. 1. 1947.

359 IfZ-Archiv, Fh 56, Rundschreiben der Arbeitsgemeinschaft Junge Union vom 14. 1. 1947 und die vom Parlament der Jungen Union am 11./12. 1. 1947 verabschiedeten Resolutionen. Die Haltung der Jungen Union provozierte bei der innerparteilichen Opposition heftigen Widerspruch: BayHStA, NL Pfeiffer 42, Rundschreiben Anton Hergenröders „Was ist Parteijugend und was ist ‚Junge Union'?" vom 21. 1. 1947. Eine Antwort darauf findet sich im IfZ-Archiv, Fh 56, CSU-Kreisverband Münchberg an den CSU-Kreisverband Bamberg-Stadt vom 5. 2. 1947.

360 ACSP, CSU-LTF I, 15–14, Protokoll der Fraktionssitzung am 28. 1. 1947.

361 ACSP, CSU-LTF I, 15–14, Protokolle der Fraktionssitzungen am 28.1., 11.2., 19.2. und 20. 2. 1947.

362 ACSP, CSU-LTF I, 15–14, Protokolle der Fraktionssitzungen am 28.1., 29.1. und 10. 4. 1947.

363 ACSP, CSU-LTF I, 15–14, Protokoll der Fraktionssitzung am 29. 1. 1947 (August Haußleiter und Alois Hundhammer).

Ihren Grund hatten die ständigen Reibereien unter anderem in den Bemühungen der Fraktionsmehrheit, den Handlungsspielraum des ungeliebten Parteivorsitzenden in den Bereichen Außenbeziehungen und Organisationspolitik der CSU zu beschneiden. Seit den Gründungstagen hatte Josef Müller die Kontakte zur Union in anderen Teilen Deutschlands gleichsam monopolisiert[364]. Erst die Konstituierung der Landtagsfraktion und die Bildung des ersten Kabinetts Ehard ermöglichten es seinen Gegenspielern, ihre Konzeptionen für die Stellung Bayerns in einem künftigen deutschen Staat und für das Verhältnis der CSU zu den Landesverbänden der CDU an den Führungsgremien der Parteiorganisation vorbei von festen Plattformen aus zu vertreten. In Abwesenheit des Parteivorsitzenden, der mit mehreren engen Mitarbeitern zu einer Tagung der Arbeitsgemeinschaft der Unionsparteien nach Königstein unterwegs war, beriet die Landtagsfraktion in einer schwach besuchten Sitzung am 4. Februar 1947 einen Antrag Michael Horlachers, der vorsah, „raschestens auf die Einberufung einer Konferenz der führenden Kräfte der uns gesinnungsverwandten Fraktionen in den deutschen Ländern der britischen und amerikanischen Zone hinzuwirken“[365]. Gerhard Kroll erkannte natürlich, was sich dahinter verbarg, und wies nachdrücklich darauf hin, daß zu derartigen Verhandlungen auch die Parteiführung hinzugezogen werden müsse. Es gelang ihm aber mit Hilfe der Geschäftsordnung nur, eine formelle Abstimmung über den Antrag Horlachers zu verhindern.

Alois Hundhammer nahm die Anregung des Landtagspräsidenten dankbar auf und kündigte an, so früh wie möglich einen Termin für Gespräche mit Repräsentanten der CDU-Fraktionen in den Ländern der Bizone festzusetzen. Tatsächlich kam bereits zehn Tage später eine Besprechung mit einer Delegation der CDU-Fraktion im württemberg-badischen Landtag zustande. Weder Josef Müller noch Gerhard Kroll nahmen daran teil, wie es zunächst vorgesehen war, auch Eugen Rindt, der als Kandidat Müllers zum stellvertretenden Fraktionsvorsitzenden gewählt worden war, fehlte. Lediglich Maria Probst vertrat den Parteivorsitzenden und seine Politik, sie vermochte aber gegen Alois Hundhammer, Carl Lacherbauer oder Michael Horlacher, der als einziger auch dem geschäftsführenden Landesvorstand der CSU angehörte, kein wirkliches Gegengewicht zu bilden[366].

Während der nächsten Sitzung des Landesvorstands kritisierte Müller die Initiative der Fraktion mit scharfen Worten:

„Während wir in Königstein waren, hat die Fraktion den Entschluß gefaßt, daß die Fraktionsvorsitzenden zusammenkommen. Das schwächt die Schlagkraft. In Königstein wurde beschlossen, daß die Initiative in allen Fällen von den Parteivorsitzenden auszugehen hat, weil sie auch verantwortlich sind für die Partei. [...] Wir brauchen Schlagkraft. Die Minorität darf nicht immer als Flügel auftreten.“[367]

[364] Vgl. dazu Mintzel, Anatomie, S. 251–270.

[365] ACSP, CSU-LTF I, 15–14, Protokoll der Fraktionssitzung am 4. 2. 1947; das folgende nach ebenda. Hundhammer leitete sofort alles Notwendige in die Wege. ACSP, CSU-LTF I, 1–31, Aktennotiz Hans Wutzlhofers bezüglich der Koordinierung der Unionsfraktionen in den Ländern der US-Zone vom 6.2. 1947.

[366] ACSP, CSU-LTF I, 15–14, Protokoll einer Besprechung zwischen Vertretern der CSU-Fraktion im bayerischen Landtag und Vertretern der CDU-Fraktion im Landtag von Württemberg-Baden am 14. 2. 1947; die Aufstellung über die ursprünglich vorgesehene Delegation der CSU findet sich im Protokoll der Fraktionssitzung vom 4. 2. 1947.

[367] ACSP, NL Müller 9, Protokoll der Sitzung des Landesvorstands am 28. 2. 1947; das folgende Zitat findet sich ebenda.

Und Eugen Rindt fügte hinzu, es sei ein „Unding, daß sich die Fraktion verselbständigt". Wie Konrad Adenauer, der Vorsitzende der Schwesterpartei in der britischen Besatzungszone, beanspruchte auch Josef Müller einen politischen Führungsanspruch gegenüber den Mitgliedern der CSU, die öffentliche Ämter bekleideten und Mandate innehatten. Anders als dem Parteifreund und zeitweiligen Gegenspieler aus Rhöndorf gelang es jedoch Müller und der Landesleitung der bayerischen Unionspartei bis 1949 nicht, diesen Führungsanspruch tatsächlich durchzusetzen[368].

Parallel zu den Versuchen der Fraktionsmehrheit, Müllers Monopol in Sachen Außenbeziehungen zu brechen, versuchten Hundhammer und seine Gefolgsleute Einfluß auf den Parteiapparat und die Parteipresse zu nehmen, die Josef Müller bislang erfolgreich vor dem Zugriff seiner Gegner hatte schützen können[369]. Schon im Januar 1947 wurde massive Kritik an der einseitigen Haltung des Mitteilungsblatts der CSU geübt, und Hundhammer drohte, die Fraktion werde niemanden finanzieren, „der den Kampf gegen die eigenen Abgeordneten führt"[370]. Doch der Einfluß der Fraktionsmehrheit reichte nicht aus, um eine wirkliche Veränderung des status quo zu erreichen. Man konnte lediglich die Einsetzung eines Ausschusses zur Kontrolle der Parteipresse erzwingen, der jedoch wie so vieles andere auch faktisch nur auf dem Papier bestand[371].

Die ständigen Bemühungen Hundhammers, die verbliebenen Bastionen des Parteivorsitzenden zu schleifen, kosteten natürlich Kraft, und so war es kein Wunder, daß es mit der internen Organisation der Fraktion nicht zum besten stand. Ein funktionierendes Fraktionssekretariat war erst im Aufbau, und das Projekt eines eigenen Publikationsorgans kam zunächst über das Planungsstadium nicht hinaus[372]. Zudem ließ sich zunächst kein System erkennen, nach dem die zu bewältigenden Aufgaben verteilt werden sollten. Es war keine Seltenheit, daß CSU-Abgeordnete ihre Kollegen mit Anträgen und Initiativen im Landtag überraschten oder daß die Fraktion ungenügend vorbereitet in Debatten über wichtige Gesetze ging[373]. Heinrich Emmert, dem es manchmal so vorkam, als hätten sich die Kräfteverhältnisse im Landtag auf geheimnisvolle Weise zugunsten der SPD verkehrt[374], zog im April 1947 schonungslos Bilanz:

> „Ich bin mit dem Wirkungskoeffizienten nicht zufrieden. Die Arbeit der SPD ist systematischer geschult. Man gibt ihm [dem SPD-Abgeordneten] eine Hilfestellung. Der Sekretär Albert stellt eine ausgezeichnete Bibliothek zur Verfügung. Es ist deprimierend zu sehen, wie die paar SPD-Leute auf Draht sind. Sie überfahren uns ständig. Wir haben bisher nicht abgewehrt und nicht den Ton angegeben. Wir haben das Gesetz des Handelns nicht in unserer Hand. Die einzige Gruppe, die arbeitet[,] ist die Gruppe Landwirtschaft. [...] Wenn wir eine Vertretung des gesamten Volkes sind, dann muß es Aufgabe der Fraktionsführung sein, diesen Mangel zu beseitigen. [...] Wir müssen uns mit diesen Aufgaben erschöpfender befassen. Die CSU muß den Ton angeben in den Ausschüssen. Wir sind im Lande *die* Partei. Wir müssen der Regierung und den Gesetzen unseren Stempel aufdrücken."[375]

---

368 Vgl. Schwarz, Adenauer I, S. 512.
369 ACSP, NL Müller 9, Protokoll der Sitzung des Landesvorstands am 28. 2. 1947.
370 ACSP, CSU-LTF I, 15–14, Protokoll der Fraktionssitzung am 29. 1. 1947.
371 ACSP, CSU-LTF I, 15–14, Protokoll der Fraktionssitzung am 2. 12. 1947.
372 ACSP, CSU-LTF II/1, 15–10, Vorschläge zur Neuorganisation der Fraktionsarbeit, undatiert, und IfZ-Archiv, Fh 56, Alois Hundhammer an Joseph Baumgartner vom 18. 1. 1947.
373 ACSP, CSU-LTF I, 15–14, Protokoll der Fraktionsvorstandssitzung am 28. 1. 1947 und Protokolle der Fraktionssitzungen am 29.1., 19.2., 20.2., 19.3. und 10. 4. 1947. ACSP, NL Müller 9, Protokoll der Sitzung des Landesvorstands am 28. 2. 1947.
374 ACSP, CSU-LTF I, 15–14, Protokoll der Fraktionssitzung am 19. 2. 1947.
375 ACSP, CSU-LTF I, 15–14, Protokoll der Fraktionssitzung am 10. 4. 1947; Hervorhebung im Original.

In der Tat war nicht zu übersehen, daß der Fraktionsvorstand aufgrund der anhaltenden Auseinandersetzung kaum arbeitsfähig war. Zudem schien Alois Hundhammer der Belastung, die seine Doppelfunktion als Kultusminister und Fraktionsvorsitzender mit sich brachte, nicht gewachsen zu sein[376]. Eugen Rindt, der stellvertretende Fraktionsvorsitzende, forderte deshalb wiederholt eine enge Koordination und Kooperation zwischen Parteiorganisation und Landtagsfraktion. Durch politische Richtlinien der Landesleitung und intensive Arbeit in den Parteiausschüssen sollte die CSU-Führung Landtagsfraktion und Regierung gleichermaßen „ins Schlepptau nehmen“[377], gemeinsame Ausschüsse von Partei und Fraktion sollten für die notwendige Abstimmung sorgen und Vorschläge für die Besetzung wichtiger Ämter mit zuverlässigen Fachleuten aus den eigenen Reihen erarbeiten[378]. Bis zum Sommer 1947 war davon allerdings wenig zu spüren, obwohl die Berechtigung derartiger Vorschläge durchaus anerkannt wurde. Ihre Umsetzung scheiterte am allgegenwärtigen Mißtrauen und an dem immer wieder spürbaren Unwillen, dem innerparteilichen Gegner mehr Einfluß einzuräumen als unbedingt nötig war. Alois Hundhammer weigerte sich sogar hartnäckig, Mitglieder des geschäftsführenden Parteivorstands oder Repräsentanten der Jungen Union, die nicht zum Kreis der Abgeordneten zählten, an Fraktionssitzungen teilnehmen zu lassen[379].

So blieb es für den Ochsensepp ein mühsames Geschäft, rechtzeitig Informationen über die Absichten der Fraktionsmehrheit und die Ziele der Staatsregierung zu erhalten oder gar Einfluß auf Entscheidungen zu nehmen. Ende Mai 1947 sah sich Müller nach Pressemeldungen über bevorstehende Verhandlungen zwischen SPD und CSU veranlaßt[380], in einem Schreiben an den Ministerpräsidenten auf die verbrieften Mitwirkungsrechte der Parteiorganisation zu verweisen:

„Grundsätzlich muss ich zur Frage des Verhandlungsmodus feststellen, dass in Fragen von zentraler politischer Bedeutung im Rahmen der Union die Stellungnahme der zuständigen Parteigremien, also des Landesausschusses und der Landesversammlung, nicht übergangen werden darf. [...] Es ist bekannt, dass die Einberufung der erwähnten Gremien der Union vorgesehen ist. Ich glaube nicht, dass die Landesversammlung es begrüssen würde, wenn sie bei ihrem Zusammentritt feststellen müsste, dass von anderen Instanzen innerhalb der Union vollendete Tatsachen geschaffen oder abschliessende Entscheidungen getroffen wären.“[381]

Hardliner wie Alois Hundhammer dachten eigentlich nicht daran, die Partei an den Gesprächen mit der SPD über die weitere Arbeit der Koalitionsregierung zu beteiligen. Doch diesmal stießen sie nicht nur auf den Widerstand der Anhänger Josef Mül-

[376] Zu Hundhammers anfänglichen Problemen im Kultusministerium vgl. Winfried Müller, Schulpolitik in Bayern im Spannungsfeld von Kultusbürokratie und Besatzungsmacht 1945–1949, München 1995, S. 34f.

[377] ACSP, CSU-LTF I, 15–14, Protokoll der Geheimsitzung des Müller-Flügels in der Fraktion am 9.1. 1947.

[378] ACSP, NL Müller 9, Protokoll der Sitzung des Landesvorstands am 28. 2. 1947, und ACSP, CSU-LTF I, 15–14, Protokoll der Fraktionssitzung am 19. 3. 1947.

[379] ACSP, CSU-LTF I, 15–14, Protokoll der Fraktionsvorstandssitzung am 28. 1. 1947, und LTF I, 15–20/3, Sepp Hort an Alois Hundhammer vom 9. 9. 1947 und dessen Antwortschreiben vom 4. 11. 1947.

[380] ACSP, NL Müller 226, Waldemar von Knoeringen an Hans Ehard vom Mai 1947.

[381] ACSP, NL Müller 228, Josef Müller an Hans Ehard vom 25. 5. 1947; Ministerpräsident Ehard ließ den CSU-Vorsitzenden nur wenige Tage später offiziell über den Stand der Dinge informieren; ACSP, NL Müller 226, Anton Pfeiffer an Josef Müller vom 28. 5. 1947.

lers, sondern auch auf den Widerstand des Ministerpräsidenten. Ehard hatte klar erkannt, daß es unmöglich, ja sogar schädlich war, die Parteiführung auf Dauer von allen wichtigen Entscheidungen auszuschließen[382]. Schließlich waren sowohl die Regierungsmitglieder der CSU als auch die Abgeordneten der Union auf die Arbeit der Partei angewiesen! Ehard drängte deshalb in den folgenden Wochen auf eine Annäherung von Parteiführung und Fraktionsmehrheit und hatte Erfolg damit. Josef Müller und Franz Josef Strauß gehörten als Repräsentanten der Partei der Delegation an, die im Juli und August mit Vertretern der SPD über die Weiterführung der Koalition verhandelte[383]. Die Kandidaten der CSU für den Frankfurter Wirtschaftsrat wurden mehr oder weniger einvernehmlich von der Landtagsfraktion und vom Landesvorstand nominiert[384], und am 16. Juli 1947 wurde sogar ein Antrag, die Politik des umstrittenen Kultusministers zu mißbilligen, mit den Stimmen der Abgeordneten abgelehnt, die sich zur Opposition innerhalb der Unionsfraktion zählten[385].

An der grundsätzlichen Problematik änderten diese punktuellen Gemeinsamkeiten jedoch wenig. Es war noch immer alles möglich, sogar eine Spaltung der Partei. Anfang Februar 1947 setzte Müller die Mitglieder der Arbeitsgemeinschaft von CDU und CSU vorsorglich davon in Kenntnis, „daß vielleicht eine Absplitterung von der CSU bevorstehe, die soweit gehen könne, daß sie die absolute Majorität verliert“[386]. Knapp zwei Wochen später, am 18. Februar, deutete Josef Müller im geschäftsführenden Landesvorstand erneut an, daß er auf Rache sinne und eine Möglichkeit sehe, wie man die Machtstellung seiner innerparteilichen Gegner erschüttern könne. Vor dem Hintergrund der Angriffe gegen Reinhold Maier, den ehemaligen Reichstagsabgeordneten der Deutschen Staatspartei und amtierenden Ministerpräsidenten von Württemberg-Baden, der wegen seiner Zustimmung zum Ermächtigungsgesetz ins Gerede gekommen war[387], eröffnete Müller eine mit Blick auf die wachsende Kritik an der politischen Säuberung heikle und angesichts der gespannten Lage innerhalb der CSU nicht ungefährliche Diskussion über die Stellung der Parteiführung zu den Politikern der bayerischen Unionspartei, die nach der Machtübernahme der Nationalsozialisten im

[382] ACSP, NL Müller 17, Aktennotiz Franz Liedigs für Josef Müller vom 31. 5. 1947. Der geschäftsführende Landesvorstand beauftragte August Haußleiter, Koalitionsbedingungen der CSU als Grundlage für die Verhandlungen mit der SPD auszuarbeiten. Haußleiter legte wenig später einen Entwurf vor. ACSP, NL Müller 221, August Haußleiter an Josef Müller vom 7. 7. 1947 und die von Haußleiter verfaßten „Koalitionsbedingungen der CSU“, undatiert, sowie IfZ-Archiv, Fh 56, Rundschreiben der Landesgeschäftsstelle der CSU an alle Kreis- und Bezirksverbände vom 16. 7. 1947.

[383] BayHStA, NL Pfeiffer 42, Protokolle der Koalitionsbesprechungen am 15.7. und am 17. 7. 1947; IfZ-Archiv, RG 260, 13/150–1/4, Notizen über Koalitionsbesprechungen am 9.8. und 11. 8. 1947.

[384] ACSP, NL Müller 309, Aktennotizen über die Nominierung der CSU-Abgeordneten für den Frankfurter Wirtschaftsrat vom 12.6., 19.6. und 20. 6. 1947; ACSP, NL Müller 9, Protokoll der außerordentlichen Sitzung des geschäftsführenden Landesvorstands am 4. 7. 1947.

[385] Vgl. Mehringer, Waldemar von Knoeringen, S. 326. Zu den möglichen verdeckten Absichten und Hintergründen dieser Abstimmung vgl. IfZ-Archiv, RG 260, 10/91–1/4, Bericht über die „Hundhammer-Abstimmung“ vom 18. 7. 1947. Alois Hundhammer blieb von dieser Geste offenbar nicht unbeeindruckt. Am 25. 9. 1947 erklärte er in einer öffentlichen Parteiversammlung im Münchner Matthäser-Bräu (ACSP, CSU-LTF I, 15–12/4 und 5), das Abstimmungsverhalten seiner Gegner in der Unionsfraktion habe „die Voraussetzung für eine Zusammenarbeit“ geschaffen.

[386] Vertraulicher Bericht über die Tagung der Arbeitsgemeinschaft von CDU und CSU am 5./6. 2. 1947 in Königstein vom 26. 2. 1947, in: Unionsparteien, S. 40f.

[387] Vgl. Klaus-Jürgen Matz, Reinhold Maier (1889–1971). Eine politische Biographie, Düsseldorf 1989, S. 285–297.

Landtag wie auch im Reichstag für die Ermächtigungsgesetze votiert hatten[388]. Zu diesem Personenkreis gehörten vor allem Abgeordnete der untergegangenen BVP wie Alois Hundhammer, Alois Schlögl oder Michael Horlacher, die zu den Anführern der Anti-Müller-Fronde zählten. Auf Vorschlag Müllers billigten die anwesenden Mitglieder des geschäftsführenden Landesvorstands eine Resolution, in der die betroffenen Personen zwar „gegen jede Diffamierung" in Schutz genommen wurden, da man ihnen die Absicht zugute hielt, sie hätten Schlimmeres verhindern wollen. Taktisch geschickt hieß es jedoch im zweiten Teil der Erklärung: „Angesichts der Tatsache, dass heute viele in unserem Volke daran Anstoss nehmen, dass manche dieser Politiker heute wieder in führenden Stellungen politisch tätig sind, ist der Vorstand der CSU der Auffassung, dass es sich aus politischen Gründen empfiehlt, dieser Tatsache Rechnung zu tragen." Dieser Satz bedeutete nichts anderes als die verklausulierte Aufforderung an die damaligen Abgeordneten, ihre Ämter in Regierung, Parlament und Partei zur Verfügung zu stellen. Wäre der von Müller angeregte Vorstoß von Erfolg gekrönt gewesen – eventuell mit Unterstützung der amerikanischen Besatzungsmacht –, so hätte dies eine wesentliche Verschiebung der Kräfteverhältnisse in Partei und Fraktion zuungunsten des katholisch-konservativen Flügels sowie der Vertreter agrarischer Interessen in der CSU zur Folge gehabt. Aber ebenso wie Reinhold Maier das gegen ihn eingeleitete Verfahren schadlos überstand, blieb auch diese Initiative ergebnislos.

Eine Aktion gegen Müllers Vertraute August Haußleiter und Hermann Strathmann war da schon erfolgreicher. Es ging auch dabei um Fragen der politischen Vergangenheit, als der Landtag auf Antrag des Wahlprüfungsausschusses mit Mehrheit beschloß, die Wahl der beiden Abgeordneten für ungültig zu erklären[389]. Obwohl weder Haußleiter noch Strathmann unter das „Gesetz zur Befreiung von Nationalsozialismus und Militarismus" fielen[390], glaubten die Mitglieder des Wahlprüfungsausschusses, in einigen vor 1945 verfaßten Schriften der beiden militaristisches und nazistisches Gedankengut zu erkennen, und hielten ihr Verbleiben im Landtag aus diesem Grund für unmöglich[391]. Die Entscheidung, den Abgeordneten Haußleiter und Strathmann ihre

[388] ACSP, CSU-LL, Protokoll der Sitzung des geschäftsführenden Landesvorstands am 18. 2. 1947; das folgende nach ebenda.

[389] BayHStA, NL Schwalber 50, vorläufiger Abschlußbericht über die Arbeit des Wahlprüfungsausschusses vom 29.1.–23. 6. 1947 und Auszug aus dem Protokoll der 21. Sitzung des bayerischen Landtags am 25.6. 1947.

[390] ACSP, NL Müller 221, Aufzeichnung über ein Presseinterview mit Josef Müller am 27. 6. 1947 und CSU-Bezirksverband Mittelfranken an Josef Müller vom 1. 7. 1947, sowie BayHStA, NL Pfeiffer 533, Aktennotiz für Hans Ehard und Anton Pfeiffer über ein Gespräch mit Hans Hermann von Eicken vom 31. 5. 1947.

[391] August Haußleiter wurde ein von ihm verfaßtes Kriegstagebuch des XIII. Armeekorps zum Verhängnis, das 1942 unter dem Titel „An der mittleren Ostfront" als Buch erschienen war; Hermann Strathmann wurde mit einer Reihe von Publikationen konfrontiert, die er zwischen 1931 und 1941 verfaßt hatte. Zu Strathmanns Publikationen und zum Fortgang der Affäre vgl. Anzeneder/Götz, 50 Jahre CSU in Erlangen, S. 89ff. Zur Beurteilung der Schriften Haußleiters und Strathmanns durch den Wahlprüfungsausschuß vgl. BayHStA, NL Schwalber 50, Auszug aus dem Protokoll der 21. Sitzung des bayerischen Landtags am 25. 6. 1947 und Bericht des SPD-Abgeordneten Franz op den Orth über den Fall Haußleiter. Haußleiter wehrte sich mit mehreren Erinnerungsberichten und Rechtfertigungsschreiben (ACSP, NL Müller 221, Kommentar August Haußleiters zum Kriegstagebuch „An der mittleren Ostfront", undatiert, oder BayHStA, NL Schwalber 5, August Haußleiter an Josef Schwalber vom 28. 6. 1947). Im Sinne von Haußleiter auch der Kommentar „Meine Meinung" in der Frankenpost vom 11. 7. 1947 und die Stellungnahmen in einer außerordentlichen Sitzung des geschäftsführenden Landesvorstands der CSU am 4.7. 1947 (ACSP, NL Müller 9). Strathmann setzte

Mandate abzuerkennen, war aus mehreren Gründen brisant. Zum einen zählten die beiden zu den wichtigsten Gefolgsleuten Müllers in der Fraktion; besonders August Haußleiter, ein Wortführer des „fortschrittlichen Flügels" der CSU, hatte sich wiederholt durch vehemente Angriffe auf die Gegenspieler des Ochsensepp ausgezeichnet. Wenn nun Teile der eigenen Fraktion Strathmann und Haußleiter das Vertrauen versagten, lag der Verdacht nahe, daß sie dabei mehr die parteiinternen Führungs- und Flügelkämpfe im Auge hatten als die tatsächliche politische Belastung der beiden Parlamentarier[392]. Zum anderen gehörten Haußleiter und Strathmann zu den prominentesten Vertretern der protestantischen Regionen Frankens in der CSU; Strathmann war als Professor für evangelische Theologie an der Universität Erlangen und ehemaliger Reichstagsabgeordneter der DNVP und des Christlich-Sozialen Volksdienstes geradezu eine Symbolfigur für die evangelischen Christen in der bayerischen Unionspartei[393]. Ein Mißtrauensvotum gegen diese beiden Volksvertreter mußte wie ein Mißtrauensvotum gegen die fränkisch-protestantischen Teile der CSU erscheinen und so den Unionsgedanken selbst in Frage stellen[394]. Entsprechend heftig waren die Reaktionen. Haußleiter, der ebenso wie Strathmann beim bayerischen Verfassungsgerichtshof Widerspruch gegen die Entscheidung des Landtags eingelegt hatte[395], ließ keine Gelegenheit aus, sich als Opfer eines Rachefeldzugs von Alois Hundhammer und seiner katholisch-konservativen Gefolgschaft in Szene zu setzen[396]. Die Angriffe Haußleiters gingen so weit, daß sich der Fraktionsvorsitzende zu der düsteren Drohung veranlaßt sah, diese „Agitation", die in ihrer „Leidenschaft und Unsachlichkeit an sehr üble Vorbilder der Nazi-Periode" erinnere, sei der beste Weg, um die Spaltung der CSU zu erreichen[397]. Aber nicht nur die Betroffenen setzten sich gegen die Entscheidung zur

---

sich am 19. 10. 1947 in einem bitteren Schreiben an Alois Hundhammer zur Wehr (ACSP, CSU-LTF I, 15–12/1).

392 BayHStA, NL Pfeiffer 533, Aktennotiz für Hans Ehard und Anton Pfeiffer über ein Gespräch mit Hans Hermann von Eicken vom 31. 5. 1947, oder ACSP, NL Müller 9, Protokoll der Sitzung des geschäftsführenden Landesvorstands am 4. 7. 1947.

393 ACSP, NL Müller 221, CSU-Kreisverband Erlangen an Josef Müller vom 30. 6. 1947, Herbert Paulus an Josef Müller vom 4. 7. 1947 und Hermann Strathmann an Josef Müller vom 7. 7. 1947. Die amerikanische Militärregierung hatte Strathmann am 31. 1. 1947 als Universitätsprofessor entlassen, allerdings nicht, weil er Mitglied der NSDAP oder einer anderen NS-Organisation gewesen wäre. 1948 wurde Strathmann rehabilitiert. Vgl. Clemens Vollnhals, Evangelische Kirche und Entnazifizierung 1945–1949. Die Last der nationalsozialistischen Vergangenheit, München 1989, S. 170–179, und Helmut Anzeneder, Die Anfänge der CSU, in: Jürgen Sandweg, Gertraud Lehmann (Hrsg.), Hinter unzerstörten Fassaden – Erlangen 1945–1955, Erlangen 1996, S. 232–276, hier S. 256–259.

394 So heißt es beispielsweise in der streng vertraulichen Aktennotiz eines Mitarbeiters der Staatskanzlei über ein Gespräch mit Hans Hermann von Eicken am 31. 5. 1947: „Die Fälle der Abgeordneten Hau[ß]lei[ter] und Prof. Dr. Strathmann haben in Mittel-Franken und Nordbayern zu einer ungeheuren Beunruhigung geführt. In Oberfranken ist es natürlich ebenso. Die protestantischen Kreise glauben zu wissen, daß im Wahl[prüfungs]-Ausschuß zwei Abgeordnete der CSU [. . .] gegen diese beiden Exponenten der protestantischen Politik in der CSU gestimmt haben. Diese Tatsache wird dahin gedeutet, daß eine gewisse Richtung der CSU die Protestanten zurück-, wenn nicht aus der Partei herausbringen will." BayHStA, NL Pfeiffer 533.

395 Vgl. dazu den Wortlaut der Entscheidungen des bayerischen Verfassungsgerichtshofs in den Fällen Haußleiter und Strathmann, der in einer Sonderausgabe des Bayerischen Landtagsdienstes am 25. 9. 1947 veröffentlicht wurde; BayHStA, NL Ehard 887. ACSP, NL Müller 221, Hermann Strathmann an den Präsidenten des bayerischen Verfassungsgerichtshofs vom 4. 7. 1947.

396 BayHStA, NL Schwalber 5, August Haußleiter an Josef Schwalber vom 28. 6. 1947 und vom 2. 8. 1947; ACSP, NL Müller 221, Notiz über eine Rede August Haußleiters am 4. 7. 1947 und Rundschreiben Alois Hundhammers an die Mitglieder der CSU-Fraktion vom 12. 7. 1947.

397 BayHStA, NL Schwalber 5, Alois Hundhammer an Josef Schwalber vom 30. 6. 1947.

Wehr, ihre Wahl in den Landtag für ungültig zu erklären. Der CSU-Kreisverband Erlangen, dem Strathmann angehörte, protestierte ebenso wie der Bezirksverband Mittelfranken oder Elisabeth Meyer-Spreckels, die dem geschäftsführenden Landesvorstand angehörte[398]. Im Mittelpunkt der Kritik standen Hundhammer und seine Anhänger in der Fraktion, die man für den Ausschluß Haußleiters und Strathmanns verantwortlich machte. Maria Deku, selbst Landtagsabgeordnete, schüttelte den Kopf über dieses „Abschiessen [. . .] einzig und allein durch die Hinterhältigkeit eines Teiles der Fraktion", das an „Selbstverstümmelung" grenze. Es sei „ja zum Weinen, dass derartig politisch und parteimässig instinktlose Menschen in einer Fraktion" säßen[399]. Hans Centmayer, ein protestantischer Abgeordneter aus Mittelfranken, forderte Hundhammer sogar unverblümt auf, den Fraktionsvorsitz niederzulegen. Er hatte die kurze, aber dafür um so konfliktreichere Geschichte der Landtagsfraktion im Blick, als er an Hundhammer schrieb:

„Im Dezember, bei der Wahl des Fraktionsvorstandes, brauchten wir bereits einen Tag, um Sie mit geringer Mehrheit zum Vorstand zu wählen. Nach meiner Ansicht kann man mit einer so geringen Mehrheit eine solche große und verschiedentlich zusammengesetzte Fraktion nicht führen. Man muß sich immer und bei jeder Gelegenheit vor Augen halten, dass wir eine Union sind und daher exponierte Persönlichkeiten nur ganz schwer die Fraktion und die Partei führen können *und dürfen*, wenn wir eine Union bleiben wollen. Wir sind nicht arbeitsfähig und werden nicht arbeitsfähig, solange die verschiedenen Hindernisse, die [z]um Teil auch ein Mißtrauen außerhalb der Fraktion auslösen, nicht beseitigt werden. Man darf nicht Fehler über Fehler machen und seiner eigenen Person wegen die begonnene gute Sache aufs Spiel setzen."[400]

Diese Worte ließen an Deutlichkeit nichts zu wünschen übrig und charakterisierten treffend die unglückliche Konstellation, die zu einer Art Selbstlähmung der CSU-Fraktion geführt hatte. Doch es folgten keine Konsequenzen. Die Gegner Hundhammers waren auch nach der Krise um August Haußleiter und Hermann Strathmann nicht stark genug, um den Fraktionsvorsitzenden stürzen zu können, und Hundhammer selbst dachte nicht ernsthaft daran, seine Schlüsselstellung aufzugeben[401].

Allen Bemühungen zum Trotz waren es aber nicht Hundhammer und die Unionsfraktion, die dem Parteivorsitzenden Zug um Zug seine Gestaltungsmöglichkeiten aus der Hand nahmen, sondern der bei seiner Wahl noch weitgehend unbekannte Ministerpräsident. Gestützt auf eine gut funktionierende Staatskanzlei und auf seine schnell wachsende Popularität verstand es Ehard[402], seine für bayerische Verhältnisse ver-

---

398 ACSP, NL Müller 221, CSU-Kreisverband Erlangen an Josef Müller vom 30. 6. 1947, CSU-Bezirksverband Mittelfranken an Josef Müller vom 1. 7. 1947 und Elisabeth Meyer-Spreckels an Josef Müller vom 30. 6. 1947; ACSP, NL Müller 9, Protokoll der außerordentlichen Sitzung des geschäftsführenden Landesvorstands am 4. 7. 1947. Der Vorstand des CSU-Bezirksverbands Mittelfranken forderte ebenso wie Elisabeth Meyer-Spreckels eine „baldige Säuberung der Union".

399 ACSP, NL Müller 221, Maria Deku an Josef Müller vom 8. 7. 1947.

400 ACSP, CSU-LTF I, 15–12/4 und 5, Hans Centmayer an Alois Hundhammer vom 10. 7. 1947; Hervorhebungen im Original.

401 ACSP, CSU-LTF I, 15–12/4 und 5, Schreiben mehrerer Abgeordneter an Alois Hundhammer vom 2.7. 1947 und Hans Centmayer an Alois Hundhammer vom 10. 7. 1947; zur Reaktion Hundhammers auf Versuche, ihn aus dem Amt zu drängen oder zum Rücktritt zu bewegen, vgl. ACSP, CSU-LTF I, 15–14, Protokoll der Fraktionssitzung am 10. 4. 1947. Vgl. auch BayHStA, NL Pfeiffer 533, Informationen des SPD-Landesvorstands Nr. 7 vom 14. 7. 1947.

402 Hans Wutzlhofer, CSU-Landtagsabgeordneter und stellvertretender Generalsekretär des Länderrats der US-Zone, charakterisierte den neuen Ministerpräsidenten treffend: „Seitdem Ehard der Vorsitzende des Länderrates ist, sind die anderen Ministerpräsidenten gedämpfter. Ehard hat von Anfang an die Situation beherrscht, daß man nur sagen kann: persönlich zwar ein Beamter und kein Politi-

gleichsweise moderaten, im westdeutschen Kontext aber weitgehenden Konzeptionen föderalistischer Politik sowohl in der Union als auch im Konzert der Ministerpräsidenten mit Nachdruck zu vertreten[403]. Josef Müller und seine Mitstreiter waren Ehard zunächst mit Skepsis begegnet und hatten ihm lediglich „die Funktion eines verlängerten Armes von Hundhammer" zugebilligt, ohne daran zu denken, daß sich der Ministerpräsident zu einem gewichtigen und eigenständigen Faktor bayerischer Politik entwickeln könnte. Insbesondere auf dem hart umkämpften Feld des Föderalismus sah man in Ehard lediglich einen „Erfüllungsgehilfen" des Kultusministers und Vorsitzenden der Unionsfraktion. August Haußleiter bezeichnete das Kabinett Ehard vor den Delegierten des Landesausschusses am 3. Januar 1947 sogar „als eine Regierung bayerischer partikularistischer Kräfte"[404] und stellte in einem persönlichen Schreiben an den Ministerpräsidenten fest, daß der Kern der Regierungsmannschaft „unzweifelhaft aus den gleichen Persönlichkeiten [bestehe], die schon die Regierung H[oe]gner trugen. Es sind dies insbesondere diejenigen Männer, die sich für die Einrichtung eines eigenen bayerischen Staatspräsidenten einsetzten."[405] Dabei kritisierte Haußleiter die Personalpolitik des neuen Ministerpräsidenten mit den bezeichnenden Sätzen: „Insbesondere aber liegt es mir am Herzen, auf die Auswahl Ihrer Mitarbeiter hinzuweisen, die Sie aus dem Kreise unserer eigenen Partei trafen. [...] Ihre Mitarbeiter, Herr Ministerpräsident, entstammen wohl, soweit ich sehen kann, ohne Ausnahme der Bayerischen Volkspartei."

Mit der Münchner Ministerpräsidentenkonferenz vom Juni 1947, die auf maßgebliche Initiative Ehards hin zustande gekommen war, änderte sich die Situation[406]. Der Müller-Flügel begann nun zu erkennen, daß Ehard sehr wohl eigene Konzeptionen verfolgte, und lobte den Vorstoß des Ministerpräsidenten, der auch der gesamtdeutschen Orientierung des Landesvorsitzenden entgegenkam[407]. Diesem Stimmungsumschwung mag auch die Einsicht zugrundegelegen haben, daß eine Regierungsbeteiligung Josef Müllers und seiner politischen Freunde nicht gegen, sondern nur mit Hilfe des zunehmend populären Ministerpräsidenten möglich war. Nach dem Bericht eines Beobachters der amerikanischen Militärregierung beschrieb Müller vor den Mitgliedern des Parlaments der Jungen Union, das am 19. und 20. Juli 1947 in Würzburg tagte, sein Verhältnis zu Hans Ehard so[408]: „Während er anfänglich Ehard skeptisch ge-

---

ker, aber er macht seine Sache gut." ACSP, CSU-LTF I, 15–14, Protokoll einer Besprechung zwischen Vertretern der CSU-Fraktion im bayerischen Landtag und Vertretern der CDU-Fraktion im Landtag von Württemberg-Baden am 14. 2. 1947.

403 Vgl. hierzu und zum folgenden Gelberg, Hans Ehard, S. 46f.; dort auch die Zitate. Interessant auch IfZ-Archiv, RG 260, 10/91–1/1, Bericht über ein Gespräch zwischen einem Vertrauensmann der Militärregierung und Annelore Ehard vom 20. 1. 1947.

404 Protokoll der Sitzung des Landesausschusses der CSU am 3. 1. 1947 in Augsburg, in: Protokolle und Materialien, S. 982.

405 BayHStA, NL Ehard 1506, August Haußleiter an Hans Ehard vom 4. 1. 1947.

406 Vgl. Gelberg, Hans Ehard, S. 47.

407 ACSP, NL Müller 9, Protokoll der Sitzung des geschäftsführenden Landesvorstands am 4. 6. 1947. Josef Müller und Friedrich Wilhelm von Prittwitz-Gaffron bewerteten am 20. 6. 1947 vor den Delegierten der Münchner Bezirksversammlung Ehards Initiative überaus positiv. ACSP, NL Müller 68, Protokoll der Bezirksversammlung der CSU München am 20. 6. 1947.

408 IfZ-Archiv, MA 1420/13, Bericht über die Tagung des Parlaments der Jungen Union am 19./20. 7. 1947 in Würzburg vom 21. 7. 1947; die folgenden Zitate ebenda. Über die Angriffe, die auf dieser Tagung gegen den katholisch-konservativen Flügel der CSU und gegen die führenden Bauernvertreter laut wurden, berichtete Alois Hundhammer am 25. 7. 1947 empört seinem Kabinettskollegen Anton Pfeiffer (ACSP, CSU-LTF I, 15–12/4 und 5): „Über die Tagung des Parlaments der Jungen Union in

genübergestanden habe, lasse er ihm jetzt seine volle Unterstützung zu Teil werden, da er eine fortschrittliche Politik, da er vor allem keine Isolationspolitik, sondern genau das Gegenteil getrieben habe."

Sein Urteil über die anderen Regierungsmitglieder der CSU fiel jedoch nicht so positiv aus, und auch als Müller auf das Verhältnis zwischen Partei und Fraktion zu sprechen kam, wußte er keine erfreulichen Neuigkeiten zu vermelden. Die Unionsfraktion, so der Parteichef, sei sein „Alpdruck". Es fehle ihr an „Qualität und Dynamik", die Arbeit in den Ausschüssen sei ungenügend und die Vergabe von Ausschußsitzen oft von egoistischen Motiven bestimmt. Zugleich lehnte er eine Wiedereinführung des Fraktionszwangs strikt ab. „Ihm läge vielmehr an der Erziehung verantwortungsbewusster Männer als am ‚Stimmvieh'." Vor Josef Müller hatte bereits Franz Josef Strauß mit scharfen Worten die schlechte Abstimmung zwischen Partei, Fraktion und Regierung kritisiert. In diesem Sinne war auch die Resolution gehalten, die vom Parlament der Jungen Union verabschiedet wurde und die – mit eindeutigen Schuldzuweisungen – das Dilemma der bayerischen Unionspartei treffend beschrieb:

„Die Junge Union spricht der Führung der Landtagsfraktion der Union ihre Missbilligung aus, weil diese [es] bis heute nicht verstanden hat, die Fraktion in entscheidenden Fragen zu einigen, und weil sie sich nicht ernstlich bemüht hat, die Mehrheit der Union im Landtage zur Erreichung der erklärten Ziele der Partei in sachlicher Arbeit auszunutzen. Die Junge Union vermisst bei der Fraktionsführung Klarheit und Zielsicherheit und sieht in der derzeitigen Verkoppelung des Minister-Amtes mit dem des Fraktions-Vorsitzenden den Hauptgrund für das Fehlen positiver Arbeit. Der ständige Konflikt zwischen Fraktion und Partei gibt der Jungen Union Veranlassung, hier eindringlich zur Einigkeit zu mahnen. Partei und Fraktion sollen sich nicht weiterhin in nutzlosen Zwistigkeiten verlieren, sondern endlich die Vorschläge ausarbeiten, die geeignet sind, unser Programm zu verwirklichen. Die Fraktion ist das Organ der Partei, um deren Willen in der gesetzgebenden Körperschaft zu vertreten, und muss sich deshalb dem Mehrheitswillen der Partei unterordnen, wie wir das von jedem anderen gewählten Organ verlangen müssen."[409]

## 8. Die außerordentliche Landesversammlung am 30. und 31. August 1947

Die Erschütterungen der Regierungsbildung wirkten noch weit in das Jahr 1947 hinein. Obwohl vier Bezirksverbände eine außerordentliche Landesversammlung gefordert hatten, traten in den Monaten nach der turbulenten Augsburger Tagung weder die Landesversammlung noch der Landesausschuß zusammen. Josef Müller zögerte die Einberufung dieser Gremien bewußt hinaus, da er eine weitere Eskalation der Konflikte mit unvorhersehbaren Folgen für die Einheit der CSU befürchtete[410]. Eine

---

Würzburg [. . .] erhalte ich von einem Teilnehmer einen [. . .] Bericht. Demselben entnehme ich folgende Stilblüten: ‚Die gleichen Leute, die 1933 einem Verbrecher die Macht legitimiert haben, haben im Dezember wiederum einen Verbrecher zum Minister gemacht.' ‚Was die Herren Schlögl und Horlacher getan haben, ist das Muster Papen.' ‚Wir müssen unsere Politik machen kompromisslos, mit einem Radikalismus, dass wir die Alten überrennen.' ‚. . . das autoritäre Spiessertum, das heute regiert . . .' [. . .] ‚Im System der Koalition fehlt die echte Kontrolle . . . Unter der Regierung der Union hat sich ein System aufgebaut, wobei jede echte Machtposition schon in Händen der anderen Partei ist . . . Wir haben den Mehrheitswillen des Volkes verraten . . .'"

[409] IfZ-Archiv, MA 1420/13, Anlage zum Bericht über die Tagung des Parlaments der Jungen Union am 19./20. 7. 1947 in Würzburg vom 21. 7. 1947.

[410] Müller selbst nahm dazu in Eichstätt Stellung: Protokoll der außerordentlichen Landesversammlung

Sitzung des Landesausschusses, die für Mai angesetzt war, entfiel ersatzlos; auch der Termin für die Landesversammlung, die ursprünglich am 14. und 15. Juni tagen sollte, wurde verschoben. Schließlich einigte man sich auf eine außerordentliche Landesversammlung, die am 30. und 31. August 1947 in Eichstätt stattfinden sollte[411]. Als sich die Delegierten versammelten, hatte sich die Atmosphäre jedoch nicht etwa entspannt, wie Müller gehofft hatte. Die Wahl der Direktoren für die bizonale Verwaltung einen Monat zuvor hatte vielmehr für zusätzlichen Konfliktstoff gesorgt.

Das amerikanisch-britische Abkommen über die „Neugestaltung der zweizonalen Wirtschaftsstellen" vom 29. Mai 1947 hatte eine Reform der bis dahin gültigen Organisationsstruktur notwendig gemacht. Nach diesen Vereinbarungen sollten in Zukunft neben einem Wirtschafts- und einem Exekutivrat die Direktoren von fünf Fachverwaltungen an der Spitze des Vereinigten Wirtschaftsgebiets stehen[412]. Mit dem Wirtschaftsrat, der aus 52 von den Länderparlamenten gewählten Mitgliedern bestand, wurde erstmals wieder eine parlamentarische Institution geschaffen, deren Befugnisse über einzelne Besatzungszonen hinausgingen; im Exekutivrat waren die Länder der Bizone durch weisungsgebundene Vertreter der Regierungen vertreten. Die Entscheidung über die Besetzung der Direktorenstellen geriet zur Nagelprobe für das Verhältnis der im Wirtschaftsrat vertretenen politischen Parteien und das Verhältnis zwischen Wirtschaftsrat und Exekutivrat[413]. Die Sozialdemokraten erklärten sich zu einer gedeihlichen Zusammenarbeit im Wirtschaftsrat nur unter der Bedingung bereit, daß die Besetzung des Direktoriums für Wirtschaft ihnen überlassen bliebe. Mit Blick auf die sämtlich mit Vertretern der SPD besetzten Wirtschaftsressorts in den Ländern des Vereinigten Wirtschaftsgebiets weigerte sich die Unionsfraktion, diese Bedingung zu erfüllen. Josef Müller, der wie Konrad Adenauer in Frankfurt weilte, um Einfluß auf die anstehenden Entscheidungen zu nehmen, teilte diese Meinung[414]. Er hielt das Amt des Wirtschaftsdirektors für wichtiger als das Amt des Direktors für Ernährung, Landwirtschaft und Forsten, für das mit Joseph Baumgartner ein Politiker der CSU vorgeschlagen worden war. In diesem Sinne einigten sich Müller und Adenauer darauf, Johannes Semler, den Sprecher der CSU in Wirtschaftsfragen, zum Wirtschaftsdirektor zu wählen.

Nachdem die vom Exekutivrat benannten Kandidaten der SPD für das Wirtschaftsressort keine Mehrheit gefunden hatten, kündigte der Vorsitzende der sozialdemokratischen Fraktion im Wirtschaftsrat an, daß unter diesen Umständen keine Zusammenarbeit möglich sei. Damit war der Weg für die Unionsparteien frei, die Direktorenstellen ohne Rücksicht auf die SPD zu besetzen. Am 24. Juli 1947 wurde Johannes Semler, ein enger Mitarbeiter Müllers, zum Wirtschaftsdirektor gewählt. Joseph

---

der CSU am 30./31. 8. 1947 in Eichstätt, in: Protokolle und Materialien, S. 1062. Zur mehr als gespannten Situation im Vorfeld der außerordentlichen Landesversammlung vgl. ACSP, NL Müller 68, Protokolle der Bezirksversammlungen der CSU München am 20. 6. und 13. 8. 1947.

411 Vgl. Protokoll der außerordentlichen Landesversammlung der CSU am 30./31. 8. 1947 in Eichstätt, in: Protokolle und Materialien, S. 1061 Anm. 1.

412 Vgl. Kock, Bayerns Weg, S. 250f.

413 Zur Direktorenwahl aus der Sicht der CSU vgl. Vossen, Joseph Baumgartner, S. 42–47. Vgl. auch die Sitzungsprotokolle der Unionsfraktion im Wirtschaftsrat vom 21.7., 22.7., 23.7. und 24. 7. 1947, in: Die CDU/CSU im Frankfurter Wirtschaftsrat. Protokolle der Unionsfraktion 1947–1949, bearb. von Rainer Salzmann, Düsseldorf 1988, S. 43–54.

414 Vgl. dazu Hettler, Josef Müller, S. 328–333, und Müller, Konsequenz, S. 343; IfZ-Archiv, RG 260, 10/90–1/24, Aufzeichnung Paul Burns' über ein Gespräch mit Josef Müller am 29. 7. 1947.

Baumgartner mußte dagegen dem CDU-Mitglied Hans Schlange-Schöningen weichen, den man in Bayern vielfach als Zentralisten und Repräsentanten der Großagrarier ansah[415].

Die Entscheidungen, die Müller in Frankfurt mitgetragen hatte, schürten die Konflikte in der bayerischen Unionspartei. Seine Kontrahenten warfen ihm vor, er habe Baumgartner „geopfert", um die Wahl seines Gefolgsmannes Semler zu ermöglichen, der noch nicht einmal ein Bayer sei, sondern aus Hamburg stamme[416]. Der zutiefst verärgerte Baumgartner reagierte besonders heftig und bezeichnete Müller als den „Totengräber der CSU"[417]. Aber auch die bayerische Staatsregierung war alles andere als glücklich über den Ausgang der Direktorenwahl; Ministerpräsident Ehard hätte in Frankfurt lieber eine Koalition von Union und Sozialdemokratie gesehen[418]. Für die Verantwortlichen in der Staatskanzlei war zudem „eine parteiengesteuerte, zum Zentralismus tendierende Frankfurter Politik bedrohlicher als der Gedanke an einen SPD-Wirtschaftsdirektor"[419].

So entstand im Vorfeld der außerordentlichen Landesversammlung eine explosive Situation, und sowohl die innerparteiliche Opposition als auch Josef Müller und seine politischen Freunde bereiteten sich auf heftige Auseinandersetzungen vor[420]. Die ersten Beschlüsse wurden in der Landtagsfraktion gefaßt. Hundhammer, Pfeiffer, Schlögl und der wütende Baumgartner beriefen für den 20. Juli eine Geheimsitzung ein, an der ca. 60 Abgeordnete teilnahmen, die dem altbayerischen und dem bäuerlichen Flügel zuzurechnen waren[421]. Nach einem Bericht Müllers eröffnete Horlacher die Sitzung mit scharfen Attacken gegen die Politik des Landesvorsitzenden in Frankfurt. Dann kam der Landtagspräsident auf ein Problem zu sprechen, das die CSU noch lange beschäftigen sollte: die Bayernpartei. Diese habe angesichts der herrschenden Verhältnisse beste Zukunftsaussichten, und wenn die CSU ihre Politik nicht ändere, werde sie ihre Mitglieder an die landespolitische Konkurrentin verlieren. Ein Kurswechsel sei jedoch nur möglich, so Horlacher weiter, wenn es gelinge, die Parteiführung grundlegend umzugestalten. In diesem Sinne schlug er vor, anstatt eines Landesvorsitzenden ein Direktorium bestehend aus Ehard, Hundhammer und Schlögl an die Spitze der CSU zu stellen.

---

415 Vgl. Kock, Bayerns Weg, S. 253. Johannes Semler berichtete am 11. 8. 1947 im Wirtschaftspolitischen Ausschuß der CSU, er habe alles versucht, um Baumgartners Wahl zum Direktor für Ernährung, Landwirtschaft und Forsten zu unterstützen, und habe sogar sein eigenes Amt zur Verfügung gestellt. BAK, NL Probst 642.

416 Vgl. Der Spiegel vom 2. 8. 1947: „Kompensationen".

417 IfZ-Archiv, ED 132 NL Baumgartner 4, „Dr. Baumgartner zur Veröffentlichung im Münchner Mittag", undatiert. Der geschäftsführende Landesvorstand beschloß am 11. 8. 1947, das von Josef Müller beantragte Schiedsgerichtsverfahren gegen Baumgartner einzuleiten. ACSP, CSU-LL, Protokoll der Sitzung des geschäftsführenden Landesvorstands der CSU am 11. 8. 1947.

418 Vgl. den Artikel „Frankfurter Nachklänge" in der Berliner Zeitung Telegraf vom 31. 7. 1947.

419 Kock, Bayerns Weg, S. 252.

420 ACSP, CSU-LL, vertrauliche Notiz Rudolf Vogels: „Die Entscheidung von Eichstätt", undatiert; IfZ-Archiv, RG 260, 10/91–1/4, „Subject: Betrachtung über die Christlich-Soziale Union" vom 21. 8. 1947.

421 IfZ-Archiv, MA 1420/13, Bericht Paul Burns' über eine Besprechung mit Josef Müller am 22. 8. 1947 vom 25. 8. 1947; BayHStA, NL Pfeiffer 42, handschriftliche, teils stenographische Notizen Anton Pfeiffers über die Geheimsitzung am 20. 8. 1947 und die Sitzung der Landtagsfraktion am 21. 8. 1947; Frankenpost vom 23. 8. 1947: „Spaltung der CSU beraten. Landtagsfraktion will Dr. Müller absetzen – Bauernflügel macht sich selbständig".

Der Vorschlag, Josef Müller auf diese Weise zu entmachten, hatte schon wiederholt für Zündstoff gesorgt[422]. Im Vorfeld der außerordentlichen Landesversammlung erschien die auch von Anton Pfeiffer propagierte Idee einer solchen Satzungsreform als der aussichtsreichste Weg, um den innerparteilichen status quo zugunsten der Opposition zu verändern. Als die Landtagsfraktion einen Tag später zu ihrer regulären Sitzung zusammentrat, standen die Frankfurter Direktorenwahl und die Vorbereitung der außerordentlichen Landesversammlung erneut im Zentrum der Auseinandersetzung[423]. Bisher hatte stets die Parteiführung versucht, Einfluß auf die Unionsfraktion zu nehmen, nun verkehrten sich die Fronten. Etwas umständlich konstruierte Anton Pfeiffer eine Begründung für die Berechtigung, ja die Verpflichtung der Abgeordneten, zu den Angelegenheiten der Partei Stellung zu nehmen[424]:

„Unsere Tätigkeit beruht auf der Verfassung. Die Verfassung kennt keine Parteien, sie legt auf den Landtag große Verantwortung. Parteien kommen nur dort vor, wo vom Wahlgesetz die Rede ist. Als Träger der aktiven Politik innerhalb des Staates kennt aber die Verfassung nur den Landtag und seine Abgeordneten, diese wählen den Ministerpräsidenten, und dieser bestimmt die Richtlinien der Politik und vertritt Bayern nach außen. Der Ministerpräsident ist der Vertrauensmann. Daraus ergibt sich, daß es das Recht der Fraktion ist, sich auch an der Vorbereitung auf den geistigen Inhalt der Landesversammlung [zu beteiligen und] sich mit der Parteiführung auseinanderzusetzen. Die Fraktion hat das Mitsprache-Recht zu den Angelegenheiten, die von der Landesversammlung behandelt werden. Dazu kommt: Die Fraktion hat die größte Kenntnis über die Verhältnisse, hier ist also das Recht, ja die Pflicht der Fraktion Stellung zu nehmen, bes[onders] weil in unseren Satzungen Bestimmungen sind, die die Zusammensetzung der Landesversammlung nicht in Einklang setzen mit dem wirklichen politischen Gewicht in den verschiedenen Teilen von Bayern."[425]

Wieweit die Fraktion dieser etatistischen und latent parteienfeindlichen Auffassung Pfeiffers folgte, läßt sich aus dem Sitzungsprotokoll nicht ersehen. Es fällt jedoch auf, daß sowohl Abgeordnete, die der innerparteilichen Opposition zuneigten, als auch politische Freunde Josef Müllers den Zustand der bayerischen Unionspartei und das Verhältnis von Partei und Fraktion bitter beklagten. Selbst Gerhard Kroll, ein enger Mitarbeiter des Landesvorsitzenden, bemerkte, es sei ihm noch immer nicht klar, „was hinter den persönlichen Auseinandersetzungen an sachlichem Gehalt" liege.

In dieser Atmosphäre nahmen die Abgeordneten die Initiative Pfeiffers günstig auf, einen fünfköpfigen Ausschuß mit der Ausarbeitung von Vorschlägen für eine Reform der Parteiorganisation zu beauftragen, die der Landesversammlung als Antrag der Fraktion unterbreitet werden sollten[426]. Pfeiffer hatte dafür bereits konkrete Vorstel

422 Der erste Vorstoß in diese Richtung ging im Frühjahr 1946 von Franz August Schmitt und Alois Schlögl aus; BayHStA, NL Pfeiffer 41, Rundschreiben Franz August Schmitts vom 13. 3. 1946 und das als Anlage beigefügte Schreiben Franz August Schmitts an Alois Schlögl vom 13. 3. 1946; vgl. Fait, Einleitung zu: Protokolle und Materialien, S. LI-LVIII.

423 ACSP, CSU-LTF I, 15–14, Protokoll der Fraktionssitzung am 21. 8. 1947; der erste Teil der Sitzung wurde offensichtlich nicht protokolliert, auch ansonsten erscheint die Niederschrift lückenhaft. Zusätzliche Informationen liefern IfZ-Archiv, MA 1420/13, Bericht Paul Burns' über eine Besprechung mit Josef Müller am 22. 8. 1947 vom 25. 8. 1947; BayHStA, NL Pfeiffer 42, handschriftliche, teils stenographische Notizen Anton Pfeiffers über die Geheimsitzung am 20. 8. 1947 und die Sitzung der Landtagsfraktion am 21. 8. 1947.

424 Ähnlich auch Main-Post vom 19. 8. 1947: „CSU vor Entscheidungen".

425 ACSP, CSU-LTF I, 15–14, Protokoll der Fraktionssitzung am 21. 8. 1947; das folgende, soweit nicht anders belegt, nach dem Protokoll dieser Fraktionssitzung.

426 Der umfangreiche Antrag Pfeiffers ist dem Protokoll der Fraktionssitzung vom 21. 8. 1947 als Anlage beigefügt.

lungen, die – nach seinen eigenen Worten – darauf abzielten, „eine wirklich demokratische Form der Parteiorganisation und des Parteilebens" herbeizuführen und die Führungsaufgaben auf „einen grösseren Personenkreis" zu verteilen. Zum einen sollten Maßnahmen vorgeschlagen werden, „durch welche eine fruchtbare und vertrauensvolle Zusammenarbeit zwischen der Landtagsfraktion und den oberen Organen der Partei gewährleistet wird", zum anderen wollte er Instanzen schaffen, „die sich zur Entwicklung und Sicherung einer geordneten Organisation und Verwaltung der Parteieinrichtungen als notwendig erweisen". Es liegt auf der Hand, daß die Intention dieser Reformbestrebungen dahin ging, den Einfluß des Landesvorsitzenden auf die CSU, ihren Verwaltungsapparat und ihre Publikationsorgane zu beschränken und damit auch den Dualismus von Partei und Fraktion zu beenden. In diesem Sinne sah Pfeiffers Antrag vor, die bisherigen Befugnisse des Landesvorsitzenden auf drei Vorsitzende zu verteilen und einen politischen „Areopag" zu schaffen, um den von Josef Müller dominierten geschäftsführenden Landesvorstand abzulösen[427].

Die Landtagsfraktion nahm den Antrag Pfeiffers ohne Gegenstimmen bei drei Enthaltungen an. Nach verschiedenen Presseberichten akzeptierte die Fraktion – gleichsam als Kompensation für die Initiativen zur Entmachtung Müllers – zugleich einen weiteren Vorschlag, der gegen Hundhammer gerichtet war und einer von Müllers politischen Freunden immer wieder erhobenen Forderung entsprach: Fraktionsvorsitz und Ministeramt sollten für unvereinbar erklärt werden[428]. In den Ausschuß, der sich mit der Ausarbeitung der Reformvorschläge befassen sollte, wurden mit Pfeiffer selbst sowie mit Horlacher, Lacherbauer, Josef Donsberger und Heinrich Emmert hauptsächlich Vertreter der innerparteilichen Opposition gewählt. Hanns Seidel und Friedrich von Prittwitz und Gaffron lehnten eine Kandidatur ab[429].

Auch Michael Horlacher war mit einem Antrag vor die Fraktion getreten. Er forderte die Abgeordneten auf, der Landesversammlung folgenden Beschluß zu unterbreiten:

---

[427] Diesem Gremium sollten neben den drei Vorsitzenden der Ministerpräsident, der Landtagspräsident und der Fraktionsvorsitzende angehören sowie Vertreter der Bezirke, der beiden großen Konfessionen, der Bauern, der Arbeiter und des gewerblichen Mittelstandes.

[428] Im protokollierten Teil der Fraktionssitzung vom 21. 8. 1947 finden sich keine diesbezüglichen Hinweise. In Pfeiffers Antrag hieß es unter Punkt 6 „Einzelfragen für die Arbeit der Fraktion" lediglich: „Vereinbarkeit des Minister- und Staatssekretärsamtes mit führenden Stellungen in Fraktion oder Landesparteileitung." Der Bericht Carl Lacherbauers über die Sitzung der Kommission zur Erarbeitung von Reformvorschlägen am 26. 8. 1947 (Anlage zum Protokoll der Fraktionssitzung vom 21. 8. 1947) enthält keine Hinweise darauf, ob dieser Punkt besprochen wurde. Vgl. aber Frankenpost vom 23. 8. 1947: „Spaltung der CSU beraten. Landtagsfraktion will Dr. Müller absetzen – Bauernflügel macht sich selbständig", und Kurier vom 22. 8. 1947: „Zurück zur Bayerischen Volkspartei? Direktorium statt Landesvorsitzender – Vorschläge in der bayerischen CSU". Ein solches Kompensationsgeschäft zwischen den Anhängern Josef Müllers und den Gefolgsleuten Alois Hundhammers ist durchaus wahrscheinlich. Schon am 10.4. 1947 hatte Max Zwicknagl in der Fraktion einen Antrag eingebracht, der es unmöglich machen sollte, das Amt des Fraktionsvorsitzenden und ein Ministeramt in einer Person zu vereinen. Eine Abstimmung über diesen Antrag, der Hundhammer dazu gezwungen hätte, eines seiner Ämter aufzugeben, wurde jedoch immer wieder verschoben. ACSP, CSU-LTF I, 15–14, Protokoll der Fraktionssitzung am 10.4. 1947, und CSU-LTF I, 15–12/4 und 5, Schreiben mehrerer Abgeordneter an Alois Hundhammer vom 2. 7. 1947. Die Bezirksversammlung der CSU Schwaben beschloß am 23. 8. 1947 ebenfalls, einen entsprechenden Antrag zu stellen. ACSP, NL Müller 168. Die Zeitung Telegraf berichtete am 22. 8. 1947 in dem Artikel „Wirrwarr in der CSU": „Sicher ist aber, daß Müller sein Vorhaben nicht aufgeben und auch weiterhin versuchen wird, Dr. Hundhammer als Fraktionsvorsitzenden abzuhängen und ihn damit auch als Minister zu erledigen."

[429] Ein Bericht Carl Lacherbauers über die Sitzung dieser Kommission am 26. 8. 1947 findet sich als Anlage zum Protokoll der Fraktionssitzung vom 21. 8. 1947.

„Die Einigkeit innerhalb der CSU erfordert eine Parteileitung, die in der Lage ist, diesen Erfordernissen Rechnung zu tragen. Insbesondere die einheitliche Leitung der Partei und der Fraktion [ist] sicherzustellen. Die jetzige Parteiführung der CSU wird hiefür als ungeeignet erachtet."[430] Müllers Freunde in der Fraktion waren jedoch nicht ohne weiteres bereit, dieser Aufforderung zu folgen und dem Landesvorsitzenden das Mißtrauen auszusprechen. In einer ersten Abstimmung votierten 25 Abgeordnete gegen den Antrag Horlachers; als dieser sich jedoch bereit erklärte, den letzten Satz zu streichen oder nur intern zu behandeln, stimmte die Fraktion bei einer Gegenstimme und fünf Enthaltungen fast geschlossen zu[431].

Diese wie auch andere Abstimmungen in der Fraktion zeigten, daß Müllers Rückhalt bei den Abgeordneten schwächer war denn je. Angesichts der bevorstehenden Auseinandersetzungen auf der außerordentlichen Landesversammlung mußte dies für den Landesvorsitzenden ein deutliches Alarmsignal sein[432]. Die Beschlüsse der Unionsfraktion fanden in der Presse großen Widerhall und lösten wilde Spekulationen aus. „Bayerns CSU in der Krise" gehörte noch zu den harmloseren Schlagzeilen. Die Neue Zeitung titelte „Spaltung oder Umbau", und die Berliner Zeitung Kurier stellte die Frage, ob sich die CSU auf dem direkten Weg „Zurück zur Bayerischen Volkspartei" befinde[433]. In dasselbe Horn stieß der Pressedienst der CDU/CSU, der am 30. August unter der Schlagzeile „Neugruppierung der Bayerischen Volkspartei" berichtete:

„Auseinandersetzungen in der Landtagsfraktion und Vorgänge innerhalb der CSU deuten auf eine Neugruppierung der alten BVP hin. Ehemalige Mitglieder jener Partei, die heute leitende Posten im Staat und in der Union bekleiden, haben noch vor der Landesversammlung den Angriff auf die CSU aus den eigenen Reihen heraus begonnen."[434]

Aber auch der angegriffene Parteivorsitzende und seine Mitstreiter waren nicht untätig geblieben. Ein Beobachter der Besatzungsmacht stellte dazu fest, es sei Müllers erklärtes Ziel, Alois Hundhammer aus der Partei zu drängen und sich so seines schärfsten Rivalen zu entledigen[435]. Zugleich hielten sich hartnäckig Gerüchte über einen Wechsel Hundhammers zur Bayernpartei. Nach Informationen der Militärregierung hatte der Fraktionsvorsitzende tatsächlich vorübergehend mit diesem Gedanken gespielt, sich mit Blick auf die krisenhafte Zuspitzung der Ereignisse dann aber doch entschlossen, noch einmal seine Chance in der CSU zu suchen[436].

In dieser Situation traf es sich, daß für die Tage vom 13. bis 17. August ein Pädagogischer Kongreß der CSU in Rothenburg ob der Tauber vorgesehen war, der von Gefolgsleuten Müllers konzipiert und durchgeführt wurde und sich deshalb problemlos

---

430 Der Antrag Horlachers findet sich als Anlage zum Protokoll der Fraktionssitzung vom 21. 8. 1947.

431 Müller, der an dieser Fraktionssitzung teilnahm und seine Haltung bei der Frankfurter Direktorenwahl zu rechtfertigen versuchte, äußerte sich zu Horlachers Antrag so: „Wenn Sie mich stürzen, Sie tun mir keinen grösseren Gefallen. Ich selbst kann nicht abtreten, solange ich eine Pflicht tun muss. Wenn ich in der Landesversammlung nicht die Majorität habe, dann gehe ich gern in den Hintergrund, dann habe ich die Mu[ß]e, meine Gedanken niederzulegen über die Vergangenheit und Gegenwart."

432 ACSP, CSU-LL, vertrauliche Notiz Rudolf Vogels: „Die Entscheidung von Eichstätt", undatiert.

433 Stuttgarter Nachrichten vom 26. 8. 1947; Neue Zeitung vom 25. 8. 1947; Kurier vom 22. 8. 1947.

434 Union-Dienst vom 30. 8. 1947.

435 IfZ-Archiv, MA 1479/9, Bericht Pierre M. Purves' über die außerordentliche Landesversammlung der CSU am 30./31. 8. 1947 in Eichstätt vom 3. 9. 1947.

436 Ebenda; vgl. auch den Artikel „Vor politischen Veränderungen in Bayern" im Union-Dienst vom 11.7. 1947.

zu einer Art Generalprobe für die Abrechnung mit Hundhammer verwandeln ließ[437]. Karl Köhler, der Vorsitzende des Kunstausschusses der bayerischen Unionspartei, hatte diese Veranstaltung zusammen mit dem Pädagogen Leo Weismantel seit Januar 1947 geplant. Von dieser Seite kam auch der Vorschlag, den Kongreß zu einer „Kampfansage" gegen den katholisch-konservativen Flügel der CSU zu nutzen und „die gesamte Kulturpolitik Hundhammers" bloßzustellen[438]. Josef Müller stimmte den Vorschlägen Köhlers und Weismantels zu, und am 11. August beauftragte der geschäftsführende Landesvorstand den Münchner Stadtpfarrer Emil Muhler mit der Leitung des Pädagogischen Kongresses[439]. Tatsächlich waren die Angriffe, die auf dieser Veranstaltung gegen Hundhammer vorgebracht wurden, dazu angetan, die Situation zu verschärfen und die Aversionen gegen den umstrittenen Kultusminister auch in der eigenen Partei zu schüren[440].

Doch dabei blieb es nicht. Eine Woche bevor die Landesversammlung in Eichstätt zusammentreten sollte, legten die politischen Freunde Josef Müllers die Marschroute für den Parteitag minutiös fest. Zu diesem Zweck trafen sich am 23. August ca. 70 Landtagsabgeordnete, Parteifunktionäre und Delegierte, die mehrheitlich aus Franken, Schwaben und der Oberpfalz kamen, im Versammlungssaal des Fürther Kulturvereins[441]. Nach Karl Köhlers Erinnerungen leitete Hanns Seidel diese Krisensitzung. In einer längeren Rede, die sowohl für die Lage der bayerischen Unionspartei als auch für den politischen Horizont des späteren Landesvorsitzenden und Parteireformers bezeichnend war, führte er aus:

„Eine Rückkehr zur alten Bayerischen Volkspartei dürfe auf keinen Fall stattfinden. Das Große an der neuen Partei sei das politische Zusammenwirken der beiden Konfessionen. Die andere Komponente, die ihm wichtig erschien, sei die Komponente der Liberalität. Nur wenn die Union bei den wichtigen Grundsätzen bliebe, wie sie die Gründer festgelegt hätten, bestünden Aussichten, wirksame Politik nicht allein für Bayern durchzuführen, sondern es bestünden durchaus berechtigte Möglichkeiten, auch die Trennung der vier Zonen zu überwinden, um dann für ganz

---

[437] Zum Pädagogischen Kongreß der CSU vom 13.–17. 8. 1947 in Rothenburg ob der Tauber vgl. vor allem die ausführliche Darstellung Köhlers selbst. Es ist nicht auszuschließen, daß Köhlers diesbezügliche Erinnerungen Datierungen und ursprüngliche Intentionen nicht korrekt wiedergeben; daran, daß sich der Kongreß zu einer Waffe in den Führungs- und Flügelkämpfen entwickelte, besteht aber kein Zweifel. IfZ-Archiv, MS 343 Smlg. Köhler 1, Bl. 88–154, das folgende nach Bl. 88–94. Zu den Konflikten zwischen Hundhammer und Weismantel IfZ-Archiv, RG 260, 13/150–3/10, Bericht über eine Sitzung des Kulturpolitischen Ausschusses der CSU am 18. 2. 1947.

[438] IfZ-Archiv, MS 343 Smlg. Köhler 1, Bl. 89.

[439] ACSP, CSU-LL, Protokoll der Sitzung des geschäftsführenden Landesvorstands am 11. 8. 1947.

[440] Zu Programm und Verlauf des Pädagogischen Kongresses vgl. ACSP, CSU-LTF I, 9–10, Einladung und Programm für den Pädagogischen Kongreß der CSU vom 13.–17. 8. 1947 in Rothenburg ob der Tauber; ACSP, NL Müller 27, Bericht Wolfgang Müllers über den Verlauf des Pädagogischen Kongresses vom 18. 8. 1947 und zwei undatierte Berichte des Oberstudienrats Wolfgang Kiener über den Verlauf des Pädagogischen Kongresses.

[441] Ursprünglich war als Tagungsort Nürnberg avisiert. In dem Einladungsschreiben hieß es: „Eine Rückkehr zur Politik der Bayerischen Volkspartei ist für uns unmöglich. Auf der anderen Seite darf sich die Landesversammlung nicht noch einmal in ergebnislosen Auseinandersetzungen erschöpfen. Es ist daher wichtig, dass wir uns vor Eichstätt eingehend darüber besprechen, wie wir die gegenwärtige innere Krise der Christlich-Sozialen Union überwinden helfen. [...] Wir nehmen an, dass auch der Landesvorsitzende an dieser Besprechung teilnimmt. Die Vorstände sämtlicher nordbayerischen Bezirksverbände und eine Reihe von massgeblichen südbayerischen Parteifreunden werden anwesend sein." IfZ-Archiv, MS 343 Smlg. Köhler 2, Bl. 210 b, Rundschreiben Karl Köhlers, Hanns Seidels, August Haußleiters und Elisabeth Meyer-Spreckels' vom 15. 8. 1947, und Bl. 210 a, Rundschreiben Karl Köhlers, Hanns Seidels, August Haußleiters und Elisabeth Meyer-Spreckels' vom 18. 8. 1947, in dem die Änderung des Tagungsortes bekanntgegeben wurde.

Deutschland hilfreich zu wirken. Daher dürfe in Eichstätt in der Führung der neuen Partei, der Union, keine Änderung eintreten, sondern wir hätten die Schuldigkeit, dafür zu werben und dafür zu sorgen, daß Dr. Jose[f] Müller weiterhin im Sinne dieser Politik arbeiten könne. Wird dies nicht der Fall sein, können wir mit dem sicheren Verlust der evangelischen und liberalen Wähler rechnen."[442]

Über den Verlauf der Besprechung und über die Beschlüsse, die gefaßt wurden, um einen Erfolg der katholisch-konservativen Kräfte in Eichstätt zu verhindern, informiert ein Rundschreiben, das Alois Hundhammer wenige Tage vor Beginn der Landesversammlung an die Mitglieder der Landtagsfraktion richtete[443]. Der Fraktionsvorsitzende berief sich dabei auf schriftliche Berichte von zwei Personen, die an der Fürther Konferenz teilgenommen hatten, und enthielt sich selbst jeden Kommentars. In diesem Rundschreiben heißt es:

„1.) Die Frage der Führung in der CSU wurde unter Übergehen einiger bedenklicher Stimmen dahingehend festgelegt, daß man ein Direktorium stri[kt] ablehnt. Auch der Vorschlag, neben Dr. M. Ausschüsse zu bilden, die führend beschließen, wurde abgelehnt. Ziel: Bewußtes Hinarbeiten auf den Bruch der CSU.

2.) Taktik: a) Bei jeder Gelegenheit melden sich alle Müller-Anhänger sofort zur Diskussion. Es soll damit erreicht werden, daß die Redner Dr. Hundhammers dadurch nicht zum Einsatz kommen, daß man rechtzeitig den Antrag auf Schluß der Rednerliste, der Debatte etc. einbringt.

b) Jeder Antrag aus dem Hundhammer-Lager wird mit allen zu Gebot stehenden Mitteln bekämpft, wenn nötig durch Schreien und Rand[al]ieren. Mit schärfsten Mitteln wird rücksichtslos vorgegangen werden.

3.) Regie [. . .] c) Dr. Hundhammer (möglichst ausgiebig) wird von Haußleiter als 1. Redner auf das Schwerste angegriffen. Er soll u[nter] allen Umständen provoziert werden. Themen: a) Koalitionsregierung b) Eichstätter Beschlüsse c) Verrat am 10 er Ausschuß b[ei] d[er] Kabinettsbildung d) Warum kommt der Demagoge Loritz ins Kabinett? e) Warum muß Ministerialrat Rinke das Wirtschaftsministerium räumen? Als 2. Redner spricht Dr. Köhler Dr. Hundhammer hinsichtlich seiner kulturpolitischen Tätigkeit an. Er hat die Aufgabe, Dr. Hundhammer zu provozieren. Erreicht soll werden, daß sich Dr. Hundhammer vergißt und beleidigend antwortet. Dies soll dann zum Gegenstand eines Schiedsverfahrens gemacht werden mit dem Ziele, Dr. Hundhammer auszuschließen aus der CSU. Dr. Hundhammer wird das Mißtrauen ausgesprochen. Damit will man Dr. Ehard zwingen, Dr. Hundhammer aus dem Kabinett zu entlassen. Die Forderung nach der Abgabe des Fraktionsvorsitzes wird erhoben werden. Jeder Redner wird nach dem Ende seiner Ausführungen einen Antrag stellen, um Dr. Hundhammer zur Gegenerklärung zu zwingen. Übereinstimmend: Gegen Dr. Hundhammer geht es drauf und dran. Er muß erledigt werden, koste es, was es wolle. [. . .]

4.) Aussichten [. . .] c) Sollte es nicht gelingen, Dr. Hundhammer zu beseitigen und die CSU wie bis jetzt weiterlaufen, so wird man die CDU gründen."

---

442 IfZ-Archiv, MS 343 Smlg. Köhler 2, Bl. 211.

443 IfZ-Archiv, ED 132 NL Baumgartner 4, Rundschreiben Alois Hundhammers an die Mitglieder der Landtagsfraktion vom 27. 8. 1947; das folgende Zitat ebenda. Die Tatsache, daß gerade Hundhammer die Geheimsitzung der politischen Freunde Josef Müllers öffentlich machte und daß die skizzierte Marschroute fast exakt mit dem späteren Verlauf der Landesversammlung korrespondierte, wirft die Frage nach der Glaubwürdigkeit dieses Dokuments auf. Eine nachträgliche Fälschung dürfte unwahrscheinlich sein, da dafür kaum die Form eines Rundschreibens gewählt worden wäre. Was den Inhalt angeht, so deckt sich Hundhammers Bericht mit den Erinnerungen Köhlers, die an dieser Stelle jedoch sehr spärlich sind (IfZ-Archiv, MS 343 Smlg. Köhler 2, Bl. 211). Man wird also letztlich davon ausgehen können, daß in Fürth Beschlüsse gefaßt wurden, die den von Hundhammer genannten zumindest teilweise entsprachen. Zugleich ist anzunehmen, daß sich der hart kritisierte Kultusminister um eine möglichst scharfe Diktion bemühte, um noch unentschlossene Abgeordnete auf seine Seite zu ziehen. Das Rundschreiben findet sich auch zitiert bei Fait, Anfänge, S. 205 ff.

Als Josef Müller am 30. August 1947 die außerordentliche Landesversammlung eröffnete, waren beide Seiten auf die bevorstehenden Auseinandersetzungen bestens vorbereitet. Journalisten rechneten mit einer Spaltung der bayerischen Unionspartei[444]. Auch Beobachter der amerikanischen Besatzungsmacht berichteten, daß der katholisch-konservative Flügel der CSU unter Hundhammers Führung zur Bayernpartei überwechseln würde, wenn es nicht gelänge, Müller zu entmachten. Eine Gruppe fränkisch-protestantischer Politiker hatte dagegen erkennen lassen, daß sie aus der Partei ausscheiden würde, wenn die Initiativen der Gegenseite erfolgreich wären[445]. Aber die endgültige Entscheidung, die von vielen erwartet oder erhofft worden war, blieb aus. Die Tagung verlief zwar nach den Richtlinien, die die politischen Freunde Müllers in Fürth festgelegt hatten, doch es gelang trotz aller Bemühungen nicht, den Kultusminister ernsthaft in Bedrängnis zu bringen oder gar zu provozieren. Der taktisch geschickten Rede Hundhammers hatten die Redner des Müller-Flügels nur wenig entgegenzusetzen[446]. Haußleiter löste mit seiner Äußerung, unter den politischen Werten des Kultusministers rangiere bayerisch vor christlich, lediglich tumultartige Szenen aus und wurde minutenlang niedergebrüllt[447]. Hundhammer erhielt aber allen Turbulenzen zum Trotz sein Vertrauensvotum; bei 25 Enthaltungen sprachen sich 323 Delegierte für den Kultusminister aus, 154 stimmten gegen ihn[448].

Auch den Initiativen der Fraktion war wenig Erfolg beschieden. Nach Müllers Rechenschaftsbericht brachte Horlacher den von der Fraktion mehrheitlich gebilligten Mißtrauensantrag ein. Doch die Landesversammlung votierte erneut für den Landesvorsitzenden. Mit 308 gegen 192 Stimmen bei zehn Enthaltungen erzielte Müller zwar ein schlechteres Ergebnis als sein Erzrivale, er war aber noch einmal mit einem blauen Auge davongekommen[449]. Zudem gelang es ihm, die detaillierten Vorschläge für eine Reform der Satzung zu konterkarieren. Müller empfahl nämlich selbst, durch den Landesausschuß zwei stellvertretende Parteivorsitzende wählen zu lassen und einen „Ältestenrat" als Vermittlungsinstanz einzurichten[450]. Damit kam der Ochsen-

---

[444] Main-Post vom 19. 8. 1947: „CSU vor Entscheidungen"; Kurier vom 22. 8. 1947: „Zurück zur Bayerischen Volkspartei?"; Frankenpost vom 23. 8. 1947: „Spaltung der CSU beraten"; SZ vom 23. 8. 1947: „Bayerns größte Partei vor der Entscheidung"; SZ vom 23. 8. 1947: „Diadochenkämpfe"; Tagesspiegel vom 24.8. 1947: „Der Kampf in der CSU"; Telegraf vom 28. 8. 1947: „Ein Pyrrhussieg und seine Folgen".

[445] IfZ-Archiv, MA 1479/9, Bericht Pierre M. Purves' über die außerordentliche Landesversammlung der CSU am 30./31. 8. 1947 in Eichstätt vom 3. 9. 1947; IfZ-Archiv, RG 260, 7/29–1/13–16, James R. Wilkinson an das State Department vom 9. 9. 1947.

[446] Protokoll der außerordentlichen Landesversammlung der CSU am 30./31. 8. 1947 in Eichstätt, in: Protokolle und Materialien, S. 1102–1116 (Alois Hundhammer) und S. 1116–1144 (Aussprache und abschließende Erklärung Alois Hundhammers). Zur Wirkung der Reden und Diskussionsbeiträge IfZ-Archiv, MA 1479/9, Bericht Pierre M. Purves' über die außerordentliche Landesversammlung der CSU am 30./31. 8. 1947 in Eichstätt vom 3. 9. 1947. Vgl. auch Fait, Anfänge, S. 207–218, und Hettler, Josef Müller, S. 333–347.

[447] Protokoll der außerordentlichen Landesversammlung der CSU am 30./31. 8. 1947 in Eichstätt, in: Protokolle und Materialien, S. 1128f., und IfZ-Archiv, MA 1479/9, Bericht Pierre M. Purves' über die außerordentliche Landesversammlung der CSU am 30./31. 8. 1947 in Eichstätt vom 3. 9. 1947.

[448] Protokoll der außerordentlichen Landesversammlung der CSU am 30./31. 8. 1947 in Eichstätt, in: Protokolle und Materialien, S. 1184.

[449] Ebenda, S. 1219.

[450] Ebenda, S. 1191f. Ein Beobachter der Militärregierung bemerkte: „The Mueller forces suffered a serious eclipse in the course of the afternoon [30. August]. Accordingly it was not difficult for Dr. Pfeiffer and Dr. Ehard to persuade Mueller to agree to an alternation of the statutes providing for a directorate which the party chairman would be responsible." IfZ-Archiv, MA 1479/9, Bericht Pierre

sepp der innerparteilichen Opposition zwar entgegen, das, was er vorschlug, blieb jedoch weit hinter den Forderungen nach der Einrichtung eines Direktoriums an der Parteispitze und nach der Erweiterung des geschäftsführenden Landesvorstands zurück, die sowohl von Horlacher als auch von Ehard erhoben wurden[451]. Carl Lacherbauer kam am Ende der Tagung nicht einmal mehr dazu, die Reformvorschläge der Fraktion im einzelnen vorzustellen[452]. Es blieb nur noch Zeit, die Landesversammlung aufzufordern, die Anträge der Fraktion an den Landesausschuß zu überweisen, der spätestens bis Ende Oktober 1947 darüber beraten und seine Beschlüsse dem nächsten ordentlichen Parteitag vorlegen sollte. Gegen diesen Versuch, den Landesausschuß zeitlich und inhaltlich zu binden, setzte sich Müller erfolgreich zur Wehr. Die ermüdeten Delegierten waren damit einverstanden, daß die Reformvorschläge der Fraktion als unverbindliches „Material" an den Landesausschuß weitergegeben wurden.

Die mit soviel Spannung erwartete außerordentliche Landesversammlung brachte weder eine Entscheidung noch eine Klärung der Situation[453]. Offensichtlich war keine Seite stark genug, um sich in den Führungs- und Flügelkämpfen durchsetzen zu können, und vor einer Spaltung der bayerischen Unionspartei schreckte man letztlich doch zurück[454]. Der Landesvorsitzende hatte zwar sichtlich an Boden verloren, andererseits war es der von Hundhammer, Schlögl, Pfeiffer und Horlacher geführten Opposition aber auch nicht gelungen, seine Machtbefugnisse zu beschränken und eine Satzungsreform zu erzwingen. Der eigentliche Sieger der Tagung war zweifellos Hans Ehard. Der Ministerpräsident war mit einer großen Rede vor die Delegierten getreten, „die in der zerstrittenen CSU beinahe die Funktion eines neuen Parteiprogramms erhielt"[455]. Zudem hatte er es verstanden, immer dann ausgleichend in die Auseinandersetzung einzugreifen, wenn die Debatte hoffnungslos verfahren schien. Die sachliche Art des mit der ganzen Autorität seines Staatsamts auftretenden Regierungschefs wirkte auf die Delegierten geradezu magnetisch. Auch für Gerhard Kroll, immerhin ein profilierter Sprecher des Müller-Flügels, war Ehard der ruhende Pol in der krisengeschüttelten CSU:

„Wir haben im Verlauf der Landesversammlung ein sehr eigentümliches Schauspiel erlebt. Die Versammlung begann mit der Rede des Ministerpräsidenten [Hans Ehard], und man hat das Gefuhl gehabt, es war eine Stimmung im Saal, die dadurch besonders gekennzeichnet war, daß sich beide Gruppen wie die Kletten an diesen Mann hingen, der dies unsagbare Talent zum Ausgleichen und zum Beruhigen besessen hat. (Beifall.) Er ist die Persönlichkeit, auf die wir im Notfall

M. Purves' über die außerordentliche Landesversammlung der CSU am 30./31. 8. 1947 in Eichstätt vom 3. 9. 1947.

451 Protokoll der außerordentlichen Landesversammlung der CSU am 30./31. 8. 1947 in Eichstätt, in: Protokolle und Materialien, S. 1195 f. (Hans Ehard) und S. 1203–1206 (Michael Horlacher); Gerhard Kroll (S. 1209–1212) lehnte im Sinne Müllers ein Direktorium ab.

452 Hierzu und zum folgenden ebenda, S. 1221 f.

453 Zur parteioffiziellen Version der Vorgänge auf der außerordentlichen Landesversammlung vgl. die Mitteilungen der Christlich-Sozialen Union vom 6. 9. 1947: „Eichstätt entschied für Ausgleich. Die Landesversammlung der Union im Zeichen bewegter Debatten".

454 IfZ-Archiv, RG 260, 7/29–1/13–16, James R. Wilkinson an das State Department vom 9. 9. 1947; IfZ-Archiv, MA 1479/9, Bericht Pierre M. Purves' über die außerordentliche Landesversammlung der CSU am 30./31. 8. 1947 in Eichstätt vom 3. 9. 1947; vgl. auch den Artikel „Würzige Bajuwarismen. Großer Aufwand schmählich vertan" im Spiegel vom 6. 9. 1947, und Telegraf vom 5. 9. 1947: „Eichstätt: Keine Klärung in der CSU".

455 Mintzel, Geschichte der CSU, S. 244.

als auf den letzten Rettungsanker schauen, der die Union durch die Schwierigkeiten durchsteuern kann. (Sehr richtig!) Er möge sich dieser unerhörten Belastung und unerhörten Aufgabe bewußt sein; und wir sind überzeugt, daß er die Schwierigkeiten voll und ganz kennt!"[456]

Damit war Josef Müller ein Konkurrent um die Führung der Partei erwachsen, der nicht aus den Reihen der katholisch-konservativen Traditionalisten kam, sich in den bisherigen Konflikten weitgehend zurückgehalten hatte und bei allen Flügeln gleichermaßen Sympathien genoß[457]. Der amerikanische Generalkonsul in München wagte sogar die Aussage, daß der Ministerpräsident dem Ochsensepp zu jedem beliebigen Zeitpunkt den Parteivorsitz erfolgreich streitig machen könne[458]. Dieser neuen Rolle Ehards entsprach auch eine Initiative, die August Haußleiter in den ersten Septembertagen unternahm. Er machte dem Ministerpräsidenten den Vorschlag, „eine Zusammenkunft der Exponenten aller Gruppierungen" der CSU unter seinem Vorsitz einzuberufen, um über eine Reform der Partei mit dem Ziel eines „innerparteilichen Burgfriedens" zu diskutieren[459]. Doch bevor konkrete Schritte unternommen werden konnten, veränderte sich die politische Konstellation so grundlegend, daß andere Dinge zunächst wichtiger waren.

## 9. Das zweite Kabinett Ehard

Am 14. September 1947 beschloß der Landesausschuß der bayerischen SPD den Austritt aus der seit neun Monaten bestehenden Koalitionsregierung. Einen Tag später erklärten die sozialdemokratischen Minister und Staatssekretäre ihren Rücktritt[460]. Das Auseinanderbrechen des ersten Kabinetts Ehard kam nicht gänzlich unerwartet, denn es knirschte schon seit mehreren Monaten im Getriebe der Regierungsmaschinerie[461]. Teile der SPD hatten einer Zusammenarbeit mit der CSU von Anfang an skeptisch gegenübergestanden, und spätestens seit der Frankfurter Direktorenwahl war die große Koalition in Bayern auch der Parteizentrale in Hannover ein Dorn im Auge[462]. Verhandlungen zwischen Delegationen von CSU und SPD über eine Fortsetzung des Bündnisses brachten keine konkreten Ergebnisse. Hartmut Mehringer ist überhaupt der Meinung, daß man in der Führungsriege der bayerischen Sozialdemokratie „nur

---

456 Protokoll der außerordentlichen Landesversammlung der CSU am 30./31. 8. 1947 in Eichstätt, in: Protokolle und Materialien, S. 1211.

457 Hans Hermann von Eicken, ein ehemaliger Mitstreiter Josef Müllers aus den Gründungstagen der CSU, schrieb am 4. 9. 1947 an Hans Ehard: „Ich sichere Ihnen auch an dieser Stelle zu, dass ich meinen Einfluss [...] für die von Ihnen vertretene Linie einzusetzen beabsichtige, die mir augenblicklich in dem ‚Dschungel' der bayerischen Politik [als] der einzige Lichtblick erscheint." IfZ-Archiv, Fh 56.

458 IfZ-Archiv, RG 260, 7/29–1/13–16, James R. Wilkinson an das State Department vom 9. 9. 1947: „The convention appears to illustrate the fact that Minister-President Ehard has to become the central figure of the party. It is believed that he could successfully contest Mueller's leadership of the party at any time if he so desired, but he seems to prefer party unity. He will probably attempt to increase his personal influence without an open break with any segment of the party."

459 IfZ-Archiv, Fh 56, August Haußleiter an Hans Ehard vom 6. 9. 1947.

460 Zum Bruch der Regierungskoalition in Bayern vgl. Mehringer, Waldemar von Knoeringen, S. 325–335; danach auch das folgende.

461 Ministerpräsident Ehard erklärte wenige Tage nach dem Rücktritt der sozialdemokratischen Regierungsmitglieder, „so ein langsames Abbröckeln" sei „immer bemerkbar" gewesen. ACSP, CSU-LTF I, 15–14, Protokoll der Fraktionssitzung am 18. 9. 1947.

462 IfZ-Archiv, RG 260, 7/29–1/13–16, E. Tomlin Baily an das State Department vom 19. 9. 1947.

noch auf einen spektakulären Anlaß" wartete, „um den Sprengsatz zu zünden oder nach Möglichkeit die CSU zu zwingen, aus eigenem Antrieb den Bruch zu vollziehen"[463].

Es gab freilich auch einen gewichtigen Grund, der Waldemar von Knoeringen, den Landesvorsitzenden der SPD, zögern ließ, den Ausstieg aus der zunehmend als Belastung empfundenen Koalitionsregierung zu vollziehen: die Hoffnung auf eine Spaltung der bayerischen Unionspartei. Als sich auf der außerordentlichen Landesversammlung in Eichstätt jedoch zeigte, daß mit einem Auseinanderbrechen der CSU zumindest kurzfristig nicht gerechnet werden konnte[464], entschloß sich die SPD zum Handeln. Unmittelbarer Anlaß für ihren Rückzug aus dem Kabinett war die Rede des Ministerpräsidenten in Eichstätt, bei der er in teilweise scharfer Form jede Spielart des Sozialismus abgelehnt hatte[465]. Wilhelm Hoegner, einer der wenigen führenden Sozialdemokraten, die für eine Fortsetzung der Zusammenarbeit mit der CSU plädierten, sprach später nicht zu Unrecht von einem „Vorwand" für die Aufkündigung der Koalition[466]. Ehards Verdikte hatten aber bei vielen Sozialdemokraten wohl wirklich Irritationen ausgelöst, obwohl der Ministerpräsident wiederholt versicherte, er habe den Koalitionspartner in keiner Weise angreifen wollen[467]. Tatsächlich gibt es keine Indizien dafür, daß man in der bayerischen Unionspartei ernsthaft geplant hätte, das Regierungsbündnis zu sprengen; auch Josef Müller gehörte inzwischen zu denen, die Geschmack an einer Zusammenarbeit mit der SPD zu finden begannen[468].

Der Bruch der Koalition traf die CSU nicht unvorbereitet. Durch Presseberichte über einen bevorstehenden Rücktritt der sozialdemokratischen Regierungsmitglieder alarmiert, berieten Josef Müller, Hans Ehard, Joseph Baumgartner, Michael Horlacher und Alois Hundhammer bereits am 12. September über die politische Lage[469]. Horlacher verhehlte dabei nicht, daß er den Parteivorsitzenden und seine Einflußnahme auf die Frankfurter Direktorenwahl für die Krise verantwortlich machte. Zugleich betonte er ganz im Sinne seiner bisherigen Haltung in der Koalitionsfrage, daß für ihn ein reines CSU-Kabinett nicht in Frage käme. Dagegen signalisierte Landwirtschaftsminister Baumgartner, der zweite prominente Vertreter des Bauernflügels in der Runde, seine Bereitschaft, auch in einer Regierung mitzuarbeiten, die nur von der bayerischen Unionspartei gestellt würde. Von entscheidender Bedeutung war aber die überraschende Tatsache, daß Müller und Hundhammer zu einem Konsens fanden. Beide

[463] Mehringer, Waldemar von Knoeringen, S. 327.

[464] Auch Hans Ehard unterstellte der SPD dieses Motiv. ACSP, CSU-LTF I, 15–14, Protokoll der Fraktionssitzung am 18. 9. 1947.

[465] Protokoll der außerordentlichen Landesversammlung der CSU am 30./31. 8. 1947 in Eichstätt, in: Protokolle und Materialien, S. 1063–1081.

[466] Hoegner, Außenseiter, S. 295.

[467] Vgl. Gelberg, Hans Ehard, S. 48. Vor der Fraktion erklärte Ehard: „Ich stehe nicht an zu sagen, es ist mir nicht im Traum eingefallen, die bayerischen Sozialdemokraten mit den Kommunisten oder einem kollektivistischen System gleichzustellen." Die Adressaten seiner Rede dürften eher in der eigenen Partei zu suchen sein, da Ehard weiter ausführte: „Ich halte es nicht für glücklich, wenn man vom sozialen Christentum spricht. Soziales Christentum ist ein Pleonasmus. Christlicher Sozialismus ist ein Unsinn." ACSP, CSU-LTF I, 15–14, Protokoll der Fraktionssitzung am 18. 9. 1947.

[468] Vgl. Mehringer, Waldemar von Knoeringen, S. 326. Die Positionen, die Josef Müller und seine politischen Freunde im Sommer 1947 vertraten, wären mit den entsprechenden Programmpunkten der SPD nicht unvereinbar gewesen. ACSP, NL Müller 221, August Haußleiter an Josef Müller vom 7. 7. 1947 und die von Haußleiter verfaßten „Koalitionsbedingungen der CSU", undatiert, sowie NL Müller 226, Presseerklärung Josef Müllers und Waldemar von Knoeringens vom 19. 7. 1947.

[469] IfZ-Archiv, MA 1420/13, Bericht Pierre M. Purves' über ein Gespräch mit Josef Müller vom 15. 9. 1947; das folgende nach ebenda.

plädierten dafür, alle Vorbereitungen für eine alleinige Regierungsübernahme zu treffen, um das weitere Vorgehen der SPD in Ruhe erwarten zu können. Damit bahnte sich eine Zusammenarbeit der bis dahin verfeindeten Flügel an, mit der man nicht unbedingt hatte rechnen können. Dies bekamen vor allem diejenigen zu spüren, die wie Horlacher eine Fortsetzung der Koalition favorisierten; nolens volens beugten sie sich aber schließlich den Mehrheitsverhältnissen.

Drei Tage nach dem Auseinanderbrechen der Regierung trat die CSU-Fraktion zusammen. Bereits einleitend teilte Hundhammer den Abgeordneten mit, daß in der Frage der anstehenden Regierungsumbildung ein gemeinsamer Nenner zwischen Partei- und Fraktionsführung gefunden worden sei[470]. Hans Ehard und Josef Müller stießen in dasselbe Horn. Durch das Verhalten des Koalitionspartners sichtlich gekränkt, lehnte Ehard eine sofortige Neuauflage der Koalition mit der SPD ab. Auch eine Auflösung des Landtags und anschließende Neuwahlen, wie sie die Sozialdemokraten gefordert hatten[471], kamen für ihn nicht in Frage. Ehard fürchtete – und dies ist bezeichnend für sein Politikverständnis –, daß ein zeitweiliges Machtvakuum die Stellung Bayerns gegenüber den bizonalen Institutionen, den Besatzungsmächten und den übrigen deutschen Ländern schwächen könnte. Weiter führte der Regierungschef aus:

> „In de[m] Zeitpunkt, in dem das Volk verlangt, daß wir in die Bresche springen, müssen wir es tun, selbst auf die Gefahr hin, daß man ein Risiko eingeht. Es besteht aber auch eine ganz große Chance, die Chance für die CSU. [. . .] Wir müssen jetzt zeigen, daß eine Partei bereit ist, diese Verantwortung zu übernehmen. Hat sie Erfolg, so ist es recht. Sonst haben die [a]nderen dann Gelegenheit zu zeigen, daß sie es besser machen. Wenn wir uns christlich nennen wollen, dann müssen wir auch bereit sein, eine ehrliche Verantwortung auf uns zu nehmen. [. . .] Es gäbe ein Letztes: Die CSU übernimmt, nachdem sie dahin gedrängt worden ist, die Verantwortung, das Risiko, sie nimmt aber auch die Chance für sich in Anspruch. Schließlich und endlich müssen wir eine Frage stellen, nämlich die Frage, was verlangen unsere Wähler, was verlangt das bayerische Volk. Was das Volk verlangt, das können Sie genau so beurteilen wie ich. Ich bin der Meinung, so wie die Situation ist, muß die CSU die Verantwortung übernehmen. Sie muß es tun und kann es tun."

Damit hatte sich Ehard den Positionen genähert, die Müller und seine Mitstreiter schon im Dezember 1946 vertreten hatten[472]. Auseinandersetzungen über die Person des Ministerpräsidenten gab es nicht mehr, dafür war die Stellung Ehards in der CSU bereits zu stark. In einer Rede, die sich weitgehend mit der des Ministerpräsidenten

---

470 ACSP, CSU-LTF I, 15–14, Protokoll der Fraktionssitzung am 18. 9. 1947; das folgende nach dem Protokoll dieser Fraktionssitzung. Ergänzend dazu IfZ-Archiv, RG 260, 15/102–2/23, Bericht eines Vertrauensmannes der Militärregierung über die Sitzung der CSU-Fraktion am 18. 9. 1947. Am 25. 9. 1947 erklärte Alois Hundhammer in einer öffentlichen Parteiversammlung im Münchner Mathäser-Bräu (ACSP, CSU-LTF I, 15–12/4 und 5): „Da haben nun manche Leute auf den Gegensatz Müller – Hundhammer spekuliert. Das war eine Fehlspekulation. Es ist richtig und kein Geheimnis, daß in der Auffassung über manche politischen [sic!] Dinge zwischen Dr. Müller und mir Meinungsverschiedenheiten bestehen. Aber wir sind beide der Auffassung, daß über alles hinweg das Wohl des Vaterlandes stehen muß. [. . .] In der heutigen Zeit ist es nicht möglich, das Volk ohne eine stabile Regierung zu lassen. Wir wollen gemeinsam den Ministerpräsidenten stützen. Die rasche Lösung innerhalb der Regierung und innerhalb der Fraktion ist dadurch ermöglicht worden, daß alle Fraktionskollegen der CSU, auch diejenigen, die sich vor einem Jahre noch nicht für Ehard erklären konnten, jetzt geschlossen hinter den Ministerpräsidenten getreten sind."

471 Kurier vom 20. 9. 1947: „Auflösung des Landtags beantragt".

472 Josef Müller hatte im Februar 1947 vorgeschlagen, man könne ja ein nur von der CSU getragenes zweites Kabinett Ehard bilden, wenn die SPD aus der Koalition ausscheide. Ehard war dagegen skeptisch gewesen, ob die Union die dazu nötige Kraft und innere Geschlossenheit aufbrächte. ACSP, CSU-LTF I, 15–14, Protokoll der Fraktionssitzung am 20. 2. 1947.

deckte, trat auch Müller dafür ein, Ehard erneut mit der Regierungsbildung zu beauftragen.

Ohne in eine Diskussion einzutreten, sprachen sich die Abgeordneten nach den Reden Ehards und Müllers einstimmig dafür aus, daß der Ministerpräsident an der Spitze einer ausschließlich von der CSU getragenen Regierung im Amt bleiben solle. Auch wenn Horlacher skeptisch blieb und Müller noch keine endgültige Entscheidung treffen wollte, ob er ein Ministeramt übernehmen würde, waren die Weichen für die weitere Entwicklung gestellt.

Am 20. September konnte Hans Ehard sein neues Kabinett im Landtag vorstellen[473]. Mit Wirtschaftsminister Hanns Seidel und Innenminister Willi Ankermüller bekleideten nun zwei Politiker Schlüsselpositionen, die zu den Anhängern des Parteivorsitzenden zu zählen waren. Müller selbst trat als Justizminister und stellvertretender Ministerpräsident in die Regierung ein. Er galt allgemein als der „starke Mann" des neuen Kabinetts[474] und wurde wegen seiner Zuständigkeit für zonale und bizonale Fragen als „bayerischer Außenminister" gehandelt[475]. Die „Koalition innerhalb der eigenen Partei"[476] ließ eine bislang nicht gekannte Aufbruchsstimmung in der CSU aufkommen. Konrad Kübler stellte fest, daß in der Fraktion jetzt volle „Begeisterung" und der „nötige Kampfgeist" herrsche; Josef Piechl glaubte nach der Fraktionssitzung am 18. September gar, der „schönste Tag" in seinem Leben sei zu Ende gegangen[477]. Die sachlichen Gegensätze und persönlichen Auseinandersetzungen schienen für den Moment vergessen zu sein und machten der Hoffnung auf einen Neuanfang Platz[478].

Doch der Burgfriede in der CSU war nur von kurzer Dauer. Müller und seinen politischen Freunden im Kabinett gelang es nicht, die Politik des Ministerpräsidenten wesentlich zu beeinflussen[479]. Dagegen gewann der populäre Ehard, unterstützt von einem eingespielten Mitarbeiterstab in der Staatskanzlei, mehr und mehr Handlungsspielraum, da sich die Exponenten der beiden wichtigsten Parteiflügel im Ministerrat oft genug blockierten. Obwohl Müllers Stellung im Kabinett nominell stark war, konnte er kaum verlorenes Terrain zurückgewinnen. Bereits im Oktober 1947 kam es zwischen Müller und Ehard zu ernsten Differenzen über die Politik Bayerns in Frankfurt[480], und bis Dezember scheint sich das Verhältnis zwischen dem Regierungschef und seinem Stellvertreter weiter verschlechtert zu haben[481]. Zugleich absorbierten die

---

[473] Vgl. Handbuch politischer Institutionen und Organisationen, S. 49f.; die dort abgedruckte Kabinettsliste ist unvollständig. Zu den Personalentscheidungen auch ACSP, CSU-LTF I, 15–14, Protokoll der Fraktionssitzung am 19. 9. 1947.

[474] Echo der Woche vom 27. 9. 1947: „Bayerns neue Regierung"; Der Spiegel vom 27. 9. 1947: „Beflügelter Ehard. Hundhammer in Gefahr". Vgl. auch Hettler, Josef Müller, S. 347ff.

[475] Kurier vom 20. 9. 1947: „Burgfrieden in der CSU. Die neue bayerische Regierung – Dr. Hundhammer bleibt Kultusminister".

[476] Mitteilungen der Christlich-Sozialen Union vom 20. 9. 1947: „Wandlung der bayerischen Politik. Die CSU in der Alleinverantwortung – Die Auseinandersetzung beginnt".

[477] ACSP, CSU-LTF I, 15–14, Protokoll der Fraktionssitzung am 18. 9. 1947.

[478] Kurier vom 20. 9. 1947: „Burgfrieden in der CSU. Die neue bayerische Regierung – Dr. Hundhammer bleibt Kultusminister".

[479] Vgl. Gelberg, Hans Ehard, S. 48f.

[480] IfZ-Archiv, MA 1479/9, ungezeichneter Bericht über eine Besprechung mit Vertretern der Jungen Union vom 14. 10. 1947.

[481] IfZ-Archiv, MA 1420/13, Bericht Paul Burns' über eine Besprechung mit Josef Müller am 10. 12. 1947 vom 15. 12. 1947. Nach Burns' Bericht sprach der Landesvorsitzende von einer Ehard-Hundhammer Fraktion.

neuen Aufgaben Müllers Kräfte so sehr, daß die Arbeit der gesamten Parteispitze darunter litt[482].

Auch die Führungs- und Flügelkämpfe flammten nach einer kurzen Atempause wieder auf. August Haußleiter erklärte schon wenige Tage nach der Bildung des zweiten Kabinetts Ehard, es gebe nach wie vor eine „Oppositionsgruppe" in der Unionsfraktion, auch wenn Josef Müller nun ein Ministeramt bekleide. Er rechnete damit, etwa 20 Abgeordnete mit dem Ziel aktivieren zu können, „den bajuwarischen Kurs des rechten Unionsflügels" und die „rückschrittliche Kulturpolitik Dr. Hundhammers zu bekämpfen"[483]. Die Differenzen zwischen der Parteileitung und führenden Bauernvertretern waren ebenfalls nicht beigelegt. Nach Angriffen gegen Alois Schlögl, hinter denen dieser die von Josef Müller gesteuerte Parteipresse vermutete, stellte der Generalsekretär des Bayerischen Bauernverbands verbittert fest, „daß es in der C. S. U. keine Ruhe geben darf"[484].

---

[482] IfZ-Archiv, MA 1420/13, Bericht Paul Burns' über eine Besprechung mit Hanswolf Haunhorst am 18. 11. 1947 vom 21. 11. 1947.

[483] Kurier vom 23. 9. 1947: „Eine CSU-Oppositionsgruppe".

[484] BayHStA, NL Ehard 68, Alois Schlögl an Alois Hundhammer vom 8. 10. 1947.

# IV. Das Ende der Ära Müller 1948/1949

## 1. „Der Arzt als Mörder"[1]. Fritz Schäffer und die Rebellion des Bezirksverbands Oberbayern

Am 18. November 1947 endete das Spruchkammerverfahren, das Fritz Schäffer gegen sich selbst beantragt hatte, nachdem er von der Militärregierung kaltgestellt worden war. Der Staatsrat wurde als vom Befreiungsgesetz nicht betroffen erklärt und das Verfahren eingestellt[2]. Zwei Monate später hob die Militärregierung auch das gegen Schäffer verhängte Verbot politischer Betätigung auf. Damit war es ihm wieder erlaubt, Parteiämter oder Abgeordnetenmandate zu übernehmen, die Militärregierung untersagte es Schäffer aber nach wie vor, ein öffentliches Amt mit Exekutivfunktionen auszuüben, bei dem Zusammenarbeit mit den Besatzungsbehörden notwendig sei[3]. Die oppositionellen Kräfte in der CSU zögerten nicht, Schäffers Rehabilitierung publik zu machen. Alois Hundhammer teilte den in Marktredwitz versammelten Delegierten der Landesversammlung am 24. Januar 1948 erfreut mit, die Militärregierung habe dem Staatsrat „wieder volle politische Bewegungsfreiheit" gewährt[4].

Zu diesem Zeitpunkt hatten sich wieder einmal schwere Gewitterwolken über der bayerischen Unionspartei zusammengebraut. Die Gegner Josef Müllers hatten ihr Ziel, den verhaßten Parteivorsitzenden zu entmachten, keineswegs aufgegeben, auch wenn all ihre diesbezüglichen Initiativen und Intrigen bisher erfolglos geblieben waren. Am 20. Januar 1948 trafen sich die Mitglieder des Bezirksvorstands der oberbayerischen CSU, fast alle eingeschworene Widersacher des Ochsensepp, um über die verfahrene Situation der Partei und über die Marschroute für den bevorstehenden Parteitag zu beraten[5]. Diesmal sollte eine Entscheidung herbeigeführt werden – so oder so. „Es herrschte einmütige Auffassung darüber", mußte Josef Müller in einer vertraulichen Aktennotiz lesen, daß der Bezirksverband Oberbayern „diesmal das letztemal zu einer Landesversammlung fahren würde". Für den Fall, daß es nicht gelänge, die eigenen Ansichten und Forderungen durchzusetzen, wollte man geschlossen den Parteitag verlassen.

Doch dabei blieb es nicht. Der Bezirksvorstand der oberbayerischen CSU beschloß überdies, Hans Ehard für das Amt des Landesvorsitzenden zu nominieren. Die Kandidatur des populären und von allen Gruppierungen der zerstrittenen CSU respektierten Ministerpräsidenten hätte erstmals in der Geschichte der CSU zu einer Kampfabstim-

---

[1] Protokoll der Sitzung des Landesausschusses der CSU am 28./29. 2. 1948 in Regensburg, in: Protokolle und Materialien, S. 1625 (Gerhard Kroll).

[2] IfZ-Archiv, RG 260, AG 1948–27/2, Entscheidung im Spruchkammerverfahren gegen Fritz Schäffer vom 18. 11. 1947. Vgl. dazu auch Henzler, Fritz Schäffer, S. 208–228.

[3] IfZ-Archiv, RG 260, AG 1948–27/2, EUCOM an OSS vom 19. 1. 1948.

[4] Protokoll der Landesversammlung der CSU am 24./25. 1. 1948 in Marktredwitz, in: Protokolle und Materialien, S. 1402.

[5] ACSP, NL Müller 109, vertrauliche Aktennotiz Josef Plonners für Josef Müller über die Sitzung des Bezirksvorstands der CSU Oberbayern am 20. 1. 1948; das folgende nach dieser Aktennotiz.

mung um den Parteivorsitz geführt und Müller mit einem gefährlichen Gegenkandidaten konfrontiert. Ob Ehard überhaupt dazu bereit war, gegen Müller anzutreten, war aber unklar, und für den Fall, daß er die ihm angetragene Kandidatur ausschlug, vereinbarten die Mitglieder des Bezirksvorstands, Anton Pfeiffer ins Rennen zu schicken. In diesem Zusammenhang fiel auch der Name Fritz Schäffer; der Gedanke, den Staatsrat für den Landesvorsitz vorzuschlagen, fand aber selbst in diesem Gremium keine Mehrheit. Der ehemalige BVP-Vorsitzende wirke auf viele fränkische Delegierte „noch wie ein rotes Tuch", hieß es. Doch es sollte nur noch wenige Wochen dauern, bis der Staatsrat mit einem Paukenschlag auf die politische Bühne zurückkehrte.

Gänzlich unerwartet kam das Comeback Fritz Schäffers für die Parteiführung der CSU nicht. Schon Ende November wurde er als möglicher Kandidat für das Amt des Landesvorsitzenden gehandelt. Zugleich kursierte in der Landesgeschäftsstelle das Gerücht, Heinrich Krehle würde den Vorsitz des Bezirksverbands München zugunsten Schäffers niederlegen, der die Münchner CSU im Frühjahr 1946 bereits kurze Zeit geführt hatte[6]. Die vorliegenden Dokumente lassen kaum Rückschlüsse auf etwaige Absprachen des Staatsrats mit seinen politischen Freunden für sein Comeback zu[7], sicher ist nur, daß Schäffer um die Jahreswende 1947/1948 engen Kontakt mit Alois Hundhammer und Joseph Baumgartner hielt[8]. Die Überlegungen, die man in der Landesleitung der bayerischen Unionspartei anstellte, gingen aber vermutlich in die richtige Richtung – mit einer Abweichung: Es war nicht Heinrich Krehle, der seinen Platz für Schäffer räumte, sondern Alois Hundhammer. Der Bezirksverband Oberbayern, den Hundhammer seit 1946 führte, stellte die ideale Plattform für einen Angriff auf den innerparteilichen status quo dar, den Schäffer dann auch sofort startete. Die knapp 21.000 Mitglieder, die der oberbayerischen CSU 1947 angehörten, machten etwa ein Viertel der gesamten Mitgliedschaft aus[9]; zudem hatten die Kontrahenten Josef Müllers gerade dort ihre stärksten Bastionen.

Ausgangspunkt für den „Staatsstreich" Fritz Schäffers gegen die Parteiführung war die Bezirksversammlung der CSU Oberbayern am 14. Februar 1948[10]. Von starkem

[6] IfZ-Archiv, MA 1420/13, Bericht Paul Burns' über Besprechungen mit Hanswolf Haunhorst am 24.11. und 28. 11. 1947 vom 4. 12. 1947; IfZ-Archiv, RG 260, 7/29–1/13–16, Sam E. Woods an das State Department vom 12. 1. 1948. Arbeitsminister Krehle hatte die Delegierten der Bezirksversammlung im November 1947 dringend gebeten, ihn wegen seiner vielfältigen Verpflichtungen nicht wiederzuwählen; die Bezirksversammlung hatte ihn jedoch dennoch im Amt des ersten Vorsitzenden des Bezirksverbands München bestätigt. ACSP, NL Müller 68, Protokoll der Bezirksversammlung der CSU München am 12. 11. 1947.

[7] Vgl. Henzler, Fritz Schäffer, S. 238. In einer streng vertraulichen Aktennotiz Sepp Horts über ein Gespräch mit dem oberbayerischen Landtagsabgeordneten Franz Schäfer am 16. 7. 1947 hieß es jedoch bereits: „Wir warten bloss, bis Staatsrat Schäffer fertig ist mit seiner Spruchkammergeschichte. Dann schlagen wir mit ihm an der Spitze los, und zwar blitzartig. Wir brauchen dazu ca. 45–50 Abgeordnete. Name der neuen Partei [. . .]: „Katholischer Volksblock Bayern." ACSP, NL Müller 394.

[8] ACSP, CSU-LTF I, 15–12/4 und 5, Fritz Schäffer an Alois Hundhammer vom 19. 12. 1947 und dessen Antwortschreiben vom 22. 12. 1947. Schäffer warf bereits am 19. Dezember die Frage auf, ob man die umstrittenen Satzungsfragen, die auch nach der außerordentlichen Landesversammlung weiterhin im Raum standen, „zur Entscheidung für den inneren Zusammenhalt der CSU" machen wolle. Die Entscheidung über das Comeback des Staatsrats fiel wohl erst Anfang Februar 1948. Am 9. Februar ließ Schäffer den mittlerweile zur Bayernpartei übergetretenen Baumgartner „unserer seinerzeitigen Verabredung entsprechend" wissen, er könne „wohl nicht mehr länger warten" und müsse „noch in dieser Woche entscheidende Entschlüsse fassen". BAK, NL Schäffer 23, Bl. 266.

[9] Exakte Zahlen bei Mintzel, Geschichte der CSU, S. 131. Der Bezirksverband München hatte dagegen nur knapp 2700 Mitglieder.

[10] Mitteilungen der Christlich-Sozialen Union vom 21. 2. 1948: „CSU Oberbayern gegen Landesleitung. Kritik an den Satzungen und an der Politik"; Südost-Kurier vom 18. 2. 1948: „Der ‚Staats-

Beifall begleitet, unterbreitete Hundhammer selbst den Delegierten den Vorschlag, an seiner Stelle Schäffer zum Vorsitzenden des Bezirksverbands zu wählen[11]. Die aggressive Rede des Staatsrats traf offensichtlich genau den richtigen Ton. Begleitet von scharfen Angriffen gegen Josef Müller zeichnete Schäffer ein düsteres Bild der Situation. Die Vorwürfe, die der ehemalige BVP-Vorsitzende dabei erhob, glichen denen, die er bereits im Frühjahr 1946 vorgebracht hatte; ja es scheint fast so, als wollte Schäffer nahtlos dort anknüpfen, wo er von der Militärregierung so abrupt unterbrochen worden war. Zugleich versuchte der Staatsrat, ein gleichsam religiöses Charisma zu verbreiten:

„Drum sage ich: Wenn mich etwas veranlassen könnte, Ihrem Ruf zu folgen, dann wäre es das Bestreben, in der Union, die das Wort ‚christlich' aufs Schild erhoben und diesen Namen angenommen hat, dahin zu wirken, daß sie wieder eine Partei wird, in der nur mit christlichen Methoden gearbeitet wird (lebhafter Beifall) und die dann auch die christlichen Grundsätze im öffentlichen Leben bedingungslos und kompromißlos vertritt. (Zustimmung.) Ich bin im praktischen Leben sehr für Kompromisse; aber da, wo das Gewissen spricht, da, wo es um Grundsätze geht, kann es Kompromisse nicht geben! Unser Heiland hat gesagt: Ich bin in die Welt gekommen, nicht um den Frieden, sondern um das Schwert zu bringen. Das gilt für jeden, der aus einem christlichen Gewissen heraus im öffentlichen Leben steht. Im öffentlichen Leben muß ich mich zu meinen Grundsätzen bekennen; und das ist das Schlimme, wenn eine Demokratie dazu führt, daß die Wendigen und Geschmeidigen, die Grundsatzlosen, sich an die Spitze drängen, und die aufrechten Männer, die Grundsätze haben, zerrieben und an die Seite gestellt werden. (Beifall.) Deswegen sage ich: Wenn mich etwas veranlassen könnte, ist es der Gesichtspunkt, die Christlich-Soziale Union zu einer Partei der christlichen Methode und zu einer Partei der christlichen Zielsetzung im politischen Kampf zu machen, (bravo!) zu einer Partei, die sich nicht um Kleinigkeiten kümmert, sondern darum – ich möchte sagen, so, wie es die Inder in dem Mahatma Gandhi gehabt haben, der in seinen politischen Ansprachen gar nicht Politik getrieben, sondern der als Heide seinem Volk das Neue Testament, die Bergpredigt und die acht Seligkeiten vorgelesen hat –, den Weg zur Seele unseres Volkes zu finden (sehr gut!) und unserem Volk damit wieder innerliche Stärke und Hoffnung zu geben, (sehr gut!) die unser Volk braucht, weil es sie heute nicht mehr hat."

Schäffer warf dem Landesvorsitzenden vor, sich bei der Führung der bayerischen Unionspartei undemokratischer, ja diktatorischer Methoden zu bedienen. Er erkannte offensichtlich nicht, wie paradox die Situation war, als er die Delegierten zugleich aufforderte, ihm für die bevorstehende Auseinandersetzung mit der Landesleitung uneingeschränkte Handlungsvollmacht zu erteilen[12]. Dabei handelte der Staatsrat nach dem Prinzip: Wer nicht für mich ist, ist gegen mich, und er ließ es nicht zu, daß in der entscheidenden Phase der Sitzung Widerspruch laut wurde[13]. Auch in den folgenden Wochen tat Schäffer alles, um Versuche einzelner Kreisverbände zu unterbinden, sich direkt mit der Parteiführung in Verbindung zu setzen[14].

streich' Dr. Schäffers". Zur oberbayerischen Rebellion vgl. Henzler, Fritz Schäffer, S. 306–348; Hettler, Josef Müller, S. 354–386; Mintzel, Anatomie, S. 225–234, und Fait, Einleitung zu: Protokolle und Materialien, S. LXVI-LXXXIV. In der Isar Post vom 13. 2. 1948 stand unter der Überschrift „Neue Kämpfe in der CSU?" bereits zu lesen, daß es geplant sei, Schäffer anstelle Hundhammers zum Vorsitzenden der oberbayerischen CSU zu wählen.

11 BAK, NL Schäffer 22, Bl. 1–48 (hier Bl. 4), Protokoll der Bezirksversammlung der CSU Oberbayern am 14. 2. 1948 in München; das folgende Zitat ebenda, Bl. 11 f.

12 Vgl. Hettler, Josef Müller, S. 359.

13 BAK, NL Schäffer 22, Bl. 1–48 (hier Bl. 30), Protokoll der Bezirksversammlung der CSU Oberbayern am 14. 2. 1948 in München.

14 BAK, NL Schäffer 23, Bl. 182, Rundschreiben Fritz Schäffers an die Vorsitzenden der oberbayerischen Kreisverbände vom 18. 2. 1948, und Bl. 54, Fritz Schäffer an Rupert Steindl vom 6. 4. 1948.

Der frühere BVP-Vorsitzende machte den Anwesenden klar, daß er gleichsam eine offene Feldschlacht plante, um die Forderungen der innerparteilichen Opposition durchzusetzen, die bisher an den Mehrheitsverhältnissen in den zuständigen Gremien gescheitert waren:

„Das ist es, worum es heute geht. Wenn Sie mich wählen wollen und wenn ich [...] wirklich Eurem Ruf folgen soll, dann muß ich wissen, daß der Bezirksverband Oberbayern – ich werde Euch dann bestimmte Vorschläge machen – zusammenhalten will, auch wenn er dabei den offenen Kampf mit der Landesleitung der CSU aufnehmen muß. (Bravo-Rufe und lebhafter Beifall.) Ich bitte, mir zu glauben, daß ich, wenn ich Euch das sage, das wirklich – ich möchte sagen – aus einer Gewissensnot heraus tue. Mir ist es ja unter Umständen viel lieber [...], Ihr folgt meinen Vorschlägen nicht; aber mein Gewissen sagt: Es geht für Bayerns Politik, für Bayerns Chance etwas verloren, und ich fürchte, daß der Name ‚christliche Partei' in Bayern dann auch für ewig seine Achtung verliert und für ewig verloren ist. (Sehr richtig!) [...] Wie ist es in den einzelnen Kreisverbänden; wird mein Name, wenn er als der des Vorsitzenden des Bezirksverbandes Oberbayern erscheint, den Zusammenhalt für die CSU bringen? Wird er das Abwandern der Wähler in andere Parteien verhindern und wird er damit den Bestand der CSU retten? (Zurufe: Jawohl!) Das ist die Frage. Seid Ihr aber, wenn die Frage so ist und die CSU nur auf dem Weg in ihre[m] jetzigen Bestand und ihrer jetzigen Stärke erhalten werden kann, dann auch bereit, mit mir auch einen offenen Kampf gegen die Landesleitung auf Biegen oder Brechen aufzunehmen, nicht um die CSU zu spalten, sondern um sie zu erhalten? (Stürmischer Beifall.)"[15]

Die Wahl Schäffers zum Bezirksvorsitzenden war verknüpft mit der Abstimmung über einen Maßnahmenkatalog, der im Falle seiner Billigung der Parteiführung unterbreitet werden sollte[16]. An erster Stelle stand die Forderung nach einer Änderung der Satzung, um „jedes persönliche Regiment innerhalb der Partei" in Zukunft zu verhindern und zugleich eine grundlegende Modifikation des Delegiertenschlüssels zugunsten der wähler- und mitgliederstarken Kreis- und Bezirksverbände zu erreichen. Um das Pressemonopol der Landesleitung zu brechen, verlangte man darüber hinaus ein eigenes Mitteilungsblatt. In dieselbe Richtung ging die Ankündigung, Besoldung und Kontrolle der hauptamtlichen Mitarbeiter im Bereich des Bezirksverbands Oberbayern in eigener Regie zu übernehmen und bis auf weiteres keine Beiträge mehr an die Landesgeschäftsstelle abzuführen. Weiter hieß es in den von Schäffer vorgetragenen „Mindestforderungen":

„Solange diese Verhandlungen nicht zu einem von der Bezirksversammlung Oberbayern gebilligten Ergebnis geführt haben, erklärt sich der Bezirksverband Oberbayern durch Beschlüsse der Landesleitung, des Landesausschusses und der Landesversammlung für nicht gebunden; (sehr richtig!) er erkennt insbesondere Weisungen des I. Landesvorsitzenden und Erklärungen, die er im Namen der CSU abgibt, für sich selbst nicht an. (Sehr gut!)"

Am Ende stand die nicht näher präzisierte, aber unverhüllte Drohung, daß die Voraussetzungen für ein Verbleiben des Bezirksverbands in der CSU nur dann gegeben seien, wenn die „innere Reform" der Partei gelinge.

Das Ziel Schäffers ging jedoch über die bloße Änderung des innerparteilichen status quo hinaus. Ihm ging es darum, die seit dem Erstarken der Bayernpartei drohende parteipolitische Spaltung der altbayerisch-katholischen Bevölkerung zu verhindern und einen einheitlichen katholischen Wählerblock zu bilden, wobei er den Verlust der seit 1945 mühsam gewonnenen fränkisch-protestantischen Kreise einkalkulierte. Allen ge-

[15] BAK, NL Schäffer 22, Bl. 1–48 (hier Bl. 28f.), Protokoll der Bezirksversammlung der CSU Oberbayern am 14. 2. 1948 in München.
[16] Hierzu und zum folgenden ebenda, Bl. 32–35.

genteiligen Beteuerungen zum Trotz[17] implizierte dies eine Neuinterpretation, vielleicht sogar eine Aufkündigung des Unionsgedankens, wie er bei der Gründung der CSU formuliert worden war[18].

Die Bezirksversammlung reagierte auf Schäffers Rede geradezu euphorisch. Bei fünf Gegenstimmen und vier ungültigen Stimmen sprachen sich 71 Delegierte für den Staatsrat aus[19]. Der neue Bezirksvorsitzende machte sich unverzüglich an die Arbeit. Noch am 14. Februar lud er seine Kollegen aus den übrigen Bezirken zu einer Besprechung nach München ein[20]; zugleich setzte er Hans Ehard, Josef Müller und Konrad Adenauer von den Beschlüssen der Bezirksversammlung in Kenntnis[21].

Daß ein ganzer Bezirksverband der Landesleitung die Gefolgschaft aufkündigte, war selbst in der krisengeschüttelten CSU noch nicht vorgekommen. Die Forderungen, die Schäffer den Delegierten der Bezirksversammlung am 14. Februar vorlegte, waren dagegen keineswegs neu, sondern entsprachen den Bemühungen um eine Reform der Parteiorganisation, die die Opposition um Alois Hundhammer und Anton Pfeiffer seit mehr als eineinhalb Jahren erfolglos unternommen hatte. Stein des Anstoßes war die Parteisatzung, die die Landesversammlung im Mai 1946 verabschiedet hatte und die nach einer Intervention der Militärregierung im Oktober desselben Jahres vom Landesausschuß noch einmal modifiziert worden war[22]. Die katholisch-konservativen Kräfte in der CSU und später auch die einflußreichen Bauernvertreter lehnten die Statuten in drei wesentlichen Punkten ab. Zum einen war ihnen die starke Stellung des Landesvorsitzenden ein Dorn im Auge, der die Partei nicht nur nach außen vertrat, sondern auch das Recht hatte, die Mitglieder des geschäftsführenden Landesvorstands zu ernennen[23]. Zum anderen enthielt die Satzung einen schematischen Delegiertenschlüssel, der die gleiche Stimmenzahl für alle Kreis- und Bezirksverbände in Landesversammlung und Landesausschuß vorsah[24]. Von diesem Prinzip, nach dem die fränkischen Diasporagebiete ebenso behandelt wurden wie die organisatorischen Gravitationszentren der CSU in Altbayern, erhoffte sich Josef Müller positive Rückwirkungen auf die Entwicklung der Partei im protestantischen Franken. Zugleich diente die ge-

[17] IfZ-Archiv, ED 720 Smlg. Mintzel 37, Rundschreiben des Bezirksverbands Oberbayern der CSU vom 26. 7. 1948: „Verlauf der Bemühungen des Bezirksverbandes Oberbayern um eine innere Reform der CSU“; BayHStA, NL Ehard 887, „Was will der Bezirksverband Oberbayern der CSU?“, undatiert; BAK, NL Schäffer 23, Bl. 138, Fritz Schäffer an Karl Sigmund Mayr vom 21. 8. 1948.

[18] Vgl. Henzler, Fritz Schäffer, S. 246, und Mintzel, Anatomie, S. 226f. So auch BAK, NL Schäffer 23, Bl. 32f. Fritz Schäffer an Amia von Montgelas vom 12. 4. 1948, und Stadtarchiv Bamberg, NL Etzel 18, Fritz Schäffer an Hermann Etzel vom 11. 11. 1948.

[19] BAK, NL Schäffer 22, Bl. 1–48 (hier Bl. 38), Protokoll der Bezirksversammlung der CSU Oberbayern am 14. 2. 1948 in München.

[20] BAK, NL Schäffer 23, Bl. 195, Rundschreiben Fritz Schäffers an die Vorsitzenden der CSU-Bezirksverbände vom 14. 2. 1948.

[21] BAK, NL Schäffer 23, Bl. 202, Fritz Schäffer an Hans Ehard vom 14. 2. 1948, Bl. 203, Fritz Schäffer an Josef Müller vom 14. 2. 1948, und Bl. 201, Fritz Schäffer an Konrad Adenauer vom 14. 2. 1948, und Bl. 175, Konrad Adenauer an Fritz Schäffer vom 19. 2. 1948.

[22] Vgl. dazu Fait, Einleitung zu: Protokolle und Materialien, S. XLVIII-LXVI, zu den Interventionen der Militärregierung S. LIV ff.

[23] Satzung der CSU in der Fassung vom 4. 10. 1946, abgedruckt in: Protokolle und Materialien, S. 1783–1803. In der vorläufigen Satzung der CSU vom Januar 1946 war ein stellvertretender Landesvorsitzender vorgesehen gewesen. Die entsprechende Bestimmung wurde jedoch nie wirksam; ebenda, S. 1755f. Zur Kritik am „Führerprinzip“ in der CSU vgl. Mintzel, Anatomie, S. 110–118.

[24] Als Beispiele für die teils vehement vorgetragene Kritik gegen diese Regelung vgl. BayHStA, NL Schwalber 5, Joseph Eberl an Josef Schwalber vom 8. 4. 1948 und dessen Antwortschreiben an Joseph Eberl vom 21. 4. 1948.

messen an den Mitgliederzahlen und Wahlergebnissen überproportionale Vertretung der Bezirke Nürnberg-Fürth, Mittel- und Oberfranken der Sicherung seiner eigenen Machtstellung[25]. Der dritte Kritikpunkt der Opposition betraf den Parteiapparat. Die Satzung erlaubte es dem Landesvorstand, Geschäftsstellen auf Kreis- und Bezirksebene einzurichten; auch die Anstellung und Besoldung des Personals war Sache des Landesvorstands. Dadurch hatte die Parteiführung die Möglichkeit, die politische Arbeit zu steuern und Einfluß auf die Suborganisationen der Partei zu nehmen. In der Konzeption Josef Müllers, der die Partei als „Instrument gesellschaftlich-politischer Integration und demokratischer Bewußtseinsbildung" betrachtete[26], kam den Geschäftsstellen als dem Rückgrat des Parteiapparats zweifellos eine Schlüsselfunktion zu[27].

Die oppositionellen Kräfte in der CSU, die überwiegend am Modell einer Honoratiorenpartei nach dem Muster der untergegangenen BVP orientiert waren, liefen immer wieder gegen diese Regelungen Sturm. Zuletzt hatte die Landtagsfraktion auf der außerordentlichen Landesversammlung am 30. und 31. August 1947 vergeblich versucht, eine kollektive Parteiführung, eine Änderung des Delegiertenschlüssels und eine effektive Kontrolle des Parteiapparats zu erzwingen[28]. Nach einer langen Reihe von Auseinandersetzungen, die nichts anderes waren als der „Kampf um die Parteiführung mit statuarischen Waffen"[29], fanden die Delegierten der Landesversammlung am 24. Januar 1948 einen Kompromiß, der tragfähig zu sein schien. Man beschloß nach teilweise hitzigen Debatten, dem Landesvorsitzenden zwei durch den Landesausschuß zu wählende Stellvertreter an die Seite zu stellen. Auch der Delegiertenschlüssel wurde neu geregelt. Zwar sollte jeder Kreisverband, dem bis zu 500 Mitglieder angehörten, weiterhin mit zwei Stimmen in der Landesversammlung vertreten sein; für je weitere 500 Mitglieder konnte ein Kreisverband jedoch eine zusätzliche Stimme erhalten, wobei die Zahl der Zusatzstimmen zwei nicht überschreiten durfte[30]. Josef Müller konnte mit diesen Entscheidungen leben, da sie seine Machtposition nicht wesentlich einschränkten. Für die Gegner des Parteichefs war der Kompromiß von Marktredwitz allerdings zu weit von ihren ursprünglichen Forderungen entfernt, um wirklich akzeptabel zu sein. Michael Horlacher hatte darauf gehofft, daß die Landesversammlung vom 24. und 25. Januar 1948 als „Parteitag der Einigung" in die Geschichte der CSU eingehen würde. Schon drei Wochen später sollten sich diese Hoffnungen als Illusion erweisen.

Nachdem die Landesleitung von den Beschlüssen der Bezirksversammlung vom 14. Februar 1948 erfahren hatte, versuchte sie zunächst, Zeit zu gewinnen und die Ereignisse herunterzuspielen, nicht zuletzt auch deshalb, weil Kommunalwahlen bevorstanden, die man nicht durch erneute Streitigkeiten stören wollte[31]. Während sich der

[25] Zur Auseinandersetzung um den Delegiertenschlüssel vgl. Fait, Einleitung zu: Protokolle und Materialien, S. XLVIII-LI, und Hettler, Josef Müller, S. 261 ff.

[26] Mintzel, Anatomie, S. 140.

[27] Vgl. ebenda, S. 139–153.

[28] Vgl. S. 206–213.

[29] Mintzel, Anatomie, S. 99; vgl. auch die Zusammenfassung bei Fait, Einleitung zu: Protokolle und Materialien, S. XLVIII-LXVI.

[30] Protokoll der Landesversammlung der CSU am 24./25. 1. 1948 in Marktredwitz, in: Protokolle und Materialien, S. 1423 f. und S. 1450; das folgende Zitat ebenda, S. 1412. Zu den Forderungen und Verhandlungen im Vorfeld der Landesversammlung vgl. BayHStA, NL Pfeiffer 533, Rundschreiben des CSU-Bezirksverbands Oberbayern an die Mitglieder des Landesausschusses vom 23. 12. 1947, und NL Pfeiffer 535, Anton Pfeiffer an Josef Müller vom 22. 1. 1948.

[31] Vgl. Henzler, Fritz Schäffer, S. 242 f.

Staatsrat um Unterstützung bei den anderen altbayerischen Bezirksverbänden bemühte[32], formierte sich bei seinen Gegnern der Widerstand. Der Vorstand des Bezirksverbands Nürnberg-Fürth forderte ebenso wie der ständige Ausschuß des Parlaments der Jungen Union, keine Verhandlungen mit Schäffer zu führen. Auch der oberbayerische Kreisverband Garmisch-Partenkirchen billigte das Vorgehen Schäffers nicht und sprach dem Landesvorsitzenden das Vertrauen aus. Am weitesten ging eine Resolution des Bezirksrats der Jungen Union Nürnberg-Fürth:

„Die Herren Minister Dr. Hundhammer und Dr. Pfeiffer sowie Herr Staatsrat a. D. Schäffer haben durch ihr Verhalten die Gefahr einer Krisis für Kabinett und Parlament heraufbeschworen, weil sie es nicht über sich brachten, sich den klaren Mehrheitsbeschlüssen in der CSU zu beugen. Sie wenden sich damit gegen das Bestreben der CSU, die so dringend notwendige klare Verantwortlichkeit in der Demokratie zu entwickeln und zu verhindern, dass diese noch einmal den undurchsichtigen Machenschaften von Klüngeln und damit dem erneuten Untergang preisgegeben wird. Um der politischen Sauberkeit willen fordert die Junge Union des Bezirksverbandes Nürnberg-Fürth ohne Rücksicht auf irgendwelche parteitaktischen Erwägungen die Entfernung der Herren Dr. Hundhammer, Dr. Pfeiffer und Schäffer sowie ihrer Mitläufer aus der CSU. Die Junge Union Nürnbergs ist der festen Überzeugung, dass nicht nur das christliche bayerische Volk der so gereinigten Union umso grösseres Vertrauen entgegen bringen wird."[33]

Nach einem ergebnislosen Briefwechsel zwischen Schäffer und dem geschäftsführenden Landesvorstand[34] kam es am 25. Februar zu einem ersten Gespräch. Josef Müller und August Haußleiter vertraten dabei den Standpunkt, der Bezirksverband Oberbayern habe mit seinen Forderungen den Boden der CSU verlassen, Verhandlungen seien erst dann möglich, wenn sich der Bezirksverband von seinen Beschlüssen distanziert habe. Diese Argumentation ließ natürlich keinen Raum für eine Lösung des Konflikts auf dem Verhandlungsweg[35].

Das wurde auch in einer Sitzung des Landesausschusses deutlich, der am 28. und 29. Februar 1948 in Regensburg tagte. Schäffer, der in einer langen Rechtfertigungsrede die Geschichte der Führungs- und Flügelkämpfe neu aufrollte, stand von vornherein auf verlorenem Posten. Der Ochsensepp und seine politischen Freunde blockierten jede Diskussion über die Forderungen, die der Bezirksverband Oberbayern zwei Wochen zuvor erhoben hatte, und stellten statt dessen die Frage in den Mittelpunkt, inwieweit das Vorgehen der Oberbayern durch die geltende Satzung gedeckt sei[36]. Ein Entschließungsantrag, den prominente Vertreter der Partei aus acht Bezirksverbänden eingebracht hatten, bestritt dies entschieden:

„Der Landesausschuß der Christlich-Sozialen Union in Bayern stellt fest, daß ein Teil der von der Bezirksversammlung Oberbayern am 14. Februar 1948 gefaßten Beschlüsse gegen die Satzungen der Christlich-Sozialen Union in Bayern verstößt. Er verurteilt dieses Vorgehen als parteischädi-

[32] BAK, NL Schäffer 22, Bl. 49–69, Protokoll der Bezirksversammlung der CSU München am 20. 2. 1948 in München, und Bl. 70–89, Rede Fritz Schäffers vor den Delegierten der Bezirksversammlung der CSU Niederbayern am 27. 2. 1948 in Plattling.

[33] BAK, NL Schäffer 23, Bl. 135 ff., Rundschreiben 5/48 der Landesgeschäftsstelle der CSU vom 24.2. 1948; zum vorstehenden ebenda.

[34] Der Briefwechsel wurde während der Sitzung des Landesausschusses der CSU am 28./29. 2. 1948 in Regensburg verlesen; Protokolle und Materialien, S. 1562–1568.

[35] ACSP, CSU-LL, Protokoll der Sitzung des geschäftsführenden Landesvorstands am 25. 2. 1948; BAK, NL Schäffer 23, Bl. 120, Aktennotiz über eine Besprechung Fritz Schäffers mit dem geschäftsführenden Landesvorstand der CSU am 25. 2. 1948.

[36] Vgl. Henzler, Fritz Schäffer, S. 246.

gend. Dadurch, daß Herr Staatsrat a. D. Schäffer in seiner Eigenschaft als erster Vorsitzender des Bezirksverbandes Oberbayern außerdem in einem an den Zonenvorsitzenden der Christlich-Demokratischen Union der britischen Zone gerichteten Brief die Legitimation des Landesvorsitzenden bestritten hat, die Christlich-Soziale Union nach außen zu vertreten, hat er namens des Bezirksverbandes Oberbayern das Ansehen der Partei und das Ansehen des Landes Bayern in einer für die politische Stellung und Bedeutung Bayerns entscheidenden Stunde schwer beeinträchtigt. Wer den satzungswidrigen Beschlüssen des Bezirksverbandes Oberbayern Folge leistet, hat sich damit von selber außerhalb der Christlich-Sozialen Union in Bayern gestellt. Zur Wiederherstellung satzungsgemäßer Zustände innerhalb des Bezirksverbandes Oberbayern wird der Landesvorstand beauftragt, unverzüglich eine Erklärung der einzelnen Kreisverbände Oberbayerns bezüglich ihres Verhältnisses zur Christlich-Sozialen Union in Bayern herbeizuführen und gegebenenfalls den Bezirksverband neu zu organisieren."[37]

Daß der Landesausschuß diese Resolution mit großer Mehrheit annahm[38], war für Schäffer zweifellos eine empfindliche Niederlage, die ihm vor Augen führen mußte, wie isoliert er in der CSU war. Die Parteiführung hatte nun im äußersten Fall die Möglichkeit, direkt im rebellierenden oberbayerischen Bezirksverband zu intervenieren.

Schäffer ließ sich dadurch freilich nicht entmutigen. Die Bezirksversammlung der CSU Oberbayern bestätigte am 10. März seinen Kurs und hielt – in leicht modifizierter Form – an ihren Forderungen fest. Da seine Verhandlungen mit der ungeliebten Landesleitung nichts gefruchtet hatten, änderte der ehemalige BVP-Vorsitzende seine Strategie. Er drängte nun darauf, zur Klärung der Lage einen außerordentlichen Parteitag einzuberufen[39]. In dieser Situation griffen die Kontrahenten Schäffers zu einer scharfen Waffe: Am 13. März 1948 beantragte der Bezirksverband Oberfranken, Fritz Schäffer und Anton Pfeiffer aus der CSU auszuschließen[40]. Damit stellte sich die Frage, ob es dem Staatsrat gelingen würde, genügend Unterstützung für seine Forderung nach einer außerordentlichen Landesversammlung zu finden, ehe ein Schiedsgerichtsverfahren gegen ihn in Gang gesetzt werden konnte. Um die Einberufung eines Parteitags zu erzwingen, war ein Antrag von fünf Bezirksverbänden notwendig. Angesichts der Kräfteverhältnisse in der CSU hatte Schäffer jedoch nur wenig Chancen, neben Oberbayern vier weitere Bezirksverbände für sein Vorhaben zu gewinnen[41]. Auch Hans Ehard, auf dessen Rückendeckung der Staatsrat gehofft hatte, reagierte vor den Land- und Stadtkreiswahlen im Mai zunehmend unwillig und machte deutlich, daß er Schäffers Vorgehen als für Partei und Regierung schädlich ansah und ablehnte[42].

Zwei Monate später begann die Situation für den Staatsrat brenzlig zu werden. Am 17. Juli 1948 beschloß der Landesvorstand nach kontroverser Diskussion in geheimer Abstimmung, den Antrag Oberfrankens auf Einleitung eines Parteiausschlußverfahrens an das Landesschiedsgericht zu überweisen[43]. Die Bezirksversammlung Oberbay-

[37] Protokoll der Sitzung des Landesausschusses der CSU am 28./29. 2. 1948 in Regensburg, in: Protokolle und Materialien, S. 1661.

[38] 68 Delegierte stimmten dafür, 18 dagegen, 23 enthielten sich. Ebenda, S. 1684.

[39] BAK, NL Schäffer 22, Bl. 292–358, Protokoll der Bezirksversammlung der CSU Oberbayern am 10. 3. 1948 in München. Zu den Bemühungen um die Einberufung einer außerordentlichen Landesversammlung vgl. Henzler, Fritz Schäffer, S. 249f. und S. 259f.

[40] Vgl. ebenda, S. 251.

[41] Zu den diesbezüglichen Satzungsbestimmungen vgl. die Satzung der CSU in der Fassung vom 4.10. 1946, abgedruckt in: Protokolle und Materialien, S. 1783–1803.

[42] BSB, NL Schwend 1, Ansprache Hans Ehards zu den Kommunalwahlen vom 12. 5. 1948.

[43] ACSP, CSU-LL, Protokoll der Sitzung des Landesvorstands am 17. 7. 1948. In der gleichen Sitzung wurde das Verfahren gegen Pfeiffer zunächst ausgesetzt, um zuvor eine interne Klärung zu versuchen.

ern hatte bereits im Juni für diesen Fall mit ernsten Konsequenzen gedroht[44]. Die Parteiführung ließ sich davon aber nicht beeindrucken und beharrte darauf, der Rebellion Schäffers notfalls durch dessen Entfernung aus der CSU den Boden zu entziehen. Der ehemalige BVP-Vorsitzende hatte jedoch noch ein As im Ärmel. Wie schon zur Jahreswende 1947/1948 erwog Schäffer einen Übertritt zur Bayernpartei, möglicherweise zusammen mit seinem Bezirksverband. Diesbezügliche Überlegungen und Verhandlungen scheiterten aber sowohl an der unentschlossenen Haltung des Staatsrats als auch an Bedingungen und Vorbehalten aus der Führung der BP, wo man dem ehrgeizigen Schäffer zum Teil höchst skeptisch gegenüberstand[45].

Bevor das Landesschiedsgericht über einen Ausschluß des Staatsrats verhandeln konnte, versuchte Alois Hundhammer in der Landtagsfraktion, seinen Kampfgefährten aus der politischen Schußlinie zu ziehen. Bereits im Februar 1948, wenige Tage nach der turbulenten Bezirksversammlung der oberbayerischen CSU, hatte man in der Fraktion ergebnislos über eine Entsendung Schäffers in den Frankfurter Wirtschaftsrat debattiert[46]. Als die Abgeordneten im August 1948 darüber zu entscheiden hatten, wer die bayerische Unionspartei im Parlamentarischen Rat vertreten sollte, machte Hundhammer den Vorschlag, Fritz Schäffer zu nominieren. Der Fraktionsvorsitzende verlieh seiner Empfehlung mit den Worten Nachdruck, daß von „der Frage, ob Schäffer delegiert werde oder nicht, [...] die künftige Einheit der Partei" abhänge[47]. In einer ersten Abstimmung sprach sich die Unionsfraktion mit 48 gegen 16 Stimmen bei acht Enthaltungen für den Staatsrat aus.

Josef Müller und seine politischen Freunde liefen gegen die Nominierung Schäffers Sturm. Müller erklärte sogar: „Wenn [S]ie sich so entscheiden, zwingen [S]ie mich, aus dieser Partei auszutreten." Dabei spielten nicht nur die oberbayerische Revolte und Schäffers Kontakte zur Bayernpartei eine Rolle, sondern auch eine Zeugenaussage des Staatsrats in einem Beleidigungsprozeß, den der CSU-Vorsitzende gegen Anton Donhauser angestrengt hatte. In diesem Prozeß hatte der ehemalige BVP-Vorsitzende nach übereinstimmenden Angaben die Frage, ob er Josef Müller für einen „Befehlsempfänger" der SMAD in Karlshorst halte, mit Ja beantwortet[48].

Schäffer lastete es später dem Landesvorsitzenden an, daß er nicht in den Parlamentarischen Rat delegiert wurde[49]. Tatsächlich waren es jedoch die Warnungen Hans Ehards, die die Fraktion schließlich umstimmten. Der Ministerpräsident forderte die Beilegung der persönlichen Differenzen zwischen Müller und Schäffer als Voraussetzung für die Nominierung des Staatsrats[50]. Sichtlich verärgert über die anhaltenden Auseinandersetzungen in der CSU, die auch dazu angetan waren, die Stellung Bayerns im Konzert der westdeutschen Länder zu schwächen, fügte Ehard hinzu: „Wenn der

[44] IfZ-Archiv, ED 720 Smlg. Mintzel 37, Rundschreiben des Bezirksverbands Oberbayern der CSU vom 26. 7. 1948: „Verlauf der Bemühungen des Bezirksverbandes Oberbayern um eine innere Reform der CSU".

[45] Vgl. dazu Henzler, Fritz Schäffer, S. 155–265. Interessant ist auch der diesbezügliche Briefwechsel im Stadtarchiv Bamberg, NL Etzel 18.

[46] ACSP, CSU-LTF I, 15–14, Protokoll der Fraktionssitzung am 18. 2. 1948.

[47] ACSP, CSU-LTF I, 15–14, Protokoll der Fraktionssitzung am 24. 8. 1948; das folgende nach dem Protokoll dieser Fraktionssitzung. Vgl. auch Kock, Bayerns Weg, S. 286, und Gelberg, Hans Ehard, S. 180–188.

[48] ACSP, CSU-LTF I, 15–14, Protokoll der Fraktionssitzung am 25. 8. 1948.

[49] BayHStA, NL Ehard 1675, Fritz Schäffer an Hans Ehard vom 20. 12. 1948.

[50] ACSP, CSU-LTF I, 15–14, Protokoll der Fraktionssitzung am 24. 8. 1948; das folgende Zitat ebenda.

Ausgleich nicht herbeigeführt werden könne, müsse ein Schnitt gemacht werden." Die Fraktion beauftragte daraufhin Georg Meixner, Karl Schmid und Josef Fischer, einen Vermittlungsversuch zu unternehmen. Nachdem diese Initiative gescheitert war[51], sahen sich die Abgeordneten erneut vor die Entscheidung gestellt, ob der Staatsrat nominiert werden sollte oder nicht. Diesmal sprach sich der Ministerpräsident vor der Abstimmung entschieden gegen Schäffer aus. Man könne nicht den Landesvorsitzenden durch die Aufstellung Schäffers desavouieren und zugleich Kompromisse in wichtigen Verfassungsfragen gefährden, die zwischen den verschiedenen innerparteilichen Gruppierungen mühsam ausgehandelt worden seien[52]. Obwohl diese Ausführungen den Überzeugungen und Intentionen Hundhammers zuwider liefen, gelang es dem Fraktionsvorsitzenden diesmal nicht, die Abgeordneten in seinem Sinne zu beeinflussen. Das Prestige des Ministerpräsidenten war dafür bereits zu groß. In der zweiten Abstimmung über eine Nominierung Schäffers votierten bei einer Enthaltung 62 Abgeordnete dagegen und nur 14 dafür[53].

Bezeichnend für diese Auseinandersetzung in der Fraktion war die Tatsache, daß viele Abgeordete für den Streit zwischen Müller und Schäffer kein Verständnis mehr aufbringen konnten und die Führungs- und Flügelkämpfe als rein persönlich motivierten Konflikt betrachteten. Josef Piechl sprach dies unter starkem Beifall am deutlichsten aus: „Wir auf dem Land hätten es satt, uns als Prügelknaben behandeln zu lassen für Schwierigkeiten einiger Persönlichkeiten, die bei gutem Willen aus der Welt zu schaffen wären. Wenn die Herren sich nicht einigen könnten, müssten beide weg."

Zur gleichen Zeit kündigte das Landesschiedsgericht der CSU an, daß die Mitgliedschaft Schäffers vorübergehend ruhe und daß er am 16. September vor die höchste Schiedsstelle der bayerischen Unionspartei geladen sei[54]. Doch dazu kam es nicht. Am 14. September trat Fritz Schäffer aus der CSU aus[55]. Unversöhnlich und etwas selbstgerecht begründete der Staatsrat diesen Schritt im Dezember 1948 so:

„Der Grund für mein Ausscheiden aus der CSU war ein sachlicher. Mein Bemühen war zu verhindern, dass die gutgesinnte, bodenständige bayerische Bevölkerung, die in den Tagen der Bayerischen Volkspartei zu einem Block zusammengeschmiedet worden war, der unzerbrechlich schien, in 2 Parteien auseinanderfallen würde. Nach den Wahlen zu den Kreistagen und Stadträten war es klar geworden, dass dieser Zerfall eingetreten war. Es war meine Ueberzeugung, dass dieser Zerfall die Schuld der Landesleitung der CSU war und dass diese die aufgerissene Kluft nur noch vertiefen würde. Wollte ich nunmehr meinem Ziel treu bleiben, so konnte ich meine Aufgabe nurmehr darin sehen, mich für eine spätere Zeit bereit zu halten, wo etwas dafür getan werden k[ö]nnte, dass sich diese Wählerschaft wieder zusammenfinden würde. Dies setzt aber voraus, dass ich mich mit meinem Namen nicht an eine Richtung band, von der ich annehmen mußte, dass sie alles tun würde, ein solches Zusammenfinden zu verhindern. Der persönliche Grund

[51] BayHStA, NL Ehard 1006, Aktennotiz über Vermittlungsversuche zwischen Fritz Schäffer und Josef Müller, ungezeichnet, undatiert; ACSP, CSU-LTF I, 15–14, Protokoll der Fraktionssitzung am 25. 8. 1948.

[52] Ebenda. In diesem Protokoll heißt es weiter: „Ministerpräsident Dr. Ehard wandte sich gegen die Darstellung, dass nur Schäffer etwas verstünde. Seit 1945 hätte sich die Situation in einigem geändert. Die Atmosphäre sei so außerordentlich schwierig, dass man sie bloss durch Zusehen von aussen nicht kennen lernen könne." Ähnlich hatte er sich bereits am Tag zuvor geäußert: ACSP, CSU-LTF I, 15–14, Protokoll der Fraktionssitzung am 24. 8. 1948.

[53] ACSP, CSU-LTF I, 15–14, Protokoll der Fraktionssitzung am 25. 8. 1948; das folgende Zitat ebenda.

[54] Vgl. Henzler, Fritz Schäffer, S. 263f.; BAK, NL Schäffer 24, Bl. 65f., Fritz Schäffer an Heinrich Krehle vom 27. 8. 1948; interessantes Material über das Verfahren gegen Schäffer vor dem Landesschiedsgericht der CSU findet sich im ACSP, CSU-LSG, Mappe Fritz Schäffer.

[55] BAK, NL Schäffer 24, Bl. 60, Fritz Schäffer an Josef Fuhrmann vom 14. 9. 1948.

stand erst in zweiter Reihe. Auch er war nicht ein persönliches Gekränktsein. [. . .] Solange meine Rechte als Mitglied der CSU ruhten und ich formell Mitglied noch war, war ich nicht nur politisch völlig ausgeschaltet, ich war auch persönlich *wehrlos*, innerhalb der CSU *und* außerhalb der CSU. Das Zwischenspiel in der Fraktion, wo meine Wahl in den Parlamentarischen Rat auf einen rein persönlich begründeten Widerspruch von Dr. Josef Müller hin abgelehnt wurde [. . .], war nur bezeichnend dafür, wie wenig sich meine Auffassungen über Ritterlichkeit in der Austragung meiner Meinungsverschiedenheiten mit denen der CSU deckten."[56]

Die oberbayerische Rebellion, die mit einem Paukenschlag begonnen hatte, endete, ohne besonderes Aufsehen zu erregen. Hundhammer übernahm erneut die Führung des Bezirksverbands, und kein Kreisverband war schließlich bereit, aus der CSU auszuscheiden[57].

## 2. Neue Konkurrenten und erste Wahlschlappen

Die oberbayerische Rebellion ist nur verständlich, wenn man die wachsenden Erfolge der Bayernpartei mit in die Betrachtung einbezieht[58]. Diese bayerische Heimatpartei, die sich bald zum Kristallisationskern der „bayerischen Bewegung" mauserte[59], ging auf die Demokratische Union zurück, die im November 1945 im Stadt- und Landkreis München gegründet worden war. Am 28. Oktober 1946 gab sich diese Gruppierung den Namen Bayernpartei. Die Militärregierung verweigerte der BP jedoch die Lizenz, so daß sie bis 1948 von den Wahlen ausgeschlossen blieb. Mit ihrem radikal bayerisch-föderalistischen Programm war die BP vor allem für diejenigen Wähler und Mitglieder der CSU interessant, die sich durch die bayerische Unionspartei nicht ausreichend vertreten sahen. Erste Warnsignale zeigten sich bereits im Vorfeld der außerordentlichen Landesversammlung der CSU in Eichstätt, als mit Anton von Aretin und Anton Donhauser zwei prominente Mitbegründer der CSU zur Bayernpartei übertraten[60].

Zur Führungs- und Integrationsfigur der BP wurde der überaus populäre Joseph Baumgartner, der nach seinem Rücktritt als bayerischer Landwirtschaftsminister im Januar 1948 auch der CSU den Rücken kehrte und in der Bayernpartei schnell zum Landesvorsitzenden aufstieg[61]. Ob Josef Müller die Zeichen der Zeit erkannt hatte, ist ungewiß. Vor der Landtagsfraktion versuchte er jedenfalls noch im Januar 1948, die von der BP ausgehende Gefahr herunterzuspielen, wie aus einem Sitzungsprotokoll zu ersehen ist:

[56] BayHStA, NL Ehard 1675, Fritz Schäffer an Hans Ehard vom 20. 12. 1948; Hervorhebungen im Original.
[57] Vgl. Henzler, Fritz Schäffer, S. 264 f.
[58] Zur Geschichte der Bayernpartei bis 1948 vgl. den Überblick bei Mintzel, Bayernpartei, in: Stöss (Hrsg.), Parteien-Handbuch, Bd. 1, S. 397–402.
[59] Vgl. Unger, Bayerische Bewegung, S. II.
[60] So warnte der Abgeordnete Max Allwein, der später ebenfalls zur Bayernpartei wechselte, im Sommer 1947 seine Fraktionskollegen: „Nicht Vogel-Strauss-Politik spielen in Bezug auf die Bayern-Partei. Sie birgt die Gefahr in sich, dass sie die CSU aufspalten könnte. Wenn wir nicht ernstlich daran gehen, ernstlich bayerische Politik zu treiben, so nimmt uns die Bayernpartei die Hälfte der Mandate weg. Noch hat die Bayernpartei keinen Kopf, wenn er da ist, dann werden wir zu beissen haben." ACSP, CSU-LTF I, 15–14, Protokoll der Fraktionssitzung am 21. 8. 1947. Zur Perzeption der Bedrohung durch die Bayernpartei in der CSU-Führung: ACSP, NL Müller 394, Aktennotiz Josef Plonners für Josef Müller und Franz Liedig vom 21. 1. 1947 und Aktennotiz Emil Rettingers für Josef Müller vom 15. 7. 1947.
[61] Vgl. Vossen, Joseph Baumgartner, S. 70.

„Wenn nun Dr. Baumgartner zur Bayernpartei übergetreten sei, sehe er trotzdem keine Gefahr. In diesem Jahr würden wahrscheinlich Wahlen für ein deutsches Gremium kommen. Dabei werde die Bayernpartei der Union nicht schaden, weil sie in einem gesamtdeutschen Gremium nicht ins Gewicht fallen könne. Eine Chance könnte sich für die Bayernpartei nur ergeben, wenn Leute von anderen Parteien zu ihr stossen würden. Dr. Hoegner wird in seiner Partei stark erschüttert, selbst wenn er zur Bayernpartei ginge, würde er nicht viel mitnehmen. Wir seien mit Loritz fertig geworden und würden auch mit der Bayernpartei fertig werden. Dr. Müller zog die Parallele Bayernpartei – Patriotenpartei 1870 und wies darauf hin, dass auch bei der Patriotenpartei nach kurzer Zeit sich erwiesen hätte, in Deutschland könnten immer nur Weltanschauungsparteien Erfolg haben. Sollte die Bayernpartei, was er nicht annehme, aus der Fraktion 10–15 Leute herausreissen, würde eine Landtagswahl unvermeidlich, der Wahlkampf würde mit äusserster Härte geführt werden und wir würden ihn gewinnen. Er glaube, dass wir die Majorität in Bayern halten könnten.“[62]

Wie weit diese Überlegungen des Ochsensepp an der Realität vorbeigingen, zeigte sich bald. Am 29. März 1948 wurde die Bayernpartei durch die Militärregierung auf Landesebene lizenziert. Damit war es der BP bei den Kommunalwahlen im April und Mai 1948 möglich, sich den Wählern zu stellen.

Seit die CSU 1946 von Wahlsieg zu Wahlsieg geeilt war, hatte sich die politische Szenerie grundlegend verändert. Der Unionsgedanke, der nach Kriegsende so vielen Menschen als Rettungsanker und Ausweg aus der deutschen Katastrophe erschienen war, hatte sich im Feuer der innerparteilichen Führungs- und Flügelkämpfe verzehrt, und die Aufbruchsstimmung aus den Gründungstagen war einer tiefgehenden Ernüchterung, ja Resignation gewichen. Diejenigen, die 1946 noch geglaubt hatten, die Auseinandersetzungen in der CSU seien mehr oder weniger zwangsläufige Kinderkrankheiten einer jungen Sammlungsbewegung, hatten feststellen müssen, daß sich die inneren Konflikte mit der Zeit verselbständigt und eine eigene Dynamik gewonnen hatten. Mit der Rückkehr Fritz Schäffers auf die politische Bühne wurde die innere Zerrissenheit der bayerischen Unionspartei auch für die breite Öffentlichkeit deutlicher denn je.

Aber auch die Rahmenbedingungen waren nicht mehr dieselben wie 1946. Dieser Faktor war für die Niederlagen der CSU bei den Kommunalwahlen des Frühjahrs 1948 vielleicht wichtiger als die anhaltenden innerparteilichen Auseinandersetzungen. Während bei den ersten Wahlen das Problem der staatlichen Neuordnung Deutschlands nur eine untergeordnete Rolle gespielt hatte, war die Diskussion um die „bayerische Frage“ zwei Jahre später voll entbrannt. Vor allem die angeblich höchst zentralistische Politik des Frankfurter Wirtschaftsrats wurde von den bayerisch-patriotischen Kreisen mit großem Mißtrauen verfolgt und zu einem zentralen Wahlkampfthema gemacht. Diese Strategie hatte auch Erfolg[63]. Schließlich lag der aufsehenerregende „bayerische Kartoffelkrieg“, den bayerische und bizonale Behörden – an der Spitze Landwirtschaftsminister Baumgartner und Hans Schlange-Schöningen, der Direktor der Verwaltung für Ernährung, Landwirtschaft und Forsten des Vereinigten Wirtschaftsgebiets – um die Lieferung von Nahrungsmitteln aus Bayern in andere Länder der Bizone ausge-

[62] ACSP, CSU-LTF I, 15–14, Protokoll der Fraktionssitzung am 27. 1. 1948.
[63] Zur Kritik am Frankfurter Wirtschaftsrat vgl. Kock, Bayerns Weg, S. 250–255, und Gelberg, Hans Ehard, S. 93–122. In einem Kommentar Edmund Goldschaggs hieß es nach den Kommunalwahlen in München: „Dieser Wahlausfall wird weitgehend bedingt durch die Ernährungs- und Wirtschaftspolitik des Wirtschaftsrates in Frankfurt und der dortigen Zweizonen-Behörden, die der Bayernpartei nahezu täglich neuen Agitationsstoff lieferten und im Lande eine Stimmung erzeugten, die bei der Wahl einer politischen Neuerscheinung wie der Bayernpartei zugute kommen mußte.“ SZ vom 1. 6. 1948: „Ein Volksentscheid“.

fochten hatten, erst wenige Monate zurück[64]. Zudem befand sich die CSU als alleinige Regierungspartei in einer Zeit der Unsicherheit und des allgegenwärtigen Mangels generell in einer schlechteren Ausgangsposition als 1946[65]; konnte man damals noch aus der Rolle einer wenigstens nominellen Oppositionspartei heraus agieren, hieß es nun, unpopuläre Entscheidungen zu verteidigen, Mißerfolge zu vertreten und die Unzufriedenheit breiter Bevölkerungsschichten aufzufangen. Dies mußte der CSU um so schwerer fallen, als die amerikanische Militärregierung ihre bislang restriktive Haltung bei der Lizenzierung politischer Parteien lockerte und damit ein weiteres Stück auf dem Weg zur Demokratisierung der deutschen Gesellschaft freigab. 1946 hatte sich OMGBY nach der Lizenzierung von fünf Parteien geweigert, weiteren Gruppierungen die politische Betätigung auf Landesebene zu gestatten. Unter diesen Bedingungen kam es bei den ersten Wahlen zu einem Konzentrationsprozeß, von dem vor allem die CSU profitierte. Zwei Jahre später, im Vorfeld der Kommunalwahlen, erhielt nicht nur die Bayernpartei die lange erstrebte Lizenz, die Militärregierung ließ es auch erstmals zu, daß sich Flüchtlingsgruppierungen mit eigenen Listen zur Wahl stellten[66].

Die Kommunalwahlen des Jahres 1948 brachten tatsächlich eine gewisse Zersplitterung des Parteiensystems mit sich, die sich in den kommenden Jahren fortsetzen sollte[67]. CSU und SPD konnten zwar erneut die Mehrheit der Stimmen gewinnen; die CSU mußte aber schwere, zum Teil erdrutschartige Verluste hinnehmen, während die SPD mehr oder weniger stagnierte. Die eindeutigen Gewinner der Kommunalwahlen waren die Bayernpartei und Flüchtlingsgruppierungen wie der Neubürgerbund. Zudem wurden 1948 vor allem bei den Gemeindewahlen wesentlich mehr parteiunabhängige Kandidaten gewählt als zwei Jahre zuvor. Die von inneren Krisen geschüttelte CSU kämpfte bei den Wahlen des Jahres 1948 an vier Fronten zugleich: Gegen die SPD, gegen die FDP, die sich vor allem in Franken als protestantische Alternative zur Union präsentierte und dort der CSU teilweise ähnlich zusetzte wie die Bayernpartei im Süden und Südosten Bayerns[68], gegen die Flücht-

---

[64] Vgl. Stelzle, Föderalismus und Eigenstaatlichkeit, S. 144–158, und Vossen, Joseph Baumgartner, S. 58–68, sowie Günter J. Trittel, Hunger und Politik. Die Ernährungskrise in der Bizone 1945–1949, Frankfurt am Main, New York 1990, S. 144–154; zu Schlange-Schöningen vgl. Günter J. Trittel, Hans Schlange-Schöningen. Ein vergessener Politiker der „Ersten Stunde", in: VfZ 35 (1987), S. 25–63.

[65] Dies wurde in der Führungsriege der CSU allenthalben beklagt: Vgl. z. B. SZ vom 1. 6. 1948: „Auflösung des Landtags und Neuwahlen gefordert. Stimmen zum Ergebnis der Stadtratswahlen" (Josef Müller), oder IfZ-Archiv, RG 260, 10/90–3/4, „Subject: Stimmen zur Wahl" vom 2. 6. 1948 (Gespräch mit Adolf Miller) und „Subject: Stimmen zur Wahl" vom 3. 6. 1948 (Gespräch mit dem Chefredakteur einer Münchner Zeitung).

[66] Zur Lockerung der Lizenzierungsbestimmungen vgl. Schröder, Parteien-Lizenzierungspolitik, in: ders., Bayern 1945, S. 14; zur Lizenzierung der Bayernpartei vgl. Konstanze Wolf, CSU und Bayernpartei. Ein besonderes Konkurrenzverhältnis, 1948–1960, Köln $^2$1984, S. 53 f.; zu den Anfängen der Flüchtlingsparteien am Beispiel Ansbach und Fürth vgl. Woller, Gesellschaft und Politik, S. 218–221.

[67] In einer vom Bayerischen Statistischen Landesamt herausgegebenen Analyse hieß es: „Die Gemeindewahlen des Jahres 1948 haben eine völlige Veränderung der politischen Struktur gebracht. [...] Der Wählerwille hat sich gewandelt. Die Zersplitterung der intellektuellen und bürgerlichen Schichten wirkt sich aus." Richard Schachtner, Die Wahlen in den Gemeinden und Kreisen Bayerns 1946 und 1948, München 1949, S. 10. Zur Zersplitterung und Neuordnung des westdeutschen Parteiensystems nach 1949 vgl. die skizzenhafte Darstellung von Andreas Biefang, Die Wiederentstehung politischer Parteien in Deutschland nach 1945, in: APuZ 18–19/95, S. 34–46, hier S. 35. Zu den Wahlergebnissen der CSU zwischen 1946 und 1950 vgl. auch Berberich, Historische Entwicklung, S. 128–158.

[68] Vgl. Thränhardt, Wahlen und politische Strukturen, S. 316 und 320.

lingsgruppierungen, die der CSU vor allem die katholischen und christlich-sozial eingestellten Wähler aus Schlesien und dem Sudetenland abspenstig machten[69], und gegen die Bayernpartei, die mit ihrer prononciert bayerischen, radikal föderalistischen Programmatik bei vielen bisherigen Anhängern der CSU offene Türen einrannte. Die Bayernpartei trat im Wahlkampf selbstbewußt und dynamisch auf. Ihre Spitzenpolitiker agitierten gegen die bestehende Wohnungsnot oder die Ernährungskrise und besonders scharf gegen den Frankfurter Zentralismus. In München kündigten die mit weiß-blauen Rauten geschmückten Wahlplakate der Bayernpartei siegessicher an: „Wir kommen!"[70]

Mit den Kommunalwahlen des Frühjahrs 1948 begann für die CSU eine Serie von Niederlagen, die bis 1953 anhalten sollte. Bei den Gemeindewahlen am 25. April 1948 verlor die bayerische Unionspartei mehr als 15 Prozent der Stimmen und kam nur noch auf 28,3 Prozent; im Januar 1946 hatten noch 43,6 Prozent der Wähler für die CSU votiert. Da war es kein Trost, daß die SPD kein Kapital aus der Wahlschlappe der Union schlagen konnte und alle anderen Parteien, die erstmals antretende Bayernpartei eingeschlossen, unter der zwei-Prozent-Marke blieben.

*Ergebnisse der Gemeindewahlen in Bayern 1946 und 1948 im Vergleich*[71]

| **Partei** | **1946** | **1948** |
|---|---|---|
| CSU | 43,6 Prozent | 28,3 Prozent |
| SPD | 16,6 Prozent | 17,6 Prozent |
| KPD | 2,3 Prozent | 1,9 Prozent |
| WAV | ------ | 0,2 Prozent |
| FDP | 0,8 Prozent | 1,3 Prozent |
| Deutscher Block | ------ | 0,1 Prozent |
| Bayernpartei | ------ | 1,8 Prozent |
| Flüchtlingsgruppen | ------ | 11,3 Prozent |
| Sonstige | 14,1 Prozent | 32,5 Prozent |
| ohne Wahlvorschlag | 22,6 Prozent | 5,0 Prozent |

[69] Diese Gefahr hatte man bei Teilen der CSU durchaus erkannt. So warnte der Bezirksverband Oberfranken bereits im Februar 1948 vor den überparteilichen Flüchtlingsgruppierungen und empfahl, die Union der Ausgewiesenen, die Flüchtlings- und Vertriebenenorganisation der CSU, mit eigenen Listen in den Wahlkampf zu schicken, um so wenigstens einen Teil dieses Wählerpotentials bei der CSU zu halten (ACSP, NL Müller 133, Alexander Schönwiese an Josef Müller vom 24. 2. 1948). Die Landesleitung folgte dieser Strategie, die jedoch nur teilweise aufging. August Haußleiter vermutete im Juni 1948, daß bei den Kommunalwahlen immerhin vier Prozent der Stimmen auf die Listen der UdA entfallen seien (ACSP, NL Müller 363, August Haußleiter an Josef Müller vom 14. 6. 1948).

[70] Vgl. dazu Wolf, CSU und BP, S. 53. Auf eine Umfrage der Süddeutschen Zeitung im Vorfeld der Stadtratswahlen in München antwortete die Bayernpartei: „Wir sorgen auch im Rathaus für eine bayerische Personalpolitik und bemühen uns um die Rückkehr aller evakuierten Münchner, ferner um eine scharfe Überwachung des Zuzugs, der Meldepflicht und des Arbeitsmarktes sowie um eine Erhöhung der öffentlichen Sicherheit. Der Großstadtjugend gilt unser Schutz vor körperlicher und seelischer Not und dem Sport unsere Förderung. Wir wünschen Vereinfachung des Bewirtschaftungswesens und Pflege des heimischen Handwerks und Gewerbes. Dem Wiederaufbau, der Verkehrsverbesserung, der Unterstützung der Opfer der vergangenen Katastrophenpolitik und dem kulturellen Ruf Münchens werden wir die notwendige Aufmerksamkeit widmen." SZ vom 29. 5. 1948: „Pläne der Parteien – Hoffnungen der Wähler. Zwölf Programme für die kommende Stadtratsarbeit. Letzte Vorbereitungen zum Wahlsonntag".

[71] Zusammengestellt nach Schachtner, Wahlen in den Gemeinden und Kreisen Bayerns, S. 10.

Die Sieger der Gemeindewahlen standen außerhalb des bisherigen Parteienspektrums. Die Flüchtlingsgruppierungen gewannen 11,3 Prozent der Stimmen und konnten damit in vielen Stadt- und Gemeinderäten ein gewichtiges Wort mitsprechen. Auf nicht parteigebundene Kandidaten – ein Reflex auf die verbreiteten Ressentiments gegen politische Parteien – entfielen gar mehr als 30 Prozent. Es war auch den Zeitgenossen klar, daß sich Kommunalwahlen nicht mit den gleichen Maßstäben messen ließen wie Wahlen auf Landesebene[72], aber dennoch deutete sich bereits bei den Gemeindewahlen eine schwerwiegende Veränderung der politischen Verhältnisse an.

Noch härter traf es die CSU bei den Kreistagswahlen, die am selben Tag stattfanden. Die bayerische Unionspartei blieb zwar die stärkste Kraft in den Landkreisen, sie verlor jedoch sage und schreibe 23,7 Prozent der Stimmen und kam nur noch auf 44,2 Prozent, nachdem sie zwei Jahre zuvor mit 67,9 Prozent einen triumphalen Wahlsieg gefeiert hatte. Neben den Flüchtlingsgruppen zählte diesmal vor allem die Bayernpartei zu den Wahlsiegern. Obwohl sie überhaupt nur in 37 – vor allem ober- und niederbayerischen – Landkreisen kandidiert hatte, errang sie landesweit 6,4 Prozent der Stimmen; die Bayernpartei hatte also in den Landkreisen, in denen sie sich zur Wahl gestellt hatte, 21,1 Prozent gewonnen! Daß dieser Erfolg vor allem auf Kosten der CSU zustandekam, steht außer Frage[73].

*Ergebnisse der Kreistagswahlen in Bayern 1946 und 1948 im Vergleich*[74]

| **Partei** | **1946** | **1948** |
|---|---|---|
| CSU | 67,9 Prozent | 44,2 Prozent |
| SPD | 22,9 Prozent | 21,4 Prozent |
| KPD | 3,9 Prozent | 2,7 Prozent |
| WAV | 0,5 Prozent | 0,9 Prozent |
| FDP | 1,5 Prozent | 4,0 Prozent |
| Deutscher Block | ------ | 0,3 Prozent |
| Bayernpartei | ------ | 6,4 Prozent |
| Flüchtlingsgruppen | ------ | 15,2 Prozent |
| Sonstige | 3,3 Prozent | 4,9 Prozent |

In Oberbayern, dem Zentrum der innerparteilichen Opposition gegen Josef Müller, waren die Verluste der CSU und die Stimmengewinne der Bayernpartei am größten.

[72] Vgl. SZ vom 1. 6. 1948: „Auflösung des Landtags und Neuwahlen gefordert. Stimmen zum Ergebnis der Stadtratswahlen"; zu den Gemeindewahlen und zum neuen Wahlrecht, das erstmals auch das Kumulieren und Panaschieren der Stimmen erlaubte, vgl. auch Der Tag vom 21. 4. 1948: „Bayern wählt seine Gemeinderäte. Personen statt Listen – ein kompliziertes Wahlsystem", und SZ vom 27. 4. 1948: „Sehr hohe Beteiligung bei den Gemeindewahlen. Wählermehrheit für Listenwahl. Bayernpartei und Flüchtlingslisten stark beachtet".

[73] Vgl. M. Hagmann, Die Land- und Stadtkreiswahlen in Bayern am 25. April und am 30. Mai 1948. Sonderheft der Reihe Bayern in Zahlen. Monatshefte des Bayerischen Statistischen Landesamts, München 1948, S. 3, und Thränhardt, Wahlen und politische Strukturen, S. 315–320, sowie Ilse Unger, Die Bayernpartei. Geschichte und Struktur 1945–1957, Stuttgart 1979, S. 96ff.

[74] Zusammengestellt nach Schachtner, Wahlen in den Gemeinden und Kreisen Bayerns, S. 44.

*Ergebnisse von CSU und Bayernpartei in oberbayerischen Landkreisen bei den Kreistagswahlen am 25. April 1948*

| **Landkreis** | **CSU 1946** | **CSU 1948** | **BP 1948** |
|---|---|---|---|
| Altötting | 67,5 Prozent | 33,4 Prozent | 22,0 Prozent |
| Bad Aibling | 63,0 Prozent | 27,8 Prozent | 25,7 Prozent |
| Dachau | keine Angabe | 42,2 Prozent | 15,0 Prozent |
| Ebersberg | 75,2 Prozent | 36,1 Prozent | 27,2 Prozent |
| *Erding* | 80,2 Prozent | 27,3 Prozent | 38,2 Prozent |
| Fürstenfeldbruck | 68,1 Prozent | 26,7 Prozent | 22,6 Prozent |
| Garmisch-Partenkirchen | 62,9 Prozent | 28,8 Prozent | 20,5 Prozent |
| *Mühldorf* | 76,1 Prozent | 27,0 Prozent | 30,9 Prozent |
| München-Land | 52,6 Prozent | 27,1 Prozent | 14,5 Prozent |
| Pfaffenhofen | 65,5 Prozent | 35,8 Prozent | 25,2 Prozent |
| Rosenheim | 74,1 Prozent | 32,6 Prozent | 29,6 Prozent |
| Schongau | 65,5 Prozent | 42,1 Prozent | 12,8 Prozent |
| Starnberg | 62,3 Prozent | 36,4 Prozent | 16,5 Prozent |
| *Traunstein* | 72,3 Prozent | 28,4 Prozent | 31,4 Prozent |
| *Wasserburg* | 83,2 Prozent | 31,2 Prozent | 33,1 Prozent |
| Wolfratshausen | 67,9 Prozent | 28,9 Prozent | 17,4 Prozent |

Bei einem Vergleich der Ergebnisse von CSU und Bayernpartei in 16 oberbayerischen Landkreisen fällt vor allem zweierlei auf: Zum einen führte die Kandidatur der Bayernpartei in all den oberbayerischen Landkreisen, in denen sie sich zur Wahl stellte, zum Verlust der absoluten Mehrheit der CSU. In den Landkreisen Erding, Mühldorf, Traunstein und Wasserburg wurde die BP sogar stärkste Partei und verwies die CSU auf den zweiten Platz; in Erding lag die BP mit 38,2 Prozent sogar fast elf Punkte vor der Union[75]. Zum anderen waren die Verluste der CSU größer als die Stimmenanteile der erstmals auftretenden Bayernpartei. Die von inneren Konflikten zerrissene CSU verlor somit auch Stimmen an andere Parteien oder Wählervereinigungen, so daß man ihre Wahlniederlagen im Frühjahr 1948 nicht allein auf die Konkurrenz der Bayernpartei zurückführen kann. Die Union begann sichtbar an mehreren Stellen zu zerbröckeln.

Vier Wochen später, am 30. Mai 1948, erlebte die CSU bei den Wahlen in den Stadtkreisen ein erneutes Debakel. Nur noch 20,4 Prozent der Wähler waren bereit, der Union ihr Vertrauen zu schenken; 1946 waren es mehr als doppelt so viele gewesen. Auch die Sozialdemokratie verlor ca. acht Prozent der Stimmen, konnte sich aber trotz dieser Verluste als stärkste politische Kraft in den Stadtkreisen etablieren.

*Ergebnisse der Stadtkreiswahlen in Bayern 1946 und 1948 im Vergleich*[76]

| **Partei** | **1946** | **1948** |
|---|---|---|
| CSU | 45,1 Prozent | 20,4 Prozent |
| SPD | 38,0 Prozent | 29,8 Prozent |
| WAV | 3,3 Prozent | 3,7 Prozent |
| KPD | 6,9 Prozent | 9,7 Prozent |
| FDP | 3,9 Prozent | 8,4 Prozent |
| Flüchtlingsgruppen | ------ | 5,6 Prozent |
| BP | ------ | 15,6 Prozent |
| Deutscher Block | ------ | 0,8 Prozent |
| Sonstige | 2,8 Prozent | 6,6 Prozent |

---

[75] Vgl. Hagmann, Land- und Stadtkreiswahlen in Bayern, S. 3 und S. 14–17; danach auch die vorstehende Tabelle, in der alle oberbayerischen Landkreise aufgeführt sind, in denen die Bayernpartei kandidierte; die Namen der Landkreise, in denen die Bayernpartei vor der CSU lag, sind kursiv gesetzt.

[76] Zusammengestellt nach Schachtner, Wahlen in den Gemeinden und Kreisen Bayerns, S. 30.

Den spektakulärsten Erfolg erzielte auch hier die Bayernpartei, die auf Anhieb mehr als 15 Prozent der Stimmen gewinnen konnte, obwohl sie nur in 26 Stadtkreisen kandidiert hatte. Mit 36,6 Prozent triumphierte die BP in Traunstein, auch in Deggendorf (34,5 Prozent) und Bamberg (26 Prozent) schnitt sie überdurchschnittlich gut ab, und selbst in Ansbach, dem protestantischen Herzen Mittelfrankens, stimmten 14,4 Prozent aller Wähler für die Bayernpartei[77]. Besonders schwer trafen die CSU die Niederlagen in den Metropolen München und Nürnberg. In der Landeshauptstadt verlor die Union mehr als 26 Prozent der Stimmen und fiel mit 18,7 Prozent hinter die SPD und die Bayernpartei auf den dritten Platz zurück. Selbst die konfessionell begrenzte BVP hatte bei den Reichstagswahlen im November 1932 mit 24,9 Prozent in München einen größeren Stimmenanteil erringen können als die Union 1948! In Nürnberg konnte die CSU nach 35,5 Prozent im Mai 1946 nur noch ganze 13,7 Prozent der Stimmen gewinnen[78].

Dabei hatte sich die CSU bei den Stadtrats- und Kreistagswahlen in den mehrheitlich protestantischen Regierungsbezirken Mittel- und Oberfranken noch vergleichsweise gut geschlagen, wenn man bedenkt, daß das Ergebnis Oberfrankens (33,8 Prozent) noch vor dem Ergebnis Oberbayerns (30,1 Prozent) lag und selbst Mittelfranken mit 28,9 Prozent nur knapp hinter dem Ergebnis dieser geschleiften CSU-Bastion zurückblieb[79]. Die 50-Prozent-Marke konnte die Union lediglich in der Oberpfalz erreichen; in Unterfranken blieb sie knapp darunter. In allen anderen Regierungsbezirken lag die absolute Mehrheit außerhalb ihrer Reichweite.

*Ergebnisse von CSU, Bayernpartei und FDP bei den Land- und Stadtkreiswahlen 1948 in den Regierungsbezirken*[80]

| **Regierungsbezirk** | **CSU** | **Bayernpartei** | **FDP** |
|---|---|---|---|
| Oberbayern | 30,1 Prozent | 19,0 Prozent | 3,5 Prozent |
| Niederbayern | 44,8 Prozent | 11,9 Prozent | 1,8 Prozent |
| Oberpfalz | 50,0 Prozent | 5,5 Prozent | 2,1 Prozent |
| Oberfranken | 33,8 Prozent | 2,8 Prozent | 10,4 Prozent |
| Mittelfranken | 28,9 Prozent | 2,5 Prozent | 12,1 Prozent |
| Unterfranken | 49,6 Prozent | 1,9 Prozent | 2,6 Prozent |
| Schwaben | 43,9 Prozent | 4,9 Prozent | 2,5 Prozent |
| **Bayern gesamt** | **37,8 Prozent** | **8,7 Prozent** | **5,1 Prozent** |

Eine vergleichende Untersuchung der Wahlergebnisse von CSU, FDP und Bayernpartei auf Bezirksebene zeigt deutlich, daß innerbayerische Regionalismen und Verwerfungen, die 1945/1946 in den Hintergrund gerückt waren, die politische Geographie Bayerns erneut zu beeinflussen begannen. Der Erfolg der Bayernpartei in Ober- und Niederbayern verwies auf die politische Spaltung der katholisch-konservativ und bayerisch-föderalistisch eingestellten Bevölkerung in zwei Lager, wie sie schon vor 1933 bestanden hatte. Die aufsehenerregenden Stimmengewinne der FDP in Ober- und Mittelfranken, die nahezu vollständig zu Lasten der CSU gingen, schwächten nicht nur die

[77] Vgl. Hagmann, Land- und Stadtkreiswahlen in Bayern, S. 3 und S. 20–25.
[78] Vgl. Thränhardt, Wahlen und politische Strukturen, S. 308.
[79] Josef Müller stellte nach den Stadtkreiswahlen fest, daß „sich das Schwergewicht der CSU von Oberbayern nach Franken und Südschwaben verschoben" habe. SZ vom 5. 6. 1948: „Dr. Müller: ‚Empfindliche Belastung'".
[80] Zusammengestellt nach Hagmann, Land- und Stadtkreiswahlen in Bayern, S. 6f.; die folgenden Graphiken finden sich im Anhang zu: Schachtner, Wahlen in den Gemeinden und Kreisen Bayerns.

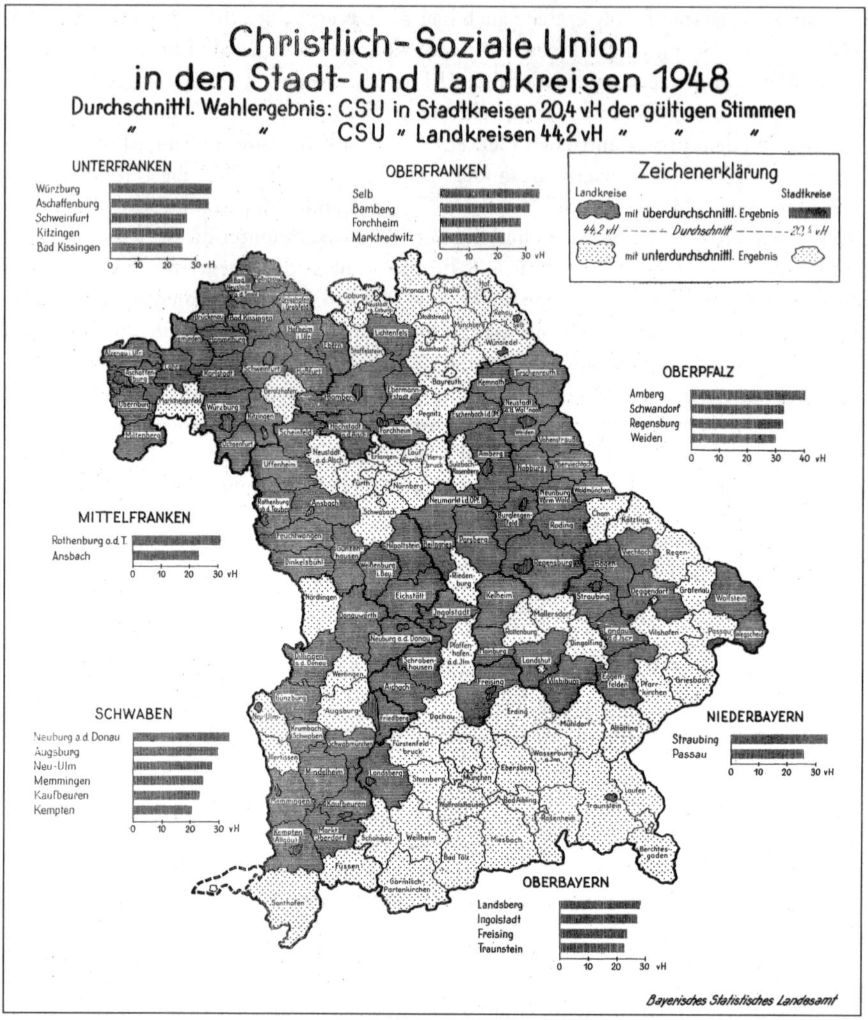


protestantische Komponente der Union nachhaltig, sondern erinnerten auch daran, daß diese Regionen einst zu den deutschnationalen und nationalliberalen Hochburgen gezählt hatten. Die CSU war zwar noch immer in allen Regierungsbezirken stark verankert – die Union hatte sogar in Mittelfranken noch fast 30 Prozent der Stimmen erhalten –, von den Erfolgen aus den Gründungstagen war die Partei aber weit entfernt.

Zwar hatte die Parteiführung nicht erwartet, daß man die zum Teil triumphalen Erfolge aus dem Jahre 1946 würde wiederholen können, mit einem derartigen Fiasko hatte jedoch niemand gerechnet[81]. Die erdrutschartigen Verluste bei den Kommunalwahlen führten zu

[81] IfZ-Archiv, RG 260, 10/90–3/4, „Subject: Stimmen zur Wahl" vom 2. 6. 1948 (Gespräch mit Adolf Miller).

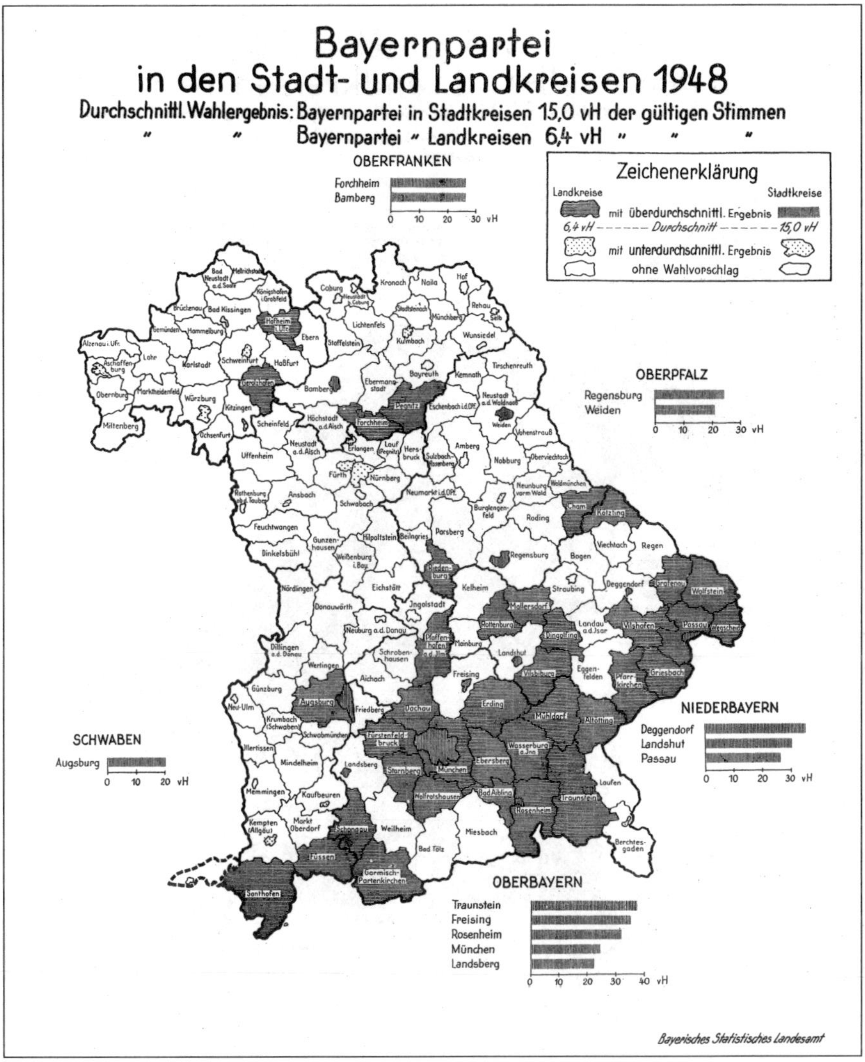


einer sofortigen Verschärfung der parteiinternen Führungs- und Flügelkämpfe und brachten insbesondere den umstrittenen Parteivorsitzenden in die Bredouille. Müller und seine Mitstreiter versuchten zwar, die Bedeutung der Wahlniederlagen herunterzuspielen, angesichts des Ausmaßes der Stimmenverluste mußten solche Bemühungen aber auch dann hilflos, ja fast lächerlich erscheinen, wenn sie mit einigen durchaus vernünftigen Argumenten untermauert wurden[82]. Noch bevor die Kommunalwahlen zu Ende gegan-

[82] ACSP, NL Müller 17, Rundschreiben der Landesgeschäftsstelle der CSU, Organisationsabteilung, an alle Bezirks- und Kreisverbände vom 30. 4. 1948; NL Müller 363, Telegramm Josef Müllers an Konrad Adenauer vom 1. 6. 1948 und August Haußleiter an Konrad Adenauer vom 14. 6. 1948; SZ vom

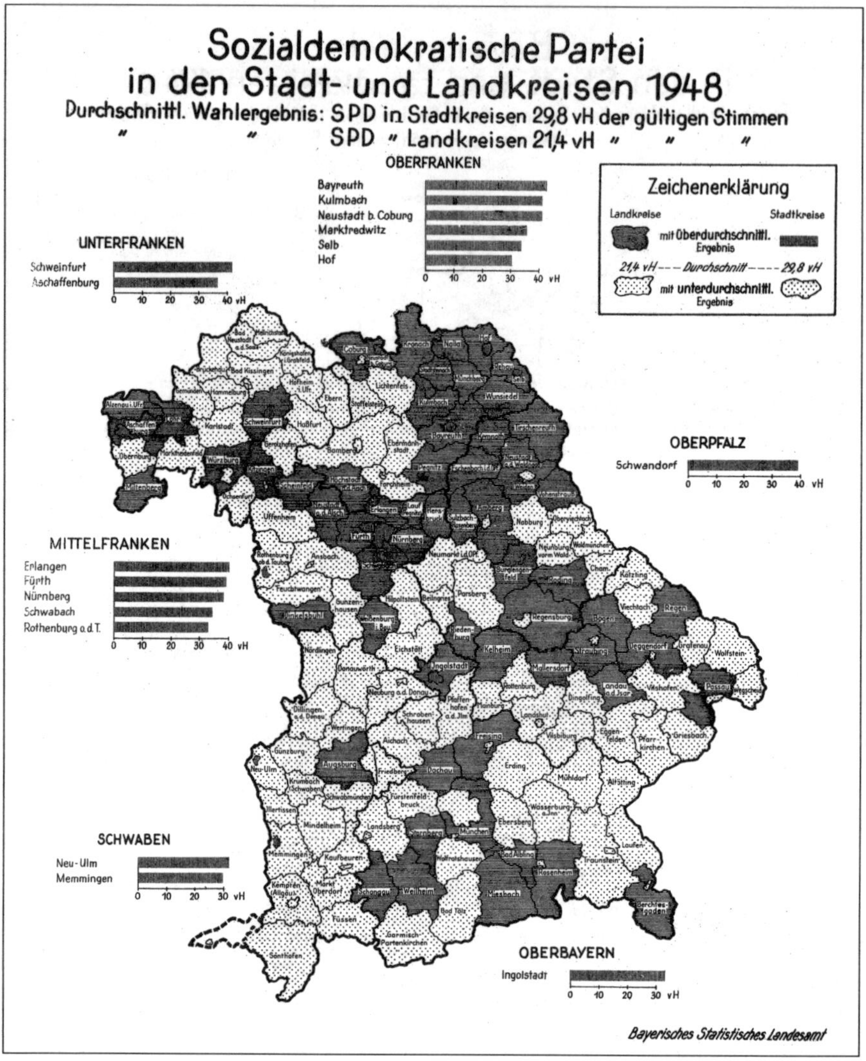


gen waren, begann in der CSU ein Streit über den künftigen Umgang mit der aufstrebenden Bayernpartei, der in den folgenden Jahren immer wieder aufflammen sollte[83]. Für den Landesvorsitzenden war die Sachlage klar: Eine Zusammenarbeit mit der BP kam keinesfalls in Frage; der Ochsensepp hielt vielmehr eine offensive Auseinandersetzung für das Gebot der Stunde[84]. So hieß es auch in einer Stellungnahme der Landesleitung zu den

1. 6. 1948: „Auflösung des Landtags und Neuwahlen gefordert. Stimmen zum Ergebnis der Stadtratswahlen."

[83] Vgl. dazu ausführlich Wolf, CSU und BP, passim.

[84] SZ vom 5. 6. 1948: „Dr. Müller: ‚Empfindliche Belastung'".

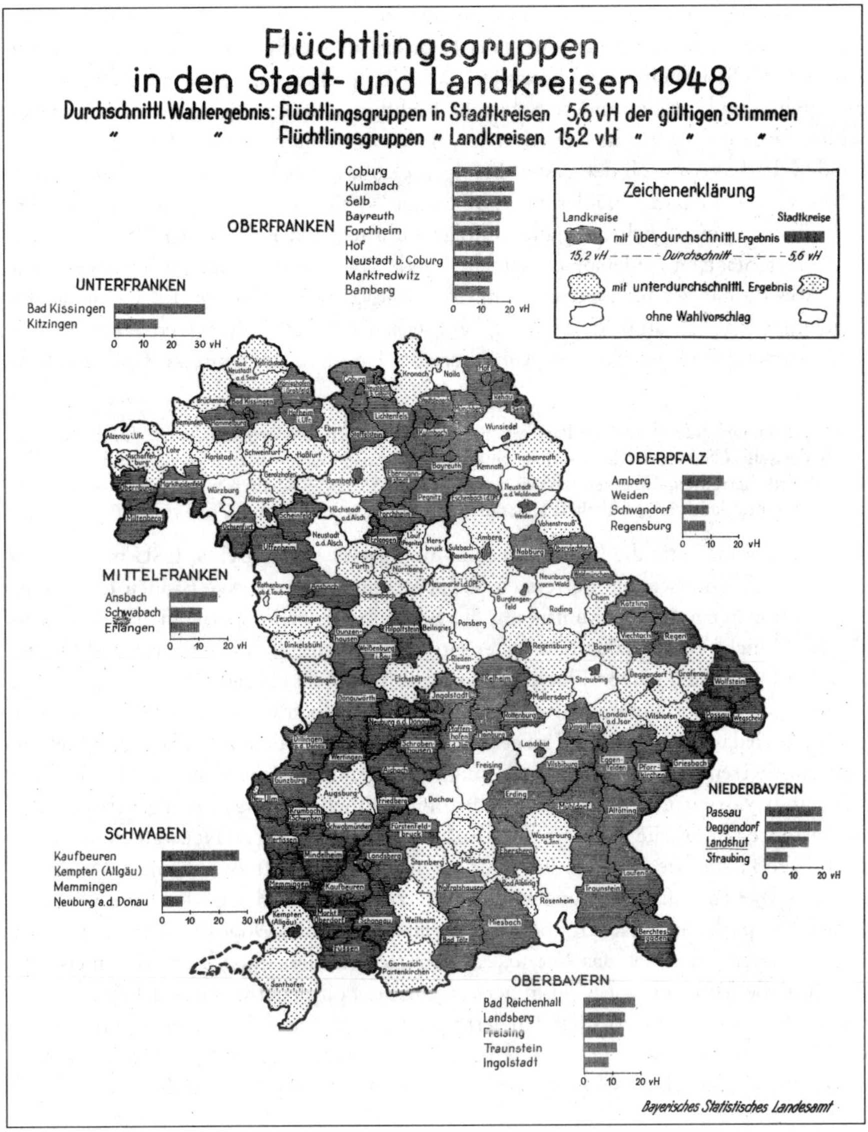


Ergebnissen der Gemeinde- und Kreistagswahlen, die Bayernpartei habe meist dort Erfolge erzielt, wo die CSU „nicht klar und eindeutig" gegen sie Stellung genommen habe[85].

Die Vertreter der innerparteilichen Opposition schätzten die Situation grundlegend anders ein. Sie machten Josef Müller, „dieses nationale Unglück Bayerns"[86], und seine

[85] ACSP, NL Müller 17, Rundschreiben der Landesgeschäftsstelle der CSU, Organisationsabteilung, an alle Bezirks- und Kreisverbände vom 30. 4. 1948.

[86] IfZ-Archiv, RG 260, 10/90–3/4, „Subject: Äußerungen zur Wahl" vom 2. 6. 1948; das Zitat stammt von Richard Jaeger. Der Vertrauensmann der Militärregierung notierte: „Jaeger war wie alle Leute

in ihren Augen verschwommene und unbayerische Politik für die Wahlschlappen der CSU verantwortlich[87]. Insbesondere der Rebell Fritz Schäffer sah sich in seinem harten Kurs gegen die Parteiführung bestätigt: „Was ich durch meinen Versuch, die CSU umzugestalten und ihr eine andere politische Richtlinie damit zu geben, verhindert sehen wollte, ist also [...] bereits eingetreten", schrieb der Vorsitzende des CSU-Bezirksverbands Oberbayern nach den ersten Erfolgen der Bayernpartei an seinen niederbayerischen Kollegen Konrad Kübler. Der „Block der Wähler, den die CSU als Erbe im Jahre 1945 übernommen" habe, zerfalle „infolge Führung und Leitung der CSU in 2 Teile"[88]. Der Staatsrat widersprach seinem Landesvorsitzenden auch in der Frage, wie man künftig mit der Bayernpartei umgehen solle, ganz entschieden. Er nehme der BP gegenüber eine „freundliche Haltung" ein, erklärte Schäffer Pressevertretern im Juni 1948, zumal sie sich aus früheren Anhängern der Union zusammensetze. CSU und Bayernpartei

> „müßten als die beiden stärksten Parteien zum Wohle Bayerns *zusammenarbeiten.* Deshalb müsse die bayerische CSU unter der Berücksichtigung der Ausgewiesenen eine bodenständige bayerische Politik betreiben, die einen bayerischen Staat mit Staatspräsidenten und Mehrheitswahlrecht als Glied eines deutschen, wahrhaft föderalistischen Bundesstaates zum Ziele habe."[89]

In diesem Sinne hatte die Bezirksversammlung der oberbayerischen CSU bereits kurz nach dem Bekanntwerden der ersten Wahlergebnisse den Kreisverbänden und Kreistagsfraktionen empfohlen, künftig mit der Bayernpartei zu kooperieren, um „einerseits die Kluft nicht zu vergrößern, andererseits unsere Landräte nicht von der SPD oder von den Union-feindlichen Flüchtlingslisten abhängig zu machen"[90].

Der Ausgang der Kommunalwahlen erschütterte jedoch nicht nur die CSU, sondern drohte auch das Kabinett Ehard zu gefährden. Führende Politiker von SPD und Bayernpartei forderten die Regierungspartei mit der Begründung, die absolute Mehrheit der CSU im bayerischen Landtag entspreche offensichtlich nicht mehr den gegebenen Verhältnissen, dazu auf, die Konsequenzen zu ziehen und den Weg zu Neuwahlen freizumachen[91]. Verfassungsrechtlich bestand für einen solchen Schritt zwar keinerlei Veranlassung, es war aber durchaus ungewiß, ob die zerstrittene CSU in der Lage war, dem Druck der parlamentarischen und außerparlamentarischen Opposition standzuhalten. Eine Kabinettskrise war das Letzte, das Ministerpräsident Ehard, der sich meist nur dann um die Arbeit der Partei kümmerte, wenn die Politik der von ihm geführten bayerischen Staatsregierung ernstlich tangiert war, zu einer Zeit gebrauchen konnte, als sich die Londoner Sechs-Mächte-Konferenz anschickte, grundlegende Entscheidungen über die Zukunft (West-)Deutschlands zu treffen. Entsprechend harsch fiel die Kritik Ehards

---

der CSU, die ich bis jetzt nach der Wahl sprechen konnte, sehr von dem Ergebnis beeindruckt. Nur wurde mir nicht ganz klar, ob es mehr eine Enttäuschung über die Niederlage der Union war oder eine Freude über den Erfolg der Bayernpartei."

[87] IfZ-Archiv, RG 260, 10/90–3/4, „Subject: Äußerungen zur Wahl" vom 2. 6. 1948 (Gespräch mit Adolf Miller); BAK, NL Schäffer 25, Bl. 155, August Albert an Fritz Schäffer vom 8. 6. 1948.

[88] BAK, NL Schäffer 25, Bl. 187, Fritz Schäffer an Konrad Kübler vom 30. 4. 1948.

[89] SZ vom 12. 6. 1948: „Schäffer für Zusammenarbeit mit der Bayernpartei"; Hervorhebung im Original.

[90] BayHStA, NL Pfeiffer 535, Rundschreiben des CSU-Bezirksverbands Oberbayern an die „Herren Kreisvorsitzenden aller oberbayerischen Kreisverbände", die Ergebnisse der Bezirksversammlung am 8. 5. 1948 betreffend, vom 11. 5. 1948.

[91] SZ vom 1. 6. 1948: „Auflösung des Landtags und Neuwahlen gefordert. Stimmen zum Ergebnis der Stadtratswahlen" und der Kommentar Edmund Goldschaggs „Ein Volksentscheid", sowie der Kommentar „Nach den Wahlen" von „Junius" (Hermann Proebst) in der SZ vom 5. 6. 1948.

an Josef Müller aus, den er als Parteichef für die katastrophalen Wahlergebnisse der CSU verantwortlich machte. Der Ochsensepp wies solche Vorwürfe zwar weit von sich und kritisierte seinerseits die Regierungspolitik[92]. Ein ernstes Zerwürfnis mit dem populären und allseits geachteten Ministerpräsidenten, der längst als möglicher Nachfolger Müllers gehandelt wurde, konnte er sich jedoch keinesfalls leisten, da dies seine ohnehin geschwächte Stellung in der CSU noch weiter untergraben hätte. Die Gegner Müllers in der Landtagsfraktion ließen die Gelegenheit nicht ungenutzt verstreichen. In einer stürmischen Fraktionssitzung forderten sie Müller offen auf, seine Parteiämter niederzulegen – und sie standen nicht allein: Auch der Bezirksrat der Jungen Union München verlangte ultimativ den Rücktritt des Parteivorsitzenden[93]. Doch wieder einmal bewies Josef Müller Stehvermögen, und nachdem Ehard im Verein mit dem Parteivorsitzenden und der CSU-Fraktion den Vorstoß der SPD bezüglich der vorzeitigen Auflösung des Landtags abgewehrt hatte[94], schien sich die Situation wieder zu beruhigen.

Die Parteiführung um den Ochsensepp geriet aber noch von einer anderen Seite her unter Beschuß. Die alarmierenden Stimmenverluste hatten Konrad Adenauer, den mächtigen und machtbewußten Vorsitzenden der CDU in der britischen Besatzungszone, dazu veranlaßt, sich zu Wort zu melden. Nachdem das Ergebnis der Stadtratswahlen in Bayern bekannt geworden war, erklärte Adenauer vor Pressevertretern, die Verluste der CSU seien vor allem auf die innerparteilichen Streitigkeiten zurückzuführen, die damit den „gefürchteten Erfolg" gehabt hätten. „Man könne davon ausgehen", so Adenauer weiter, daß die großen Stimmengewinne der Bayernpartei „zu einem sehr erheblichen Teil auf der Unzufriedenheit der Wählerschaft mit den fortgesetzten Kämpfen innerhalb der Leitung der CSU in Bayern" beruhten. Im Namen der gesamten Anhänger und Freunde der CSU in allen Zonen richtete Adenauer „die dringende Bitte und das wärmste Verlangen an die CSU in Bayern, nun endlich Schluss zu machen mit dem Streit um die Führung", da durch diesen „ständigen Streit [...] die gemeinsame christliche Sache in ganz Deutschland empfindlich geschädigt worden" sei[95]. Josef Müller und wenig später auch der stellvertretende Landesvorsitzende August Haußleiter reagierten empört auf diesen „Eingriff in die innerparteilichen Verhältnisse Bayerns", zu dem kein Anlaß bestanden habe[96]. Die Erklärung Adenauers erbitterte den CSU-Vorsitzenden und seinen Stellvertreter vor allem deshalb, weil sie ihre Strategie, die Wahlschlappen der CSU als Resultat einer ungünstigen politischen Konstellation zu charakterisieren, konterkarierte und bei dem bekanntermaßen gespannten Verhältnis zwischen dem zu Jakob Kaiser neigenden Müller und Adenauer wie ein Mißtrauensvotum gegen die CSU-Führung um den Ochsensepp wirken mußte. Die Eröffnung einer weiteren Front in den innerparteilichen Führungs- und Flügelkämpfen belastete den angeschlagenen Landesvorsitzenden zusätzlich. Nach der Rebellion des Bezirksverbands Oberbayern und der Niederlagenserie bei den Kommunalwahlen kämpfte Müller nur noch um sein politisches Überleben.

---

92 Der Tag vom 9. 6. 1948: „Der Kurs der CSU-Fraktion in Bayern"; zum folgenden vgl. ebenda.

93 SZ vom 5. 6. 1948: „Münchner ‚Junge Union' verlangt Rücktritt".

94 Der Tag vom 10. 6. 1948: „CSU-Regierung tritt nicht zurück", und SZ vom 12. 6. 1948: „Auflösung des bayerischen Landtags abgelehnt. Antwort der Regierung auf eine Interpellation der SPD".

95 ACSP, NL Müller 363, Wortlaut der Erklärung Konrad Adenauers zu den Stadtkreiswahlen in Bayern vom 31. 5. 1948. Vgl. dazu auch Mintzel, Anatomie, S. 246, der den Vorfall jedoch falsch datiert und offensichtlich auch das Verhältnis zwischen Müller und Adenauer nicht richtig einschätzt.

96 ACSP, NL Müller 363, Telegramm Josef Müllers an Konrad Adenauer vom 1. 6. 1948 und August Haußleiter an Konrad Adenauer vom 14. 6. 1948; das Zitat ist dem Schreiben Haußleiters entnommen.

## 3. Die Währungsreform und der Zusammenbruch des Parteiapparats

Neben der Revolte des Bezirksverbands Oberbayern, dem bedrohlichen Anwachsen der Bayernpartei und den Niederlagen bei den Kommunalwahlen war der Zerfall des mühsam errichteten Parteiapparats die vierte große Herausforderung, vor die sich die CSU im Jahre 1948 gestellt sah. Die Währungsreform in den Westzonen am 21. Juni 1948 entzog der bayerischen Unionspartei gleichsam über Nacht die finanzielle Basis, erzwang das Ende jeder zentral gesteuerten Organisationspolitik und setzte eine Entwicklung in Gang, die die CSU zu einer Honoratiorenpartei degenerieren ließ.

Der Aufbau der Parteiverwaltung, der 1946 im Zeichen zahlreicher Wahlkämpfe begonnen hatte, war auf eine Vielzahl von Hindernissen gestoßen[97]. Die unterschiedlichen, ja entgegengesetzten organisationspolitischen Konzeptionen Josef Müllers und des katholisch-konservativen Flügels waren dabei ein Problem erster Ordnung. Während der Landesvorsitzende versuchte, eine christlich-interkonfessionelle Sammlungspartei auf breiter Basis aufzubauen, und sich dabei eines zentral gesteuerten Parteiapparats zu bedienen gedachte[98], weigerte sich die weitgehend an der Struktur der BVP orientierte Opposition um Alois Hundhammer, dem ungeliebten Parteichef ein solches Machtinstrument in die Hand zu geben. Bis zum Herbst 1946 wirkte es sich auch negativ aus, daß eine von der Militärregierung genehmigte und von den zuständigen Parteigremien verabschiedete Satzung fehlte[99], ganz zu schweigen von einem Finanzstatut[100], dem der Landesausschuß erst am 3. Januar 1948 zustimmte[101]. Zwar setzte der Landesausschuß das Finanzstatut rückwirkend zum Januar 1947 in Kraft, Tatsache ist aber, daß die CSU bis 1948 ohne satzungsmäßig festgeschriebene Regelungen auskommen mußte. Als das Finanzstatut dann endlich verabschiedet war, verhinderte der mitglieder- und finanzstarke Bezirksverband Oberbayern mit seiner Weigerung, Mitgliederbeiträge an die Landesleitung abzuführen, eine geordnete Geschäftsführung. Die Währungsreform ließ das umstrittene Finanzstatut wenige Monate später endgültig zu Makulatur werden.

---

[97] Die noch immer beste Darstellung der Entwicklung des Parteiapparates der CSU bis 1948 bei Mintzel, Anatomie, S. 139–157.

[98] Vgl. ebenda, S. 148.

[99] ACSP, NL Müller 17, Notiz über eine „Besprechung organisatorischer Mängel in der Arbeit der Union und Diskussion von Verbesserungsvorschlägen“ am 19. 8. 1946. Am Ende der Besprechung zog man folgendes Fazit: „Die Aussprache ergab, dass im ganzen Land die Kritik an der Führung und an der organisatorischen Arbeit der Union sehr lebhaft ist. Es besteht der Eindruck, dass eine klare Linie völlig fehlt und dass zuviel improvisiert und zu wenig planmässig gearbeitet wird. Die Kritik ist in wesentlichen Punkten berechtigt. Abhilfe ist notwendig.“

[100] Verschiedene Entwürfe für ein Finanzstatut der CSU aus den Jahren 1946 und 1947 finden sich im ACSP, NL Müller 19 und 20.

[101] Finanzstatut der Christlich-Sozialen Union in Bayern, mit rückwirkender Geltung ab 1. 1. 1947 beschlossen am 3. 1. 1948, abgedruckt in: Protokolle und Materialien, S. 1811–1815. Zu den diesbezüglichen Querelen vgl. ACSP, NL Müller 17, Notiz über eine „Besprechung organisatorischer Mängel in der Arbeit der Union und Diskussion von Verbesserungsvorschlägen“ am 19. 8. 1946. Noch im Januar 1947 bemerkte Landesgeschäftsführer Liedig: „Kreise und Bezirke hätten das Finanzstatut kritisiert, es sei unübersichtlich, unklar, und man wisse nicht, wie man sich verhalten solle. Die Kritiker seien aufgefordert worden, Gegenvorschläge einzureichen.“ ACSP, CSU-LL, Protokoll der Sitzung des geschäftsführenden Landesvorstands am 22. 1. 1947.

Müller hatte seine Vorstellungen von einer effizienten Parteiverwaltung trotz aller Widerstände in der Satzung verankern können: Der Landesvorstand hatte das Recht erhalten, „zur Sicherung eines reibungslosen Geschäftsbetriebes" in den Bezirken und Kreisen Geschäftsstellen einzurichten. Das Personal der Parteiverwaltung wurde vom Landesverband angestellt und besoldet. Obwohl festgelegt war, daß die Geschäftsstellen „rein verwaltungsmäßigen Charakter" haben müßten und nicht berechtigt seien, „sich in die politischen inneren Angelegenheiten der Verbände einzumischen" [102], ließ diese Regelung der Parteiführung genügend Spielraum zur Umsetzung ihrer organisationspolitischen Konzeption. Parteibüros wurden auf drei Ebenen errichtet: die Landesgeschäftsstelle in München als Zentrale des gesamten Parteiapparats, acht Bezirksgeschäftsstellen[103] und Geschäftsstellen bei den Kreisverbänden. Bis 1948 gab es bei insgesamt 143 Kreisverbänden 99 Kreisgeschäftsstellen, sechs weitere Kreise wurden mitbetreut; bis zum 31. Juli 1948 waren damit noch 38 Kreisverbände ohne Geschäftsstelle. Der Landesvorstand hatte 78 hauptamtliche und neun nebenamtliche Kreisgeschäftsführer angestellt, zwölf Kreisgeschäftsführer arbeiteten ehrenamtlich[104]. In der Landesgeschäftsstelle war im ersten Halbjahr 1948 mit 45 Mitarbeitern der höchste Personalstand erreicht[105]. Zum Zeitpunkt der Währungsreform beschäftigte die bayerische Unionspartei ca. 185 haupt- und nebenamtliche Mitarbeiter[106] und verfügte damit über ein Potential, das das der untergegangenen BVP bei weitem übertraf.

Allerdings hatte es schon früh kritische Stimmen gegeben. Ein so großer Parteiapparat sei im Falle einer Währungsumstellung nicht mehr zu finanzieren, hieß es. Solche Warnungen kamen nicht etwa nur aus den Reihen der innerparteilichen Opposition, die die Organisationspolitik der Parteiführung generell ablehnte, sondern auch von Mitarbeitern Josef Müllers wie Richard Schachtner[107]. Der Leiter der Abteilung Statistik und Finanzen in der Landesgeschäftsstelle hatte im November 1947 vor der Bezirksversammlung der niederbayerischen CSU erklärt, der Anteil der Personalkosten an den Gesamtausgaben der Partei sei mit ca. 75 Prozent so hoch, daß ihre finanzielle Handlungsfähigkeit sehr eingeschränkt sei. Nach „Beendigung der organisatorischen Anlaufszeit", so hatte er weiter ausgeführt, sei es nötig, neue, kostengünstigere Wege zu suchen, da die „ausschliessliche Beschäftigung hauptamtlicher Kreisgeschäftsführer" noch nicht „die Ideallösung der Parteiapparatur" zu sein schien. In diesem Sinne hatte er angeregt, mehrere Geschäftsstellen zusammenzulegen oder die Kreisgeschäftsstellen ehrenamtlich durch die bisherigen Geschäftsführer weiterbetreuen zu lassen, nachdem man diese in gesicherte Positionen gebracht habe.

---

[102] Satzung der CSU in der Fassung vom 4. 10. 1946, abgedruckt in: Protokolle und Materialien, S. 1783–1803, hier S. 1800.

[103] Die Bezirksverbände Nürnberg-Fürth und Mittelfranken errichteten eine gemeinsame Geschäftsstelle in Nürnberg, die Bezirksverbände Augsburg und Schwaben in Augsburg; die übrigen Bezirksgeschäftsstellen waren in München (Oberbayern), Straubing (Niederbayern), Regensburg (Oberpfalz), München (München), Bamberg (Oberfranken), Würzburg (Unterfranken). Vgl. Mintzel, Anatomie, S. 152.

[104] Zahlen nach ebenda, S. 151 f.

[105] BayHStA, NL Ehard 131, Rundschreiben Richard Schachtners „Unions-Finanzen" vom 23. 5. 1949.

[106] Zahlenangaben nach den Daten bei Mintzel, Anatomie, S. 151, und Richard Schachtner: BayHStA, NL Ehard 131, Rundschreiben „Unions-Finanzen" vom 23. 5. 1949.

[107] ACSP, NL Müller 19, Memorandum Richard Schachtners „Die Finanzen der Union nach der Währungsreform" vom 24. 9. 1948; das folgende nach ebenda. Schachtner zitiert in diesem Memorandum seine Ausführungen vor der Bezirksversammlung der CSU Niederbayern im November 1947. Ähnlich auch ACSP, CSU-LTF I, 15–20/1, Hans Bartel an Alois Hundhammer vom 3. 11. 1948.

*Aufbau der CSU-Landesgeschäftsstelle am 1. Januar 1948*[108]:

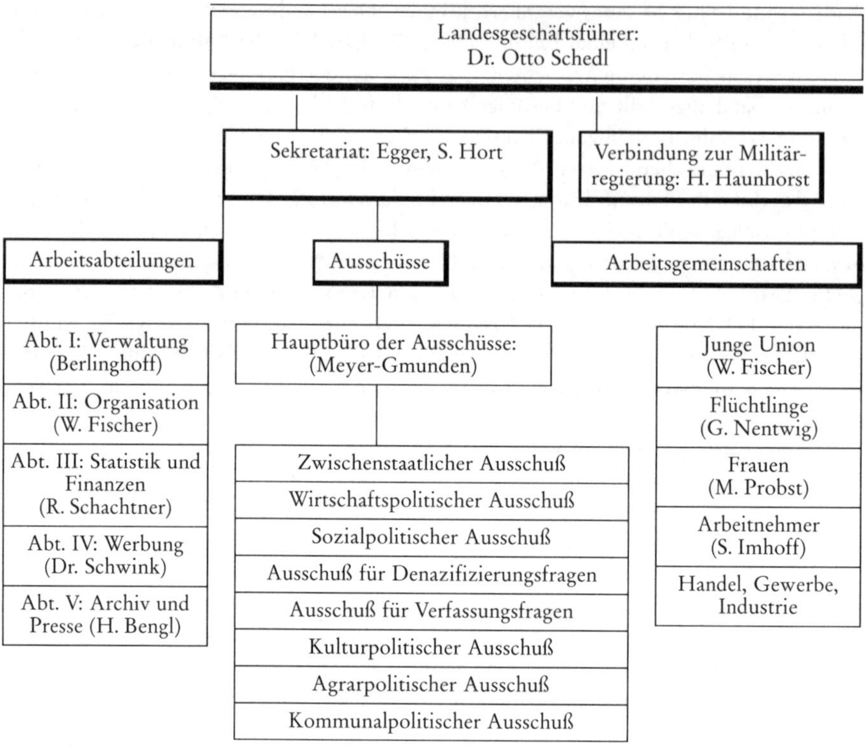


Schachtners Mahnungen und Vorschläge stießen bei den Verantwortlichen zwar auf wenig Gegenliebe, die Währungsreform traf die CSU aber dennoch nicht gänzlich unvorbereitet. Als Müllers alter Kampfgefährte Franz Liedig im April 1948 die Nachfolge des unglücklich agierenden Max Grasmann[109] im Amt des Landesschatzmeisters antrat, ging er sofort daran, die beträchtlichen Beitragsrückstände bei den Bezirks- und Kreisverbänden einzutreiben[110], um die Illiquidität der Landesgeschäftsstelle zu beseitigen und dem Tag der Währungsumstellung mit einem möglichst großen Guthaben entgegensehen zu können[111]. Tatsächlich blieben Liedigs Bemühungen nicht ohne Erfolg; im Juni 1948 war der Landesverband schuldenfrei und verfügte immerhin über

[108] Stadtarchiv Ingolstadt, XXI/31, Schema des Aufbaus der CSU-Landesgeschäftsstelle am 1. 1. 1948.

[109] ACSP, NL Müller 19, Aktennotiz Richard Schachtners „Kredit für die Parteien" für Franz Liedig vom 13. 7. 1948.

[110] Beispielsweise ACSP, CSU-LTF I, 15–12/4 und 5, Franz Liedig an Alois Hundhammer und nachrichtlich an den CSU-Kreisverband Ebersberg vom 14. 6. 1948; nach einer Auskunft Franz Liedigs betrugen die „buchmäßig berechtigten Forderungen" des Landesverbands „gegenüber den Parteiorganisationen im Lande rund 700.000 RM". ACSP, CSU-LL, Protokoll der Sitzung des Landesvorstands am 17. 7. 1948.

[111] ACSP, NL Müller 20, Rundschreiben Franz Liedigs an die Bezirks- und Kreisvorsitzenden sowie an die Bezirks- und Kreisgeschäftsführer vom 26. 6. 1948; ACSP, CSU-LL, Protokoll der Sitzung des Landesvorstands am 17. 7. 1948 (Franz Liedig).

ein Guthaben von 160.000 RM[112]. Die Frage war nur: was würde davon übrigbleiben? Die führenden CSU-Politiker hatten noch bis zuletzt gehofft, das Vermögen der Parteien würde ähnlich wie in der Tschechoslowakei oder in der sowjetischen Besatzungszone zu einem günstigeren Kurs umgerechnet werden[113]. Doch diese von Gerüchten und Spekulationen genährte Erwartung erwies sich als irrig, und Parteivermögen wurde am Tag der Währungsreform in den Westzonen zu demselben Satz abgewertet wie alle anderen Vermögenswerte. Nachdem das Kind in den Brunnen gefallen war, intervenierten Vertreter der wichtigsten bayerischen Parteien sowohl bei den zuständigen deutschen Stellen als auch bei der amerikanischen Militärregierung mit dem Ziel, eine nachträgliche Besserstellung zu erreichen. Sie forderten entweder eine Korrektur der Umwertungssätze – Parteivermögen sollte wenn schon nicht im Verhältnis 1:1, dann wenigstens im Verhältnis 5:1 in D-Mark umgerechnet werden –, eine Dotation aus öffentlichen Mitteln in der doppelten Höhe der höchsten Monatsausgaben seit Januar 1948 oder eine Zuwendung in der Höhe von 20–25 Pfennig je Wählerstimme bei den letzten Landtagswahlen[114]. Die Verhandlungsführer der Parteien begründeten ihre Forderungen damit, daß gerade in den schwierigen Wochen nach der Währungsreform ihre Aktivitäten besonders wichtig seien und daß es eine politische Notwendigkeit sei, die Handlungsfähigkeit der Parteien auch in finanzieller Hinsicht zu gewährleisten[115]. Hanswolf Haunhorst, der Verbindungsmann der CSU-Landesgeschäftsstelle zur Militärregierung, wies Anfang Juli den Chef der Governmental and Political Branch von OMGBY eindringlich darauf hin, daß seiner Partei unter den gegenwärtigen Bedingungen der sichere Bankrott drohe. Der Landesgeschäftsstelle stünden gerade einmal 8000 DM zur Verfügung, aber nur um die laufenden Personalkosten bestreiten zu können, benötige die Partei mehr als 100000 DM[116]!

Doch die Parteien drangen bei der Militärregierung mit ihren Forderungen nicht durch. Wenn man deren Wunsch nach Sonderkonditionen nachgeben würde, hieß es in einem Memorandum, würde man einen Präzedenzfall schaffen und eine Vielzahl anderer Organisationen ermuntern, dieselben Privilegien zu fordern[117]. Die Stabilität der neuen Währung hatte aber auch in den Augen der Militärregierung eindeutig Vorrang – bei allem Verständnis, das man den Sorgen und Nöten der Parteien entgegenbrachte. Hoffnung bestand lediglich auf einen zinsgünstigen Staatskredit, doch die Verhandlungen darüber zogen sich quälend lange hin[118].

Inzwischen war guter Rat teuer und der Mangel an Geldmitteln in der neuen Währung allgegenwärtig. Um das schlimmste zu verhindern, hatte der Landesvorstand be-

[112] Ebenda; IfZ-Archiv, RG 260, 13/149–3/3, Notiz John P. Bradfords „Complaint of the Political Parties“ für Albert C. Schweizer vom 9. 7. 1948.

[113] ACSP, CSU-LL, Protokoll der Sitzung des Landesvorstands am 17. 7. 1948 (Franz Liedig).

[114] ACSP, NL Müller 20, Franz Liedig an den Generalsekretär der Arbeitsgemeinschaft von CDU und CSU, den Landesvorstand der CDU Hessen und den Landesvorstand der CDU Württemberg-Baden vom 29. 6. 1948.

[115] ACSP, NL Müller 20, Aktennotiz über eine Besprechung von Parteivertretern mit Vertretern der amerikanischen Militärregierung am 24. 6. 1948.

[116] IfZ-Archiv, RG 260, 13/149–3/3, Notiz John P. Bradfords „Complaint of the Political Parties“ für Albert C. Schweizer vom 9. 7. 1948.

[117] IfZ-Archiv, RG 260, 10/130–3/1, Memorandum „Currency Reform Cripples Party Finances“, undatiert.

[118] ACSP, NL Müller 19, Aktennotiz Richard Schachtners „Kredit für die Parteien“ für Franz Liedig vom 13. 7. 1948.

reits Ende Juni allen haupt- und nebenamtlichen Geschäftsführern und den von der Landesgeschäftsstelle besoldeten Hilfskräften mit Wirkung vom 31. Juli 1948 vorsorglich gekündigt[119]. Da die Gehälter der Parteiangestellten für die Monate Juni und Juli aber bereits in voller Höhe in D-Mark ausbezahlt werden mußten, geriet das Budget des Landesverbands dennoch aus den Fugen[120]. Den Verantwortlichen war klar, daß der Parteiapparat erheblich reduziert werden mußte. Sie versuchten jedoch, das bisherige System zumindest im Kern beizubehalten und das organisatorische Gerüst einer zentral gesteuerten Parteiverwaltung über die finanzielle Durststrecke hinweg zu retten. Als Richard Pflaum, der Vertreter des Bezirksverbands München im Landesvorstand, am 17. Juli vorschlug, zur Entlastung des Landesverbands die Kreisverbände selbst für die Finanzierung ihrer Geschäftsstellen aufkommen zu lassen, lehnte Josef Müller ab:

„Freund Pflaum, es ist das eine alte Frage. Aber erfahrungsgemäß werden dort am meisten Mitglieder geworben, wo wir tüchtige Geschäftsführer haben. Die große Sorge war die Mitgliederwerbung. Hier ist daher ein Überblick unbedingt notwendig. Es ist etwas anderes, ob man nun alle Kreisgeschäftsführer draußen beläßt, ob man nicht einige Kreise zusammenfaßt; aber organisatorisch wird die Partei immer viel besser fundiert sein, wenn die Geschäftsführer zentral gesteuert werden. Das hat gar nichts zu tun mit Ihrer Politik draußen. Es kommt darauf an, daß die Organisation als solche immer funktioniert. Wir haben die Erfahrung gemacht: Wenn man es dem einzelnen Geschäftsführer überläßt, wird es viel schwieriger und dann kommt vor allem in jeden einzelnen Ort bald der Krach hinein."

In diesem Sinne sollten in der Landesgeschäftsstelle zwei Drittel des Personals, in den Bezirken und Kreisen möglichst 35 bis 50 Prozent gehalten werden[121]. Allerdings war die Zahl der Kreisgeschäftsführer, die man in der Landesleitung für brauchbar hielt, ohnehin begrenzt[122]. Von den 99 haupt-, neben- und ehrenamtlichen Kreisgeschäftsführern wurden lediglich 20–22 als wirklicher Gewinn für die Partei erachtet, also weniger als 25 Prozent! Mit dieser Feststellung gab die Organisationsabteilung der Landesgeschäftsstelle selbst ein vernichtendes Urteil über die Personalpolitik der letzten Jahre ab. Doch nun gedachte man aus der Not eine Tugend zu machen. Statt möglichst viele hauptamtliche Kräfte zu beschäftigen, sollte in Zukunft ein zwar zahlenmäßig begrenzter, aber hochqualifizierter Mitarbeiterstamm herangebildet werden. In diesem Sinne sahen die Planungen der Landesleitung vor, möglichst viele Personalkosten zu sparen, aber wenigstens ein weitmaschiges Netz an Parteibüros aufrechtzuerhalten. Man machte den Bezirksgeschäftsstellen daher den Vorschlag, je drei bis vier Kreisgeschäftsstellen zu sogenannten Kreishauptgeschäftsstellen zusammenzufassen. Etwa vier oder fünf solcher Parteibüros mit je einem hauptamtlichen Geschäftsführer an der Spitze sollten in jedem Bezirk die Weiterführung der politischen und organisatorischen Arbeit vor Ort gewährleisten[123].

---

[119] ACSP, CSU-LL, Protokoll der Sitzung des Landesvorstands am 17. 7. 1948 (Franz Liedig); vgl. auch Mintzel, Anatomie, S. 234.

[120] ACSP, CSU-LL, Protokoll der Sitzung des Landesvorstands am 17. 7. 1948 (Franz Liedig); das folgende Zitat ebenda.

[121] Angaben nach ebenda, und ACSP, NL Müller 21, Notiz der Organisationsabteilung der Landesgeschäftsstelle, gez. Oskar Dinkel, bezüglich der „Kündigung der haupt- und nebenamtlichen Kräfte bei den Bezirks- und Kreisverbänden" vom 2. 7. 1948; vgl. auch Mintzel, Anatomie, S. 235.

[122] ACSP, NL Müller 21, Notiz der Organisationsabteilung der Landesgeschäftsstelle, gez. Oskar Dinkel, bezüglich der „Kündigung der haupt- und nebenamtlichen Kräfte bei den Bezirks- und Kreisverbänden" vom 2. 7. 1948.

[123] Vgl. Mintzel, Anatomie, S. 234.

Doch auch das kostete Geld. Um die notwendigsten Mittel aufzutreiben, verstärkte die Landesleitung unmittelbar nach der Währungsreform ihre Werbungs- und Sammlungstätigkeit; dies brachte im Juni und Juli 1948 immerhin 10000 DM ein[124]. Zugleich versuchte man, Spenden von den Parteimitgliedern zu erwirken, die Mandate innehatten oder öffentliche Ämter bekleideten. Dies schien für viele verantwortliche CSU-Politiker auf Landes-, Bezirks- und Kreisebene das einzige Mittel zu sein, um wenigstens an einen Teil des benötigten Geldes zu kommen. Einfache Parteimitglieder konnte man nicht zwingen, ihre Beiträge zu bezahlen. Minister, Staatssekretäre, Landräte oder Landtagsabgeordnete ließen sich dagegen nicht nur moralisch unter Druck setzen, sondern auch durch die mehr oder weniger versteckte Drohung, die CSU werde das nächste Mal ihre Kandidatur nicht mehr unterstützen, wenn sie der Partei jetzt nicht finanziell unter die Arme griffen[125]. So machte Otto Schedl den Vorschlag, von den rund 250 Personen, „die ihre Stellung und damit ihr Einkommen der Union verdanken und dieserhalb zu erhöhten Opfern moralisch verpflichtet sind", eine Gesamtsumme von 24800 DM zu erheben. Schedl machte gegenüber dem Parteivorsitzenden aus seiner Entschlossenheit, die Amts- und Mandatsträger zur Kasse zu bitten, keinen Hehl:

„Wenn dieser Personenkreis in dieser kritischen Stunde nicht bereit ist, ein fühlbares Opfer zu bringen, dann ist er an den falschen Platz gestellt und dann ist es Zeit, dass die Gesamtpartei hier einen grundlegenden Wechsel vornimmt. Sollte aber, was ich nicht im Entferntesten annehme, die Union unter der gegenwärtigen wirtschaftlichen Krise zusammenbrechen, dann hat sie kein anderes Schicksal verdient. [...] Sollte ein Minister an 500 Mark mehr kleben als an der Union, so sei so freundlich und befreie die Union von solchen Repräsentanten."

Die dringenden Bitten, ein Opfer für die Partei zu bringen, stießen freilich meist auf taube Ohren. Die Landtagsfraktion gewährte zunächst nur eine einmalige Abgabe von 25 DM pro Mitglied – unter strengen Auflagen[126]. Im Durchschnitt führte ein Landtagsabgeordneter nach der Währungsreform gerade sieben DM pro Monat an den Landesverband ab[127]. Bei den Regierungsmitgliedern hatte die Aktion noch weniger Erfolg. Etwa die Hälfte der Minister und Staatssekretäre hatte vier Wochen nach der Währungsumstellung trotz teilweise wiederholter Bitten nichts gezahlt. Insgesamt spendeten die Kabinettsmitglieder bis Mai 1949 ganze 3090 DM. In der Parteizentrale

---

124 BayHStA, NL Ehard 131, Rundschreiben „Unions-Finanzen" vom 23. 5. 1949; ACSP, CSU-LL, Protokoll der Sitzung des Landesvorstands am 17. 7. 1948 (Franz Liedig); ACSP, NL Müller 19, „Reisebericht über die von der Notgemeinschaft durchgeführte Rundreise" vom 14.–17. 7. 1948.

125 ACSP, NL Müller 19, Aktennotiz Richard Schachtners vom 30. 6. 1948; NL Müller 109, Rundschreiben Fritz Schäffers an die Vorsitzenden der oberbayerischen Kreisverbände vom 2. 7. 1948; NL Müller 150, Georg Gamperl an Josef Müller vom 5. 7. 1948; BayHStA, NL Pfeiffer 535, Fritz Schäffer an Anton Pfeiffer vom 1.7. und 2. 7. 1948; ACSP, NL Müller 18, Otto Schedl an Josef Müller vom 5. 7. 1948; die folgenden Zitate ebenda.

126 Diesen Beschluß faßte die Landtagsfraktion am 30. 6. 1948; ACSP, CSU-LTF I, 15–14, Protokoll der Fraktionssitzung am 30. 6. 1948. Die Fraktionsgeschäftsstelle informierte die Bezirksverbände, für die zwei Fünftel des Geldes gedacht waren, am 6. 7. 1948 mit einem Rundschreiben über den Beschluß der Abgeordneten. Am 25. 8. 1948 hatten von 103 CSU-Abgeordneten immerhin 94 die fälligen 25 DM bezahlt. Die Landesgeschäftsstelle hatte sich schon am 1. 7. 1948 im voraus bei der Fraktion bedankt. Alle zitierten Dokumente finden sich im ACSP, CSU-LTF, Mappe Sonderumlage. Weitere finanzielle Hilfsmaßnahmen beschloß die Fraktion im Dezember 1948 und Februar 1949. ACSP, CSU-LTF I, 15–14, Protokolle der Fraktionssitzungen am 14. 12. 1948 und 17. 2. 1949.

127 BayHStA, NL Ehard 131, Rundschreiben „Unions-Finanzen" vom 23. 5. 1949; zum folgenden vgl. ebenda.

war man mit diesem Ergebnis alles andere als zufrieden. Besonders die Mitarbeiter der Landesgeschäftsstelle, die sich angesichts der katastrophalen Lage zu einer „Notgemeinschaft" zusammengeschlossen hatten, fühlten sich im Stich gelassen. Die einmalige Spende der Landtagsfraktion stehe „hinsichtlich der Opferbereitschaft für die Christlich-Soziale Union in keinem Verhältnis zu der Tatsache, daß das hauptberufliche Personal der Partei bis heute" mit lächerlich geringen Überbrückungshilfen, den sogenannten „Schwimmwestenbeträgen", zu arbeiten bereit gewesen sei, hieß es am 10. September 1948 in einem Schreiben der „Notgemeinschaft" an den geschäftsführenden Landesvorstand der CSU[128]. Solidarität und Spendenfreudigkeit der festbesoldeten Amts- und Mandatsträger nahmen jedoch auch in den folgenden Monaten nicht zu.

Die Landesgeschäftsstelle hatte Ende Juni auch die Bezirks- und Kreisverbände aufgefordert, der Parteizentrale je nach Möglichkeit Geldmittel zukommen zu lassen[129]. Wegen der miserablen Zahlungsmoral der meisten Suborganisationen hatte diese Initiative aber von vornherein nur wenig Aussicht auf Erfolg. Immerhin versuchten die Arbeitsgemeinschaften, den angeschlagenen Landesverband finanziell zu unterstützen, wenngleich diese Bemühungen trotz einiger Anfangserfolge ebenfalls zum Scheitern verurteilt waren. Daran änderte auch der neu gegründete Wirtschaftsbeirat der Union nichts, in den man anfangs große Hoffnungen gesetzt hatte[130]. Das mag auch daran gelegen haben, daß der Landesvorsitzende wenigstens in den ersten Wochen der Misere einer bestimmten Art von Spenden gegenüber skeptisch blieb:

„Wir haben im Rahmen des Möglichen alles unternommen. Es kommt mir heute wie ehedem darauf an, keine Mittel zu nehmen, die irgendwie politisch zweckgebunden sind. Denn unsere Partei als eine christliche und soziale Partei kann es sich nicht leisten, daß sie in Abhängigkeit gerät von irgendwelchen, ich möchte sagen, um das Kind beim Namen zu nennen, kapitalistischen Gruppen. Das wäre unmöglich. Wenn man das tun würde, ginge es vielleicht leichter. Ich habe aber Aktionen eingeleitet von Leuten, die uns nahe standen, und ich habe die berechtigte Hoffnung, daß wir wenigstens soviel haben, daß wir einigermaßen den Betrieb durchhalten können."[131]

Dieses optimistische Fazit, das sich letztlich als illusionär erweisen sollte, lag vor allem in der Hoffnung auf einen zinsgünstigen Kredit begründet, für den der bayerische Staat die Bürgschaft übernehmen sollte. Diesbezügliche Verhandlungen wurden bereits wenige Tage nach der Währungsreform aufgenommen, und am 22. Juli 1948 erhielt die CSU auf Weisung des Finanzministeriums tatsächlich einen Kredit in der Höhe von 79700 DM, der mit 3 1/8 Prozent verzinst und im Laufe des Jahres 1949 zurückgezahlt werden sollte. Schon am 23. Juli kam die erste Rate in einer Höhe von 39850 DM zur Auszahlung, den Rest sollte die CSU am 15. bzw. 31. August bekommen[132]. Doch ab-

[128] ACSP, NL Müller 20, „Notgemeinschaft" der Mitarbeiter der CSU-Landesgeschäftsstelle an den geschäftsführenden Landesvorstand vom 10. 9. 1948.

[129] ACSP, NL Müller 20, Rundschreiben Franz Liedigs an die Bezirks- und Kreisvorsitzenden sowie an die Bezirks- und Kreisgeschäftsführer vom 26. 6. 1948.

[130] ACSP, CSU-LL, Protokoll der Sitzung des geschäftsführenden Landesvorstands am 23. 12. 1948; Dokumente zum Aufbau des Wirtschaftsbeirats der Union finden sich im ACSP, NL Müller 49; in diesem Zusammenhang besonders interessant ist ein Memorandum mit der Überschrift „Vorschlag des Wirtschaftsbeirates der Union zur finanziellen Sicherung der Parteien"; eine erste, sehr mäßige Bilanz der Sammlungstätigkeit des Wirtschaftsbeirats findet sich im ACSP, NL Müller 19, Aufstellung der Abteilung Statistik und Finanzen der Landesgeschäftsstelle vom 3. 9. 1948.

[131] ACSP, CSU-LL, Protokoll der Sitzung des Landesvorstands am 17. 7. 1948.

[132] IfZ-Archiv, RG 260, 13/150–3/1, Bayerische Staatsbank an CSU-Landesgeschäftsstelle vom 26. 7.

gesehen davon, daß sich die Verantwortlichen keine Gedanken über die Rückzahlung des Kredits gemacht hatten, reichte er gerade aus, um die größten Löcher im Budget der Landesgeschäftsstelle zu stopfen. Überdies erlebten die Verantwortlichen bald eine böse Überraschung. Nach einer Intervention der Finanzabteilung von OMGUS weigerte sich die Bayerische Staatsbank, die zweite Hälfte des bereits bewilligten Kredits auszuzahlen[133].

Damit waren die Planungen der Verantwortlichen in der Landesgeschäftsstelle einmal mehr über den Haufen geworfen. Diese Entwicklung war um so schmerzlicher, als die sonstigen Einnahmen bei weitem nicht ausreichten, um die laufenden Kosten zu decken. Von den 79352,71 DM, die bei der Landesgeschäftsstelle zwischen dem 21. Juni und dem 20. September 1948 eingingen, stammten 52818,40 DM aus dem Kredit der Bayerischen Staatsbank oder sonstigen Überbrückungshilfen, 3659,20 DM aus dem Verkauf von Unions-Bausteinen, 8330,60 DM aus dem Pressefonds der Partei, 10995,37 DM aus Spenden und 341,90 DM aus sonstigen Quellen. An Mitgliederbeiträgen waren dagegen nur 3207,24 DM in der Parteizentrale eingegangen; eigentlich hätte dieser Posten seit Juni 1948 bei *monatlich* 36945 DM liegen müssen[134]! Richard Schachtner erklärte im September 1948 unmißverständlich, es sei nur dann möglich, den Parteiapparat im bisherigen Umfang zu erhalten, wenn die Mitgliederbeiträge auch wirklich in der vollen Höhe an die Landesgeschäftsstelle abgeführt würden, und er fügte hinzu: „Allen denen, die heute der Union die Beiträge vorenthalten, wird es noch einmal klar aufgehen, dass sie die große Union zu ihrer eigenen Interessenvertretung bitter notwendig hätten.“[135]

Schwierigkeiten mit den Mitgliederbeiträgen hatte es in der CSU schon lange gegeben. So standen dem Landesverband laut Finanzstatut vom normalen Beitragssatz, der eine Mark im Monat betrug, für das Jahr 1947 50 Pfennig pro Monat und Mitglied zu. Tatsächlich gingen im Durchschnitt nur 32 Pfennig bei der Landesgeschäftsstelle ein. 1948 verschlechterte sich die Lage dramatisch. Anstatt der im Finanzstatut für das erste Halbjahr 1948 vorgesehenen 45 Pfennig pro Mitglied und Monat wurden nur 18 Pfennig an den Landesverband abgeführt. Von den 20 Pfennig pro Mitglied und Monat, die dem Landesverband nach einigen organisatorischen Änderungen seit dem zweiten Halbjahr 1948 zugestanden hätten, wurden gar nur noch vier Pfennig bezahlt. Diese Tendenz hielt auch 1949 an. In den ersten Monaten des Jahres erhielt die Landesleitung anstatt der vorgesehenen 20 Pfennig lediglich drei Pfennig pro Mitglied und Monat von den Kreisverbänden. So entstand die paradoxe Situation, daß die Landesgeschäftsstelle nicht einmal mehr die dringendsten Rechnungen begleichen konnte,

1948. Die Höhe des Kredits richtete sich nach der Anzahl der Wählerstimmen, die die CSU bei den Landtagswahlen im Dezember 1946 erhalten hatte. Für jede Stimme wurden der CSU fünf Pfennig gutgeschrieben. Das war zwar besser als nichts, blieb aber erheblich hinter den Erwartungen der Parteien zurück, die mit 20–25 Pfennig pro Wählerstimme kalkuliert hatten. ACSP, NL Müller 20, Franz Liedig an den Generalsekretär der Arbeitsgemeinschaft von CDU und CSU, den Landesvorstand der CDU Hessen und den Landesvorstand der CDU Württemberg-Baden vom 29. 6. 1948.

[133] ACSP, NL Müller 19, Aktennotiz Richard Schachtners für Josef Müller vom 20. 8. 1948, und NL Müller 20, Franz Liedig an Josef Müller vom 26. 10. 1948.

[134] ACSP, NL Müller 19, Memorandum Richard Schachtners „Die Finanzen der Union nach der Währungsreform“ vom 24. 9. 1948.

[135] ACSP, NL Müller 19, Aufstellung Richard Schachtners „Mitglieder und Organisation der Union im Monat Juli 1948“ vom 9. 9. 1948.

während ihre Forderungen an die Kreise mehrere hunderttausend Mark betrugen. Für die Zeit zwischen Anfang 1947 und Juni 1948 verzeichnete man Beitragsrückstände von 308000 RM, von Juli 1948 bis März 1949 waren noch einmal 112000 DM aufgelaufen[136]. Bis Dezember 1948 zählte die Landesgeschäftsstelle nur 58 Kreisverbände, die seit der Währungsreform Beiträge an den Landesverband abgeführt hatten, wenn diese auch zumeist weit unter dem Soll lagen[137]. Von den 176 Kreisverbänden blieben bis Mai 1949 130 mehr als die Hälfte ihrer Beiträge schuldig[138].

Eng mit dem Beitragsaufkommen und damit mit der Finanzlage der bayerischen Unionspartei insgesamt verknüpft war die Entwicklung der Mitgliederzahl, die im April 1948 mit 85646 ihren höchsten Stand erreicht hatte[139]. Im Juni, dem Monat der Währungsreform, hatte sich die Zahl der CSU-Mitglieder mit 85310 noch nicht wesentlich von dieser Marke entfernt; die Partei konnte in diesem Monat sogar noch einmal mehr neue Mitglieder gewinnen (547), als sie durch Austritte, Wegzug oder Tod verlor (484). Der Bezirksverband Oberbayern zählte 22817 Mitglieder, Niederbayern und die Oberpfalz 26315, Oberfranken und Mittelfranken 14462, Unterfranken 10255 und Schwaben 11461[140]. Daß im Juli 1948 ungefähr 1200 Männer und Frauen aus der CSU austraten[141], nahm man in der Landesgeschäftsstelle nicht besonders tragisch. Unter den überaus ungünstigen wirtschaftlichen Verhältnissen nach der Währungsreform könne diese Zahl „als ein Zeichen bester Unions-Stabilität" gewertet werden, stellte Richard Schachtner zufrieden fest[142]. Allerdings mußte er einräumen, daß die Abgänge weiter anhalten würden, insbesondere dann, wenn die Kreisvorsitzenden wieder den Mut aufbrächten, Mitgliederbeiträge zu kassieren. Schachtner vermutete sogar, daß viele Vorsitzende „dazu ein förmliches Verbot an ihre Geschäftsführer erteilt" hätten, um eine Austrittswelle zu verhindern. In der Tat hatten einige Kreisverbände bereits in den Monaten Juni und Juli empfindliche Verluste erlitten. Der Kreisverband Schongau, die politische Heimat von Franz Josef Strauß, verlor in diesen Wochen 236 Mitglieder, Hilpoltstein büßte allein im Juli 132 Mitglieder ein, Krumbach und Neu-Ulm-Land je 101. Daß kein Grund zum Optimismus vorlag, zeigt auch ein Blick auf die Zahl der Ortsverbände, von denen im Juli 1948 immerhin 18 aufgelöst werden mußten; damit sank die Zahl der Ortsverbände auf 3256 und die

---

136 BayHStA, NL Ehard 131, Rundschreiben „Unions-Finanzen" vom 23. 5. 1949.

137 ACSP, NL Müller 19, Bericht Richard Schachtners über die Finanzlage der Union vom 17. 12. 1948.

138 ACSP, NL Müller 16, Rundschreiben Franz Josef Strauß' vom 6. 5. 1949.

139 BayHStA, NL Ehard 131, Rundschreiben „Unions-Finanzen" vom 23. 5. 1949; Mintzel, Anatomie, S. 169, ging von rund 82000 als dem höchsten Mitgliederstand aus. Eine detaillierte Analyse der Mitgliederstruktur ebenda, S. 166–193.

140 IfZ-Archiv, RG 260, 13/150–1/16, Politischer Tätigkeitsbericht der CSU für den Monat Juni 1948 vom 9. 7. 1948. Diese Mitgliederzahlen sind nicht unproblematisch, da sie auf den Meldungen der Bezirks- und Kreisverbände an die Landesgeschäftsstelle beruhen. Da diese Meldungen aber immer wieder verspätet, unvollständig oder überhaupt nicht eingingen, war die Landesgeschäftsstelle gezwungen, auf veraltetes oder fehlerhaftes Zahlenmaterial zurückzugreifen. Aus diesem Grund sind die Angaben der Landesgeschäftsstelle teilweise widersprüchlich und unzuverlässig, und je weiter der Zerfall des Parteiapparats fortschritt, desto weniger Verlaß ist auf die Daten der Landesleitung.

141 ACSP, NL Müller 19, Aufstellung Richard Schachtners „Mitglieder und Organisation der Union im Monat Juli 1948" vom 9. 9. 1948, und IfZ-Archiv, RG 260, 13/150–1/15, Politischer Tätigkeitsbericht der CSU für den Monat Juli 1948 vom 12. 8. 1948.

142 Hierzu und zum folgenden ACSP, NL Müller 19, Aufstellung Richard Schachtners „Mitglieder und Organisation der Union im Monat Juli 1948" vom 9. 9. 1948.

Organisationsdichte der CSU auf 47,5 Prozent. Doch es sollte noch weitaus schlimmer kommen. Im November 1948 hatte die CSU bereits weniger als 80000 Mitglieder[143], und im März 1949 wies sie einen Mitgliederstand auf, der unter dem vom Dezember 1946 lag (ca. 73000)[144]. Im Mai 1949 gehörten nur noch 69444 Männer und Frauen der CSU an[145], die damit in einem Jahr mehr als 15000 Mitglieder verloren hatte.

Die Gründe für den erdrutschartigen Verlust an Mitgliedern waren vielfältig. Zu nennen wäre etwa der Protest gegen die Parteiführung um Josef Müller, der besonders in Ober- und Niederbayern dazu führte, daß viele der CSU den Rücken kehrten und teilweise der Bayernpartei beitraten, die 1947 und 1948 einen großen Mitgliederzuwachs zu verzeichnen hatte[146]. Hinzu kam die Frustration über die andauernden Führungs- und Flügelkämpfe, die ähnliche Konsequenzen hatte. Ein Teil der Mitglieder ließ die Mitgliedschaft im Zuge der Währungsreform auch einfach erlöschen. Anton Kunze, der Geschäftsführer des CSU-Kreisverbands Freising, berichtete im November 1948 alarmiert an die Landesgeschäftsstelle:

„Unsere aktivsten Mitglieder, Kreistagsmitglieder und Ortsvereinsobmänner erklären den Austritt bzw. drohen damit. Als Grund wird meist angegeben: Lassts mich in Ruh, ich will nichts mehr wissen. Die Mitgliedsbeiträge dürften im kommenden Jahre kaum zur Hälfte eingehen. An Spenden ist, besonders unter der Landbevölkerung, kaum zu denken. Diese Teilnahmslosigkeit hat besonders in den letzten Wochen überhand genommen. Der Grund ist wohl die Entäuschung über die Währungsreform. Früher hatten die Leute Geld, und wenn sie auch dafür nichts erhielten, sie konnten sich einbilden, etwas zu besitzen. Durch die Wegnahme der Sparvermögen ist die Unzufriedenheit derart stark geworden, dass ich für das Bestehen der CSU die stärksten Befürchtungen habe."[147]

Mitgliederschwund und Finanzkrise gingen eine unheilvolle Allianz ein. Durch die wachsende Zahl derer, die der Union die Gefolgschaft verweigerten, sank – verstärkt durch die ohnehin miserable Zahlungsmoral – das Beitragsaufkommen kontinuierlich. Dadurch war der Parteiapparat nicht mehr finanzierbar und mußte abgebaut werden, so daß es kaum mehr möglich war, neue Mitglieder zu werben oder auch nur vor Ort die fälligen Beiträge zu kassieren. August Haußleiter brachte das Problem auf den Punkt, als er vor der Fraktion erklärte: „Es herrscht ein Circulus vitiosus. Wir haben kein Geld, weil wir keine Organisation haben, und wir haben keine Organisation, weil wir kein Geld haben."[148]

---

143 IfZ-Archiv, RG 260, 13/150–1/13, Politischer Tätigkeitsbericht der CSU für den Monat Oktober 1948 vom 12. 11. 1948.

144 IfZ-Archiv, RG 260, 13/150–1/5, Politischer Tätigkeitsbericht der CSU für den Monat März 1949 vom 18. 4. 1949, und BayHStA, NL Ehard 131, Rundschreiben „Unions-Finanzen" vom 23. 5. 1949.

145 IfZ-Archiv, RG 260, 13/150–1/9, Politischer Tätigkeitsbericht der CSU für den Monat Mai 1949 vom 20. 6. 1949.

146 Vgl. dazu Mintzel, Anatomie, S. 236. Die Bayernpartei konnte ihren Mitgliederstand zwischen Dezember 1948 und Oktober 1949 trotz der Währungsreform von 15060 auf 25763 erhöhen. Vgl. Unger, Bayernpartei, S. 73.

147 ACSP, NL Müller 117, Anton Kunze an die Landesgeschäftsstelle der CSU und die Geschäftsstelle des Bezirksverbands Oberbayern vom 30. 11. 1948; ähnlich auch BSB, NL Schwend 2, Karl Niebling an den CSU-Kreisverband Ansbach, den Bezirksverband Mittelfranken und den Landesverband vom 17. 8. 1948.

148 ACSP, CSU-LTF I, 15–14, Protokoll der Fraktionssitzung am 12. 10. 1948.

*Mitgliederentwicklung zwischen Juni 1948 und Mai 1949*[149]

| Monat | Gesamtzahl | Neuaufnahmen | Abgänge |
|---|---|---|---|
| Juni | 85310 | 547 | 484 |
| Juli | 83260 | 357 | 2360[150] |
| August | 82102 | 242 | 1477 |
| September | 81514 | 135 | 955 |
| Oktober | 80437 | 118 | 1124 |
| November | 79008 | 101 | 1275 |
| Dezember | 76402 | 132 | 2359 |
| Januar | 75151 | 243 | 1593 |
| Februar | 73333 | 129 | 1577 |
| März | 72570 | 102 | 814 |
| April | 70436 | 137 | 1716 |
| Mai | 69444 | 154 | 950 |

Schon vor der Währungsreform hatten die Mitgliederbeiträge kaum ausgereicht, um die anfallenden Personalkosten zu decken[151]. So mußte die Landesleitung zusätzliche Geldquellen erschließen, um ihren Verpflichtungen nachkommen zu können. Seit 1948 überstiegen die außerordentlichen Einnahmen die regulären Einkünfte des Landesverbands aus Mitgliederbeiträgen, nachdem sie sich 1947 noch einigermaßen die Waage gehalten hatten. Insgesamt nahm die Landesgeschäftsstelle zwischen 1946 und Mai 1949 rund zwei Millionen Mark ein, wovon nur 35 Prozent aus Beiträgen stammten. Nach der Währungsreform nahm das Mißverhältnis zwischen Mitgliederbeiträgen und außerordentlichen Einnahmen krasse Ausmaße an. Von 100 DM, die in der Landesgeschäftsstelle eingingen, stammten gerade einmal zehn DM aus Beitragsgeldern[152]. Die Umstellung von der Reichsmark auf die D-Mark brachte den endgültigen Zusammenbruch der ohnehin schlechten Zahlungsdisziplin – mit katastrophalen Folgen für die Landespartei. Schatzmeister Schachtner schrieb resigniert:

„Erklärend ist zu bemerken, daß die Union noch nie ein Zahlverein war. In ihrer Mitgliederschichtung stellen die kleinbürgerlichen und kleinbäuerlichen Kreise die Hauptanteile. Wie sich gezeigt hat, sind Normalbeiträge bei uns nicht ohne weiteres durchführbar. Die Arbeiterparteien haben es leichter. Sie erheben vielfach am Arbeitsplatz und beim Lohnempfang ihren Parteibeitrag. Bei uns führte die Beitragserhebung vor allem nach der Geldreform nicht selten zu Austritten. Selbst gut situierte Parteifreunde haben bereits bei ihrem Eintritt erklärt, daß sie sich zu einem Beitragssatz nur bis zur Währungsreform verpflichten können. Dabei wollen wir nicht vergessen, daß unsere Mitglieder nicht unerheblich an der Aufbringung der Beiträge für die Kirchen,

[149] Zusammengestellt nach den Politischen Tätigkeitsberichten der CSU für die Monate Juni 1948 bis Mai 1949; IfZ-Archiv, RG 260, 13/150–1/1; 13/150–1/2; 13/150–1/3; 13/150–1/5; 13/150–1/6; 13/150–1/9; 13/150–1/13; 13/150–1/14; 13/150–1/15; 13/150–1/16. Die Zahlenangaben der Landesgeschäftsstelle für die amerikanische Militärregierung sind an einigen Stellen offensichtlich nicht stimmig, an anderen standen keine aktuellen Zahlen zur Verfügung. Die Rubrik „Abgaenge im laufenden Monat" setzt sich zusammen aus der Summe der Parteiaustritte, der Ausgeschlossenen, der Verzogenen und der Verstorbenen; dazu kam eine laufende Berichtigung der Mitgliederzahl, d. h. die Beseitigung von „Karteileichen". Zwischen März und Mai 1949 beziehen sich die Angaben jeweils auf den letzten Tag des Vormonats.

[150] Nach dem Tätigkeitsbericht der CSU für den Monat Juli 1948 (IfZ-Archiv, RG 260, 13/150–1/15) setzt sich diese Zahl folgendermaßen zusammen: Austritte: 1180, Ausschlüsse: 18, Verstorbene: 86, durch Wegzug: 68, durch Berichtigung der Mitgliederzahl: 1008.

[151] ACSP, NL Müller 19, Memorandum Richard Schachtners „Die Finanzen der Union nach der Währungsreform" vom 24. 9. 1948.

[152] BayHStA, NL Ehard 131, Rundschreiben „Unions-Finanzen" vom 23. 5. 1949; das folgende Zitat ebenda.

für die Caritas und für die Innere Mission beteiligt sind. Die Neigung und die Bereitschaft, Parteibeiträge zu bezahlen oder größere freiwillige Spenden zu leisten, ist nach der Währungsreform am Nullpunkt angelangt. In der Union haben wir es erlebt, daß große Gebietseinheiten sich vorübergehend selbständig gemacht haben und keine Beitragsanteile abführten oder willkürlich vom Finanzstatut abweichend andere Sätze festlegten."

Kein Wunder, daß die Etatentwürfe und Finanzierungsmodelle, die in der Landesgeschäftsstelle ausgearbeitet wurden, praktisch mit ihrer Entstehung bereits Makulatur waren. Es gab einfach keine feste Basis, von der aus man kalkulieren konnte. Statt dessen hatten Sparvorschläge Hochkonjunktur. Ein Etatentwurf Richard Schachtners vom 1. Juli 1948 sah beispielsweise vor, ab August die Ausgaben der Landesgeschäftsstelle um 43,4 Prozent zu kürzen. Schachtner stellte den durchschnittlichen Aufwendungen in den Monaten April bis Juni 1948 seinen Finanzplan für August gegenüber[153]. Es war nur natürlich, daß man versuchte, die Personalkosten zu senken, die im Durchschnitt des Jahres 1948 mit mehr als 70 Prozent den Löwenanteil an den Aufwendungen der Landesgeschäftsstelle ausmachten. Doch Schachtner bezweifelte, ob selbst dieser Sparetat finanzierbar sein würde. Er rechnete bestenfalls mit Einnahmen in einer Höhe von knapp 33 000 DM für August 1948, das heißt mit Einnahmeausfällen in einer Größenordnung von ca. 76 Prozent im Vergleich zu den Monaten April bis Juni. Der Leiter der Abteilung Statistik und Finanzen der Landesgeschäftsstelle und Landesschatzmeister Liedig waren sich darüber einig, daß es selbst bei größter Sparsamkeit unmöglich sein würde, das nötige Geld aufzutreiben[154].

*Etatentwurf Richard Schachtners für August 1948*

| Aufwendungen | Ausgaben im Monatsdurchschnitt des 2. Quartals 1948 in RM | Voraussichtliche Ausgaben im August 1948 in DM | Geplante monatliche Einsparungen in Prozent |
|---|---|---|---|
| Gehälter Landesgeschäftsstelle | 17950 | 12816,30 | 28,6 |
| Gehälter Bezirks- und Kreisgeschäftsstellen | 33051,84 | 16525,84 | 50,0 |
| Raumkosten | 798,52 | 798,52 | ---- |
| Werbung und Reise | 9293,22 | 9293,22 | ---- |
| Kraftfahrzeuge | 3723,32 | 3723,32 | ---- |
| Allgemeine Verwaltung | 7123,45 | 4772,86 | 33,0 |
| Büro der Ausschüsse und der Jungen Union | 1036,48 | 1036,48 | ---- |
| Büromaterialien | 341 | 170,50 | 50,0 |
| Büroausbau | 10350,11 | 5175,09 | 50,0 |
| Rückzahlung des Bankkredits | 12331,50 | ---- | 100,0 |
| **Summe** | **95999,44** | **54312,13** | **43,4** |

153 ACSP, NL Müller 19, Etatentwurf Richard Schachtners vom 1. 7. 1948; die Angaben für die nachstehende Tabelle sind diesem Etatentwurf entnommen.
154 ACSP, NL Müller 20, Aktennotiz Franz Liedigs vom 1. 7. 1948.

So mußte das Personal der Parteiverwaltung, das seit der Währungsreform kein einziges Mal das volle Gehalt ausbezahlt bekommen hatte[155], Zug um Zug reduziert werden. Bis Ende September 1948 erhielten 60 Mitarbeiter ihre definitive Kündigung. In der Landesgeschäftsstelle verloren 19 Angestellte ihren Arbeitsplatz; damit waren noch 24 Mitarbeiter in der Parteizentrale beschäftigt. In den Bezirks- und Kreisgeschäftsstellen wurde der Personalstand um 41 auf 61 Mitarbeiter verringert[156].

Doch der Personalabbau ging unaufhaltsam weiter. Bis Dezember 1948 war der Personalstand der Landesgeschäftsstelle auf nur noch 19 Mitarbeiter geschrumpft, und obwohl damit das monatliche Gehaltsvolumen auf 6500 DM gesenkt werden konnte, erwies sich auch dieser Mitarbeiterstab als nicht finanzierbar[157]. Nach neuen Kündigungen im April und Mai 1949 zählte die Belegschaft der Landesgeschäftsstelle nur noch 15 Männer und Frauen, die im Sinne der Einsparungsbemühungen durchwegs neue Verträge – meist zu reduzierten Bezügen – erhalten hatten. Dadurch wurde die Summe der Gehälter nochmals auf 4561 DM pro Monat verringert[158]. Damit sei der Personalstand auf ein Mindestmaß herabgesetzt worden, stellte Karl Sigmund Mayr nach einer umfangreichen Buch- und Rechnungsprüfung fest. Weiter führte er aus: „In *personeller* Hinsicht ist zu sagen, dass eine noch stärkere Reduzierung des Personalstandes unter den gegenwärtigen Verhältnissen wohl nicht tragbar ist und auch nicht empfehlungswert sein könnte." Die Landesgeschäftsstelle war gerade noch in der Lage, die dringendsten administrativen Aufgaben zu erfüllen und mehr schlecht als recht einen einigermaßen geregelten Geschäftsbetrieb aufrechtzuerhalten. Politische Impulse konnte man von ihr nicht mehr erwarten; die Landesgeschäftsstelle, die vor der Währungsreform ein Motor der Partei gewesen war, degenerierte unter dem Druck der leeren Kassen zu einem einfachen Getriebe. Ein Blick auf die Struktur des in der Parteizentrale beschäftigten Personals bestätigt diese Entwicklung. Mit dem stellvertretenden Landesgeschäftsführer Heinz Heggenreiner und seinem Assistenten Hanswolf Haunhorst verfügte die Landesgeschäftsstelle lediglich über zwei fest angestellte politische Mitarbeiter; ansonsten waren in der Landesleitung fünf Sekretärinnen, Stenotypistinnen oder Bürohilfskräfte, drei Buchhalter oder kaufmännische Angestellte, eine Archivarin, ein Kraftfahrer, eine Dolmetscherin und zwei sonstige Angestellte tätig.

Da die Verantwortlichen kein Mittel fanden, um der Finanzkrise ein Ende zu setzen, waren letztlich alle Versuche, auch nur einen Teil des bisherigen Parteiapparats aufrechtzuerhalten, zum Scheitern verurteilt. Der ständige Finanzausschuß der CSU, der nach der Währungsreform eingesetzt worden war, um einen Ausweg aus der Misere zu finden, empfahl am 28. September als Sofortmaßnahme, die Geschäftsführer in die Obhut der Kreis- und Bezirksverbände zu entlassen[159]. Die Parteiführung akzeptierte

---

[155] ACSP, NL Müller 19, Bericht Richard Schachtners über die Finanzlage der Union vom 17. 12. 1948; NL Müller 20, Aktennotiz von Landesgeschäftsführer Heggenreiner über die „Finanzlage der Landesleitung", undatiert.

[156] ACSP, NL Müller 19, Memorandum Richard Schachtners „Die Finanzen der Union nach der Währungsreform" vom 24. 9. 1948.

[157] ACSP, NL Müller 19, Bericht Richard Schachtners über die Finanzlage der Union vom 17. 12. 1948.

[158] BayHStA, NL Ehard 115, Bericht Karl Sigmund Mayrs über die finanzielle und organisatorische Situation der Landesgeschäftsstelle nach dem Stand vom 31. 5. 1949; das folgende Zitat (Hervorhebung im Original) und die Angaben zur Personalstruktur finden sich ebenda.

[159] ACSP, NL Müller 19, Rundschreiben der CSU-Landesgeschäftsstelle, Abteilung Statistik und Finanzen, an alle Kreis- und Bezirksverbände vom 29. 9. 1948, und Bericht Richard Schachtners über die Finanzlage der Union vom 17. 12. 1948. Vgl. die irrige Datierung bei Mintzel, Anatomie, S. 234.

diesen Vorschlag und übertrug die Besoldung der noch tätigen haupt- und nebenamtlichen Mitarbeiter rückwirkend zum 1. Juli 1948 den Bezirken und Kreisen. Im Gegenzug wurden die Zahlungsverpflichtungen der Kreisverbände an den Landesverband herabgesetzt. Anstatt 45 Pfennig pro Monat und Mitglied sollten nunmehr lediglich 20 Pfennig pro Monat und Mitglied abgeführt werden. Der Landesausschuß, der am 18. und 19. Dezember 1948 in Forchheim tagte, billigte diesen Beschluß nachträglich[160]. Die Folgen der Währungsreform hatten so das ermöglicht, was die innerparteiliche Opposition zwei Jahre lang nicht hatte durchsetzen können: die organisationspolitische Autonomie der Suborganisationen. Die Konzeption Josef Müllers war damit faktisch gescheitert, und der Parteiapparat hörte auf, ein Machtfaktor in den Führungs- und Flügelkämpfen zu sein.

Mit dem Zusammenbruch der zentral gesteuerten Parteiverwaltung begann sich das innerparteiliche Kräfteverhältnis gefährlich zugunsten der Gegner Josef Müllers zu verschieben. Schließlich hatte der Ochsensepp stets darauf geachtet, in der Landesleitung wie in den Bezirks- und Kreisgeschäftsstellen nur zuverlässige Gefolgsleute zu beschäftigen[161]. Gerade die von der Münchner Parteizentrale angestellten und besoldeten Kreisgeschäftsführer zählten zu den Stützen der Parteiführung; in Müller-treuen Regionen waren sie so etwas wie das Rückgrat der CSU[162], in den Hochburgen der innerparteilichen Opposition dagegen die Augen und Ohren des Landesvorsitzenden. Otto Schedl bat Josef Müller wenige Tage nach der Währungsreform händeringend, dem drohenden Personalabbau einen Riegel vorzuschieben, und er rief dem Parteichef in Erinnerung, daß der größte Teil der Parteiangestellten immer „rückhaltlos" und mit außerordentlichem Engagement hinter seiner politischen Konzeption gestanden habe[163]. Doch auch Müller konnte den Zusammenbruch des Parteiapparats nicht aufhalten, der letzten Endes nicht unwesentlich zu seinem Sturz im Mai 1949 beitrug.

Mit der Kapitulation der Parteiführung vor der Finanzmisere wurde die Landesgeschäftsstelle gleichsam blind, taub und stumm. Heinz Heggenreiner beklagte sich Ende 1948 bitter über die herrschenden Zustände:

„Die Christlich-Soziale Union ohne Landesleitung ist aktionsunfähig. Die Landesleitung kann jedoch ebenso wenig wie die Bezirksverbände ohne entsprechende finanzielle Grundlage arbeiten. Sie hat ihr Personal bereits heute auf einen Mindeststand gebracht, ein Zustand, der sich natürlich in der Abwicklung der Geschäfte notwendigerweise nachteilig bemerkbar machen muss. Dieses verringerte Personal lebt seit Monaten nur mehr vom Existenzminimum, seine durchaus bescheidenen Gehälter können ihm nie mehr rechtzeitig ausbezahlt werden. Die Opferwilligkeit dieser Arbeitskräfte, die trotz dieser misslichen Umstände ihre Arbeit aufs Pflichttreueste erfüllen, ist vorbildlich. Es kann jedoch von ihnen auf die Dauer nicht gefordert werden, dass sie weiterhin Opfer bringen, wenn die Partei für sie kein Verständnis aufbringt. In absehbarer Zeit ist mit Wahlen für Bonn zu rechnen. Wenn die Landesleitung nicht rechtzeitig über die nötigen finanziellen

160 Vgl. Berberich, Historische Entwicklung, S. 84.

161 ACSP, NL Müller 9, Protokoll der Sitzung des Landesvorstands am 28. 2. 1947 (Josef Müller).

162 So stellte der oberfränkische Bezirksgeschäftsführer Alexander Schönwiese in seinem Rechenschaftsbericht für das Jahr 1948 vor den Delegierten der Bezirksversammlung am 29. 1. 1949 fest: „So war in den meisten Kreisverbaenden der Geschäftsführer der immer anwesende circulus vivendus, das Herz der Union. Den Beweis dafuer, dass er die ganze praktische Arbeit leistete, sehen Sie nach seiner Entlassung: kein Geld, keine neuen Mitglieder, im Gegenteil: rund 1000 Abgaenge, keine Versammlungen, keine Propagandataetigkeit." ACSP, NL Müller 133.

163 ACSP, NL Müller 18, Otto Schedl an Josef Müller vom 5. 7. 1948.

Mittel verfügt, die für Propaganda, Wahlversammlungen und Wahlredner gebraucht werden, so wird die ganze Partei davon den schwersten Schaden haben."[164]

Der Zorn des Landesgeschäftsführers richtete sich hauptsächlich gegen die Kreisverbände, die mehrheitlich auch den reduzierten Zahlungsverpflichtungen nicht nachkamen. Das Beitragsaufkommen für das zweite Halbjahr 1948 betrug nach Berechnungen der Landesgeschäftsstelle lediglich 10,4 Prozent vom Sollbetrag[165]. Aufgeteilt nach Bezirksverbänden ergab sich folgendes Bild: Oberfranken hatte immerhin 36,4 Prozent seiner finanziellen Verpflichtungen gegenüber dem Landesverband erfüllt, Schwaben lag mit 12,8 Prozent auf Platz zwei, es folgten Unterfranken mit 8,8 Prozent, Niederbayern mit 8,2 Prozent, Mittelfranken mit 8,0 Prozent und die Oberpfalz mit 5,6 Prozent; Oberbayern und München hatten nur 4,0 Prozent der fälligen Beiträge an die Landesleitung abgeführt und lagen damit einmal mehr am Ende der Skala. Kreisverbände, die der innerparteilichen Opposition um Alois Hundhammer zuneigten, machten dabei keinen Hehl daraus, daß sie ihre Saumseligkeit in puncto Beitragsabführung als Waffe im Kampf gegen die ungeliebte Parteiführung betrachteten[166]. Andere erklärten, kein Interesse daran zu haben, „Streitigkeiten in der obersten Parteiführung irgendwie finanziell zu unterstützen"[167]. Auch Hundhammer selbst bemühte sich nach Kräften, alle Sanierungsversuche der Landesleitung zu torpedieren[168]. So schrieb der Kultusminister im Oktober 1948 an Hans Bartel, den Geschäftsführer des CSU-Kreisverbands Dinkelsbühl:

„Ich kenne die besonderen Schwierigkeiten und nahezu unerträglichen Verhältnisse, unter denen die Mitarbeiter unserer Partei seit der Währungsumstellung zu leiden haben. [...] Mir scheint aber eine Änderung im allgemeinen und für ganz Bayern nur dadurch möglich zu sein, dass die Partei reorganisiert wird, sowohl hinsichtlich der Satzungen wie auch der Zusammensetzung der Spitzengremien. Wenn damit dann eine klare christliche und föderalistische Haltung sich verbindet, wird es möglich sein, das Vertrauen und das Interesse des breiten Kreises der Mitgliederschaft zurückzugewinnen und damit dann auch zugleich einen finanziellen Rückhalt wieder zu finden. Die Bereitwilligkeit, für die CSU finanziell etwas zu leisten, hängt ab von dem Vertrauen, das der Partei entgegengebracht wird, und von dem politischen Schwung, der in ihr liegt. In dieser [sic!] Richtung gehen meine Bemühungen."[169]

Richard Schachtner beklagte sich noch im Mai 1949 darüber, daß die „Finanzkraft der Union [...] durch die bewußte Nichtbeachtung des Finanzstatuts zerstört" worden sei. Zugleich erklärte er, daß „verschiedentlich sogar ein finanzieller Boykott gegen die Landesgeschäftsstelle" festzustellen sei. Weiter führte der Schatzmeister aus:

„Es geht nicht an, daß ordentliche Mitglieder und Kreisverbände nur dann ihre Beiträge bezahlen, wenn der Landesvorsitzende ihr Flügelmann ist. Wir müssen das geldmäßige vom politischen in der Union unbedingt trennen, denn kein Landesvorsitzender, auch wenn [S]ie ihn heute einstimmig wählen, kann die Finanzlast der Union aus eigener Tasche bezahlen. Wenn wir uns in der Union

---

164 ACSP, NL Müller 20, Aktennotiz von Landesgeschäftsführer Heggenreiner über die „Finanzlage der Landesleitung", undatiert.

165 ACSP, NL Müller 19, vertrauliche Notiz der Abteilung Statistik und Finanzen der Landesgeschäftsstelle über das Beitragsaufkommen vom 10. 3. 1949; die folgenden Zahlenangaben ebenda.

166 BayHStA, NL Ehard 131, Rundschreiben „Unions-Finanzen" vom 23. 5. 1949.

167 ACSP, NL Müller 19, vertrauliche Notiz der Abteilung Statistik und Finanzen der Landesgeschäftsstelle über das Beitragsaufkommen vom 10. 3. 1949.

168 ACSP, CSU-LTF I, 15–12/4 und 5, Alois Hundhammer an Wilhelm Winkler (Ebersberg) vom 22.6. 1948; ACSP, NL Müller 16, Protokoll der Landesversammlung der CSU vom 27.–29. 5. 1949 in Straubing.

169 ACSP, CSU-LTF I, 15–20/1, Alois Hundhammer an Hans Bartel vom 29. 10. 1948.

dagegen wehren, daß das Sprichwort: ,Wer zahlt, schafft an' zum Parteiprinzip erhoben wird, dann dürfen wir aus Billigkeitsgründen noch weniger zulassen, daß die Nichtzahler allein den Ton angeben. [. . .] Eine Parteibürokratie im üblen Sinne hat es in der Union nie gegeben. Bedenken Sie also bei der Erfüllung oder Nichterfüllung ihrer Beitragsverpflichtungen, daß Sie nicht nur den Landesvorsitzenden allein treffen, sondern daß Sie Einzelexistenzen und Familien erhalten bezw. gefährden. Es ist auch nicht so, daß die hauptamtlichen Mitarbeiter alles Müller-Leute sind."[170]

Angesichts der desolaten Finanzlage der gesamten Partei und der miserablen Zahlungsmoral der Mitglieder wurde schnell der Ruf nach Sanktionen laut. Schon am 10. September 1948 forderten prominente Mitarbeiter der Landesgeschäftsstelle den geschäftsführenden Landesvorstand auf, endlich das Finanzstatut durchzusetzen und die fälligen Beiträge von den Kreisverbänden einzutreiben[171]. Im Falle der Zahlungsunwilligkeit sollte der Landesvorstand Paragraph 29 der Satzung zur Anwendung bringen und die betroffenen Kreisverbände „unverzüglich" auflösen[172]; die Vorstände dieser Kreisverbände sollten überdies persönlich haftbar gemacht werden. Doch die Parteiführung zögerte, diese rigorosen Vorschläge mit ihren unabsehbaren Konsequenzen für die ohnehin von inneren Streitigkeiten zerrissene CSU aufzugreifen. Einige Wochen später brachte Heggenreiner das heikle Thema Sanktionen erneut zur Sprache. In einem Memorandum für die Parteiführung bat er, doch einmal zu überlegen, „ob Kreisverbände, die zwar zahlenmäßig noch einen entsprechenden Mitgliederstand melden, Beiträge jedoch fast überhaupt nicht mehr abführen, noch weiterhin das Stimmrecht in den entsprechenden Gremien der Partei behalten sollen". Es sei klar, daß „der Ausschluss zahlungsunfähiger Mitglieder eine gefährliche Sache" sei, es ginge aber andererseits nicht an, daß „der grösste Teil der Kreisverbände sich über die Satzungen hinwegsetzt und überhaupt keine Beiträge oder nur geringe Teile davon an die Landesleitung abführt"[173].

*Zahlungsverpflichtungen der Landesgeschäftsstelle am 31. Mai 1949*[174]

| | |
|---|---|
| Rückständige Gehälter | 9096,22 DM |
| Rückständige Sozialversicherungsbeiträge | 7948,34 DM |
| Rückständige Lohn- und Kirchensteuer; Notopfer | 8759,25 DM |
| Rückständige Gehälter von Kreis- und Bezirksgeschäftsführern | 7398,84 DM |
| Bauschulden | 11 271,43 DM |
| Darlehensschulden | 8300,– DM |
| Staatskredit | 40 909,62 DM |
| sonstige Verbindlichkeiten | 17 338,64 DM |
| **Summe** | **111 022,34 DM** |

[170] BayHStA, NL Ehard 131, Rundschreiben „Unions-Finanzen" vom 23. 5. 1949. An anderer Stelle hatte Schachtner schon im Dezember 1948 betont, die „massgeblichen Persönlichkeiten der Union" müßten sich darüber klar werden, daß „die Union auch nach Beseitigung aller Zentralisation nicht bestehen" könne, wenn es keinen Landesverband gebe. ACSP, NL Müller 19, Bericht Richard Schachtners über die Finanzlage der Union vom 17. 12. 1948.

[171] ACSP, NL Müller 20, „Notgemeinschaft" der Mitarbeiter der CSU-Landesgeschäftsstelle an den geschäftsführenden Landesvorstand vom 10. 9. 1948.

[172] Satzung der CSU in der Fassung vom 4. 10. 1946, abgedruckt in: Protokolle und Materialien, S. 1783–1803.

[173] ACSP, NL Müller 20, Aktennotiz von Landesgeschäftsführer Heggenreiner über die „Finanzlage der Landesleitung", undatiert.

[174] BayHStA, NL Ehard 115, Bericht Karl Sigmund Mayrs über die finanzielle und organisatorische Situation der Landesgeschäftsstelle nach dem Stand vom 31. 5. 1949. Eine ähnliche Summe wird genannt in einer Vermögensübersicht der Landesgeschäftsstelle, Abteilung Statistik und Finanzen,

Diesmal reagierten die Verantwortlichen[175], und der Landesausschuß beschloß am 19. Dezember 1948, den Kreisverbänden das Stimmrecht in den Gremien der Parteiorganisation auf Bezirks- und Landesebene zu verweigern, wenn sie ihre Zahlungsverpflichtungen nicht erfüllten[176]. Doch wie bei vielen anderen Beschlüssen blieb es auch diesmal bei guten Vorsätzen und Absichtserklärungen; eine energische Durchsetzung des Forchheimer Beschlusses erfolgte nicht[177]. Wahrscheinlich wäre es auch völlig sinnlos gewesen, da die Mehrzahl der Kreisverbände einfach nicht in der Lage war, ihren Beitragsverpflichtungen nachzukommen. Schon im September 1948 hatte Richard Schachtner bezweifelt, daß es einen Weg gebe, die Kreisverbände dazu zu zwingen, ihre Beitragsrückstände in voller Höhe zu bezahlen[178]. Er sollte recht behalten.

In demselben Maße, wie die Beitragszahlungen an den Landesverband ausblieben, wuchsen die Schulden der Landesgeschäftsstelle, die zum Zeitpunkt der Währungsreform wie erwähnt schuldenfrei gewesen war. Sechs Monate nach der Währungsumstellung sah sich die Partei mit Zahlungsverpflichtungen in einer Höhe von 81 936,88 DM konfrontiert[179]; als Hans Ehard im Mai 1949 sein neues Amt als Landesvorsitzender der CSU antrat, war der Schuldenberg auf bedrohliche 111 022,34 DM angewachsen.

Die Lage war desolat. Die verantwortlichen Mitarbeiter der Landesgeschäftsstelle mußten sich täglich mit neuen Gläubigern herumschlagen, die nicht länger auf ihr Geld warten wollten; Zahlungsbefehle gingen ein, die nicht ignoriert werden konnten, und um ein Loch zu stopfen, riß man zwei neue auf; Wechsel drohten zu platzen, ungedeckte Schecks wurden ausgestellt[180]. Schließlich kam es, wie es kommen mußte: Der Gerichtsvollzieher pfändete in der Parteizentrale alles, was von einem gewissen Wert war, sogar die Büroeinrichtungen[181]. Um die CSU nicht der Lächerlichkeit preis-

---

zum 20. 5. 1949 (ACSP, NL Müller 20); in dem Rundschreiben „Unions-Finanzen" vom 23. 5. 1949 (BayHStA, NL Ehard 131) ist dagegen „nur" von 98 500 DM die Rede. Zu den Steuerschulden der CSU vgl. ACSP, NL Müller 20, August Haußleiter an das Finanzamt für Körperschaften vom 29. 10. 1948 und Aktennotiz über eine Besprechung mit Regierungsrat Dr. von Behm vom Finanzamt für Körperschaften vom 12. 11. 1948.

[175] In einer Aktennotiz Hanswolf Haunhorsts vom 17. 12. 1948 hieß es, auch die amerikanische Militärregierung fordere, sich nicht an fiktiven Mitgliederzahlen zu orientieren, sondern an der Zahl derer, die tatsächlich Beiträge zahlten. ACSP, NL Müller 19; ähnlich auch NL Müller 20, Schreiben prominenter Mitarbeiter der Landesgeschäftsstelle an Josef Müller, Michael Horlacher, August Haußleiter und Franz Josef Strauß vom 16. 2. 1949.

[176] ACSP, NL Müller 16, Rundschreiben Franz Josef Strauß' vom 6. 5. 1949. Vgl. auch Berberich, Historische Entwicklung, S. 84.

[177] ACSP, NL Müller 19, vertrauliche Notiz der Abteilung Statistik und Finanzen der Landesgeschäftsstelle über das Beitragsaufkommen vom 10. 3. 1949, und NL Müller 20, Schreiben prominenter Mitarbeiter der Landesgeschäftsstelle an Josef Müller, Michael Horlacher, August Haußleiter und Franz Josef Strauß vom 16. 2. 1949.

[178] ACSP, NL Müller 19, Memorandum Richard Schachtners „Die Finanzen der Union nach der Währungsreform" vom 24. 9. 1948.

[179] ACSP, NL Müller 19, Bericht Richard Schachtners über die Finanzlage der Union vom 17. 12. 1948.

[180] ACSP, NL Müller 20, Schreiben prominenter Mitarbeiter der Landesgeschäftsstelle an Josef Müller, Michael Horlacher, August Haußleiter und Franz Josef Strauß vom 16. 2. 1949, NL Müller 17, Franz Liedig an Josef Müller und die Mitglieder des geschäftsführenden Landesvorstands der CSU vom 27. 12. 1948 und Artur Kapfhammer an Josef Müller vom 1. 2. 1949.

[181] IfZ-Archiv, RG 260, 10/90–3/9, „Subject: ‚Der Gerade Weg' auf krummen Pfaden. Finanzmisere der Landesleitung der CSU" vom 22. 6. 1949; BayHStA, NL Ehard 115, Bericht Karl Sigmund Mayrs über die finanzielle und organisatorische Situation der Landesgeschäftsstelle nach dem Stand vom 31. 5. 1949.

zugeben, versuchte die Parteileitung unter allen Umständen zu verheimlichen, wie schlimm es wirklich stand. Charlotte Fleischmann, Mitglied des Bezirksvorstands der Münchner CSU, vertraute sich wenige Wochen vor den ersten Bundestagswahlen einem Informanten der amerikanischen Militärregierung an:

„Die Landesleitung lebt in ständiger Angst, daß all diese kompro[m]ittierenden Tatsachen an die Öffentlichkeit gelangen könnten. Damit, meint man, wäre dann der Wahlkampf eigentlich schon erledigt. Denn keine Dauerreden könnten den miserablen Eindruck wiedergutmachen, der dann entstünde."[182]

Der Schuldenstand der Landesgeschäftsstelle spielte auch in den Führungs- und Flügelkämpfen eine nicht zu unterschätzende Rolle. Die innerparteiliche Opposition, allen voran Alois Hundhammer, warf Josef Müller wiederholt vor, für die Finanzmisere mehr oder weniger allein verantwortlich zu sein, und forderte Konsequenzen[183]. Es sei auf eine geradezu „kriminell verantwortungslose Weise gewirtschaftet worden", hieß es[184]. Solche Vorwürfe heizten die Gerüchteküche weiter an – man munkelte, die CSU habe Schulden in der astronomischen Höhe von 500 000 DM – und trugen überdies dazu bei, die Mitglieder der Partei in ganz Bayern zu verunsichern und Müllers Stellung weiter zu unterminieren. Der Parteivorsitzende wurde nicht müde zu betonen, daß die finanziellen Verpflichtungen der Partei durch die Außenstände mehr als gedeckt seien[185]. Tatsächlich wies die Bilanz am 31. Mai 1949 knapp 147 000 DM an Aktiva aus, eine Summe, die ausgereicht hätte, um die Schulden der Landesgeschäftsstelle zu begleichen. Doch de facto blieb davon so gut wie nichts übrig; allein die nicht bezahlten Mitgliederbeiträge schlugen mit mehr als 105 500 DM zu Buche, dazu kamen noch rund 20 500 DM aus dem Verkauf von Unions-Bausteinen, die nie im Landessekretariat eingegangen waren[186]. Die Deckung der Schulden durch die Forderungen an die Suborganisationen erwies sich damit als fiktiv.

Am unmittelbarsten waren die Mitarbeiter in den Geschäftsstellen der CSU auf allen Ebenen der Parteiorganisation von den Folgen der Währungsreform betroffen. Viele verloren ihren Arbeitsplatz, nachdem sie gerade begonnen hatten, sich eine neue Existenz aufzubauen, andere blieben zwar in den Diensten der Partei, mußten ihre Tätigkeit jedoch unter überaus widrigen Bedingungen und bei denkbar schlechter Bezahlung fortsetzen. Es ist erstaunlich, welches Maß an Idealismus und Opferbereitschaft das Personal des Parteiapparats aufbrachte und wie viele Kreisgeschäftsführer, Sachbearbeiter und Referenten bereit waren, aus politischer Überzeugung und persönlicher Loyalität weiterzuarbeiten, obwohl ihre Bezahlung alles andere als gesichert war.

---

182 IfZ-Archiv, RG 260, 10/90–3/9, „Subject: ‚Der Gerade Weg' auf krummen Pfaden. Finanzmisere der Landesleitung der CSU" vom 22. 6. 1949.

183 ACSP, CSU-LTF I, 15–12/4 und 5, Alois Hundhammer an Wilhelm Winkler (Ebersberg) vom 22.6. 1948; ACSP, NL Müller 16, Protokoll der Landesversammlung der CSU vom 27.–29. 5. 1949 in Straubing; Bericht über die Sitzung des Landesvorstands am 12. 3. 1949, in: Die Politische Information 9/10–49.

184 IfZ-Archiv, RG 260, 10/90–3/9, „Subject: ‚Der Gerade Weg' auf krummen Pfaden. Finanzmisere der Landesleitung der CSU" vom 22. 6. 1949; das Gerücht, die Verbindlichkeiten der Landesgeschäftsstelle betrügen 500 000 DM, wird ebenda kolportiert.

185 ACSP, NL Müller 16, Protokoll der Landesversammlung der CSU vom 27.–29. 5. 1949 in Straubing; Bericht über die Sitzung des Landesvorstands am 12. 3. 1949, in: Die Politische Information 9/10–49; BayHStA, NL Ehard 131, Rundschreiben „Unions-Finanzen" vom 23. 5. 1949.

186 BayHStA, NL Ehard 115, Bericht Karl Sigmund Mayrs über die finanzielle und organisatorische Situation der Landesgeschäftsstelle nach dem Stand vom 31. 5. 1949.

Allerdings wurden die Sofortmaßnahmen der Parteiführung nach der Währungsreform, insbesondere die vorsorgliche Kündigung der haupt- und nebenamtlichen Mitarbeiter, nicht kritiklos hingenommen. Otto Schedl und Georg Gamperl wandten sich entsetzt an den Landesvorsitzenden und teilten ihm mit, daß die pauschalen Kündigungen nicht dem entsprächen, was man von einer christlichen und sozialen Partei erwarten könne[187]. Die beiden Mitstreiter Müllers bemängelten überdies, daß hinter den Entscheidungen der Landesleitung – Schedl sprach von „einem fast kopflosen Handeln" – kein positives Konzept zur Krisenbewältigung stände, sondern daß es einzig und allein darum ginge, die Ausgaben um jeden Preis zu senken, anstatt möglichst viele der verdienten Mitarbeiter zu halten und neue Finanzquellen zu erschließen. In der Tat trugen die vorsorglichen Kündigungen wenige Tage nach der Währungsreform eher zur allgemeinen Verunsicherung als zu einer Klärung der Situation bei. Wer hatte seinen Arbeitsplatz endgültig verloren? Wer konnte nach einer gewissen Übergangszeit mit einer Weiterbeschäftigung durch den Landesverband rechnen? Wer würde von den Bezirks- und Kreisverbänden in eigener Regie finanziert werden?

Indessen rief der Landesschatzmeister die Parteiangestellten am 26. Juni 1948 zur Bildung einer „ernsten Opfergemeinschaft" auf und bat um Geduld und Verständnis für die in den nächsten Wochen zu erwartenden Liquiditätsprobleme der Parteizentrale. Da an eine vollständige Auszahlung der Gehälter nicht zu denken war, teilte Liedig dem Personal der Geschäftsstellen mit, daß zunächst nur Überbrückungshilfen ausgezahlt werden könnten; 30 DM für Ledige, 35 DM für Verheiratete, zuzüglich fünf DM für jedes Kind[188]. An Idealismus und Opferbereitschaft fehlte es den Parteiangestellten tatsächlich nicht. Schon wenige Tage nach der Währungsreform schlossen sich Mitarbeiter der Landesgeschäftsstelle zu einer „Notgemeinschaft" zusammen. Diese „Notgemeinschaft" hatte nicht nur das Ziel, „aus eigener Initiative unabhängig von den Massnahmen der Landesvorstandschaft Mittel zur Aufrechterhaltung der Parteiorganisation zu beschaffen und Massnahmen durchzuführen, die zu diesem Ziele führen"[189], sondern ihre Mitglieder erklärten sich auch bereit, zu Bedingungen weiterzuarbeiten, „die das Existenzminimum unterschreiten"[190]. In diesem Sinne deckte die „Notgemeinschaft" in den ersten Tagen nach der Währungsumstellung, als die D-Mark besonders knapp war, die dringendsten Unkosten der Landesgeschäftsstelle aus eigener Tasche[191], sie unternahm eine Rundreise zu den wichtigsten Bezirks- und Kreisgeschäftsstellen, um die mit dem Tag X praktisch abgerissene Verbindung wiederherzustellen, den Beitragseinzug wieder in Gang zu setzen und Spenden zu sammeln, und sie versuchte, den Verkauf von Unions-Bausteinen anzukurbeln[192]. Der anfängli-

[187] ACSP, NL Müller 18, Otto Schedl an Josef Müller vom 5. 7. 1948, und NL Müller 150, Georg Gamperl an Josef Müller vom 5. 7. 1948; ähnlich auch NL Müller 19, Memorandum Richard Schachtners „Die Finanzen der Union nach der Währungsreform" vom 24. 9. 1948.

[188] ACSP, NL Müller 20, Rundschreiben Franz Liedigs an die Bezirks- und Kreisvorsitzenden sowie an die Bezirks- und Kreisgeschäftsführer vom 26. 6. 1948.

[189] ACSP, NL Müller 20, Aktennotiz über eine Besprechung von Mitgliedern der „Notgemeinschaft" mit Josef Müller am 2. 7. 1948.

[190] ACSP, NL Müller 20, Rundschreiben der „Notgemeinschaft" und des Betriebsrats der CSU-Landesgeschäftsstelle an die Bezirks- und Kreisvorsitzenden vom 1. 9. 1948.

[191] BayHStA, NL Ehard 131, Rundschreiben „Unions-Finanzen" vom 23. 5. 1949.

[192] ACSP, NL Müller 19, „Reisebericht über die von der Notgemeinschaft durchgeführte Rundreise" vom 14.–17. 7. 1948. Die sogenannten Unions-Bausteine, gleichsam Anteile an einem Fonds zum Aufbau der Partei, wurden seit Herbst 1947 verkauft und brachten bis zur Währungsreform

che Erfolg war beachtlich: Bis zum 10. September 1948 konnten fast 10000 DM für die Zwecke der Partei aufgebracht werden[193]. Aber die Mitglieder der „Notgemeinschaft" mußten schnell erkennen, daß ihre Kräfte nicht ausreichten, um den Zerfall des Parteiapparats auch nur vorübergehend aufzuhalten. Dagegen wuchs die Not bei den Familien vieler Mitarbeiter, die sich im Sommer 1948 der „Notgemeinschaft" angeschlossen hatten. So hieß es in einem Schreiben an den geschäftsführenden Landesvorstand, das an Deutlichkeit nicht zu wünschen übrig ließ:

„Obwohl bereits fast 1/4 Jahr seit der Währungsreform verstrichen ist, wurden von Seiten der Landesvorstandschaft noch keine wirksamen Maßnahmen ergriffen, um wenigstens für die Einhaltung des Finanzstatuts zu sorgen. Während es inzwischen einer Reihe von Parteifreunden möglich war, sich eine sichere Existenz zu schaffen, sind die finanziellen Verhältnisse der Leute, die bis heute hauptamtlich der Union gedient haben, untragbar geworden. Es hiesse, Schindluder mit dem Idealismus unserer Leute treiben, wollte man ihnen länger zumuten, mit diesen weit unter dem Existenzminimum liegenden Schwimmwestenbeträgen von durchschnittlich 85.- DM mit ihren Familien weiterzuhungern. Trotz der seit der Währungsreform vollen Schaufenster war es bisher noch keinem Mitarbeiter möglich, auch nur die geringsten Anschaffungen an lebensnotwendigen Gütern vorzunehmen. Darüberhinaus hat die Not inzwischen einen solchen Grad erreicht, daß z. B. ein Mitarbeiter gezwungen war, sein Kind aus der Höheren Schule herauszunehmen, da ihm die Schulgeldzahlung unmöglich ist, oder daß Milchabschnitte für Kindervollmilch mangels Geld nicht eingelöst werden konnten und am Monatsende verfielen. Oder daß in einem anderen Falle keine Wohnung vorhanden ist und im Falle einer durch eigene Initiative erreichten Wohnung nicht einmal deren Bezahlung möglich ist. Von den meisten Mitarbeitern konnten die Krankenkassenbeiträge nicht bezahlt werden, so daß im Falle einer Erkrankung diese völlig schutzlos dastehen."

Diese Beispiele waren beileibe keine Einzelfälle. Besonders bei den Angestellten, die noch in den Bezirks- und Kreisgeschäftsstellen tätig waren, war der Mangel allgegenwärtig. Gehälter wurden monatelang gar nicht oder nur zu geringen Teilen ausbezahlt, das verunsicherte Personal immer wieder vertröstet[194]. Da es der Parteiführung nicht gelang, die finanzielle Lage der CSU zu konsolidieren und sich die Situation im Gegenteil immer mehr verschlechterte, stieß auch die Not- und Solidargemeinschaft des Personals in den Geschäftsstellen unweigerlich an ihre Grenzen[195]. Ihr Idealismus

164000 RM und von Juli 1948 bis Mai 1949 noch einmal 5000 DM ein. BayHStA, NL Ehard 131, Rundschreiben „Unions-Finanzen" vom 23. 5. 1949.

193 ACSP, NL Müller 20, „Notgemeinschaft" der Mitarbeiter der CSU-Landesgeschäftsstelle an den geschäftsführenden Landesvorstand vom 10. 9. 1948; das folgende nach ebenda.

194 ACSP, NL Müller 52, Karl-Heinz Keuthen an Josef Müller vom 19. 10. 1948, NL Müller 118, Josef Amesmaier an Josef Müller vom 23. 7. 1948, NL Müller 56, Hans Bartel an Josef Müller vom 30. 3. 1949, oder auch ACSP, CSU-LTF I, 15–20/1, Hans Bartel an Alois Hundhammer vom 3. 11. 1948; selbst prominenten Funktionären wie Franz Liedig fiel es überaus schwer, ihr Geld von der CSU zu erhalten. Liedig schrieb am 4. 1. 1949 an Josef Müller und die Mitglieder des geschäftsführenden Landesvorstands: „Ich bin durch die Partei weder Minister noch Abgeordneter geworden, noch sonst etwa zu Amt und Würden gekommen, sondern stehe vielmehr, nachdem ich durch Jahre hindurch meine Arbeitskraft und Gesundheit in den Dienst der Partei gestellt und weitgehend verbraucht habe, am Anfang des Aufbaus einer neuen Existenz und habe darüber hinaus noch für sieben Menschen zu sorgen. Ich glaube, durch die Tat bewiesen zu haben, daß ich trotz allem zu jedem Opfer für die Union bereit gewesen bin, glaube aber nunmehr auch, Verständnis dafür erwarten zu können, daß ich am Ende meiner Möglichkeiten und meiner Kraft bin." ACSP, NL Müller 17.

195 ACSP, NL Müller 20, Schreiben prominenter Mitarbeiter der Landesgeschäftsstelle an Josef Müller, Michael Horlacher, August Haußleiter und Franz Josef Strauß vom 16. 2. 1949. Die Tätigkeit der „Notgemeinschaft" endete Ende September 1948; ACSP, CSU-LL, Protokoll der Sitzung des geschäftsführenden Landesvorstands am 8. 10. 1948.

und ihre ohnehin geringen persönlichen Ressourcen waren einfach erschöpft. Nicht wenige Parteiangestellte bezahlten ihren Eifer und ihr Stehvermögen mit finanziellen und beruflichen Nachteilen. Manche sahen sich sogar gezwungen, ihre Forderungen an die CSU, ihre eigene Partei, die sie mit aufgebaut hatten, vor dem Arbeitsgericht einzuklagen oder Zahlungsbefehle zu erwirken[196].

Die Folgen der Währungsreform führten nicht nur zum Zusammenbruch des Parteiapparats, sondern lösten auch eine schwere Vertrauenskrise zwischen Josef Müller und Mitstreitern wie Franz Liedig oder August Haußleiter aus, die den geschäftsführenden Landesvorstand zeitweise zu lähmen drohte. Diese Auseinandersetzungen waren nur teilweise auf die Nervosität zurückzuführen, die – geschürt durch immer neue Hiobsbotschaften – in der Parteiführung um sich griff. Es waren vor allem das vermeintliche Desinteresse des Landesvorsitzenden an der Organisations- und Finanzmisere, seine fehlende Bereitschaft zur Zusammenarbeit und seine Sturheit, die selbst enge Parteifreunde schier verzweifeln ließen. Müller hatte offensichtlich kein Konzept, um einer Krise Herr zu werden, die sich täglich verschlimmerte, weigerte sich aber auch, Ratschläge von bewährten Mitarbeitern anzunehmen. Wiederholt verschleppte er dringende Entscheidungen wochenlang, um sie dann im Hau-Ruck-Verfahren durchzupeitschen, ohne auch nur die fundiertesten Einwände zu berücksichtigen[197].

Unterdessen herrschte in der Landesgeschäftsstelle das blanke Chaos. Die qualifiziertesten Angestellten verließen die Parteizentrale, wenn sie Gelegenheit dazu hatten[198], Verantwortlichkeiten waren nicht klar geregelt[199], Führungspositionen blieben unbesetzt[200]. Ende 1948 wurde die Landesgeschäftsstelle sogar durch undurchsichtige Transaktionen in zweifelhafte Export-Import-Geschäfte verwickelt[201]. Franz Liedig gab bereits am 30. August 1948 vor dem geschäftsführenden Landesvorstand bekannt, daß er „keinesfalls unter den gegenwärtigen Verhältnissen länger mit der Verantwortung [für die] Landesgeschäftsstelle betraut bleiben wolle“[202]. Auch August Haußleiter machte Josef Müller für die unhaltbare Situation verantwortlich. Es gehe nicht an, wetterte der stellvertretende Parteivorsitzende, daß Müller selbstherrlich Entscheidungen treffe, in die Belange der Landesgeschäftsstelle eingreife, ohne die leitenden Mitarbeiter zu unterrichten, und nicht einmal davor zurückschrecke, die Verantwortlichen offen zu desavouieren. Haußleiter forderte deshalb, einen Generalsekretär oder Landesgeschäftsführer zu ernennen und mit der notwendigen Autorität auch gegenüber dem Parteivorsitzenden auszustatten.

---

[196] BayHStA, StK 111387, Ferdinand Weber an Hans Ehard vom 3. 12. 1950 und Norbert Berger an Levin von Gumppenberg vom 30. 10. 1948; IfZ-Archiv, Smlg. Mintzel 45, Anton Hergenröder an das Arbeitsgericht Bamberg vom 8. 9. 1949 und Rundschreiben des CSU-Bezirksverbands Oberfranken, gez. Anton Hergenröder, an alle Kreisverbände Oberfrankens und die Mitglieder des Bezirksvorstands vom 3.11. 1949.

[197] ACSP, CSU-LL, Protokoll der Sitzung des geschäftsführenden Landesvorstands am 30. 8. 1948.

[198] ACSP, NL Müller 18, Richard Schachtner an Josef Müller vom 13. 9. 1948.

[199] ACSP, NL Müller 17, Franz Liedig an August Haußleiter vom 6. 12. 1948; ACSP, CSU-LL, Protokoll der Sitzung des geschäftsführenden Landesvorstands am 23. 12. 1948.

[200] ACSP, NL Müller 17, August Haußleiter an Josef Müller vom 19. 1. 1949 und 24. 2. 1949; ACSP, CSU-LL, Protokoll der Sitzung des geschäftsführenden Landesvorstands am 8. 10. 1948.

[201] Eine Fülle von Akten zum sogenannten Weinschieber-Skandal, dem ersten großen Finanzskandal in der Geschichte der CSU, der auch mit einem Prozeß endete, findet sich im ACSP, CSU-LSG, Ordner Eutermoser – Plonner. Diese Affäre bietet Stoff für einen eigenen Aufsatz.

[202] ACSP, CSU-LL, Protokoll der Sitzung des geschäftsführenden Landesvorstands am 30. 8. 1948; das folgende nach dem Protokoll dieser Vorstandssitzung.

In die Defensive gedrängt, schlug Josef Müller vor, Franz Josef Strauß zum verantwortlichen Generalsekretär der CSU zu ernennen – und zwar möglichst schnell. Doch der Widerstand gegen diesen Vorschlag war so groß, daß keine endgültige Entscheidung fiel und Strauß nach einem Machtwort Müllers bis auf weiteres lediglich mit der Führung der Geschäfte betraut wurde. War Strauß wirklich der richtige Mann, um den Zerfall des Parteiapparats aufzuhalten und das Durcheinander in der Landesgeschäftsstelle zu beseitigen? Sicher, Strauß galt als hoffnungsvolles Nachwuchstalent, seine organisatorisch-administrativen Erfahrungen waren aber vergleichsweise gering, und er war überdies durch sein Mandat im Frankfurter Wirtschaftsrat und seine Tätigkeit als Oberregierungsrat im Innenministerium so ausgelastet, daß für andere Aufgaben kaum Zeit blieb[203].

Tatsächlich war Strauß erst Ende Dezember 1948 in der Lage, sein neues Amt anzutreten[204]. Inzwischen hatte sich die Krise noch verschärft. August Haußleiter, der im Januar 1949 nicht einmal mehr in der Lage war, seine Telephonrechnung zu bezahlen[205], forderte den Parteivorsitzenden ultimativ auf, endlich Abhilfe zu schaffen:

„Da meine wiederholten mündlichen Vorstellungen und Erklärungen im Landesvorstand zu keinem Ergebnis geführt haben, darf ich Dich ein letztes [M]al auf die schwierige Lage in der Landesgeschäftsstelle aufmerksam machen mit der Bitte, nun endlich die seit langem fälligen Entscheidungen zu treffen. Da Du Oberregierungsrat Franz Strauss aus Schongau als Generalsekretär vorgesehen hattest, war die Landesgeschäftsstelle vom 1. 9. 48–1. 1. 49 unbesetzt. Als Stellvertreter hattest Du Herrn Gerstl vorgeschlagen, von dem ich annahm, dass Du seine Zusage zur Mitarbeit hattest. [. . .] Nun stellt sich heraus, dass sich Herr Gerstl noch gar nicht entschieden hat, ob er bei uns eintreten soll[206]. In der Tat ist gegenwärtig in der Landesgeschäftsstelle weder ein Generalsekretär noch ein stellvertretender Generalsekretär tätig. [. . .] Auf Grund dieser Lage hat das gesamte Land den Eindruck einer völlig führungslosen Landesleitung. Die Kritik an der Landesgeschäftsstelle wächst von Tag zu Tag, da ich mich persönlich ausserstande sehe, auf die Dauer hier den Generalsekretär, den stellv. Generalsekretär und den Landesschatzmeister zu vertreten. Ich habe in der letzten Sitzung des Landesvorstandes erklärt, dass ich mein Amt zur Verfügung stellen werde, wenn Du nicht in kürzester Frist über die Besetzung der Landesgeschäftsstelle eine klare Entscheidung triffst. Ich darf Dich auf diesen meinen wiederholten Hinweis ein allerletztes [M]al aufmerksam machen. Ich habe nicht die Absicht, mich für Verhältnisse verantwortlich machen zu lassen, für die ich nicht verantwortlich bin, da Du eine Klärung bisher verhindert hast. [. . .] In der Finanzlage der Partei ist heute eine völlig unmögliche Situation eingetreten. Wir können die Zahlungsbefehle nicht bezahlen, die nun an uns herankommen. Der Aufbau des Wirtschaftsbeirates der Union ist durch Deine Ablehnung [. . .] verzögert worden. Er bietet die einzige Möglichkeit, die Finanzlage der Partei zu verbessern. [. . .] Wenn aber der Parteivorsitzende jeder personellen Klärung in den entscheidenden organisatorischen Funktionen der Partei ausweicht, sie immer wieder vertagt und hin[aus]zögert, dann ist die Möglichkeit für eine erfolgreiche Arbeit der Parteiorganisation nicht gegeben."[207]

---

[203] Vgl. Wolfgang Krieger, Franz Josef Strauß. Der barocke Demokrat aus Bayern, Göttingen, Zürich 1995, S. 24. Auch Haußleiter war aufgrund der Mehrfachbelastung von Strauß skeptisch; ACSP, NL Müller 17, August Haußleiter an Josef Müller vom 19. 1. 1949.

[204] Das Protokoll der Sitzung des geschäftsführenden Landesvorstands am 30. 8. 1948 nennt Strauß bereits als neuen Generalsekretär; in der Anwesenheitsliste zum Protokoll der Sitzung des geschäftsführenden Landesvorstands am 23. 12. 1948 wird Strauß als Landesgeschäftsführer geführt (ACSP, CSU-LL). Tatsächlich dürfte Strauß in diesen Tagen sein Amt angetreten haben. Im Münchner Merkur vom 7. 1. 1949 war die Notiz zu lesen, Strauß sei zum neuen Generalsekretär der CSU ernannt worden und habe die Arbeit bereits aufgenommen.

[205] ACSP, NL Müller 20, August Haußleiter an Josef Müller vom 24. 2. 1949.

[206] Max Gerstl, ein Münchner CSU-Politiker der ersten Stunde, lehnte das Angebot Josef Müllers nach reiflicher Überlegung ab; ACSP, NL Müller 18, Max Gerstl an Josef Müller vom 19. 1. 1949.

[207] ACSP, NL Müller 17, August Haußleiter an Josef Müller vom 19. 1. 1949.

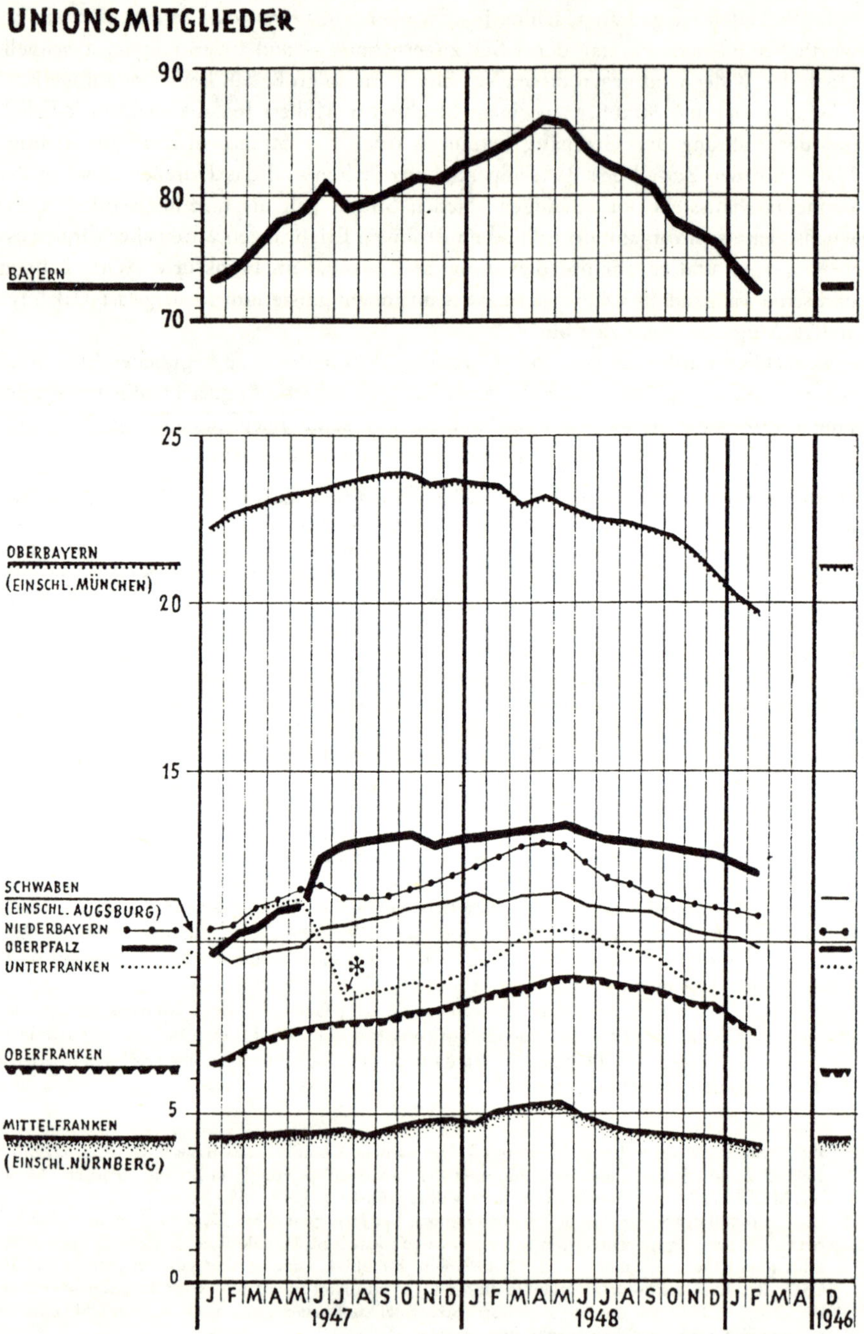


*) BERICHTSKORREKTUREN

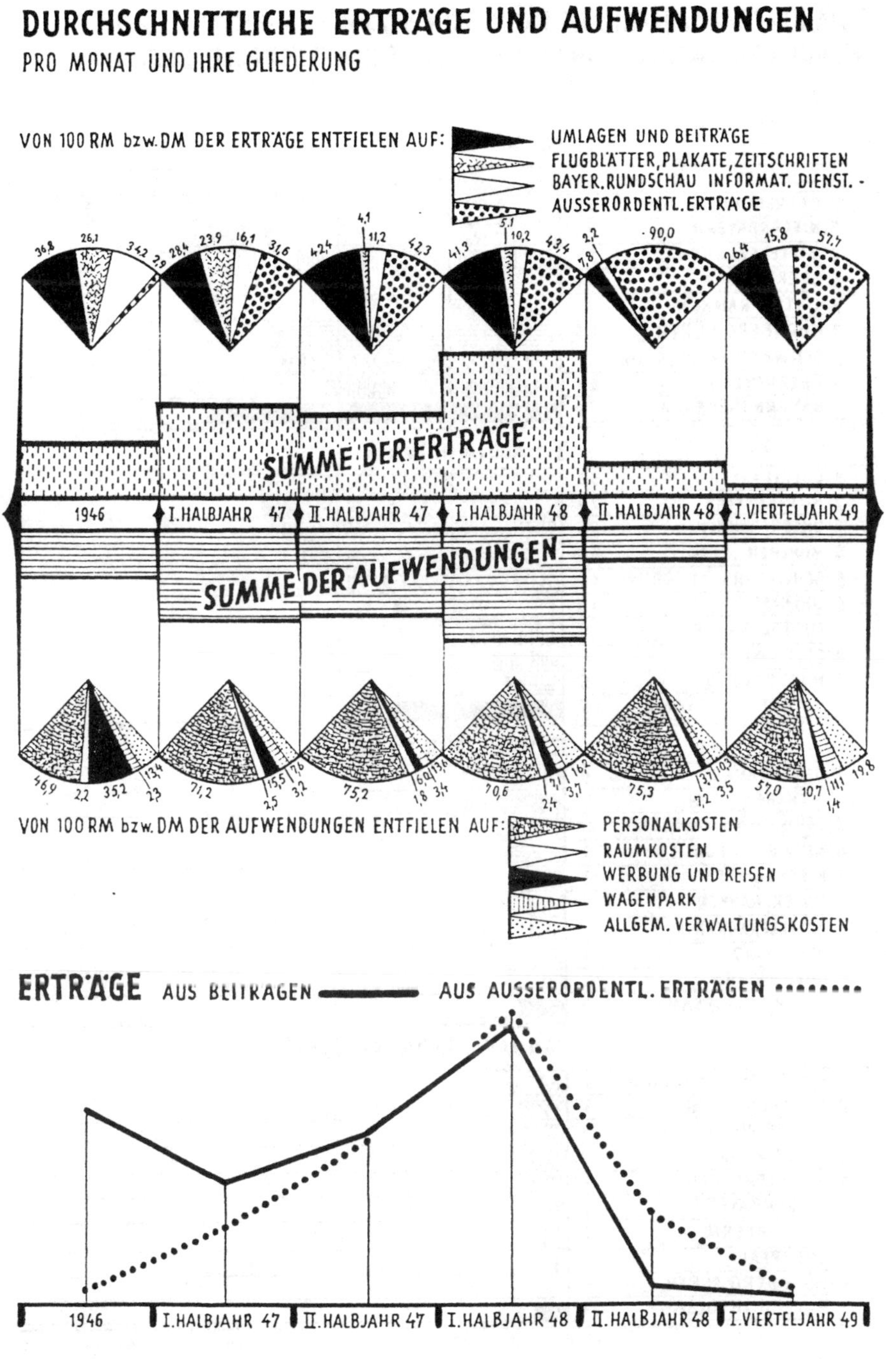
DURCHSCHNITTLICHE ERTRÄGE UND AUFWENDUNGEN
PRO MONAT UND IHRE GLIEDERUNG
VON 100 RM bzw. DM DER ERTRÄGE ENTFIELEN AUF:
UMLAGEN UND BEITRÄGE
FLUGBLÄTTER, PLAKATE, ZEITSCHRIFTEN
BAYER. RUNDSCHAU INFORMAT. DIENST. -
AUSSERORDENTL. ERTRÄGE
SUMME DER ERTRÄGE
1946
I. HALBJAHR 47
II. HALBJAHR 47
I. HALBJAHR 48
II. HALBJAHR 48
I. VIERTELJAHR 49
SUMME DER AUFWENDUNGEN
VON 100 RM bzw. DM DER AUFWENDUNGEN ENTFIELEN AUF:
PERSONALKOSTEN
RAUMKOSTEN
WERBUNG UND REISEN
WAGENPARK
ALLGEM. VERWALTUNGSKOSTEN
ERTRÄGE AUS BEITRÄGEN
AUS AUSSERORDENTL. ERTRÄGEN
1946
I. HALBJAHR 47
II. HALBJAHR 47
I. HALBJAHR 48
II. HALBJAHR 48
I. VIERTELJAHR 49

**VOM BEITRAGSANTEIL IN HÖHE VON 50 Pf bzw. 45 Pf u. 20 Pf WURDEN TATSÄCHLICH AN DIE LANDESGESCHÄFTSSTELLE BEZAHLT**

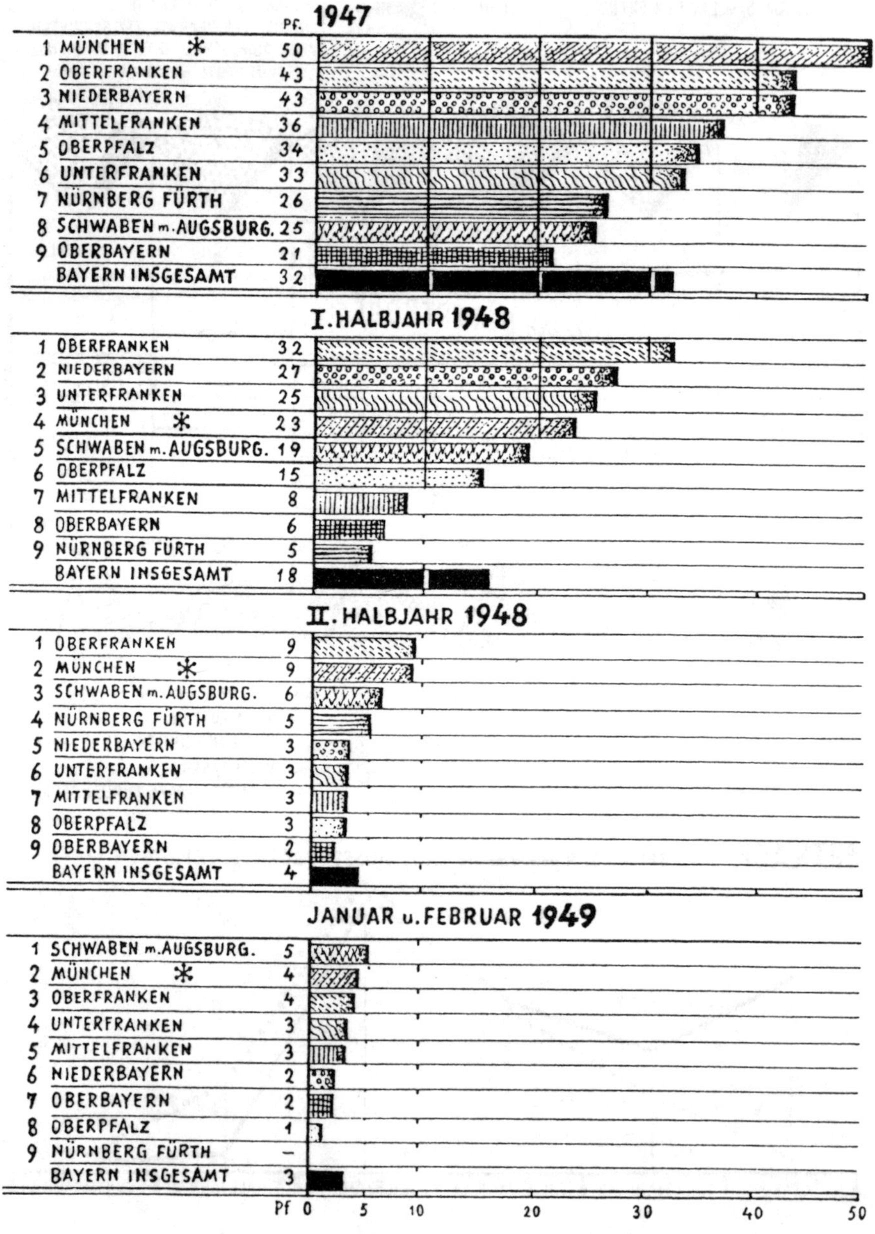


*) ANRECHNUNG VON AUSLAGEN FÜR DIE LANDESLEITUNG

## NICHTBEZAHLTE BEITRAGSANTEILE DER KREISVERBÄNDE
IN DEN BEZIRKEN • IN RM bzw. DM

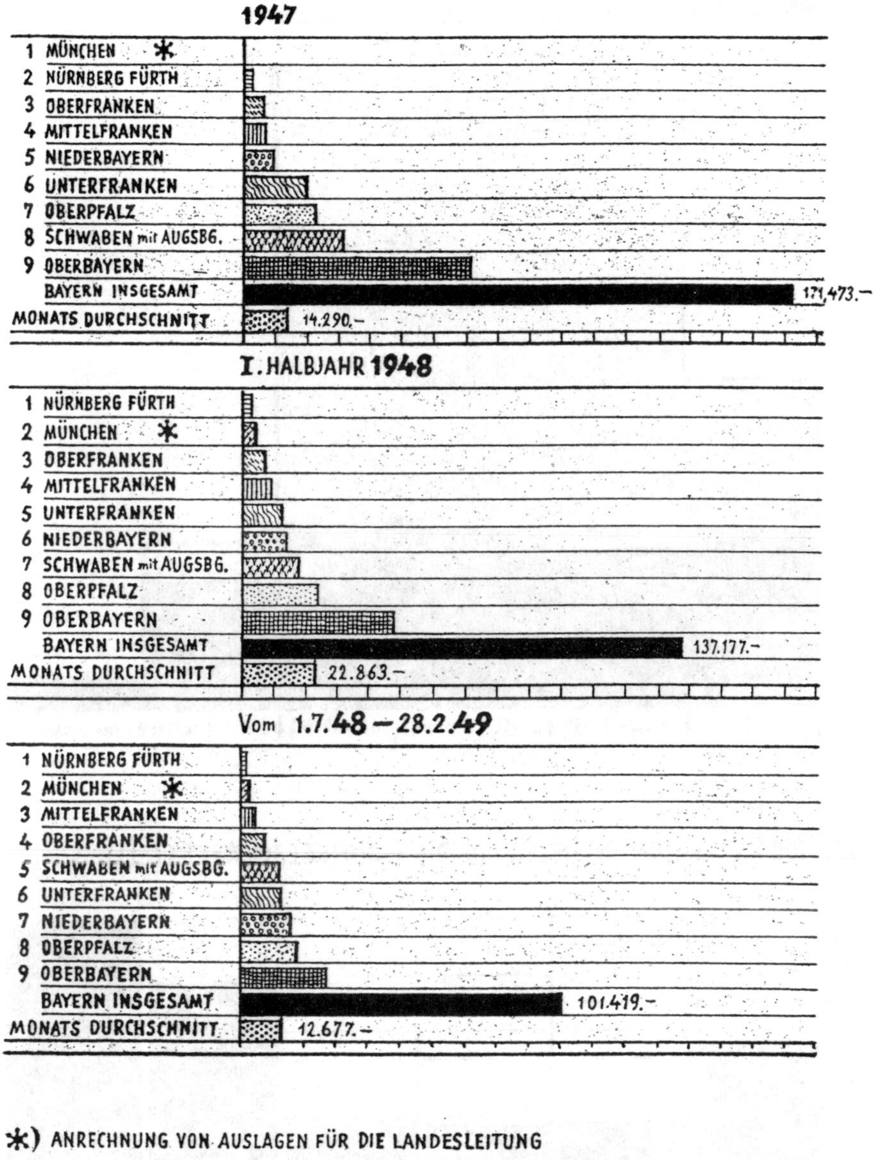

BEZAHLTE GEHÄLTER u. AUFWANDSENTSCHÄDIGUNGEN
INSGESAMT DAVON
FÜR BEZIRKS- UND KREISGESCHÄFTSFÜHRER
FÜR LANDESGESCHÄFTSSTELLE
1946
I. HALBJAHR 1947
II. HALBJAHR 1947
I. HALBJAHR 1948
II. HALBJAHR 1948

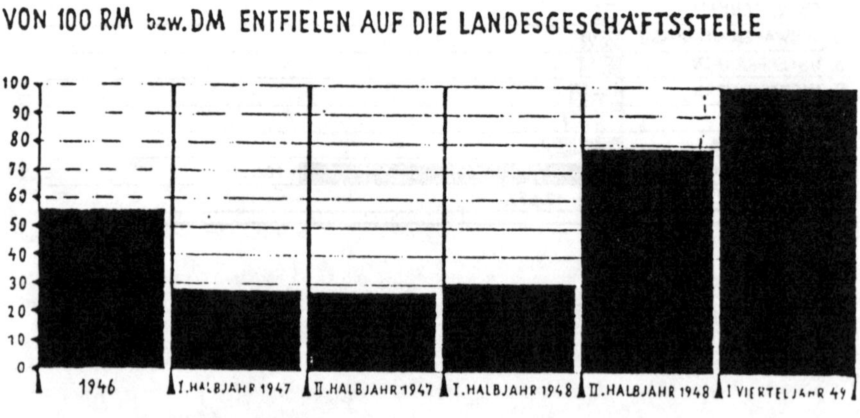
VON 100 RM bzw. DM ENTFIELEN AUF DIE LANDESGESCHÄFTSSTELLE
100
90
80
70
60
50
40
30
20
10
0
1946
I. HALBJAHR 1947
II. HALBJAHR 1947
I. HALBJAHR 1948
II. HALBJAHR 1948

Haußleiter erhielt auf diesen Brief nicht einmal eine Antwort[208]. Die fatale Entscheidungsschwäche Müllers in dieser kritischen Situation war aber nicht der einzige Kritikpunkt. Heftige Kontroversen entzündeten sich auch an der Frage, wie man mit den spärlichen Finanzmitteln umgehen sollte, über die die CSU nach der Währungsreform noch verfügte. Während Haußleiter und Liedig[209] forderten, zunächst die Landesgeschäftsstelle zu reorganisieren und den verbliebenen Mitarbeitern ihre Gehälter auszuzahlen, bestand Müller darauf, die dürftigen Spenden und Mitgliederbeiträge soweit wie möglich in sein Lieblingsprojekt zu investieren: eine neue Parteizeitung[210].

## 4. Das gescheiterte Experiment: Die Wochenzeitung Der Gerade Weg

Pressefragen hatten seit 1945 Müllers besonderes Interesse gefunden[211]. Die amerikanische Militärregierung verfolgte jedoch eine Konzeption, in der für Parteizeitungen kein Platz war. Die rigide Kontroll- und Lizenzierungspolitik der Besatzungsbehörden zielte auf die Schaffung eines weitmaschigen Netzes unabhängiger, parteipolitisch neutraler Zeitungen in der Hand unbelasteter demokratischer Lizenzträger, während die Parteien mit dünnen Mitteilungsblättern oder Wochenschriften vorliebnehmen mußten, die überdies an strenge Auflagen gebunden waren[212]. Erst im Sommer 1948 schien sich ein Umschwung in der amerikanischen Pressepolitik anzubahnen, und die Führungsspitze der CSU hoffte, nun endlich mit dem Aufbau eines echten Parteiorgans, am besten einer Tageszeitung, beginnen zu können[213]. Die Folgen der Währungsreform und die katastrophale Finanzlage der CSU ließen eine neue Parteizeitung aber zu einem mehr als riskanten Unternehmen werden[214]. Wie sollte man die Mittel für dieses

208 ACSP, NL Müller 20, August Haußleiter an Josef Müller vom 24. 2. 1949.

209 Liedig trat am 23. 12. 1948 offiziell von seinem Amt als Landesschatzmeister zurück (ACSP, CSU-LL, Protokoll der Sitzung des geschäftsführenden Landesvorstands am 23. 12. 1948). Schon am 6. 12. 1948 hatte er an Haußleiter geschrieben, er lehne es schon seit Wochen ab, „in Fragen der Regelung finanzieller Verpflichtungen der Union" mit Josef Müller oder der derzeitigen Kassenführung der Landesleitung zu verhandeln. ACSP, NL Müller 17. Liedigs Nachfolger war Richard Schachtner.

210 ACSP, CSU-LL, Protokolle der Sitzungen des geschäftsführenden Landesvorstands am 30.8., 8.10. und 23. 12. 1948. In der Sitzung am 8. 10. 1948 erklärte August Haußleiter, es sei unmöglich, von dem letzten Geld auch noch einen Teil abzuziehen. Man könne die Angestellten der Partei nicht so „über das Ohr [...] hauen" und praktisch „verhungern" lassen. Josef Müller erklärte dagegen nur lapidar: Die Zeitung müsse „unbedingt durchgehalten" werden.

211 IfZ-Archiv, RG 260, 10/125–2/12, Notiz über eine Unterredung mit Josef Müller am 17. 8. 1945.

212 Vgl. dazu Norbert Frei, Amerikanische Lizenzpolitik und deutsche Pressetradition. Die Geschichte der Nachkriegszeitung Südost-Kurier, München 1986, S. 7–38; eine Übersicht über die Parteipresse in Bayern gibt IfZ-Archiv, RG 84, 747/33, Ernest Langendorf an G. Speyer vom 27. 9. 1946.

213 BayHStA, NL Ehard 887, Rundschreiben Franz Liedigs an alle Bezirks- und Kreisverbände sowie die Arbeitsgemeinschaften auf Landesebene vom 23. 7. 1948; ACSP, CSU-LTF I, 15–14, Protokoll der Fraktionssitzung am 14. 12. 1948; ACSP, CSU-LL, Protokoll der Sitzung des geschäftsführenden Landesvorstands am 30. 8. 1948.

214 ACSP, NL Müller 21, Rundschreiben Josef Müllers vom 3. 1. 1949. Darin heißt es: „Vor einem Jahr in der Reichsmarkzeit wäre eine solche Zeitung [Der Gerade Weg] noch ein Geschenk für uns gewesen, und wir hätten daraus Geld gewinnen können für die Parteiarbeit. Damals hat uns die Militär-Regierung keine Lizenz dafür gegeben. Heute ist die Zeitung mit dem Augenblick ihrer Geburt zunächst ein Sorgenkind, das sehr mühsam grosszuziehen ist."

Parteiorgan – die Rede war von 120000 bis 150000 DM[215] – aufbringen, wenn sich schon die bestehenden Schriftenreihen als nicht mehr finanzierbar erwiesen, ganz zu schweigen von den Geschäftsstellen der CSU? Schon am 30. August 1948 erklärte Josef Mauerer, neben Josef Müller zweiter Lizenzträger des Parteiverlags, vor dem geschäftsführenden Landesvorstand, man müsse die Schließung des Verlags erwägen, da die erzielten Auflagen gerade ausreichten, um die Löhne und Gehälter der Mitarbeiter zu erwirtschaften, nicht aber, um die Druck- und Sachkosten zu decken[216]. Als Mauerer im Oktober 1948 seine Lizenz zurückgab und um seine Entlassung bat, lasteten Schulden in einer Höhe von 40000 bis 46000 DM auf dem Parteiverlag[217]; die drei Schriftenreihen der CSU – die Mitteilungen der Christlich-Sozialen Union, die Bayerische Rundschau und die unregelmäßig erscheinenden Fragen der Zeit – wurden eingestellt.

Dennoch stand es für Josef Müller außer Zweifel, daß die CSU zum frühestmöglichen Zeitpunkt eine neue, repräsentative Parteizeitung herausbringen müsse[218]. Die Gründe für diese problematische Entscheidung waren vielschichtig. Zum einen glaubte er gerade mit Blick auf kommende Wahlkämpfe, nicht ohne ein Instrument der Agitation und Propaganda auskommen zu können[219], zum anderen hoffte er, mit den Erträgen einer erfolgreichen Zeitung die Parteifinanzen sanieren zu können. Die Einnahmen aus den 200000 Abonnements, die man in zwei bis drei Monaten gewinnen wollte, sollten die ausbleibenden Mitgliederbeiträge ersetzen und dem gelähmten Parteiapparat neue Mittel zuführen. Auch die Führungs- und Flügelkämpfe spielten bei dem Entschluß, eine neue Parteizeitung aufzubauen, eine nicht zu unterschätzende Rolle. Wer die Parteipresse kontrollierte, hatte schließlich auch die Möglichkeit, die innerparteiliche Willensbildung wesentlich zu beeinflussen. Setzte sich das neue Parteiorgan durch, so konnte sich Müller davon auch eine Stabilisierung seiner Position als Landesvorsitzender erwarten. Es verwundert daher nicht, daß Müller mit allen Mitteln versuchte, die Zügel fest in der Hand zu halten und die Parteipresse zu seiner alleinigen Domäne zu machen[220].

Der im Herbst 1948 begonnene Aufbau einer neuen CSU-Zeitung stand jedoch von Anfang an unter einem schlechten Stern. Zunächst genehmigte die Militärregierung keine parteigebundene Tagespresse, wie es sich die Parteiführung erhofft hatte[221]. Auch die

---

[215] ACSP, CSU-LL, Protokoll der Sitzung des geschäftsführenden Landesvorstands am 30. 8. 1948; BayHStA, NL Ehard 887, Rundschreiben Franz Liedigs an alle Bezirks- und Kreisverbände sowie die Arbeitsgemeinschaften auf Landesebene vom 23. 7. 1948.

[216] ACSP, CSU-LL, Protokoll der Sitzung des geschäftsführenden Landesvorstands am 30. 8. 1948.

[217] ACSP, NL Müller 21, Aufzeichnung über die Geschichte der Wochenzeitung Der Gerade Weg, undatiert, Aufstellung der Verbindlichkeiten des Parteiverlags der CSU zum 15. 12. 1948, Aufstellung der Verbindlichkeiten des Parteiverlags der CSU zum 31. 12. 1948; eine Aufstellung der Schulden des Parteiverlags vom 3. 10. 1949 geht gar von fast 50000 DM Altschulden aus, die am 31. 10. 1948 bestanden hätten (BayHStA, NL Ehard 1362).

[218] BayHStA, NL Ehard 887, Rundschreiben Franz Liedigs an alle Bezirks- und Kreisverbände sowie die Arbeitsgemeinschaften auf Landesebene vom 23. 7. 1948; die Zahl von 200000 Abonnenten, die man in spätestens einem Vierteljahr gewonnen zu haben hoffte, wird in diesem Rundschreiben genannt.

[219] ACSP, CSU-LTF I, 15–14, Protokoll der Fraktionssitzung am 12. 10. 1948.

[220] ACSP, CSU-LL, Protokolle der Sitzungen des geschäftsführenden Landesvorstands am 30.8., 8.10., 2.11. und 23. 12. 1948 sowie die Beschlüsse des Landesvorstands vom 18. 12. 1948; ACSP, CSU-LTF I, 15–14, Protokolle der Fraktionssitzungen am 17.8., 23.11. und 14. 12. 1948 sowie am 5. 4. 1949.

[221] ACSP, NL Müller 21, Aufzeichnung über die Geschichte der Wochenzeitung Der Gerade Weg, undatiert.

Beschränkungen für Parteizeitungen, die nur wöchentlich oder monatlich erschienen, blieben vorerst bestehen, d. h. es durften keine Artikel erscheinen, die nicht mit den Zielen der Partei und der von ihr vertretenen Politik in Zusammenhang standen; allgemeine Nachrichten aus aller Welt oder ein feuilletonistischer Unterhaltungsteil waren verboten[222]. Ferner waren finanzielle Engpässe an der Tagesordnung. Als die Redaktionsmannschaft im November 1948 mit ihrer Arbeit begann, hatte sie einen Anfangskredit von 30000 DM zur Verfügung, um eine Zeitung herauszubringen und einen Verlag wieder flott zu machen, der mit mehr als 40000 DM Schulden belastet war[223]! Viele überhastete Aktionen und organisatorische Mißgriffe, die die kurze Geschichte des neuen Parteiorgans prägen sollten, entstanden nicht zuletzt in einer Atmosphäre ständigen Geldmangels, der eine längerfristige Planung unmöglich machte. Zeitdruck und Finanzprobleme waren unter anderem für eine folgenschwere Personalentscheidung verantwortlich. Josef Müller entschied sich nämlich dafür, eine Reihe von Journalisten vom Echo der Woche in die Redaktion der neuen Parteizeitung aufzunehmen, darunter den zweiten Lizenzträger Helmut Hammerschmidt und den Chef vom Dienst Hans-Hubert Gensert, die zwar seiner politischen Linie nahestanden, aber wiederholt mit Kultusminister Hundhammer und dem konservativen CSU-Flügel in Konflikt geraten waren[224]. Gensert war überdies wegen seiner journalistischen Tätigkeit während der NS-Zeit angreifbar; eine Chance, die sich Hundhammer nicht entgehen ließ[225].

Noch schwerer wog die verfehlte, der CSU nicht gemäße Konzeption der Parteizeitung, die nach den Vorgaben der Militärregierung als Wochenschrift erscheinen sollte. Man plante kein reines Agitations- und Kampfblatt und keinen bloßen Umschlagplatz von Parteinachrichten, sondern eine intellektuell anspruchs- und niveauvolle politische Wochenzeitung[226] mit der Intention, die Grundlagen und Ziele der CSU gerade bei den Bevölkerungskreisen bekannt zu machen, die bisher noch wenig damit anfangen konnten. In diesem Sinne sollte sich das neue Parteiorgan intensiv mit christlicher Kulturpolitik beschäftigen, ausführlich über die Arbeit der CSU-Abgeordneten in den Parlamenten informieren und die Regierungspolitik erläutern. Die Redaktion beabsichtigte

---

222 ACSP, NL Müller 21, Protokoll der Redaktionssitzung am 15. 11. 1948.

223 ACSP, NL Müller 21, Aufzeichnung über die Geschichte der Wochenzeitung Der Gerade Weg, undatiert.

224 ACSP, CSU-LL, Protokoll der Sitzung des geschäftsführenden Landesvorstands am 2. 11. 1948; ACSP, NL Müller 21, „Informationen betreffend Tätigkeit des Verlages der CSU", undatiert. Zur Kritik der innerparteilichen Opposition an Gensert, Hammerschmidt und anderen Journalisten, die bisher beim Echo der Woche beschäftigt waren, vgl. ACSP, CSU-LTF I, 15–14, Protokolle der Fraktionssitzungen am 23.11. und 14. 12. 1948.

225 Biographische Angaben finden sich in den „Informationen betreffend Tätigkeit des Verlages der CSU" (ACSP, NL Müller 21). Zu den Aktivitäten der innerparteilichen Opposition vgl. ACSP, CSU-LTF I, 15–20/0, Notiz für Alois Hundhammer vom 17. 11. 1948, und CSU-LTF I, 15–14, Protokoll der Fraktionssitzung am 30. 11. 1948; BayHStA, NL Ehard 1209, Alois Hundhammer an Josef Müller vom 20.11. 1948 und Alois Hundhammer an Hans Ehard vom 25. 11. 1948, sowie Fränkischer Tag vom 30. 11. 1948: „‚Der gerade Weg' umstritten". Hans-Hubert Gensert versuchte, die Vorwürfe wegen seiner angeblichen politischen Belastung zu widerlegen: ACSP, NL Müller 21, Emil Dovifat an Josef Müller vom 11.1. 1949.

226 ACSP, NL Müller 21, Aufzeichnung über die Geschichte der Wochenzeitung Der Gerade Weg, undatiert; darin heißt es: „Es erschien notwendig, das repräsentative Organ der CSU von allen nur auf Gefühle und Instinkte der Massen aufbauenden Veröffentlichungen freizuhalten. Es sollte wirklich ein Blatt zur Repräsentation geschaffen werden, das die grossen Linien einer christlichen und sozialen Politik aufzeigt. Nach allgemeinem Urteil ist dies redaktionell gelungen." Ähnlich auch ACSP, NL Müller 133, Hans-Hubert Gensert an den CSU-Bezirksverband Oberfranken vom 8. 3. 1949.

zudem, sich speziell mit den Problemen der Frauen, der jungen Generation und der Flüchtlinge auseinanderzusetzen. Auch Artikel von führenden Persönlichkeiten christlich-demokratischer Parteien aus anderen Ländern waren geplant[227]. Doch schon nach wenigen Nummern war klar, daß die meisten Anhänger der CSU mit solch schwerer Kost wenig anzufangen wußten.

Selbst die Wahl des Namens für das neue Parteiorgan erwies sich als unglücklich. August Haußleiter hatte Das Neue Bayern vorgeschlagen[228], war dabei aber bei Josef Müller auf wenig Gegenliebe gestoßen. Der Parteivorsitzende setzte im geschäftsführenden Landesvorstand durch, daß das neue Sprachrohr der CSU den Namen Der Gerade Weg erhielt[229]. Damit knüpfte man bewußt an das antinationalsozialistische Kampfblatt des überzeugten Katholiken Fritz Gerlich an, der 1934 von Schergen der SS im Konzentrationslager Dachau ermordet worden war[230]. So hieß es in einer Werbeanzeige des Verlags für den neuen Geraden Weg:

> „Im Dezember dieses Jahres erscheint in der Öffentlichkeit nach längerer Zeit wieder der Name einer Wochenzeitung, die sich in den Jahren vor 1933 einen *hervorragenden Ruf* geschaffen hat. Der Kampf um Wahrheit und Recht, den sie als Ziel in ihrem Untertitel angab, wurde von ihr in äußerst wirksamer Weise geführt. Sie wich schließlich nur der rohen Gewalt. Der Irrtum, den ‚Der gerade Weg' bekämpfte, ist heute allgemein als Irrtum erkannt. Es soll das Bestreben auch des neuen Blattes sein, mit ebenso gutem politischen Instinkt und in genau so klarer Erkenntnis der wahren und der falschen Prinzipien zu arbeiten, wie es die Männer der gleichnamigen Wochenzeitung taten."[231]

Die hohen Erwartungen, die Redaktion und Parteiverlag damit weckten, eröffneten der CSU zwar die Chance, einen breiteren Leserkreis für das neue Blatt zu interessieren, als dies sonst möglich gewesen wäre, beschränkten aber zugleich die eigene Handlungsfreiheit. Schließlich forderte man bei jeder größeren Abweichung von der geistigen und politischen Linie des Vorbildes die Kritiker geradezu heraus. Der Schwandorfer CSU-Abgeordnete Josef Krempl empörte sich beispielsweise schon nach der Lektüre der ersten Nummer des Geraden Weges: „Dr. Gerlich war ein Heiliger. Dieses Blatt ist das Gegenteil."[232] Die Neuauflage des Geraden Weges rief auch den Fürsten Erich Waldburg zu Zeil auf den Plan, der vor 1933 der Mentor, Financier und Teilhaber Gerlichs gewesen war. Da es Josef Müller als Parteivorsitzender und Lizenzträger versäumt hatte, sich mit dem Fürsten in Verbindung zu setzen und eine Vereinbarung über die neue Verwendung des Titels zu treffen, kam es nur wenige Tage nach Erscheinen der ersten Nummer zum Eklat. Fürst Waldburg-Zeil erhob offen Einspruch gegen

[227] ACSP, NL Müller 21, Protokoll der Redaktionssitzung am 15. 11. 1948, Protokoll einer Grundsatzdiskussion zwischen führenden Redaktionsmitgliedern am 1. 12. 1948, Aufzeichnung über die Geschichte der Wochenzeitung Der Gerade Weg, undatiert, Entwurf für ein Editorial Josef Müllers, undatiert.

[228] Haußleiter, der sich zunächst intensiv mit dem Aufbau der Parteipresse befaßt hatte, stellte seine Mitarbeit nach gravierenden Differenzen mit Josef Müller ein und übte offen Kritik am Geraden Weg; ACSP, NL Müller 21, August Haußleiter an Alois Hundhammer vom 30. 11. 1949.

[229] ACSP, CSU-LL, Protokoll der Sitzung des geschäftsführenden Landesvorstands am 2. 11. 1948; ACSP, CSU-LTF I, 15–14, Protokoll der Fraktionssitzung am 23. 11. 1948.

[230] Zur Zeitung Der Gerade Weg und zur Biographie Fritz Gerlichs vgl. Hans-Günter Richardi, Klaus Schumann, Geheimakte Gerlich/Bell. Röhms Pläne für ein Reich ohne Hitler, München 1993, S. 28–52 und S. 113–128.

[231] ACSP, CSU-LTF I, 15–20/2, Werbeflugblatt des Parteiverlags der CSU für den Geraden Weg, undatiert; Hervorhebung im Original.

[232] ACSP, CSU-LTF I, 15–14, Protokoll der Fraktionssitzung am 14. 12. 1948.

die Neuauflage des Geraden Weges und drohte damit, seine Restitutionsansprüche vor Gericht geltend zu machen. „Aufbau und Niveau“ dieses Blattes entsprächen „in keiner Weise der Tradition des Titels“, stellte der Fürst fest; auch die Redaktion der neuen Zeitung biete „keinerlei Gewähr für die geistige und pressemässige Höhe [. . .], die den alten ‚Geraden Weg‘ in der christlichen Welt zum Fanal gemacht hat“. Es klebe „zuviel Märtyrerblut an dem Titel“, so schloß der Fürst sein Schreiben an Josef Müller, „als dass man ihn zu Geschäftszwecken missbrauchen“ dürfe[233].

Darauf mußte Josef Müller reagieren, und es gelang ihm, mit dem Fürsten trotz aller bestehenden Vorbehalte ein Abkommen auszuhandeln, das der CSU den weiteren Gebrauch des Titels Der Gerade Weg erlaubte, dem Fürsten aber die Möglichkeit offen ließ, den Titel unter bestimmten Bedingungen zurückzufordern[234]. Seither schwebte ein mögliches Veto aus dem Hause Waldburg-Zeil wie ein Damoklesschwert über dem Geraden Weg. Tatsächlich sollte Fürst Waldburg-Zeil seine Entscheidung bald bedauern. Als sich im März 1949 das baldige Ende des Geraden Weges abzuzeichnen begann, machte er von seinem vertraglich zugesicherten Recht Gebrauch und forderte den Titel zurück. Dabei fällte er ein vernichtendes Urteil über das Parteiorgan: „Als Parteiblatt will es niemand, mit seiner halbliberalen Haltung wird es vielfach vom katholischen Bevölkerungsteil abgelehnt und wird in den übrigen Kreisen nie die benötigte Leserschaft finden. Das Blatt hat zunächst von seinem Titel gelebt; dieses Kapital ist verbraucht, nun ist nichts mehr da.“ Und er fügte hinzu: „Der Erfolg ist kurz gesagt der, daß der Titel ‚Der gerade Weg‘ heute praktisch durch Missbrauch entwertet ist und kaum je wieder für ein grundsatzklares Blatt gebraucht werden kann.“[235]

Letztlich waren es aber nicht die Querelen mit dem Hause Waldburg-Zeil, sondern die Führungs- und Flügelkämpfe, die dem Geraden Weg zum Verhängnis wurden. Die Redaktion des neuen Parteiorgans hatte es sich zwar zum Ziel gesetzt, sich nicht in die Auseinandersetzungen einzumischen und keine Parteiinterna nach außen zu tragen, angesichts der mehr als gespannten Situation in der CSU war es jedoch eine Illusion zu glauben, man könne eine Art Äquidistanz zwischen den verfeindeten Gruppierungen wahren. Die Parteipresse war seit 1946 ein Zankapfel gewesen. Müller und seine Mitstreiter hatten die Druckschriften der Partei ebenso als ihre Domäne betrachtet wie den Parteiapparat, während die innerparteiliche Opposition immer wieder die Einseitigkeit der Parteiorgane kritisiert und versucht hatte, Einfluß auf ihre Form und ihren Inhalt zu gewinnen. Eine neue Parteizeitung, die der Landesvorsitzende noch dazu mit allen Mitteln gegen Einflußnahme von außen abzuschirmen suchte, mußte daher sofort den Argwohn der katholisch-konservativen Gegner Müllers wecken und offenen Widerstand provozieren. Die erste Nummer des Geraden Weges war noch gar nicht erschienen, als Alois Hundhammer bei Josef Müller gegen die einseitige Zusammensetzung der Redaktion protestierte und vor einer Verschärfung der inneren Konflikte warnte:

233 ACSP, NL Müller 21, Erich Fürst Waldburg zu Zeil an Josef Müller vom 15. 12. 1948; der Fürst hatte seinen Brief aus Verärgerung über die Haltung Josef Müllers und der Verantwortlichen im Parteiverlag auch der Presse übergeben; Abendzeitung vom 22. 12. 1948: „Einspruch gegen bayerisches CSU-Organ“.

234 ACSP, NL Müller 21, Vereinbarung zwischen Erich Fürst Waldburg-Zeil und Josef Müller vom 22.12. 1948; vgl. auch den weiteren Schriftwechsel zwischen Müller und dem Fürsten unter dieser Signatur.

235 ACSP, NL Müller 21, Erich Fürst Waldburg zu Zeil an Josef Müller vom 23. 3. 1949.

„Vor ein paar Tagen habe ich Dich fernmündlich davon unterrichtet, dass ich gegen die Zusammensetzung der Redaktion der ab kommenden Dezember geplanten Wochenzeitung unserer Partei Bedenken habe. Die in der CSU bisher zu beklagenden und in ihrer Auswirkung verhängnisvollen Misshelligkeiten sind in nicht geringem Teile zurückzuführen gewesen auf die Art, wie sowohl die ‚Union' wie die ‚Bayerische Rundschau' redigiert waren. Zum guten Teil sind die Misshelligkeiten auch zurückgegangen auf Artikel, welche von Herren verfasst waren, die bisher dem Redaktionsstab des ‚Echo der Woche' angehört haben. Du kennst wohl die Haltung, welche sowohl Herr Hammerschmidt wie Herr Gensert [...] mir und meinen engeren politischen Freunden gegenüber eingenommen haben. Es muss deshalb überraschen, dass alle die vorgenannten Herren, gemeinsam noch mit Persönlichkeiten aus ihrer Umgebung, den Redaktionsstab der CSU-Wochenzeitung bilden werden. Ich befürchte von dieser Massnahme eine Weiterführung der Aufspaltung der CSU, dies umsomehr, als es gerade in der gegenwärtigen Auseinandersetzung innerhalb der bayerischen Politik notwendig wäre, dass die entscheidenden Redakteure unseres Parteiblattes Bayern kennen, aus Bayern stammen und Bayern lieben würden."[236]

Zugleich kündigte Hundhammer an, er weigere sich, einen Artikel zur ersten Ausgabe des Geraden Weges beizusteuern. Die lautstarken Proteste des Kultusministers blieben auch der Öffentlichkeit nicht verborgen. Am 30. November 1948 berichtete der in Bamberg erscheinende Fränkische Tag, Hundhammer und Prälat Meixner hätten bei Josef Müller interveniert, um ein Erscheinen der Parteizeitung unter der gegenwärtigen Schriftleitung zu verhindern[237]. Damit war der Gerade Weg schon diskreditiert, ehe noch die erste Nummer vorlag. Hans-Hubert Gensert teilte Müller wenig später mit, diese Pressemeldung sei für die Redaktion sehr unangenehm; Mitarbeiter seien aus lauter Verunsicherung nicht mehr bereit, ihre Artikel zu schreiben, verschiedene Firmen hätten dringend benötigte Anzeigen zurückgezogen, weil sie nach dem Vorstoß des Kultusministers nicht mehr davon überzeugt seien, daß der Gerade Weg ein solides Unternehmen sei[238]. Aber Alois Hundhammer ging noch weiter. Er rief die Anhänger der CSU schließlich offen dazu auf, die neue Parteizeitung zu boykottieren[239].

Daß die innerparteiliche Opposition den Geraden Weg so scharf ablehnte, lag nicht nur an ihrer Frontstellung gegen Josef Müller, der zu Recht als spiritus rector des neuen Parteiorgans galt. Vor allem die katholisch-konservativen CSU-Politiker fanden an einer einheitlichen, in München redigierten Parteizeitung ebensowenig Gefallen wie an einem zentral gesteuerten Parteiapparat mit hauptamtlich besetzten Geschäftsstellen. Sie favorisierten die Wiederbelebung der vielen Lokal- und Heimatzeitungen, die es vor 1933 gegeben hatte und die aufgrund der strengen Auflagen der Militärregierung noch nicht wieder erschienen waren[240]. Diese Blätter mit einer Auflage von oft nur wenigen tausend Stück hatten ihre Leser vor allem in der betont christlich eingestellten Landbevölkerung gefunden und waren schon in der Weimarer Republik eine wichtige Stütze der BVP gewesen[241]. In dieser Lokal- und Heimatpresse sahen nicht wenige CSU-Politiker eine große Chance. Ihnen schwebte ein Netz von kleinen, CSU-nahen Zeitungen vor, die sich von den zuständigen Stellen der Partei leicht und kostengünstig mit Material versor-

236 BayHStA, NL Ehard 1209, Alois Hundhammer an Josef Müller vom 20. 11. 1948.
237 Fränkischer Tag vom 30. 11. 1948: „‚Der gerade Weg' umstritten".
238 ACSP, NL Müller 21, Aktennotiz Hans-Hubert Genserts für Josef Müller vom 1. 12. 1948.
239 ACSP, NL Müller 21, Notiz über eine Rede Alois Hundhammers am 3. 2. 1949 in Rosenheim.
240 Zur Diskussion über die Heimatpresse ACSP, CSU-LTF I, 15–14, Protokolle der Fraktionssitzungen am 17.8.und 12. 10. 1948. Auch Josef Müller versprach halbherzig, die Heimatpresse zu unterstützen.
241 Vgl. Schönhoven, BVP, S. 84 ff.; danach gab es vor 1933 etwa 120 Zeitungen mit einer Gesamtauflage von 500 000 Exemplaren, die der BVP nahestanden.

gen ließen[242]. Diese Pläne befürwortete auch der Druckereibesitzer und Verleger Konrad Kübler, der vor 1933 Heimatzeitungen wie das Landauer Volksblatt oder den Niederbayerischen Anzeiger herausgegeben hatte: „Die Zeitungsnot läßt sich meiner Meinung nach nur beheben durch gut geleitete Heimatzeitungen, die in den Kreisstädten selbst erscheinen", schrieb Kübler im September 1948 an seine Fraktionskollegen. „Damit würde die CSU auch den Einfluss auf die Bevölkerung und die Wähler gewinnen, der durch ein zentrales Parteiorgan niemals erreicht werden kann."[243] Josef Reitinger, ein gut informierter Vertrauensmann Hundhammers, äußerte sich ähnlich:

„Nachdem die CSU bisher ihre Chance in der Neugestaltung der Presse am schlechtesten von allen Parteien wahrgenommen hat, darf sie nicht auch noch im Rennen um die Kleinzeitungen, die einst die Domäne des alten Zentrums und der Bayer. Volkspartei waren, unter den ‚ferner liefen' bleiben. [. . .] Es wäre unverantwortlich, die hier sich förmlich aufdrängenden Möglichkeiten der CSU nicht nutzbar zu machen."[244]

Daß hier tatsächlich Chancen für die CSU lagen, zeigte eine Initiative der Landtagsfraktion. Um festzustellen, welche christlich orientierten Zeitungsverlage und Druckereien das NS-Regime überdauert hatten und in welchen Orten mit dem Wiedererscheinen „eines weltanschaulich uns nahestehenden Blattes zu rechnen" war, sollten die Abgeordneten eine Umfrage in ihren Stimmkreisen durchführen[245]. Dabei konnten immerhin 26 Betriebe ermittelt werden, davon allein zehn in Oberbayern, die stark daran interessiert waren, ihre Heimatzeitungen wieder erscheinen zu lassen, und um die tatkräftige Unterstützung der CSU baten[246].

Doch die Parteiführung ging mit der neuen Parteizeitung einen anderen Weg. Schon die erste Nummer des Geraden Weges, die am 10. Dezember 1948 erschien, lieferte der innerparteilichen Opposition neue Munition. Einige ungeschickte Artikel und Illustrationen genügten, um in der Landtagsfraktion eine heftige Diskussion auszulösen. Wenn man so weitermache, empörte sich Hundhammer, ginge noch „der letzte Rest der CSU" kaputt. Die ganze Angelegenheit sei ein Skandal[247]. Georg Meixner, als Leiter eines katholischen Verlags selbst ein erfahrener Pressemann, war derselben Meinung und scheute sich nicht, ihr mit drastischen Worten Ausdruck zu verleihen:

„Man kann nur sagen, es ist unerhört; hier ist alles verfehlt aufgezogen. Wir brauchen ein Parteiorgan. Ich weise auf das SPD-Blatt hin, z. B. das Erlanger Volksblatt. Hier ist nur die Rede von der Arbeit der SPD im Parlament wie im Kreistag usw. Was machen wir eigentlich für einen Mist? [. . .] Auch verlegerisch und technisch ist alles völlig falsch. Wir brauchen ein 8-seitiges Parteiblatt und sonst gar nichts. In den Ankündigungen zum Geraden [W]eg war von der CSU überhaupt nicht die Rede. Dabei ist die CSU die Regierungspartei in Bayern. Sind wir denn verrückt geworden?"

Die Debatte über den Geraden Weg wurde schnell zu einer Debatte über die politische Zukunft von Josef Müller. Hundhammer forderte offen den Rücktritt des Parteivorsitzenden, und die Augsburger Landtagsabgeordnete Franziska Gröber stellte den An-

[242] ACSP, CSU-LTF I, 15–14, Protokoll der Fraktionssitzung am 17. 8. 1948.
[243] ACSP, CSU-LTF I, 9–40, Konrad Kübler an die CSU-Landtagsfraktion vom 1. 9. 1948.
[244] ACSP, CSU-LTF I, 15–20/2, Josef Reitinger an Alois Hundhammer vom 21. 2. 1949.
[245] ACSP, CSU-LTF I, 9–40, Rundschreiben Alois Hundhammers an die CSU-Landtagsabgeordneten vom 20. 8. 1948. Der Beschluß, diese Umfrage durchzuführen, wurde in der Fraktionssitzung am 17. 8. 1948 gefaßt; ACSP, CSU-LTF I, 15–14, Protokoll der Fraktionssitzung am 17. 8. 1948.
[246] ACSP, CSU-LTF I, 9–40, Aktennotiz Wilhelm Röhrls für Alois Hundhammer vom 11. 10. 1948.
[247] ACSP, CSU-LTF I, 15–14, Protokoll der Fraktionssitzung am 14. 12. 1948; das folgende nach dem Protokoll dieser Fraktionssitzung.

trag, Müller das Mißtrauen auszusprechen; Müller sei nichts anderes – und an dieser Stelle zitierte sie den Bayernpartei-Vorsitzenden Joseph Baumgartner – als der „Totengräber der CSU". Josef Stürmann faßte die Aussprache, in der fast nur harsche Kritik an der neuen Parteizeitung geübt wurde, kurz und bündig zusammen:

„Wir haben festgestellt, dass wir den Titel ‚Der Gerade Weg' nicht wünschen. Wir haben festgestellt, dass wir die Mitarbeiter nicht akzeptieren können. Wir stellen fest, dass von Dr. Müller in diesem Blatt ein Geist manifestiert wird, der der Mehrheit der Wähler nicht entspricht. Die Zeitung ist abzulehnen, sie ist einzustellen, oder es ist für eine Herausgabe unter neuen Lizenzträgern zu sorgen."

Aus der Landtagsfraktion kamen auch in den folgenden Monaten die heftigsten Angriffe gegen den Geraden Weg. So wütete Hundhammer im April 1949:

„In diesem Zusammenhang ist scharf Stellung zu nehmen gegen das Skandalblatt ‚Der Gerade Weg'. Wie hier unsere Abgeordneten angepackt werden, ist ein Skandal. [...] So hetzt das eigene Mitteilungsblatt draussen gegen unsere eigenen Abgeordneten. Dieses Blatt nennt sich Parteiorgan der CSU. Müller verwendet das letzte Geld, um diese Saunummer herauszubringen. Hier hört sich alles auf. [...] Ich glaube, es ist an der Zeit, mit dieser Parteiführung einmal Schluss zu machen."[248]

Unter diesen Umständen hatte der Gerade Weg praktisch keine Überlebenschance. Die Zahl von ca. 45000 Abonnenten, die erreicht werden mußte, um die Parteizeitung zu einem finanzkräftigen und rentablen Unternehmen zu machen, erwies sich schlicht als utopisch, wie der folgenden Übersicht zu entnehmen ist:

*Übersicht über Auflage und Verkaufszahlen der Wochenzeitung Der Gerade Weg*[249]

| Nummer | gedruckte Auflage | an Händler etc. gelieferte Exemplare | an Postabonnenten gelieferte Exemplare | insgesamt verkauft |
|---|---|---|---|---|
| 1/48 | 65000 | 6303 | 4300 | 10330 |
| 2/48 | 50000 | 6272 | 4400 | 10672 |
| 3/48 | 50000 | 5820 | 4600 | 10580 |
| 1/49 | 45000 | 6181 | 2770 | 8951 |
| 2/49 | 45000 | 7738 | 2830 | 10568 |
| 3/49 | keine Angaben | 2624 | 2850 | 5474 |
| 4/49 | keine Angaben | 6956 | 2830 | 9786 |
| 5/49 | keine Angaben | 6260 | 2770 | 9030 |
| 6/49 | keine Angaben | 5617 | 2860 | 8477 |
| 7/49 | keine Angaben | keine Angaben | 2940 | keine Angaben |
| 8/49 | ausgefallen | ausgefallen | ausgefallen | ausgefallen |
| 9/49 | keine Angaben | keine Angaben | 2940 | keine Angaben |

Von den vielfältigen Ursachen für diese exorbitant schlechten Verkaufszahlen sind vor allem drei zu nennen: die verfehlte Werbe- und Vertriebsstrategie des Parteiverlags, der Zusammenbruch des Parteiapparats nach der Währungsreform und schließlich die verfehlte Konzeption der neuen Parteizeitung, die an den Bedürfnissen der meisten

[248] ACSP, CSU-LTF I, 15–14, Protokoll der Fraktionssitzung am 5. 4. 1949.
[249] Tabelle erstellt nach ACSP, NL Müller 21, Absatzübersichten zum 20.1., 8.2. und 12. 3. 1949. Der von Josef Müller mit der Überprüfung des Parteiverlags beauftragte Josef Hall nannte am 8. 3. 1949 die Zahl von 13000 Abonnenten; ACSP, NL Müller 21, Bericht Josef Halls über die Überprüfung des Parteiverlags der CSU vom 8. 3. 1949.

CSU-Anhänger vorbeiging. Man muß den Verantwortlichen zugestehen, daß eine effektive Werbekampagne wegen des permanenten Geldmangels und des großen Zeitdrucks nur schwer möglich gewesen wäre; andererseits hielt man es aber auch nicht unbedingt für nötig, in großem Stil für den Geraden Weg zu werben, da man auf einen gleichsam automatischen Absatz der neuen, lange erwarteten Parteizeitung hoffte[250]. Wegen der Finanzmisere war es ebenfalls nicht möglich, in jedem Landkreis eine Agentur des Parteiverlags zur Werbung von Abonnenten, Sammlung von Annoncen und Weiterleitung von Nachrichten aus den CSU-Kreisverbänden an die Münchner Zentrale einzurichten[251]. Daher baute das Vertriebskonzept des Parteiverlags auf die tätige Mithilfe der Parteiorganisation, insbesondere auf die Unterstützung der Kreisgeschäftsstellen, die praktisch das nicht finanzierbare Agenturnetz ersetzen sollten. Das war im Prinzip keine schlechte Idee, da sich der Parteiapparat nach der Währungsreform aber in einem rapiden Zerfallsprozeß befand, war sie von vornherein zum Scheitern verurteilt[252]. Als Helmut Hammerschmidt im Januar 1949 die niederbayerischen Kreisverbände besuchte, um für eine stärkere Unterstützung des Geraden Weges zu werben, fand er in Vilsbiburg eine Situation vor, die nicht untypisch gewesen sein dürfte. Hammerschmidt hatte vor, dort mit dem Vertreter der Jungen Union, dem Landrat und dem Kreisvorsitzenden Ernst Wiedemann zu sprechen. Nach diesem Besuch schrieb er erschüttert an Josef Müller:

„Faktisch ist alles eine Person. Und diese eine Person ist wahrscheinlich die ganze Union im Landkreis. [...] Das Ganze ist der Stimmkreis des Abgeordneten Horlacher, um den sich [...] überhaupt niemand oder nur Ersatzmänner kümmern. Wiedemann, Angestellter beim Landratsamt, wurde als Vertreter der Jungen Union in den Kreistag gewählt. Kürzlich dann Landrat. Sein Rechtshelfer [...] weiss nicht einmal, ob es noch jemanden von der Union gibt. Kein Mensch weiss etwas über die CSU im Ort."[253]

Nur ein Teil der Kreisverbände kümmerte sich überhaupt um die Belange des Geraden Weges, andere behandelten die Angelegenheit dilatorisch, mindestens 50 Kreisverbände weigerten sich, die 150 Exemplare der Parteizeitung, die sie unter die Leute bringen sollten, auch nur in Empfang zu nehmen, oder hatten den Parteiverlag gebeten, sie mit weiteren Lieferungen zu verschonen[254]. Appelle, sich im Interesse

---

250 BayHStA, NL Ehard 887, Rundschreiben Franz Liedigs an alle Bezirks- und Kreisverbände sowie die Arbeitsgemeinschaften auf Landesebene vom 23. 7. 1948; ACSP, NL Müller 133, Anton Hergenröder an Georg Meixner vom 18. 12. 1948.

251 ACSP, NL Müller 21, Bericht Josef Halls über die Überprüfung des Parteiverlags der CSU vom 8.3. 1949.

252 ACSP, NL Müller 21, Aufzeichnung über die Geschichte der Wochenzeitung Der Gerade Weg, undatiert; darin hieß es: „Dass sich der Erfolg nicht einstellte, liegt in der Hauptsache in der Tatsache, dass die Mehrzahl der Kreise keine bezahlten Geschäftsführer mehr hat."

253 ACSP, NL Müller 21, Bericht Helmut Hammerschmidts über seine Reise durch die niederbayerischen Kreisverbände vom 4.–6. 1. 1949.

254 ACSP, NL Müller 21, Liste kooperationsunwilliger CSU-Kreisverbände vom 18. 1. 1949. In der Aufzeichnung über die Geschichte der Wochenzeitung Der Gerade Weg (NL Müller 21) heißt es dazu: „Auch wurde eine nicht unerhebliche Zahl von Kreisen von autoritärer oder autoritär scheinender Seite aufgefordert, das Blatt nicht zu verbreiten." Hans-Hubert Gensert schrieb am 20. 1. 1949 an Franz Josef Strauß (NL Müller 21): „Die Arbeit der Kreisverbände der Christlich-Sozialen Union, die für den Vertrieb unserer Parteizeitung ‚Der Gerade Weg' geleistet wird, ist in vielen Kreisen leider erstaunlich schlecht. Während eine Gruppe geradezu vorbildlich wirkt und tatsächlich Pionierarbeit leistet, lehnt die andere teilweise mit Bemerkungen wie ‚verschonen Sie uns mit dieser Zeitung' usw. jeglichen Einsatz für die Parteisache ab." Ähnlich auch NL Müller 21, Hans-Hubert Gensert an Josef Müller vom 23.2. 1949.

der gesamten CSU für den Geraden Weg einzusetzen, blieben erfolglos[255]. Das Desinteresse der Basis kam nicht von ungefähr. Die zahlreichen Kritiker des neuen Parteiorgans – beileibe nicht nur eingefleischte Gegner Josef Müllers – verwiesen immer wieder auf dieselben Punkte: Der Gerade Weg sei zu anspruchsvoll, zeige zu wenig Verständnis für bayerische Probleme, biete kaum Informationen aus der Region und sei vor allem zu teuer[256]. Karl Kahn, der Geschäftsführer des mehrheitlich Müller-treuen Bezirksverbands Oberpfalz, schrieb Anfang März 1949 an den Landesvorsitzenden:

„Es hat keinen Sinn, dass wir in der Sache um den Brei herumreden; damit ist weder Ihnen noch uns gedient. Der ‚Gerade Weg' ist nun leider einmal für die Bauern- und Arbeiterbevölkerung viel zu teuer, zu lebensfremd und zu akademisch hoch. Sein Monatsbezugspreis entspricht dem einer Tageszeitung. Der ‚Gerade Weg' ist ferner nach dem Urteil vieler Freunde und Bekannter viel zu wenig volksnahe; er bringt auch nicht das, was gerade für unsere kommunal-politische Arbeit in Stadt und Land zur Vorbereitung der künftigen Wahlen notwendig ist."[257]

Kein Wunder, daß man in den Bezirksverbänden Oberfranken und Oberpfalz kein Interesse an einer Rettung des Geraden Weges hatte, sondern eigene Mitteilungsblätter forderte[258]! Versuche Josef Müllers und der Verantwortlichen im Parteiverlag, den Kritikern entgegenzukommen, den Preis des Blattes zu senken, Bezirksausgaben zu entwickeln und trotz der katastrophalen Finanzlage doch noch Agenturen in den Landkreisen einzurichten, kamen zu spät[259].

Unter diesen Bedingungen war der Gerade Weg einfach nicht zu halten. Die erste Nummer war noch nicht gedruckt, da hatte im Parteiverlag bereits dieselbe Misere begonnen, die seit der Währungsreform in den Geschäftsstellen der CSU herrschte[260]. Der Teufelskreis von zu hohen Fixkosten und fehlenden Einnahmen ließ in kürzester Zeit einen Schuldenberg entstehen, der mit atemberaubender Schnelligkeit wuchs. Die Summe der Verbindlichkeiten erhöhte sich von 68 526,62 DM am 30. November 1948 auf 141 666,62 DM am 31. Dezember 1948[261]. Der Augsburger Verlagsdirektor Josef

255 ACSP, NL Müller 21, Rundschreiben Josef Müllers vom 3. 1. 1949, Hans-Hubert Gensert an Georg Barth vom 17. 1. 1949 und Entwurf eines Rundschreibens der CSU-Landesleitung an alle Kreisverbände vom 20. 1. 1949.

256 ACSP, NL Müller 133, Bezirksverband Oberfranken, gez. Georg Barth, an die Verlagsleitung des Geraden Weges vom 8. 1. 1949; NL Müller 21, Adam Freiherr von Aretin an die Verlagsleitung des Geraden Weges vom 17. 1. 1949, Wolfram Thiele an Josef Müller vom 20. 1. 1949, Beschlüsse der Kreisversammlung der CSU Dingolfing am 19. 2. 1949 und Aktennotiz Heinz Heggenreiners für Josef Müller vom 22.2. 1949.

257 ACSP, CSU-LTF I, 15–20/2, Karl Kahn an Josef Müller vom 1. 3. 1949.

258 ACSP, NL Müller 133, Hans-Hubert Gensert an den CSU-Bezirksverband Oberfranken vom 14. 3. 1949; ACSP, CSU-LTF I, 15–20/2, Karl Kahn an Josef Müller vom 1. 3. 1949. Die Delegierten des CSU-Kreisverbands im niederbayerischen Dingolfing beschlossen gar, den Geraden Weg so lange zu boykottieren, bis ihre Kritikpunkte berücksichtigt seien. ACSP, NL Müller 21, Beschlüsse der Kreisversammlung der CSU Dingolfing am 19. 2. 1949.

259 ACSP, NL Müller 21, Aufzeichnung über die Geschichte der Wochenzeitung Der Gerade Weg, undatiert, Bericht Helmut Hammerschmidts über seine Reise durch die niederbayerischen Kreisverbände vom 4.–6. 1. 1949, Arbeitsbericht Rolf Engels vom 25. 1. 1949, Hans-Hubert Gensert an Josef Müller vom 23. 2. 1949, Bericht Josef Halls über die Überprüfung des Parteiverlags der CSU vom 8. 3. 1949; ACSP, CSU-LL, Beschlüsse des Landesvorstands vom 18. 12. 1948.

260 Beispiele dafür ACSP, NL Müller 21, Lorenz Sedlmayr an Josef Müller vom 22. 4. 1949, und BayHStA, NL Ehard 1209, Aktennotiz Hermann Proebsts für Hans Ehard und Karl Schwend vom 2. 6. 1949.

261 ACSP, NL Müller 21, Aufstellungen der Verbindlichkeiten des Parteiverlags der CSU zum 30.11. und 31. 12. 1948.

Hall, der sich im März 1949 auf Wunsch Josef Müllers mit der Situation beim Geraden Weg befaßte, errechnete ein monatliches Defizit von fast 52000 DM[262]! Da Partei und Verlag schon im Januar 1949 nicht mehr in der Lage waren, die Druckkosten aufzubringen und sich die Nürnberger Druckerei, in der der Gerade Weg hergestellt wurde, weigerte, weiter auf Kredit zu arbeiten, wurde jede Nummer zu einem Vabanquespiel[263]. Ende Februar mußte erstmals eine Ausgabe des Geraden Weges ausfallen, weil das nötige Geld nicht aufgetrieben werden konnte.

Um die Kosten zu senken, wurde der Umfang des Geraden Weges reduziert und der Erscheinungsrhythmus von wöchentlich auf vierzehntägig umgestellt. Doch auch diese Notmaßnahmen halfen nichts mehr. Am 30. April 1949 erschien die letzte Nummer des Geraden Weges, der damit nach nicht einmal sechs Monaten von der Bildfläche verschwand. Seit April konnten die Löhne und Gehälter nicht mehr ausbezahlt werden, trotz aller Bemühungen, die Personalkosten zu senken[264]. Die Schuldenlast von Zeitung und Verlag betrug schließlich fast 215000 DM[265], und im Oktober 1949 mußte der Verlag, der wie die Wochenzeitung den Namen Der Gerade Weg trug, in einem Vergleichsverfahren liquidiert werden[266].

Die CSU trug schwer an dem ruinösen Erbe, das Müllers Presseexperiment hinterlassen hatte. Woher sollte die Partei das Geld nehmen, um diese Schulden zu zahlen, wenn sie nicht einmal in der Lage war, die Verbindlichkeiten der Landesgeschäftsstelle zu begleichen? Das Abwicklungsverfahren zog sich quälend lange hin und belastete die Parteikasse erheblich. Oft waren nicht einmal die Mittel vorhanden, um den dringendsten Forderungen nachzukommen, auch wenn diese nur wenige hundert Mark betrugen[267]. Die vorläufige Bilanz der Abwicklung des gescheiterten Parteiverlags wies noch im Januar 1955 Verbindlichkeiten in der stattlichen Höhe von 167000 DM aus[268]. Müllers ebenso ehrgeiziger wie verzweifelter Plan, seine angeschlagene Stellung durch eine von ihm kontrollierte Parteizeitung zu stabilisieren, endete so in einem wahren Desaster.

---

262 ACSP, NL Müller 21, Bericht Josef Halls über die Überprüfung des Parteiverlags der CSU vom 8.3. 1949.

263 ACSP, NL Müller 107, W. Tümmels Buchdruckerei an den Verlag Der Gerade Weg vom 20. 1. 1949, NL Müller 21, Protokoll einer Besprechung zwischen Vertretern des Verlags Der Gerade Weg, W. Tümmels Buchdruckerei und der M. A. N. am 26. 1. 1949, Ludwig Kastl an Josef Müller vom 2. 2. 1949 und Hans-Hubert Gensert an Josef Müller vom 8. 3. 1949.

264 ACSP, NL Müller 21, Aufzeichnung über die Geschichte der Wochenzeitung Der Gerade Weg, undatiert, Aufstellung über die Mitarbeiter des Verlags Der Gerade Weg, ihre Löhne, Gehälter oder monatliche Fixen, undatiert, Aktennotiz Helmut Hammerschmidts und Hans-Hubert Genserts für Josef Müller vom 3. 5. 1949.

265 BayHStA, NL Ehard 1362, Aufstellung der Schulden des Verlags Der Gerade Weg vom 3. 10. 1949.

266 BayHStA, NL Ehard 1745, Aktennotiz über eine Sitzung des Finanzausschusses der CSU am 25.10. 1949; NL Ehard 1209, Bericht über eine Betriebsprüfung beim Parteiverlag der CSU vom 24. 5. 1949.

267 ACSP, NL Müller 21, „Vorschlag zur Tilgung der Schulden des Geraden Weges“ vom 28. 3. 1950 und Karl Sigmund Mayr an Josef Müller vom 11.4., 30.5. und 4. 9. 1951.

268 BayHStA, NL Ehard 1711, vorläufige Bilanz der Abwicklung des Verlags Der Gerade Weg vom 15.1. 1955.

## 5. Der Zerfall des Müller-Flügels

Wie tief die Krise ging, in der die Partei und ihr Vorsitzender steckten, war von außen zunächst noch nicht genau zu erkennen. Josef Müller, nach der Revolte des Bezirksverbands Oberbayern und den Wahlschlappen der CSU sichtlich angeschlagen, war die beherrschende Figur auf den Tagungen des Landesausschusses im Juli 1948 in Augsburg und fünf Monate später in Forchheim; die Exponenten der innerparteilichen Opposition meldeten sich dagegen kaum einmal zu Wort[269]. Das Nachrichtenmagazin „Der Spiegel" mutmaßte Ende Juli 1948 sogar, die CSU sei auf dem Wege zur reinen „Müller-Partei"[270].

Doch der Schein trog. Allen Einheitsbekundungen und aller vordergründig zur Schau gestellten Harmonie zum Trotz war der Riß, der seit den Gründungstagen der CSU durch die Partei ging, tiefer denn je. Allerdings begann sich die Ebene der Auseinandersetzungen zu verlagern. Während die Führungsgremien der CSU als Forum der Flügelkämpfe zunehmend an Bedeutung verloren – insbesondere der Landesausschuß drohte zeitweise zu einem reinen Akklamationsorgan zu degenerieren, dessen Beschlüsse und Resolutionen von Teilen der Partei einfach ignoriert wurden –, wählten die Widersacher Josef Müllers immer häufiger den Umweg über die Presse, um ihren Standpunkt zu vertreten, oder sie schmiedeten in konspirativen Zirkeln Pläne zum Sturz des Ochsensepp[271]. Angesichts der Mehrheitsverhältnisse in den Gremien der Parteiorganisation glaubten sie keine andere Möglichkeit zur Durchsetzung ihrer Vorstellungen mehr zu haben. So ist es kein Wunder, daß das Interesse an den Tagungen des Landesausschusses mehr und mehr nachließ; zwischen April und Dezember 1948 tagte der Landesausschuß wiederholt am Rande der Beschlußunfähigkeit[272].

Wie stark es in der CSU weiterhin gärte, zeigte eine Resolution des schwäbischen Kreisverbands Mindelheim, in der die Delegierten dem „Frankenführer Dr. Müller" Ende Mai 1948 offen das Mißtrauen aussprachen[273]. Auch die Bezirksversammlung der Münchner CSU diskutierte wenige Wochen später über die politische Zukunft ihrer Partei und ihres Landesvorsitzenden, dessen als unklar, unbayerisch und zentralistisch gebrandmarkte Politik weithin für den schleichenden Zerfall der CSU und für die Erfolge der Bayernpartei verantwortlich gemacht wurde[274]. Josef Stürmann, der

[269] ACSP, NL Müller 10/5, Protokoll der Sitzung des Landesausschusses der CSU am 17./18. 7. 1948 in Augsburg; IfZ-Archiv, RG 260, 13/150–3/1, Bericht über die Sitzung des Landesausschusses der CSU am 17./18. 7. 1948 in Augsburg und Bericht über die Sitzung des Landesausschusses der CSU am 18./19. 12.1948 in Forchheim. Die Zeitung Der Tag berichtete am 19. 7. 1948: „Der Verlauf der Sitzung des CSU-Landesausschusses in Augsburg muß als voller Erfolg für den derzeitigen Landesvorsitzenden Dr. Josef Müller gewertet werden. Die Opposition gegen seine Politik, die nach dem Wahlsieg der Bayernpartei hohe Wellen geschlagen hatte, war fast völlig verstummt." Vgl. auch Hettler, Josef Müller, S. 379f.

[270] Der Spiegel vom 24. 7. 1948: „Der Fall ist eingetreten. Möglicherweise in die Luft".

[271] IfZ-Archiv, RG 260, 7/29–1/13–16, E. Tomlin Baily an das State Department vom 24. 1. 1949.

[272] ACSP, NL Müller 10/5, Protokoll der Sitzung des Landesausschusses der CSU am 17./18. 7. 1948 in Augsburg; IfZ-Archiv, RG 260, 13/150–3/1, Bericht über die Sitzung des Landesausschusses der CSU am 18./19. 12. 1948 in Forchheim.

[273] BayHStA, NL Ehard 887, CSU-Kreisverband Mindelheim an Hans Ehard, Alois Hundhammer und August Schwingenstein vom 31. 5. 1948.

[274] ACSP, NL Müller 68, Protokoll der Bezirksversammlung der CSU München am 19. 6. 1948; die folgenden Zitate finden sich ebenda. Vgl. auch Mintzel, Anatomie, S. 241. Zum Presseecho vgl. SZ vom

aus den Kreisen des monarchistischen Widerstands gegen den Nationalsozialismus zur CSU gestoßen war, trat mit einem Vorschlag vor die Delegierten, der in den folgenden Wochen und Monaten immer mehr Anhängern der bayerischen Unionspartei als der einzige Ausweg aus dem Dilemma der inneren Konflikte erscheinen sollte:

„Dr. Müller hat mit seiner politischen Konzeption in Franken zweifelsohne Erfolge gehabt; diese Erfolge aber haben uns in anderen Gebieten erhebliche Verluste gebracht. Die Lösung wäre die: den einen Vertreter als Flügelmann in Franken zu lassen und den anderen Vertreter dort, wo er gewünscht wird, darüber aber eine vermittelnde Person zu stellen, die uns Garantie gibt, dass der Grundgedanke der CSU so durchgeführt wird, wie er bei der Parteigründung 1945 gedacht war. Der Parteivorsitzende kann weder Dr. Müller noch Schäffer sein, sondern nur ein anderer. Eines ist klar, wir verlangen von jedem Parteivorsitzenden, dass er innerhalb einer demokratischen Partei nicht Parteimann eines Flügels ist, sondern er muss das Vernünftige aus zwei verschiedenen Meinungen in gutem Willen und guter Absicht zusammenführen."

Stürmann warnte aber zugleich davor zu glauben, die Neugestaltung der Parteiführung mit einem Mann des Ausgleichs an der Spitze sei ausreichend, um die Krise der CSU zu beenden. Er forderte vielmehr eine grundlegende Reform der Partei, als er den Delegierten zurief: „Wenn wir der CSU nicht von innen her neues Leben geben, dann geht sie mit oder ohne Dr. Müller zugrunde."

Eigentlich kam für diese undankbare Aufgabe nur einer in Frage: Hans Ehard. Der Ministerpräsident, der vielfach als der „überragende Kopf" und als die „einzige Rettung" der CSU angesehen wurde, schien als einziger die Fähigkeit zu besitzen, die inneren Auseinandersetzungen zu beenden und die rivalisierenden Flügel miteinander zu versöhnen. Als gebürtiger Franke und Vertreter einer föderalistischen Realpolitik war der Ministerpräsident für den nordbayerischen Anhang Josef Müllers durchaus akzeptabel; in Altbayern stand er dagegen als energischer Verfechter bayerischer Interessen auf zonaler und überzonaler Ebene hoch im Kurs. Auch in konfessioneller Hinsicht war Ehard unverdächtig: katholisch, aber niemals in dem Verdacht, klerikal zu sein, war er mit einer protestantischen Frau verheiratet und hatte auch seinen einzigen Sohn evangelisch taufen lassen. Dies ließ ihn zwar katholischen Hardlinern suspekt erscheinen, machte aber andererseits seine Bekenntnisse zur interkonfessionellen Basis der Union für die evangelischen Anhänger der CSU um so glaubwürdiger. Letztlich waren es jedoch sein sachliches Auftreten und seine nüchterne Art, Probleme auf ihren Kern zu reduzieren und ohne sichtbare persönliche Ressentiments für alle Seiten konsensfähige Kompromißvorschläge auszuarbeiten, die Ehard wohltuend aus der Schar der CSU-Politiker heraushoben, die in den Führungs- und Flügelkämpfen oft ganz aus den Augen verloren hatten, worum es eigentlich ging. Seine Autorität als bayerischer Ministerpräsident, seine Popularität bei der Bevölkerung und seine Erfolge im Konzert der westdeutschen Ministerpräsidenten taten ein übriges, um Ehard als den wirklich starken Mann in der CSU erscheinen zu lassen[275]. Karl Köhler, ein engagierter Anhänger Josef Müllers, betrachtete diese Entwicklung bereits seit der außerordentlichen Landesversammlung der CSU am 30. und 31. August 1947 mit Sorge. Rückblickend schrieb er in seinen Me-

18.9. 1948: „CSU München lehnt Dr. Müller ab". Hans Hermann von Eicken hatte bereits im Februar 1948 betont, die Bayernpartei lebe zu einem „erheblichen Teil von der Gegnerschaft gegen Dr. Müller"; ein Jahr später erklärte Alois Hundhammer kategorisch: „Der Vater der Bayernpartei ist Dr. Josef Müller". Hans Hermann von Eicken an Hans Ehard vom 10. 2. 1948 (Kopie im Besitz des Verfassers) bzw. ACSP, CSU-LTF I, 15-14, Protokoll der Fraktionssitzung am 17. 2. 1949.

[275] Vgl. Niethammer, Mitläuferfabrik, S. 434, und Mintzel, Anatomie, S. 245.

moiren über den Ministerpräsidenten und seine Wirkung auf die zutiefst verunsicherten Delegierten:

„Wir [. . .] hatten den Eindruck, Müller erkenne die Gefahr, die von der Person des Ministerpräsidenten auf ihn zukäme, und daß er von einem Gefühl beherrscht werde, von jenen Kräften verdrängt zu werden, die weder im Kampf gegen den Nazismus als offene Bekenner und Kämpfer gegen den Unrechtsstaat auftraten und nach dem Zusammenbruch der Diktatur in der Gründerzeit der neuen Partei mit dem Einsatz aller persönlichen Kräfte sich abmühten noch um den Aufbau der neuen Partei bestrebt waren. In der Tat, es flogen Dr. [Eh]ard Amt und Würde einfach zu. [. . .] Ein beträcht[lich] großer Teil des Fußvolkes der Union blickte auf den mit der Würde eines Ministerpräsidenten Ausgestatteten mit Ehrfurcht und ehrerbietende[r] Distanz. Im Versammlungsraum wurde es still, wenn der Ministerpräsident anfing, seine Stimme zu erheben, und lauter Jubel erschallte, wenn er mit dem Verlesen seiner Rede endete. Sein Auftreten hatte den Nimbus eines Staatsmannes, sein rhetorischer Vortag war getragen, eher etwas gleichmäßig und monoton als spritzig und temperamentvoll. Bei einer [Eh]ard-Rede wurde niemand vom Stuhle gerissen [. . .]. Aber der Ministerpräsident wurde umjubelt. Es ist erstaunlich, wie wenig Zeit [Eh]ard brauchte, um sich mit dem höchsten Staatsamt zu identifizieren, um Zustimmung, Ehrerbietung, Respekt und Vertrauen bei der Masse der Delegierten zu gewinnen. Grübelt man nach den Gründen, die dazu führten, findet man sie in der langen Erziehung unseres Volkes zu gehorsamen Dienern der Autorität. Der Verdienstvolle gerät immer in den Schatten des Günstlings oder des Amtsträgers.“[276]

Josef Müller war es tatsächlich nicht entgangen, daß sich Hans Ehard zu seinem potentiell aussichtsreichsten Konkurrenten um den Parteivorsitz gemausert hatte. Aus diesem Grund suchte er seit den Sommermonaten des Jahres 1948 einen möglichst engen Schulterschluß mit dem Ministerpräsidenten. Ging diese Strategie auf, konnte Müller einigermaßen sicher sein, daß es seinen Gegnern nicht leicht fallen würde, den zögernden Ministerpräsidenten zu einer Kandidatur für den Parteivorsitz zu bewegen. Müller ließ auch kaum eine Gelegenheit ungenutzt, um seine intensive Zusammenarbeit mit Ehard herauszustellen[277]; dadurch, so hoffte er, würden die Erfolge des Ministerpräsidenten zum Teil auch auf ihn zurückfallen, der in Ehards Kabinett immerhin die Ämter des Justizministers und des stellvertretenden Ministerpräsidenten bekleidete – und Erfolge brauchte Josef Müller 1948 so dringend wie kaum etwas sonst.

Hans Ehard war diese Allianz – bei aller Skepsis gegen den Ochsensepp[278] – nicht unwillkommen. Die Unterstützung seiner föderalistischen Realpolitik durch den Parteivorsitzenden verschaffte dem Ministerpräsidenten eine breitere Operationsbasis

---

[276] IfZ-Archiv, MS 343 Smlg. Köhler 2, Bl. 163. Wie groß das Ansehen Ehards im Sommer 1948 bereits war, zeigt eine Resolution des Bezirksverbands Schwaben, in der einstimmig gefordert wurde, die Rede des Ministerpräsidenten am 30. 8. 1947 vor der Landesversammlung als offizielles Programm der CSU zu übernehmen. ACSP, NL Müller 168, Resolution des CSU- Bezirksverbands Schwaben vom 5. 6. 1948.

[277] Münchner Merkur vom 31. 1. 1949: „Enge Zusammenarbeit Ehard – Müller“; BayHStA, NL Pfeiffer 43, Bericht über die Bezirksversammlung der CSU Unterfranken am 12. 2. 1949 in Schweinfurt; BSB, NL Schwend 2, Hans Ehard an Josef Müller vom 30. 12. 1948. Vor den Delegierten des Landesausschusses betonte Müller am 17. 7. 1948: „Wir haben zusammengearbeitet, und wir werden zusammenarbeiten trotz aller Gerüchte, mögen andere Störenfriede glauben, dass wir so unvernünftig wären, in einem solchen Augenblick etwa in Gegensatz zu geraten. (Sehr gut!) Es war – das darf ich wohl feststellen zu den Gerüchten, die auch in München in Umlauf gesetzt wurden – nicht eine Minute auch nur irgendeine Differenz zwischen uns beiden in den entscheidenden Stunden.“ ACSP, NL Müller 10/5, Protokoll der Sitzung des Landesausschusses der CSU am 17./18. 7. 1948 in Augsburg.

[278] Noch in den ersten Junitagen beklagte sich Ehard bitter über den Parteivorsitzenden. Müller nehme zu wichtigen Fragen im Zusammenhang mit der bevorstehenden Weststaatsgründung „keine eigentliche Stellung ein“, ja er „weiche allen diesen Fragen aus“. Von seiten der Partei sei ebenfalls „fast

und vergrößerte seinen Handlungsspielraum gegenüber Alois Hundhammer und seinen radikal föderalistisch, ja teilweise partikularistisch eingestellten Gefolgsleuten, die der Bayernpartei in nichts nachstehen wollten[279]. Für Müller hieß das, auf eigene Einfluß- und Gestaltungsmöglichkeiten zu verzichten, ungeliebte Kompromisse mitzutragen und Positionen zu vertreten, die seiner eigenen Überzeugung und der Überzeugung vieler seiner reichsfreundlichen Anhänger in Nordbayern zuwiderliefen. Die anhaltenden innerparteilichen Querelen ließen dem bedrängten Parteivorsitzenden aber keine andere Wahl.

Seit der Ministerpräsidentenkonferenz auf dem Koblenzer Rittersturz im Juli 1948 gab es eine gleichsam offizielle Arbeitsteilung zwischen Hans Ehard und Josef Müller. Der Ministerpräsident sollte bei den Verhandlungen über den künftigen westdeutschen Bundesstaat nicht nur die Politik der bayerischen Staatsregierung, sondern auch die Interessen der CSU vertreten, während Müller weiterhin für den Frankfurter Wirtschaftsrat zuständig blieb[280]. Diese Übereinkunft schien tatsächlich Bestand zu haben. Noch im April 1949 stand in der vertraulichen Korrespondenz der Landesleitung zu lesen, Josef Müller habe sich an keinem Punkt in die Beratungen über die Gestaltung des Weststaates eingemischt[281].

Durch diese Zurückhaltung bot Müller seinen Gegnern zwar eine Angriffsfläche weniger, sein Schweigen zu den Verhandlungen des Parlamentarischen Rates stieß aber bei seinen reichsfreundlich oder gesamtdeutsch orientierten Gefolgsleuten auf Unverständnis. Sie betrachteten den föderalistischen Schulterschluß zwischen Ehard und Müller mit Argwohn, und die Vertrauensleute des Landesvorsitzenden im Parlamentarischen Rat murrten, weil Richtlinien und Handlungsanweisungen von seiten der Parteiführung ausblieben[282].

Die Anlehnung an Ehard war nicht der einzige Versuch Müllers, seine Stellung als Parteivorsitzender zu festigen und zugleich sein belastendes Image als linker Flügelmann der CSU loszuwerden. Schon im Frühjahr 1948 hatte Müller erfolgreich um die Unterstützung von Michael Horlacher und Alois Schlögl geworben. Diese einflußreichen Führungspersönlichkeiten des Bauernflügels, die 1945 die Union gemeinsam mit Müller auf den Weg gebracht, sich dann aber der innerparteilichen Oppostion angeschlossen hatten, fürchteten ebenso wie der Parteivorsitzende ein Comeback Fritz Schäffers und eine Rückentwicklung der CSU zu einem Pendant der untergegangenen BVP[283]. Diese Faktoren erwiesen sich als so gewichtig, daß die Gründe für das Zerwürfnis zwischen Müller, Horlacher und Schlögl dahinter zurücktraten. Der Parteivor-

nichts geschehen". BSB, NL Schwend 54, Aktennotiz über eine Besprechung zwischen Hans Ehard, Fritz Schäffer und Alois Hundhammer am 9. 6. 1948.

279 Vgl. dazu Gelberg, Hans Ehard, S. 184ff. Interessant ist in diesem Zusammenhang auch die Rolle Ehards bei der Auseinandersetzung in der CSU-Fraktion um die Nominierung der Kandidaten für den Parlamentarischen Rat. ACSP, CSU-LTF I, 15–14, Protokoll der Fraktionssitzung am 24. 8. 1948.

280 Vgl. Die Politische Information 13/14–49.

281 Vgl. ebenda; ähnlich auch Hettler, Josef Müller, S. 399.

282 ACSP, NL Müller 133, Protokoll der Besprechung zwischen August Haußleiter, Anton Hergenröder, Gerhard Kroll, Josef Müller und Bernhard Ostwald am 1. 3. 1949.

283 IfZ-Archiv, RG 260, 13/143–3/4, „Subject: Internal Situation of the CSU" vom 23. 3. 1949, und ACSP, NL Müller 109, vertrauliche Aktennotiz Josef Plonners für Josef Müller über die Sitzung des Bezirksvorstands der CSU Oberbayern am 20. 1. 1948. Vgl. auch Hettler, Josef Müller, S. 384f. und S. 398f.

sitzende erklärte dem amerikanischen Generalkonsul im April 1948 selbstsicher, vor seiner Aussöhnung mit den beiden Agrarpolitikern habe er sich nur auf ca. 65 Prozent der Partei stützen können; nun wisse er ungefähr 85 Prozent der CSU hinter sich[284]. Tatsächlich gelang es Müller im Verein mit den „Bauernführern", die Rebellion Schäffers niederzuschlagen. Ob dieses Bündnis jedoch auch stark genug war, um Müllers Position als Parteivorsitzender dauerhaft zu sichern, mußte sich erst erweisen. Immerhin war seit 1946 einiges geschehen, und der Einfluß des Bauernflügels war erheblich geschwunden.

Um die explosive Situation in seiner Partei zu entschärfen, kam Müller seinen Gegenspielern zudem in einer zentralen Streitfrage entgegen und stimmte Verhandlungen über eine grundlegende Reform der Parteisatzungen zu, die den fränkischen Anhang Müllers stets bevorzugt und dem Parteivorsitzenden in der Landesversammlung wie im Landesausschuß eine bequeme Mehrheit gesichert hatten. In diesem Sinne beschlossen die Delegierten des Landesausschusses am 18. Juli 1948, eine ständige Satzungskommission zur Erarbeitung eines Entwurfs für ein neues Satzungswerk und zur Entscheidung von Streitfragen einzurichten[285].

Am 30. September 1948 tagte diese Kommission, die aus Delegierten der zehn Bezirksverbände, Vertretern der fünf Arbeitsgemeinschaften und aus Mitgliedern der Parteiführung bestand, zum ersten Mal[286]. Auch Josef Müller nahm zeitweise an den Beratungen teil, die angesichts des Konfliktstoffes, den die Satzungsfragen boten, in erstaunlich ruhiger Atmosphäre verliefen. So bestand Einverständnis darüber, völlig neue Satzungen zu entwerfen, da sich alle bisherigen Versuche, durch eine mehr oder weniger weitgehende Reform der geltenden Bestimmungen zu einem befriedigenden Ergebnis zu kommen, als unzureichend erwiesen hatten. Die Grundsätze für das im einzelnen noch auszuarbeitende Satzungswerk, auf die sich die Kommission im Laufe einer mehrstündigen Sitzung einigte, sahen vor, die am allgemeinen Verwaltungsaufbau Bayerns orientierte horizontale Gliederung der Parteiorganisation ebenso beizubehalten wie die vertikale Gliederung „nach besonderen ‚Sozialständen' in der Form von auf Landesbasis anerkannten Arbeitsgemeinschaften". Die Führungsgremien der Partei – Landesversammlung, Landesausschuß, Landesvorstand und geschäftsführender Landesvorstand – sollten nach den Erfahrungen der letzten Jahre so umgestaltet werden, daß ihre Arbeitsfähigkeit ebenso gestärkt würde wie das Prinzip der innerparteilichen Demokratie. Grundsätzlich neu und eine direkte Folge der Führungs- und Flügelkämpfe war der vorgesehene Modus für parteiinterne Wahlen. Im Protokoll über die erste Sitzung der ständigen Satzungskommission heißt es:

„Vor allen Dingen ist durch geeignete Maßnahmen sicherzustellen, daß nicht eine Mehrheitsgruppe *allein* die Vertretung für die nächst-höheren Stufen und nach außen stellt. Aus diesem Grunde ist daran festzuhalten, daß jede Delegierung in den nächst-höheren Verband *zwei* Personen umfassen soll, wobei durch entsprechende Gestaltung des Wahlsystems auch den Minderheitsgruppen die Chance gesichert sein muß, gegebenenfalls durch den 2. Delegierten vertreten zu sein."

---

284 IfZ-Archiv, RG 260, 7/29–1/13–16, „Subject: Christian Social Union Land Committee Meeting and Effects on the Status of Dr. Fritz Schaeffer" vom 8. 4. 1948.

285 ACSP, NL Müller 10/5, Protokoll der Sitzung des Landesausschusses der CSU am 17./18. 7. 1948 in Augsburg.

286 ACSP, CSU-LTF I, 15–20/1, Bericht über die Sitzung der ständigen Satzungskommission der CSU vom 30. 9. 1948. Das folgende – soweit nicht anders belegt – nach ebenda. Ein kurzer Bericht über die Arbeit des Satzungsausschusses findet sich auch in der Politischen Information 1/2–48.

Mit anderen Worten: Die geltenden Bestimmungen über die Wahl eines Delegierten, Ausschuß- oder Vorstandsmitglieds sollten so modifiziert werden, daß es einer „qualifizierten Minderheit“ auf jeden Fall möglich sein würde, auch gegen die herrschende Mehrheit Vertreter der eigenen Richtung in Parteiämter zu wählen.

Auf den ersten Blick war dies ein eindeutiges Zugeständnis Josef Müllers, der in den Führungsgremien der CSU noch immer über eine sichere Mehrheit verfügte und bei einer solchen Regelung in Kauf nehmen mußte, daß prominente Vertreter der innerparteilichen Opposition mit wichtigen Ämtern betraut würden. Andererseits galt dieses Prinzip des institutionalisierten Minderheitenschutzes auch für die Parteigänger Josef Müllers, die bisher in bestimmten Suborganisationen der CSU – z. B. im von Hundhammer kontrollierten Bezirksverband Oberbayern – keine Chance hatten, bei internen Wahlen Berücksichtigung zu finden. Aber vielleicht bewogen andere Gründe den Landesvorsitzenden und seine Mitstreiter, diesem Wahlmodus zumindest vorläufig zuzustimmen: Wer konnte im Herbst 1948 sagen, wie lange sich der Ochsensepp noch als Parteichef halten konnte? Schließlich wuchs die Opposition gegen Müller von Tag zu Tag, und es erschien nicht ausgeschlossen, daß sich die Mehrheitsverhältnisse im Landesausschuß und in der Landesversammlung umkehren könnten. Für diesen Fall war der vorgesehene Wahlmodus so etwas wie eine Rückversicherung, die den Müller-Flügel davor bewahren sollte, nach einer Niederlage für unbestimmte Zeit vollständig von den Schalthebeln der innerparteilichen Macht verdrängt zu werden.

Die Parteiführung um den Ochsensepp war anscheinend auch bereit, das Prinzip der gleichberechtigten Vertretung aller Kreisverbände auf den Landesversammlungen aufzugeben, das sie bisher mit Klauen und Zähnen verteidigt hatte. Diese Regelung hatte den Müller-treuen Kreisverbänden in Nord- und Südwestbayern stets eine bequeme Mehrheit gesichert, obwohl die Kreisverbände in den altbayerischen Bezirken die Mehrheit der Mitglieder und Wähler der CSU vertraten. Die Gegner Müllers waren immer wieder Sturm gegen dieses in ihren Augen undemokratische Repräsentationsprinzip gelaufen, das sie nicht zu Unrecht als eigentliche Basis der Machtstellung des Ochsensepp ansahen; mehr als eine geringfügige Modifikation des Delegiertenschlüssels, die zahlenmäßig aber kaum ins Gewicht fiel, hatten sie aber nicht erreichen können[287]. Nun einigte sich die ständige Satzungskommission auf einen Kompromiß, der den Forderungen der innerparteilichen Opposition recht nahe kam. Man wollte zwar am dem Grundsatz festhalten, daß jeder Kreisverband ohne Rücksicht auf seine Größe mindestens zwei Delegierte zu den Landesversammlungen entsenden konnte, schon um „auch der jeweiligen Minorität die Chance eines Delegierten zu geben“. Je mehr Mitglieder die einzelnen Kreisverbände jedoch aufzuweisen hatten, desto mehr Delegierte sollten sie auf den Parteitagen stellen können, und zwar – das war neu – ohne eine Begrenzung der Delegiertenzahl nach oben, wie sie noch die Kompromißformel vorgesehen hatte, die nach langen Auseinandersetzungen im Januar 1948 von der Landesversammlung beschlossen worden war. Damit hielt sich die Satzungskommission einerseits an das von Josef Müller verfochtene Prinzip, „nicht an der mechanischen Logik der toten Zahlen hängen[zu]bleiben“, sondern gerade den Regionen, die es erst noch für die Union zu gewinnen galt, eine stärkere Vertretung in den Führungsgremi-

[287] Vgl. S. 223f.

en der CSU zuzubilligen, als es nach den Wähler- und Mitgliederzahlen angemessen gewesen wäre. Andererseits trug der Vorschlag der Satzungskommission all denen Rechnung, die eine Änderung des Delegiertenschlüssels aus Gründen der innerparteilichen Demokratie verlangten und der Einführung des Prinzips der „Leistungsbelohnung" das Wort redeten[288]. Jede Partei bedürfe „einer gewissen Mindestzahl an Mitgliedern, um politisch und finanziell schlagkräftig zu sein", hieß es im ersten Arbeitsbericht der ständigen Satzungskommission. Deswegen müsse unter anderem „durch zusätzliche Delegiertensitze für entsprechende Fortschritte in der Mitgliederzahl" oder eventuell auch für einen besonders hohen Prozentsatz an Wählerstimmen „ein Anreiz geschaffen werden".

Die Satzungskommission schlug außerdem vor, den Parteiapparat zu dezentralisieren. Bezirks- und Kreisgeschäftsführer sollten nicht mehr vom Landesverband, sondern „grundsätzlich von den Gremien angestellt und besoldet werden, für die sie tätig sind". Den höheren Parteiinstanzen sollte es lediglich vorbehalten bleiben, einer Anstellung zuzustimmen oder im gegebenen Fall Anträge auf Abberufung oder Entlassung eines Geschäftsführers zu stellen. Auch diese Kompromißformel war – zumindest vordergründig betrachtet – ein großes Zugeständnis Josef Müllers. Immerhin war der Aufbau einer zentral gesteuerten Parteiverwaltung ein integraler Bestandteil der politischen Konzeption des Parteivorsitzenden und als solcher auch ein zentraler Streitpunkt in den Führungs- und Flügelkämpfen. Daß Müller diesmal nachgab, lag aber hauptsächlich daran, daß der Parteiapparat durch die Folgen der Währungsreform ohnehin in Auflösung begriffen war und sich als nicht mehr finanzierbar erwiesen hatte. Da also nicht mehr viel zu verlieren war, bemühte sich Müller darum, Punkte zu sammeln, indem er seinen Widersachern auf dem Feld der Organisationspolitik entgegenkam.

Die innerparteiliche Opposition nahm die Vorschläge der ständigen Satzungskommission, die im Frühjahr 1949 der Landesversammlung zur Abstimmung vorgelegt werden sollten[289], mit Genugtuung zu Kenntnis. Adolf Miller, ein eingeschworener Gegner des Ochsensepp, stellte mit Blick auf die anhaltende Satzungsdiskussion befriedigt fest, sogar bei den Anhängern Josef Müllers beginne es nun zu tagen[290].

Der Versuch, durch Kurskorrekturen verlorenes Terrain zurückzugewinnen, ging Hand in Hand mit einer politisch-propagandistischen Offensive Müllers, die er als „Aktivierung" seiner Politik bezeichnete[291]. Der CSU-Vorsitzende griff gezielt unpopuläre Persönlichkeiten wie Hans Schlange-Schöningen, den Direktor der Verwaltung für Ernährung, Landwirtschaft und Forsten in Frankfurt[292], und Philipp Auerbach,

---

288 Protokoll der Landesversammlung der CSU am 24./25. 1. 1948 in Marktredwitz, in: Protokolle und Materialien, S. 1448.

289 Doch soweit kam es nicht. Die Ausarbeitung der neuen Statuten verzögerte sich immer mehr. Auf der Straubinger Landesversammlung im Mai 1949 vertagten die Delegierten die Satzungsfragen erneut und überwiesen das bislang erarbeitete Material an den Landesausschuß. ACSP, NL Müller 16, Protokoll der Landesversammlung der CSU vom 27.–29. 5. 1949 in Straubing. Zum Stand der Beratungen unmittelbar vor der Straubinger Landesversammlung: Die Politische Information 18–49.

290 IfZ-Archiv, RG 260, 10/90–3/5, „Subject: Stimme zum neuen Müller-Skandal" vom 21. 12. 1948.

291 ACSP, NL Müller 312, August Haußleiter an Josef Müller vom 15. 12. 1948.

292 Zur Kampagne Müllers gegen Hans Schlange-Schöningen finden sich zahlreiche Dokumente und Zeitungsausschnitte im ACSP, NL Müller 312; über die Diskussion in der CDU/CSU-Fraktion im Frankfurter Wirtschaftsrat geben die entsprechenden Protokolle der Fraktionssitzungen Aufschluß,

den Staatskommissar für die politisch, rassisch und religiös Verfolgten[293], an oder führte einen Feldzug gegen politische Gegner wie den Bayernpartei-Vorsitzenden Joseph Baumgartner[294]. Daß es dem Ochsensepp dabei weniger um Sachfragen und Inhalte ging als darum, „aus persönlichem Prestige den starken Mann [zu] spielen", blieb aufmerksamen Zeitgenossen nicht verborgen[295]. Selbst der stellvertretende Landesvorsitzende August Haußleiter warf seinem Mentor vor, er habe mit seiner Kampagne lediglich das Ziel verfolgt, „als Drachentöter an Popularität zu gewinnen". Tatsächlich sah sich Müller bald in die Defensive gedrängt. Die „Feldschlacht"[296], die er gegen den in Bayern wegen seiner verbraucherfreundlichen und zentralistischen Ernährungspolitik viel kritisierten Schlange-Schöningen eröffnete, blieb ohne Erfolg: Müller mußte trotz aller Anstrengungen zurückstecken, und Schlange-Schöningen blieb im Amt. Allerdings hatte Müller mit seinen Attacken viel Porzellan zerschlagen und nicht zuletzt die Arbeits- und Fraktionsgemeinschaft der Unionsparteien vor eine unnötige Zerreißprobe gestellt. Ähnlich erging es Müller bei seinen Versuchen, dem ehemaligen Landwirtschaftsminister und amtierenden Bayernpartei-Vorsitzenden eine Korruptionsaffäre anzuhängen. Die Art und Weise, in der die Ermittlungen geführt wurden, erweckten den Eindruck, Müller schöpfe die ihm als Justizminister zu Gebote stehenden Mittel voll aus, und zwar nicht nur um der Wahrheitsfindung willen, sondern zur Ausschaltung eines prominenten politischen Gegners.

Müllers Strategie, sich als Mann der Mitte zu profilieren, um die eigene Position zu festigen, war nur begrenzt erfolgreich. Durch seine Allianz mit Horlacher und Schlögl gelang es dem Landesvorsitzenden zwar, neues Unterstützungspotential zu mobilisieren, die hartgesottene Opposition um Alois Hundhammer vermochte die „politische Wende" Müllers dagegen kaum zu beeindrucken[297]. Zu oft waren sie von den taktischen Finten ihres Parteichefs überrascht worden, zu tief saßen die Ressentiments gegen den Ochsensepp, den sie für einen prinzipienlosen, krankhaft ehrgeizigen Zentralisten hielten[298]. So erklärte Adolf Miller, der Bezirksgeschäftsführer der Münchner CSU, einem Vertrauensmann der amerikanischen Militärregierung:

„Du weißt [...] wie sehr wir hier in München und Oberbayern immer hoffen, daß es einmal gelingen könnte, den Ochsensepp vor der Öffentlichkeit unmöglich zu machen. [...] Aber der Ochsensepp ist ein – zwar unschöner – Phönix, der aus allen Feuern, die man ihm zu Unehren anzündet, siegreich hervorgeht. Das Erschütternde ist dabei nur, daß wohl alle wissen, ein wie zweifelhafter Charakter Dr. Müller im Grunde ist. Eigentlich ist er vor der Öffentlichkeit schon lange

die abgedruckt sind in: CDU/CSU im Frankfurter Wirtschaftsrat. IfZ-Archiv, RG 260, 7/29–1/13–16, Sam E. Woods an das State Department vom 20. 12. 1948. Zur „Schlange-Krise" vgl. auch Hettler, Josef Müller, S. 384 f., und Trittel, Hunger und Politik, S. 196–203.

293 Die Politische Information 6–48: „Der Fall Auerbach".

294 IfZ-Archiv, RG 260, 10/90–3/8, „Subject: Dr. Müller contra Dr. Baumgartner. Stimme der CSU" vom 3. 3. 1949; Bayerische Landeszeitung vom 11. 2. 1949: „Ein starkes Gangsterstück"; Münchner Merkur vom 28. 2. 1949: „Politische Justiz?"; SZ vom 3. 3. 1949: „Ein Recke siegt...".

295 ACSP, NL Müller 312, August Haußleiter an Josef Müller vom 15. 12. 1948; das folgende Zitat ebenda.

296 Münchner Merkur vom 2. 11. 1948: „Feldschlacht um Schlange-Schöningen".

297 Hettler, Josef Müller, S. 400.

298 IfZ-Archiv, RG 260, 10/90–3/4, „Subject: Zur Krise in der CSU" vom 20. 7. 1948; IfZ-Archiv, RG 260, 10/90–3/5, „Subject: Stimme zum neuen Müller-Skandal!" vom 21. 12. 1948 und „Subject: Dr. Josef-Müller-Affaire" vom 21. 12. 1948; IfZ-Archiv, RG 260, 10/90–3/8, „Subject: CSU-Funktionär zu Ehards Stellung zu Bonn" vom 24. 3. 1949.

unmöglich, und er ist immer noch oben. Weiß Gott, wenn es nicht unchristlich wäre, möchte man ihm als einzige Lösung einen baldigen Tod wünschen!"[299]

Hinzu kam, daß die Versuche des Parteivorsitzenden, die Opposition zu spalten oder zu pazifizieren, bei vielen treuen Gefolgsleuten Unverständnis und Mißtrauen auslösten, das in offenes Entsetzen umschlug, als Müller seinen alten Mitstreiter Georg Barth im Stich ließ und nichts unternahm, um die Wahl des bekannten Bamberger Kommunalpolitikers Anton Hergenröder zum Vorsitzenden des CSU-Bezirksverbands Oberfranken zu verhindern[300]. Freunde und Gegner des Landesvorsitzenden rieben sich verwundert die Augen: Hergenröder, ein Bewunderer Hans Ehards, den Schäffer schon im April 1948 als einen Mann bezeichnet hatte, der genauso denke wie er[301], sollte die oberfränkische CSU führen, die sich mehr als einmal als der stärkste Rückhalt des Parteivorsitzenden erwiesen hatte[302]? Während Müllers Anhänger die Welt nicht mehr verstanden, deutete die innerparteiliche Opposition diesen offensichtlichen Stimmungsumschwung in der oberfränkischen Heimat des Landesvorsitzenden als Signal zum endgültigen Sturz des Ochsensepp[303].

Erste Risse im Gefüge des Müller-Flügels hatten sich schon 1947 gezeigt, waren aber im Zuge der Flügelkämpfe nur selten offen zutage getreten; im Frühjahr 1948 hatten das Comeback Fritz Schäffers und die von ihm angezettelte oberbayerische Rebellion die vorhandenen Spannungen noch einmal überdeckt. Als nach der Entmachtung des Staatsrats aber der gemeinsame Gegner wegfiel und Müller zudem versuchte, sein negatives Image vom zentralistischen Exponenten des linken Flügels der CSU loszuwerden, begann sich die Situation zuzuspitzen; dazu kamen noch die Folgen der Währungsreform, die zwischen Müller und einigen engen Mitstreitern zu scharfen Auseinandersetzungen über den richtigen organisationspolitischen Kurs und über den Einsatz der knappen finanziellen Ressourcen führten.

August Haußleiter etwa, einer der beiden Stellvertreter Müllers, scheute nicht davor zurück, den Landesvorsitzenden offen anzugreifen[304]. Er bezeichnete überdies seine eigene Partei als „überholt" und die von ihr getragene bayerische Staatsregierung als „vergreist"[305] und bereitete mit der Gründung der Deutschen Union, einer vorgeblich überparteilichen Sammlungsbewegung „aller aktiven, aufbauwilligen Demokraten" zur „Vorbereitung einer demokratischen Revolution", seinen Absprung aus der CSU vor[306].

299 IfZ-Archiv, RG 260, 10/90–3/8, „Subject: Dr. Müller contra Dr. Baumgartner. Stimme der CSU" vom 3. 3. 1949.

300 In einem Bericht der amerikanischen Militärregierung heißt es: „The murmurs of discontent in Franconia arose to astonishment and dismay when Mueller supported Hergenroeder [...] for chairman of the CSU Oberfranken District Organization [...]. This was done to placate Ehard and Hundhammer. [...] Mueller's old supporters felt betrayed and rumblings arose from the north for a change in party leadership." IfZ-Archiv, RG 260, 13/143–3/4, „Subject: Internal Situation of the CSU" vom 23. 3. 1949. Vgl. auch Hettler, Josef Müller, S. 400.

301 BAK, NL Schäffer 23, Bl. 55, Fritz Schäffer an Augustinus Rösch vom 5. 4. 1948.

302 Um seine Wahl sicherzustellen und kritische Stimmen zu besänftigen, scheint Anton Hergenröder zunächst ein offenes Bekenntnis zur Politik Josef Müllers abgelegt zu haben. Mag sein, daß sich auch der Ochsensepp davon beeindrucken ließ. BAK, NL Guttenberg 277, Bl. 82, August Haußleiter an Anton Hergenröder, Datierung unleserlich (1949).

303 IfZ-Archiv, RG 260, 10/90–3/1, „Subject: Situation of CSU" vom 5. 2. 1949.

304 ACSP, CSU-LTF I, 15–14, Protokolle der Fraktionssitzungen am 23.11. und 14. 12. 1948 sowie am 5.4. 1949.

305 ACSP, CSU-LTF I, 15–14, Protokoll der Fraktionssitzung am 17. 2. 1949.

306 SZ vom 25. 1. 1949: „Gründung einer ‚Deutschen Union'. Haußleiter: Vorbereitung einer demokrati-

Mit Gerhard Kroll, der ein Jahr lang den Bezirksverband Oberfranken im Sinne Müllers geführt hatte, zerstritt sich der Landesvorsitzende über die Frage des richtigen Vorgehens bei den Verhandlungen des Parlamentarischen Rates in Bonn. Kroll, selbst Mitglied des Parlamentarischen Rates, fühlte sich von der Parteiführung im Stich gelassen; Müller hatte dieses Feld aber aus strategischen Gründen Hans Ehard überlassen und war überdies in zentralen Fragen der Weststaatsgründung anderer Meinung als Kroll[307]. Zwischen Josef Müller und Franz Liedig, einem alten Freund und Kampfgefährten aus den Tagen des gemeinsamen Widerstandes gegen die nationalsozialistische Diktatur, kam es wegen der anhaltenden Finanzkrise der CSU zu einem ernsten Zerwürfnis. Andere, beispielsweise Eugen Rindt, fühlten sich von Müller persönlich brüskiert und verletzt[308].

Der politische Spagat, zu dem der CSU-Vorsitzende im Herbst 1948 ansetzte, mißlang gründlich. Anstatt mehr Handlungsspielraum zu gewinnen, geriet Müller mehr und mehr zwischen die Fronten. Die alten Widersacher ließen sich nicht „bekehren“, und seine Mitstreiter weigerten sich, Müllers Kurswechsel nachzuvollziehen. Hanswolf Haunhorst und August Haußleiter, der bereits im geschäftsführenden Landesvorstand lautstark mit Müller aneinander geraten war, warfen Müller auf der Forchheimer Tagung des Landesausschusses im Dezember 1948 sogar offen vor, er betreibe „eine Politik im Sinne der alten Bayerischen Volkspartei“[309].

Doch die Kritik seiner – ehemaligen – Gefolgsleute stieß bei Müller auf taube Ohren. Der Landesvorsitzende agierte weiterhin ebenso stur wie inkonsequent, unterließ es, selbst bei wichtigen Entscheidungen die Zustimmung des Parteivorstands einzuholen, und stieß durch sein abweisendes, nicht immer verständliches Verhalten seine verbliebenen Anhänger vor den Kopf[310]. Zugleich schien es gerade in den kritischen Monaten des Frühjahrs 1949 so, als überließe Müller seinen Gegnern das Terrain, anstatt die letzten Kräfte für die bevorstehende Entscheidung zu mobilisieren[311]. Ludwig Brand, einer der wenigen Fürsprecher des Landesvorsitzenden im Bezirksverband Oberbayern, hielt Müller schon im Sommer 1948 vor, es genüge nicht, als Justizminister Gefängnisse zu besuchen und allgemeine Reden zu halten, ohne auch nur einen Versuch zu machen, die Vertrauensleute der CSU in den Kreisverbänden für sich zu gewinnen und „endlich die gemeinen Anwürfe und Verdächtigungen“ gegen ihn zurückzuweisen. Doch was mache Müller in dieser kritischen Situation? Er gehe auf Reisen[312]! Karl Sigmund Mayr, Vorsitzender des Bezirksverbands Mittelfranken, der Mül-

schen Revolution“, und SZ vom 29. 1. 1949: „Haußleiter über die ‚Deutsche Union‘. ‚Gegen die ideologische Sektenbildung der Parteien‘“. Die Politische Information 4–49: „Gründungsversammlung der Deutschen Union in Braunschweig“. Vgl. auch Richard Stöss, Vom Nationalismus zum Umweltschutz. Die Deutsche Gemeinschaft/Aktionsgemeinschaft Unabhängiger Deutscher im Parteiensystem der Bundesrepublik, Opladen 1980, S. 70–74.

307 ACSP, CSU-LTF I, 15–14, Protokoll der Fraktionssitzung am 17. 8. 1948; ACSP, NL Müller 133, Protokoll der Besprechung zwischen August Haußleiter, Anton Hergenröder, Gerhard Kroll, Josef Müller und Bernhard Ostwald am 1. 3. 1949.

308 ACSP, NL Müller 168, Eugen Rindt an Josef Müller vom 17. 7. 1948.

309 IfZ-Archiv, RG 260, 13/150-3/1, Bericht über die Sitzung des Landesausschusses der CSU am 18./19. 12. 1948 in Forchheim.

310 ACSP, CSU-LL, Protokolle der Sitzungen des geschäftsführenden Landesvorstands am 30. 8. und 8. 10. 1948; ACSP, CSU-LTF I, 15–14, Protokoll der Fraktionssitzung am 23. 11. 1948.

311 IfZ-Archiv, MS 343 Smlg. Köhler 2, Bl. 184 und Bl. 197.

312 ACSP, NL Müller 110, Ludwig Brand an Josef Müller vom 8. 6. 1948.

ler bereits im Februar 1948 eine verfehlte Strategie vorgeworfen hatte[313], konnte sich des Eindrucks nicht erwehren, daß sich der Landesvorsitzende durch sein eigenwilliges Vorgehen „selbst auf ein Nebengeleise gelenkt" hätte[314].

Kein Zweifel, Josef Müller geriet trotz seines Sieges über Fritz Schäffer in der zweiten Hälfte des Jahres 1948 Zug um Zug in die Isolation. Jetzt sollte es sich als fatal erweisen, daß der Landesvorsitzende nie versucht hatte, neben dem Parteiapparat eine wirkliche Hausmacht in der CSU aufzubauen, sondern stets auf seine politischen Freunde an der Spitze einflußreicher Bezirks- und Kreisverbände gesetzt hatte, die ihm zum Teil Ämter und Mandate verdankten[315]. Die Parteiverwaltung, die Müller gezielt mit Personen besetzt hatte, auf die er sich hundertprozentig verlassen zu können glaubte, war in dem nach der Währungsreform herrschenden Finanzchaos rasch zusammengebrochen und fiel als innerparteilicher Machtfaktor praktisch aus. Die Landesleitung war nach der Preisgabe der Bezirks- und Kreisgeschäftsstellen isoliert und praktisch handlungsunfähig. Die Parteizeitung Der Gerade Weg, auf die Müller so große Hoffnungen gesetzt hatte, wurde durch finanzielle Turbulenzen und Ungeschicklichkeiten der Redaktion mehr und mehr zu einer schweren Belastung für den Parteichef.

Auch die Unterstützung, die Müller in der Mehrzahl der Bezirks- und Kreisverbände bisher genossen hatte, begann zu schwinden. Fritz Schäffer konnte einem Vertrauensmann der Militärregierung im Februar 1949 zufrieden berichten, die parteiinternen Wahlen auf allen Organisationsstufen der CSU hätten „tiefe Einbrüche in bisher absolut Müller-treue Bezirke" ergeben, und der Staatsrat fügte hinzu, er habe jetzt „zum ersten Mal das sichere Gefühl", daß die Ära Müller zu Ende gehe[316]. In der Tat waren die Ergebnisse der Wahlen in den Kreisen und Bezirken für den Landesvorsitzenden äußerst unerfreulich. Im Bezirksverband Oberfranken wurde Georg Barth als Vorsitzender durch Anton Hergenröder ersetzt, in Unterfranken wählte die Bezirksversammlung den unerfahrenen Karl Greib[317] anstelle des kampferprobten Landtagsabgeordneten Franz Ludwig Sauer, der seinem Parteichef stets mit Nachdruck zur Seite gestanden hatte, nun aber schwer erkrankt war[318], und auch der Bezirksverband Oberpfalz erhielt mit Fritz Dengler[319] einen neuen Vorsitzenden[320].

---

313 ACSP, NL Müller 16, Karl Sigmund Mayr an Josef Müller vom 19. 2. 1949.

314 ACSP, NL Müller 16, Karl Sigmund Mayr an Josef Müller vom 15. 3. 1949.

315 IfZ-Archiv, MS 343 Smlg. Köhler 2, Bl. 164 und Bl. 259; vgl. auch Hettler, Josef Müller, S. 396.

316 IfZ-Archiv, RG 260, 10/90–3/1, „Subject: Situation of CSU" vom 5. 2. 1949.

317 *Karl Greib,* geb. 5. 9. 1899 in Amöneburg/Hessen, gest. 24. 4. 1976, kath., Volontär in einem Baugeschäft, 1917/1918 Teilnahme am Ersten Weltkrieg, 1923 Besuch der christlich-sozialen Schule in Königswinter, 1924–1933 Geschäftsführer der Christlichen Gewerkschaften in Frankfurt am Main, Aschaffenburg und Würzburg, 1933 entlassen und zunächst Versicherungsinspektor, 1934 Gründung eines eigenen Lebensmittelgeschäfts in Würzburg, 1939–1945 Teilnahme am Zweiten Weltkrieg, 1945 Mitarbeiter von Adam Stegerwald, Mitbegründer und Geschäftsführer der CSU in Unterfranken, 1949–1957 Vorsitzender des CSU-Bezirksverbands Unterfranken, 1949–1957 Mitglied des Landesvorstands der CSU, 1949 Mitglied der Bundesversammlung (CSU), 1950–1962 MdL (CSU), seit 1946 Vorsitzender des Landesverbands des bayerischen Einzelhandels in Unterfranken und Mitglied des Vorstands des Landesverbands des bayerischen Einzelhandels.

318 BayHStA, NL Pfeiffer 43, Bericht über die Bezirksversammlung der CSU Unterfranken am 12. 2. 1949 in Schweinfurt.

319 *Fritz Dengler,* geb. 12. 12. 1901, kein Todesdatum ermittelt, kath., nach Studium der Rechtswissenschaft und Promotion Notar in Regensburg, 1945 Mitbegründer der CSU in Regensburg, 1949/1950 Vorsitzender des CSU-Bezirksverbands Oberpfalz, 1949/1950 Mitglied des Landesvorstands der CSU, 1948/1949 MdWR (CSU).

320 ACSP, CSU-LTF I, 15–20/0, Bericht über die Bezirksversammlung der CSU Oberpfalz am 2. 4. 1949

Die Wahl Denglers, der Müllers Statthalter Georg Gamperl verdrängte, wirft ein bezeichnendes Licht auf die Unsicherheit und Erschöpfung, die weite Teile der bayerischen Unionspartei im Frühjahr 1949 erfaßt hatten. Die Aussprache in der Bezirksversammlung vor der Neuwahl des Bezirksvorsitzenden stand ganz im Zeichen der anhaltenden Führungs- und Flügelkämpfe, die an der Parteibasis immer weniger verstanden wurden. Der Landtagsabgeordnete Franz Schöner aus Weiden sprach offensichtlich vielen Delegierten aus der Seele, als er erklärte:

„Die Meinung auf dem Lande sei weitgehend die, dass Dr. Müller der Unruhepol der CSU sei. Daran ist etwas [W]ahres. Dr. Müller sei nicht im Stande, die Parteiorganisation auf die Höhe zu bringen. Die Partei stütze sich auf dem Lande nur auf ein paar Idealisten, die sich aufreiben. Der bisherige Bezirksvorsitzende Dr. Gamperl sei immer für Dr. Müller eingetreten, die heutige Versammlung aber zeige, dass sie keinen Bezirksvorsitzenden wolle, der bei der kommenden Landesversammlung sich für Dr. Müller entscheidet. Wer Müller seine Stimme gebe, ist mit der Totengräber der Partei.“

Die verbliebenen Anhänger des Parteivorsitzenden unter den oberpfälzischen Delegierten hatten diesen Angriffen nur wenig entgegenzusetzen. Zutiefst verunsichert und von der Parteiführung allein gelassen, konnte sich auch ein Teil von ihnen nicht dem wiederholt geäußerten Wunsch verschließen, „eine nach keiner Richtung gebundene Persönlichkeit“ zum neuen Bezirksvorsitzenden zu wählen und dadurch zu einem Ende der ständigen Querelen beizutragen. Sie versagten dem bisherigen Bezirksvorsitzenden Georg Gamperl, der stets dafür gesorgt hatte, daß sich Müller im Landesausschuß und in der Landesversammlung auf die Vertreter der Oberpfalz verlassen konnte, ihre Stimme und votierten für den Regensburger Notar Fritz Dengler, einen Abgeordneten des Frankfurter Wirtschaftsrats, der bisher in den innerparteilichen Auseinandersetzungen kaum hervorgetreten war.

Damit hatten Müller und seine Mitstreiter eine weitere Schlüsselposition verloren. Doch so ärgerlich dies für den Landesvorsitzenden sein mußte, so sehr hatte er sich diese Niederlage selbst zuzuschreiben. Begleitet von seinem Stellvertreter Michael Horlacher traf Müller erst kurz von der Mittagspause bei den in Nabburg tagenden Delegierten ein – eine „Nasenlänge“ zu spät[321], um die Abwahl Gamperls zu verhindern. Doch dann begann die Stimmung in der Bezirksversammlung zu kippen. Horlacher hielt eine flammende Rede, in der er Josef Müller vehement verteidigte und ebenso scharf mit den Vertretern des katholisch-konservativen Flügels der eigenen Partei ins Gericht ging. Und diese Ausführungen verfehlten ihre Wirkung nicht: Als anschließend die Delegierten für den Landesausschuß gewählt wurden, konnten sich sechs Anhänger des Ochsensepp und nur ein Vertreter der innerparteilichen Opposition durchsetzen.

Die geschilderte Episode zeigt, daß es Müller bei entsprechendem Einsatz durchaus möglich gewesen wäre, den Zerfall seiner Machtbasis wenn nicht aufzuhalten, so doch einzudämmen. Diese Form der Parteiarbeit lag dem Landesvorsitzenden aber ganz und gar nicht. „Wir bekommen ja von den prominenten Vertretern“ des Müller-Flügels niemals jemanden zu sehen, klagte Otto Bogendörfer, ein Gefolgsmann des Landesvorsitzenden aus dem oberpfälzischen Eschenbach. Während die Opposition

in Nabburg; das folgende nach ebenda. Vgl. auch Mittelbayerische Zeitung vom 5. 4. 1949: „CSU-Bezirksverband tagte in Nabburg. Im Beisein von Justizminister Dr. Müller und Dr. Horlacher“.

321 ACSP, NL Müller 155, Otto Bogendörfer an August Haußleiter vom 4. 4. 1949; die folgenden Zitate ebenda.

um Alois Hundhammer Veranstaltungen mit bekannten Rednern beschicke, bleibe die Parteileitung passiv. Wenn „die Führung nicht die Fühlung mit den untersten Parteiinstitutionen" aufrechterhalte, so Bogendörfer weiter, dürfe man sich nicht wundern, wenn es zu bedauerlichen Pannen und unerwünschten Betriebsunfällen komme. Auch dem mittelfränkischen Landtagsabgeordneten Heinrich Emmert war die offensichtliche Schwäche des Müller-Flügels nicht entgangen. In vertrauter Runde verhehlte er seine Enttäuschung über die Konzeptionslosigkeit und Apathie der Parteigänger Josef Müllers nicht:

„Was uns in der CSU grosse Sorge macht, ist, warum es überhaupt so weit kommen konnte. Wir sind noch immer mehr daran schuld als unsere Gegner. Müller hatte überwiegende Majorität. Daneben ste[ht] die Fraktion. Es kann nicht geleugnet werden, dass der Schwerpunkt der politischen Entscheidungen zusehens auf die Fraktion überging. Wem die Union über alles geht, muss alles daran setzen, die Partei, den Parteiapparat von innen heraus zu reinigen. Wir haben zu allem geschwiegen, ohne etwas zu sagen, wir haben zugesehen, wie eine Position nach der anderen verloren ging. Das ist überall geschehen. Die Gegenseite hat zielbewußter gearbeitet – die Entwicklung haben wir uns selbst zuzuschreiben. [. . .] Unser Verschulden liegt nicht darin, dass wir zu wenig geleistet haben, sondern darin, dass wir uns seit 1 $^{1}/_{2}$ Jahren das Gesetz des Handelns haben aus der Hand nehmen lassen."[322]

## 6. Müllers Sturz

### *a) Hundhammers Offensive*

Als das Jahr 1949 begann, hatten die Gegner Josef Müllers auch nach mehr als dreijährigem Kampf ihre wichtigsten Ziele noch immer nicht erreicht. Wohl war es ihnen wiederholt gelungen, den Parteivorsitzenden auszumanövrieren oder seine Stellung zu untergraben, der Ochsensepp hatte sich aber trotz allem an der Parteispitze halten können. Die Tagung des Landesausschusses am 18. und 19. Dezember 1948 in Forchheim mußte den Eindruck bestätigen, daß Müller nach wie vor fest im Sattel saß[323]. Zwar wurde auch diesmal herbe Kritik gegen den Landesvorsitzenden laut, die unter anderem aus den Reihen seiner enttäuschten Gesinnungsgenossen kam, es bot sich jedoch niemand an, der fähig und willens gewesen wäre, dem Ochsensepp offen Paroli zu bieten. Da die Parteiführung zudem ihren Entspannungskurs fortsetzte und weitere Zugeständnisse bei den umstrittenen Fragen der Organisationspolitik und der Parteipresse machte[324], drohten die Wortführer der innerparteilichen Oppo-

---

[322] ACSP, NL Müller 43, Protokoll der Sitzung des Gautinger Kreises am 4. 5. 1949.

[323] IfZ-Archiv, RG 260, 13/150–3/1, Bericht über die Sitzung des Landesausschusses der CSU am 18./19. 12. 1948 in Forchheim; IfZ-Archiv, RG 260, 7/29–1/13–16, Bericht des amerikanischen Generalkonsuls in München, Sam E. Woods, an das State Department vom 23. 12. 1948. Ein Protokoll dieser Landesausschußsitzung konnte nicht ermittelt werden, es steht allerdings fest, daß auch in Forchheim ein offizielles stenographisches Protokoll geführt worden ist; ein Auszug, der Ausführungen Hans Ehards enthält, findet sich in der BSB, NL Schwend 2. Das Manuskript der Rede von Wirtschaftsminister Seidel findet sich im ACSP, CSU-LTF, Ordner Hanns Seidel.

[324] ACSP, CSU-LL, Beschlußprotokoll der Sitzung des Landesvorstands am 18. 12. 1948. Generalsekretär Strauß antwortete am 12. 1. 1949 auf eine Resolution des niederbayerischen Kreisverbands Wegscheid vom Dezember 1948 (ACSP, NL Müller 105): „Bedauerlich ist nur, dass nicht die Anstellung der Kreisgeschäftsführer von Anfang an durch den Kreisverband erfolgt ist, was im Interesse einer föderalistischen Gliederung unserer Partei erforderlich gewesen wäre, sondern dass diese Massnahme erst nach der Währungsreform getroffen wurde."

sition als unbelehrbare Störenfriede dazustehen, die sich dem ersehnten Friedensschluß zwischen den zerstrittenen Flügeln in den Weg stellten. Bei den Kontrahenten Müllers machte sich zunehmend Ratlosigkeit breit. Hatte man nicht alles versucht, um den verhaßten Parteichef aus dem Amt zu vertreiben? Hatte man zuletzt nicht sogar die offene Feldschlacht unter Schäffers Führung gewagt – und doch verloren? Was konnte man mehr tun, und vor allem: wer sollte einen erneuten Angriff anführen?

So, wie die Dinge lagen, kam dafür eigentlich nur Alois Hundhammer in Frage. Als Minister, Fraktions- und Bezirksvorsitzender verfügte er nicht nur über die notwendige Machtbasis, er brachte auch das politische Talent und die kompromißlose Härte mit, um die Auseinandersetzung mit dem Parteivorsitzenden erfolgreich führen zu können. In den letzten beiden Jahren hatte Hundhammer stets zu denen gehört, die im Kampf gegen die Parteiführung kein Pardon gegeben, dabei aber klug taktiert und aus dem Hintergrund heraus die Fäden gezogen hatten. So war es auch bei der oberbayerischen Rebellion gewesen, als der Kultusminister Fritz Schäffer das Feld überlassen hatte. Doch nachdem auch Schäffer mit seinen „Hammer“-Methoden[325] gescheitert war, mußte Hundhammer selbst die Initiative ergreifen[326]. Der Kultusminister hatte nie einen Hehl daraus gemacht, daß der Sturz Josef Müllers zu seinen wichtigsten Zielen gehörte. Für ihn war eine „Änderung in der Parteispitze“ auch dann noch eine conditio sine qua non, als die Parteiführung um den Ochsensepp den Forderungen der innerparteilichen Opposition in wesentlichen Punkten nachgegeben hatte[327]. Eine Beilegung der Konflikte war für Hundhammer unmöglich, solange Müller Landesvorsitzender der CSU war, und zwar nicht nur aus persönlichen Gründen, sondern auch aus der Überlegung heraus, daß mit Müller an der Spitze nur geringe Aussichten bestanden, dem Zerfall der CSU und dem Anwachsen der Bayernpartei wirkungsvoll begegnen und zugleich eine geschlossene Partei als Gralshüter einer christlichen, konservativen und föderalistischen Politik in die Bundesrepublik Deutschland hineinführen zu können[328], deren Gründung im Frühjahr 1949 in eine entscheidende Phase getreten war.

Dies mochten die Motive gewesen sein, die den Kultusminister veranlaßten, eine neue Runde in den Führungs- und Flügelkämpfen zu eröffnen. „Der bayerische Staat“ sei „aufgebaut und gefestigt worden“, schrieb Hundhammer in einem aggressiven Zeitungsartikel, der am 22. und 23. Januar in der Frankenpost und der Münchner Allge-

---

325 Protokoll der Sitzung des Landesausschusses der CSU am 28./29. 2. 1948 in Regensburg, in: Protokolle und Materialien, S. 1628 (Gerhard Kroll).

326 Hettler, Josef Müller, S. 392, deutet an, es habe Anfang 1949 die Möglichkeit eines Kompromisses oder Waffenstillstands zwischen Müller und Hundhammer gegeben. Die Quellen – auch der von Hettler zitierte Bericht des amerikanischen Generalkonsulats in München an das State Department vom 24.1. 1949 (IfZ-Archiv, RG 260, 7/29–1/13–16) – lassen diese Interpretation jedoch wenig schlüssig erscheinen. In dem Bericht des Generalkonsulats vom 24. 1. 1949 heißt es beispielsweise: „Müller also stated that he did not feel it would ever be possible for him to make a ‚deal‘ with Hundhammer since Hundhammer was too ideological to be trusted.“

327 BayHStA, NL Sedlmayr 22, Alois Hundhammer an Lorenz Sedlmayr vom 31. 12. 1948 und Lorenz Sedlmayr an Alois Hundhammer vom 4. 1. 1949.

328 IfZ-Archiv, RG 260, 10/90–3/1, „Subject: Versammlung der CSU – Dr. Hundhammer“ vom 2. 2. 1949; SZ vom 3. 2. 1949: „Hundhammer warnt die Bonner Majorität. Gefahr eines Kulturkampfes?/Die Situation in der CSU“; BAK, NL Schäffer 26, Bl. 79ff., Der oberbayerische Informationsbrief 4/49 vom 14.2. 1949.

meinen Zeitung erschien, „Die Partei aber, deren Abgeordnete und Minister diese Arbeit geleistet" hätten, sei „geschwächt, aufgespalten und müde". Weiter führte Hundhammer aus:

„Man muß die Lage nüchtern betrachten und handeln. Es wird Zeit: Entweder man reformiert die CSU mit wesentlichen Veränderungen in der Parteispitze, mit anderen Satzungen – wofür übrigens die Vorarbeiten schon weit gediehen sind –, mit der klaren Festlegung in der inneren Politik eines bayerischen und in der äußeren Politik eines deutschen und europäischen bundesmäßigen Kurses, der in der letzten Zeit in wachsendem Maße eingeschlagen worden ist, oder man sucht jetzt schon, drei Jahre nach der Gründung der CSU, den Weg zu einem anderen Instrument für eine christliche und bayerische Staatsführung. Würde äußersten Falles im bürgerlichen Lager ein anderes Gebilde erstehen und die Aufgaben der CSU übernehmen können oder sollte die Führung der bayerischen Politik an eine sozialistische Partei übergehen? Träte das ein, so würde der christliche und der bayerische Kurs aufhören. Das muß vermieden werden. [...] Es wird Zeit, daß man an die Sammlung denkt und zu ihr mahnt. Wird zum Bonner Ergebnis ein ‚nein' notwendig, dann muß es ausgesprochen werden von einem sehr breiten Kreise der Abstimmenden. Soll heraufziehenden Gefahren auf anderen Gebieten begegnet werden, dann ist es doppelt notwendig, die Kräfte zu bündeln. Die Sammlung kann noch erfolgen innerhalb der CSU. Sie kann vielleicht auch geschehen außerhalb. Aber notwendig ist sie auf jeden Fall. Sie ist möglich und sie ist Pflicht."[329]

Hundhammers Artikel schlug wie eine Bombe ein[330]. Nicht genug damit, daß der Kultusminister ein wenig schmeichelhaftes Bild seiner eigenen Partei zeichnete. Er ließ auch durchblicken, daß er mit der Gründung einer neuen Partei liebäugelte, sollten seine Anstrengungen zu einer grundlegenden Reform der CSU erneut ergebnislos bleiben. Diese vagen Andeutungen brachten die Gerüchteküche zum Brodeln. Hundhammer wolle die Bayerische Volkspartei wieder auferstehen lassen, vermuteten die einen[331]; andere Journalisten rechneten dagegen damit, daß Hundhammer eine neue Partei als „Sammelbecken für den linken Flügel der Bayernpartei und den rechten Flügel der CSU" ins Leben rufen werde[332]. Intern präzisierte der Kultusminister seine Zielsetzungen. Es ginge ihm ausschließlich darum, die CSU zu stärken und sie wieder zu einer Partei zu machen, „die die Mitglieder wieder wie ein Magnet anzieht und nicht abstösst oder zu einer indifferenten Haltung veranlasst", erklärte er am 12. Februar 1949 in einer Bezirksversammlung der oberbayerischen CSU. Um dieses Ziel zu erreichen, sei dreierlei notwendig: Erstens, die Ablösung der bisherigen Parteiführung, zweitens, die grundlegende Reform der Parteisatzung und drittens, „eine völlig klare christliche

[329] Frankenpost vom 22. 1. 1949: „Sammlung der Kräfte! Von Dr. Alois Hundhammer"; Münchner Allgemeine vom 23. 1. 1949: „Zusammenfassung statt Eintopf. Von Staatsminister Dr. A. Hundhammer".

[330] ACSP, NL Seidel 35 c, Karl-Heinz Vogt an den Landesvorstand der CSU vom 28. 1. 1949 und Hanns Seidel an Karl-Heinz Vogt vom 2. 2. 1949. Gottfried Witzgall schrieb am 9. 2. 1949 an Fritz Schäffer (BAK, NL Schäffer 26, Bl. 109), er wolle nicht hoffen, „daß die endlich einmal offene Palastrevolution ins Leere pufft". Zur Presseberichterstattung: SZ vom 22. 1. 1949: „Zusammenfassung statt Eintopf", vom 27. 1. 1949: „Gespräche um eine neue christliche Partei. Die Krise um Dr. Josef Müller/Dr. Alois Hundhammer und die CSU" und vom 29. 1. 1949: „Die Bonner Verfassung als Prüfstein der CSU. Hundhammers ‚überparteiliche Abwehrfront' gegen den Zentralismus"; Freie Deutsche Presse vom 5. 2. 1949: „Die Krise in der CSU. Dr. Hundhammer unterminiert Dr. Müllers Stellung".

[331] Der Sozialdemokrat vom 25. 1. 1949: „Vor dem Ende der CSU? Hundhammer versucht Restauration der Bayerischen Volkspartei"; Telegraf vom 25. 1. 1949: „Explosion in der CSU. Läßt Hundhammer die ‚Bayerische Volkspartei' wieder auferstehen?"; Telegraf vom 26. 1. 1949: „Eine Union zerbröckelt. Kommt zur CSU und zur Bayernpartei noch eine Bayerische Volkspartei?".

[332] Sopade-Informationsdienst vom 30. 3. 1949 nach einem Artikel im Südost-Kurier vom 24. 1. 1949.

und föderalistische Politik"[333]. Hundhammer schloß seine programmatische Rede mit den Worten:

„Wenn wir in die grossen Wahlen über die Bonner Entscheidung hineingehen und dabei nicht als Partei an die unbedeutende 3. Stelle zurückfallen wollen, so brauchen wir eben vorher eine schlagfertige, arbeitsfähige Partei, mit anderen Worten: Wir brauchen die Reform *alsbald*, noch [be]vor es zu den Wahlen über Bonn kommt. Mein Verlangen ist: Die Partei muss *jetzt* zu den notwendigen inneren Reformen gezwungen werden. Mein Artikel in der ‚Münchner Allgemeinen' war nicht so sehr scharf, er war eben klar. In dem Stadium des herrschenden langsamen Verfalls der CSU musste eben dieser gewaltsame Stoss von aussen kommen, und er muss jetzt von uns zu einem sachlichen Ergebnis geführt werden."

Diese inneren Reformen, das hatte Hundhammer wenige Tage zuvor Staatssekretär Lorenz Sedlmayr klargemacht, sollten auch dazu dienen, „die wertvollsten Teile der Bayernpartei wieder in die CSU zurückzuführen". Daß dies mit Josef Müller an der Spitze der bayerischen Union unmöglich sein würde, stand für den Kultusminister außer Zweifel. Hundhammer ließ auch keinen Zweifel daran, daß er es für die beste Lösung hielte, selbst den Landesvorsitz der CSU zu übernehmen, da „sein Name auf die Kreise, die zurückgeholt werden sollten, eine grosse Anziehungskraft ausüben würde"[334].

Die Attacke Hundhammers traf Josef Müller zum denkbar ungünstigsten Zeitpunkt, da der CSU-Vorsitzende noch mit den Folgen einer Affäre beschäftigt war, die sein Ansehen schwer zu beschädigen drohte[335]. Schon 1946 hatte der Münchner Mittag in einem groß aufgemachten Artikel berichtet, Müller habe sich 1933 bei der Vertretung des insolventen katholischen Unternehmens Leofilm AG gegen den jüdischen Geschäftsmann Richard Hirschfeld der räuberischen Erpressung schuldig gemacht. Im Rahmen seines Spruchkammerverfahrens war Müller zwar von diesen Vorwürfen freigesprochen worden, dies hinderte den Münchner Rechtsanwalt Karl Gaab Ende 1948 jedoch nicht daran, dem CSU-Vorsitzenden erneut unsauberes Geschäftsgebaren im Fall Leohaus-Hirschfeld vorzuwerfen. Um dem großen öffentlichen Interesse an diesem vermeintlichen Skandal Rechnung zu tragen[336] und um diese Angelegenheit ein für alle Mal aus der Welt zu schaffen, stimmte Müller der Einleitung eines Ermittlungsverfahrens gegen ihn zu und bat den Landtag, seine Immunität als Abgeordneter auf-

---

[333] BAK, NL Schäffer 26, Bl. 79ff., Der oberbayerische Informationsbrief 4/49 vom 14. 2. 1949; Hervorhebungen im Original. Vgl. auch Bl. 123f., Der oberbayerische Informationsbrief 3/49 vom 3. 2. 1949.

[334] ACSP, NL Müller 16, Lorenz Sedlmayr an Josef Müller vom 31. 1. 1949. In einem Brief an Alois Hundhammer schrieb Lorenz Sedlmayr am 8. 2. 1949 (ACSP, CSU-LTF I, 15–12/4 und 5): „Es ist [...] anzunehmen, dass ein Parteivorsitzender, der den zur B. P. abgewanderten ehem. Wählern der CSU *besonders* gut gefällt, in der CSU kaum als verbindendes Element wirksam werden könnte. Dass ein solcher Vorsitzender erhebliche Teile der B. P.-Wähler wieder zur CSU zurückbringen könnte, wirst auch Du kaum annehmen. Was in dieser Hinsicht zu erreichen ist, das hängt m. E. viel mehr von einer aktiven Propaganda der *gesamten* CSU ab, die sich vor allem gegen die rein demagogischen Methoden der B. P. richten muss." Hervorhebungen im Original.

[335] Zur Affäre Müller-Gaab vgl. Hettler, Josef Müller, S. 386–390.

[336] IfZ-Archiv, RG 260, 10/90–3/5, „Subject: Dr. Josef-Müller-Affäre" vom 21. 12. 1948. Die innerparteiliche Opposition hoffte, der neue Skandal könne zum Sturz Müllers führen. Toni Böck teilte einem Informanten der Militärregierung mit, solche schmutzigen Geschichten lägen den Gegnern des Ochsensepp zwar nicht, aber sie seien vielleicht „der einzige Weg", um Müller, dieses „tödliche Geschwür am Leib der Union", schachmatt zu setzen. SZ vom 18. 12. 1948: „Wird der Justizminister beurlaubt? Landtag hebt Immunität Dr. Josef Müllers auf/Entscheidung in Forchheim erwartet" und vom 21. 12. 1948: „Justizminister Dr. Müller beurlaubt. Haussuchung bei Rechtsanwalt Gaab/ Erklärung des Staatsanwaltes".

zuheben. Zugleich ersuchte er den Ministerpräsidenten, ihn für die Dauer des Verfahrens als Justizminister zu beurlauben[337]. Obwohl Gaab behauptet hatte, neue Beweise für die Schuld Müllers zu besitzen, endete das Verfahren auch diesmal mit einer Art Freispruch. Die zuständige Staatsanwaltschaft stellte ihre Ermittlungen am 10. Januar 1949 ein, die Vorwürfe gegen den Ochsensepp wurden als unbegründet zurückgewiesen[338]. Am 24. Januar bat deshalb Ministerpräsident Ehard seinen Justizminister, die Amtsgeschäfte wieder aufzunehmen.

Die Öffentlichkeit hatte kaum Zeit, die Affäre Müller-Gaab zu verarbeiten, als Hundhammer mit seinen weitreichenden Forderungen an die Presse ging. Doch noch waren Müller und seine politischen Freunde stark genug, um wirkungsvoll zu kontern. Nur wenige Tage nach dem Erscheinen von Hundhammers Zeitungsartikel verabschiedete der geschäftsführende Landesvorstand der CSU einstimmig eine Resolution, in der die Überlegungen des Kultusministers scharf zurückgewiesen wurden. Unter der Überschrift „Keine Spaltung in der CSU“ stellten die Vorstandsmitglieder klar, daß so weitreichende Entscheidungen wie Umbesetzungen an der Parteispitze oder die Neugestaltung der Satzungen ausschließlich von den zuständigen Gremien getroffen werden könnten[339]. Weiter hieß es in der Resolution:

> „Dr. Josef Müller ist von der Landesversammlung in Marktredwitz mit 87 % Majorität gewählt worden; man hätte erwarten können, dass ein solches Ergebnis vollauf befriedigt und alle Kräfte sich zu gemeinsamer Arbeit einsetzen. [...] Die Äusserungen des Staatsministers Dr. Hundhammer, die ausserhalb der Gremien der Partei gemacht worden sind, können nur als seine persönliche Meinung gewertet werden.“

Der geschäftsführende Landesvorstand vergaß auch nicht zu betonen, daß es zu keinerlei Differenzen zwischen Ministerpräsident Ehard und Josef Müller gekommen sei und daß alle Gerüchte über „Besprechungen des Herrn Ministerpräsidenten Dr. Ehard mit einzelnen leitenden Männern der Partei, die ein Ausscheiden eines führenden Mitglieds der CSU zum Ziele gehabt hätten, [...] falsch und aus der Luft gegriffen“ seien. Dieser Passus mußte Hundhammer und seine Gesinnungsgenossen besonders schmerzen, hatte der Kultusminister doch gehofft, durch seine öffentlichen Angriffe den Ministerpräsidenten aus der Reserve locken und im Sinne der Parteieinheit zu einer Stellungnahme gegen den Landesvorsitzenden bewegen zu können[340]. Doch Hundham-

---

337 IfZ-Archiv, RG 260, 13/149–3/3, Josef Müller an Hans Ehard vom 17. 12. 1948.

338 ACSP, CSU-LTF II/1, 15–12/1, „Ausführliche Sachdarstellung mit Rechtsgutachten über das Ergebnis des Ermittlungsverfahrens gegen Dr. Josef Müller wegen räuberischer Erpressung“. Karl Gaab wurde dagegen am 22. 6. 1949 vom Landgericht München I wegen leichtfertiger falscher Anschuldigungen und übler Nachrede zu vier Monaten Gefängnis verurteilt. Vgl. Hettler, Josef Müller, S. 390.

339 ACSP, NL Müller 6, Resolution des geschäftsführenden Landesvorstands „Keine Spaltung in der CSU“ vom 27. 1. 1949. Nach einem Bericht für die Militärregierung erklärte Hundhammer dazu jedoch nur lapidar: „Wenn der Parteivorstand, um dessen Änderung er sich bemühe, eine nichtssagende Erklärung abgebe, so ändere das nichts an der Notwendigkeit, weiter für eine Neuordnung der Partei zu arbeiten.“ IfZ-Archiv, RG 260, 10/90–3/1, „Subject: Versammlung der CSU – Dr. Hundhammer“ vom 2. 2. 1949.

340 SZ vom 29. 1. 1949: „Die Bonner Verfassung als Prüfstein der CSU. Hundhammers ‚überparteiliche Abwehrfront‘ gegen den Zentralismus“. Unter Berufung auf einen Informanten aus der CSU hieß es, es werde dem Ministerpräsidenten in den Hundhammer nahestehenden Kreisen „als eine gewisse Lauheit“ ausgelegt, daß er sich bisher weder für noch gegen Müller ausgesprochen habe. Lorenz Sedlmayr berichtete Josef Müller über ein Gespräch mit dem Kultusminister: „Am meisten missfiel Dr. H. die Ziffer 3 [der Erklärung des geschäftsführenden Landesvorstands], in der die Übereinstimmung zwischen Dr. Ehard und Dr. Müller festgestellt wird.“ ACSP, NL Müller 16, Lorenz Sedlmayr an Josef Müller vom 31. 1. 1949.

mers Kalkül ging auch ansonsten nicht auf. Zwar stießen die Forderungen und Thesen des Kultusministers in den Bezirksverbänden München und Oberbayern auf breite Zustimmung[341], in den anderen Regionen Bayerns lösten sie bei den Anhängern der Union jedoch Empörung und Bestürzung aus[342]. Bei manchen mittlerweile schwankenden Gefolgsleuten Müllers war sogar eine nochmalige Solidarisierung mit dem Parteivorsitzenden zu beobachten, während die ohnehin geringen Chancen Hundhammers, den Ochsensepp abzulösen, weiter sanken. Karl-Heinz Vogt, Geschäftsführer des CSU-Kreisverbands im unterfränkischen Obernburg, schrieb am 28. Januar 1949 zutiefst verunsichert an die Mitglieder des Parteivorstands:

„Wir Mitglieder und Funktionäre der Chr[ist]lich-Sozialen Union lesen die Zeitungen, sind täglich von neuen Meldungen überrascht, schütteln die Köpfe, glauben aber, die Parteileitung und der Landesverband würden uns schon genauestens unterrichten und diese seltsamen Vorfälle wenigstens zu klären versuchen. Das, so glauben wir, ist seine Pflicht. Denn schließlich sind ja wir diejenigen, die jene Männer, welche heut[e] ein solches Gebaren an den Tag legen, gewählt haben, sind wir es, die durch unsere propagandistische, organisatorische und [f]inanzielle Unterstützung dazu verhelfen, daß jene Männer überhaupt arbeiten können und nicht im luftleeren Raum schweben. Aber – weit gefehlt! Jene Männer sind sich dessen anscheinend gar nicht mehr bewußt und handeln wie Kaufleute, die nur auf ihre persönliche Stellung bedacht sind. Im Informationsdienst [...] hütet [man] sich, in jene Eiterbeule, die unser Siechtum verursacht, einzustechen und sie zu beseitigen, man hütet sich, klar und offen zu reden – abgesehen von wenigen Persönlichkeiten, die darob dann einen schwierigen Stand haben. Nehme man doch in Kauf, daß jene föderalistisch getarnten Separatisten, jene Reaktionäre, endlich aus unseren Reihe[n] verschwinden; sind wir uns doch eingedenk unserer unendlichen Verantwortung aus chr[ist]lichem Gewissen um das gesamte deutsche Volk! [...] Vermögen Sie, so frage ich Sie, als aufrechter Christ noch in einer Versammlung aufzutreten und für die CSU zu werben, wenn zu der gleichen Zeit namhafte Vertreter von ihr Verrat an der Sache üben? Von uns, von mir als Kreisgeschäftsführer verlangt man es als eine Selbstverständlichkeit. Angesichts dieser Lage vermag ich es nicht mehr, und ich tue es auch [nicht,] solange hier keine eindeutige Klarheit geschaffen ist. [...] Wir bedürfen wahrhaft einer geistigen Erneuerung, einer Revolutionierung der verbürgerlichten, ja reaktionären Anschauungen. Man solle ja nicht meinen – wie es Herr D[r]. Hundhammer tut – eine neue Partei sei das Gebot der Stunde. Seien Sie überzeugt davon, daß diese ganz elenden Schiffbruch erleiden würde, denn ihre Gründer und Führer würden die Bankrotteure von gestern sein. Auf sie fällt niemand mehr herein!“[343]

### *b) Die Sitzung der CSU-Fraktion am 17. Februar 1949*

Die Landtagsfraktion der CSU beschäftigte sich am 17. Februar 1949 mit dem krisenhaften Zustand der eigenen Partei und diskutierte auch eingehend über die Auseinandersetzungen, die Alois Hundhammer mit seinen jüngsten Stellungnahmen ausgelöst hatte[344]. Der Kultusminister und Fraktionsvorsitzende mußte dabei bald feststellen,

[341] BAK, NL Schäffer 26, Bl. 109, Gottfried Witzgall an Fritz Schäffer vom 9. 2. 1949; ACSP, CSU-LTF II/1, 15–12/1, Alois Endrich an Michael Horlacher vom 12. 2. 1949.

[342] Otto Kalbskopf schrieb am 26. 3. 1949 an Josef Müller (ACSP, NL Müller 144): „Nun kam der Zeitungsartikel von Dr. Hundhammer bei uns in der Frankenpost und dadurch eine Schwächung der CSU allergrössten Au[s]masses. Die gegnerischen Parteien hätten sich niemals träumen lassen, dass aus unseren eigenen Reihen und noch dazu [von] solch prominente[n] Persönlichkeiten ihnen soviel Agitationsstoff geliefert werden würde.“ Karl Greib warf Hundhammer noch im April 1949 parteischädigendes Verhalten vor. BayHStA, NL Pfeiffer 535, Karl Greib an Josef Müller vom 4. 4. 1949.

[343] ACSP, NL Seidel 35 c, Karl-Heinz Vogt an den Landesvorstand der CSU vom 28. 1. 1949.

[344] ACSP, CSU-LTF I, 15–14, Protokoll der Fraktionssitzung am 17. 2. 1949; das folgende nach diesem Sitzungsprotokoll.

daß er diesmal zu weit gegangen war und daß seine Kollegen nicht oder nur teilweise bereit waren, seinen Argumenten zu folgen. Bei den meisten Abgeordneten, die sich in der Diskussion zu Wort meldeten, überwogen Zorn und Enttäuschung über die erneute Eskalation der Führungs- und Flügelkämpfe. Schließlich hatte man Wichtigeres zu tun; gerade hatten ja die Verhandlungen über das Grundgesetz ein entscheidendes Stadium erreicht und die Entscheidung, ob man der Verfassung des neuen westdeutschen Staates im Landtag zustimmen sollte, stand kurz bevor[345]. Bei der mehrstündigen Diskussion, die zeitweise scharfe Formen annahm, kristallisierten sich schnell vier Punkte heraus: Zum einen sah die Mehrheit der Abgeordneten anders als Hundhammer in der Bayernpartei mit ihren radikal föderalistischen Parolen keine ernstzunehmende Alternative zur CSU; auch Überlegungen, die BVP wieder zu beleben, erteilten sie eine klare Absage. Finanzminister Hans Kraus, ein ehemaliger BVP-Politiker, der sich aus den innerparteilichen Auseinandersetzungen soweit wie möglich heraushielt, machte aus dieser Überzeugung keinen Hehl:

„Ich stehe zu dem Programm unserer Partei, und ich sage, wenn die CSU noch nicht bestünde, so müsste man sie gründen. Hundhammer, für mich gibt es ausserhalb dieser Partei keinen politischen Standort. [...] Es sind nur Führerstreitigkeiten, und die müssen beseitigt werden, sonst geht Bayern zugrunde."

Der unterfränkische Abgeordete Georg Hauck ergänzte: „An das Gedankengut der BVP kann man sich heute nicht mehr anschliessen", und für Konrad Kübler, der vor 1933 zu den führenden Politikern des Bayerischen Bauernbundes gehört hatte, waren die öffentlichen Aussagen Hundhammers sogar ein Grund, um über sein Ausscheiden aus der CSU nachzudenken:

„Wenn meine Freunde und ich zur CSU gekommen sind, dann deshalb, weil wir davon überzeugt waren, dass die CSU das Rückgra[t] des Staates bilden müsse. [...] Uns lag daran, aus der Partei ein Kampfinstrument zu machen. Umso grösser sind unsere Bedenken, dass diese Partei unterhöhlt wird. Wir verlieren allmählich den Glauben und damit die Kraft, dieser Sache zu dienen. Ich nenne einige Zitate Dr. Hundhammers, die angeblich als Interview in den Zeitungen stehen: ‚Die Bayernpartei hat durch ihre blosse Existenz ihre Berechtigung gefunden, sozusagen aus dem Reflex, den sie auf die anderen Parteien auslöst. Baumgartners Kampf ist echt und gerecht'. Dabei erklärt Dr. Baumgartner, dass die Regierung Ehards die schlechteste sei, die Bayern jemals gehabt habe. [...] Diese Erklärungen, Dr. Hundhammer, machen es mir unmöglich, von ganzem Herzen noch weiter tätig zu sein. Die Bayernpartei stellt ihre ganze Agitation auf dieses Hundhammer-Interview ein, die Bayernpartei frägt, wie könnt ihr überhaupt noch bei der CSU bleiben, wenn ein Mann wie Hundhammer solches sagt. Geschlossene Gruppen erklären ihren Austritt. So machen wir uns selbst kaput[t]."

Zum zweiten war es der desolate Zustand der Partei und ihres Apparats, der auf vehemente Kritik stieß. Dieser Punkt wurde zwar eindeutig dem Landesvorsitzenden angelastet, es gab jedoch auch Stimmen, die den Abgeordneten in Erinnerung riefen, daß die Landesleitung „von draussen her bewusst sabotiert" werde und daß die CSU besser dastünde, wenn man den Ochsensepp nicht bewußt „ausgehungert" hätte. Zum dritten zeigte die Diskussion, wie übermächtig der Wunsch nach einem Ende der ständigen Streitereien inzwischen geworden war, die selbst für viele Landtagsabgeordnete kaum mehr zu durchschauen waren. Man war des Kampfes müde geworden, und manche plädierten sogar dafür, den Kontrahenten in der Parteiführung den Laufpaß zu geben,

---

[345] Vgl. dazu allgemein Gelberg, Hans Ehard, S. 188–274, und Kock, Bayerns Weg, S. 285–326.

wenn sie sich nicht einigen könnten. „Wir stehen in einer ernsten Zeit", rief der Schwandorfer Abgeordnete Josef Krempl seinen Fraktionskollegen zu, „gibt es denn da keine Möglichkeit und keinen Weg, dass wir auf eine Ebene kommen und dass wir bei der nächsten Landesversammlung die CSU wirklich zur grossen geeinten Partei machen"? Doch den Königsweg zu diesem Ziel, und dies ist der vierte Punkt, der in der Fraktionssitzung am 17. Februar deutlich wurde, kannte keiner der Abgeordneten. Appelle und Parolen waren nur zu oft zu hören, brauchbare Vorschläge, wie die Konflikte beigelegt werden könnten, dagegen kaum.

Alois Hundhammer und Josef Müller nützten die Fraktionssitzung natürlich, um ihre Standpunkte noch einmal zu verdeutlichen. Hundhammer, der offensichtlich nicht damit gerechnet hatte, in der Fraktion so stark unter Beschuß zu geraten, machte gleich zu Anfang seiner Ausführungen klar, daß er bereit war, „alle äussersten Konsequenzen" zu ziehen und notfalls auch zurückzutreten. Sein heftig kritisierter Artikel in der Münchner Allgemeinen sei nichts anderes als ein Reflex auf den krisenhaften Zustand der CSU. Man könne „die Dinge" schließlich nicht weiter „faulen" lassen, und sein „Alarmschuss in der Öffentlichkeit" sei notwendig geworden, nachdem seine interne Kritik nichts gefruchtet habe. Man stehe vor wichtigen Entscheidungen, von denen nicht nur die Zukunft Bayerns, sondern auch die Zukunft der CSU abhänge. Wenn die Partei sich auf eine einheitliche Linie bei der Abstimmung über das Bonner Grundgesetz einigen könne, sei schon viel gewonnen, wenn nicht, sei „der Bruch unvermeidbar". Ein weiterer Meilenstein sei die bevorstehende Wahl zum ersten Parlament des westdeutschen Staates. Wenn die CSU sich dieser Wahl in der gegenwärtigen Verfassung stelle, „nämlich als langsam sterbende Partei", dann bestehe die Gefahr, daß sie von der Bayernpartei überflügelt werde. Weiter führte Hundhammer aus:

„Die Bayernpartei kann in Bayern die stärkste, die SPD die 2. und die CSU die 3. Partei werden. Folge ist: Der Landtag ist nicht mehr zu halten, er wird aufgelöst. In der neuen Landtagswahl aber ist dann für die CSU der Wahlkampf auch schon zur Hälfte verloren, es kommt so, dass die Bayernpartei bei uns die Regierung bildet, mit der SPD oder mit uns, – oder dass die SPD ihrerseits die Regierung bildet, allein oder mit wem sie eben will. In jedem Fall wird die Regierung von der SPD geführt, und es ist Schluss mit dem christlichen und föderalistischen Kurs. In den anderen Staaten sackt die christliche Politik dann ebenfalls hinunter. [...] Wenn wir die CSU in Ordnung bringen wollen, dann ist es notwendig, dass die Parteispitze geändert wird, Müller, Horlacher, Haussleiter als Spitze ist eine Unmöglichkeit, desgleichen ist der geschäftsführende Vorstand so einseitig, dass er im selben Fahrwasser segelt. Unter dieser Führung hat die CSU die Hälfte der Mitglieder verloren. In der Landesvorstandschaft und in der Landesgeschäftsstelle ist die Partei in einem Zustand, der Verwesung bedeutet. Dieser Kurs ist nicht mehr tragbar. Wenn eine Direktion die Hälfte des Geschäftsvermögens verloren hat, dann muss sie eben abgelöst werden. Die Mehrheit im bürgerlichen Lager muss so zusammengeführt werden, dass die SPD nie die stärkste Partei in Bayern werden kann. Diese Zusammenführung ist unmöglich, wenn Müller Landesvorsitzender bleibt, und deshalb muss Müller die letzten Konsequenzen ziehen."

Und an anderer Stelle fügte Hundhammer noch hinzu: „Der Vater der Bayernpartei ist Dr. Josef Müller." Nach dieser Philippika ergriff der Parteivorsitzende, psychisch und physisch sichtlich angeschlagen, das Wort. Er stellte die Erfolge der Union heraus und appellierte an die eigene Stärke. Wo der Kultusminister das Ausmaß der Gefährdung der CSU durch die Bayernpartei überschätzte, weigerte sich der Parteichef, den Problemen ins Auge zu sehen. „Eine Partei wie die Union kann ihre Politik nicht bestimmen lassen von der Rücksichtnahme [auf eine] kleine Partei", erklärte Müller und mahnte zugleich eine „klare Frontlinie gegen jeden Radikalismus" an, auch gegen die Bayernpartei, „die zu 70% eine Sammlung radikaler Elemente" sei. Dem Fraktionsvorsitzenden warf Müller vor, in dieser schwierigen Zeit nicht zur Beruhigung der verunsicherten CSU-Anhänger beizutragen, sondern mit seinen öffentlichen Äußerungen zusätzliche Irritationen auszulösen. „Wenn Hundhammer dem Volk dauernd das Bewusstsein gibt, dass er sich noch nicht klar ist, ob die CSU das Richtige ist [...], wie sollen dann die Leute ihrerseits klare Entscheidungen treffen?" Müller stellte den staatsbayerisch-bavariozentrischen Ausführungen Hundhammers wirtschafts- und sozialpolitische Leitgedanken entgegen. Die CSU könne nur dann bestehen, wenn sie wirtschaftliche Erfolge vorweisen könne und dafür sorge, „dass das Volk ein Existenzminimum" habe. Man könne mit dem Kommunismus nur durch eine Wirtschaftspolitik fertig werden, bei der „die Persönlichkeit entwickelt [...] und die Gesellschaftsordnung evolutionär organisch neu gestaltet" werde. Müller fuhr fort:

„Sie werden mich nie in einem Lande sehen, das draussen nicht mehr ernst genommen wird; wenn sie heute ein Bayernlied spielen lassen, [be]wirken sie mehr als mit einem Appell an die Vernunft. Deshalb denke ich nach, ob man mit diesen Zeiterscheinungen noch fertig werden kann. Hundhammer, Du wirst mit ihnen nicht fertig, wenn Du nur auf der Ebene des Heimatgefühls arbeitest; mit dem Staatspräsidenten, auch mit einer Krone drauf, schaffst Du es nicht, da gibt es nur noch mehr Elend. Mir geht es um die evolutionäre soziale Entwicklung."

Daß es mit dem Parteiapparat und den Parteifinanzen seit der Währungsreform nicht zum besten stand, gab Müller offen zu. Zugleich klagte er jedoch über die Obstruktionspolitik verschiedener Bezirksverbände, die sich weigerten, die satzungsgemäßen Zahlungen an den Landesverband zu leisten, über die schlechte Zahlungsmoral der Mitglieder und über die fehlende Opferbereitschaft, ohne die eine Partei nicht zu halten sei. Resigniert und ausgelaugt gab der Parteichef den Landtagsabgeordneten auch zu verstehen, daß er unter bestimmten Umständen durchaus bereit sei, sein Amt niederzulegen und sich aus dem politischen Leben zurückzuziehen[346].

Die Reden Hundhammers und Müllers blieben bei den Abgeordneten nicht ohne Wirkung. Die Kritik des Fraktionsvorsitzenden am desolaten Erscheinungsbild der CSU und seine staatspolitisch-föderalistischen Überzeugungen stießen bei der Fraktionsmehrheit auf lebhafte Zustimmung. Der Parteivorsitzende wußte dagegen seine glänzenden politischen Verbindungen in die Waagschale zu werfen und verstand es, die Abgeordneten mit seinen gesellschaftspolitischen Vorstellungen in deutscher und europäischer Perspektive zu beeindrucken. In der Fraktion wuchs deshalb im Laufe der Debatte die Überzeugung, daß es sich die CSU nicht leisten könne, Müller oder Hundhammer zu verlieren, und daß sich die Flügelkämpfe nicht einfach beenden ließen, wenn lediglich die Parteispitze ausgewechselt würde. Konstruktive Vorschläge hatte kaum einer der Abgeordneten zu machen, lediglich Georg Meixner, der Domkapitular aus Bamberg, trat mit einer Rede vor die Fraktion, die in die Zukunft wies und wieder etwas Mut machte. Meixner, der als katholischer Priester besonderes Ansehen genoß und vor 1933 bereits die BVP im Landtag vertreten hatte, stand gleichsam zwischen den Fronten. In kultur- und staatspolitischen Fragen vertrat er Hundhammers

---

[346] Müller erklärte, er trete sofort ab, wenn die innerparteiliche Opposition seine finanziellen Verpflichtungen aus seinem Engagement für die Partei übernehme. Diese Stelle ist im Protokoll handschriftlich dick unterstrichen; ein Schreiben von Fritz Schäffer an Ernst Rattenhuber vom 23. 2. 1949 (BAK, NL Schäffer 26, o. P.), legt die Vermutung nahe, daß es bei den Gegnern Müllers Überlegungen gab, dem Ochsensepp ein entsprechendes Angebot zu machen.

Positionen, andererseits unterstützte er Müller in seinem Bemühen, eine interkonfessionelle, sozial progressive Volkspartei aufzubauen. Meixner zog schonungslos Bilanz:

„Unsere CSU ist in einer denkbar schlechten Verfassung, organisatorisch und finanziell, aber auch in der Wertung in den Augen der Wählerschaft. Wir haben mit einem riesigen Schwung begonnen, ein riesiges Vertrauenskapital gehabt, und heute sind wir daran, das alles zu verwirtschaften. Warum ist die CSU so scharf rückläufig? Wir erkennen an, dass Gründe da sind, die nicht bei uns liegen. Eine Regierungspartei muss sich in einer Zeit der Hilflosigkeit verbrauchen. Aber es sind auch Gründe da, die wir in Händen haben: innerhalb der Führung der CSU! Es herrscht in der Partei eine allgemeine Verdrossenheit, die Landesleitung wird von draussen her bewusst sabotiert. Auch andere Parteien haben ihre inneren Differenzen. Warum können diese Differenzen bei uns nicht innerhalb der Doppeltüren ausgemacht werden? Wir sind nie vor Überraschungen sicher, wenn wir die Zeitung aufmachen [. . .]. Was fehlt unserer Partei? Es fehlt das gegenseitige Vertrauen, die innere Wahrhaftigkeit, die Selbstlosigkeit im Dienste einer grossen Idee und das brüderliche Zusammengehörigkeitsgefühl. Es fehlt weiter die Disziplin sowohl in der Partei, wie in der Fraktion. [. . .] Ferner fehlt der Partei die gründliche Organisationsarbeit, der gewissenhafte, fleissige, selbstlose Generalsekretär, der von oben her die Arbeit genau [. . .] organisiert. Die SPD ist uns weit überlegen, was Mitgliederinformierung anlangt. Es müssten endlich die Abgeordneten und die Presse mit allen notwendigen Informationen versorgt werden, diese Arbeit war vorbildlich bei der BVP. [. . .] Man muss sich schämen, wenn die Regierungspartei in solch kläglicher finanzieller Verfassung ist. Notwendig ist weiter, dass Ernst gemacht wird mit der Revision der Satzungen, mit der Angleichung der Stimmenstärken. Wir haben heute die zwei Reden der führenden Männer gehört, beide haben grosse Gesichtspunkte vorgetragen, sowohl die staatspolitischen Gedanken Dr. Hundhammers wie die aussen- und wirtschaftspolitischen Erwägungen Dr. Müllers. Ich frage: Sind hier Gegensätze zu Tage getreten? Ergänzen sich diese 2 Gedankenreihen denn nicht? Sie müssen ineinander gefügt werden. Haben wir es denn notwendig, ständig in der Defensive zu stehen? Mir sagte ein einfacher Mann, dass er in seinen Versammlungen nur eines ausspreche: [H]abt ihr euch die Jahre nach 1945 nicht viel schlimmer vorgestellt, haben wir euch also nicht gut geführt? Haben wir nicht das Verdienst des Übertrittes von der Zwangs- zur freien Wirtschaft? Ich frage, hat nicht die Fraktion selbstlos und fleissig gearbeitet? Wir haben wirklich keinen Grund, uns zu verstecken. Denn, wir sind es gewesen, die es unternommen haben, den grossen Trümmerhaufen aufzuräumen. Vor dem Katastrophenwinter 1947/48 haben wir allein die Verantwortung übernommen und wir sind aufwärts gekommen. Was ist unsere Aufgabe: Die Sorge um die Einigkeit! Die CSU ist ein grosser Gedanke. Die Kirchen beider Konfessionen stehen zu diesem Gedanken. [. . .] Wir stehen vor der praktischen Frage: Was ist zur Bereinigung zu tun? Ich schätze Dr. Müller als Mann von ungeheurer Leistungsfähigkeit und grossem internationalen Ansehen. Ich schätze Dr. Hundhammer als geradlinigen Mann, auf den das ganze christliche Volk mit grösster Hochachtung schaut. Gibt es nun keine Möglichkeit zur Bereinigung? Ich sehe sie in folgendem: Zuständig ist die Landesversammlung, sie ist zum frühest möglichen Termin einzuberufen. Diese Versammlung wählt ein Direktorium von 3 Männern, sorgfältig ausgelesen, auch ein evangelischer Christ aus Franken darunter. Diese 3 Männer wählen aus ihrer Mitte den Vorsitzenden. Jeder von diesen dreien hat seine eigene Zuständigkeit, der eine vielleicht Aussenpolitik, der andere vielleicht bayerische Politik, der 3. die Organisation. Auf diesem Weg müssten wir doch die Partei in die Form bringen, in der wir sie alle haben wollen."

Der Vorschlag, ein Direktorium an die Spitze der CSU zu stellen, war nicht neu, und es ist mehr als fraglich, ob eine gedeihliche Zusammenarbeit zwischen Exponenten der verschiedenen Parteiflügel nach Jahren der erbitterten Auseinandersetzungen überhaupt noch möglich gewesen wäre. In der mehr als verfahrenen Situation des Frühjahrs 1949 schien dieser Vorschlag jedoch einen Ausweg aus der Dauerkrise zu bieten. Selbst Hundhammer nahm diese Anregung auf. Ansonsten endete die Fraktionssitzung ohne konkretes Ergebnis, und die Abgeordneten gingen auseinander, ohne einen Beschluß hinsichtlich der innerparteilichen Situation gefaßt zu haben.

### *c) Anton Hergenröder und die Initiative des Bezirksverbands Oberfranken*

Die Initiative, die letztlich zum Sturz Josef Müllers führte und die Chance für einen Neuanfang eröffnete, ging von einer Seite aus, von der man es niemals erwartet hätte – und war vielleicht gerade deshalb erfolgreich: vom Bezirksverband Oberfranken, der bislang eine der stärksten Bastionen des Parteivorsitzenden gewesen war. Der neugewählte oberfränkische Bezirksvorstand, dem als Abgeordneter des Stimmkreises Bamberg auch Hans Ehard angehörte, diskutierte am 26. Februar 1949 über die krisenhafte Situation der Partei und die Frage des Landesvorsitzes[347]. Dabei zeigte sich, daß die überwiegende Mehrheit der Vorstandsmitglieder den Ministerpräsidenten als neuen Parteichef favorisierte, der aber nur vage sein Einverständnis signalisierte, die Führung der CSU zu übernehmen[348]. Anton Hergenröder, der Bezirksvorsitzende, Gerhard Kroll und Bernhard Ostwald, der Vorsitzende des Kreisverbands Rehau, übernahmen die unangenehme Aufgabe, Josef Müller von diesem Ergebnis in Kenntnis zu setzen. Am 1. März fand eine Besprechung statt, an der auch August Haußleiter teilnahm. Das ausführliche Protokoll, das der Ochsensepp anfertigen ließ, spiegelt die spannungsgeladene, aggressive Atmosphäre der Aussprache ebenso wider wie die immer breiter werdenden Risse im ehemals festgefügten Müller-Flügel. Der Parteichef machte keinen Hehl daraus, daß er das Vorgehen der Oberfranken als „Kampferöffnung" betrachtete[349]. Gerhard Kroll, bei Müller in Ungnade gefallen, versuchte, dem zwischen Zorn und Resignation schwankenden Landesvorsitzenden die Motive des Bezirksvorstands zu erklären:

> „Die Situation in Ofr. ist folgende: Man glaubt, dass der Streit in der Union im Augenblick dadurch überwunden werden könnte, wenn Dr. Müller bei der nächsten Landesversammlung erklärt, aus irgendwelchen Gründen könne er es nicht mehr machen, und an seiner Stelle Ehard vorübergehend Vorsitzender wird. Das ist die Meinung einer Versammlung, die bestimmt nicht beeinflusst war, und das ist die Meinung einer breiten Schicht. Es ist kein böses Wort gegen Müller gefallen. Ich stehe auch auf dem Standpunkt, dass es im Augenblick gut wäre, wenn ein solcher Wechsel kommen würde, einfach, weil sich die Gesamtpartei eine Beruhigung der Gesamtsituation verspricht. Es soll nicht heissen, dass Dr. Müller abgehalftert wird, dass man ihn nach Hause schickt. Die sämtlichen Versammlungsteilnehmer haben Wert darauf gelegt, dass er Justizminister bleibt und dass er in ein entsprechend hohes Amt in den Bund geschickt wird. Es ist von mir der Antrag gestellt worden, dass nicht, wie es sonst in der Union geschieht, solche Dinge hinter dem Rücken besprochen werden, sondern dass Dr. Müller sofort unterrichtet wird [...]. Es ist auch ganz offen besprochen worden, wenn kein Mann da wäre, dem man das Vertrauen entgegenbringen könne, durch die kommenden Bundeswahlen hindurchzukommen, hätte man wahrscheinlich überhaupt den Beschluss gefasst, auseinanderzugehen."

Besonders der neue Bezirksvorsitzende hatte den Unmut Josef Müllers auf sich gezogen. Denn Hergenröder war schon am 19. Februar 1949 an die anderen Bezirksvorsit-

[347] IfZ-Archiv, ED 720 Smlg. Mintzel 45, Rundschreiben Anton Hergenröders an die Mitgieder des Bezirksvorstands vom 8. 2. 1949 sowie Einladung und Tagesordnung für die Sitzung des Bezirksvorstands am 26. 2. 1949 in Bamberg vom 11. 2. 1949. Vgl. auch Mintzel, Anatomie, S. 242f.

[348] In einem Rundschreiben Anton Hergenröders an alle Bezirks- und Kreisverbände sowie an die Regierungsmitglieder und Landtagsabgeordneten vom 4. 3. 1949 (IfZ-Archiv, ED 720 Smlg. Mintzel 45) hieß es: „Ministerpräsident Ehard erklärte in seiner Rede, daß die Union für ihn die Idee einer großen, unpersönlichen Einheit, aber keine persönliche Richtung darstelle, und daß er um der großen Aufgabe willen seine ganze Kraft der Union zur Verfügung stelle."

[349] ACSP, NL Müller 133, Protokoll einer Besprechung zwischen Josef Müller, August Haußleiter, Anton Hergenröder, Gerhard Kroll und Bernhard Ostwald vom 1. 3. 1949. Fränkischer Tag vom 1. 3. 1949: „Oberfranken leitet CSU-Reform ein".

zenden herangetreten und hatte sie für den 12. März zu einer Besprechung nach Ingolstadt eingeladen, um „ausserhalb der eigentlichen Parteiorgane" über einen Ausweg aus der verfahrenen Situation zu beraten[350]. An und für sich hätte dieser Vorstoß den Landesvorsitzenden nicht zu beunruhigen brauchen, da eine Konferenz der Bezirksvorsitzenden von den Statuten der CSU nicht vorgesehen war und somit auch keine bindenden Entscheidungen treffen konnte. Andererseits gehörten die Vorsitzenden der Bezirksverbände aber zu den einflußreichsten Politikern der CSU, und ihr Wort hatte vor allem dort Gewicht, wo über die künftige Parteiführung entschieden wurde: bei den Kreisverbänden und den von ihnen nominierten Delegierten für die bevorstehende Landesversammlung. Sollten sich die Bezirksvorsitzenden auf eine gemeinsame Stellungnahme zu den Flügelkämpfen und besonders zur Person des Landesvorsitzenden einigen können, dann hatten sie durchaus die Chance, die bestehenden Kräfteverhältnisse entscheidend zu verändern. Josef Müller erkannte diese Gefahr – was nach der Konferenz vom 1. März aber auch keine besondere Kunst war – und reagierte sofort. Um die Initiative Hergenröders zu konterkarieren, berief er ebenfalls für den 12. März eine Sitzung des Landesvorstands nach München ein[351]; wenn sich eine offene Diskussion über die gegenwärtige Krise der CSU und damit auch über seine eigene politische Zukunft schon nicht vermeiden ließ, dann sollte sie wenigstens in einem Gremium stattfinden, dem er selbst vorstand.

### *d) Das Wochenende der Weichenstellungen – die Tagungen und Konferenzen am 12. und 13. März 1949*

Doch die Aussprache der Bezirksvorsitzenden ließ sich nicht verhindern. Man traf sich nicht wie vorgesehen in Ingolstadt, sondern tagte am Morgen des 12. März in der Münchner Geschäftsstelle des Bezirksverbands Oberbayern, dem Zentrum der innerparteilichen Opposition[352]. Die Bezirksvorsitzenden, beileibe nicht nur Gegner des Ochsensepp, waren sich darüber einig, daß „das Vertrauen der Mitglieder und Wähler entscheidend von der Besetzung der Parteispitze abhinge". Sie kamen deshalb überein, Josef Müller zum Rücktritt aufzufordern und Ministerpräsident Ehard den Landesvorsitz der CSU anzutragen. Den Bezirksvorsitzenden, die eigentlich auf der Seite Müllers standen, aber die Notwendigkeit erkannten, die inneren Konflikte endlich beizulegen, wurde diese Entscheidung durch die Erklärung Hundhammers erleichtert, der ausdrücklich feststellte, daß er nicht beabsichtige, „sich an der Neubildung der Parteispit-

---

[350] ACSP, NL Müller 133, Rundschreiben Anton Hergenröders an die Bezirksvorsitzenden der CSU vom 19. 2. 1949.

[351] BayHStA, NL Ehard 1047, Rundschreiben der Landesgeschäftsstelle der CSU, gez. Heinz Heggenreiner, an „die Mitglieder der Landesvorstandschaft" der CSU vom 3. 3. 1949. Zu den Ereignissen des 12. und 13. 3. 1949 vgl. auch Hettler, Josef Müller, S. 394 ff.

[352] IfZ-Archiv, RG 260, 7/29–1/13–16, Bericht des amerikanischen Generalkonsulats in München über die Lage der CSU an das State Department vom 17. 3. 1949; IfZ-Archiv, RG 260, 13/143–3/4, Bericht Pierre M. Purves' über die Lage der CSU an den stellvertretenden Direktor von OMGBY vom 23. 3. 1949; IfZ-Archiv, ED 720 Smlg. Mintzel 45, Informations-Rundschreiben Nr. 1/49 des Bezirksverbands Oberfranken vom 15. 3. 1949; Bericht über die Sitzung des Landesvorstands am 12. 3. 1949, in: Die Politische Information 9/10–49; die beiden folgenden Zitate finden sich ebenda. Auch der Presse war die Bedeutung der Konferenz der Bezirksvorsitzenden und der anschließenden Sitzung des Parteivorstands nicht entgangen: SZ vom 8. 3. 1949: „. . . und findet die CSU eine Klärung? Der Machtkampf Dr. Josef Müllers/Die Entscheidung liegt bei Dr. Ehard".

ze in irgendeiner Form persönlich zu beteiligen". Dem Kultusminister war offensichtlich klar, daß er selbst keine Chance auf den Landesvorsitz oder das Amt eines stellvertretenden Landesvorsitzenden hatte und daß der Weg zum Sturz Müllers nur über die Aufgabe eigener Ambitionen führte.

Josef Müller dachte nicht daran, kampflos das Feld zu räumen. Während die Bezirksvorsitzenden über die Neuformierung der Parteispitze verhandelten, beriet sich der in die Enge getriebene Parteichef wenige Straßen weiter mit seinen wichtigsten Gefolgsleuten[353], zu denen auch wieder August Haußleiter gehörte, der durch seine Unterstützung für die angeblich überparteiliche Deutsche Union ins Abseits geraten war[354]. Müller und seine Getreuen einigten sich auf eine zweigleisige Strategie: Zunächst galt es, während der bevorstehenden Sitzung des Landesvorstands eine Entscheidung über den Parteivorsitz unter allen Umständen zu verhindern; diese Frage sollte zu einem günstigen Zeitpunkt der Landesversammlung vorgelegt werden. In der Zwischenzeit wollte man Hundhammers ständige Angriffe auf den Parteivorsitzenden als Hebel benutzen, um den mächtigen Kultusminister aus der Partei zu drängen.

Die Nerven der Vorstandsmitglieder waren bis zum Zerreißen gespannt, als Josef Müller die Vorstandssitzung mit einem Bericht über die desolate Finanzlage der CSU und ihres Parteiorgans Der Gerade Weg eröffnete[355]. Das Thema Parteifinanzen war ein mehr als heißes Eisen; schließlich hatten die Wortführer der innerparteilichen Opposition, allen voran Alois Hundhammer, dem Landesvorsitzenden wiederholt schwerwiegende organisationspolitische Versäumnisse und Mißmanagement vorgeworfen[356], und in der Öffentlichkeit kursierten die wildesten Gerüchte über den Schuldenstand der CSU. Müller blieb nichts anderes übrig, als die schwere Finanzkrise der Partei einzugestehen, aber er versuchte aus diesem Eingeständnis eine Waffe gegen seine Widersacher zu schmieden. Die Partei habe Schulden, ja, aber dies sei nicht auf Fehler der Parteiführung zurückzuführen, sondern resultiere daraus, daß die Bezirksverbände ihren Zahlungsverpflichtungen nicht nachgekommen seien. Der Durchschnitt der seit der Währungsreform geleisteten Zahlungen betrage nur 13 Prozent, und der Bezirksverband Oberbayern, immerhin der größte und mitgliederstärkste Bezirk, habe überhaupt nur vier Prozent seiner Beitragsverpflichtungen erfüllt. Man kön-

353 IfZ-Archiv, RG 260, 7/29–1/13–16, Bericht des amerikanischen Generalkonsulats in München über die Lage der CSU an das State Department vom 17. 3. 1949.

354 ACSP, CSU-LTF I, 15–14, Protokoll der Fraktionssitzung am 17. 2. 1949; BSB, NL Schwend 2, ungezeichnete Notiz „Bevorstehende Wahl des Landesvorsitzenden" vom 17. 3. 1949.

355 IfZ-Archiv, RG 260, 7/29–1/13–16, Bericht des amerikanischen Generalkonsulats in München über die Lage der CSU an das State Department vom 17. 3. 1949; IfZ-Archiv, RG 260, 13/143–3/4, Bericht Pierre M. Purves' über die Lage der CSU an den stellvertretenden Direktor von OMGBY vom 23. 3. 1949; IfZ-Archiv, ED 720 Smlg. Mintzel 45, Informations-Rundschreiben Nr. 1/49 des Bezirksverbands Oberfranken vom 15. 3. 1949; Bericht über die Sitzung des Landesvorstands am 12. 3. 1949, in: Die Politische Information 9/10–49; BSB, NL Schwend 2, Franz Xaver Butterhof an Hans Ehard vom 14. 3. 1949 und Rundschreiben Nr. 3/49 des CSU-Bezirksverbands Unterfranken vom 16. 3. 1949; ACSP, NL Müller 144, Otto Kalbskopf an die CSU-Landesleitung vom 26. 3. 1949. Ein Protokoll der Sitzung des Landesvorstands am 12. 3. 1949 wurde „aus Geheimhaltungsgründen" nicht geführt (ACSP, NL Müller 133, Josef Müller an Anton Hergenröder vom 14. 4. 1949); in den Akten (ACSP, NL Müller 9) findet sich neben der Anwesenheitsliste lediglich eine kurze Notiz über die besprochenen Finanz- und Organisationsfragen, Anträge und eine Presseerklärung, die jedoch fälschlicherweise auf den 11.3. datiert ist.

356 BAK, NL Schäffer 26, Bl. 79ff., Der oberbayerische Informationsbrief 4/49 vom 14. 2. 1949; ACSP, CSU-LTF I, 15–14, Protokoll der Fraktionssitzung am 17. 2. 1949.

ne nicht erwarten, erklärte Müller kämpferisch, daß er diesem „finanziellen Terror" weiche[357].

Mit diesem nicht ungeschickten Versuch, selbst in die Offensive zu gehen und den Schwarzen Peter an seine Gegner zurückzugeben, hatte Müller aber auch ungewollt die Debatte über die Neuformierung der Parteiführung eingeleitet. Die finanzielle Krise der CSU könne „ohne eine Behandlung der Frage der Parteiführung auf die Dauer nicht gelöst werden", machten Konrad Kübler und Anton Hergenröder, die Vorsitzenden der Bezirksverbände Niederbayern und Oberfranken, nachdrücklich klar, und Alois Hundhammer und sein Münchner Kollege Hugo Geiger stellten wenig später unter Beweis, daß sie solche Worte durchaus ernst nahmen. Als Michael Horlacher vorschlug, alle Anwesenden sollten der Partei 100 DM spenden, um die größte Not zu lindern, weigerten sie sich, solchen Aufforderungen nachzukommen, bis die Partei in den richtigen Händen sei. Müller konnte sich zwar lautstark über das Ergebnis dieser Sammlung beschweren und darüber klagen, daß sich hier wieder einmal zeige, wie „ein Teil der Parteifreunde versuche, ihn durch Entzug der Geldmittel aktionsunfähig zu machen", aber er hatte keine Handhabe, um gegen diese Obstruktionspolitik vorzugehen. Wie so oft in entscheidenden Situationen wurde auch diesmal weniger über mögliche Auswege aus der Dauerkrise der Partei diskutiert als über die Affären und Skandale, die die CSU in den letzten Jahren in Atem gehalten hatten. Daß dies nicht gerade dazu beitrug, die Atmosphäre zu entgiften, liegt auf der Hand.

Müller und Haußleiter versuchten immer wieder, der Diskussion eine andere Richtung zu geben und durch eigene Attacken noch unentschlossene Vorstandsmitglieder auf ihre Seite zu ziehen. Haußleiter ging sogar so weit, seine schon in der Presse erhobenen Vorwürfe zu wiederholen, die jüngsten Angriffe gegen den Parteivorsitzenden seien nichts anderes als die „Frühjahrsoffensive der Staatskanzlei"[358]. Damit traf er selbstverständlich auch Ministerpräsident Ehard, die zentrale Figur im Kampf um den Parteivorsitz, der nur mit Mühe davon abgehalten werden konnte, die Sitzung unter Protest zu verlassen. Ehards eigene Rede, in der er alle offen und verdeckt gegen ihn erhobenen Vorwürfe ungewöhnlich heftig zurückwies, war von allen Anwesenden mit Spannung erwartet worden. Doch der Ministerpräsident vermied es auch diesmal, eindeutig zu der brennenden Frage Stellung zu nehmen, ob er bereit sei, den Parteivorsitz zu übernehmen oder nicht. Der amerikanische Generalkonsul konnte deshalb nur berichten, Ehard habe lediglich durchblicken lassen, er sei unter bestimmten Umständen zu einer Kandidatur bereit. Dies war einem offiziösen Bericht über die Sitzung des Landesvorstands, der in der von der Landesleitung herausgegebenen vertraulichen Korrespondenz Die Politische Information erschien, nicht unbedingt zu entnehmen.

[357] Bericht über die Sitzung des Landesvorstands am 12. 3. 1949, in: Die Politische Information 9/10–49; das folgende Zitat findet sich ebenda. Zutiefst empört schrieb Otto Kalbskopf am 26. 3. 1949 an die Landesleitung der CSU (ACSP, NL Müller 144): „In der Landesvorstandssitzung wurde von uns allen erwartet, dass Dr. Hundhammer und sein Anhang gegen Dr. Josef Müller nun wirklich schwerwiegende Gründe vorbringen würden. Nichts dergleichen. Schulden waren vorhanden. Ja, jeder alte Politiker weiss, dass schon immer die politischen Parteien Schulden hatten. [...] Wenn aber diese Schulden besonders dadurch entstanden sind, dass die eigenen Bezirksverbände der Landesleitung die Luft abschnüren durch Verweigerung der satzungsmässigen Beiträge und wieder gerade der Bezirk Oberbayern, dessen Vorsitzender Dr. Hundhammer ist, mit 4 % weit unter der untersten Grenze liegt, so ist damit klar erwiesen, wo die wirklich Schuldigen sitzen."

[358] IfZ-Archiv, RG 260, 7/29–1/13–16, Bericht des amerikanischen Generalkonsulats in München über die Lage der CSU an das State Department vom 17. 3. 1949; das folgende nach diesem Bericht.

Der Ministerpräsident wurde dort mit den Worten zitiert, „er strebe nicht danach, Parteivorsitzender zu werden“[359]. Weiter hieß es in dem Bericht über die Rede Ehards:

„Was wir brauchen, ist eine homogene Parteileitung. Ich habe mich stets bemüht, mit allen in der Partei zusammenzuarbeiten. Er sähe die Zukunft der Union so an, entweder habe sie soviel Kraft, dass sie die grosse Masse zusammenhält, dann ist unter Umständen eine Reorganisation denkbar, oder es hängt nur an einer Person oder auch an mehreren, dann ist alles andere zwecklos, dann wird auch bei den Bundeswahlen die SPD die Mehrheit bekommen. Was das bedeutet, wenn für 4 Jahre die SPD im Bund regiert, den Präsidenten und den Bundeskanzler stellt, könne jeder selbst ermessen. Wenn wir in der Union nicht zu einem echten Zusammenspiel kommen, kann auch kein Einzelner, und möge er noch soviel Ansehen geniessen, die Sache retten.“

Kurz vor dem Ende der mehrstündigen Vorstandssitzung wurde die Frage, wer die Partei künftig führen sollte, noch einmal angeschnitten. Es war Karl Sigmund Mayr, der Vorsitzende des Bezirksverbands Mittelfranken, der Müller, unterstützt von einflußreichen oberfränkischen und niederbayerischen Kollegen, darum bat, freiwillig zurückzutreten und den Weg für eine Parteiführung der Mitte unter der Führung Hans Ehards freizumachen. Der Appell Mayrs, der lange Zeit zu den treuesten Gefolgsleuten des Landesvorsitzenden gehört hatte, zeigte einmal mehr, wie dünn die Luft für Josef Müller geworden war[360]. Der Ochsensepp erklärte aber lediglich stereotyp, die bevorstehende Landesversammlung werde über die Führungsfrage entscheiden. Wann dieser Parteitag jedoch einberufen werden sollte, blieb offen. Hundhammers Forderung, die Delegierten baldmöglichst zusammenzurufen, fand keine Mehrheit, und so konnte sich Müller mit der Ankündigung aus der Affäre ziehen, die Landesversammlung werde Anfang Mai tagen[361].

Als die Landesvorstandssitzung zu Ende ging, hatte der Parteivorsitzende zwei wesentliche Ziele erreicht: Es war ihm gelungen, jede Entscheidung über die künftige Parteiführung zu vermeiden, und er hatte durch das Hinausschieben der bevorstehenden Landesversammlung mehrere Wochen Zeit gewonnen. Die Konferenz der Bezirksvorsitzenden und die Sitzung des Parteivorstands am 12. März machten jedoch überdeutlich, daß Josef Müller kaum noch mehr war als ein Landesvorsitzender auf Abruf.

Damit war das Wochenende der Weichenstellungen aber noch nicht vorüber. Einen Tag nach der Marathonsitzung des Landesvorstands trafen sich am Sonntag, den 13. März in Nürnberg etwa 30 führende Politiker der CSU, Landtagsabgeordnete, Mitglieder des Wirtschaftsrats und des Parlamentarischen Rats und verschiedene Kreis- und Bezirksvorsitzende, um erneut über die Krise der Union und die Person des künftigen Parteivorsitzenden zu beraten[362]. Es waren vor allem Politiker aus dem fränkisch-protestantischen Raum, die Josef Müller, den Garanten der interkonfessionellen Idee und Bannerträger gesamtdeutschen Gedankengutes, stets unterstützt hatten. Sollten

[359] Bericht über die Sitzung des Landesvorstands am 12. 3. 1949, in: Die Politische Information 9/10–49; das folgende Zitat ebenda.

[360] ACSP, NL Müller 16, Karl Sigmund Mayr an Josef Müller vom 15. 3. 1949.

[361] Der Antrag Müllers, der bei vier Gegenstimmen angenommen wurde, lautete: „Die Landesversammlung findet statt nach Vorliegen des Bonner Ergebnisses, wenn möglich spätestens um die Zeit des 1. Mai 1949.“ ACSP, NL Müller 9.

[362] Bericht über die Sitzung des Landesvorstands am 12. 3. 1949, in: Die Politische Information 9/10–49; IfZ-Archiv, ED 720 Smlg. Mintzel 45, Informations-Rundschreiben Nr. 1/49 des Bezirksverbands Oberfranken vom 15. 3. 1949; ACSP, NL Müller 16, Karl Sigmund Mayr an Josef Müller vom 15. 3. 1949, Paul Nerreter an Josef Müller vom 16. 3. 1949 und Paul Nerreter an Georg Meixner vom 16. 3. 1949.

sie ihn nun fallenlassen, weil der Druck aus den Reihen der innerparteilichen Opposition übermächtig zu werden drohte? Sollten sie den Mann, in den sie so große Hoffnungen gesetzt hatten, im Verein mit denen stürzen, die keine Gelegenheit ausgelassen hatten, Müllers Politik zu torpedieren? Franz Xaver Butterhof, seit 1946 ein enger Gefolgsmann des Parteivorsitzenden, bekannte offen, „daß man damit letzten Endes das eindeutige Unrecht“ sanktioniere, das die „Gruppe um Schäffer und Hundhammer an der Union begangen“ habe. Er könne „vielleicht den Schmerz ermessen“, schrieb Butterhof am Tag nach der Nürnberger Konferenz an den Parteivorsitzenden, mit dem er sich den Gegebenheiten beuge, aber auch er teile die in Nürnberg einmütig zum Ausdruck gebrachte Überzeugung, daß in der gegenwärtigen Krise nur „eine Umgruppierung in der Führung unserer Partei eine Besserung der Lage“ verspreche[363].

Die Versammlung im Nürnberger Ratskeller zeigte, wie groß die Wertschätzung war, die Müller vor allem im fränkisch-protestantischen Raum nach wie vor genoß. Die Versammlung bewies jedoch auch, daß immer mehr Anhänger Josef Müllers bereit waren, eigene Positionen zu opfern, um den Zusammenhalt und die organisatorische Einheit der CSU zu retten[364]. Die Person des künftigen Parteivorsitzenden war kaum umstritten, dafür kam nur Hans Ehard in Frage. Wie die neue Parteiführung aber sonst aussehen sollte, blieb auch in Nürnberg unklar[365]. Dagegen wurde rasch deutlich, daß man sich in Nordbayern nicht mit der Zusage Hundhammers zufrieden gab, selbst keinen Platz in einer neuformierten Führungsspitze zu beanspruchen; die Versicherung, einer der neu zu wählenden stellvertretenden Parteivorsitzenden solle auch in Zukunft von den evangelischen Mitgliedern der Union gestellt werden, genügte ebenfalls nicht. Darüber hinaus wurde in Nürnberg die Forderung laut, Hundhammer müsse den Vorsitz der Landtagsfraktion niederlegen, wenn Müller den Parteivorsitz abgebe. Dann – und nur dann – sei es möglich, die Flügelkämpfe zu beenden und die CSU grundlegend zu erneuern. Nach den ständigen Auseinandersetzungen zwischen Parteiführung und Fraktionsmehrheit, so wurde in Nürnberg nicht zu Unrecht festgestellt, sei „in Zukunft ein gedeihliches Zusammenarbeiten zwischen Partei und Fraktion“ ohne einen Wechsel in der Fraktionsführung „undenkbar“[366]. Doch es ging für die Anhänger

---

[363] ACSP, NL Müller 16, Franz Xaver Butterhof an Josef Müller vom 14. 3. 1949.

[364] „Ich weiß nicht, ob Du über den ausgezeichneten Verlauf unserer Versammlung in Nürnberg unterrichtet worden bist“, schrieb Karl Sigmund Mayr am 15. 3. 1949 an Josef Müller (ACSP, NL Müller 16). „Hättest Du zuhören können, dann wärst Du tief beeindruckt gewesen, daß es auch einmal in unserer Partei möglich ist, über ernste und kritische Probleme eine wirklich sachliche Aussprache zu führen. Es war erhebend, mit welcher Verehrung über Dich gesprochen wurde und wie schmerzlich wir es aber alle empfinden, daß Dir die Führung unserer Partei aus den Händen geglitten ist.“

[365] Namen und mögliche Konstellationen waren dagegen viele im Gespräch. So wurde ein Triumvirat Ehard-Semler-Schwalber gefordert, andere schlugen ein Direktorium Ehard-Müller-Hundhammer vor. Im Gespräch waren auch Hanns Seidel oder Josef Schwalber als Parteichef und Johannes Semler oder Friedrich Wilhelm von Prittwitz und Gaffron als weitere Mitglieder der engeren Parteiführung. ACSP, NL Müller 16, Lorenz Sedlmayr an Josef Müller vom 31. 1. 1949 und Paul Nerreter an Josef Müller vom 16. 3. 1949; BAK, NL Schäffer 26, Bl. 127, Fritz Schäffer an Franz Schäfer vom 2. 2. 1949; SZ vom 8. 3. 1949: „... und findet die CSU eine Klärung? Der Machtkampf Dr. Josef Müllers/Die Entscheidung liegt bei Dr. Ehard“.

[366] Bericht über die Sitzung des Landesvorstands am 12. 3. 1949, in: Die Politische Information 9/10–49; Franz Xaver Butterhof schrieb am 14. 3. 1949 an Josef Müller (ACSP, NL Müller 16): „Ich habe dabei [am 13. 3. 1949 in Nürnberg] ausdrücklich erklärt, es könne und dürfe Ihnen keine Schuld an Dingen zugeschoben werden, für die Dr. Hundhammer und seine Gruppe verantwortlich sei, und es müsse außerdem eine zweite wesentliche Korrektur erfolgen: Dr. Hundhammer müsse aus der Führung der Fraktion ausscheiden. Diese letzte Forderung wurde mit großem Beifall aufgenom-

Müllers, die nun für Ehard und gegen den Ochsensepp stimmen sollten, vor allem auch darum, das eigene Gesicht zu wahren und den Eindruck zu vermeiden, sie hätten vor der innerparteilichen Opposition kapituliert. Wenn es gelang, die Macht Alois Hundhammers, dieser katholisch-konservativen Symbolfigur, zu beschneiden, so konnte man das in den protestantischen Regionen Bayerns durchaus als Erfolg verkaufen. Ob Hundhammer jedoch bereit war, auf diesen Handel freiwillig einzugehen, blieb von vornherein zweifelhaft, und ob es gelingen konnte, genügend Druck auf den Fraktionsvorsitzenden auszuüben, ebenfalls[367].

Daß es in den nächsten Wochen nicht nur um Personalentscheidungen gehen würde, sondern damit verbunden auch um die politische Linie der Partei, blieb zumindest denjenigen nicht verborgen, die in den scharfen Auseinandersetzungen der letzten Wochen einen einigermaßen kühlen Kopf bewahrt hatten. Franz Xaver Butterhof schrieb in diesem Sinne an Josef Müller, er glaube, „daß jetzt der Kampf um die Linie der Union eigentlich erst" beginne, da man die von Hans Ehard offensichtlich präferierte prononciert bürgerliche Politik nicht mitmachen könne. „Wir werden uns [...] mit allen zur Verfügung stehenden Mitteln gegen eine Überlagerung des Sozial-Evolutionären durch die bürgerliche Richtung zu wehren haben", teilte Butterhof seinem Parteivorsitzenden entschlossen mit[368].

### *e) Hans Ehard – Hoffnungsträger und Zauderer*

Obwohl derartige Bedenken auch von anderen CSU-Politikern geteilt wurden, die bisher im Lager Josef Müllers gestanden hatten – Paul Nerreter fürchtete beispielsweise einen „Ruck nach rechts", wenn dem Ochsensepp „die Leitung der Union entzogen" würde[369] –, kristallisierte sich doch eine eindeutige Mehrheit für den Ministerpräsidenten heraus. Aber stand Ehard überhaupt für eine Kandidatur zur Verfügung? Bisher hatte der Ministerpräsident nur vage Erklärungen abgegeben, die ihm alle Optionen offenließen, und wiederholt betont, er strebe nicht nach dem Parteivorsitz. Solche Aussagen waren durchaus glaubhaft; schließlich war es kein Geheimnis, daß Ehard nur wenig Verlangen verspürte, partei- und organisationspolitische Kärrnerarbeit zu verrichten, und auch die Konflikte, die ihn als Vorsitzenden einer so zerrissenen Partei wie der CSU erwarteten, waren seine Sache nicht[370]. Daß Ehard anders als Müller auch wenig Verständnis für das Potential hatte, das in einer großen Volkspartei steckte, kam erschwerend hinzu. Zudem hatte das innerparteiliche Machtgefüge für Ehard durchaus Vorteile. Der katholisch-konservative Flügel um Alois Hundhammer und die Anhänger Josef Müllers neutralisierten sich oft genug gegenseitig, so daß dem zwischen oder besser über den Flügeln stehenden Ministerpräsidenten ein hohes Maß an Autonomie und Handlungsfreiheit zuwuchs[371]. Keine Fraktion in der CSU konnte es sich leisten, offen gegen den allseits verehrten Regierungschef aufzutreten, vielmehr ver-

men." Ähnlich auch ACSP, NL Müller 55, Willi Hönekopp an Alois Hundhammer vom 25. 3. 1949, und NL Müller 144, Otto Kalbskopf an die CSU-Landesleitung vom 26. 3. 1949.

367 Vgl. S. 336ff.

368 ACSP, NL Müller 16, Franz Xaver Butterhof an Josef Müller vom 14. 3. 1949; diese Bedenken teilte Butterhof am 14. 3. 1949 auch Hans Ehard mit (BSB, NL Schwend 2).

369 ACSP, NL Müller 16, Paul Nerreter an Georg Meixner vom 16. 3. 1949.

370 Vgl. Gelberg, Hans Ehard, S. 275ff.

371 Vgl. ebenda, S. 49.

suchten alle Seiten, Ehard für sich zu vereinnahmen. Da der Ministerpräsident in der CSU jedoch über keine eigene Hausmacht verfügte, war er andererseits durchaus angreifbar. Die CSU verfügte zwar im Landtag nach wie vor über eine sichere absolute Mehrheit, aber wenn nur ein Dutzend Abgeordnete gegen ihre Fraktion stimmten, konnte es damit schnell vorbei sein. Man spekulierte wiederholt, Müller würde eher die Regierung stürzen als den Parteivorsitz aufgeben, und obwohl nicht feststand, ob Müllers Einfluß in der CSU-Fraktion noch so weit reichte, dürfte die bloße Möglichkeit einer Regierungskrise mit anschließender Landtagsauflösung Ehard zur Zurückhaltung bewogen haben[372]. Schließlich konnte es keinen Zweifel daran geben, daß die Absicherung seiner föderalistischen Politik für den Ministerpräsidenten oberste Priorität besaß und daß er nichts unternehmen würde, was diese gefährdet hätte, schon gar nicht im Frühjahr 1949, als die Weichen für einen deutschen Weststaat gestellt wurden.

Außerdem waren da noch Gerüchte, es gebe „Material" über seine Tätigkeit als Jurist während der NS-Zeit, das den Ministerpräsidenten schwer belasten, wenn nicht gar „politisch vernichten" würde, die Ehard zur Zurückhaltung veranlaßten[373]. Schon im Dezember 1948 hatte Joseph Baumgartner dem Ministerpräsidenten mit Enthüllungen gedroht[374], und auch die amerikanische Militärregierung war auf die Angelegenheit aufmerksam geworden, ohne jedoch irgendwelche Maßnahmen zu ergreifen[375]. Auf dem Höhepunkt der Führungs- und Flügelkämpfe hielt man es nun für möglich, daß der in die Enge getriebene Josef Müller den Versuch unternehmen würde, den Ministerpräsidenten durch Drohungen so einzuschüchtern, daß er freiwillig alle Ambitionen auf den Parteivorsitz aufgab, oder Ehards Ansehen in der Öffentlichkeit durch lancierte Presseveröffentlichungen so zu beschädigen, daß er als Landesvorsitzender der CSU nicht mehr in Frage kam[376]. Es gibt keinen gesicherten Hinweis darauf, daß Müller tatsächlich solch dunkle Pläne mit sich herumtrug, der Ochsensepp galt aber als intrigant genug, um entsprechende Vermutungen glaubwürdig erscheinen zu lassen.

Die Vorstellung, Hans Ehard könnte die ihm angetragene Kandidatur ausschlagen, wurde zum Alptraum all derer, die in Müllers Sturz die einzige Chance für eine Rettung der CSU sahen. Wenn der Ministerpräsident nicht für das Amt des Parteivorsitzenden kandidierte, dann mußten die Karten neu gemischt werden, das war allen Beteiligten klar. In diesem Falle, schrieb Karl Sigmund Mayr an Josef Müller, habe er seine Bitte, den Parteivorsitz niederzulegen, wohl zu früh ausgesprochen, da eine Partei-

---

372 IfZ-Archiv, RG 260, 13/143–3/4, Bericht Pierre M. Purves' über die Lage der CSU an den stellvertretenden Direktor von OMGBY vom 23. 3. 1949; Neue Zeitung vom 19. 3. 1949: „Parteivorsitzender dringend gesucht. Konflikt in der CSU beeinflußt politische Gesamtentwicklung".

373 Frankenpost vom 30. 4. 1949: „Loritz droht mit neuen Enthüllungen. Dr. Müller gegen Dr. Ehard – Dr. Ehard gegen Loritz – Wer wird abgeschossen?" Im Vorfeld der Straubinger Landesversammlung gewannen diese Vorwürfe eine besondere Brisanz (BSB, NL Schwend 2, ungezeichnete Notiz „Bevorstehende Wahl des Landesvorsitzenden" vom 17. 3. 1949). Ehard selbst setzte sich in einer Pressekonferenz am 1. 7. 1949 (BayHStA, NL Ehard 385) gegen die kursierenden Anschuldigungen und Gerüchte zur Wehr. Zum Gesamtzusammenhang vgl. Gelberg, Hans Ehard, S. 27–32.

374 BSB, NL Schwend 24, Notiz über eine Besprechung zwischen Hans Ehard und Joseph Baumgartner am 10. 12. 1948.

375 IfZ-Archiv, RG 260, 15/102–2/11, Bericht Donald R. Sheas über Hans Ehard vom 3. 1. 1949.

376 Frankenpost vom 30. 4. 1949: „Loritz droht mit neuen Enthüllungen. Dr. Müller gegen Dr. Ehard – Dr. Ehard gegen Loritz – Wer wird abgeschossen?".

führung ohne Ehard, aber „unter dem Einfluß der Parteifreunde Dr. Pfeiffer und Dr. Hundhammer" untragbar sei[377]. Hanns Seidel wäre vielleicht schon 1949 eine Alternative zu Müller und Ehard gewesen, aber der Wirtschaftsminister stand loyal zu seinem Parteivorsitzenden und dachte nicht ernsthaft daran, gegen ihn zu kandidieren[378]. Die innerparteiliche Opposition mußte daher alles versuchen, um die Bedenken Hans Ehards zu zerstreuen. In diesem Sinne empfahl Fritz Schäffer, der aus dem Hintergrund die Fäden zu ziehen versuchte, seinem Freund Alois Hundhammer, alle Bezirksverbände davon zu unterrichten, daß der Ministerpräsident bereit sei, auch den Parteivorsitz zu übernehmen, wenn er nur von allen Seiten darum gebeten würde[379]. So geschah es auch. Ehard, der schon im Sommer 1948 von Kreisverbänden aus allen Teilen Bayerns bestürmt worden war, den Parteivorsitz zu übernehmen, um einen Zerfall der CSU zu verhindern[380], sah sich nun einer wahren Welle von Bitten, Petitionen und Resolutionen gegenüber, die nur ein Ziel hatten: den Ministerpräsidenten dazu zu bewegen, sich auch als Parteichef zur Verfügung zu stellen.

Den Anfang machte der Bezirksverband München, seit den Gründungstagen eine Bastion der Gegner Müllers. Am 7. April 1949 sprach sich der Bezirksvorsitzende Hugo Geiger offen gegen eine Wiederwahl des Ochsensepp und für Hans Ehard als künftigen Parteivorsitzenden aus[381]. Auch andere führende Vertreter der Münchner CSU hieben in dieselbe Kerbe und fanden zum Teil drastische Worte für den gegenwärtigen Zustand ihrer Partei. So erklärte Ludwig Huber vor den Delegierten der Bezirksversammlung:

> „Die Situation ist heute die, dass man mit dem Namen der CSU keinen Hund, geschweige denn einen Menschen mehr hinter dem Ofen hervorlockt. Was infolge dessen dringend not tut, ist eine radikale Reform der Partei. Man mag zu Müller stehen wie man will, über die Feststellung wird man nicht hinwegkommen, dass die Partei ihre katastrophalen Wahlverluste zu einer Zeit erlitten hat, da Dr. Müller die verantwortliche Führung der Partei inne hatte. Es ist infolge dessen im Interesse der Partei unbedingt notwendig, an Stelle Dr. Müllers schleunigst einen anderen Parteivorsitzenden zu wählen. Ich stimme mit meinen Vorrednern darüber überein, dass Ministerpräsident Ehard die geeignetste Persönlichkeit ist, die die Nachfolge Dr. Müllers antreten könnte. Unser ganzes Bemühen muss infolgedessen darauf hinausgehen, Dr. Ehard dazu zu bewegen, dass er sich als Parteivorsitzender zur Verfügung stellt. [...] Es würde eine Katastrophe für die Partei bedeuten, wenn Dr. Müller neuerdings zum Landesvorsitzenden gewählt würde. Für diesen Fall wäre es am gescheitesten, d[en] Laden mit der Firmenbezeichnung CSU rasch[es]tens zu schliessen, weil dann nämlich bestimmt die Kundschaft völlig ausbleiben würde."

---

377 ACSP, NL Müller 16, Karl Sigmund Mayr an Josef Müller vom 15. 3. 1949.

378 ACSP, NL Müller 16, Lorenz Sedlmayr an Josef Müller vom 31. 1. 1949, und ACSP, CSU-LTF I, 15–12/4 und 5, Lorenz Sedlmayr an Alois Hundhammer vom 8. 2. 1949.

379 BAK, NL Schäffer 26, Bl. 24, Fritz Schäffer an Alois Hundhammer vom 14. 4. 1949.

380 BayHStA, NL Ehard 1047, CSU-Kreisverband Berchtesgaden an Hans Ehard vom 16. 8. 1948, CSU-Kreisverband Bad Aibling an Hans Ehard vom 15. 8. 1948, CSU-Kreisverband Freising an Hans Ehard vom 3. 8. 1948, CSU-Kreisverband Starnberg an Hans Ehard vom 30. 7. 1948, CSU-Kreisverband Mindelheim an Hans Ehard vom 30. 7. 1948, CSU-Kreisverband Traunstein an Hans Ehard vom 19. 7. 1948, CSU-Kreisverband Brückenau an Hans Ehard vom 27. 7. 1948.

381 ACSP, NL Müller 68, Protokoll der Bezirksversammlung der CSU München am 7. 4. 1949; das folgende Zitat ebenda. Zum Presseecho vgl. Münchner Merkur vom 11. 4. 1949: Resolution gegen Dr. Müller"; SZ vom 9. 4. 1949: „Münchner CSU für Dr. Ehard. Dr. Josef Müller soll seine Kandidatur zurückziehen", vom 16. 4. 1949: „Geiger bleibt bei seinen Äusserungen", und vom 20. 4. 1949: „Horlacher contra Geiger". Zum Echo in der CSU vgl. BAK, NL Schäffer 26, Bl. 27, Der oberbayerische Informationsbrief 11/49 vom 9. 4. 1949; BSB, NL Schwend 2, Aktennotiz über die Bezirksversammlung der CSU München am 7. 4. 1949; BayHStA, NL Pfeiffer 535, Hugo Geiger an Anton Pfeiffer vom 22. 4. 1949.

Die Bezirksversammlung teilte diese Meinung und beauftragte den Vorstand einstimmig, den Ministerpräsidenten zu bitten, „die Kandidatur zum Landesvorsitzenden im Interesse der Einigung und Erneuerung der Christlich-Sozialen Union anzunehmen". Zugleich sollte Josef Müller nachdrücklich gebeten werden, auf eine erneute Kandidatur zu verzichten, „um eine solche Einigung und Erneuerung möglich zu machen"[382]. Nur zwei Tage später sprach sich Anton Hergenröder in einer Bezirksversammlung der oberfränkischen CSU einmal mehr für Hans Ehard als Parteivorsitzenden aus[383], und Ende April setzte Alois Hundhammer den Ministerpräsidenten davon in Kenntnis, daß der Vorstand des CSU-Bezirksverbands Oberbayern mit großer Mehrheit „eine entschiedene und begeisterte Stellungnahme" für Ehard als Parteivorsitzenden abgegeben habe[384]. Am 21. Mai, nur wenige Tage bevor die Landesversammlung in Straubing zusammentreten sollte, befürwortete auch der Vorstand der mittelfränkischen CSU eine Kandidatur des Ministerpräsidenten[385].

Der Druck auf Josef Müller kam jedoch nicht nur aus den Reihen der CSU. Auch Konrad Adenauer, der mächtige Vorsitzende der CDU in der Britischen Besatzungszone und Präsident des Parlamentarischen Rates, trug seinen Teil zum Sturz des Ochsensepp bei[386]. Daß er die Wahl Hans Ehards offen unterstützte, hatte vor allem zwei Gründe. Zum einen war das Verhältnis zwischen Müller und Adenauer noch nie besonders gut gewesen. Der spätere Bundeskanzler, der keinen Hehl daraus machte, daß er von den menschlichen und politischen Qualitäten seines bayerischen Kollegen wenig hielt, war schon wiederholt mit Müller aneinandergeraten und betrachtete insbesondere dessen gesamtdeutsches Engagement mit Argwohn[387]. Hans Ehard erschien ihm als der kalkulierbarere Partner, der sich vielleicht auch leichter unterordnen würde, wenn es nicht gerade um vitale Fragen der föderalistischen Politik ging. Zum anderen stand Adenauer klar vor Augen, daß ein weiterer Zerfall der CSU die Chancen der Union, bei den bevorstehenden Wahlen zu einem westdeutschen Parlament eine Mehrheit zu erringen, insgesamt schmälern mußte[388]. „Soweit ich orientiert bin, lässt sich

---

382 ACSP, CSU-LTF I, 15–20/0, Resolution der Bezirksversammlung der Münchner CSU vom 7. 4. 1949.

383 Sopade-Informationsdienst vom 7. 5. 1949 nach einer Agenturmeldung vom 14. 4. 1949. Allerdings wurde nicht nur die Auffassung vertreten, daß Müller auf eine erneute Kandidatur für den Landesvorsitz verzichten solle, sondern auch, daß Hundhammer den Fraktionsvorsitz niederlegen müsse. SZ vom 16. 4. 1949: „Müller und Hundhammer sollen verzichten". Alois Hundhammer stellte es am 25. 4. 1949 in einem Schreiben an Hans Ehard (BayHStA, NL Ehard 1047) so dar, daß sich die Bezirksversammlung der oberfränkischen CSU „in ihrer überwältigenden Mehrheit" für den Ministerpräsidenten ausgesprochen habe. Wegen der aus seiner Sicht einseitigen Berichterstattung sah sich August Haußleiter gezwungen, bei Hergenröder zu intervenieren. ACSP, NL Müller 133, August Haußleiter an Anton Hergenröder vom 22. 4. 1949.

384 BayHStA, NL Ehard 1047, Alois Hundhammer an Hans Ehard vom 25. 4. 1949.

385 BSB, NL Schwend 2, Telegramm des Vorstands der mittelfränkischen CSU an Hans Ehard vom 23.5. 1949.

386 Zur Rolle Adenauers im Vorfeld der Straubinger Landesversammlung vgl. Schwarz, Adenauer I, S. 610; Mintzel, Anatomie, S. 245 ff.; Hettler, Josef Müller, S. 411–415; Gelberg, Hans Ehard, S. 275; vgl. auch die eigene Darstellung des CSU-Vorsitzenden in: Müller, Konsequenz, S. 352–358 („Von Adenauer bis Straubing").

387 Vgl. S. 97 f.

388 Aufschlußreich zur Rolle der CSU in Adenauers Kalkül vor den ersten Bundestagswahlen und zur Perzeption der Führungs- und Flügelkämpfe in der CSU bei führenden Politikern der CDU ist das Protokoll der dritten Sitzung des Wahlrechts- und des Presse- und Propagandaausschusses der Arbeitsgemeinschaft der CDU/CSU am 19. 5. 1949 in Königswinter, in: Unionsparteien, S. 583–597. Auffällig ist, daß Adenauer wie auch den anderen Rednern der CDU das tiefere Verständnis für die

eine Spaltung der CSU nur vermeiden, wenn eine vom allgemeinen Ansehen getragene, bisher noch nicht parteipolitisch zu sehr exponierte Persönlichkeit [...] den Vorsitz übernimmt", schrieb Adenauer am 19. Mai 1949 in einem streng persönlichen Eilbrief an Ministerpräsident Ehard[389]. Und Adenauer fuhr fort: „Sie wissen, dass nach meiner Meinung nur *Sie* dafür in Frage kommen. Ich bitte Sie sehr herzlich, doch diesen Schritt zu tun."

Adenauer beließ es nicht bei dieser Aufforderung. Wenige Tage vor der entscheidenden Landesversammlung in Straubing versandte er drängende Briefe an die Vorsitzenden der Bezirksverbände Oberpfalz und Unterfranken sowie an verschiedene Kreisvorsitzende in Regionen, in denen Müller noch am meisten Unterstützung fand, und bat „im Namen ungezählter Mitglieder der CDU ebenso herzlich wie dringend" darum, in Straubing aus dem übergeordneten Interesse an einem Wahlsieg der Union bei den bevorstehenden Bundestagswahlen für einen Weg aus der Dauerkrise der CSU zu votieren[390]. Daß dieser Weg nur in einem Sturz Müllers und in der Wahl Ehards zum neuen CSU-Vorsitzenden bestehen konnte, stand außer Zweifel, auch wenn Adenauer darauf verzichtet hatte, dies explizit auszusprechen. Tief getroffen von dieser Einmischung in die innersten Angelegenheiten der von ihm geführten Partei, hat der Ochsensepp Konrad Adenauer noch in seinen Memoiren vorgeworfen, letztendlich für seinen Sturz verantwortlich zu sein[391]. In dem Bemühen seine Niederlage so darzustellen, als sei sie vom Gründungskanzler der Bundesrepublik Deutschland initiiert worden, ist Müller sicherlich zu weit gegangen. Adenauers Interventionen zählten lediglich zu den vielen Faktoren, die schließlich zur Abwahl Josef Müllers führten.

Am energischsten gingen Hundhammer und seine Gesinnungsgenossen zu Werke, um sicherzustellen, daß in Straubing die richtige Entscheidung getroffen wurde. Sie zählten schon seit längerer Zeit die Delegiertenstimmen, mit denen sie auf dem Parteitag rechnen konnten[392]. Trotz der Krisenstimmung, die auch die Basis der CSU erfaßt hatte, und obwohl sich die Bezirksvorsitzenden bereits auf Hans Ehard als neuen Parteichef geeinigt hatten, stand eine Mehrheit für den Ministerpräsidenten nicht hundertprozentig fest, vor allem keine Mehrheit, die groß und eindrucksvoll genug gewesen wäre, um nicht den Eindruck zu erwecken, der Regierungschef Bayerns hätte nicht einmal seine eigene Partei hinter sich[393]. Hundhammer und seine politi-

---

bayerischen Probleme fehlte. Der ungenannte „Vertreter aus Bayern" dürfte Generalsekretär Franz Josef Strauß gewesen sein.

389 BayHStA, NL Ehard 2064, Konrad Adenauer an Hans Ehard (streng persönlich und durch Eilboten) vom 19. 5. 1949; Hervorhebung im Original; abgedruckt in: Adenauer, Briefe 1945–1947, S. 461.

390 Adenauer, Briefe 1949–1951, S. 24–27. Auch Alois Hundhammer wurde von Adenauer am 19. 5. 1949 ermahnt, „unter allen Umständen dafür zu sorgen, dass die CSU geschlossen" bleibe, und sich keinesfalls aus der Partei drängen zu lassen. BayHStA, NL Ehard 2064; abgedruckt in: Adenauer, Briefe 1947–1949, S. 462. Karl Sigmund Mayr berichtete Josef Müller schon am 4. 4. 1949 (ACSP, NL Müller 16), Adenauer überlege, wie man seine erneute Kandidatur für den Landesvorsitz verhindern könne.

391 Müller (Konsequenz, S. 357) schrieb in seinen Erinnerungen: „Wer mich stürzte, war Adenauer, der nicht nur den Nimbus des Alters für sich hatte, sondern auch den des beginnenden Erfolges."

392 BAK, NL Schäffer 26, Bl. 33, Der oberbayerische Informationsbrief 10/49 vom 2. 4. 1949.

393 In einem Rundschreiben des CSU-Bezirksverbands Unterfranken, gez. Karl Greib, an die Bezirksvorsitzenden sowie an die Mitglieder des Bezirksvorstands Unterfranken und die unterfränkischen Kreisvorsitzenden vom 3. 5. 1949 (ACSP, NL Müller 16) hieß es: „Nach der allgemeinen Übersicht ist nicht damit zu rechnen, daß Dr. Ehard ein einstimmiges Vertrauensvotum erhält. Wenn nun der Herr Ministerpräsident in der eigenen Partei nur 60 oder 70% der Stimmen erhalten würde, könnte er dann noch im Auftrage des gesamten bayerischen Volkes sprechen? Wie sehr würden gerade hier

schen Freunde unternahmen deshalb alles, was in ihrer Macht stand, um innerparteiliche Wahlen auf Kreis- und Bezirksebene in ihrem Sinne zu beeinflussen, schwankende Delegierte für ihre Pläne zu gewinnen oder unsichere Kantonisten unter Druck zu setzen[394]. Kundgebungen wurden veranstaltet, Vertrauensleute in Kreis- und Bezirksversammlungen geschickt, und in einer Vielzahl von Einzelgesprächen wurde versucht, ein möglichst genaues Bild von den Kräfteverhältnissen in der Partei zu bekommen. Wie stark waren Müllers Bataillone noch? Wo war am meisten Widerstand zu erwarten? Welche Trümpfe hatte der gefürchtete Ochsensepp noch in der Hinterhand?

Einer, der nicht müde wurde, am Stuhl des Landesvorsitzenden zu sägen, war Fritz Schäffer. Der ehemalige BVP-Politiker hatte zwar der CSU im September 1948 den Rücken gekehrt, das hinderte ihn jedoch nicht daran, seinen Rachefeldzug gegen die „Schweinehunde in der bayerischen Politik" mit unveränderter Intensität fortzusetzen[395]. Schäffer stand seinem Freund Alois Hundhammer nicht nur mit Rat und Tat zur Seite, er warf auch sein persönliches Prestige in die Waagschale und nutzte alle Verbindungen, um Müllers Sturz voranzutreiben[396]. In diesem Sinne schrieb Schäffer an den Präsidenten der Handwerkskammer für München und Oberbayern, Karl Schmid, den er der Komplizenschaft mit Müller verdächtigte, einen Brief, der an Deutlichkeit nichts zu wünschen übrig ließ:

> „Ich kann Dich wirklich nicht verstehen. Ich habe dafür gekämpft, dass die Einheit der katholischen, bodenständigen Bevölkerung in Bayern erhalten bleibt. Du hast Dich von den Totengräbern der CSU in einen Kurs gegen die alte bayer. Volkspartei hineinreden lassen, die hundertmal besser war wie die CSU, hast damit Deine alten Freunde sämtliche [sic!] vor den Kopf gestoßen und wunderst Dich nun, dass die bodenständige Bevölkerung Bayerns, die in 2 Teile auseinandergefallen ist und dieses törichte Gerede von der Erhaltung der Einheit, das nur Schwäche und Blindheit war, zum Gegenteil, nämlich zur dauernden Uneinigkeit geführt wird."[397]

Während seine Gegner alle Hebel in Bewegung setzten, um seine Wiederwahl zu verhindern, vergrub sich der Ochsensepp in seiner Kanzlei, der legendären Gedonstr. 4, oder in seinen Amtsräumen im Justizpalast. Es schien fast, als sei der gefürchtete Kampfgeist des CSU-Vorsitzenden einer lähmenden Lethargie gewichen[398]. Müller setzte sich immer weniger gegen öffentliche Angriffe zur Wehr, trat den mannigfaltigen Gerüchten über seine politische Zukunft und die Zukunft der CSU nur halbherzig oder gar nicht mehr entgegen und unterließ es, Handlungsanweisungen an seine verbliebenen Getreuen in den Kreisen und Bezirken hinausgehen zu lassen, deren Verunsicherung und Niedergeschlagenheit von Tag zu Tag wuchs[399]. Die entmutigenden Berichte über die Stimmung an der Parteibasis und die Briefe vieler alter Weggefährten,

---

unsere Gegner diese Gelegenheit wünschen, um gegen den Herrn Ministerpräsidenten ins Feld zu ziehen."

394 IfZ-Archiv, MS 343 Smlg. Köhler 2, Bl. 259; BayHStA, NL Pfeiffer 535, Hans Wutzlhofer an Karl Schwend vom 29. 3. 1949 und Hans Wutzlhofer an Karl Greib vom 8. 4. 1949.

395 BAK, NL Schäffer 26, Bl. 78, Fritz Schäffer an Karl Schmid vom 18. 2. 1949.

396 BAK, NL Schäffer 26, Bl. 157, Fritz Schäffer an Alfred Lobinger vom 18. 1. 1949, Bl. 127, Fritz Schäffer an Franz Schäfer vom 2. 2. 1949, Bl. 72, Fritz Schäffer an Dekan Josef Ruf vom 26. 2. 1949, und Bl. 34, Fritz Schäffer an Alois Hundhammer vom 1. 4. 1949.

397 BAK, NL Schäffer 26, Bl. 78, Fritz Schäffer an Karl Schmid vom 18. 2. 1949.

398 IfZ-Archiv, MS 343 Smlg. Köhler 2, Bl. 184 und Bl. 259.

399 BSB, NL Schwend 2, ungezeichnete Notiz „Bevorstehende Wahl des Landesvorsitzenden" vom 17.3. 1949; ACSP, NL Müller 144, Heinz Fischer an Josef Müller vom 19.3. und 4. 5. 1949.

die Müller beschworen, den Kampf aufzugeben und den Weg für einen neuen, von den Führungs- und Flügelkämpfen unberührten Kandidaten frei zu machen, trugen ebenfalls nicht gerade dazu bei, den Parteivorsitzenden aus seinen trüben Gedanken zu reißen[400]. So schrieb Karl Greib, der Vorsitzende des Bezirksverbands Unterfranken, am 4. April an Müller, „in allen Kreisen und Schichten der Partei und nicht weniger [in] der gesamten Wählerschaft der CSU" sei eine „eindeutige Abneigung gegen die gesamte [Partei-]Führung" zu spüren, die man nicht wegdiskutieren könne. Landauf, landab gebe es nur ein Gesprächsthema: „Sind das noch christliche Männer, die sich dauernd selbst in den Haaren liegen, ist das noch eine christliche Partei, die sich gegenseitig selber in aller Öffentlichkeit bekämpft?" In Bad Kissingen habe ein CSU-Bürgermeister sogar erklärt, er bekomme „von keinem Menschen auch nur einen Pfennig Beitrag [...], wenn nicht in München ganz neue Leute in Erscheinung treten würden"[401].

Auf der anderen Seite gab es nicht mehr viele, die offen für Müller Partei ergriffen. Dazu gehörten seine Stellvertreter Michael Horlacher[402] und August Haußleiter[403], der allerdings durch seine Experimente mit der Deutschen Union selbst stark unter Beschuß geraten war, der evangelische Rechtsanwalt Paul Nerreter aus dem mittelfränkischen Dinkelsbühl[404], der nicht verstehen konnte, „warum sich plötzlich Parteifreunde, die zu Deinem engsten Kreise gehörten", gegen Müller gestellt hatten, oder der JU-Aktivist Heinz Fischer, der sich zwar über die fehlenden Informationen und Regieanweisungen beklagte, aber dennoch alles versuchte, um die Delegierten des Bezirksverbands Oberfranken für den Ochsensepp zu gewinnen[405]. Der 29jährige Fischer scheute sich auch nicht, Ministerpräsident Ehard als dem aussichtsreichsten Kandidaten für den Landesvorsitz seine Bedenken mitzuteilen, um diesen von einer Kandidatur abzuhalten:

„Herr Ministerpräsident, es wird seit Wochen Ihre Person als neuer Landesvorsitzender der CSU in Erwägung gezogen. Für mich als jungen Menschen, der ich Sie und Ihre geleistete Arbeit mit Bewunderung ansehe, erhebt sich die nüchterne Frage, ob die Verquickung beider Ämter das Richtige ist. Ich will es Ihnen ganz offen gestehen, ich halte es für einen Fehler, weil ich es mir nicht vorstellen kann, daß die menschliche Kraft ausreicht, um solch verantwortliche Posten in einer Person zu vereinigen. Vielleicht ist die viele Ämterhäufung der größte Schaden, der der heutigen jungen Demokratie widerfahren konnte. Bitte verstehen Sie mich recht. Ich bin nur ein einfaches Mitglied der Partei, und deshalb kommt man auch schwerlich zu Wort, aber ich hänge mit allen meinen Fasern des Herzens an der CSU. Ihre Person ist mir zu wertvoll, als daß man Sie als letzten Notnagel betrachten darf [...]"[406]

---

400 ACSP, NL Müller 16, Franz Xaver Butterhof an Josef Müller vom 14. 3. 1949, Karl Sigmund Mayr an Josef Müller vom 15. 3. 1949; NL Müller 55, Willi Hönekopp an Josef Müller vom 25. 3. 1949; wie beherrschend die Sehnsucht nach einem Ende der Auseinandersetzungen geworden war, zeigen auch NL Müller 16, Hugo Karpf an Josef Müller vom 23. 2. 1949 und Hans Schwägerl an Josef Müller vom 23.2. 1949.

401 BayHStA, NL Pfeiffer 535, Karl Greib an Josef Müller vom 4. 4. 1949.

402 IfZ-Archiv, MS 343 Smlg. Köhler 2, Bl. 188–191; ACSP, NL Müller 144, Heinz Fischer an Josef Müller vom 19. 3. 1949.

403 Zum Verhältnis Haußleiters zu Müller vgl. Haußleiters eigene Darstellung in: Schröder, Bayern 1945, S. 91–104.

404 ACSP, NL Müller 16, Paul Nerreter an Josef Müller vom 16. 3. 1949.

405 ACSP, NL Müller 144, Heinz Fischer an Josef Müller vom 4. 5. 1949.

406 ACSP, NL Müller 144, Heinz Fischer an Hans Ehard vom 19. 3. 1949; ähnlich auch NL Müller 16, Albert Vollmann an Josef Müller und Alois Hundhammer vom 27. 4. 1949, und BayHStA, NL Pfeiffer 535, Karl Greib an Josef Müller vom 4. 4. 1949.

### *f) Müllers letztes Aufgebot: Der Gautinger Kreis*

Doch all die gut gemeinten Vorschläge und Initiativen bewirkten nichts, teils, weil sie völlig an der Realität vorbeigingen, teils, weil Müller selbst nichts unternahm, um die vereinzelten Vorstöße zu koordinieren. Bezeichnenderweise war es auch nicht der CSU-Vorsitzende selbst, der gleichsam fünf Minuten vor zwölf doch noch einmal versuchte, das Blatt zu seinen Gunsten zu wenden, sondern der Maler und Kunstpädagoge Karl Köhler, ein Mitbegründer der CSU aus dem oberbayerischen Gauting, und der stellvertretende Parteivorsitzende Michael Horlacher. Köhler hatte schon in den Gründungstagen der Partei zu den entschiedenen Verfechtern der Unionsidee gehört und unterstützte seither die politische Linie seines alten Freundes Josef Müller im selben Maße, wie er die Politik Hundhammers bekämpfte[407]. In einer von Hundhammer dominierten CSU, in einer Art Neuauflage der BVP, sah er für sich keinen Platz. Tief beunruhigt über die Entwicklung der Partei und über den unübersehbaren Machtverlust der Parteiführung, suchte Köhler in jenen entscheidenden Frühlingstagen Müller und seinen frischgebackenen Generalsekretär Franz Josef Strauß auf, um mit ihnen über die Strategie der Müller-treuen Kräfte in der bevorstehenden Auseinandersetzung zu beraten. Doch Köhler wurde enttäuscht; weder Müller noch Strauß machten Anstalten, die Initiative zu ergreifen und endlich gegen die Frondeure um den Kultusminister und Fraktionsvorsitzenden vorzugehen[408]. Dagegen rannte Köhler bei Michael Horlacher offene Türen ein, der den Plänen Hundhammers ebenso ablehnend gegenüberstand. Köhler und Horlacher kamen schnell überein, „eine letzte Anstrengung zu unternehmen, um den Einfluß Dr. Hundhammers zurückzudrängen“[409]. Zu diesem Zweck sollten alle einflußreichen CSU-Politiker, die noch auf der Seite Müllers standen, insbesondere aber die zuverlässigen Bezirksvorsitzenden, zu einer Besprechung nach Gauting eingeladen werden.

Am 25. März 1949 traf sich tatsächlich eine Reihe von Unionspolitikern bei Karl Köhler in Gauting. Neben den Initiatoren nahmen unter anderem Landwirtschaftsminister Alois Schlögl, die Bezirksvorsitzenden von Unterfranken, Nürnberg-Fürth und Augsburg-Schwaben, Karl Greib, Alfred Euerl und Josef Fischer, sowie einige Landtagsabgeordnete an den Beratungen teil[410]. „Nach einer lang andauernden gründlichen Analyse des Zustandes der Union“, so berichtet Karl Köhler in seinen Memoiren, sei der einstimmige Beschluß gefaßt worden, „die bevorstehende Neuwahl des Landesvorsitzenden so in den Griff zu bekommen, daß die CSU nicht in eine Entwicklung komme, die mit der alten Bayerischen Volkspartei vergleichbar wäre“. Vielmehr wollte man sich verstärkt darum bemühen, „die politischen Ziele der Gründerzeit wieder neu zu beleben und in den Vordergrund der Politik der Partei zu rücken“[411].

---

[407] Vgl. Köhler, Mittwochskreis, in: Schröder, Bayern 1945, S. 68–87.
[408] IfZ-Archiv, MS 343 Smlg. Köhler 2, Bl. 184 f.
[409] Ebenda, Bl. 188–191; das Zitat findet sich auf Bl. 190.
[410] Münchner Merkur vom 25. 3. 1949; SZ vom 26. 3. 1949: „Was wird aus Dr. Müller?“.
[411] IfZ-Archiv, MS 343 Smlg. Köhler 2, Bl. 191. In einer handschriftlich auf den 1. 4. 1949 datierten Aktennotiz aus der Staatskanzlei heißt es über die erste Tagung des Gautinger Kreises: „Ergebnis: 1) Beschluss, Neuwahl so zu beeinflussen, dass die CSU keineswegs zu einer Partei *alten* Stils wird, sondern vielmehr zu einem politischen Instrument, das ein wirksamer Faktor bei der Behebung der wirtschaftlichen und sozialen Not des Volkes sein kann. 2) Die Ziele, die 1945/46 zur Gründung

Den weiteren Zerfall der CSU verhindern und den Idealen aus den ersten Tagen der Union wieder zu ihrem Recht verhelfen – das waren Ziele, mit denen sich alle identifizieren konnten, die nach Gauting gekommen waren. An einer Wiederwahl Josef Müllers zeigten sich aber nach Presseberichten keineswegs alle Teilnehmer interessiert. Der Südost-Kurier wußte zu berichten, daß sich gerade einige von den mächtigen Bezirksvorsitzenden deutlich von Müller distanziert und für Hans Ehard als künftigen Parteichef ausgesprochen hätten, da sie sachliche Argumente über persönliche Erwägungen gestellt hätten[412]. Nach außen gab sich die neue Gruppierung, die bald unter dem Namen Gautinger Kreis bekannt werden sollte, neutral[413]. Man wolle nur die müde gewordene CSU aktivieren, hieß es in einer Presseerklärung[414]. Die innerparteiliche Opposition ließ sich davon jedoch nicht täuschen. Der Gautinger Kreis sei „nichts anderes als ein mehr oder weniger gut getarnter Versuch Dr. Müllers, auf dem Weg über vorgebliche Neutralität in Parteizwistigkeiten den verlorenen Einfluß wieder aufzuholen", berichtete Anfang April Ludwig Huber, ein leidenschaftlicher Anhänger Hundhammers und Schäffers, einem Vertrauensmann der Militärregierung[415]. Damit hatte Huber fast den Nagel auf den Kopf getroffen, allerdings sah er fälschlicherweise in Müller selbst den Initiator des Gautinger Kreises.

Tatsächlich war es das primäre Ziel Horlachers und Köhlers, durch eine Zusammenfassung der verbliebenen Kräfte und deren taktisch geschickten Einsatz die Wiederwahl Müllers auf der bevorstehenden Landesversammlung zu sichern[416]. Köhler schwebte ein Netz von Vertrauensleuten in allen Bezirksverbänden vor, die gleichsam „von Mann zu Mann" an der Basis der Partei für den Ochsensepp werben sollten[417]. Daneben stand aber eine andere zentrale Frage im Mittelpunkt der Diskussion: Wie konnte man Hans Ehard davon abhalten, für den Landesvorsitz zu kandidieren? Trat Ehard auf der kommenden Landesversammlung an, soviel war klar, hatte Müller nur geringe Chancen. Gelang es dagegen, den Ministerpräsidenten zum Verzicht zu bewegen, war wieder alles offen. Die Initiatoren des Gautinger Kreises, die um Ehards zögerliche Haltung und seine Abneigung gegen führende Parteiämter wußten, setzten auf eine Strategie der Verunsicherung und der Abschreckung. Sie versuchten, möglichst oft in der Presse präsent zu sein, gaben bereitwillig Informationen an Journalisten, ohne jedoch die Aura des Geheimnisvollen und Konspirativen, das die Zusam-

der CSU gefuehrt haben, sollen wieder als alleiniges Programm der Partei gelten." BSB, NL Schwend 2; Hervorhebung im Original.

412 Südost-Kurier vom 30. 3. 1949: „Kampfabstimmung bei der CSU? Für und gegen Dr. Müller. ‚Gautinger Kreis' eindeutig gegen Dr. Pfeiffer".

413 BSB, NL Schwend 2, handschriftlich auf den 1. 4. 1949 datierte Aktennotiz.

414 IfZ-Archiv, MS 343 Smlg. Köhler 2, Bl. 192; Tagespost (Augsburg) vom 29. 3. 1949: „Der ‚Gautinger Kreis' der CSU".

415 IfZ-Archiv, RG 260, 10/90–3/8, „Subject: Zum ‚Gautinger Kreis'" vom 7. 4. 1949. Franz Sackmann erklärte einem Informanten der Militärregierung in realistischer Einschätzung der Lage: „Der Gautinger Kreis hat sich aus dem Bestreben entwickelt, gegen die massive Opposition des süddeutschen Unionsteiles ein Gegengewicht zu bilden. Sein Nachteil ist natürlich, daß er zu einem ausgesprochenen Dr. Müller-Kreis geworden ist. Dadurch ist er sofort den Hundhammer-Leuten verdächtig. Aber es ist ja im Grunde gar nicht möglich, ein neutrales Gremium zustandezubringen." IfZ-Archiv, RG 260, 10/90–3/9, „Subject: Gautinger Kreis" vom 26. 5. 1949.

416 In einer Sitzung des Gautinger Kreises am 4. 5. 1949 erklärte Michael Horlacher, bei der bevorstehenden Landesversammlung müsse der Gautinger Kreis eine „geschlossene Phalanx" bilden. ACSP, NL Müller 43.

417 IfZ-Archiv, MS 343 Smlg. Köhler 2, Bl. 191.

menkünfte des Gautinger Kreises umgab, zu zerstören, und nannten sogar die Zahl der Versammlungsteilnehmer, wobei sie selbstverständlich eher über- als untertrieben[418]. Die offiziellen Stellungnahmen des Gautinger Kreises ließen dann auch erkennen, daß man einer Kandidatur Ehards skeptisch gegenüberstand. Einmal wurde darauf hingewiesen, daß es schädlich sei, den Parteivorsitz und das Ministerpräsidentenamt in einer Hand zu vereinigen, da aufgrund der außerordentlichen Arbeitsbelastung beide Ämter leiden würden, dann erklärte man, Ämterhäufung sei generell ungesund für ein demokratisches System, oder man warnte den Ministerpräsidenten davor, sein Amt und sein persönliches Ansehen durch den Abstieg in „die Niederung des Parteistreites" zu beschädigen[419]. Intern wurde mit härteren Bandagen gekämpft, und die Initiatoren des Gautinger Kreises ließen gegenüber Ehard und Karl Schwend, dem stellvertretenden Leiter der bayerischen Staatskanzlei, durchblicken, daß der Bestand des Kabinetts Ehard gefährdet sei, wenn Josef Müller als CSU-Vorsitzender abgewählt würde[420]. Um dieser Warnung Nachdruck zu verleihen, lancierte man Pressemeldungen, wonach sich mehr als 30 Landtagsabgeordnete der CSU zu den Zielen des Gautinger Kreises bekannten[421]. Wenn nur 15 Abgeordnete Ehard die Gefolgschaft verweigerten, würde die Regierung stürzen, das war allen Beteiligten und nicht zuletzt Ministerpräsident Ehard klar.

Dennoch scheiterten Köhler und Horlacher. Das Rad der Geschichte ließ sich nicht aufhalten. Die Krise der CSU war mittlerweile so tiefgehend, das Bedürfnis nach neuen Gesichtern und von den Flügelkämpfen unbelasteten Personen so groß, daß die Chancen für einen Erfolg des Gautinger Kreises von vornherein schlecht standen. Die Initiative kam auch zu spät, um den innerparteilichen Willensbildungsprozeß noch wesentlich beeinflussen zu können. Zudem verfügte der Gautinger Kreis über keinerlei materielle Mittel, um wirklich ein effektives Netz von Vertrauensleuten aufbauen und mit Informationen versorgen zu können[422]. Am schwersten wog aber, daß Müller selbst nicht wirklich hinter diesem Vorstoß seiner verbliebenen Getreuen stand und es nicht einmal für notwendig hielt, auch nur eine Veranstaltung des Gautinger Kreises zu besuchen.

### *g) Aufstand der „Filser"[423]? Die CSU und die Verabschiedung des Grundgesetzes*

Die Zeit arbeitete gegen den Ochsensepp, und niemand wußte das besser als er selbst. Müllers Aussichten, gegen die innerparteiliche Opposition zu bestehen, wurden schlechter, je näher der Termin des Parteitages rückte. Was ihn noch retten konnte, war ein eklatanter Fehler seiner Gegenspieler, ein taktischer Mißgriff, der es Müller er-

[418] IfZ-Archiv, RG 260, 10/130–3/1, „Subject: Gautinger Kreis. Interview mit dem CSU-Abgeordneten Ferdinand Neumann" vom 4. 5. 1949; IfZ-Archiv, RG 260, 13/150–3/12, Karl Köhler an Albert C. Schweizer vom 6. 5. 1949; IfZ-Archiv, MS 343 Smlg. Köhler 2, Bl. 251.

[419] IfZ-Archiv, MS 343 Smlg. Köhler 2, Bl. 251.

[420] Ebenda, Bl. 251 f.

[421] Abendzeitung (München) vom 28. 4. 1949: „31 Abgeordnete im Gautinger Kreis"; Münchner Merkur vom 29. 4. 1949: „‚Gautinger Kreis' wird größer".

[422] IfZ-Archiv, MS 343 Smlg. Köhler 2, Bl. 258 f.

[423] August Haußleiter karikierte mit dieser Reminiszenz an Ludwig Thomas Figur Josef Filser die in seinen Augen partikularistischen und monarchistischen Teile der Partei. ACSP, NL Müller 43, Protokoll der Sitzung des Gautinger Kreises am 4. 5. 1949

laubt hätte, seine zunehmende Isolation zu durchbrechen und die Koalition zu spalten, die sich auf Ehard als Landesvorsitzenden geeinigt hatte. Diese Möglichkeit eröffnete sich tatsächlich ganz unverhofft Anfang Mai 1949, als Alois Hundhammer mit einer Rede für Aufsehen sorgte und so etwas wie eine Regierungskrise auslöste[424]. Anläßlich einer Tagung der ehemaligen „Bayerischen Widerstandsbewegung" am 1. Mai 1949 nahm Hundhammer auch zu den Bonner Verfassungsberatungen und zur Zukunft Bayerns Stellung. Laut Presseberichten[425] – ein Redemanuskript oder stenographische Aufzeichnungen liegen nicht vor – erklärte der Kultusminister, es sei unmöglich, aus der augenblicklichen Situation heraus eine Verfassung zu machen, die Bayern auf Jahrhunderte binde. Falls das Grundgesetz in Bayern abgelehnt würde – Hundhammer dachte dabei an eine Volksabstimmung –,

„könnten entweder die Alliierten die Lage klären, oder aber der Bund würde zunächst ohne Bayern entstehen. Das sei durchaus möglich, da diesem vorläufig auch die Länder der Ostzone und die Westsektoren Berlins nicht angehören. Bayern bräuchte sich deshalb nicht abzuschließen, da die wirtschaftlichen Beziehungen zwischen den deutschen Stellen schon vorhanden gewesen seien, als man an einen Bund noch gar nicht dachte."

Ob Hundhammer darüber hinaus auch zur Frage der Wiedereinführung der Monarchie Stellung nahm, ist umstritten und läßt sich nicht mehr eindeutig klären[426]. Tatsache ist jedoch, daß seine Äußerungen mit den Reden des Bayernpartei-Vorsitzenden Joseph Baumgartner und des CSU-Staatssekretärs und Hundhammer-Intimus' Josef Schwalber in Verbindung gebracht wurden[427], die am selben Tag während einer Festveranstaltung in Dachau ebenfalls gegen das Grundgesetz Stellung genommen und eine Volksabstimmung verlangt hatten[428]; Baumgartner hatte überdies eine Grußadresse an Kronprinz Rupprecht von Wittelsbach gerichtet, dessen 80. Geburtstag unmittelbar bevorstand, und gefordert, „das Volk müsse selber bestimmen, welche Staatsform es haben wolle".

Das Echo, das Hundhammers Rede – oder besser die Berichterstattung darüber – in der CSU auslöste, war enorm und zeigte einmal mehr die ganze Zerrissenheit der bayerischen Unionspartei. Während die zahllosen Anhänger des Kultusministers in

424 Vgl. dazu Gelberg, Hans Ehard, S. 262–265, und Kock, Bayerns Weg, S. 319f.

425 SZ vom 3. 5. 1949: „Bundesrepublik ohne Bayern?"; das folgende Zitat findet sich ebenda. Eine Gegendarstellung von Franz Peter Weixler, einem Gefolgsmann Hundhammers aus dem oberbayerischen CSU-Bezirksverband, in: Tagespost (Augsburg): „Was Dr. Hundhammer tatsächlich gesagt hat. Keine Geschichtsfälschung – Widerstandskämpfer gegen Haußleiter"; eine atmosphärisch dichte Schilderung in den Erinnerungen von Karl Köhler: IfZ-Archiv, MS 343 Smlg. Köhler 2, Bl. 214–224.

426 Zur Monarchismus-Debatte IfZ-Archiv, RG 260, 10/90–3/8, „Subject: Bonn und bayerische Königsfrage" (Gespräch mit Karl Köhler) vom 6. 5. 1949, „Subject: Bonn und Königsfrage" (Gespräch mit Karl Anzenhofer) vom 6. 5. 1949; IfZ-Archiv, RG 260, 13/150–3/10, Bericht über eine Rede Franz Facklers zum Thema CSU und Monarchie am 10. 5. 1949. Der geschäftsführende Landesvorstand diskutierte am 5. 5. 1949 (ACSP, NL Müller 9) darüber und einigte sich auf eine Erklärung für die Presse.

427 Im Protokoll der Sitzung des geschäftsführenden Landesvorstands am 5. 5. 1949 (ACSP, NL Müller 9) heißt es: „Sämtliche Anwesende sind sich darüber einig, dass eine separatistische Einstellung innerhalb der CSU, wie sie durch die Gleichzeitigkeit der Verlautbarungen Dr. Baumgartners und Dr. Hundhammers in Dachau für die Öffentlichkeit als gegeben erscheinen muss, aufs schärfste abzulehnen sei. Dem dadurch hervorgerufenen Eindruck im deutschen und bayerischen Volk müsse sofort wirksam begegnet werden. Monarchistische Einstellung als persönliche Überzeugung steht zwar den Mitgliedern der CSU frei, ihre Betätigung im Zusammenhang mit separatistischen Bestrebungen könnte jedoch in keinem Falle innerhalb der CSU geduldet werden."

428 SZ vom 3. 5. 1949: „Bundesrepublik ohne Bayern?"; das folgende Zitat findet sich ebenda.

München und Oberbayern, denen weder radikal föderalistische noch monarchistische Gedankengänge fremd waren, Hundhammers Ausführungen begeistert zustimmten[429], verstanden die reichstreuen, liberalen Kräfte in der CSU die Rede des Kultusministers als offene Kampfansage, ja als Aufkündigung des labilen Konsenses, auf dem die Union in Bayern bisher geruht hatte. Die „Zerreißprobe für das Land Bayern sei nun gekommen", erklärte August Haußleiter. Baumgartner und Hundhammer hätten nun ihre „separatistischen Karten offen auf den Tisch gelegt". Wer mit ihnen zusammenarbeite, „könne nicht Mitglied der CSU sein"[430]. Und während einer Tagung des Gautinger Kreises forderte Haußleiter, alle Kräfte zu sammeln, „die gesamtdeutsch denken", und die „Filser" – Synonym für die kurzsichtigen, partikularistischen und monarchistischen Teile der Partei – zu isolieren. Man müsse in der CSU einen scharfen „Trennungsstrich" zwischen den „bayerisch und gesamtdeutsch Orientierten" ziehen, rief der stellvertretende Parteivorsitzende kämpferisch aus[431]. Michael Horlacher, der sich nach den Äußerungen Hundhammers wie ein Mensch fühlte, „dem man aufs Hirn gehaut hat", ging noch einen Schritt weiter, und zwar einen entscheidenden Schritt: Er forderte, der Parteivorstand müsse vor dem Landesschiedsgericht ein Ausschlußverfahren gegen Hundhammer beantragen.

Ein Parteiausschluß des Kultusministers oder ein „freiwilliger" Rückzug aus der CSU nach dem Vorbild Fritz Schäffers hätte der Parteiführung um Josef Müller in letzter Minute die Möglichkeit eröffnet, das Blatt doch noch zu wenden und gleichsam der Hydra der Opposition das Haupt abzuschlagen[432]. Ein Schiedsgerichtsverfahren gegen Hundhammer konnte aber auch etwas ganz anderes bedeuten, nämlich die endgültige Parteispaltung und das Ende der CSU als große Sammlungspartei der nichtsozialistischen bayerischen Bevölkerung. Dieses Risiko wollte letztlich niemand eingehen, auch Josef Müller nicht, der stets die Einheit der Partei, seiner Partei, im Auge hatte.

Vielleicht hoffte man aber auch auf eine elegantere, wenn auch für die CSU nicht weniger schmerzhafte Lösung des Konflikts, die es Müller vielleicht doch erlaubt hätte, im Amt zu bleiben. Da die bayerische Unionspartei noch nicht entschieden hatte, ob sie dem Grundgesetz zustimmen sollte, das in diesen Tagen fertiggestellt wurde, waren in der Landtagsfraktion wie in den Führungsgremien der Partei schwere Auseinandersetzungen zu erwarten[433]. Beide Seiten hatten wiederholt deutlich gemacht, daß von der Entscheidung über das Grundgesetz auch die Zukunft der CSU abhängen könnte. Für Hundhammer und seine Mitstreiter kam ein zustimmendes Votum keinesfalls in Frage, Müllers Anhänger plädierten dagegen selbst dann für einen Eintritt Bayerns in die Bundesrepublik, wenn die neue Verfassung nicht unbedingt ihren Vorstel-

[429] IfZ-Archiv, RG 260, 10/90–3/8, „Subject: CSU-Versammlung: CSU und Monarchie" vom 11. 5. 1949.

[430] Neue Zeitung vom 5. 5. 1949: „Haußleiter hält Spaltung der CSU für möglich".

[431] ACSP, NL Müller 43, Protokoll der Sitzung des Gautinger Kreises am 4. 5. 1949; das folgende Zitat findet sich ebenda.

[432] Heinz Fischer schrieb am 4. 5. 1949 an Josef Müller: „Im übrigen glaube ich, daß die Fronten sich durch die Äußerungen Dr. Hundhammers und Dr. Schwalbers wesentlich geklärt haben, das Richtigste wäre es, Du würdest beide sofort ausschließen, was meines Erachtens die Vorstandschaft in Anbetracht der Ungeheuerlichkeit durchaus verantworten kann. Bei uns hier oben spricht man von einem verspäteten Faschingsscherz mit ‚Knecht Rupprecht'. Es liegt nun, lieber Sepp, wesentlich an Dir, die Entscheidung herbeizuführen." ACSP, NL Müller 144.

[433] So in der Rückschau Michael Horlacher; ACSP, NL Müller 16, Protokoll der Landesversammlung der CSU vom 27.–29. 5. 1949 in Straubing.

lungen entsprechen sollte[434]. Zerfiel die CSU, insbesondere die Landtagsfraktion, auch bei der Abstimmung über diese Frage, ließ sich auch diesmal kein Kompromiß finden, der für alle Seiten einigermaßen tragbar war, dann war auch der Zerfall der CSU kaum mehr aufzuhalten[435]. Mit anderen Worten: Wenn es Müller und seinen Freunden gelang, eine Entscheidung herbeizuführen, die Hundhammer nicht akzeptieren konnte, dann verließ dieser vielleicht mit seinem Anhang die CSU, die sich dann zwar geschwächt, aber endlich einigermaßen geschlossen präsentieren würde.

Daß derartige Überlegungen letztlich folgenlos blieben, lag vor allem an Ministerpräsident Ehard. Nach der Rede seines Kultusministers am 1. Mai war der Ministerpräsident zunächst um Schadensbegrenzung bemüht. Doch auch zwei außerordentliche Sitzungen des Ministerrats, eine Erklärung Hundhammers, in der er seinen Standpunkt noch einmal darlegte und die Pressemeldungen über seine Ausführungen stark relativierte, und ein Communiqué der Staatsregierung reichten nicht aus, um den Eindruck zu verwischen, Bayern sei auch bei weitgehenden föderalistischen Zugeständnissen keinesfalls bereit, dem Bonner Verfassungsentwurf zuzustimmen[436]. Damit hatte Hundhammer – beabsichtigt oder unbeabsichtigt – die Strategie des Ministerpräsidenten konterkariert, noch im letzten Moment Konzessionen als Gegenleistung für ein bayerisches Ja zum Grundgesetz herauszuverhandeln. Um so drängender stellte sich nun die Frage, wie sich die CSU endgültig entscheiden sollte – für oder gegen die neue westdeutsche Verfassung, die der Parlamentarische Rat am 8. Mai verabschiedet hatte. „Aufgeschreckt durch Hundhammers Äußerungen und gewahr der breiten radikal föderalistischen Ablehnungsfront in CSU und BP, sogar die Spaltung der CSU vor Augen", brachte der Ministerpräsident eine Kompromißformel in die Debatte ein, die den radikal föderalistischen Kräften in der CSU weitgehend ihre Argumentationsbasis entzog und die auch für die gesamtdeutsch-national denkenden Anhänger der bayerischen Unionspartei einigermaßen tragbar war. „Nein zum Grundgesetz und Ja zu Deutschland" hieß die Devise. Damit sprach sich Ehard zwar offen für eine Ablehnung des Grundgesetzes durch den Landtag aus, forderte jedoch zugleich, die Rechtsverbindlichkeit der neuen Verfassung anzuerkennen, sollte diese in zwei Drittel der westdeutschen Länder angenommen werden. Der Ministerpräsident setzte seine ganze Kraft und sein ganzes Prestige ein, um dieser Kompromißformel zum Durchbruch zu verhelfen. Ehard drohte vor der eigenen Fraktion sogar mit seinem Rücktritt, wenn die Abgeordneten nicht bereit sein sollten, seinem Kurs zu folgen[437]. Dem Ministerpräsidenten gelang es tatsächlich, sich durchzusetzen. Bei den entscheidenden Abstimmungen lehnte der bayerische Landtag in den frühen Morgenstunden des 20. Mai nach fünfzehnstündiger Debatte das Grundgesetz mit 101 gegen 63 Stimmen bei neun Enthaltungen ab, zugleich wurde seine Rechtsverbindlichkeit mit 97 Ja-Stimmen bei sechs Nein-Stimmen und 70 Enthaltungen anerkannt[438]. Wider Erwarten war die CSU nicht

[434] Zur Diskussion in der CSU: ACSP, CSU-LTF I, 15–14, Protokolle der Fraktionssitzungen am 11.3., 7.5., 18.5. und 19. 5. 1949, sowie ACSP, NL Müller 16, Protokoll der Landesversammlung der CSU vom 27.–29. 5. 1949 in Straubing.

[435] ACSP, CSU-LTF I, 15–14, Protokoll der Fraktionssitzung am 17. 2. 1949 (Alois Hundhammer).

[436] Vgl. hierzu und zum folgenden Gelberg, Hans Ehard, S. 264; das folgende Zitat ebenda, S. 268.

[437] Vgl. ebenda, S. 266–273.

[438] Vgl. Kock, Bayerns Weg, S. 324ff., und IfZ-Archiv, RG 260, 7/29–1/13–16, Bericht des amerikanischen Generalkonsuls in München, Sam E. Woods, über die Sitzung des Landtags am 19./20. 5. 1949 an das State Department vom 26. 5. 1949.

an der Abstimmung über das Grundgesetz zerbrochen. Nachdem dieses Problem vom Tisch war, stellte sich wieder mit aller Schärfe die Frage, wer die Partei in Zukunft führen sollte.

### *h) Die Straubinger Landesversammlung vom 27. bis zum 29. Mai 1949*

Für dieses Problem war die Landesversammlung der CSU zuständig, die am 27. Mai erstmals nach eineinhalb Jahren wieder zusammentrat[439]. Im Januar 1948 war Josef Müller noch mit einer beeindruckenden Mehrheit von 348 von 447 Stimmen für 18 Monate in seinem Amt bestätigt worden[440], aber man brauchte kein Prophet zu sein, um vorherzusagen, daß das Ergebnis diesmal anders lauten würde. Es lag eine kaum erträgliche Spannung in der Luft, als Müller den Parteitag eröffnete. Die Delegierten mußten ihr Temperament jedoch zunächst zügeln, da die Tagesordnung Debatten über die Haltung der CSU zum Grundgesetz und über die Politik der Partei im Landtag und im Wirtschaftsrat vorsah, bevor endlich der entscheidende Programmpunkt aufgerufen werden konnte: die Neuwahl des Landesvorsitzenden[441]. Die Aussprache über das Ergebnis der Bonner Verfassungsberatungen und die Ehardsche Kompromißformel verlief erstaunlich ruhig. Alle Redner waren um eine sachliche Argumentation bemüht und vermieden es, die Tagung durch unnötige Schärfen oder persönliche Verletzungen zusätzlich zu belasten. Selbst August Haußleiter, der auf den Kultusminister und seinen altbayerischen Anhang wie ein rotes Tuch wirkte, und Karl Sigmund Mayr, der sich erdreistet hatte, im Parlamentarischen Rat für das Grundgesetz zu stimmen[442],

---

[439] Der Termin für die Straubinger Landesversammlung war heftig umstritten. Während die innerparteiliche Opposition auf einen möglichst frühen Zeitpunkt drängte, wies Müller – unterstützt von Ministerpräsident Ehard – darauf hin, ein Parteitag habe erst dann Sinn, wenn die Delegierten auch über das Ergebnis der Bonner Verfassungsberatungen entscheiden könnten. Aus diesem Grund könne man die Landesversammlung erst in der zweiten Mai-Hälfte einberufen. Schon bloße Gerüchte, die Parteiführung versuche, den Termin erneut auf Juni oder gar Juli zu verschieben, provozierten heftige Reaktionen bei den Gegnern Müllers, die versuchten, die „alsbaldige" Einberufung der Landesversammlung zu erzwingen. ACSP, NL Müller 16, Anton Hergenröder an Josef Müller vom 25. 4. 1949, August Haußleiter an Anton Hergenröder und nachrichtlich an sämtliche Kreisverbände Oberfrankens vom 29. 4. 1949, Rundschreiben des CSU-Bezirksverbands Unterfranken, gez. Karl Greib, an die Bezirksvorsitzenden, die Mitglieder des Bezirksvorstands Unterfranken und die unterfränkischen Kreisvorsitzenden vom 3. 5. 1949, Alois Hundhammer an die Landesleitung der CSU vom 3. 5. 1949; IfZ-Archiv, Fh 56, Rundschreiben des CSU-Bezirksverbands Oberfranken, gez. Anton Hergenröder, vom 25. 4. 1949, Rundschreiben Nr. 2/49 des CSU-Bezirksverbands Oberfranken vom 2. 5. 1949; Bericht über die Sitzung des Landesvorstands am 12. 3. 1949, in: Die Politische Information 9/10–49.

[440] Protokoll der Landesversammlung der CSU am 24./25. 1. 1948 in Marktredwitz, in: Protokolle und Materialien, S. 1498.

[441] ACSP, NL Müller 16, Protokoll der Landesversammlung der CSU vom 27.–29. 5. 1949 in Straubing; das folgende – soweit nicht anders belegt – nach diesem Parteitagsprotokoll. Das Protokoll dieses Parteitags hatte auch Berberich, Historische Entwicklung, S. 96–100, zur Verfügung. Zur Straubinger Landesversammlung vgl. auch die Hintergrundberichte amerikanischer Stellen: IfZ-Archiv, RG 260, 13/150–3/8, „Subject: Special Report on Annual CSU Land Assembly at Straubing/Niederbayern" vom 3. 6. 1949, und IfZ-Archiv, RG 260, 7/29–1/13–16, Bericht des amerikanischen Generalkonsuls in München, Sam E. Woods, über die Straubinger Landesversammlung der CSU an das State Department vom 7. 6. 1949; das Kapitel über die Straubinger Landesversammlung bei Hettler, Josef Müller, S. 403–409, basiert überwiegend auf diesen beiden Dokumenten.

[442] Vgl. Gelberg, Hans Ehard, S. 269; Mayr galt bei den meisten Abgeordneten der CSU im Parlamentarischen Rat schon früh als unsicherer Kantonist. Als die Vertreter der bayerischen Unionspartei am 7.1. 1949 beschlossen, künftig regelmäßige Gruppenbesprechungen abzuhalten, wurde Mayr explizit ausgeschlossen. Vgl. ebenda, S. 198f.

konnten sprechen, ohne von allzu großen Unmutsäußerungen der Hundhammer-Riege unterbrochen zu werden.

Auch Josef Müller wirkte trotz aller Anspannung gelassen. Vielleicht täuschte dieser Eindruck, vielleicht war sich der Ochsensepp seiner Sache aber auch sicher und hatte noch ein letztes As im Ärmel. Müller berichtete später, Ehard habe ihm noch kurz vor Beginn der Landesversammlung versichert, nicht für das Amt des Parteivorsitzenden zu kandidieren[443]. Mit dieser Zusage im Rücken konnte Müller den kommenden Auseinandersetzungen fürwahr ohne große Aufregung entgegensehen. Denn wenn Ehard nicht gegen ihn antrat, brach die Strategie seiner Gegner zusammen wie ein Kartenhaus[444].

Tatsächlich sah zunächst alles nach einem Schulterschluß zwischen dem Parteivorsitzenden und dem Ministerpräsidenten aus. Müller lobte die Verhandlungsführung Ehards während der Verfassungsberatungen und betonte, Staatsregierung und Parteiführung seien sich jederzeit „absolut einig" gewesen, während Ehard seinerseits die reibungslose Zusammenarbeit zwischen Partei und Regierung würdigte. Diese Entwicklung dürfte die innerparteiliche Opposition schwer beunruhigt haben[445], doch bevor es endgültig zum Schwur kam, mußten die Delegierten am Vormittag des 28. Mai die Referate von Wirtschaftsminister Hanns Seidel, Generalsekretär Franz Josef Strauß, Eugen Rindt, dem stellvertretenden Vorsitzenden der Landtagsfraktion, und Landwirtschaftsminister Alois Schlögl zur Kenntnis nehmen. Müller hatte diese Redner nicht ohne Bedacht ausgewählt. Seidel, Schlögl und Strauß, längst schon zum Sprecher der CSU-Abgeordneten im Frankfurter Wirtschaftsrat avanciert[446], zählten zu den letzten Aktivposten im Lager Müllers, und ihre positive Leistungsbilanz auf dem Feld der Wirtschafts- und Agrarpolitik sollte nicht zuletzt dazu beitragen, die politische Bilanz des Parteivorsitzenden zu verbessern.

Als danach Josef Müller das Wort für seinen Rechenschaftsbericht ergriff, trat die Landesversammlung in ihre entscheidende Phase. Der Ochsensepp wußte, wie viel

---

443 IfZ-Archiv, RG 260, 7/29–1/13–16, Bericht des amerikanischen Generalkonsuls in München, Sam E. Woods, über die Straubinger Landesversammlung der CSU an das State Department vom 7. 6. 1949. Darin heißt es: „Müller told a legal officer of Military Government [...] that Ehard had practically promised him before the land assembly that he would not be a candidate for the party chairmanship."

444 Ein Vertrauensmann der Militärregierung berichtete wenige Tage vor der Landesversammlung über ein Gespräch mit Josef Brunner, Ludwig Huber und Charlotte Fleischmann: Es sei bisher nicht gelungen, Ehard zu einer Kandidatur zu bewegen, obwohl man genügend Kreisverbände für den Ministerpräsidenten gewonnen habe. Und Charlotte Fleischmann wurde mit den Worten zitiert: „Aber wann ist es überhaupt möglich, ihn [Hans Ehard] einmal festzulegen!" IfZ-Archiv, RG 260, 10/90–3/9, „Subject: Landesversammlung der CSU", undatiert.

445 Im Anschluß an die Referate über die Bonner Verfassungsberatungen stellten Friedrich Freiherr von der Heydte, Ludwig Huber und Alois Braun den Antrag, die Landesversammlung möge der Landtagsfraktion und den Abgeordneten der CSU, die gegen das Grundgesetz gestimmt hätten, ihren Dank aussprechen. Die Parteiführung wurde bewußt mit keiner Silbe erwähnt, den beiden CSU-Vertretern, die in Bonn für das Grundgesetz gestimmt hatten (Karl Sigmund Mayr und Kaspar Schlör), implizit das Mißtrauen ausgesprochen. Nach einer teilweise heftigen Debatte und einer Intervention Ehards, der sowohl Josef Müller als auch die beiden Bonner Außenseiter in Schutz nahm, wurde der folgende Antrag Michael Horlachers bei vier Enthaltungen einstimmig angenommen: „Die Landesversammlung der CSU spricht dem Ministerpräsidenten, der bayerischen Staatsregierung, der Landesleitung der CSU, den CSU-Abgeordneten in Bonn und im bayerischen Landtag für die beim Bonner Grundgesetz geleistete Arbeit Dank und Anerkennung aus und billigt die dabei eingenommene Haltung."

446 Protokoll der Sitzung des Landesausschusses der CSU am 28./29. 2. 1948 in Regensburg, in: Protokolle und Materialien, S. 1635 (Franz Josef Strauß).

von dieser Rede abhängen konnte, und er zog alle Register, die ihm zu Gebote standen. Er erinnerte die Delegierten an die Gründung der CSU wenige Wochen nach dem Zusammenbruch der nationalsozialistischen Diktatur und beschwor die Ideale, die die Union beseelten:

„Nach dem Zusammenbruch des Jahre[s] 1945 haben wir die Sammlung der Kräfte vollzogen, die bereit waren, die christliche Politik, die christliche Weltanschauung anzuerkennen, den christlichen Kulturbegriff gegen den Kollektivbegriff durchzusetzen, die aber auch bereit waren, das Christentum so auszulegen, dass eine evolutionär-soziale Politik dem Volk aus seiner Not helfen soll. Wir werden den Kollektivismus nicht verhindern, wenn wir nur Predigten über das Christentum halten. (Beifall.) Wir werden ihn nur verhindern und bekämpfen, wenn wir zu einer Sozialpolitik bereit sind, die notfalls radikal mit der Not des Volkes fertig wird. (Lebhafter Beifall.) Wir haben von vornherein festgestellt: Die christlich-soziale Union ist keine Rechtspartei, sie ist keine bürgerliche Partei; sondern es ist dies eine Partei, die alle Schichten, alle Stände des Volkes zusammenschliessen will, die bereit sind, für die christliche Kultur einzutreten (Bravo!). Würde die Partei eine bürgerliche Partei werden, dann dürften wir nie und nimmer das Wort ‚Christentum' als Namen für die Partei aufnehmen (Beifall). Denn angesichts der Verarmung, angesichts der Katastrophe, die über unser Volk hereingebrochen ist, ist der alte Begriff des Bürgertums überwunden worden."

Die Rede Müllers stand zweifellos auf hohem intellektuellen Niveau und gehörte sicherlich zu den besten, die er in den vergangenen Jahren vor der Landesversammlung oder dem Landesausschuß gehalten hatte. Ob er mit seinen gesellschaftspolitischen Ausführungen, mit der Erinnerung an sein Engagement im Widerstand gegen das NS-Regime und mit der Herausstellung seiner eigenen Verdienste beim Aufbau der Partei aber die Mehrheit der Delegierten erreichte, die an ganz konkreten Problemen und vor allem an einer Beilegung der Führungs- und Flügelkämpfe interessiert waren, ist zweifelhaft. Diesen Delegierten mochte Müllers Rede als ebenso kunstfertiges wie wortreiches, letztlich aber doch schwerfälliges Ablenkungsmanöver erscheinen.

Nach einer kurzen Ansprache von Landtagspräsident Horlacher, der für die politische Debatte und die Neuwahl des Parteivorsitzenden die Leitung der Landesversammlung übernommen hatte, trat als erster Redner Alfons Bernhard, ein Müller-treuer Delegierter aus dem Kreisverband Würzburg-Stadt, ans Rednerpult. Mit dem Beginn der Diskussion über die Person des künftigen Landesvorsitzenden brach die bislang gewahrte Fassade der Leidenschaftslosigkeit zusammen. Von nun an bestimmten die sachlichen Gegensätze und die tiefgehenden persönlichen Differenzen das Geschehen. Das bekam Alfons Bernhard schon nach wenigen Sätzen zu spüren, als er wiederholt durch Zwischenrufe und lautstarke Unmutsäußerungen unterbrochen wurde. Bernhard nannte die Mißstände in der CSU beim Namen und kritisierte die Obstruktionspolitik des südbayerischen Anhangs scharf: „Die Politik einer gewissen Gruppe in Altbayern glaubt, uns majorisieren zu können, und sie ist diejenige, die den Unfrieden in die Partei hineinträgt", rief der Würzburger Delegierte seinen Kollegen zu, nachdem er die innerparteiliche Opposition zuvor aufgefordert hatte, endlich auszusprechen, „was eigentlich gegen Dr. Josef Müller ernstlich einzuwenden" sei. Der Parteivorsitzende habe eine wirtschaftspolitische Linie verfolgt, die unzweifelhaft erfolgreich gewesen sei, und der Parteivorsitzende sei es auch gewesen, der während des Generalstreiks in Bayern im Januar 1948 einen Sturz von Ministerpräsident Ehard verhindert habe. Bernhard verglich die Entscheidung, vor der die CSU stand, mit zwei folgenschweren Entscheidungen aus den Jahren der Weimarer Republik. Nach dem Tod

Friedrich Eberts habe man sich – auch in Teilen Bayerns – für Hindenburg als neuen Reichspräsidenten entschieden und nicht für den Zentrumspolitiker Wilhelm Marx, und 1932 sei Heinrich Brüning als Reichskanzler gestürzt worden, als er „kurz vor dem Ziel" stand. Bernhard beschwor die Delegierten, nicht noch einmal einen solchen Fehler zu machen, sondern Josef Müller – „den Mann, der uns bisher durch die Geschichte so prächtig hindurchgeführt hat" – wieder zu wählen, das Kriegsbeil zu begraben und geschlossen in die bevorstehenden Bundestagswahlen hineinzugehen[447].

Wenig später trat Josef Fischer mit einem Antrag vor die Delegierten, auf den sich die Bezirksvorsitzenden am Morgen des 28. Mai verständigt hatten. Fischer forderte nichts weniger als ein Ende der Debatte über die Person des Landesvorsitzenden, die ja noch gar nicht richtig begonnen hatte, und eine sofortige Neuwahl des Parteichefs. Schließlich seien die Fronten seit Wochen geklärt, eine Fortsetzung der Diskussion würde nur zu neuen Auseinandersetzungen und neuen Verletzungen führen. Spätestens mit diesem Antrag wurde klar, daß die Bezirksvorsitzenden gleichsam in die Rolle von Königsmachern geschlüpft waren und daß sie alles versuchen würden, um den Kandidaten durchzusetzen, auf den sie sich im Vorfeld geeinigt hatten. Als August Haußleiter seine Bedenken gegen ein Ende der Debatte vorbringen wollte, wurde er minutenlang am Sprechen gehindert und mußte sich gegen Sprechchöre durchsetzen, die eine sofortige Abstimmung über den Antrag der Bezirksvorsitzenden forderten.

Die Landesversammlung hatte ihren Höhepunkt erreicht. Gelang es den Gegnern Müllers, die Diskussion abzubrechen, nahmen sie dem Ochsensepp jede weitere Gelegenheit, Punkte im Kampf um die Parteiführung zu sammeln. Wurde die Debatte jedoch fortgesetzt, so war vielleicht doch noch eine Überraschung möglich. Wie nicht anders zu erwarten, sprach sich Haußleiter scharf gegen die „Kulissenstrategie" der Bezirksvorsitzenden aus und forderte eine offene Aussprache, um nicht den Eindruck entstehen zu lassen, „als sollte hier eine Gruppe unversehens überrannt werden". Wenn ein Teil der Delegierten die Überzeugung gewinne, man habe sie hier absichtlich nicht zu Wort kommen lassen, so Haußleiter weiter, dann trage dies sicher nicht zu einer Stärkung des Zusammenhalts bei, sondern fördere lediglich die „innere Vergiftung". Überraschenderweise hieb auch Ministerpräsident Ehard in diese Kerbe und lehnte das von den Bezirksvorsitzenden vorgeschlagene Procedere ebenfalls ab. Zugleich griff er die Forderung des Delegierten Bernhard auf, die Vorwürfe gegen Josef Müller offen vorzubringen:

„Ich habe mich in der Frage des Parteivorsitzes die ganze Zeit über vollkommen zurückgehalten, sehr bewusst und sehr überlegt. Aber ich bin der Meinung, daß man die Frage des Parteivorsitzes nicht lösen kann, bevor einmal eine Aussprache stattgefunden hat. (Lebhafter Beifall.) Meines Er-

[447] Bevor die innerparteiliche Opposition auf Bernhards Vorwürfe und Vorschläge antworten konnte, unterbrach eine kurze Geschäftsordnungsdebatte die Sitzung. Unterstützt von den Bezirksverbänden München und Oberbayern stellte Wirtschaftsminister Seidel den Antrag, die Gäste und Pressevertreter so lange von der Tagung auszuschließen, bis die Wahl des Landesvorsitzenden abgeschlossen sei. Die Delegierten stimmten mit großer Mehrheit zu, und Michael Horlacher verfügte eine kurze Pause, um den Gästen und Journalisten Gelegenheit zu geben, den Saal zu verlassen. Lediglich dem Korrespondenten der Dena wurde es erlaubt, der Tagung weiterhin beizuwohnen. Die restlichen Journalisten rangen – entsprechend erbost über ihren Ausschluß – um die besten Horchposten an den Türen und auf dem Dachboden über dem Versammlungssaal. Mittelbayerische Zeitung vom 31. 5. 1949: „Unter Ausschluß der Öffentlichkeit". Vgl. auch Groß, Hanns Seidel, S. 108f.

achtens muss einmal die Atmosphäre gereinigt werden, und ich bin der Meinung: Gewitter reinigen die Luft. (Zustimmung.) Ich habe aus meiner bisherigen Arbeit in der Partei auch die Überzeugung gewonnen: Es wird zwar manchmal heftig gestritten; die Gegensätze, auch die persönlichen Gegensätze, prallen oft sehr stark aufeinander. Aber wenn es sich darum handelt, eine gemeinsame Plattform zu finden, dann halten alle doch wieder zusammen, weil sie der Meinung sind: Sie müssen zusammenhalten. (Lebhafter Beifall.) Dazu kommt noch etwas. Nachdem einer unserer Parteifreunde ja vorhin die Frage aufgeworfen hat: Was habt Ihr gegen den einen? Sagt uns doch von der anderen Seite, was Ihr dagegen habt?, halte ich es nicht für richtig, diese Frage offen zu lassen. (Beifall.) Liebe Parteifreunde! Wir müssen einmal über das Stadium hinwegkommen, daß einer den anderen direkt oder indirekt abwürdigt – abschiesst, will ich nicht sagen. Ich meine, es muss soviel persönliches gegenseitiges Vertrauen geschaffen werden können, daß einer den anderen achtet und daß einer mit dem anderen auf unserer gemeinsamen christlich-sozialen Basis auch dann zusammenarbeitet, wenn er in seiner Anschauung von dem anderen variiert. (Sehr richtig!) Ich meine noch etwas anderes. Wenn unser Parteivorsitzender, unser Freund Josef Müller, angegriffen wird und man sagt, man sei aus irgendwelchen Gründen mit ihm nicht mehr zufrieden, dann muss man es auch aussprechen. (Beifall.) Es gibt Situationen, die gar nicht die Schuld des Einzelnen sind, sondern die schicksalsmässig auf einen zukommen oder einen auf die Seite schieben, und sei es vorübergehend. (Sehr gut!) Aber man muss sich darüber aussprechen."

Ehard lieferte auch gleich einen Alternativvorschlag: Nur ausgewählte Exponenten der beiden großen Lager sollten sprechen und ihre Standpunkte darlegen. Dann sei es an den Delegierten, sich für „den einen oder den anderen oder einen dritten" zu entscheiden. Damit hatte der Ministerpräsident nicht nur die Strategie der Bezirksvorsitzenden konterkariert, die mit allen Mitteln versuchten, ihn selbst auf den Schild zu heben, sondern auch Alois Hundhammer gezwungen, selbst anzutreten und den Kampf gegen den verhaßten Parteivorsitzenden mit offenem Visier zu führen. Es schien fast so, als stünden Ehard, der sich nach wie vor nicht dazu geäußert hatte, ob er überhaupt als Landesvorsitzender zur Verfügung stand, und Müller auf derselben Seite. Damit war aber zumindest für die Delegierten, die nicht in das System der Vorabsprachen und Winkelzüge eingeweiht waren, die Lage völlig undurchsichtig geworden. Nach der kurzen Rede des Ministerpräsidenten hatte die Initiative der Bezirksvorsitzenden keine Chance mehr; ihr Antrag, die Neuwahl des Landesvorsitzenden ohne weitere Diskussion vorzunehmen, wurde von den Delegierten mit großer Mehrheit abgelehnt.

Bevor es jedoch zum großen Schlagabtausch kam, ergriff der stellvertretende CSU-Vorsitzende Michael Horlacher das Wort, um den amtierenden Parteichef formell zur Wiederwahl vorzuschlagen. Horlacher lobte Müllers Verdienste in den höchsten Tönen, verwies auf seine glänzenden nationalen und internationalen Verbindungen und verlieh seiner Überzeugung Ausdruck, daß eine Debatte über die Person des Landesvorsitzenden eigentlich überflüssig sei, da das „Ergebnis von Bonn, die Einheit zwischen Staatsregierung, Fraktionsleitung und Parteileitung [...] auch ein Verdienst der Haltung von Josef Müller und des Parteivorstandes" gewesen sei. Zugleich sprach er den Bezirksvorsitzenden mit Entschiedenheit das Recht ab, in die angestammten Rechte der Delegierten einzugreifen, und ging mit Alois Hundhammer und seinen Anhängern hart ins Gericht:

„Auch was uns die Opposition angetan hat – wir wollen sie heute nicht anklagen, um die Debatte nicht zu verschärfen –, was sie alles zu ungunsten der CSU während der Bonner Debatte verbrochen hat, war ein gutes Stück zur Heruntersetzung des Ansehens der gemeinsamen CSU. Gerade aus diesen Gründen halte ich meinen Vorschlag aufrecht, den Herrn Dr. Josef Müller wieder zu wählen."

Bis zu diesem Zeitpunkt waren fast nur Vertreter des Müller-Flügels zu Wort gekommen, während sich die innerparteiliche Opposition stark zurückgehalten hatte. Doch nachdem auch Michael Horlacher noch einmal verlangt hatte, die Vorwürfe gegen Müller endlich offen auszusprechen, blieb Alois Hundhammer kaum noch etwas anderes übrig, als seine Forderung nach einer Ablösung Josef Müllers selbst zu begründen – und er tat dies mit jener Vehemenz, die man von ihm gewohnt war, wenn es gegen den Ochsensepp ging[448]. Hundhammer machte aber nicht den Fehler, die ganze Konfliktgeschichte seit 1945 von neuem aufzurollen, und er ließ sich auch nicht zu persönlichen Angriffen oder gar Beleidigungen hinreißen, sondern konzentrierte sich auf wenige, dafür aber zentrale Argumente, die er zum Teil gebetsmühlenartig wiederholte. Müller sei von Anfang an kein Mann gewesen, der „auf die Dauer eine zusammenfassende Führung" der CSU habe gewährleisten können, sondern der Repräsentant einer kleinen „Spezialgruppe". Dies habe sich insbesondere bei der Abstimmung in der Verfassunggebenden Landesversammlung gezeigt, als Müller gegen die Mehrheit seiner eigenen Fraktion gegen das Staatspräsidentenamt votiert habe. Die CSU, so Hundhammer weiter, brauche aber einen Landesvorsitzenden, der „in der Mitte der Partei" stehe und der geeignet sei, den Parteifreunden, die die CSU verlassen hätten, „wieder ein Magnet zu sein, der sie zurückführt und denen, die noch da sind, ein Mittelpunkt ist, der ihnen das Vertrauen gibt, dass sie bei dieser Partei bleiben und an ihr festhalten können". Die Führung der CSU durch einen Flügel müsse endlich aufhören. Und Hundhammer fuhr fort:

„Wir stehen jetzt, liebe Parteifreunde, vor den Wahlen zu Bonn. Wir müssen in diese Wahlen hineingehen können mit einer grossen inneren Geschlossenheit der Partei, (sehr richtig!) mit einer Parteispitze, die das Vertrauen von allen Seiten auf sich vereinigt. (Sehr gut!) Wenn das nicht der Fall ist, wenn wir in die Wahlen unter der Führung von Dr. Josef Müller hineingehen, werden weitere Parteifreunde, und nicht wenige, weiterhin wieder von uns absplittern, und werden insbesondere viele Leute im Lande wieder der CSU ihre Stimme geben, wenn an der Spitze der Name Ehard steht, (stürmischer Beifall) werden viele Leute der CSU die Stimme nicht geben, wenn an der Parteispitze der Name Dr. Josef Müller bleibt. (Sehr richtig!) [...] Mit Ehard werden wir die Wahl zum Bonner Bundestag gut bestehen, (lebhafte Zustimmung) mit Ehard werden wir einen Grossteil auch der Stimmen zurückgewinnen können, die uns verlorengegangen sind oder die jetzt abwartend beiseitestehen. Durch Dr. Josef Müller hingegen werden wir zu den Verlusten, die schon da sind, weitere Verluste erleiden. (Zustimmung.)"

Außerdem warf Hundhammer dem Parteivorsitzenden eine verfehlte Organisationspolitik und schwere Mißgriffe in der Geschäftsführung vor. Die Partei müsse den kommenden Wahlkampf ohne einen intakten Parteiapparat und ohne ein Parteiorgan bestreiten, nachdem sich das Experiment mit dem Geraden Weg als überaus kostspieliger Fehlschlag erwiesen habe. Überhaupt seien die Parteifinanzen in einem desolaten Zustand; seit der Währungsreform seien in der Münchner Parteizentrale Schulden in einer Höhe von mehr als 200000 DM aufgelaufen! Hundhammer gab zwar zu, daß viele Kreisverbände ihre Beitragsverpflichtungen nicht erfüllt hätten, machte aber auch dafür den Landesvorsitzenden verantwortlich. Er wisse, behauptete der Kultusminister, daß in vielen Kreisen und Bezirken die Auffassung herrsche: „Es hat keinen Sinn, in einen Sack, der keinen Boden hat, Geld hinein zu werfen." Zugleich versprach er den

[448] Hundhammer erklärte den Delegierten, es sei für ihn eine „Gewissenspflicht", gegen einen Parteivorsitzenden aufzutreten, den er für ungeeignet halte.

Delegierten, daß „die finanzielle Opferfreudigkeit unserer Mitglieder eine ganz andere werden“ würde, wenn eine neue Parteiführung gewählt und das Vertrauen da sei, daß „vernünftig und zweckmässig gewirtschaftet“ würde.

Hundhammer versuchte also nichts anderes, als Josef Müller die alleinige Verantwortung für die Flügelkämpfe, das organisationspolitische Chaos und die letzten Wahlniederlagen anzulasten – und er erweckte den Eindruck, man brauche nur den erfolgreichen Ministerpräsidenten zum Parteivorsitzenden zu wählen, um die Misere zu beenden.

Müller konterte unglücklich. Seine durchaus berechtigten Argumente gegen Hundhammers simplifizierende Vorwürfe, sein Hinweis auf strukturelle Probleme und auf die unbestreitbaren Erfolge der CSU unter seiner Führung traten hinter die oft nur angedeuteten, schlecht belegten persönlichen Anschuldigungen gegen den Kultusminister zurück, dem er wiederholten Vertrauensbruch vorwarf und geradezu konspirative Aktivitäten gegen die Mehrheit der eigenen Partei unterstellte. Kein Wunder, daß sich die Anhänger Hundhammers und auch er selbst mit wütenden Zwischenrufen zur Wehr setzten. Der Tumult steigerte sich so sehr, daß sich Müller zu der Bemerkung gezwungen sah, man wolle doch hier keine Schlägerei veranstalten. Wie tief der Parteivorsitzende verletzt war, zeigte sich in dem Ausruf, er sei „in der Öffentlichkeit zum Schwein gemacht worden“, und in dem bitteren Satz: „Eine Partei, die keine innere Moral und Kraft hat, bricht zusammen, und zwar mit Recht.“

Müller versuchte den Delegierten aber auch eindringlich vor Augen zu führen, daß die Krise der CSU ihre Ursachen nicht nur in persönlichen Zwistigkeiten habe und daß es nicht mit bloßem „Kleistern“ getan sei. Er verwies auf die grundsätzlichen Meinungsverschiedenheiten in der Frage, wie mit der Bayernpartei umzugehen sei, und forderte anders als Hundhammer einen entschiedenen Kampf gegen die BP als Voraussetzung für Stimmengewinne bei den bevorstehenden Bundestagswahlen. Zuvor hatte Müller bereits die grundlegenden Auffassungsunterschiede zwischen ihm und dem Kultusminister in der Föderalismusfrage herausgestellt. Was die Geschäftsführung und den Schuldenstand der CSU anging, verteidigte sich Müller nicht ungeschickt. Er stellte nicht nur klar, daß die Schulden der Partei durch die „rückständigen Beitragszahlungen“ der Kreisverbände mehr als gedeckt seien, sondern entlarvte auch Hundhammers Behauptung, bei einer Wahl Hans Ehards würde das Beitragsaufkommen schnell wieder steigen, als bloße Propaganda. Schließlich, so Müller, gelinge es nicht einmal Hundhammer, in seinem eigenen Bezirksverband die fälligen Beiträge einzutreiben, und der Kultusminister habe als letzter das Recht, dem Landesvorsitzenden die Schulden der Partei vorzuwerfen, solange er selbst systematisch Zahlungen an den Landesverband verhindere. Müller schloß seine Rede mit den Worten:

> „Entscheiden Sie, wie Sie wollen, ich bin niemand[em] böse für seine Entscheidung. Habe ich die Möglichkeit, eine politische Konzeption weiter zu verwirklichen, dann werde ich es tun, wenn Sie sich dafür entscheiden. Im anderen Falle bin ich dankbar, dass ich meine persönliche Freiheit zurückgewinne. Denn der Landesvorsitzende ist in der CSU der unfreieste Mensch, wenn jeder das Recht hat, ihn anzugreifen, und er mit Rücksicht auf die CSU sich nicht immer verteidigen kann. Wenn Sie gegen mich entscheiden, machen Sie mich zu einem freien Mann.“

Nach diesem Schlagabtausch zwischen Hundhammer und Müller ging alles ziemlich schnell. Vor der Wahl erhielten nur noch zwei Redner die Möglichkeit, für den Ochsensepp oder für Hans Ehard zu sprechen. Für Müller trat der junge Franz Josef

Strauß an, von dem sich die Anhänger des Landesvorsitzenden eine flammende Rede erwarteten. Aber sie wurden enttäuscht[449]. Strauß wiederholte lediglich die schon häufig vorgetragenen Bedenken gegen eine Personalunion von Ministerpräsidentenamt und Parteivorsitz. Es sei nicht nur eine „Sünde an der CSU", sondern geradezu ein „Verbrechen am bayerischen Volke", wenn der Ministerpräsident „damit auch in den Strudel der gemeinen, niedrigen Parteiintrigen und Parteiauseinandersetzungen [...] hineingezogen würde". Ehard sei für die CSU unersetzlich, so Strauß, die Partei könne aber auch auf die „geistigen, diplomatischen und politischen Fähigkeiten" Josef Müllers nicht verzichten. Er machte den Delegierten daher den Vorschlag, die Statuten der Partei zu ändern und „in der Parteiführung den Ministerpräsidenten und den bisherigen Landesvorsitzenden an einen Wagen [zu] spannen". Wußte Strauß, daß Müllers Sache verloren war? Wollte sich der Generalsekretär seine weitere Karriere nicht dadurch verbauen, daß er einem Geschlagenen allzu große Loyalität erwies? Oder war sein Vorschlag ein letzter Versuch zu retten, was noch zu retten war, zumal er ihn mit der Warnung verband, die Partei könne sich spalten, wenn sich die Delegierten über die berechtigten Interessen einer Minderheit hinwegsetzten[450].

Als Sprecher gegen eine Wiederwahl Josef Müllers trat Gerhard Kroll auf, der sich zugleich vehement für Hans Ehard als neuen Parteichef stark machte. Kroll hatte als Mitbegründer der Union in Bamberg und als Verfasser der Bamberger Denkschrift wesentlich zu einem Erfolg des interkonfessionellen Gedankens und der Sammlungsidee beigetragen. Bevor er Anfang 1949 die Seiten wechselte, hatte er zu Müllers wichtigsten Stützen im fränkischen Raum und später auch in der Landtagsfraktion gehört. Kroll traf wohl genau den richtigen Ton, als er dem Ochsensepp für seine Verdienste um die Gründung der CSU dankte, ihm aber gleichzeitig zu verstehen gab, daß seine Zeit vorbei sei. Der neue Parteivorsitzende, so Kroll, könne nur Hans Ehard heißen:

„Ich habe in vielen Auseinandersetzungen, in sehr vielen Auseinandersetzungen, auch mit Konrad dem Grossen unter dem Drachenfels, gesehen, in unserem Ministerpräsidenten Ehard haben wir [sic!] – (Lebhafter Beifall.) Ich habe die Qualität der anderen nicht angezweifelt, aber die Gaben hat Gott jedem gesondert in die Wiege gelegt, und daran kann ich nichts ändern. Und daß Ehard die Qualität hat, Gegensätze auszugleichen, ohne neue zu schaffen, daß er es versteht, selbst die bis zum Bersten gewachsenen Spannungen in sich wieder so auszugleichen, daß ein Weiterleben, ein echt bayerisches Weiterleben möglich ist, das habe ich kennen gelernt. Darum, meine lieben Freunde, habe ich damals gesagt: Die Zeit ist da, die Stunde der Union. Wir sind nicht mehr im Zustand der Gründung; wir sind im Zustand einer Revision. Jetzt heisst es endlich einmal nicht erweitern, sondern schaffen. Jetzt heisst es nicht: Wer hat recht, was hat uns der getan, was hat der getan; sondern: Wie kommen wir voran? Da allerdings, muss ich Ihnen sagen, kenne ich persönlich – das ist meine Gewissensüberzeugung – keinen Mann, der besser wäre als Dr. Hans Ehard. (Bravo-Rufe und stürmischer, anhaltender Beifall.) Ich bin nicht hier heraufgestiegen, um Dr. Josef Müller anzugreifen, den ich persönlich schätze. – Ich habe es ihm vorher gesagt, wie ich die Situation sehe. – Ich bin hier heraufgestiegen, weil ich mich frage: Wie bekommen wir

---

[449] Karl Köhler schrieb in seinen Erinnerungen: „Auf Dr. Hundhammers Rede hin ergriff der Generalsekretär Franz Josef Strauß das Wort. Mit großer Erwartung verfolgten die Delegierten seine Ausführungen. Man hoffte, besonders in den Kreisen um Dr. Müller, Strauß werde die Entscheidung der Versammlung herbeiführen. Seine Rede aber war ein eindeutiger Appell an alle Anhänger der Union, in Einigkeit zusammenzustehen. Er sprach mit keinem Wort für, noch gegen Dr. Müller, sondern verhielt sich völlig neutral. [...] Die Anhänger des Gautinger Kreises saßen wie versteinert auf ihren Plätzen. Sie hatten die Hoffnung auf Strauß gesetzt und nun diese neutrale Rede!" IfZ-Archiv, MS 343 Smlg. Köhler 2, Bl. 262.

[450] Zur Rolle von Strauß in Straubing aus der Sicht des Ochsensepp vgl. Müller, Konsequenz, S. 359f.

die Union über die Stunde der grossen Krisis hinüber? Wie leisten wir die Bewährungsprobe in den kommenden Wahlen? Ich darf Ihnen sagen, Ihre Parteifreunde innerhalb und ausserhalb Bayerns sind heute der Meinung: Nur wenn es gelingt, die Zügel dem Manne anzuvertrauen, der überragende Taktik, der Scharfsinn, der Klugheit, der gerechtes Auswägungsvermögen in schwierigsten und heikelsten Situationen bewiesen hat, nur wenn wir so verfahren, können wir die Union retten."

Anschließend begann der Wahlvorgang, und nachdem die Stimmen ausgezählt waren, gab Michael Horlacher das Ergebnis bekannt: Von 556 abgegebenen Stimmen entfielen 396 auf Hans Ehard (71,22 Prozent), 151 auf Josef Müller (27,16 Prozent), eine auf Hanns Seidel, acht Stimmen waren ungültig. Damit war Ministerpräsident Ehard mit einer überzeugenden Mehrheit zum CSU-Vorsitzenden gewählt worden, ohne daß er öffentlich erklärt hatte, ob er überhaupt bereit war, dieses Amt zu übernehmen.

Die Regisseure im Hintergrund, die Bezirksvorsitzenden, wußten freilich mittlerweile, daß sie mit Ehard rechnen konnten. Sie hatten sich während der Tagung noch einmal zu einer Geheimsitzung getroffen und über die Neuwahl des Landesvorsitzenden konferiert. Sieben Bezirksvorsitzende sprachen sich dabei endgültig gegen Müller und für die Wahl Ehards aus. Nach einem Bericht der Militärregierung präsentierten Gerhard Kroll und ein Vertreter Hundhammers oder dieser selbst dem Ministerpräsidenten daraufhin ein Ultimatum. Sie stellten ihn vor die Alternative, entweder die Führung der CSU zu übernehmen oder die Spaltung der Partei in Kauf zu nehmen. Außerdem konfrontierten sie Ehard mit der Drohung, die Auflösung des Landtags und Neuwahlen zu erzwingen, wenn er den Landesvorsitz ablehne[451]. Dem Regierungschef blieb damit nichts anderes übrig, als einzuwilligen, wollte er nicht seine eigene Regierung gefährden. Sollte der eine oder andere noch Überraschungen erwartet haben, wurde er enttäuscht. Als die nach dem Wahlvorgang unterbrochene Landesversammlung am Morgen des 29. Mai wiederaufgenommen wurde, stellte Michael Horlacher nicht einmal die Frage, ob Ehard die Wahl annehme; der Ministerpräsident übernahm wie selbstverständlich den Vorsitz.

[451] IfZ-Archiv, RG 260, 7/29-1/13-16, Bericht des amerikanischen Generalkonsuls in München, Sam E. Woods, über die Straubinger Landesversammlung der CSU an das State Department vom 7. 6. 1949; vgl. auch Hettler, Josef Müller, S. 403.

# V. Befriedung und Stagnation: Die CSU in der Ära Ehard 1949–1955

## 1. Mühsamer Start – die CSU nach Straubing

### *a) Das ungeliebte Amt: Hans Ehard als Parteichef*

Als Hans Ehard im Mai 1949 mehr nolens als volens die Führung der bayerischen Unionspartei übernahm, war er genau der Landesvorsitzende, den die von inneren Streitigkeiten zerrissene und zutiefst verunsicherte CSU brauchte – und er war es doch wieder nicht[1]. Ehard hatte sich, so gut es ging, aus den Führungs- und Flügelkämpfen herausgehalten, seine landesväterliche Autorität immer wieder geschickt ausgespielt und die Partei so auf seine Linie eingeschworen. Sein Amt hob Ehard gleichsam über das Parteivolk hinaus und machte ihn nahezu unangreifbar. Kein Wunder, daß es in einem Strategiepapier zur Vorbereitung der ersten Bundestagswahlen hieß, die CSU lebe „in den breitesten Massen der für sie in Frage kommenden Wähler ausschließlich von dem Prestige ihres Vorsitzenden"[2]. Es war jedoch nicht nur der Respekt, ja die Ehrfurcht vor dem Ministerpräsidentenamt, die Ehard zur großen Integrationsfigur seiner Partei werden ließ, sondern auch seine persönliche Integrität und seine ehrgeizlose, nüchterne Art, Probleme zu behandeln und dabei Sachfragen über persönliche Konflikte zu stellen. Ehard hatte sich nie nach einem Amt gedrängt, schon gar nicht nach dem des CSU-Vorsitzenden. Um so stärker war seine Position; schließlich hatte man ihn gerufen, ja fast genötigt, den Landesvorsitz zu übernehmen, um die Auseinandersetzungen zu beenden und die Partei wieder auf Erfolgskurs zu führen. Vielleicht war Ehard nicht der Mann der Mitte und der „Mann des Sammelns"[3], als der er gefeiert wurde und als der er sich selbst gerne gab. Aber er war ein aufrechter und glaubwürdiger Anhänger des Unionsgedankens. Die politische Zusammenarbeit der beiden großen christlichen Konfessionen als Erbe des gemeinsamen Kampfes gegen den Nationalsozialismus[4] war für ihn das Urprinzip der Union, das es unter allen Umständen zu verteidigen galt[5]. Ehard ließ auch keinen Zweifel daran, daß er – obwohl vor 1933 selbst BVP-Mitglied – allen Gedanken an eine Revitalisierung der Bayerischen Volkspartei eine Absage erteilte. Die Union sei 1945 als völlig neue Partei mit dem festen Willen gegründet worden, die Demokratie aufzubauen und gegen alle Angriffe zu ver-

[1] Vgl. auch Gelberg, Hans Ehard, S. 275 ff., und Mintzel, Anatomie, S. 244–250.

[2] BSB, NL Schwend 2, „Gedanken zur Vorbereitung des Wahlkampfes" vom 26. 6. 1949.

[3] ACSP, CSU-LTF II/1, 15–12/3, Rede Hans Ehards vor dem Landesausschuß der CSU am 14. 4. 1951 in Würzburg.

[4] ACSP, CSU-LL, Rechenschaftsbericht Hans Ehards vor dem Landesausschuß der CSU am 25. 10. 1952 in Dinkelsbühl.

[5] ACSP, CSU-LL, Rede Hans Ehards vor der Landesversammlung der CSU am 9. 10. 1954 in Nürnberg.

teidigen, führte Ehard 1951 vor den Delegierten der Landesversammlung aus[6]. Man verkenne den Charakter der CSU, wenn man sie abschätzig „in die Kategorie der sogenannten alten Parteien“ einreihe. Die Union sei keine „Rückfälligkeit“, sondern bestehe zu dem Zweck, „die Entwicklung unseres politischen Lebens vor Rückfälligkeiten zu bewahren“. Schon 1948 hatte sich Ehard ähnlich geäußert und sich dabei offen von den BVP-Traditionalisten distanziert:

„Die einstige Bayerische Volkspartei, die ein ansehnliches, festgefügtes und darum außerordentlich stabiles bayerisches Parteigebilde gewesen ist, war für die Erfüllung der Aufgaben, die sie sich gestellt hatte, doch zu schwach. Die Forderungen, die sie in der bayerischen Sache vertrat, standen sehr oft im Mißverhältnis zu ihren tatsächlichen machtmäßigen Möglichkeiten, sich durchzusetzen. Um wirklich bayerische Politik machen zu können, bedarf es einer Partei, die umfassender und universaler in ihrer Zusammensetzung, die kräftiger im Innern und überzeugender nach außen ist, als es die BVP in ihren besten Zeiten war. Gerade aus dieser Erkenntnis heraus haben die Männer, die zu einem großen Teil aus der ehemaligen Bayerischen Volkspartei kommen, nach dem Wiedererwachen des geknechteten demokratischen Lebens den Ruf der Christlich-Sozialen Union ergehen lassen zur Vereinigung aller bayerischen Kräfte ohne Unterschied des Standes und der Konfession, wenn sie sich nur durch die Wahl einer christlich fundierten Staats- und Gesellschaftsauffassung gebunden fühlen. Das bayerische Volk ist mit einem bemerkenswerten Verständnis diesem Ruf gefolgt, und es ist die Christlich-Soziale Union als eine der größten Hoffnungen eines neuen Bayern entstanden.“[7]

Auch eine Annäherung an die Bayernpartei und die Aufgabe der Unionsidee zugunsten einer altbayerisch-katholischen Blockbildung war mit Ehard nicht zu machen[8]. Anders als Schäffer und Hundhammer stand der neue Landesvorsitzende der aufstrebenden landespolitischen Konkurrenz höchst skeptisch gegenüber und hielt insbesondere den Bayernpartei-Vorsitzenden Joseph Baumgartner für unberechenbar[9]. Gerade dieses Festhalten an den grundlegenden Prinzipien der Union machte es vielen Anhängern der CSU in Franken möglich, die Entscheidung von Straubing zu akzeptieren und weiterhin in der Partei mitzuarbeiten.

Ehard bemühte sich redlich, die CSU aus der Krise zu führen, aber die Partei, deren Vorsitz er erst nach langem Zögern übernommen hatte[10], blieb ihm stets fremd[11]. Für

---

[6] ACSP, CSU-LL, Rede Hans Ehards vor der Landesversammlung der CSU am 23. 6. 1951 in Bad Reichenhall.

[7] Protokoll der Landesversammlung der CSU am 24./25. 1. 1948 in Marktredwitz, in: Protokolle und Materialien, S. 1492f. Vor der Landtagsfraktion erklärte Ehard einige Monate später, man „könne nicht alles von 1919–1933 auf die heutigen Verhältnisse übertragen“. ACSP, CSU-LTF I, 15–14, Protokoll der Fraktionssitzung am 25. 8. 1948.

[8] ACSP, CSU-LL, Protokoll der Landesversammlung der CSU am 5./6. 7. 1952 in Regensburg, und Entwurf für den Rechenschaftsbericht Hans Ehards vor dem Landesausschuß der CSU am 25. 10. 1952 in Dinkelsbühl, sowie ACSP, CSU-LTF II/1, 15–14, Protokolle der Fraktionssitzungen am 12. 12. 1950 und 19. 9. 1951.

[9] BSB, NL Schwend 54, Aktennotiz über eine Besprechung zwischen Hans Ehard, Fritz Schäffer und Alois Hundhammer am 9. 6. 1948. Am 30. 9. 1953 betonte Ehard während einer Sitzung der Landtagsfraktion, daß es „nach persönlichen Erfahrungen und Beobachtungen nicht möglich“ sei, mit den führenden Persönlichkeiten der Bayernpartei „in ein vernünftiges gemeinsames Verhältnis zu kommen“. ACSP, CSU-LTF II/1, 15–14.

[10] IfZ-Archiv, RG 260, 7/29–1/13–16, Bericht des amerikanischen Generalkonsuls in München, Sam E. Woods, über die Straubinger Landesversammlung der CSU an das State Department vom 7. 6. 1949. Darin heißt es: „The Minister President said that he was faced at Straubing with one of the most difficult decisions in his life and that he had never wanted to be party chairman, but that the alternative was to see the party fall apart.“

[11] BayHStA, NL Ehard 1039, undatierter Entwurf einer Erklärung Hans Ehards zu seiner Wahl als Landesvorsitzender.

den Ministerpräsidenten waren die Prioritäten klar. Er fühlte sich in erster Linie dem bayerischen Staat und erst in zweiter Linie der CSU verpflichtet. Anders als Josef Müller, der in einer modernen Partei *das* Instrument der Politik gesehen hatte, wußte Ehard das Potential der CSU kaum zu nutzen. Ihm diente sie überwiegend zur parlamentarischen Absicherung der Regierungsarbeit und seiner föderalistischen Politik. Ehard machte auch keinen Hehl daraus, daß er sich aus Gründen der Staatsräson dazu entschlossen hatte, für das Amt des Parteivorsitzenden zu kandidieren:

„Ich bin seinerzeit durch das Vertrauen der Christlich-Sozialen Union an die Spitze der bayerischen Regierung gerufen worden, da es nach dem Wahlausgang dieser Partei oblag, für die politische Führung im Lande Sorge zu tragen. Ich streife diese Frage aus einem praktischen Anlaß, der mit meiner Person zusammenhängt. Es ergab sich nämlich in der CSU eine Lage, die mich kürzlich veranlaßte, auf den Wunsch meiner Parteifreunde selbst den Landesvorsitz zu übernehmen. Ich bin dadurch als Ministerpräsident kein anderer geworden! Daß der Regierungschef zugleich der Parteichef der Regierungspartei ist, ist in Ländern mit fester demokratischer Tradition sogar die natürliche Regelung. Trotzdem glaube ich, daß ich der Allgemeinheit ein paar Worte der Aufklärung schuldig bin, warum ich mich entschloß, auch noch diese Bürde auf mich zu nehmen. Ich habe es sicherlich nicht getan, weil mich etwa der Ehrgeiz plagte, ein führendes Parteiamt in die Hände zu bekommen. Selbstverständlich tat ich es in der Meinung, meiner Partei einen Dienst zu erweisen. Wenigstens glaubte ich, ihr den geforderten Dienst nicht mehr versagen zu können. Aber auch das war nicht der letzte und entscheidende Antrieb für meinen Entschluß, der mir wahrlich schwer genug fiel. Die ausschlaggebende Erwägung vollzog sich im Kopf des bayerischen Ministerpräsidenten und nicht im Herzen des Parteimannes! Was sich mir aufdrängte, war der drückende Gedanke, eine Pflicht gegenüber dem Lande zu verletzen, wenn ich mich versagte. Und so folgte ich der Pflicht und nahm die Last auf mich. Diese Überzeugung hängt mit der Überzeugung zusammen, daß die Zukunft der Christlich-Sozialen Union in Bayern eng mit der Zukunft Bayerns verbunden ist! Es handelt sich also hier um eine bayerische staatspolitische Frage ersten Ranges!“[12]

Folgerichtig versuchte der Ministerpräsident auch nicht, sich in der CSU eine Hausmacht aufzubauen, um seine Stellung dauerhaft zu sichern. Er, der bayerische Gouvernementale, fühlte sich in der Mitte seiner Ministerialbeamten in der Staatskanzlei wesentlich wohler als in der Gesellschaft von Parteifreunden. Ehard verstand es nicht, der CSU neue Impulse zu geben, und auch die Ansätze für eine dringend notwendige Reform von Parteiorganisation und -apparat verliefen immer wieder im Sande. Heinrich Aigner, der einige Zeit als Sekretär der Jungen Union in der Parteizentrale gearbeitet hatte, wußte 1957 sogar zu berichten, daß Ehard die Landesgeschäftsstelle kein einziges Mal betreten habe, solange er Landesvorsitzender gewesen sei[13]. Es wäre gewiß zu einfach, Ehard dafür und für manch andere Versäumnisse zu tadeln oder ihm allein die Schuld daran zu geben, daß die Partei unter seiner Regie mehr und mehr verkam. Aber er war zu führungsschwach, um eine grundlegende Reorganisation der Partei durchsetzen zu können, und er hatte zu wenig Charisma und zu wenig Kampfgeist[14],

[12] Unter der Überschrift „Zur bayerischen Situation 1949“ abgedruckt in: Bayerische Politik, S. 48–52. Ein Redemanuskript findet sich im ACSP, NL Seidel 35 a; ähnlich auch BayHStA, NL Ehard 1362, Hans Ehard an Konrad Adenauer vom 4. 6. 1949.

[13] BayHStA, NL Ehard 407, Egon Klohn an Hans Ehard vom 28. 6. 1957.

[14] ACSP, CSU-LTF I, 15–14, Protokoll der Fraktionssitzung am 2. 10. 1950. Anton Besold, ein prominenter Bayernpartei-Politiker, nahm diese Schwäche Ehards am 23. 7. 1952 in einer aggressiven Rundfunkrede aufs Korn: „Der Hauptfehler der Politik des bayer[ischen] Ministerpräsidenten Ehard ist, dass er sich von den Ereignissen treiben lässt, dass er bremst, bis sich etwas ereignet, und dass er nicht den Mut hat, selbst Ereignisse zu gestalten.“ BAK, NL Schäffer 27, Bl. 66–69 (hier Bl. 69).

um die CSU aus ihrer lähmenden Lethargie zu befreien. Ehard erkannte solche Fehlentwicklungen durchaus, doch er war nur selten in der Lage, sie zu korrigieren[15].

### *b) Enttäuschte Hoffnungen*

Hans Ehard war sich der Tatsache bewußt, daß er mit dem Landesvorsitz eine wahre Sisyphos-Aufgabe übernommen hatte, und die Erwartungen, die nach seiner Wahl von den verschiedensten Seiten an ihn herangetragen wurden, waren groß. Ehard sollte vor allem den weiteren Zerfall der CSU aufhalten und den chaotischen Zuständen in der Partei ein Ende setzen. Müllers Gegner hatten in diesem Sinne mit dem Argument für den Ministerpräsidenten geworben, daß die Mitgliederzahlen wieder steigen und die versiegten Geldquellen wieder sprudeln würden, wenn die Lichtgestalt der CSU erst einmal zum Parteivorsitzenden gewählt sei[16]. Der konservative Flügel der bayerischen Unionspartei hoffte ferner, daß es nach dem Sturz Müllers endlich möglich sein würde, mit der Bayernpartei ins Gespräch und möglichst noch vor den Bundestagswahlen zu einem modus vivendi zu kommen[17].

Ehard selbst interpretierte seine Wahl zum Landesvorsitzenden als Auftrag, die krisengeschüttelte CSU zu stärken und um der Zukunft des bayerischen Staates willen als „politisches Instrument" zu erhalten[18]. Der Ministerpräsident wurde immer wieder von stürmischem Beifall und Bravo-Rufen unterbrochen, als er die Delegierten in Straubing nach der Bekanntgabe des Wahlergebnisses eindringlich daran erinnerte, daß sich dieses Ziel nur nach dem Ende der Führungs- und Flügelkämpfe erreichen ließ:

> „Eines allerdings, liebe Parteifreunde, muss aufhören: Es muss endlich einmal dieses persönliche Gegeneinander aufhören, [...] das persönliche Mißtrauen, dieser Untergrund, dieses – ich möchte fast sagen – Hassgefühl, [...] das gelegentlich aufflammt, wenn Meinungsverschiedenheiten auftauchen. Warum kann man nicht Meinungsverschiedenheiten so austragen, daß sie nicht ins Persönliche gehen? [...] Es muss das einmal aufhören, sei es nun Flüsterpropaganda, seien es nun alle möglichen anderen mehr oder weniger schönen Redensarten. [...] Liebe Parteifreunde! Ich weiss und Sie wissen es alle: Unsere Parteifreunde draussen im Lande haben dafür wenig Verständnis. [...] Am allerwenigsten Verständnis haben unsere Heimatvertriebenen, die ganz andere Sorgen haben; [...] haben auch unsere Frauen, die nicht verstehen, daß man einen Zank verewigt, [...] und für diese Art der Politik hat vor allen Dingen kein Verständnis unsere Jugend. [...] Wir müssen von dieser Art Politik wegkommen. Denn sie zerstört nicht nur die Partei, sie zerstört nicht nur das Zusammenleben und Zusammenarbeiten; sie zerstört die Demokratie, ehe sie überhaupt gewachsen ist."

Doch die Hoffnungen auf ein schnelles Ende der innerparteilichen Auseinandersetzungen wurden ebenso enttäuscht wie die Hoffnungen auf einen Aufbruch der CSU zu neuen Ufern. Vor allem bei den zahlreichen Gegnern Josef Müllers war die Meinung verbreitet gewesen, es würde sich alles von selbst regeln, wenn der Hydra erst einmal

---

[15] ACDP, NL Ehlers 02/1, Protokoll der Sitzung des geschäftsführenden Ausschusses des EAK am 29. 9. 1952; ACSP, CSU-LL, Protokoll der Landesversammlung der CSU am 5./6. 7. 1952 in Regensburg.

[16] Vgl. z. B. die Rede Hundhammers in Straubing; ACSP, NL Müller 16, Protokoll der Landesversammlung der CSU vom 27.–29. 5. 1949 in Straubing.

[17] ACSP, CSU-LTF I, 15–14, Protokoll der Fraktionssitzung am 31. 5. 1949.

[18] ACSP, NL Müller 16, Protokoll der Landesversammlung der CSU vom 27.–29. 5. 1949 in Straubing; das folgende Zitat ebenda.

der letzte Kopf abgeschlagen sei[19]. Nun mußten aber auch sie erkennen, daß es nicht genügte, einfach den Parteivorsitzenden auszuwechseln, um die tiefgreifende Krise erfolgreich bekämpfen zu können. Die Wahl Hans Ehards setzte bei weitem nicht die Energien frei, die man erwartet hatte; wenn überhaupt, vermochte sie nur ein Strohfeuer zu entfachen, das hell aufflackerte und rasch verglomm. Die Zahl der CSU-Mitglieder verringerte sich auch nach der Straubinger Landesversammlung rasch und stetig[20], und die Finanzlage der Partei blieb trotz Hundhammers vollmundiger Ankündigungen kritisch[21]. Nicht einmal die Reform der immer wieder heftig umstrittenen Satzungen konnte zügig zu Ende geführt werden. Auf Antrag des neuen Landesvorsitzenden wurden die noch unter Müller ausgearbeiteten Änderungsvorschläge von der Landesversammlung ohne Aussprache an den Landesausschuß verwiesen und damit auf unbestimmte Zeit vertagt[22].

Daß die inneren Konflikte nicht abflauten, lag vor allem an Alois Hundhammer. Der „Sieger von Straubing", der den Tag von Müllers Sturz als den schönsten seines Lebens bezeichnet haben soll[23], ließ nun alle Rücksichten fahren; eine Koalition mit der Bayernpartei sei unter den neuen Gegebenheiten eher möglich als bisher, erklärte er[24]. Solche Äußerungen lösten bei den ohnehin tief verunsicherten Anhängern Josef Müllers helles Entsetzen aus. Noch am 30. Mai wandten sich mehr als dreißig prominente Mitglieder der CSU – darunter führende evangelische Persönlichkeiten aus Ober- und Mittelfranken wie August Haußleiter, Elisabeth Meyer-Spreckels, Alfred Euerl und Karl Sigmund Mayr – an den neuen Landesvorsitzenden[25]. „Uns alle bewegt die Frage", hieß es in dem ernsten Brief, ob mit den Entscheidungen von Straubing der „Übergang zur alten Bayerischen Volkspartei oder zu einer wirklich neuen Entwicklung in der Christlich-Sozialen Union" verbunden sei. Die Unterzeichneten machten keinen Hehl daraus, daß sie in Bayern und in Deutschland nichts so sehr fürchteten wie „den Rückfall in alte politische Methoden und damit auch in alte politische Fehlentwicklungen". In diesem Sinne forderten sie Ehard nachdrücklich auf, allen Gerüchten über eine bevorstehende Fusion von CSU und Bayernpartei entgegenzutreten und es nicht länger zu dulden, daß Teile der eigenen Partei in Südbayern offensichtlich mit dem politischen Gegner fraternisierten. Der Hauptschuldige an dieser Entwicklung war für Haußleiter und seine Gesinnungsgenossen ohne Frage Alois Hundham-

[19] BayHStA, NL Sedlmayr 22, Alois Hundhammer an Lorenz Sedlmayr vom 31. 12. 1948; ACSP, NL Müller 68, Protokoll der Bezirksversammlung der CSU München am 7. 1. 1949; BSB, NL Schwend 2, Notiz über die Bezirksversammlung der CSU München am 7. 4. 1949.

[20] IfZ-Archiv, RG 260, 10/90–3/9, „Subject: CSU zum Wahlkampf" vom 9. 6. 1949; IfZ-Archiv, RG 260, 13/150–1/8, Politischer Tätigkeitsbericht der CSU für Juli 1949, und IfZ-Archiv, RG 260, 13/150–1/7, Politischer Tätigkeitsbericht der CSU für August 1949. Allein im August 1949 verlor die CSU 820 Mitglieder bei nur 70 Neuaufnahmen.

[21] ACSP, CSU-LL, Protokolle der Sitzungen des geschäftsführenden Landesvorstands am 17. 6. und 28. 7. 1949. Am 28. Juli erklärte Ehard alarmiert, die Beitragszahlungen der Bezirks- und Kreisverbände wiesen einen „noch nie dagewesenen Tiefstand auf".

[22] ACSP, NL Müller 16, Protokoll der Landesversammlung der CSU vom 27.–29. 5. 1949 in Straubing.

[23] BayHStA, NL Ehard 1046, Aktennotiz August Haußleiters über die Sitzung der CSU-Landtagsfraktion am 31. 5. 1949. Hundhammer bestritt, diese Worte gebraucht zu haben. ACSP, CSU-LTF I, 15–14, Protokoll der Fraktionssitzung am 31. 5. 1949.

[24] Telegraf vom 31. 5. 1949: „Ein Pyrrhussieg?"; Main-Echo vom 31. 5. 1949: „Der Sieger von Straubing. Wird die letzte Trumpfkarte der CSU stechen?"; SZ vom 31. 5. 1949: „Dr. Ehard zum Landesvorsitzenden der CSU gewählt".

[25] BayHStA, NL Ehard 1047, August Haußleiter und andere an Hans Ehard vom 30. 5. 1949; die folgenden Zitate ebenda.

mer, den sie auch zu einem guten Teil für den unheilvollen Dualismus von Partei und Fraktion verantwortlich machten:

„Ein sehr grosser Teil unserer Freunde hat Sie gewählt, um einen inneren Ausgleich in der CSU zu erreichen. Dieser innere Ausgleich ist nur dann erreicht, wenn gleichzeitig auch die Fraktion der CSU im Landtag eine Führung der Mitte erhält. Sie wissen, dass die Partei sich als politisch machtlos gegenüber den Entscheidungen der Fraktion erwiesen hat. Die Regierung ist nicht durch die Partei, sondern durch die Fraktion gebildet worden, und Ihr erstes Kabinett sogar im ausgesprochenen Gegensatz zum Mehrheitswillen der Partei. Wenn die Partei eine Führung der Mitte hat, die Fraktion aber eindeutig von dem schärfsten Vertreter des rechten Flügels geführt wird, und wenn überdies die Regierung in ihrer überwiegenden Mehrheit aus Mitgliedern dieses rechten Flügels besteht, dann bedeutet die Ausschaltung des linken Flügels aus der an sich schon politisch sehr wenig bedeutsamen Parteileitung eine so eindeutige Option für einen klaren Rechtskurs der CSU, dass dadurch das erstrebte Gleichgewicht eher gestört als erreicht wird. Wir glauben deshalb, dass als Folge der Ausschaltung Dr. Josef Müller[s] vom Parteivorsitz ein Rücktritt Dr. Hundhammers vom Fraktionsvorsitz und eine Bildung einer ausgeglichenen und auch aktionsfähigen Fraktionsführung die unmittelbare Folge sein muss. Falls dieses Problem nicht gelöst wird, [wird] ohne Zweifel Ihre auf Vorschlag Dr. Hundhammer[s] erfolgte Wahl zum Parteivorsitzenden von einem sehr grossen Teil unserer Mitglieder und Wähler nicht als innerer Ausgleich, sondern als ein besonderer Erfolg Dr. Hundhammer[s] empfunden werden."

Der Gedanke, Hundhammer als Fraktionsvorsitzenden abzulösen und so wenigstens teilweise zu entmachten, war nicht neu. Schon im April 1947 hatten die Anhänger Müllers in der Landtagsfraktion ohne Erfolg einen Antrag eingebracht, der darauf abzielte, Fraktionsvorsitz und Ministeramt für unvereinbar zu erklären[26]. Im Vorfeld der Straubinger Landesversammlung war die Ablösung des Fraktionsvorsitzenden erneut diskutiert worden[27], doch Hundhammer hatte sich lediglich zu der dehnbaren Erklärung durchringen können, keine führende Position in der neuen Parteileitung zu beanspruchen[28]. Das genügte den liberal-konservativen, interkonfessionell orientierten Anhängern Josef Müllers freilich nicht. Sie forderten gleichsam als Kompensation für ihr Entgegenkommen in der Frage des Parteivorsitzenden und als Garantie gegen einen Rechtsruck der CSU einen Wechsel an der Fraktionsspitze. Ein diesbezüglicher Antrag war für die Straubinger Landesversammlung vorbereitet und von Franz Xaver Butterhof, einem führenden Mitglied der Jungen Union aus Nürnberg, begründet worden. Doch dann hatten sich Butterhof und seine Freunde entschlossen, ihren Antrag als Zeichen des guten Willens zurückzuziehen[29].

Damit war die Angelegenheit aber nicht erledigt. Schließlich hatte Ehard noch in Straubing angedeutet, daß man sich zu gegebener Zeit noch einmal über die Trennung von Fraktionsvorsitz und Ministeramt unterhalten könne. Der neue Landesvorsitzende hätte eine Ablösung Hundhammers wohl selbst nicht ungern gesehen, den er für unberechenbarer hielt als Müller und dessen Kontakte zu partikularistischen oder gar separatistischen Kreisen ihm ein Dorn im Auge waren[30]. Entsprechend erbost war Ehard

---

26 ACSP, CSU-LTF I, 15–14, Protokoll der Fraktionssitzung am 10. 4. 1947.

27 ACSP, NL Müller 55, Willi Hönekopp an Alois Hundhammer vom 25. 3. 1949, und NL Müller 144, Otto Kalbskopf an die Landesleitung der CSU vom 26. 3. 1949; SZ vom 16. 4. 1949: „Müller und Hundhammer sollen verzichten".

28 IfZ-Archiv, ED 720 Smlg. Mintzel 45, Informations-Rundschreiben Nr. 1/49 des CSU-Bezirksverbands Oberfranken vom 15. 3. 1949.

29 ACSP, NL Müller 16, Protokoll der Landesversammlung der CSU vom 27.–29. 5. 1949 in Straubing.

30 IfZ-Archiv, RG 260, 13/150–3/8, „Subject: Talk with Minister President Dr. Ehard about Landes Meeting of the CSU" vom 31. 5. 1949; das folgende nach dieser Aufzeichnung von J. P. Bradford.

über die Statements seines Kultusministers bezüglich des Verhältnisses von CSU und Bayernpartei. Hundhammer sei eine große Belastung für ihn und seine Politik, teilte der Ministerpräsident unmittelbar nach der Straubinger Landesversammlung einem Vertreter der Militärregierung mit, der außerdem notierte, daß Ehard Hundhammer lieber heute als morgen loswerden würde, aber noch nicht wisse wie. Der erste Schritt müsse jedoch sein, Hundhammer als Fraktionsvorsitzenden zu stürzen.

Während Ehard auf eine günstige Gelegenheit warten wollte, suchte der hitzköpfige August Haußleiter, unterstützt von den Resten des Müller-Flügels, den schnellen, propagandistisch verwertbaren Erfolg. Gemeinsam mit den Landtagsabgeordneten Johann Brandner, Alfred Euerl und Ferdinand Neumann beantragte er am 8. Juni 1949, die „Entscheidung über die zukünftige Regelung des Fraktionsvorsitzes“ auf die Tagesordnung der nächsten Fraktionssitzung zu setzen, um die „innere Befriedung innerhalb der Christlich-Sozialen Union endlich zu verwirklichen“[31]. Doch Hundhammer dachte überhaupt nicht daran, seinen Sessel zu räumen[32], und versuchte sogar, den Antrag Haußleiters ins Lächerliche zu ziehen, als dieser am 21. Juni in einer schwach besuchten Sitzung der Fraktion beraten wurde[33]. Der stellvertretende Landesvorsitzende begründete den Antrag selbst und forderte unmißverständlich Hundhammers Rücktritt, um das nach Müllers Sturz gestörte Gleichgewicht in der Partei wiederherzustellen und um den neuen „Kurs der Mitte“ auch nach außen zu dokumentieren.

Doch es zeigte sich schnell, daß diese Initiative nur wenig Aussicht auf Erfolg hatte; Haußleiter hatte seinen Antrag schlecht vorbereitet und konnte nicht einmal auf alle Abgeordneten zählen, die Hundhammers Politik bisher stets abgelehnt hatten. Zudem war die Forderung nach der Ablösung des Fraktionsvorsitzenden in der Öffentlichkeit bekannt und somit zu einer Prestigefrage geworden[34], die jede sachliche Debatte überschatten mußte. Kein Wunder, daß die Auseinandersetzung mit harten Bandagen geführt wurde und letztlich sogar das Fundament der Union zu gefährden drohte. So schleuderte Josef Stürmann der in Straubing unterlegenen Minderheit am 21. Juni entgegen:

„Ich bin gewohnt, lange zuzuhören. Mir fällt auf, daß man grundsätzlich immer die unmöglichsten Argumente bringt. Wenn wir uns bewußt auseinander reden wollten, könnten wir es nicht besser machen. Ich bin in manchem nicht Hundhammers Meinung. Daß Minister und Fraktionsvorsitzender eine Person ist, ist auch nicht glücklich, wenn Sie das aber vor $1^1/_2$ Jahren gegenüber dem Parteivorsitz von Dr. Müller geltend gemacht hätten, könnte ich Ihren Argumenten heute mehr Gehör schenken. Wir müssen endlich einmal die fortgesetzten Störer in der CSU el[i]minieren. Wird der Machtkampf bewußt von irgend einer Seite fortgesetzt, dann ist es unsere Pflicht zu überlegen, wie weit solche Persönlichkeiten noch Mitglieder unserer Fraktion sein können. [...] Verlangen Sie vom Fraktionsvorsitzenden keine Geste, was in Ihrem Herzen keine Geste, sondern eine fundamentale Änderung ist, oder seien Sie so mutig und sagen Sie, wir wollen die innere Änderung, da wir sie nicht durchsetzen, treten wir aus. Diese Alternative wäre die ehrlichere und würde der Partei im Sinne ihrer Ideologie am meisten helfen.“

---

[31] ACSP, NL Seidel 35 c, Johann Brandner, Alfred Euerl, August Haußleiter und Ferdinand Neumann an Alois Hundhammer vom 8. 6. 1949.

[32] IfZ-Archiv, RG 260, 10/90–3/9, „Subject: „Hundhammer-Anhänger und Hau[ß]leiter“ vom 16. 6. 1949.

[33] ACSP, CSU-LTF I, 15–14, Protokoll der Fraktionssitzung am 21. 6. 1949; das folgende – soweit nicht anders belegt – nach dem Protokoll dieser Sitzung.

[34] SZ vom 2. 6. 1949: „‚Mittlerer Kurs‘ für die CSU. Haußleiter fordert: Keine Zusammenarbeit mit der Bayernpartei“; Telegraf vom 3. 6. 1949: „CSU ringt um ihre Linie“; SZ vom 16. 6. 1949: „Wechsel im CSU-Fraktionsvorstand gefordert“.

Mit dieser Meinung stand Stürmann nicht allein. Schon wenige Tage zuvor hatte Ludwig Huber, ein Anhänger Hundhammers, einem Vertrauensmann der Militärregierung erklärt, Haußleiter und seine Gesinnungsgenossen hätten es noch immer nicht verwunden, „daß mit dem Sturze Dr. Müllers auch ihre Felle davon geschwommen" seien, und sie bemühten sich nun verzweifelt, verlorenes Terrain zurückzugewinnen. Aber ihre Zeit in der Union sei nun um[35]. So deutlich hatten die Vertreter des katholisch-konservativen Parteiflügels ihre liberalen und protestantischen Parteifreunde noch nie spüren lassen, daß man sie für einen Fremdkörper in der CSU hielt. Doch seit Straubing wehte ein anderer Wind. Der evangelische Abgeordnete Alfred Euerl aus Nürnberg konnte auf die offene Kampfansage Stürmanns nur fassungslos antworten, man dürfe ihn und seine Mitstreiter nicht als „Sprengpilze" brandmarken, die man vor die Tür setzen müsse; schließlich seien in den innerparteilichen Konflikten vor allem sie mißbraucht worden.

Der Verlauf der Fraktionssitzung vom 21. Juni brachte Ehard in eine schwierige Situation. Einerseits wäre es auch in seinem Sinne gewesen, Hundhammer in die Schranken zu weisen, andererseits konnte er sich aber in der gegenwärtigen Situation keinesfalls auf eine Kraftprobe mit dem mächtigen Kultusminister einlassen. So entschied sich der neue Landesvorsitzende dafür, der Fraktion zu empfehlen, Haußleiters Antrag zurückzustellen und zu gegebener Zeit ohne alle persönlichen Ressentiments darüber zu diskutieren, ob die Verbindung von Fraktionsvorsitz und Ministeramt zweckmäßig sei[36]. Doch Hundhammer lehnte jeden Kompromißvorschlag ab und forderte eine offizielle Zurücknahme des von Haußleiter gestellten Antrages oder die sofortige Abstimmung; alles andere, so meinte er, müsse ihn als Fraktionschef desavouieren. Da der stellvertretende Landesvorsitzende und seine politischen Freunde an ihrem Antrag festhielten, kam es zur Abstimmung. Von den 68 Abgeordneten, die sich daran beteiligten, votierten 54 für Hundhammer, elf sprachen sich gegen ihn aus und drei enthielten sich der Stimme.

Einen Tag nach dieser Niederlage trat August Haußleiter von seinem Amt als stellvertretender Parteivorsitzender zurück. In einem Brief an Hans Ehard schrieb er tief enttäuscht über die Entwicklung der CSU:

„Ich bekenne mich zu den Zielen und Idealen, in deren Namen die Gründung der Christlich-Sozialen Union erfolgt ist. Als Stellvertreter des Parteivorsitzenden bin ich verpflichtet, Hüter dieses Programms und dieser Grundsätze zu sein. Wenn die Politik der Partei diese ihre Grundsätze verlässt, und wenn alle Versuche, sie wieder herzustellen, sich als unmöglich erweisen, wenn die neue Partei der Christlich-Sozialen Union sich wieder zurückverwandelt in die alte Partei der Bayerischen Volkspartei, deren Mitglieder aufrechte Demokraten und Christen waren, deren Führung aber schon einmal völlig versagt hat, dann wäre es gegen meine Pflicht und gegen mein Gewissen, wenn ich die Öffentlichkeit über diese Entwicklung täuschen und eine verantwortliche Stellung in der Partei weiterhin behalten würde."[37]

---

[35] IfZ-Archiv, RG 260, 10/90–3/9, „Subject: „Hundhammer-Anhänger und Hau[ß]leiter" vom 16. 6. 1949.

[36] In einer amerikanischen Quelle heißt es dazu treffend: „Ehard unsuccessfully attempted to have the issue postponed in the interest of party unity. [...] According to [Hanswolf] Haunhorst, one of Haussleiter's objects was to place Ehard on record concerning Hundhammer. Ehard refused to go on record." IfZ-Archiv, RG 260, 7/29–1/13–16, Bericht des amerikanischen Generalkonsuls in München, Sam E. Woods, über die Situation der CSU an das State Department vom 12. 7. 1949.

[37] BayHStA, NL Ehard 1019, August Haußleiter an Hans Ehard vom 22. 6. 1949; in diesem Zusammenhang auch NL Ehard 1019, Hans Ehard an August Haußleiter vom 23. 6. 1949 und Hans Ehard an Anton Hergenröder vom 29. 6. 1949.

Haußleiters Rücktritt war ein Paukenschlag, auch wenn er nicht völlig unerwartet kam[38]. Die Öffentlichkeit hatte damit den Beweis, daß die Führungs- und Flügelkämpfe mit der Wahl Ehards nicht beendet waren. Wie sich das auf die bevorstehenden Bundestagswahlen auswirken sollte, war ungewiß. Gutes konnte man jedoch keinesfalls erwarten.

## 2. Vor dem Sturz ins Nichts? Die ersten Bundestagswahlen

### *a) Wahlkampf*

Es gab nur wenige Optimisten in den Reihen der CSU, die nach den Entscheidungen von Straubing darauf hofften, daß sich die Niederlage bei den Bundestagswahlen in Grenzen halten würde oder sogar ein Erfolg möglich sei[39]. In der bayerischen Unionspartei hatte sich vielmehr Resignation breit gemacht; man bereitete sich auf große Verluste vor und stellte Vermutungen darüber an, wie viele Prozentpunkte die CSU wohl verlieren würde[40]. Franz Heubl, der Kandidat der CSU für den Bundeswahlkreis München-West[41], erklärte Anfang Juli einem Vertrauensmann der Militärregierung:

„Die Union wird [. . .] einen gewaltigen Erdrutsch erleben. Wir haben keine zugkräftigen Parolen, haben unseren Kredit verbraucht durch die Regierungszeit und unsere persönlichen Händel. Was soll man da noch erwarten. Die Bayernpartei wird in Bayern mit der SPD wohl gleich auf gleich kommen und die Union wird zu einer im Vergleich zu früher kleinen Partei herabsinken."[42]

Auch der neue Landesvorsitzende machte sich keine Illusionen über den Zustand seiner Partei und war tief besorgt über den Wahlausgang. Charlotte Fleischmann, die stellvertretende Vorsitzende des Bezirksverbands München, bemerkte, Ehard sehe „zerfallen" aus und habe Sorgen, die er niemandem anvertrauen könne; er sei offensichtlich am Ende seiner Kraft[43]. Die zuständigen amerikanischen Behörden erwarteten ebenfalls eine klare Niederlage der CSU. Seit dem Sturz Josef Müllers habe die Partei kaum neue Aktivität entwickelt und gehe alles andere als einig in den Wahlkampf. Weiter hieß es in einer Analyse des Generalkonsulats in München:

---

38 Passauer Neue Presse vom 30. 5. 1949: „Dr. Ehard neuer Landesvorsitzender der CSU. Scharfe Auseinandersetzungen zwischen Dr. Josef Müller und Minister Dr. Hundhammer".

39 IfZ-Archiv, RG 260, 10/90–3/9, „Subject: Zur Wahl für den Bundestag" (Gespräch mit Karl Anzenhofer), undatiert; ACSP, CSU-LTF I, 15–14, Protokoll der Fraktionssitzung vom 31. 5. 1949 (Alois Hundhammer).

40 IfZ-Archiv, RG 260, 10/90–3/9, „Subject: Bayernpartei und Union" (Gespräch mit Toni Böck) vom 23. 6. 1949, „Subject: CSU und Wahlkampf" (Gespräch mit Charlotte Fleischmann) vom 29. 6. 1949; „Subject: Katholische Junge Mannschaft und Wahlkampf" (Gespräch mit Karl Anzenhofer) vom 30. 6. 1949; IfZ-Archiv, RG 260, 7/29–1/13–16, Bericht des amerikanischen Generalkonsuls in München, Sam E. Woods, über die Situation der bayerischen Parteien an das State Department vom 5. 8. 1949.

41 SZ vom 11. 8. 1949: „München-West und Bonn am Rhein".

42 IfZ-Archiv, RG 260, 10/90–3/9, „Subject: Junge Union Münchens zur Bundestagswahl" (Gespräch mit Franz Heubl) vom 6. 7. 1949.

43 IfZ-Archiv, RG 260, 10/90–3/9, „Subject: Dr. Ehard im Wahlkampf" (Gespräch mit Charlotte Fleischmann) vom 22. 6. 1949. Frau Fleischmann, die im Wahlkreis München-Nord selbst für den Bundestag kandidierte (SZ vom 4. 8. 1949: „Schwabings Auswahl für Bonn"), führte Ehards schlechten Zustand unter anderem auf die Kritik an seiner Tätigkeit als Richter während der NS-Zeit zurück, die im Wahlkampf wieder aufgeflammt war. Abendzeitung (München) vom 5. 7. 1949: Leserbrief Max Lions „Das Ärzte-Urteil".

„There is no doubt that the CSU will fail to obtain a majority of the Bavarian delegates to the federal [parliament]. With the best of luck the party may elect more candidates than the other parties, but even with fortunate circumstances the SPD and Bayernpartei are expected to be close behind, probably in that order."[44]

Das größte Problem der CSU ergab sich zweifellos aus dem „trostlosen Zustand der Parteiorganisation"[45]. Wie sollte angesichts der desolaten Finanzlage und der weitgehend zusammengebrochenen Parteiverwaltung überhaupt ein Wahlkampf aufgezogen werden, der diesen Namen auch nur annähernd verdiente[46]? Der Geschäftsführer des Bezirksverbands München, Adolf Miller, war mehr als pessimistisch. Er wisse nicht, vertraute er einem Informanten der Militärregierung an, wie die CSU „auch nur eine schwache Wahlkampagne betreiben" wolle; bisher seien keine Mittel dafür vorhanden. Wenn nicht noch Spenden „interessierter Kreise" eingingen, würde seiner Partei „jede Propaganda fehlen", da man nicht einmal in der Lage sei, die Mieten für größere Versammlungsräume zu bezahlen und den auswärtigen Rednern ihre Unkosten zu erstatten. „Ich sehe schwarz für den Wahlkampf", schloß Miller, „und damit auch für den Ausgang der Wahl."[47] In den anderen Bezirksverbänden sah es nicht besser aus. In Oberbayern, dem mitgliederstärksten Bezirk, betrugen die Einnahmen der Bezirksgeschäftsstelle im Juni 1949 ganze 51 DM und im September etwa 1650 DM[48]. Damit ließ sich kaum der normale Geschäftsbetrieb finanzieren, geschweige denn ein Bundestagswahlkampf. In dieser Situation blieb dem Bezirksgeschäftsführer und dem Bezirksschatzmeister nichts anderes übrig, als die Kandidaten der oberbayerischen Bundeswahlkreise selbst um eine Spende zu bitten. Leider habe die Bezirksgeschäftsstelle „weiter keine Mittel zur Verfügung als die höchst bescheidenen Mitgliederbeitragsanteile, die überdies von der Mehrzahl der Kreisverbände nur in verschwindend kleinen Bruchteilen und äußerst schleppend" bezahlt würden, hieß es in einem von Wilhelm Röhrl und Andreas Kurz gezeichneten Schreiben. Was Spenden betreffe, so scheine der Bezirksverband „diesmal überhaupt leer auszugehen", da diese „ihren Weg meist direkt zur Landesleitung nehmen oder aber unten in den Kreisverbänden verbleiben" würden[49].

Wenn Bezirksgeschäftsführer Röhrl und Bezirksschatzmeister Kurz tatsächlich annahmen, die Parteizentrale stehe besser da als die Geschäftsstellen draußen im Land, so mußten sie sich bald eines Besseren belehren lassen. Die Landesgeschäftsstelle war selbst in den größten Schwierigkeiten und kaum arbeitsfähig. In der heißen Phase des Wahlkampfes gab es im Landessekretariat nur ein funktionierendes Telephon, die Büroeinrichtung war größtenteils gepfändet und Besuche von ungeduldigen Gläubigern waren an der Tagesordnung[50]. Woher sollte man das Geld für den Wahlkampf nehmen?

[44] IfZ-Archiv, RG 260, 7/29–1/13–16, Bericht des amerikanischen Generalkonsuls in München, Sam E. Woods, über die Situation der CSU an das State Department vom 12. 7. 1949.
[45] BayHStA, NL Ehard 1362, Hans Wutzlhofer an Hans Ehard vom 12. 7. 1949.
[46] ACSP, CSU-LL, Protokolle der Sitzungen des geschäftsführenden Landesvorstands am 17. 6. und 28. 7. 1949; IfZ-Archiv, RG 260, 10/90–3/9, „Subject: Dr. Ehard im Wahlkampf" (Gespräch mit Charlotte Fleischmann) vom 22. 6. 1949.
[47] IfZ-Archiv, RG 260, 10/90–3/9, „Subject: CSU zum Wahlkampf" (Gespräch mit Adolf Miller) vom 8. 6. 1949.
[48] IfZ-Archiv, RG 260, 13/100–1/10, Kassenberichte des CSU-Bezirksverbands Oberbayern für die Monate Juni und September 1949.
[49] BayHStA, NL Pfeiffer 535, CSU-Bezirksverband Oberbayern, gez. Wilhelm Röhrl und Andreas Kurz, an Anton Pfeiffer vom 28. 7. 1949.
[50] IfZ-Archiv, RG 260, 7/29–1/13–16, Bericht des amerikanischen Generalkonsuls in München, Sam E. Woods, über die Situation der CSU an das State Department vom 12. 7. 1949.

Der Vorschlag Josef Müllers, von den Bezirks- und Kreisverbänden pro Mitglied eine DM als Wahlfondsumlage einzufordern[51], war von vornherein illusorisch, da sich schon die normalen Mitgliederbeiträge nicht eintreiben ließen. Einen Staatskredit, wie ihn die CSU nach der Währungsreform schon einmal erhalten hatte, wollte der Ministerpräsident nicht beantragen[52]; er fürchtete wohl, seine politischen Gegner könnten ihm vorwerfen, aus seinem Staatsamt unzulässige Vorteile für die von ihm geführte Partei zu ziehen. So blieb nur die Hoffnung auf Spenden[53]. Franz Josef Strauß informierte die Mitglieder des geschäftsführenden Landesvorstands am 17. Juni 1949 darüber, daß die CSU 16 Prozent des vornehmlich aus Industriekreisen stammenden gemeinsamen Wahlfonds der Unionsparteien[54] erhalten sollte. Darüber hinaus, so der Generalsekretär, gedenke man selbst kleinere Sammlungen bei Unternehmern durchzuführen, die der CSU nahestünden[55].

Tatsächlich wurde der Wahlkampf der bayerischen Unionspartei überwiegend aus Spendengeldern finanziert[56]. Der Kassenbericht der Landesgeschäftsstelle für die Zeit vom 1. Juni bis zum 31. August 1949 weist unmittelbare Spenden in einer Höhe von fast 190600 DM auf. Das war ein großer Betrag, wenn man bedenkt, daß die Parteizentrale in diesen drei Monaten keine 4500 DM an Mitgliederbeiträgen einnahm[57]. Aus diesen Mitteln erhielten die Kreisverbände insgesamt 31300 DM an zweckgebundenen Wahlkampfhilfen. Doch Geld allein reichte nicht aus, um einen effizienten Wahlkampf zu führen. Viele Kreisverbände waren schon aus organisatorischen Gründen nicht in der Lage, die in sie gesetzten Erwartungen zu erfüllen, und hofften vergeblich auf die ordnende Hand der Parteizentrale, die aber nicht einmal die korrekte Verwendung der Wahlkampfhilfen überprüfen konnte[58].

Die Spenden versetzten die CSU immerhin in die Lage, mit der seit Juli 1949 erscheinenden Wochenzeitung Union in den entscheidenden Wochen des Wahlkampfes

---

[51] ACSP, CSU-LL, Protokoll der Sitzung des geschäftsführenden Landesvorstands am 17. 6. 1949.

[52] IfZ-Archiv, RG 260, 10/90–3/9, „Subject: Dr. Ehard im Wahlkampf" (Gespräch mit Charlotte Fleischmann) vom 22. 6. 1949.

[53] ACSP, CSU-LL, Protokoll der Sitzung des geschäftsführenden Landesvorstands am 28. 7. 1949.

[54] Am 27. 5. 1949 trafen sich in Düsseldorf führende westdeutsche Industrielle, um über einen Wahlfonds zur Unterstützung der Parteien zu beraten, die die Wirtschaftspolitik Ludwig Erhards mittrugen. Über die Höhe dieses Fonds lassen sich keine genauen Angaben machen; in den Quellen ist von zwei oder von vier Millionen DM die Rede. Von diesem Geld sollte die Union 65 Prozent erhalten, die FDP 25 und die Deutsche Partei zehn. Vgl. dazu Udo Wengst, Die CDU/CSU im Bundestagswahlkampf 1949, in: VfZ 34 (1986), S. 1–52, hier S. 48f.

[55] ACSP, CSU-LL, Protokoll der Sitzung des geschäftsführenden Landesvorstands am 17. 6. 1949.

[56] Woher die Spendengelder im einzelnen stammten und wie groß die Summe war, die aus dem Wahlfonds kam, ließ sich nicht klären. Charlotte Fleischmann teilte einem Vertrauensmann der Militärregierung im Juni 1949 mit, bisher habe die CSU „noch keinen Pfennig" aus diesem Fonds erhalten (IfZ-Archiv, RG 260, 10/90–3/9, „Subject: Wahlkampfsorgen der CSU " vom 15. 6. 1949). Eine amerikanische Quelle enthält den Hinweis, daß die CSU bis zum 12. 7. 1949 20000 DM von der CDU erhalten habe, mit denen die größten Löcher im Etat gestopft worden seien (IfZ-Archiv, RG 260, 7/29–1/13–16, Bericht des amerikanischen Generalkonsuls in München, Sam E. Woods, über die Situation der CSU an das State Department vom 12. 7. 1949). Im Nachlaß Ehard (BayHStA, NL Ehard 131) findet sich ein Schreiben Willy Nubers, Direktor der Bayerischen Disconto-Bank, in dem von der Auszahlung von 90000 DM an den Landesvorsitzenden die Rede ist, und eine handschriftliche Aufstellung Ehards über die Verwendung dieses Geldes.

[57] BayHStA, NL Ehard 102, Kassenbericht der CSU-Landesgeschäftsstelle für die Zeit vom 1. 6.–31. 8. 1949.

[58] IfZ-Archiv, RG 260, 10/90–3/9, „Subject: Wahlkampfsorgen der CSU " (Gespräch mit Charlotte Fleischmann) vom 15. 6. 1949.

wieder ein eigenes Parteiorgan herauszubringen[59] und für die Funktionsträger der Partei einen Informations- und Rednerdienst zu erarbeiten[60]. Daneben wurden die obligatorischen Broschüren, Flugblätter und Plakate unter das Volk gebracht, die man zum Teil in modifizierter Form von der CDU übernehmen konnte[61]. Ansonsten ging die CSU jedoch im Wahlkampf eigene Wege[62] und betrachtete alle Ansätze zu einer zentralen Wahlkampfführung, wie sie von der Arbeitsgemeinschaft der Unionsparteien und vom Frankfurter Generalsekretariat unter Bruno Dörpinghaus ausgingen, mit Mißtrauen[63]. Es war allerdings auch nicht sonderlich schwierig, sich solchen unerwünschten Umarmungsversuchen zu entziehen. Das organisatorische Band der Arbeitsgemeinschaft war nur locker, die Kompetenzen der improvisierten Wahlkampfzentrale gering und der Egoismus der Landes- oder Zonenparteien groß[64]. Die CSU setzte sich nicht ohne Grund von der CDU ab. Die Existenz einer landespolitischen Konkurrenzpartei, die ihre Gefährlichkeit bei den letzten Kommunalwahlen unter Beweis gestellt hatte, zwang die neue Führung der CSU, der innerbayerischen Situation noch mehr Aufmerksamkeit zu schenken, als sie dies ohnehin schon getan hatte. Den Strategen in der Parteizentrale blieb im Grunde auch gar nichts anderes übrig, als auf die landespolitische Karte zu setzen. Die CSU mußte sich im Wahlkampf als selbständige Landespartei profilieren, um der Bayernpartei keine zusätzliche Munition zu liefern und jeden Anschein zu vermeiden, als sei sie nur ein Anhängsel der CDU[65]. In diesem Sinne lehnte die bayerische Unionspartei die von der CDU der britischen Besatzungszone erarbeiteten Düsseldorfer Leitsätze zur Wirtschafts-, Sozial- und Landwirtschaftspolitik ab, die als zentrale programmatische Grundlage für den Bundestagswahlkampf der Gesamt-Union gedacht waren[66]. Hans Ehard entschloß sich überdies, einem Presseempfang fernzubleiben, zu dem Konrad Adenauer für den 15. Juli 1949

[59] ACSP, CSU-LTF I, 15–20/2, Entwurf einer Notiz über die Wochenzeitung Union vom 26. 8. 1949.

[60] Die Wochenzeitung Union erschien in einer Auflage von zeitweise mehr als 40000 Exemplaren; der Informations- und Rednerdienst startete versuchsweise mit einer Auflage von 450 bzw. 350 Stück, scheint sich aber bewährt zu haben, da von den Nummern 3 bis 6 2000 Exemplare hergestellt wurden. IfZ-Archiv, RG 260, 13/150–1/8, Politischer Tätigkeitsbericht der CSU für Juli 1949, und IfZ-Archiv, RG 260, 13/150–1/7, Politischer Tätigkeitsbericht der CSU für August 1949. Zu den Materialien für die Funktionsträger vgl. auch ACSP, CSU-LTF I, 15–20/2, Rundschreiben der CSU-Landesgeschäftsstelle, gez. Franz Josef Strauß, vom 23. 7. 1949.

[61] ACSP, CSU-LL, Protokoll der Sitzung des geschäftsführenden Landesvorstands am 17. 6. 1949; vgl. auch Wengst, CDU/CSU im Bundestagswahlkampf, S. 10f.

[62] Müchler, CDU/CSU, S. 54 und S. 87, kommt dagegen zu dem unzutreffenden Ergebnis, die Unionsparteien hätten den Bundestagswahlkampf „gemeinsam“ und „geschlossen“ geführt.

[63] Als sich das Frankfurter Generalsekretariat der Arbeitsgemeinschaft mit einem Rundschreiben an die einzelnen Kreisverbände wandte und zum Bezug des Informationsdienstes Union im Wahlkampf aufforderte, reagierte man bei der CSU stellenweise ungehalten. So hieß es etwa im Oberbayerischen Informationsbrief 9/49 vom 29. 3. 1949 (BAK, NL Schäffer 26, Bl. 36): „Der Bezirksverband Oberbayern hegt gegen diese Art einer zentralen Wahlkampfsteuerung Bedenken und empfiehlt Zurückhaltung. Tatsache ist doch, dass der Wahlkampf gerade zu den Bundestagswahlen in Bayern mit ganz anderen Argumenten geführt werden muss als in Nord- oder Westdeutschland. [...] Auch Herr Generalsekretär Strauß hält, wie eine Anfrage ergab, diese zentrale Wahlkampfsteuerung für unzweckmässig [...]“.

[64] Vgl. Wengst, CDU/CSU im Bundestagswahlkampf, S. 2–10.

[65] Grundlegende Überlegungen zur Wahlkampfstrategie der CSU in: BSB, NL Schwend 2, „Gedanken zur Vorbereitung des Wahlkampfes“ vom 26. 6. 1949; dieses Dokument ist ungezeichnet und wurde vermutlich nicht in der Landesgeschäftsstelle der CSU, sondern in der Staatskanzlei erarbeitet.

[66] BayHStA, NL Ehard 102, Notizen aus der Besprechung beim Herrn Landesvorsitzenden am 11. 7. 1949; zu den Düsseldorfer Leitsätzen vgl. Wengst, CDU/CSU im Bundestagswahlkampf, S. 27–31.

in den Sitzungssaal des Düsseldorfer Landtags eingeladen hatte[67]; diese Veranstaltung sollte nicht nur dazu dienen, der Öffentlichkeit das Wahlprogramm der CDU vorzustellen, sondern war allgemein als Auftakt für die heiße Phase des Wahlkampfes der CDU/CSU gedacht. Dementsprechend legte die CSU auch keinen gesteigerten Wert auf die Unterstützung von Rednern aus den Reihen der Schwesterpartei. Anfang Juli 1949 waren von Bayern lediglich drei CDU-Politiker als Redner angefordert worden: Ludwig Erhard, Anton Storch und Theodor Blank[68]. In einer Notiz über eine Besprechung mit Hans Ehard am 11. Juli finden sich überdies die Namen von Jakob Kaiser, Alfred Hartmann und Heinrich von Brentano; ein Wahlkampfauftritt von Konrad Adenauer verstand sich ohnehin von selbst[69]. Blank und Storch, der als Gewerkschafter vor allem im oberbayerischen Pechkohlerevier um Peißenberg und Penzberg sprechen sollte, lehnten jedoch einen Wahlkampfauftritt in Bayern ab[70]. So blieb es hauptsächlich Konrad Adenauer und Ludwig Erhard vorbehalten, bei ihren Kundgebungen in Bayern die Verbundenheit der Unionsparteien zu betonen[71].

Auch inhaltlich setzte man in der CSU andere Schwerpunkte als die CDU, wo die Frage „Planwirtschaft oder soziale Marktwirtschaft" und die Auseinandersetzung mit der SPD eine „überragende Rolle" spielte[72]. Im Freistaat waren dagegen die Frage der Stellung Bayerns in der Bundesrepublik und das Problem der föderalistischen Ausgestaltung des Grundgesetzes von zentraler Bedeutung[73]. Die CSU mußte diese Themen besetzen, um nicht der Bayernpartei das Feld zu überlassen, die auf ihrer Landesversammlung am 18. und 19. Juni 1949 zu einem „Kreuzzug für Bayern"[74] aufgerufen und führenden Politikern der CSU vorgeworfen hatte, „wesentlich dazu beigetragen" zu haben, daß mit dem Grundgesetz „das Fundament zu einem neuen Zentralismus gelegt werden konnte"[75]. Hermann Etzel, der stellvertretende Vorsitzende, diffamierte Ministerpräsident Ehard in seiner Rede gar als „politisch schwache[n] Mann" und „Anhänger des preußisch-deutschen Bundesstaates", der alles andere sei als ein Föderalist. Der Ministerpräsident, so Etzel, sei „eine der verhängnisvollsten Figuren der

[67] BayHStA, NL Ehard 102, Notizen aus der Besprechung beim Herrn Landesvorsitzenden am 11. 7. 1949; zum Wahlkampfauftakt der CDU vgl. Wengst, CDU/CSU im Bundestagswahlkampf, S. 37–40. Ehard nahm dafür an der Großkundgebung der Unionsparteien am 21. 7. 1949 in Heidelberg teil. Seine Rede ist unter der Überschrift „An der Schwelle eines neuen Deutschlands" abgedruckt in: Bayerische Politik, S. 53–61.

[68] Vgl. Wengst, CDU/CSU im Bundestagswahlkampf, S. 14f.

[69] BayHStA, NL Ehard 102, Notizen aus der Besprechung beim Herrn Landesvorsitzenden am 11. 7. 1949.

[70] Vgl. Wengst, CDU/CSU im Bundestagswahlkampf, S. 15.

[71] Udo Wengst unterstreicht besonders die Rolle Ludwig Erhards bei der Festigung der Bindungen zwischen den Unionsparteien; ebenda, S. 27.

[72] So Konrad Adenauer in seiner ersten Regierungserklärung am 20. 9. 1949; abgedruckt in: Konrad Adenauer. Reden 1917–1967. Eine Auswahl, hrsg. von Hans-Peter Schwarz, Stuttgart 1975, S. 153–169.

[73] ACSP, CSU-LTF I, 15–20/4, Manuskript der Rede Hans Ehards am 17. 7. 1949 im Kongreß-Saal des Deutschen Museums in München; ACSP, NL Seidel 35 c, Rundfunkrede Alois Hundhammers am 22. 6. 1949; Mitteilungen der CSU Nr. 1 vom 18. 7. 1949; Informations- und Rednerdienst der CSU Nr. 1/49 vom Juli 1949.

[74] SZ vom 21. 6. 1949: „Bayernpartei begann ‚Kreuzzug für Bayern'. Die Passauer Landesversammlung wählt Baumgartner, Donhauser und Etzel zu Vorsitzenden".

[75] Stadtarchiv Bamberg, NL Etzel 17, Manuskript der Rede Hermann Etzels „Die geschichtliche Schuld der CSU und des Ministerpräsidenten Dr. Ehard" vor den Delegierten der Landesversammlung der Bayernpartei am 18./19. 6. 1949 in Passau; das folgende Zitat nach diesem Redemanuskript.

neuesten bayerischen Geschichte" und müsse wegen Verfassungsbruchs vor dem bayerischen Verfassungsgerichtshof angeklagt werden[76].

Während die Bayernpartei nichts unversucht ließ, um der angeschlagenen Regierungspartei vielleicht noch vor den Wahlen den entscheidenden Schlag zu versetzen, konnte man sich in der CSU nicht auf einen einheitlichen Kurs gegenüber der landespolitischen Konkurrentin einigen. Prononciert konservative und extrem föderalistische Kräfte um Alois Hundhammer forderten ein Bündnis mit der Bayernpartei, und Fritz Schäffer, der keine Gelegenheit ausließ, um gegen den „Zerfall der bodenständigen Bevölkerung Bayerns in zwei Parteien" zu wettern[77], warnte CSU und Bayernpartei öffentlich vor dem „Wahnsinn eines Parteihaders"[78]. Führende Vertreter der CSU in Franken forderten dagegen eine klare Abgrenzung von der Bayernpartei[79]. Die „Voraussetzung fuer einen erfolgreichen Kampf gegen die SPD und FDP in Nordbayern", erklärte August Haußleiter im geschäftsführenden Landesvorstand, sei „ein entschieden gefuehrter Kampf gegen die Bayernpartei in Südbayern"[80]. Die neue Parteiführung war sich durchaus über das Dilemma im klaren, in dem sich die CSU befand. So hieß es in einem Strategiepapier für Hans Ehard:

„Die Auseinandersetzung mit der Bayernpartei ist das schwierigste Moment in diesem Wahlkampf, da sie nicht in ideologischer Gegnerschaft zu uns steht, mehr oder weniger aus unseren Reihen hervorgegangen ist und sich an die gleichen Wählerschichten wenden muß, die ureigentlich nur für uns in Frage kämen. Diese Tatsachen in Verbindung mit der ohne jeden Zweifel bestehenden Notwendigkeit, nach den Wahlen in irgendeiner Form mit ihr zusammenarbeiten zu müssen, machen hinsichtlich ihrer Bekämpfung ein besonderes Fingerspitzengefühl und aussergewöhnliche Selbstdisziplin notwendig."[81]

Auch Hans Ehard wußte, daß der richtige Umgang mit der Bayernpartei für den Wahlausgang von entscheidender Bedeutung sein konnte, und befürchtete einen Wahlsieg der SPD, wenn sich CSU, Bayernpartei und FDP im Kampf um das nichtsozialistische Wählerpotential aufrieben[82]. Andererseits hielt er die Bayernpartei für unberechenbar und lehnte ein Wahlbündnis oder gar eine Fusion ab[83], wenn er auch öffentlich selten eindeutig Stellung bezog[84]. Dabei befürworteten nicht wenige Politiker innerhalb und außerhalb der CSU ein Wahlabkommen der nichtsozialistischen Parteien, um einen Erfolg der SPD zu verhindern[85].

---

[76] Daß Ehard von diesen Vorwürfen tief getroffen war, zeigte seine Rede am 17. 7. 1949 im Kongreß-Saal des Deutschen Museums in München. ACSP, CSU-LTF I, 15–20/4.

[77] ACSP, CSU-LTF I, 15–12/4 und 5, Fritz Schäffer an Hans Kraus vom 11. 6. 1949.

[78] SZ vom 18. 6. 1949: „West-Deutschland im Spiegel der Parteien".

[79] IfZ-Archiv, RG 260, 7/29–1/13–16, Bericht des amerikanischen Generalkonsuls in München, Sam E. Woods, über die Situation der CSU an das State Department vom 12. 7. 1949.

[80] ACSP, CSU-LL, Protokoll der Sitzung des geschäftsführenden Landesvorstands am 17. 6. 1949.

[81] BSB, NL Schwend 2, „Gedanken zur Vorbereitung des Wahlkampfes" vom 26. 6. 1949.

[82] ACSP, CSU-LL, Protokoll der Sitzung des geschäftsführenden Landesvorstands am 28. 6. 1949.

[83] ACSP, CSU-LL, Protokoll der Sitzung des geschäftsführenden Landesvorstands am 17. 6. 1949.

[84] IfZ-Archiv, RG 260, 10/90–3/9, „Subject: CSU und Wahlkampf/Fleischmann" vom 29. 6. 1949 und „Subject: Bayernpartei und Union" (Gespräch mit Toni Böck) vom 23. 6. 1949; ACSP, CSU-LTF I, 15–12/4 und 5, Fritz Schäffer an Hans Kraus vom 11. 6. 1949; SZ vom 18. 6. 1949: „West-Deutschland im Spiegel der Parteien".

[85] So hoffte beispielsweise Konrad Adenauer auf ein Wahlabkommen zwischen CSU und BP, da für ihn der Wahlsieg der Union wesentlich vom Ausgang der Wahlen in Bayern abhing; vgl. Wengst, CDU/CSU im Bundestagswahlkampf, S. 11f. Zu verschiedenen Initiativen, ein Wahlabkommen zwischen CSU und BP zustandezubringen, vgl. Archiv der CSU-Landesgruppe, Protokoll der Landesgruppensitzung am 7. 9. 1949; Franz Josef Strauß nannte Konrad Adenauer, Anton Pfeiffer, Alois

Der geschäftsführende Landesvorstand beriet am 28. Juni 1949 gemeinsam mit führenden Mitgliedern des Wirtschaftsbeirats der Union über dieses umstrittene Thema[86]. Nach grundsätzlichen Ausführungen von Hans Ehard und Josef Müller wurde schließlich beschlossen, „von sich aus keinerlei Schritte" in Richtung eines Wahlabkommens zu unternehmen. Überdies hielten Ehard und die anwesenden Vorstandsmitglieder[87] „eine Klärung der Stellung des Kultusministers Dr. Hundhammer zur Bayernpartei noch vor Beginn des Wahlkampfes für unbedingt erforderlich", und sie waren sich darüber einig, daß Wahlbündnisse „für die CSU keinerlei Vorteile, wohl aber erhebliche Nachteile bringen würden und aus sachlichen wie aus personellen und psychologischen Gründen abzulehnen seien".

Nichtsdestotrotz trafen sich wiederholt Vertreter von CSU, FDP und Bayernpartei in der Staatskanzlei, um sich auf eine sachliche und faire Wahlkampfführung zu verständigen[88], die Ministerpräsident Ehard besonders am Herzen lag[89]. Vielleicht sondierte man dabei auch die Möglichkeiten für ein stillschweigendes Wahlabkommen gegen die SPD, von dem der Parteichef am 28. Juni andeutungsweise gesprochen hatte[90]. Besonders erfolgreich waren diese „Burgfriedens-Gespräche"[91] jedoch nicht. Der Bayernpartei-Vorsitzende Joseph Baumgartner hatte schon sein Desinteresse bekundet, ehe die Verhandlungen richtig begonnen hatten. Siegessicher kommentierte er den Wunsch des jungen stellvertretenden Vorsitzenden der oberbayerischen CSU, Ludwig Huber, nach einem Wahlbündnis zwischen CSU und BP mit den Worten, man könne sich nicht mit einer Leiche verheiraten[92]. Die Gespräche zwischen CSU und Bayernpartei verliefen ebenso im Sande wie die Gespräche mit der FDP. Pressemeldungen, man sei zu einem Wahlabkommen für die mittelfränkischen Bundeswahlkreise Ansbach und Erlangen gelangt, dementierte die Landesgeschäftsstelle der bayerischen FDP umgehend als „Versuchsballon der CSU"[93].

Auch die Auseinandersetzung mit der SPD hatte einen spezifisch bayerischen Charakter und war nicht ganz so scharf wie im übrigen Bundesgebiet[94]. Insbesondere Hans Ehard sah den Konflikt primär unter föderalistischen Vorzeichen, und da war

---

Hundhammer, aber auch Thomas Dehler als Befürworter oder gar Drahtzieher eines Wahlabkommens.

86 ACSP, CSU-LL, Protokoll der Sitzung des geschäftsführenden Landesvorstands am 28. 6. 1949; die folgenden Zitate finden sich ebenda.

87 Die Anwesenheitsliste des Protokolls der Sitzung des geschäftsführenden Landesvorstands am 28. 6. 1949 führt unter dem Stichwort „Vorstandsmitglieder" neben Ehard und Müller mit Heinrich Emmert, Richard Schachtner, Emil Muhler, Elisabeth Meyer-Spreckels, Franz Josef Strauß, Charlotte Fleischmann und Hans Schwägerl überwiegend Personen auf, die bisher stets den Ochsensepp unterstützt und eine Annäherung an die Bayernpartei strikt abgelehnt hatten.

88 Vgl. Wengst, CDU/CSU im Bundestagswahlkampf, S. 20f.

89 BSB, NL Schwend 2, „Gedanken zur Vorbereitung des Wahlkampfes" vom 26. 6. 1949; IfZ-Archiv, RG 260, 10/90–3/9, „Subject: Versammlung der CSU München" vom 30. 6. 1949; ACSP, CSU-LTF I, 15–20/4, Manuskript der Rede Hans Ehards am 17. 7. 1949 im Kongreß-Saal des Deutschen Museums in München.

90 ACSP, CSU-LL, Protokoll der Sitzung des geschäftsführenden Landesvorstands am 28. 6. 1949.

91 SZ vom 7. 7. 1949: „Burgfriedens-Gespräche in der Staatskanzlei. Bayerische Parteien erörtern sachliche Führung des Wahlkampfes".

92 IfZ-Archiv, RG 260, 10/90–3/9, „Subject: CSU und Wahlkampf/Fleischmann" vom 29. 6. 1949; IfZ-Archiv, RG 260, 7/29–1/13–16, Bericht des amerikanischen Generalkonsuls in München, Sam E. Woods, über die Situation der CSU an das State Department vom 12. 7. 1949.

93 SZ vom 12. 7. 1949: „Bayern im Spiegel der Parteien. Gerüchte um Wahlbündnisse".

94 Vgl. Wengst, CDU/CSU im Bundestagswahlkampf, S. 41.

es nicht opportun, den Hoegner-Flügel der bayerischen SPD, den man vielleicht noch einmal als Bundesgenossen gebrauchen konnte, mehr als nötig zu attackieren[95]. Folgerichtig betonte Ehard in seiner Rede zum Auftakt der heißen Phase des Wahlkampfes am 17. Juli 1949 im Kongreß-Saal des Deutschen Museums:

„Da ergibt sich zunächst die Notwendigkeit einer klaren Grenzziehung gegenüber den sozialistischen Parteien. Wir wollen gegen die Sozialdemokratische Partei so wenig wie gegen andere Parteien einen wüsten, die politische Atmosphäre vergiftenden Wahlkampf führen. Wir wollen nicht vergessen, daß wir alle zusammen in einer Schicksals-Gemeinschaft eingespannt sind, in der wir miteinander leben müssen. Aber zwischen dem sozialistischen Weltbild, das durch die materialistisch-marxistische Weltanschauung geformt ist, und zwischen dem Bild vom Menschen und der Gesellschaft, wie wir es auf Grund unseres christlichen Glaubens in uns tragen, besteht ein unüberwindbarer Unterschied. [...] Man stelle sich vor, die Sozialdemokratie würde in Bayern einen maßgebenden Einfluss gewinnen und die bayerische Politik erhielte ihre entscheidenden Inspirationen dann von der Partei-Zentrale in Hannover. Es würde sehr bald genau so wie im dritten Reich überhaupt keine bayerische Politik mehr geben. Denn Dr. Schumacher ist ein Zentralist vom reinsten Wasser! Er müsste dann Sozialist mit diktatorischen Allüren sein. Er hat alle [...] Mienen springen lassen, um die Bonner Verfassung in punkto Föderalismus möglichst zu denaturalisieren! Er hat hierzu auch alle ihm zu Gebote stehenden internationalen Hilfsstellungen ausgenützt. Seinem Eingreifen ist es in erster Linie zuzuschreiben, dass sich die bayerische CSU und die bayerische Staatsregierung veranlasst sahen, zu Bonn Nein zu sagen! Herr Dr. Schumacher wird ohne Scheu und ohne Rücksicht auf Bayern und auf Süddeutschland, wenn er nur die Möglichkeit hiezu haben würde, das neue Verfassungs-Instrument so anwenden, dass die Entwicklung rücksichtslos nach der zentralistischen Seite getrieben wird."[96]

### *b) Kandidatenaufstellung*

Wichtiger als alle Strategien und Programme waren aber die Personen, die die CSU ins Rennen schicken sollte. Allerdings konnten sich die Führungsgremien der Partei lange nicht einigen, und der Wahlkampf war bereits in vollem Gange, als man noch immer mit der Kandidatenaufstellung beschäftigt war. Die Auswahl und Nominierung der Bewerber für einen Sitz im Bundestag war nicht zuletzt angesichts des erst wenige Wochen zurückliegenden Wechsels an der Parteispitze problematisch. Wie würde sich der Sturz des Ochsensepp auswirken? Wie würden Müller und seine verbliebenen Gefolgsleute taktieren? Mußten sie sich endgültig der Koalition aus katholisch-konservativen und gemäßigten Kräften beugen, die Hans Ehard in den Sattel gehoben hatte, oder reichte ihr Einfluß noch so weit, um wenigstens einigen liberalen, sozial progressiven und/oder protestantischen Kandidaten zu einem Sitz im Bundestag zu verhelfen?

Die Parteiführung hatte sich seit Mitte Juni 1949 wiederholt mit der Frage beschäftigt, welche Personen für die bevorstehenden Wahlen nominiert werden sollten[97], und

[95] In den für Ehard bestimmten „Gedanken zur Vorbereitung des Wahlkampfes" vom 26. 6. 1949 (BSB, NL Schwend 2) heißt es: „Die bereits jetzt [gegen Kurt Schumacher] feststellbare Opposition im bayerischen Lager der Sozialdemokratie [...] muß für unsere eigene bayerische Tendenz ausgenützt werden." Vgl. auch Informations- und Rednerdienst der CSU Nr. 1/49 vom Juli 1949 („Hat auch die SPD Flügel?").

[96] ACSP, CSU-LTF I, 15–20/4, Manuskript der Rede Hans Ehards am 17. 7. 1949 im Kongreß-Saal des Deutschen Museums in München.

[97] BayHStA, NL Ehard 102, Tagesordnung für die Sitzung der Bezirksvorsitzenden am 15. 6. 1949, handschriftliche Stichworte Hans Ehards für die Sitzung der Bezirksvorsitzenden am 15. 6. 1949, Notizen über die Sitzung der Bezirksvorsitzenden am 12. 7. 1949, Tagesordnung für die Sitzung des geschäftsführenden Landesvorstands am 13. 7. 1949; ACSP, CSU-LL, Protokolle der Sitzungen des geschäftsführenden Landesvorstands am 17. 6. und 28. 6. 1949.

am 29. Juni gab die Landesleitung diesbezügliche Richtlinien heraus, die zuvor die Billigung der Bezirksvorsitzenden gefunden hatten[98]. Die Kandidaten der CSU dürften „nicht Vertreter irgendwelcher Gruppen“ sein, hieß es in diesem von Ehard gezeichneten Dokument, sondern im „öffentlichen Leben bekannte und angesehene Persönlichkeiten“, die politisch „auf dem Boden der christlichen und föderalistischen Grundsätze der Union stehen und die ausserdem in persönlicher Hinsicht die geistigen und charakterlichen Qualitäten besitzen, um vollwertige Abgeordnete im Bundesparlament darzustellen“. Man vergaß auch nicht zu betonen, daß sich jeder Kandidat verpflichten müsse, sich „mit dem Aufgebot aller Kräfte, unter Inkaufnahme aller Opfer an Zeit und Arbeitskraft und dem Aufgebot der ihm zur Verfügung stehenden finanziellen Mittel [...] für den Wahlkampf restlos einzusetzen“[99].

Die Realität sah jedoch anders aus und hatte nur wenig mit den Vorstellungen Hans Ehards und seiner Strategen zu tun. Besonders begrenzt war der Handlungsspielraum des Parteichefs offensichtlich bei der Nominierung der Kandidaten in den 47 bayerischen Bundeswahlkreisen. Interessenverbände, allen voran der Bayerische Bauernverband, versuchten ebenso wie die tonangebenden Zirkel und Gruppierungen in der CSU, die Nominierung bestimmter Personen hinter den Kulissen zu forcieren oder zu verhindern, um die Zusammensetzung der künftigen CSU-Bundestagsfraktion in ihrem Sinne zu beeinflussen. Die Chancen dafür standen nicht schlecht. Hans Ehard mußte sich in seinem neuen Amt erst zurechtfinden und verfügte überdies nicht über den notwendigen Apparat, um die Nominierung der Kandidaten wirkungsvoll steuern zu können[100]. Dem Landesvorsitzenden gelang es nicht einmal, die Kandidatur des ungeliebten Fritz Schäffer zu verhindern, der nach Müllers Sturz wieder mit Macht auf die politische Bühne drängte. Der geschäftsführende Landesvorstand und führende Mitglieder des Wirtschaftsbeirats der Union hatten in einer gemeinsamen Sitzung am 28. Juni 1946 „allgemein aus verschiedenen Erwägungen“ gegen den ehemaligen BVP-Vorsitzenden Stellung genommen[101]; dennoch wurde Schäffer im Bundeswahlkreis Passau nominiert[102].

Wie hart hinter den Kulissen um die Kandidatenaufstellung gerungen wurde, zeigte sich besonders deutlich im Bezirksverband Oberpfalz, wo Alois Hundhammer nichts unversucht ließ, um die Nominierung Müller-treuer Bewerber zu verhindern. Als Karl Kahn, ein Gesinnungsgenosse des Kultusministers, der vor 1933 eine führende Rolle in der Jugendorganisation der BVP gespielt hatte, mit der Bitte an den einflußreichen Parteifreund herantrat, doch seine Bemühungen um einen sicheren Wahlkreis zu unterstützen, zögerte dieser nicht lange. Schließlich wußte Kahn zu berichten, daß mit Otto Schedl und Franz Xaver Butterhof zwei enge Vertraute des Ochsensepp für den Bundestag kandidieren wollten. Weiter führte Kahn aus: „Ich stehe auf dem Stand-

98 BSB, NL Schwend 2, „Richtlinien für die Aufstellung von Kandidaten für den Bundestag“, gez. Hans Ehard, vom 29. 6. 1949; die folgenden Zitate ebenda.

99 Gerade die letzte Forderung war angesichts der organisatorischen und finanziellen Schwäche der CSU nur allzu berechtigt und durchaus wörtlich zu nehmen. Wahlkampfhilfe in großem Stil konnte keiner der Kandidaten von der Landesleitung erwarten.

100 Zum Verfahren der Kandidatenaufstellung vgl. BayHStA, NL Ehard 102, Notizen aus der Besprechung beim Herrn Landesvorsitzenden am 11. 7. 1949; BSB, NL Schwend 2, „Richtlinien für die Aufstellung von Kandidaten für den Bundestag“, gez. Hans Ehard, vom 29. 6. 1949.

101 ACSP, CSU-LL, Protokoll der Sitzung des geschäftsführenden Landesvorstands am 28. 6. 1949.

102 Vgl. dazu Henzler, Fritz Schäffer, S. 282–286; zur skeptischen Haltung der CSU-Landesleitung gegenüber Schäffer vgl. ebenda.

punkt, dass in der Oberpfalz unbedingt ein Mann der kath. konservativen Richtung, der ich unbedingt angehöre, zum Zug kommen muss. Wir dürfen uns auf gar keinen Fall hier von der anderen Richtung überfahren lassen."[103] Derselben Meinung war auch Alois Hundhammer, der in diesem Sinne mit Erfolg bei Fritz Dengler, dem zuständigen Bezirksvorsitzenden, intervenierte[104]. Die Nominierung von Otto Schedl im Wahlkreis Burglengenfeld, die bereits in der Presse gemeldet worden war[105], wurde rückgängig gemacht. Der neue Kandidat hieß Karl Kahn[106].

Die Kandidatenaufstellung wurde aber auch durch einige exogene Faktoren erschwert, auf die die CSU nur geringen Einfluß nehmen konnte. So blieb eine so wichtige Frage wie der genaue Wahltermin lange Zeit ebenso unklar wie das genaue Wahlverfahren und die Zahl und der Zuschnitt der Bundeswahlkreise, da sich die Ministerpräsidenten und der Parlamentarische Rat erst am 15. Juni 1949 auf ein Wahlgesetz einigen konnten[107]. Auch Gerüchte, die Militärregierung bestehe auf einer strikten Trennung der Legislative von der Exekutive und denke an eine Einschränkung des passiven Wahlrechts für Beamte, machten der CSU zu schaffen. Durch solche Sonderregelungen, da war man sich im geschäftsführenden Landesvorstand einig, würde „die Nominierung der fuer den grossen Rahmen von Bonn geeignete[n] Kandidaten wesentlich erschwert"[108]. Immerhin war der Anteil von Bürgermeistern, Landräten und Ministerialbeamten, die für einen Sitz im Bundestag in Frage kamen, in der bayerischen Unionspartei besonders hoch, und die Süddeutsche Zeitung zitierte am 14. Juni einen Sprecher der CSU mit den Worten, man rechne damit, „daß in den 1. westdeutschen Bundestag eine Anzahl von CSU-Kandidaten gewählt werden, die in staatspolitischer Hinsicht bisher noch nicht hervorgetreten sind"[109].

Es war nicht zuletzt auf solche Probleme und Unsicherheiten zurückzuführen, daß die Delegierten des Landesausschusses erst am 16. Juli 1949 zusammenkamen, um über die Besetzung der Landesliste zu entscheiden[110]. Der Vorsitzende und Wahlleiter Hans Ehard überließ nichts dem Zufall, denn es konnte keinesfalls im Interesse der neuen Parteiführung sein, aufwühlende Streitereien entstehen zu lassen und die mühsam ausgehandelten Kompromisse zu gefährden[111], auf die man sich wohl zuvor im

---

[103] ACSP, CSU-LTF I, 2–30, Karl Kahn und Alois Hundhammer vom 7. 6. 1949.

[104] ACSP, CSU-LTF I, 2–30, Alois Hundhammer an Fritz Dengler und Alois Hundhammer an Karl Kahn vom 9. 6. 1949.

[105] SZ vom 30. 7. 1949: „Kandidaten der bayerischen Parteien zum Bundestag".

[106] BSB, NL Schwend 2, Liste der Kandidaten in den Bundeswahlkreisen, undatiert.

[107] SZ vom 16. 6. 1949: „Wahlgesetz wurde unterzeichnet. ‚Auf Anordnung der Militärregierung'/ 14. August endgültiger Wahltermin"; zur Wahlrechtsfrage allgemein vgl. Wengst, CDU/CSU im Bundestagswahlkampf, S. 16ff.

[108] ACSP, CSU-LL, Protokoll der Sitzung des geschäftsführenden Landesvorstands am 17. 6. 1949.

[109] SZ vom 14. 6. 1949: „Der Wahlkampf hat begonnen. Gehen CSU und Bayernpartei zusammen?/Persönliche Angriffe der SPD". Das Wahlgesetz sah schließlich vor, daß die Beamten des Bundes, öffentlicher Körperschaften oder von Anstalten des öffentlichen Rechts einen Antrag auf Versetzung in den Wartestand stellen mußten, ehe sie ihren Sitz im Bundestag einnahmen. Wartegeld sollte ihnen nicht zustehen, wohl aber das Recht auf Wiedereinstellung nach Erlöschen des Mandats. Die erste Bundestagswahl in Bayern am 14. August 1949, hrsg. vom Bayerischen Statistischen Landesamt, München 1950, S. 5.

[110] BayHStA, NL Ehard 102, Rundschreiben Franz Josef Strauß' an die Mitglieder des Landesausschusses der CSU vom 5. 7. 1949. Ein Protokoll dieser Landesausschußsitzung ließ sich nicht ermitteln. SZ vom 19. 7. 1949: „Westdeutschland im Spiegel der Parteien. Dr. Seidel CSU-Spitzenkandidat".

[111] Jede „Besprechung über die Aufstellung von Landeskandidaturen", so erklärte Ehard nach den Wahlen mit „einiger Bitterkeit", habe „sofort zu Indiskretionen und nachfolgendem Druck der Berufsor-

Landesvorstand geeinigt hatte[112]. Aus diesem Grund wurden die Listenplätze unabhängig von der Zahl der Stimmen vergeben, die auf die einzelnen Kandidaten entfallen waren. Der Parteivorsitzende hielt es zudem erst gegen Ende des Wahlvorgangs für nötig, die Delegierten auf diese zweifelhafte Praxis hinzuweisen[113]. Das Resultat sah schließlich folgendermaßen aus: Hanns Seidel, der allseits geschätzte Wirtschaftsminister, führte die Landesliste an; ihm folgten Hans Schütz, Walter Rinke und Baron Georg von Manteuffel-Szoege, zwei katholische und ein evangelischer Flüchtlingsvertreter[114]. Daß gleich drei Flüchtlinge auf der Landesliste so weit oben standen, überrascht nur auf den ersten Blick. Da in den Bundeswahlkreisen nur vier Flüchtlingskandidaten aufgestellt worden waren, von denen Gerhard Wacher[115] in Hof und Hans Bartel in Nürnberg/Fürth überdies keine echte Siegchance hatten und Karl Graf Spreti, der in Kempten kandidierte, kein Flüchtling im eigentlichen Sinne war[116], mußte die Parteiführung über die Landesliste den Eindruck zu verwischen suchen, als hätten die Flüchtlinge in der CSU keine Vertretung. Dies war um so dringender, als sich die CSU mit dem Wahlbündnis von WAV und Neubürgerbund einer verdeckten Flüchtlingspartei gegenübersah[117], die gute Aussichten hatte, der bayerischen Unionspartei einen großen Teil ihrer bisherigen Wähler aus dem Flüchtlingsmilieu abspenstig zu machen.

Auf Platz fünf der Landesliste rangierte Anton Pfeiffer[118], gefolgt von Heinrich Seiler, einem evangelischen Pfarrer aus Ansbach, um dessen Kandidatur es im Vorfeld ein unerfreuliches Tauziehen gegeben hatte[119]; auf den Plätzen sieben und acht waren die

ganisationen geführt". BayHStA, NL Ehard 102, Protokoll der Tagung der Bezirksvorsitzenden am 28. 10. 1949.

112 SZ vom 16./17. 7. 1949: „Landesausschußsitzung der CSU"; BayHStA, NL Ehard 102, Tagesordnung für die Sitzung des geschäftsführenden Landesvorstands am 13. 7. 1949.

113 Vgl. Kühnel, Fränkischer Protestantismus, S. 26f.

114 Hans Schütz vertrat die Flüchtlinge aus dem Sudetenland, Walter Rinke die aus Schlesien und Georg von Manteuffel die Baltendeutschen; Schütz und Rinke, die bekanntesten Flüchtlingsvertreter in der CSU, gehörten beide dem Landesvorstand an.

115 *Gerhard Wacher*, geb. 29. 11. 1916 in Wien, gest. 27. 10. 1990, ev., Studium der Agrarwissenschaft in Prag, 1939 zweite Staatsprüfung, Teilnahme am Zweiten Weltkrieg, 1948 Eintritt in den bayerischen Staatsdienst (zuletzt Oberlandwirtschaftsrat), seit 1951 Vorsitzender des CSU-Kreisverbands Hof, seit 1952 Mitglied des Landesvorstands, 1955–1963 und 1967–1974 Mitglied des geschäftsführenden Landesvorstands der CSU (1967/1968 kooptiert), Mitglied des Landesvorstands des EAK der CSU, 1953–1963 MdB (CSU), 1956–1962 Parlamentarischer Geschäftsführer der CSU-Landesgruppe, 1966–1974 MdL (CSU), 1962–1966 Staatssekretär im bayerischen Staatsministerium für Wirtschaft und Verkehr, seit 1967 Mitglied des Vorstands der Bayerischen Berg-, Hütten- und Salzwerke.

116 Karl Graf Spreti wurde in Kapfing bei Landshut geboren; bei Kriegsende 1945 befand sich seine Familie in Böhmen und wurde von dort ausgewiesen. Handbuch des Deutschen Bundestags, 1. W. P., S. 241f. Von der Führung der CSU wurde Spreti zwar trotz seiner nur mittelbaren Erfahrungen als Flüchtlingskandidat geführt (ACSP, NL Müller 325, Aufstellung über die „Kandidaten in den Mehrheitswahlkreisen", undatiert), von den Flüchtlingen selbst wurde Spreti jedoch „nicht als wirklicher Heimatvertriebener anerkannt" (BayHStA, NL Ehard 102, Protokoll der Tagung der Bezirksvorsitzenden am 28. 10. 1949).

117 Zum Wahlabkommen von WAV und Neubürgerbund vgl. Woller, Loritz-Partei, S. 118–122.

118 Am 7. 7. 1949 hatte die Süddeutsche Zeitung noch gemeldet, Anton Pfeiffer solle die Landesliste der CSU anführen.

119 Vgl. Kühnel, Fränkischer Protestantismus, S. 27–37; Renner, Nachkriegsprotestantismus, S. 34–39; Anzeneder/Götz, 50 Jahre CSU in Erlangen, S. 81–89. Ursprünglich sollte mit Emil Muhler auch ein katholischer Priester auf der Landesliste kandidieren, Kardinal Faulhaber gab hierzu jedoch nicht seine Zustimmung. BayHStA, NL Ehard 1362, Rundschreiben Kardinal Faulhabers an die bayerischen Bischöfe vom 25. 7. 1949; vgl. auch Kühnel, Fränkischer Protestantismus, S. 27.

beiden Frauenvertreterinnen[120] Agnes Gennerwein (kath.) und Eva Schleip[121] (ev.) zu finden, auf Platz neun Michael Horlacher und auf Platz zehn Franz Josef Strauß; Adolf Konrad, Fritz Flörl, Karl Greib, Johannes Semler und Fritz Höhenberger komplettierten das Vorderfeld der Landesliste, die aus insgesamt 29 Personen bestand[122].

Mit dem Ergebnis der Landesausschußsitzung war kaum jemand zufrieden. Alois Hundhammer äußerte offen sein Mißfallen darüber, daß die Landesliste fast ausschließlich mit Anhängern Josef Müllers besetzt sei[123], aber auch Elisabeth Meyer-Spreckels, eine der einflußreichsten Sprecherinnen der Protestanten in der CSU, ließ ihren Unmut erkennen. Sie beklagte sich bei Hans Ehard darüber, daß evangelische Kandidaten auf der Landesliste hinter katholischen Parteifreunden plaziert worden seien, obwohl sie mehr Stimmen erhalten hätten, und schloß auch die Möglichkeit einer Wahlanfechtung nicht aus[124]. Aber war der Unmut von Alois Hundhammer und Elisabeth Meyer-Spreckels wirklich gerechtfertigt? War die eine Seite zu kurz gekommen und von der anderen überspielt worden? Wie sah das politische und soziale Profil der Kandidaten auf der Landesliste und in den Bundeswahlkreisen überhaupt aus?

Betrachtet man die konfessionelle Zusammensetzung der Kandidaten[125], so zeigt sich, daß die evangelischen Christen in der bayerischen Unionspartei nicht gerade bevorzugt behandelt worden waren. Soweit sich feststellen läßt[126], waren von den Kandidaten in den 47 Bundeswahlkreisen Bayerns lediglich sieben evangelisch, von denen Elisabeth Meyer-Spreckels in Nürnberg, Charlotte Fleischmann in München-Nord und Gerhard Wacher in Hof überdies in Wahlkreisen kandidierten, die aller Voraussicht nach nicht zu gewinnen waren. Lediglich Friedrich Bauereisen in Ansbach, Friedrich Jakob Funk[127] in Schweinfurt, Heinrich Seiler in Erlangen und Karl Sigmund Mayr in Schwabach konnten sich Siegchancen ausrechnen. In den aussichtsreichen Wahlkreisen Schwabens und der Oberpfalz hatten sich die Delegierten dagegen nicht

---

120 Unter den Direktkandidaten waren mit Charlotte Fleischmann in München-Nord, Elisabeth Meyer-Spreckels in Nürnberg und Maria Probst in Hammelburg drei Frauen; allerdings hatte nur Maria Probst eine realistische Chance, ihren Wahlkreis zu gewinnen. Zu Maria Probst vgl. Männle, Maria Probst, in: Aretz/Morsey/Rauscher (Hrsg.), Zeitgeschichte in Lebensbildern, Bd. 7, S. 113–127, und Ursula Männle, Mit Mütterlichkeit verbundene Energie: Maria Probst (1902–1967), in: Renate Hellwig (Hrsg.), Unterwegs zur Partnerschaft. Die Christdemokratinnen, Stuttgart 1984, S. 194–203.

121 *Eva Schleip*, ev., 1923–1932 Leiterin des Büros der DVP-Reichstagsfraktion, seit 1939 verheiratet mit dem Landgerichtspräsidenten Dr. Josef Schleip (seit 1950 Vorsitzender des Landesschiedgerichts der CSU), Mitbegründerin der CSU in Ansbach, Mitglied des Vorstands des CSU-Bezirksverbands Mittelfranken, seit 1949 Mitglied des Landesausschusses der CSU, bis 1961 Mitglied des Landesvorstands und 1949–1951 Mitglied des geschäftsführenden Landesvorstands der CSU, Laienrichterin am Verwaltungsgericht Ansbach.

122 SZ vom 28. 7. 1949: „Kandidaten der bayerischen Parteien für den Bundestag“.

123 Erlanger Nachrichten vom 18. 7. 1949; zit. nach Kühnel, Fränkischer Protestantismus, S. 26.

124 Elisabeth Meyer-Spreckels an Hans Ehard vom 18. 7. und 13. 8. 1949; zit. nach ebenda, S. 26f.

125 Zur Datenbasis vgl. S. 70. Die Angaben zu den Listenkandidaten beziehen sich nur auf die ersten 15 Bewerber; da die hinteren Listenplätze von untergeordneter politischer Bedeutung waren, erschien diese Einschränkung sinnvoll.

126 Von den 47 Kandidaten in den Bundeswahlkreisen konnte die Konfession bei 36 ermittelt werden; die Konfessionszugehörigkeit der ersten 15 Listenkandidaten ließ sich dagegen bei allen feststellen.

127 *Friedrich J. Funk*, geb. 3. 10. 1900 in Neuses am Sand/Ufr., gest. 5. 8. 1963, ev., nach Schulbesuch und Militärdienst Studium an den landwirtschaftlichen Hochschulen in Hohenheim und München, Abschluß als Diplomlandwirt, anschließend Gutsverwalter und Sachverständiger bei der Mainkanalisierung, seit 1927 auf dem elterlichen Pachthof tätig, seit 1932 selbständiger Pächter, 1936 Erwerb des Pachthofes, seit 1948 Kreisrat (parteilos, seit 1949 CSU) in Gerolzhofen, 1949–1963 MdB (CSU), 1953–1957 stellvertretender Vorsitzender der CSU-Landesgruppe.

entschließen können, einen protestantischen Kandidaten aufzustellen und so Bedeutung und Tragfähigkeit des Unionsgedankens zu unterstreichen. Die Parteiführung war sich dieser offenen Flanke wohl bewußt und versuchte, diese Disparität über die Landesliste auszugleichen. Auf den ersten fünfzehn Listenplätzen kandidierten elf Katholiken und vier Protestanten; da diese Relation in etwa der konfessionellen Struktur der bayerischen Bevölkerung entsprach[128], war zumindest der Optik genüge getan, obwohl die Protestanten nicht gerade an exponierter Stelle zu finden waren. Mit Baron von Manteuffel rangierte der erste evangelische Kandidat erst auf Platz vier; Manteuffel war jedoch mehr ein Vertreter der Flüchtlinge aus dem Baltikum als ein Repräsentant der Protestanten in Franken. Alles in allem konnten die Protestanten in der CSU mit dem Ergebnis der Kandidatenaufstellung nicht zufrieden sein. Etwas mehr Entgegenkommen der katholischen Seite wäre für die Protestanten im Wahlkampf sicherlich hilfreich gewesen, zumal die Verunsicherung unter den evangelischen CSU-Anhängern nach dem Sturz Josef Müllers groß war[129].

*Altersstruktur der CSU-Kandidaten für die ersten Bundestagswahlen*

| **Wahlkreiskandidaten** | | **Alter** | **Listenkandidaten** | |
|---|---|---|---|---|
| 1 | 2,13 Prozent | 21–30 Jahre | | ------ |
| 6 | 12,77 Prozent | 31–40 Jahre | 2 | 13,33 Prozent |
| 15 | 31,91 Prozent | 41–50 Jahre | 5 | 33,33 Prozent |
| 7 | 14,89 Prozent | 51–60 Jahre | 2 | 13,33 Prozent |
| 11 | 23,40 Prozent | 61–70 Jahre | 4 | 26,67 Prozent |
| 1 | 2,13 Prozent | 71–80 Jahre | | ------ |
| 6 | 12,77 Prozent | unbekannt | 2 | 13,33 Prozent |

Das Durchschnittsalter der Direktkandidaten lag bei 50,34 Jahren, das der Kandidaten auf der Landesliste mit 52,62 Jahren etwas darüber[130]. Signifikant ist vor allem zweierlei: Zum einen lassen sich klare Spitzen bei den 41–50 jährigen und den 61–70 jährigen ausmachen. Die erste Gruppe rekrutierte sich zumeist aus Personen, die 1945 zu den jüngeren Mitbegründern der CSU gehört hatten und sich nun langsam zu Entscheidungsträgern mauserten, die zweite Gruppe bestand vor allem aus Politikern, die bereits in der Weimarer Republik aktiv gewesen waren und zum Teil bereits auf eine beachtliche Karriere zurückblicken konnten. Zum anderen fällt auf, daß sich eine Reihe jüngerer Kandidaten hatte durchsetzen können, und das, obwohl die Förderung des politischen Nachwuchses nicht gerade gängige Praxis war, namentlich nicht mehr, seitdem Müller den Sessel des Parteichefs hatte räumen müssen[131]. So war beispielsweise der 25jährige Franz Heubl in einem Münchner Wahlkreis nominiert worden, der 32jährige Richard Stücklen in Weißenburg[132], der gleichaltrige Gerhard Wacher in

[128] Vgl. dazu S. 74f.
[129] Vgl. dazu S. 335–338 und S. 412f.
[130] Von den 47 Kandidaten in den Bundeswahlkreisen konnten Alter und Geburtsdatum bei 41 ermittelt werden, bei den hier untersuchten 15 Listenkandidaten bei 13.
[131] Josef Müller war stets für die Verjüngung der CSU eingetreten; vgl. S. 123 und S. 149.
[132] Wie diffizil die Kandidatenaufstellung sein konnte und von welchen Unwägbarkeiten sie manchmal abhängig war, beschreibt Richard Stücklen in einem Erinnerungsinterview, in: Geschichte einer Volkspartei, S. 581–603, hier S. 590ff.

Hof und der ein Jahr ältere Franz Josef Strauß in Weilheim. Daß diese Nachwuchspolitiker zum Zuge gekommen waren, war nicht zuletzt darauf zurückzuführen, daß sich viele ältere und prominentere Parteifreunde bei der Kandidatenaufstellung auffällig zurückgehalten hatten. Nicht alle Kandidaten, die jünger als 40 Jahre waren, hatten bei den ersten Bundestagswahlen Erfolg, es bildete sich aber schon hier der Kern einer schlagkräftigen Mannschaft heraus – genannt seien neben Strauß, Stücklen und Wacher auch Richard Jaeger und Emil Kemmer –, die das Gesicht der CSU in Bonn für ein Jahrzehnt und länger prägen sollten.

*Berufsgruppenschichtung der CSU-Kandidaten für die ersten Bundestagswahlen*

| **Wahlkreiskandidaten** | | **Berufsgruppe** | **Listenkandidaten** | |
|---|---|---|---|---|
| 11 | 23,40 Prozent | Landwirtschaft | 1 | 6,67 Prozent |
| 6 | 12,77 Prozent | öffentlicher Dienst | 1 | 6,67 Prozent |
| 7 | 14,89 Prozent | Berufspolitiker | 4 | 26,67 Prozent |
| 8[133] | 17,02 Prozent | freie Berufe | 3 | 20,0 Prozent |
| 4 | 8,51 Prozent | selbst. Mittelstand | 2 | 13,33 Prozent |
| 5 | 12,77 Prozent | Angestellte | 1 | 6,67 Prozent |
| 1 | 2,12 Prozent | Pfarrer | 1 | 6,67 Prozent |
| 5 | 10,64 Prozent | Sonstige | 2 | 13,33 Prozent |

Vergleicht man die Berufsgruppenschichtung der Wahlkreiskandidaten mit der der ersten 15 Kandidaten auf der Landesliste, so zeigen sich einige auffällige Unterschiede und Gemeinsamkeiten. Die Landwirte stellten unter den Direktkandidaten die mit Abstand größte Gruppe, während auf der Landesliste mit dem Flüchtlingsvertreter Georg von Manteuffel nur ein Bauer kandidierte. Vor allem in den ländlichen Bundeswahlkreisen vertrauten die Delegierten, die oft genug selbst aus der Landwirtschaft kamen, ausgewiesenen Vertretern agrarischer Interessen[134], in einigen Fällen auch ohne Rücksicht darauf, ob diese aufgrund ihrer Vorbildung und wirtschaftlichen Situation in der Lage waren, ein Bundestagsmandat auszufüllen. Wenn die Delegierten in vorwiegend agrarisch strukturierten Wahlkreisen nicht von sich aus einen Landwirt nominierten, half in einigen Fällen der mächtige Bayerische Bauernverband nach. Karl Greib, der Vorsitzende des Bezirksverbands Unterfranken, beschwerte sich nach den Bundestagswahlen über die einseitige Standespolitik des BBV, der kategorisch darauf gedrängt habe, daß in den fünf unterfränkischen Bundeswahlkreisen mindestens zwei Bauernvertreter aufgestellt würden; damit sei die unhaltbare Situation entstanden, daß sich unter 22 unterfränkischen Land- und Bundestagsabgeordneten sage und schreibe 20 Landwirte befänden[135]! Da bei der Aufstellung der Landesliste übergeordnete parteipolitische Notwendigkeiten ausschlaggebend waren und die Parteiführung bemüht sein mußte, einen Ausgleich zwischen den verschiedenen Interessen herbeizuführen, fand der Anteil bäuerlicher Kandidaten keine Entsprechung auf der Landesliste, auf der neben Manteuffel vor allem Michael Horlacher den Bauernstand repräsentierte.

[133] Von den acht Direktkandidaten, die freien Berufen zuzurechnen sind, waren fünf Rechtsanwälte.

[134] Zu den Vertretern agrarischer Interessen zählen auch drei hier als Berufspolitiker eingestufte Kandidaten, die entweder selbst aus der Landwirtschaft kamen oder im Bayerischen Bauernverband aktiv waren.

[135] BayHStA, NL Ehard 102, Protokoll der Tagung der Bezirksvorsitzenden am 28. 10. 1949.

Überraschend ist der vergleichsweise geringe Anteil an Berufspolitikern[136] unter den Wahlkreiskandidaten: Mit Anton Pfeiffer bewarb sich lediglich ein Mitglied der bayerischen Staatsregierung um ein Direktmandat, auch Landtagspräsident Horlacher und Generalsekretär Franz Josef Strauß waren unter den Kandidaten; die übrigen waren Landräte und Oberbürgermeister. Auch auf der Landesliste fanden sich nur vier Berufspolitiker auf den ersten fünfzehn Listenplätzen: die Staatsminister Seidel und Pfeiffer, Landtagspräsident Horlacher und Franz Josef Strauß.

Signifikant unterrepräsentiert war ohne Zweifel die Arbeiterschaft; kein einziger Kandidat läßt sich dieser Berufsgruppe zurechnen, so daß die abhängig Beschäftigten nur durch Angestellte und Beamte repräsentiert wurden. Immerhin kandidierte aber der Gewerkschaftssekretär Hugo Karpf im Bundeswahlkreis Aschaffenburg, und Adolf Konrad, vor 1933 ein Spitzenfunktionär der Christlichen Gewerkschaften in Bayern, stand auf dem elften Platz der Landesliste. Ob dies jedoch ausreichte, um die CSU für die Arbeiterschaft attraktiv zu machen, war zweifelhaft.

Unter den Kandidaten der CSU war auch nur ein Geistlicher, der evangelische Pfarrer Heinrich Seiler, der sowohl im Wahlkreis Erlangen als auch auf der Landesliste kandidierte; ein katholischer Priester stellte sich nicht zur Wahl. Das ist angesichts der Tatsache, daß 1946 noch drei katholische Geistliche und ein evangelischer Theologe für die CSU in den Landtag gewählt worden waren[137], auf den ersten Blick ebenso erstaunlich wie angesichts der Tradition von Zentrum und BVP, in deren Parlamentsfraktionen Prälaten stets eine führende Rolle gespielt hatten. Aber auch hier hatten sich nach 1945 die Zeiten geändert. In der CSU gab es seit ihrer Gründung Stimmen, die Geistliche als Parlamentarier ablehnten, und vor allem bei den Verantwortlichen auf katholischer Seite war die Einsicht gewachsen, daß es nicht unbedingt wünschenswert war, Geistliche in die Parlamente zu entsenden[138].

Das politische Profil der Kandidaten, die sich in einem Bundeswahlkreis um ein Mandat bewarben, war geprägt durch den hohen Anteil ehemaliger BVP-Mitglieder. Von den 47 Direktkandidaten hatten mindestens 15 (31,91 Prozent) vor 1933 der Bayerischen Volkspartei angehört, zum Teil als einfache Mitglieder oder Funktions- und Mandatsträger auf unterer Ebene, zum Teil aber auch in führenden Positionen[139]. So kandidierte Fritz Schäffer, der letzte BVP-Vorsitzende, im Bundeswahlkreis Passau, sein damaliger Generalsekretär Anton Pfeiffer und dessen Stellvertreter Josef Oesterle in den Wahlkreisen München-Land und Augsburg-Land. Mit Michael Horlacher, Hugo Karpf und Joseph Sturm versuchten überdies drei frühere Reichstagsabgeordnete der BVP, an ihre parlamentarische Karriere anzuknüpfen, die 1933 so plötzlich unterbrochen worden war. Die Kandidaten aus den Reihen der untergegangenen BVP er-

[136] Zur Definition dieses Begriffs vgl. S. 82.

[137] Vgl. S. 162.

[138] Vgl. dazu allgemein Rudolf Morsey, Prälaten auf der politischen Bühne. Zur Rolle geistlicher Parlamentarier im 19. und 20. Jahrhundert, in: Winfried Becker, Werner Chrobak (Hrsg.), Staat, Kultur, Politik. Beiträge zur Geschichte Bayerns und des Katholizismus. Festschrift zum 65. Geburtstag von Dieter Albrecht, Kallmünz 1992, S. 313–323; zur Diskussion innerhalb der Evangelischen Landeskirche Bayerns vgl. Renner, Nachkriegsprotestantismus, S. 34–39.

[139] Von den ersten 15 Bewerbern auf der Landesliste hatten – soweit feststellbar – nur vier vor 1933 der BVP angehört (26,67 Prozent). Außer Michael Horlacher und Anton Pfeiffer, die sich auch direkt zur Wahl stellten, waren dies Hanns Seidel und Adolf Konrad, der die BVP zwischen 1919 und 1933 auch im Landtag vertreten hatte.

wiesen sich als erstaunlich durchsetzungsfähig, so daß der Anteil der ehemaligen BVP-Mitglieder an den 24 Bundestagsabgeordneten der bayerischen Unionspartei mehr als 40 Prozent ausmachte. Damit konnte auch die Landesgruppe der CSU im ersten deutschen Bundestag das Erbe der Bayerischen Volkspartei nicht verleugnen.

Auffällig ist weiterhin, daß die Namen vieler bekannter CSU-Politiker auf den Kandidatenlisten fehlten, ja es drängt sich fast der Eindruck auf, als hätte sich nur die zweite Garde der bayerischen Unionspartei um ein Bundestagsmandat bemüht, während die Parteiprominenz ihre Ämter und Mandate in Bayern für wichtiger erachtete. Von den 47 Wahlkreiskandidaten läßt sich für 29 kein Parteiamt nachweisen[140]; Friedrich Jakob Funk, der die Fahne der CSU im Wahlkreis Schweinfurt hochhalten sollte, war der Union sogar erst im Juni 1949 beigetreten[141]. Von den mehr als 50 Mitgliedern des Parteivorstands kandidierten insgesamt nur zehn[142], von den zehn Bezirksvorsitzenden stellten sich nur Karl Sigmund Mayr und Karl Greib zur Wahl. Auch die Landtagsabgeordneten der CSU rissen sich nicht darum, ihr Betätigungsfeld ins ferne Bonn zu verlegen. Lediglich Michael Horlacher, Wilhelm Laforet, Anton Pfeiffer und Maria Probst wagten den Sprung in den Bundestag; Hanns Seidel führte zwar die Landesliste an, aber ob seine Liebe zur Bundespolitik groß genug war, daß er – im Ernstfall – sein Amt als bayerischer Wirtschaftsminister aufgegeben hätte, ist zweifelhaft[143]. Hans Ehard war nicht einmal bereit, wenigstens pro forma als Spitzenkandidat seiner Partei anzutreten. Er wolle den Eindruck vermeiden, erklärte der Landesvorsitzende auf einer Pressekonferenz, als habe er sich vorsorglich ein Bundestagsmandat „auf Eis gelegt“[144]. Josef Müller zeigte sich unentschlossen[145]. Er überlege ernsthaft, vertraute er einem Mitarbeiter des amerikanischen Generalkonsulats an, auf einem Spitzenplatz der Landesliste für den Bundestag zu kandidieren. Es seien jedoch so viele Kandidaten aus dem Umfeld Hundhammers aufgestellt worden, daß er Bedenken habe, einer solchen Fraktion anzugehören[146]. Müller nahm schließlich von einer Kandidatur ebenso Abstand wie Friedrich Wilhelm von Prittwitz und Gaffron und August Haußleiter. Offiziell begründeten sie ihren Verzicht damit, daß sie durch ihre Ämter ohnehin ausgelastet seien und überdies „den Uebergangscharakter Bonns“ dokumentieren wollten[147]. Vielleicht erschien es ihnen angesichts der veränderten innerparteilichen Mehrheitsverhältnisse aber auch zu unsicher, ihren Hut in den Ring zu werfen.

Müßte man die Kandidaten der CSU für die ersten Bundestagswahlen kurz charakterisieren, so ließe sich vor allem folgendes feststellen: Die Kandidatenliste zeichnete sich durch einen bemerkenswerten Mangel an prominenten Namen aus, statt dessen

---

[140] Von den ersten 15 Kandidaten der Landesliste läßt sich für sechs kein Parteiamt nachweisen. Es sei jedoch einschränkend betont, daß sich Parteiämter auf Orts- und Kreisebene in den Quellen nur schwer nachweisen lassen.

[141] Darüber beklagte sich nach der Wahl der unterfränkische Bezirksvorsitzende Greib bitter; BayHStA, NL Ehard 102, Protokoll der Tagung der Bezirksvorsitzenden am 28. 10. 1949.

[142] Davon traten drei nur auf der Landesliste an.

[143] Vgl. Groß, Hanns Seidel, S. 111.

[144] SZ vom 19. 7. 1949: „Westdeutschland im Spiegel der Parteien. Dr. Seidel CSU-Spitzenkandidat“.

[145] SZ vom 5. 7. 1949: „Dr. Müllers Kandidatur noch ungewiß“. Die Aufforderung Otto Grafs, auf die Kandidatenaufstellung in Unterfranken Einfluß zu nehmen, ließ Müller offensichtlich ungerührt. ACSP, NL Müller 325, Otto Graf an Josef Müller und Otto Graf an Alfons Goppel vom 11. 7. 1949.

[146] IfZ-Archiv, RG 260, 7/29–1/13–16, Bericht des amerikanischen Generalkonsuls in München, Sam E. Woods, über die Situation der CSU an das State Department vom 12. 7. 1949.

[147] SZ vom 19. 7. 1949: „Westdeutschland im Spiegel der Parteien. Dr. Seidel CSU-Spitzenkandidat“.

trat eine ganze Reihe von Bewerbern an, die wohl in ihren Wahlkreisen bekannt waren, ansonsten in der CSU aber kaum hervorgetreten waren. Auch ehemalige Reichspolitiker der BVP zog es wieder über die bayerischen Grenzen, ebenso viele Abgeordnete, die die CSU im Frankfurter Wirtschaftsrat und im Parlamentarischen Rat vertreten hatten[148]. Andere Kandidaten – beispielsweise Fritz Schäffer – hatten sich in den Führungs- und Flügelkämpfen zu sehr exponiert und versuchten nun einen Neuanfang auf Bundesebene. Auch eine Reihe von Nachwuchspolitikern rechnete sich in Bonn offensichtlich größere Aufstiegschancen aus als in München, wo die wichtigen Positionen längst mit erfahrenen Fachleuten oder verdienten Parteifreunden besetzt waren.

### c) *Wahlergebnis*

Am 14. August kam für die CSU der Tag der Wahrheit – und er endete in einem Desaster. Da konnte Alois Hundhammer in der Fraktion noch so geschickt versuchen, das Wahlergebnis schönzureden[149], aber es ließ sich nicht wegdiskutieren, daß es in Bayern einen politischen Erdrutsch gegeben hatte. Die Regierungspartei, die im Landtag nach wie vor über die absolute Mehrheit verfügte, kam lediglich auf 29,2 Prozent der Stimmen. Damit konnte sich die CSU zwar vor der SPD und der Bayernpartei als stärkste Partei behaupten, verlor aber gegenüber dem schon schlechten Ergebnis der Land- und Stadtkreiswahlen im Frühjahr 1948 noch einmal 8,6 Prozent und war meilenweit von den Wahlergebnissen entfernt, die sie 1946 zur bayerischen Mehrheitspartei gemacht hatten.

Im neuen Bundestag waren 78 Abgeordnete aus Bayern vertreten. Davon gehörten 24 der CSU, 18 der SPD, 17 der BP, 12 der WAV und sieben der FDP an. Die Abgeordneten der CSU waren alle direkt gewählt worden; anders als bei den Konkurrenzparteien gelangte keiner ihrer Kandidaten über die Landesliste in den Bundestag, da die CSU nicht genügend Stimmen erhalten hatte, um neben den erfolgreichen Wahlkreiskandidaten auch noch dem einen oder anderen Listenbewerber zu einem Mandat zu verhelfen[150]. Die Versuche der Parteiführung, die Disparitäten der Kandidatenaufstellung in den Wahlkreisen über die Landesliste zumindest teilweise auszugleichen, hatten sich damit als vergeblich erwiesen[151].

Als der geschäftsführende Landesvorstand am 3. Oktober 1949 zusammenkam, um über das Wahlergebnis und die Regierungsbildung zu beraten, konstatierte Elisabeth Meyer-Spreckels eine „Verlagerung des Schwerpunktes der Partei durch das Ergebnis der Bundeswahlen nach Franken [...], während gleichzeitig Franken, der protestantische Bevölkerungsteil und die evangelischen Frauen [...] vernachlässigt worden seien“[152]. Auch wenn die Vorsitzende der CSU-Fraktion im Fürther Stadtrat mit dieser

[148] Von den 15 Vertretern der CSU in Frankfurt kandidierten acht (Franz Elsen, Fritz Flörl, Kurt-Wilhelm Fromm, Hugo Karpf, Ernst Rattenhuber, Hans Schütz, Franz Josef Strauß und Johannes Semler), von den acht Abgeordneten in Bonn vier (Ferdinand Kleindinst, Wilhelm Laforet, Karl Sigmund Mayr und Anton Pfeiffer).

[149] ACSP, CSU-LTF I, 15–14, Protokoll der Fraktionssitzung am 19. 8. 1949.

[150] Vgl. Richard Schachtner, Die Wahl zum ersten Bundestag. Vorläufiges Ergebnis der Wahl vom 14. August 1949, in: Bayern in Zahlen. Monatshefte des Bayerischen Statistischen Landesamts 3 (1949), S. 189–195, hier S. 190.

[151] BayHStA, NL Ehard 102, Protokoll der Tagung der Bezirksvorsitzenden am 28. 10. 1949.

[152] BayHStA, NL Ehard 102, Protokoll der Sitzung des geschäftsführenden Landesvorstands am 3. 10. 1949.

Aussage übertrieb, hatte sie richtig erkannt, daß sich die Gewichte in der bayerischen Union vom Süden und Südosten nach Westen und Nordosten verschoben hatten. In Ober- und Niederbayern, den alten Hochburgen der CSU, waren mit Franz Josef Strauß, Richard Jaeger und Fritz Schäffer nur drei Kandidaten durchgekommen; mit Ausnahme der vier Münchner Bundeswahlkreise, die ausnahmslos von der SPD erobert worden waren, gingen alle anderen ober- und niederbayerischen Wahlkreise an die Bayernpartei[153]. Dagegen blieb die CSU in allen Wahlkreisen Schwabens, Unterfrankens und der Oberpfalz siegreich. In Ober- und Mittelfranken war die CSU immerhin noch stark genug, um die Wahlkreise Bamberg, Forchheim, Ansbach und Weißenburg zu gewinnen. Damit standen neun Abgeordneten, die in fränkischen Bundeswahlkreisen gewählt worden waren, nur drei Vertreter aus Ober- und Niederbayern gegenüber!

*Ergebnisse der Bundestagswahlen vom 14. August 1949 in den bayerischen Regierungsbezirken*[154]

| | CSU | SPD | BP | WAV | FDP | KPD |
|---|---|---|---|---|---|---|
| Oberbayern | 23,0 | 22,0 | 26,9 | 14,7 | 7,9 | 5,5 |
| Niederbayern | 26,8 | 14,2 | 33,9 | 19,5 | 3,4 | 2,2 |
| Oberpfalz | 35,1 | 23,3 | 22,7 | 11,0 | 4,5 | 3,4 |
| Oberfranken | 23,2 | 29,3 | 18,8 | 12,0 | 12,7 | 4,0 |
| Mittelfranken | 24,0 | 30,1 | 6,9 | 15,7 | 16,6 | 6,2 |
| Unterfranken | 44,9 | 20,1 | 13,7 | 12,3 | 6,1 | 2,9 |
| Schwaben | 36,5 | 20,0 | 18,8 | 14,7 | 7,2 | 2,8 |
| **Gesamt** | **29,2** | **22,8** | **20,9** | **14,4** | **8,5** | **4,1** |

In diesen beiden Regierungsbezirken war die CSU auch gemessen an den Stimmenanteilen deutlich hinter die Bayernpartei zurückgefallen. Im Vergleich zu den Land- und Stadtkreiswahlen des Jahres 1948 hatte die CSU in Oberbayern noch einmal 7,1 Prozent und in Niederbayern sogar 18 Prozent verloren. Stärkste Partei war die Union nur noch in Schwaben, in Unterfranken und in der Oberpfalz, wo sich ihr Stimmenanteil im Vergleich zu den Land- und Stadtkreiswahlen des Jahres 1948 jedoch um 14,8 Prozent reduziert hatte. Trotz dieser gravierenden Verluste und trotz ihrer offensichtlichen Schwäche in Teilen Mittel- und Oberfrankens[155] war die CSU nach wie vor in allen bayerischen Regierungsbezirken verankert. Sie fiel als einzige Partei in keinem Wahlkreis unter die Marke von 15 Prozent[156], während sich die SPD in weiten Teilen Niederbayerns mit Stimmenanteilen von 10–15 Prozent zufriedengeben mußte und die Bayernpartei in fünf von sechs mittelfränkischen Wahlkreisen nicht über 10 Prozent hinauskam.

---

[153] Zur regionalen Verteilung und Parteizugehörigkeit der direkt gewählten Kandidaten vgl. das Schaubild „Die erste Bundestagswahl in Bayern am 14. August 1949“. Für die Führung der BP, die sich weit mehr ausgerechnet hatte, war dieses Ergebnis eine große Enttäuschung. Vgl. Unger, Bayernpartei, S. 33.

[154] Zahlen nach Erste Bundestagswahl in Bayern, S. 24–33; alle Angaben in Prozent.

[155] Vor allem in den nordost-oberfränkischen Wahlkreisen Coburg, Kulmbach, Bayreuth und Hof sowie in den mittelfränkischen Wahlkreisen Erlangen, Schwabach, Nürnberg und Nürnberg-Fürth.

[156] Vgl. das Schaubild „Stimmenanteile der Parteien an der Gesamtzahl der gültigen Stimmen“.

Doch die Union schnitt nicht nur in Bayern schlecht ab. Im Vergleich zu den ersten Landtagswahlen mußten CDU und CSU in neun von elf Bundesländern Verluste hinnehmen – von 0,7 Prozent in Nordrhein-Westfalen bis zu 9,7 Prozent in Hessen und 23,1 Prozent in Bayern. Im Durchschnitt büßte die Union 7,1 Prozent ihrer Stimmen ein. Es gab 1949 so etwas wie einen Trend gegen die Unionsparteien, so daß Verluste für die CSU an und für sich nicht ungewöhnlich waren. Was jedoch überraschte, auf den ersten Blick vielleicht sogar sensationell wirkte, war das Ausmaß der Wahlniederlage, die die CSU 1949 erlitt. Einige Ursachen für diese erdrutschartige Niederlage liegen auf der Hand, beispielsweise die ständigen innerparteilichen Streitereien und die daraus resultierende Unzufriedenheit vieler CSU-Anhänger, die finanzielle und organisatorische Schwäche der Partei oder die zunehmende Zersplitterung des nichtsoziali-

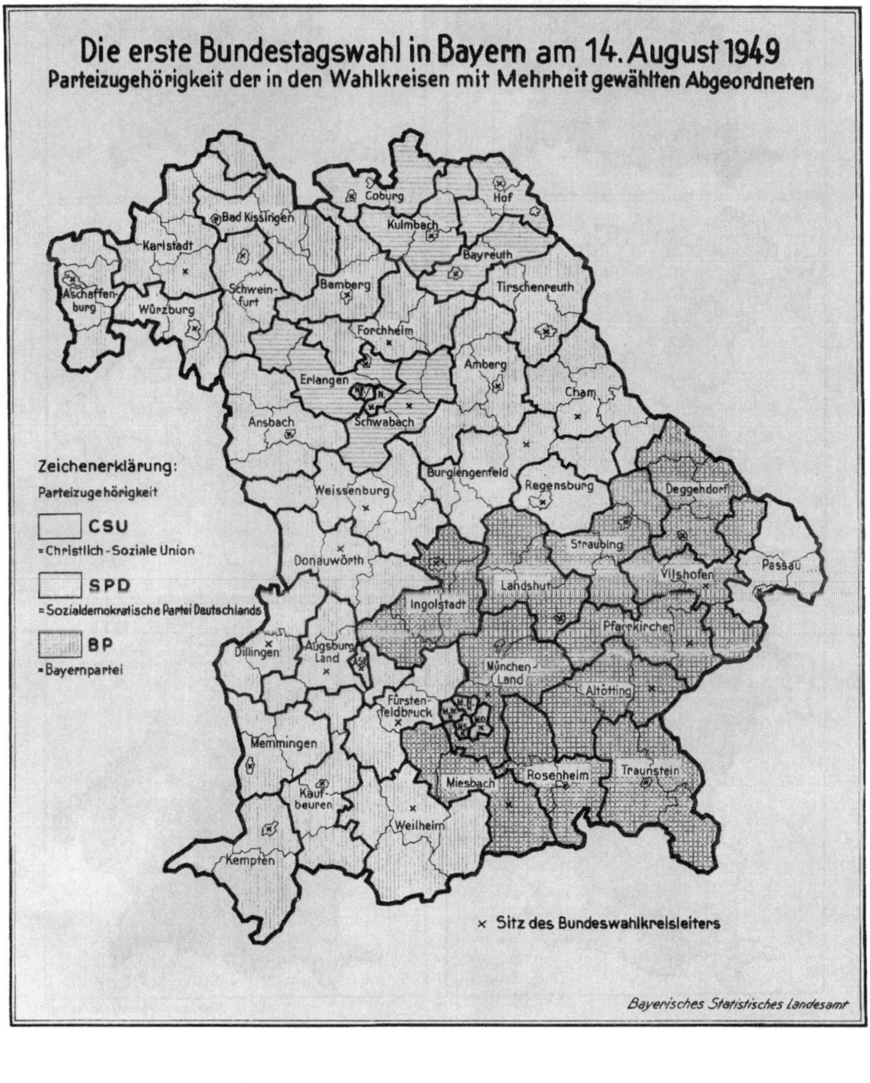

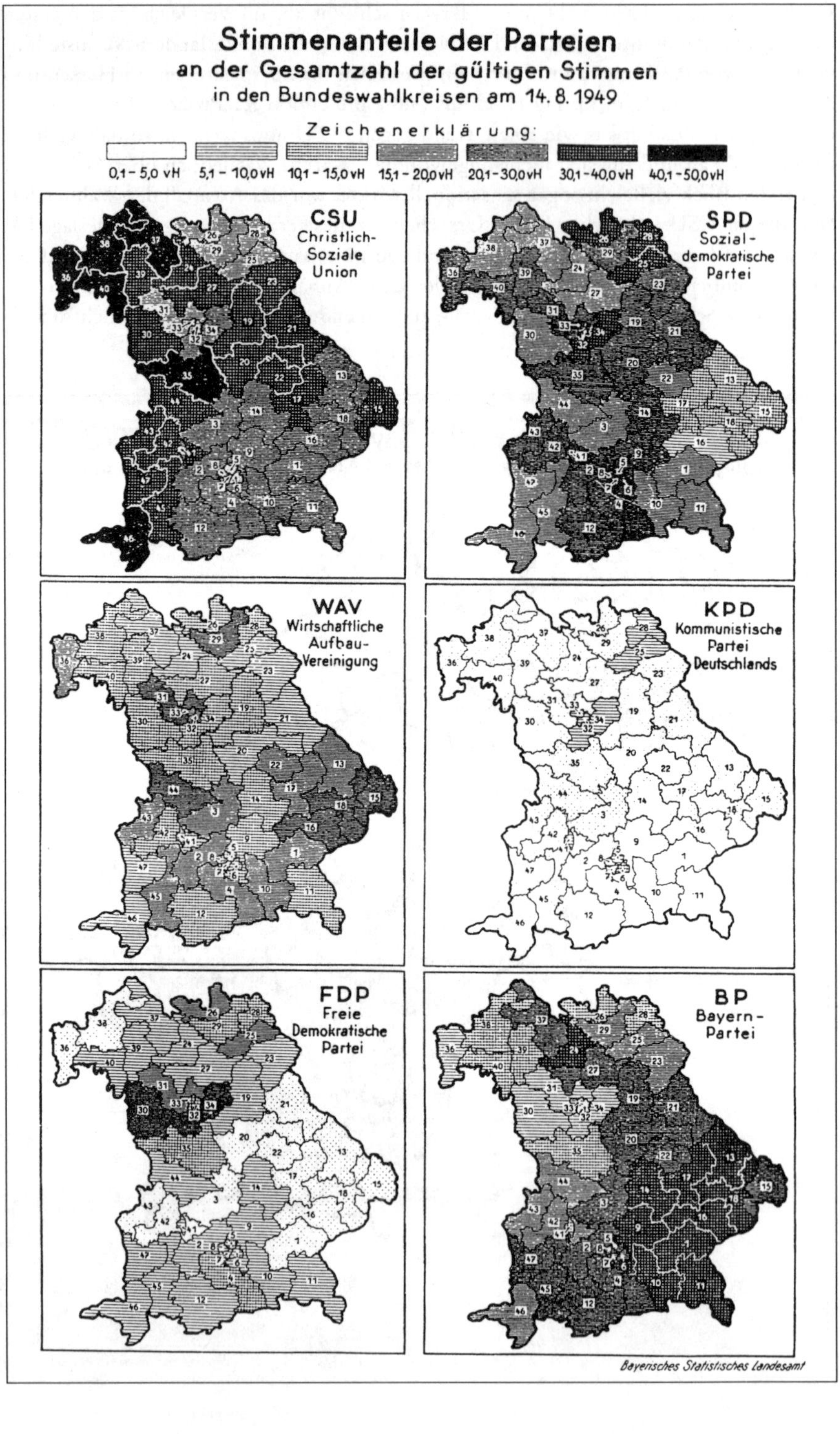
Stimmenanteile der Parteien
an der Gesamtzahl der gültigen Stimmen
in den Bundeswahlkreisen am 14. 8. 1949
Zeichenerklärung:
0,1 - 5,0 vH
5,1 - 10,0 vH
10,1 - 15,0 vH
15,1 - 20,0 vH
20,1 - 30,0 vH
30,1 - 40,0 vH
40,1 - 50,0 vH
CSU
Christlich-Soziale Union
SPD
Sozial-demokratische Partei
WAV
Wirtschaftliche Aufbau-Vereinigung
KPD
Kommunistische Partei Deutschlands
FDP
Freie Demokratische Partei
BP
Bayern-Partei
Bayerisches Statistisches Landesamt

*Verzeichnis der bayerischen Bundeswahlkreise*

| | | | |
|---|---|---|---|
| 1 Altötting | 13 Deggendorf | 25 Bayreuth | 37 Bad Kissingen |
| 2 Fürstenfeldbruck | 14 Landshut | 26 Coburg | 38 Karlstadt |
| 3 Ingolstadt | 15 Passau | 27 Forchheim | 39 Schweinfurt |
| 4 Miesbach | 16 Pfarrkirchen | 28 Hof | 40 Würzburg |
| 5 München-Nord | 17 Straubing | 29 Kulmbach | 41 Augsburg-Stadt |
| 6 München-Ost | 18 Vilshofen | 30 Ansbach | 42 Augsburg-Land |
| 7 München-Süd | 19 Amberg | 31 Erlangen | 43 Dillingen |
| 8 München-West | 20 Burglengenfeld | 32 Nürnberg | 44 Donauwörth |
| 9 München-Land | 21 Cham | 33 Nürnberg-Fürth | 45 Kaufbeuren |
| 10 Rosenheim | 22 Regensburg | 34 Schwabach | 46 Kempten |
| 11 Traunstein | 23 Tirschenreuth | 35 Weißenburg i. Bay. | 47 Memmingen |
| 12 Weilheim | 24 Bamberg | 36 Aschaffenburg | |

stisch-bürgerlichen Lagers am Ende der Besatzungszeit[157]. Andere Gründe lassen sich erst erkennen, wenn man die Situation der CSU in Bayern mit der Situation der CDU in anderen Bundesländern vergleicht. Wie schnitt die Union z. B. in Schleswig-Holstein, Hessen, Niedersachsen oder Nordrhein-Westfalen ab? Um es vorwegzunehmen: Die CSU bekam bei den Bundestagswahlen im August 1949 nicht nur die Quittung für die andauernden Führungs- und Flügelkämpfe präsentiert, sondern sie wurde auch das Opfer bestimmter besatzungspolitisch bedingter Entwicklungen, auf die die Partei keinen Einfluß nehmen konnte.

*Wahlergebnisse der Union in den Ländern der Westzonen und der späteren Bundesrepublik*[158]

| | **Landtagswahlen 1946/47** | **Bundestagswahlen 1949** | **Gewinne und Verluste**[159] |
|---|---|---|---|
| Bayern | 52,3 | 29,2 | – 23,1 |
| Baden | 55,9 | 51,1 | – 4,8 |
| Bremen[160] | 22,0 | 16,9 | – 5,1 |
| Hamburg | 26,7 | 19,8 | – 6,9 |
| Hessen | 31,0 | 21,3 | – 9,7 |
| Niedersachsen | 19,9 | 17,6 | – 2,3 |
| Nordrhein-Westfalen | 37,6 | 36,9 | – 0,7 |
| Rheinland-Pfalz | 47,2 | 49,1 | + 1,9 |
| Schleswig-Holstein | 34,1 | 30,7 | – 3,4 |
| Württemberg-Baden | 38,4 | 31,0 | – 7,4 |
| Württemberg-Hohenzollern | 54,2 | 59,1 | + 4,9 |
| **(Bundes)durchschnitt**[161] | **38,1** | **31,0** | **– 7,1** |

So hatte die amerikanische Militärregierung in Bayern im Frühjahr 1946 nur wenige Parteien lizenziert, um eine Zersplitterung der Parteienlandschaft zu verhindern; die Bayerische Heimat- und Königspartei, die zu einer ernsten Gefahr für die CSU hätte

[157] Erste Bundestagswahl in Bayern, S. 11.
[158] Prozentangaben nach Ritter/Niehuss, Wahlen in Deutschland, S. 113–121 und S. 147, sowie Erste Bundestagswahl in Bayern, S. 7. West-Berlin wurde nicht berücksichtigt.
[159] Eigene Berechnung.
[160] Bürgerschaftswahlen vom 12. 10. 1947.
[161] Eigene Berechnung.

werden können, war im Mai 1946 sogar verboten worden[162]. In den Ländern der britischen Besatzungszone dagegen erhielten mit der Niedersächsischen Landespartei, der späteren DP, und dem Zentrum auch Parteien eine Lizenz, die in direkter Konkurrenz zur CDU standen[163]. Während sich die CSU damit zunächst unter einer Art besatzungspolitischem Schutzschirm entwickeln konnte, blies der Schwesterpartei in der britischen Zone schon bei den ersten Landtagswahlen im April 1947 der Wind scharf ins Gesicht[164]. In Niedersachsen gewann die CDU 19,9 Prozent der Stimmen und lag nur knapp vor der DP, die 17,9 Prozent erringen konnte; das Zentrum erreichte mit 4,1 Prozent immerhin einen Achtungserfolg. Bei den ersten Bundestagswahlen änderte sich das Bild kaum: Die CDU verlor 2,3 Prozent und fiel mit 17,6 Prozent der Stimmen knapp hinter die DP zurück, deren Stimmenanteil mit 17,8 Prozent nahezu konstant blieb; das Zentrum verlor ebenfalls leicht und verpaßte mit 3,4 Prozent den Sprung über die 5-Prozent-Hürde. In Nordrhein-Westfalen spielte zwar die DP keine Rolle, aber hier mußte sich die CDU mit dem Zentrum herumschlagen, das mit der Union um die Stimmen aus dem katholischen Lager rang und an eine lange, erfolgreiche Tradition anzuknüpfen vermochte[165]. Bei den Landtagswahlen von 1947 wurde die CDU mit 37,6 Prozent zwar stärkste Partei, das Zentrum konnte jedoch immerhin 9,8 Prozent der Stimmen auf sich vereinigen, die sonst vermutlich der Union zugute gekommen wären. Auch hier hatte sich 1949 nur wenig verändert. Die CDU blieb bei den Bundestagswahlen mit 36,9 Prozent nur knapp hinter ihrem Ergebnis von 1947 zurück, und auch das Zentrum erwies sich mit 8,9 Prozent als weitgehend stabil.

In Niedersachsen und Nordrhein-Westfalen bestand somit schon 1947 eine Situation, die in Bayern erst 1948 mit der landesweiten Lizenzierung der Bayernpartei eintrat und die 1949 entscheidend zur Niederlage der CSU beitrug. Hätte die BP oder eine ähnlich strukturierte Partei schon 1946 bei den Landtagswahlen kandidieren können wie das Zentrum und die DP in der britischen Zone, dann wären sowohl der Wahlsieg vom Dezember 1946 als auch die Schlappe vom August 1949 nicht so hoch ausgefallen.

Hinzu kam, daß die CSU bei den Bundestagswahlen nicht nur durch die Bayernpartei bedroht wurde, die sich erstmals einer Wahl auf Landesebene stellen konnte. Die Stellung der CSU war auch durch eine verdeckte Flüchtlingspartei gefährdet, die es in den anderen Bundesländern nicht gab oder die dort nur auf geringe Resonanz stieß[166].

---

[162] Vgl. dazu zusammenfassend Schlemmer, Amerikaner in Bayern, in: Oberreuter/Weber (Hrsg.), Freundliche Feinde, S. 87ff.

[163] Vgl. Schmollinger, Deutsche Partei, in: Stöss (Hrsg.), Parteien-Handbuch, Bd. 2, S. 1028–1031; Ute Schmidt, Zentrum oder CDU. Politischer Katholizismus zwischen Tradition und Anpassung, Opladen 1987, S. 154–287.

[164] Zu den ersten Wahlen in der britischen Zone vgl. Horstwalter Heitzer, Die CDU in der britischen Zone 1945–1949. Gründung, Organisation, Programm und Politik, Düsseldorf 1988, S. 610–638.

[165] Vgl. Karl Rohe, Vom Revier zum Ruhrgebiet. Wahlen, Parteien, politische Kultur, Essen 1986, S. 19–24, S. 95–99 und S. 106–114.

[166] In Baden und Württemberg-Hohenzollern trat ein Wahlbündnis an, das aus der von der französischen Militärregierung lizenzierten Sammlung zur Tat und den Notgemeinschaften der Vertriebenen und Fliegergeschädigten bestand, deren soziale Basis jedoch in der französischen Besatzungszone weitaus schwächer war als beispielsweise in der amerikanischen. So kam die Sammlung zur Tat in Württemberg-Hohenzollern bei den Bundestagswahlen über 1,5 Prozent der Stimmen nicht hinaus und scheiterte auch in Baden, wo das Bündnis unter dem Namen Europäische Volksbewegung Deutschlands antrat, mit 3,6 Prozent an der landesweiten 5-Prozent Sperrklausel. Vgl. Erste Bundes-

Ansätze zu einer parteipolitischen Vertretung der besonderen Interessen von Flüchtlingen und Heimatvertriebenen hatte es schon bald nach Kriegsende gegeben, aber keine der vier Besatzungsmächte genehmigte die Gründung einer Flüchtlingspartei[167]. Bei den bayerischen Kommunalwahlen im Frühjahr 1946 konnten zwar noch einige selbständige Flüchtlingsgruppen antreten, in den folgenden Monaten unterband die amerikanische Militärregierung jedoch konsequent alle „auf Parteigründungen ausgerichteten Organisationsversuche". Schließlich sollten sich die Flüchtlinge und Vertriebenen vollständig in die deutsche Gesellschaft integrieren, auch in politischer und parteipolitischer Hinsicht. Die Besatzungsbehörden fürchteten nicht zuletzt eine Radikalisierung der Flüchtlinge und die Entstehung einer unkalkulierbaren revanchistischen Irredenta; in den etablierten Parteien, so hoffte man, würde die brisante Mixtur aus sozialem Elend und politischer Radikalität neutralisiert.

1948 wurden bestehende Bestimmungen langsam gelockert, neue Gruppierungen entstanden oder wurden von den Besatzungsbehörden genehmigt, nachdem sie sich längere Zeit nur eingeschränkt oder gar nicht hatten betätigen können. Politische Parteien waren nach wie vor verboten, aber es bildeten sich verschiedene Organisationen heraus, die man als „Flüchtlingsparteien in Wartestellung" bezeichnet hat. Für Bayern war der von Günter Goetzendorff gegründete Neubürgerbund von besonderer Bedeutung, der Anfang 1948 auf Landesebene zugelassen wurde und wenige Wochen später erfolgreich mit eigenen Listen an den Kommunalwahlen teilnahm[168]. Mit seinen ungefähr 200000 Mitgliedern war der Neubürgerbund, der seine Hochburgen in Niederbayern und Franken hatte, die größte Flüchtlings- und Vertriebenenorganisation Bayerns, und es war im Vorfeld der Bundestagswahlen naheliegend, aus der Sicht Goetzendorffs vielleicht sogar zwingend, allen Hindernissen zum Trotz endlich eine eigene Flüchtlingspartei aus der Taufe zu heben. In diesem Sinne beschloß die Landesversammlung des Neubürgerbundes im Juni 1949, unter dem Namen Block der Heimatvertriebenen mit einer überparteilichen Liste bei den bevorstehenden Wahlen anzutreten. Doch wieder setzte die Militärregierung durch ihr Veto allen Hoffnungen ein Ende. Dem überaus ehrgeizigen Goetzendorff und seiner Klientel blieb nur ein erfolgversprechender Ausweg: Ein Wahlabkommen mit einer lizenzierten Partei, die bereit war, Kandidaten des Neubürgerbundes in aussichtsreichen Wahlkreisen oder auf erfolgversprechenden Listenplätzen aufzustellen. Doch Verhandlungen mit der SPD und der FDP scheiterten an den überzogenen Forderungen Goetzendorffs, der daraufhin an die durch heftige innere Konflikte und Skandale fast in die Bedeutungslosigkeit versunkene – aber von der Militärregierung lizenzierte! – WAV von Alfred Loritz herantrat. Der verschlagene Demagoge witterte sofort die Chance, mit Hilfe der Vertriebenen die Talfahrt seiner Partei aufhalten zu können, und er war schnell bereit, Goetzendorff die paritätische Besetzung der Landesliste und den Kandidaten des Neubürgerbundes volle Handlungsfreiheit zuzusichern. Trotz vereinzelter Proteste segnete die Landesversammlung der WAV diese Vereinba-

tagswahl in Bayern, S. 7; Richard Stöss, Die Deutsch-Soziale Union, in: ders. (Hrsg.), Parteien-Handbuch, Bd. 2, S. 1243–1278, hier S. 1262; Richard Stöss, Der Gesamtdeutsche Block/BHE, in: ders. (Hrsg.), Parteien-Handbuch, Bd. 3: EAP-KSP, S. 1424–1478, hier S. 1427.

167 Vgl. dazu Woller, Loritz-Partei, S. 116–123; das folgende – soweit nicht anders belegt – nach ebenda; Zitate auf S. 117f.

168 Vgl. Schachtner, Wahlen in den Gemeinden und Kreisen Bayerns, passim.

rung ab. Die Führungsriege der CSU erkannte zwar die Bedrohung, die von diesem Abkommen zwischen WAV und Neubürgerbund ausging, doch all ihre Gegenmaßnahmen liefen ins Leere[169].

*Ergebnisse bürgerlich-demokratischer Parteien in ausgewählten Ländern der Westzonen und der späteren Bundesrepublik bei den Bundestagswahlen 1949 und den folgenden Landtagswahlen*[170]

| | Bayern | | Bremen | | Hamburg | | Hessen | |
|---|---|---|---|---|---|---|---|---|
| | 1949 | 1950 | 1949 | 1951 | 1949 | 1949 | 1949 | 1950 |
| CDU/CSU | 29,2 | 27,4 | 16,9 | 9 | 19,8 | 34,5[171] | 21,3 | 18,8 |
| Zentrum | --- | --- | --- | --- | --- | --- | --- | --- |
| BP | 20,9 | 17,9 | --- | --- | --- | --- | --- | --- |
| FDP | 8,5 | 7,1 | 12,9 | 11,8 | 15,8 | --- | 28 | 31,8[172] |
| DP | --- | --- | 18 | 14,7 | 13,1 | 13,3 | --- | --- |
| WAV | 14,4 | 2,8 | --- | --- | --- | --- | --- | --- |
| BHE/GB BHE/DG | --- | 12,3 | --- | 5,6 | --- | --- | --- | --- |
| | Niedersachsen | | Rheinland-Pfalz | | Schleswig-Holstein | | Württem.-Baden | |
| | 1949 | 1951 | 1949 | 1951 | 1949 | 1950 | 1949 | 1950 |
| CDU/CSU | 17,6 | 23,7[173] | 49,1 | 39,2 | 30,7 | 19,8[174] | 31 | 26,3 |
| Zentrum | 3,4 | 3,3 | --- | 2,1 | 0,9 | --- | --- | --- |
| BP | --- | --- | --- | --- | --- | --- | --- | --- |
| FDP | 7,5 | 8,3 | 15,8 | 16,7 | 7,4 | 7,1 | 18,2 | 21,1 |
| DP | 17,8 | --- | --- | --- | 12,1 | 9,6 | --- | --- |
| WAV | --- | --- | --- | --- | --- | --- | --- | --- |
| BHE/GB BHE/DG | --- | 14,9 | --- | 1,9 | --- | 23,4 | --- | 14,7 |

In anderen Ländern gab es ähnliche Initiativen von Flüchtlings- und Vertriebenenorganisationen, von denen jedoch die meisten, und vor allem diejenigen, die Erfolg versprachen, scheiterten[175]. Somit gab es durch das Bündnis von WAV und Neubürgerbund

169 So versuchten Josef Müller und Hans Ehard anscheinend, Alfred Loritz keine drei Wochen vor dem Wahltermin vor Gericht zu bringen. Die Militärregierung verhinderte diese in ihren Augen parteitaktische und undemokratische Aktion, was zu einem vielbeachteten Konflikt zwischen Landtag und Staatsregierung auf der einen und OMGBY auf der anderen Seite führte; vgl. Woller, Loritz-Partei, S. 105–115.

170 Prozentangaben nach Ritter/Niehuss, Wahlen in Deutschland, S. 113–121 und S. 147, und Erste Bundestagswahl in Bayern, S. 7; die Angaben zum Ergebnis der Landtagswahlen in Württemberg-Baden vom 19. 11. 1950 nach Neue Zeitung vom 21. 11. 1950. West-Berlin und Nordrhein-Westfalen wurden nicht berücksichtigt. In Baden und Württemberg-Hohenzollern fanden die anstehenden Landtagswahlen wegen der Verhandlungen über den Zusammenschluß der drei südwestdeutschen Länder nicht mehr statt. Der Bundestag verlängerte am 15. 3. 1951 die Wahlperioden der Landtage von Baden und Württemberg-Hohenzollern. Vgl. Paul-Ludwig Weinacht, Der Weg in den Südweststaat, in: Der Weg zum Südweststaat, hrsg. von der Landeszentrale für politische Bildung Baden-Württemberg, Karlsruhe 1991, S. 310–323.

171 CDU, FDP und Deutschkonservative Partei traten gemeinsam unter dem Namen Vaterstädtischer Bund Hamburg an.

172 FDP, BHE und DP gingen eine Listenverbindung ein.

173 CDU und DP traten gemeinsam unter dem Namen Niederdeutsche Union an.

174 CDU, FDP und DP bildeten für die Landtagswahlen am 9. 7. 1950 einen Wahlblock; dabei trat – mit Unterstützung der anderen Parteien – jeweils nur eine Partei gegen den Kandidaten der SPD an.

175 So formierte sich in Hessen eine gemeinsame Liste von Demokratischer Wirtschafts- und Aufbaugemeinschaft und der Arbeitsgemeinschaft Unabhängiger Kandidaten. Die Besatzungsbehörden ver-

1949 nur in Bayern die erfolgreiche Vorform einer Flüchtlingspartei, die bei den Bundestagswahlen immerhin 14,4 Prozent der Stimmen gewann und als viertstärkste bayerische Partei zwölf Abgeordnete nach Bonn entsenden konnte.

Daß vor allem Flüchtlinge und Vertriebene die WAV gewählt hatten, zeigt ein Blick auf ihre Wahlergebnisse in ländlichen Regionen mit einem überdurchschnittlich hohen Flüchtlingsanteil. Im niederbayerischen Landkreis Wegscheid beispielsweise, wo die Flüchtlinge circa 20 Prozent der Bevölkerung ausmachten, hatte die WAV bei den ersten Landtagswahlen nur 3,3 Prozent der Stimmen verbuchen können; im August 1949 stimmten dort 19,4 Prozent für die Allianz von Loritz und Goetzendorff[176]. Die Stimmengewinne der WAV gingen sicherlich nicht ausschließlich, aber doch zu einem guten Teil auf Kosten der CSU, der es offensichtlich nicht einmal gelang, die katholischen Wähler aus Oberschlesien oder dem Sudetenland an sich zu binden.

In den anderen Bundesländern gab es – von Ausnahmen abgesehen[177] – kein Ventil für die Flüchtlingswähler, die sich von den etablierten Parteien nicht vertreten fühlten und denen damit nichts anderes übrigblieb, als für unabhängige, aber chancenlose Wahlkreiskandidaten ihrer Richtung zu stimmen. So votierten in Hessen 11,9 Prozent der Wähler für parteilose (Flüchtlings-)Kandidaten, in Niedersachsen 8,1 Prozent und in Württemberg-Baden sogar 18,0 Prozent[178]. Es gelang jedoch lediglich dem katholischen Flüchtlingspfarrer Franz Ott im württembergischen Wahlkreis Eßlingen, die Mehrheit der Stimmen auf sich zu vereinigen. Das Potential für eine Flüchtlingspartei war im August 1949 zweifellos vorhanden, es kam jedoch aus rechtlichen und besatzungspolitischen Gründen nur in Bayern zum Tragen. Bei den Landtagswahlen der Jahre 1950 und 1951 bekam die Union auch in anderen Bundesländern die Konkurrenz der Flüchtlingsparteien zu spüren, die sich mittlerweile frei entfalten konnten[179]. Während die CSU bei den Landtagswahlen vom November 1950 nur geringe Verluste zu verzeichnen hatte, erlitt die CDU in einigen Bundesländern schmerzhafte, ja zum Teil katastrophale Niederlagen. So kamen DP und CDU, die 1951 bei den niedersächsischen Landtagswahlen gemeinsam unter dem Namen Niederdeutsche Union antraten, gerade noch auf 23,7 Prozent der Stimmen; 1949 waren die beiden Parteien noch auf 35,4 Prozent gekommen, damals hatte aber auch der BHE noch nicht kandidiert, für

---

sagten diesem Bündnis aus einheimischen und vertriebenen Kriegsgeschädigten jedoch ebenso ihre Zustimmung wie der Tatgemeinschaft Freier Deutscher, einer Organisation aus Opfern des Bombenkriegs und Heimatvertriebenen, die sich in Nordrhein-Westfalen vergeblich um eine Lizenz bemühte. Die Notgemeinschaften der Fliegergeschädigten und Vertriebenen in Württemberg-Baden wurden ebenfalls nicht zu den Bundestagswahlen zugelassen (vgl. Stöss, Gesamtdeutscher Block/BHE, in: ders. (Hrsg.), Parteien-Handbuch, Bd. 3, S. 1427f.). In Baden und Württemberg-Hohenzollern einigten sich die Notgemeinschaften dagegen am 15. 7. 1949 auf ein Wahlabkommen mit der Sammlung zur Tat, einer von der französischen Militärregierung lizenzierten Splitterpartei (vgl. Stöss, Deutsch-Soziale Union, in: ders. (Hrsg.), Parteien-Handbuch, Bd. 2, S. 1261f.). Dadurch ergab sich die paradoxe Situation, daß die Notgemeinschaften in Baden und Württemberg-Hohenzollern bei den Bundestagswahlen antreten konnten, dort aber nur eine ungenügende soziale Basis hatten, während sie im benachbarten Württemberg-Baden zwar zahlenmäßig stark waren, aber eben nicht an den Wahlen teilnehmen konnten.

176 Vgl. Woller, Loritz-Partei, S. 125; dort auch weitere Beispiele.

177 Diese Ausnahme war die erfolglose Sammlung zur Tat/Europäische Volksbewegung Deutschlands in Baden und Württemberg-Hohenzollern.

178 Erste Bundestagswahl in Bayern, S. 7.

179 Vgl. Franz Neumann, Der Block der Heimatvertriebenen und Entrechteten 1950–1960. Ein Beitrag zur Geschichte und Struktur einer politischen Interessenpartei, Meisenheim am Glan 1968, S. 20–64.

den 1951 14,9 Prozent der Wähler stimmten. Ähnlich sah das Ergebnis der Landtagswahlen aus, die 1950 in Schleswig-Holstein abgehalten wurden. Die CDU verlor gegenüber den Wahlen vom August 1949 fast 11 Prozent der Stimmen, und das, obwohl es ein Wahlabkommen mit der DP und der FDP gab; der BHE, der auch hier erstmals antrat, gewann dagegen 23,4 Prozent der Stimmen.

## 3. Neue Frontlinien und alte Konflikte

### *a) Trügerische Ruhe: Die Eindämmung der Führungs- und Flügelkämpfe*

Die Delegierten der Straubinger Landesversammlung hatten Ehard vor allem deshalb zum Parteivorsitzenden gewählt, weil sie davon überzeugt waren, daß er als einziger in der Lage sein würde, die CSU noch vor den Bundestagswahlen aus der Krise zu führen, die Flügelkämpfe zu beenden und so ein weithin sichtbares Zeichen für einen Neuanfang zu setzen[180]. Die Hoffnung, mit dem Ministerpräsidenten an der Spitze ließe sich eine Wahlniederlage in Grenzen halten oder gar ein Sieg erringen, erwies sich jedoch als trügerisch, und auch ein Ende der innerparteilichen Auseinandersetzungen war zunächst nicht abzusehen. Immerhin gelang es dem neuen Landesvorsitzenden aber, die Einheit der CSU zu wahren und den Zerfall seiner Partei zu verhindern, mit dem nach Müllers Sturz vielfach gerechnet worden war. Einflußreiche CSU-Mitglieder aus den protestantischen Teilen Frankens wie Karl Sigmund Mayr und Alfred Euerl liebäugelten zwar mit der Gründung einer bayerischen CDU[181] oder führten Sondierungsgespräche mit der FDP[182], die sich als politische Heimat der evangelischen Christen zu profilieren suchte, hielten ihrer Partei aber letztlich doch die Treue. Auch die CSU-Fraktion im bayerischen Landtag, die sich wahrlich nicht durch besondere Disziplin und Geschlossenheit ausgezeichnet hatte, bewies genügend Stehvermögen, um die Forderung nach einer Auflösung des Landtags und Neuwahlen abzublocken[183], die nach den Bundestagswahlen wiederholt laut geworden war[184]. Selbst als August Haußleiter am 20. September 1949 aus der CSU austrat, weil er nicht in den Verdacht kommen wollte, „eine wirklichkeitsfremde Besitzbürgerpolitik“ zu unterstützen oder „Bundesgenossenschaft zu primitiven partikularistischen Tendenzen“ zu pflegen[185], folgten nur wenige seinem Beispiel. Verunsicherte evangelische CSU-Mitglieder um

---

[180] ACSP, NL Müller 16, Protokoll der Landesversammlung der CSU vom 27.–29. 5. 1949 in Straubing; ACSP, NL Seidel 35 c, Rundfunkrede Alois Hundhammers am 22. 6. 1949.

[181] IfZ-Archiv, RG 260, 13/150–3/10, Notiz von Donald T. Shea zum Thema „Franconian CSU“ vom 17. 6. 1949. Prominente evangelische CSU-Politiker aus Franken drohten auch in der Folgezeit wiederholt mit der Gründung einer bayerischen CDU; BSB, NL Schwend 3, Richard Jaeger an Karl Schwend vom 20. 3. 1951, und ACDP, NL Ehlers 02/1, Protokoll der Sitzung des geschäftsführenden Ausschusses des EAK am 29. 9. 1952.

[182] IfZ-Archiv, RG 260, 7/29–1/13–16, Bericht des amerikanischen Generalkonsuls in München, Sam E. Woods, über die Situation der CSU an das State Department vom 12. 7. 1949.

[183] ACSP, CSU-LTF I, 15–14, Protokoll der Fraktionssitzung am 19. 8. 1949; ACSP, CSU-LL, „Besprechungsprotokoll für die Sitzung des geschäftsführenden Vorstandes unserer Partei“ am 5. 12. 1949 vom 3. 12. 1949.

[184] SZ vom 18. 8. 1949: „Für und wider Auflösung des Landtages. Eine Umfrage der SZ/Dr. Ehard für stabile Verhältnisse/Oppositionsparteien fordern Neuwahlen“, und vom 20. 8. 1949: „Keine CSU-Debatte über Landtagsauflösung“.

[185] BayHStA, NL Ehard 1019, August Haußleiter an Hans Ehard vom 20. 9. 1949.

Alfred Euerl beschlossen im Gegenteil, „an der CSU festzuhalten und einzutreten für den Zusammenhalt der christlichen Konfessionen“[186]. Aber trotz dieser positiven Signale gelang es nicht, die Gräben zwischen den zerstrittenen Flügeln wirklich zu überwinden, obwohl eine gewisse Beruhigung der Situation einsetzte, die nach und nach in einen innerparteilichen Burgfrieden mündete.

Im wesentlichen waren drei Faktoren für diese Entwicklung verantwortlich. Zum einen lag es selbstverständlich an der ausgleichenden Persönlichkeit des Ministerpräsidenten und seiner „landesväterliche[n] Autorität“[187], daß die Auseinandersetzungen abflauten; Josef Müller war als Parteivorsitzender dagegen stets eine Reizfigur gewesen, an der sich die Geister geschieden hatten. Zum zweiten versuchte die neue Führung, keine Interna mehr nach außen dringen zu lassen und Streitigkeiten nur noch hinter verschlossenen Türen auszutragen[188]. Entscheidungen verlagerten sich Zug um Zug in kleine, oft informelle Zirkel, offene Diskussionen, die bis zum Sturz Müllers die Tagungen der Parteigremien beherrscht hatten, wurden soweit wie möglich unterbunden[189]. Zum dritten veränderte die CSU mehr und mehr ihr Gesicht und degenerierte zu einer Honoratiorenpartei klassischen Typs, ohne aber den Anspruch aufzugeben, Volkspartei zu sein[190]. Zwischen 1948 und 1955 verlor die bayerische Unionspartei circa 60 Prozent ihrer Mitglieder, darunter viele Gefolgsleute Josef Müllers, die sich nach der Abwahl ihres Mentors enttäuscht von der CSU abwandten, aus der Partei austraten oder ihre Mitgliedschaft einfach erlöschen ließen. Mit dem Ausscheiden liberaler, protestantischer, sozial progressiver, aber auch nationalkonservativer Mitglieder lösten sich viele Konflikte praktisch von selbst, weil einfach die Reibungspunkte wegfielen, an denen sich zwischen 1945 und 1949 immer wieder heftige Kontroversen entzündet hatten. Doch der Preis für das größere Maß an Homogenität war hoch. Die CSU, die als klassen- und konfessionenübergreifende Sammlungspartei angetreten war, hatte damit erst einmal keine Chance mehr, die verlorene absolute Mehrheit zurückzugewinnen. In der Ära Ehard trug die bayerische Unionspartei deutlich konservativere und konfessionellere Züge als vor 1949. Sie erinnerte in vielem an die untergegangene Bayerische Volkspartei, „obgleich die Kräfte zu deren ‚inneren‘ Überwindung nicht erloschen waren“[191]. Nach dem Sturz des Ochsensepp wichen die Turbulenzen der ersten Jahre einer trügerischen Stille, die zeitweise an eine Art Friedhofsruhe, zeitweise aber auch an die Ruhe vor dem Sturm erinnerte.

Hans Ehard wurde nicht müde, auf die „fortschreitende Beruhigung und Befriedung innerhalb der Partei“ hinzuweisen und die „innere Konsolidierung“ der CSU zu betonen[192]. Auf der Landesversammlung in Kempten, wo sich Ehard am 17. und 18. Juni

[186] ACSP, CSU-LTF I, 15–14, Protokoll der Fraktionssitzung am 12. 10. 1949.

[187] Mintzel, Geschichte der CSU, S. 66.

[188] ACSP, CSU-LL, Protokoll der Sitzung des Landesausschusses der CSU am 10. 6. 1950 in München oder Protokoll der Landesversammlung der CSU am 17./18. 6. 1950 in Kempten.

[189] Beispielsweise ACSP, CSU-LL, Protokoll der Sitzung des Landesvorstands der CSU am 8. 10. 1954.

[190] Vgl. Mintzel, Anatomie, S. 249.

[191] Mintzel, Geschichte der CSU, S. 67.

[192] ACSP, CSU-LL, Protokoll der Landesversammlung der CSU am 17./18. 6. 1950 in Kempten. Schon im Besprechungsprotokoll für die Sitzung des geschäftsführenden Landesvorstands am 5. 12. 1949 (ACSP, CSU-LL) wird der Parteivorsitzende mit den Worten zitiert: „Es ist erfreulich festzustellen, daß die innere Festigung der Partei und ihre Aktivität seit den Bundestagswahlen fortschreitet. Das Bestreben der Landesleitung, durch Betonung der mittleren Linie die Spannung zwischen den Flügeln zu vermindern, war erfolgreich und hat seinen erfreulichsten Ausdruck in der Tatsache gefun-

1950 erstmals zur Wiederwahl stellte, wurde die neue Einmütigkeit geradezu feierlich inszeniert. Schon vor Beginn des Parteitags erklärte Generalsekretär Strauß, die „Sonne der Einheit“ werde über Kempten leuchten[193], und die von der Landtagsfraktion herausgegebene CSU-Correspondenz berichtete in einer Sondernummer:

„Die Landesversammlung der CSU 1950 unterschied sich von den vier vorhergehenden Landesparteitagen durch die volle Einmütigkeit der Delegierten in allen grundsätzlichen Fragen. Die Tatsache, dass die CSU damit endgültig die umfassende, von allen Teilen der Union bejahte Grundlage gefunden hat, wird für die innenpolitische Entwicklung in Bayern sehr bedeutsam sein. Die Einmütigkeit der CSU in Kempten als Ausdruck gemeinsam[en] politischen Wollens ist dabei alles andere als eine geistige Uniformität; die Männer der CSU haben in den vergangenen Jahren bewiesen, dass sie Gegensätze nicht totschweigen. Wenn in Kempten keine im wesentlichen differenzierten Meinungen auftraten, dann war das nicht das Ergebnis einer tüchtigen Regie, sondern des Umstandes, dass nach 5 Jahren die christliche Sammelpartei Bayerns ihr Gesicht und ihre Aufgabe gefunden hat. [...] Die Einheit der CSU ist die erste Voraussetzung für die erfolgreiche Behauptung im Wahlkampf. Auch der kritischste Besucher von Kempten wird anerkennen müssen, dass die Einmütigkeit einer ehrlichen Gesinnung entspricht. Noch immer aber war Einmütigkeit die beste Gewähr für die erfolgreiche Verteidigung einer guten Sache.“[194]

Tatsächlich kam es in Kempten zu keinen nennenswerten Kontroversen. Vor lauter Grundsatzreferaten und Rechenschaftsberichten blieb einfach keine Zeit für Diskussionen[195]. Man müsse sich daran gewöhnen, „daß auf Parteitagen keine Politik mehr gemacht werde“, erklärte ein Delegierter zufrieden den leicht enttäuschten Pressevertretern[196]. Nichts dokumentierte die viel beschworene neue Einigkeit stärker als das Wahlergebnis für Hans Ehard. Der Parteivorsitzende wurde mit 97,79 Prozent der Stimmen in seinem Amt bestätigt und konnte sich damit auf ein Maß an Zustimmung stützen, von dem sein Vorgänger nur hatte träumen können[197].

Josef Müller, der noch ein Jahr zuvor so zäh um den Parteivorsitz gekämpft hatte, hielt sich im Hintergrund. Er hatte im Vorfeld der Kemptener Landesversammlung nicht die Werbetrommel für seine Person gerührt und offensichtlich kein Interesse daran, kaum verheilte Wunden in aller Öffentlichkeit erneut aufzureißen. Als der Ochsensepp am Ende des ersten Sitzungstages aus der Bundeshauptstadt kommend den Saal

---

den, daß die solange üblichen Auseinandersetzungen über interne Parteiangelegenheiten in der Öffentlichkeit aufgehört haben. Im gleichen Maß steigt das Vertrauen zur Partei.“ Auch in der Parteipresse war man um eine solche Darstellung bemüht: Bayern-Kurier vom 17. 6. 1950: „Straubing und Kempten“ oder vom 21. 4. 1951: „Im richtigen Ton. Landesausschuß in Würzburg/Was wächst, macht keinen Lärm“.

193 SZ vom 17./18. 6. 1950: „‚Sonne der Einheit‘ über der CSU. Die Landesversammlung der bayerischen Regierungspartei tagt in Kempten“.

194 CSU-Correspondenz Nr. 84 a vom 18. 6. 1950: „Kempten – Beispiel und Auftrag“. Ähnlich auch Bayern-Kurier vom 17. 6. 1950: „Straubing und Kempten“.

195 Als nach dem Bericht des stellvertretenden Generalsekretärs Josef Brunner über die Lage der Parteiorganisation eine Aussprache gewünscht wurde, verwies Ehard auf die Möglichkeit zur Diskussion nach den Rechenschaftsberichten. Als am Ende des ersten Tages der Landesversammlung dann endlich Zeit dafür gewesen wäre, zogen vier von fünf gemeldeten Rednern erschöpft oder resigniert ihre Wortmeldungen zurück. ACSP, CSU-LL, Protokoll der Landesversammlung der CSU am 17./18. 6. 1950 in Kempten.

196 SZ vom 19. 6. 1950: „In Einigkeit, ganz ohne Sensationen. Randnotizen von der Landesversammlung der Christlich-Sozialen Union in Kempten“.

197 Von 452 abgegebenen Stimmen entfielen 442 auf Hans Ehard, zwei auf Josef Müller, eine auf Franz Josef Strauß, eine auf Karl Sigmund Mayr und eine auf Josef Stürmann; eine Stimme war ungültig, vier Delegierte enthielten sich der Stimmen. ACSP, CSU-LL, Protokoll der Landesversammlung der CSU am 17./18. 6. 1950 in Kempten.

betrat, in dem die Delegierten tagten, nahm kaum jemand von dem ehemaligen Parteichef Notiz, der unauffällig in der vorletzten Reihe Platz nahm[198].

Die alten Frontlinien bestanden jedoch weiter, auch wenn die Auseinandersetzungen zwischen Katholiken und Protestanten, Liberalen und Konservativen oder gemäßigten und radikalen Föderalisten zunehmend von neuen Konflikten überlagert wurden. So entzweiten sich die führenden CSU-Politiker immer wieder über der Frage nach dem richtigen Kurs gegenüber der Bayernpartei, und auch das schwierige Verhältnis von Bundes- und Landespolitik erwies sich als ständige Quelle kleinerer und größerer Streitigkeiten, seitdem sich mit der CSU-Landesgruppe in Bonn ein neuer Machtfaktor im organisatorischen Gefüge der Partei herausgebildet hatte.

### *b) Kabale und Liebe: CSU, Bayernpartei und das Scheitern der kleinen Koalition im Dezember 1950*

Hans Ehard hatte viele Vorzüge, die ihn zu einem allseits geachteten Ministerpräsidenten machten und zumindest zeitweise zu einer für die CSU unverzichtbaren Persönlichkeit werden ließen. Es überstieg jedoch auch seine Fähigkeiten, dem Gerangel zwischen den diversen Zirkeln und Gruppierungen wirklich ein Ende zu setzen oder verfeindete Flügelmänner wie Hundhammer und Müller dazu zu bewegen, das Kriegsbeil zu begraben und im Interesse der gesamten CSU zu einem gedeihlichen Zusammenwirken zu kommen. So mußte sich Ehard damit begnügen, die immer wiederkehrenden Konflikte möglichst geräuschlos auszubalancieren, den status quo zu sichern und damit den Kern der Union zusammenzuhalten. Anders als für Alois Hundhammer standen die Grundprinzipien der Union für den Parteivorsitzenden und Ministerpräsidenten nie zur Disposition[199]. Hundhammer hatte im Oktober 1949 erklärt, „der Name CSU sei nicht populär genug“[200], und übte noch im Januar 1952 Kritik am Sammlungskonzept der Gründungsphase, als man versucht habe, „den links stehenden Sozialisten und den rechts stehenden Arbeitgeber unter einen Regenschirm zu bringen“. Der „Bogen der CSU“ sei 1945 „zu weit gespannt worden, deshalb seien Abwanderungen notwendig gewesen“[201]. Hundhammer machte auch keinen Hehl daraus, daß für ihn die Wiedervereinigung der aufgespaltenen christlich-bayerischen Kräfte oberste Priorität hatte. Vor der Arbeitsgemeinschaft der Katholischen Publizisten führte er aus:

„Wenn es uns gelingen würde, die Kräfte der christlichen Staatsidee wieder zusammenzuführen, vielleicht unter Abstossung mancher Einzelner, die nicht ganz in diesen Gedankenbereich hineinpassen und in der CSU und in der BP noch mitschwimmen, dann würden wir in Bayern ein poli-

198 SZ vom 19. 6. 1950: „In Einigkeit, ganz ohne Sensationen. Randnotizen von der Landesversammlung der Christlich-Sozialen Union in Kempten“.

199 Dafür gibt es eine Fülle von Belegen; vgl. z. B. ACSP, CSU-LL, Protokoll der Landesversammlung der CSU am 17./18. 6. 1950 in Kempten, Rede Hans Ehards vor der Landesversammlung der CSU am 23. 6. 1951 in Bad Reichenhall und Rechenschaftsbericht Hans Ehards vor dem Landesausschuß der CSU am 25./26. 10. 1952 in Dinkelsbühl; IfZ-Archiv, ED 720 Smlg. Mintzel 20, Rede Hans Ehards vor der Landesversammlung der CSU am 9./10. 10. 1954 in Nürnberg. Vgl. auch Gelberg, Hans Ehard, S. 346ff.

200 BayHStA, NL Ehard 102, Protokoll der Tagung der Bezirksvorsitzenden am 28. 10. 1949.

201 BSB, NL Schwend 48, Notiz über eine Grundsatzrede Alois Hundhammers vor der Arbeitsgemeinschaft Katholischer Publizisten, undatiert (vermutlich am 19. 1. 1952).

tisches Instrument schaffen, das die CSU beträchtlich weiter vorwärtsbringen und ihre Schlagkraft wesentlich wirkungsvoller als es heute der Fall ist, gestalten könnte."[202]

Es war vielleicht Ehards größte Leistung als Parteivorsitzender, daß er nicht bereit war, eine wie auch immer geartete Arbeitsgemeinschaft von CSU und Bayernpartei um den Preis der Abkehr von den Grundprinzipien der Union zuzulassen. Als „Vereinigung all derer, die auf dem Boden der christlichen Auffassung stehen", so erklärte der Landesvorsitzende nach seiner Wiederwahl in Kempten, sei „die Union eine absolut neue Erscheinung in unserer Parteikonstellation", deren Grundsätze so entwicklungsfähig seien, daß sie sich „trotz allem und trotz aller Widerstände und Gegensätzlichkeiten, trotz aller Bekämpfungen von anderer Seite durchsetzen" werde[203]. „Wenn sie sich nicht durchsetzen könnte", fuhr Ehard fort, „dann könnten wir [...] zugleich den Gedanken an eine vernünftige, brauchbare und dauernde Demokratie [...] ein für allemal abschreiben." In diesem Sinne hielt der Ministerpräsident die Kluft zwischen CSU und Bayernpartei nur im Geiste der Unionsidee für überwindbar, nicht aber durch irgendwelche Kompromisse oder organisatorische Arrangements. Im Juni 1951 betonte er dies nachdrücklich vor der Landesversammlung, die diesmal in Bad Reichenhall zusammengetreten war:

„Die Heilung [des Bruches zwischen CSU und Bayernpartei] kann nur erfolgen dadurch, dass sich die Unions-Idee als die grosse Sammlungs-Idee aller christlich-sozialen, aller föderalistischen und christlich-demokratischen Kräfte immer stärker manifestiert. Uns dafür stark zu machen, dafür die Herzen der Jungen und Alten warm zu machen, dafür Opfer zu bringen und dafür zu arbeiten, das ist unsere Unions-Aufgabe, die wir nicht um der Union willen, sondern um ernster Dinge willen erfüllen müssen, von denen die politische Zukunft unseres Volkes und die Gestaltung der politischen Verhältnisse in Deutschland sehr wesentlich abhängt. Diese Arbeit muss im Zeichen einer die Arme weit ausgebreitet haltenden Union geschehen, in der für [a]lle Platz ist, die nur einen Funken christlicher Gesinnung, föderalistischer Anschauungen, demokratischer Überzeugung und sozialen Geistes in sich tragen. Wir sind keine exklusive, keine intransigente, sondern eine umfassende Partei."[204]

Die Bayernpartei blieb die ganzen fünfziger Jahre hindurch ein „Krisenfaktor" für die CSU[205], aber die führenden Exponenten der bayerischen Unionspartei konnten sich lange nicht auf eine gemeinsame Strategie im Umgang mit der gefährlichen landespolitischen Konkurrentin einigen. Vereinfacht gesagt, sah man in der CSU drei Möglich-

---

202 BSB, NL Schwend 48, „Niederschrift über Dr. Hundhammers Erklärungen vor der Arbeitsgemeinschaft der Katholischen Publizisten in München (19. Januar 1952)". Hundhammers Bayernpartei-freundlicher Kurs stieß auch in Altbayern auf Widerspruch. So hatte der Geschäftsführer der von Schäffer eingerichteten Bundeswahlkreisgeschäftsstelle in Passau schon am 27. 2. 1950 an den Bundesfinanzminister geschrieben (BAK, NL Schäffer 27, Bl. 268f.), es sei „unter allen Umständen notwendig, dass endlich eine klare Abgrenzung zur Bayernpartei vollzogen" werde, „auch bei unserem sehr verehrten Herrn Staatsminister Dr. Dr. Hundhammer".

203 ACSP, CSU-LL, Protokoll der Landesversammlung der CSU am 17./18. 6. 1950 in Kempten.

204 ACSP, CSU-LL, Rede Hans Ehards vor der Landesversammlung der CSU am 23. 6. 1951 in Bad Reichenhall. Vgl. auch Gelberg, Hans Ehard, S. 360. Ähnlich hatte sich Ehard bereits im März 1950 vor der Bonner Landesgruppe geäußert: „Wir müßten unbedingt an der klaren Linie der Union festhalten, und schar[f] gegen die Bayernpartei und alle anderen Parteien abgrenzen. Jede Konzession kommt immer nur den anderen zugute. [...] Unsere Stellung ist nur zu halten, wenn wir uns auf unsere eigene Kraft und die Stärke des Unionsgedankens besinnen [...] Der Gedanke der Union ist so groß und einmalig, daß er unbedingt festgehalten werden muß. Der Gedanke des praktischen Christentums ist auch der Gedanke der Union. [...] Wir müssen die stärkste Partei in Bayern werden, sonst können wir keine Politik mehr in Bayern machen." Archiv der CSU-Landesgruppe, Protokolle der Landesgruppensitzungen am 1. 3. und 3. 3. 1950 (Zitat).

205 Mintzel, CSU, in: Stöss (Hrsg.), Parteien-Handbuch, Bd. 2, S. 687.

keiten, um mit der Bayernpartei zu einem modus vivendi zu kommen – oder ihr Zug um Zug den Garaus zu machen[206]. Diejenigen, die wie Alois Hundhammer und Fritz Schäffer in der BP eine wesensverwandte Partei, ja einen abtrünnigen Teil der CSU sahen, versuchten immer wieder, auf eine Annäherung hinzuarbeiten[207]. Wer jedoch die Auffassung Josef Müllers und Hans Ehards teilte und jede auf Wiedervereinigung angelegte Politik gegenüber der BP strikt ablehnte, für den kam nur die Strategie der Abgrenzung in Frage, die keine Rücksichtnahme und keine bevorzugte Behandlung der Bayernpartei zuließ. Von dieser Position war es nur ein kleiner Schritt zu offenen und verdeckten Initiativen, die zu einer „Aufreibung und Aufsaugung"[208] der lästigen Konkurrenz führen sollten, also mit anderen Worten darauf abzielten, die Bayernpartei zu spalten, ihre christlich-konservativen Teile in die CSU zu überführen und den Rest in die politische Bedeutungslosigkeit zu drängen. Diese drei Konzeptionen standen nicht als streng getrennte Alternativen nebeneinander, die sich gegenseitig ausschlossen. Die Protagonisten der Abgrenzungsstrategie waren durchaus bereit, mit der Bayernpartei zusammenzuarbeiten, wenn es ihren Interessen dienlich schien[209], andererseits gab es auch eine Reihe von CSU-Politikern, die zwar einer einheitlichen „christlichen Front"[210] in Bayern das Wort redeten, aber nicht zögerten, sich an Intrigen gegen die Bayernpartei oder ihre Führung zu beteiligen.

Im August und September 1949 hatten führende Politiker der CSU die Einbeziehung der Bayernpartei in Adenauers Regierungskoalition verhindert[211], obwohl der

---

206 Vgl. Wolf, CSU und BP, S. 155–205. Auch Zeitgenossen wußten um die beiden wichtigsten Alternativen. So wurde Alois Hundhammer mit den Worten zitiert: „Das grösste gegenwärtige Übel sei die Zerreissung des Lagers der probayerisch-christlichen Wähler. [...] Es gäbe zwei Wege für eine Lösung: a) eine Partei versuche, die andere an die Wand zu drücken, und b) der Versuch, einen Weg zueinander zu finden. Er, Hu[ndhammer], sei für eine Überbrückung. [...] Mein Bemühen ist, aus den 2 Parteien eine herauszuschälen, geht das nicht, dann muss die eine die andere bezwingen." BSB, NL Schwend 53, Bericht über eine Rede Alois Hundhammers am 23. 1. 1951 im Münchner Kreuzbräu.

207 Vgl. Gelberg, Hans Ehard, S. 346f.

208 Wolf, CSU und BP, S. 179.

209 Als Beispiel sei nur das Wahlabkommen zwischen CSU und Bayernpartei in München für die Bundestagswahlen von 1953 genannt, zu dessen maßgeblichen Architekten Josef Müller gehörte. Vgl. dazu Unger, Bayernpartei, S. 167f., und Wolf, CSU und BP, S. 175–178. Eine Abschrift des Wahlabkommens nebst Anhang findet sich im ACSP, CSU-LTF II/2, 5–30. Müller wandte sich nach dem Wahlsieg der CSU vom September 1953 auch dagegen, Teilen der Bayernpartei Avancen zu machen, da er es für gefährlich hielt, die gemäßigten Kräfte, die zur CSU neigten, aus der BP herauszubrechen. ACSP, NL Müller 394, Protokoll eines Telephongesprächs zwischen Josef Müller und Alois Hundhammer vom 7. 9. 1953, und BayHStA, NL Ehard 73, Ferdinand Kerber an Hans Ehard vom 12. 9. 1953.

210 Dieser Ausdruck fiel häufig, wenn von der parteipolitischen Konstellation in Bayern und dem Verhältnis von CSU und BP die Rede war; z. B. Archiv der CSU-Landesgruppe, Protokoll der Landesgruppensitzung am 27. 4. 1950.

211 Generalsekretär Franz Josef Strauß forderte am 21. 8. 1949 in Rhöndorf eine „Isolierung der Bayernpartei". Aufzeichnung Gebhard Müllers über die Beratungen führender CDU/CSU-Politiker in Rhöndorf am 21. 8. 1949, in: Auftakt zur Ära Adenauer, S. 39. Strauß wußte sich dabei ausnahmsweise einig mit Alois Hundhammer, der zwei Tage zuvor festgestellt hatte: „Bayernpartei ist in sehr schwieriger Situation. Entweder sie geht mit, dann ist sie in Bayern unten durch, oder sie tut nicht mit in Bonn, dann wird man [vor der bayerischen Landtagswahl Ende 1950] sagen, ihr seid ein Jahr in Bonn und habt nichts getan." Aufzeichnung Karl Schwends über eine Sitzung des Ellwanger Kreises am 19./20. 8. 1949, in: ebenda, S. 26. Auch Fritz Schäffer warnte trotz der knappen Mehrheitsverhältnisse im Namen seiner bayerischen Freunde davor, der BP Gelegenheit zu geben, einen guten „Kaufpreis" auszuhandeln. Protokoll der Sitzung der CDU/CSU-Bundestagsfraktion am 14. 9. 1949, in: ebenda, S. 380. Und Michael Horlacher erklärte für die CSU: „Ich bitte, unter keinen Umständen derartige Fühler [zur Bayernpartei] auszustrecken. Die Mehrzahl der Arbeitsgruppen der CSU stehen im scharfen Kampf gegen die Bayernpartei. Es ist für uns ganz unmöglich, daß Verhandlungen mit der Bayernpartei aufgenommen werden. Wir können keinerlei Beziehungen zur

designierte Bundeskanzler dafür plädiert hatte[212]. Nur wenige Wochen später eröffneten Generalsekretär Strauß und der inzwischen zum Bundesfinanzminister avancierte Fritz Schäffer eine Offensive gegen den Bayernpartei-Vorsitzenden Joseph Baumgartner und seinen engsten Vertrauten Ernst Falkner, die den CSU-feindlichen Flügel der BP anführten[213]. Strauß und Schäffer, beide in solchen Dingen nicht gerade zimperlich, versuchten, gemäßigte Gruppen in der chronisch finanzschwachen Bayernpartei um den stellvertretenden Landesvorsitzenden Anton Donhauser und den Bundestagsabgeordneten Hermann Aumer durch finanzielle Zuwendungen[214] in die Lage zu versetzen, eine Palastrevolution gegen die Parteiführung anzuzetteln und die Bayernpartei auf einen Kurs zu bringen, der eine Annäherung von CSU und BP erleichtert hätte. Doch die Bemühungen des Kreises um Donhauser scheiterten, als Baumgartner von seinen Aktivitäten Wind bekam. Donhauser und seine Mitverschwörer wurden aus der Partei ausgeschlossen oder kamen einem Ausschlußverfahren durch Austritt zuvor.

Die unverhohlenen Versuche von Schäffer und Strauß, sich zum Vorteil der CSU in die innerparteilichen Auseinandersetzungen einzumischen, die die Bayernpartei 1949/1950 vor schwere Zerreißproben stellten[215], vergifteten die ohnehin gespannte Atmosphäre im Vorfeld der Landtagswahlen zusätzlich[216]. Dennoch hielten sich hartnäckig Gerüchte über eine Koalition aus CSU und BP, die Bayern nach den für den 26. November 1950 anberaumten Landtagswahlen regieren sollte[217], und die Spekulationen über die Zusammensetzung der neuen Regierung häuften sich, je näher der Wahltermin rückte. Nur eines stand fest: Dieses Kabinett würde im Landtag von einer Koalition getragen werden müssen, denn nach dem Ergebnis der Bundestagswahlen rechnete niemand ernsthaft damit, daß die CSU ihre absolute Mehrheit würde verteidigen können, die sie 1946 errungen hatte[218].

---

Bayernpartei aufnehmen. Das würde bedeuten, daß die Bayernpartei das sofort agitatorisch gegen uns ausnützen würde." Protokoll der Sitzung der CDU/CSU-Bundestagsfraktion am 15. 9. 1949, in: ebenda, S. 415. Zu den Bedenken aus der CSU, die BP an der Regierungskoalition zu beteiligen, vgl. auch Strauß, Erinnerungen, S. 107ff.

212 Protokoll der Sitzung der CDU/CSU-Bundestagsfraktion am 14. 9. 1949, in: Auftakt zur Ära Adenauer, S. 369.

213 Vgl. dazu Vossen, Joseph Baumgartner, S. 94–104. Aufschlußreiches und bisher nicht oder nur ansatzweise ausgewertetes Material zum Verhältnis von CSU und BP in dieser kritischen Phase findet sich in: ACSP, NL Müller 394, und ACSP, CSU-LTF II/1, 3–70/5.

214 Bundesfinanzminister Schäffer vermittelte der Gruppe Donhauser Spenden aus der Industrie; vgl. Vossen, Joseph Baumgartner, S. 100.

215 Offiziell gab Ehard die Parole aus, die CSU dürfe sich durch die Krise der Bayernpartei nicht von ihrem Kurs abbringen lassen. ACSP, CSU-LL, Rede Hans Ehards vor der Landesversammlung der CSU am 17. 6. 1950 in Kempten. Intern wurden aber durchaus Überlegungen angestellt, wie sich die Auseinandersetzungen in der BP, an denen die CSU nicht ganz schuldlos war, auswirken würden. So erklärte Franz Josef Strauß am 12. 9. 1950 vor dem Landesvorstand (ACSP, CSU-LL): „In der Bayernpartei spiele sich eine Scheidung der Geister zwischen Separatisten und Föderalisten ab. Der vernünftige Teil, die Föderalisten, müsse zu uns zurückgeholt werden. [. . .] Der Zerfall der Bayernpartei sei im vollen Gange." Und Fritz Schäffer ergänzte, es bedeute bereits „einen grossen Erfolg", daß „die Spaltung in der Bayernpartei deutlich in Erscheinung trete".

216 Vgl. Müller, Schulpolitik, S. 281.

217 Vgl. Gelberg, Hans Ehard, S. 346. Alois Hundhammer hatte schon im Sommer 1949 erklärt, daß man nach den nächsten Landtagswahlen „an der Bayernpartei nicht vorübergehen" könne. ACSP, CSU-LTF I, 15–14, Protokoll der Fraktionssitzung am 19. 8. 1949. Zum Wahlkampf der CSU vgl. die Materialien im IfZ-Archiv, ED 145 NL Sattler 24; vgl. auch die letzte Wahlkampf-Nummer des Bayern-Kurier vom 25. 11. 1950.

218 SZ vom 18./19. 11. 1950: „Wählen ist schwer – Regierung bilden noch mehr. Bayerns Innenpolitik voll Ungewißheit und Gefahren".

So gesehen, war das Resultat der Landtagswahlen keine Überraschung[219]. Die SPD konnte ihr Ergebnis von 1949 um mehr als fünf Prozent verbessern und erreichte 28,0 Prozent der Stimmen; die CSU fiel mit 27,4 Prozent hinter die Sozialdemokratie zurück, hatte aber gegenüber der erdrutschartigen Niederlage, die sie bei den ersten Bundestagswahlen erlitten hatte, kaum mehr Stimmen verloren[220]. Die Bayernpartei zog mit 17,9 Prozent als drittstärkste Kraft in den Landtag ein, gefolgt von der Listenverbindung DG/BHE mit 12,3 Prozent und der FDP mit 7,1 Prozent. Doch die CSU hatte noch einmal Glück im Unglück. Zwar hatte sie ihre Stellung als stärkste Partei an die SPD verloren, entsandte aufgrund zweier Überhangmandate im Wahlkreis Schwaben mit 64 Abgeordneten – unter denen sich so prominente Neulinge wie Otto von Feury[221], Otto Schedl oder Wenzel Weigel[222] befanden – aber erneut die stärkste Fraktion in den Landtag[223]. Damit lag die Initiative zur Regierungsbildung zunächst bei Hans Ehard, und es stand außer Zweifel, daß die CSU alle Hebel in Bewegung setzen würde, um erneut das Ministerpräsidentenamt zu besetzen. Der Rückzug auf die Oppositionsbänke, um die Wunden zu kurieren, die die innerparteilichen Auseinandersetzungen und die herben Wahlschlappen der letzten Monate geschlagen hatten, war für die bayerische „Staatspartei und Ordnungspartei" kein Thema[224].

Am sichersten erschien eine große Koalition aus SPD und CSU, die im Landtag über 127 von 204 Sitzen verfügt hätte[225]. Auch Hans Ehard hielt eine Regierungsbildung mit den Sozialdemokraten für die beste Lösung. Schließlich hatte er schon einmal Erfahrungen mit einer solchen Koalition sammeln können, und Wilhelm Hoegner[226]

---

[219] Angaben nach Ritter/Niehuss, Wahlen in Deutschland, S. 174f.

[220] Das Wahlergebnis war für die Parteiführung aber dennoch enttäuschend, da man die eigene Stärke überschätzt und bessere Resultate als bei den Bundestagswahlen erwartet hatte. ACSP, CSU-LL, Protokoll der Sitzung des Landesvorstands am 12. 9. 1950.

[221] *Otto Freiherr von Feury*, geb. 27. 12. 1906 in München, kath., 1926–1931 Studium der Rechtswissenschaften und Nationalökonomie, 1931–1935 Angestellter der Auslandsabteilung der Bayerischen Vereinsbank in München, 1933 Übernahme des Gutshofs Thailing bei Steinhöring, seit 1946 Kreisrat (CSU) in Ebersberg, seit 1949 Mitglied des Landesausschusses der CSU, seit 1950 Mitglied des Ernährungsausschusses des Wirtschaftsbeirats der Union, seit 1952 Mitglied des Landesvorstands und des geschäftsführenden Landesvorstands der CSU, 1952–1961, 1963–1968 und seit 1970 1. Landesschriftführer der CSU, 1961–1963 und 1968–1970 2. Landesschriftführer der CSU, 1950–1978 MdL (CSU), 1957 MdB (CSU), seit 1946 Bezirksobmann des BBV in Ebersberg, seit 1949 stellvertretender Präsident des BBV in Oberbayern, 1955–1977 Präsident des BBV, seit 1956 Mitglied des Präsidiums des DBV.

[222] *Wenzel Weigel*, geb. 6. 11. 1888 in Tschentschitz/Böhmen, gest. 2. 4. 1979, Konfession nicht ermittelt, Besuch einer deutschen Lehrerbildungsanstalt und eines humanistischen Gymnasiums in Prag, Lehrer an Volks- und Bürgerschulen, anschließend Studium in Prag, Teilnahme am Ersten Weltkrieg, 1920 Examen für das höhere Lehramt und Promotion zum Dr. phil., 1922–1927 Lehrauftrag an der Universität Hamburg, seit 1927 Dozent an der Universität Prag, Mitbegründer und später wissenschaftlicher Direktor der Deutschen Pädagogischen Hochschule in Prag, 1945 ausgewiesen, 1950–1954 MdL (CSU), 1950–1954 Mitglied des Fraktionsvorstands, 1950–1952 Mitglied des Landesvorstands der CSU.

[223] SZ vom 29. 11. 1950: „Parlamentssitze unter dem Rechenstift. Warum die stärkste Partei nicht die meisten Abgeordneten erhält".

[224] Muhler, Ideologische Grundlagen, S. 25. In der konstituierenden Sitzung der neugewählten Landtagsfraktion erklärte Hans Ehard: „Eine Partei wie die CSU geht nicht in die Opposition, wenn sie die Möglichkeit hat zu arbeiten." ACSP, CSU-LTF II/1, 15–14, Protokoll der Fraktionssitzung am 4. 12. 1950.

[225] Zu den verschiedenen Optionen und ihrer Bewertung durch Hans Ehard vgl. ACSP, CSU-LTF II/1, 15–14, Protokoll der Fraktionssitzung am 12. 12. 1950.

[226] Zum Verhältnis von Ehard und Hoegner vgl. Ritter, Wilhelm Hoegner, in: Seibt (Hrsg.), Gesellschaftsgeschichte, S. 350.

war für ihn allemal ein kalkulierbarerer Partner als der polternde Joseph Baumgartner[227], der das Steuer der BP auch nicht fest in der Hand zu haben schien. Außerdem fürchtete Ehard, daß ihn ein Bündnis von CSU und BP unter dem bestimmenden Einfluß von Hundhammer und Schäffer „um die Früchte seiner langfristig angelegten föderalistischen Politik gebracht", wenn es nicht gar das Ende seiner Ministerpräsidentschaft bedeutet hätte[228]. Ehard entschied aber nicht allein. Jene CSU-Abgeordneten, denen ein Bündnis mit der Bayernpartei natürlicher zu sein schien als eine Koalition mit der Sozialdemokratie, mit der man sich im Wahlkampf[229] scharfe Gefechte geliefert hatte, übten Druck auf ihn aus. Auch Konrad Adenauer versuchte, seinen Einfluß geltend zu machen, um eine Regierung aus CSU und Bayernpartei zustandezubringen und so eine Einbeziehung der BP in die Bonner Koalition vorzubereiten[230]. Ein Bündnis dieser beiden Parteien barg jedoch gewisse Risiken. Nicht nur, daß CSU und Bayernpartei mit 103 von 204 Sitzen nur über eine hauchdünne Mehrheit verfügt hätten, aufgrund des vergifteten Klimas war es auch fraglich, ob sich alle Abgeordneten von CSU und BP auf eine solche Koalition würden einschwören lassen. Oder wie es Alois Hundhammer am 12. Dezember in seiner Fraktion ausdrückte: „Der BP müssen wir sagen, dass Voraussetzung für eine Koalition ist, dass wir uns auf eine geschlossene Fraktion verlassen können; die Rückfrage an uns wird freilich peinlich sein."[231] Allein aus diesem Grund war es notwendig, über die Erweiterung eines solchen Bündnisses nachzudenken. Dafür kamen nur der BHE oder die FDP in Frage, in beiden Fällen gab es aber gravierende Schwierigkeiten. Eine Zusammenarbeit zwischen einer ausgesprochenen Flüchtlingspartei wie dem BHE und der Bayernpartei, die überwiegend die Interessen der alteingesessenen Bevölkerung vertrat, war ebenso schwer vorstellbar wie eine Koalition von CSU und FDP, zwischen denen krasse Gegensätze in kultur- und schulpolitischen Fragen bestanden[232].

Für Zündstoff war also gesorgt, und es stellte sich schnell heraus, daß die bevorstehende Grundsatzentscheidung das mühsam eingedämmte Feuer der Führungs- und Flügelkämpfe wieder hell auflodern ließ. Schon in den ersten Fraktionssitzungen prallten die Fronten hart aufeinander[233]. Der mit großer Mehrheit wieder zum Fraktionschef gewählte Hundhammer forderte[234], „dass man alle Möglichkeiten ausschöpfen soll, um mit der BP zu einer Koalition zu kommen". Weiter führte er aus:

---

[227] Zur Konstellation im Vorfeld der Landtagswahlen, insbesondere zu den Positionen von Ehard, Schäffer und Hundhammer vgl. Gelberg, Hans Ehard, S. 345–348; BAK, NL Schäffer 27, Bl. 131, Fritz Schäffer an Hans Ehard vom 15. 8. 1950, Bl. 186f., Hans Ehard an Fritz Schäffer vom 6. 5. 1950, Bl. 190ff., Fritz Schäffer an Hans Ehard vom 8. 5. 1950, Bl. 275f., Fritz Schäffer an Domkapitular Johann Zinkl vom 27. 2. 1950, Bl. 281, Fritz Schäffer an Domkapitular Johann Zinkl vom 22. 2. 1950, Bl. 430–433, Fritz Schäffer an Karl Donderer vom 20. 12. 1950.

[228] Gelberg, Hans Ehard, S. 347.

[229] Zum Landtagswahlkampf der CSU vgl. BSB, NL Schwend 4, „Richtlinien für die Landtagswahlen 1950", gez. Josef Brunner, vom 9. 10. 1950.

[230] Vgl. Gelberg, Hans Ehard, S. 348ff.

[231] ACSP, CSU-LTF II/1, 15–14, Protokoll der Fraktionssitzung am 12. 12. 1950.

[232] Vgl. Müller, Schulpolitik, S. 280; ACSP, CSU-LTF II/1, 15–14, Protokoll der Fraktionssitzung am 12. 12. 1950.

[233] Zur Diskussion über die Regierungsbildung in der CSU-Fraktion: ACSP, CSU-LTF II/1, 15–14, Protokolle der Fraktionssitzungen am 4. 12., 12. 12., 14. 12., 15. 12., 16. 12., 18. 12., 19. 12. 1950 und 3. 1. 1951; im folgenden werden nur Zitate einzeln belegt.

[234] Hundhammer erhielt 50 von 59 Stimmen; zum stellvertetenden Fraktionschef wurde mit 54 von 61 Stimmen der evangelische Abgeordnete Friedrich Wilhelm von Prittwitz-Gaffron gewählt. Außerdem gehörten Georg Bachmann, Heinrich Junker, Andreas Kurz, Wenzel Weigel, Zita Zehner und

„Was mir eine Koalition mit der SPD unerwünscht erscheinen lässt und was mir Hemmungen bereitet, ist folgendes: *Kulturpolitisch*: Unsere Wähler bekommen einen Schock; zuerst waren wir gegen die SPD, jetzt gehen wir mit der SPD [. . .]. Die kirchlichen Kreise werden sich dann nur sehr schwer mehr für uns einsetzen können. *Wirtschaftspolitisch*: Die BP und die FDP stehen uns etwas näher als die SPD; ausgerechnet die Näherstehenden sollen wir beiseite lassen und die sozialisierungsfreundliche SPD hereinnehmen? *Staatspolitisch*: Die Bayernpartei vertritt, wenn auch überspitzt, den Föderalismus. Sie soll man draussen lassen, die Zentralisten der SPD [aber] hereinnehmen? Dazu kommt die Bonner Situation: Wenn dort die SPD [. . .] zur Regierungsbildung kommt, dann haben wir von Bayern aus keinen Gegenkurs mehr. Noch etwas: Wir kommen in Bayern aus der üblen Lage der Zerrissenheit nur dann heraus, wenn es uns einmal gelingen würde, den Graben zur BP zu überbrücken. Wenn die BP aber gegen uns in die Opposition getrieben wird, dann wird dort der radikale Ton aufflackern, es wird dann noch schwerer, die Familienmitglieder wieder zusammenzubringen. Eine Zusammenarbeit in der Regierung wäre ein Weg dazu."[235]

Dagegen warnte Ehard davor, sich zu früh auf einen Partner festzulegen. Wenn man jetzt einseitig mit der BP verhandle, könne es passieren, daß die CSU mit der Regierungsbildung überhaupt scheitere. Der Ministerpräsident stand mit seinen Bedenken nicht allein. Das Häuflein der evangelischen CSU-Abgeordneten teilte sie ebenso wie Josef Müller[236] und Franz Josef Strauß, der wie Fritz Schäffer nach München geeilt war, um die Regierungsbildung in seinem Sinne zu beeinflussen. Der Ochsensepp fand wie immer deutliche Worte:

„Die Bayernpartei sei ein Sauhaufen, wenn man mit der Bayernpartei zusammengehe, lege man sich zu einem Sauhaufen ins Bett und mache sich schmutzig damit. Komme die Bayernpartei jetzt nicht an die Futterkrippe, dann würden ihre inneren und finanziellen Schwierigkeiten nur größer. Während die SPD kalkulierbar sei, sei es die Bayernpartei nicht. Es müßten zuerst also sämtliche Möglichkeiten mit der SPD erschöpft werden. Eine Koalition mit der Bayernpartei ohne BHE sei überhaupt und völlig ausgeschlossen."[237]

---

Max Zillibiller dem Fraktionsvorstand an. ACSP, CSU-LTF II/1, 15–14, Protokoll der Fraktionssitzung am 4. 12. 1950. *Max Zillibiller*, geb. 7. 12. 1896 in Aschau bei Prien/Obb., gest. 17. 11. 1970, kath., seit 1914 Teilnahme am Ersten Weltkrieg als Kriegsfreiwilliger, anschließend Beginn eines Jurastudiums, 1921 Erwerb eines Bauernhofes in Oberbayern, Übernahme des elterlichen Betriebs (Käsefabrikation und Großhandel mit Landwirtschaft) in Hindelang, seit 1946 CSU-Mitglied, stellvertretender Vorsitzender des CSU-Kreisverbands Sonthofen, 1950–1954 Mitglied des Landesvorstands der CSU, 1946 MdVLV (CSU), 1946–1966 MdL (CSU), 1950–1958 Mitglied des Fraktionsvorstands, Bürgermeister von Hindelang.

235 ACSP, CSU-LTF II/1, 15–14, Protokoll der Fraktionssitzung am 12. 12. 1950; Hervorhebungen im Original; die folgende Warnung Ehards findet sich ebenda.

236 Der Ochsensepp wurde schon lange verdächtigt, hinter den Kulissen eine große Koalition vorzubereiten. So schrieb am 8. 5. 1950 Fritz Schäffer an Hans Ehard (BAK, NL Schäffer 27, Bl. 190ff.): „Ich würde dringend bitten, einen Gedanken gar nicht anklingen zu lassen, daß die CSU an die Möglichkeit dächte, mit der SPD eine Koalition zu machen. Das wäre meiner Überzeugung nach für uns in Bonn unmöglich und würde auch die geschlossene Einheit der Partei nicht fördern. [. . .] Mag sein, daß der Kreis um Dr. Josef Müller herum anderer Meinung ist. Dieser Kreis ist [aber] auch eine Belastung und keine Stärkung." In „Erinnerung an die beschämenden Vorgänge des Jahres 1946 bei der Regierungsbildung" formulierte Schäffer eine vom Landesausschuß zu verabschiedende Resolution, die gegen die „Gruppe Dr. Müller – Prittwitz-Gaffron" in der Fraktion gerichtet war. Es sei unerträglich, „dass eine solche Minderheit die gesamte Landespolitik stört". BSB, NL Schwend 54, Fritz Schäffer an Hans Ehard vom 10. 12. 1950.

237 ACSP, CSU-LTF II/1, 15–14, Protokoll der Fraktionssitzung am 4. 12. 1950. Auch Eduard Maier, der ehemalige Schatzmeister der BP, hielt die Strategie des Aushungerns für erfolgversprechend. Am 14. 12. 1950 schrieb er an Josef Müller (ACSP, NL Müller 394): „Gelingt Dr. Baumgartner heute der Eintritt in die Regierung nicht, dann ist es nur eine Frage der Zeit, wann er vor den Toren verhungern wird. Gelingt er ihm aber infolge der Sturheit von Dr. Hundhammer, dann wird die CSU in spätestens 2 Jahren ihre blauen Wunder erleben."

Die Unionsfraktion war also wieder einmal gespalten, und wie früher war es auch jetzt schwer, wenn nicht gar unmöglich, einen gemeinsamen Nenner zu finden. Wie zwei geheime Probeabstimmungen ergaben, tendierte die eine Hälfte der Fraktion zu einem Bündnis mit der Bayernpartei, während die andere eine große Koalition mit der SPD befürwortete. Einige Abgeordnete machten jedoch auch klar, daß sie nicht bereit waren, sich der Fraktionsdisziplin zu unterwerfen und für eine Koalition zu stimmen, die sie strikt ablehnten[238]. Angesichts der knappen Mehrheitsverhältnisse konnte dies bei der Wahl des Ministerpräsidenten von entscheidender Bedeutung sein. Am Ende der Fraktionssitzung vom 12. Dezember 1950 faßte Ehard die mehrstündige Diskussion zusammen, die ohne konkretes Ergebnis geblieben war:

„Neuwahlen wären eine Katastrophe. Eine Koalition CSU, BP, FDP hat zwei Unsicherheitsfaktoren, in der BP und bei uns. So kann der CSU der Ministerpräsident überhaupt verloren gehen. Diese Koalition ist also eine Basis, die unter den heutigen Verhältnissen viel zu knapp ist. Mit dem BHE zusammen wäre die Sache glatt, den müssten wir unbedingt haben. Zur SPD-Koalition: Hier kommt die Frage des Kultusministers. Für uns ist es eine absolute Notwendigkeit, an Kultusminister Hundhammer festzuhalten. Wie die Sache dann weitergeht, ist eine andere Frage. Alles steht und fällt dann mit dem Entschluss, den Dr. Hundhammer selbst zu fassen hat."

Damit spielte Ehard auf eine zentrale Wahlkampfaussage der SPD an. Führende bayerische Sozialdemokraten, allen voran Waldemar von Knoeringen, hatten im Wahlkampf wiederholt und nachdrücklich betont, Hundhammer sei als kulturpolitischer Reaktionär und unverbesserlicher Klerikaler im Amt des Kultusministers nicht länger tragbar[239]. Die potentiellen Koalitionspartner BHE und FDP hatten sich ebenfalls klar gegen Hundhammer ausgesprochen, für den es somit nicht nur darum ging, die „aufgespaltene bayerisch-christliche Front wieder zusammenzuführen"[240], sondern seine Stellung als bayerischer Kultusminister zu behaupten, was offensichtlich nur durch ein Regierungsbündnis von CSU und Bayernpartei möglich war. Die Verknüpfung der Koalitionsfrage mit dieser entscheidenden Personalfrage machte die Verhandlungen mit den anderen Parteien außerordentlich schwierig und beherrschte zeitweise auch die Diskussion in der Unionsfraktion, die immer dann außer Kontrolle zu geraten drohte, wenn es um die Person Hundhammers ging. So protestierte Alfred Euerl, der nach dem Ausscheiden August Haußleiters zum Sprecher der evangelischen Abgeordneten avanciert war, vehement gegen Hundhammers Versuch, die Fraktion noch vor den ersten Probeabstimmungen auf seine Linie einzuschwören:

„Es ist falsch, wenn wir bei dieser Abstimmung schon personelle Angelegenheiten hereinnehmen. Es steht nicht in der Verfassung, dass der einzelne Ministerposten ein Erbrecht ist. Man kann auch ein anderes Ministerium übernehmen, wenn sonst die Koalitionsverhandlungen scheitern würden. Wir kennen die Widerstände gegen die Person des Kultusministers, so dass wir diese Frage nicht zur Prestigefrage machen dürfen. In einer solchen Probeabstimmung dürfen wir uns nicht von vornherein auf eine Person festlegen und eine Garantie übernehmen. Es geht um den Bestand der Partei."[241]

Bevor der Konflikt über die Regierungsbildung und die Person des Kultusministers jedoch weiter eskalieren konnte, unterlief Joseph Baumgartner ein schwerer Fehler, der die Koalitionsverhandlungen maßgeblich beeinflußte. Der Bayernpartei-Vorsitzende

---

238 ACSP, CSU-LTF II/1, 15–14, Protokolle der Fraktionssitzungen am 4. 12. und 12. 12. 1950; das folgende Zitat ebenda.

239 Vgl. Müller, Schulpolitik, S. 280–286.

240 ACSP, CSU-LTF II/1, 15–14, Protokoll der Fraktionssitzung am 17. 1. 1951.

241 ACSP, CSU-LTF II/1, 15–14, Protokoll der Fraktionssitzung am 12. 12. 1950.

hatte sich am 13. Dezember 1950 in einer Bundestagsdebatte über einen Gesetzentwurf zur Umsiedlung von Heimatvertriebenen zu dem Zwischenruf hinreißen lassen „Das gibt es ja in keinem Kulturstaat der Welt, daß Leute mitwählen, die nicht hingehören", und war wegen dieser „Beleidigung aller Flüchtlinge Westdeutschlands" von Bundestagspräsident Ehlers zur Ordnung gerufen worden[242]. Die Vertreter des bayerischen BHE nahmen diesen Zwischenfall zum Anlaß, eine Koalition mit der Bayernpartei für unmöglich zu erklären[243]. Daraufhin kippte auch in der CSU-Fraktion die Stimmung. Baumgartners Politik sei doppelzüngig und unaufrichtig, hieß es, und Josef Müller erklärte, die Union wäre „würde- und charakterlos, wenn sie jetzt diese Koalition noch einginge"[244]. Damit war der zunächst von der Fraktionsmehrheit favorisierte Plan zur Bildung einer Koalition mit der BP obsolet geworden. Als die Unionsfraktion über die Frage „Bist Du für die kleine Koalition" abstimmte, votierten nur noch 13 Abgeordnete für ein Bündnis von CSU und Bayernpartei, das durch die FDP erweitert werden sollte; 44 stimmten dagegen, ein Abgeordneter enthielt sich der Stimme.

Damit waren zwar die Weichen für die große Koalition gestellt[245], aber bevor die Regierungsbildung erfolgreich abgeschlossen werden konnte, galt es noch, das überaus sperrige Hindernis Hundhammer aus dem Weg zu räumen, der als selbsternannter „Eckpfeiler" einer christlichen Kulturpolitik zäh an seinem Amt festhielt und so die Verhandlungen zum Scheitern zu bringen drohte[246]. Die Argumente, mit denen Hundhammer seine unnachgiebige Haltung vor der Fraktion begründete, werfen ein bezeichnendes Licht auf sein von starren Grundsätzen geprägtes Politikverständnis:

> „Ich hoffe, dass niemand hier im Raum von mir die Meinung hat, ich würde um eines Ministersessels willen eine solche harte Stellung einnehmen. Ich habe 1933 gelernt, eisern zu Grundsätzen zu stehen. Nie werde ich darauf Rücksicht nehmen, welche Konsequenz eine Entscheidung für mich hat. Ich habe in der Nazizeit eine andere Haltung durchziehen müssen als andere Leute. Auf diesem Gebiet muss jede persönliche eigennützige Haltung ausscheiden. Es ist die Verantwortung, die man für das Geschick des ganzen Volkes trägt und an der ich vielleicht in einem besonders starken Maße heute in Bayern mittrage."

Hundhammer verfügte in der Fraktion allerdings nicht mehr über den Rückhalt, den er sich erhofft hatte. Es waren nicht nur einige evangelische Abgeordnete, die seit langem mit dem kulturpolitischen Kurs Hundhammers haderten[247], und alte Widersacher wie Josef Müller[248], die endlich eine Chance sahen, den ungeliebten Minister aus dem

---

[242] Zit. nach BSB, NL Schwend 15, „Die CSU Fraktion berichtet (1950–1954)"; vgl. auch Vossen, Joseph Baumgartner, S. 87ff. und S. 110ff.

[243] Vgl. Gelberg, Hans Ehard, S. 351f.

[244] ACSP, CSU-LTF II/1, 15–14, Protokoll der Fraktionssitzung am 14. 12. 1950; das folgende nach dem Protokoll dieser Sitzung.

[245] CSU und Bayernpartei warfen sich in den folgenden Jahren immer wieder gegenseitig vor, für das Scheitern der kleinen Koalition verantwortlich zu sein; diese Kontroverse trug viel dazu bei, das Klima zwischen den beiden Parteien weiter zu vergiften. Vgl. ACSP, CSU-LTF II/2, 5–30, Joseph Baumgartner an Josef Brunner vom 11. 3. 1953; BayHStA, NL Ehard 170, offener Brief Joseph Baumgartners an Fritz Schäffer vom 31. 3. 1953 und Fritz Schäffer an Joseph Baumgartner vom 2. 4. 1953.

[246] ACSP, CSU-LTF II/1, 15–14, Protokoll der Fraktionssitzung am 12. 12. 1950; das folgende nach dem Protokoll dieser Sitzung.

[247] Zu den von Hundhammer mitverschuldeten konfessionellen Irritationen im Vorfeld der Landtagswahlen vgl. Müller, Schulpolitik, S. 281ff.

[248] Josef Müller erklärte in der Fraktionssitzung am 12. 12. 1950: „[H]eute müssen wir uns entscheiden zwischen SPD und BP. Ich bitte Dr. Hundhammer, die Person zurücktreten zu lassen. (Zwischenruf Dr. Hundhammer: Man darf nicht Plätze räumen, auf die man gestellt ist.) Hundhammer darf nicht

Amt zu kippen. Auch ein Teil der Abgeordneten, die der Linie ihres Fraktionsvorsitzenden an und für sich positiv gegenüberstanden, war nicht bereit, die Regierungsbeteiligung der CSU wegen einer Personalfrage aufs Spiel zu setzen, und ihr Unmut wuchs, als Hundhammer sich weigerte, ein anderes Ministerium zu übernehmen[249]. Als die Diskussion am 15. Dezember in ihr entscheidendes Stadium trat, drängten immer mehr Abgeordnete den Fraktionschef, auf das Kultusministerium zu verzichten, um über seiner Person keine „bayerische Staatskrise" entstehen zu lassen[250]. Doch Hundhammer blieb hart, und so sah sich der Ministerpräsident schließlich gezwungen, eine Entscheidung herbeizuführen. Ehard hatte es bislang soweit wie möglich vermieden, sich offen gegen Hundhammer zu stellen, aber diesmal stand für ihn zuviel auf dem Spiel. So griff er zur ultima ratio und drohte wiederholt damit, den Auftrag zur Regierungsbildung an die Fraktion zurückzugeben, sollte sie nicht bereit sein, für eine Koalitionsregierung mit der SPD zu stimmen, in der der Kultusminister nicht Alois Hundhammer heißen würde[251]. Ehard war sich seiner Sache offensichtlich sicher, und es gab tatsächlich keinen Abgeordneten, der sich offen gegen den Ministerpräsidenten und Parteivorsitzenden ausgesprochen hätte. Um zu retten, was nicht mehr zu retten war, plädierten Hundhammer und Schäffer dafür, die endgültige Entscheidung über die Koalitionsfrage dem Landesausschuß zu überlassen[252], der am Nachmittag des 15. Dezember zusammentreten sollte[253]. Doch die Hoffnung, die Delegierten könnten sich gegen ein Regierungsbündnis mit der SPD entscheiden, erfüllte sich nicht. Zwar taten Hundhammer und Schäffer alles, um den Landesausschuß davon zu überzeugen, daß eine Koalition mit der Bayernpartei – mit Hundhammer als Kultus-

davon ausgehen, dass von seiner Person die christliche Linie abhängt. [...] Wir wollen nun in den kulturellen Sektor Ruhe bringen, ohne nach der Seite der Labilität Konzessionen machen zu müssen. [...] Durch den Namen Hundhammer haben wir Stimmen verloren, sicher stehen auch viele Stimmen hinter ih[m], diese Stimmen haben wir aber auch dann, wenn ein anderer Katholik als Kultusminister dasteht. Wenn wir wegen Dr. Hundhammer in einen neuen Wahlgang gehen müssten, würden wir noch mehr von den fluktuierenden Stimmen verlieren." ACSP, CSU-LTF II/1, 15–14.

249 Hundhammer wäre höchstens bereit gewesen, das strategisch wichtige Innenministerium zu übernehmen, das jedoch die SPD für Wilhelm Hoegner beanspruchte. Das Angebot, Landwirtschaftsminister zu werden, lehnte der Fraktionschef als demütigend ab, da Waldemar von Knoeringen mit den Worten zitiert worden war, Hundhammer sei höchstens noch in diesem Amt tragbar. Ehard dementierte später, daß sich Verteter der SPD in den Koalitionsverhandlungen abwertend über das Landwirtschaftsministerium geäußert hätten. Der gestürzte Kultusminister warf Ehard dagegen vor, nicht genug dafür getan zu haben, das Innenministerium für ihn zu erkämpfen. BayHStA, NL Ehard 242, Alois Hundhammer an Hans Ehard vom 26. 12. 1950 und Hans Ehard an Alois Hundhammer vom 22. 2. 1951. ACSP, CSU-LTF II/1, 15–14, Protokolle der Fraktionssitzungen am 14. 12. und 18. 12. 1950. Der Vorschlag, Hundhammer mit der Leitung des Innenministeriums zu beauftragen, stammte von Georg Meixner und war vermutlich zwischen den beiden abgesprochen.

250 ACSP, CSU-LTF II/1, 15–14, Protokoll der Fraktionssitzung am 15. 12. 1950 (Fritz von Haniel-Niethammer).

251 Zu Ehards Rolle bei der Durchsetzung der großen Koalition vgl. Gelberg, Hans Ehard, S. 348–354. Als die Diskussion in der Fraktion am Tag nach Baumgartners Lapsus an einen toten Punkt zu kommen drohte, schlug Ehard den Abgeordneten vor, die Sitzung zu unterbrechen und andere Verhandlungsführer zu wählen. Hundhammer antwortete nur ungläubig: „Ist der Vorschlag ernst gemeint?" In den folgenden Tagen sah sich Ehard nicht nur einmal gezwungen, mit seinem Rücktritt zu drohen, um seine Positionen durchzusetzen. ACSP, CSU-LTF II/1, 15–14, Protokolle der Fraktionssitzungen am 14. 12. und 15. 12. 1950 sowie am 3. 1. 1951.

252 Schäffer hatte schon Tage vorher beabsichtigt, die Landtagsfraktion durch eine Resolution des Landesausschusses auf seine Linie einzuschwören und eventuelle Abweichler unter den Abgeordneten durch die Androhung von Sanktionen abzuschrecken. BSB, NL Schwend 54, Entwurf Fritz Schäffers für einen Antrag an den Landesausschuß, undatiert (10. 12. 1950).

253 ACSP, CSU-LTF II/1, 15–14, Protokoll der Fraktionssitzung am 15. 12. 1950.

minister – trotz allem die beste Lösung sei, auf Antrag von Franz Josef Strauß[254] gaben die Delegierten Ehard aber freie Hand zur Bildung einer Regierung mit der SPD[255]. Noch am selben Abend folgte die Fraktion dem Votum des Landesausschusses. Bei einer Enthaltung und elf Gegenstimmen beschlossen die Abgeordneten, Ehard den „endgültigen Auftrag zur Regierungsbildung" zu erteilen; dieser Beschluß wurde explizit „dahingehend interpretiert, dass Ministerpräsident Ehard auch bevollmächtigt ist, ein Kabinett Ehard ohne Dr. Hundhammer als Kultusminister zu bilden"[256].

Wie so oft waren mit dieser definitiven Entscheidung die Auseinandersetzungen nicht beendet. Der Konflikt in der Fraktion drohte sogar zu eskalieren, und es zeigte sich einmal mehr, daß die Führungs- und Flügelkämpfe der vergangenen Jahre noch längst nicht beigelegt waren. Die Diskussion über die anstehenden Sach- und Personalentscheidungen nahm sogar Formen an, die den unterfränkischen Abgeordneten Engelbert Kraus zu dem ebenso verzweifelten wie resignierten Ausruf veranlaßten: „Ich komme mir vor wie [19]46 in der Fraktion bei der Regierungsbildung."[257] Wie lebendig die Erinnerung an die Schlachten der Vergangenheit noch war, bekam vor allem der von Hans Ehard erneut für das Amt des Justizministers vorgeschlagene Josef Müller zu spüren. Fritz von Haniel-Niethammer[258], der Vorsitzende des CSU-Bezirksver-

[254] Franz Josef Strauß galt wie Josef Müller seit langem als Hindernis für eine Einigung von CSU und BP; BAK, NL Schäffer 27, Bl. 263, Hans Limmer an Fritz Schäffer vom 6. 3. 1950. Strauß hatte aus seiner Skepsis gegenüber der Bayernpartei auch nie einen Hehl gemacht. So hatte er schon im März 1950 vor der Landesgruppe zum bevorstehenden Landtagswahlkampf und zum Verhältnis von CSU und BP erklärt: „In den kommenden Landtagswahlen wird sich unsere Partei nur dann behaupten und weiterhin an der Verantwortung teilnehmen können, wenn wir unsere Front gegenüber der Bayernpartei klar abgrenzen. Dazu müssen wir uns sehr aktiv und aggres[s]iv zur Wehr setzen. Bei einzelnen Regierungsmitgliedern scheint es hier an der notwendigen Klarheit und Selbstdisziplin zu fehlen, um diesen Kampf durchzusetzen. Es entwürdigt sich eine Parteifraktion selbst, wenn sie auf die gegen ihre von Parteifreunden gebildete Regierung erhobenen Vorwürfe nicht in der gebührenden Weise antwortet. Der Kampf muß mit aller Kraft aufgenommen werden." Archiv der CSU-Landesgruppe, Protokoll der Landesgruppensitzung am 1. 3. 1950.

[255] 64 Delegierte stimmten für den von Strauß eingebrachten Antrag, zwölf enthielten sich der Stimme. Hans Ehard verband diese Abstimmung mit der Vertrauensfrage, wie Fritz Schäffer am 20. 12. 1950 erbost an seinen Passauer Parteifreund Karl Donderer schrieb (BAK, NL Schäffer 27, Bl. 430–433): „In der letzten Minute wurde jedoch in einer Art Geschäftsordnungsdebatte über die Art und Weise der Abstimmung von dem Herrn Vorsitzenden die Frage plötzlich auf das Gebiet Vertrauensvotum oder Mißtrauensvotum geschoben, was selbstverständlich zu einer großen Mehrheit für den Herrn Vorsitzenden führte, aber auch die sachliche Erörterung unmöglich machte." Alois Hundhammer erstattete der Fraktion noch am selben Abend Bericht; ACSP, CSU-LTF II/1, 15–14, Protokoll der Fraktionssitzung am 15. 12. 1950 (irrtümlich auf den 16. 12. datiert); vgl. auch BSB, NL Schwend 15, „Die CSU Fraktion berichtet (1950–1954)".

[256] ACSP, CSU-LTF II/1, 15–14, Protokoll der Fraktionssitzung am 15. 12. 1950 (irrtümlich auf den 16. 12. datiert), und die diesem Protokoll beigefügte Notiz „Beschlüsse der CSU-Landtagsfraktion vom 14. 12. 50 u. 15. 12. 50". Hans Ehard wurde am 18. 12. 1950 vom bayerischen Landtag mit 131 Stimmen bei 68 Enthaltungen erneut zum Ministerpräsidenten gewählt. Dem dritten Kabinett Ehard gehörten acht Vertreter der CSU, sechs der SPD und zwei des BHE an, der ebenfalls in die Koalition einbezogen worden war. Neben Ministerpräsident Ehard und Justizminister Müller stellte die CSU den Wirtschaftsminister (Hanns Seidel), den Landwirtschaftsminister (Alois Schlögl), den Kultusminister (Josef Schwalber) sowie die Staatssekretäre im Finanzministerium (Richard Ringelmann), im Innenministerium (Paul Nerreter) und im Arbeitsministerium (Heinrich Krehle). Eine Aufstellung aller bayerischen Kabinette nach 1945 findet sich in: Geschichte einer Volkspartei, S. 718–740, hier S. 722 f. Zur CSU-offiziellen Version der Regierungsbildung vgl. die Weihnachts- und Neujahrsausgabe des Bayern-Kurier vom Dezember 1951: „Kabinett sachlicher Arbeit. Voraussetzung für den Bestand der großen Koalition".

[257] ACSP, CSU-LTF II/1, 15–14, Protokoll der Fraktionssitzung am 17. 1. 1951.

[258] *Fritz von Haniel-Niethammer*, geb. 20. 7. 1895 in Köln, gest. 24. 5. 1977 in Tunzenberg/Ndb., kath., 1914–1920 Teilnahme am Ersten Weltkrieg und Kriegsgefangenschaft, landwirtschaftliches Lehrjahr

bands Niederbayern, sprach aus, was viele dachten: „Ich bitte Dr. Müller, an diesem Kabinett nicht als Minister teilzunehmen, nachdem auch Dr. Hundhammer nicht drinnen ist.“[259] Weiter führte von Haniel aus:

„Die beiden Herren gelten nun einmal als Flügelexponenten. Die neue Koalition wird draußen als linkes Kabinett bezeichnet, und wir müssen versuchen, diesen Dingen die Spitze abzubrechen. Wir müssen Müller bitten, jetzt auf seinen Sitz im Kabinett zu verzichten. [...] Es ist nicht nur wegen der propagandistischen Wirkung, wir müssen auch bedenken, daß wir einer Zeit entgegengehen, wo die Rehabilitierung des deutschen Soldaten wieder kommt; ich halte es nicht für glücklich, wenn ein Mann im Kabinett ist, der seinerzeit im Vatikan mit den Feindmächten verhandelt hat, [i]ch halte auch einen Mann nicht für glücklich, der gegenüber der Ostregierung eine Politik betreiben würde, die ich nicht billigen könnte.“

Müller konnte auf diese Attacke nur fassungslos erwidern, er sehe sich gezwungen, aus der CSU auszutreten, wenn man seine Rolle im Widerstand gegen das NS-Regime so beurteile, und obwohl Hans Ehard für ihn Partei ergriff, nominierte die Fraktion den Ochsensepp nur widerstrebend und mit einem miserablen Ergebnis für den Posten des Justizministers[260]. Aber immerhin: Müller konnte sich behaupten, während Hundhammer sein Ministeramt verloren hatte – und eine solche Niederlage vergaß der Fraktionsvorsitzende nicht. Schon vierzehn Tage später gerieten Müller und Hundhammer in der Fraktion lautstark aneinander[261]. Der gestürzte Kultusminister wartete nur auf eine Gelegenheit, um Revanche zu nehmen, und diese Gelegenheit kam bald.

Schwerer als der wieder aufgeflammte Konflikt zwischen den beiden alten Streithähnen Müller und Hundhammer wog aber das Zerwürfnis zwischen Ehard und dem noch immer einflußreichen Vorsitzenden der CSU-Fraktion. Wie tief der Bruch zwischen den beiden ging, zeigt ein Briefwechsel aus den letzten Tagen des Jahres 1950. Am 23. Dezember richtete der Ministerpräsident ein persönliches Schreiben an Hundhammer, in dem er um Verständnis für seine Haltung in der umstrittenen Koalitionsfrage warb und den Fraktionschef darum bat, im Interesse von Staat und Partei aufrichtig und vertrauensvoll mit ihm, dem Ministerpräsidenten, zusammenzuarbeiten[262]. Doch Hundhammer war zu tief getroffen, um sich von Ehards versöhnlichen Worten beschwichtigen zu lassen. Am 26. Dezember antwortete er:

„Der Ernst und die Schwere der Entscheidung, die in diesem Monat gefallen ist, bleiben als ein wesentliches und gewichtiges Glied in der Kette der von mir mitzuverantwortenden Ereignisse

---

und Studium der Volkswirtschaft, 1923 Promotion zum Dr. rer. pol., anschließend bei einer Handelskammer, bei Banken und im Verlagswesen tätig, 1939–1945 Teilnahme am Zweiten Weltkrieg (zuletzt Major), nach 1945 Bewirtschaftung des Familienbesitzes, Kreisrat (CSU) und stellvertretender Landrat in Dingolfing, 1949–1965 Vorsitzender des CSU-Bezirksverbands Niederbayern, 1951–1965 Mitglied des Landesvorstands der CSU, 1950–1954 MdL (CSU), 1957–1965 MdB (CSU).

[259] ACSP, CSU-LTF II/1, 15–14, Protokoll der Fraktionssitzung am 18. 12. 1950; das folgende nach dem Protokoll dieser Sitzung.

[260] Für Müller stimmten nur 41 Fraktionsmitglieder, 20 stimmten gegen ihn, zwei Abgeordnete enthielten sich der Stimme. Alois Schlögl, Hanns Seidel und Heinrich Krehle wurden bei wenigen Enthaltungen ohne Gegenstimme nominiert; selbst auf die nicht unumstrittenen Richard Ringelmann, Paul Nerreter und Josef Schwalber entfielen erheblich mehr Stimmen als auf den Ochsensepp. ACSP, CSU-LTF II/1, 15–14, Protokolle der Fraktionssitzungen am 18. 12. 1950 und 3. 1. 1951.

[261] ACSP, CSU-LTF II/1, 15–14, Protokoll der Fraktionssitzung am 17. 1. 1951. Müller warf Hundhammer erregt vor, er betreibe gezielt den Sturz der Regierung und bereite in konspirativen Gesprächen ein Bündnis von CSU und Bayernpartei vor. Hundhammer nannte den Justizminister einen „hundsgemeine[n] Verleumder“, und beschuldigte Müller, ihn illegal bespitzeln zu lassen.

[262] BayHStA, NL Ehard 242, Hans Ehard an Alois Hundhammer vom 23. 12. 1950.

bis an meine letzten Tage auf mir lasten. Ich kann mich der Erkenntnis nicht entziehen, dass die Ereignisse logisch und mit dramatischer Folgerichtigkeit sich abgewickelt haben durch die Schuld, das Versagen und die Unzulänglichkeit der Menschen. Das Endergebnis, das vor uns liegt, ist nicht gut. Es hätte nicht so sein müssen. Es ist widernatürlich, dass in Bayern eine Regierung zustande kam zwischen CSU und SPD, wo CSU und Bayernpartei eine Mehrheit gehabt hätten. [...] Du hast die Entscheidung für links gefällt. Motive und Umstände hast Du berührt. Ich will sie nicht weiter erörtern. Nur den Ablauf der Tatsachen halte ich fest. Erinnerst Du Dich an das Gespräch unter vier Augen auf Deinem Büro in der entscheidenden Zeit? Du hast mir dabei erklärt: ‚Wenn ich meine, ich könnte eine kleine Koalition mit der Bayernpartei bilden, dann soll ich es versuchen. Du würdest Dein Mandat niederlegen. Die Partei solle einen anderen Vorsitzenden wählen und Du würdest Dir eine andere Beschäftigung suchen.‘ Mit dieser Haltung war die kleine Koalition unmöglich gemacht. Keim und Wurzel der jetzigen Wendung liegen in der Geschichte der CSU von deren Anfängen her. Ich habe mich redlich bemüht – angefangen von der Zeit, in der einige das Wort ‚christlich‘ aus unserem Parteinamen streichen wollten und das Wort ‚bayerisch‘ tatsächlich von unseren Briefköpfen entfernt wurde, über die Entscheidung bezüglich der Person des Ministerpräsidenten und den Kurs der Staatsregierung im Jahre 1946 bis zur Rettung der CSU vor dem buchstäblichen finanziellen wie dem politischen und moralischen Konkurs durch die Wendung auf dem Straubinger Parteitag –, die Anhänger der Union zusammenzuhalten und die Rücksichtnahme auf verhängnisvolle Kräfte und ihren Einfluss auf den Kurs der Partei auszuschalten. Die Aufsplitterung des bürgerlichen christlichen bayerischen Lagers in CSU und Bayernpartei ist der Herd des Übels. Die Beseitigung der Spaltung ist der Weg zur Abhilfe und Wiedergesundung unseres staatspolitischen Zustandes. Bayern darf nicht die Verantwortung auf sich laden, dass durch sein Versagen als Flügelmann in der entscheidenden Schlüsselstellung der föderalistischen Kräfte in den Bundesländern die Führung Deutschlands in die Hände sozialdemokratischer Kräfte gespielt worden ist. [...] Du bittest mich um der Sache unseres Landes und der Partei willen, es nicht zuzulassen, einen Graben zwischen uns beiden zu ziehen. Ich meine, wir hätten in den vergangenen vier Jahren Kameraden werden können. Ich habe Dich selber ein zweitesmal zum Ministerpräsidenten vorgeschlagen und gewählt. Ich werde Dich loyal unterstützen bis zu der Stunde, in welcher diese Koalition zerbricht. [...] Ich bin in meinem Leben einen harten Weg gegangen, nicht eiskalt, aber unter Hinnahme von Opfern, an denen meine Familie zeitweise schwer mittragen musste und bis heute noch trägt. Aber es war der rechte Weg. Die Erfahrung hat es erwiesen. Fehlgegangen bin ich dann, wenn ich weich war.“[263]

Hans Ehard wird diese Zeilen mit sorgenvoller Miene gelesen haben, wußte er doch nur allzu gut, wie hart, kompromißlos und nachtragend Hundhammer sein konnte[264]. Wie berechtigt solche Sorgen waren, zeigte sich rasch. So kursierte Ende Januar 1951 das Gerücht, Joseph Baumgartner werde als Bayernpartei-Vorsitzender abtreten und Alois Hundhammer Platz machen[265]. Der gestürzte Kultusminister dementierte solche Meldungen zwar umgehend[266], ließ aber andererseits keine Gelegenheit verstreichen, um gegen die große Koalition Front zu machen und nachdrücklich für eine Annäherung von CSU und Bayernpartei zu plädieren[267]. Ein erster Schritt auf diesem Weg war im Januar 1951 die Gründung der Bayerischen Volksaktion durch den Regensburger Journalisten und Verleger Josef Held, einen Sohn des ehemaligen Ministerpräsiden-

263 BayHStA, NL Ehard 242, Alois Hundhammer an Hans Ehard vom 26. 12. 1950.

264 BayHStA, NL Ehard 242, Hans Ehard an Alois Hundhammer vom 22. 2. 1951, Alois Hundhammer an Hans Ehard vom 4. 3. 1951, und NL Ehard 298, Alois Endrich an die Landesgeschäftsstelle der CSU vom 11. 5. 1951; BAK, NL Schäffer 27, Bl. 365, Fritz Schäffer an Karl Schwend vom 2. 3. 1951, und Bl. 397f., Alois Endrich an Alois Hundhammer vom 12. 1. 1951.

265 BayHStA, NL Ehard 242, Franz Josef Strauß an Alois Hundhammer vom 25. 1. 1951.

266 ACSP, CSU-LTF II/1, 15–19/2, Alois Hundhammer an Franz Josef Strauß vom 26. 1. 1951. Hundhammer beendete sein kurzes Schreiben mit dem Satz: „Für die Bayernpartei würde ein solches Geschäft gar nicht schlecht sein.“

267 ACSP, CSU-LTF II/1, 15–14, Protokoll der Fraktionssitzung am 17. 1. 1951; BSB, NL Schwend 53, Bericht über eine Rede Alois Hundhammers am 23. 1. 1951 im Münchner Kreuzbräu.

ten Heinrich Held[268]. Als eigentliche Drahtzieher dieser überparteilichen „Arbeits- u[nd] Gesinnungsgemeinschaft christl[ich-]konservativer Kräfte"[269] galten freilich Alois Hundhammer und Fritz Schäffer[270], die damit „die Unzufriedenheit über die Ehardsche Koalitionsbildung" kanalisieren[271] und ihrem erklärten Ziel, der Wiedervereinigung der aufgespaltenen bayerisch-christlichen Kräfte, ein Stück näherkommen wollten. Zunächst schien sich diese Initiative durchaus erfolgversprechend anzulassen. Am 31. März 1951 sprachen sich der Landesausschuß der Bayernpartei und der von Hundhammer geführte CSU-Bezirksverband Oberbayern dafür aus, die Bayerische Volksaktion zu unterstützen. Es war aber einmal mehr Hans Ehard, der sich offen gegen alle Pläne zur Verschmelzung von CSU und BP stellte und die Parole ausgab: „Sammelt Euch in der Union"![272] Damit nahm er der Bayerischen Volksaktion einen großen Teil ihrer Attraktivität und Stoßkraft, denn gegen den Willen des CSU-Vorsitzenden und Ministerpräsidenten war eine Annäherung oder gar eine Fusion von CSU und BP kaum denkbar. So führte die Bayerische Volksaktion noch eine Zeitlang ein Schattendasein, bevor sie schließlich ganz von der Bildfläche verschwand.

Weniger erfolgreich war Ehards vorsichtiger Versuch, auf elegante Weise den unbequemen Alois Hundhammer loszuwerden, der nicht nur die große Koalition ablehnte, sondern ihm selbst auch skeptisch, ja fast feindselig gegenüberstand und so eine ständige Bedrohung für seine politische Linie darstellte. Da lag es nahe, daß der Ministerpräsident den einflußreichen Vorsitzenden der CSU-Fraktion bei Konrad Adenauer für das Amt des Vertreters der Bundesrepublik beim Heiligen Stuhl ins Gespräch brachte, als dieses im März 1951 zur Besetzung anstand[273]. Allerdings gelang es Ehard nicht, seinen Gegenspieler aus München wegzuloben, und so mußte er sich auf weitere unerwünschte Querschüsse aus der Hundhammer-Ecke gefaßt machen[274].

Ehard war nicht zu beneiden. Mit der Entscheidung für eine große Koalition unter Ausschluß von Alois Hundhammer war die Lage in der CSU noch unübersichtlicher geworden. Wie sich vor allem in der Fraktion gezeigt hatte, bestanden die alten Gegensätze zwischen den katholisch-konservativen Kräften und den Resten des Müller-Flügels weiter, ganz zu schweigen von der unüberbrückbaren persönlichen Feindschaft zwischen Hundhammer und dem Justizminister, wenn die beiden Streithähne auch

---

[268] Vgl. dazu Unger, Bayernpartei, S. 164f., sowie Wolf, CSU und BP, S. 169ff., und Gelberg, Hans Ehard, S. 359f.

[269] Zit. nach Unger, Bayernpartei, S. 164.

[270] BayHStA, NL Ehard 242, Fritz Schäffer an Hans Ehard vom 22. 1. 1951; BSB, NL Schwend 53, Bericht über eine Rede Alois Hundhammers am 23. 1. 1951 im Münchner Kreuzbräu; BAK, NL Schäffer 27, Bl. 331f., Josef Held an Fritz Schäffer vom 6. 6. 1952, Bl. 358ff., Fritz Schäffer an Hans Ehard vom 20. 2. 1951, Bl. 373ff., Josef Held an Fritz Schäffer vom 23. 1. 1951, Bl. 389ff., Fritz Schäffer an Josef Held vom 23. 1. 1951, Bl. 406, Josef Held an Fritz Schäffer vom 14. 1. 1951, Bl. 409, Josef Held an Fritz Schäffer vom 16. 1. 1951. Wie Henzler, Fritz Schäffer, S. 367, zu der Einschätzung kommt, der Bundesfinanzminister hätte sich im Frühjahr 1951 von der Bayerischen Volksaktion scharf distanziert, bleibt unverständlich.

[271] Gelberg, Hans Ehard, S. 359.

[272] BSB, NL Schwend 55, Hans Ehard an Fritz Schäffer vom 3. 3. 1951; ähnlich auch ACSP, CSU-LTF II/1, 15–12/3, Rede Hans Ehards vor dem Landesausschuß der CSU am 14. 4. 1951 in Würzburg.

[273] BSB, NL Schwend 3, Hans Ehard an Konrad Adenauer vom 17. 3. 1951.

[274] Vgl. z. B. Rheinischer Merkur vom 2. 3. 1951: Der schwarze Mann. Dr. Aloys Hundhammer wartet auf seine Chance"; weitere diesbezügliche Zeitungsausschnitte in: ACSP, CSU-LTF II/1, 15–12/1, und BSB, NL Schwend 55; Hundhammer machte aus seiner Skepsis gegenüber der großen Koalition und aus seiner Reserve gegen Ehard keinen Hehl: ACSP, CSU-LTF II/1, 15–20/40, Rede Alois Hundhammers vor der Landesversammlung der CSU am 24. 6. 1951 in Bad Reichenhall.

sichtlich an Einfluß verloren hatten. Mit dem Bruch zwischen Ehard und Hundhammer wurde jedoch ein neuer Graben aufgerissen, und im Frühjahr 1951 konnte niemand sagen, welche Auswirkungen dieser neue Konfliktherd auf die CSU haben würde. Eines war jedoch klar: Ehard war in seiner Partei nicht mehr so unangefochten wie bisher. Da kam es dem CSU-Vorsitzenden besonders ungelegen, daß sich zwischen den Landespolitikern und der immer selbstbewußter auftretenden Landesgruppe der CSU in Bonn eine neue Frontlinie herauszubilden begann.

### *c) Landespolitik versus Bundespolitik*

Als die CSU 1945 gegründet wurde, stand keineswegs fest, daß sie sich zu einer autonomen Landespartei entwickeln würde. Immerhin gab es prominente Mitbegründer wie Josef Müller und Adam Stegerwald, die nicht an die Tradition der selbständigen bayerischen Parteien anzuknüpfen gedachten, sondern in der CSU den bayerischen Landesverband einer künftigen Reichsunion sahen, welche Form diese auch immer haben mochte. Es zeigte sich jedoch schon 1946, daß sich diese Kräfte nicht würden durchsetzen können und die Weichen mehr und mehr in Richtung auf eine organisatorisch-politische Eigenständigkeit der CSU gestellt würden. Damit stand aber auch die Frage auf der Tagesordnung, wie die Partei in Gremien wie dem Frankfurter Wirtschaftsrat und dem Parlamentarischen Rat oder seit August 1949 im Bundestag auftreten sollte[275]. Schließlich hatte die „Betonung einer parlamentarischen Sonderstellung auf nationaler Ebene“ ebenso tiefe historische Wurzeln[276] wie die autonomen bayerischen Landesparteien selbst.

Nach den ersten Bundestagswahlen standen den verantwortlichen CSU-Politikern im Prinzip drei strategische Optionen offen: die Bildung einer eigenen Fraktion, eine Fraktionsgemeinschaft mit der CDU oder eine Arbeitsgemeinschaft mit anderen föderalistischen Parteien wie der DP oder der Bayernpartei. Doch welche von diesen Möglichkeiten sollte man wählen[277]? Eine eigene Fraktion hätte sicherlich die größtmögliche Bewegungsfreiheit geboten und der CSU die besten Chancen eröffnet, sich gemäß ihrem Selbstverständnis als eigenständige Partei zu präsentieren. Zudem gab es für eine solche Lösung namhafte historische Vorbilder. So hatte die Bayerische Patriotenpartei nach 1871 im Reichstag eine eigene Fraktion gebildet[278], und auch die Bayerische Volkspartei hatte sich 1920 entschlossen, die Fraktionsgemeinschaft mit dem Zentrum aufzulösen und eigene Wege zu gehen[279]. Mit dieser Entscheidung hatte sich die BVP im

[275] ACSP, NL Müller 16, Protokoll der Landesversammlung der CSU vom 27.–29. 5. 1949 in Straubing (Anton Pfeiffer).

[276] Alf Mintzel, Franz Josef Strauß und die CSU-Landesgruppe im Deutschen Bundestag, in: Friedrich Zimmermann (Hrsg.), Anspruch und Leistung. Widmungen für Franz Josef Strauß, Stuttgart 1980, S. 281–307, hier S. 287.

[277] Zu den möglichen Optionen vgl. BSB, NL Schwend 2, „Brief aus dem 1. Deutschen Bundestag“ vom 14. 9. 1949; ACSP, CSU-LTF I, 15–14, Protokolle der Fraktionssitzungen am 19. 8. und 14. 9. 1949; Archiv der CSU-Landesgruppe, Protokoll der Landesgruppensitzung am 7. 9. 1949; ACSP, CSU-LL, Protokoll der Landesversammlung der CSU am 17./18. 6. 1950 in Kempten (Franz Josef Strauß, Hans Ehard, Fritz Schäffer).

[278] Zum Verhältnis von Patriotenpartei und Zentrum vgl. Albrecht, Von der Reichsgründung bis zum Ende des Ersten Weltkrieges, in: Spindler (Hrsg.), Handbuch der bayerischen Geschichte, Bd. IV/1, S. 298–307.

[279] Vgl. Schönhoven, BVP, S. 35–42, und Christian Maga, Prälat Johann Leicht (1868–1940). Konservativer Demokrat in der Krise der Zwischenkriegszeit, Diss., Würzburg 1990, S. 69–77.

Reichstag allerdings selbst isoliert und das verlorene Häuflein ihrer Abgeordneten mehr oder weniger zur Bedeutungslosigkeit verdammt. Diese bittere Erfahrung, die frischgebackene Bundestagsabgeordnete wie Michael Horlacher und Hugo Karpf selbst hatten machen müssen, sprach für eine Fraktionsgemeinschaft mit der CDU. Schließlich verstand sich die CSU trotz mancher Vorbehalte als Teil der Union, und man hatte bereits im Frankfurter Wirtschaftsrat und im Parlamentarischen Rat Erfahrungen mit einer solchen Fraktionsgemeinschaft sammeln können. Dennoch wurden auf seiten der konservativen BVP-Traditionalisten immer wieder Stimmen laut, die für die Bildung einer eigenen Fraktion plädierten[280]. Tatsächlich durfte man eines nicht übersehen: Es war durchaus möglich, daß die 24 Abgeordneten der CSU bei einem Zusammenschluß mit der großen CDU-Fraktion einfach aufgesogen würden und die Partei so ihre Handlungsfähigkeit auf der politischen Bühne Bonns verlieren könnte. Außerdem bedeutete eine Fraktionsgemeinschaft einen geradezu strukturellen Zwang zum Kompromiß, und diese Kompromisse mußten nicht immer im Sinne der Münchner Parteiführung ausfallen. Als dritte Option bot sich eine Arbeitsgemeinschaft aller föderalistischen Kräfte unter Führung der CSU an. Das vergiftete Verhältnis von CSU und Bayernpartei[281], die neben der DP[282] der wichtigste Partner in einem solchen Bündnis gewesen wäre, machte die Verwirklichung dieser Idee jedoch von vornherein mehr als schwierig.

Überraschenderweise wählten die Abgeordneten der CSU jedoch keine von diesen Möglichkeiten, sondern entschieden sich für eine Kompromißlösung, die die Vorteile einer eigenen Fraktion mit den Vorteilen einer Fraktionsgemeinschaft von CDU und CSU verbinden sollte[283]. In diesem Sinne beschlossen die neugewählten Parlamentarier der bayerischen Unionspartei, wie im Frankfurter Wirtschaftsrat und im Parlamentarischen Rat eine Fraktionsgemeinschaft mit der CDU einzugehen, aber zugleich einen eigenen Vorstand zu wählen, eigene Sitzungen abzuhalten und sich so als organisatorisch weitgehend unabhängige Landesgruppe innerhalb der gemeinsamen Bundestagsfraktion zu konstituieren[284]. Eine verdeckte Vorform dieser speziellen CSU-Lösung hatte es schon im Wirtschaftsrat und im Parlamentarischen Rat gegeben. In Frankfurt war es Franz Josef Strauß gewesen, der die Zügel in die Hand genommen und eine eigene Sitzordnung für die Abgeordneten der CSU durchgesetzt hatte[285], und die Repräsentanten der bayerischen Unionspartei im Parlamentarischen Rat waren darauf bedacht gewesen, trotz ihrer Mitgliedschaft in der gemeinsamen Fraktion eine gewisse

280 Vgl. Müchler, CDU/CSU, S. 45.

281 Zu einer – allerdings kurzlebigen – Arbeitsgemeinschaft von CSU und BP kam es erst 1951; vgl. Unger, Bayernpartei, S. 165; Archiv der CSU-Landesgruppe, Protokoll der Landesgruppensitzung am 12 .4. 1951 und Protokoll der Sitzung der Arbeitsgemeinschaft von CSU und BP am 5. 6. 1951.

282 Zu Kontakten Fritz Schäffers mit der DP-Führung vgl. Auftakt zur Ära Adenauer, S. XXV, und Fritz Schäffer an Heinrich Hellwege vom 17. 8. 1949, in: ebenda, S. 19f.

283 Müchler, CDU/CSU, S. 63, stellt mit Recht fest: „Die Organisationsform der Landesgruppe stellte einen Kompromiß dar. Einerseits bedeutete sie weniger als eine eigene Fraktion; andererseits manifestierte sie die herausgehobene Stellung der CSU in der F[raktionsgemeinschaft].

284 Der Landtagsabgeordnete Anton Maier, der seinen Fraktionskollegen über die Vorgänge in Bonn Bericht erstattete, zitierte Fritz Schäffer mit den Worten: „Wir haben in Bonn eine eigene Landesgruppe, eine eigene Vorstandschaft und halten eigene Sitzungen ab, um geschlossen und umso stärker in der grossen CDU-CSU-Fraktion auftreten zu können." ACSP, CSU-LTF I, 15–14, Protokoll der Fraktionssitzung am 14. 9. 1949.

285 Protokoll der Sitzung des Landesausschusses der CSU am 28./29. 2. 1948 in Regensburg, in: Protokolle und Materialien, S. 1635. Strauß erklärte auch, er habe die Abgeordneten der CSU in Frankfurt „zu einer Gruppe zusammengefaßt".

Eigenständigkeit zu wahren[286]. Robert Lehr, in der CSU als Zentralist verschrien und entsprechend unbeliebt[287], hatte schon Ende Oktober 1948 vor dem Zonenausschuß der CDU in der britischen Besatzungszone festgestellt: „Die Bayern haben sich von Anfang an als eine Fraktion innerhalb der Fraktion gefühlt und so auch uns gegenüber verhalten."[288]

Zum vielleicht wichtigsten Fürsprecher des Landesgruppenmodells, ja überhaupt zur treibenden Kraft der CSU auf Bundesebene, avancierte Fritz Schäffer. Vom ehemaligen BVP-Vorsitzenden hatte man das nicht unbedingt erwarten können, schließlich galt der Staatsrat als Erzföderalist[289] und als Verfechter einer eigenständigen bayerischen Politik. Außerdem war er ohne jedes Parteiamt, nachdem er im September 1948 aus der CSU ausgetreten war. Wenn Schäffer in den Überlegungen der Parteiführung um Hans Ehard überhaupt eine Rolle spielte, dann keine besonders erfreuliche[290]. Man hatte nicht vergessen, daß Schäffer die Flügelkämpfe mit der oberbayerischen Rebellion auf die Spitze getrieben hatte und war auch von seiner Kandidatur für den Bundestag nicht gerade begeistert gewesen. Als Führungsfigur der CSU in Bonn kam er jedenfalls für Ehard nicht in Frage. Der Landesvorsitzende setzte vielmehr auf seinen bewährten Parteifreund Anton Pfeiffer, der schon im Parlamentarischen Rat sein Statthalter gewesen war[291]. Der Chef der Staatskanzlei, immerhin einer der prominentesten CSU-Politiker überhaupt, fiel jedoch in seinem Wahlkreis München-Land gegen Anton Besold von der Bayernpartei glatt durch, und auch seine Absicherung über die Landesliste erwies sich als erfolglos. Das Scheitern Pfeiffers eröffnete Schäffer die Chance für ein erneutes Comeback, und er packte die Gelegenheit beim Schopf, sich „als neue Führungspersönlichkeit der CSU in Bonn zu etablieren"[292].

Nur zwei Tage nach der Wahl ergriff Schäffer die Initiative und lud die frischgebackenen Bundestagsabgeordneten seiner Partei für den 19. August 1949 zu einer Besprechung nach München ein[293]. Für den Staatsrat war es keine Frage, daß die CSU im Bundestag in irgendeiner Form als selbständige Partei auftreten mußte. Sollten die Abgeordneten der bayerischen Unionspartei keine eigene Organisationsform finden, schrieb er an seinen Regensburger Kollegen Max Solleder[294], „fallen unsere Freunde sicherlich auseinander". Sie seien „fast alle neu gewählt", würden sich noch nicht kennen

---

286 So hatten die Vertreter der bayerischen Unionspartei am 7. 1. 1949 beschlossen, künftig regelmäßige Gruppenbesprechungen abzuhalten, allerdings unter Ausschluß von Karl Sigmund Mayr, den man der Komplizenschaft mit den zentralistischen Kräften in der CDU verdächtigte. Sogar ein Ausscheiden der CSU aus der gemeinsamen Fraktion war erwogen worden. Vgl. Gelberg, Hans Ehard, S. 198f.

287 Zu den Bedenken gegen Lehr, die im August 1949 nach einem föderalistischen Canossa-Gang des früheren Oberbürgermeisters von Düsseldorf zumindest vorübergehend zurückgestellt wurden, vgl. Archiv der CSU-Landesgruppe, Protokoll der Landesgruppensitzung am 7. 9. 1949, sowie Fritz Schäffer an Hans Ehard vom 16. 9. 1949 und Protokoll der Sitzung der CDU/CSU-Bundestagsfraktion am 17. 9. 1949, in: Auftakt zur Ära Adenauer, S. 438f. bzw. S. 448f.

288 Zit. nach Müchler, CDU/CSU, S. 49.

289 SZ vom 3. 9. 1949: „Wo bleiben die Länder?".

290 Vgl. Gelberg, Hans Ehard, S. 289f.

291 Zu dem nicht ganz reibungsfreien Verhältnis von Ministerpräsident Ehard und seinem Staatsminister, der im Parlamentarischen Rat die CDU/CSU-Fraktion führte, vgl. Reuter, Anton Pfeiffer, S. 182–206.

292 Auftakt zur Ära Adenauer, S. XXV.

293 Vgl. Henzler, Fritz Schäffer, S. 290ff.

294 *Maximilian Solleder*, geb. 8. 3. 1894 in Schierling/Opf., gest. 23. 1. 1966, kath., Jurastudium und Promotion, seit 1922 Rechtsanwalt in Regensburg, vor 1933 BVP-Mitglied und Geschäftsführer der

und seien aufgrund ihrer Unerfahrenheit „den gewiegten Parlamentariern der CDU völlig ausgeliefert". Es bestehe die Gefahr, so Schäffer weiter, daß die CSU im Bundestag überhaupt nicht zu Wort komme und von der Öffentlichkeit völlig unbeachtet bliebe. Außerdem müsse man auf die schwierigen innerbayerischen Verhältnisse Rücksicht nehmen und dürfe der Bayernpartei keine zusätzliche Munition liefern[295]. Andererseits war Schäffer klug genug, um zu erkennen, daß die 24 Abgeordneten der CSU ohne Unterstützung im Bundestag nur wenig würden ausrichten können. Er schlug deshalb seinen Kollegen vor, eine Fraktionsgemeinschaft mit der CDU einzugehen, aber zugleich eine eigene Landesgruppe zu bilden[296]. Auch wenn es durchaus Stimmen gab, die sich für eine eigene Fraktion aussprachen[297], folgte die Mehrheit der CSU-Bundestagsabgeordneten Schäffers Empfehlung.

Am 30. August 1949 konstituierte sich die CSU-Mannschaft „mit Nachdruck als eigenständige Gruppierung" und wählte Fritz Schäffer und Franz Josef Strauß zu ihren Vorsitzenden. Zugleich entschieden sie sich für eine Fraktionsgemeinschaft mit der CDU[298], allerdings nicht ohne Bedingungen. Tatsächlich konnte die CSU einiges fordern, da ihre Ausgangsposition nicht so schlecht war, wie es auf den ersten Blick scheinen mochte[299]. Immerhin waren es ihre 24 Mandate, die der Union im Bundestag das Übergewicht über die SPD sicherten[300]. In dieser Konstellation war es der CSU trotz ihres miserablen Wahlergebnisses möglich, Ansprüche zu stellen, die ihrer numerischen Stärke nicht unbedingt entsprachen[301]. So wurde etwa die Forderung erhoben, das Innen- und das Finanzministerium nur mit prinzipientreuen Föderalisten zu besetzen[302] und den Gedanken an eine große Koalition mit der SPD aufzugeben[303]. Eine gemeinsame Fraktion, so hieß es weiter, sei nur unter der Voraussetzung möglich, „daß

BVP in der Oberpfalz, seit 1945 CSU-Mitglied, 1949–1953 MdB (CSU), stellvertretender Vorsitzender der CSU-Landesgruppe, 1952/1953 Mitglied des Landesvorstands der CSU.

295 Zit. nach Henzler, Fritz Schäffer, S. 291 Anm. 98.

296 Archiv der CSU-Landesgruppe, Fritz Schäffer an Franz Josef Strauß vom 20. 8. 1949; auch abgedruckt in: Geschichte einer Volkspartei, S. 465.

297 Archiv der CSU-Landesgruppe, Protokoll der Landesgruppensitzung am 7. 9. 1949.

298 Henzler, Fritz Schäffer, S. 296f.; auch Hans Ehard sprach sich für das Landesgruppenmodell aus: SZ vom 1. 9. 1949: „Erneute Besprechung Adenauer – Ehard".

299 So zu Recht Reuter, Anton Pfeiffer, S. 213f. Anders dagegen Gelberg, Hans Ehard, S. 282, und Auftakt zur Ära Adenauer, S. XXIV.

300 Nach Pressemeldungen, die bayerische CSU würde sich in Bonn mit dem Postministerium zufriedengeben, betonte Ehard am 26. 8. 1949 vor der Landtagsfraktion: „Ihnen hier erkläre ich, daß damit, daß die CSU die CDU/CSU zur stärksten Partei macht, wir ganz andere Wünsche anzumelden haben." Und zwei Wochen später führte der Ministerpräsident aus: „Ohne Zweifel ist gegenwärtig der Einfluss der CSU-Gruppe in Bonn sehr gross, weil durch die CSU-Gruppe die CDU ja stärkste Partei ist und vor der SPD dominiert. Dass wir aus dieser Position heraus ständig mit der Faust auf den Tisch schlagen, kommt natürlich nicht in Frage; aber wir bleiben aktiv!" ACSP, CSU-LTF I, 15–14, Protokolle der Fraktionssitzungen am 26. 8. und 14. 9. 1949.

301 Zu den Forderungen der CSU vgl. Müchler, CDU/CSU, S. 99–105, und Henzler, Fritz Schäffer, S. 295–303.

302 SZ vom 1. 9. 1949: „Föderalistischer Innenminister gefordert".

303 Zur diesbezüglichen Diskussion vgl. ACSP, CSU-LTF I, 15–14, Protokolle der Fraktionssitzungen am 19. 8., 26. 8. und 14. 9. 1949; Protokoll der Sitzung der CDU/CSU-Bundestagsfraktion am 1. 9. 1949, in: Auftakt zur Ära Adenauer, S. 162 (Fritz Schäffer); Archiv der CSU-Landesgruppe, Protokoll der Landesgruppensitzung am 7. 9. 1949. An einer deutlichen Präferenz der CSU für eine Koalition unter Ausschluß der SPD kann kein Zweifel bestehen; es steht jedoch ebenfalls fest, daß Konrad Adenauer das Nein der CSU als Waffe zur Durchsetzung der kleinen Koalition in der CDU benutzte. Vgl. z. B. Protokoll der Sitzung der CDU/CSU-Bundestagsfraktion am 1. 9. 1949, in: Auftakt zur Ära Adenauer, S. 145.

die Interessen der Länder in finanzwirtschaftlichen und auch in kulturpolitischen Fragen auf keinen Fall majorisiert werden" dürften[304]. Diese Forderungen lagen der Erklärung zugrunde, die Fritz Schäffer am 1. September 1949 zu Beginn der konstituierenden Sitzung der Unionsfraktion abgab:

„Meine sehr verehrten Damen und Herren! Die Abgeordneten, die auf den Namen der bayerischen Landespartei CSU gewählt sind, haben in einer Vorbesprechung sich darauf geeinigt, Ihnen vorzuschlagen, daß sie als Mitglieder der vereinigten Fraktion CDU/CSU von Ihnen anerkannt werden und an Ihren Beratungen in dieser Eigenschaft teilnehmen wollen, damit wir auch in der Lage sind, dem Büro des Bundestages mitzuteilen, daß die CDU/CSU mit 139 Mitgliedern die stärkste Fraktion dieses Hauses ist. (Lebhafter Beifall) Sie wissen, daß die bayerische Landespartei der CSU unter besonderen Verhältnissen kämpft und unter diesen besonderen Verhältnissen den föderativen Gedanken vertreten wird. Wir stellen uns in dieser Situation vor, daß wir auch in die Fraktion ein Stück föderativer Gedanken hineintragen dürfen. Wir haben uns deshalb entschlossen, Sie zu bitten, daß wir eine bayerische Landesgruppe in Ihrem Kreise bilden, wir aber als Mitglieder der Fraktion gelten sollen."[305]

Diese Erklärung wurde von den Abgeordneten der CDU mit Beifall aufgenommen, und damit war die Fraktionsgemeinschaft beschlossene Sache[306]. Das erneuerte Bündnis der Unionsparteien ließ sich für die CSU nicht schlecht an. Noch am 1. September wählte die Fraktion Fritz Schäffer zu einem ihrer stellvertretenden Vorsitzenden und delegierte Franz Josef Strauß als zweites Mitglied der CSU in den Fraktionsvorstand[307]. In Bayern gab es jedoch nicht geringe Widerstände gegen diese Lösung, und diejenigen, die von vornherein auf Eigenständigkeit bedacht gewesen waren, konnten sich bestätigt fühlen, als Karl Arnold und nicht der von der CSU vorgeschlagene Hans Ehard zum Präsidenten des Bundesrats gewählt wurde[308]. Ehard, der wie kein

---

304 SZ vom 27. 8. 1949: „Sonderbesprechung CDU/CSU auf dem Rittersturz".

305 Protokoll der Sitzung der CDU/CSU-Bundestagsfraktion am 1. 9. 1949, in: Auftakt zur Ära Adenauer, S. 140f.

306 Allerdings waren nicht alle CDU-Abgeordneten erfreut über diese Lösung. Heinrich Krone vermerkte am 18. September in seinem Tagebuch: „Die Bayern haben dem Grundgesetz nicht zugestimmt, sind aber froh, daß die anderen es angenommen haben. Als in der Fraktionssitzung Staatsrat Fritz Schäffer feierlich erklärte, daß die bayerische CSU sich entschlossen habe, mit der CDU eine Fraktion zu bilden, gab es für diese wohlwollende bayerische Geneigtheit lautes Beifallklatschen. Ich klatschte nicht." Krone, Tagebücher, Bd. 1, S. 76.

307 Protokoll der Sitzung der CDU/CSU-Bundestagsfraktion am 1. 9. 1949, in: Auftakt zur Ära Adenauer, S. 184 und S. 186.

308 Die führenden Repräsentanten der Landesgruppe wußten um das Mißtrauen gegen eine allzu enge Zusammenarbeit mit der CDU und versuchten daher so schnell wie möglich, ihre Entscheidung zu rechtfertigen. In einem vermutlich von Fritz Schäffer selbst verfaßten „Brief aus dem 1. Deutschen Bundestag" vom 14. 9. 1949 (BSB, NL Schwend 2) hieß es: „Für die CSU war es von vornherein klar, dass sie versuchen müsse, sich an der Verantwortung einer Regierungsbildung und Regierungsführung zu beteiligen und [...] das bayerische Gewicht dabei möglichst zur Geltung zu bringen. Sie musste sich daher schon am Anfange entscheiden, sollte sie eine eigene Fraktion, getrennt von der ihr gesinnungsverwandten Christlich Demokratischen Union, im Bundestag bilden und allein im Bundestag mit 24 unter 403 Stimmen stehen, oder sollte sie sich mit der Christlich Demokratischen Union verschmelzen, um sich dem Stimmengewicht der auf den Namen dieser Partei gewählten 115 Abgeordneten anzuschliessen, aber unter Aufgabe der eigenen Selbständigkeit? Die Abgeordneten der Christlich [Sozialen] Union wählten einen dritten Weg, den wirklich föderalistischen. Sie beschlossen einstimmig, eine *eigene Landesgruppe* der CSU zu bilden, da sie auch auf den Namen einer eigenen Landespartei gewählt sind. Die CSU ist eine bayerische Landespartei und will es bleiben. Die CSU weiss aber auch, dass sie sich in der Bundespolitik nur geltend machen kann, wenn sie zusammenwirkt mit allen den Kräften im Bunde, die dieselben föderalistischen Ziele vertreten wie sie. Solche sind am zahlreichsten und stärksten vertreten in der Christlich Demokratischen Union; es galt daher, diese zu stärken und sich mit ihnen zu verbinden." Hervorhebungen im Original.

anderer um die Verankerung dieses Verfassungsorgans im Grundgesetz gekämpft hatte, war der geborene Kandidat dafür und hatte im Zuge der Koalitionsverhandlungen von Konrad Adenauer auch entsprechende Zusagen erhalten[309]. Der designierte Bundeskanzler hatte jedoch nicht damit gerechnet, daß eine Reihe von Politikern aus seiner eigenen Partei den Versuch unternehmen würden, die Wahl Ehards zum Bundesratspräsidenten zu verhindern und damit die Bildung einer Regierung ohne die SPD überhaupt zu torpedieren. So wurde am 7. September 1949 nicht der bayerische Ministerpräsident, sondern sein nordrhein-westfälischer Kollege Arnold, der anders als Adenauer für eine große Koalition von Union und SPD eintrat, zum Präsidenten des Bundesrats gewählt. Dieser Tag gehörte zu den schwärzesten in Ehards bisheriger politischer Karriere; er war tief enttäuscht und zieh Adenauer und die CDU des Vertrauensbruchs[310]. Der Ministerpräsident, der es stets vermieden hatte, an die defensive, ja streckenweise destruktive Politik Bayerns nach 1918 anzuknüpfen und statt dessen für eine positive Mitwirkung am Aufbau des neuen Staates eingetreten war[311], erwog sogar, sich von der bundespolitischen Bühne zurückzuziehen und nur dann zu „erscheinen, wenn es notwendig ist, die bayerischen Interessen energisch zu wahren“[312].

Auch die Stimmung unter den Bundestagsabgeordneten der CSU war äußerst gereizt. Als die Landesgruppe wenige Stunden nach der Wahl Arnolds den Bericht Ehards entgegennahm, hatten Schäffer und Strauß alle Mühe, ihre Kollegen von übereilten Schritten abzuhalten[313]. Die jüngsten Vorfälle waren selbstverständlich Wasser auf die Mühlen derer, die über die Fraktionsgemeinschaft alles andere als glücklich waren. Max Solleder, ein Rechtsanwalt aus Regensburg, der vor 1933 in der BVP aktiv gewesen war, kritisierte die Vertrauensseligkeit bei den Absprachen mit der CDU und erklärte unmißverständlich:

> „Die bisherigen Stellungnahmen sind durch die heutigen Ereignisse überholt. [...] Bayern ist überspielt, schwere[r] Prestigeverlust. Ich war von Anfang an dagegen, dass wir in der Fraktion aufgehen. Ich bin mir klar, dass wir eine Fraktion haben müssen, aber taktisch wäre es richtiger gewesen, wenn wir vorher gewisse Bedingungen gestellt und uns gesichert hätten. Man ist über uns zur Tagesordnung übergegangen. Wie stellen wir uns in der Zukunft: Nur ein Anhängsel bleiben gegen[ü]ber den anderen, Bayern ist kein Eckstein im neuen Deutschland. Wenn wir ein zentralistisches Deutschland aufbauen, haben wir den Zerfall unserer Partei in Bayern.“

Der Amberger Abgeordnete Josef Schatz ergänzte: „Wir haben damals gesagt, wir gehen keine Ehe ein. Leider ist es eine Ehe geworden, und den ersten Ehebruch haben wir jetzt.“ Hugo Karpf, Franz Josef Strauß und Fritz Schäffer, die erkannt hatten, was auf dem Spiel stand, schlugen jedoch einen Ausweg aus der Misere vor, der es der CSU erlaubte, die Fraktionsgemeinschaft aufrechtzuerhalten und zugleich das durch die Niederlage Ehards schwer geschädigte Ansehen der Partei wiederherzustellen. Sie

[309] Vgl. Auftakt zur Ära Adenauer, S. XLVI f., und – insbesondere zum Stellenwert der Bundesratspräsidentschaft für den bayerischen Ministerpräsidenten – Gelberg, Hans Ehard, S. 280–289; vgl. auch Karl-Ulrich Gelberg, Hans Ehard und Karl Arnold. Stationen eines wechselvollen Verhältnisses 1948–1952, in: ZfBLG 55 (1992), S. 625–646, insbesondere S. 632–637.

[310] Archiv der CSU-Landesgruppe, Protokoll der Landesgruppensitzung am 7. 9. 1949; ACSP, CSU-LTF I, 15–14, Protokoll der Fraktionssitzung am 14. 9. 1949.

[311] Vgl. Gelberg, Hans Ehard, S. 23 f.

[312] Archiv der CSU-Landesgruppe, Protokoll der Landesgruppensitzung am 7. 9. 1949; das folgende nach dem Protokoll dieser Sitzung.

[313] Vgl. dazu auch das Protokoll der Sitzung der CDU/CSU-Bundestagsfraktion am 8. 9. 1949, in: Auftakt zur Ära Adenauer, S. 287–298.

verlangten eine stärkere Berücksichtigung der CSU bei der Verteilung der Kabinettssitze, und da Adenauer auf die Stimmen der Landesgruppe angewiesen war, blieb ihm nichts anderes übrig, als diese Forderung zu erfüllen. Die CSU erhielt mit dem Finanzministerium (Fritz Schäffer) ein Schlüsselressort[314] und konnte das Postministerium (Hans Schuberth) und das Landwirtschaftsministerium (Wilhelm Niklas) besetzen; mit Hans Ritter von Lex wurde zudem ein CSU-Mitglied und überzeugter Föderalist Staatssekretär im Innenministerium[315]. Damit hatte man weitaus mehr erreicht, als man hatte erwarten können. Bei einem Mandatsanteil von knapp sechs Prozent konnte die CSU drei von 13 Bundesministerien erobern! Von einer Auflösung der Fraktionsgemeinschaft sprach nun niemand mehr. Es hatte sich trotz mancher Rückschläge offensichtlich bewährt, unter Wahrung der Eigenständigkeit das Bündnis mit der CDU zu suchen. Als die Landesversammlung der CSU im Juni 1950 in Kempten zusammentrat, begründete Franz Josef Strauß in seinem ersten Rechenschaftsbericht als Obmann der Landesgruppe[316] noch einmal die im Sommer 1949 getroffenen Entscheidungen:

„Der Auftrag, den der bayerische Wähler der Landesgruppe der CSU in Bonn erteilt hat, bestand nicht darin, Kritik zu üben und dort bayerische Wünsche einseitig zu vertreten, sondern darin, das bayerische Volk mit seinen über 9 Millionen Einwohnern in Bonn seiner Bedeutung entsprechend in Würde und Anstand zu vertreten. Demgemäss bestand, nachdem der Bundestag 402 Abgeordnete umfasst, zu denen wir von der CSU aus 24 beigetragen haben, unsere Aufgabe von vornherein darin: Wie bekommen wir trotz dieser kleinen Zahl [...] einen grösstmöglichen Einfluss auf die Gestaltung der Bundesrepublik. Diesen grösstmöglichen Einfluss auf die Gestaltung der Bundesrepublik haben wir [...] damit gewonnen, dass wir unter bestimmten, ganz klar umrissenen Bedingungen unsere Mitarbeit angeboten haben. Es geht nicht an, dass man in Bonn mit einer Gruppe, die insgesamt 5–6 % des Bundestages umfasst, oder im Falle eines Zusammenschlusses mit der Bayernpartei 10 %, in einer hoffnungslosen Minderheit bei der Vertretung bayerischer Wünsche immer einer [...] starken Mehrheit gegenübersteht, sondern es kommt darauf an, dass man auf der gesamtdeutschen Ebene mit den gleichgesinnten Freunden [...] ein politisches Bündnis in Form einer gemeinsamen Fraktion eingegangen hat, wenn auch innerhalb dieser Fraktion die Landesgruppe der CSU ihre eigene Stellung einnim[m]t, ihre eigenen Sitzungen abhält und notfalls ihre gesonderten bayerischen Interessen auf ihre Weise vertritt. [...] Wäre die CSU [...] diesen Weg nicht gegangen, dann wäre die stärkste Partei im Bundestag heute nicht die CDU/CSU, sondern die SPD. Es würde das Gesicht der ersten deutschen Volksvertetung nach dem [Z]weiten Weltkrieg, das jeweils durch den Präsidenten der Volksvertretung dargestellt wird, von einem Sozialisten dargestellt werden. Das mögen diejenigen bedenken, die unseren Zusammenschluss mit der CDU in einer gemeinsamen Fraktion immer zum Anlass von Vorwürfen nehmen, als ob wir damit die bayerische Hand[lungs]freiheit verloren hätten. Man darf nämlich Handlungsfreiheit nicht verwechseln mit Handlungsunfähigkeit, was für diese Kritiker zutrifft."[317]

[314] Zum Stellenwert des Finanzministeriums in Ehards föderalistischem Kalkül vgl. ACSP, CSU-LTF I, 15–14, Protokoll der Fraktionssitzung am 26. 8. 1949. Ehard hatte aber zunächst nicht an Schäffer, sondern an Richard Ringelmann, den einflußreichen – aber parteilosen!- Ministerialdirektor im bayerischen Staatsministerium der Finanzen, gedacht. Vgl. Gelberg, Hans Ehard, S. 290.

[315] Zur Ressortverteilung, die erst am 20. 9. 1949 endgültig feststand, vgl. Auftakt zur Ära Adenauer, S. XLVII-LII. Ritter von Lex, ein Kampfgefährte Schäffers aus BVP-Zeiten, zögerte zunächst, das Amt des Staatssekretärs im Innenministerium zu übernehmen, stimmte aber schließlich doch zu. BAK, NL Schäffer 35, Bl. 17, Telegramm Hans Ritter von Lex' an Fritz Schäffer vom 21. 9. 1949, und Bl. 18f., Fritz Schäffer an Hans Ritter von Lex vom 16. 9. 1949.

[316] Schäffer blieb auch nach seiner Ernennung zum Bundesfinanzminister nominell Vorsitzender der Landesgruppe. De facto führte aber Strauß die Landesgruppe, dem mit Max Solleder im Laufe des Jahres 1950 ein Stellvertreter zur Seite gestellt wurde, um die Kontinuität der Geschäftsführung sicherzustellen. Archiv der CSU-Landesgruppe, Protokolle der Landesgruppensitzungen am 23. 2. und 19. 10. 1950.

[317] ACSP, CSU-LL, Protokoll der Landesversammlung der CSU am 17./18. 6. 1950 in Kempten.

Um ihre selbstgesteckten Ziele zu erreichen und wirklich zu einem Faktor zu werden, den man trotz seiner zahlenmäßigen Schwäche nicht einfach außer acht lassen konnte, mußte die Landesgruppe eine Reihe von grundlegenden politisch-organisatorischen Problemen lösen. Zunächst galt es, die eigene Rolle auf der bundespolitischen Bühne zu definieren und auszugestalten. Dabei stand von vornherein fest, daß die Landesgruppe nur dann erfolgreich arbeiten konnte, wenn sie – vor allem in der gemeinsamen Fraktion – geschlossen auftrat und dem größeren Partner keinen Ansatzpunkt für eine Politik des divide et impera bot. Daß die Geschlossenheit der Landesgruppe nach einigen Anlaufschwierigkeiten[318] schon bald geradezu sprichwörtlich wurde[319], war nicht zuletzt der energischen und zupackenden Führung von Fritz Schäffer und Franz Josef Strauß zu verdanken. Den Obleuten kam es allerdings auch entgegen, daß ihre Parteifreunde durch die doppelte Frontstellung gegen die Bayernpartei und gegen allzu heftige Umarmungsversuche aus den Reihen der CDU zusammengerückt waren und daß die Flügelkämpfe, die etwa die Landtagsfraktion fast paralysiert hatten, offensichtlich nicht nach Bonn exportiert worden waren. Zudem war eine Gruppe von 24 Abgeordneten überschaubar und ließ sich durch geschickte Regie oder harsche Kritik an „Abweichlern" vergleichsweise leicht disziplinieren. Der Tirschenreuther Bundestagsabgeordnete Hans Bodensteiner beispielsweise, der wegen seiner wirtschafts- und sozialpolitischen Überzeugungen und seiner Skepsis gegen die Politik der Wiederbewaffnung ins Kreuzfeuer der innerparteilichen Kritik geraten war, wurde von der Landesgruppe wiederholt schwer unter Druck gesetzt[320]. Als Bodensteiner von Fritz Schäffer wegen einer öffentlichen Kundgebung, in der er den Finanzminister für die halbherzige Sozialpolitik der Bundesregierung verantwortlich gemacht hatte, zur Rede gestellt wurde, verteidigte er sich mit dem bezeichnenden Argument, es bliebe ihm ja gar nichts anderes übrig, als seine Ansichten in der Öffentlichkeit zu vertreten, da es unmöglich sei, in der Landes-

[318] Spätestens 1951 hatte die Landesgruppe ihre Rolle gefunden; zu Startschwierigkeiten, Reibungsflächen und Konfliktpunkten vgl. Archiv der CSU-Landesgruppe, Protokolle der Landesgruppensitzungen am 1. 12. und 19. 12. 1949, 12. 1., 23. 2., 27. 4., 19. 10. 1950 und 31. 8./1. 9. 1951.

[319] Vgl. Müchler, CDU/CSU, S. 81. Schon der Landtagsabgeordnete Anton Maier, der seinen Fraktionskollegen über die Vorgänge in Bonn Bericht erstattete, stellte im September 1949 erstaunt fest, „dass die Haltung der CSU-Fraktion in Bonn ausserordentlich geschlossen" sei (ACSP, CSU-LTF I, 15–14, Protokoll der Fraktionssitzung am 14. 9. 1949). Franz Josef Strauß betonte gegenüber Ehard Anfang 1950, in der Landesgruppe herrsche „in den wesentlichen Fragen eine geschlossene Einheit" (Archiv der CSU-Landesgruppe, Protokoll der Landesgruppensitzung am 1. 3. 1950). Strauß dankte im Januar 1954 in seinem Rechenschaftsbericht den Mitgliedern der alten und neuen Landesgruppe für die „beinahe traditionell gewordene Geschlossenheit". Wenn diese Geschlossenheit, „sei es aus politischen ‚Flügeleien', sei es aus persönlichem Ehrgeiz, einmal zerreissen würde", fuhr Strauß fort, „so wird das niemand mehr freuen als diejenigen, die Bayern als eigene historische Kraft ausschalten wollen" (ACSP, CSU-LL, Protokoll der Sitzung des Landesausschusses der CSU am 15. 1. 1954 in Rothenburg ob der Tauber). Hermann Höcherl schrieb am 20. 12. 1959 an seinen ehemaligen Kollegen Karl Kihn (ACSP, CSU-LG III): „Sie werden auch verfolgt und es gar nicht anders erwartet haben, dass in diesem Jahr, dessen erster Teil einen recht stürmischen politischen Verlauf nahm, die Landesgruppe ihre Eigenständigkeit und Geschlossenheit wie eh und je wahren konnte."

[320] Zum Fall Bodensteiner, der für die programmatische Reorientierung der CSU nach Müllers Sturz nicht ohne Bedeutung ist, vgl. BSB, NL Schwend 55, programmatische Leitsätze Hans Bodensteiners „zur Neuordnung unseres sozialen (gemeinschaftlichen) Lebens", undatiert, Hans Bodensteiner an Hans Ehard vom 18. 9. 1950, Hans Ehard an Hans Bodensteiner vom 3. 10. 1950 und dessen Antwortschreiben an Hans Ehard vom 9. 10. 1950; NL Schwend 18, Berichte Wilhelm Kopfs über die Landesgruppensitzungen am 4. 9. 1950, 9. 1. 1951 und 13. 3. 1952, und NL Schwend 13, Hans Bodensteiner an Hans Ehard vom 10. 11. 1952; Archiv der CSU-Landesgruppe, Protokoll der Landesgruppensitzung am 9. 5. 1951. Im November 1952 trat Bodensteiner aus der CSU aus.

gruppe oder im Plenum der CDU/CSU-Fraktion Gehör zu finden. „Die Landesgruppe werde nach seiner Meinung von einigen geschickten Managern beherrscht, die es verstünden, abweichende Meinungen niemals hochkommen zu lassen."[321]

Hand in Hand mit der Festigung der inneren Struktur der Landesgruppe ging das zeitweise zähe Ringen mit der CDU um die Anerkennung als eigenständige Kraft in der gemeinsamen Fraktion. Dieses Streben nach politischer, aber auch organisatorisch-technischer Eigenständigkeit war allein deshalb notwendig, weil die Autonomie der CSU auf der Bonner Bühne unter Beweis gestellt und abgesichert werden mußte[322]. Schon 1949 errichtete die Landesgruppe ein eigenes Büro, das in den folgenden Jahren Zug um Zug zu einer kleinen Geschäftsstelle ausgebaut wurde[323]. Zugleich versuchten die Bundestagsabgeordneten der bayerischen Unionspartei, möglichst auch in den Medien präsent zu sein. Zu diesem Zweck rief der Landesgruppenvorstand einen Presseausschuß ins Leben, der Rundfunk und Presse über die Arbeit der CSU in Bonn informieren, die Parteizentrale in München mit Material versorgen und eng mit der von der Landtagsfraktion herausgegebenen CSU-Correspondenz kooperieren sollte. Zudem forderte die Landesgruppenführung alle Abgeordneten auf, „in ihren Heimatzeitungen möglichst viele Artikel zu veröffentlichen, um mit der Bevölkerung Fühlung zu halten"[324].

Der auf Eigenständigkeit und Gleichberechtigung zielende Kurs der Landesgruppe führte zwangsläufig zu Auseinandersetzungen mit der CDU. Im Januar 1950 konnte man zwar noch zufrieden feststellen, daß es in der gemeinsamen Fraktion nur in Einzelfällen Animositäten gegenüber der Landesgruppe gegeben habe, die jedoch kein wirklicher Grund für Beschwerden seien[325]. Aber schon sechs Monate später hatte sich diese Situation geändert, und es wurde erstmals massive Kritik laut. Der Landesgruppe fehle es an Durchsetzungskraft und an Möglichkeiten zur Darstellung eigener Positionen im Bundestag, hieß es. Um Abhilfe zu schaffen, müsse man unter Umständen „sogar *ultimative Forderungen* an die CDU-Fraktion" stellen[326]. Franz Josef Strauß, Michael Horlacher und Max Solleder konfrontierten Bundeskanzler Adenauer mit den weitgehenden Vorstellungen und Wünschen der Landesgruppe. Sie verlangten nichts anderes als die „praktische Gleichberechtigung der CSU auf Fraktionsebene" und die „Miteinladung eines CSU-Vertreters bei den Informationsbesprechungen, die der Kanzler mit den Fraktionsführern der Koalitionsparteien abhält". Adenauer erklärte sich damit einverstanden, sofern sich die Landesgruppe mit Heinrich von Brentano,

---

[321] BSB, NL Schwend 18, Bericht Wilhelm Kopfs über die Landesgruppensitzung am 4. 9. 1950.

[322] Vgl. Mintzel, Geschichte der CSU, S. 354.

[323] Vgl. Müchler, CDU/CSU, S. 64–68. Mit Karl Donat leitete zwischen 1951 und 1966 ein Vertrauensmann von Franz Josef Strauß das Landesgruppenbüro; Donat war zuvor Strauß' Privatsekretär in Schongau gewesen. Vgl. ebenda, S. 67.

[324] Archiv der CSU-Landesgruppe, Protokoll der Landesgruppensitzung am 1. 12. 1949. Die Präsenz der Landesgruppe in den Medien – auch in der Parteipresse – war jedoch vor allem in der ersten Legislaturperiode unbefriedigend; Protokolle der Landesgruppensitzungen am 3. 3. 1950 und 11. 9. 1951. Zum publizistischen Apparat der Landesgruppe in späteren Jahren vgl. Mintzel, Geschichte der CSU, S. 354 f.

[325] Archiv der CSU-Landesgruppe, Protokoll der Landesgruppensitzung am 12. 1. 1950.

[326] Archiv der CSU-Landesgruppe, Protokoll der Landesgruppensitzung am 14. 6. 1950; Hervorhebungen im Original. Die Landesgruppe war auch darauf bedacht, ihr Gewicht im Vorstand der gemeinsamen Fraktion zur Geltung zu bringen, und forderte neben dem Amt des zweiten Fraktionsvorsitzenden eine entsprechende Anzahl von Sitzen im Fraktionsvorstand. Archiv der CSU-Landesgruppe, Protokolle der Landesgruppensitzungen am 12. 1. und 19. 10. 1950 und 11. 1. 1951.

dem Vorsitzenden der CDU/CSU-Bundestagsfraktion, auf ein entsprechendes Procedere einigen könne[327].

Adenauer war vielleicht deshalb so kompromißbereit, weil er einen anderen Konflikt nicht weiter schüren wollte, der sich 1950 an Fragen der inneren und äußeren Sicherheit entzündet hatte. Die Bundesregierung plante mit Zustimmung der Westmächte den Aufbau einer kasernierten Bundesbereitschaftspolizei in der Stärke von 25 000 bis 30 000 Mann und strebte zu diesem Zweck eine Änderung des Grundgesetzes an, um die Kompetenzen des Bundes auf Kosten der Polizeihoheit der Länder zu erweitern[328]. Ehard und die bayerische Staatsregierung lehnten diesen Weg aus föderalistischen Gründen ebenso ab wie die CSU-Landesgruppe, die am 28. Februar 1951 über ihr weiteres Vorgehen in der Polizeifrage beriet[329]. Richard Jaeger, der seine Kollegen über die neuesten Entwicklungen informierte, verschloß sich keineswegs sicherheitspolitischen Notwendigkeiten, aber er forderte Konzepte, die dem föderalistischen Aufbau der Bundesrepublik Rechnung trugen. Jede Verfassungsänderung verstoße „gegen den Geist" der gemeinsamen Fraktion, denn die CSU sei 1949 nur unter der Voraussetzung eine Fraktionsgemeinschaft mit der CDU eingegangen, daß ihre „föderalistischen Grundsätze [...] geachtet würden". Die Landesgruppe schloß sich Jaegers Haltung an und stimmte bei einer Enthaltung gegen eine Änderung des Grundgesetzes, wie sie vor allem von Bundesinnenminister Lehr propagiert wurde[330]. Doch was sollte man tun, um diesen Standpunkt in der gemeinsamen Fraktion oder gegebenenfalls im Bundestag durchzusetzen? Jaeger hatte bereits angedeutet, welcher Weg erfolgreich sein könnte: Die Drohung mit der Auflösung der Fraktionsgemeinschaft, dem Ausscheiden aus der Koalition und mit dem Sturz der Regierung. Einigen führenden Mitgliedern der Landesgruppe, etwa Fritz Schäffer oder Michael Horlacher, ging das zu weit, und sie rieten zur Mäßigung. Nach einer langen Debatte fand sich jedoch eine Mehrheit für die Meinung Jaegers, „dass die Landesgruppe nicht nur gegen eine [Grundgesetzänderung] stimmen müsse, sondern auch bereit sein müsse, ihre Haltung gegenüber der CDU im Falle einer Niederstimmung zu überprüfen und g[egebenen]falls weitere Konsequenzen zu ziehen". Die Resolution, die schließlich einstimmig gefaßt wurde, war entsprechend scharf formuliert, ließ den Verhandlungsführern Horlacher, Jaeger, Solleder und Strauß bei ihren Gesprächen mit dem Bundeskanzler jedoch genügend Raum für Kompromisse[331]. Auch wenn die Landesgruppe die Aufkün-

[327] BSB, NL Schwend 18, Bericht Wilhelm Kopfs über eine Besprechung der Landesgruppenführung mit Konrad Adenauer am 25. 1. 1951 und über die Landesgruppensitzung am 26. 1. 1951.

[328] Zu den Auseinandersetzungen zwischen Bayern und dem Bund über den Aufbau der Bereitschaftspolizei, des Bundesgrenzschutzes und des Bundeskriminalamts vgl. Gelberg, Hans Ehard, S. 324–333. Die wichtige Rolle der CSU-Landesgruppe in diesem Konflikt wird jedoch nur ansatzweise deutlich.

[329] Archiv der CSU-Landesgruppe, Protokoll der Landesgruppensitzung am 28. 2. 1951; das folgende nach dem Protokoll dieser Sitzung. Schon am 13. 2. 1951 hatte dieses Thema auf der Tagesordung gestanden; dabei hatten sich nur vier Mitglieder der Landesgruppe für eine Bundesbereitschaftspolizei bzw. für die vorgeschlagene Verfassungsänderung ausgesprochen. BSB, NL Schwend 18, Bericht Wilhelm Kopfs über die Sitzungen der CDU/CSU-Fraktion am 12. 2. und 13. 2. 1951 und über die Landesgruppensitzung am 13. 2. 1951.

[330] Franz Josef Strauß hatte sich schon in der Landesgruppensitzung am 13. 2. 1951 „mit aller Entschiedenheit für eine Ablehnung jeglicher Beeinträchtigung der Polizeihoheit der Länder" eingesetzt. Ebenda.

[331] BSB, NL Schwend 18, Bericht Wilhelm Kopfs über eine Besprechung der Landesgruppenführung mit Konrad Adenauer vom 9. 3. 1951.

digung der Fraktionsgemeinschaft mit all ihren Folgen mehr als Druckmittel einsetzte, als daß sie sie ernsthaft erwogen hätte[332], war es doch nicht zuletzt ihrem harten Auftreten zu verdanken, daß die Bundesregierung einen Rückzieher machte und die Pläne zur Errichtung einer Bundesbereitschaftspolizei in der Versenkung verschwanden.

Spätestens nach diesem Erfolg hatte die Landesgruppe erkannt, welche Waffe sie mit der expliziten oder impliziten Drohung, die Fraktionsgemeinschaft aufzulösen, in der Hand hatte. Schon als sich die Bundestagsabgeordneten der bayerischen Unionspartei wenige Monate später im Schloß ihres Kollegen Josef Ernst Fürst Fugger von Glött zu ihrer ersten Klausurtagung trafen, stand die folgenschwere Frage „Trennung von der gemeinsamen Fraktion CDU/CSU oder grössere Selbständigkeit der Landesgr[uppe] innerhalb der Fraktion" auf der Tagesordnung[333]. Die Abgeordneten votierten zwar dafür, die Fraktionsgemeinschaft mit der CDU aufrechtzuerhalten, aber sie verlangten dafür einen hohen Preis: finanzielle Selbständigkeit der Landesgruppe, räumliche Trennung von der CDU, Teilnahme an den Sitzungen der gemeinsamen Fraktion nur bei besonderen Anlässen, eigene Redezeiten im Plenum des Bundestags und die Gleichstellung der Landesgruppe mit den anderen Fraktionen der Koalition bei Verhandlungen mit dem Bundeskanzler oder seinen Ministern. Als Begründung dieser weitgehenden Forderungen vermerkt das Protokoll:

„Die aus koalitionstechnischen Gründen angestrebte und verwirklichte Fraktionsgemeinschaft mit der CDU [. . .] hat sich in staatsrechtlicher (Föderalismus) und wirtschaftspolitischer Hinsicht für Bayern und damit für die Landesgr[uppe] CSU nicht immer bewährt. Der Kanzler nahm Erklärungen von CDU-Politikern entgegen und behandelte sie als Erklärungen der Gesamtfraktion, obwohl von der CSU niemand gehört worden war; auch wurde und wird die CDU besser vom Bundeskanzler informiert als die CSU. In wirtschaftspolitischer Hinsicht besteht bei der CDU angesichts des zahlenmässigen Übergewichts von Nordrhein-Westfalen das Bestreben, die Verhältnisse in diesem grössten Bundesland als Richtschnur für die gesamte Wirtschaftspolitik des Bundes zu erklären und Randgebiete, wie Bayern, zu vernachlässigen. Eine stärkere Betonung der bayerischen Wirtschaftsinteressen erschien daher der CSU geradezu wie ein Akt der Selbsterhaltung."

Als am 9. September 1951 eine Delegation der Landesgruppe bei Heinrich von Brentano erschien, um ihn von den Entscheidungen der Klausurtagung zu unterrichten, gab der Vorsitzende der CDU/CSU-Fraktion in fast allen Punkten nach. Lediglich in der Frage der Fraktionssitzungen konnte sich die Landesgruppe nicht durchsetzen, und so tagten die Bundestagsabgeordneten von CDU und CSU weiterhin gemeinsam. Allerdings beschloß die Landesgruppe, künftig grundsätzlich vor den Sitzungen der Gesamtfraktion zusammenzutreten und eine gemeinsame Marschroute festzulegen, um die eigenen Positionen effektiver als bisher vertreten zu können[334]. Damit war die Lan-

---

332 In einem vertraulichen Bericht der bayerischen Vertretung in Bonn hieß es: „Bei der Frage, in welcher Weise die CSU einen Druck auf die CDU ausüben könne, wurde der Gedanke eines Austritts aus der Koalition allgemein abgelehnt, dagegen billigte man nach längeren, eindringlichen Ausführungen des Abg. Strauss den Plan, gegebenenfalls mit dem Austritt aus der Fraktionsgemeinschaft zu drohen." BSB, NL Schwend 18, Bericht Wilhelm Kopfs über die Sitzungen der CDU/CSU-Fraktion am 12. 2. und 13. 2. 1951 und über die Landesgruppensitzung am 13. 2. 1951.

333 Archiv der CSU-Landesgruppe, Protokoll der Landesgruppensitzung am 31. 8./1. 9. 1951; das folgende nach dem Protokoll dieser Sitzung. Diese Klausurtagungen erwiesen sich als probates Mittel zur Abstimmung und Konzeption der eigenen Politik abseits vom Tagesgeschehen. Bis 1965 fanden die Klausurtagungen der Landesgruppe auf dem Fugger-Schloß Kirchheim statt. Vgl. Müchler, CDU/CSU, S. 69.

334 BSB, NL Schwend 19, Bericht Ernst Rattenhubers über die Sitzungen der Landesgruppe und der

desgruppe auf dem Weg zur Emanzipation von der CDU und zur Etablierung als eigenständige Kraft einen großen Schritt vorangekommen – und weitere Schritte folgten bald.

Nach dem überraschend hohen Sieg der CSU bei den Bundestagswahlen im September 1953 stellte sich die Frage nach dem bundespolitischen Kurs erneut[335]. Die bayerische Unionspartei hatte die Zahl ihrer Mandate mehr als verdoppeln können und entsandte nicht mehr nur 24, sondern 52 Abgeordnete nach Bonn. Damit wurde die CSU im neuen Bundestag hinter der CDU und der SPD zur drittstärksten Kraft und – nach dem Ausscheiden der Bayernpartei, die an der Fünf-Prozent-Hürde gescheitert war – zur einzigen Vertreterin bayerischer Interessen auf Bundesebene. Schon am 13. September 1953 trafen sich die Bundestagsabgeordneten der CSU auf Schloß Kirchheim, um über die anstehenden Entscheidungen zu beraten; auch Ministerpräsident Ehard und Karl Schwend, sein Stabschef in der Staatskanzlei, waren anwesend[336]. Franz Josef Strauß eröffnete die Tagung mit einem kurzen Überblick über die gegenwärtige Situation und kam dann auf eine der entscheidenden Fragen zu sprechen: Welche Organisationsform sollte die CSU in Bonn für die kommenden vier Jahre wählen? Strauß nannte vier Alternativen: die Verschmelzung von CDU und CSU zu einer Fraktion ohne wenn und aber, die Aufrechterhaltung der Fraktionsgemeinschaft in der bisherigen Form, eine Fraktionsgemeinschaft unter der Voraussetzung, daß die CSU „im Bundestag geschäftsordnungsmäßig als eigene Fraktion geführt und [...] auch in der Regierungskoalition so behandelt [wird], als ob sie eine eigene Fraktion wäre", die Bildung einer eigenen Fraktion. Erwartungsgemäß sprach sich keiner von den Anwesenden dafür aus, eine Fraktionsgemeinschaft ohne Vorbedingungen einzugehen; außer Richard Jaeger plädierte aber auch niemand für eine eigene CSU-Fraktion. Die CSU-Abgeordneten entschieden sich auf Vorschlag von Strauß schließlich für die dritte Option, das heißt, sie konstituierten sich erneut als Landesgruppe und boten der CDU unter bestimmten Bedingungen eine Fortsetzung der Fraktionsgemeinschaft an. Strauß selbst hatte diese Bedingungen formuliert:

> „1. Die CSU ist innerhalb der Regierungskoalition, auch wenn sie eine Fraktionsgemeinschaft mit der CDU eingeht, als eigene Partei zu behandeln. 2. Die CSU stellt den ersten stellvertretenden Fraktionsvorsitzenden der Gesamtfraktion. 3. [Die CSU] fordert eine Beteiligung [...] im Verhältnis 2:7 in allen Ausschüssen des Bundestages und sonstigen parlamentarischen Einrichtungen wie Europarat und Montanunion usw. 4. Die CSU stellt im Bundestag den Vizepräsidenten. 5. Eine schriftliche Verpflichtung des Vorstandes der CDU, keine verfassungsänder[nd]en Gesetze einzureichen oder solchen Gesetzen zuzustimmen, die gegen die Minorität der CSU gerichtet sind."

Den Verhandlungsführern der bayerischen Unionspartei gelang es tatsächlich, diese Forderungen als Preis für die Neuauflage der Fraktionsgemeinschaft durchzusetzen[337], auch wenn es noch eine Zeitlang dauern sollte, bis die CSU politisch wie protokolla-

CDU/CSU-Fraktion am 18. 9. 1951; Archiv der CSU-Landesgruppe, Pressemitteilung der Landesgruppe vom 12. 9. 1951; zum Presseecho vgl. SZ vom 8./9. 9. 1951: „CSU lockert Fraktionsverbindung mit CDU", Neue Zeitung vom 10. 9. 1951: „Brentano dementiert Unstimmigkeiten in CDU/CSU".

335 Eine detaillierte – auf Bayern bezogene – Analyse des Wahlergebnisses in: Zweite Bundestagswahl in Bayern am 6. September 1953, hrsg. vom Bayerischen Statistischen Landesamt, München 1954, S. 5–21.

336 Archiv der CSU-Landesgruppe, Protokoll der Landesgruppensitzung am 13. 9. 1953; das folgende nach dem Protokoll dieser Sitzung.

337 Vgl. Müchler, CDU/CSU, S. 112–122.

risch endgültig als eigenständige Partei behandelt wurde[338]. Damit befand sich die Bonner Landesgruppe schon fast in einer „strategisch-operativen Schlüsselstellung“[339].

Bei der Wahl der Mittel zur Durchsetzung der eigenen Ziele war die Landesgruppenführung nicht gerade zimperlich. Konrad Adenauer klagte schon im März 1951, man könne ja mit den Gewerkschaften noch leichter verhandeln als mit der bayerischen CSU[340]. Die streckenweise kompromißlose, herausfordernde Art, mit der vor allem der von Heinrich Krone nach leidvollen Erfahrungen als „rücksichtslos“ und „gefährlich“ charakterisierte Franz Josef Strauß gegenüber der CDU auftrat[341], schlug tiefe Wunden und schürte Revanchegelüste gegen die bayerische Schwesterpartei oder ihre Spitzenpolitiker. Es war daher kein Wunder, daß der Bundeskanzler selbst wiederholt versuchte, „die Front der CSU aufzubrechen“, deren Anspruch auf Autonomie ihm ein Dorn im Auge war[342]. Vor allem nach der Bildung seines zweiten Kabinetts im Herbst 1953, die für die CSU nicht gerade wunschgemäß verlaufen war[343], kam es immer wieder zu handfesten Auseinandersetzungen. Schon nach den ersten Enttäuschungen erklärte Fritz Schäffer vor dem geschäftsführenden Landesvorstand der CSU:

„Wir dürfen uns nicht im Gedanken wiegen, dass die Fraktionsgemeinschaft unbedingt aufrecht erhalten werden muss, einmal muss eine Grenze sein. Wir werden dazu kommen müssen, dass wir als Landesgruppe viel mehr zusammenwirken. In der gemeinsamen Fraktion ist eine wirkliche Meinungsbildung nicht mehr möglich, weil sie viel zu gross ist. Die Landesgruppe wird das Gremium sein, in dem die Leute wirklichen Meinungsaustausch haben, in dem es eine wirkliche Meinungsbildung gibt. Ich halte es für unbedingt notwendig, dass die Landesgruppe ein möglichst starkes, geschlossenes Eigenleben behält. [...] Es ist eine Tradition, dass alle Mitglieder des Kabinetts für einen Mehrheitsbeschluss des Kabinetts auch nach aussen eintreten, selbst wenn sie persönlich gegen diesen Beschluss gestimmt hatten. Das kann für uns unter Umständen dazu führen, dass wir einen zentralistischen Gedanken unseren Wählern hier klar machen sollen, den wir selbst mit gutem Gewissen nicht vertreten könnten. Es würde uns in einem solchen Fall nichts anderes übrig bleiben, als eben das Kabinett zu verlassen. [...] Wir haben 1949 die Fraktionsgemeinschaft eingegangen, aber nur unter der Voraussetzung, dass unser Charakter als selbständige Partei gewahrt bleibt. Hier beginnt die Grenze, wo wir uns zu einem inneren Entschluss durchringen müssen, ob wir uns freimachen von der inneren Angst, wir müssten alles schlucken, selbst wenn die Partei in Scherben geht.“[344]

Tatsächlich versuchte die CSU in den folgenden Monaten, ihre Unzufriedenheit mit bestimmten Sach- und Personalentscheidungen durch Aggressivität zu kompensieren[345]. So sah sich Adenauer beispielsweise im Oktober 1954 gezwungen, die unbeque-

[338] Vgl. ebenda, S. 70–73.
[339] Mintzel, Franz Josef Strauß und die CSU-Landesgruppe, in: Zimmermann (Hrsg.), Anspruch und Leistung, S. 291.
[340] BSB, NL Schwend 18, Bericht Wilhelm Kopfs über eine Besprechung der Landesgruppenführung mit Konrad Adenauer vom 9. 3. 1951.
[341] Eintragungen vom 9. 2. 1955 und 19. 3. 1961, in: Krone, Tagebücher, Bd. 1, S. 158f. bzw. S. 474f.
[342] Vgl. Köhler, Adenauer, S. 797–805, das Zitat findet sich auf S. 805.
[343] Vgl. dazu Jürgen Domes, Mehrheitsfraktion und Bundesregierung. Aspekte des Verhältnisses der Fraktion der CDU/CSU im 2. und 3. Deutschen Bundestag zum Kabinett Adenauer, Köln 1964, S. 49–61; Müchler, CDU/CSU, S. 105–122; Gelberg, Hans Ehard, S. 469–484. Bislang unbekannte Dokumente zur Regierungsbildung finden sich im ACSP, CSU-LTF II/2, 6–45, Protokolle der Fraktionssitzungen am 22. 9., 23. 9., 12. 10., 15. 10. und 21. 10. 1953, sowie im Archiv der CSU-Landesgruppe, Protokolle der Landesgruppensitzungen am 15. 9., 6. 10., 8. 10., 14. 10., 20. 10., 26. 10., 11. 11., 16. 11. und 2. 12. 1953.
[344] ACSP, CSU-LL, Protokoll der Sitzung des geschäftsführenden Landesvorstands am 24. 9. 1953.
[345] Franz Josef Strauß erklärte im Januar 1954 kämpferisch vor dem Landesausschuß: „Wir lassen uns von der CDU nicht zermalmen, wir lassen uns von ihr nicht eingemeinden.“ ACSP, CSU-LL, Pro-

men Bayern zu disziplinieren, nachdem allzu harsche Äußerungen von Schäffer und Strauß fast zu einer Regierungskrise geführt hätten[346]. Die Konflikte eskalierten sogar soweit, daß der Bundeskanzler seinen getreuen Mitstreiter Heinrich Krone 1956 offen zum „Kampf" gegen Strauß aufrief[347], der die Landesgruppe immer mehr als seine politische Hausmacht ansah.

Abgrenzung von der CDU war für die Bundestagsabgeordneten der CSU freilich nur die eine Seite; nicht weniger wichtig war es, sich in der eigenen Partei zu etablieren und zu einem einflußreichen, möglichst autonomen Faktor der innerparteilichen Willensbildung zu werden. Eine solche Entwicklung konnte freilich nicht im Sinne des Ministerpräsidenten und seiner Strategen in der Staatskanzlei sein. In der Konzeption Hans Ehards spielte die Landesgruppe lediglich als de facto weisungsgebundenes, über die Dienststelle des bayerischen Bevollmächtigten beim Bund gesteuertes, föderalistisches Sprachrohr und Vollzugsorgan von Staatsregierung und Parteiführung eine Rolle[348]. Ähnlich war es vor 1933 gewesen, als sich die Reichstagsfraktion der BVP in allen entscheidenden Fragen den Kommandos aus München zu beugen hatte[349], ähnlich war es auch im Frankfurter Wirtschaftsrat und im Parlamentarischen Rat gewesen, wo die Abgeordneten der CSU in hohem Maße von Josef Müller und Hans Ehard beeinflußt worden waren[350]. Der CDU-Politiker Paul de Chapeaurouge etwa sah sich deshalb zu der Bemerkung veranlaßt, „daß man gelegentlich sich dem Eindrucke nicht ganz entziehen konnte, daß die bayerischen Abgeordneten [im Parlamentarischen Rat] in ihren Entschließungen nicht frei waren und sich mehr als es der Stellung eines unabhängigen Abgeordneten eigentlich entspricht, von Weisungen und Anschauungen der bayerischen Staatsregierung abhängig zeigten"[351].

In der Landesgruppe war man jedoch von Anfang an nicht bereit, sich in ein solches Korsett zwängen zu lassen. Dafür waren Franz Josef Strauß und Fritz Schäffer, die unter den Bundestagsabgeordenten der CSU den Ton angaben, zu dynamisch, zu machtbewußt und zu ehrgeizig, während Hans Ehard weder über die Härte noch über die Hausmacht eines Georg Heim verfügte, der 1920 die Auflösung der Fraktionsgemeinschaft mit dem Zentrum erzwungen und die BVP so auf einen isolationistischen, radikal föderalistischen Kurs gebracht hatte[352]. Die Landesgruppe wachte im Gegenteil eifersüchtig über ihre Selbständigkeit, verbat sich allzu weitgehende Einmischungsversu-

---

tokoll der Sitzung des Landesausschusses der CSU am 15. 1. 1954 in Rothenburg ob der Tauber. Vgl. auch die streckenweise sehr aggressive Berichterstattung im Bayern-Kurier vom 26. 9., 10. 10., 17. 10., 24. 10., 7. 11. und 14. 11. 1953.

346 Protokoll der Sitzung des Bundesvorstands der CDU am 11. 10. 1954, in: Adenauer: „Wir haben wirklich etwas geschaffen." Die Protokolle des CDU-Bundesvorstands 1953–1957, bearb. von Günter Buchstab, Düsseldorf 1990, S. 247, S. 263–266 und S. 292–330.

347 Am 27. 9. 1956 vermerkte der Fraktionsvorsitzende Heinrich Krone in seinem Tagebuch: „Der Bundeskanzler ließ mich kommen. [...] Ein Gespräch, in seiner Diktion und in seinen Forderungen so ernst geführt wie heute morgen, habe ich mit dem Kanzler noch nicht gehabt. [...] Mir und der Fraktion warf er vor, daß wir nicht hart genug seien. Wir müßten den Kampf mit Strauß aufnehmen; wenn es dabei zu einem Bruch zwischen der CDU und CSU käme, müsse das in Kauf genommen werden." Krone, Tagebücher, Bd. 1, S. 230.

348 Vgl. Gelberg, Hans Ehard, S. 98, S. 195–199 und S. 205–208.

349 Vgl. – mit teilweise unterschiedlicher Gewichtung – Schönhoven, BVP, S. 78ff. und S. 281f.; Maga, Johann Leicht, S. 299f.

350 Vgl. Gelberg, Hans Ehard, S. 98 und S. 195–199.

351 Zit. nach Die CDU/CSU im Parlamentarischen Rat. Sitzungsprotokolle der Unionsfraktion, bearb. von Rainer Salzmann, Stuttgart 1981, S. XXIV; vgl. auch Gelberg, Hans Ehard, S. 196.

352 Vgl. Maga, Johann Leicht, S. 69–77.

che[353] und gestattete sich das Recht auf eine eigene Meinung, auch wenn diese den Parolen zuwiderlief, die in München ausgegeben wurden. Als es im Januar 1950 zu Unstimmigkeiten über kultur- und hochschulpolitische Fragen kam, stellte die Landesgruppe entschieden und einmütig fest:

„Um die Frage der 4. Landesuniversität ist eine Meinungsverschiedenheit über die Zweckmäßigkeit einer Einschaltung der Landesgruppe [der ] CSU im Bundestag in die innerbayer[is]che Partei- und Landespolitik entstanden. Für die Landespolitik ist zweifellos die bayer. Landesregierung und die Landtagsfraktion sowie die Landesleitung der CSU zuständig. Für die Politik im Bundestag und in der Bundesregierung besteht die Zuständigkeit von Landesgruppe und Bundesministern aus der CSU. Beide zusammen aber stellen die CSU-Politik insgesamt dar. Eine Einschaltung der einen Gruppe in die Zuständigkeit der anderen ist grundsätzlich nicht erwünscht, jedoch muß sich jede Gruppe das Recht vorbehalten, dann, wenn die Politik der anderen Seite die gesamte Unionspolitik zu gefährden droht, in entsprechender Weise ihre Meinung und ihre Wünsche zu äußern."[354]

Ihren Grund hatten solche Meinungsverschiedenheiten in der Tatsache, daß die Mehrheit der CSU-Abgeordneten unter dem Eindruck der Bonner Verhältnisse ein anderes Föderalismusverständnis entwickelte als ihre Münchner Parteifreunde, die fast jede Entscheidung auf die föderalistische Goldwaage legten. Um kein Mißverständnis aufkommen zu lassen: Auch die Landesgruppe sah in der CSU den organisatorischen „Kristallisationskern für den föderativen Gedanken", dessen „wahrlich dornenvolle Aufgabe" es sei, in Verbindung mit der CDU „das föderalistische Prinzip als das zweckmäßigste durchzusetzen"[355]. Allerdings waren die Bundestagsabgeordneten der CSU dennoch bereit, aus koalitionspolitischen Zwängen, übergeordneten Interessen oder nationaler Verantwortung heraus Entscheidungen mitzutragen, die aus bayerischer Sicht unpopulär, wenn nicht gar gefährlich waren. Franz Josef Strauß, dessen föderalistische Gesinnung für Ehard nicht über jeden Zweifel erhaben war[356], umschrieb die Position der Landesgruppe in einem Rechenschaftsbericht so:

„Meine sehr verehrten Anwesenden! Ich bitte, dieses Wort, das ich jetzt sage, nicht übel zu nehmen oder nicht falsch zu verstehen. Man würde den Ruf des bayerischen Föderalismus, als dessen Vorkämpfer in Bonn die CSU [...] bekannt ist, zerstören, wollte man von unseren Freunden in dieser Position eine einseitige, auf Bayern orientierte Politik verlangen, die das Ansehen des Föderalismus im übrigen Deutschland zerstören würde. [...] Ein Mann, der als Finanzminister, als Wirtschaftsminister oder als Ernährungsminister für die Schicksale der Bundesrepublik verantwortlich ist, ist für alle Länder und ist für den Bund da. Wenn er diese Aufgabe als Bayer, als CSU-Mann, als Föderalist wahrnimmt, dann wahrt er damit die Bedeutung und das Ansehen, das Bayern im gesamtdeutschen Ablauf zukommt. Man darf nicht verwechseln, dass ein Bundesminister nicht ein [b]ayerischer Oberinspektor ist, der dort kleinliche Interessen zu vertreten hat, ein Bundesminister ist ein Mann, der als Bayer ges[am]tdeutsche Aufgaben im Rahmen der föderalistischen Zielsetzung zu vertreten hat."[357]

[353] Z. B. Archiv der CSU-Landesgruppe, Protokoll der Landesgruppensitzung am 11. 9. 1951.
[354] Archiv der CSU-Landesgruppe, Protokoll der Landesgruppensitzung am 20. 1. 1950.
[355] ACSP, CSU-LL, Rede Franz Josef Strauß' „Gefahren und Aussichten des Föderalismus in Bonn" vor dem Landesausschuß der CSU am 15. 1. 1954 in Rothenburg ob der Tauber.
[356] Vgl. Gelberg, Hans Ehard, S. 404.
[357] ACSP, CSU-LL, Protokoll der Landesversammlung der CSU am 17./18. 6. 1950 in Kempten. Zweieinhalb Jahre später erklärte Strauß: „Die CSU wird Landespartei bleiben. Die Verantwortung besteht aber nicht nur dem Land gegenüber. Wir müssen die Bundesverantwortung nicht nur dem Schein nach, sondern im Ernst bejahen." ACSP, CSU-LTF II/2, 6–45, Protokoll der Koordinierungssitzung von Landtagsfraktion und Landesgruppe am 14. 1. 1953.

Da die Landesgruppenführung die Münchner Animositäten kannte, bemühte sie sich, ihre Politik mit der Landtagsfraktion und der Staatskanzlei abzustimmen und zugleich um Verständnis für umstrittene Maßnahmen zu werben. Daß es bis 1954 dennoch nicht zu einer effektiven Koordinierung von Bundes- und Landespolitik kam, lag neben den ungenügenden Kommunikationsstrukturen hauptsächlich am fehlenden Fingerspitzengefühl der Landesgruppe und am Desinteresse der Parteifreunde in Bayern. Richard Jaeger sah sich noch im Oktober 1954 genötigt zu erklären:

„Mir hat heute ein maßgeblicher Parteifreund gesagt, er habe Stimmen gehört, die lauteten: Was geht es eine[n] Bundestagsabgeordneten an, was in der Landespolitik geschieht? – Darüber soll er sozusagen seinen Mund halten. Ich glaube, daß dafür weniger die Reden, die Bundesminister Strauß und ich gehalten haben, der Grund waren als vielmehr eine Resolution, die die Landesgruppe als solche in Kirchheim auch zu gewissen bayerischen Fragen einmütig gefaßt hat. Dazu möchte ich doch einmal als zweiter Vorsitzender dieser Landesgruppe sagen: Die Politik ist nun einmal unteilbar, und auch die Politik der CSU ist unteilbar. Sie wird nicht immer völlig einheitlich sein; denn es ist ein zwangsläufiger Unterschied, ob in Bonn gegen die Sozialisten regiert wird oder ob in Bayern [. . .] mit den Sozialisten regiert werden muß. [. . .] Aber es gibt nur einen Abgeordneten – ob er im Landtag oder im Bundestag sitzt, ist eine Frage zweiter Ordnung –, es gibt nur eine CSU-Politik, die wir alle zu vertreten haben.“[358]

Das war jedoch pures Wunschdenken. Über die Inhalte der von Jaeger als „unteilbar“ beschworenen Politik kam es immer wieder zu teilweise heftigen Meinungsverschiedenheiten zwischen den Bundes- und den Landespolitikern der bayerischen Unionspartei. Dabei erwies sich die Steuer- und Finanzpolitik als zentrales Konfliktfeld, das nicht nur für Hans Ehard aus föderalistischer Sicht von überragender Bedeutung war. Der Ministerpräsident hatte nicht zuletzt aus Furcht vor einer Aushungerungs- und Aushöhlungspolitik gegenüber den Ländern 1949 das Finanzressort für die CSU beansprucht, auch wenn er sich der damit verbundenen Probleme durchaus bewußt war. Ein „Bayer als Finanzminister“, erklärte Ehard im September 1949 vor der Landtagsfraktion, werde „oft in schwierige Konflikte kommen müssen“[359]. Diese pessimistischen Worte erwiesen sich als geradezu prophetisch. Denn Fritz Schäffer, der nicht nur ein anerkannter Fachmann war, sondern auch als in der Wolle gefärbter Föderalist galt, trat zum Schrecken seiner Münchner Parteifreunde schon nach kurzer Zeit wie „selbstverständlich“ als „Anwalt der Bundesfinanzen“ auf und verfocht die Interessen des Bundes „erstaunlich hartnäckig“[360].

Auseinandersetzungen zwischen dem Bundesfinanzminister und den Ländern – und damit auch zwischen Schäffer und seinen Parteifreunden in der bayerischen Staatsregierung – waren vor allem in der Frage, wie das Steueraufkommen zwischen dem

[358] ACSP, CSU-LL, Protokoll der Landesversammlung der CSU am 9./10. 10. 1954 in Nürnberg. Aber auch Landtagsabgeordnete wie der Finanzexperte Rudolf Eberhard beklagten sich darüber, daß die Bundesminister der CSU und die Landesgruppe „mit der Landtagsfraktion politisch kaum mehr Fühlung“ hielten. ACSP, CSU-LTF II/1, 15–14, Protokoll der Fraktionssitzung am 3. 12. 1952.

[359] ACSP, CSU-LTF I, 15–14, Protokoll der Fraktionssitzung am 14. 9. 1949.

[360] Henzler, Fritz Schäffer, S. 350. Dieter Grosser, Die Rolle Fritz Schäffers als Finanzminister in den ersten beiden Kabinetten Konrad Adenauers, in: Mückl (Hrsg.), Föderalismus und Finanzpolitik, S. 67–80, hier S. 67, hat zutreffend bilanziert: „Das Etikett des bayerisch-katholischen Partikularisten, das ihm 1948 manche gern angeheftet hätten und das sich angesichts seiner Nähe zur Bayernpartei und seiner Missetaten in der CSU damals auch anbot, stand in krassem Widerspruch zu dem, was er nach seiner Wahl in den Ersten Deutschen Bundestag und erst recht nach seiner Berufung zum Bundesfinanzminister tat und äußerte.“

Bund und den Ländern verteilt werden sollte, geradezu vorprogrammiert. Die im Grundgesetz verankerte Finanzverfassung kam den Ländern entgegen, da sie die Einkommen- und Körperschaftsteuer den Ländern zusprach, während beim Bund lediglich die Zölle und die Umsatzsteuer verblieben. Der Bund konnte allerdings mit Zustimmung des Bundesrats einen Teil der Einkommen- und Körperschaftsteuer für sich beanspruchen, wobei über die Höhe des Bundesanteils immer wieder neu verhandelt werden mußte[361]. Die damit verbundenen Konflikte belasteten nicht nur die Beziehungen Schäffers zu seinen Kollegen in den Ländern, sondern markierten auch „einen Einschnitt im Verhältnis des Finanzministers zu seiner Partei"[362]. Schon 1951 hatte es ein unerfreuliches Tauziehen über die Höhe des Bundesanteils an der Einkommen- und Körperschaftsteuer gegeben. Der Kompromiß, der am 30. Oktober endlich beschlossen worden war, setzte den Bundesanteil für das laufende Rechnungsjahr auf 27 Prozent fest[363]. Die neue Verhandlungsrunde eröffnete Schäffer im Februar 1952 mit einem Paukenschlag. Der Finanzminister forderte mit Blick auf den deutschen Verteidigungsbeitrag, den Anteil des Bundes an der Einkommen- und Körperschaftsteuer auf 40 Prozent zu erhöhen[364].

Dieser Vorstoß stieß bei den Ländern auf einhellige Ablehnung und löste im steuerschwachen Bayern blankes Entsetzen aus. Schäffer konnte jedoch aus einer starken Position heraus agieren; er war eine wichtige Figur im Kabinett, hatte die Mehrheit der Landesgruppe hinter sich[365] und war auch in der CSU überaus populär. Auf der Landesversammlung in Bad Reichenhall, die erst wenige Monate zurücklag, war es nicht Ehard gewesen, der in einer vielbeachteten Grundsatzrede den Standort der Partei bestimmt hatte, sondern Schäffer[366]. Der Bundesfinanzminister zögerte nicht, seine Trümpfe auch gegenüber den eigenen Parteifreunden auszuspielen. Schließlich war es für ihn besonders wichtig, Bayern aus der Ablehnungsfront herauszubrechen und die CSU auf seine Linie einzuschwören, um im Konflikt mit den anderen Ländern den Rücken frei zu haben. Schäffer konnte es zwar nicht verhindern, daß Bayern in einer ersten Abstimmung im Bundesrat gegen seine Forderungen stimmte, aber als der Landtag am 3. April 1952 auf Antrag von CSU, SPD und BP über eine Entschließung beriet, in der die Staatsregierung ersucht wurde, die Erhöhung des Bundesanteils auf 40 Prozent auch weiterhin abzulehnen, sah sich der Finanzminister zum Handeln gezwungen. Sollte sich die CSU tatsächlich gegen die Erhöhung des Bundesanteils aussprechen, telegraphierte er an Ministerpräsident Ehard, dann hätte dies seinen sofortigen Rücktritt zur Folge[367]. Diese Drohung blieb nicht ohne Wirkung, und die CSU-

361 Vgl. Gelberg, Hans Ehard, S. 398f., und Grosser, Fritz Schäffer als Finanzminister, in: Mückl (Hrsg.), Föderalismus und Finanzpolitik, S. 69f.

362 Henzler, Fritz Schäffer, S. 354.

363 Vgl. Gelberg, Hans Ehard, S. 399, und Henzler, Fritz Schäffer, S. 355. Schäffer hatte im März 1951 gefordert, der Bundesanteil müsse 33 Prozent betragen. BSB, NL Schwend 7, Bericht Wilhelm Kopfs über die Sitzung der CDU/CSU-Fraktion am 8. 3. 1951.

364 BSB, NL Schwend 55, Fritz Schäffer an Hans Ehard vom 23. 2. 1952. Zu den Auseinandersetzungen um die Höhe des Bundesanteils im Jahre 1952 vgl. Gelberg, Hans Ehard, S. 399–410, und Henzler, Fritz Schäffer, S. 355–360.

365 BSB, NL Schwend 55, Fritz Schäffer an Hans Ehard vom 23. 2. 1952; ACSP, CSU-LTF II/1, 15–14, Protokoll der gemeinsamen Sitzung von Landtagsfraktion, Landesgruppe und Landesvorstand am 21. 4. 1952.

366 ACSP, CSU-LL, Protokoll der Landesversammlung der CSU am 24. 6. 1951 in Bad Reichenhall.

367 Vgl. Gelberg, Hans Ehard, S. 401, und Henzler, Fritz Schäffer, S. 358.

Fraktion enthielt sich der Stimme, als im Landtag über die fragliche Interpellation entschieden wurde. Auch wenn man sich in der CSU-Fraktion der Verdienste des Finanzministers um den Freistaat durchaus bewußt war und anerkannte, daß seine Aktionen nicht gegen Bayern gerichtet waren[368], machten Schäffers forsches Auftreten und seine in den Augen vieler Abgeordneter geradezu maßlosen Forderungen viel böses Blut. Rudolf Eberhard, der Finanzexperte der Fraktion, fürchtete um die Zukunft des föderativen Systems, „wenn das unsere Leute jetzt [schon] so machen“[369], und Fritz von Haniel-Niethammer bemerkte hellsichtig, das „Schwergewicht der Parteipolitik“ verlagere sich immer mehr von München nach Bonn[370].

Da der Konflikt um die Verteilung des Steueraufkommens immer weitere Kreise zog, war eine klärende Aussprache zwischen den Bundes- und den Landespolitikern der CSU dringend notwendig. Am 21. April 1952 trafen sich die Mitglieder der Landtagsfraktion, der Landesgruppe und des Landesvorstands zu einer gemeinsamen Sitzung[371]. Der Bundestagsabgeordnete Elimar von Fürstenberg erklärte gleich zu Beginn, daß die Landesgruppe geschlossen für eine Erhöhung des Bundesanteils an der Einkommen- und Körperschaftsteuer auf 40 Prozent stimmen werde. Schäffer selbst begründete die sachliche Notwendigkeit dieser Maßnahme und appellierte an die Landtagsabgeordneten:

> „Ihr könnt den Bund nicht zu einer Zeit verlassen, wo einer Eu[rer] Parteifreunde die Finanzpolitik des Bundes leitet in der Absicht, gerade seiner steuerschwachen Heimat zu dienen. Ihr solltet allmählich merken, daß gewisse Länder wieder eine Hegemonie im Bund errichten wollen. Daß sich die steuerstarken Länder gegen die 40% wehren, müsst Ihr kapieren. Daß sich die steuerschwachen Länder dagegen wenden, ist freilich unverständlich. Bayern braucht den Bund als Ausgleichsmoment gegenüber den finanzstarken Ländern.“

Schäffer hatte Ehard schon Wochen zuvor erklärt, daß für ihn ein enger Konnex zwischen der Erhöhung des Bundesanteils und dem Gesetzentwurf über den Finanzausgleich bestehe, mit dem der Bund den steuerschwachen Ländern einen Teil ihrer Last abnehmen wolle[372]. Der Finanzminister ließ aber auch keinen Zweifel daran, daß diese Zahlungen nur geleistet werden könnten, wenn der Anteil des Bundes an der Einkommen- und Körperschaftsteuer auf 40 Prozent erhöht werde[373]. Aus finanzpolitischer und fiskalischer Sicht mochte diese Argumentation folgerichtig sein, aus der Perspektive konsequenter Föderalisten war sie verhängnisvoll[374]. Schließlich war es ein Eckpfeiler des föderativen Systems, daß die Länder einen Teil des Steueraufkommens in eigener Regie verwalten konnten. Gestand man nun dem Bund einen größeren Anteil zu, so war eine generelle Stärkung der Zentralgewalt auf Kosten der Länder zu befürchten, und genau dies lehnten viele Abgeordnete der CSU im bayerischen Landtag ab, auch

---

368 ACSP, CSU-LTF II/1, 15–14, Protokoll der Fraktionssitzung am 16. 7. 1952 (Hans Ehard und Alois Schlögl).
369 ACSP, CSU-LTF II/1, 15–14, Protokoll der Fraktionssitzung am 2. 4. 1952.
370 ACSP, CSU-LTF II/1, 15–14, Protokoll der Fraktionssitzung am 16. 7. 1952.
371 ACSP, CSU-LTF II/1, 15–14, Protokoll der gemeinsamen Sitzung von Landtagsfraktion, Landesgruppe und Landesvorstand am 21. 4. 1952; das folgende – soweit nicht anders belegt – nach dem Protokoll dieser Sitzung.
372 BSB, NL Schwend 55, Fritz Schäffer an Hans Ehard vom 4. 3. 1952.
373 Das Dotationssystem des Bundes war allerdings vielen Mitgliedern der CSU-Fraktion im bayerischen Landtag aus föderalistischen Gründen ein Dorn im Auge. ACSP, CSU-LTF II/1, 15–14, Protokolle der Fraktionssitzungen am 2. 4. und 16. 7. 1952.
374 Vgl. Gelberg, Hans Ehard, S. 401.

wenn ihnen klar war, daß sie unter diesen Umständen auf willkommene Zuschüsse aus der Bundeskasse würden verzichten müssen[375]. Für Franz Josef Strauß zählten solche Bedenken angesichts der gesamtpolitischen Situation nicht. Er unterstützte Schäffers Forderungen und mahnte seine Parteifreunde in der Krisensitzung vom 21. April 1952 zur Geschlossenheit:

„Ich wollte verhindern, daß die [Landesgruppe] mit ja stimmt, während die Landtagsfraktion an einer Interpellation beteiligt ist, deren Sinn ein nein ist. Wenn die [Landesgruppe] nein sagt, ist der Rücktritt des Finanzministers unvermeidlich. Sachlich müssen wir uns im klaren sein, daß diese Frage nicht isoliert gesehen werden kann, etwa als Auseinandersetzung zwischen Bayern und [dem] Bund. Diese Frage ist ein Bestandteil der gesamten Regierungspolitik. Hier schlägt der Lastenausgleich sowie der Verteidigungsbeitrag herein. Die einzige Lösungsmöglichkeit ist, daß Landtagsfraktion und Landesvorstandschaft ihr Einverständnis geben, [daß] die Bundestagsabgeordneten [...] dem Gesetzentwurf Schäffer[s] im Bundestag zustimmen können. Anschliessend beschäftigt sich der Bundesrat mit dem Gesetz. Vermieden werden muß, daß ein Riß in unserer Partei aufscheint, etwa so, daß wir in Bonn nicht als die guten Föderalisten erscheinen. Unsere Gesamtpolitik muß entweder durchgeführt werden zu einem sicheren Erfolg oder wir brechen ab und die SPD bekommt recht."

Die Argumente und latenten Drohungen von Schäffer und Strauß blieben nicht ohne Wirkung. In der Landtagsfraktion war nun immerhin die Bereitschaft erkennbar, einer Erhöhung des Bundesanteils an der Einkommen- und Körperschaftsteuer zuzustimmen. Ein Bundesanteil von 40 Prozent wurde jedoch ebenso abgelehnt wie die von Strauß geforderte „Blankovollmacht" für die Landesgruppe. Die Landtagsabgeordneten erklärten sich allerdings damit einverstanden, „dem Bund die Mittel zu geben, die er unbedingt" brauche. Voraussetzung dafür müsse „jedoch die Möglichkeit der Überprüfung dieser Notwendigkeiten durch die Länder sein". Landesvorstand und Landesgruppe billigten diesen Standpunkt am 21. April bei fünf Gegenstimmen und fünf Enthaltungen.

Damit waren die Weichen für eine Erhöhung des Bundesanteils an der Einkommen- und Körperschaftsteuer gestellt. Doch die Auseinandersetzungen über den Verteilungsschlüssel hatten vor allem bei den Landespolitikern der CSU tiefe Wunden hinterlassen. Das ohnehin gespannte Verhältnis von Ehard und Schäffer hatte einen absoluten Tiefpunkt erreicht[376], und auch die politische Freundschaft von Schäffer und Hundhammer drohte an den umstrittenen steuer- und finanzpolitischen Problemen zu zerbrechen. Als die beiden gemeinsam in Tuntenhausen vor dem Katholischen Männerverein auftraten, konnte ein offener Streit nur mit Mühe vermieden werden[377]. Während die bundespolitische Verantwortung so unterschiedliche Persönlichkeiten wie Schäffer und Strauß zusammenrücken ließ, entzweiten sich auch alte Kampfgefährten über der Frage nach dem Primat der Bundes- oder der Landespolitik. Die Konflik-

[375] So erklärte Alois Hundhammer vor der Landtagsfraktion: „Dazu kommt, dass wir in Bayern selbst unseren eigenen Haushalt nicht ausgleichen können und daß die Länder im Geldaufbringen vor Bonn stehen. Von den Ländern her wird der Bund getragen. Zunächst müssen also die Bedürfnisse der Länder befriedigt werden, soweit es nicht ganz lebenswichtige allgemeine Bedürfnisse beim Bund sind. Es ist das das Subsidiaritätsprinzip. Freilich kann Bonn mit Repressalien drohen. Was man prinzipiell als richtig erkannt hat, darf man aber nicht deshalb aufgeben, weil gedroht wird." ACSP, CSU-LTF II/1, 15–14, Protokoll der Fraktionssitzung am 16. 7. 1952.

[376] Vgl. Gelberg, Hans Ehard, S. 401–410, und BayHStA, NL Ehard 268, Notiz Hans Ehards für Karl Schwend vom 11. 8. 1952.

[377] BSB, NL Schwend 55, Fritz Schäffer an Hans Ehard vom 5. 5. 1952 und Fritz Schäffer an Alois Hundhammer vom 5. 5. 1952; ACSP, CSU-LTF II/1, 15–14, Protokoll der Fraktionssitzung am 16. 7. 1952.

te aus der noch nicht lange zurückliegenden Ära Müller wurden mehr und mehr durch neue Problemkreise überlagert.

In den Wochen nach der Krisensitzung von Landtagsfraktion, Landesgruppe und Parteivorstand wurde weiter zäh um die Höhe des Bundesanteils gerungen. Nachdem der Bundestag Schäffers Gesetzentwurf zugestimmt hatte, rief der Bundesrat den Vermittlungsausschuß an, um doch noch zu einer für alle Seiten tragbaren Übereinkunft zu kommen. Die Vertreter der bayerischen Staatsregierung sprachen sich im Vermittlungsausschuß dafür aus, den Bundesanteil an der Einkommen- und Körperschaftsteuer auf 35 Prozent zu erhöhen und nicht, wie von Schäffer gefordert, auf 40 Prozent. Der Kompromiß, der schließlich ausgehandelt und am 9. Juli 1952 auch vom Bundestag akzeptiert wurde, sah eine Erhöhung des Bundesanteils auf 37 Prozent vor[378]. Ob der Bundesrat aber diesem Vorschlag zustimmen würde, war ebenso unklar wie die Haltung der bayerischen Staatsregierung. Am 16. Juli 1952, zwei Tage vor der entscheidenden Abstimmung im Bundesrat, bat Hans Ehard die CSU-Fraktion um ihre Stellungnahme[379]. Der Ministerpräsident, von seinem Parteifreund Schäffer menschlich und politisch enttäuscht, zeigte sich einmal mehr führungsschwach und unentschlossen, auch wenn er im Ministerrat eine kompromißbereite Haltung hatte erkennen lassen[380]. Die Landtagsfraktion war ebenfalls hin- und her gerissen. Einige Abgeordnete, allen voran Alois Hundhammer, waren dafür, den mühsam ausgehandelten Kompromiß um des föderalistischen Prinzips willen abzulehnen, andere signalisierten ihre Zustimmung, weil sie ihre Bonner Parteifreunde nicht im Stich lassen wollten, Schäffers Argumente anerkannten oder um die Bundeszuschüsse für Bayern fürchteten. Als sich ein Fraktionsmitglied erlaubte, diesen Gesichtspunkt in die Debatte zu werfen, rief Hundhammer voller Zorn: „Um ein Butterbrot gibt man Bayern her!" Doch der ehemalige Kultusminister hatte in der Landtagsfraktion nicht mehr denselben Rückhalt wie noch zwei oder drei Jahre zuvor. Als es zur Abstimmung kam, votierten bei vier Enthaltungen 26 Abgeordnete für den Vorschlag des Vermittlungsausschusses und nur zehn dagegen. Ministerpräsident Ehard folgte dieser Linie und setzte sich auch im Kabinett durch. Am 18. Juli 1952 entschied sich der Bundesrat mit den Stimmen Bayerns für eine Erhöhung des Bundesanteils auf 37 Prozent.

Doch nicht nur die Finanz- und Steuerpolitik trieb einen immer größeren Keil zwischen die Bundes- und die Landespolitiker in der CSU[381]. 1954 kam es auch über kulturpolitische Fragen zu einer hitzigen Kontroverse, die ein bezeichnendes Schlaglicht auf den inneren Zustand der CSU warf. Die nur halb zugeschütteten Gräben zwischen den seit den Gründungstagen der Partei existierenden Flügeln wurden dabei ebenso sichtbar wie die neuen Fronten, die sich zwischen der Bonner Landesgruppe und der Landtagsfraktion herausgebildet hatten, oder die Rivalitäten zwischen älteren Entscheidungsträgern, die sich ihre ersten politischen Sporen noch in der Weimarer Republik verdient hatten, und einer Reihe von Nachwuchspolitikern, die für die altbayeri-

---

[378] Vgl. Gelberg, Hans Ehard, S. 402f. und S. 406f.

[379] ACSP, CSU-LTF II/1, 15–14, Protokoll der Fraktionssitzung am 16. 7. 1952; das folgende – soweit nicht anders belegt – nach dem Protokoll dieser Sitzung.

[380] Zur Entscheidung im bayerischen Ministerrat und im Bundesrat vgl. Gelberg, Hans Ehard, S. 407f.

[381] Zu den steuer- und finanzpolitischen Konflikten der folgenden Jahre vgl. Henzler, Fritz Schäffer, S. 360–363; zur wachsenden Entfremdung zwischen den Bundes- und Landespolitikern in der CSU im Laufe des Jahres 1954 vgl. Gelberg, Hans Ehard, S. 513–516.

sche Ideologie eines Alois Hundhammer kein Verständnis mehr aufbringen konnten. Die Auseinandersetzung entzündete sich an der Diskussion um die richtige Strategie für den bevorstehenden Landtagswahlkampf. Die katholisch-konservativen Kräfte um den noch immer einflußreichen Hundhammer und seinen kongenialen Mitstreiter Georg Meixner, der als Vorsitzender der Landtagsfraktion[382] und als Vorsitzender des kulturpolitischen Ausschusses im Maximilianeum zu den Schlüsselfiguren der CSU zählte[383], drängten darauf, kulturpolitische Themen in den Mittelpunkt des Wahlkampfes zu stellen. Die christliche Kulturpolitik, erklärte Prälat Meixner 1954 wiederholt, sei seit jeher das „Herzstück" der Politik der CSU gewesen und müsse es auch immer bleiben[384]. Meixner verstand unter christlicher Kulturpolitik dreierlei: zunächst die „Frage der Beziehungen zwischen Staat und Kirche", dann eine dem Christentum verpflichtete Familienpolitik und schließlich und vor allem Schulpolitik[385], die eines der heißesten Eisen der bayerischen Landespolitik war. Während die CSU – allen voran Meixner und Hundhammer – die Bekenntnisschule als Regelschule mit Klauen und Zähnen verteidigte und für eine nichtakademische, konfessionell streng getrennte Ausbildung der Volksschullehrer eintrat[386], verfocht der Koalitionspartner SPD die nahezu entgegengesetzten Positionen[387]. Dieser Konflikt erwies sich nicht nur als dauerhafte Belastung der Regierungsarbeit, sondern drohte auch die CSU im Landtag zu isolieren, da auch die anderen Parteien mehrheitlich gegen die von den Kulturpolitikern der CSU immer wieder vorgebrachten Maximalforderungen standen.

In Bonn betrachtete man diese Entwicklung mit Sorge. Für Franz Josef Strauß und viele andere Mitglieder der Landesgruppe war es zunächst einmal wichtig, die Landtagswahlen zu gewinnen. Dafür mußten aber Wähler aus dem evangelischen und liberalen Lager angesprochen werden, die erfahrungsgemäß allergisch auf eine Schul- und Kulturpolitik reagierten, die im Verdacht stand, allzu konservativ und einseitig konfes-

---

[382] Georg Meixner war im August 1951 zum Fraktionsvorsitzenden gewählt worden, nachdem Alois Hundhammer das Amt des Landtagspräsidenten übernommen hatte. ACSP, CSU-LTF II/1, 15–14, Protokoll der Fraktionssitzung am 8. 8. 1951.

[383] Eine Beschäftigung mit der politischen Biographie Georg Meixners wäre ebenso interessant wie lohnend. Zwar existiert nach Auskunft des Archivs des Erzbistums Bamberg kein Nachlaß des Prälaten, sein politisches Wirken nach 1945 läßt sich jedoch aus den Akten der CSU-Landtagsfraktion, aus den Sitzungsprotokollen des Landtags und seiner Ausschüsse und aus den – allerdings nur schwer zugänglichen – Akten in den Archiven der sieben bayerischen Bistümer rekonstruieren. Eine Sammlung von Zeitungsausschnitten und Materialien zu Meixner findet sich im ACSP, CSU-LTF II/2, 6–43, und in der BSB, NL Schwend 7; vgl. vor allem Die Zeit vom 4. 2. 1954: „Prälat und Politiker", und Bamberger Volksblatt vom 25. 7. 1957: „Unser Prälat. Georg Meixner zu seinem 70. Geburtstag am 26. Juli 1957". Vgl. auch Werner K. Blessing, Georg Meixner (1887–1960), in: Fränkische Lebensbilder 16 (1996), S. 213–240.

[384] ACSP, CSU-LL, Protokoll der Sitzung des Landesausschusses der CSU am 15. 1. 1954 in Rothenburg ob der Tauber, Protokoll der Sitzung des Landesausschusses der CSU am 3. 7. 1954 in Landshut und Rechenschaftsbericht Georg Meixners vor der Landesversammlung der CSU am 9./10. 10. 1954 in Nürnberg.

[385] Vgl. ACSP, CSU-LL, Rede Georg Meixners vor dem Landesausschuß der CSU am 15. 1. 1954 in Rothenburg ob der Tauber.

[386] Zur wesentlich von Meixner bestimmten Diskussion in der CSU-Fraktion vgl. exemplarisch ACSP, CSU-LTF II/2, Protokoll der Arbeitstagung vom 30. 11.–2. 12. 1953.

[387] Vgl. dazu ausführlich Müller, Schulpolitik; Franz Sonnenberger, Die Rekonfessionalisierung der bayerischen Volksschule 1945–1950, in: ZfBLG 45 (1982), S. 87–155; Hubert Buchinger, Volksschule und Lehrerbildung im Spannungsfeld politischer Entscheidungen 1945–1970, München 1975, und Jana Richter, Eine Schule für Bayern. Die schulpolitischen Auseinandersetzungen um die Einführung der Christlichen Gemeinschaftsschule in Bayern nach 1945, München 1997.

sionell geprägt zu sein[388]. Während es für Hundhammer und Meixner in dieser Frage keine Kompromisse geben konnte, war die Landesgruppe größtenteils zu Zugeständnissen bereit, wenn dadurch der politische Erfolg sichergestellt werden konnte. Selbst Richard Jaeger, ein politischer Ziehsohn Hundhammers, und der katholische Jugendfunktionär Emil Kemmer taten sich schwer, den kulturpolitischen und wahltaktischen Kurs der Parteifreunde in München zu rechtfertigen. Im Protokoll der Landesgruppensitzung vom 30. April 1954 heißt es:

„Der Vorsitzende [Franz Josef Strauß] weist auf die Gefahren hin, die aus einer Überbetonung kulturpolitischer Ziele für die Einheit der CDU/CSU entstehen können, und auf die Verluste, die bei einer zu starken Propagierung dieser Ziele im Wahlkampf zu erwarten wären. Die CSU sollte sich darüber im klaren sein, daß sie von einem großen Teil ihrer Wähler nicht um ihrer Kulturpolitik, sondern vielmehr um ihrer wirtschaftlichen und außenpolitischen Ziele willen gewählt worden sei. Es sei dazu erwiesen, daß evangelische Kreise alle kulturpolitischen Vorstöße mit größtem Mißtrauen betrachten. [...] Die CSU müßte deshalb, ohne auf ihre weltanschaulichen Grundlagen zu verzichten, kulturpolitische Ziele nicht zum Mittelpunkt ihres Wahlprogrammes machen. Abg. Dr. Jaeger warnt umgekehrt davor, durch Vernachlässigung der Kulturpolitik die Stammwähler der CSU vor den Kopf zu stoßen und zu glauben, daß die liberalen Wähler [...] überhaupt zu halten wären. Außerdem könnte der Landtagswahlkampf im wesentlichen nur mit kulturpolitischen Fragen bestritten werden, weil Kulturpolitik das einzige Gebiet sei, in dem Bayern die alleinige Zuständigkeit hätte. Abgesehen davon, m[ü]ßte einer Weltanschauungspartei wie der CSU die Kulturpolitik besonders am Herzen liegen, ja sie sei dazu vom Gewissen her verpflichtet. Abg. Kemmer stimmt dem letzten Satz des Abg. Dr. Jaeger zu und stellt fest, daß man Grundsätze nicht verleugnen darf, auch wenn man dabei Wähler verlieren sollte. [...] Abg. Wacher bedauert, daß in Bayern die Frage der Lehrerbildung jetzt an den Schluß der Wahlperiode gestellt worden sei und damit überhaupt eine so heikle Frage in den Wahlkampf komme. Er unterstreicht im übrigen die Ausführungen des Vorsitzenden. [...] Abg. Dr. Horlacher warnt davor, den Fehler der früheren Bayerischen Volkspartei zu wiederholen. [...] Der Vorsitzende stellt nochmals richtig, daß es keineswegs darum gehe, die christlichen Grundsätze aufzugeben, sondern sich einer solchen Mehrheit zu [ver]sichern, daß sie auch verteidigt werden könn[ten]. Man brauche Bundesgenossen, um die christlichen Staatsideale verwirklichen zu können. Kulturpolitik sei außerdem schwer zu verteidigen, da, wie es in Bayern der Fall ist, auf kulturpolitische[m] Gebiet viel zu wenig geschehen sei. Abg. Dr. Dollinger warnt auch ebenso wie der Abg. Unertl davor, kulturpolitische Fragen als Hauptwahlkampfparole zu benutzen. Abg. Dr. Jaeger gibt zu, daß auf kulturpolitischem Gebiet in Bayern viel zu wenig geschehen sei, als daß man es erfolgreich verteidigen könne. Das dürfe aber nicht daran hindern, über die Grundsätze einer christlichen Kulturpolitik zu sprechen. [...] Abg. Kemmer stellt abschließend fest, daß der Landtagswahlkampf wohl nur mit den Erfolgen der Bundespolitik geführt werden kann."[389]

Auf der Tagung des Landesausschusses am 3. Juli 1954 in Landshut prallten die gegensätzlichen Positionen hart aufeinander. Nachdem auch Ministerpräsident Ehard vorsichtig davor gewarnt hatte, sich zu sehr auf kulturpolitische Fragen zu konzentrieren, und statt dessen gefordert hatte, die Bevölkerung über die ganze Bandbreite der Politik der CSU zu informieren, trat Georg Meixner ans Rednerpult[390]. Obwohl es nicht gerade üblich war, dem Landesvorsitzenden coram publico zu widersprechen, trat der Prä-

---

[388] Zur Position der katholischen Kirche, die im wesentlichen mit den von Hundhammer und Meixner formulierten Positionen übereinstimmte, vgl. Archiv des Erzbistums Bamberg, Rep. 4/3, 111/20.6, Rundschreiben der Diözesanleitung der Katholischen Aktion Bamberg, gez. Georg Meixner und Dr. Mehling, an die Pfarrer vom 12. 11. 1954.

[389] Archiv der CSU-Landesgruppe, Protokoll der Landesgruppensitzung am 30. 3. 1954; vgl. auch BSB, NL Schwend 19, Bericht Heinz Brencks über die Landesgruppensitzung am 30. 3. 1954.

[390] ACSP, CSU-LL, Protokoll der Sitzung des Landesausschusses der CSU am 3. 7. 1954 in Landshut; das folgende nach dem Protokoll dieser Sitzung.

lat offen dafür ein, „die Kulturpolitik beim kommenden Wahlkampf in den Vordergrund" zu stellen. Schließlich sei der Kulturpolitik „im Rahmen der gesamten Politik der Christlich-Sozialen Union immer eine gewisse zentrale Stellung eingeräumt worden" und der Großteil der Wähler der CSU habe der Partei „über alle Wandlungen der Zeit hinweg die Treue gehalten, weil sie eben Vertrauen in diese Partei wegen ihrer klaren christlichen Kulturpolitik immer gesetzt haben". Überdies müsse man berücksichtigen, daß auch die SPD beschlossen habe, den Wahlkampf vor allem mit kulturpolitischen Themen zu bestreiten. Als katholischer Geistlicher war Meixner zwar über jede öffentliche Kritik erhaben, aber seine Ausführungen über die Rolle der Kulturpolitik gingen einigen unerschrockenen Vertretern der jungen Generation doch zu weit. Unterstützt vom bayerischen JU-Vorsitzenden Franz Sackmann, dem enfant terrible der CSU und Schrecken der alten Garde, führte Fritz Zimmermann aus:

„Ich glaube, meine lieben Freunde, daß wir diesmal vielleicht schon in einem zu frühen Zeitpunkt, mitunter ungewollt, einen etwas extremen Standpunkt ab und an vertreten haben, nicht in der Zielsetzung, aber ab und zu im Ton. Wir haben mitunter die Dinge überbetont, und ich glaube, das sollten wir in den nächsten Monaten nicht mehr tun. [...] Wir müssen im Wahlkampf in diesen Fragen die Grenze finden zwischen unserer eigenen festen und unverrückbaren Überzeugung, zwischen unseren unverzichtbaren kulturpolitischen Grundsätzen auf der einen Seite und einer politisch-taktischen Linie auf der anderen Seite. [...] Meine lieben Freunde, es ist nicht notwendig, daß wir immer und immer wieder zu forciert, etwas überzogen und überbetont einen Kreis ansprechen, der sowieso keine andere Möglichkeit hat, als uns in diesem Wahlkampf zu wählen. Es kommt aber mehr als in jedem anderen Wahlkampf darauf an, daß wir den letzten Nichtwähler und den letzten schwankenden Wähler [...] gewinnen. Lassen wir die weise Mäßigung [...] auch hier walten! Unterlassen wir alles [...], was Gräben zwischen den Bekenntnissen ziehen könnte. [...] Wir dürfen uns auch nicht den leisesten Anschein geben, als ob wir irgendeinen geistlichen Totalitätsanspruch verfechten wollten."

Diese Worte des späteren CSU-Generalsekretärs, der durch die Schule Josef Müllers gegangen war, waren Franz Josef Strauß aus dem Herzen gesprochen. Der Landesgruppenchef wiederholte – von Zwischenrufen Meixners unterbrochen – seine Bedenken, die er intern bereits in Bonn geäußert hatte. Zugleich warnte er geradezu prophetisch davor, SPD, FDP, BHE und Bayernpartei „durch eine falsch propagierte und in der Öffentlichkeit böswillig ausgelegte Politik" in eine Koalition gegen die CSU zu treiben.

Doch die liberal-konservativen Kräfte in der bayerischen Unionspartei waren noch zu schwach, um das Blatt zu wenden, und auch die einflußreiche Bonner Landesgruppe unter der Führung von Strauß verfügte nicht über die notwendigen Mittel zur Beeinflussung eines Landtagswahlkampfes[391]. Der Wahlkampf vom Herbst 1954, der von allen Seiten aggressiv und polemisch geführt wurde[392], war mit Sicherheit eine der größten strategischen Fehlleistungen der Parteiführung um Hans Ehard, die nicht willens oder nicht in der Lage war, die überspitzten kulturpolitischen Forderungen von Meixner und Co. zu unterbinden[393], obwohl sie über die Gefahren genau infor-

[391] Zum Landtagswahlkampf und zur inneren Situation der CSU vgl. Heike Bretschneider, Die Bildung der Viererkoalition. Die parteipolitische Konstellation in Bayern in der ersten Hälfte der fünfziger Jahre, in: ZfBLG 41 (1978), S. 999–1038, hier S. 1000–1012.

[392] Exemplarisch IfZ-Archiv, ED 120 NL Hoegner 231, SPD – Die Landtagswahl Nr. 1, 4, 7, 10–13, Mai bis November 1954.

[393] Dies zeigen etwa die entsprechenden Artikel in der von der Landtagsfraktion herausgegebenen CSU-Correspondenz Nr. 31 vom 26.1., Nr. 49 vom 30. 3., Nr. 50 vom 2. 4., Nr. 3 vom 8. 10.,

miert war. Nicht zuletzt machten die Ergebnisse einer von der Landesleitung bei Emnid in Auftrag gegebenen Spezialstudie über die „Voraussetzungen der Landtagswahlen 1954 in Bayern" deutlich, daß der kulturpolitische Dogmatismus des katholisch-konservativen Parteiflügels nicht mehr zeitgemäß war und wie berechtigt die Bedenken aus den Reihen der Landesgruppe und der Jungen Union waren. Auf die Frage „An welcher Massnahme bzw. an welchem Gesetz hatten Sie etwas auszusetzen?" nannten die Befragten an zweiter Stelle die Schulpolitik der Staatsregierung und des von der CSU gestellten Kultusministers, und auf die Frage, welche Form der Volksschule die Befragten für ihre Kinder wählen würden, wenn sie frei darüber entscheiden könnten, nannten nur 24 Prozent die von der CSU im Wahlkampf so kompromißlos verfochtene Konfessionsschule, während sich 69 Prozent für die christliche Gemeinschaftsschule oder die Gemeinschaftsschule mit Religionsunterricht aussprachen[394]. Auch andere Umfrageergebnisse waren alarmierend. Danach waren 48 Prozent der Befragten der Meinung, die CSU sei „zu sehr von der Kirche beeinflußt", und nur 15 Prozent hielten es für gut, „wenn es in Bayern noch mehr Männer wie den Hundhammer geben würde"[395].

So führte die CSU den Landtagswahlkampf an den Interessen eines großen Teils der bayerischen Wählerinnen und Wähler vorbei – und die Quittung dafür sollte nicht lange auf sich warten lassen. Die bayerische Unionspartei gewann zwar gegenüber 1950 mehr als zehn Prozent der Stimmen und wurde mit 38 Prozent stärkste politische Kraft, nach dem grandiosen Sieg bei den Bundestagswahlen vom September 1953, wo man im Sog des Adenauer-Effekts die absolute Mehrheit nur knapp verfehlt hatte, war dieses Ergebnis jedoch eine Enttäuschung[396]. Nun trat genau das ein, was Franz Josef Strauß von Bonn aus vergeblich zu verhindern versucht hatte: Eine Koalition unter Führung der SPD, die auch durch die kulturpolitischen Maximalforderungen aus den Reihen der CSU zusammengeschweißt worden war, verdrängte die siegreiche CSU auf die harten Bänke der Opposition.

## 4. Die Partei verändert ihr Gesicht

### *a) Verdrängung, Resignation, Isolation: Josef Müller und seine Mitstreiter nach 1949*

Bis 1949 hatten Josef Müller und seine Getreuen die politische, programmatische und organisatorische Entwicklung der CSU entscheidend geprägt. Doch wieviel Einfluß blieb ihnen nach der Landesversammlung in Straubing und dem Sturz des Ochsensepp? Rein zahlenmäßig war der Müller-Flügel noch immer eine Macht. Im Mai 1949 hatte der scheidende Landesvorsitzende immerhin noch ein Viertel der Stimmen erhal-

Nr. 3 k vom 9. 10., Nr. 6 vom 19. 10., Nr. 7 vom 22. 10., Nr. 9 vom 29. 10., Nr. 9 a vom 29. 10., Nr. 13 vom 12. 11., Nr. 14 vom 16. 11., und Nr. 16 vom 23. 11. 1954.

394 Voraussetzungen der Landtagswahlen 1954 in Bayern. Eine Spezialstudie im Auftrage der Landesgeschäftsführung der CSU Bayern, durchgeführt vom Emnid-Institut für Meinungsforschung, Bielefeld 1954, S. 53 f. und S. 109 f. Zu ähnlichen Ergebnissen kam auch die Studie: Vor den Landtagswahlen. Bericht über die Bevölkerungsumfragen in Hessen und Bayern, durchgeführt vom Institut für Demoskopie, Allensbach 1954, S. 36 f.

395 Ebenda, S. 61 und S. 95.

396 Angaben nach Zweite Bundestagswahl, S. 10, und Ritter/Niehuss, Wahlen in Deutschland, S. 174.

ten, und neben den „150 von Straubing“[397] waren es vor allem Teile der fränkischen Bezirksverbände und der Arbeitsgemeinschaften, die Müller die Treue hielten. Die große Frage war, ob der gestürzte Parteichef und seine Mitstreiter bereit waren, ihre Niederlage zu akzeptieren, oder ob sie auf Rache sinnen und versuchen würden, nach dem Vorbild der Anti-Müller-Fronde um Alois Hundhammer die Politik der neuen Parteiführung systematisch zu torpedieren. Schließlich war Hans Ehard nur für ein Jahr gewählt, so daß sich spätestens im Sommer 1950 die Chance bot, das Ergebnis von Straubing zu revidieren.

Doch die Befürchtungen, die Führungs- und Flügelkämpfe könnten unter umgekehrten Vorzeichen weitergehen, waren überzogen. Viele Anhänger Josef Müllers waren erschöpft und der ständigen Streitigkeiten müde. Lediglich in Franken gab es noch eine Fraktion, die sich kampfbereit zeigte, und nur auf das Signal wartete, die alten Bataillone wieder zu sammeln. Otto Graf nahm im Juli 1949 an, der Ochsensepp sei „in Unterfranken immer noch der ungekrönte Prinzregent“[398], und ein Würzburger Parteifreund ermunterte Müller, mit neuem Elan daran zu gehen, die alten Ideale doch noch zu verwirklichen:

„Ich brauche nicht erst zu betonen, daß ich nach wie vor der alte bin, der nicht gewillt ist, eventuelle Veränderungen der Parteipolitik im Sinne [o]berbayerische[r] Rückschrittlichkeit mitzumachen. Wenn wir hier alle [...] weiterhin auf dem Posten bleiben und mit verstärkter Aktivität in den Wahlkampf gehen, so deshalb, weil wir die Hoffnung haben, daß es Ihnen [...] gelingen wird, in Kürze oder erst in Monaten doch noch eine klare Linie in die Partei zu bringen. [...] Sie sehen, Dr. Müller, Sie haben nicht nur Freunde, sondern Ihre Freundeszahl wächst, das aber nur, wenn Sie uns die Gewissheit geben, nicht umsonst zu arbeiten, bzw. uns ein Ziel geben.“[399]

Die Mehrheit von Müllers Anhängern dachte jedoch anders. Eine Fortsetzung des Machtkampfes, so fürchteten sie, könne die CSU irreparabel schädigen. Daher baten Freunde und Mitstreiter den Ochsensepp inständig darum, sich zumindest vorerst mit den Tatsachen abzufinden und nicht zu denselben Waffen zu greifen wie seine Gegner. Auch Hans Schwägerl, ein CSU-Politiker aus dem oberfränkischen Marktredwitz, gehörte zu denen, die den Wechsel an der Parteispitze zutiefst bedauerten. Nachdem Ehard aber nun einmal gewählt worden sei, schrieb er unmittelbar nach der Straubinger Landesversammlung an Josef Müller, „wird es an uns liegen, ihm unsere Gefolgschaft nicht zu verweigern, sondern ihn 100% zu unterstützen, damit die Oberbayern sehen, daß wir nicht einer Person, sondern der CSU. dienen“. Schwägerl fuhr fort:

„Es ist allerdings hart, wenn man gesehen hat, wie sich die Minderheit bei Deiner Wahl benommen hat, heute gerade das Gegenteil zu tun. Aber im Interesse unserer Union und auf Grund unserer christlichen Weltanschauung müssen wir diesen Weg gehen und beweisen, daß wir, trotzdem wir nicht so viel von den klerikalen Dingen verstehen, doch unser Christentum 100%ig ernst nehmen.“[400]

---

[397] ACSP, NL Müller 198, CSU-Kreisverband Würzburg-Stadt an Josef Müller vom 14. 6. 1949.

[398] ACSP, NL Müller 325, Otto Graf an Josef Müller vom 11. 7. 1949.

[399] ACSP, NL Müller 198, CSU-Kreisverband Würzburg-Stadt an Josef Müller vom 14. 6. 1949; ähnlich auch NL Müller 184, Albin Niklaus an Josef Müller vom 2. 6. 1949.

[400] ACSP, NL Müller 149, Hans Schwägerl an Josef Müller vom 30. 5. 1949; am 31. 5. 1949 schrieb Heinz Fischer an seinen gestürzten Mentor (NL Müller 144): „So sehr man bei uns den Ausgang der Wahl bedauert, so erwartet man aber unbedingt von Dir, daß Du Dich dieser Mehrheit fügst, nur so können wir Aussicht haben, Dich wieder zu wählen.“

Wie groß Müllers Chancen, das Rad der Geschichte zurückzudrehen, überhaupt waren, läßt sich nur schwer sagen. Sicher ist, daß man den Einfluß des ehemaligen Landesvorsitzenden in der CSU bis 1952 nicht unterschätzen darf. Der Ochsensepp meldete sich wiederholt in den Führungsgremien der Partei zu Wort, denen er nach wie vor angehörte[401], und hatte im Dezember 1950 als Verbündeter Hans Ehards maßgeblichen Anteil an der Ausschaltung der Bayernpartei bei der Regierungsbildung und am Zustandekommen einer großen Koalition. Müller zählte auch nach seinem Sturz zu den bekanntesten Politikern der CSU und wußte sich mit dem geheimnisvollen Flair der großen Politik zu umgeben. Die gewohnte Dynamik ließ er allerdings vermissen. Die jahrelangen Auseinandersetzungen unter den Augen der Öffentlichkeit waren nicht spurlos an ihm vorübergegangen. Gesundheitlich und finanziell angeschlagen, zog sich Müller zeitweise aus der Parteiarbeit zurück und ließ seine Anhänger in den Kreisen und Bezirken über seine Pläne und Ziele im unklaren. Es hat fast den Anschein, als hätten sich die Treuesten der Treuen mehr Gedanken über sein Comeback gemacht als Müller selbst[402], der nur halbherzig versuchte[403], alte Kontakte aufrechtzuerhalten, verlorene Positionen zurückzugewinnen und bewährte Mitstreiter in einflußreiche Positionen zu bringen[404]. Zudem saß der Stachel der Enttäuschung tief, und noch Jahre später war die Verbitterung spürbar, die Josef Müller empfand, wenn er an die Methoden dachte, mit denen seine Gegner den Kampf gegen ihn geführt hatten. Als Karl Sigmund Mayr, dem es der Ochsensepp niemals verzieh, daß er sich 1949 gegen ihn gestellt hatte, Müller wiederholt darum bat, die Reorganisation der CSU finanziell zu unterstützen, hüllte er sich zunächst in Schweigen, um dann mit dem Hinweis auf die Vergangenheit abzulehnen[405]. Inhalt und Diktion von Müllers Antwort veranlaßten Mayr zu einer deutlichen Replik:

„Es ist mir innerlich schon eine Beruhigung, daß Du mir überhaupt Antwort gibst und daß Du mir selbst schreibst. Weißt Du, das Ausbleiben einer Antwort auf verschiedene Briefe ha[t] den Groll in mir, den ich seit langem gegen Dich habe, verstärkt. Nun wird er langsam schwinden, aber er kann erst ganz beseitigt werden, wenn ich weiß, daß Du Dich endlich einmal von der Vorstellung freimachst, daß Du das Recht hättest, genau so zu handeln, wie Deine Gegner von ehemals. Du bist völlig im Recht, wenn Du fragst, wo sind die Geldmittel, von denen in Straubing die Rede war. Aber Du darfst nicht die Arbeit der Vorstandschaft und Landesleitung sabotieren, weil Hundhammer mit dieser Waffe gegen Dich gekämpft hat. Es geht hier um eine Sache und nicht um eine Person, und wenn man gegen Dich unanständige Waffen gebraucht hat, dann darfst Du der Sache wegen nicht mit den gleichen Waffen kämpfen. Gerade dadurch müßtest Du Dich von Deinen früheren Ge[gn]ern unterscheiden. [...] Ich habe immer anerkannt, daß Du ein Politiker bist, dem eine besondere Begabung mitgegeben ist, aber was hilft Dir diese Begabung, wenn sie nicht einer großen Sache uneingeschränkt dient."[406]

Doch es waren nicht nur der alte Groll und die offensichtlich fehlende Motivation, die Müller mit der Zeit zu einem Außenseiter in der CSU werden ließen. Auch

---

401 ACSP, CSU-LL, Protokolle der Sitzungen des geschäftsführenden Landesvorstands am 17. 6., 28. 6. und 3. 10. 1949, und Protokoll der Sitzung des Landesausschusses der CSU am 15. 1. 1950 in Fürth.

402 ACSP, NL Müller 52, Horst Erny an Josef Müller vom 26. 4. und 1. 9. 1950.

403 Main-Echo vom 24. 3. 1950: „Dr. Müller will nach Canossa gehen. Die Amerikaner und die russischen Lockvögel"; Neue Zeitung vom 24. 5. 1950: „Problematik der bürgerlichen Regierungskoalition. Kulmbacher Wahlkampf als Beispiel – Kulturpolitik zur Zeit das heißeste Eisen".

404 ACSP, NL Müller 150, Aktennotiz über eine Besprechung mit Georg Gamperl am 16. 11. 1949.

405 ACSP, NL Müller 21, Karl Sigmund Mayr an Josef Müller vom 16. 11. und 14. 12. 1951 und dessen Antwortschreiben an Karl Sigmund Mayr vom 17. 12. 1951.

406 ACSP, NL Müller 21, Karl Sigmund Mayr an Josef Müller vom 27. 12. 1951.

programmatisch geriet der Ochsensepp immer mehr ins Abseits. Seine gesamtdeutsche Konzeption paßte ebensowenig in das eisige Klima des Kalten Krieges wie seine von neutralistischen Äußerungen begleitete Forderung nach einem Dialog zwischen Ost und West[407]. Als Müller im Herbst 1949 den Vorschlag machte, ein Gremium zur „Koordinierung der ostdeutschen und westdeutschen Wirtschaft als Ausgangsbasis der Wiedergewinnung der deutschen staatlichen Einheit" einzurichten[408], und bemerkte, das Christentum „kenne keinen eisernen Vorhang", erntete er in seiner eigenen Partei wütende Proteste[409]. Georg Meixner und Franz Josef Strauß lehnten diese Gedanken öffentlich und mit teils scharfen Worten ab, andere CSU-Politiker forderten von Hans Ehard, gegen diese „Unglückspolitik" seines Justizministers einzuschreiten und Müller „für seine Anknüpfung zum Bolschewismus" zur Rechenschaft zu ziehen[410]. Alois Hundhammer schrieb nach einer Rede Müllers, in der er sich für einen Ausgleich zwischen den Westmächten und der Sowjetunion ausgesprochen und die Politik der Wiederbewaffnung kritisiert hatte, an Ministerpräsident Ehard:

„Wenn Leute aus den eigenen Reihen die heutige Menschheitsgefahr in dieser Weise bagatellisieren, dann erscheint die Abwehrstellung gegen den Bolschewismus, die wir übrigen Anhänger der CSU vertreten und für eine Gewissenspflicht erachten, aus dem eigenen Lager untergraben."[411]

Auch wegen seiner Aktivitäten im Widerstand gegen das NS- Regime geriet Müller zunehmend ins Kreuzfeuer der Kritik. 1945 hatten ihm sein mutiges Eintreten für den Frieden und seine mehrjährige Odyssee durch die Gefängnisse und Konzentrationslager des Dritten Reiches noch den Weg in die Politik geebnet. Nach 1949 wurde der Ochsensepp jedoch von politischen Gegnern wie von Mitgliedern seiner eigenen Partei als Landesverräter diffamiert, der das Leben tausender deutscher Soldaten auf dem Gewissen habe[412].

Trotz allem konnte Müller noch einmal einen Erfolg verbuchen, der bei seinen verbliebenen Anhängern neue Hoffnung und bei seinen Gegnern wohlbekannte Ängste auslöste. Die Bezirksversammlung wählte Müller im März 1951 zum Vorsitzenden der Münchner CSU; der Ochsensepp erhielt 81 Stimmen, sein Gegenkandidat, der amtierende Bezirksvorsitzende Franz Heubl, nur 71[413]. Müller rückte damit zwar in den

[407] ACSP, CSU-LL, Protokoll der Sitzung des Landesausschusses der CSU am 15. 1. 1950 in Fürth (Reden Josef Müllers und Friedrich Wilhelm von Prittwitz und Gaffrons); zur Reaktion auf die beiden Reden, in denen Kritik an einer Politik der einseitigen Westorientierung geübt wurde, vgl. ACSP, CSU-LTF I, 15–20/0, Hans Hermann von Eicken an Herrn Schäfer vom 31. 1. 1950.

[408] Münchner Merkur vom 5. 12. 1949: „Dr. Müller: Ost-West eine Familie".

[409] Main-Echo vom 7. 12. 1949: „Gegensätze auf Burg Feuerstein. Dr. Josef Müller contra Prälat Meixner"; zur Kritik von Meixner und Strauß an Müller vgl. ebenda.

[410] ACSP, CSU-LTF I, 15–20/0, Ludwig Sporer an Hugo Geiger vom 5. 12. 1949; BayHStA, NL Ehard 1363, Bericht über eine Rede Josef Müllers auf einer CSU-Versammlung in Hersbruck am 29. 10. 1950.

[411] ACSP, CSU-LTF II/1, 15–12/1, Alois Hundhammer an Hans Ehard vom 4. 6. 1951.

[412] ACSP, CSU-LTF II/1, 15–14, Protokolle der Fraktionssitzungen am 18. 12. 1950 und 14. 5. 1952; vgl. auch Stenographischer Bericht über die 85. Sitzung des Landtags am 8. 5. 1952, S. 2040f.; Lenz, Tagebuch, Eintragung vom 12. 5. 1952, S. 327; Hans Kapfinger, Um das Datum des 10. Mai 1940. Justizminister wird des dreifachen Landesverrats beschuldigt, in: Passauer Neue Presse vom 15. 5. 1952; BSB, NL Schwend 52, Pressenotiz „Dr. Müller weist Vorwurf des Verrats zurück" vom 23. 11. 1954.

[413] SZ vom 22. 3. 1951: „Dr. Müller CSU-Bezirksvorsitzender in München"; ACSP, NL Müller 52, Horst Erny an Josef Müller vom 1. 4. 1951; die Datierung der Wahl Müllers zum Münchner Bezirks-

erlauchten Kreis der einflußreichen „Bezirksfürsten" auf, aber er hatte seine Wahl weniger der eigenen Person als dem rastlosen Einsatz einiger Nachwuchspolitiker aus den Reihen der Jungen Union zu verdanken[414]. Diese „Kampfgruppe Müller", der an führender Stelle Fritz Zimmermann angehörte, versuchte in einer konzertierten Aktion, so viele Delegierte wie möglich im persönlichen Gespräch für den Ochsensepp zu gewinnen. Dieser Coup, Müller zum Vorsitzenden eines Bezirksverbands küren zu lassen, der ihm bis 1949 mit schärfster Opposition begegnet war, zeigt, daß es wenigstens eine kleine Chance für ein Comeback gegeben hätte. Doch langfristig geplante, mühselige Kleinarbeit war etwas, was Müller ganz und gar nicht lag, ganz abgesehen davon, daß seine Widersacher hellhörig geworden waren und jede Aktion argwöhnisch verfolgten[415].

Der Erfolg in München war aber nur ein Strohfeuer, das schnell wieder erlosch, und schon ein Jahr später mußte Müller einen entscheidenden Rückschlag hinnehmen, von dem er sich nicht mehr erholte. Die Rede ist von der Affäre um Philipp Auerbach, den kommissarischen Leiter des bayerischen Landesentschädigungsamts, die Josef Müller sein Amt als Justizminister kostete. Auerbach, ein Intimfeind Müllers, wurde im März 1951 verhaftet und wegen unberechtigter Führung eines Doktortitels, Unterschlagung öffentlicher Gelder, Nötigung, versuchter Erpressung und anderer Delikte angeklagt[416]. Im Zuge des Verfahrens gegen Auerbach, in dem auch der bayerische Landesrabbiner Aaron Ohrenstein zu den Angeklagten gehörte, wurden Vorwürfe laut, Justizminister Müller habe aus einem zwielichtigen Sonderfonds des Landesentschädigungsamts 40 000 DM erhalten und sei somit in eine Affäre verstrickt, die die ihm unterstellten Behörden aufklären sollten[417]. Müller dementierte, jemals von Auerbach Geld aus Mitteln des Landesentschädigungsamtes bekommen zu haben, gab aber zu, 1950 von Ohrenstein eine Spende von 20 000 DM angenommen zu haben, von denen er 15 000 DM für politische und 5000 für caritative Zwecke verwendet habe. 15 000 DM habe er jedoch an Ohrenstein zurückgegeben, nachdem die Vorwürfe gegen ihn bekannt geworden seien.

Diese – wenn man so will – frühe Parteispendenaffäre war für Alois Hundhammer ein willkommener Anlaß, erneut zur Attacke gegen den Ochsensepp zu blasen. Hundhammer verfolgte dabei allerdings nicht nur persönliche Ziele. Wenn es ihm gelang, den Justizminister zu stürzen, der als eine der Schlüsselfiguren der großen Koalition galt, dann zerbrach vielleicht auch das ungeliebte Regierungsbündnis von CSU und

---

vorsitzenden auf das Jahr 1952, die sich bei Mintzel, Anatomie, S. 540f. Anm. 2, Hettler, Josef Müller, S. 426, und Geschichte einer Volkspartei, S. 682, findet, ist falsch.

[414] Erinnerungsinterview mit Friedrich Zimmermann, in: Geschichte einer Volkspartei, S. 622; das folgende Zitat ebenda.

[415] ACSP, CSU-LTF II/1, 15–20, Rundschreiben der JU Oberbayern, gez. Ludwig Huber, an alle Kreisvorsitzenden im Bezirk vom 13. 9. 1952.

[416] Vgl. Constantin Goschler, Der Fall Philipp Auerbach. Wiedergutmachung in Bayern, in: Ludolf Herbst, Constantin Goschler (Hrsg.), Wiedergutmachung in der Bundesrepublik Deutschland, München 1989, S. 77–98, hier S. 90 und S. 96f.

[417] ACSP, CSU-LTF II/1, 15–14, Protokolle der Fraktionssitzungen am 18. 2., 5. 4. und 14. 5. 1952 sowie Protokoll der gemeinsamen Sitzung von Landtagsfraktion, Landesgruppe und Landesvorstand am 21. 4. 1952; Stenographischer Bericht über die 84. Sitzung des Landtags am 7. 5. 1952, S. 2003–2007. Zur Verwendung des Geldes durch Müller vgl. ACSP, CSU-LSG, Ordner Müller – Hundhammer 1952, Bericht einer Prüfungskommission des CSU-Bezirksverbands München vom 27. 6. 1952. Ein Aufsatz über Josef Müller und die Affäre Auerbach ist in Vorbereitung.

SPD und machte einer Koalition von CSU und Bayernpartei Platz[418]. Hundhammer sorgte durch gezielte Indiskretionen dafür, daß Müller nicht aus den Schlagzeilen kam, und forderte öffentlich seinen Rücktritt[419]. Für kurze Zeit schien es so, als würden die mühsam eingedämmten Machtkämpfe zwischen den verschiedenen Lagern in der CSU wieder ausbrechen und Ehards halbwegs erfolgreiche Politik der Befriedung und Konsolidierung zunichte machen[420]. Doch der Unmut der Parteibasis richtete sich rasch gegen die beiden Kampfhähne[421]. Hundhammer isolierte sich durch sein rücksichtsloses Vorgehen selbst[422], und auch Müller hatte – bei allem Verständnis, das man ihm entgegenbrachte[423] – nicht mehr viele Freunde in der CSU, die vorbehaltlos für ihn in die Bresche gesprungen wären. Offensichtlich war es den meisten Politikern der bayerischen Unionspartei wichtiger, den instabilen Burgfrieden aufrechtzuerhalten, als noch einmal die Schlachten der Vergangenheit zu schlagen. Franz Josef Strauß verlieh dieser Stimmung Ausdruck, als er in einer gemeinsamen Sitzung von Landesvorstand, Landtagsfraktion und Landesgruppe zornig ausrief: „Wir wollen einmal unsere Ruhe haben von diesem Dreck in unserer Partei, daß man entweder im Sog von Hundhammer und Müller oder von Juden in solche Drecksgeschichten gezogen wird."[424] Der mittelfränkische Landtagsabgeordnete Georg Mack hieb in dieselbe Kerbe: „Ich bedauere nur", erklärte er seinen Fraktionskollegen, „daß die Brandstifter noch so ungehindert wirken" können. Auch Müller werde „einsehen müssen, dass er nicht mehr das ist, was er einmal war"[425].

Der Druck auf den Justizminister wuchs. Zu den Anfeindungen aus der eigenen Partei kamen parlamentarische Interpellationen der Oppositionsparteien und schließlich Rücktrittsforderungen aus den Reihen der Koalitionspartner[426]. Nachdem sich Müller im Landtag und im Untersuchungsausschuß zu den Vorgängen im Landesentschädigungsamt nicht gerade klug verhalten hatte[427], blieb Ehard nichts anderes mehr übrig,

---

418 Vgl. Gelberg, Hans Ehard, S. 403f.

419 Münchner Merkur vom 5./6. 4. 1952: „Hundhammer fordert Rücktritt Müllers. ‚Im Interesse der Unantastbarkeit der Staatsführung' – Schreiben an Dr. Ehard veröffentlicht"; SZ vom 8. 4. 1952; „Im Dschungel der bayerischen Politik. Josef Müllers dunkle Geldquellen – Alois Hundhammers Verschwörung gegen die Große Koalition. Ein chronologischer Bericht in Dokumenten".

420 ACSP, CSU-LTF II/1, 15–14, Protokoll der gemeinsamen Sitzung von Landtagsfraktion, Landesgruppe und Landesvorstand am 21. 4. 1952.

421 ACSP, CSU-LSG, Ordner Müller – Hundhammer 1952, Resolutionen der CSU-Kreisverbände Landshut-Stadt, Weilheim und Schongau vom 9. 4., 27. 4. und 19. 5. 1952.

422 Sogar Georg Meixner bemerkte: „Ich halte es für absolut unmöglich, daß solche parteiinternen Dinge an die Öffentlichkeit getragen werden. Der Landtagspräsident [Alois Hundhammer] täusche sich darüber nicht, die Reaktion im Land draussen ist verheerend für die Partei und für ihn persönlich. Ich sage das nicht leichthin, von allen Seiten kommt nur Empörung und Entrüstung." ACSP, CSU-LTF II/1, 15–14, Protokoll der gemeinsamen Sitzung von Landtagsfraktion, Landesgruppe und Landesvorstand am 21. 4. 1952.

423 ACSP, CSU-LSG, Ordner Müller – Hundhammer 1952, Erklärung der CSU-Landtagsfraktion vom 5. 4. 1952.

424 ACSP, CSU-LTF II/1, 15–14, Protokoll der gemeinsamen Sitzung von Landtagsfraktion, Landesgruppe und Landesvorstand am 21. 4. 1952.

425 ACSP, CSU-LTF II/1, 15–14, Protokoll der Fraktionssitzung am 14. 5. 1952.

426 Stenographischer Bericht über die 84. Sitzung des Landtags am 7. 5. 1952, S. 2003–2027; Stenographischer Bericht über die 85. Sitzung des Landtags am 8. 5. 1952, S. 2029–2042; ACSP, CSU-LTF II/1, 15–14, Protokoll der Fraktionssitzung am 14. 5. 1952.

427 Der Spiegel vom 7. 5. 1952: „Den Fußtritt geben", vom 14. 5. 1952: „Christliche Nächstenliebe", vom 4. 6. 1952: „Ochsen-Sepp: Amt zur Verfügung". Zur Tätigkeit des parlamentarischen Untersuchungsausschusses vgl. Plöhn, Untersuchungsausschüsse, S. 246–257. ACSP, NL Seidel 19, Hanns Seidel an Hildegunde Feilner vom 20. 5. und 30. 5. 1952. Am 30. 5. schrieb der Wirtschaftsminister

als seinen Justizminister zur Demission aufzufordern, wollte er eine Regierungskrise vermeiden. Müller kam diesem Ersuchen nach und bat den Ministerpräsidenten am 26. Mai 1952 um seine Entlassung, die Ehard einen Tag später vollzog[428].

Nach seinem Ausscheiden aus dem Kabinett wurde Müller in der CSU endgültig zu einer Randfigur. Er gehörte zwar weiterhin dem Landtag und dem Landesvorstand an, die wichtigen Entscheidungen aber wurden ohne ihn getroffen. Dennoch ließen ihn seine Gegner nicht aus den Augen. In der Staatskanzlei wurden die Aktivitäten und öffentlichen Auftritte des geheimnisumwitterten Ochsensepp mit Argusaugen beobachtet[429], und es gibt sogar Hinweise darauf, daß Innenminister Hoegner seinen ehemaligen Ministerkollegen zeitweise vom Verfassungsschutz observieren ließ[430]. Noch 1954 berichtete die Presse über Müllers politischen Salon in der Gedonstraße, in dem sich angeblich illustre Gäste trafen und von dem „weit gesponnene Fäden" ausgingen, die „dem ehemaligen Abwehrmann ein politisches Spiel mit hohem Einsatz" erlaubten[431]. Doch da war Müllers große Zeit vorbei. Als er 1955 noch einmal seine Ambitionen auf den Parteivorsitz anmeldete, mußte er erkennen, daß in der Partei, die er einst aus der Taufe gehoben hatte, längst andere den Ton angaben.

Seit 1949 war es um Müller immer einsamer geworden. Von dem einst gefürchteten Müller-Flügel der CSU, dessen Zerfall schon 1948 begonnen hatte, waren bald nur noch isolierte Zirkel übrig, denen profilierte Führungsfiguren fehlten und die kaum Einfluß auf die Entwicklung der Partei nehmen konnten. Alois Hundhammer konnte bereits Ende 1949 zufrieden feststellen, die „sogenannten ‚Kreise' und Grüppchen in der CSU" hätten ein für alle Mal ausgespielt und auch der Gautinger Kreis um den Müller-treuen Karl Köhler sei inzwischen „zur Bedeutungslosigkeit herabgesunken"[432]. Wie rasch die Partei in der Ära Ehard ihr Gesicht zu verändern begann, zeigt ein Blick auf die Zusammensetzung des Landesvorstands. Unter den 48 Personen, die 1951 den Parteivorstand bildeten, waren lediglich 21 – also nicht einmal 44 Prozent –, die diesem Gremium schon 1948 angehört hatten[433]. Es fällt auf, daß es vor allem prominente Mitstreiter Josef Müllers wie Georg Barth, Georg Gamperl, Franz Liedig oder Eugen Rindt waren, die ihren Platz im Landesvorstand räumen mußten, ein Indiz da-

kopfschüttelnd an seine Vertraute: „Müller ist nicht gestürzt worden; er hat sich selbst gestürzt. Die Presse ist tief enttäuscht, nicht über die Dinge, die man Müller vorwirft, sondern über die Ungeschicklichkeit, mit der er taktiert hat. Sie war wirklich nicht zu übertreffen. Es rührt daher, dass er, wie so oft, die Realität falsch beurteilt hat."

428 ACSP, CSU-LTF II/1, 15–14, Protokoll der Fraktionssitzung am 28. 5. 1951; Stenographischer Bericht über die 90. Sitzung des Landtags am 5. 6. 1952, S. 2203. Die Angelegenheit wurde in den folgenden Wochen vor dem Landesschiedsgericht der CSU verhandelt. Das Verfahren endete mit einer Verwarnung für die beiden Kontrahenten Müller und Hundhammer. ACSP, CSU-LSG, Ordner Müller – Hundhammer 1952, Protokoll der Sitzung des Landesschiedsgerichts der CSU am 7. 6. 1952 und Schiedsspruch des Landesschiedsgerichts der CSU vom 1. 7. 1952.

429 Beispielsweise BayHStA, NL Ehard 139, Aktennotiz Ernst Deuerleins für Hans Ehard vom 14. 1. 1953.

430 BayHStA, NL Ehard 139, Bayerisches Landesamt für Verfassungsschutz, gez. Regierungsdirektor Kurz, an Wilhelm Hoegner vom 20. 2. 1953.

431 Sonntagspost vom 29. 4. 1954: „Hinter geschlossenen Gardinen... Der Salon in der Gedonstraße ist Treffpunkt der Freunde Dr. Josef Müllers – Ein Blick in das Kulissenspiel des großen Taktikers" (Zeitungsausschnitt im ACSP, CSU-LTF II/2, 6–41).

432 NA, RG 466, OLCB, Land Commissioner's Central Files, Box 11- Political Movements 1949–28. 2. 1950, „Subject: Bezirksversammlung der CSU-Oberbayern" vom 3. 11. 1949.

433 BayHStA, NL Ehard 64, Liste der Mitglieder des Landesvorstands der CSU vom 10. 3. 1951; Mintzel, Anatomie, S. 686–720; die Zahlenangaben beruhen auf einer eigenen Auszählung.

für, wieviele Anhänger Müllers nach 1949 resignierten oder ohne Perspektive an den Rand gedrängt wurden. Wenn sie nicht aus der CSU austraten, so verloren sie meist schnell ihre Ämter und blieben einfache Mitglieder, die keine größeren Aktivitäten entfalteten. Der Verlust der liberalen, protestantischen oder nationalkonservativen Kräfte, die 1945/1946 mühsam für die CSU hatten gewonnen werden müssen, löste aber nicht nur Bedauern aus, im Gegenteil. Hundhammer stellte wiederholt mit „Befriedigung" fest, daß die „innere Kraft" von Partei und Fraktion gewachsen sei, nachdem „sehr viele Randfiguren abgestossen worden" seien[434].

Zu diesen Randfiguren zählte Hundhammer beispielsweise August Haußleiter, der seinen katholisch-konservativen Parteifreunden als Sprecher der Protestanten, als „Gehirn" des Müller-Flügels[435] und als „Giftbeule" der CSU[436] besonders verhaßt war. Obwohl Haußleiter 1946 das Aktionsprogramm der Partei verfaßt hatte und seit Februar 1948 das Amt eines stellvertretenden Landesvorsitzenden bekleidete, blieb er in der CSU im Grunde genommen ein Außenseiter. Seine gesamtdeutsch-nationalistischen, neutralistischen und teilweise sozial-revolutionären Überzeugungen hatten in der CSU keinen Platz[437], zudem überwarf er sich im Herbst 1948 mit Josef Müller, der ihn lange gefördert hatte. Nach dem Sturz des Ochsensepp war es so nur noch eine Frage der Zeit, wann Haußleiter der CSU den Rücken kehren würde, zumal er in der neu gegründeten Deutschen Union ein Sprungbrett für eine Fortsetzung seiner politischen Karriere gefunden zu haben schien. Haußleiter versuchte zwar nach der Straubinger Landesversammlung noch einmal, die Entwicklung der CSU in seinem Sinne zu beeinflussen und eine Ablösung von Alois Hundhammer als Fraktionschef zu erzwingen[438]. Als dieser Vorstoß scheiterte, legte er zunächst sein Amt als stellvertretender Parteivorsitzender nieder und trat am 20. September 1949 endgültig aus der CSU aus[439].

August Haußleiter war aber beileibe nicht der einzige, der nach der Entscheidung von Straubing in der Union keine Perspektive mehr sah, aus Führungspositionen ausschied oder rasch in Vergessenheit geriet. Elisabeth Meyer-Spreckels etwa, die bekannte evangelische Politikerin aus Fürth, zog sich Ende August 1949 aus Protest gegen den Führungsstil des neuen Landesvorsitzenden und die Behandlung der Protestanten in der CSU aus dem geschäftsführenden Landesvorstand zurück[440]. Eugen Rindt, als Vorsitzender der Bezirksverbände Augsburg und Schwaben und Stellvertreter Hundhammers in der Landtagsfraktion einst überaus einflußreich, wurde mehr oder weniger gezwungen, aus der CSU auszutreten, als er dubioser Geschäfte und zweifelhafter finan-

434 BSB, NL Schwend 48, „Niederschrift über Dr. Hundhammers Erklärungen vor der Arbeitsgemeinschaft der Katholischen Publizisten in München (19. Januar 1952)"; ACSP, CSU-LL, Protokoll der Landesversammlung der CSU am 17./18. 6. 1950 in Kempten.

435 Münchner Merkur vom 22. 9. 1949: „Haußleiters Ausscheiden ohne Folgen?".

436 ACSP, CSU-LTF I, 15–14, Protokoll der Fraktionssitzung am 14. 9. 1949 (Hans Hagn).

437 Vgl. Stöss, Vom Nationalismus zum Umweltschutz, S. 65–93.

438 Vgl. S. 335–339.

439 BayHStA, NL Ehard 1019, August Haußleiter an Hans Ehard vom 22. 6., 12. 9. und 20. 9. 1949 und Hans Ehard an August Haußleiter vom 23. 6. und 30. 9. 1949; ACSP, CSU-LL, Protokolle der Sitzungen des geschäftsführenden Landesvorstands am 28. 6. und 5. 12. 1949; BayHStA, NL Ehard 102, Protokoll der Sitzung des geschäftsführenden Landesvorstands am 3. 10. 1949.

440 ACSP, CSU-LTF I, 2–30, Elisabeth Meyer-Spreckels an Alois Hundhammer vom 23. 8. 1949; ACSP, NL Müller 168, Elisabeth Meyer-Spreckels an Hans Ehard vom 29. 8. 1949 und Elisabeth Meyer-Spreckels an Josef Müller vom 16. 9. 1949; vgl. auch Kühnel, Fränkischer Protestantismus, S. 54 ff.

zieller Transaktionen beschuldigt wurde[441]. Der Fall Rindt, so erklärte Karl Sigmund Mayr im Juni 1950 vor dem Landesvorstand, beweise die „Notwendigkeit" der rechtzeitigen „Säuberung der Partei von unehrenhaften Elementen"[442]. Es gab sicherlich Fälle, in denen ein solches Vorgehen berechtigt war; in anderen Fällen kann man sich jedoch des Eindrucks nicht erwehren, daß unter dem Deckmantel der politischen Moral nach 1949 alte Rechnungen beglichen wurden, die aus der Zeit der Führungs- und Flügelkämpfe offengeblieben waren.

### *b) Konfessionelle Konflikte und die Gründung des Evangelischen Arbeitskreises der CSU*

Der Exodus prominenter evangelischer Mitbegründer der CSU stellte die Partei vor besondere Probleme. Nach August Haußleiter und Elisabeth Meyer-Spreckels verschwanden auch andere bekannte Protestanten aus den Gründungstagen mehr und mehr in der Versenkung. Friedrich Wilhelm von Prittwitz und Gaffron legte 1951 sein Amt als stellvertretender Vorsitzender der Landtagsfraktion nieder, als sich die Abgeordneten für den katholischen Geistlichen Georg Meixner als neuen Fraktionschef entschieden[443]. Johannes Semler war zwar 1950 bei einer Nachwahl im Bundeswahlkreis Kulmbach erfolgreich[444], konnte aber den Kurs der CSU nicht wesentlich beeinflussen und zog sich 1953 aus der Politik zurück. Der Theologe Hermann Strathmann verlor 1950 sein Landtagsmandat und trat 1954 nach enervierenden Querelen aus der CSU aus[445].

Der Abgang protestantischer Symbolfiguren führte bei den evangelischen Anhängern der CSU ebenso zu Verunsicherung und Mißtrauen wie die Tatsache, daß Josef Müller, der Bannerträger des interkonfessionellen Gedankens, nach der Wahl Hans Ehards zum Landesvorsitzenden Zug um Zug an Einfluß verlor und mit Alois Hundhammer, Georg Meixner oder Josef Schwalber Politiker in den Vordergrund traten, die eindeutig auf eine katholisch-konfessionelle Linie festgelegt zu sein schienen[446]. Das Gros der Protestanten Frankens sei „stark von dem Gedanken bewegt, daß nun die CSU völlig in die Abhängigkeit des Herrn Dr. Hundhammer geraten" sei, schrieb Julius Zirkelbach vom Politischen Arbeitskreis evangelischer Christen Ende Mai 1949 an Hans Ehard. Die CSU werde in Franken große Verluste erleiden, so Zirkelbach weiter, „wenn nicht der gegenreformatorische Kurs des Herrn Dr. Hundhammer [...] sein Ende findet"[447]. Im Kreuzfeuer der Kritik stand insbesondere die Personalpolitik

---

[441] Materialien zum Fall Rindt in: BayHStA, NL Ehard 115, NL Ehard 850, NL Ehard 1362, NL Ehard 1363; BSB, NL Schwend 2; ACSP, CSU-LL, Protokolle der Sitzungen des geschäftsführenden Landesvorstands am 4. 2. und 25. 7. 1950 und Protokoll der Sitzung des Landesvorstands am 9. 6. 1950; ACSP, CSU-LTF II/1, 15–14, Protokoll der Fraktionssitzung am 5. 12. 1951.

[442] ACSP, CSU-LL, Protokoll der Sitzung des Landesvorstands am 9. 6. 1950.

[443] ACSP, CSU-LTF II/1, 15–14, Protokoll der Fraktionssitzung am 8. 8. 1951.

[444] Semler trat als gemeinsamer Kandidat von CSU, FDP und BP an und eroberte diesen Wahlkreis, der 1949 noch einen SPD-Politiker nach Bonn entsandt hatte. BSB, NL Schwend 2, Bericht der CSU-Landesgeschäftsstelle über die Nachwahl im Bundeswahlkreis Kulmbach vom 18. 5. 1950.

[445] Zeitungsausschnitte, Korrespondenzen und Informationsmaterialien zum Fall Strathmann finden sich in: BSB, NL Schwend 15; ACSP, CSU-LTF II/2, 5–50; ACDP, NL Ehlers 10/1. Vgl. auch Anzeneder/Götz, 50 Jahre CSU in Erlangen, S. 106–112.

[446] ACSP, NL Müller 52, Schreiben des Kirchenrats Adolf Kaeppel vom 26. 8. 1950.

[447] BSB, NL Schwend 2, Politischer Arbeitskreis evangelischer Christen, gez. Julius Zirkelbach, an Hans Ehard vom 31. 5. 1949.

der bayerischen Staatsregierung und ihres Kultusministers, der bis Ende 1950 Hundhammer hieß. So sah sich Hermann Strathmann im November 1950, wenige Tage vor den Landtagswahlen, gezwungen, Hundhammer ins Gewissen zu reden und auf die Folgen seiner umstrittenen Personalentscheidungen aufmerksam zu machen:

„Ich würde etwas versäumen, wenn ich Sie nicht noch einmal mit allem Ernst auf diese Fragen hinwiese. Ich stosse immer wieder auf eine Erbitterung Ihnen gegenüber [. . .], die mich bisweilen tief erschreckt. Vor einigen Tagen erzählte mir [Gerhard] Kroll von einer Auseinandersetzung mit dem Jugendforum an der T. H. in München. Er war geradezu erschlagen. Vor einigen Tagen schüttete mir hier ein bis dahin Unbekannter sein Herz aus. Weissglut! Lieber Herr Minister, Sie wissen gar nicht, was sie anrichten! Alles Mißtrauen, aller Grimm hier in Franken richtet sich nur gegen Sie. Das ist so. Und zwar, weil man überall unter Hinweis auf Einzelerlebnisse überzeugt ist, dass Sie in Ihren personalpolitischen Entscheidungen von konfessioneller Voreingenommenheit nicht frei sind.“[448]

Es war jedoch nicht nur der Unmut über die tatsächliche oder angebliche Benachteiligung der evangelischen Seite bei der Besetzung von Staats-, Verwaltungs- und Parteiämtern[449], der in den frühen fünfziger Jahren das Verhältnis der Konfessionen zunehmend belastete und das historisch gewachsene Mißtrauen zwischen Katholiken und Protestanten schürte. Auch die politischen, gesellschaftlichen und ökonomischen Rahmenbedingungen, die auf die Beziehung der Kirchen und der Gläubigen nicht ohne Einfluß blieben, hatten sich gegenüber 1945 erheblich verändert. Als die CSU wenige Monate nach Kriegsende gegründet worden war, war das Klima für eine Zusammenarbeit von katholischen und evangelischen Christen günstig gewesen. Die Schreckensherrschaft des Nationalsozialismus hatte auch bei den Kirchen tiefe Spuren hinterlassen und trug entscheidend dazu bei, daß die Sprachlosigkeit zwischen den Konfessionen zumindest teilweise überwunden werden konnte. Die Wirren der unmittelbaren Nachkriegszeit, die Not der Heimatvertriebenen und Ausgebombten und die verbreitete geistige Orientierungslosigkeit taten ein übriges, um die Gegensätze zwischen Katholiken und Protestanten zurücktreten zu lassen. Nach der Gründung der Bundesrepublik begann sich die Situation jedoch allmählich zu normalisieren, und damit gab es wieder Raum für Auseinandersetzungen in Sach- und Personalfragen, die man schon fast für obsolet gehalten hatte[450]. Der Kölner Erzbischof Josef Kardinal Frings hatte dies klar erkannt, als er im August 1953 nach einer Reihe von unerfreulichen konfessionellen Zwischenfällen Bilanz zog:

„Das brüderliche Verhältnis, das der Kirchenkampf des Nationalsozialismus heraufgeführt hatte, ist entstanden in einer in mancher Hinsicht anormalen Situation, die heute weitgehend geschwunden ist. Beide Konfessionen waren möglichst aus dem Raum der Öffentlichkeit verdrängt, so daß manche Reibungsflächen weggefallen waren. [. . .] Die Freude über die im Kirchenkampf gefundene und erfahrene Gemeinsamkeit hatte Erwartungen lebendig werden lassen, die unwirklich waren und sich

448 ACSP, CSU-LTF I, 15–12/1, Hermann Strathmann an Alois Hundhammer vom 12. 11. 1950.

449 Beispielsweise BayHStA, StK 114082, Entschließung der evangelischen Kirchenvorsteher des Dekanats Uffenheim vom 26. 6. 1949, Dekanat Uffenheim an das Landratsamt Uffenheim vom 27. 6. 1949 und Schreiben des Dekanats Uffenheim, im Abdruck an Hans Ehard, vom 27. 6. 1949.

450 Einen gerafften Überlick über die Situation des Katholizismus und des Protestantismus in den fünfziger Jahren bieten die Aufsätze von Karl Gabriel, Die Katholiken in den 50er Jahren: Restauration, Modernisierung und beginnende Auflösung eines konfessionellen Milieus, in: Axel Schildt, Arnold Sywottek (Hrsg.), Modernisierung im Wiederaufbau. Die westdeutsche Gesellschaft der 50er Jahre, Bonn 1993, S. 418–430, und von Christoph Kleßmann, Kontinuitäten und Veränderungen im protestantischen Milieu, in: ebenda, S. 403–417.

über Verschiedenheiten in Grundanschauungen und in konkreten Anliegen hinwegtäuschten, die sofort aufbrechen mußten, wo wieder die Gelegenheit sich bot, Grundanschauungen und Anliegen zu verwirklichen. Die sichtbar gewordenen Spannungen sind in mancher Hinsicht nur Ausdruck einer Desillusionierung, die nach Ende des Kirchenkampfes notwendig eintreten mußte."[451]

Auch in Bayern begann sich das Verhältnis der beiden großen christlichen Konfessionen merklich abzukühlen, und die Evangelische Landeskirche ging dementsprechend auf größere Distanz zur katholisch dominierten CSU[452]. Die Spannungen und Meinungsverschiedenheiten zwischen der Kirchenleitung und Spitzenpolitikern der bayerischen Unionspartei wirkten sich jedoch unmittelbar negativ auf das Verhältnis von katholischen und evangelischen Christen in der CSU aus. Schließlich waren gerade die aktivsten Protestanten in der CSU eng mit der Landeskirche verbunden, und es ist kaum denkbar, daß sie sich bei einem Veto des Landesbischofs oder des Landeskirchenrats weiter für die Union hätten einsetzen können. Die führenden evangelischen CSU-Politiker befanden sich zweifellos in einem Dilemma. Einerseits mußten sie die Unionsidee glaubwürdig nach außen vertreten und ihre Partei gegen Angriffe verteidigen, andererseits wußten sie um die Berechtigung mancher Vorwürfe und um die Schwäche ihrer eigenen Position. Wie schwer sich das Häuflein protestantischer Politiker nach dem Sturz Josef Müllers tat, zwischen ihrer Partei und der Landeskirche zu vermitteln, zeigte sich in einem Gespräch zwischen zwölf evangelischen CSU-Mitgliedern und Bischof Hans Meiser, an dem unter anderem Alfred Euerl, Elisabeth Meyer-Spreckels und Karl Sigmund Mayr teilnahmen. Mayr, 1950 als Nachfolger des ausgetretenen August Haußleiter zum stellvertretenden Landesvorsitzenden gewählt[453], war von Meisers Ausführungen so schockiert, daß er fast zwei Wochen verstreichen ließ, bis er den Mut fand, Hans Ehard über die Aussprache zu informieren:

„Der Herr Landesbischof erteilte mir das Wort, und so war es zunächst meine Aufgabe, die Wünsche und Anregungen der evangelischen Freunde der CSU vorzutragen. Nach einem Bekenntnis zum Unionsgedanken bat ich den Herrn Landesbischof, uns in der Schaffung einer geschlossenen evangelischen Front zu unterstützen [. . .]. Ein Zerbrechen der Union in Bayern würde die christliche Front in der Bundesrepublik erschüttern zum Schaden der Politik auf christlicher Grundlage. Ich beklagte mich u. a., dass wir evangelischen Politiker nicht nur keine Unterstützung erhielten, sondern wiederholt uns gegen Angriffe aus kirchlichen Kreisen [. . .] wehren m[ü]ssten, und ich beklagte mich über die zunehmende Intoleranz in evangelischen Gegenden, die so weit gehe, dass man einem evangelischen Kandidaten nur deshalb seine Stimme versage, weil er sich zum Unionsgedanken bekenne (Bundestagswahl). Nach diesen und ähnlichen Ausführungen gab der Herr Landesbischof zum Teil mit sehr harten und heftigen Worten dem Sinne nach folgende Erwiderung: Sie, die evangelischen Politiker in der CSU, verkennen Ursache und Wirkung. Während die evang. luth. Kirche unter dem Haus Wittelsbach wirklich königlich und unter der Regierung der [B]ayerischen Volkspartei gut behandelt wurde, fühlt sie sich von der Regierung, welche die Christlich-Soziale Union bildet, fortgesetzt zurückgesetzt, vernachlässigt und übergangen. [. . .] Der Herr Landesbischof und seine Mitarbeiter versicherten, dass der überwiegende Teil der

---

451 Rede Josef Kardinal Frings' auf der Fuldaer Bischofskonferenz im August 1953, abgedruckt als Quellenanhang zu: Norbert Trippen, Interkonfessionelle Irritationen in den ersten Jahren der Bundesrepublik Deutschland, in: Karl Dietrich Bracher u. a. (Hrsg.), Staat und Parteien. Festschrift für Rudolf Morsey zum 65. Geburtstag, Berlin 1992, S. 345–377, hier S. 361.

452 Zum Verhältnis von Evangelischer Landeskirche und CSU in der Ära Ehard vgl. Renner, Nachkriegsprotestantismus, S. 33–52; Kühnel, Fränkischer Protestantismus, S. 25–83; Müller, Schulpolitik, S. 281 ff.

453 Karl Sigmund Mayr wurde während der Tagung des Landesausschusses am 14./15. 1. 1950 in Fürth zum stellvertretenden Landesvorsitzenden gewählt. SZ vom 16. 1. 1950: „Ost-West-Problem in Fürth betrachtet. Tagung des CSU-Landesausschusses/‚Orientierung nach der Mitte'".

evangelischen Bevölkerung sich im Jahre 1946 im guten Glauben zur Union bekannt habe. Die Zusammensetzung der Regierung [...] war die erste Enttäuschung. Und die einseitige und kurzsichtige Politik des Herrn Dr. Hundhammer und seiner Freunde, die in allen Ministerien in seinem Sinne gearbeitet haben, hat eine bittere Enttäuschung hervorgerufen. ‚Die gegen uns gerichtete Politik ist unaufrichtig und verfolge eine planmässige Zurücksetzung', sagte der Herr Landesbischof wörtlich. Zu Frau Dr. Meyer-Spreckels und mir sprach er unter 6 Augen Vorwürfe und Anklagen aus von einer nie gehörten Bitterkeit, die Frau Dr. Meyer-Spreckels und mich zutiefst erschreckte."[454]

Der Unmut des Landesbischofs und seine Unzufriedenheit mit der CSU kam nicht von ungefähr, denn die Partei war in der Ära Ehard weit von einer wirklichen Union katholischer und evangelischer Christen entfernt. Wie sehr die Protestanten in der Minderheit waren, zeigt ein Blick auf die konfessionelle Zusammensetzung der Landesgruppe im Bundestag, der Landtagsfraktion und der Regierungsmitglieder, die der CSU angehörten. Von den 24 Abgeordneten der CSU, die 1949 in den Bundestag gewählt worden waren, bekannten sich lediglich zwei zum evangelischen Glauben; mit Johannes Semler wurde 1950 noch ein dritter Protestant für die CSU in den Bundestag gewählt[455]. Unter den 1950 gewählten 64 Landtagsabgeordneten befanden sich lediglich sieben Protestanten; damit war der prozentuale Anteil der evangelischen Abgeordneten gegenüber dem ohnehin mageren Ergebnis von 1946 noch einmal zurückgegangen[456]. Von den Bundesministern der CSU in der ersten Legislaturperiode war keiner evangelisch, von den Regierungsmitgliedern der Union im zweiten und dritten Kabinett Ehard bekannte sich wenigstens je ein Staatssekretär zum evangelischen Glauben[457].

Daß von der angestrebten konfessionellen Parität keine Rede sein konnte, lag jedoch nicht nur am bösen Willen der Katholiken in der CSU. Zwar lassen sich in den Quellen immer wieder Beispiele für die Benachteiligung der Protestanten bei Stellenbesetzungen und Kandidatenaufstellungen finden, oft blieb den zuständigen Gremien aber auch nichts anderes übrig, als sich für einen katholischen Bewerber zu entscheiden, da es einfach zu wenige evangelische Christen gab, die zu einer aktiven Mitarbeit in der CSU bereit gewesen wären. In den 18 Kreisverbänden der CSU im mehrheitlich protestantischen Regierungsbezirk Mittelfranken waren im Dezember 1953 keine 2200 zahlenden Mitglieder registriert. Der Bezirksverband Nürnberg-Fürth hatte nicht einmal 1000 Mitglieder, die ihre Beiträge an die Partei abführten, wobei die Kreisverbände Fürth-Stadt und Fürth-Land gerade einmal 56 bzw. 29 Mitglieder aufweisen konnten[458].

Das Häuflein der evangelischen Christen in der CSU erlebte wiederholt unangenehme Überraschungen, die Zweifel am guten Willen der katholischen Parteifreunde auf-

---

454 BayHStA, NL Pfeiffer 535, Karl Sigmund Mayr an Hans Ehard vom 23. 2. 1950.

455 Von den 24 CSU-Abgeordneten, die 1949 in den Bundestag gewählt worden waren, bekannten sich 18 zum katholischen und zwei zum evangelischen Glauben; die Konfessionszugehörigkeit von vier Abgeordneten ließ sich nicht ermitteln. Aufgrund eindeutiger Quellenbelege steht jedoch fest, daß kein weiterer Protestant darunter war.

456 Von den 64 CSU-Abgeordneten, die 1950 in den Landtag gewählt worden waren, bekannten sich 49 zum katholischen und sieben zum evangelischen Glauben; die Konfessionszugehörigkeit von acht Abgeordneten ist unbekannt. In den Quellen ist jedoch wiederholt nur von sieben Protestanten in der CSU-Fraktion die Rede.

457 Adam Sühler, 1947–1950 Staatssekretär im Staatsministerium für Ernährung, Landwirtschaft und Forsten, und Paul Nerreter, 1950–1954 Staatssekretär im Staatsministerium des Innern.

458 BayHStA, NL Ehard 646, Aufstellung über den Mitgliederstand der Bezirksverbände Mittelfranken und Nürnberg-Fürth (nur zahlende Mitglieder), Stand vom 31. 12. 1953.

kommen ließen. So predigte Stadtpfarrer Karl Boeckl, der der CSU nahestand, in Vilshofen ex cathedra gegen eine Zusammenarbeit von Katholiken und Protestanten. Interkonfessionell, so verkündete er den Gläubigen, sei „soviel wie antichristlich“[459]. Für Hans Wutzlhofer, einen katholischen Mitbegründer der CSU, der vor 1933 zu den führenden BVP-Funktionären in der Oberpfalz gehört hatte, waren die Protestanten gar unzuverlässige „Stiefbrüder in Christo Jesu“[460]. Derartige Aussagen, die stets für Aufruhr sorgten, wenn sie bekannt wurden, ließen die Bekenntnisse führender CSU-Politiker zum Unionsgedanken nicht unbedingt glaubwürdiger erscheinen, schürten das ohnehin vorhandene Mißtrauen bei den evangelischen Anhängern und trieben nicht wenige in die Resignation. Man habe es „allmählich vollkommen satt, daß man uns immer mit ‚christlich‘ kommt und nur ‚katholisch‘ meint – nicht einen idealen und versöhnlichen Katholizismus, sondern den massiven Parteikatholizismus, der über alle unsere Leichen geht“, schrieb der CSU-nahe evangelische Stadtpfarrer von Erlangen ebenso verbittert wie erzürnt an Hans Ehard[461].

Die konfessionellen Spannungen drohten die Einheit der CSU zeitweise ernstlich zu gefährden. In Nürnberg beispielsweise kam es 1952 zu schweren Auseinandersetzungen, als nach dem Tod des evangelischen Bezirksvorsitzenden Hans Hassel mit Karl Schäfer ein Katholik an die Spitze des Bezirksverbands trat, der im Verdacht stand, einseitig für katholische Interessen einzutreten und „mit allen Mitteln“ auf eine katholische Partei hinzuarbeiten. Die evangelischen und katholischen Stadträte der CSU kamen bereits zu getrennten Sitzungen zusammen, und beide Seiten drohten mehrfach damit, die CSU zu verlassen[462]. Eine weitere Eskalation des Konflikts konnte zwar verhindert werden, aber die Bilanz, die Karl Sigmund Mayr im September 1952 zog, war trotzdem niederschmetternd. Im Protokoll einer Aussprache von führenden evangelischen Politikern der Unionsparteien heißt es dazu:

> „Was sich in Bayern auf dem Gebiet der Personalpolitik abspielt, bezeichnet Herr Mayr als tragisch. Das evangelische Franken würde planmäßig wirtschaftlich und politisch so abgeschnürt, daß es auf Dauer gesehen unerträglich würde, in der CSU zu arbeiten. [...] Herr Mayr habe mit Dr. Hans Ehard (der ev. verheiratet ist) ganz offen über diese Dinge gesprochen. Er gibt ihm mehr oder weniger recht, tut aber dann nichts, da er das Hundhammer gegenüber nicht wagt. Die ganze Lage in Bayern kann in dem Satz zusammengefaßt werden: ‚In Bayern marschiert die Gegenreformation‘. Vor 8 Wochen mußte mit größter Mühe verhindert werden, daß die evang. Stadträte von Nürnberg, Erlangen und Bayreuth sich von der CSU lösten, um nach außen hin noch die Union aufrechtzuerhalten. Wahrscheinlich wird die Union aber in Bayern zerbrechen. Das darf nicht vor der Bundestagswahl geschehen, weil es bis dahin nicht möglich wäre, sich zu sammeln und die finanziellen Mittel zu beschaffen, um einen eigenen Weg zu gehen. (Es besteht die Neigung, in Nordbayern die CDU mit evangelischem Kern aufzumachen.)“[463]

Eine Schlüsselfigur in den konfessionellen Streitigkeiten war zweifellos der Parteivorsitzende Hans Ehard, auf den die evangelischen CSU-Mitglieder vor allem deshalb zählten, weil er über den Verdacht erhaben war, ein klerikaler Katholik zu sein, und

---

459 ACSP, CSU-LTF I, 9–70, Karl Boeckl an Alois Hundhammer vom 21. 2. 1950.

460 ACSP, CSU-LTF II/1, 15–20, Hans Wutzlhofer an Wilhelm Röhrl vom 18. 6. 1952.

461 BayHStA, NL Ehard 190, Evangelisches Pfarramt der Stadt Erlangen an Hans Ehard vom 11. 12. 1950.

462 BSB, NL Schwend 13, Aktennotiz Ernst Deuerleins für Karl Schwend vom 9. 9. 1952 über eine Aussprache mit führenden CSU-Politikern aus Mittelfranken.

463 ACDP, NL Ehlers 02/1, Protokoll der Sitzung des geschäftsführenden Ausschusses des EAK der CDU/CSU am 29. 9. 1952.

sich wiederholt öffentlich zum Unionsgedanken bekannt hatte[464]. Die Hoffnung der Protestanten, Ehard würde ihren besonderen Problemen wirkliches Verständnis entgegenbringen und ihre Anliegen fördern, wurde jedoch bald enttäuscht. „Die Art des Herrn Landesvors[itzenden], sich der Dinge anzunehmen, ist für uns untragbar und kann nicht hingenommen werden“, hieß es in einem Schreiben, das an Pfarrer Alfons Kreußel[465], einen führenden Repräsentanten der fränkisch-protestantischen Gruppe in der CSU, gerichtet war[466]. Und nach einer Konferenz, an der neben den wichtigsten Vertretern der Parteiführung vor allem evangelische CSU-Politiker teilgenommen hatten, berichtete Karl Gabler an Baron Georg von Manteuffel-Szoege, das Ergebnis sei nicht nennenswert gewesen, man habe sich aber des Eindrucks nicht erwehren können, daß Ehard die Probleme der Partei im protestantischen Franken einfach nicht sehe[467].

Tatsächlich bemühte sich der Landesvorsitzende nicht nachdrücklich darum, das Klima zwischen katholischen und evangelischen Christen nachhaltig zu verbessern. Anstatt eine entschlossene Reformpolitik mit dem Ziel zu betreiben, die protestantische Bevölkerung für die Union zu gewinnen, begnügte er sich zumeist mit Lippenbekenntnissen. Wenn die schwelenden konfessionellen Streitigkeiten dann eskalierten, setzte Ehard auf Krisenmanagement und kurzfristige Zugeständnisse. Damit konnte die Parteiführung zwar immer wieder lokale Konfliktherde beseitigen, an den Grundproblemen änderte sich jedoch nichts. Karl Sigmund Mayr erklärte seinen evangelischen Parteifreunden im Mai 1953 deprimiert, es gebe offensichtlich eine Tendenz, „nur soviel oder gerade soviel“ für die Protestanten zu tun, „als notwendig sei, um sie gerade noch in der CSU zu halten“[468].

Es kann kein Zweifel daran bestehen, daß viele bekenntnistreue evangelische Christen, die an und für sich dem bürgerlich-konservativen Lager zuneigten, von der CSU bitter enttäuscht waren und das Gefühl hatten, dem katholisch-konfessionellen Flügel der Union hilflos ausgeliefert zu sein. Aber gab es Alternativen? Neben Splittergruppen wie Haußleiters nationalistischer Deutscher Gemeinschaft versuchte vor allem die FDP, sich als Partei der Protestanten Frankens zu profilieren[469]. Diese Bemühungen waren jedoch nur teilweise erfolgreich, da bei der Evangelischen Landeskirche erhebliche Bedenken gegen die kultur- und schulpolitischen Vorstellungen der Liberalen

---

464 Beispielsweise ACSP, CSU-LTF II/1, 15–12/3, Rede Hans Ehards vor der Evangelischen Akademie in Tutzing am 25. 1. 1952. Vgl. – mit anderer Akzentsetzung – auch Gelberg, Hans Ehard, S. 463 ff.

465 *Alfons Kreußel*, geb. 7. 4. 1910 in Nürnberg, gest. 3. 4. 1963, ev., 1930 Abitur, anschließend Studium der evangelischen Theologie, Philosophie, Germanistik und Geschichte in Bonn, Leipzig und Erlangen, legte 1935 und 1937 beide landeskirchlichen Examina ab, zunächst Vikar, dann seit 1938 Religionslehrer in Regensburg, seit 1946 Pfarrer in Dinkelsbühl, seit 1954 Dozent für Religionslehre und Religionspädagogik an der Pädagogischen Hochschule in München-Pasing, Mitbegründer der CSU in Regensburg, Mitbegründer und 1952–1962 Vorsitzender des EAK der CSU, 1951–1963 Mitglied des Landesvorstands und 1952–1963 Mitglied des geschäftsführenden Landesvorstands der CSU, 1958–1963 MdL (CSU).

466 ACSP, CSU-EAK 2, Mappe: Kreußel – allgemeine Korrespondenz 1953–1959, Karl Gabler an Alfons Kreußel vom 15. 7. 1954; ähnlich auch das Schreiben Karl Gablers an Alfons Kreußel vom 29. 7. 1954 im selben Bestand.

467 ACSP, CSU-EAK 2, Mappe: Kreußel – allgemeine Korrespondenz 1953–1959, Karl Gabler an Georg von Manteuffel-Szoege vom 2. 8. 1954.

468 ACSP, CSU-EAK 6, Mappe: Kreußel – allgemeine Korrespondenz 1953–1958, Protokoll der Sitzung des EAK der CSU am 30. 5. 1953.

469 Vgl. Kühnel, Fränkischer Protestantismus, S. 68, und Thränhardt, Wahlen und politische Strukturen, S. 316 und S. 320.

bestanden[470]. In Anbetracht dieser unbefriedigenden Situation fand sich immer wieder eine Gruppe von Protestanten, die in der Gründung einer evangelischen Partei nach dem Muster des Christlich-Sozialen Volksdienstes der Weimarer Republik[471] den einzigen Ausweg sahen. Im März 1949 wurde beispielsweise in Nürnberg ein Flugblatt verteilt, in dem die Gründung eines Evangelischen Volksdienstes mit folgenden Worten angekündigt wurde:

„Seit 1945 gibt es eine Partei für christliche Wähler, die CSU. Aber die letzten Jahre haben gezeigt, daß die CSU nicht das wurde, was man von ihr erhoffte, nämlich eine Partei für alle Christen. Vielmehr ist sie eine katholische Weltanschauungspartei geworden. Es ist das gute Recht des katholischen Volksteiles in Bayern, [seine] Interessen politisch zu vertreten. Aber bei dem Übergewicht desselben müssen die Evangelischen in Bayern dasselbe Recht für sich in Anspruch nehmen. Die Folge davon ist, daß die evangelischen Wähler der CSU [. . .] von ihr abwandern und durch die Gründung einer evangelischen Partei künftig zwei Parteien für die christlichen Wähler vorhanden sind, eine für den katholischen – und eine für den evangelischen Volksteil [. . .].“[472]

Verlief diese Initiative noch im Sande, so unternahmen die Protagonisten einer evangelischen Partei nach den Bundestagswahlen vom August 1949 einen neuen Anlauf. Diesmal riefen sie Evangelische Wählergemeinschaften ins Leben, die vor allem in Nürnberg und Umgebung, aber auch in Regensburg aktiv waren, Wahlempfehlungen für evangelische Kandidaten auf den Listen der etablierten Parteien abgaben und sich 1952 stellenweise selbst an den Kommunalwahlen beteiligten[473]. Im September 1952 wurde dann noch einmal versucht, einen Evangelischen Volksdienst als evangelisch-konfessionell, sozial, deutsch und national ausgerichtete Partei aufzubauen[474], wie es ihn schon in Teilen Hessens und Nordrhein-Westfalens gab[475].

In der CSU nahm man solche Initiativen durchaus ernst[476]. Eine eigenständige evangelische Partei hätte den Unionsgedanken permanent und weithin sichtbar in Frage gestellt, von einer zu erwartenden Verschärfung der konfessionellen Spannungen ganz zu schweigen. Die Eröffnung einer neuen Front in Franken konnte sich die CSU jedoch keinesfalls leisten, hatte sie doch schon genug mit der BP in Altbayern zu tun. So ist es nicht verwunderlich, daß Hans Ehard schon wenige Wochen nach der Gründung des Evangelischen Volksdienstes vor dem Landesausschuß der CSU entschieden gegen die neue Partei Stellung nahm:

---

470 Vgl. Renner, Nachkriegsprotestantismus, S. 75–79.

471 Vgl. Günter Opitz, Der Christlich-soziale Volksdienst. Versuch einer protestantischen Partei in der Weimarer Republik, Düsseldorf 1969.

472 Zit. nach Kühnel, Fränkischer Protestantismus, S. 57f.

473 BSB, NL Schwend 13, Aktennotiz Ernst Deuerleins für Karl Schwend vom 9. 9. 1952 über eine Aussprache mit führenden CSU-Politikern aus Mittelfranken; vgl. auch Kühnel, Fränkischer Protestantismus, S. 65–69.

474 BSB, NL Schwend 13, Julius Zirkelbach an Hans Ehard vom 22. 11. 1952.

475 Vgl. Kühnel, Fränkischer Protestantismus, S. 69–75.

476 In einer Notiz für Ehards Stabschef Karl Schwend heißt es: „Der wieder gegründete [E]vangelische Volksdienst, der sich mit der Absicht trägt, evtl. als eigene Gruppe an den Bundestagswahlen 1953 teilzunehmen, entfaltet eine umfangreiche Aufklärungs- und Werbetätigkeit im westlichen Mittelfranken [. . .] Durch Broschüren und Flugblätter versucht er, vor allem in den evangelischen Pfarrhäusern und in den kirchlichen Organisationen den Gedanken zu verbreiten, dass eine Zusammenarbeit mit Katholiken auf die Dauer unmöglich ist. [. . .] Angesichts der schwierigen Situation in Mittelfranken und einer sehr ernsten Resignation und Verstimmung in evangelischen CSU-Kreisen wird dem Gedanken des [E]vangelischen Volksdienstes ausserordentliche Beachtung geschenkt.“ BSB, NL Schwend 13, Aktennotiz Ernst Deuerleins für Karl Schwend vom 9. 9. 1952 über eine Aussprache mit führenden CSU-Politikern aus Mittelfranken.

„Es erscheint [. . .] fraglich, ob der [. . .] Evangelische Volksdienst in der Lage ist, den politischen Zielen gerecht zu werden, die er sich selbst gestellt hat. Seine Gründung bedeutet zunächst eine Vermehrung der ohnedies vorhandenen Spannungen durch die Betonung konfessioneller Gegensätze. Es ist nicht notwendig, daran zu erinnern, daß die Christen in Deutschland in verschiedenen Kirchen beten. Als sie von einem terroristischen System des Nationalsozialismus bekämpft wurden, sprachen sie gemeinsam ihr Gebet und fanden, daß zwischen ihnen nicht nur Gräben der Verschiedenheit, sondern auch Brücken der Zusammengehörigkeit vorhanden sind. Aus dieser Erkenntnis erwuchs unsere politische Bewegung, die den ebenso kühnen wie geistig fortschrittlichen Versuch unternahm, im politischen Bereich alle zusammenzuführen, die sich ihrem christlichen Glauben verpflichtet fühlen und die in ihm eine entscheidende geistige Kraft für das deutsche Volk und die tragende Grundlage der europäischen Völk[er]gemeinschaft sehen. [. . .] Was allen im erhebenden Aufbruch des Jahres 1945 eigen war, war die tiefe Überzeugung, konfessionelle Gegensätze nicht zum Gegenstand politischer Auseinandersetzung zu machen und alle Fragen, über die auf Grund der konfessionellen Verschiedenheit Meinungsunterschiede auftreten könnten, im brüderlichen Geiste zu lösen. An diesem müssen wir festhalten, wenn wir uns weiterhin als christliche Demokraten bezeichnen wollen. [. . .] Nicht nur vom parteipolitischen, sondern vor allem vom staatspolitischen Standpunkte aus ist es bedenklich, daß durch die Gründung des Evangelischen Volksdienstes der konfessionelle Gegensatz im Politischen erneut aufgerissen zu werden droht. [. . .] Unser Vertrauen zu unseren evangelischen Freunden in der CDU/CSU ist groß und uneingeschränkt. Wir zweifeln deshalb nicht, daß sie die Gefährlichkeit des mit der neuen Spaltung beschrittenen Weges erkennen und in gleicher Verbundenheit und Treue, wie bisher, festhalten an dem Gemeinsamen, das zu verwirklichen wir uns in der CSU vorgenommen haben. [. . .] Der Rückfall in Konfessionsparteien könnte zu einem politischen Erdrutsch führen, der den kirchlichen Bereich nicht unberührt lassen würde. Diese Feststellung trifft nicht nur für die inne[n]politischen Verhältnisse und für die Fragen der Kulturpolitik zu. Sie ist vor allem notwendig im Hinblick auf die außenpolitische Entscheidung, vornehmlich auf die außenpolitische Gefährdung."[477]

Es waren jedoch weniger solche warnenden, beschwichtigenden und beschönigenden Worte aus der CSU als die Haltung der Landeskirche, die wesentlich dazu beitrug, daß die evangelischen Parteien nicht reüssierten. Bischof Meiser hatte wohl vorübergehend mit dem Gedanken an eine evangelische Partei gespielt, sich aber letztlich doch dagegen entschieden[478]. Er setzte vielmehr auf die parteipolitische Neutralität der Amtskirche und hoffte darauf, daß sich die spezifischen Interessen der Protestanten durch die Einflußnahme auf die bestehenden Parteien durchsetzen ließen. Meiser setzte dabei vor allem auf die CSU, mit der seiner Meinung nach „die bürgerlich-konservativen Vorstellungen der Kirchenleitung am effektivsten" verwirklicht werden konnten, „auch wenn sie ihm immer das Bild einer BVP im neuen Gewand zu bieten schien". So war es nur folgerichtig, daß sich Meiser im September 1952 gegen den Evangelischen Volksdienst aussprach. In einer Aktennotiz für Karl Schwend, den Leiter der bayerischen Staatskanzlei, heißt es:

„Der Bischof bedauert die Gründung des EVD. Er gibt ihm auch keine Chance und glaubt, dass niemand kirchenamtlicherseits ihn in Bayern unterstützen wird. Er hält es für ausgeschlossen, dass diese Partei etwas erreichen wird. Der EVD. sei im Grunde abzulehnen, da er als Splitterpartei nur eine [s]innlose Aufspaltung der Kräfte bringe."[479]

---

477 ACSP, CSU-LL, Rechenschaftsbericht Hans Ehards vor dem Landesausschuß der CSU am 25./26. 10. 1952 in Dinkelsbühl; zur Auseinandersetzung zwischen der CSU und dem Evangelischen Volksdienst vgl. BSB, NL Schwend 13, Julius Zirkelbach an Hans Ehard vom 22. 11. 1952, dessen Antwortschreiben an Julius Zirkelbach vom 27. 11. 1952, sowie NL Schwend 14, Julius Zirkelbach an Hans Ehard vom 7. 7. 1953.

478 Vgl. Renner, Nachkriegsprotestantismus, S. 52–58; das folgende Zitat findet sich ebenda, S. 54.

479 BSB, NL Schwend 13, Aktennotiz über die Gründung des Evangelischen Volksdienstes in Bayern und über ein Gespräch mit Landesbischof Hans Meiser, ungezeichnet, undatiert.

Tatsächlich erhielt der Evangelische Volksdienst von der Kirchenleitung nicht den erhofften Beistand, im Gegenteil. Bischof Meiser und seine Mitarbeiter konnten die Führung des Volksdienstes um Julius Zirkelbach im März 1953 sogar dazu bewegen, alle parteipolitischen Aktivitäten einzustellen und lediglich die beratende Tätigkeit der Evangelischen Wählergemeinschaft fortzusetzen[480]. Trotz dieser Schützenhilfe blieb Meiser gegenüber der CSU überaus mißtrauisch. Im Juli 1953 schrieb er an Eugen Gerstenmaier, die Konzeption der Union, „auf der die CSU so verheißungsvoll aufgebaut" worden sei, sei an ihr Ende gekommen, wenn die katholische Kirche ihren gegenwärtigen Kurs beibehalte und sich die CSU „zur Trägerin dieses Kurses machen sollte"[481].

Um einer solchen Entwicklung entgegenzusteuern, hielt es Meiser für wünschenswert, den Zusammenhalt der evangelischen CSU-Abgeordneten zum Zwecke größerer Konfliktfähigkeit in irgendeiner Form zu stärken[482]. Mit der Gründung des Evangelischen Arbeitskreises der CDU/CSU als institutionalisierter Interessenvertretung der Protestanten in der Union hatte sich im Frühjahr 1952 tatsächlich etwas ähnliches angebahnt. Obwohl die CSU offiziell nicht an der Gründung des EAK beteiligt war, konnte es keinen Zweifel daran geben, daß sich die neue Gruppierung auch verpflichtet fühlte, die Angelegenheiten der evangelischen Christen in der bayerischen Unionspartei zu vertreten[483]. An der ersten Tagung des EAK im März 1952 nahmen sieben evangelische CSU-Mitglieder teil, allen voran die beiden Bundestagsabgeordneten Friedrich Jakob Funk und Johannes Semler, und mit Karl Sigmund Mayr und Georg von Manteuffel-Szoege waren auch im geschäftsführenden Ausschuß des EAK zwei CSU-Politiker präsent.

Die Mitbegründer des Evangelischen Arbeitskreises befanden sich in keiner beneidenswerten Lage, gleichgültig, ob sie nun der CDU oder der CSU angehörten. In ihren Parteien mußten sie versuchen, konfessionelle Parität durchzusetzen, um den Wählern die Tragfähigkeit der interkonfessionellen Idee zu beweisen und um den immer wieder gehörten Vorwurf zu entkräften, die Union sei nichts anderes als eine verkappte katholische Partei. Zudem galt es, die Auseinandersetzung mit den Bruderräten der Bekennenden Kirche zu führen, die „mit theologisch-ethischen Argumenten" eine Partei ablehnten, „die den Namen ‚christlich' in ihrem Signet führte"[484].

Nach der von einer Gruppe evangelischer CDU-Politiker um Hermann Ehlers und Robert Tillmanns ausgehenden Gründung des EAK war es nur eine Frage der Zeit, wann sich in Bayern eine ähnliche Organisation etablieren würde, zumal es mit dem Ansbacher Kreis einen idealen Anknüpfungspunkt gab[485]. Dieser Diskussionszirkel,

---

480 BSB, NL Schwend 14, Julius Zirkelbach an Hans Ehard vom 7. 7. 1953; vgl. auch Kühnel, Fränkischer Protestantismus, S. 73f.

481 Hans Meiser an Eugen Gerstenmaier vom 13. 7. 1953; zit. nach Renner, Nachkriegsprotestantismus, S. 57.

482 BSB, NL Schwend 13, Aktennotiz über die Gründung des Evangelischen Volksdienstes in Bayern und über ein Gespräch mit Landesbischof Hans Meiser, ungezeichnet, undatiert.

483 Zur Gründung des EAK und zur organisatorischen Einbeziehung der evangelischen CSU-Mitglieder vgl. Peter Egen, Die Entstehung des evangelischen Arbeitskreises der CDU/CSU, Diss., Bochum 1971, S. XXXII f. und S. XLV.

484 Gerhard Besier, „Christliche Parteipolitik" und Konfession. Zur Entstehung des Evangelischen Arbeitskreises der CDU/CSU, in: KZG 3 (1990/1991), S. 166–187, hier S. 167.

485 Zum Ansbacher Kreis und zur Frühgeschichte des EAK der CSU vgl. ACSP, CSU-EAK 6, Mappe: Kreußel – allgemeine Korrespondenz 1953–1955, Bericht Karl Gablers „Der Evangelische Arbeits-

dem neben Vertretern der Landeskirche vor allem evangelische CSU-Mitglieder wie Friedrich Bauereisen, Alfons Kreußel, Hans Küßwetter[486], Karl Sigmund Mayr oder Paul Nerreter angehörten, kam seit Jahren zu Gesprächen darüber zusammen, wie sich die mißtrauischen Protestanten Frankens für die Union gewinnen ließen und wie die spezifischen Interessen des evangelischen Bevölkerungsteils in der CSU am effektivsten durchgesetzt werden konnten. Der Ansbacher Kreis war die eigentliche Keimzelle der Evangelischen Arbeitsgemeinschaft der CSU, die um die Jahreswende 1952/1953 ihre Arbeit aufnahm[487]. Am 1. April 1953 wurde eine Geschäftsstelle unter der Leitung von Karl Gabler eröffnet, die ihren Sitz zunächst in Dinkelsbühl hatte, und mit der Tagung in den Räumen der evangelischen Volkshochschule auf dem Hesselberg trat die Evangelische Arbeitsgemeinschaft im Mai erstmals ins Licht der Öffentlichkeit. Sechs Monate später beschloß die Mitgliederversammlung, die Evangelische Arbeitsgemeinschaft nach dem Vorbild der CDU in Evangelischen Arbeitskreis umzubenennen. Im Januar 1954 wurde auf einer Jahreshauptversammlung eine Satzung verabschiedet und ein ordentlicher Vorstand gewählt[488]. Das Amt des ersten Vorsitzenden übernahm Alfons Kreußel, ein ebenso ehrgeiziger wie umtriebiger Mann, der als evangelischer Pfarrer eine wichtige Rolle in der Selbstdarstellung des EAK spielte und qua Amt die Verbindung zur Kirchenleitung aufrechterhielt[489]. Zu Kreußels Stellvertretern wählte die Mitgliederversammlung Hans Küßwetter, den Dinkelsbühler Landrat und Vorsitzenden des CSU-Bezirksverbands Mittelfranken, und den Bamberger Amtsgerichtsrat Siegfried Hofmann.

Nach außen gab sich der EAK moderat. Man fand lobende Worte für den Unionsgedanken, bekräftigte die Zusammenarbeit der Konfessionen in der CSU und erinnerte die katholischen Parteifreunde mit sanftem Nachdruck daran, daß es die „Christenpflicht einer Ma[j]orität sei“, die „Minorität zu pflegen“[490]. Intern nahmen die führenden Vertreter des EAK jedoch kein Blatt vor den Mund. Sie ließen keinen Zweifel daran, daß die neue Gruppierung „als Bollwerk der evangelischen Seite der CSU gegen-

---

kreis der Christlich-Sozialen Union in Bayern!“, undatiert; Renner, Nachkriegsprotestantismus, S. 39–44; Kühnel, Fränkischer Protestantismus, S. 76f.; Egen, Entstehung, S. 133f.

486 *Hans Küßwetter,* geb. 14. 1. 1909 in Ehingen/Mfr., gest. 19. 11. 1965 in Dinkelsbühl, ev., Studium der Geschichte, Politik, Germanistik und alten Sprachen in München und Berlin, 1936 Promotion zum Dr. phil., seit 1937 Studienassessor und Studienrat in München, 1941–1945 Teilnahme am Zweiten Weltkrieg, 1948–1965 Landrat in Dinkelsbühl, 1952–1965 Mitglied des Bezirkstags von Mittelfranken (CSU), 1962–1965 dessen Präsident, 1958–1965 MdS, 1952–1965 Vorsitzender des CSU-Bezirksverbands Mittelfranken, 1952–1965 Mitglied des Landesvorstands der CSU.

487 Das genaue Gründungsdatum konnte nicht ermittelt werden. Renner, Nachkriegsprotestantismus, S. 42, nennt den November 1952, Egen, Entstehung, S. 133, den April 1953, Kühnel, Fränkischer Protestantismus, S. 77, gibt gar Mitte 1950 an. Der Geschäftsführer des EAK selbst hat vom April 1953 als Monat der Gründung des EAK gesprochen (ACSP, CSU-EAK 6, Mappe: Kreußel – allgemeine Korrespondenz 1953–1955, Bericht Karl Gablers „Der Evangelische Arbeitskreis der Christlich-Sozialen Union in Bayern!“, undatiert), Tatsache ist jedoch, daß bereits im März 1953 Tagungen der „Evangelische[n] Arbeitsgemeinschaft innerhalb der CSU“ stattfanden.

488 ACSP, CSU-EAK 6, Mappe: Kreußel – allgemeine Korrespondenz 1953–1955, Bericht Karl Gablers „Der Evangelische Arbeitskreis der Christlich-Sozialen Union in Bayern!“, undatiert.

489 Die Kirchenleitung begrüßte die Gründung des EAK und erhob zunächst auch keinen Einspruch gegen die Arbeit Kreußels an der Spitze der neuen Gruppierung, um das Experiment nicht zu gefährden. Erst später legte der Landeskirchenrat sein Veto ein. Kreußel legte daraufhin sein Pfarramt nieder, um eine Dozentur an der Pädagogischen Hochschule in München anzunehmen. Vgl. Renner, Nachkriegsprotestantismus, S. 43.

490 ACSP, CSU-EAK 6, Mappe: Kreußel – allgemeine Korrespondenz 1953–1958, Presseerklärung zur „Tagung der Evangelischen Arbeitsgemeinschaft i. d. CSU auf dem Hesselberg“ vom 15. 5. 1953.

über dem Katholizismus in der eigenen Partei" gedacht war[491]. Am 24. April 1953 schrieb Alfons Kreußel an Paul Nerreter:

„Die Lage innerhalb der CSU verschärft sich zusehends. Nicht nur insofern, daß manche unserer katholischen Parteifreunde immer unbekümmerter einen ausgesprochen katholischen Kurs steuern, sondern auch deswegen, weil unsere evangelischen Mandatsträger im Landtag in durchaus ungenügender Weise sich selbst und unser evangelisches Anliegen zur Geltung bringen. [...] Die Gefahren einer Aufsplitterung der CSU liegen nahe. [...] Ohne den evangelischen Faktor wird die CSU eine so klerikale Partei, daß eine äusserst bittere Reaktion seitens der Bevölkerung *beider* Konfessionen, nicht ausbleiben wird. [...] Ich bin der Meinung, daß unserer [E]vangelischen Arbeitsgemeinschaft die Aufgabe zufällt, noch einmal den evangelischen Bevölkerungsteil zu sammeln und zu integrieren."[492]

Doch ob es dem Evangelischen Arbeitskreis gelingen würde, diese selbstgestellte Mission zu erfüllen, war auch für führende Persönlichkeiten des EAK zweifelhaft. Der Ansbacher Kreisdekan, Oberkirchenrat Koch, war sich nicht mehr sicher, ob die katholische Seite überhaupt noch den Willen hätte, die CSU zu einer wirklichen Union zu machen[493]. Werner Dollinger, der 1945 die CSU im Landkreis Neustadt an der Aisch mitgegründet hatte, ging noch weiter. Die CSU sei eine katholische Partei geworden, erklärte er verbittert während einer Tagung des EAK im Mai 1953, wobei er nicht zuletzt das parteischädigende, rücksichtslose und taktlose Verhalten des Parteivorsitzenden für diese negative Entwicklung verantwortlich machte. Die evangelischen Christen, so schloß Dollinger seinen kämpferischen Redebeitrag, dürften auf die Dauer nicht nur „Stimmvieh" bleiben. Georg Riedel, ein Mann der ersten Stunde aus dem schwäbischen Nördlingen, warf gar die Frage auf, ob die Protestanten „überhaupt noch mit gutem Gewissen in der CSU sein" könnten[494]. Die Führung des EAK war jedoch im Frühjahr 1953 übereinstimmend der Meinung, man müsse es trotz der konfessionell bestimmten Politik von Männern wie Hundhammer noch einmal versuchen, die Unionsidee zu verwirklichen, wenn dies auch für alle Beteiligten ein mühevolles Unterfangen werden würde. Alfons Kreußel faßte am Ende einer Grundsatzdebatte, die am 21. März 1953 auf einer der ersten größeren Tagungen des EAK geführt wurde, die Ergebnisse zusammen:

„Ehrlich und treu unserer Sache dienend gelte es, in mühevoller Kleinarbeit und rastlosem Einsatz unsere wertvollen ev. Freunde zur Mitarbeit zu gewinnen. Der Unionsgedanke müsse heilig gehalten werden, und die Parteifreunde aus dem kath. Lager müßten durch überzeugende Argumente dazu gebracht werden, in wirklicher Unionstreue mit uns gemeinsam der Zukunft entgegenzugehen. Die echte Parität gelte es zu erreichen, und dazu müsse erst einmal bei uns gesammelt werden, um dann durch unsere Geschlossenheit auch mit Nachdruck für unsere gemeinsamen Interessen eintreten zu können."[495]

Im Kern läßt sich die Arbeit des Evangelischen Arbeitskreises auf zwei zentrale Ziele reduzieren: Zum einen galt es, die Idee der interkonfessionellen Kooperation im politi-

---

[491] Renner, Nachkriegsprotestantismus, S. 43.

[492] ACSP, CSU-EAK 2, Mappe: Kreußel – allgemeine Korrespondenz 1953–1959, Alfons Kreußel an Paul Nerreter vom 24. 4. 1953; Hervorhebung im Original.

[493] ACSP, CSU-EAK 6, Mappe: Kreußel – allgemeine Korrespondenz 1953–1958, Protokoll der Zusammenkunft des EAK der CSU am 21. 3. 1953.

[494] ACSP, CSU-EAK 6, Mappe: Kreußel – allgemeine Korrespondenz 1953–1958, Protokoll der Zusammenkunft des EAK der CSU am 30. 5. 1953.

[495] ACSP, CSU-EAK 6, Mappe: Kreußel – allgemeine Korrespondenz 1953–1958, Protokoll der Zusammenkunft des EAK der CSU am 21. 3. 1953.

schen Raum gegen alle Angriffe von außen zu verteidigen, durch gezielte Werbetätigkeit die protestantischen Wähler anzusprechen und neue, gut qualifizierte Aktivisten zu gewinnen, um so die eigene Basis zu verbreitern[496]. Zum anderen setzte der EAK alles daran, möglichst viele evangelische Parteimitglieder in wichtige Positionen zu bringen. Personalentscheidungen, sei es bei der Aufstellung künftiger Mandatsträger oder bei der Auswahl von Ministern, Staatssekretären und Parteifunktionären, standen für den EAK stets unter dem Primat der konfessionellen Parität, d. h. man beanspruchte einen Anteil an allen Ämtern und Mandaten für die evangelische Seite, der in etwa dem Anteil der Protestanten an der bayerischen Bevölkerung entsprach[497]. Zugleich versuchte der EAK, sich als alleinige Interessenvertretung der evangelischen Christen in der CSU zu etablieren und das Vorschlagsrecht für evangelische Kandidaten gleichsam zu monopolisieren[498].

Um diese Ziele verwirklichen zu können, mußte der Evangelische Arbeitskreis bestrebt sein, eine von der Parteiführung möglichst unabhängige Stellung und damit größtmögliche Handlungsfreiheit nach innen und nach außen zu erreichen. Aus diesem Grund konstituierte sich die neue Gruppierung nicht als Arbeitsgemeinschaft der CSU – ein Status, wie ihn beispielsweise die Junge Union oder die Frauen-Union hatten –, sondern firmierte als nicht rechtsfähiger Verein[499]. Damit verzichtete der EAK zwar schweren Herzens auf von der Parteisatzung garantierte Ämter in den Führungsgremien der bayerischen Unionspartei, vermied aber den Eindruck, der Evangelische Arbeitskreis sei so etwas wie ein getarnter Agent der katholisch dominierten CSU. Ein solches Negativ-Image hätte es von vornherein schier unmöglich gemacht, den Teil der evangelischen Bevölkerung an die Union heranzuführen, der zwar konservativ geprägt war, aber in der CSU lediglich den verlängerten Arm der katholischen Kirche sah. So begnügte sich der EAK damit, als Diskussionsforum und „Bindeglied zwischen der CSU und evangelischen Christen" zu dienen[500]. Überdies fürchtete man die Reaktion der katholischen Parteifreunde. Wollte man den EAK als offizielle Arbeitsgemeinschaft in die CSU einbauen, bestände die Gefahr, daß auch eine katholische Arbeitsgemeinschaft ins Leben gerufen würde. Damit wäre aber die „Grundlage für die Auflö-

[496] Hans Küßwetter erklärte in diesem Zusammenhang: „[W]ir Evangelischen müssen durch Qualität ersetzen, was die andere Seite an Quantität hat." ACSP, CSU-EAK 6, Mappe: Kreußel – allgemeine Korrespondenz 1953–1958, Protokoll der Zusammenkunft des EAK der CSU am 30. 5. 1953, und CSU-EAK 1, Mappe: Kreußel – allgemeine Korrespondenz 1956–1958, Satzung des EAK der CSU vom 2. 1. 1954.

[497] Der Anteil der Protestanten an der bayerischen Bevölkerung betrug etwa 26 Prozent. Zur Diskussion um die konfessionelle Parität in der CSU und zur Position der Landeskirche vgl. Renner, Nachkriegsprotestantismus, S. 16–34.

[498] Karl Schäfer (kath.) und Georg Stiller (ev.) vom Vorstand des CSU-Bezirksverbands Nürnberg-Fürth standen Teilen des EAK mehr als kritisch gegenüber: „Man kann ja jetzt schon eine Teilung der Arbeitsgemeinschaft in 2 Richtungen beobachten, von denen die eine die Interessen der Union aus wirklichem Unionsgeist im Auge hat, während die andere nur die Erreichung von Machtpositionen anstrebt." BayHStA, NL Ehard 75, CSU-Bezirksverband Nürnberg-Fürth, gez. Karl Schäfer und Georg Stiller, an Fritz Schäffer vom 9. 11. 1953.

[499] ACSP, CSU-EAK 1, Mappe: Kreußel – allgemeine Korrespondenz 1956–1958, Satzung des EAK der CSU vom 2. 1. 1954; CSU-EAK 4, Mappe: Satzungen, Entschließungen, interne Referate, Korrespondenz 1954–1960, Satzungsentwurf für den EAK der CSU, undatiert; ACDP, NL Ehlers 02/1, Alfons Kreußel an Hermann Ehlers vom 5. 1. 1954.

[500] ACSP, CSU-EAK 6, Mappe: Kreußel – allgemeine Korrespondenz 1953–1958, Satzungsentwurf Karl Gablers für den EAK der CSU, undatiert (1953).

sung der CSU" als interkonfessioneller Partei geschaffen, hieß es 1953 in einem Strategiepapier zu aktuellen Satzungsfragen[501].

Der Evangelische Arbeitskreis tat sich überaus schwer, den Aufgaben gerecht zu werden, die er sich selbst gestellt hatte. Ein Jahr nach seiner Gründung hatte er lediglich 200 Mitglieder[502] – ein viel zu schmales Fundament, um personelle Alternativen anbieten und die Parteiführung wirksam unter Druck setzen zu können. Neben der organisatorischen und finanziellen Schwäche[503] waren es vor allem die Auseinandersetzungen unter den führenden evangelischen CSU-Politikern, die ein geschlossenes Auftreten und eine effektive Arbeit des EAK verhinderten und es immer wieder möglich machten, die wenigen Protestanten in der bayerischen Unionspartei gegeneinander auszuspielen[504]. Dennoch fiel die erste Zwischenbilanz positiv aus. Der stellvertretende CSU-Vorsitzende Karl Sigmund Mayr schrieb Anfang Februar 1953 an Hermann Ehlers:

„Der [...] Evang. Arbeitskreis hat im fränkischen Bereich eine Entwicklung gezeigt, die [...] unseren katholischen Freunden offenbar Bedenken verursachte; denn unsere führenden Freunde, unter [i]hnen Herr Ministerpräsident Dr. Hans Ehard, sein Mitarbeiter, Herr Ministerialdirektor Dr. Schwen[d], Herr Prälat Meixner u. a., zeigten für unsere Wünsche und Sorgen eine Aufgeschlossenheit und ein Verständnis wie nie zuvor. [...] Es hat sich auch herumgesprochen, dass Sie den bayerischen Vertreter zu den jeweiligen Sitzungen des Evang. Arbeitskreises in Bonn einladen, und da man vielleicht fürchtet, der evangelische Teil der Union könnte selbständig werden, zeigt man mir ein Entgegenkommen und eine Unterstützung, dass ich mich entgegen meiner ursprünglichen Neigung wieder zum stellvertretenden Landesvorsitzenden wählen ließ. Meine Freunde und ich wollen die für uns günstige Situation ausnützen und uns bemühen, auf dem Wege einer freundlichen Aussprache das zu erreichen, was dem evang. Teil in der CSU häufig nicht gegeben wurde, nämlich: Gleichstellung überall dort, wo wir es auf Grund der konfessionellen Verhältnisse verlangen können."[505]

Im Juni 1953 teilte Mayr seinem Parteivorsitzenden optimistisch mit, die Arbeit des EAK trage nun „sichtbare Früchte" und viele Anzeichen deuteten darauf hin, „daß wir wieder die Zuneigung unserer Kirche und große Teile des evangelischen Kirchenvolkes zurückerobert haben"[506]. Solche zuversichtlichen Äußerungen sollten sich jedoch schnell als verfrüht erweisen. Keine drei Wochen nach Mayrs hoffnungsvollem Lagebericht belastete ein gravierender Zwischenfall das Verhältnis von Katholiken und Protestanten schwer und drohte auch die CSU vor eine neue Zerreißprobe zu stellen. Stein des Anstoßes war die Einweihung einer Zuckerfabrik im unterfränkischen Ochsenfurt, die am 28. Juni 1953 unter den Augen von so prominenten Gästen wie

---

501 ACSP, CSU-EAK 1, Mappe: Kreußel – allgemeine Korrespondenz 1956–1958, Bemerkungen zu einem Satzungsentwurf für den EAK der CSU, ungezeichnet, undatiert (1953).

502 ACSP, CSU-EAK 6, Mappe: Kreußel – allgemeine Korrespondenz 1953–1955, Bericht Karl Gablers „Der Evangelische Arbeitskreis der Christlich-Sozialen Union in Bayern!", undatiert.

503 ACDP, IV-001-003/3, Tätigkeitsbericht der Geschäftsstelle des EAK der CSU für den Zeitraum vom 1.4.–30. 5. 1953; ACSP, CSU-EAK 6, Mappe: Kreußel – allgemeine Korrespondenz 1953–1958, Protokoll der Zusammenkunft des EAK der CSU am 30. 5. 1953, und CSU-EAK 2, Mappe: Kreußel – allgemeine Korrespondenz 1953–1959, Karl Gabler an Karl Sigmund Mayr vom 24. 7. 1953.

504 ACSP, CSU-EAK 2, Mappe: Kreußel – allgemeine Korrespondenz 1953–1959, Alfons Kreußel an Karl Sigmund Mayr vom 4. 7. 1953 und Karl Gabler an Alfons Kreußel vom 1. 8. 1953; ACDP, NL Ehlers 02/1, Karl Sigmund Mayr an Hermann Ehlers vom 18. 8. und 26. 10. 1953.

505 ACDP, IV-001-003/3, Karl Sigmund Mayr an Hermann Ehlers vom 2. 2. 1953. Ähnlich äußerte sich Mayr einen Tag später in Bonn; ACDP, NL Ehlers 02/1, Protokoll der Sitzung des geschäftsführenden Ausschusses des EAK der CDU/CSU am 3. 2. 1953.

506 BayHStA, NL Ehard 115, Karl Sigmund Mayr an Hans Ehard vom 4. 6. 1953.

Landwirtschaftsminister Alois Schlögl ihrer Bestimmung übergeben werden sollte[507]. Ochsenfurt selbst war katholisch geprägt, die umliegenden Dörfer dagegen evangelisch. Aus diesem Grund beabsichtigte die Werksleitung, neben dem katholischen Bischof von Würzburg, Julius Döpfner, auch einen Vertreter der evangelischen Kirche zu bitten, ein Weihegebet zu sprechen. Was unter den Vorzeichen der Ökumene heute selbstverständlich ist, war 1953 vom katholischen Kirchenrecht als „communicatio in sacris" verboten[508]. Bischof Döpfner erfuhr erst unmittelbar vor der Zeremonie davon, daß der evangelische Kreisdekan Schwinn nicht nur im Talar an der Einweihung teilnehmen, sondern auch selbst eine liturgische Handlung vornehmen sollte. Er drohte daraufhin, unter diesen Umständen nicht an den Feierlichkeiten teilzunehmen. Da sich kein Kompromiß finden ließ, blieben Dekan Schwinn und seine Helfer der Zeremonie schließlich fern, so daß Döpfner die Weihehandlung alleine vornehmen konnte.

Als die Angelegenheit bekannt wurde – und die Nachricht verbreitete sich wie ein Lauffeuer –, war der Eklat perfekt. Evangelische Gäste protestierten und verließen die Feier demonstrativ, Bischof Döpfner wurde mit Pfui-Rufen und Drohungen wie „Zieht ihn raus, schlagt ihn tot" überschüttet[509]. Wie ernst dieser Vorfall genommen wurde, zeigt ein Schreiben von Landesbischof Meiser an Bundeskanzler Adenauer, der sich besorgt in die hitzige Diskussion eingeschaltet hatte:

„Die Sorge, aus der heraus Sie ihren Brief geschrieben haben, daß die Angelegenheit über den kirchlichen Raum hinaus auch im politischen Bereich unerfreuliche Wirkungen zur Folge haben könnte, ist keineswegs unbegründet. Ich wüßte aus jüngerer Zeit, abgesehen von den Zeiten des Kirchenkampfes, kein Ereignis zu nennen, das eine so tiefgreifende Erregung, ja elementare Empörung in weitesten Kreisen unserer Gemeinden hervorgerufen hat, als den Ochsenfurter Zwischenfall."[510]

Tatsächlich waren die Folgen dieser Affäre gar nicht abzusehen. Schließlich ging der Bundestagswahlkampf in die heiße Phase, und die Union mußte um die Stimmen des evangelischen Bevölkerungsteils bangen, zumal der politische Gegner – allen voran die FDP – nicht zögerte, die konfessionellen Irritationen für Wahlkampfzwecke auszunutzen[511]. Es war also kein Wunder, daß die CSU um Schadensbegrenzung bemüht war. Schon am 1. Juli 1953 kam die Landtagsfraktion zu einer Krisensitzung zusammen, an der auch die wichtigsten Repräsentanten des Evangelischen Arbeitskreises teilnahmen[512]. Pfarrer Kreußel hatte eine Erklärung vorbereitet, in der die Vorfälle in Ochsenfurt und die damit verbundene Brüskierung der Protestanten bedauert wurden. Doch Alois Hundhammer stellte sofort fest, daß die „CSU keine vorgesetzte Stelle der Kirchen" sei. Die CSU müsse „in ihrem eigene[n] Raum das gute Einver-

---

507 Eine Vielzahl von Briefen, Resolutionen, Berichten und Stellungnahmen zur Affäre um die Einweihung der Ochsenfurter Zuckerfabrik findet sich in: ACDP, NL Ehlers 10/2; ACDP, IV-001-003/3; BSB, NL Schwend 38; ACSP, CSU-EAK 2, Mappe: Kreußel – allgemeine Korrespondenz 1953–1959, und CSU-EAK 6, Mappe: Kreußel – allgemeine Korrespondenz 1953–1955. Vgl. auch Kühnel, Fränkischer Protestantismus, S. 79ff., und Renner, Nachkriegsprotestantismus, S. 48–52.

508 Vgl. Trippen, Interkonfessionelle Irritationen, in: Bracher u. a. (Hrsg.), Staat und Parteien, S. 350.

509 ACDP, IV-001-003/3, Bericht der Geschäftsstelle des EAK der CSU über die „Vorkommnisse bei der Weihe der Zuckerfabrik Ochsenfurt" vom 29. 6. 1953.

510 BSB, NL Schwend 38, Hans Meiser an Konrad Adenauer vom 22. 7. 1953; Adenauers Brief an den Landesbischof (im selben Bestand) datiert vom 3. 7. 1953.

511 ACDP, NL Ehlers 10/2, Karl Sigmund Mayr an Hermann Ehlers vom 29. 6. 1953; vgl. auch Kühnel, Fränkischer Protestantismus, S. 79f.

512 ACSP, CSU-LTF II/2, 6–45, Protokoll der Fraktionssitzung am 1. 7. 1953.

nehmen der Konfessionen wahren, eine Kritik an unseren Bischöfen" sei dagegen unmöglich. Der Wortführer des katholisch-konservativen Flügels der CSU konnte sich mit dieser Ansicht durchsetzen, und so fehlte in der Resolution, die schließlich einstimmig angenommen wurde, jedes Wort der Mißbilligung gegenüber kirchlichen Würdenträgern. Die Abgeordneten vermieden es überhaupt, eindeutig Stellung zu beziehen. Sie begnügten sich mit einem Bekenntnis zur Unionsidee und zogen sich ansonsten auf den Standpunkt zurück, diese bedauerliche Angelegenheit sei Sache der Kirchen.

„Die Vorkommnisse von Ochsenfurt liegen ausschliesslich im kirchlichen, nicht im politischen Raum. Auch die Klärung und Bereinigung des Vorfalls ist ausschliesslich Sache der kirchlichen Stellen. Die CSU-Fraktion erbittet ihre baldige Durchführung und die grundsätzliche Verständigung der beiden Kirchen über ähnlich gelagerte Fälle. Die CSU-Fraktion und insbesondere ihre evangelischen Mitglieder sind entschlossen, an ihrer politischen Konzeption der Zusammenarbeit der beiden christlichen Konfessionen auf dem Boden voller Parität im politischen Raum unbedingt festzuhalten. Sie halten diese Zusammenarbeit zum Wohl des bayerischen und des deutschen Volkes mehr als je für geboten. Die CSU-Fraktion bedauert, dass infolge mangelnder Vorbereitung der Eindruck der Zurücksetzung des evangelischen Bevölkerungsteils entstehen konnte. Die CSU-Fraktion wendet sich entschieden gegen das sichtbar gewordene Bestreben, diesen Vorfall zu parteipolitischen Zwecken zu missbrauchen."[513]

In evangelischen Kreisen war man mit dieser Erklärung freilich nicht zufrieden; selbst die Bayernpartei hatte eindeutiger zum Ochsenfurter Zwischenfall Stellung genommen[514]. Hermann Ehlers und der Nürnberger Kreisdekan, Oberkirchenrat Schieder, fanden nur ein Wort für die Resolution der CSU-Fraktion: „kümmerlich"[515]. Auch beim Evangelischen Arbeitskreis machte sich – ungeachtet der Tatsache, daß Karl Sigmund Mayr und Alfons Kreußel an der Abfassung der Entschließung beteiligt waren – Enttäuschung darüber breit, wie die Angelegenheit von Partei- und Fraktionsführung behandelt wurde[516]. Doch anstatt in fruchtlose Resignation zu verfallen, versuchte der EAK, aus der Entrüstung über die Vorkommnisse in Ochsenfurt und die laue Resolution der CSU-Fraktion politisches Kapital zu schlagen. Die CSU müsse „ihren Willen zu einer echten Parität dadurch sichtbar unter Beweis stellen, daß in den überwiegend evangelischen Gebieten Nordbayerns und auf der Landesliste mehr evangelische Kandidaten an aussichtsreicher Stelle nominiert werden", hieß es in einer Anfang Juli 1953 veröffentlichten Erklärung. Die Chancen für die Durchsetzung dieser Forderung waren nicht schlecht, denn die Parteiführung um Hans Ehard stand von verschiedenen Seiten unter Druck und war zum Handeln gezwungen. Die evangelischen Wähler und die Landeskirche, deren Einfluß auf die Wahlentscheidung der Gläubigen nicht zu unterschätzen war, erwarteten ganz einfach ein großzügiges Entgegenkommen in

[513] BSB, NL Schwend 38, Resolution der CSU-Landtagsfraktion vom 1. 7. 1953 zum Zwischenfall in Ochsenfurt.

[514] Vgl. Kühnel, Fränkischer Protestantismus, S. 79.

[515] ACDP, NL Ehlers 10/2, Oberkirchenrat Schieder an Hermann Ehlers vom 4. 7. 1953 und dessen Antwortschreiben an Schieder vom 8. 7. 1953. Im Schreiben des Oberkirchenrats hieß es: „Es muß ein ‚Zeichen aufgerichtet' werden. Es muß klar ausgesprochen werden, daß die CSU das Vorgehen des Bischofs bedauert, ja mißbilligt. Die Erklärung, die die bayer. CSU in dieser Woche herausgegeben hat, ist derartig kümmerlich, daß sie höchstens das Gegenteil anrichtet."

[516] ACSP, CSU-EAK 6, Mappe: Kreußel – allgemeine Korrespondenz 1953–1955, „Informationsdienst der Evangelischen Arbeitsgemeinschaft innerhalb der CSU", undatiert (Juli 1953); das folgende Zitat findet sich ebenda.

der Kandidatenfrage[517], und für die CSU bot sich die Möglichkeit, die Glaubwürdigkeit der Bekenntnisse zur Zusammenarbeit der Konfessionen auf paritätischer Grundlage durch einen beherzten Schritt unter Beweis zu stellen. Zudem gab es Befürchtungen, der Evangelische Arbeitskreis könnte sich zur Keimzelle einer evangelischen Partei oder – noch schlimmer! – einer bayerischen CDU entwickeln[518], und dies galt es unter allen Umständen zu verhindern.

Hans Ehard selbst setzte sich – unterstützt von Bundespolitikern wie Strauß und Stücklen – mit Erfolg für die Nominierung evangelischer Kandidaten ein[519]. Unter den 47 Direktkandidaten waren mindestens acht Protestanten; vier traten in Mittelfranken an, zwei in Oberfranken und je einer in Unterfranken und Schwaben[520]. Von den 50 Bewerbern auf der Landesliste bekannten sich immerhin elf zum evangelischen Glauben, wobei anzumerken ist, daß von den ersten 20 Listenplätzen sechs (30 Prozent) mit Protestanten besetzt waren und Friedrich Bauereisen nach den Zugpferden Fritz Schäffer und Franz Josef Strauß auf die dritte Stelle gesetzt worden war[521]. Im Evangelischen Arbeitskreis war man schon mit diesem Ergebnis sehr zufrieden, besondere Freude löste jedoch das Ergebnis der Bundestagswahlen am 6. September 1953 aus. Die CSU errang mit 47,8 Prozent der Stimmen einen überzeugenden Wahlsieg, der nicht zuletzt auf das gute Abschneiden der Union in den protestantischen Regionen Frankens zurückzuführen war. In Oberfranken gewann die CSU gegenüber 1949 15,1 Prozent hinzu und kam auf 38,1 Prozent, in Mittelfranken konnte sie sogar einen Stimmengewinn von 17,2 Prozent verbuchen und ihren Stimmenanteil auf 41,2 Prozent steigern[522]. Von den sechs oberfränkischen Wahlkreisen gingen drei an die CSU, zwei an die FDP und einer an die SPD, in den sechs mittelfränkischen Wahlkreisen konnten sich sogar vier Bewerber der Union und nur zwei Kandidaten der SPD durchsetzen[523]. Von den 50 Bundestagsabgeordneten der CSU waren 41 (82,0 Prozent) katholisch[524]

---

[517] ACDP, NL Ehlers 10/2, Karl Sigmund Mayr an Hermann Ehlers vom 29. 6. 1953 und Oberkirchenrat Schieder an Hermann Ehlers vom 4. 7. 1953; BSB, NL Schwend 38, Hans Meiser an Konrad Adenauer vom 22. 7. 1953.

[518] Diesbezügliche Gerüchte und Befürchtungen gab es seit längerer Zeit: ACSP, NL Müller 410/4, Walter Langenfass an Josef Müller vom 13. 7. 1950; BSB, NL Schwend 13, Aktennotiz Ernst Deuerleins für Karl Schwend vom 9. 9. 1952 über eine Aussprache mit führenden CSU-Politikern aus Mittelfranken; ACDP, IV-001-003/3, Karl Sigmund Mayr an Hermann Ehlers vom 2. 2. 1953.

[519] BayHStA, NL Ehard 170, Hans Ehard an Fritz Schäffer vom 6. 8. 1953; ACSP, CSU-EAK 6, Mappe: Kreußel – allgemeine Korrespondenz 1953–1955, „Informationsdienst der Evangelischen Arbeitsgemeinschaft innerhalb der CSU", undatiert (Juli 1953). Zu Dissonanzen im EAK vgl. ACDP, NL Ehlers 02/1, Karl Sigmund Mayr an Hermann Ehlers vom 18. 8. 1953, und ACSP, CSU-EAK 2, Mappe: Kreußel – allgemeine Korrespondenz 1953–1959, Karl Gabler an Alfons Kreußel vom 1. 8. 1953.

[520] Diese und die folgenden Angaben beruhen auf einer eigenen Auszählung und auf den (teils fehlerhaften) Zahlen im Schreiben von Karl Sigmund Mayr an Hermann Ehlers vom 18. 8. 1953; ACDP, NL Ehlers 02/1.

[521] ACSP, CSU-LL, Protokoll der Sitzung des Landesausschusses der CSU am 10. 8. 1953 in München.

[522] Angaben nach Zweite Bundestagswahl, S. 10 und S 12.

[523] Zur regionalen Verteilung und Parteizugehörgkeit der direkt gewählten Kandidaten vgl. das Schaubild „Die zweite Bundestagswahl in Bayern am 6. September 1953".

[524] Unter den neugewählten katholischen CSU-Abgeordneten war auch Hermann Höcherl, der in den nächsten Jahren eine steile Karriere vor sich haben sollte. *Hermann Höcherl*, geb. 31. 3. 1912 in Brennberg/Opf., gest. 18. 5. 1989, kath., Jurastudium, anschließend 1938 Eintritt in den juristischen Staatsdienst, seit 1935 NSDAP-Mitglied, 1940–1945 Teilnahme am Zweiten Weltkrieg, amerikanische Kriegsgefangenschaft, nach 1945 zunächst Bauarbeiter, dann Rechtsanwalt und bis 1953 wieder im juristischen Staatsdienst tätig (zuletzt Amtsrichter), 1945 Mitbegründer der CSU in Brennberg, seit 1955 Mitglied des Landesvorstands und 1959–1961 Mitglied des geschäftsführenden Landesvorstands der CSU, seit 1952 Kreisrat (CSU) in Regensburg, 1953–1976 MdB (CSU), 1955–1957 und

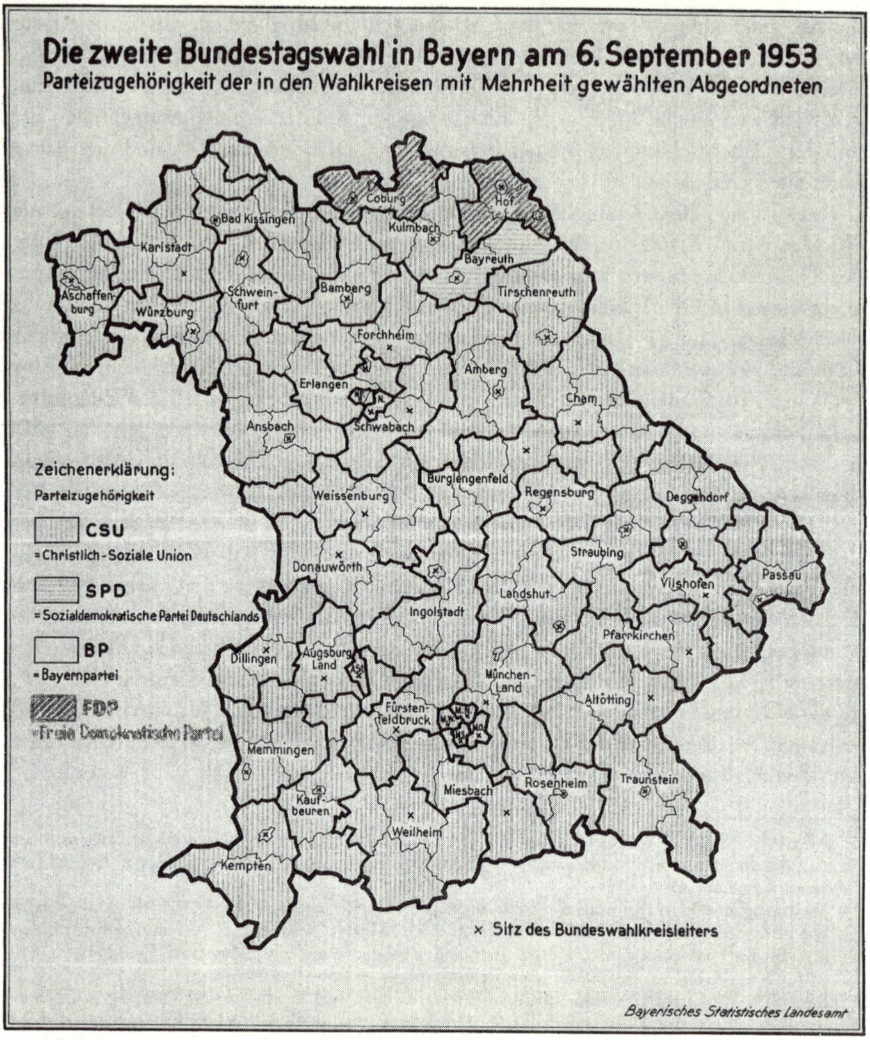


und neun (18,0 Prozent) evangelisch; 1949 hatten sich unter den 24 Abgeordneten der bayerischen Unionspartei lediglich zwei Protestanten (8,3 Prozent) befunden[525].

Damit war die Forderung nach konfessioneller Parität zwar noch nicht erfüllt, aber man war diesem Ziel ein gutes Stück nähergekommen. Es bestand allerdings kein

---

seit 1961 Mitglied des Landesgruppenvorstands, 1957–1961 Vorsitzender der CSU-Landesgruppe und stellvertretender Vorsitzender der CDU/CSU-Fraktion, 1969–1972 Vorsitzender des Vermittlungsausschusses von Bundestag und Bundesrat, 1961–1965 Bundesinnenminister, 1965–1969 Bundeslandwirtschaftsminister.

[525] Die Zahlenangaben beruhen auf einer eigenen Auszählung. Die beiden Bayernpartei-Mitglieder Benno Graf und Otto Gumrum, die gemäß dem Wahlabkommen zwischen CSU und BP in den Bundestag gewählt worden waren, wurden dabei nicht berücksichtigt.

Grund zur Euphorie, denn ein großer Teil der evangelischen Wähler hatte nicht die CSU als solche gewählt, sondern Konrad Adenauer, die Politik der sozialen Marktwirtschaft und der Westintegration[526].

Führende Persönlichkeiten des EAK waren sich durchaus darüber im klaren, daß der Wahlerfolg der CSU in den protestantischen Regionen Bayerns auf wackligen Beinen stand[527]. Dennoch waren die Ziele des Evangelischen Arbeitskreises für das Jahr 1954, das ganz im Zeichen der Landtagswahlen stand, hoch gesteckt. Von den 80 bis 85 CSU-Abgeordneten im neuen Landtag sollten mindestens 20 „bewußte evangelische Christen" sein, die aber nur zur Hälfte in Ober- und Mittelfranken aufgestellt werden sollten. Zehn Protestanten hoffte man dagegen in den katholisch dominierten Regierungsbezirken unterbringen zu können[528]. Die Hoffnung, den Anteil der evangelischen Abgeordneten von knapp elf Prozent im Jahre 1950 auf 24 Prozent steigern zu können, erwies sich jedoch schnell als illusionär, und der Evangelische Arbeitskreis mußte schmerzhaft erfahren, daß Bundestags- und Landtagswahlen anderen Gesetzen unterlagen.

In der Tat brachten die Bundestagswahlen nur eine kurze Atempause in den konfessionellen Auseinandersetzungen. Schon bei der Regierungsbildung kam es zu neuen Konflikten, als Konrad Adenauer den von der CSU für das Amt des Postministers vorgeschlagenen Katholiken Hans Schuberth ablehnte und aus Gründen der Konfessionsarithmetik forderte, dieses Ministerium mit einem Protestanten zu besetzen[529]. Der Kandidat, mit dem Adenauer hinter dem Rücken der CSU-Führung verhandelte, hieß Karl Sigmund Mayr. Der Stellvertreter Hans Ehards, einer der prominentesten evangelischen Christen in der CSU, signalisierte zunächst sein Einverständnis, wurde dann aber von seinen eigenen Parteifreunden gezwungen, seine Zusage zurückzunehmen. Wenig später legte Mayr auch tief enttäuscht das Amt des stellvertretenden Landesvorsitzenden nieder[530].

Doch nicht nur die Affäre Schuberth/Mayr sorgte für Spannungen zwischen den katholischen und evangelischen Anhängern der CSU. Das Verhältnis der Konfessionen wurde 1954 auch durch immer neue Zwischenfälle à la Ochsenfurt schwer belastet. Für eine gewisse Zeit drohte von der Einweihung von Brücken, Schulen und Friedhöfen ganz allgemein eine Gefahr für den konfessionellen Frieden[531]. Gerüchte, der Vatikan betreibe die Spaltung der Union in eine evangelische und eine katholische Partei[532], und die anhaltende Diskussion über die Frage der Lehrerbildung, die für Alfons Kreußel mit der Zeit zu einem „Al[p]druck" wurde[533], trugen weiter zur Verhärtung der Fronten bei. „Gegenreformation", „Klerikalisierung" und „Kulturkampf" waren Schlagworte, die man immer wieder hören und lesen konnte[534]. So ist

526 So beispielhaft ACDP, NL Ehlers 10/1, Oberkirchenrat Oscar Daumiller an Hermann Ehlers vom 13.10. 1953.
527 ACDP, NL Ehlers 02/1, Alfons Kreußel an Hermann Ehlers vom 14. 9. 1953.
528 ACDP, NL Ehlers 02/1, Alfons Kreußel an Hermann Ehlers vom 5. 1. 1954.
529 Vgl. Gelberg, Hans Ehard, S. 476–484; Köhler, Adenauer, S. 802–805; Kühnel, Fränkischer Protestantismus, S. 82f.
530 BayHStA, NL Ehard 115, Hans Ehard an Karl Sigmund Mayr vom 11. 2. 1954.
531 Eine ganze Reihe von Zwischenfällen ist dokumentiert in: ACDP, NL Ehlers 10/1 und 2; BSB, NL Schwend 17 und NL Schwend 38.
532 BayHStA, NL Ehard 1343, Bericht Ernst Deuerleins über seine Romreise vom 31. 5. 1954.
533 ACDP, NL Ehlers 02/1, Alfons Kreußel an Hermann Ehlers vom 5. 1. 1954.
534 ACSP, CSU-EAK 6, Mappe: Kreußel – allgemeine Korrespondenz 1953–1958, Protokoll der Zu-

es nicht verwunderlich, daß im Sommer 1954 wieder einmal eine evangelische Partei gegründet wurde. Der wichtigste Initiator war ausgerechnet der Theologe Hermann Strathmann, der aus der CSU austrat, um einen Deutschen Volksdienst ins Leben zu rufen[535]. Es ist bezeichnend, daß Strathmann mit diesem Schritt auch bei Aktivisten des Evangelischen Arbeitskreises Verständnis erntete[536], obwohl man den Deutschen Volksdienst als bedrohliche Konkurrenz einstufte.

Der EAK hatte aber auch in der CSU keinen leichten Stand, und der Versuch, den Evangelischen Arbeitskreis als alleinige Interessenvertretung der Protestanten zu etablieren, mißlang gründlich. Dies zeigte sich besonders deutlich während der Tagung des Landesausschusses am 3. Juli 1954 in Landshut, in der ein Nachfolger für den zurückgetretenen Karl Sigmund Mayr gewählt werden sollte. Der Kandidat des EAK war Staatssekretär Paul Nerreter, doch es war Alfons Kreußel und Hans Küßwetter nicht gelungen, alle evangelischen Delegierten auf ihre Linie einzuschwören. So kam es zu einer Kampfabstimmung zwischen Nerreter und Rudolf Eberhard, dem stellvertretenden Vorsitzenden der Landtagsfraktion, die knapp zugunsten Eberhards ausfiel. Der neue Stellvertreter Ehards war zwar Protestant, aber kein Freund des EAK, dem er schon in seiner kurzen Antrittsrede eine klare Absage erteilte:

> „Ich möchte dieses Ergebnis nicht anders werten, [...] weil wir gerade jetzt im Jahr 1954 vor einem sehr schweren Wahlkampf stehen, einem Wahlkampf, der besonders unsere evangelischen Freunde in der Union in Anspruch nehmen wird und der von uns mehr denn je unsere ganze Einsatzbereitschaft für die CSU und damit zu dem Gedanken der Christlich Sozialen Union erfordert. Wenn die evangelischen Freunde in der CSU diese Arbeit erfolgreich durchführen können, dann nur – das lassen Sie mich auf der anderen Seite sagen – zusammen mit unseren katholischen Parteifreunden und an der Seite unserer katholischen Parteifreunde, die ja in der Union, das wollen wir gern feststellen, in der Überzahl sind. Ich glaube, daß die Christlich-Soziale Union ihre Arbeit nicht durchführen kann etwa im Sinn eines katholischen Kreises und eines evangelischen Flügels."[537]

Eine „deutlichere Ohrfeige konnte der EAK nicht erhalten", stellte Geschäftsführer Gabler ernüchtert fest[538]. Krisenstimmung machte sich breit. Die führenden Repräsentanten des Evangelischen Arbeitskreises waren zutiefst deprimiert, und Alfons Kreußel spielte sogar mit dem Gedanken, den Vorsitz niederzulegen. Das gespannte Verhältnis der Konfessionen und die Brüskierung des EAK waren denkbar schlechte Vorzeichen für die kommenden Landtagswahlen. Der Nimbus Konrad Adenauers würde der CSU in Ober- und Mittelfranken diesmal nicht zum Sieg verhelfen! Auch Bundestagspräsident Ehlers sah keinen Grund zum Optimismus. „In Bayern habe sich die Lage verschlechtert, und zwar durch die Parteileitung (CSU)", erklärte er im Oktober 1954. „Hier stehe die Politik tatsächlich unter dem Vorzeichen des Klerikalismus und

sammenkunft des EAK der CSU am 30. 5. 1953; ACDP, NL Ehlers 10/1, Helmut Weyland an Hermann Ehlers vom 16. 4. 1954.

535 Materialien zum Austritt Strathmanns aus der CSU und zur Gründung des Deutschen Volksdienstes finden sich in: BayHStA, NL Ehard 75 und NL Ehard 328; BSB, NL Schwend 15; ACSP, CSU-LTF II/2, 5–50; ACDP, NL Ehlers 10/1; Archiv des Erzbistums Bamberg, Rep. 4/3–111/20.6.

536 ACSP, CSU-EAK 2, Mappe: Kreußel – allgemeine Korrespondenz 1953–1959, Karl Gabler an Alfons Kreußel vom 15. 7. 1954.

537 ACSP, CSU-LL, Protokoll der Sitzung des Landesausschusses der CSU am 3. 7. 1954 in Landshut. Zu Eberhards Credo vgl. seinen Artikel im Main-Echo vom 18. 8. 1951: „Vom Sinn der Union".

538 ACSP, CSU-EAK 2, Mappe: Kreußel – allgemeine Korrespondenz 1953–1959, Karl Gabler an Siegfried Hofmann vom 7. 7. 1954.

Konfessionalismus. Man habe sich hier kaum mit Erfolg gegenüber der anderen Seite durchzusetzen vermocht."[539]

### *c) Konservative Fassade und blockiertes Reformpotential*

Die innere Entwicklung der CSU in der Ära Ehard war gekennzeichnet von einem schleichenden Verfall der Parteiorganisation. Die Führungsgremien, der geschäftsführende Landesvorstand und der Landesvorstand, büßten einen großen Teil ihrer Bedeutung ein, die Tagungen des Landesausschusses und der Landesversammlung drohten zur bloßen Bühne zu degenerieren, auf der sich die Parteiprominenz selbst darstellte. Laut Satzung stand den Delegierten zwar das Recht zu, die Richtlinien der Politik zu bestimmen, doch dieses Recht stand zumeist nur auf dem Papier[540]. Tatsächlich fielen beinahe alle wichtigen Entscheidungen anderswo, und die Parteibasis wurde mit mehr oder weniger inhaltsleeren Rechenschaftsberichten abgespeist.

Der stille Verfassungswandel, der sich in der CSU nach der Wahl Hans Ehards vollzog, begann bereits im Sommer 1949. Der Landesvorsitzende hielt es nicht für nötig, den Landesvorstand oder gar den Landesausschuß einzuberufen, um über das Ergebnis der Bundestagswahlen und die Regierungsbildung zu beraten. Lediglich der geschäftsführende Landesvorstand wurde von Ehard informiert, als alles vorüber war[541]. Der Parteichef fand nicht einmal Zeit, Briefe von Vorstandsmitgliedern zu beantworten, die sich verunsichert nach dem Stand der Dinge erkundigten[542]. Elisabeth Meyer-Spreckels zog sich aus Protest gegen die in ihren Augen untragbare „Ausschaltung des Landesvorstands" aus der Parteiführung zurück[543], aber an der Situation änderte sich deshalb wenig. Ehard war nun einmal kein Mann der Partei, und er war auch kein Mann der Parteigremien. Von Mai 1949 bis Dezember 1954 tagte der Landesausschuß lediglich neunmal[544]. Dabei waren in der Satzung pro Jahr mindestens zwei Landesausschußsitzungen vorgesehen[545], doch diese Quote wurde nur 1950 und 1954 erreicht, als es galt, die CSU für einen Landtagswahlkampf zu mobilisieren. Zwischen der Landesausschußsitzung im April 1951 und der im Oktober 1952 vergingen sogar 18 Monate. Josef Müller hatte den Landesausschuß, nominell das höchste Gremium zwischen den Parteitagen, wesentlich häufiger zusammengerufen, nämlich zwischen Mai 1946 und Mai 1949 insgesamt zwölfmal[546]. Auch der geschäftsführende Landes-

---

539 ACDP, IV-001-002/1, Protokoll der Sitzung des geschäftsführenden Ausschusses des EAK der CDU/CSU am 6. 10. 1954.

540 Satzung der CSU in der Fassung vom 4. 10. 1946, abgedruckt in: Protokolle und Materialien, S. 1783–1803; ACSP, CSU-LTF III/1, 6–10, gedruckte Fassung der Satzung der CSU von 1952; in der Fassung vom 11. 10. 1958 findet sich die Satzung von 1952 abgedruckt in: Dokumente zur parteipolitischen Entwicklung in Deutschland seit 1945, hrsg. von Ossip K. Flechtheim, Bd. 1, Berlin 1962, S. 279–302.

541 BayHStA, NL Ehard 102, Protokoll der Sitzung des geschäftsführenden Landesvorstands am 3. 10. 1949 (Emil Muhler).

542 ACSP, NL Müller 43, Rundschreiben Karl Köhlers an die Mitglieder des Gautinger Kreises vom 22. 9. 1949.

543 ACSP, NL Müller 168, Elisabeth Meyer-Spreckels an Hans Ehard vom 29. 8. 1949.

544 Eigene Zählung nach den Findmitteln im ACSP.

545 Satzung der CSU in der Fassung vom 4. 10. 1946, abgedruckt in: Protokolle und Materialien, S. 1783–1803; ACSP, CSU-LTF III/1, 6–10, gedruckte Fassung der Satzung der CSU von 1952.

546 Eigene Zählung nach BayHStA, NL Ehard 1421, Disposition für die Besprechung mit den Bezirksvorsitzenden am 7. 1. 1950 und Manuskript des Rechenschaftsberichts Hans Ehards vor dem Lan-

vorstand und der Landesvorstand traten relativ selten zusammen, der etwa fünfzigköpfige Landesvorstand von Juni 1949 bis Juni 1950 gar nur zweimal[547]!

Die großen zeitlichen Abstände zwischen den Tagungen und der fehlende Rhythmus machten eine effektive Kontrolle der Parteiführung ebenso unmöglich wie eine geregelte Kommunikation zwischen Parteiführung und Parteibasis, von einer wirklichen Mitwirkung der gewählten Delegierten bei wichtigen Entscheidungen ganz zu schweigen. Kein Wunder, daß angesichts dieser unbefriedigenden Situation immer wieder die Forderung laut wurde, die Parteileitung möge doch in Zukunft die Gremien – vor allem den Landesausschuß – wieder öfter einberufen[548]. Ein Delegierter aus München machte seinem Herzen auf dem Regensburger Parteitag der CSU im Juli 1952 mit folgenden Worten Luft:

„Als bisheriges Landesausschußmitglied habe ich einmal zuerst zu beanstanden, daß seit Mai vorigen Jahres [. . .] bis heute keine einzige Landesausschußsitzung stattgefunden hat. (Sehr richtig!) Ich habe so das Empfinden, wie wenn der Landesausschuß die Fassade der Partei darstellen würde, so daß man sagen kann: Bitte, bei uns sind die Arbeiter, die Angestellten und die Beamten und die Geschäftsleute auch vertreten. Aber man frägt sie das ganze Jahr nie. Ich stehe auf dem Standpunkt: Der Landesausschuß bestimmt die Politik der Partei mit und ist mitverantwortlich. [. . .] Wir verlangen, daß bei wichtigen Fragen der Landesausschuß einberufen wird. [. . .] Das Mitbestimmungsrecht, das sogenannte Betriebsverfassungsgesetz hat sehr viel Staub aufgewirbelt. Die Parteileitung hat es nicht der Mühe wert gefunden, hierzu den Landesausschuß einzuberufen, auch nicht zum Schuman-Plan, zum Generalvertrag und all diesen Dingen. Meine Herren, wir müssen ja draußen die Verantwortung dafür tragen. Denn wenn der eine oder andere darüber etwas sagt, dann heißt es ja: Die CSU hat das besprochen. Das stimmt ja nicht, das ist doch die persönliche Meinung eines Parteifreundes. Wir verlangen, daß bei diesen Fragen der Landesausschuß gehört wird."[549]

Um die Meinung der Basis zu hören, wäre es aber nicht nur notwendig gewesen, Gremien wie den Landesausschuß öfter einzuberufen, sondern die Delegierten auch wirklich zu Wort kommen zu lassen. Offene Diskussionen waren jedoch nicht nach dem Geschmack der Parteiführung um Hans Ehard, die nichts mehr fürchtete als eine Fortsetzung der Flügelkämpfe[550]. Aus diesem Grund wurden alle Tagesordnungspunkte, die im Landesausschuß oder in der Landesversammlung Kontroversen hätten auslösen können, entweder unter Ausschluß der Öffentlichkeit besprochen, nur kurz angerissen oder überhaupt dilatorisch behandelt[551]. Während in der Ära Müller keine größere Ta-

desausschuß der CSU am 14./15. 1. 1950; NL Ehard 2468, Material für den Rechenschaftsbericht Hans Ehards vor der Landesversammlung der CSU am 17./18. 6. 1950 in Kempten; NL Ehard 437, Material für den Rechenschaftsbericht Hans Ehards vor der Landesversammlung der CSU am 13. 6. 1953 in Augsburg; ACSP, CSU-LL, Entwurf für den Rechenschaftsbericht Hans Ehards vor dem Landesausschuß der CSU am 25. 10. 1952 in Dinkelsbühl, und den Findmitteln im ACSP.

[547] BayHStA, NL Ehard 2468, Material für den Rechenschaftsbericht Hans Ehards vor der Landesversammlung der CSU am 17./18. 6. 1950 in Kempten.

[548] BayHStA, NL Ehard 1362, Memorandum „Zur Frage der Reorganisation der CSU" vom 21. 9. 1949, oder NL Ehard 102, Protokoll der Sitzung des geschäftsführenden Landesvorstands am 3. 10. 1949 (Emil Muhler).

[549] ACSP, CSU-LL, Protokoll der Landesversammlung der CSU am 5./6. 7. 1952 in Regensburg (Delegierter Huber, München).

[550] ACSP, CSU-LL, Protokolle der Landesversammlungen der CSU vom 27.–29. 5. 1949 in Straubing und am 5./6. 7. 1952 in Regensburg.

[551] ACSP, CSU-LL, Protokoll der Sitzung des Landesvorstands am 9. 6. 1950 oder Protokoll der Landesversammlung der CSU am 9./10. 10. 1954 in Nürnberg. Münchner Merkur vom 16. 1. 1950: „CSU-Minister geben Rechenschaft. Landesausschuß-Sitzung in Fürth – Ausschluß der Öffentlichkeit bei partei-politischen Fragen".

gung ohne lautstarke Debatten geendet hatte, bestimmten nach 1949 Rechenschaftsberichte aus Partei und Fraktion sowie politische Referate der Regierungsmitglieder das Bild. Die Delegierten wurden mit solchen Reden geradezu überschüttet, doch sie konnten sich nur selten dazu äußern, da bei der gedrängten Tagesordnung meist die Zeit dazu fehlte oder die Sitzungsleitung ihr Veto einlegte. Kritik an dieser Praxis konnte nicht ausbleiben. Doch als Heinrich Junker[552] 1954 im Landesvorstand mehr Zeit für Diskussionen einforderte, hielt ihm der Parteivorsitzende die schlechten Erfahrungen entgegen, die man damit gemacht habe, und Generalsekretär Josef Brunner erklärte mit Blick auf die anstehenden Landtagswahlen sogar, es sei „gefährlich", eine „breite Diskussion zu führen"[553].

Bei aller Kritik scheinen sich die meisten Delegierten aber daran gewöhnt zu haben, daß die Monotonie der Tätigkeitsberichte und Grundsatzreden die innerparteiliche Demokratie zu ersticken drohte. Als am Ende der Landshuter Tagung des Landesausschusses am 3. Juli 1954 ausnahmsweise noch Zeit für eine allgemeine Aussprache war, machte sich nach einigen Redebeiträgen verlegene Stille breit. Franz Josef Strauß, der sich „für alle Fälle als Reserveredner" hatte auf die Liste setzen lassen, mußte „lange vor Ablauf der festgesetzten Diskussionszeit feststellen", daß die Rednerliste erschöpft war. So sah er sich gezwungen, „sozusagen als Reserve, Landsturm oder Landesschütze" mit einer mehr als einstündigen Rede „in das rhetorische Gefecht" einzugreifen, das eigentlich gar nicht stattgefunden hatte[554].

Während die Parteiorganisation mehr und mehr an Bedeutung verlor, verlagerten sich die Entscheidungsprozesse in Gremien, die in der Satzung nicht oder nicht in dieser Form vorgesehen waren. Unter dem Deckmantel der Demokratisierung der Parteiführung[555] wurden Persönlichkeiten regelmäßig zu den Sitzungen des geschäftsführende Landesvorstands geladen, die dazu nicht legitimiert waren. Es gab in der Praxis kaum einen Unterschied zwischen den regulär gewählten Vorstandsmitgliedern und den Sitzungsteilnehmern, die von Ehard aus Gründen der Opportunität zu den Beratungen hinzugezogen wurden. Aber der geschäftsführende Landesvorstand mußte seine Funktion als wichtigstes Führungsgremium der CSU in den ersten Jahren der Ära Ehard ohnehin an die von der Satzung nicht gedeckte Konferenz der Bezirksvorsitzenden abtreten[556]. Die Vorsitzenden der zehn Bezirksverbände waren an der Wahl Ehards

---

552 *Heinrich Junker,* geb. 30. 8. 1911 in München, gest. 6. 4. 1993 in Dachau, kath., Diplom-Vermessungsingenieur, nach kurzer Referendarzeit im bayerischen Vermessungsdienst Regierungsbaurat bei der Wehrmacht, Teilnahme am Zweiten Weltkrieg (zuletzt Major) und amerikanische Kriegsgefangenschaft, 1945–1947 Leiter des Vermessungsamts Dachau, Dozent an der Staatsbauschule und am Oskar-von-Miller-Polytechnikum in München, stellvertretender Landrat, 1948–1957 Landrat in Dachau, 1953/1954 Bezirksrat (CSU) für Oberbayern, 1950–1967 Mitglied des Landesvorstands der CSU, 1950–1970 MdL (CSU), 1950–1954 Mitglied des Fraktionsvorstands, 1957–1962 Staatssekretär im bayerischen Innenministerium, 1962–1966 bayerischer Innenminister, 1966–1972 Präsident der Bayerischen Landesbodenkreditanstalt, 1972–1976 Vizepräsident, 1976/1977 Präsident der Bayerischen Landesbank.

553 ACSP, CSU-LL, Protokoll der Sitzung des Landesvorstands am 8. 10. 1954.

554 ACSP, CSU-LL, Protokoll der Sitzung des Landesausschusses der CSU am 3. 7. 1954 in Landshut.

555 ACSP, CSU-LL, „Besprechungsprotokoll für die Sitzung des geschäftsführenden Vorstandes unserer Partei" am 5. 12. 1949 vom 3. 12. 1949 und Protokoll der Sitzung des Landesvorstands am 17. 12. 1949.

556 Zur Konferenz der Bezirksvorsitzenden: ACSP, CSU-LL, Protokoll und Notizen über die Sitzung des geschäftsführenden Landesvorstands am 5. 12. 1949 und Protokoll der Landesversammlung der CSU am 17./18. 6. 1950 in Kempten (Hans Ehard).

maßgeblich beteiligt gewesen und erwarteten nun eine angemessene Beteiligung an der Macht[557]. Eine enge Zusammenarbeit mit den „Bezirksfürsten“ hatte für den Parteivorsitzenden durchaus Vorteile. Gespräche in kleiner Runde, die sich kurzfristig arrangieren ließen, waren ein probates Mittel, um anstehende organisatorische Fragen zu besprechen, Tagungen von Landesvorstand, Landesausschuß und Landesversammlung im Detail vorzubereiten oder Stimmungsberichte aus den Regionen einzuholen, auf die Hans Ehard und seine Strategen angewiesen waren, nachdem die Landesgeschäftsstelle nicht mehr in der Lage war, die Kommunikation mit den regionalen Suborganisationen aufrechtzuerhalten. Die Konferenz der Bezirksvorsitzenden konnte zwar keine bindenden Beschlüsse fassen, es war aber kaum denkbar, daß von den Bezirksvorsitzenden einhellig mitgetragene Entscheidungen nicht die Zustimmung der eigentlich zuständigen Parteigremien gefunden hätten.

Auch der 1948 gegründete Wirtschaftsbeirat der Union wurde zusehends einflußreicher. Der Wirtschaftsbeirat, ein eingetragener Verein außerhalb der eigentlichen Parteiorganisation, hatte es sich zur Aufgabe gemacht, die Repräsentanten der bayerischen Wirtschaft für die CSU zu gewinnen, Spenden zu sammeln und „der Partei in Wirtschaftsfragen beratend zur Seite zu stehen“[558]. Darüber hinaus kam dem Wirtschaftsbeirat als Vermittler zwischen der chronisch finanzschwachen CSU und dem Landesverband der Bayerischen Industrie, auf dessen Unterstützung die Partei dringend angewiesen war, eine wichtige Rolle zu[559]. Anders als die CSU hatte der Wirtschaftsbeirat eine gut funktionierende Geschäftsstelle und keine finanziellen Sorgen. So kam es, daß aufwendige Großveranstaltungen mit Rednern wie Konrad Adenauer, Fritz Schäffer oder Robert Pferdmenges nicht von der CSU, sondern vom Wirtschaftsbeirat organisiert wurden[560]. Bei dieser Konstellation konnte es nicht ausbleiben, daß der Wirtschaftsbeirat von der Peripherie immer mehr ins Zentrum der innerparteilichen Willensbildung rückte. Mit Franz Elsen[561] wurde im Dezember 1949 der Generalsekretär des Wirtschaftsbeirats zum Landesschatzmeister der CSU ernannt[562], und wichtige programmatische Impulse gingen nicht von den Gremien der Partei, sondern von den Arbeitsausschüssen des Wirtschaftsbeirats aus[563].

---

557 BayHStA, NL Ehard 102, Protokoll der Tagung der Bezirksvorsitzenden am 28. 10. 1949 (Alois Hundhammer).

558 ACSP, CSU-LL, Protokoll der Sitzung des Landesvorstands am 17. 12. 1949.

559 BSB, NL Schwend 11, Aktennotiz über ein Gespräch mit Generaldirektor Otto Seeling am 20. 6. 1950.

560 BayHStA, NL Ehard 2468, Material für den Rechenschaftsbericht Hans Ehards vor der Landesversammlung der CSU am 17./18. 6. 1950 in Kempten.

561 *Franz Elsen*, geb. 11. 7. 1906 in München, gest. 23. 2. 1980 in München, kath., nach Besuch der Realschule landwirtschaftliche Praktika und Besuch der Landwirtschaftsschule, Abitur, seit 1926 Studium der Agrarwissenschaft und Nationalökonomie in München und Erlangen, Diplom-Volkswirt, vor 1933 BVP-Mitglied, 1934–1937 bei der Bayerischen Staatsbank tätig, 1937–1943 Gutsverwalter in Wertheim, 1943–1945 Teilnahme am Zweiten Weltkrieg, 1945 Unterstützung der Freiheitsaktion Bayern, Mitbegründer der CSU, 1949–1952 Landesschatzmeister der CSU, 1949–1952 Mitglied des Landesvorstands und des geschäftsführenden Landesvorstands der CSU, 1948 Mitinitiator des Wirtschaftsbeirats der Union und dessen langjähriger Generalsekretär, 1948/1949 MdWR (CSU), 1949 Mitglied der Bundesversammlung (CSU), 1950–1966 MdL (CSU), langjähriger Direktor der Bayerischen Staatsbank, 1958–1966 Mitglied der deutschen Atomkommission, Ehrendoktorwürde der Universität München.

562 ACSP, CSU-LL, Protokoll der Sitzung des Landesvorstands am 17. 12. 1949.

563 ACSP, CSU-LTF II/2, 6–10/4, Heinz Lechmann an Wilhelm Röhrl vom 9. 7. 1953 und Entwurf für ein Agrarprogramm der CSU.

Auch die Staatskanzlei griff wiederholt in die innerparteiliche Willensbildung ein und übernahm seit 1949 immer mehr Funktionen von der ineffizienten Landesgeschäftsstelle. Hans Ehard „ließ die Partei über CSU-nahe Kreise und Mitglieder in der bayerischen Staatsverwaltung gewissermaßen mitverwalten"[564]. Vor allem der ehemalige BVP-Politiker Karl Schwend, der seit 1950 an der Spitze der Staatskanzlei stand, und sein Mitarbeiter Ernst Deuerlein kümmerten sich um die drängendsten Probleme. Sie sammelten Informationen über die wichtigsten Vorgänge in der CSU[565], entwarfen Konzepte für Wahlkämpfe[566], bereiteten die Auftritte Ehards in den Parteigremien vor[567] und hielten über den Bayerischen Bevollmächtigten beim Bund den Kontakt mit der Bonner Landesgruppe[568]. Die Landesgeschäftsstelle konnte dagegen nur mit Mühe die elementarsten Aufgaben einer Parteizentrale erfüllen und war so wenig autonom, daß sich der stellvertretende Vorsitzende des CSU-Kreisverbands Starnberg im September 1950 tief verunsichert zu der Frage gezwungen sah, ob man sich künftig auch „in parteilichen Angelegenheiten an die Staatskanzlei" zu wenden habe[569].

Die Staatskanzlei zeichnete auch für das Aktionsprogramm der CSU für den Landtagswahlkampf 1954 verantwortlich, das einzige offizielle programmatische Dokument der bayerischen Unionspartei in der ganzen Ära Ehard. Die Entstehungsgeschichte dieses Programms zeigt deutlich, wie wenig die Partei als solche mittlerweile zu sagen hatte. Die Regierungsmitglieder der CSU hatten auf Ersuchen der Staatskanzlei „ihre Gedanken über die künftige Arbeit" der bayerischen Unionspartei zu Papier gebracht[570]. Die eingehenden Texte wurden in der Staatskanzlei redaktionell bearbeitet und ergänzt, bevor sie im Oktober 1954 dem Parteitag als Wahlkampfgrundlage präsentiert werden sollten. Selbst der Landesvorstand erfuhr erst einen Tag vor Beginn der Landesversammlung von diesem Vorhaben. Doch als der Bundestagsabgeordnete Gerhard Wacher „sein Erstaunen darüber" ausdrückte, „daß das Aktionsprogramm heute vorgelegt werden und man sich dahinterstellen solle", erklärte Hans Ehard nur, dieses Dokument enthalte nichts, was für die CSU neu sei, und man käme zu keinem Ende, wollte „man das Aktionsprogramm im einzelnen diskutieren"[571]. Als die Landesversammlung am 9. Oktober 1954 zusammentrat, wurde die programmatische Plattform für die heiße Phase des Wahlkampfes nicht einmal in ihren Grundzügen vorgestellt, geschweige denn von den Delegierten diskutiert und verabschiedet. Ehard kündigte lediglich an, das Aktionsprogramm werde allen Teilnehmern in gedruckter Fassung zugehen und die Arbeit der Redner in den folgenden Wochen sicherlich wesentlich erleichtern[572].

---

564 Mintzel, Anatomie, S. 223.

565 Vgl. die Vielzahl von Berichten für Ehard in: BSB, NL Schwend.

566 BSB, NL Schwend 44, Strategiepapier Ernst Deuerleins zur Vorbereitung der Landtagswahlen in Bayern vom 21. 10. 1953.

567 Diesbezügliche Ausarbeitungen beispielsweise in: BayHStA, NL Ehard 437, NL Ehard 1421 oder NL Ehard 2468.

568 Viele diesbezügliche Berichte aus der Bayerischen Vertretung in Bonn finden sich in: BSB, NL Schwend 18, NL Schwend 19 und NL Schwend 51.

569 ACSP, CSU-LTF I, 15–20/0, CSU-Kreisverband Starnberg an Alois Hundhammer vom 29. 9. 1950.

570 ACSP, CSU-LL, Protokoll der Sitzung des Landesvorstands am 8. 10. 1954; Textentwürfe und ein gedrucktes Exemplar des Aktionsprogramms finden sich in: BSB, NL Schwend 15.

571 ACSP, CSU-LL, Protokoll der Sitzung des Landesvorstands am 8. 10. 1954.

572 ACSP, CSU-LL, Protokoll der Landesversammlung der CSU am 9./10. 10. 1954 in Nürnberg.

Während die Parteiorganisation „jegliche Eigendynamik im politischen Leben Bayerns" zu verlieren drohte[573], entwickelten sich die Landtagsfraktion und die Bonner Landesgruppe zum eigentlichen Rückgrat der CSU. Die parlamentarischen Gremien waren organisatorisch intakt, konnten auf eigene Geschäftsstellen zurückgreifen und standen dank der Fraktionsbeiträge der Abgeordneten auch finanziell auf eigenen Füßen. Die Landtagsfraktion verfügte mit der CSU-Correspondenz seit Herbst 1949 sogar über ein eigenes Publikationsorgan, das vor allem die von den Anhängern der Union in den ländlichen Regionen Bayerns viel gelesene Lokal- und Heimatpresse mit Informationen versorgte[574]. Hatte sich der Dualismus von Partei und Landtagsfraktion bis 1949 immer wieder als eines der Grundprobleme der CSU erwiesen, so löste sich dieses Problem mit der Degeneration der Parteiorganisation gleichsam von selbst. Es fehlte jedoch nicht an Stimmen, die vor den negativen Folgen dieser Entwicklung warnten[575]. So erklärte der Augsburger Bezirksvorsitzende Josef Fischer, selbst ein ehemaliger Landtagsabgeordneter, im Januar 1954 vor dem Landesausschuß:

> „Nun meine Damen und Herren, der Landesausschuß der CSU kommt verhältnismäßig so selten zusammen, daß er sich auch einmal Gedanken über die eigene Partei und über die Wege, die zur politischen Willensbildung innerhalb der Partei führen, machen sollte. Gerade für eine permanente Regierungspartei ist es außerordentlich schwierig, neben den Aufgaben der Staatspolitik und öffentlichen Politik auch an sich selbst zu denken; in etwa diesen Willen auch den Parlamentsmitgliedern und der Regierung nahezubringen und darzustellen, ist uns oft sehr wenig Gelegenheit gegeben. Diese Frage ist nicht dadurch gelöst, daß Parlament und Regierung eine ausgezeichnete Arbeit leisten und daß wir als Partei und auch als Parteiorgan beiden, Fraktions- wie Regierungsmitgliedern, den tiefsten Dank aussprechen, sondern es handelt sich darum, ob die Partei bei dieser Art unseres eigenen Gebarens die Lebendigkeit erhält und auch der Verantwortung, die sie für die Politik mit trägt, auf die Dauer gewachsen ist in der Stunde, in der sie es einmal braucht. Nicht dadurch also, daß unsere Abgeordneten gewissermaßen das von vornherein schon tun, was wir nachher gern billigen, und auch nicht dadurch, daß der Landesvorsitzende gleichzeitig Ministerpräsident ist, ist diese Frage gelöst. [...] Wir wollen gar nicht mit dem, was geschehen ist, unzufrieden sein. Aber wir wollen aus Systemgründen heraus nicht, daß uns Fraktion und Regierung allzu viel von der Verantwortung abnehmen, die dem Landesausschuß zusteht."[576]

Doch trotz aller Mahnungen dominierten die Inhaber von Ämtern oder Mandaten auf allen Ebenen[577]. Die Parteiorganisation löste sich „in ein diffuses Gebilde vieler kleiner übers Land verstreuter Honoratiorenzirkel auf, die sich um politische Mandatsträger und Exponenten der CSU im bayerischen Staatsapparat gruppierten"[578]. Viele Orts- und Kreisverbände waren nach dem Zusammenbruch des Parteiapparats in einen Dornröschenschlaf versunken, aus dem sie lediglich erwachten, wenn Wahlen anstanden. Belebende Impulse von der Landesleitung waren kaum zu erwarten. Die unterbesetzte Landesgeschäftsstelle unter der Leitung von Josef Brunner, der Dezember 1949 zum Stellvertreter des Generalsekretärs ernannt worden war und drei Jahre später

---

573 Mintzel, Anatomie, S. 224.

574 Eine Fülle von Material zur Entwicklung der CSU-Correspondenz – u. a. Kassenbücher, Abonnentenlisten und Geschäftsberichte – findet sich im Bestand Landtagsfraktion des ACSP.

575 Vgl. Müller, Festansprache, in: 10 Jahre CSU, S. 48f.

576 ACSP, CSU-LL, Protokoll der Sitzung des Landesausschusses der CSU am 15. 1. 1954 in Rothenburg ob der Tauber.

577 Beispiele dafür finden sich in: BayHStA, NL Ehard 370, Erfahrungsbericht Alois Engelhards über seine Inspektionsreise durch die Oberpfalz vom 26. 1.–29. 1. 1953.

578 Mintzel, Anatomie, S. 224.

selbst zum Generalsekretär avancierte[579], hatte praktisch keine Möglichkeit, steuernd in die Angelegenheiten der Suborganisationen einzugreifen. Was fehlte, war ein Netz funktionierender, hauptamtlich geführter Geschäftsstellen in den Kreisen, mochte es auch noch so weitmaschig sein.

Die CSU verkümmerte in der Ära Ehard mehr und mehr zu einer mitgliederschwachen Honoratiorenpartei und erinnerte – von außen betrachtet – an die Bayerische Volkspartei[580]. Hatten Josef Müller und sein Anhang in der Gründungsphase der CSU noch großen Wert darauf gelegt, daß prominente Mitglieder der BVP in der neuen Partei nicht allzu sehr herausgestellt wurden, so änderte sich dies spätestens nach dem Sturz des Ochsensepp. Mit Fritz Schäffer feierte der ehemalige BVP-Vorsitzende im Sommer 1949 auf der Bonner Bühne ein ebenso unerwartetes wie triumphales Comeback; Georg Stang, von 1919 bis 1929 stellvertretender Vorsitzender der BVP-Landtagsfraktion und von 1929 bis 1933 Präsident des bayerischen Landtags, wurde 1950 erneut zum Landtagspräsidenten gewählt[581]; Prälat Georg Meixner, ebenfalls ein früherer BVP-Parlamentarier, übernahm im August 1951 den Vorsitz der CSU-Landtagsfraktion und stieg damit zu einem der mächtigsten Männer in der bayerischen Unionspartei auf[582]; als Nachfolger des ehemaligen BVP-Generalsekretärs Anton Pfeiffer übernahm mit Karl Schwend ein Mitbegründer der BVP die Leitung der Staatskanzlei, der vor 1933 zu den einflußreichen Beratern von Prälat Wohlmuth, Ministerpräsident Held und Fritz Schäffer gehört hatte[583]. Auch die Landtagsfraktion und die Landesgruppe hatten einen unübersehbaren BVP-Touch. Von den 1949 gewählten 24 Bundestagsabgeordneten der CSU hatten mindestens zehn der BVP angehört, von den 1950 gewählten 64 Landtagsabgeordneten mindestens 25[584]. Doch die CSU knüpfte nicht nur personell wieder verstärkt an die BVP an. Als 1950 über eine neue Parteizeitung beraten wurde, stand sofort der Name des alten Zentralorgans der BVP im Raum: Bayerischer Kurier. Daß das Parteiblatt dann doch Bayern-Kurier hieß, lag nicht an den Bedenken Hans Ehards, der Hemmungen dagegen hatte, zu sehr ins Fahrwasser der BVP zu geraten[585], sondern daran, daß man sich mit dem Rechtsnachfolger des alten Verlages nicht über die Urheberrechte einigen konnte[586].

Hinter dieser Fassade aus BVP-Tradition und konservativer Rückschrittlichkeit formierten sich jedoch Kräfte, die „einen möglichen Kurs der CSU-Politik in Richtung

[579] ACSP, CSU-LL, Protokoll der Sitzung des Landesvorstands am 17. 12. 1949; Bayern-Kurier vom 10. 1. 1953: „Interne Vorbereitung auf die Bundestagswahlen. Josef Brunner neuer Generalsekretär – Franz Strauß arbeitet weiter mit". *Josef Brunner*, geb. 21. 6. 1909 in München, gest. 1982, kath., bis 1929 Bankkaufmann in München, anschließend Studium der Wirtschaftswissenschaften in Berlin, bis 1933 Vorsitzender des Reichsverbands Deutscher Zentrumsstudenten in Berlin, Referent für hochschulpolitische und studentische Fragen im Generalsekretariat der Zentrumspartei, Mitbegründer der CSU, 1946–1948 Vorsitzender des Dienstag-Clubs, 1950–1954 Mitglied des Landesvorstands, 1952–1954 Mitglied des geschäftsführenden Landesvorstands der CSU, 1954 nach finanziellen Unregelmäßigkeiten in der Landesleitung als Generalsekretär suspendiert.

[580] Vgl. Mintzel, Anatomie, S. 223.

[581] ACSP, CSU-LTF I, 15–14, Protokoll der Fraktionssitzung am 7. 2. 1950.

[582] ACSP, CSU-LTF II/1, 15–14, Protokoll der Fraktionssitzung am 8. 8. 1951.

[583] Vgl. Gelberg, Hans Ehard, S. 548.

[584] Die Zahlenangaben beruhen auf einer eigenen Auszählung.

[585] ACSP, CSU-LL, Protokoll der Sitzung des geschäftsführenden Landesvorstands am 4. 2. 1950.

[586] BayHStA, NL Ehard 1363, Aktennotiz Lorenz Sedlmayrs über einen Besuch bei Kommerzienrat Haas, Augsburg, am 14. 2. 1950.

auf die ehem. bayer. Volkspartei hin" ablehnten[587] und eine umfassende Reform der CSU forderten. Dazu gehörten Teile der Landesgruppe, die meisten Repräsentanten der evangelischen Parteimitglieder und vor allem die Vertreter der jungen Generation. Franz Josef Strauß hatte schon früh gegen die „starke Überalterung" der Partei protestiert und ihre „Verjüngung und Radikalisierung im guten Sinne" angemahnt[588]. Auch Hanns Seidel gehörte zu den wenigen arrivierten CSU-Politikern, die offen dafür eintraten, die Häufung von Ämtern in der Partei zu bekämpfen und der jungen Generation eine Chance zu geben[589]. Die Junge Union machte sich diese Forderungen zu eigen, stieß damit aber bei den gesetzten Herren in der Parteiführung auf wenig Gegenliebe. Als es Franz Sackmann von der Jungen Union im Sommer 1951 vor der Landesversammlung wagte, den Führungstil Hans Ehards zu kritisieren, „verfärbte" sich das Gesicht des Ministerpräsidenten sekundenlang, und als Sackmann weiter erklärte, „daß künftig wieder die Partei die Politik der CSU-Regierungsmitglieder bestimmen müsse" und nicht wie bisher die Staatskanzlei, verlor Karl Schwend zornbebend die Fassung[590]. Im Kern ließen sich die Forderungen der Jungen Union auf zwei Punkte reduzieren: die stärkere Berücksichtigung des politischen Nachwuchses bei der Auswahl der Kandidaten für Wahlämter und die organisatorische und programmatische Wiederbelebung der Partei. In einer Entschließung, die Ende 1951 auf dem Landestag der Jungen Union in Eichstätt diskutiert wurde, hieß es:

„Eine echte Dynamik innerhalb der Partei kann nur aufrecht erhalten werden durch eine mutige und lebendige Auseinandersetzung zwischen den Führungsorganen und den Mitgliedern. Nur auf diese Weise ist Gewähr dafür geboten, daß das politische Wollen der Mitglieder durch die F[ü]hrungsorgane der Partei und ihre Mandatsträger verwirklicht wird. Die Politik der CSU darf nicht nur von den Fraktionen bestimmt, sondern muß vom politischen Willen der Partei getragen werden."[591]

Unter der tatkräftigen Führung von Franz Sackmann und Fritz Pirkl setzte die Junge Union zunächst alles daran, um wenigstens in den eigenen Reihen die Voraussetzungen dafür zu schaffen, diese Forderungen praktisch umzusetzen. Zwischen 1952 und 1954 wurden zahlreiche Kreisverbände der Jungen Union neu gegründet, die damit – nach einer Angabe von Franz Sackmann – in ganz Bayern etwa 13 000 Mitglieder aufzuweisen hatte[592]. Besonders intensiv bemühte man sich um die Schulung und den Einsatz geeigneter Redner, die schon im Bundestagswahlkampf 1953 auf sich aufmerksam machten. Ebenso aufsehenerregend wie erfolgreich waren die Versammlungswellen der Jungen Union, die schwerpunktmäßig in bestimmten Land- und Stadtkreisen abgehalten wurden und auch Gemeinden erreichten, in denen oft seit Jahren kein Redner

587 Archiv der CSU-Landesgruppe, Protokoll der Landesgruppensitzung am 20. 1. 1950.

588 BayHStA, NL Ehard 2468, Protokoll der Sitzung des geschäftsführenden Landesvorstands am 5. 6. 1950.

589 ACSP, CSU-LTF II/1, 15–14, Protokoll der Fraktionssitzung am 30. 1. 1952.

590 SZ vom 25. 6. 1951: „Unter dem Himmel von Reichenhall... ein wohlgelungener Parteikongreß der CSU/Ochsensepp als Meister der Regie"; zur scharfen Reaktion Fritz Schäffers auf den Auftritt Sackmanns vgl. ACSP, CSU-LL, Protokoll der Landesversammlung der CSU am 24. 6. 1951 in Bad Reichenhall.

591 BSB, NL Schwend 3, Bericht Ernst Deuerleins über den Landestag der Jungen Union in Eichstätt vom 3. 12. 1951; die Resolutionen sind diesem Bericht als Anlage beigefügt.

592 Vgl. Franz Sackmann, Rückblick, in: 40 Jahre Junge Union Bayern. 1947–1987, hrsg. von der Jungen Union Bayern, München 1987, S. 24–28.

der CSU mehr aufgetreten war. Anders als die Führungsgremien der CSU in der Ära Ehard bemühte sich die Junge Union auch intensiv um die Diskussion programmatischer Grundsatz- und politischer Sachfragen, bezog dabei aber immer wieder Positionen, die in der Parteiführung nicht gerade Begeisterungsstürme auslösten. Das Ziel der Jungen Union war eindeutig: zum Motor der CSU zu werden. Bei öffentlichen Anlässen machte Hans Ehard gute Miene zum bösen Spiel und lobte die aktive Arbeit der jungen Parteifreunde[593]. Intern wußte man aber mit den meist von Sackmann temperamentvoll vorgetragenen Forderungen der JU nicht mehr anzufangen, als sie als „Anflegeleien" abzuqualifizieren[594].

Das Mißtrauen gegen die Junge Union wurde nicht zuletzt von dem Verdacht geschürt, sie sei der verlängerte Arm Josef Müllers[595]. Tatsächlich hatte den ehemaligen Landesvorsitzenden stets ein besonderes Verhältnis mit der jungen Generation verbunden, und mit Franz Sackmann oder Friedrich Zimmermann hatten aufstrebende Nachwuchspolitiker wichtige Ämter in der JU inne, die bei ihm gleichsam in die Lehre gegangen waren. Zum eigentlichen Vorbild und Orientierungspunkt der Jungen Union wurde aber immer mehr Franz Josef Strauß. Dies wurde besonders auf der Regensburger Landesversammlung im Juli 1952 deutlich, als es nach einem offensichtlichen Regiefehler zu einem nicht vorgesehenen Schlagabtausch über die Person des Landesvorsitzenden kam. Wie 1950 und 1951 stellte sich Ehard zur Wiederwahl, doch diesmal hatte er in Franz Josef Strauß einen Konkurrenten, der vor allem von den jüngeren Delegierten favorisiert wurde. Strauß zog seine Kandidatur zwar in letzter Sekunde zurück, erhielt aber dennoch 93 von 472 abgegebenen Stimmen[596]. Hanns Seidel zeigte sich von der Vorstellung der Jungen Union in Regensburg durchaus angetan, als er am Tag nach der Landesversammlung an eine Vertraute schrieb:

„Am Nachmittag fand sodann die Aussprache über die Referate und gleichzeitig über die Wahl des Landesvorsitzenden statt. [. . .] Während Schäffer nicht nominiert wurde, schlug man neben Ehard auch Strauss zum Vorsitzenden vor. Die Befürworter seiner Kandidatur stammten ausschliesslich aus der ‚Jungen Union'. Die jungen Leute taktierten ausserordentlich geschickt. Sie diskutierten ohne jede persönliche Schärfe, erkannten die Leistung von Dr. Ehard durchaus an, verlangten aber den lebendigen Strauss als den kompromisslosen Gegner der SPD zum Vorsitzenden. Hätte man die Regie nicht allzusehr gemerkt, dann wäre die Wirkung dieser Redner ohne Zweifel sehr stark gewesen. Weil sie sich [von] jeder persönlichen Auseinandersetzung fernhielten und ihre Argumente sehr geschickt vortrugen, hätten sie ganz ohne Zweifel eine viel stärkere Wirkung gehabt, wenn man nicht den Eindruck gehabt hätte, dass sich hier die Junge Union – mit Dr. Müller im Hintergrund – auf eine Taktik festgelegt hatte. [. . .] Es hat sich gezeigt, dass in der Jungen Union ein Reservoir von Leuten vorhanden ist, die zu denken und zu kämpfen verstehen."[597]

---

[593] Beispielsweise ACSP, CSU-LL, Protokoll der Sitzung des Landesausschusses der CSU am 15. 1. 1954 in Rothenburg ob der Tauber.

[594] BSB, NL Schwend 13, streng vertrauliche Aktennotiz über die bevorstehende Landesversammlung vom 2. 7. 1952.

[595] SZ vom 25. 6. 1951: „Unter dem Himmel von Reichenhall... ein wohlgelungener Parteikongreß der CSU/Ochsensepp als Meister der Regie"; ACSP, NL Seidel 19, Hanns Seidel an Hildegunde Feilner vom 7.7. 1952.

[596] ACSP, CSU-LL, Protokoll der Landesversammlung der CSU am 5./6. 7. 1952 in Regensburg; vgl. auch Gelberg, Hans Ehard, S. 404 ff.

[597] ACSP, NL Seidel 19, Hanns Seidel an Hildegunde Feilner vom 7. 7. 1952.

Doch dieses Potential war mehr oder weniger blockiert und wurde erst freigesetzt, als die CSU nach der Bildung der Viererkoalition in eine tiefe Krise stürzte.

## 5. Ungelöste Probleme: Satzungsfragen, Mitgliederentwicklung, Parteifinanzen und Parteiapparat in der Ära Ehard

### *a) Eröffnungsbilanz*

Eine der größten Belastungen der CSU in der Ära Ehard war zweifellos der fortschreitende Zerfall des Parteiapparats. Die Parteiführung bemühte sich zwar immer wieder, die Parteiverwaltung zu reorganisieren und die Parteiorganisation zu aktivieren, aber keiner dieser Initiativen war ein dauerhafter Erfolg beschieden. Der trostlose Zustand des Parteiapparats war nicht zuletzt eine Folge des schweren Erbes der Organisations- und Pressepolitik Josef Müllers, die nach der Währungsreform in einem Finanzchaos ohnegleichen versunken war. Als Hans Ehard Ende Mai 1949 sein neues Amt antrat, hatten sich die Zahlungsverpflichtungen der Landesgeschäftsstelle auf mehr als 111000 DM summiert[598], gar nicht zu reden von den Schulden des Parteiverlags, die mehr als 200000 DM betrugen[599]. Alle, die gehofft hatten, mit der Wahl Ehards würden auch die Parteifinanzen wieder in Ordnung kommen, sahen sich rasch getäuscht. Alois Hundhammer hatte auf der Straubinger Landesversammlung noch mit dem Argument für seinen Kandidaten geworben, die Mitgliederbeiträge würden wieder fließen, wenn nur erst Josef Müller als Landesvorsitzender abgelöst worden sei[600]. Doch die Kreisverbände machten nach der Entscheidung von Straubing keinerlei Anstalten, ihren Verpflichtungen nachzukommen und ihre Beitragsschulden zu begleichen, die allein für die Monate Januar bis Mai 1949 mehr als 67000 DM betrugen[601]. Im Gegenteil: Der Trend, Mitgliederbeiträge nicht nach München abzuführen oder sie überhaupt nicht zu kassieren, hielt an, und auch der galoppierende Mitgliederschwund ging weiter. Im Mai 1949 wurden noch 69444 CSU-Mitglieder gezählt, ein Jahr später nur noch 61763[602], wobei fraglich ist, ob diese Zahlen nicht viel zu hoch angesetzt waren, da eine Reihe von Kreisverbänden gar nicht mehr in der Lage war, korrekte Angaben zu machen und daher gar keine oder nur fiktive Zahlen an die Landesgeschäftsstelle weiterleitete.

Die Reste des Parteiapparats – gleich ob auf Landes-, Bezirks- oder Kreisebene – konnten trotz aller Anstrengungen oft nicht einmal das Notwendigste an organisatorischer Arbeit leisten. Dies mußte beispielsweise Fritz Schäffer erfahren, als er im Vorfeld des Landtagswahlkampfes 1950 eine seit langem geplante Veranstaltung in München abhielt. Solange Josef Müller die Partei geführt hatte, war Schäffer beileibe kein

598 BayHStA, NL Ehard 115, Bericht Karl Sigmund Mayrs über die finanzielle und organisatorische Situation der Landesgeschäftsstelle nach dem Stand vom 31. 5. 1949.

599 BayHStA, NL Ehard 1362, Aufstellung der Schulden des Verlags Der Gerade Weg vom 3. 10. 1949.

600 ACSP, NL Müller 16, Protokoll der Landesversammlung der CSU vom 27.–29. 5. 1949 in Straubing.

601 BayHStA, NL Ehard 115, Bericht Karl Sigmund Mayrs über die finanzielle und organisatorische Situation der Landesgeschäftsstelle nach dem Stand vom 31. 5. 1949.

602 IfZ-Archiv, RG 260, 13/150–1/9, Politischer Tätigkeitsbericht der CSU für den Monat Mai 1949 vom 20. 6. 1949; ACSP, CSU-LL, Protokoll der Landesversammlung der CSU am 17./18. 6. 1950 in Kempten.

Freund intensiver Organisationspolitik gewesen, doch die Vorbereitung dieser Versammlung war so „ausgeprochen schlecht" gewesen, daß er sich gezwungen sah, bei Hans Ehard das „Versagen" der CSU anzuprangern[603]. Der ehemalige BVP-Vorsitzende scheute sich nicht, Ehard mit dem kleinen Einmaleins der Parteiarbeit zu konfrontieren, als er schrieb:

„Die CSU kann in die Landtagswahlen [...] nur eintreten, wenn sie ihre Organisation besser ausbaut. Ich möchte Sie daher als Landesvorsitzenden bitten, sich um die Organisation anzunehmen und das Generalsekretariat auch entsprechend anzuweisen. Es müssen den verschiedenen Bezirks- und Kreisverbandssekretären Instruktionen erteilt werden, wie solche V[e]rsammlungen vorzubereiten sind, wie und in welcher Form zu plakatieren ist, wie die Versammlungen in der Presse anzukündigen sind, wie der Rundfunk zu verständigen ist, wie die Berichterstattung nach dem Vortrag zu beeinflussen ist und wie die Mitglieder der Parteiorganisation zum Besuch der öffentlichen Kundgebungen, die für die ganze Partei werben sollen, anzuhalten sind. Ich bitte, das Landessekretariat zu verständigen, dass es sich, wenn ein Minister des Kabinetts im Lande oder im Bunde spricht, darum kümmert, dass die entsprechenden organisatorischen Vorbereitungen von den örtlichen Stellen auch getroffen werden."

Was Schäffer erleben mußte, war beileibe kein Einzelfall. Das organisatorische Unvermögen von Teilen der CSU scheint in den ersten Jahren der Ära Ehard vielmehr eher die Regel als die Ausnahme gewesen zu sein. So wußte sich Rudolf Schießl, der altgediente Geschäftsführer der niederbayerischen CSU, im April 1950 nicht mehr anders zu helfen, als in einem Rundschreiben, das an Deutlichkeit nichts zu wünschen übrig ließ, das ganze Ausmaß des Desasters in Niederbayern offenzulegen:

„Von unseren 26 Kreisverbänden halten fast ein Dutzend keine Verbindung mehr mit dem Bezirksverband. Zum Teil seit mehr als Jahresfrist. Keine Anfrage wird beantwortet, auch wenn sie in wenigen Sätzen mittels Postkarte erledigt werden könnte. Wenn nicht einmal eine solche geringe Arbeit geleistet wird, ist kaum anzunehmen, daß Aufklärungsversammlungen vorbereitet oder durchgeführt werden. Wahrscheinlich ruht die gesamte Parteiarbeit und die Kreisvorstandschaft steht nur auf dem Papier. Es ist klar, daß der Kreisvorsitzende ohne Unterstützung in seiner Arbeit gelähmt ist. Es wurde schon wiederholt darauf hingewiesen, daß dann eben Persönlichkeiten, die zur Mitarbeit gewillt sind, gefunden werden *müssen.* Was nützt die Wahl eines Gremiums, wenn es bis zur nächsten Wahl die Hände untätig in den Schoß legt?! Die Kreisverbände klagen, sie hätten keine Mitarbeiter und keine Redner. Sie haben aber Mandatsträger, die ihr Mandat durch die Partei erhalten haben und wahrscheinlich wieder ein solches haben wollen. Wenn sie erst kurz vor der Wahl rührig werden und nach der Wahl wieder in die bisherige Untätigkeit verfallen, ist der Partei damit wenig gedient. Wie soll ein erfolgreicher Wahlkampf durchgeführt werden, wenn die Hälfte der Kreisverbande Niederbayerns nur ein papierenes Dasein führt?! [...] Von der Organisation untrennbar ist die Frage der *Finanzierung.* Es ist bekannt, wie schwer bei der derzeitigen Geldknappheit Mitgliederbeiträge und Spenden aufzubringen sind. Es ist auch kein Geheimnis, daß ein Großteil der Obleute unglaublich lau und interesselos geworden ist. Von einem Kreisvorsitzenden kann man nicht verlangen, daß er persönlich die Beiträge einkassiert. Wiederum aber gehen diese nicht von selbst ein. Mit einigem Organisationsgeschick lassen sich auch hier Erfolge erzielen. Es handelt sich nur darum, daß tatsächlich etwas geschieht. Wiederum müssen Kreisvorsitzende erwähnt werden, die es nicht unter ihrer Würde finden, von Geschäft zu Geschäft zu gehen und Spenden zu erbitten. Die Erfolge waren in jedem Falle sehr beachtlich. Die Abführung der *Beitragsanteile an den Bezirksverband* ist ein besonders trauriges Kapitel. Wir haben Kreisverbände, die seit der Währungsreform noch *keinen Pfennig* abgeführt haben. Daß sie überhaupt noch existieren, kann nur durch ihre Anwesenheit bei Bezirksversammlungen festgestellt werden, wenn eine prominente Persönlichkeit erscheint. Interessant ist, daß ausgerechnet von diesen Kreisverbänden Forderungen erhoben werden. Von unseren 26 Kreisver-

603 BSB, NL Schwend 54, Fritz Schäffer an Hans Ehard vom 14. 5. 1950; das folgende Zitat ebenda.

bänden sind im Geschäftsjahr 1950 bisher 3 Verbände ihren Verpflichtungen nachgekommen. Es sind Verbände, die *laufend* Anteile abführen. Einer dieser Kreisverbände hat jedoch Sperrung der Anteile in Aussicht gestellt, da er nicht einsieht, warum er ständig zahlen soll, während die anderen dies nicht tun. Wenn die Bezirks-Geschäftsstelle ihren Aufgaben gerecht werden soll, müssen ihr dazu auch die finanziellen Grundlagen gegeben werden."[604]

Als Rudolf Schießl mit seinem Rundschreiben an die Parteiöffentlichkeit trat, war Hans Ehard, die Lichtgestalt der CSU, immerhin schon zehn Monate im Amt, doch erfolgversprechende Neuansätze zur Reorganisierung der Parteiverwaltung und zur Sanierung der Parteifinanzen ließen nach wie vor auf sich warten. Dabei waren Parteifreunde wie Hans Wutzlhofer schon wenige Wochen nach Ehards Wahl an den neuen Landesvorsitzenden herangetreten und hatten konkrete Vorschläge gemacht. Wutzlhofer, vor 1933 Geschäftsführer der BVP in der Oberpfalz, gehörte zu den traditionsorientierten CSU-Politikern, die sich ihre Partei nur als locker organisierte Honoratiorenpartei vorstellen konnten und das von Müller und seinen Mitstreitern propagierte Konzept eines nach „industriellen Grundsätzen" aufgebauten Parteiapparats[605] von Anfang an strikt abgelehnt hatten. Die gesamte Parteiorganisation, so Wutzlhofer, müsse auf eine „vollständig neue Basis" gestellt werden[606]. Der Verwaltungsapparat der CSU sei unter Josef Müller „zu gross, zu kostspielig und zu wenig auf die eigentliche Arbeit der Organisation eingespielt" gewesen. Statt ihre eigentliche Aufgabe zu erfüllen, hätten die hauptamtlichen Geschäftsführer „vielfach Personalpolitik getrieben und jeden, der nicht ihrer Meinung war, von den Parteiämtern ferngehalten". Politik hätten aber nicht die Funktionäre zu machen, sondern die gewählten und den Mitgliedern verantwortlichen Parteigremien; die „bezahlten Parteifunktionäre" müßten daher „auf die reine Organisationsarbeit zurückgedrängt werden". In diesem Sinne lehnte Wutzlhofer auch hauptamtliche Kreisgeschäftsführer ab, da diese „nicht voll ausgelastet" seien, „in ihrer Arbeit zu wenig kontrolliert" werden könnten und die Partei zudem „finanziell schwer belasten" würden. Statt dessen schwebte ihm eine Parteiverwaltung nach dem Muster der BVP vor: Ein kleines Generalsekretariat und acht hauptamtlich besetzte Bezirksgeschäftsstellen, in denen sich eine Handvoll Mitarbeiter – Wutzhofer ging von höchstens 33 für ganz Bayern aus – um die wichtigsten organisatorischen Belange der CSU kümmern sollte. Auch hinsichtlich der Finanzierung dieses Apparats griff Wutzlhofer auf das Vorbild der BVP zurück. Da sich eine bürgerliche Partei niemals durch Mitgliederbeiträge finanzieren könne, müsse man versuchen, die nötigen Mittel anderweitig zu beschaffen, etwa durch die Gründung parteinaher Vereine, wie sie die BVP in ihrem Wirtschaftsbeirat gehabt habe.

Im Herbst 1949 wurden die Stimmen lauter, die auf Maßnahmen der Parteiführung zur Beendigung der organisatorischen Misere drängten. Auch enge Mitarbeiter Ehards in der Staatskanzlei sahen sich gezwungen, den Ministerpräsidenten und Landesvorsitzenden auf die „dringende Notwendigkeit einer sofortigen Inangriffnahme der Reor-

[604] ACSP, CSU-LTF I, 15–20/0, Rundschreiben des CSU-Bezirksverbands Niederbayern, gez. Rudolf Schießl, vom 8. 4. 1950; Hervorhebungen im Original. Schon einige Tage zuvor hatte der ehemalige Bezirksvorsitzende Konrad Kübler den Landesvorsitzenden auf die Mißstände im Bezirksverband Niederbayern aufmerksam gemacht; BSB, NL Schwend 2, Konrad Kübler an Hans Ehard vom 3. 4. 1950.

[605] ACSP, NL Müller 17, August Wilhelm Schmidt an Josef Müller vom 12. 8. 1946.

[606] BayHStA, NL Ehard 1362, Hans Wutzlhofer an Hans Ehard vom 12. 7. 1949; die folgenden Zitate ebenda.

ganisation der Partei" aufmerksam zu machen „mit dem Ziel, sie aus der heutigen Situation eines reinen Rahmengebildes heraus zu führen und zu einem lebendigen Organismus zu gestalten"[607]. Im einzelnen schlug man Ehard vor, die prominenten CSU-Politiker wie Minister und Staatssekretäre systematisch in die Parteiarbeit einzubinden, eine aktive Pressepolitik zu betreiben, Landesvorstand und Landesausschuß so bald wie möglich einzuberufen, die auf Eis gelegte Satzungsreform zu beschleunigen, die Landesgeschäftsstelle neu zu organisieren, die Sanierung der Parteifinanzen in Angriff zu nehmen, eine Kampagne zur Werbung neuer Mitglieder zu initiieren sowie stärkeres Gewicht auf die Arbeit der Bezirks- und Kreisverbände zu legen.

Dieser umfangreiche Katalog, der zum Teil sofort, zum Teil aber nur in zäher Kleinarbeit umgesetzt werden konnte, zeigte schonungslos auf, was bei der CSU alles im Argen lag. Hans Ehard verstand die Zeichen der Zeit und nahm die Anregungen und Warnungen seiner Ratgeber auf. Am 3. Oktober 1949 befaßte sich der geschäftsführende Landesvorstand mit dem Zustand von Parteiorganisation und -apparat[608], und für den 28. Oktober war eine Konferenz des Landesvorsitzenden mit den Bezirksvorsitzenden angesetzt, zu der auch die Spitzen des Generalsekretariats, die Bezirksgeschäftsführer und Vertreter der Arbeitsgemeinschaften eingeladen waren. Die Tagung sollte unter dem Motto stehen: „Finanzierung und Reorganisation der Partei und Vorbereitung für die Landtagswahlen 1950"[609].

Tatsächlich entspann sich am 28. Oktober eine lebhafte Diskussion über die Lage der Partei und ihre inneren Probleme. Bei den meisten Teilnehmern hatte sich offensichtlich die Erkenntnis durchgesetzt, daß die CSU einer grundlegenden Erneuerung bedürfe, und zwar auch auf dem Sektor der Parteiverwaltung. Es bestanden jedoch nach wie vor unübersehbare Meinungsverschiedenheiten darüber, wie groß der Parteiapparat sein müsse und wie er strukturiert sein sollte. Anton Hergenröder, der Vorsitzende der oberfränkischen CSU, nahm in etwa die Position ein, die die BVP-Traditionalisten in ihrem Kampf gegen Josef Müller vertreten hatten. Die Parteiverwaltung, so der Bamberger Oberbürgermeister, solle „am besten nicht durch hauptamtliche Geschäftsführer", sondern „nur durch ehrenamtliche Kräfte getragen" werden. Da die „Lähmung der Partei" durch eine Finanzkrise erfolgt sei, dürfe man nicht wieder einen teuren Parteiapparat aufbauen, dessen Finanzierung nicht gesichert werden könne. Hergenröder vertrat damit Prinzipien, die er in seinem Bezirksverband bereits verwirklicht hatte. Seit April 1949 gab es nicht einmal mehr einen hauptamtlichen Bezirksgeschäftsführer, nachdem Alexander Schönwiese endgültig entlassen worden war und Hergenröder die Geschäftsführung selbst übernommen hatte[610].

Einen „föderativen Aufbau" der CSU und damit verbunden „möglichst viel Freiheit" für die Bezirks- und Kreisverbände befürwortete auch Alois Hundhammer. Der Vorsitzende des Bezirksverbands Oberbayern, der die Frage der Parteiorganisati-

---

607 BSB, NL Schwend 2, Notiz „Zur Frage der Reorganisation der CSU" vom 21. 9. 1949.

608 BayHStA, NL Ehard 102, Protokoll der Sitzung des geschäftsführenden Landesvorstands am 3. 10. 1949.

609 BayHStA, NL Ehard 102, Aktennotiz und Protokoll über die Tagung der Bezirksvorsitzenden am 28. 10. 1949 vom 11. 11. bzw. vom 7. 11. 1949; danach auch das folgende.

610 IfZ-Archiv, ED 720 Smlg. Mintzel 45, Anton Hergenröder an das Arbeitsgericht Bamberg vom 8. 9. 1949; welche Schwierigkeiten es dem Bezirksverband Oberfranken noch 1952/1953 bereitete, wieder eine funktionsfähige, hauptamtlich besetzte Geschäftsstelle aufzubauen, zeigen die diesbezüglichen Dokumente im BAK, NL Guttenberg 278 und 279.

on aus einem anderen Blickwinkel betrachtete als der Kommunalpolitiker Hergenröder, war sich jedoch auch darüber klar, daß die CSU ohne ein einigermaßen stabiles organisatorisches Gerippe auf Dauer nicht erfolgreich sein konnte. Eine starke Parteizentrale paßte ihm zwar nach wie vor nicht ins Konzept, „hauptamtliche Geschäftsführer für die Bezirksverbände" hielt er aber „für unbedingt nötig". Unterstützt von seinem Geschäftsführer Alois Klughammer favorisierte dagegen Josef Fischer, der Bezirksvorsitzende Schwabens, eine Rückkehr zu den organisationspolitischen Verhältnissen, wie sie vor der Währungsreform bestanden hatten. Fischer sprach sich unmißverständlich für eine „Wiedereinführung eines Netzes hauptamtlicher Geschäftsführer" aus. Man dürfe Parteigremien und Parteiorganisation nicht verwechseln. Zur Zeit bestünden nur Gremien, aber keine Organisation. „Die CSU", so Fischer weiter, „sei nur mehr eine Wählerorganisation, aber keine Partei mehr". Die Kreisvorsitzenden seien meist „zu passiv, die Ortsverbände fast nicht mehr vorhanden". Überdies sei es bemerkenswert, daß die Parteiorganisation dort am schwächsten sei, wo die CSU ihre größten Wahlerfolge erzielt hätte. Wenn es der SPD und der NSDAP gelungen sei, „Riesenorganisationen aufzubauen", schloß Fischer seine Rede mit einem nicht ganz passenden Vergleich, dann „müsse die CSU wenigstens das Nötigste schaffen können".

Fast wie gewohnt versuchte Hans Ehard eine „gesunde Mittellinie" zwischen „zentralistischer und völlig aufgelöster Organisation" zu finden. Ein „Körper ohne Gerippe", so faßte er seine Argumente in einer Sitzung des geschäftsführenden Landesvorstands am 5. Dezember 1949 nochmals zusammen, könne sich nicht selbst tragen[611]. Daher werde es notwendig sein, „zur Wiedererrichtung eines Netzes hauptamtlicher Bezirks- und Kreisgeschäftsführer überzugehen". Der Parteichef hatte das im Zuge der Währungsreform entwickelte Modell der Kreishauptgeschäftsstellen im Auge, als er erklärte, drei bis vier kleinere oder zwei bis drei größere Kreisverbände sollten zukünftig eine hauptamtlich besetzte Geschäftsstelle erhalten, da ein dichteres Netz von Geschäftsstellen nicht finanzierbar sei. Weiter führte Ehard aus:

> „Die trüben Erfahrungen, die wir seit der durch die Währungsreform erzwungenen Entlassung des grössten Teils der Kreisgeschäftsführer, besonders auf dem Gebiet des Beitragsaufkommens, gemacht haben, zeigen die Notwendigkeit dieser Maßnahme. Man kann sagen: ‚Ohne hauptamtliche Geschäftsführer keine Beiträge und ohne Beiträge keine hauptamtlichen Geschäftsführer [...]'."

Der Parteivorsitzende hatte also in der Zwischenzeit die Lektion gelernt, die Müller und seine Mitstreiter schon im Herbst 1948 hatten lernen müssen. Ehard war sich jedoch völlig klar darüber, daß seine Haltung in diesen wichtigen organisationspolitischen Fragen nicht auf ungeteilte Zustimmung stieß, und er versicherte den traditionalistischen Skeptikern, die CSU sei weit davon entfernt, „eine Funktionärs-Hierarchie nach dem Muster der SPD zu züchten"[612].

---

611 ACSP, CSU-LL, „Besprechungsprotokoll für die Sitzung des geschäftsführenden Vorstandes unserer Partei" am 5. 12. 1949 vom 3. 12. 1949; die folgenden Zitate ebenda. Bei diesem Dokument, das dem eigentlichen Sitzungsprotokoll beigefügt ist, handelt es sich vermutlich um die Disposition für den Bericht des Parteivorsitzenden. Generalsekretär Strauß hatte sechs Wochen zuvor einen ähnlichen Standpunkt vertreten. BayHStA, NL Ehard 102, Protokoll über die Tagung der Bezirksvorsitzenden am 28. 10. 1949.

612 Zu dieser Kontroverse vgl. den groben Überblick bei Mintzel, Anatomie, S. 142ff. und S. 335.

Eine Nagelprobe dafür, wie ernst solche Bekenntnisse gemeint waren, war stets die Haltung in der Frage gewesen, ob die Bezirks- und Kreisgeschäftsführer vom Landesverband angestellt und besoldet werden sollten oder von den Suborganisationen selbst. Josef Müller hatte sich 1946 zunächst mit einer Regelung durchsetzen können, die den Einfluß der Parteiführung stärkte[613]. Nach der Währungsreform blieb dem Ochsensepp und seinen Mitstreitern in der Parteizentrale jedoch nichts anderes übrig, als die verbliebenen Geschäftsstellen in die Verantwortung der Kreise und Bezirke zu entlassen. Die Satzung der CSU vom Dezember 1946 war jedoch nach wie vor gültig, so daß der Landesvorstand jederzeit in der Lage gewesen wäre, sein verbrieftes Recht zu aktivieren und das Personal der Geschäftsstellen in eigener Regie anzustellen und zu besolden[614]. Franz Josef Strauß warf diese Frage schon in einer der ersten Sitzungen des geschäftsführenden Landesvorstands nach der Straubinger Landesversammlung auf[615], und Hans Ehard scheint dafür plädiert zu haben, das organisationspolitische Gewicht der Parteizentrale wieder zu stärken. Die hauptamtlichen Geschäftsführer, so erklärte er auf der Tagung mit den Bezirksvorsitzenden am 28. Oktober 1949, müßten angemessen bezahlt, „in ihrer Arbeit von der Landesleitung zusammengefasst" und zu regelmäßigen Besprechungen nach München gerufen werden[616]. Das in dieser Frage nach wie vor enthaltene Konfliktpotential kam jedoch nicht zum Ausbruch. Das lag nicht nur daran, daß mit Hans Ehard nun ein Mann an der Spitze der CSU stand, dem nicht wie Josef Müller der Ruf vorauseilte, ein „Parteidiktator" zu sein[617]. Die Gegner aller Ansätze für eine zentral gesteuerte Organisationspolitik konnten sich vor allem deshalb beruhigt zurücklehnen, weil es der Parteiführung noch nicht einmal gelang, das Generalsekretariat auf eine solide finanzielle Basis zu stellen.

Allerdings hatte schon die Tagung am 28. Oktober 1949 gezeigt, daß bei den führenden Politikern der CSU kein generelles Desinteresse an organisatorischen Fragen herrschte, auch nicht bei denjenigen, die sich der BVP-Tradition verpflichtet fühlten. Die bestehenden Probleme wurden auch nicht totgeschwiegen, wie es die Führung der CSU in der Ära Ehard gerne tat, um den inneren Frieden aufrechtzuerhalten; dafür war der Problemdruck auch einfach zu groß. Zumindest in den Jahren 1949 und 1950 gab es kaum eine Sitzung der engeren Führungsgremien der CSU, bei der nicht der Zustand des Parteiapparats oder der Parteifinanzen ganz oben auf der Tagesordnung gestanden hätte[618]. Daß alle Diskussionen, Pläne und gut gemeinten Initiativen jedoch letztlich nichts fruchteten, lag hauptsächlich an drei Gründen: Erstens gelang es der Parteiführung nicht, der finanziellen Misere ein Ende zu setzen und die Parteifinanzen

613 Vgl. Fait, Einleitung zu: Protokolle und Materialien, S. LI-LVIII, und Mintzel, Anatomie, S. 144–149.

614 Satzung der CSU in der Fassung vom 4. 10. 1946, abgedruckt in: Protokolle und Materialien, S. 1783–1803.

615 ACSP, CSU-LL, Protokoll der Sitzung des geschäftsführenden Landesvorstands am 17. 6. 1949.

616 BayHStA, NL Ehard 102, Protokoll über die Tagung der Bezirksvorsitzenden am 28. 10. 1949.

617 IfZ-Archiv, ED 132 NL Baumgartner 3, Joseph Baumgartner an Alois Hundhammer vom 29. 7. 1947.

618 ACSP, CSU-LL, Protokolle der Sitzungen des geschäftsführenden Landesvorstands am 17. 6., 28. 7. und 5. 12. 1949 und am 4. 2., 6. 3. und 25. 7. 1950 sowie Protokolle der Sitzungen des Landesvorstands am 17. 12. 1949 und 9. 6. 1950; BayHStA, NL Ehard 102, Protokoll der Sitzung des geschäftsführenden Landesvorstands am 3. 10. 1949, NL Ehard 2468, Protokoll der Sitzung des geschäftsführenden Landesvorstands am 5. 6. 1950, sowie NL Ehard 102, Aktennotiz und Protokoll über die Tagung der Bezirksvorsitzenden am 28. 10. 1949 vom 11. 11. bzw. vom 7. 11. 1949.

durch konsequentes Eintreiben von Mitgliederbeiträgen und Erschließung neuer Geldquellen auf eine sichere Grundlage zu stellen. Zu einer Zeit, in der die staatliche Parteifinanzierung noch in den Kinderschuhen steckte[619], lebte die CSU praktisch von der Hand in den Mund. Zweitens rangierte die Organisationspolitik auf der Prioritätenskala nicht gerade an erster Stelle und wurde immer wieder zugunsten anderer Fragen zurückgestellt. Hans Ehard war nun einmal kein Parteipolitiker im Sinne des Wortes, sondern griff lieber auf die Staatskanzlei zurück[620], die er für effizienter hielt als die unterbesetzte und schlecht ausgestattete Landesgeschäftsstelle der CSU. Drittens fehlte es in der Parteiführung an durchdachten, realistischen Konzepten zur Reorganisation der Parteiverwaltung, die wenigstens mittelfristig praktikabel gewesen wären, und es gab unter den Vertrauten Ehards niemanden, der einflußreich und innovativ genug gewesen wäre, einen gangbaren Weg aus der Misere aufzuzeigen und in der Partei durchzusetzen[621]. Die Beschlüsse zur Erneuerung von Parteiorganisation und -apparat standen meist nur auf dem Papier[622]. Die Parteiführung beschränkte sich darauf, die schlimmsten Mißstände zu beseitigen und die größten Löcher zu stopfen. Franz Xaver Fackler, Vorsitzender der CSU-Fraktion im Münchner Stadtrat und Inhaber einer Reklamefirma, konnte über diesen Zustand nur verständnislos den Kopf schütteln: „Mit der organisatorischen Praxis der Jahrhundertwende“, schrieb er im April 1950 an Hans Ehard, könne „bei den Menschen der Gegenwart [. . .] nur bei wenigen der Opfersinn für eine bestimmte politische Idee geweckt und dauernd aufrecht erhalten werden“[623].

### *b) Satzungsfragen und Satzungsreform*

Die Versuche, die CSU an Haupt und Gliedern zu reformieren, fanden ihren sichtbarsten Ausdruck in der neuen Satzung von 1952, die die seit 1946 geltenden, mehrfach modifizierten Statuten ablöste[624]. Mit der Verabschiedung einer neuen Satzung sollte nicht nur ein Signal für einen neuen Aufbruch der CSU gesetzt, sondern auch ein Konflikt endgültig beigelegt werden, der schon wenige Monate nach der Gründung der Partei begonnen hatte[625].

Die Auseinandersetzungen um das statuarische Gerüst der CSU waren bis 1949 immer auch Teil der Auseinandersetzungen um die Macht in der bayerischen Unionspartei gewesen. Die Gegner Josef Müllers hatten sich vor allem gegen die Paragraphen zur

---

619 Vgl. Ulrich Dübber, Parteifinanzierung in Deutschland. Eine Untersuchung über das Problem der Rechtslegung in einem künftigen Parteiengesetz, Köln, Opladen 1962, S. 1–44.

620 Vgl. Gelberg, Hans Ehard, S. 289.

621 In einem Rundschreiben der unterfränkischen Bezirksgeschäftsstelle hieß es dazu nach den Landtagswahlen von 1950: „Mit unerbittlicher Härte hat diese Wahl aber auch gezeigt, daß die Organisation unserer Partei auf Landesbasis reformbedürftig ist und daß wir endlich eine Führung benötigen, die sich ausschließlich dieser schweren Aufgabe widmet.“ ACSP, NL Seidel 35 a, Rundschreiben Nr. 12/50 des Bezirksverbands Unterfranken vom 29. 11. 1950.

622 Vgl. z. B. den Maßnahmenkatalog, auf den man sich am 28. 10. 1949 geeinigt hatte; BayHStA, NL Ehard 102, Aktennotiz über die Tagung der Bezirksvorsitzenden am 28. 10. 1949.

623 BayHStA, NL Ehard 1363, Franz Xaver Fackler an Hans Ehard vom 21. 4. 1950.

624 Zur großen Satzungsreform von 1952 vgl. die kurzen, aber unvollständigen Ausführungen von Mintzel, Anatomie, S. 248 f.

625 Vgl. dazu Fait, Anfänge, S. 126–142 und S. 230–238, und Mintzel, Anatomie, S. 99–118, S. 126–129 und S. 144–149.

Wehr gesetzt, die den fränkischen Anhang des Parteivorsitzenden zu bevorzugen und der Parteiführung eine zu große Machtfülle einzuräumen schienen. Josef Müller hatte erst 1948 begonnen, dem Druck der Opposition nachzugeben, die unter dem Banner der innerparteilichen Demokratie für eine grundlegende Umgestaltung der Statuten eintrat. Eine kleine Satzungsreform im Januar 1948 hatte nicht genügt, um die Gegner Müllers zufriedenzustellen. So war im Juli 1948 ein Ausschuß eingesetzt worden, der den Entwurf für ein neues Satzungswerk ausarbeiten und alle bestehenden Streifragen schlichten sollte. Zwar hatten solche Kommissionen und Ausschüsse in der Ära Müller oft nur ein Schattendasein geführt, der Satzungskommission war es aber zwischen September 1948 und Mai 1949 gelungen, sich in mehreren Sitzungen auf die Rahmenrichtlinien für eine neue Satzung zu einigen. Wie die zwölf Leitsätze zur Satzungsreform für die Straubinger Landesversammlung zeigen, hatten sich die Vertreter der innerparteilichen Opposition in der Satzungskommission in wesentlichen – wenn auch nicht in allen – Punkten durchsetzen können:

„1.) In allen Gremien der Partei müssen die von den Mitgliedern unmittelbar gewählten Personen das Übergewicht über die automatischen Mitglieder besitzen, d. h. in der Regel zwei Drittel der Stimmen. 2.) Die Vorsitzenden eines unteren Gremiums sind jeweils gleichzeitig Delegierte zu den nächsthöheren Gremien. 3.) Grundsätzlich kann niemand mit mehr als mit einer Stimme ausgestattet werden. Schriftliche Stimmübertragung ist möglich, jedoch kann auch auf dem Wege der Stimmübertragung nur eine Stimme wahrgenommen werden. Für die Kreisvertreter in der Landesversammlung können Ausnahmen zugelassen werden. 4.) Zum Schutz der Minderheiten in der Partei muss auf Wunsch einer qualifizierten Minderheit bei den Wahlen innerhalb der Partei ein Punktsystem zur Anwendung gebracht werden, das auch den Minderheiten eine Vertretung sichert. 5.) Die Vorsitzenden der Arbeitsgemeinschaften gehören jeweils den erweiterten Vorständen an, sofern sie im betreffenden Bereich ein Mindestmaß an Organisation aufweisen. [...] 6.) Der erste Vorsitzende und seine beiden Stellvertreter werden von der Landes*versammlung* gewählt. 7.) Der Landesvorstand besteht aus dem Landesvorsitzenden und seinen beiden Stellvertretern, einem Vertreter der Bayerischen Staatsregierung, einem Vertreter der Bundesregierung, dem Landtagsfraktionsvorsitzenden, dem Bundestagsfraktionsvorsitzenden, dem Landtagspräsidenten (sofern er der Union angehört), den gewählten Vorsitzenden der Arbeitsgemeinschaften [...], dem Vorsitzenden des Wirtschaftsbeirates der Union, dem Generalsekretär der Union sowie je 3 Vertretern der Bezirksverbände. Dazu kann der Landesausschuß bis zu 5 Persönlichkeiten seiner Wahl berufen. 8.) Der engere Landesvorstand besteht aus dem 1. Vorsitzenden und seinen beiden Stellvertretern, einem Vertreter der Staatsregierung, einem Vertreter der Bundesregierung, dem Landtagsfraktions-Vorsitzenden, dem Bundestagsfraktionsvorsitzenden und den Vorsitzenden der Bezirksverb. (darunter muß eine Frau sein). 9.) Zur parteipolitischen Arbeit ist dem 1. Vorsitzenden und seinen beiden Stellvertretern ein Organisationsstab zur Seite zu stellen. 10.) Der Landesausschuss besteht aus dem Landesvorstand, sämtlichen Regierungsmitgliedern der CSU in der Bayerischen Staatsregierung und der Bundesregierung, aus 2 Vorsitzenden und 1 Vorstandschaftsmitglied der Landtagsfraktion, aus 2 Vorsitzenden der Bundestagsfraktion, aus den Vorsitzenden der wichtigen politischen Ausschüsse und je 5 weiteren Vertretern der Bezirksverbände, denen mindestens 1 Heimatvertriebener, 1 Frau und 1 Vertreter der Jugend angehören müssen. 11.) Die Delegierung der Kreisverbände zu der Landesversammlung erfolgt nach Massgabe der *zahlenden* Mitglieder in den Kreisverbänden [...] Ausserdem gehören der Landesversammlung der Landesausschuß und die Landtags- und Bundestags-Fraktion der CSU an. 12.) Es wird versucht, zur ständigen Regeneration der leitenden Parteiorgane taugliche Wege zu finden."[626]

[626] ACSP, CSU-LTF II/1, 15–20/0, Der oberbayerische Informationsbrief 3/51 vom 12. 2. 1951; BayHStA, NL Ehard 1379, „Leitsätze für die neuen Satzungen der Christlich-Sozialen Union", undatiert (1949). An diesen Richtlinien hatte der oberbayerische Vertreter in der Satzungskommission, Franz Ammann, maßgeblichen Anteil.

Diese Richtlinien wurden zu einer wichtigen Grundlage für die Satzungsreform. Alle künftigen Initiativen knüpften in der einen oder anderen Form an die Straubinger Leitsätze an, und als die Delegierten der Regensburger Landesversammlung die neuen Statuten im Juli 1952 verabschiedeten, war eine Reihe von Grundsätzen darin verankert, auf die sich die Satzungskommission bereits 1948/1949 geeinigt hatte.

Es dauerte jedoch quälend lange, bis die neue Satzung unter Dach und Fach war, denn in Straubing wurde erst einmal nichts entschieden. Hans Ehard bat die Delegierten nach seiner Wahl zum Parteichef, den Tagesordnungspunkt Satzungsänderungen zurückzustellen, da er mit der Materie zu wenig vertraut sei, und die Vorschläge der Satzungskommission an den Landesausschuß weiterzuleiten[627]. Die Landesversammlung stimmte diesem Antrag zu, aber eine Diskussion über die Satzungsreform im Landesausschuß ließ auf sich warten, und da der Machtkampf in der Partei vorerst beendet war, sahen die bisherigen Protagonisten der Satzungsreform keinen Grund mehr dafür, die Prozedur zu beschleunigen. Überdies standen bald andere Fragen wie die Bundestagswahlen, die Bildung der ersten Bundesregierung oder die Vorbereitung der Landtagswahlen auf der Tagesordnung, so daß die einst so heiß umstrittenen Satzungsfragen mehr und mehr in den Hintergrund rückten. Ein baldiger Abschluß der Satzungsreform wurde zwar immer wieder angemahnt[628], aber da sich keine wirklich einflußreichen Fürsprecher fanden, fehlte die treibende Kraft hinter diesen Bemühungen.

Auch Hans Ehard schien es mit einer neuen Satzung nicht allzu eilig zu haben[629]. Anstatt die Richtlinien der Satzungskommission dem Landesausschuß vorzulegen oder die Satzungskommission selbst mit den weiteren Arbeiten zu betrauen, wurde der Augsburger Stadtrechtsrat Otto Weinkamm damit beauftragt, eine neue Satzung zu konzipieren[630]. Der Satzungsausschuß hatte sich nämlich nach Ehards Meinung als höchst ineffektiv erwiesen, da er „infolge seiner oft gewechselten Zusammensetzung und der Schwierigkeit der örtlich getrennten Mitglieder die Reform nur wenig gefördert" habe. Einem erfahrenen Kommunalpolitiker und Juristen wie Weinkamm diese Aufgabe zu übertragen, hielt Ehard für den erfolgversprechenderen Weg, um zu einem „raschen Abschluß der Reform zu kommen"[631].

Weinkamm übernahm damit eine wahre „Sisiphusarbeit", die sich „viel schwieriger" gestaltete, als er ursprünglich angenommen hatte[632]. Das größte Problem bestand darin, die Vielzahl der zum Teil schon seit 1946 diskutierten Grundsätze, Richtlinien und Vorschläge zu einem in sich schlüssigen Satzungsentwurf zu verarbeiten und tragfähige Kompromisse zu finden, die in der Partei konsensfähig waren. Doch Weinkamm stellte

[627] ACSP, NL Müller 16, Protokoll der Landesversammlung der CSU vom 27.–29. 5. 1949 in Straubing.

[628] BayHStA, NL Ehard 102, Aktennotiz über die Tagung der Bezirksvorsitzenden am 28. 10. 1949, und BSB, NL Schwend 2, Notiz „Zur Frage der Reorganisation der CSU" vom 21. 9. 1949.

[629] ACSP, CSU-LL, „Besprechungsprotokoll für die Sitzung des geschäftsführenden Vorstandes unserer Partei" am 5. 12. 1949 vom 3. 12. 1949.

[630] ACSP, CSU-LL, Protokoll der Sitzung des geschäftsführenden Landesvorstands am 5. 12. 1949. Zu Weinkamm vgl. Otto Weinkamm – Politiker der ersten Stunde. Aufbau und Konsolidierung eines demokratischen Europas. Berichte eines Zeitzeugen, hrsg. von Peter Eisenmann, Frankfurt am Main 1993, S. 11–21.

[631] ACSP, CSU-LL, Protokoll der Sitzung des Landesvorstands am 9. 6. 1950. Der geschäftsführende Landesvorstand hatte sich schon am 5. 6. 1950 mit der Satzungsreform beschäftigt und ein Referat Weinkamms zur Kenntnis genommen; BayHStA, NL Ehard 2468.

[632] ACSP, CSU-LL, Protokoll der Landesversammlung der CSU am 17./18. 6. 1950 in Kempten (Hans Ehard).

sich dieser Aufgabe und konnte dem Landesvorsitzenden im Mai 1950 einen fast 30-seitigen Entwurf vorlegen[633]. Das wäre gerade noch rechtzeitig gewesen, um Weinkamms Papier mit dem Landesvorstand und der Satzungskommission abzustimmen und dann auf der Landesversammlung zur Diskussion zu stellen, die am 17. und 18. Juni 1950 in Kempten tagen sollte. Hans Ehard und seine Berater entschieden sich jedoch anders. Weinkamms Entwurf sollte zunächst an die Bezirksvorsitzenden weitergeleitet und anschließend in einem neugestalteten Satzungsausschuß diskutiert werden, dem die Aufgabe zufallen sollte, einen endgültigen Satzungsentwurf zu erarbeiten. Diese Beschlußvorlage sollte dann noch einmal im Landesausschuß besprochen werden, bevor die Delegierten der Landesversammlung endgültig darüber entscheiden sollten[634]. Ehard begründete dieses Verfahren, das de facto eine Vertagung der Satzungsreform auf unbestimmte Zeit bedeutete, auf dem Kemptener Parteitag nur mit wenigen Worten: „Ich glaube wir sollten uns heute nicht allzulange mit der Frage der Satzung beschäftigen“, erklärte er den Delegierten während seines Rechenschaftsberichts, denn es gebe wichtigere Probleme, mit denen sich die Landesvesammlung zu befassen habe. Überdies bestehe kein konkreter Handlungsbedarf, da die umstrittensten Punkte schon 1948 in Marktredwitz geregelt worden seien. Bei den Delegierten regte sich kein Widerspruch, im Gegenteil. Als Ehard die Delegierten mahnte, die Tagung nicht mit Satzungsfragen zu belasten, erntete er zustimmende Zurufe aus dem Auditorium.

Die Parteiführung hatte mit dem Abschluß der Satzungsreform nicht zuletzt deshalb keine Eile, weil sie mit dem status quo gut leben konnte. Die Satzung von 1946 war zwar nach wie vor gültig, wurde aber allenthalben als überholt angesehen, und da das neue Statut auf sich warten ließ, entstand ein Vakuum, das es Hans Ehard und seinen Gefolgsleuten ermöglichte, eine Reihe wichtiger organisatorischer Fragen provisorisch zu regeln, ohne sie den von der Satzung vorgesehenen Gremien zur Entscheidung vorzulegen. So verhielt es sich bei der Umgestaltung des geschäftsführenden Landesvorstands[635], beim Einbau der Bonner Landesgruppe in die Parteiorganisation[636] und bei der Lex Stang, die dem Landtagspräsidenten – sofern er der CSU angehörte – Sitz und Stimme im Landesvorstand einräumte[637]. All diese Entscheidungen hatten de facto

---

[633] BayHStA, NL Ehard 285, Otto Weinkamm an Hans Ehard vom 22. 5. 1950 und Entwurf Otto Weinkamms für eine neue Satzung der CSU, undatiert (Mai 1950); ein Exemplar dieses Satzungsentwurfs mit umfangreichen Randbemerkungen, eventuell von Alois Hundhammer oder Franz Ammann, dem Satzungsexperten des Bezirksverbands Oberbayern, findet sich im ACSP, CSU-LTF II/1, 15–20/1.

[634] ACSP, CSU-LL, Protokoll der Landesversammlung der CSU am 17./18. 6. 1950 in Kempten; die folgenden Zitate aus dem Rechenschaftsbericht Hans Ehards finden sich ebenda.

[635] Zur Aufgabe und Zusammensetzung des geschäftsführenden Landesvorstands (Paragraph 53 der Satzung von 1946 bzw. Paragraph 51 der Satzung von 1952), die bis 1954 nicht endgültig geklärt waren, vgl. BayHStA, NL Ehard 437, Antrag des Satzungsausschusses der CSU, gez. Max Gerstl, an die Landesversammlung vom 9. 6. 1953, NL Ehard 810, Antrag auf Änderung des Paragraphen 51 der Satzung der CSU und ein diesbezüglicher Beschluß des Landesausschusses der CSU vom Januar 1954, und NL Ehard 1338, Rundschreiben des Generalsekretariats der CSU, gez. Josef Brunner, vom 10. 3. 1954; ACSP, CSU-LL, Protokoll der Sitzung des Landesausschusses der CSU am 15. 1. 1954 in Rothenburg ob der Tauber und Protokoll der Landesversammlung der CSU am 9./10. 10. 1954 in Nürnberg.

[636] Archiv der CSU-Landesgruppe, Protokoll der Landesgruppensitzung am 12. 1. 1950.

[637] ACSP, CSU-LL, Ergebnisprotokoll der Sitzung des Landesausschusses der CSU am 14./15. 4. 1951 in Würzburg; da Landtagspräsident Georg Stang bereits im Mai 1951 starb, kam diese Regelung vor allem seinem Nachfolger Alois Hundhammer zugute.

satzungsändernden Charakter, wurden bis 1952 aber nicht von der Landesversammlung abgesegnet.

Daß die Satzungsreform im Sommer 1950 erneut vertagt wurde, lag aber vor allem daran, daß man die Einführung neuer Statuten vor den für November angesetzten Landtagswahlen für „unpraktisch" hielt[638], und daran, daß Weinkamms Entwurf offensichtlich noch nicht der Weisheit letzter Schluß war. Es fehlte ihm an inhaltlicher und konzeptioneller Geschlossenheit, Teile der alten Satzung standen neben neu eingefügten Bestimmungen, die sich mit der bestehenden Ordnung nur schwer vereinbaren ließen. Überdies hatte Weinkamm weitgehend die Grundsätze vernachlässigt, die 1948/1949 mühsam erarbeitet worden waren[639]. Kein Wunder, daß sich über diesen alles in allem unbefriedigenden Kompromiß schnell Unmut breitmachte. Der Protest gegen Weinkamms Entwurf kam vor allem aus den Bezirksverbänden, die an den scheinbar ad acta gelegten Grundsätzen der Satzungskommission großen Anteil gehabt hatten und sich nun übergangen fühlten. Speerspitze in der Diskussion um die Revision des Weinkamm-Entwurfs war der Bezirksverband Oberbayern, der schon in der Ära Müller für eine grundlegende Änderung der bestehenden Satzungsordnung eingetreten war. Hundhammer selbst, der nach wie vor eifersüchtig über die Autonomie der Bezirksverbände wachte und keine Gelegenheit ungenutzt ließ, um ihre Stellung in der Partei noch zu stärken[640], hatte Ehard gedrängt, die Satzungsreform voranzutreiben[641]. Als Weinkamms Entwurf im März 1951 an die Bezirksverbände ging[642], war die Enttäuschung bei den führenden Repräsentanten der oberbayerischen CSU jedoch groß. Für Franz Ammann, der Oberbayern 1948/1949 in der Satzungskommission vertreten hatte, war Weinkamms Satzungsentwurf ein klarer Schritt zurück hinter die Grundsätze, auf die man sich bereits im Vorfeld der Straubinger Landesversammlung geeinigt hatte. Entsprechend harsch fiel auch sein Fazit aus:

„Zusammenfassend kann gesagt werden, daß bedauerlicherweise bei dem vorliegenden Satzungsentwurf die Straubinger Anregungen der Satzungskommmission praktisch unberücksichtigt geblieben sind. Ebensowenig enthält der Entwurf neue konstruktive Vorschläge, durch welche die von den Bezirksverbänden wiederholt kritisierten Mängel der alten Satzungen beseitigt werden. Es wird einer eingehenden Durcharbeitung des Entwurfes sowohl durch die Bezirksverbände wie auch durch die Satzungskommission bedürfen, um den Willen der Mitglieder in dieser Angelegenheit endlich durchzusetzen und damit ein sicheres Fundament für die Arbeit der Partei zu schaffen."[643]

Der Bezirksverband Oberbayern beließ es nicht bei diesen Worten. Schon im Mai 1951 hatte Franz Ammann einen detaillierten Katalog mit Änderungsvorschlägen erarbeitet, der auf den Leitsätzen der Satzungskommission für die Straubinger Landesversammlung aufbaute.[644]

Otto Weinkamm war offensichtlich mit seinem Latein am Ende, und auch Hans Ehard schien zu der Einsicht gelangt zu sein, daß der Augsburger CSU-Politiker nicht

---

638 ACSP, CSU-LL, Protokoll der Sitzung des Landesausschusses der CSU am 10. 6. 1950 in München.
639 ACSP, CSU-LTF II/1, 15–20/1, Der oberbayerische Informationsbrief 5/51 vom 27. 3. 1951.
640 BayHStA, NL Ehard 2468, Protokoll der Sitzung des geschäftsführenden Landesvorstands am 5. 6. 1950.
641 ACSP, CSU-LTF II/1, 15–20/0, Der oberbayerische Informationsbrief 3/51 vom 12. 2. 1951.
642 Bayern-Kurier vom 17. 3. 1951: „Reform der CSU-Satzung".
643 ACSP, CSU-LTF II/1, 15–20/1, Der oberbayerische Informationsbrief 5/51 vom 27. 3. 1951.
644 ACSP, CSU-LTF II/1, 15–20/1, Der oberbayerische Informationsbrief 8/51 vom 21. 5. 1951.

der Mann war, um die Satzungsreform zu einem guten Abschluß zu bringen. Anders ist seine Entscheidung nicht zu erklären, Weinkamm von seiner Aufgabe zu entbinden und im Juli 1951 Max Gerstl, einen Veteranen aus den Tagen der BVP und führenden Vertreter der kommunalpolitischen Vereinigung der CSU, mit der Ausarbeitung eines neuen Satzungsentwurfs zu beauftragen[645]. Gerstl stand vor dem schwierigen Problem, aus Teilen der gültigen Satzung, den Vorarbeiten Weinkamms und den Abänderungsvorschlägen der Bezirksverbände Oberbayern, Niederbayern, Oberpfalz, Schwaben und Unterfranken ein in sich schlüssiges Konzept zu machen und zugleich die Sonderwünsche von Landesgruppe und Landtagsfraktion zu berücksichtigen[646]. Gerstl tat gut daran, zunächst das Terrain zu sondieren und sich bei den Bezirksvorsitzenden über deren Wüsche und Vorstellungen zu informieren. Erst nachdem er sich auf diese Weise abgesichtert hatte, arbeitete er einen Satzungsentwurf aus, der im November 1951 fertiggestellt werden konnte[647]. Dieser Entwurf war die Grundlage für zwei Konferenzen in den ersten Wochen des Jahres 1952[648]. Am 7. Januar und 11. Februar diskutierten die Bezirksvorsitzenden, die Bezirksgeschäftsführer und Vertreter der Landesleitung und der Arbeitsgemeinschaften Gerstls Vorschläge in erster und zweiter Lesung, wobei weitgehende Einigung erzielt werden konnte. Auch die Vertreter Oberbayerns stimmten dem Ergebnis der Verhandlungen zu, obwohl nicht all ihre Wünsche und Vorschläge berücksichtigt worden waren[649]. Daraufhin arbeitete Gerstl einen zweiten Satzungsentwurf aus[650], der nach einigen redaktionellen Änderungen am 20. Mai 1952 an den Landesvorstand weitergeleitet wurde. Gleichzeitig erfuhren die Vorstandsmitglieder, daß beabsichtigt sei, den Satzungsentwurf in einer für den 24. Mai anberaumten Sitzung „gegebenenfalls“ kurz durchzusprechen[651]. Wie so oft war aber „infolge der Beratung und Beschußfassung über wichtige innerparteiliche Fragen“ keine Zeit dafür, eine so marginale Frage wie die des neuen Parteistatuts zu diskutieren[652]. Statt dessen wurden die Vorstandsmitglieder via Rundschreiben gebeten, ihre Änderungswünsche schriftlich einzureichen.

So waren es nicht die gewählten Gremien der Partei, die die neue Satzung erarbeiteten, sondern vom Parteivorsitzenden beauftragte Einzelpersonen und informelle Zirkel, die bestenfalls indirekt dazu legitimiert waren. Der Landesvorstand erhielt erst einen Tag vor der entscheidenden Landesversammlung Gelegenheit, Gerstls Entwurf zu diskutieren, und es ist kein Wunder, daß es nur noch zu wenigen – wenn auch nicht unwichtigen – Änderungen kam. Für grundlegende Einwände war es zu spät. Max Gerstl brachte seinen Entwurf am 5. Juli 1952 selbst in der Landesversammlung ein und mußte erfahren, daß sich viele Delegierte, denen der Entwurf schriftlich vorlag, für alles andere mehr interessierten als für die neue Satzung. Sicherlich, die Materie

---

645 BayHStA, NL Ehard 285, Bemerkungen Max Gerstls zu seinem Satzungsentwurf vom November 1951.

646 Archiv der CSU-Landesgruppe, Protokoll der Landesgruppensitzung am 12. 1. 1950; ACSP, CSU-LTF II/1, 15–14, Protokoll der Fraktionssitzung vom 5. 7. 1952.

647 BayHStA, NL Ehard 285, Satzungsentwurf Max Gerstls vom November 1951.

648 Bayern-Kurier vom 19. 1. 1952: „Die neue CSU-Satzung“.

649 ACSP, CSU-LTF II/1, 15–20/41, Der oberbayerische Informationsbrief 10/52 vom 27. 6. 1952.

650 BayHStA, NL Ehard 98, Satzungsentwurf Max Gerstls vom Februar 1952.

651 ACSP, CSU-LTF II/1, 15–20/1, Rundschreiben der Landesgeschäftsstelle der CSU, gez. Josef Brunner, an die Mitglieder des Landesvorstands vom 20. 5. 1952.

652 ACSP, CSU-LL, Protokoll der Landesversammlung der CSU am 5./6. 7. 1952 in Regensburg; das folgende nach dem Protokoll dieses Parteitags.

war höchst trocken, aber das war sie auch in den Jahren 1946 bis 1948 gewesen, als praktisch keine Sitzung des Landesausschusses und keine Landesversammlung verging, ohne daß erbittert und bis in die letzten Details über bestimmte Satzungsfragen gestritten worden wäre. Das offensichtliche Desinteresse an der neuen Satzung war ein Indikator dafür, wie sehr sich das Klima in der CSU seit 1949 verändert hatte. Kein Wunder, daß auf der Regensburger Landesversammlung keine rechte Diskussion in Gang kommen wollte. Nach einem kurzen Referat Gerstls wurden lediglich einige Stimmen laut, die redaktionelle Änderungswünsche in nicht gerade zentralen Artikeln anzumelden hatten, ansonsten gab es lediglich Nachfragen von Delegierten, die Gerstls Ausführungen nicht ganz verstanden oder verschlafen hatten. Bei der Abstimmung über das neue Satzungswerk stimmte nur eine Handvoll Delegierter dagegen.

Damit hatte die CSU nach jahrelangen Bemühungen eine neue Verfassung. Gerstl skizzierte die Ziele und Leitlinien der neuen Satzung so[653]:

„Die Satzung einer Partei ist für sie dasselbe, was zum Beispiel das Grundgesetz für den Bund, was die Verfassung für das Land Bayern ist und was die neuen Kommunalgesetze für Gemeinden und Landkreise darstellen. Von einer guten Gestaltung der neuen Satzung der Partei hängt das gute Funktionieren der Parteiorganistion, der Erfolg der Parteiarbeit und damit letzten Endes weitgehend die Verwirklichung des Programms der Union ab. [...] Die Beratung von Satzungen ist zwar eine unangenehme Aufgabe, aber niemals eine langweilige. Das trifft besonders dann zu, wenn es sich um die Schaffung einer neuen Satzung für eine Partei wie die CSU handelt, die auf den Grundsätzen echter Demokratie aufgebaut ist, sein will und sein muß. Darum ist eine gute Satzung geradezu eine Vorbedingung für eine gute Arbeit in der Partei. (Beifall) Die Rechte und Pflichten der Mitglieder der einzelnen Organe müssen genau festgelegt werden, um ein reibungsloses Arbeiten möglich zu machen. Dies zu erreichen ist erste Aufgabe dieser Landesversammlung."

Mit der Entscheidung, den Satzungsentwurf Gerstls anzunehmen, zogen die Delegierten im Juli 1952 einen Schlußstrich unter eine Debatte, die sich mehr als vier Jahre dahingequält hatte. Schon die Tatsache, daß der Prozeß der Satzungsreform so lange gedauert hatte, läßt vermuten, daß die CSU eine grundsätzlich neue Verfassung bekommen hätte, und zwar um so mehr, wenn man bedenkt, wie intensiv sich die Gegner Josef Müllers bis 1949 um eine Revision des Parteistatuts bemüht hatten. Doch die Satzung von 1952 war kein Dokument des Sieges der katholisch-konservativen Kräfte in der CSU über ihre christlich-interkonfessionellen, liberal-konservativen Gegenspieler. Ein Vergleich der Satzungen von 1946 und 1952 zeigt im Gegenteil ein erstaunlich hohes Maß an Kontinuität, das angesichts der Rahmenbedingungen überraschen muß. Unverändert blieben vor allem allgemeine Bestimmungen und Richtlinien, beispielsweise der Teil über die Rechte und Pflichten der Parteimitglieder, die Ausführungen über die Aufgaben der verschiedenen Parteigremien sowie Regelungen technisch-organisatorischer Art wie Beitragszahlungen, Buchführung und Kassenprüfung oder Auflösung der CSU[654]. Die neue Satzung baute in diesen Teilen nicht nur auf der alten auf. Max Gerstl hatte vielmehr ganze Paragraphen aus der Satzung von 1946 übernom-

---

[653] Eine Zusammenfassung der Rede Max Gerstls auch im Bayern-Kurier vom 12. 7. 1952: „Das Grundgesetz der CSU".

[654] Satzung der CSU in der Fassung vom 4. 10. 1946, abgedruckt in: Protokolle und Materialien, S. 1783–1803; ACSP, CSU-LTF III/1, 6–10, gedruckte Fassung der Satzung der CSU von 1952; die angesprochenen Bestimmungen finden sich vor allem in den Teilen A, B und E der Texte, deren Grobgliederung gleich blieb. Die folgenden Ausführungen haben die hier zitierten Fassungen der Satzungen von 1946 und 1952 zur Grundlage.

men, teils gänzlich unverändert, teils redaktionell überarbeitet, teils um einige Bestimmungen ergänzt, die auf Entwicklungen zurückgingen, die sich 1946 noch nicht hatten absehen lassen. Auch bei der in Paragraph 2 festgelegten Definition der Aufgaben und Ziele der CSU knüpfte die neue Satzung direkt an ihre Vorgängerin an. „Aufgabe der Christlich-Sozialen Union", so hieß es in der Satzung von 1952, „ist der politische Zusammenschluß aller auf dem Boden der christlichen Kultur, der Demokratie und der sozialen Verantwortung stehenden Staatsbürger zu dem Zweck, die im Programm der Union festgelegten Ziele mit den Mitteln einer politischen Partei im öffentlichen Leben zu verwirklichen". In der Satzung von 1946 hatte es lediglich anstatt Kultur Kulturauffassung, anstatt Verantwortung Verantwortungsbewußtsein, anstatt Zweck Aufgabe und anstatt verwirklichen zur Geltung bringen geheißen. Damit wurden wesentliche Prinzipien der Parteigründer von 1945/1946 ohne Veränderungen übernommen und nicht im Sinne der Kräfte modifiziert, die seit 1949 in der CSU den Ton angaben. Der vierstufige Aufbau der Parteiorganisation – vom Orts- über den Kreis- und Bezirksverband zum Landesverband – blieb ebenfalls unverändert, in der neuen Satzung wurden lediglich die berufsständisch gegliederten Orstverbands- und Kreisverbandsbeiräte, der Bezirksständerat und der berufsständische Rat der Landesvorstandschaft, die ohnehin fast nur auf dem Papier existent gewesen waren[655], abgeschafft und durch Orts-, Kreis- und Bezirksverbandsausschüsse ersetzt, die wie der Landesausschuß auf gesamtbayerischer Ebene das Scharnier zwischen Vorstand und Mitgliederversammlung bilden sollten. Die Arbeitsgemeinschaften der CSU wurden erstmals umfassend und durchgängig in die Parteiorganisation eingebaut. Dieser Schritt war seit langem überfällig, da die Arbeitsgemeinschaften erst gegründet worden waren, nachdem die Militärregierung Ende Oktober 1946 die Satzung der CSU genehmigt hatte[656], und die diesbezüglichen Reformbestrebungen trotz prinzipieller Einigkeit in den Führungsgremien der Partei offensichtlich nie konsequent umgesetzt worden waren[657].

Wirklich neu waren dagegen die in der Satzung von 1952 festgelegte Zusammensetzung der Parteigremien und die entsprechenden Delegationsverfahren, die Landesvorstand und Landesausschuß zu großen und schwerfälligen Organen werden ließen, „charakterisiert durch Organverschachtelungen und Aggregierung unterschiedlicher Ämtergruppen mit jeweils verschiedenen Kreationsorganen"[658]. So gehörten etwa die

---

655 Vgl. Mintzel, Anatomie, S. 198–201.

656 Genehmigung der Satzung der CSU durch OMGBY vom 29. 10. 1946, abgedruckt in: Protokolle und Materialien, S. 1804.

657 Die fehlende statuarische Verankerung der Arbeitsgemeinschaften war eines der Themen bei den Beratungen über eine Satzungsreform Anfang 1948. Da darüber im Prinzip Einigkeit bestand (vgl. Protokolle der Sitzungen des Landesausschusses am 3./4. 1. und 24. 1. 1948 in Erlangen bzw. in Marktredwitz, in: ebenda, S. 1300–1304 und S. 1379 ff.), nahm die Landesversammlung lediglich einen Antrag an, in dem die Bildung von Arbeitsgemeinschaften gut geheißen und Neugründungen von der Genehmigung durch den Landesausschuß abhängig gemacht wurden (Protokoll der Landesversammlung der CSU am 24./25. 1. 1948 in Marktredwitz, in: ebenda, S. 1419). In der synoptischen Darstellung der Satzungen von 1946 und 1948 (ebenda, S. 1783–1803) fehlen jedoch entsprechende Paragraphen. Ob die Satzung daher 1948 tatsächlich „auf die inzwischen gegründeten Arbeitsgemeinschaften abgestellt" wurde, wie Mintzel (Anatomie, S. 201 – mit wenig eindeutigen Belegen) annimmt, ist daher zweifelhaft. Noch im Dezember 1951 forderte beispielsweise die Junge Union, nicht nur schleunigst die Satzungsreform abzuschließen, sondern auch endlich die Arbeitsgemeinschaften statuarisch in der Partei zu verankern. BSB, NL Schwend 3, Bericht Ernst Deuerleins über den Landestag der Jungen Union in Eichstätt vom 3. 12. 1951.

658 Mintzel, Anatomie, S. 248; man darf jedoch nicht übersehen, daß diese Entwicklung bereits in der Satzung von 1946 angelegt war.

Ortsverbandsvorsitzenden automatisch der Kreisversammlung an, die Kreisverbandsvorsitzenden der Bezirksversammlung und die Bezirksvorsitzenden – einer alten Forderung des von Hundhammer geführten Bezirksverbands Oberbayern gemäß – der Landesversammlung und dem Landesvorstand. Zugleich enthielt die Satzung von 1952 eine Bestimmung, nach der in den Gremien der Partei auf allen Organisationsstufen die Anzahl der gewählten Mitglieder die der geborenen Mitglieder um das Doppelte übersteigen mußte. Diese Klausel sollte die innerparteiliche Demokratie ebenso sicherstellen wie der neu festgelegte Delegiertenschlüssel, nach dem sich die Zahl der Delegierten zur Kreis-, Bezirks- und Landesversammlung in Zukunft ausschließlich nach der Zahl der eingeschriebenen Mitglieder und ihrer Beitragsleistung richten sollte, um eine gerechte Mitgliederrepräsentation zu garantieren.

Alf Mintzel hat in der Satzungsreform von 1952 „keine echte Parteireform" gesehen, sondern lediglich den statuarischen „Nachvollzug eines faktischen (Rück-)Entwicklungsverlaufes zur Honoratiorenpartei der BVP-Traditionalisten und föderalistischen Gouvernementalen". An der strukturellen Entscheidung, die Suborganisationen in „eine weitgehende Finanzautonomie" zu entlassen und das „Prinzip einer dezentralisierten, weitgehend ehrenamtlich getragenen Parteiverwaltung" in der Satzung zu verankern, sei dies besonders deutlich geworden[659]. Ein Vergleich der Satzungen von 1946 und 1952 rechtfertigt Mintzels Urteil in dieser Eindeutigkeit jedoch nicht. So kann beispielsweise keine Rede davon sein, daß man 1952 in der neuen Satzung festgeschrieben hätte, der Parteiapparat müsse nach dem Vorbild einer Honoratiorenpartei aufgebaut werden. Die Geschäftsführerfrage war seit 1946 so geregelt gewesen, daß der Landesvorstand berechtigt war, in den Bezirks- und Kreisverbänden Geschäftsstellen einzurichten; das Personal der Geschäftsstellen sollte durch den Landesvorstand angestellt und bezahlt werden[660]. Paragraph 61 der neuen Satzung lautete:

„1. Zur Sicherung einer reibungslosen Geschäftsführung können neben der Landesgeschäftsstelle in den Bezirken und Kreisen Geschäftsstellen errichtet werden. Diese haben vor allem organisatorische und propagandistische Aufgaben. 2. Die Geschäftsführer sind satzungsmäßige Mitglieder der Vorstandschaft ihres Verbandes. Sie sind berechtigt, an allen Sitzungen und Versammlungen der Union und ihrer Organe innerhalb ihres Verbandes bzw. der Unterverbände beratend teilzunehmen."[661]

Der Text der neuen Satzung ließ es damit offen, ob die Geschäftsstellen von ehrenamtlichen oder fest besoldeten Geschäftsführern geleitet werden sollten. Auch die Frage, welches Gremium für die Anstellung und Bezahlung etwaiger Parteiangestellter verantwortlich zeichnete, blieb unbeantwortet. Mit dieser Regelung war praktisch alles möglich; eine dezentralisierte, weitgehend ehrenamtlich getragene Parteiverwaltung in der Verantwortung der Bezirks- und Kreisverbände ebenso wie ein von der Parteizentrale aus gesteuerter Parteiapparat, der vor der Währungsreform bestanden hatte. Die neue Satzung ließ der Parteiführung die Möglichkeit, auf dem Feld der Organisationspolitik tätig zu werden, verpflichtete sie aber zu nichts. Es hing also wesentlich von der Interpretation der einschlägigen Satzungsbestimmungen, von der Lage der Parteifinanzen und von den Zielen der Parteiführung ab, ob sich die CSU zu einer Honoratioren-

[659] Ebenda, S. 248f.

[660] Satzung der CSU in der Fassung vom 4. 10. 1946, abgedruckt in: Protokolle und Materialien, S. 1783–1803, hier S. 1800 (Paragraph 62).

[661] ACSP, CSU-LTF III/1, 6–10, gedruckte Fassung der Satzung der CSU von 1952; das folgende Zitat findet sich ebenda.

partei klassischen Zuschnitts oder zu einer modernen Apparatpartei entwickeln würde. Die Satzung von 1952 ließ beides zu, und als Hanns Seidel und Friedrich Zimmermann 1955 an die Reorganisation der Partei gingen, taten sie es auf der Basis dieser Satzung.

Zweifelsohne hätte die Satzung von 1952 auch Hans Ehard und seiner Führungsmannschaft die Möglichkeit geboten, die CSU aus ihrer organisatorischen Misere herauszuführen. Immerhin enthielt das neue Parteistatut eine Reihe von Bestimmungen, die die Stellung der Vorsitzenden auf allen Organisationsstufen der Partei, namentlich die des Landesvorsitzenden[662], stärken sollten. In Paragraph 52 war etwa das Recht des Parteichefs festgeschrieben, „an allen Sitzungen der Organe der Union beratend teilzunehmen oder sich durch Beauftragte vertreten zu lassen". Als Josef Müller 1946 versucht hatte, eine ähnliche Klausel in der Satzung zu verankern, hatten ihm seine Widersacher Diktaturgelüste unterstellt und im Verein mit der amerikanischen Militärregierung für ihre Streichung gesorgt[663]. Auch als der Ochsensepp vorgeschlagen hatte, die Amtszeit des Landesvorsitzenden und seiner Stellvertreter zu verlängern, war er 1948/1949 auf erbitterten Widerstand gestoßen[664]. Die neue Satzung sah dagegen wie selbstverständlich eine zweijährige Amtsperiode vor[665]. Nicht zuletzt fällt auf, daß die Delegierten die Einflußmöglichkeiten des Parteiapparats nicht etwa beschränkten, sondern den Spitzen der Parteiverwaltung – zumindest auf dem Papier – weitergehende Rechte als bisher einräumten. Der Abschnitt über die Rechte und Pflichten des Generalsekretärs blieb gegenüber der Satzung von 1946 zwar unverändert, sieht man einmal davon ab, daß nun von einem Generalsekretär und nicht mehr von einem Landesgeschäftsführer die Rede war, aber Paragraph 61 machte die Geschäftsführer zu geborenen Mitgliedern ihrer Vorstandschaften und wies ihnen so nicht nur administrative, sondern auch politische Funktionen zu. Hatte es 1946 noch geheißen, die Geschäftsstellen hätten „rein verwaltungsmäßigen Charakter" und seien nicht „berechtigt, sich in die politischen inneren Angelegenheiten der Verbände einzumischen"[666], so war der entsprechende Passus im neuen Parteistatut wesentlich weniger apodiktisch gefaßt und ließ den Geschäftsführern mehr Spielraum.

---

[662] So wurde der Landesvorsitzende in der Satzung von 1952 als eigenes Organ des Landesverbands genannt, und zwar an zweiter Stelle nach der Landesversammlung (Paragraph 42). Zudem wurde der Landesvorsitzende als einziger Vertreter der Parteispitze weiterhin von der Landesversammlung direkt gewählt, während die Wahl seiner Stellvertreter aller Kritik aus den Reihen des Bezirksverbands Oberbayern zum Trotz weiterhin dem Landesausschuß oblag. Der Landesvorsitzende verlor 1952 lediglich die Kompetenz, die Mitglieder des geschäftsführenden Landesvorstands in eigener Regie zu berufen; künftig sollten sie aus der Mitte des Landesvorstands gewählt werden. Angesichts der Entwicklung des geschäftsführenden Landesvorstands in der Ära Ehard wog dieser Kompetenzverlust jedoch nicht besonders schwer. Zur Forderung, auch die Stellvertreter des Landesvorsitzenden durch die Landesversammlung wählen zu lassen, vgl. ACSP, CSU-LTF II/1, 15–20/0, Der oberbayerische Informationsbrief 3/51 vom 12. 2. 1951, und CSU-LTF II/1, 15–20/1, Der oberbayerische Informationsbrief 8/51 vom 21. 5. 1951.

[663] Vgl. Fait, Anfänge, S. 137f.

[664] IfZ-Archiv, RG 260, 10/90–3/1, „Subject: Situation of CSU" (Gespräch mit Fritz Schäffer) vom 5. 2. 1949.

[665] Im Bayern-Kurier vom 14. 6. 1952 hieß es dazu unter der Überschrift „Mehr Rechte für die Mitglieder": „Um Raum für diese organisatorische Arbeit und propagandistische Tätigkeit zu schaffen, soll eine grundsätzliche Änderung der Amtsdauer der gewählten Spitzen der einzelnen Organe der Union vorgenommen werden. Die bisherige einjährige Amtszeit soll von einer zweijährigen abgelöst werden."

[666] Satzung der CSU in der Fassung vom 4. 10. 1946, abgedruckt in: Protokolle und Materialien, S. 1783–1803, hier S. 1800 (Paragraph 62).

Dieser Befund paßt nicht recht zu Mintzels Bild einer Satzung, die der politischen Wirklichkeit einer Honoratiorenpartei angepaßt gewesen sei und einer zielgerichteten Organisationspolitik im Wege gestanden habe. Die von Max Gerstl konzipierten Statuten intendierten im Gegenteil eine Aktivierung und organisatorische Stärkung der CSU, auch wenn sie zweifellos nicht am Bild einer straff geführten Funktionärspartei orientiert waren[667]. Daß dieses Ziel nicht erreicht werden konnte und die CSU in Teilen Bayerns nur ein Schattendasein führte, lag aber weniger am statuarischen Rahmen als am fehlenden Willen der Verantwortlichen und an der desolaten Finanzlage der Partei.

### c) *Mitgliederentwicklung, Parteifinanzen und Parteiapparat*

Der chronische Geldmangel der CSU seit 1948 resultierte vor allem aus der katastrophalen Entwicklung der Mitgliederzahlen und aus der ebenso schlechten Zahlungsmoral der verbliebenen Parteimitglieder. Im Juni 1948, dem Monat der Währungsreform, waren 85 310 Frauen und Männer in den Mitgliederlisten der CSU eingeschrieben[668], als Hans Ehard im Mai 1949 zum Landesvorsitzenden gewählt wurde, waren es nur noch 69444 und damit fast 16000 weniger als vor Jahresfrist[669].

*Mitgliederentwicklung der CSU 1950 bis 1953*[670]

| Bezirksverband | Mitgliederstand zum 1. Mai 1950 | Mitgliederstand zum 31. Dezember 1953 | Mitgliedergewinne und -verluste |
|---|---|---|---|
| Oberbayern | 13500 | 5477 | – 8023 |
| München | 1840 | keine Angaben | ----- |
| Niederbayern | 9900 | 5194 | – 4706 |
| Oberpfalz | 11080 | 5765 | – 5315 |
| Schwaben | 8300 | 5727 | – 2573 |
| Augsburg | 492 | 557 | + 65 |
| Mittelfranken | 2600 | 2165 | – 435 |
| Nürnberg-Fürth | 1070 | 994 | – 76 |
| Oberfranken | 7015 | 3406 | – 3609 |
| Unterfranken | 5966 | 3700 | – 2266 |
| **Gesamt** | **61763** | **32985** | **– 28778** |

[667] ACSP, CSU-LL, Protokoll der Landesversammlung der CSU am 5./6. 7. 1952 in Regensburg. Gerstl weigerte sich auch, die weitgehenden Vorstellungen Hundhammers und seiner Gefolgsleute im Bezirksverband Oberbayern hinsichtlich der Rechte der Suborganisationen in seinen Entwurf aufzunehmen. Hundhammer hatte schon im Sommer 1950 vor dem geschäftsführenden Landesvorstand erklärt, die Satzung müsse so aufgebaut sein, daß der Bezirksverband die letztlich entscheidende Instanz sei. BayHStA, NL Ehard 2468, Protokoll der Sitzung des geschäftsführenden Landesvorstands am 5. 6. 1950.

[668] IfZ-Archiv, RG 260, 13/150–1/16, Politischer Tätigkeitsbericht der CSU für den Monat Juni 1948 vom 9. 7. 1948.

[669] IfZ-Archiv, RG 260, 13/150–1/9, Politischer Tätigkeitsbericht der CSU für den Monat Mai 1949 vom 20. 6. 1949.

[670] Zusammengestellt nach: ACSP, CSU-LL, Protokoll der Landesversammlung der CSU am 17./18. 6. 1950 in Kempten, und BayHStA, NL Ehard 646, Aufstellung über den Mitgliederstand der CSU nach Bezirks- und Kreisverbänden, Stand vom 31. 12. 1953. In der Aufstellung von 1953 wurden angeblich nur zahlende Mitglieder erfaßt; eine Reihe von Kreisverbänden meldete keine Mitgliederzahlen an die Landesleitung, Angaben zum Mitgliederstand im Bezirksverband München fehlen völlig.

Auch dem großen Hoffnungsträger gelang es nicht, diese negative Entwicklung zu stoppen oder gar umzukehren. Im Juni 1950 mußte Josef Brunner der Landesversammlung Zahlen vorlegen, für die er selbst nur ein Wort fand: „erschreckend"[671]. Danach hatten der CSU zwischen Mai 1949 und Mai 1950 noch einmal mehr als 7600 Personen den Rücken gekehrt, und die Mitgliederzahl war auf 61 763 gefallen. Doch es sollte noch schlimmer kommen. Nach einer Erhebung der Landesgeschäftsstelle zählte die CSU im Dezember 1953 gerade noch 32 985 (zahlende) Mitglieder, gegenüber dem Mitgliederstand vom Mai 1950 ein Verlust von 28 778 oder fast 47 Prozent.

*Mitgliederzahl in den Kreisverbänden des Bezirks Oberbayern*
*Stand zum 31. Dezember 1953*[672]

| Kreisverband | Mitglieder |
|---|---|
| Aichach | 140 |
| Altötting | 405 |
| Bad Aibling | 210 |
| Bad Reichenhall | 70 |
| Bad Tölz | 210 |
| Berchtesgaden | 176 |
| Dachau | 330 |
| Ebersberg | 290 |
| Erding | 123 |
| Freising | 160 |
| Fürstenfeldbruck | 105 |
| Garmisch-Partenkirchen | 277 |
| Ingolstadt-Stadt | 194 |
| Ingolstadt-Land | 76 |
| Landsberg | keine Meldung |
| Laufen | 145 |
| Miesbach | 250 |
| Mühldorf | keine Meldung |
| München-Land | keine Meldung |
| Pfaffenhofen | 140 |
| Rosenheim-Stadt | 130 |
| Rosenheim-Land | 340 |
| Schongau | 400 |
| Schrobenhausen | 50 |
| Starnberg | 250 |
| Traunstein | 501 |
| Wasserburg | 100 |
| Weilheim | 200 |
| Wolfratshausen | 205 |
| **Oberbayern gesamt** | **5477** |

Diese Zahlen sind allerdings nicht unproblematisch. Eigentlich war es Aufgabe der Kreisverbände, Mitgliederlisten zu führen; eine zentrale Erfassung in der Landesgeschäftsstelle gab es nicht. Die Kreisverbände waren angesichts ihrer organisatorischen

---

671 ACSP, CSU-LL, Protokoll der Landesversammlung der CSU am 17./18. 6. 1950 in Kempten; die folgenden Zahlen für 1950 nach ebenda.

672 BayHStA, NL Ehard 646, Aufstellung über den Mitgliederstand der CSU nach Bezirks- und Kreisverbänden, Stand vom 31. 12. 1953; in dieser Aufstellung wurden angeblich nur zahlende Mitglieder erfaßt. Die folgenden Tabellen sind nach den Zahlen in diesem Dokument zusammengestellt.

Schwäche aber vielfach nicht in der Lage, dieser Verpflichtung nachzukommen, so daß die Mitgliederzahlen, die sie an die Parteizentrale weitergaben, entweder veraltet waren oder auf Schätzungen beruhten.

*Mitgliederzahl in den Kreisverbänden des Bezirks Niederbayern*
*Stand zum 31. Dezember 1953*

| Kreisverband | Mitglieder |
|---|---|
| Bogen | 359 |
| Deggendorf-Stadt | 104 |
| Deggendorf-Land | 353 |
| Dingolfing | 106 |
| Eggenfelden | 230 |
| Grafenau | 108 |
| Griesbach/Rottal | 106 |
| Kelheim/Abensberg | 186 |
| Kötzting | 304 |
| Landau an der Isar | 88 |
| Landshut-Stadt | 134 |
| Landshut-Land | 78 |
| Mainburg | 68 |
| Mallersdorf | 204 |
| Passau-Stadt | 371 |
| Passau-Land | 379 |
| Pfarrkirchen | 257 |
| Regen | 186 |
| Rottenburg an der Laaber | 120 |
| Straubing-Stadt | 220 |
| Straubing-Land | 417 |
| Viechtach | 127 |
| Vilshofen | 208 |
| Vilsbiburg | 75 |
| Wegscheid | 201 |
| Wolfstein | 205 |
| **Niederbayern gesamt** | **5194** |

Eine Reihe von Kreisverbänden – 1952 fast 33 Prozent und 1953 mindestens 15 Prozent[673] – beantwortete diesbezügliche Anfragen der Landesgeschäftsstelle überhaupt nicht. Auch ob die Kreisverbände in der Lage waren, zwischen zahlenden und nichtzahlenden Parteimitgliedern zu unterscheiden, wie es 1952 und 1953 gefordert wurde, ist zweifelhaft[674]. Einige konnten sicherlich annähernd korrekte Angaben machen, an-

[673] BayHStA, NL Ehard 97, Aufstellung über den Mitgliederstand und die Mitgliederentwicklung der CSU, Stichtag 30. 3. 1952; Hans Ehard verwendete diese Angaben für seine Rechenschaftsberichte vor der Landesversammlung der CSU am 5./6. 7. 1952 in Regensburg und dem Landesausschuß der CSU am 25. 10. 1952 in Dinkelsbühl (ACSP, CSU-LL). Vor dem Landesausschuß gab er aber an, nicht 114 von 169 Kreisverbänden hätten Meldungen abgegeben, sondern 120. BayHStA, NL Ehard 646, Aufstellung über den Mitgliederstand der CSU nach Bezirks- und Kreisverbänden, Stand vom 31. 12. 1953; dazu kommt noch eine unbekannte Anzahl von Kreisverbänden aus München, da aus diesem Bezirksverband überhaupt keine Meldungen eingegangen waren.

[674] Nach BayHStA, NL Ehard 97, Aufstellung über den Mitgliederstand und die Mitgliederentwicklung der CSU, Stichtag 30. 3. 1952, hatte die Partei 35 356 eingeschriebene Mitglieder, von denen 27 610 Beiträge zahlten.

dere leiteten jedoch sichtlich überhöhte Zahlen an die Landesgeschäftsstelle weiter. Alle Mitgliederzahlen, die sich in den Quellen finden, sind daher mit einer gleichsam natürlichen Fehlerquote behaftet und müssen mit der gebotenen Vorsicht interpretiert werden. Für die Landesleitung waren die wenig verläßlichen Mitgliederzahlen ein großes Problem. Franz Josef Strauß erklärte schon 1949 in einer Sitzung des geschäftsführenden Landesvorstands, korrekte Mitgliederzahlen aus den Kreisverbänden seien eine unverzichtbare Voraussetzung für eine realistische Finanzplanung[675], und Josef Brunner appellierte im Juni 1950 an die Verantwortlichen, mehr auf die Richtigkeit ihrer Angaben zu achten, da die Landesleitung mit „Potemkinschen Dörfern und Zahlen" nichts anfangen könne[676].

*Mitgliederzahl in den Kreisverbänden des Bezirks Oberpfalz*
*Stand zum 31. Dezember 1953*

| Kreisverband | Mitglieder |
|---|---|
| Amberg-Stadt | 214 |
| Amberg-Land | 160 |
| Beilngries | keine Meldung |
| Burglengenfeld | 169 |
| Cham | 475 |
| Eschenbach | keine Meldung |
| Kemnath | keine Meldung |
| Nabburg | keine Meldung |
| Neunburg vorm Wald | keine Meldung |
| Neumarkt-Stadt | 216 |
| Neumarkt-Land | 504 |
| Neustadt a. d. Waldnaab | keine Meldung |
| Oberviechtach | 45 |
| Parsberg | 480 |
| Regensburg-Stadt | 530 |
| Regensburg-Land | 807 |
| Riedenburg | 213 |
| Roding | 380 |
| Sulzbach-Rosenberg | 74 |
| Vohenstrauß | 403 |
| Waldmünchen | keine Meldung |
| Weiden | 294 |
| Tirschenreuth | 757 |
| Schwandorf | 61 |
| **Oberpfalz gesamt** | **5765** |

Nichtsdestotrotz zeigt das vorhandene Zahlenmaterial, in welchen Teilen Bayerns die CSU ihre größten Einbrüche zu verzeichnen hatte und wo sie sich vergleichsweise gut halten konnte. Vergleicht man die Mitgliederzahlen aus den Jahren 1950 und 1953 auf Bezirksverbandsebene, fällt sofort der drastische Mitgliederschwund in den drei altbayerischen Bezirksverbänden Oberbayern, Niederbayern und Oberpfalz auf. In

675 ACSP, CSU-LL, Protokoll der Sitzung des geschäftsführenden Landesvorstands am 17. 6. 1949.
676 ACSP, CSU-LL, Protokoll der Landesversammlung der CSU am 17./18. 6. 1950 in Kempten; ähnlich äußerte sich auch Hans Ehard in seinem Rechenschaftsbericht vor der Landesversammlung der CSU am 5./6. 7. 1952 in Regensburg; ACSP, CSU-LL.

Oberbayern verlor die CSU sogar fast 60 Prozent ihrer Mitglieder! In Ober- und Niederbayern dürfte die heftige Konkurrenz durch die Bayernpartei für diese Entwicklung verantwortlich gewesen sein, deren Attraktivität für ehemalige Anhänger der CSU offensichtlich auch nach dem erzwungenen Stabwechsel von Müller auf Ehard vorerst kaum nachgelassen hatte. Die schlechten Zahlen aus der Oberpfalz dürften dagegen unter anderem auf fehlende Meldungen der Kreisverbände zurückzuführen sein. Immerhin sieben von 24 Kreisverbänden ließen die Landesgeschäftsstelle 1953 über die Zahl ihrer Mitglieder im unklaren. In Oberfranken, wo die Mitgliederzahl um mehr als 51 Prozent gesunken war, läßt sich eine ähnliche Entwicklung beobachten; dort gaben 1953 sogar nur 15 von 25 Kreisverbänden Mitgliederzahlen an die Parteizentrale weiter. Es ist allerdings fraglich, wieviele Mitglieder, vor allem zahlende Mitglieder, die CSU noch in Kreisverbänden hatte, die nicht einmal mehr Anfragen der Landesleitung beantworteten. Etwas besser lagen die Dinge in Unterfranken, Schwaben und – erstaunlicherweise – in Mittelfranken.

*Mitgliederzahl in den Kreisverbänden des Bezirks Oberfranken*
*Stand zum 31. Dezember 1953*

| Kreisverband | Mitglieder |
|---|---|
| Bamberg-Stadt | 500 |
| Bamberg-Land | 604 |
| Bayreuth-Stadt | 64 |
| Bayreuth-Land | 120 |
| Coburg-Stadt und -Land | keine Meldung |
| Ebermannstadt | keine Meldung |
| Forchheim-Stadt | keine Meldung |
| Forchheim-Land | 284 |
| Höchstadt an der Aisch | 235 |
| Hof-Stadt | 118 |
| Hof-Land | 32 |
| Kronach | 524 |
| Kulmbach-Stadt | 35 |
| Kulmbach-Land | 42 |
| Lichtenfels | keine Meldung |
| Münchberg | 250 |
| Naila | keine Meldung |
| Neustadt bei Coburg | keine Meldung |
| Pegnitz | keine Meldung |
| Rehau | 104 |
| Selb | keine Meldung |
| Staffelstein | 170 |
| Stadtsteinach | 324 |
| Wunsiedel | keine Meldung |
| Marktredwitz | keine Meldung |
| **Oberfranken gesamt** | **3406** |

Dort hatte die CSU zwischen 1950 und 1953 ihren kleinen Mitgliederstamm einigermaßen zusammenhalten können und lediglich 16,73 Prozent der Mitglieder verloren. Auch die Bilanz der mitgliederschwachen großstädtischen Bezirksverbände Augsburg und Nürnberg-Fürth war nicht so schlecht, wie man hätte befürchten können. Augsburg hatte als einziger Bezirksverband 1953 ein kleines Plus zu verzeichnen (13,21

Prozent), und in Nürnberg und Fürth hielt sich der Mitgliederschwund wenigstens in Grenzen.

156 Kreisverbände hatten Mitgliederzahlen für Dezember 1953 an die Landesgeschäftsstelle weitergemeldet, und bei der Auswertung dieser Daten mußten die Verantwortlichen in der Parteizentrale erkennen, wie ausgezehrt die CSU wirklich war: In 35 Kreisverbänden waren weniger als 100 Mitglieder eingeschrieben. Solche Organisationen bestanden praktisch nur auf dem Papier. Im Kreisverband Fürth-Land zählte man gerade einmal 29 zahlende Mitglieder der CSU, von denen vermutlich jedes ein Amt oder Mandat bekleidete. Und das war kein Einzelfall, da Kreisverbände wie Hof-Land, Kulmbach-Stadt und Kulmbach-Land, Bad Brückenau, Kitzingen-Stadt, Hofheim oder Nördlingen-Stadt nicht viel besser dran waren. In den fränkischen Diasporagebieten – beispielsweise in Nordost-Oberfranken – fanden sich solche Feigenblätter besonders häufig, aber auch in Ober- und Niederbayern, in Schwaben, in Unterfranken oder in der Oberpfalz gab es Kreise, die in der Rangliste der mitgliederschwächsten Verbände ganz oben standen.

Ein solcher Kreisverband war Ingolstadt-Land, dem im Juni 1948, dem Monat der Währungsreform, noch 546 Mitglieder angehört hatten. Allerdings war der Organisationsgrad der CSU in diesem Landkreis schon damals nicht gerade überwältigend gewesen; bei 41 politischen Gemeinden hatte die Union gerade einmal fünf Ortsverbände aufbauen können[677], und das in einem Landkreis, dessen Sozialstruktur – die Bevölkerung war überwiegend katholisch und in der Landwirtschaft beschäftigt – für die CSU nicht ungünstig war. Der landesweite Zusammenbruch des Parteiapparats ging auch am Kreisverband Ingolstadt-Land nicht spurlos vorüber, im Gegenteil. Bis Oktober 1949 verlor die CSU hier mehr als 400 Mitglieder[678], und auch in den folgenden Monaten kam diese Entwicklung nicht zum Stillstand. Im monatlichen Organisationsbericht des Kreisverbands für Dezember 1950 war der Mitgliederstand nur mehr mit 71 angegeben; gegenüber dem Vormonat, in dem immerhin Landtagswahlen stattgefunden hatten, die stets eine gewisse Mobilisierung der Parteibasis mit sich brachten, hatte die CSU im Landkreis Ingolstadt damit fast 45 Prozent ihrer verbliebenen Mitglieder verloren[679]! In den folgenden Jahren störten abgesehen von Großveranstaltungen zu Wahlkampfzeiten lediglich einige Redner aus dem benachbarten Stadtkreis, die am Wochenende in halbleeren Gaststuben sprachen, den bleiernen Schlaf des Kreisverbands. Noch im Januar 1955 hatte die CSU im Landkreis Ingolstadt nur 67 Mitglieder, in den 41 Gemeinden des Landkreises existierte kein einziger Ortsverband mehr, lediglich in vier Gemeinden hatten sich Vertrauensleute halten können[680]. Die Situation änderte sich erst im Frühjahr 1956, als der neue Generalsekretär Friedrich Zimmermann versuchte, die CSU für die bevorstehenden Kommunalwahlen fit zu machen. Man gewinnt fast den Eindruck, als sei der CSU-Kreisverband Ingolstadt-Land in diesen Mo-

[677] Stadtarchiv Ingolstadt, XXI/35, Bericht des CSU-Kreisverbands Ingolstadt-Land für Juni 1948 über Mitgliederstand und Organisation.

[678] Stadtarchiv Ingolstadt, XXI/35, Bericht des CSU-Kreisverbands Ingolstadt-Land für Oktober 1949 über Mitgliederstand und Organisation.

[679] Stadtarchiv Ingolstadt, XXI/35, Bericht des CSU-Kreisverbands Ingolstadt-Land für Dezember 1950 über Mitgliederstand und Organisation.

[680] Stadtarchiv Ingolstadt, XXI/35, Bericht des CSU-Kreisverbands Ingolstadt-Land für das zweite Quartal 1955 über Mitgliederstand und Organisation an den Bezirksverband Oberbayern und die Landesleitung.

naten ein zweites Mal gegründet worden. Im Zuge einer organisationspolitischen Offensive wurden Versammlungen abgehalten, Mitglieder geworben, Vertrauensmänner eingesetzt und Ortsverbände gegründet. Von Januar bis April 1956 stieg die Zahl der CSU-Mitglieder von 86 auf 240; in den 41 Gemeinden des Landkreises gab es nun immerhin 19 Ortsverbände, die allesamt in den zurückliegenden Wochen neu ins Leben gerufen worden waren, und in den restlichen 22 Kommunen hatte man wenigstens einen Vertrauensmann installiert[681].

*Mitgliederzahl in den Kreisverbänden der Bezirke Schwaben und Augsburg*
*Stand zum 31. Dezember 1953*

| Kreisverband | Mitglieder |
|---|---|
| Augsburg-Land | 339 |
| Dillingen | 247 |
| Donauwörth | 605 |
| Friedberg | 298 |
| Füssen | 60 |
| Günzburg | 226 |
| Illertissen | 152 |
| Kaufbeuren-Stadt und -Land | 108 |
| Kempten-Stadt | 261 |
| Kempten-Land | 970 |
| Krumbach | 102 |
| Markt Oberdorf | 120 |
| Memmingen-Stadt und -Land | 590 |
| Lindau-Stadt und -Land | 635 |
| Mindelheim | 235 |
| Neuburg an der Donau | 105 |
| Neu-Ulm-Stadt | 66 |
| Neu-Ulm-Land | keine Meldung |
| Nördlingen-Stadt | 30 |
| Nördlingen-Land | 304 |
| Schwabmünchen | 184 |
| Sonthofen | keine Meldung |
| Wertingen | 90 |
| **Schwaben gesamt** | **5727** |
| Augsburg I | 270 |
| Augsburg II | 129 |
| Augburg III | 158 |
| **Augsburg gesamt** | **557** |

Eine Reihe von Kreisverbänden hatte freilich auch 1953 schon erfreuliche Zahlen zu melden. Schongau in Oberbayern beispielsweise, das zum Bundeswahlkreis von Franz Josef Strauß gehörte, Passau-Stadt und Passau-Land in Niederbayern, die politische Heimat von Fritz Schäffer, oder Bamberg-Stadt und -Land. Diese Entwicklung kam freilich nicht von ungefähr. Während viele Kreisverbände richtungslos dahindümpelten

681 Stadtarchiv Ingolstadt, XXI/35, Bericht des CSU-Kreisverbands Ingolstadt-Land für das erste Quartal 1956 über Mitgliederstand und Organisation an den Bezirksverband Oberbayern und die Landesleitung.

und die ehrenamtlichen Kräfte hoffnungslos überfordert waren, hatten Strauß, Schäffer und die Bamberger Bundes- und Landtagsabgeordneten Emil Kemmer, Hans Ehard und Georg Meixner auf eigene Initiative Geschäftsstellen eingerichtet, die sich in kurzer Zeit zu wahren Aktivposten entwickelten[682]. Der unmittelbare Zusammenhang zwischen engagierten Geschäftsführern an der Parteibasis und erfolgreicher Mitgliederwerbung war auch der Parteiführung nicht verborgen geblieben[683]. Doch die CSU hatte in der Ära Ehard einfach nicht die finanziellen Mittel, um die notwendigen hauptamtlich besetzen Geschäftsstellen einzurichten.

*Mitgliederzahl in den Kreisverbänden der Bezirke Mittelfranken und Nürnberg-Fürth*
*Stand zum 31. Dezember 1953*

| Kreisverband | Mitglieder |
|---|---|
| Ansbach | 133 |
| Dinkelsbühl | 250 |
| Eichstätt-Stadt | 102 |
| Eichstätt-Land | 125 |
| Erlangen-Stadt | 68 |
| Erlangen-Land | 60 |
| Feuchtwangen | 75 |
| Gunzenhausen | keine Meldung |
| Hersbruck | 65 |
| Hilpoltstein | 315 |
| Lauf an der Pegnitz | 236 |
| Neustadt an der Aisch | 70 |
| Rothenburg o. d. Tauber | 110 |
| Scheinfeld | 80 |
| Schwabach-Stadt | 50 |
| Schwabach-Land | 116 |
| Uffenheim | keine Meldung |
| Weißenburg | 310 (200 zahlend) |
| **Mittelfranken gesamt** | **2165** |
| Fürth-Stadt | 56 |
| Fürth-Land | 29 |
| Nürnberg-Land | 151 |
| Kreisverband Nürnberg I-IV | 758 |
| **Nürnberg-Fürth gesamt** | **994** |

Wie sollte die CSU bei der bekannt schlechten Zahlungsmoral ihrer wenigen Mitglieder auch über nennenswertes Kapital verfügen, mit dem sie sicher rechnen konnte? Für das Jahr 1950 hätten die Kreisverbände Mitgliederbeiträge in der Höhe von

682 Zum Vorbildcharakter der Bundeswahlkreisgeschäftsstelle Schongau für den Bezirksverband Oberbayern vgl. ACSP, CSU-LTF II/1, 15–20/41, Der oberbayerische Informationsbrief 12/52 vom 10. 9. 1952. Bundeswahlkreisgeschäftsführer Wösner schrieb am 27. 2. 1950 an Fritz Schäffer (BAK, NL Schäffer 27, Bl. 268 f.), mit Ausnahme von Passau und Straubing ruhe die Arbeit der CSU in ganz Niederbayern. Zum Abgeordneten-Büro in Bamberg vgl. Bayern-Kurier vom 10. 6. 1950: „Volksnahe Abgeordnete".

683 ACSP, CSU-LL, Rechenschaftsbericht Hans Ehards vor der Landesversammlung der CSU am 5./6. 7. 1952 in Regensburg.

146934,80 DM an den Landesverband abführen müssen[684]. Tatsächlich gingen in diesem Jahr aber gerade einmal 5436,18 DM bei der Landesgeschäftsstelle ein.

*Mitgliederzahl in den Kreisverbänden des Bezirks Unterfranken*
*Stand zum 31. Dezember 1953*

| Kreisverband | Mitglieder |
|---|---|
| Alzenau | 90 |
| Aschaffenburg-Stadt | 264 |
| Aschaffenburg-Land | 252 |
| Bad Brückenau | 30 |
| Bad Kissingen-Stadt | 115 |
| Bad Kissingen-Land | 91 |
| Bad Neustadt | 210 |
| Ebern | 105 |
| Gemünden | 96 |
| Gerolzhofen | 144 |
| Hammelburg | 213 |
| Haßfurt | 137 |
| Hofheim | 42 |
| Karlstadt | keine Meldung |
| Kitzingen-Stadt | 31 |
| Kitzingen-Land | 80 |
| Königshofen | 50 |
| Lohr am Main | 178 |
| Marktheidenfeld | keine Meldung |
| Mellrichstadt | keine Meldung |
| Miltenberg | 131 |
| Obernburg | 202 |
| Ochsenfurt | keine Meldung |
| Schweinfurt-Stadt | 125 |
| Schweinfurt-Land | 170 |
| Würzburg-Stadt | 484 |
| Würzburg-Land | 460 |
| **Unterfranken gesamt** | **3700** |

Von den 26 Kreisverbänden in Oberbayern fanden sich gerade einmal sechs bereit, Geld an die Parteizentrale zu überweisen, und in den anderen Bezirken sah es nicht besser aus. In Niederbayern waren es von 26 vier, die überhaupt etwas bezahlten, in der Oberpfalz von 22 nur zwei, in Oberfranken von 25 vier, in Mittelfranken von 17 drei und in Schwaben von 20 acht; die Kreisverbände in Nürnberg-Fürth und Augsburg ließen dem Landesverband keinen Pfennig zukommen, und der Bezirksverband München führte – welch eine Provokation! – bei einem Beitragssoll von 4388 DM für das Jahr 1950 gerade einmal acht DM an die Landesgeschäftsstelle ab. Lediglich in Unterfranken bot sich ein etwas erfreulicheres Bild. Dort kamen 13 von 26 Kreisverbänden ihren Zahlungsverpflichtungen zumindest ansatzweise nach. Aber auch die weni-

684 Zahlen nach BayHStA, NL Ehard 131, Aufstellung „Beiträge der Kreisverbände 1950" für Hans Ehard, undatiert. 1949 hatte man sich im geschäftsführenden Landesvorstand darauf geeinigt, vom Mindestbeitrag von 50 Pfennig pro Monat 20 Pfennig dem Landesverband, 20 Pfennig dem Kreisverband und zehn Pfennig dem Bezirksverband zu überlassen. ACSP, CSU-LL, Protokoll der Sitzung des geschäftsführenden Landesvorstands am 17. 6. 1949.

gen zahlungswilligen Kreisverbände überwiesen meist nur einen Bruchteil ihrer Beitragsschuld nach München, meist Summen zwischen 25 und 250 DM. Mit Sulzbach-Rosenberg gab es 1950 nur einen einzigen Kreisverband, der seine Verpflichtungen gegenüber dem Landesverband vollständig erfüllt hatte. Insgesamt betrugen die Beitragsschulden der Kreisverbände für das Jahr 1950 141498,62 DM!

Die Mitgliederentwicklung hatte jedoch nicht nur gravierende Auswirkungen auf die Parteifinanzen, sondern prägte auch die innerparteiliche Willensbildung in spezifischer Weise. Die Legitimationsbasis war stellenweise so schmal, „daß die demokratische Selektion der Personen für öffentliche und partiinterne Wahlämter wie die innerparteiliche Demokratie überhaupt zur Farce zu werden" drohten[685].

*Beitragsleistungen der Kreisverbände 1950 (nach Bezirken)*[686]

| **Bezirksverband** | **Beitragssoll 1950** | **Zahlungen 1950** | **Beitragsschuld 1950 (Stichtag: 15. 1. 1951)** |
|---|---|---|---|
| Oberbayern | 31255,80 DM | 1083,60 DM | 30172,20 DM |
| München | 4388 DM | 8 DM | 4380 DM |
| Niederbayern | 23651,60 DM | 476,80 DM | 23174,80 DM |
| Oberpfalz | 26541,40 DM | 280,50 DM | 26260,90 DM |
| Schwaben | 19888 DM | 1224 DM | 18664 DM |
| Augsburg | 1202,40 DM | ----- | 1202,40 DM |
| Mittelfranken | 6459,60 DM | 363,78 DM | 6095,82 DM |
| Nürnberg-Fürth | 2569,80 DM | ----- | 2569,80 DM |
| Oberfranken | 16693,60 DM | 896,60 DM | 15797 DM |
| Unterfranken | 14284,60 DM | 1102,90 DM | 13181,70 DM |
| Gesamt | 146934,80 DM | 5436,18 DM | 141498,62 DM |

Diese gefährliche Entwicklung hatten zumindest einige Nachwuchspolitiker erkannt. Franz Sackmann von der Jungen Union erklärte im Januar 1954 ironisch, man habe heute einen ausgefeilten Delegiertenschlüssel zur Aufstellung der Kandidaten für die Landtagswahlen beschlossen, es werde aber in manchen Kreisverbänden sehr schwierig sein, die notwendige Anzahl an Delegierten überhaupt zusammenzubringen[687]. Dieser an und für sich unhaltbare Zustand war jedoch dem einen oder anderen Funktionär vor Ort nicht unrecht. Friedrich Zimmermann erinnerte sich sogar an Fälle, in denen der Kreisvorsitzende die Beiträge für den gesamten Verband aus der eigenen Tasche bezahlte und die Losung ausgab: „Es werden keine neuen Mitglieder aufgenommen. Das wäre ja noch schöner, wenn wir nicht mehr unter uns wären!"[688]

685 Diesen Befund für den Bezirksverband Schwaben kann man getrost auf die anderen Bezirksverbände übertragen. Mintzel, Anatomie, S. 238. Vgl. z. B. die Schilderung der Zustände im Kreisverband Riedenburg: ACSP, NL Müller 162, Robert Weyh an Josef Müller vom 30. 12. 1949.

686 Zusammengestellt nach: BayHStA, NL Ehard 131, Aufstellung „Beiträge der Kreisverbände 1950" für Hans Ehard, undatiert.

687 ACSP, CSU-LL, Protokoll der Sitzung des Landesausschusses der CSU am 15. 1. 1954 in Rothenburg ob der Tauber.

688 Erinnerungsinterview mit Friedrich Zimmermann, in: Geschichte einer Volkspartei, S. 623. In einem Strategiepapier der Jungen Union hieß es zu diesem Problem: „Manche Kreisverbände der CSU haben seit Jahren auf eine tatsächliche Parteiarbeit und auf eine Erweiterung des Mitgliederstandes keinen Wert gelegt. Denn nur so blieb die Kandidatenaufstellung die Angelegenheit eines kleinen Freundeskreises." BSB, NL Schwend 15, „Denkschrift über Wesen, Arbeit und Pläne der Arbeitsgemeinschaft Junge Union in der Christlich-Sozialen Union" vom 28. 3. 1954.

Wie es in den einzelnen Kreisverbänden aussah, wußte man in der Landesleitung nicht mehr, seitdem die meisten Geschäftsführer im Zuge der Währungsreform entlassen worden waren. Um sich ein Bild von der Lage vor Ort zu machen, entsandte die Landesgeschäftsstelle von Zeit zu Zeit einen Beauftragten in die Provinz, um dort nach dem Rechten zu sehen. Im Frühjahr 1953 war es der kommissarische Landesgeschäftsführer Alois Engelhardt, der im Zuge der Vorbereitungen für die Bundestagswahlen eine Reihe von Kreisverbänden in Nord- und Ostbayern besuchte[689]. In der Oberpfalz, beispielsweise, traf Engelhardt auf viel guten Willen und erkannte im spürbaren Interesse jüngerer CSU-Mitglieder ein nicht zu unterschätzendes Potential für die Aktivierung der Partei. Ansonsten war das Bild aber eher trostlos. Der kommissarische Landesgeschäftsführer nahm an schlecht besuchten Mitgliederversammlungen und Vorstandssitzungen teil oder konferierte mit überforderten Funktionären. Die Personaldecke war vielfach so dünn, daß selbst einfachste Aufgaben zu einem Problem werden konnten. Auch das Desinteresse der Mandatsträger an der Parteiarbeit war immer wieder spürbar, mancherorts hatte sich sogar ein regelrechter Antagonismus zwischen Partei und Fraktion auf Gemeinde-, Stadt- oder Landkreisebene herausgebildet. So hatte die Kreisversammlung in Regensburg beschlossen, die Stadtratsfraktion durch „Anregungen und Weisungen" stärker an die Partei zu binden. „Zuerst die Partei und dann die Fraktion", war die Devise, die überwiegend von jüngeren CSU-Mitgliedern ausgegeben wurde. Doch die Stadtratsfraktion hatte dafür nur wenig Verständnis und quittierte derlei Initiativen mit der Aussage, der Kreisvorstand könne nicht als „Vormund des Stadtrates auftreten". Die Energie, die noch in den Kreisverbänden steckte, wurde so des öfteren von internen Querelen aufgezehrt, die sich entweder an persönlichen Differenzen entzündet hatten oder noch aus der Zeit der Führungs- und Flügelkämpfe stammten. Besonders schwer wog aber die Tatsache, daß eine leistungsfähige Parteizentrale fehlte, die in der Lage gewesen wäre, die verbliebenen Kräfte zu bündeln, brachliegende Reserven zu mobilisieren, dem vielbeklagten Informationsdefizit an der Basis abzuhelfen und schlichtend in Konflikte einzugreifen, wenn diese die Parteiarbeit vor Ort zu gefährden drohten.

Es wäre interessant, über die quantitative Dimension der Mitgliederentwicklung hinaus etwas über das Sozialprofil der CSU-Mitglieder in der Ära Ehard zu erfahren. Doch in den Quellen lassen sich kaum Informationen zu dieser Frage finden. 1952 hat die Landesleitung offensichtlich versucht, eine Fragebogenaktion bei den Kreisverbänden zu starten, die entsprechende Analyse läßt jedoch sehr zu wünschen übrig. Hans Ehard gab in einem Rechenschaftsbericht lediglich einige Daten zur Altersstruktur bekannt. Danach waren ca. 22 Prozent der CSU-Mitglieder jünger als 40 Jahre, ca. 61 Prozent waren 40 bis 65 Jahre alt und ca. 17 Prozent waren älter als 65 Jahre[690]. Alf Mintzel hat die CSU mit Blick auf ihre Mitgliederschaft als Partei „des alteingesessenen bäuerlichen, handwerklichen und kaufmännischen Besitzmittel-

---

[689] BayHStA, NL Ehard 370, Erfahrungsberichte Alois Engelhardts über seine Inspektionsreisen durch die Oberpfalz vom 26. 1.–29. 1. 1953, durch Unterfranken vom 3. 2.–6. 2. 1953 und durch Oberfranken vom 13. 3.–17. 3. 1953; das folgende nach dem Erfahrungsbericht über die Inspektionsreise durch die Oberpfalz.

[690] BayHStA, NL Ehard 97, Aufstellung über den Mitgliederstand und die Mitgliederentwicklung der CSU, Stichtag 30. 3. 1952, und ACSP, CSU-LL, Rechenschaftsbericht Hans Ehards vor der Landesversammlung der CSU am 5./6. 7. 1952 in Regensburg.

standes ländlicher und kleinstädtischer Gemeinden in überwiegend katholischen Gebieten" bezeichnet[691]. Da so gut wie keine Angaben zur Herkunft, Berufsgruppenschichtung oder konfessionellen Zusammensetzung der CSU-Mitglieder in der Ära Ehard vorliegen, läßt sich diese These nur schwer überprüfen. Eine Analyse der 1952 gewählten Mandatsträger der CSU auf kommunaler Ebene scheint Mintzels Aussage jedoch zu bestätigen. Danach waren 53 Prozent der Stadträte, 83 Prozent der Kreisräte, 93 Prozent der Gemeindebürgermeister und 83 Prozent der Gemeinderäte dem Mittelstand zuzurechnen[692]. Ein Blick auf das berufliche Profil der 79 Kreisvorsitzenden in den Bezirksverbänden Oberbayern, Oberpfalz und Unterfranken stützt Mintzels These ebenfalls, wenn man sie wohl auch in einem Punkt ergänzen muß: Auch Angehörige des öffentlichen Dienstes dürften in der CSU – gerade auf der Ebene der basisnahen Amts- und Mandatsträger – eine erhebliche Rolle gespielt haben. Nach den Vertretern des selbständigen Mittelstands (16) und den Landwirten (12) stellten die Angehörigen des öffentlichen Dienstes (acht) immerhin die drittgrößte Gruppe unter den hier untersuchten Kreisvorsitzenden, diejenigen gar nicht eingerechnet, die als Berufsbezeichnung Bürgermeister oder Landrat (17) angegeben haben[693].

Daß die negative Entwicklung der Mitgliederzahlen, die Finanzmisere und der schleichende Zerfall von Parteiorganisation und -apparat Hand in Hand gingen, ist bereits gesagt worden. Doch was unternahm die CSU, um das Beitragsaufkommen zu steigern und wieder mehr Geld in die Kasse zu bekommen? Die wenigen hundert DM, die von den Kreisverbänden im Monatsdurchschnitt an die Landesgeschäftsstelle überwiesen wurden[694], waren nur ein Tropfen auf den heißen Stein und deckten die anfallenden Kosten nicht einmal ansatzweise. Einen ordentlichen Haushalt aufzustellen und Geldquellen zu erschließen, auf die man regelmäßig rechnen konnte, erwies sich als vordringliches und nur schwer lösbares Problem[695]. „Wenn das Geld das Blut ist, das eine Parteiorganisation haben muß", erklärte Landesschatzmeister Franz Elsen 1950 vor der Landesversammlung, „dann haben wir in den letzten Jahren an chronischer Blutarmut gelitten."[696] Appelle an die Kreisverbände wie an die Parteimitglieder, ihren Zahlungsverpflichtungen endlich nachzukommen, um die Arbeit der CSU nicht zu gefährden, blieben ebenso ergebnislos wie unterschwellige Drohungen mit Sanktionen. „Es handle sich nicht nur um ein finanzielles, sondern auch um ein politisches und psychologisches Versagen der Mitglieder, denen die nötige Anteilnahme und der Mut zum Bekenntnis ihrer Überzeugung fehle", stellte Elsen hellsichtig und resigniert zugleich fest[697]. Der

691 Mintzel, Anatomie, S. 283.

692 Bayern-Kurier vom 10. 1. 1953: „Der Mittelstand hat die Kommunalpolitik in der Hand". Der Verfasser dieses Artikels, Regierungsrat Richard Schachtner vom Bayerischen Statistischen Landesamt, definierte als Mittelstand „die Gruppe der selbständigen Berufe", d. h. die Handwerker, Gewerbetreibenden, Kaufleute, Landwirte und die Angehörigen der freien Berufe.

693 Angaben nach der Liste im Politischen Jahrbuch der CSU 1954, S. 270–276. Ein Teil der Kreisvorsitzenden machte keine Angaben über ihren Beruf.

694 Vgl. die detaillierten Kassenberichte für die Jahre 1950 und 1951, die dem Bericht des Helfers in Steuersachen Arnold Weber über die zwischen dem 22. 3. und 28. 4. 1954 vorgenommene Prüfung der CSU-Landesgeschäftsstelle als Anlage beigefügt sind; BayHStA, NL Ehard 1323.

695 ACSP, CSU-LL, Protokoll der Sitzung des geschäftsführenden Landesvorstands am 5. 12. 1949 und Protokoll der Sitzung des Landesvorstands am 17. 12. 1949.

696 ACSP, CSU-LL, Protokoll der Landesversammlung der CSU am 17./18. 6. 1950 in Kempten.

697 ACSP, CSU-LL, Protokoll der Sitzung des Landesausschusses der CSU am 10. 6. 1950 in München.

Landesschatzmeister blieb mit dieser Einsicht nicht allein. Als in der Parteizentrale 1951 Bilanz gezogen wurde, schrieb man die Beitragsforderungen an die Kreisverbände für das vergangene Jahr in einer Höhe von mehr als 142 000 DM als „uneinbringlich" ab[698]. Verschiedentlich waren sogar schon Stimmen laut geworden, auf Beiträge in toto zu verzichten, um den ständigen Reibereien ein Ende zu setzen und die Mitgliederzahlen wieder zu steigern[699]. Doch Hans Ehard weigerte sich, einen solchen Schritt zu vollziehen, und plädierte nachdrücklich dafür, die Mitgliederbeiträge trotz der völlig unbefriedigenden Situation als „äusseres Zeichen des Bekenntnisses zu einer Partei" beizubehalten[700].

Statt dessen entschloß sich die Parteiführung zu einem anderen Schritt. Am 20. März 1951 einigte sich der geschäftsführende Landesvorstand darauf, die Verteilung des Beitragsaufkommens völlig neu zu regeln. Bisher waren die Mitgliederbeiträge von den Kreisverbänden erhoben und dann nach einem bestimmten Schlüssel zwischen dem Landesverband und den Kreis- und Bezirksverbänden aufgeteilt worden. Ab April 1951 wurden die Bezirksverbände verpflichtet, monatlich einen festgelegten, von der Mitgliederzahl unabhängigen Pauschalbetrag an die Landesgeschäftsstelle abzuführen[701]. Die Kreisverbände hatten seitdem keine Leistungen mehr an den Landesverband zu erbringen, mußten jedoch damit rechnen, von den Bezirksverbänden belastet zu werden[702]. Da die festgelegten Beiträge der Bezirksverbände sehr gering waren, verzichtete der Landesverband nominell auf viel Geld, hatte aber andererseits die Chance, daß zumindest diese niedrigen Pauschalbeträge jeden Monat in der Landesgeschäftsstelle eingingen. Insgesamt begnügte sich der Landesverband mit 1400 DM monatlich[703]; der Bezirksverband Oberbayern sollte davon 200 DM aufbringen, die Bezirksverbände München, Niederbayern, Schwaben, Mittelfranken, Oberfranken und Unterfranken je 150 DM und die Bezirksverbände Oberpfalz, Nürnberg-Fürth und Augsburg je 100 DM[704]. Doch auch die Bezirksverbände konnten oder wollten ihren Zahlungsverpflichtungen vielfach nicht nachkommen. In den elf Monaten von Mai 1953 bis März 1954 fehlten in der Kasse der Landesgeschäftsstelle 7400 DM, also fast die Hälfte der zu erwartenden Gesamtsumme. Die Bezirksverbände Nürnberg-Fürth, München und Niederbayern hatten in diesem Zeitraum keine Mark an die Parteizentrale überwiesen; lediglich die Bezirksverbände Oberfranken und Oberpfalz hatten

698 BayHStA, NL Ehard 64, Erläuterung zur Vermögensübersicht zum 31. 3. 1951, undatiert.

699 BayHStA, NL Ehard 102, Protokoll der Tagung der Bezirksvorsitzenden am 28. 10. 1949 (Anton Hergenröder).

700 ACSP, CSU-LL, Protokoll der Landesversammlung der CSU am 17./18. 6. 1950 in Kempten.

701 Dieser Vorschlag stand seit 1949 im Raum. ACSP, CSU-LL, Protokoll der Sitzung des geschäftsführenden Landesvorstands am 5. 12. 1949 und Protokolle der Sitzungen des Landesvorstands am 17. 12. 1949 und 9. 6. 1950; BayHStA, NL Ehard 2468, Protokoll der Sitzung des geschäftsführenden Landesvorstands am 5. 6. 1950; ACSP, CSU-LL, Protokoll der Landesversammlung der CSU am 17./18. 6. 1950 in Kempten (Hans Ehard).

702 BayHStA, NL Ehard 64, Rundschreiben Karl Sigmund Mayrs an die Bezirksvorsitzenden der CSU vom 4. 4. 1951; BAK, NL Guttenberg 277, Bl. 12, Rundschreiben des CSU-Bezirksverbands Oberfranken, gez. Anton Hergenröder, vom 12. 4. 1951; ACSP, CSU-LTF II/1, 15–20/0, Der oberbayerische Informationsbrief 7/51 vom 16. 4. 1951.

703 Im Dezember 1949 hatte man noch mit Pauschalbeträgen in einer Höhe von 4500 DM gerechnet; ACSP, CSU-LL, Protokoll der Sitzung des geschäftsführenden Landesvorstands am 5. 12. 1949.

704 BayHStA, NL Ehard 646, Aufstellung der Buchhaltung der CSU-Landesgeschäftsstelle über die monatlichen Beitragszahlungen der Bezirksverbände vom 9. 4. 1954; die folgenden Zahlen finden sich ebenda.

ihr Soll erfüllt, während alle anderen mit ihren Zahlungen mehr oder weniger stark im Rückstand waren.

Allerdings war man im Landesvorstand ohnehin davon überzeugt, daß das Beitragsaufkommen selbst im günstigsten Fall nicht ausreichen würde, um den Finanzbedarf der CSU zu decken[705]. Mit staatlichen Zuwendungen konnten die Parteien zu dieser Zeit noch nicht rechnen. Initiativen, die in diese Richtung gingen, waren in der CSU auch trotz der finanziellen Notlage nicht gerade populär. Als Richard Schachtner, zu dieser Zeit Landesschatzmeister, den Vorschlag aufgriff, die politischen Parteien durch eine „Wählersteuer" zu unterstützen, mußte er zurücktreten, nachdem er in der Presse heftig angegriffen worden war[706]. Die Landtagsfraktion lehnte zwischen 1949 und 1951 wiederholt Anträge ab, die Fraktionsgeschäftsstellen der im Landtag vertretenen Parteien über den Staatshaushalt zu finanzieren[707]. Es gab zwar vereinzelte Stimmen, die zu bedenken gaben, „daß man sich schon überlegen" müsse, „ob die Parteien nicht irgendwie in den Staat eingebaut werden" sollten, oder die darauf hinwiesen, daß es auch positive Folgen für die chronisch finanzschwache Parteiorganisation haben könnte, wenn die Fraktion mit Steuergeldern alimentiert würde. Hundhammer meldete jedoch stets größte Bedenken an und betonte, es sei nicht richtig, „daß das Parteiwesen über den Staat finanziert wird".

*Einnahmen und Ausgaben der Landesgeschäftsstelle 1950–1954*[708]

| | 1950 | 1951 | 1952 | 1953 | 1954 |
|---|---|---|---|---|---|
| Einnahmen gesamt | 206688,38 | 100977,69 | 130477,77 | 402979,57 | 414685,02 |
| Beiträge der Kreis- und Bezirksverbände | 7522,38 | 9795,20 | 12122 | 13181,30 | 9300 |
| Beiträge der Regierungsmitglieder und Abgeordneten | 21815 | 27084,72 | 28072,55 | 19542,70 | 42040 |
| Spenden | 165437,95 | 53420,82 | 45504 | 345691,25 | 334636,06 |
| Sonstiges | 11913,05 | 10676,95 | 44779,22[709] | 24564,32 | 28708,96 |
| Ausgaben gesamt | 205869,25 | 105602,13 | 124656,27 | 391767,69 | 414212,72 |

Der Fraktionsvorsitzende konnte sich dabei auf eine breite Mehrheit in der Fraktion stützen, und auch Politiker wie Alfred Euerl, die ansonsten nicht zu seinen politischen

[705] ACSP, CSU-LL, Protokoll der Sitzung des geschäftsführenden Landesvorstands am 5. 12. 1949 und Protokoll der Sitzung des Landesvorstands am 17. 12. 1949.

[706] Archiv der CSU-Landesgruppe, Protokoll der Landesgruppensitzung am 19. 12. 1949; ACSP, CSU-LL, Protokoll der Sitzung des Landesvorstands am 17. 12. 1949.

[707] ACSP, CSU-LTF I, 15–14, Protokolle der Fraktionssitzungen am 29. 11. und 14. 12. 1949, sowie CSU-LTF II/1, 15–14, Protokoll der Fraktionssitzung am 22. 8. 1951; die folgenden Zitate von Josef Schwalber (29. 11. 1949), Heinrich Emmert (14. 12. 1949), Alois Hundhammer (29. 11. 1949) und Alfred Euerl (14. 12. 1949) ebenda. Franz Josef Strauß sprach sich in einer Fraktionssitzung am 4. 12. 1950 (CSU-LTF II/1, 15–14) für staatliche Zuschüsse an die Fraktionen aus.

[708] Zusammengestellt nach BayHStA, NL Ehard 1323, Bericht des Helfers in Steuersachen Arnold Weber über die zwischen dem 22. 3. und 28. 4. 1954 vorgenommene Prüfung der CSU-Landesgeschäftsstelle (detaillierte Kassenberichte für die Jahre 1950 bis 1953 finden sich in der Anlage zu diesem Bericht), und NL Ehard 1711, Kassenbericht der CSU-Landesgeschäftsstelle für das Jahr 1954. Alle Angaben in DM.

[709] Davon 16400 DM aus einem Darlehen und 21652 DM vom Bayern-Kurier.

Freunden zählten, gaben ihm in dieser Frage recht. Staatliche Zuwendungen an die Fraktionsgeschäftsstellen, so meinte der Nürnberger Abgeordnete, seien „aus moralischen Gründen nicht zu verantworten“. Erst als sich der Koalitionspartner SPD im August 1951 dafür aussprach, den Fraktionen einen gewissen Betrag aus staatlichen Mitteln zukommen zu lassen, schwenkten die CSU-Abgeordneten zögernd auf diesen Kurs ein[710].

Wie wollte die CSU dann ihren laufenden Finanzbedarf decken, der von den Mitgliedern des geschäftsführenden Landesvorstands im Dezember 1949 auf etwa 90 000 DM jährlich geschätzt wurde[711]? Von den 7500 DM, die monatlich notwendig waren, sollten 4500 DM aus Mitgliederbeiträgen stammen und 3000 DM von den Bundes- und Landtagsabgeordneten, den Regierungsmitgliedern in München und Bonn sowie den Mitgliedern der CSU im bayerischen Senat aufgebracht werden. In diesem Sinne beschloß der Landesausschuß auf Antrag des Landesvorstands am 14. Januar 1950, die Abgeordneten und Regierungsmitglieder in Bund und Land „zur Finanzierung der Partei heranzuziehen“. Die Mitglieder der Landesgruppe faßten daraufhin den Beschluß, monatlich 25 DM an die Landesgeschäftsstelle zu überweisen; die Bundesminister verpflichteten sich zur Zahlung von 35 DM, und wenn sie zugleich Bundestagsabgeordnete waren, von 50 DM[712]. Die Abgeordneten der Landtagsfraktion erklärten sich bereit, der Landesgeschäftsstelle jeweils 15 DM monatlich zur Verfügung zu stellen[713], und die Mitglieder der bayerischen Staatsregierung ließen der Parteizentrale jeweils 35 DM pro Monat zukommen[714]. Auch wenn es vereinzelt zu Unstimmigkeiten kam und der eine oder andere Minister es mit der Zahlung seiner Beiträge nicht so genau nahm[715], funktionierte dieses System im großen und ganzen gut. Bei Licht besehen waren die Abgaben der Mandatsträger und Regierungsmitglieder – zusammen mit den etwa 1000 DM, die der Wirtschaftsbeirat der CSU monatlich überwies[716] – die einzigen Geldmittel, mit denen die Landesgeschäftsstelle fest rechnen konnte. Es war nicht übertrieben, wenn Hans Ehard im Juni 1950 feststellte, zur Zeit werde die Partei – von Spenden abgesehen – durch die Beiträge der Abgeordneten und Kabinettsmitglieder finanziert[717], und wenn der stellvertretende Parteivorsitzende Karl Sigmund Mayr murrte, es könne auf die Dauer doch nicht angehen, „dass nur ein sehr kleiner Kreis von Parteifreunden für die Finanzierung der Partei“ aufkomme[718]. Die Beiträge der Abgeordneten und Regierungsmitglieder überstiegen die Einnahmen der Landesgeschäftsstelle aus den Beiträgen der einfachen Parteimitglieder zwischen 1950 und 1954 bei weitem. 1950, 1951 und 1952 betrug das Mißverhältnis von Umlagen und

---

710 ACSP, CSU-LTF II/1, 15–14, Protokoll der Sitzung des Fraktionsvorstands am 27. 8. 1951.

711 ACSP, CSU-LL, Protokoll der Sitzung des geschäftsführenden Landesvorstands am 5. 12. 1949; das folgende nach dem Protokoll dieser Sitzung.

712 ACSP, CSU-LTF II/1, 15–11, Josef Brunner an Alois Hundhammer vom 7. 2. 1950.

713 ACSP, CSU-LTF II/1, 15–11, Alois Hundhammer an Josef Brunner vom 9. 3. 1950; in der Folgezeit wurden die Sätze aus verschiedenen Gründen immer wieder leicht verändert; Dokumente hierzu unter dieser Signatur und unter CSU-LTF II/2, 6–10/1, CSU-LTF II/2, 6–46 und CSU-LTF II/2, 6–47.

714 ACSP, NL Seidel 35 a, Franz Josef Strauß an Hanns Seidel vom 13. 6. 1951.

715 BayHStA, NL Ehard 646, Aufstellung der Buchhaltung der CSU-Landesgeschäftsstelle über die Beitragsrückstände der CSU-Mitglieder in der bayerischen Staatsregierung vom 24. 2. 1954.

716 BayHStA, NL Ehard 1323, Hugo Geiger an Hans Ehard vom 14. 11. 1953.

717 ACSP, CSU-LL, Protokoll der Sitzung des Landesvorstands am 9. 6. 1950.

718 BayHStA, NL Ehard 64, Rundschreiben Karl Sigmund Mayrs an die Bezirksvorsitzenden der CSU vom 4. 4. 1951.

Mitgliederbeiträgen zwischen 2,9 und 2,3 zu 1, 1953 erreichte es mit 1,4 zu 1 seine günstigste Relation, während sich die Schere 1954 bei einem Verhältnis von 4,5 zu 1 weiter geöffnet hatte als jemals zuvor.

Es war Hans Ehard seit 1949 zwar gelungen, die Schulden der Landesgeschäftsstelle aus der Zeit der Währungsreform weitgehend abzubauen, so daß nur noch wenige Altlasten vorhanden waren[719], die Beiträge der Abgeordneten und Regierungsmitglieder, die monatlichen Dotationen des Wirtschaftsbeirats und die spärlichen Mittel aus den Mitgliederbeiträgen reichten aber dennoch kaum aus, um den Etat der Landesgeschäftsstelle zu decken. Schon unvorhergesehene Ausgaben in vergleichsweise geringer Höhe reichten aus, um die Verantwortlichen in der Parteizentrale in Schwierigkeiten zu bringen, ob das nun Steuernachforderungen des Finanzamts waren[720] oder Auslagen verdienter Funktionsträger. Die 71jährige Thusnelda Lang-Brumann, immerhin Mitglied des Landesvorstands und ehemalige BVP-Reichstagsabgeordnete, ersuchte die Landesgeschäftsstelle fünfmal vergeblich um die Erstattung von 150 DM, die sie für die Arbeitsgemeinschaft der Frauen in der CSU ausgelegt hatte, bevor sie an Josef Brunner schrieb:

„Ich habe schon letzten Monat Geld für mich selber aufnehmen müssen, wofür ich hohe Zinsen bezahle, und stehe jetzt vor dem letzten Fälligkeitstermin meiner Hypothekenzinsen, von denen ich nicht weiss, woher sie nehmen. Ich *kann* einfach nicht aus meiner kleinen Lehrerinnenpension, von der ich drei Menschen erhalte, auch noch die Auslagen für die Partei bestreiten. Jahrelang habe ich es ohnehin getan. [...] In meiner heutigen Lage ist es schlechterdings unmöglich. Sie kennen mich gut genug, Herr Generalsekretär, um zu wissen, dass ich, sähe ich irgend einen anderen Weg, uns die demütigenden Bittgänge [...] mit all dem kränkenden Drum und Dran nicht auferlegen würde."[721]

Im Juli 1952 war die Landesgeschäftsstelle nicht in der Lage, die Gehälter auszuzahlen und die fälligen Rechnungen zu begleichen. Wieder einmal mußte die Landesleitung Löcher durch die Aufnahme von kurzfristigen Krediten stopfen, deren Rückzahlung fast jedesmal zu einem Vabanquespiel wurde[722]. Die Verbindlichkeiten der Landesgeschäftsstelle betrugen im September 1952 immerhin fast 35 000 DM[723]!

Kein Wunder, daß die CSU – zumal in Wahlkampfzeiten – in hohem Maße von Spenden abhängig war. In den Wahljahren 1950, 1953 und 1954 machten die Spenden 80 bis 85 Prozent aller Einnahmen der Landesgeschäftsstelle aus, die ohne diese Mittel gar nicht kampagnenfähig gewesen wäre. Die eifrigsten Spendensammler der CSU waren Parteichef Ehard, Finanzminister Schäffer[724] und Franz Josef Strauß. Strauß, der in Bonn ein „Wirtschaftsbüro" unterhielt, trug allein 1952 und 1953 Spenden in einer Höhe von fast 98 000 DM zusammen, die größtenteils der Landesleitung zugedacht waren, aber auch an verschiedene Kreisverbände oder einzelne Personen

[719] ACSP, CSU-LL, Protokoll der Sitzung des geschäftsführenden Landesvorstands am 5. 12. 1949; diese Altlasten waren vor allem der Staatskredit aus dem Jahre 1948 und die Verbindlichkeiten des liquidierten Parteiverlags Der Gerade Weg.

[720] AsD, SPD-Landesverband Bayern 288, Aufstellung des Finanzamts für Körperschaften über die Steuerrückstände politischer Parteien vom 8. 3. 1951.

[721] ACSP, CSU-LTF II/1, 15–20, Thusnelda Lang-Brumann an Josef Brunner vom 22. 4. 1951; Hervorhebung im Original.

[722] BSB, NL Schwend 13, Franz Josef Strauß an Hans Ehard vom 2. 7. 1952.

[723] BayHStA, NL Ehard 77, Hugo Geiger an Hans Ehard vom 23. 9. 1952.

[724] Entsprechende Dokumente im BayHStA, NL Ehard 170.

gingen[725]. Daß man in der CSU munkelte, Strauß würde diese Mittel gezielt einsetzen, um seine Karriere in der Partei zu fördern, konnte kaum ausbleiben.

Das Sammeln von Spenden war jedoch mitunter ein mühsames Geschäft. Hinderlich war vor allem, daß Zuwendungen an politische Parteien zunächst nicht von der Einkommen- und Körperschaftsteuer abgesetzt werden konnten, was die Spendenfreudigkeit von Unternehmen ebenso dämpfte wie die von Privatpersonen. Das Steuerrecht ließ lediglich einige unbequeme Schlupflöcher[726]. Die Situation änderte sich erst, als der Bundestag im November 1954 beschloß, Spenden an politische Parteien als staatspolitische Aufwendungen künftig wie Spenden für kirchliche, caritative oder wissenschaftliche Zwecke zu behandeln und somit steuerlich zu begünstigen[727]. Da es kein Parteiengesetz gab, bewegten sich die Spendensammler gleichsam in einem Vakuum, und es mag vorgekommen sein, daß die finanziellen Zwänge zu Transaktionen führten, die sich am Rande der Legalität bewegten[728]. Da Hans Ehard nicht die alleinige Verantwortung in dieser heiklen Angelegenheit tragen wollte, berief der Landesausschuß im Juni 1950 eine siebenköpfige Kontrollkommission[729]. Dieses Gremium, in dem einmal mehr die Bezirksvorsitzenden wie Karl Sigmund Mayr oder Hans Herrmann[730] eine wichtige Rolle spielten, sollte dem Landesvorsitzenden und dem Landesvorstand „Entlastung für direkt gegebene Spenden" erteilen. Die CSU blieb dennoch von Parteispendenaffären nicht verschont, auch wenn keine Mitglieder der engeren Parteiführung darin verstrickt waren. 1952 stolperte Josef Müller über die Affäre Auerbach, und 1954 war es der Landtagsabgeordnete und Memminger Landrat Karl Lenz, der im Zusammenhang mit der sogenannten Metex-Affäre ins Gerede kam[731].

Zu den Gönnern der CSU gehörten der einflußreiche Landesverband der Bayerischen Industrie, Wirtschaftsverbände wie der Landesverband des Bayerischen Groß- und Außenhandels oder Interessengruppen wie der Verband Bayerischer Grundbesitzer[732]. An-

[725] BayHStA, NL Ehard 646, Franz Josef Strauß an Hans Ehard vom 5. 1. 1954; das folgende Gerücht wird ebenda kolportiert. Zum „Wirtschaftsbüro" von Strauß vgl. die Akten im ACDP, NL Balke 044/4.

[726] Vgl. den diesbezüglichen Schriftwechsel im ACSP, NL Elsen 3. 2., und im BayHStA, NL Ehard 298; NL Ehard 1323, „Bericht über Einsparungsmöglichkeiten in der Landesgeschäftsstelle der CSU" vom 2. 4. 1954.

[727] Vgl. dazu Dübber, Parteifinanzierung, S. 15–44.

[728] BayHStA, NL Ehard 1363, Franz Josef Strauß an Hans Ehard vom 25. 7. 1950.

[729] ACSP, CSU-LL, Protokoll der Sitzung des Landesausschusses der CSU am 10. 6. 1950 in München. Der Kontrollkommission gehörten Franz Elsen, Karl Sigmund Mayr, Hans Herrmann, Fritz von Haniel-Niethammer, Josef Fischer, Direktor Steffan und Hans Schwägerl an.

[730] *Hans Herrmann,* geb. 26. 1. 1889 in Regensburg, gest. 20. 8. 1959, kath., humanistisches Gymnasium in Metten und Regensburg, 1910 Abitur, Studium der Rechtswissenschaft und der Volkswirtschaft in Würzburg und München, nach dem Vorbereitungsdienst für Verwaltungsjuristen 1917–1919 juristischer Hilfsarbeiter bei der Stadtverwaltung Regensburg, 1920 Staatsprüfung für den höheren Justiz- und Verwaltungsdienst, anschließend rechtsanwaltschaftlicher Hilfsarbeiter in München, juristischer Hilfsarbeiter der Stadt Regensburg, Ratsassessor und Stadtsyndikus in Regensburg, seit 1922 berufsmäßiger Stadtrat (Rechtsrat), 1925–1945 rechtskundiger Bürgermeister von Regensburg, seit 1918 BVP-Mitglied, 1933 MdR (BVP), 1933 vorübergehend verhaftet, seit 1935 NSDAP-Mitglied, förderndes Mitglied der SS, 1945 von der amerikanischen Militärregierung zunächst mit der Leitung der Stadtverwaltung beauftragt, jedoch wegen seiner Tätigkeit während des Dritten Reiches nach wenigen Wochen wieder entlassen, Mitbegründer der CSU in Regensburg, 1950–1955 Vorsitzender des CSU-Bezirksverbands Oberpfalz, 1950–1955 Mitglied des Landesvorstands der CSU, 1952–1959 Oberbürgermeister von Regensburg, 1954–1958 MdL (CSU).

[731] ACSP, CSU-LL, Protokoll der Sitzung des Landesvorstands am 8. 10. 1954; vgl. auch den entsprechenden Ordner im ACSP, LSG.

[732] BayHStA, NL Ehard 74, Rundschreiben des Landesverbands des Bayerischen Groß- und Außen-

fang 1953 wurde unter maßgeblicher Mitwirkung des Landesverbands der Bayerischen Industrie die Volkswirtschaftliche Gesellschaft Bayern gegründet[733], die in der Folgezeit eine maßgebliche Rolle bei der Finanzierung der CSU spielen sollte[734]. Mit August Wilhelm Schmidt und Siegfried Balke gehörten dem Vorstand der Volkswirtschaftlichen Gesellschaft Persönlichkeiten an, die – wie Schmidt – in der CSU bereits Ämter innehatten oder – wie Balke – in naher Zukunft in der Partei hervortreten sollten. Im Wahljahr 1954 vermittelte die Volkswirtschaftliche Gesellschaft der CSU allein 167 000 DM[735].

Die Abhängigkeit der CSU von Spenden warf zweifellos die Frage auf, inwieweit die Partei von ihren Geldgebern beeinflußt werden konnte. Hans Ehard hatte im Dezember 1949 erklärt, die notwendige enge Zusammenarbeit mit den „uns nahestehenden Wirtschaftskreisen" dürfe nicht dazu führen, daß die CSU ihre Grundsätze preisgebe[736]. Da mit den Spenden großer Wirtschaftsverbände auch Erwartungen verbunden waren[737], kam es in der Praxis aber durchaus zu Rücksichtnahmen der Parteiführung auf deren Interessen. Im Juni 1950 wurde in einer Absprache mit Generaldirektor Otto Seeling vom Landesverband der Bayerischen Industrie sogar unter anderem vereinbart, die „Aufstellung der Landtagskandidaten [...] im gegenseitigen Einvernehmen und nach vorheriger Absprache" durchzuführen[738]. Seeling scheute sich auch nicht, führenden CSU-Politikern offen mit dem Entzug der finanziellen Unterstützung zu drohen, um den Wünschen des Landesverbands Nachdruck zu verleihen[739]. Da sich die CSU dies keinesfalls leisten konnte, war man in der Führungsriege der Partei bemüht, Mißverständnisse oder tatsächliche Differenzen so schnell wie möglich beizulegen[740].

Die kritische Finanzlage blieb in der gesamten Amtszeit von Hans Ehard ein Kardinalproblem der CSU und setzte jeder organisationspolitischen Initiative enge Grenzen. So war die Parteiführung im Zuge des Bundestagswahlkampfes 1953 daran gegangen, die Landesgeschäftsstelle auszubauen, mußte aber erkennen, daß sie sich übernommen hatte, als nach den Wahlen die Spenden ausblieben[741]. Wieder einmal schien es nur einen Ausweg zu geben: Einsparungen und Entlassungen – und das vor den bayerischen Landtagswahlen! Der Sieg bei den Bundestagswahlen, der der CSU 50 Mandate beschert hatte, öffnete jedoch die Aussicht, in nahezu allen bayerischen Bundeswahlkreisen hauptamtlich besetzte Abgeordnetenbüros oder Geschäftsstellen einzurichten und so auch die Parteiverwaltung auf eine neue Grundlage zu stellen[742]. Die Überlegungen

handels e. V. vom Januar 1953; ACSP, NL Elsen 3. 2., Landesverband des Bayerischen Groß- und Einzelhandels an Franz Elsen vom 4. 11. 1950; vgl. Dübber, Parteifinanzierung, S. 16.

733 BayHStA, NL Ehard 74, Aktennotiz „Wahlfinanzierung durch die Wirtschaft" für Karl Schwend vom 25. 2. 1953.

734 Vgl. auch Dokumente zur parteipolitischen Entwicklung, Bd. 8, S. 19–22.

735 BayHStA, NL Ehard 1711, Aufstellung der CSU-Landesgeschäftsstelle über die 1954 eingegangenen Spenden vom 8. 1. 1955.

736 ACSP, CSU-LL, „Besprechungsprotokoll für die Sitzung des geschäftsführenden Vorstandes unserer Partei" am 5. 12. 1949 vom 3. 12. 1949.

737 Vgl. den Spendenaufruf des Landesverbands der Bayerischen Industrie vom 17. 4. 1950, in: Dokumente zur parteipolitischen Entwicklung, Bd. 8, S. 23 f.

738 BSB, NL Schwend 11, Aktennotiz vom 20. 6. 1950; ACSP, NL Elsen 3. 2., Aktennotiz vom 23. 6. 1950.

739 ACSP, NL Seidel 21, Otto Seeling an Georg Haindl vom 27. 11. 1952.

740 Vgl. den entsprechenden Schriftwechsel im ACSP, NL Seidel 20 und NL Seidel 21, BSB, NL Schwend 13, BayHStA, NL Ehard 115 und NL Ehard 170.

741 BayHStA, NL Ehard 1323, Hugo Geiger an Hans Ehard vom 14. 11. 1953, und „Bericht über Einsparungsmöglichkeiten in der Landesgeschäftsstelle der CSU" vom 2. 4. 1954; NL Ehard 73, Hans Stützle an Hans Ehard vom 10. 9. 1953.

742 BSB, NL Schwend 19, Bericht Heinz Brencks über eine Landesgruppensitzung vom 18. 12. 1953;

dazu waren 1954 schon relativ weit gediehen, als die CSU nach den Landtagswahlen überraschend in die Opposition gezwungen wurde. Nun, da die Regierungsmacht vorläufig verspielt war, gewann die Organisationspolitik eine neue Qualität. Der Vertriebenenpolitiker und Bundestagsabgeordnete Hans Schütz war es, der im Landesausschuß am 18. Dezember 1954 die Richtung für die Arbeit der kommenden Monate vorgab:

„Der größte Gegner muß dieser CSU in Bayern lassen, daß sie in all den Jahren, in denen sie regiert hat, eine gute Politik gemacht hat. Aber sie hat in all den Jahren eine schlechte Organisation gehabt. In der Opposition verlagert sich nun das parteipolitische Schwergewicht von der Politik zur Organisation; denn in der Opposition werden die Gedanken nur wirksam, wenn sie ein Echo in der Bevölkerung finden, und das geht nur über den Weg der Organisation. Soll es doch der Meier holen! 52 Bundestagsabgeordnete in Bonn, 84 Landtagsabgeordnete in Bayern – probieren wir es einmal und machen wir einen halbwegs vernünftigen Plan! [. . .] Das muß doch möglich sein. Haben wir bisher eine gute Politik gemacht, so wollen wir es jetzt auch mit einer guten Organisation als der Voraussetzung für eine wirksame Opposition versuchen."[743]

---

Archiv der CSU-Landesgruppe, Protokolle der Landesgruppensitzungen am 13. 9. und 2. 12. 1953; ACSP, CSU-LL, Protokoll der Sitzung des Landesausschusses der CSU am 15. 1. 1954 in Rothenburg ob der Tauber (Franz Sackmann).

[743] ACSP, CSU-LL, Protokoll der Sitzung des Landesausschusses der CSU am 18. 12. 1954 in München.

# VI. „Wir wollen der Sache einmal einen Auftrieb geben, wie es bisher ... noch nie dagewesen ist“[1]. Zusammenfassung, Ergebnisse und Ausblick

Die Gründung der CSU im Herbst 1945 vollzog sich im „Spannungsfeld zwischen Tradition und Neuorientierung“[2]. Die weitgehende territoriale Unversehrtheit und politisch-kulturelle Kontinuität Bayerns ermöglichte es den Frauen und Männern der ersten Stunde, an tief verwurzelte Traditionen anzuknüpfen, gemeinsame Sprachregelungen zu finden und die verstreuten Zirkel und Zentren der Unionsgründung vergleichsweise rasch zu einer landesweiten Organisation zusammenzufassen, sei es durch die Aktivierung persönlicher Kontakte aus der Zeit vor 1933 oder durch die Inanspruchnahme der staatlich-bürokratischen Infrastruktur, die bereits wenige Monate nach Kriegsende wieder zu funktionieren begann. Daß die Einheit Bayerns größtenteils erhalten blieb, eröffnete den Gründern der CSU jedoch nicht nur viele Chancen, sondern brachte auch unübersehbare Risiken mit sich. So drohte der in der NS-Zeit überlagerte, aber nicht überwundene Gegensatz zwischen den Protestanten in Ober- und Mittelfranken und den Katholiken in Altbayern, Schwaben und Unterfranken ebenso wieder aufzubrechen wie der Gegensatz zwischen den radikal föderalistischen, ja teilweise partikularistischen Kräften im Süden und Südosten Bayerns, die eine autonome bayerische Landespartei anstrebten, und der mehr gesamtdeutsch-national orientierten Bevölkerung in den Landesteilen, die erst zu Beginn des 19. Jahrhunderts an Bayern gefallen waren. Soweit die Menschen dort der CSU zuneigten, sahen sie in der neuen Partei weniger eine eigenständige Vertreterin bayerischer Interessen als einen Landesverband der künftigen „Reichsunion“.

Schon im Herbst 1945 prallten die divergierenden Standpunkte hart aufeinander; sollte die „bayerische Frage“ eher partikularistisch, föderalistisch oder zentralistisch gelöst werden? Hier erwies es sich als nahezu unmöglich, einen für alle Seiten akzeptablen Kompromiß zu finden. Schließlich sammelten sich in der CSU neben den Protagonisten der bayerischen Eigenstaatlichkeit auch gemäßigte Befürworter eines deutschen Bundesstaates oder Politiker, die mit dem Begriff Föderalismus nicht viel anfangen konnten. Die „bayerische Frage“ entwickelte sich schnell zum wichtigsten Katalysator der innerparteilichen Auseinandersetzungen, die die CSU bis 1949 wiederholt an den Rand des Zusammenbruchs brachten. Die Härte und Erbitterung, mit der die Meinungsverschiedenheiten über die Stellung Bayerns in einem übergeordneten deutschen Staatswesen ausgetragen wurden, wird nur dann verständlich, wenn man berücksichtigt, welchen enormen Stellenwert die „bayerische Frage“ und das bayerische Staatsbe-

---

1 ACSP, CSU-LL, Protokoll der Sitzung des Landesausschusses der CSU am 18. 12. 1954 in München (Hans Ehard).

2 Mintzel, CSU, in: ders./Oberreuter (Hrsg.), Parteien in der BRD, S. 199.

wußtsein insbesondere in den Regionen hatten, die jahrhundertelang den Kern des Kurfürstentums und später des Königreichs Bayern gebildet hatten.

Allen historischen und politischen Hypotheken zum Trotz gab es in den verschiedenen Gründungszirkeln freilich auch eine Reihe von Gemeinsamkeiten, die es erst möglich machten, daß die CSU – wenn auch unter schmerzhaften Geburtswehen – zu einer Partei zusammenwuchs. Angesichts der Führungs- und Flügelkämpfe, von denen die Ära Müller gekennzeichnet war, verschwanden diese Gemeinsamkeiten aber mehr und mehr aus dem Bewußtsein der Zeitgenossen und blieben auch in der Forschung häufig unberücksichtigt. Da war zunächst die in allen Gründungszirkeln verbreitete Angst vor einem politischen Linksrutsch. Diese Sozialismusfurcht und die Überzeugung, nur eine große Sammlungspartei aller nichtsozialistischen Kreise könne den Arbeiterparteien SPD und KPD erfolgreich Paroli bieten, ließen die Mitbegründer der CSU zusammenrücken, auch wenn sie vor 1933 unterschiedlichen politischen Lagern angehört hatten. Die totalitäre Erfahrung des Dritten Reiches, das Wissen um politische Verfolgung, die man oft genug am eigenen Leib zu spüren bekommen hatte, und der Widerstand gegen das NS-Regime waren ein weiteres wichtiges Bindeglied zwischen den Männern und Frauen, die die CSU 1945 ins Leben riefen. Von den 178 untersuchten Mitgliedern des (Erweiterten) Landesausschusses der CSU waren mindestens 95 mit dem nationalsozialistischen Herrschaftssystem in Konflikt gekommen; 61 von diesen CSU-Mitgliedern der ersten Stunde waren zwischen 1933 und 1945 zum Teil wiederholt verhaftet worden und für Wochen, Monate oder gar Jahre in den Gefängnissen und Konzentrationslagern des Dritten Reiches verschwunden. Daraus erwuchs in den Gründungstagen der CSU eine Art antinationalsozialistischer Impuls, der sich jedoch in der Folgezeit mehr und mehr abschwächte. Es gab zwar auch in den fünfziger Jahren noch Politiker wie Josef Müller oder Alois Hundhammer – hier ausnahmsweise einig –, die sich dagegen zur Wehr setzten, wenn belastete Personen in der CSU ein Amt übernehmen wollten. Je mehr sich das politische und gesellschaftliche Leben aber normalisierte, desto weniger spielte die Vergangenheit neuer Parteimitglieder eine Rolle. 1945 war die gemeinsame Erfahrung von Verfolgung und Widerstand für die Annäherung von katholischen und evangelischen Christen jedoch von kaum zu überschätzender Bedeutung und trug entscheidend dazu bei, daß das Mißtrauen und die Sprachlosigkeit zwischen den Konfessionen zumindest teilweise überwunden werden konnte. Bei vielen verfolgten Mitbegründern der CSU läßt sich zudem eine Abkehr von antidemokratischen, reaktionären oder autoritären Überzeugungen feststellen, die ihr politisches Handeln noch in der Weimarer Republik mitbestimmt hatten. Das heißt nicht, daß sie pluralistische, freiheitlich-demokratische Gesellschaftssysteme nun vorbehaltlos bejaht hätten, die Achtung von unveräußerlichen Grund- und Menschenrechten, Rechtssicherheit und Rechtsstaatlichkeit gewannen jedoch einen bis dahin nicht gekannten Stellenwert. Die vergleichende Analyse früher CSU-Programme aus allen Teilen Bayerns ergab schließlich ein erstaunliches Maß an Übereinstimmung in Fragen der Kultur-, Wirtschafts- und Gesellschaftspolitik; diese programmatischen Gemeinsamkeiten wurden jedoch Zug um Zug von den ideologisierten Auseinandersetzungen um die „bayerische Frage" überlagert.

Obwohl die historisch gewachsenen innerbayerischen Bruch- und Spannungslinien nach 1945 wieder aufbrachen, blieb die CSU nicht im altbayerisch-katholischen Raum gefangen. Anders als die BVP konnte die CSU die Grenzen der Traditionszonen überwinden und auch in den protestantischen Teilen Frankens viel stärker Fuß fassen, als es die bisherigen Forschungen suggerieren. In diesen Regionen hatte die CSU zwar nur wenige Mitglieder, sprach aber einen Teil der konservativen evangelischen Wähler an, die die BVP vor 1933 strikt abgelehnt hatten. Die großen Erfolge der CSU bei den ersten Wahlen waren überhaupt nur deshalb möglich. Die Parteiführung um Josef Müller versuchte alles, um die Union dauerhaft im fränkisch-protestantischen Raum zu verankern. So wurden etwa evangelische CSU-Politiker in den Führungsgremien der Partei stärker berücksichtigt, als es der nominellen Stärke des protestantischen Flügels entsprochen hätte: Im ersten Landesvorstand der CSU, der sich im Dezember 1946 konstituierte, betrug der Anteil der Protestanten mehr als 26 Prozent und deckte sich damit fast genau mit dem Anteil der Protestanten an der bayerischen Bevölkerung. Auch wenn die CSU schon 1948 in Ober- und Mittelfranken teilweise dramatische Einbrüche hinnehmen mußte, blieb sie in ihren Diaspora-Gebieten doch politisch präsent und war selbst in der Ära Ehard fränkischer und protestantischer, als es die BVP jemals gewesen war.

Die erbitterten inneren Konflikte, die auf einer Verflechtung von sachlichen, persönlichen und strukturellen Ursachen beruhten, waren bis 1949 zweifellos die größte Crux der CSU. Diese Auseinandersetzungen begleiteten die CSU praktisch vom ersten Tag an und waren für die Frühgeschichte der bayerischen Unionspartei geradezu konstitutiv. Es gab kaum eine Entscheidung, gleichgültig ob in Sach- oder Personalfragen, die nicht in irgendeiner Form von den Zwistigkeiten beeinflußt worden wäre. Die Flügelkämpfe zwischen Josef Müller und seinen Mitstreitern und ihren katholisch-konservativen Gegenspielern um Fritz Schäffer und Alois Hundhammer drohten die CSU nicht nur auf Landesebene zu paralysieren, sondern sie setzten sich bis auf die untersten Stufen der Parteiorganisation fort und machten eine effektive politische Arbeit auch dort oft unmöglich. Als besonders folgenschwer erwies sich der Antagonismus von Parteiführung und Landtagsfraktion. Die von den Gefolgsleuten Josef Müllers dominierten Spitzengremien der CSU versuchten zumeist vergeblich, Einfluß auf die Abgeordneten ihrer Partei in der Verfassunggebenden Landesversammlung und später im bayerischen Landtag auszuüben. Dagegen gelang es dem von der Fraktionsmehrheit unterstützten Alois Hundhammer zunehmend häufiger, Josef Müller das Leben schwer zu machen und die Fraktion zur zentralen Operationsbasis der innerparteilichen Opposition auszubauen. Landesausschuß und Landesversammlung konnten noch so elaborierte Programme oder Richtlinien für die Arbeit der Abgeordneten beschließen, die Fraktion wachte eifersüchtig über ihre Autonomie und handelte auch in entscheidenden Fragen immer wieder aus eigenem Ermessen. Diese Konstellation hatte nicht zu unterschätzende Folgen für die CSU als Partei. Das Gefühl der Ohnmacht ließ viele Delegierte und Aktivisten resignieren und erstickte in den Führungsgremien der CSU nach und nach den Willen, Demokratie und Gesellschaft aktiv mitzugestalten. Der Fraktion, das zeigte sich schon 1946 und 1947 bei der Bildung der ersten beiden Kabinette Ehard, wuchs mehr und mehr Macht zu, während die Partei, die Josef Müller als dynamische, eigenständige Kraft im politischen Prozeß verstanden hatte, zu einem bloßen „Hilfsorgan"[3] von Staatsregierung und Landtagsfraktion degenerierte.

[3] So Wulf Schönbohm, Die CDU wird moderne Volkspartei. Selbstverständnis, Mitglieder, Organisation und Apparat 1950–1980, Stuttgart 1985, S. 31, mit Blick auf die CDU in den fünfziger Jahren.

Versucht man, die Führungs- und Flügelkämpfe zu periodisieren, bietet sich ein Drei-Phasen-Modell an. Die Monate bis zur ersten Landesversammlung der CSU im Mai 1946 standen im Zeichen hitziger Debatten über die Politik der BVP vor 1933, über ihre Haltung gegenüber dem aufkommenden Nationalsozialismus und über die Rolle, die das Führungspersonal der untergegangenen BVP in der Union spielen sollte. Die zweite Phase vom Mai 1946 bis zum Februar 1948 war dagegen ganz von den Auseinandersetzungen über die „bayerische Frage" geprägt; die Rebellion des CSU-Bezirksverbands Oberbayern unter Fritz Schäffers Führung leitete die dritte Phase und zugleich das Ende der Ära Müller ein. 1948 kulminierten die inneren Konflikte in einer wahren Zerfallskrise der Partei. Die verlorenen Kommunalwahlen, der Aufstieg der Bayernpartei, der Zusammenbruch des Parteiapparats nach der Währungsreform und das finanzielle Desaster der neuen Parteizeitung Der Gerade Weg erschütterten die Partei bis an ihre Grundfesten und unterminierten die Stellung Josef Müllers mehr und mehr. Der katholisch-konservative Flügel um Alois Hundhammer hatte zwar nach wie vor keine Möglichkeit, einen eigenen Kandidaten für das Amt des Landesvorsitzenden durchzusetzen, mit Hans Ehard, dem bayerischen Ministerpräsidenten, gab es jedoch einen Politiker, der bei allen Gruppierungen der CSU gleichermaßen geachtet war und so beste Chancen hatte, Müller in einer Kampfabstimmung zu schlagen. Ehard drängte sich nicht nach diesem Amt, er empfand es als Bürde. Obwohl der Ministerpräsident von allen Seiten aufgefordert wurde, gegen Müller zu kandidieren, zögerte er lange, konnte sich des wachsenden Drucks aber schließlich nicht mehr erwehren. Am 28. Mai 1949 ließ sich der zaudernde Ehard von den Delegierten des Straubinger Parteitags auf den Schild heben. Die Ära Müller war damit unwiderruflich zu Ende.

Hans Ehard galt bereits seit längerer Zeit als Hoffnungsträger der bayerischen Unionspartei. Der Ministerpräsident schien als einziger in der Lage zu sein, den anhaltenden Querelen ein Ende zu setzen. Der gebürtige Franke gehörte nicht zu den radikal föderalistischen Hardlinern und war so für die nordbayerischen Anhänger Josef Müllers akzeptabel, in Altbayern honorierte man dagegen seinen beharrlichen Einsatz für bayerische Interessen. Auch in konfessioneller Hinsicht war Ehard nicht belastet. Er war weit davon entfernt, ein klerikaler Katholik zu sein, und seine Bekenntnisse zur interkonfessionellen Basis der Union waren durchaus glaubwürdig. Vor allem besaß Ehard jedoch eine Fähigkeit, die in der CSU anscheinend abhanden gekommen war: Probleme sachlich zu lösen und ohne persönliche Ressentiments konsensfähige Kompromißvorschläge auszuarbeiten. Seine Autorität als bayerischer Ministerpräsident und die Erfolge seiner föderalistischen Politik trugen ein übriges dazu bei, ihm die Unterstützung der Parteibasis zu sichern. Dennoch wurde Ehard nie ein Mann der Partei. Er war es nicht, als Josef Müller an der Spitze der CSU stand, und er wurde es auch nicht, nachdem er selbst den Landesvorsitz übernommen hatte. So kann es nicht überraschen, daß Ehard mit der Partei nur wenig anzufangen wußte; sie diente ihm überwiegend zur parlamentarischen Absicherung der Regierungsarbeit.

Ehards wichtigste Aufgabe war zweifellos, die innerparteilichen Auseinandersetzungen zu beenden. Tatsächlich stellte sich nach seiner Wahl eine erschöpfungsbedingte Beruhigung ein, die dann in eine oberflächliche Konsolidierung und einen instabilen Burgfrieden mündete. Zugespitzt könnte man auch sagen, daß die spannungsgeladene Atmosphäre der Führungs- und Flügelkämpfe mit der Zeit einer Art Friedhofsruhe wich. Dazu trug vor allem bei, daß viele Gefolgsleute Josef Müllers nach der Wahl Ehards in der CSU nicht mehr ihre Partei sahen, immer wieder überspielt wurden oder resigniert aus der Partei austraten. Diese Entwicklung schwächte die liberalen und die protestantischen Kräfte, die Programm und Politik der CSU in der Ära Müller mitgestaltet hatten, erheblich. Die Parteiführung beschwor die neue Einigkeit der Union geradezu gebetsmühlenhaft, obwohl die alten Frontlinien weiterhin bestanden, wenn die Streitigkeiten auch abgeflaut waren und zunehmend von neuen Konflikten überlagert wurden. So entzweiten sich die führenden CSU-Politiker immer wieder über der Frage nach dem richtigen Kurs gegenüber der Bayernpartei, die sich seit 1948 zu einer gefährlichen landespolitischen Konkurrentin entwickelt hatte. Alois Hundhammer und Fritz Schäffer plädierten für eine möglichst weitgehende Zusammenarbeit mit der Bayernpartei, die sie im Kern für eine abtrünnige Schwesterpartei der CSU hielten und deren radikal föderalistischen Parolen sie eine Zeit lang näher standen als den Positionen der eigenen Partei. Der Realpolitiker Ehard stand der Bayernpartei und ihrem unberechenbaren Landesvorsitzenden Joseph Baumgartner aber höchst skeptisch gegenüber und lehnte Koalitionen auf Bundes- oder Landesebene ebenso ab wie alle Initiativen, die auf eine Verschmelzung der beiden Parteien unter Aufgabe des Unionsgedankens abzielten. Wollte Ehard die Einheit der CSU wahren, so konnte er kaum anders handeln. Eine Fusion von CSU und Bayernpartei, wie sie Hundhammer lange Zeit vorschwebte, hätte vermutlich die Spaltung der bayerischen Unionspartei bedeutet.

Seitdem sich 1949 mit der CSU-Landesgruppe in Bonn ein neuer Machtfaktor im organisatorischen Gefüge der Partei herausgebildet hatte, war auch das schwierige Verhältnis von Bundes- und Landespolitik eine ständige Quelle kleinerer und größerer Reibereien. Unter der entschlossenen Führung von Fritz Schäffer und Franz Josef Strauß hatte sich die Landesgruppe rasch etabliert und begann, die innerparteiliche Willensbildung maßgeblich zu beeinflussen. Eine solche Entwicklung war freilich nicht im Sinne des Parteivorsitzenden und Ministerpräsidenten. In Ehards Kalkül spielte die Landesgruppe lediglich als föderalistisches Sprachrohr und Vollzugsorgan von Staatsregierung und Parteiführung eine Rolle. Die Landesgruppe wachte jedoch voller Argwohn über ihre Autonomie, verbat sich wiederholt Einmischungsversuche und gestattete sich das Recht auf eine eigene Meinung. Die daraus resultierenden Konflikte hatten ihren Grund nicht zuletzt in der Tatsache, daß die Mehrheit der Bonner CSU-Abgeordneten ein anderes Föderalismusverständnis entwickelte als ihre Münchner Parteifreunde. Zwar trat auch die Landesgruppe für die Stärkung und Durchsetzung des föderativen Gedankens ein, die Bundestagsabgeordneten der CSU waren aber dennoch bereit, aus koalitionspolitischen Zwängen, übergeordneten parteipolitischen Interessen oder nationaler Verantwortung heraus Entscheidungen mitzutragen, die aus der Perspektive bayerischer Föderalisten unpopulär und gefährlich waren. Dies zeigte sich beispielsweise, als die Landesgruppe die Erhöhung des Bundesanteils an der Einkommen- und Körperschaftsteuer gegen erhebliche Widerstände aus der eigenen Partei unterstützte und damit den Bund auf Kosten der Länder stärkte. Während viele Landespolitiker der CSU in ihrer bayerischen Provinzialität gefangen und dem Erbe der BVP verhaftet blieben und sich auf die klassischen Themen Schul-, Kultur- und Agrarpolitik konzentrierten, besetzten junge Bundestagsabgeordnete wie Franz Josef Strauß, Werner Dollinger, Richard Jaeger, Gerhard Wacher oder Richard

Stücklen neue Politikfelder und machten sich von belastenden Traditionen frei. So warnte die Landesgruppe wiederholt davor, allzu starr auf schul- und kulturpolitischen Maximalforderungen zu beharren, wie dies Alois Hundhammer und Georg Meixner 1954 im Landtagswahlkampf taten. Noch waren die Bundespolitiker nicht in der Lage, entscheidend in die Landespolitik einzugreifen, aber die Landesgruppe wurde mehr und mehr zur Speerspitze der reformbereiten Kräfte in der CSU, die nur auf ihre Stunde warteten.

Die Führungs- und Flügelkämpfe hatten die CSU in der Ära Müller zwar immer wieder vor schwere Zerreißproben gestellt, aber zu dieser Zeit war die CSU wenigstens eine lebendige Partei gewesen, auch wenn Diskussionen über Sach- und Personalfragen immer wieder in erbitterte Auseinandersetzungen ausgeartet waren. Bei allen – oft kleinlichen – Streitereien hatte man in den Führungsgremien der CSU doch immer um den richtigen Weg für den demokratischen Aufbau von Staat und Gesellschaft gerungen. In der Ära Ehard wurde dagegen Parteidisziplin großgeschrieben, und die Parteiführung war darum bemüht, kontroverse Fragen im kleinen Kreis zu entscheiden und so wenig wie möglich nach außen dringen zu lassen. Daß darunter auch die innerparteiliche Demokratie litt, liegt auf der Hand. Die Delegierten des Landesausschusses und der Landesversammlung, ja selbst viele Mitglieder des Parteivorstands waren an der innerparteilichen Willensbildung nur am Rande beteiligt. Ein unzufriedener Delegierter protestierte 1952 offen dagegen, daß der Landesausschuß nicht mehr wie in der Ära Müller die Politik mitbestimme, sondern nur noch eine schöne „Fassade“ sei und nichts zu sagen habe[4]. Wichtige Entscheidungen wurden zumeist in Gremien vorbereitet, die von der Satzung nicht vorgesehen waren, und erst dann den zuständigen Parteiinstanzen vorgelegt, wenn die Delegierten von Landesausschuß und Landesversammlung überhaupt befragt und nicht vor vollendete Tatsachen gestellt wurden. Die Flügelkämpfe der frühen Jahre scheinen die Diskussions- und Streitkultur in der CSU aber weit über die Ära Ehard hinaus geprägt zu haben und auch für viele spätere Spitzenpolitiker, die diese Auseinandersetzungen meist als junge Menschen miterlebt hatten, ein traumatisches Erlebnis gewesen zu sein. Das bis heute spürbare Bemühen der CSU, stets den Eindruck zu erwecken, als sei die Partei ein monolithischer Block, dürfte auch auf die Erfahrung der aller Kontrolle entglittenen innerparteilichen Konflikte der ersten Nachkriegsjahre zurückgehen.

Müßte man die CSU in der Ära Ehard mit zwei Worten beschreiben, so wären zweifellos Stagnation und Sklerose die passenden Begriffe. Nach der Wahl Hans Ehards war es zwar gelungen, den akuten Zerfallsprozeß zu stoppen, aber es folgte kaum mehr als eine Konsolidierung der Partei auf niedrigem Niveau. Der erwartete Aufbruch blieb ebenso aus wie die dringende Reorganisation der Partei an Haupt und Gliedern. Man startete zwar wiederholt Initiativen, um die Parteiorganisation zu aktivieren und aus den Resten des Parteiapparats, der nach der Währungsreform auf eine Handvoll schlecht ausgestatteter Geschäftsstellen geschrumpft war, etwas Neues aufzubauen. Alle Bemühungen blieben aber Stückwerk oder verliefen völlig im Sande. Innovative Konzepte fehlten ebenso wie zupackende Aktivisten, die sich dieser Aufgabe angenommen hätten. Am schwersten wog jedoch zweifellos der chronische Geldman-

[4] ACSP, CSU-LL, Protokoll der Landesversammlung am 5./6. 7. 1952 in Regensburg (Delegierter Huber, München).

gel, der die CSU zu einer Zeit, als die staatliche Finanzierung politischer Parteien noch in den Anfängen steckte, fast zur vollständigen Handlungsunfähigkeit verurteilte. Von außen betrachtet erinnerte die CSU zwischen 1949 und 1955 an die Bayerische Volkspartei. Wie die BVP hatte sie sich zu einer mitgliederschwachen Honoratiorenpartei entwickelt, die in einigen Regionen Bayerns nur zu den Wahlterminen präsent, ansonsten aber organisatorisch kaum verankert war. Bekannte BVP-Politiker hatten nach dem Sturz Josef Müllers zudem einflußreiche Positionen übernommen, von wo aus sie die Politik der CSU entscheidend prägten.

Die organisatorische und programmatische Stagnation der CSU, ihre Immobilität und Überalterung riefen vor allem bei den Vertretern der jüngeren Generation große Unzufriedenheit hervor, die erkannt hatten, daß diese Entwicklung in eine Sackgasse führen mußte. Doch die Vorstöße aus den Reihen der Landesgruppe und der Jungen Union verpufften in einer Atmosphäre der Selbstzufriedenheit und Selbstüberschätzung. Den reformbereiten Kräften in der CSU, die sich hinter der konservativen Fassade formiert hatten, waren noch die Hände gebunden. Es bedurfte erst einer fundamentalen Erschütterung der Partei, um ihnen den Weg zu ebnen.

Dieser „Wendepunkt in der Geschichte der CSU"[5] war mit der Bildung der Viererkoalition unter Führung der SPD erreicht. Dabei hatte nach den Landtagswahlen vom 28. November 1954 nichts darauf hingedeutet, daß die bayerische Unionspartei den Weg in die Opposition würde antreten müssen. Im Gegenteil: Die CSU hatte 38,0 Prozent der Stimmen erhalten und war damit wieder zur mit Abstand stärksten Partei geworden, während SPD und FDP auf dem Niveau von 1950 verharrten und der BHE ebenso Verluste zu verzeichnen hatte wie die Bayernpartei[6]. Doch die führenden Politiker der CSU waren sich ihrer Sache zu sicher. Gerade Alois Hundhammer und Georg Meixner glaubten, aus einer Position der Stärke heraus den potentiellen Koalitionspartnern die Bedingungen für eine Regierungsbeteiligung diktieren zu können[7]. Überdies zog sich die Willensbildung in der CSU quälend lange hin, und Ehards Stellung als Parteivorsitzender war nicht mehr so unangefochten wie noch vier Jahre zuvor, als er gegen den entschiedenen Widerstand Hundhammers eine Koalition mit der SPD durchgesetzt hatte. In den Wochen vor den Landtagswahlen war sogar über einen möglichen Nachfolger spekuliert worden[8]! Während die CSU mit sich selbst beschäftigt war, nutzte Waldemar von Knoeringen, der Vorsitzende der bayerischen SPD, die Gunst der Stunde. Taktisch geschickt brachte er durch weitgehende Zugeständnisse in Sach- und Personalfragen eine für unmöglich gehaltene Koalition aus SPD, Bayernpartei, BHE und FDP zustande, wobei ihm vor allem der kulturpolitische Fundamentalismus von Hundhammer und Meixner entgegenkam. So wurde am 14. Dezember 1954 nicht Hans Ehard oder einer seiner Parteifreunde, sondern der Sozialdemokrat Wilhelm Hoegner mit 112 von 197 Stimmen zum Ministerpräsidenten gewählt.

[5] Mintzel, Geschichte der CSU, S. 67.

[6] 1950 hatte die CSU nur 27,4 Prozent der Stimmen gewinnen können. Die SPD konnte ihren Wähleranteil 1954 geringfügig von 28,0 auf 28,1 Prozent verbessern, die FDP von 7,1 auf 7,2 Prozent. Der BHE kam auf 10,2 Prozent der Stimmen (1950: 12,5 Prozent) und die Bayernpartei nur noch auf 13,2 Prozent (1950: 17,9 Prozent). Zahlen bei Ritter/Niehuss, Wahlen in Deutschland, S. 174f.

[7] Zur Bildung des zweiten Kabinetts Hoegner vgl. Bretschneider, Viererkoalition.

[8] Christ und Welt vom 15. 7. 1954: „Ein Ministerpräsident gesucht. Wer wird Bayerns kommender Mann?/ Wirtschaftsminister Seidel tritt in den Vordergrund".

Für die Enttäuschung und die Wut, die sich in der CSU ausbreiteten wie ein Lauffeuer, lassen sich kaum Worte finden. Die Funktionsträger und die Aktivisten an der Basis, die hart für den Wahlerfolg gearbeitet hatten, sahen sich durch das – in ihren Augen – völlige Versagen der Parteiführung um die Früchte ihres Einsatzes gebracht und übten massive Kritik an Persönlichkeiten wie Ehard, Hundhammer oder Meixner, die lange Zeit als unantastbar gegolten hatten. Scharfe Attacken gegen die „widernatürliche Koalition“ von Ministerpräsident Hoegner und die „Auslieferung Bayerns an die Marxisten und Zentralisten“[9] konnten nicht darüber hinwegtäuschen, daß es in der CSU brodelte. Landesvorstand und Landesausschuß kamen zu Krisensitzungen zusammen, und viele Delegierte plädierten für einen radikalen Schnitt und einen Neuanfang. Hans Ehard selbst war es, der am 18. Dezember 1954 vor dem Landesausschuß die Parole ausgab: „Wir wollen der Sache einmal einen Auftrieb geben, wie es bisher hoffentlich noch nie dagewesen ist.“ Und Franz Josef Strauß ergänzte:

„Wir reden nicht aus Verärgerung oder Verbitterung; denn die CSU war in Gefahr, in ständiger Gewöhnung an die für selbstverständlich gehaltene Tatsache, daß sie in der Regierung sitzt, etwas an politischer Kampfkraft einzubüßen. Sie war in Gefahr, möchte ich sagen, daß das Gleichgewicht der Kräfte bei uns gestört wurde zugunsten der etwas ruhigeren und etwas bequemeren Elemente in unseren Reihen. Das Schicksal [...] hat dafür gesorgt, daß wir aufgerüttelt worden sind. Der Fehdehandschuh ist hingeworfen worden, wir greifen ihn auf, um Bayerns und Deutschlands willen!“[10]

Daß Franz Josef Strauß zu denen gehörte, die den neuen Kurs der CSU bestimmen sollten, war ebenso klar wie die Tatsache, daß Ehard daran keinen entscheidenden Anteil mehr haben würde. Der abgelöste Regierungschef ließ sich am 13. Dezember 1954 zum Präsidenten des bayerischen Landtags wählen und stellte sein Amt als Landesvorsitzender zur Verfügung. Ehard übernahm das Amt des Landtagspräsidenten von Alois Hundhammer, der nicht nur für viele Abgeordnete aus den Reihen der Viererkoalition ein rotes Tuch war, sondern auch für einen Teil seiner eigenen Parteifreunde, die ihn für den Sturz in die Opposition mitverantwortlich machten[11]. Auch Georg Meixner blieb nicht ungeschoren. Die Landtagsfraktion wählte den Prälaten zwar erneut zu ihrem Vorsitzenden, schränkte aber seine Macht erheblich ein, indem sie gleichzeitig Hanns Seidel zum „Sprecher der Opposition“ bestimmte. Hanns Seidel entschied auch das Rennen um den Parteivorsitz für sich. Am 22. Januar 1955 setzte sich der ehemalige Wirtschaftsminister in einer außerordentlichen Landesversammlung mit 380 zu 239 Stimmen gegen Franz Josef Strauß durch. Auch Josef Müller und Fritz Schäffer hatten ihren Hut noch einmal in den Ring geworfen, ihre Kandidatur aber schließlich zurückgezogen, als sie erkannten, daß sie chancenlos sein würden. Ihre Zeit war vorbei[12].

Mit Hanns Seidel trat ein Vertreter der liberal-konservativen, interkonfessionellen Linie an die Spitze der CSU. Der neue Parteichef hatte schon vor 1949 Josef Müller in seinem Kampf gegen die BVP-treuen Kräfte in der CSU unterstützt und wurde

[9] ACSP, CSU-LTF III/1, 8–1/1, Flugblatt der CSU-Landesleitung „Bayerische Wähler habt Ihr das gewollt?“.
[10] ACSP, CSU-LL, Protokoll der Sitzung des Landesausschusses der CSU am 18. 12. 1954 in München.
[11] Der Staatssekretär im Bundesinnenministerium, Hans Ritter von Lex, schrieb am 14. 12. 1954 an Hilde Albert (BAK, NL Lex 3): „Die Regierungsbildung in Bayern haben Ehard und Hundhammer sich selbst zuzuschreiben, weil Hundhammer, berauscht vom Wahlerfolg seiner Partei, verkündet hatte, dass man jetzt sofort mit allem Nachdruck an die konfessionelle Lehrerbildung herangehen müsse.“
[12] Vgl. Groß, Hanns Seidel, S. 121–129.

nun gleichsam der Vollstrecker von Müllers politischem Testament. In diesem Sinne wählte Seidel auch seine neue Führungsmannschaft aus. Franz Josef Strauß und Rudolf Eberhard, pragmatische, kompetente und energische Repräsentanten der jüngeren Generation, behielten ihre Ämter als stellvertretende Landesvorsitzende. Fritz Zimmermann, der JU-Politiker und ehemalige persönliche Referent Josef Müllers, übernahm die Leitung der Landesgeschäftsstelle. „Hanns Seidel als Vorsitzender, Franz Josef Strauß und Rudolf Eberhard als Stellvertreter und nicht Hundhammer, das war ein Programm", erinnerte sich Zimmermann Jahre später[13]. Zweifellos war es die durch den Machtwechsel ausgelöste Krise, die die Neutralisierung des katholisch-konservativen Flügels der CSU begünstigte und die bislang blockierten Reformpotentiale freizusetzen half.

Ende 1954 begann ein beschleunigter innerparteilicher Elitenwechsel. Im Zuge dieses Prozesses gelangten zunehmend junge Politiker (während des Ersten Weltkriegs und später geboren) in Führungspositionen, deren politische Sozialisation sich erheblich von der jener Persönlichkeiten unterschied, die bereits in der Zwischenkriegszeit öffentliche Ämter und Funktionen bekleidet hatten. Karl Möckl hat überspitzt von Männern der „Frontgeneration" gesprochen, die sich Zug um Zug zu „Technokraten der Macht" entwickelt hätten[14]. Insbesondere der tatkräftige, bisweilen hemdsärmelige Fritz Zimmermann erwies sich als Glücksgriff. Gegen den Widerstand Alois Hundhammers, dem Zimmermanns Lebenswandel ebenso suspekt war wie seine politische Vergangenheit, und gegen die Bedenken Georg Meixners wurde der 29 jährige Jurist im Januar 1955 mit der Leitung der Parteizentrale beauftragt[15]. Der neue Hauptgeschäftsführer, der den Titel Generalsekretär erst ein Jahr später führen durfte, übernahm einen Parteiapparat, dessen Zustand man nur als desolat bezeichnen konnte. Zimmermann übertrieb nicht, als er in der Rückschau erklärte: „Die Partei war eine Wüste."[16] Die neue Parteiführung wußte nicht einmal, wieviele Mitglieder die CSU hatte. Es gab keine Mitgliederkartei, die Landesgeschäftsstelle war hoffnungslos unterbesetzt, die Kassen waren leer und einflußreiche Bezirks- und Kreisvorsitzende wachten eifersüchtig über die Autonomie ihrer ausgezehrten Duodezfürstentümer. Von koordinierter Öffentlichkeitsarbeit konnte keine Rede sein, und mit dem Bayern-Kurier, das hatte auch Hans Ehard erkannt, ließ sich kein „Hund vom Ofen" locken[17].

Als der von der Spielbankenaffäre schwer angeschlagene Zimmermann 1963 sein Amt an den neuen Generalsekretär Anton Jaumann übergab, hatte er Beachtliches geleistet. Die Zahl der Mitglieder, die zwischen 1948 und 1955 auf 35 000 gesunken war, hatte sich auf mehr als 56 000 erhöht[18]. Die Landesgeschäftsstelle war nach einer grundlegenden Organisationsreform auf dem besten Weg, eine wirklich leistungsfähige Schaltzentrale zu werden, und auch die Situation in den Bezirksgeschäftsstellen hatte sich entscheidend verbessert. Zimmermanns vielleicht größte Leistung war es jedoch, daß er in den bayerischen Bundeswahlkreisen Geschäftsstellen aufbaute, deren Personal

[13] Erinnerungsinterview mit Friedrich Zimmermann, in: Geschichte einer Volkspartei, S. 623.
[14] Möckl, Struktur, S. 737; zur Bedeutung des Kriegserlebnisses und der „Kriegsgeneration" vgl. Erinnerungsinterview mit Friedrich Zimmermann, in: Geschichte einer Volkspartei, S. 621 f.
[15] ACSP, CSU-LL, Protokoll der Sitzung des geschäftsführenden Landesvorstands am 8. 1. 1955.
[16] Erinnerungsinterview mit Friedrich Zimmermann, in: Geschichte einer Volkspartei, S. 623.
[17] ACSP, CSU-LL, Protokoll der Sitzung des Landesausschusses der CSU am 18. 12. 1954 in München.
[18] Zahlen nach Mintzel, CSU, in: ders./Oberreuter (Hrsg.), Parteien in der BRD, S. 217.

von der Landesleitung angestellt und besoldet wurde[19]. Damit verfügte die CSU erstmals seit der Währungsreform wieder über ein einigermaßen tragfähiges organisatorisches Gerüst. Beim Amtsantritt Anton Jaumanns befand sich die CSU in einer organisationspolitischen Übergangsphase. Auf Landes-, Bezirksverbands- und auf Bundeswahlkreisebene war das Honoratiorensystem zugunsten von hauptamtlich besetzten, vergleichsweise leistungsfähigen und gut ausgestatteten Geschäftsstellen zurückgedrängt worden. Die Kreis- und Ortsverbände dagegen hatte dieser Veränderungsprozeß noch kaum erfaßt – hier dominierten nach wie vor die überkommenen Strukturen[20].

Die neue Führungsmannschaft um Hanns Seidel konnte bald die ersten Früchte ihrer Arbeit ernten. Im September 1957 erreichte die CSU bei den Bundestagswahlen mit 57,2 Prozent der Stimmen ein geradezu sensationelles Ergebnis. Dieses Resultat blieb nicht ohne Folgen. Schon wenige Wochen später zerbrach die Viererkoalition, und Hanns Seidel wurde am 16. Oktober von den Abgeordneten der CSU, der FDP und des BHE zum bayerischen Ministerpräsidenten gewählt[21].

Bevor die CSU aber den Durchbruch zur dominierenden politischen Kraft Bayerns endgültig schaffen konnte, sah sich die Partei einer vierfachen Herausforderung gegenüber. Damit sind zum Teil langwierige Integrationsprozesse angesprochen, die auf grundlegende Entwicklungen der westdeutschen Gesellschaft und des westdeutschen Parteiensystems verweisen. So war die CSU, erstens, gezwungen, der Bayernpartei zu begegnen, zweitens, das große Potential der Flüchtlinge und Vertriebenen zu integrieren und, drittens, die Interessen des protestantischen Bevölkerungsteils Bayerns angemessen zu berücksichtigen, um dem Anspruch der Interkonfessionalität gerecht zu werden, den sie von Beginn an erhoben hatte. Konnte die CSU bis 1966 die bayerische Konkurrenzpartei aus dem Felde schlagen und auch den überwiegenden Teil der Flüchtlinge und Heimatvertriebenen auf ihre Seite ziehen[22], so blieb der konfessionelle Konsens noch längere Zeit labil, wenn auch Konflikte dieser Art viel von der Brisanz früherer Tage verloren hatten. Seit 1970 war es der CSU auch zunehmend möglich, der vierten Herausforderung zu begegnen und immer mehr Wählerstimmen in den traditionellen fränkischen Hochburgen von SPD und FDP zu gewinnen. Dank dieses Durchbruchs erzielte die CSU 1970 mit 56,4 Prozent der Stimmen erstmals seit 1946 bei Landtagswahlen wieder die absolute Mehrheit, die sie vier Jahre später auf 62,1 Prozent steigern konnte[23]. Der CSU war es damit gelungen, „die konservative Bastion Bayern [. . .] zu einer geschlossenen Gesamt-Hochburg“ auszubauen[24].

Zu den wesentlichen Aufgaben der CSU als Regierungspartei in München und Bonn gehörte zweifelsohne die politische Steuerung der „späten Vollindustrialisierung“[25]

---

[19] Vgl. Mintzel, Anatomie, S. 301–313.
[20] Vgl. ebenda, S. 282f.
[21] Vgl. Groß, Hanns Seidel, S. 173–186.
[22] Die Bayernpartei scheiterte bei den Landtagswahlen von 1966, die parlamentarische Repräsentanz der Flüchtlingsparteien endete bereits mit den Landtagswahlen von 1962; vgl. Ritter/Niehuss, Wahlen in Deutschland, S. 174f. Zur Absorption der Flüchtlinge und Vertriebenen durch die CSU vgl. Mintzel, CSU, in: Stöss (Hrsg.), Parteien-Handbuch, Bd. 2, S. 695. Nach der Volkszählung von 1961 waren rund 20 Prozent der Bevölkerung Bayerns Vertriebene (17,3 Prozent) oder Flüchtlinge aus der SBZ/DDR (3,1 Prozent); Zahlen nach Helmut Hoffmann, Bayern. Handbuch zur staatspolitischen Landeskunde der Gegenwart, München 7., völlig überarbeitete Auflage 1981, S. 26.
[23] Vgl. Ritter/Niehuss, Wahlen in Deutschland, S. 174.
[24] Mintzel, CSU, in: ders./Oberreuter (Hrsg.), Parteien in der BRD, S. 227.
[25] Mintzel, Geschichte der CSU, S. 35.

Bayerns und des damit verbundenen sozialen und ökonomischen Wandels. Der Freistaat gehörte zwar lange Zeit zu den strukturschwächsten westdeutschen Ländern, doch dafür wurde Bayern um so nachhaltiger von sozioökonomischen Prozessen erfaßt, die Hans-Peter Schwarz als „Vorgang des großen Abräumens" bezeichnet hat, der die Gesellschaft der Bundesrepublik „gewissermaßen bis auf die Gene durchindustrialisiert, technisiert und rationalisiert" habe[26].

Wie tiefgreifend der soziale Wandel im Freistaat war, zeigt ein Blick auf die Erwerbsstruktur Bayerns: 1933 waren noch 41,2 Prozent der Beschäftigten in der Landwirtschaft tätig, 1950 noch immer 30,6 Prozent; bis 1961 reduzierte sich dieser Anteil auf 21,6 Prozent und neun Jahre später waren nur noch 13,2 Prozent der Erwerbstätigen im einstigen Agrarland Bayern im primären Sektor tätig. Dagegen stieg die Zahl der Beschäftigten in Industrie und Handwerk bis 1970 auf 47,4 Prozent und im Dienstleistungsbereich auf 39,4 Prozent[27]. Der in den „roaring fifties"[28] einsetzende Strukturwandel prägte die Bundesrepublik nachhaltig. So wurden die einschneidenden Unterschiede zwischen Zentrum und Peripherie, zwischen katholischen und protestantischen Regionen oder zwischen industriell, kleingewerblich und agrarisch geprägten Lebenswelten mehr und mehr eingeebnet, ohne allerdings vollständig zu verschwinden. Für Bayern hat man überspitzt sogar vom „Ende der ‚Provinz'" gesprochen[29].

Die öffentliche Hand hat im Freistaat schon frühzeitig versucht, steuernd in den sozialen und ökonomischen Strukturwandel einzugreifen, etwa durch die Entscheidung, anstatt auf Kohle auf Erdöl und später auf Kernkraft als Energieträger zu setzen, oder durch eine umfassende Landesplanung. Über die Trägerschichten der bayerischen Strukturpolitik ist jedoch nur wenig bekannt. So hat man von informellen, aus Vertretern der CSU, der Ministerialbürokratie und wichtiger Verbände zusammengesetzten „Schaltstellen des Interessenausgleichs" gesprochen, und auch von einem „Gesellschaftspakt zwischen großindustriellen und mittelständischen Kräften" unter Führung der CSU war die Rede[30]. Es kann allerdings keinen Zweifel daran geben, daß der bayerischen Unionspartei eine zentrale Rolle zufiel; mit Ausnahme der zweiten Amtszeit von Wilhelm Hoegner stellte die CSU seit 1946 stets den Ministerpräsidenten, seit 1957 auch in jedem Kabinett den Wirtschafts- und Finanzminister. Auffällig ist zudem, daß die CSU bereits in den fünfziger Jahren bevorzugt Bundesministerien besetzte, über die sich moderne Technologie nach Bayern transferieren ließ[31], etwa das Postministerium, das Atomministerium und nicht zuletzt das Verteidigungsministerium. Aber noch kann nichts darüber aussgesagt werden, wie die Bruchlinien in der CSU verliefen, die nie die monolithische Einheit war, als die sie sich selbst gerne präsentier-

---

[26] Hans-Peter Schwarz, Modernisierung oder Restauration? Einige Vorfragen zur künftigen Sozialgeschichtsforschung über die Ära Adenauer, in: Rheinland-Westfalen im Industriezeitalter, Bd. 3: Vom Ende der Weimarer Republik bis zum Land Nordrhein-Westfalen, hrsg. von Kurt Düwell und Wolfgang Köllmann, Wuppertal 1984, S. 278–293, hier S. 289.

[27] Vgl. Paul Erker, Keine Sehnsucht nach der Ruhr. Grundzüge der Industrialisierung in Bayern 1900–1970, in: GuG 17 (1991), S. 480–511, hier S. 486 und S. 491.

[28] Schwarz, Modernisierung, in: Rheinland-Westfalen im Industriezeitalter, Bd. 3, S. 291.

[29] Vgl. Heinz Burghart, Das Ende der „Provinz", in: Georg Jenal (Hrsg.), Gegenwart in Vergangenheit. Beiträge zur Kultur und Geschichte der neueren und neuesten Zeit. Festschrift für Friedrich Prinz zum 65. Geburtstag, München 1993, S. 391–417.

[30] Möckl, Struktur, S. 751, bzw. Mintzel, Geschichte der CSU, S. 259f.

[31] Vgl. Hans-Peter Schwarz, Adenauer. Der Staatsmann: 1952–1967, Stuttgart 1991, S. 353.

te, welche Kräfte die moderne Struktur-, Industrie- und Technologiepolitik trugen und welche sie ablehnten.

Wie die Wahlergebnisse zeigen, hatte der ökonomische und soziale Wandel für die konservative CSU keine negativen Folgen, im Gegenteil. Doch was sich hinter der Formel von der Entwicklung der CSU zur „bayerischen Staats- und Hegemonialpartei"[32] im einzelnen verbirgt, liegt ebenso im dunkeln wie die Antwort auf die Frage, weshalb die SPD die sich herausbildende Industriearbeiterschaft nicht dauerhaft an sich binden konnte. Lag das vielleicht daran, daß der dramatische Rückgang der Erwerbstätigen in Land- und Forstwirtschaft und die Umschichtung der Betriebsgrößen ein Anwachsen der Zu- und Nebenerwerbslandwirte mit sich brachte, so daß „ein in den ländlichen Grund und Boden verwurzelter Typ des bayerischen Industriearbeiters" entstehen konnte[33]? Gelang der CSU deshalb der schwierige Spagat zwischen ihrer angestammten Anhängerschaft in Landwirtschaft und Handwerk und den Arbeitnehmern im expandierenden sekundären und tertiären Sektor der bayerischen Wirtschaft? Fragen über Fragen also. Für eine theoretisch und methodisch reflektierte, quellengestützte Parteienforschung bleibt gerade im Hinblick auf die bewegten Jahre des Strukturwandels der bayerischen Gesellschaft in den fünfziger und sechziger Jahren noch viel zu tun[34].

[32] Mintzel, Regionale politische Traditionen, in: Oberndörfer/Schmitt (Hrsg.), Parteien und regionale Traditionen, S. 126.

[33] Erker, Keine Sehnsucht nach der Ruhr, S. 499f.

[34] Vgl. dazu Thomas Schlemmer, Gesellschaft und Politik in Bayern 1949–1973. Ein neues Projekt des Instituts für Zeitgeschichte, in: Maximilian Lanzinner, Michael Henker (Hrsg.), Landesgeschichte und Zeitgeschichte. Forschungsperspektiven zur Geschichte Bayerns nach 1945, Augsburg 1997, S. 103–109.

# VII. Anhang

## 1. Die Führungselite der CSU

Die Mitglieder des geschäftsführenden Landesvorstands der CSU 1946–1955

| Name | Funktion | Zeitraum |
|---|---|---|
| *Brunner, Josef* | Generalsekretär | 1952–1954 |
| *Eberhard, Rudolf* | stellv. Landesvorsitzender | 1954–1964 |
| *Ehard, Hans* | Landesvorsitzender | 1949–1955 |
| | weiteres Mitglied | 1955–1963 |
| | kooptiertes Mitglied | 1963–1965 |
| *Elsen, Franz* | Landesschatzmeister | 1949–1952 |
| *Feury, Freiherr Otto von* | 1. Landesschriftführer | 1952–1961 |
| | | 1963–1968 |
| | | seit 1970 |
| | 2. Landesschriftführer | 1961–1963 |
| | | 1968–1970 |
| *Geiger, Hugo* | 1. Landesschatzmeister | 1952–1959 |
| *Grasmann, Max* | Landesschatzmeister | 1946–1948 |
| *Haußleiter, August* | weiteres Mitglied | 1946–1948 |
| | stellv. Landesvorsitzender | 1948/1949 |
| *Horlacher, Michael* | weiteres Mitglied | 1946–1948 |
| | | 1952–1955 |
| | stellv. Landesvorsitzender | 1948–1952 |
| | kooptiertes Mitglied | 1955–1957 |
| *Hundhammer, Alois* | weiteres Mitglied | 1952–1955 |
| | kooptiertes Mitglied | 1955–1960 |
| *Krehle, Heinrich* | weiteres Mitglied | 1952–1955 |
| *Kreußel, Alfons* | weiteres Mitglied | 1952–1963 |
| *Lechmann, Heinz* | Landesgeschäftsführer bzw. Generalsekretär | 1954 |
| *Liedig, Franz* | weiteres Mitglied | 1947–1949 |
| | Landesschatzmeister | 1948 |
| *Mayr, Karl Sigmund* | stellv. Landesvorsitzender | 1950–1953 |
| | 2. Landesschatzmeister | 1955–1957 |
| *Meixner, Georg* | weiteres Mitglied | 1951–1958 |
| *Meyer-Spreckels, Elisabeth* | weiteres Mitglied | 1946–1949 |
| *Müller, Josef* | Landesvorsitzender | 1946–1949 |
| | kooptiertes Mitglied | 1963–1965 |
| *Muhler, Emil* | weiteres Mitglied | 1946–1963 |
| *Schachtner, Richard* | Landesschatzmeister | 1949 |
| | 2. Landesschatzmeister | 1959–1961 |
| | 1. Landesschriftführer | 1961 |
| *Schleip, Eva* | weiteres Mitglied | 1949–1951 |
| *Schmidt, Wilhelm A.* | weiteres Mitglied | 1952–1955 |
| *Sedlmayr, Lorenz* | weiteres Mitglied | 1946–1950 |

| | | |
|---|---|---|
| *Strauß, Franz Josef* | weiteres Mitglied | 1946–1948 |
| | Generalsekretär | 1948–1952 |
| | stellv. Landesvorsitzender | 1952–1961 |
| | Landesvorsitzender | 1961–1988 |

## Die Vorsitzenden der Bezirksverbände der CSU 1946–1955

| Name | Bezirksverband | Zeitraum |
|---|---|---|
| *Hundhammer, Alois* | Oberbayern | 1946–1948 |
| | | 1948–1970 |
| *Schäffer, Fritz* | | 1948 |
| *Schäffer, Fritz* | München | 1946 |
| *Krehle, Heinrich* | | 1946–1949 |
| *Geiger, Hugo* | | 1949/1950 |
| *Heubl, Franz* | | 1950/1951 |
| *Müller, Josef* | | 1951–1960 |
| *Kübler, Konrad* | Niederbayern | 1946–1949 |
| *Haniel-Niethammer, Fritz von* | | 1949–1965 |
| *Ortloph, Klement* | Oberpfalz | 1946 |
| *Rucker, Eugen* | | 1946/1947 |
| *Gamperl, Georg* | | 1947–1949 |
| *Dengler, Fritz* | | 1949/1950 |
| *Herrmann, Hans* | | 1950–1955 |
| *Rindt, Eugen* | Schwaben | 1946/1947 |
| *Fischer, Josef* | | 1947–1949 |
| *Kaifer, Albert* | | 1949–1952 |
| *Höhenberger, Fritz* | | 1952–1955 |
| *Rindt, Eugen* | Augsburg | 1946/1947 |
| *Fischer, Josef* | | 1947–1965 |
| *Mayr, Karl Sigmund* | Mittelfranken | 1946–1952 |
| *Küßwetter, Hans* | | 1952–1965 |
| *Deggendorfer, Emanuel* | Nürnberg-Fürth | 1946 |
| *Euerl, Alfred* | | 1946–1952 |
| *Hassel, Hans* | | 1952 |
| *Schäfer, Karl* | | 1952–1977 |
| *Barth, Georg* | Oberfranken | 1946 |
| | | 1947–1949 |
| *Kroll, Gerhard* | | 1946/1947 |
| *Hergenröder, Anton* | | 1949–1976 |
| *Dürr, Kaspar* | Unterfranken | 1946 |
| *Sauer, Franz Ludwig* | | 1946–1949 |
| *Greib, Karl* | | 1949–1957 |

## Die Mitglieder des Vorstands der Landtagsfraktion der CSU 1946–1954

| Name | Funktion | Zeitraum |
|---|---|---|
| *Bachmann, Georg* | Mitglied des Fraktionsvorstands | 1949–1958 |
| *Donsberger, Josef* | Mitglied des Fraktionsvorstands | 1946–1950 |
| *Eberhard, Rudolf* | stellvertretender Fraktionsvorsitzender | 1951–1957 |
| *Gröber, Franziska* | Mitglied des Fraktionsvorstands | 1950 |
| *Haußleiter, August* | Mitglied des Fraktionsvorstands | 1946/1947 |
| | | 1948/1949 |

| | | |
|---|---|---|
| *Hundhammer, Alois* | Fraktionsvorsitzender | 1946–1951 |
| *Junker, Heinrich* | Mitglied des Fraktionsvorstands | 1950–1954 |
| *Kurz, Andreas* | Mitglied des Fraktionsvorstands | 1950–1958 |
| *Lang, Andreas* | Mitglied des Fraktionsvorstands | 1946–1948 |
| *Meixner, Georg* | Fraktionsvorsitzender | 1951–1958 |
| *Michel, Franz* | Mitglied des Fraktionsvorstands | 1948–1950 |
| *Prittwitz und Gaffron, Friedrich Wilhelm von* | stellvertretender Fraktionsvorsitzender | 1950/1951 |
| *Probst, Maria* | Mitglied des Fraktionsvorstands | 1946–1949 |
| *Rindt, Eugen* | stellvertretender Fraktionsvorsitzender | 1946–1950 |
| *Schmid, Karl* | Mitglied des Fraktionsvorstands | 1946–1950 |
| *Sühler, Adam* | Mitglied des Fraktionsvorstands | 1946–1949 |
| *Weigel, Wenzel* | Mitglied des Fraktionsvorstands | 1950–1954 |
| *Zehner, Zita* | Mitglied des Fraktionsvorstands | 1950–1958 |
| *Zillibiller, Max* | Mitglied des Fraktionsvorstands | 1950–1958 |

## Die Mitglieder der Landtagsfraktion der CSU 1946–1954

| Name | Zeitraum | Wahlkreis |
|---|---|---|
| *Allwein, Max* | 1946–1949<br>1949/1950 (frktls.) | Obb. |
| *Ammann, Erwin* | 1946–1950 | Ufr. |
| *Anetseder, Josef* | 1946–1948<br>(† 12. 12. 1948) | Ndb./Opf. |
| *Ankermüller, Willi* | 1946–1966 | Ufr. |
| *Bachmann, Georg* | 1946–1962 | 1946–1950 Ofr./Mfr.,<br>seit 1950 Mfr. |
| *Bachmann, Wilhelm* | 1950–1966 | Mfr. |
| *Baumeister, Leonhard* | 1946–1954 | Schw. |
| *Baumgartner, Joseph* | 1946–1948<br>1948–1950 (frktls.)<br>1950–1962 (BP) | Schw.<br><br>1950–1954 Obb.,<br>1954–1962 Ndb. |
| *Baur, Leonhard* | 1950–1954 | Schw. |
| *Berger, Ludwig* | 1946–1950 | Ndb./Opf. |
| *Berger, Rupert* | 1946–1950<br>1951–1958<br>(† 9. 2. 1958) | Obb. |
| *Bickleder, Karl* | 1946–1950<br>1954–1958<br>(† 4. 2. 1958) | Ndb./Opf.<br>Ndb. |
| *Brandner, Johann* | 1946–1950 | Ndb./Opf. |
| *Braun, Josef* | 1946–1950<br>1954–1966 | Ndb./Opf.<br>Ndb. |
| *Brumberger, Josef* | 1950<br>(1. 1. 1950 Nachr. f. A. Sühler) | Ofr./Mfr. |
| *Bühner, Eustach* | 1946–1949<br>(† 28. 6. 1949) | Ufr. |
| *Centmayer, Hans* | 1946–1950 | Ofr./Mfr. |
| *Deku, Maria* | 1946–1948<br>(Verz. 29. 2. 1948) | Ndb./Opf. |
| *Demmelmeier, Hans* | 1950–1953<br>(Verz. 23. 10. 1953) | Obb. |
| *Dietlein, Johann* | 1946–1950 | Ufr. |

| | | |
|---|---|---|
| *Donsberger, Josef* | 1946–1958 | 1946–1950 Ofr./Mfr., seit 1950 Mfr. |
| *Eberhard, Rudolf* | 1950–1974 | Ofr. |
| *Eder, Hans* | 1946–1954 | 1946–1950 Ndb./Opf., seit 1950 Opf. |
| *Egger, Alois* | 1946–1950 | Ndb./Opf. |
| *Ehard, Hans* | 1946–1966 | 1946–1950 Ofr./Mfr., seit 1950 Ofr. |
| *Eichelbrönner, Gottfried* | 1946–1962 | Ufr. |
| *Elsen, Franz* | 1950–1966 | Ufr. |
| *Emmert, Heinrich* | 1946–1950 | Ofr./Mfr. |
| *Englert, Rudolf* | 1949/1950 (5. 7. 1949 Nachr. f. A. Zeisslein) | Ufr. |
| *Euerl, Alfred* | 1946–1966 | 1946–1950 Ofr./Mfr., seit 1950 Mfr. |
| *Faltermeier, Josef* | 1946–1950 | Ndb./Opf. |
| *Feury, Freiherr Otto von* | 1950–1978 | Obb. |
| *Fischer, Josef* | 1946–1950 | Schw. |
| *Fischer, Karl* | 1950–1954<br>1958–1962 | Opf. |
| *Franckenstein, Freiherr Georg von und zu* | 1950–1965 († 27. 3. 1965) | Mfr. |
| *Freundl, Otto* | 1946–1970 | 1946–1950 Ndb./Opf., seit 1950 Opf. |
| *Gaßner, Wilhelm* | 1952–1959 (30. 11. 1952 Nachw. f. G. Gromer; † 14. 6. 1959) | Schw. |
| *Gehring, Georg* | 1946–1950 | Ufr. |
| *Geiger, Hugo* | 1950–1953 (Verz. 27. 10. 1953) | Ndb. |
| *Göttler, Wilhelm* | 1950–1953 († 22. 2. 1953) | Schw. |
| *Greib, Karl* | 1950–1962 | Ufr. |
| *Gröber, Franziska* | 1946–1950 | Schw. |
| *Gromer, Georg* | 1946–1952 († 23. 10. 1952) | Schw. |
| *Haaf, Karl* | 1949/1950 (18. 9. 1949 Nachr. f. M. Probst) | Ufr. |
| *Hagn, Hans* | 1946–1949 († 7. 10. 1949) | Obb. |
| *Haisch, Andreas* | 1951–1969 (17. 6. 1951 Nachw. f. G. Stang; † 4. 9. 1969) | Schw. |
| *Haniel-Niethammer, Fritz von* | 1950–1954 | Ndb. |
| *Hauck, Georg* | 1946–1950 | Ufr. |
| *Haugg, Pius* | 1946–1950<br>1950 (frktls.) | Schw. |
| *Haußleiter, August* | 1946–1949<br>1949/1950 (frktls.)<br>1950–1954 (BHE/DG)<br>1986/1987 (Die Grünen) (Verz. 25. 6. 1987) | Ofr./Mfr.<br><br>Ofr.<br>Obb. |
| *Heigl, Ludwig* | 1950–1954 | Ndb. |
| *Held, Walter* | 1946–1950 | Ndb./Opf. |
| *Helmerich, Michael* | 1950–1966 (9. 2. 1950 Nachr. f. M. Horlacher) | 1950 Ndb./Opf., seit 1950 Ndb. |

| | | |
|---|---|---|
| *Hettrich, Philipp* | 1950–1966 | Ufr. |
| *Heubl, Franz* | 1953–1990<br>(27. 10. 1953 Nachr. f. H. Demmelmeier) | 1953–1958 Obb.,<br>seit 1958 Schw. |
| *Hirschenauer, Benedikt* | 1946–1950 | Ndb./Opf. |
| *Hofmann, Engelbert* | 1950–1966 | Ufr. |
| *Horlacher, Michael* | 1946–1950<br>(Verz. 8. 2. 1950) | Ndb./Opf. |
| *Huber, Sebastian* | 1946–1970 | Obb. |
| *Hundhammer, Alois* | 1946–1970 | Obb. |
| *Huth, Friedrich* | 1946–1950 | Ufr. |
| *Jüngling, Max Josef* | 1951–1963<br>(23. 9. 1951 Nachw. f. J. Wittmann;<br>† 14. 2. 1963) | Ofr. |
| *Junker, Heinrich* | 1950–1970 | Obb. |
| *Kaifer, Albert* | 1946–1954 | Schw. |
| *Karl, Hans* | 1950–1958 | Ndb. |
| *Kerber, Ferdinand* | 1950–1954<br>1954 BP | Schw. |
| *Kraus, Engelbert* | 1946–1962 | Ufr. |
| *Krehle, Heinrich* | 1948–1958<br>(10. 12. 1948 Nachr. f. A. Lang) | Obb. |
| *Krempl, Josef* | 1946–1950 | Ndb./Opf. |
| *Kroll, Gerhard* | 1946–1950 | Mfr./Ofr. |
| *Kroth, Karl August* | 1949/1950<br>(30. 11. 1949 Nachr. f. W. Laforet) | Ufr. |
| *Kübler, Konrad* | 1946–1950 | Ndb./Opf. |
| *Kurz, Andreas* | 1946–1958 | Obb. |
| *Lacherbauer, Carljörg* | 1946–1953<br>1953/1954 (BP)<br>1954–1958 (BP) | Obb. |
| *Laforet, Wilhelm* | 1946–1949<br>(Verz. 16. 11. 1949) | Ufr. |
| *Lang, Andreas* | 1946–1948<br>(† 28. 11. 1948) | Obb. |
| *Lau, Johannes* | 1946–1950 | Schw. |
| *Lehmer, Max* | 1946–1950 | Obb. |
| *Lenz, Karl* | 1950–1954 | Schw. |
| *Lutz, Hermann* | 1949–1958<br>(30. 12. 1949 Nachr. f. F. Ziegler) | Schw. |
| *Mack, Georg* | 1946–1970 | 1946–1950 Ofr./Mfr.,<br>seit 1950 Mfr. |
| *Maderer, Andreas* | 1946–1950 | Ndb./Opf. |
| *Maier, Anton* | 1948–1950<br>(21. 12. 1948 Nachr. f. J. Anetseder) | Ndb./Opf. |
| *Mayer, Gabriel* | 1946–1950 | Obb. |
| *Meixner, Georg* | 1946–1958 | Ofr. |
| *Melchner, August* | 1949/1950<br>(17. 10. 1949 Nachr. f. H. Hagn) | Obb. |
| *Michel, Franz* | 1946–1956<br>1956–1958 (frktls.) | Obb. |
| *Müller, Josef* | 1946–1962 | 1946–1950 Ofr./Mfr.,<br>seit 1950 Obb. |
| *Nagengast, Wilhelm* | 1946–1962 | 1946–1950 Ofr./Mfr.,<br>seit 1950 Mfr. |
| *Neumann, Ferdinand* | 1946–1950 | Ndb./Opf. |
| *Nirschl, Josef* | 1946–1950 | Ndb./Opf. |

| | | |
|---|---|---|
| *Nüssel, Adam* | 1946–1950 | Ofr./Mfr. |
| *Ortloph, Klement* | 1946–1958 | 1946–1950 Ndb./Opf., seit 1950 Opf. |
| *Papstmann, Hans* | 1946–1950 | Ofr./Mfr. |
| *Pfeiffer, Anton* | 1946–1950 | Obb. |
| *Piechl, Josef* | 1946–1961 († 18. 8. 1961) | 1946–1950 Ndb./Opf., seit 1950 Ndb. |
| *Pösl, Johann* | 1948–1954 (8. 3. 1948 Nachr. f. M. Deku) | 1948–1950 Ndb./Opf., seit 1950 Opf. |
| *Prechtl, Wolfgang* | 1946–1950 | Ndb./Opf. |
| *Prittwitz und Gaffron, Friedrich von* | 1946–1954 | Ufr. |
| *Probst, Maria* | 1946–1949 (Verz. 1. 9. 1949) | Ufr. |
| *Prüschenk, Josef* | 1946–1950 | Ndb./Opf. |
| *Ramelsberger, Ludwig* | 1953–1965 (28. 10. 1953 Nachr. f. H. Geiger; † 22. 1. 1965) | Ndb. |
| *Rindt, Eugen* | 1946–1950 | Schw. |
| *Riß, Josef* | 1946–1950 | Obb. |
| *Sauer, Franz Ludwig* | 1946–1950 († 28. 3. 1950) | Ufr. |
| *Schäfer, Franz* | 1946–1950 1958–1962 | Obb. |
| *Scharf, Josef* | 1946–1949 1949/1950 (frktls.) | Ndb./Opf. |
| *Schedl, Otto* | 1950–1974 | Opf. |
| *Schefbeck, Otto* | 1946–1950 | Obb. |
| *Schlögl, Alois* | 1946–1957 († 27. 9. 1957) | Schw. |
| *Schmid, Andreas* | 1946–1950 | Ofr./Mfr. |
| *Schmid, Karl* | 1946–1954 | Obb. |
| *Schmidramsl, Hanns Martin* | 1950–1974 | Mfr. |
| *Schöner, Franz* | 1949/1950 (21. 3. 1949 Nachr. f. W. Stegerwald) | Ndb./Opf. |
| *Schraml, Josef* | 1946–1950 | Ndb./Opf. |
| *Schubert, Karl* | 1950–1954 1958–1966 | Ndb. |
| *Schuster, Georg* | 1950–1970 | Ndb. |
| *Schwägerl, Hans* | 1950 (11. 4. 1950 Nachr. f. F. L. Sauer) | Ufr. |
| *Schwalber, Josef* | 1946–1950 | Obb. |
| *Schwingenstein, August* | 1946–1948 (Verz. 18. 9. 1948) | Schw. |
| *Seidel, Hanns* | 1946–1961 († 5. 8. 1961) | Ufr. |
| *Stang, Georg* | 1946–1951 († 10. 5. 1951) | Schw. |
| *Stegerer, Wilhelm* | 1950–1954 1954 BP | Opf. |
| *Stegerwald, Wilhem* | 1946–1949 (Verz. 12. 3. 1949) | Ndb./Opf. |
| *Sterzer, Michael* | 1950–1954 | Obb. |
| *Stinglwagner, Alois* | 1946–1950 | Obb. |
| *Strathmann, Hermann* | 1946–1950 | Mfr. |
| *Strenkert, Paul* | 1950–1966 | Schw. |

| | | |
|---|---|---|
| *Strobel, Fritz* | 1946–1950 | Ofr./Mfr. |
| *Stücklen, Georg* | 1946–1950 | Ofr./Mfr. |
| *Stürmann, Josef* | 1948–1950<br>(12. 3. 1948 Nachr. f. M. Zwicknagl) | Obb. |
| *Sühler, Adam* | 1946–1949<br>(Verz. 31. 12. 1949) | Ofr./Mfr. |
| *Thaler, Rupert* | 1946–1950 | Ndb./Opf. |
| *Thanbichler, Johann* | 1950–1958 | Obb. |
| *Trepte, Hans* | 1946–1950 | Ndb./Opf. |
| *Trettenbach, Martin* | 1946–1950 | Obb. |
| *Vidal, Konstantin* | 1946–1950 | Schw. |
| *Weigel, Wenzel* | 1950–1954 | Opf. |
| *Weiglein, Otto* | 1946–1950 | Ufr. |
| *Weinkamm, Otto* | 1953–1957<br>(16. 3. 1953 Nachr. f. W. Göttler;<br>Verz. 11. 10. 1957) | Schw. |
| *Weinzierl, Alois* | 1946–1950 | Ndb./Opf. |
| *Weinzierl, Georg* | 1946–1950 | Ofr./Mfr. |
| *Winkler, Martin* | 1946–1950 | Ndb./Opf. |
| *Wittmann, Julian* | 1946–1951<br>(† 17. 8. 1951) | 1946–1950 Ofr./Mfr.,<br>seit 1950 Ofr. |
| *Witzlinger, Michael* | 1946–1950 | Ndb./Opf. |
| *Wölfel, Gustav* | 1949–1970<br>(8. 7. 1949 Nachr. f. E. Bühner) | Ufr. |
| *Wutzlhofer, Hans* | 1946–1950 | Ufr. |
| *Zehner, Zita* | 1946–1970 | Obb. |
| *Zeisslein, Anton* | 1946–1949<br>(† 10. 6. 1949) | Ufr. |
| *Ziegler, Franz* | 1948/1949<br>(30. 9. 1948 Nachr. f. A. Schwingenstein)<br>1949 (frktls.)<br>(† 27. 12. 1949) | Schw. |
| *Zillibiller, Max* | 1946–1966 | Schw. |
| *Zitzler, Georg* | 1946–1950 | Ndb./Opf. |
| *Zwicknagl, Max* | 1946–1948<br>(Verz. 5. 3. 1948) | Obb. |

## Die Mitglieder des Vorstands der CSU-Landesgruppe im Deutschen Bundestag 1949–1957

| Name | Funktion | Zeitraum |
|---|---|---|
| *Dollinger, Werner* | weiteres Mitglied | 1953–1957<br>1963–1969<br>seit 1976 |
| | stellvertretender Landesgruppen-vorsitzender | 1957–1961<br>1969–1976 |
| | Landesgruppenvorsitzender | 1961/1962 |
| *Funk, Friedrich J.* | stellvertretender Landesgruppenvorsitzender | 1953–1957 |
| *Höcherl, Hermann* | weiteres Mitglied | 1955–1957<br>seit 1961 |
| | Landesgruppenvorsitzender | 1957–1961 |
| *Horlacher, Michael* | weiteres Mitglied | 1949–1957 |

| | | |
|---|---|---|
| *Jaeger, Richard* | stellvertretender Landesgruppenvorsitzender | 1953–1955 |
| | weiteres Mitglied | 1955–1976 |
| *Schäffer, Fritz* | Landesgruppenvorsitzender | |
| | weiteres Mitglied | 1949–1961 |
| *Schütz, Hans* | weiteres Mitglied | 1949–1957 |
| | stellvertretender Landesgruppenvorsitzender | 1957–1962 |
| *Solleder, Maximilian* | stellvertretender Landesgruppenvorsitzender | 1950–1953 |
| *Strauß, Franz Josef* | geschäftsführender Landesgruppenvorsitzender | |
| | Landesgruppenvorsitzender | 1949–1957<br>1963–1966 |
| | weiteres Mitglied | 1957–1962<br>1966–1978 |
| *Stücklen, Richard* | parlamentarischer Geschäftsführer | 1953–1955 |
| | stellvertretender Landesgruppenvorsitzender | 1955–1957 |
| | weiteres Mitglied | 1957–1966<br>seit 1976 |
| | Landesgruppenvorsitzender | 1966–1976 |
| *Wacher, Gerhard* | parlamentarischer Geschäftsführer | 1956–1962 |

## Die Mitglieder der CSU-Landesgruppe im Deutschen Bundestag 1949–1957

| Name | Zeitraum | Wahlkreis/Landesliste |
|---|---|---|
| *Bauer, Josef* | 1953–1969 | Altötting |
| *Bauereisen, Friedrich* | 1949–1961 | Ansbach |
| *Bodensteiner, Hans* | 1949–1953 | Tirschenreuth |
| *Demmelmeier, Hans* | 1953–1961 | Ingolstadt |
| *Dittrich, Stefan* | 1953–1972 | Deggendorf |
| *Dollinger, Werner* | 1953–1990 | 1953–1965 Erlangen<br>1965–1972 Fürth<br>1972–1976 LL<br>1976–1990 Fürth |
| *Donhauser, Anton* | 1953–1957<br>1949–1953 (BP) | Amberg |
| *Franz, Ludwig* | 1953–1976 | Rosenheim |
| *Fuchs, Gustav* | 1949–1961 | Bad Kissingen |
| *Fugger von Glött, Fürst Josef Ernst* | 1949–1953 | Memmingen |
| *Funk, Friedrich J.* | 1949–1963<br>(† 5. 8. 1963) | Schweinfurt |
| *Geiger, Hugo* | 1953–1961 | Tirschenreuth |
| *Geisendörfer, Ingeborg* | 1953–1972 | LL |
| *Gleissner, Franz* | 1953–1972 | Miesbach |
| *Graf, Benno* | 1953–1957<br>(Wahlabkommen mit BP) | München-West |
| *Gumrum, Otto* | 1953–1957<br>(Wahlabkommen mit BP) | München-Nord |
| *Henckel von Donnersmarck, Graf Georg* | 1953–1957<br>1959–1961<br>(5. 9. 1959 Nachr. f. J. Oesterle) | LL |

| | | |
|---|---|---|
| *Höcherl, Hermann* | 1953–1976 | Regensburg |
| *Horlacher, Michael* | 1949–1957 | Forchheim |
| *Jaeger, Richard* | 1949–1980 | Fürstenfeldbruck |
| *Kahn, Karl* | 1949–1957 | Burglengenfeld |
| *Karpf, Hugo* | 1949–1957 | Aschaffenburg |
| *Kemmer, Emil* | 1949–1964<br>(Verz. 7. 10. 1964) | Bamberg |
| *Kihn, Karl Alfred* | 1953–1957 | Würzburg |
| *Klausner, Wolfgang* | 1953–1958<br>(† 17. 4. 1958) | Traunstein |
| *Kleindinst, Josef F.* | 1949–1957 | Augsburg-Stadt |
| *Kramel, Angelo* | 1953–1961 | 1953–1957 München-Ost<br>1957–1961 LL |
| *Kuchtner, Edeltraud* | 1953–1972 | LL |
| *Laforet, Wilhelm* | 1949–1953 | Würzburg |
| *Lang, Georg* | 1953–1965<br>(† 1. 6. 1965) | 1953–1957 LL<br>1957–1961 München-Ost<br>1961–1965 LL |
| *Lermer, Josef* | 1953–1964<br>(† 15. 7. 1964) | Straubing |
| *Leukert, Edmund* | 1953–1957<br>1958–1961<br>(21. 4. 1958 Nachr. f. W. Klausner)<br>1962–1965<br>(27. 6. 1962 Nachr. f.<br>G. von Manteuffel-Szoege)<br>1965–1969 | LL<br><br><br><br><br><br>LL |
| *Loibl, Martin* | 1949–1951<br>(† 17. 4. 1951) | Donauwörth |
| *Lücker, Hans August* | 1953–1980 | 1953–1965 Memmingen<br>1965–1976 Kaufbeuren<br>1976–1980 Unterallgäu |
| *Manteuffel-Szoege, Baron Georg von* | 1953–1962<br>(† 8. 6. 1962) | Schwabach |
| *Meyer, Philipp* | 1953–1962<br>(† 29. 1. 1962) | Donauwörth |
| *Miller, Anton* | 1953–1957 | LL |
| *Nickl, Christof* | 1949–1953 | Cham |
| *Niederalt, Alois* | 1953–1969 | 1953–1965 Cham<br>1965–1969 Burglengen-feld |
| *Niklas, Wilhelm* | 1951–1953<br>(Nachw. 27. 5. 1951 in Donauwörth) | |
| *Oesterle, Josef* | 1949–1959<br>(† 31. 8. 1959) | Augsburg-Land |
| *Probst, Maria* | 1949–1967<br>(† 1. 5. 1967) | Karlstadt |
| *Riederer von Paar zu Schönau, Freiherr Max* | 1953–1957 | Pfarrkirchen |
| *Rinke, Walter* | 1953–1957 | LL |
| *Schäffer, Fritz* | 1949–1961 | Passau |
| *Schatz, Josef* | 1949–1953 | Amberg |
| *Schuberth, Hans* | 1953–1957 | Landshut |
| *Schütz, Hans* | 1949–1963<br>(Verz. 5. 2. 1963) | Dillingen |
| *Seidl, Franz* | 1953–1965 | München-Land |

| | | |
|---|---|---|
| *Semler, Johannes* | 1950–1953<br>(Nachw. 14. 5. 1950 in Kulmbach) | |
| *Solleder, Maximilian* | 1949–1953 | Regensburg |
| *Spies, Josef* | 1949–1965<br>1969<br>(4. 8. 1969 Nachr. f. K. von Bayern) | Kaufbeuren |
| *Spörl, Max* | 1953–1957 | Kulmbach |
| *Spreti, Graf Karl von* | 1949–1956<br>(Verz. 5. 3. 1956) | Kempten |
| *Stiller, Georg* | 1953–1969 | 1953–1957 LL<br>1957–1961 Nürnberg<br>1961–1969 LL |
| *Strauß, Franz Josef* | 1949–1978<br>(Verz. 29. 11. 1978) | Weilheim |
| *Stücklen, Richard* | 1949–1990 | 1949–1976 Weißenburg<br>1976–1990 Roth |
| *Unertl, Franz Xaver* | 1953–1970<br>(† 31. 12. 1970) | 1953–1965 Vilshofen<br>1965–1970 Passau |
| *Wacher, Gerhard* | 1953–1963<br>(Verz. 26. 3. 1963) | 1953–1957 LL<br>1957–1961 Hof<br>1961–1963 LL |
| *Wieninger, Karl* | 1953–1969 | 1953–1965 München-Süd<br>1965–1969 LL |
| *Winter, Friedrich* | 1956/1957<br>(6. 3. 1956 Nachr. f. K. von Spreti)<br>1957–1961<br>1962–1965<br>(2. 2. 1962 Nachr. f. Ph. Meyer) | <br><br>Nürnberg-Fürth |
| *Wittmann, Franz* | 1953–1961<br>1964/1965<br>(26. 10. 1964 Nachr. f. E. Kemmer) | LL |

# 2. Geschichte und Struktur der CSU – Forschungsstand und Quellenlage

### *a) Schwerpunkte und Probleme der Forschung*[1]

„Die Erforschung der Geschichte der CSU", so bilanzierte Rudolf Morsey vor einigen Jahren, „ist wie die keiner anderen seit 1949 im Bundestag vertretenen Partei Domäne eines Autors, A[lf] Mintzel, geblieben."[2] Obwohl Mintzels grundlegende Studien nun schon vor zwei Jahrzehnten erschienen sind, müssen sie noch immer als die Standardwerke zur Entwicklung und Struktur der CSU angesehen werden, die nach wie vor den Ausgangspunkt für weitere Forschungen über diese Partei bilden. Bis dahin war die Erforschung der autonomen bayerischen Landespartei mit ihren bundespolitischen Ambitionen und Einflußmöglichkeiten weitgehend ein Desiderat der zeithistorischen und sozialwissenschaftlichen Forschung gewesen; die wissenschaftlichen Untersuchungen über die CSU ließen sich beinahe an einer Hand abzählen. Das lag zum einen daran, daß die Forschung den ambivalenten Charakter der CSU als Landes- und Bundespartei fast ausnahmslos unberücksichtigt gelassen hatte. Entgegen ihrem Selbstverständnis und entgegen der politischen Wirklichkeit wurde die CSU als Teil einer imaginären Gesamtunion betrachtet und gleichsam als ein – wenn auch besonders eigenständiger – Landesverband der CDU in die Analyse einbezogen[3]. Zum anderen war die schlechte Quellenlage ein Hindernis, an dem noch Ende der sechziger Jahre Mintzels Projekt fast gescheitert wäre. Denn ganz im Gegensatz zu ihrem Bekenntnis zur Tradition und Geschichte Bayerns vernachlässigte die CSU die Pflege ihrer eigenen Geschichte geradezu sträflich. Ein zentrales Parteiarchiv wurde in der Landesgeschäftsstelle erst 1965 eingerichtet. Die CSU selbst gab weder Geschäftsberichte noch Parteitagsprotokolle heraus, lediglich die Reden prominenter Politiker der Partei wurden als Druckschriften verbreitet; nur 1954 veröffentlichte die Landes-

---

[1] Einen sehr guten Zugriff auf die vorhandene Forschungsliteratur über Geschichte, Entwicklung und Programmatik der CSU bieten: Bibliographie zur Geschichte der CDU und CSU 1945–1980, bearb. von Gerhard Hahn, Stuttgart 1982, und Bibliographie zur Geschichte der CDU und CSU 1981–1986. Mit Nachträgen 1945–1980, bearb. von Brigitte Krahe und Michaela Seibel, Düsseldorf 1990, sowie Bibliographie zur Geschichte der CDU und CSU 1987–1990, bearb. von Thomas Saarschmidt und Hildegard Krengel, Düsseldorf 1994. Die drei Bibliographien umfassen ca. 25.000 Titel, die durch ein Personenregister, ein Sach- und Institutionenregister sowie durch ein Regionenregister dreifach erschlossen sind. Die Bearbeiter haben nicht nur Forschungsarbeiten aufgenommen, sondern auch das Schrifttum der Parteien selbst und Veröffentlichungen aus dem Bereich der politischen Publizistik.

[2] Rudolf Morsey, Die Bundesrepublik Deutschland. Entstehung und Entwicklung bis 1969, München 1987, S. 177; der neueste Forschungsstand wird kurz referiert in der 1995 erschienenen 3., überarbeiteten und erweiterten Auflage dieses Werks (S. 179f.), und bei Adolf M. Birke, Die Bundesrepublik Deutschland. Verfassung, Parlament und Parteien, München 1997, S. 8f. und S. 100f.

[3] Geradezu typisch dafür ist der Sammelband von Lange u. a., Parteien in der Bundesrepublik, aus dem Jahre 1955, der keinen eigenen Beitrag zur CSU enthält. Auch im umfangreichen Kapitel über die CDU fehlen Ausführungen zur bayerischen Unionspartei. Ähnlich auch die bereits 1954 im Manuskript abgeschlossene, aber erst 26 Jahre später veröffentlichte Studie von Gurland, CDU/CSU, die die CSU nur am Rande in die Untersuchung einbezieht. Intensiver mit der Geschichte der CSU setzte sich Ernst Deuerlein, Historiker und Ministerialbeamter in der bayerischen Staatskanzlei, auseinander; vgl. Ernst Deuerlein, CDU/CSU 1945–1957. Beiträge zur Zeitgeschichte, Köln 1957.

leitung ein Politisches Jahrbuch, das allerdings noch heute von hohem Quellenwert ist[4]. Eine Ausnahme war auch die kurze Überblicksdarstellung zur Geschichte der CSU, die der Landesvorstand anläßlich der Feiern zum 10 jährigen Bestehen der Partei bei Walter Berberich in Auftrag gegeben hatte[5]. Berberich, zwischen 1950 und 1958 Geschäftsführer des CSU-Bezirksverbands Unterfranken, konnte zu diesem Zweck neben Materialien aus der eigenen Geschäftsstelle die Akten der Landesleitung sowie die Unterlagen im Privatarchiv von Josef Müller einsehen und baute seine Studien später zu einer Dissertation aus[6] – ein Vorhaben, das dem Parteivorstand übrigens bekannt war[7]. Berberich konzentrierte sich auf die historisch-genetische Darstellung der Gründung und Entwicklung der CSU in den ersten vier Jahren ihres Bestehens, wobei er die Flügel- und Führungskämpfe sowie die Herausbildung des spannungsreichen Verhältnisses zwischen CDU und CSU besonders berücksichtigte. Zudem lieferte seine Studie erstmals detailliertere Informationen über die Wähler- und Mitgliederstruktur der Partei. Berberichs Dissertation löste jedoch nur geringes Echo aus, und die CSU war auch in den folgenden Jahren für die Wissenschaft kaum von Interesse[8].

Dies änderte sich erst mit Beginn der siebziger Jahre, als Vorgeschichte und Geschichte der Bundesrepublik zunehmend als Forschungsfeld entdeckt wurden. Auch die spätestens seit den Landtagswahlen von 1970 augenfällige politische Hegemonialisierung Bayerns durch die CSU und die wachsenden Spannungen zwischen den Unionsparteien während der sozial-liberalen Koalition, die die Sonderrolle der CSU deutlich werden ließen, mögen zu verstärktem Nachdenken über diese Partei angeregt haben[9]. 1973 war es Karl Möckl, der in einem ausführlichen Aufsatz nicht nur den bisherigen Forschungsstand zusammenfaßte, sondern auf der Basis bisher unbekannten Quellenmaterials die Führungs- und Flügelkämpfe der frühen Jahre neu interpretierte. Er bezog stärker als Berberich die besatzungspolitischen und historischen Rahmenbedingungen in seine Studien ein und versuchte, die Entwicklung der CSU von ihrer Gründung bis zur Ablösung des ersten Parteivorsitzenden Josef Müller auch begrifflich zu fassen[10].

---

[4] Vgl. Mintzel, Anatomie, S. 77–80.

[5] ACSP, CSU-LL, Protokoll der Sitzung des geschäftsführenden Landesvorstands am 13. 9. 1955. Vgl. Walter Berberich, Die CSU als neue interkonfessionell-christliche und föderalistische Mehrheitspartei. Ein Beitrag zur Geschichte der Christlich Sozialen Union in Bayern, in: Politisches Jahrbuch der CSU 1954, S. 33–53, und Walter Berberich, 10 Jahre Christlich-Soziale Union in Bayern. Arbeit, Kampf, Verantwortung und Erfolge, in: 10 Jahre CSU, S. 5–36.

[6] Vgl. Berberich, Historische Entwicklung; die Nähe Berberichs zur CSU erfordert ohne Zweifel eine besonders kritische Lektüre seiner Studie.

[7] ACSP, CSU-LL, Protokoll der Sitzung des geschäftsführenden Landesvorstands am 13. 9. 1955.

[8] Alf Mintzel, Die CSU in Bayern als Forschungsobjekt – Entwicklung, Stand, Defizite und Perspektiven der CSU-Forschung, in: Oskar Niedermayer, Richard Stöss (Hrsg.), Stand und Perspektiven der Parteienforschung in Deutschland, Opladen 1993, S. 81–118, hier S. 83, hat Berberichs Dissertation mit einiger Berechtigung als bescheidenen „Erstling" bezeichnet. Etwa zur selben Zeit entstand auch die unveröffentlichte Zulassungsarbeit von Hilde Schrepfer, Beiträge zur Frühgeschichte der CSU in Bayern, Bamberg 1965, die vor allem viele interessante Details aus der unmittelbaren Gründungszeit enthält.

[9] So Otto Stammer in seinem Vorwort zu Mintzel, Anatomie, S. 15, der vor allem auf den spektakulären Wahlerfolg der CSU bei den Landtagswahlen von 1974 abhebt, und Mintzel, CSU in Bayern, in: Niedermayer/Stöss (Hrsg.), Stand und Perspektiven, S. 83.

[10] Der Autor wertete erstmals den Nachlaß des 1967 verstorbenen Fritz Schäffer aus, der sich damals noch in Privatbesitz befand. Möckl hat von einer Auseinandersetzung zwischen „Weltanschauung"

1975 legte dann Alf Mintzel seine bahnbrechende Studie „Die CSU. Anatomie einer konservativen Partei“ vor. Das Erkenntnisziel des Soziologen war es, „eine landes- und sozialgeschichtlich fundierte und zeitlich tief abgestützte Struktur- und Entwicklungsgeschichte der CSU im Rahmen der gesellschaftlich-politischen Entwicklung Bayerns und der Bundesrepublik“ zu erarbeiten[11]. Mintzels Interesse galt dabei vor allem den weitgehend unbekannten organisationspolitischen Wandlungsprozessen konservativer Parteien in modernen Industriegesellschaften, denen er sich am Beispiel des Aufbaus, des Strukturwandels und der Organisationspolitik der CSU im Kontext der soziopolitischen Rahmenbedingungen zu nähern gedachte. In diesem Zusammenhang richtete er sein besonderes Augenmerk auf die Auswirkungen der ökonomischen Entwicklung des Freistaates[12] und auf innerbayerische Regionalismen und Spannungslinien[13] sowie deren Rückwirkungen auf die Organisation der CSU. Dementsprechend liegen die Schwerpunkte dieser Studie, die sich vom theoretischen Ansatz her als „empirisch-deskriptive Analyse“ versteht[14], auf der organisationssoziologischen Ebene und auf der Analyse der Binnenstruktur der CSU[15].

Mintzels Untersuchung zerfällt in zwei große Teile: Im ersten Hauptteil thematisiert er die Gründung der CSU als christlich-interkonfessionelle Sammlungsbewegung, das weitgehende Scheitern dieser Konzeption und die Degeneration der CSU zu einer Honoratiorenpartei in der ersten Hälfte der fünfziger Jahre. Im zweiten Hauptteil, der den Zeitraum von 1955 bis 1972 behandelt, wird die Entwicklung der CSU zu einer „Massen- und Apparat-Partei modernen Typs“[16] untersucht. Diesen Begriff, den Mintzel in Anlehnung an die Typologie Sigmund Neumanns geprägt hat, stellte er den Begriffen „Volkspartei“, „Allerweltspartei“ oder „soziale Querschnittspartei“ entgegen,

und „politische[m] Pragmatismus“ gesprochen, wobei er den Exponenten des konservativen Flügels die Rolle der Ideologen, Müller und seinen Mitstreitern diejenige der Pragmatiker zugewiesen hat, sowie von einer Auseinandersetzung zwischen den „Formprinzipien“ „Volkspartei“ oder „Honoratiorenpartei“. Einiges ist dabei sicherlich richtig erkannt, vor allem der Dauerkonflikt um den Aufbau der Partei, aber die Vertreter des Müller-Flügels in toto als Pragmatiker zu bezeichnen, hieße, die Ideologisierung des Konflikts auf beiden Seiten und auch die daraus resultierende Konsensunfähigkeit zu verkennen. Vgl. Möckl, Struktur, S. 736f. und S. 746f.

[11] Mintzel, Anatomie, S. 35.

[12] Zur Bedeutung, die Mintzel der ökonomischen Entwicklung Bayerns hinsichtlich seiner Fragestellungen beimaß, vgl. ebenda, S. 47–55.

[13] Mintzel führte diese Spannungslinien und Regionalismen auf die historische Entwicklung der „drei großen bayerischen Traditionszonen“, nämlich der altbayerischen, der schwäbischen und der fränkischen, zurück. Vgl. ebenda, S. 58–67, Zitat S. 58. Dieses Modell, das sich als durchaus brauchbares heuristisches Instrument erwiesen hat, führte Mintzel jedoch insbesondere bei der Analyse der Führungs- und Flügelkämpfe in der CSU zu überspitzten strukturalistischen Interpretationen. Mintzel hat auch in seinen letzten Arbeiten an diesem Modell festgehalten, seine Überlegungen allerdings differenziert und durch empirisches Material abgestützt; vgl. Mintzel, Regionale politische Traditionen, in: Oberndörfer/Schmitt (Hrsg.), Parteien und regionale Traditionen. Eine Einteilung in politische Regionen, die er nach sozialistischen, katholischen und bürgerlich-protestantischen „Subkulturen“ klassifizierte, nahm auch Thränhardt vor, wobei er Bayern nach seiner territorialen Entwicklung in das „protestantische Franken“, das „katholische Franken und Schwaben“ und in „Altbayern“ untergliederte. Vgl. Thränhardt, Wahlen und politische Strukturen, S. 152–180.

[14] Vgl. Mintzel, Anatomie, S. 43–47. Otto Stammer spricht dagegen in seinem Vorwort von einer über Mintzels eigene Ansprüche hinausgehenden „soziologisch-politische[n] Verlaufsanalyse, der [...] die theoretisch-methodologisch abgesicherte Konzeption der Entwicklung des Realtypus einer konservativen Partei unter den besonderen gesellschaftlich-ökonomischen Voraussetzungen der ‚politischen Kultur‘ Bayerns“ zugrundeliege. Ebenda, S. 18.

[15] Für die Schwesterpartei vgl. Schönbohm, Volkspartei.

[16] Zu diesem Begriff vgl. Mintzel, Anatomie, S. 67–71, Zitat S. 67; das folgende nach ebenda.

die er für ideologisch belastet und zu wenig trennscharf hielt[17]. Mintzels Begrifflichkeit konnte sich jedoch in der Forschung nicht durchsetzen[18].

Was die Untersuchungen des Soziologen so interessant machte, war nicht zuletzt das Quellenmaterial, das ihm zur Verfügung stand. Es gelang Mintzel im Laufe seiner Recherchen nicht nur, die Unterlagen verschiedener CSU-Politiker und die mehr oder weniger ergiebigen Bestände der Bezirksgeschäftsstellen auszuwerten, sondern auch Einsicht in die Akten der Parteileitung zu nehmen, die zu dieser Zeit noch in der Registratur der Landesgeschäftsstelle lagerten. 1967 und 1968 konnte Mintzel diese Materialien mehrere Wochen lang weitgehend unbehindert auswerten und Kopien der wichtigsten Unterlagen anfertigen. Diese geheimnisumwitterte Sammlung bildete im wesentlichen die Quellenbasis der großen Studien Mintzels sowie seiner späteren Arbeiten, die seine Forschungsergebnisse zur Geschichte der CSU um einzelne Aspekte ergänzten und aktualisierten. Als die bayerische Unionspartei dazu überging, ihr Schriftgut wieder stärker unter Verschluß zu halten, kam dem Privatarchiv Mintzels die Funktion eines Schlupflochs zu, dessen sich Historiker und Politologen für Forschungen zur Parteiengeschichte und zur Geschichte Bayerns immer wieder gerne bedienten[19].

Bei näherer Betrachtung der Sammlung Mintzel werden auch einige Desiderate und Forschungslücken verständlich, die sich wie ein roter Faden durch die Studien des Soziologen ziehen. Das Fehlen von Aktenmaterial zur Entwicklung, Struktur und Politik von Landtagsfraktion und Landesgruppe der CSU ließ die parlamentarische Repräsentanz der bayerischen Unionspartei merkwürdig blaß erscheinen und führte dazu, daß die Machtverteilung und die Konflikte zwischen den verschiedenen Entscheidungszentren weitgehend im dunkeln blieben. Zudem sind die Akten der Landesleitung nicht für alle Phasen der Geschichte der CSU von gleicher Qualität und Dichte, so daß Mintzels Studien immer wieder Lücken aufweisen oder empirisch nur schwach abgestützt sind. Dies gilt für die Entwicklung der CSU unter der Führung Hans Ehards und für den Zerfall des Parteiapparats nach 1948 ebenso wie für die Finanzierung der CSU vor 1957 und für die Organisation und Tätigkeit der Arbeitsgemeinschaften der CSU.

Nicht nur durch die Quellenlage, sondern vor allem auch durch die Konzentration auf die organisationspolitische Dimension war Mintzel gezwungen, andere wichtige Themenbereiche entweder weitgehend auszublenden oder nur kursorisch zu behandeln, beispielsweise die Entwicklung der politischen Programmatik, das nicht immer spannungsfreie Verhältnis zur CDU, die politische Arbeit der Partei in München und Bonn oder aber das Verhältnis der christlichen Partei zur evangelischen und katholischen Kirche. Zwar hatte Mintzel angekündigt, einen Teil dieser Desiderate in einer

---

[17] Grundlage der Auseinandersetzung waren die Termini „Volkspartei" und „Allerweltspartei", wie sie von Otto Kirchheimer entwickelt worden sind, sowie der Terminus „soziale Querschnittspartei" von Wolf-Dieter Narr. Zu Otto Kirchheimers Begrifflichkeit vgl. Richard Stöss, Struktur und Entwicklung des Parteiensystems in der Bundesrepublik. Eine Theorie, in: ders. (Hrsg.), Parteien-Handbuch, Bd. 1, S. 137f.

[18] Vgl. Morsey, Bundesrepublik Deutschland (3. Auflage), S. 179.

[19] Die Sammlung Alf Mintzels befindet sich seit März 1991 unter der Signatur ED 720 im Archiv des Instituts für Zeitgeschichte. Vgl. dazu Mintzel, Anatomie, S. 76–80, sowie den maschinenschriftlichen, cum ira et studio geschriebenen Erinnerungsbericht Mintzels „Mein Abschlußbericht: Die Geschichte hinter der Geschichte" vom Dezember 1993; Herr Mintzel hat mir freundlicherweise eine Kopie überlassen.

zweiten Studie zu beseitigen[20], löste dieses Versprechen jedoch nicht ein. Auch die 1977 erschienene Überblicksdarstellung „Geschichte der CSU“[21] konnte die Lücken nur teilweise schließen. Sie führte jedoch insbesondere im Bereich der ideologisch-programmatischen Entwicklung der Partei über die erste Studie hinaus[22] und untersuchte zudem wichtige Elemente ihrer politischen Praxis an ausgewählten Fallbeispielen aus Bundes- und Landespolitik.

Nach Alf Mintzel hat sich niemand mehr an eine umfassende Darstellung der Geschichte der CSU gewagt. Seine Ergebnisse und Interpretationen sind jedoch vor allem für die Jahre der Besatzung erweitert, vertieft und zum Teil relativiert worden. So ergänzten Klaus-Dietmar Henke und Hans Woller mit ihrer 1984 erschienenen Edition vertraulicher Berichte an die amerikanische Militärregierung in Bayern das bisherige Bild der Führungs- und Flügelkämpfe in der CSU durch bislang unbekannte Einzelheiten über Interna aus den Führungszirkeln der Partei. Diese gelungene Edition enthält die Gedächtnisprotokolle eines Vertrauensmannes der Besatzungsbehörden über die Sitzungen des „Ochsen-Clubs“ und des „Dienstag-Clubs“ aus den Jahren 1946–1948, wo sich CSU-Politiker regelmäßig zu Diskussionen trafen[23]. Drei Jahre später legte Winfried Becker eine Überblicksdarstellung zur Gründung und Entwicklung der Unionsparteien auf regionaler Ebene vor, die zwar nicht wesentlich über das bereits Bekannte zur frühen Geschichte der CSU hinausführt, aber doch die Möglichkeit bietet, die Entwicklung der CSU mit derjenigen der einzelnen CDU-Landesverbände zwischen 1945 und 1950 zu vergleichen[24]. Zuletzt hat sich Barbara Fait mit den Anfängen der CSU bis zur Rebellion des Bezirksverbands Oberbayern im Februar 1948 beschäftigt[25]. Bei ihrem Versuch, die Frühgeschichte der bayerischen Unionspartei mit der politischen Geschichte Bayerns zu verknüpfen und so die Wechselwirkungen zwischen innerparteilichen Auseinandersetzungen und politischen Grundsatzentscheidungen herauszuarbeiten, bleiben aber zentrale Aspekte der organisatorischen und programmatischen Entwicklung der CSU nahezu vollständig unberücksichtigt.

Ansonsten war es vor allem die bundespolitische Rolle der CSU, die das Forschungsinteresse auf sich zog. Gegenstand umfangreicherer Untersuchungen wurden ihre außen- und europapolitischen Konzeptionen, wobei Vorstellungen und Einfluß des damaligen Vorsitzenden Franz Josef Strauß besondere Berücksichtigung fanden[26].

---

[20] Vgl. Mintzel, Anatomie, S. 25.

[21] Daß diese Überblicksdarstellung explizit nicht mit der 1975 angekündigten Studie identisch ist, betonte Mintzel selbst; vgl. Mintzel, Geschichte der CSU, S. 19.

[22] Eine gründliche Untersuchung der Programmatik der bayerischen Unionspartei fehlt ebenfalls. Vgl. dazu die Beiträge von Muhler, Ideologische Grundlagen; Kirchmann, Bedeutung christlicher Werte, und Repgen, Anfänge, in: Kraus (Hrsg.), Land und Reich, Bd. 3.

[23] Der Informant der Militärregierung war Kurt Heinrich Heizmann, Mitglied der Organisation TURICUM, der sowohl an den Sitzungen des „Dienstag-Clubs“ als auch an denen des „Ochsen-Clubs“ teilnahm. Im „Ochsen-Club“ trafen sich regelmäßig die Mitstreiter Josef Müllers, der „Dienstag-Club“ war ein Diskussionszirkel von jüngeren CSU-Politikern, der eng mit der katholischen Vereinsbewegung verknüpft war. Vgl. Lehrjahre, S. 21–32.

[24] Vgl. Becker, CDU und CSU; nützlich ist der umfangreiche Quellenanhang (S. 353–448) zu Beckers Studie.

[25] Vgl. Fait, Anfänge; diese Studie basiert zu einem großen Teil auf der von Fait verfaßten Einleitung zu: Protokolle und Materialien, S. III-XCVI.

[26] Vgl. Detlef Bischoff, Franz Josef Strauß, die CSU und die Außenpolitik. Konzeptionen und Realität am Beispiel der Großen Koalition, Meisenheim am Glan 1973, und Erich Eisner, Das europäische Konzept von Franz Josef Strauß. Die gesamteuropäischen Ordnungsvorstellungen der CSU, Meisenheim am Glan 1975, sowie Christian Hacke, Die Ost- und Deutschlandpolitik der CDU/CSU. Wege

Über diese Arbeiten hinaus ist die bundespolitische Rolle der CSU allerdings weitgehend unbeachtet geblieben. So weiß man nur wenig darüber, welchen Einfluß die bayerische Unionspartei auf die Formulierung der Politik hatte, als sie in der Bundesregierung vertreten war[27], und wie sich die CSU später in der Opposition zurechtfand[28]. In diesem Kontext wären vor allem drei Themenkomplexe zu untersuchen: erstens das Verhältnis und die Koordination zwischen Bundes- und Landespolitik innerhalb der CSU, zweitens die Struktur und die Arbeitsweise der CSU-Landesgruppe in Bonn[29] sowie drittens die Politik der CSU im Bundesrat, wobei die ambivalente Funktion dieses Verfassungsorgans als Kanal zur Durchsetzung landespolitischer Interessen und als Werkzeug für parteipolitische Strategien berücksichtigt werden müßte[30].

Was die Frage nach dem Verhältnis von CDU und CSU betrifft, so ist generell zu sagen, daß hier für die Forschung ein erheblicher Nachholbedarf besteht. Neben den Arbeiten Günter Müchlers[31] sind vor allem die Protokolle der Arbeitsgemeinschaft der CDU/CSU und der Konferenzen der Landesvorsitzenden der Unionsparteien zu nennen. Diese Quellenedition gibt nicht nur Einblick in verschiedene Bereiche deutscher Nachkriegspolitik, sondern läßt auch die vergleichende Betrachtung von CDU und CSU in den vier Besatzungszonen und in einzelnen deutschen Ländern zu. Eine

---

und Irrwege der Opposition seit 1969, Köln 1975. Die Quellenbasis dieser Untersuchungen ist jedoch sehr schmal, den Autoren standen hauptsächlich veröffentlichte Reden und Schriften führender CSU-Politiker, Druckschriften der Partei sowie die politische Publizistik zur Verfügung. Vgl. zum Themenkomplex Außenpolitik auch Hans-Jürgen Grabbe, Unionsparteien, Sozialdemokratie und Vereinigte Staaten von Amerika 1945–1966, Düsseldorf 1983, und Clay Clemens, The CSU and West German Foreign Policy. The Strauß Era and beyond, in: Politics and Society in Germany, Austria and Switzerland 2 (1990), S. 16–38.

27 Vgl. den Überblick von Heinrich Oberreuter, Konkurrierende Kooperation – Die CSU in der Bundespolitik, in: Geschichte einer Volkspartei, S. 319–332; Grosser, Fritz Schäffer als Finanzminister, in: Mückl (Hrsg.), Föderalismus und Finanzpolitik; Mintzel, Geschichte der CSU, S. 363–377 und S. 381–393; Wolfgang F. Dexheimer, Koalitionsverhandlungen in Bonn 1961, 1965, 1969. Zur Willensbildung in Parteien und Fraktionen, Konstanz 1973; Daniel Koerfer, Schwierige Geburten: Regierungsbildungen 1961, 1962, 1963 und 1965, in: Wolfgang Mischnick (Hrsg.), Verantwortung für die Freiheit. 40 Jahre F. D. P., Stuttgart 1989, S. 156–162; Domes, Mehrheitsfraktion und Bundesregierung.

28 Vgl. dazu das entsprechende Kapitel bei Mintzel, Geschichte der CSU, S. 394–415, sowie auch Geoffrey Pridham, Christian Democracy in Western Germany. The CDU/CSU in Government and Opposition 1945–1976, London 1977.

29 Vgl. erste Informationen bei Wolfgang F. Dexheimer, Die CSU-Landesgruppe. Ihre organisatorische Stellung in der CDU/CSU-Fraktion, in: ZfParl 3 (1972), S. 307–313, und bei Mintzel, Franz Josef Strauß und die CSU-Landesgruppe, in: Zimmermann (Hrsg.), Anspruch und Leistung; vgl. auch Alf Mintzel, Die Rolle der CSU-Landesgruppe im politischen Kräftespiel der Bundesrepublik Deutschland, in: Politische Studien Sonderheft 1/1989, S. 113–134, und Theo Waigel, Die Rolle der CSU-Landesgruppe im Spannungsfeld von Partei, Regierung und Fraktion, in: Politische Studien Sonderheft 1/1989, S. 106–112, sowie den Überblick bei Mintzel, Geschichte der CSU, S. 345–363.

30 Vgl. Rainer Roth, Zentralgewalt und Eigenstaatlichkeit. Das Ringen um die Mitgestaltung der Bundespolitik, in: Rainer A. Roth (Hrsg.), Freistaat Bayern. Die politische Wirklichkeit eines Landes der Bundesrepublik Deutschland, München 3., überarbeitete Auflage 1982, S. 143–160.

31 Vgl. Müchler, Zum frühen Verhältnis, und Müchler, CDU/CSU. Müchler, der das Verhältnis der Unionsparteien bis in die siebziger Jahre untersucht hat, konnte neben dem Archiv der CSU-Landesleitung auch Bestände im Archiv der Bonner Landesgruppe auswerten; beachtenswert die konstruktive Kritik von Mintzel, CSU in Bayern, in: Niedermayer/Stöss (Hrsg.), Stand und Perspektiven, S. 104–108. Für die siebziger Jahre vgl. auch Wolfgang Pauly, Christliche Demokraten und Christlich-Soziale. Untersuchungen zum innerparteilichen Bündnisverhalten von CDU und CSU 1969–1979, Diss., Trier 1981.

solche Perspektive könnte es ermöglichen, die Geschichte der CSU in den ersten Jahren nach ihrer Gründung aus ihrer vielleicht nur scheinbaren Singularität herauszulösen und sowohl Besonderheiten als auch Parallelen der Entwicklung durch den historischen Vergleich mit den einzelnen Landesverbänden der Bundes-CDU in statu nascendi besser faßbar zu machen[32].

Von den Problemkomplexen, deren Ursprung vor 1949 liegt, war es vor allem das bis in die sechziger Jahre überaus spannungsreiche Verhältnis zwischen CSU und Bayernpartei, das die Aufmerksamkeit von Historikern und Politologen erregt hat. Die Entwicklung der Bayernpartei zu einem „Krisenfaktor der CSU"[33], die damit verbundene Spaltung des politischen Katholizismus insbesondere in Altbayern sowie die jahrelangen Auseinandersetzungen zwischen diesen beiden verwandten Parteien waren neben der Geschichte und Struktur der Bayernpartei selbst Gegenstand umfangreicherer Untersuchungen[34]. Die sogenannte Spielbankenaffäre als Höhepunkt der „Aufreibung und Aufsaugung"[35] dieser Konkurrenzpartei durch die CSU war dabei von besonderem Interesse, da sie weithin sichtbar den Niedergang der Bayernpartei markierte[36]. Bisher unzugängliche Quellenbestände – Nachlässe und Akten der Führungsgremien der bayerischen Unionspartei – lassen jedoch eine erneute Beschäftigung mit dem „Bruderkampf"[37] zwischen CSU und BP dringend geboten erscheinen. Daß die Auseinandersetzungen zwischen diesen beiden Parteien noch verworrener und facettenreicher waren, als man das bisher angenommen hat, zeigt beispielsweise die noch unveröffentlichte biographische Studie von Regina Vossen über den Bayernpartei-Vorsitzenden Joseph Baumgartner[38].

Über die Föderalismusthematik, die auf die CSU äußerst polarisierend wirkte, sind wir für die Zeit zwischen 1945 und 1949 hauptsächlich durch die Studien von Peter Jakob Kock unterrichtet[39]. Eine wichtige Ergänzung stellen in diesem Zusammenhang die von Rainer Salzmann edierten Protokolle der CDU/CSU-Fraktionen im Frankfurter Wirtschaftsrat und im Parlamentarischen Rat dar[40]. Sie geben nicht nur Einblick in

[32] Vgl. Unionsparteien. Ansätze dazu bei Werner Burger, Die CDU in Baden-Württemberg und die CSU in Bayern. Eine vergleichende Analyse, Freiburg 1984, und bei Rainer Nick, Schwesterparteien. CDU, CSU und Österreichische Volkspartei. Ein Vergleich, Innsbruck 1984.

[33] Mintzel, CSU, in: Stöss (Hrsg.), Parteien-Handbuch, Bd. 2, S. 687.

[34] Vgl. Wolf, CSU und BP; Mintzel, Bayernpartei, in: Stöss (Hrsg.), Parteien-Handbuch, Bd. 1, S. 395–489; Unger, Bayernpartei.

[35] Wolf, CSU und BP, S. 179.

[36] Vgl. Volkmar Gabert, Die Bedeutung der Viererkoalition und des Spielbankenuntersuchungsausschusses für die Entwicklung der politischen Verhältnisse in Bayern, in: Hans Jochen Vogel, Helmut Simon, Adalbert Podlech (Hrsg.), Die Freiheit des Anderen. Festschrift für Martin Hirsch, Baden-Baden 1981, S. 187–206, und Heinrich Senfft, Glück ist machbar. Der bayerische Spielbankenprozeß, die CSU und der unaufhaltsame Aufstieg des Doktor Friedrich Zimmermann. Ein politisches Lehrstück, Köln 1988. Senfft behandelt das Thema in der ihm eigenen polemischen Art.

[37] ACSP, NL Seidel 35 c, Rundfunkrede Alois Hundhammers am 22. 6. 1949.

[38] Vgl. Vossen, Joseph Baumgartner.

[39] Vgl. Kock, Bayerns Weg, und Peter Jakob Kock, Bayern und Deutschland. Föderalismus als Anspruch und Wirklichkeit, in: Benz (Hrsg.), Neuanfang in Bayern, S. 183–204; vgl. auch Stelzle, Föderalismus und Eigenstaatlichkeit. Zur Positionsbestimmung innerhalb der CDU/CSU vgl. Richard Ley, Föderalismusdiskussion innerhalb der CDU/CSU von der Parteigründung bis zur Verabschiedung des Grundgesetzes, Mainz 1978, und Wolfgang Benz, Föderalistische Politik in der CDU/CSU. Die Verfassungsdiskussion im „Ellwanger Kreis" 1947/48, in: VfZ 25 (1977), S. 776–820. Vgl. auch die Untersuchung von D. R. Dorondo, Bavaria and German Federalism. Reich to Republic, 1918–33, 1945–49, New York 1992.

[40] Vgl. CDU/CSU im Parlamentarischen Rat, und CDU/CSU im Frankfurter Wirtschaftsrat.

die Politik der Unionsparteien im Vorfeld der Weststaatsgründung, sondern lassen auch Rückschlüsse auf abweichende Standpunkte der CSU und auf Kontroversen unter ihren Mandatsträgern zu. Die Entwicklung des Verhältnisses zwischen Bayern und der Bundesrepublik seit 1949 im allgemeinen und die föderalistische Politik der CSU in den fünfziger und sechziger Jahren im besonderen war dagegen bis vor kurzem ein weißer Fleck in der Nachkriegsgeschichte Bayerns. Die vorzügliche Dissertation von Karl-Ulrich Gelberg schließt diese Lücke zumindest teilweise[41].

Vergeblich sucht man eine systematische Untersuchung der bayerischen Kulturpolitik seit 1945. Neben dem Föderalismusproblem gehörte dieser Politikbereich bis zum Ende der fünfziger Jahre zu den umstrittensten Themen überhaupt und löste nicht nur zwischen Parteien, Kirchen und Verbänden heftige Diskussionen aus, sondern führte auch in der CSU zu schwerwiegenden Auseinandersetzungen. Insbesondere die kulturpolitischen Konzeptionen des katholisch-konservativen Flügels der CSU, allen voran diejenigen Alois Hundhammers und Georg Meixners, erwiesen sich als permanente innere Belastung und trugen nicht unwesentlich zum Machtwechsel nach der Landtagswahl im November 1954 bei[42]. Bisher liegen jedoch lediglich zur bayerischen Schulpolitik mehrere Studien vor, wobei vor allem der Wiederaufbau des Schulwesens nach 1945 und das lange Jahre strukturell unlösbare Problem der Lehrerbildung die Aufmerksamkeit der Forschung gefunden haben[43].

Grundsätzlich ist festzustellen, daß die Regierungspolitik der CSU bislang kaum größeres Interesse gefunden hat. Die Grundprobleme sind zwar in den bekannten Überblicksdarstellungen skizziert[44], Spezialstudien zu wichtigen Bereichen fehlen jedoch. Dies gilt auch für die wirtschaftspolitischen Konzeptionen der CSU[45]. Die „späte Vollindustrialisierung" Bayerns, deren politische Steuerung nach Alf Mintzel die „sozialökonomische Hauptaufgabe der CSU" war, ist für die Sozial- und Wirtschafts-

[41] Vgl. Gelberg, Hans Ehard.

[42] Vgl. dazu Bretschneider, Viererkoalition.

[43] Vgl. Isa Huelsz, Schulpolitik in Bayern zwischen Demokratisierung und Restauration in den Jahren 1945–1950, Hamburg 1970; Sonnenberger, Rekonfessionalisierung; Buchinger, Volksschule und Lehrerbildung; Müller, Schulpolitik; Richter, Schule für Bayern. Zum Gesamtzusammenhang vgl. Georg Knauss, Kulturhoheit der Länder – Chance oder Hypothek?, in: Roth (Hrsg.), Freistaat Bayern, S. 161–174.

[44] Vgl. Baer, Ministerpräsidenten; Gruner, Fritz Schäffer und der Neubeginn, in: Mückl (Hrsg.), Föderalismus und Finanzpolitik, S. 37–66; Ernst Deuerlein, Wolf D. Gruner, Die politische Entwicklung Bayerns 1945–1972, in: Spindler (Hrsg.), Handbuch der bayerischen Geschichte, Bd. IV/1, S. 538–644; Zorn, Bayerns Geschichte, Kap. V und VI; als Einführung nützlich Hartmann, Bayerns Weg, S. 530–599; die neueste Darstellung bei Maximilian Lanzinner, Zwischen Sternenbanner und Bundesadler. Bayern im Wiederaufbau 1945–1958, Regensburg 1996; einiges auch bei Mintzel, Geschichte der CSU, S. 298–344. Zum Selbstverständnis der bayerischen Unionspartei vgl. Hans Ehard, Die CSU als Regierungspartei, in: Politisches Jahrbuch der CSU 1954, S. 55–80.

[45] Zur wirtschaftlichen Entwicklung Bayerns allgemein vgl. Schreyer, Industriestaat, sowie Erker, Keine Sehnsucht nach der Ruhr, und Paul Erker, Der lange Abschied vom Agrarland. Zur Sozialgeschichte der Bauern im Industrialisierungsprozeß, in: Matthias Frese, Michael Prinz (Hrsg.), Politische Zäsuren und gesellschaftlicher Wandel im 20. Jahrhundert. Regionale und vergleichende Perspektiven, Paderborn 1996, S. 327–360; Andreas Eichmüller, Landwirtschaft und bäuerliche Bevölkerung in Bayern. Ökonomischer und sozialer Wandel 1945–1970. Eine vergleichende Untersuchung der Landkreise Erding, Kötzting und Obernburg, München 1997. Interessante Überlegungen über die Wirkung gesellschaftspolitischer Konzeptionen finden sich in dem Beitrag von Detlev Ipsen, Thomas Fuchs, Die Modernisierung des Raumes – Blockierung und Öffnung. Raumbilder als historische Bedingung regionaler Entwicklung in Nordhessen und Oberbayern, in: 1999 6 (1991) H. 1, S. 13–33. Zur diesbezüglichen Programmatik und Politik der CSU vgl. Mintzel, Geschichte der CSU, S. 235–271; die folgenden Zitate finden sich ebenda, S. 35 und S. 49.

geschichte Bayerns nach dem Zweiten Weltkrieg von kaum zu überschätzender Bedeutung. Um so wichtiger wäre es, die strukturpolitischen Grundentscheidungen der Nachkriegszeit, ihre politische Durchsetzung und ihren Erfolg oder Mißerfolg zu erforschen[46]. Damit verbunden ist auch die Frage, wie die Modernisierungsimpulse, denen die bayerische Gesellschaft nach 1945 ausgesetzt war, auf die politische Kultur wirkten und inwieweit sie die politische Mentalität der Bevölkerung prägten[47]. Vergleichende Regional- und Lokalstudien, die eine erfolgversprechende Annäherung an den bisher lediglich konstatierten „innerbayerischen politisch-kulturellen Homogenisierungsprozeß"[48] erlauben und die Rolle, die die CSU dabei spielte, erhellen würden, sind jedoch noch nicht durchgeführt worden[49]. Auch fehlt bislang eine Untersuchung über die Landtagsfraktion der CSU, die nicht nur zu den wichtigsten innerparteilichen Entscheidungszentren zählte, sondern auch die Politik der CSU-geführten Kabinette wesentlich mitgestaltet und durchgesetzt hat[50].

Zu den Desideraten der Forschung gehört ferner das Verhältnis der CSU zu großen gesellschaftlichen Gruppen oder einflußreichen Interessenverbänden. Dabei ist die Analyse dieser wechselseitigen Beziehungen zum Verständnis von Politik und Herrschaftspraxis politischer Parteien gerade in einem politischen System überaus wichtig, das so sehr von der Dominanz einer Partei geprägt ist wie das Bayerns. Aufschlußreich wäre sicherlich, wie sich das Verhältnis zwischen der CSU und dem Bayerischen Bauernverband sowie zwischen der CSU und den Repräsentanten der Wirtschaft auf der einen und den Gewerkschaften[51] auf der anderen Seite gestaltet hat. Von besonderem Interesse wären dabei genauere Kenntnisse über den 1948 gegründeten Wirtschaftsbeirat der Union[52], einer nominell unabhängigen Vereinigung, die nicht nur bei der Finanzierung der CSU eine wichtige Rolle spielte und in der ersten Hälfte der fünfziger Jahre auch großen Einfluß auf die programmatische Entwicklung der Partei hatte, sondern sich an der Nahtstelle zwischen Partei, Staat und Wirtschaft zunehmend zu einer

[46] Vgl. Gerhard Kleinhenz, Wirtschafts- und Sozialpolitik – Die Verwirklichung einer Sozialen Marktwirtschaft durch die Landespolitik der CSU, in: Geschichte einer Volkspartei, S. 253–289.

[47] Vgl. erste Überlegungen dazu bei Alf Mintzel, Besonderheiten der politischen Kultur Bayerns. Facetten und Etappen einer politisch-kulturellen Homogenisierung, in: Dirk Berg-Schlosser, Jakob Schissler (Hrsg.), Politische Kultur in Deutschland. Bilanz und Perspektiven der Forschung, Opladen 1987, S. 295–308; Alf Mintzel, Political and Socio-Economic Developments in the Post-War Era: The Case of Bavaria 1945–1989, in: Karl Rohe (Hrsg.), Elections, Parties and Political Traditions, New York u. a. 1990, S. 145–178. Vgl. auch die Kontroverse zwischen Alf Mintzel und Jürgen Falter: Jürgen W. Falter, Bayerns Uhren gehen wirklich anders. Politische Verhaltens- und Einstellungsunterschiede zwischen Bayern und dem Rest der Bundesrepublik, in: ZfParl 13 (1982), S. 504–521; Alf Mintzel, Gehen in Bayern die Uhren wirklich anders?, in: ZfParl 18 (1987), S. 145–178; Jürgen W. Falter, Wie gehen sie nun wirklich, die bayerischen Uhren?, in: ZfParl 19 (1988), S. 113f.

[48] Mintzel, CSU, in: ders./Oberreuter (Hrsg.), Parteien in der BRD, S. 227.

[49] Im Gefolge der Pionierstudie von Woller, Gesellschaft und Politik, sind für die Besatzungszeit inzwischen mehrere Arbeiten erschienen; vgl. z. B. Dietmar Grypa, Studien zu Kriegsende und Neuanfang im Landkreis Altötting, Burghausen 1991. Für die Jahre 1945–1949 existiert auch eine Vielzahl von Diplom-, Magister- und Zulassungsarbeiten, die sich mit der Gründung und Entwicklung der CSU bis 1949 befassen und von denen einige im Literaturverzeichnis der vorliegenden Arbeit aufgeführt sind.

[50] Vgl. die Festschriften 30 Jahre Landtagsfraktion der CSU; Gerold Tandler (Hrsg.), 40 Jahre Landtagsfraktion der CSU, Würzburg 1986; In Verantwortung für Bayern.

[51] Vgl. Karl Jörg Wohlhüter, Die CSU. Der linke Flügel lahmt, in: Peter Josef Bock (Hrsg.), Im Prinzip sozial. Die großen Parteien und die Arbeitnehmer, Hannover 1976, S. 87–105.

[52] Vgl. Franz Elsen, Der Wirtschaftsbeirat, in: Politisches Jahrbuch der CSU 1954, S. 126f., und Georg Haindl, Der Wirtschaftsbeirat der CSU. Mittler zwischen Politik und Wirtschaft, in: Gesellschaftspolitische Kommentare 14 (1967), S. 236–238. Haindl war lange Jahre Vorsitzender des Wirtschaftsbeirats.

„Schaltstelle des Interessenausgleichs“[53] entwickelte. Weiterhin müßte das Verhältnis der bayerischen Unionspartei zu den christlichen Kirchen genauer als bisher analysiert werden[54]. Vordringlich ist in diesem Zusammenhang zum einen die Erforschung der selten spannungsfreien Beziehungen der CSU zur Evangelisch-Lutherischen Kirche Bayerns und der parteiinternen Bewältigung konfessioneller Konflikte als Voraussetzung für die Gewinnung des protestantischen Bevölkerungsteils in Ober- und Mittelfranken[55]. Zum anderen gilt es, das Verhältnis der CSU zur katholischen Kirche im Kontext der sozialen und politischen Veränderungen, denen die westdeutsche Gesellschaft seit den fünfziger Jahren ausgesetzt war, zu untersuchen. Alf Mintzel hat noch vor wenigen Jahren davon gesprochen, daß die Beziehung von CSU und katholischer Kirche „traditionsgemäß geradezu symbiotisch“ geblieben sei[56]. Ob dieser Befund jedoch tatsächlich tragfähig ist oder ob er – trotz der Einschränkung, daß sich die CSU durch ihre Metamorphose zu einer wirklich christlich-interkonfessionellen Partei „vom Odium [...] ‚klerikaler Abhängigkeit‘“ befreit habe – nicht den Blick auf zentrale Probleme verstellt, wird sich erst erweisen, wenn quellengesättigte Studien zu den diesbezüglichen Fragen vorliegen.

Nicht ganz so negativ fällt die Bestandsaufnahme im Hinblick auf die lange vernachlässigte Biographieforschung aus, wo sich gerade in jüngster Zeit einiges getan hat. Sprach Hans-Ulrich Wehler 1971 noch von einer „Krise der politischen Biographie“[57], so erlebt diese Form der Historiographie in den letzten Jahren unzweifelhaft eine Renaissance. Dieser Trend wirkt sich auch positiv auf die Erforschung der bayerischen Nachkriegsgeschichte im allgemeinen und auf die Erforschung der Geschichte der CSU im besonderen aus. Bis in die zweite Hälfte der achtziger Jahre hinein waren biographische Studien über führende CSU-Politiker Mangelware. Es existierten in den meisten Fällen nur skizzenhafte Darstellungen und mehr oder weniger tendenziöse Lebensbilder[58]. Erst in den letzten Jahren wurde über einige prominente Vertreter der

---

[53] So – wenn auch in anderem Zusammenhang – Möckl, Struktur, S. 751.

[54] Zum Urkonflikt der CSU zwischen Katholiken und Protestanten vgl. Kühnel, Fränkischer Protestantismus; Renner, Nachkriegsprotestantismus; Hermann Ehlers. Präsident des Deutschen Bundestages. Ausgewählte Reden, Aufsätze und Briefe 1950–1954, bearb. von Rüdiger Wenzel, hrsg. und eingel. von Karl Dietrich Erdmann, Boppard am Rhein 1991; Frederic Spotts, Kirchen und Politik in Deutschland, Stuttgart 1976; Trippen, Interkonfessionelle Irritationen, in: Bracher u. a. (Hrsg.), Staat und Parteien. Zum Verhältnis der CDU bzw. CSU zur katholischen Kirche vgl. Rudolf Morsey, Katholizismus und Unionsparteien in der Ära Adenauer, in: Albrecht Langner (Hrsg.), Katholizismus im politischen System der Bundesrepublik 1949–1963, Paderborn 1978, S. 33–59; Thomas M. Gauly, Katholiken. Machtanspruch und Machtverlust, Bonn 1991; Thomas Grossmann, Zwischen Kirche und Gesellschaft. Das Zentralkomitee der deutschen Katholiken 1945–1970, Mainz 1991; Bernhard Lehmann, Katholische Kirche und Besatzungsmacht in Bayern 1945–1949 im Spiegel der OMGUS-Akten, München 1994.

[55] Welche Rolle dabei der Evangelische Arbeitskreis der CSU spielen konnte, wäre genauer zu analysieren. Vgl. dazu Egen, Entstehung; Roman Herzog, Die geistigen Grundlagen der freiheitlichen Gesellschaftsordnung. Zugleich: zu den Aufgaben des Evangelischen Arbeitskreises der CDU/CSU in Politik und Kirche, in: Hermann Kunst, Helmut Kohl, Peter Egen (Hrsg.), Dem Staate verpflichtet. Festgabe für Gerhard Schröder, Stuttgart, Berlin 1980, S. 157–169, und Besier, Christliche Parteipolitik.

[56] Mintzel, CSU in Bayern, in: Niedermayer/Stöss (Hrsg.), Stand und Perspektiven, S. 100; das folgende Zitat ebenda.

[57] Hans-Ulrich Wehler, Zum Verhältnis von Geschichtswissenschaft und Psychoanalyse, in: ders. (Hrsg.), Geschichte und Psychoanalyse, Köln 1971, S. 9–30, hier S. 9f.; vgl. auch Hagen Schulze, Die Biographie in der „Krise der Geschichtswissenschaft“, in: GWU 29 (1978), S. 508–518.

[58] Vgl. z. B. Josef H. Mauerer, Aus dem Leben und politischen Wirken des Dr. Josef Müller (Ochsensepp) 1945–1965, München 1967.

bayerischen Unionspartei eine politische Biographie verfaßt. Den Anfang machte 1987 Christiane Reuter mit ihrer Studie über Anton Pfeiffer, den Stabschef Hans Ehards, der als ehemaliger Generalsekretär der BVP nach 1945 in den Führungs- und Flügelkämpfen auf der Seite Fritz Schäffers und Alois Hundhammers stand[59]. 1991 erschien Friedrich Hermann Hettlers Biographie über Josef Müller, eine der schillernden Figuren, an denen die bayerische Politik nicht eben arm ist[60]. Eine Studie über den Ochsensepp war auch unter dem Gesichtspunkt der Parteigeschichte seit langem wünschenswert. Da Hettler jedoch nicht auf den materialreichen Nachlaß Josef Müllers zurückgreifen konnte, bleibt seine Studie zumindest für die Zeit nach 1945 blaß und liefert nur an wenigen Stellen neue Erkenntnisse[61].

Von Müllers Gegnern hat vor allem Fritz Schäffer in jüngster Zeit die Aufmerksamkeit der historischen Forschung gefunden. Aus Anlaß seines 100. Geburtstages fand 1988 an der Universität Passau ein Symposion statt, dessen Beiträge zwei Jahre später als „Gedenkschrift für Fritz Schäffer" veröffentlicht wurden[62]. Mittlerweile sind auch zwei Dissertationen über den BVP-Vorsitzenden und späteren Bundesfinanzminister fertiggestellt worden, in denen die politische Biographie Schäffers detailliert aufgearbeitet ist[63]. Dagegen fehlt noch immer eine wissenschaftliche Studie über Alois Hundhammer, die aber angesichts der Quellenlage – der Nachlaß gilt als verschollen – nicht zu erwarten ist[64]. Dasselbe gilt für den Bamberger Domkapitular und Päpstlichen Hausprälaten Georg Meixner, dessen Nachlaß ebenfalls verloren ist[65]. Auch Hans Ehard stand bis Anfang der achtziger Jahre im Abseits der Forschung. Es war dann vor allem Rudolf Morsey, der sich in mehreren Aufsätzen mit Ehard beschäftigte, wobei für ihn vor allem die politische Rolle des bayerischen Ministerpräsidenten im Prozeß der Gründung eines deutschen Weststaates von Interesse war[66]. Die erste umfangreiche Studie über Hans Ehard, aus der Feder von Karl-Ulrich Gelberg, hebt ebenfalls

---

59 Vgl. Reuter, Anton Pfeiffer. Die Autorin betont in ihrer Studie die Autonomie der politischen Vorstellungen Pfeiffers gegenüber denjenigen Hundhammers und Schäffers; ebenda, S. 128f.

60 Vgl. Hettler, Josef Müller. Zur Verwicklung Müllers in die „Arisierung" jüdischen Eigentums vgl. das cum ira et studio verfaßte Kapitel „Kratzen an einer Legende: Die Eidenschink-Konsorten und der ‚Ochsensepp'" in dem Buch von Ludwig, Boykott, Enteignung, Mord, S. 87–103.

61 So zur Ausschaltung Müllers bei der ersten parlamentarischen Regierungsbildung in Bayern nach Kriegsende (S. 274–310) und zur gleitenden Entmachtung des CSU-Vorsitzenden 1948/1949 (S. 390–409). Eine intensivere Auswertung der vorhandenen Quellen und der Literatur wäre ebenso wünschenswert gewesen wie ein kritischerer Umgang mit Müllers Memoiren.

62 Vgl. Mückl (Hrsg.), Föderalismus und Finanzpolitik. Hervorzuheben ist vor allem der Beitrag Grossers über Fritz Schäffer als Bundesfinanzminister.

63 Vgl. Henzler, Fritz Schäffer. Henzlers umfangreiche Arbeit ist vor allem für die Frühgeschichte der CSU von Bedeutung, während sie Schäffers Rolle in der CSU nach 1949 nur am Rande berührt. Zur politischen Biographie Schäffers vor 1945 vgl. Altendorfer, Fritz Schäffer, und Otto Altendorfer, Fritz Schäffer. Politik in schwierigen Zeiten. Eine Studie zum 100. Geburtstag (1888–1988), in: Politische Studien 39 (1988), S. 305–322, sowie Hartmann/Altendorfer (Hrsg.), 100 Jahre Fritz Schäffer.

64 Zu Hundhammer vgl. Zittel, Alois Hundhammer, in: Aretz/Morsey/Rauscher (Hrsg.), Zeitgeschichte in Lebensbildern, Bd. 5, und Paul Hussarek, Hundhammer. Weg des Menschen und Staatsmannes, München 1951. Im ACSP wird lediglich ein unergiebiger Nachlaßsplitter verwahrt.

65 Vgl. jetzt Blessing, Georg Meixner.

66 Vgl. Rudolf Morsey, Föderalismus im Bundesstaat. Die Rolle des bayerischen Ministerpräsidenten Hans Ehard in der Vor- und Frühgeschichte der Bundesrepublik Deutschland, in: HJb 108 (1988), S. 430–447; Rudolf Morsey, Hans Ehard (1887–1980), in: GiW 2 (1987), S. 71–89; Rudolf Morsey, Zwischen Bayern und der Bundesrepublik. Die politische Rolle des bayerischen Ministerpräsidenten Hans Ehard 1946–1949, in: Juristenzeitung 36 (1981), S. 361–370; Vgl. auch Dieter Albrecht, Hans Ehard (1887–1980), in: Aretz/Morsey/Rauscher (Hrsg.), Zeitgeschichte in Lebensbildern, Bd. 5, S. 266–280.

primär auf die staatspolitische Ebene ab. Gelberg analysiert die föderalistische Politik und die dahinterstehenden Konzeptionen des bayerischen Ministerpräsidenten zwischen 1946 und 1954, während ihn Ehards Rolle als Landesvorsitzender der CSU erst in zweiter Linie interessiert[67]. Eine biographische Untersuchung zu Hanns Seidel hat Hans Ferdinand Groß 1992 vorgelegt[68]. Diese Studie leidet allerdings unter dem Manko, daß sie den Einfluß Seidels auf die Reorganisation der CSU nach seiner Wahl zum Parteivorsitzenden im Januar 1955 ebensowenig aufzeigt wie seinen Einfluß auf die bayerische Politik während seiner Zeit als Wirtschaftsminister und vor allem als Ministerpräsident. Eine wissenschaftliche Aufarbeitung der politischen Biographie von Franz Josef Strauß steht dagegen noch aus. Neben einer Vielzahl von publizistisch-polemischen Beiträgen existieren einige knappe Überblicksdarstellungen, die zum Teil erst vor kurzem erschienen sind[69]. Eine aus dem umfangreichen Nachlaß gearbeitete biographische Studie über den CSU-Vorsitzenden und Ministerpräsidenten darf mit Spannung erwartet werden.

Man betritt also bei der Erforschung von Geschichte, Struktur und Politik der CSU kein Neuland mehr, allerdings bleibt noch viel zu tun. Die Rahmenbedingungen für diesbezügliche Arbeiten sind jedoch günstiger als je zuvor, da die CSU ihrer eigenen Geschichte in den letzten Jahren offensichtlich mehr Aufmerksamkeit geschenkt und in diesem Sinne auch wissenschaftliche Untersuchungen gefördert hat. 1986 wurde das Archiv für Christlich-Soziale Politik als neues und eigenständiges Referat in die Akademie für Politik und Zeitgeschehen der Hanns-Seidel-Stiftung eingegliedert und mit der Sammlung und archivalischen Erschließung von parteiinternem Schriftgut sowie von Nachlässen betraut[70]. Mittlerweile ist auch eine eigene Schriftenreihe ins Leben gerufen worden, deren erster Band 1992 erschienen ist. Die Öffnung der CSU für ihre eigene Geschichte setzte sich mit den Feierlichkeiten zum 50 jährigen Gründungsjubiläum der Partei im Herbst 1995 fort. Die Parteiführung veranstaltete nicht nur ein medienwirksames Spektakel in der Münchner Olympiahalle, das einmal mehr der Selbstdarstellung der CSU als der einzig legitimen Vertreterin Bayerns galt. Ein mehr als 800 Seiten dickes Sammelwerk sollte überdies die Entwicklung der CSU dokumentieren. Mit dem Sammelband „Geschichte einer Volkspartei. 50 Jahre CSU" liegt tatsächlich so etwas wie eine Bestandsaufnahme des gegenwärtigen Forschungsstandes vor. Elf Aufsätze zu zentralen Aspekten der Parteigeschichte werden ergänzt durch ausgewählte Quellentexte, Erinnerungsinterviews mit so wichtigen Entscheidungsträgern wie Werner Dollinger, Franz Heubl oder Friedrich Zimmermann und einen Anhang, der biographische Daten, eine Zeittafel, Mitgliederzahlen und Wahlergebnisse enthält.

---

67 Zu Gelbergs Ehard-Biographie vgl. Rudolf Morsey, Das föderalistische Konzept Hans Ehards. Ansprache anläßlich der Präsentation des Buches von Karl-Ulrich Gelberg über den bayerischen Ministerpräsidenten, in: ZfBLG 56 (1993), S. 769–775.

68 Vgl. Groß, Hanns Seidel.

69 Vgl. Alf Mintzel, Franz Josef Strauß, in: Walther L. Bernecker, Volker Dotterweich (Hrsg.), Persönlichkeit und Politik in der Bundesrepublik Deutschland. Politische Porträts, Bd. 2, Göttingen 1982, S. 196–208; Horst Möller, Franz Josef Strauß 1915–1988, in: Lothar Gall (Hrsg.), Die großen Deutschen unserer Epoche, Berlin 1995, S. 535–553; Krieger, Franz Josef Strauß. Von der Vielzahl der publizistisch-polemischen Darstellungen sei lediglich genannt Erich Kuby u. a., Franz Josef Strauß. Ein Typus unserer Zeit, Wien u. a. 1963.

70 Vgl. die Broschüre „ACSP-Informationen" von 1989, S. 1.

Ein großes Forschungsprojekt zur Geschichte Bayerns und der CSU auf der Basis „der arbeitsteiligen Annäherung und interdisziplinären Zusammenarbeit von Geschichtswissenschaft und Sozialwissenschaft, von Landesgeschichte, politischer Zeitgeschichte und sozialwissenschaftlicher Struktur- und Prozeßanalyse“, wie es Alf Mintzel vor einigen Jahren gefordert hat[71], ist jedoch derzeit nicht in Sicht.

### *b) Quellenlage*

Gedruckte Quellen zur Geschichte der CSU stehen nach wie vor nur in sehr begrenztem Umfang zur Verfügung. Lediglich für die Phase der „Lehrjahre der CSU“ bis 1949 sind wichtige Materialien publiziert worden. An erster Stelle ist hier die schon angesprochene Edition von Klaus-Dietmar Henke und Hans Woller zu nennen, wobei quellenkritisch anzumerken ist, daß hier keine internen Dokumente aus den Gremien der CSU veröffentlicht wurden, sondern die Aufzeichnungen eines gut unterrichteten Gewährsmannes der amerikanischen Militärregierung, die die Konflikte und Gegensätze in der Partei mehrfach gebrochen widerspiegeln. Ebenfalls bereits Erwähnung fand die Edition der Protokolle der Arbeitsgemeinschaft der CDU/CSU und der Konferenzen der Landesvorsitzenden, die vor allem Einblick geben in die Phase der Formierung der CDU und der Sonderentwicklung der CSU zur autonomen Landespartei, aber auch über wichtige Fragen der staatlichen Entwicklung Deutschlands vor und nach der Gründung der Bundesrepublik informieren. Primär waren die Fraktionen von CDU und CSU im Frankfurter Wirtschaftsrat und im Parlamentarischen Rat mit diesen Problemen beschäftigt, deren Sitzungsprotokolle ebenfalls ediert vorliegen.

Mit der 1993 im Auftrag des Instituts für Zeitgeschichte veröffentlichten Dokumentation „Die CSU 1945–1948“ konnte die Forschung zur stürmischen Geschichte der bayerischen Unionspartei in den ersten Jahren der Ära Müller auf eine neue Grundlage gestellt werden[72]. Diese bisher einzige geschlossene Sammlung parteiinterner Quellen zur Geschichte der CSU enthält auf fast 1700 Seiten die bislang nur schwer oder überhaupt nicht zugänglichen Protokolle der vorläufigen Gründungs- und Führungsgremien der CSU, der Landesausschußsitzungen und der Landesversammlungen von September 1945 bis Februar 1948; lediglich die Protokolle des Landesvorstands fehlen. Diese 32 Dokumente, teils Ergebnis-, teils Verlaufs-, überwiegend jedoch Wortprotokolle, ermöglichen eine intensive Auseinandersetzung mit den politischen Grundproblemen der CSU und den parteiinternen Führungs- und Flügelkämpfen. In einem umfangreichen Anhang finden sich zudem neben wichtigen Materialien zur organisatorischen und programmatischen Entwicklung der bayerischen Unionspartei mehr als 570 Kurzbiographien, die sich fast ausschließlich auf Gründungsmitglieder der CSU vom Landesvorstand bis zu den Kreis- und Ortsvorsitzenden beziehen. Ob und in welcher Form diese Dokumentation zu einer Neuinterpretation der frühen CSU-Geschichte beitragen wird, bleibt abzuwarten. Möglicherweise wird man – wie schon 1946 der Historiker Hermann Mau nach Gesprächen mit Josef Müller und Friedrich

[71] Mintzel, CSU in Bayern, in: Niedermayer/Stöss (Hrsg.), Stand und Perspektiven, S. 118.

[72] Die hier veröffentlichten Dokumente finden sich zum Teil auch abgedruckt im Quellenteil von Geschichte einer Volkspartei, S. 424–475, der für die Jahre 1945 bis 1949 darüber hinaus noch einige interessante Ergänzungen liefert.

Wilhelm von Prittwitz-Gaffron – die innovativen Potentiale dieser Partei stärker gewichten müssen als die restaurativen[73].

Für die fünfziger und frühen sechziger Jahre gibt es dagegen so gut wie keine publizierten Quellenmaterialien. Einiges findet sich in der neunbändigen Edition Ossip K. Flechtheims, die in der Hauptsache Satzungen, programmatische Dokumente oder Presseveröffentlichungen, aber auch so wichtige interne Materialien wie Auszüge aus den vertraulichen Rechenschaftsberichten der CSU-Generalsekretäre enthält[74]. Ansonsten ist vor allem der Rückgriff auf die bis 1961 ediert vorliegenden Protokolle des Bundesvorstands der großen Schwesterpartei CDU hilfreich[75]. In diesem Gremium wurde nicht nur immer wieder aus bundespolitischem Blickwinkel über innerbayerische Entwicklungen oder die CSU betreffende Fragen gesprochen, oft genug kamen die Exponenten der bayerischen Union auch selbst zu Wort.

Diese publizierten Dokumente wurden für die vorliegende Studie ebenso ausgewertet wie verschiedene Periodika der CSU, wobei für die Jahre zwischen 1946 und 1948 vor allem die Mitteilungen der Christlich-Sozialen Union und die Halbmonatsschrift Bayerische Rundschau zu nennen sind. Während das Mitteilungsblatt vorwiegend über aktuelle politische Fragen informierte, war die Bayerische Rundschau mehr programmatisch orientiert. Im Herbst 1948 wurden diese beiden Blätter zugunsten der Wochenzeitung Der Gerade Weg eingestellt, die als offizielles Publikationsorgan der CSU diente, bis sie im Mai 1949 aus Geldmangel ebenfalls aufgegeben werden mußte. Als langlebiger erwiesen sich der erstmals 1950 erschienene Bayern-Kurier und die von der Landtagsfraktion herausgegebene CSU-Correspondenz, in der sich unter anderem die Konflikte zwischen Parteiführung und Fraktion sowie zwischen der Landtagsfraktion und der CSU-Landesgruppe in Bonn widerspiegeln.

Konsultiert wurden selbstverständlich auch die wenigen Memoiren und Autobiographien von führenden Politikern der CSU. 1975, vier Jahre vor seinem Tod, veröffentlichte Josef Müller seine Erinnerungen, deren Hang zur Selbststilisierung nicht zu übersehen ist[76]. Der erste Landesvorsitzende der CSU legte den Schwerpunkt seiner Memoiren auf seine Aktivitäten im Widerstand gegen das NS-Regime und beschäftigte sich lediglich im letzten Abschnitt mit seiner politischen Karriere bis 1949. Von Müllers Widersachern hat lediglich Fritz Schäffer fragmentarische Erinnerungen niedergeschrieben[77], von Alois Hundhammer existieren nur wenige Seiten über seinen „Beitrag zur bayerischen Politik"[78], und auch Hans Ehard hat nur ein kurzes Manuskript hin-

---

[73] Vgl. Hermann Graml, Zur Frage der Demokratiebereitschaft des deutschen Bürgertums nach dem Ende der NS-Herrschaft. Hermann Maus Bericht über eine Reise nach München im März 1946, in: Wolfgang Benz (Hrsg.), Miscellanea. Festschrift für Helmut Krausnick zum 75. Geburtstag, Stuttgart 1980, S. 149–168, hier S. 161.

[74] Vgl. das neunbändige Quellenwerk Dokumente zur parteipolitischen Entwicklung, das zwischen 1962 und 1971 in Berlin erschienen ist.

[75] Vgl. Adenauer: „Es mußte alles neu gemacht werden." Die Protokolle des CDU-Bundesvorstands 1950–1953, bearb. von Günter Buchstab, Stuttgart 1986; CDU-Bundesvorstandsprotokolle 1953–1957; Adenauer: „... um den Frieden zu gewinnen." Die Protokolle des CDU-Bundesvorstands 1957–1961, bearb. von Günter Buchstab, Düsseldorf 1994.

[76] Vgl. Müller, Konsequenz.

[77] Vgl. Fritz Schäffer, Die Zeit der ersten Ministerpräsidentschaft in Bayern nach dem Zusammenbruch im Jahre 1945, München 1963, sowie Fritz Schäffer, Die Bayerische Volkspartei (BVP), in: Politische Studien 14 (1963), S. 46–63.

[78] Vgl. Alois Hundhammer, Mein Beitrag zur bayerischen Politik 1945–1965, München 1965.

terlassen[79]. Ein Jahr nach dem Tod von Franz Josef Strauß erschienen die Fragment gebliebenen Memoiren des langjährigen CSU-Vorsitzenden. Die Entwicklung der CSU und der Aufstieg Strauß' in der Partei nehmen dabei allerdings erstaunlich wenig Raum ein[80]. Auch Friedrich Zimmermann blendet in seinen 1991 erschienenen Memoiren die Geschichte der CSU in den fünfziger Jahren und seine eigene Tätigkeit als Generalsekretär weitgehend aus[81].

Verglichen mit der Situation in den sechziger und siebziger Jahren, als die ersten empirischen Studien über die Entwicklung und Struktur der CSU entstanden, hat sich die Quellenlage in letzter Zeit erheblich verbessert, ohne daß sie jedoch uneingeschränkt als befriedigend oder gar als gut bezeichnet werden kann. Für diese Verbesserung sind vor allem die Abgabe umfangreicher Quellenbestände an verschiedene Archive und die deutlich liberalere Genehmigungspraxis der zuständigen Parteiinstanzen verantwortlich. Das Archiv für Christlich-Soziale Politik der Hanns-Seidel-Stiftung verfügte schon 1989 über rund 1000 laufende Meter an Archivalien, darunter Registraturgut der Parteiorganisation, Materialien der Landtagsfraktion und der Bonner Landesgruppe sowie mehr als 60 Nachlässe bzw. Handakten von Politikern, die der CSU entweder selbst angehörten oder ihr nahestanden[82]. Gemäß seinem Selbstverständnis „als Zentralarchiv der Christlichen Demokratie in Deutschland" sammelte auch das Archiv für Christlich-Demokratische Politik der Konrad-Adenauer-Stiftung Nachlässe und Teilnachlässe von CSU-Politikern[83]. Die Bestandsübersicht des ACDP von 1992 verzeichnet mehr als 30 solcher Nachlässe, darunter Unterlagen der Bundesminister Siegfried Balke, Wilhelm Niklas und Hans Schuberth.

Die archivalische Basis der vorliegenden Studie ruht gleichsam auf vier Säulen. Zum einen ist das Schriftgut der Parteiorganisation und des Parteiapparats der bayerischen Unionspartei zu nennen, das sich im ACSP befindet. Die dazugehörenden Sitzungsprotokolle des geschäftsführenden Landesvorstands, des Landesvorstands, des Landesausschusses und der Landesversammlungen der CSU wurden nebst allen Anlagen bis 1963 in ihrer Gesamtheit ausgewertet. Die Sitzungen des geschäftsführenden Landesvorstands und des Landesvorstands sind für die Zeit bis 1950 und ab 1954 relativ dicht dokumentiert, für den Zeitraum dazwischen bestehen dagegen große Lücken, die sich auch durch ausgedehnte Recherchen in Nachlässen nicht schließen ließen[84]. Die Über-

[79] Vgl. Hans Ehard, Tatsachen und Zusammenhänge aus meiner elfjährigen Ministerpräsidentschaft, München 1964. Überdies existiert eine Sammlung von Reden des Ministerpräsidenten und CSU-Vorsitzenden: Ehard, Bayerische Politik.

[80] Strauß, Erinnerungen; Strauß geht vor allem im Kapitel „Bayern und die CSU" auf die Entwicklung seiner Partei ein, wobei die Auseinandersetzungen mit der Bayernpartei und Fragen der Kulturpolitik breiteren Raum einnehmen.

[81] Vgl. Zimmermann, Kabinettstücke.

[82] Vgl. die Broschüre „ACSP-Informationen" von 1989.

[83] Die Bestände des Archivs für Christlich-Demokratische Politik der Konrad-Adenauer-Stiftung. Kurzübersicht, Melle 3., veränderte und aktualisierte Auflage 1992, S. VI.

[84] Als besonders problematisch hat sich auch die Form der Überlieferung erwiesen. Für die Jahre zwischen 1953 und 1963 liegen ca. 50 Sitzungsprotokolle ausschließlich als teilweise sehr umfangreiche stenographische Aufzeichnungen vor. Vermutlich war der Mangel an Arbeitskräften im Generalsekretariat dafür verantwortlich, daß die Reinschrift der Protokolle zeitweise unterblieb. Für die Jahre 1954, 1956 bis 1959 und 1962 existieren die Protokolle nahezu ausschließlich in der Form stenographischer Aufzeichnungen. Diese Stenogramme, die sich zum Teil in schlechtem Zustand befinden, könnten nur von Fachleuten anhand der Originale transkribiert und damit für die Forschung erschlossen werden.

lieferung der Protokolle von Landesausschuß und Landesversammlung ist dagegen weit weniger gestört. Wurden Aufzeichnungen über die oftmals mehrtägigen Sitzungen dieser Gremien angefertigt, so haben sich diese in den meisten Fällen auch erhalten, wobei einschränkend zu bemerken ist, daß bestimmte Tagesordnungspunkte, zu denen kontroverse Diskussionen zu erwarten waren, insbesondere in den Jahren 1949 bis 1955 nicht protokolliert wurden.

Demgegenüber scheinen sich bis Mitte der sechziger Jahre nur wenige Akten der Landesgeschäftsstelle und des Generalsekretariats der CSU erhalten zu haben, sieht man von den teilweise umfangreichen Anlagen zu den Sitzungsprotokollen einmal ab, die Unterlagen zu Satzungsfragen, zur politischen Programmatik, zur organisatorischen Entwicklung der Partei oder zu Kandidatenaufstellungen für Land- und Bundestagswahlen enthalten. Die Arbeit der Parteizentrale läßt sich aus diesem Grund ebenso nur unzureichend fassen wie Funktionsweise, Reform und Ausbau des Parteiapparats. Daß die Registratur der Landesleitung bis in die Ära Strauß hinein als weitgehend verloren angesehen werden muß, ist vielleicht das größte Manko für alle weiteren Studien zur organisatorischen Entwicklung der bayerischen Unionspartei. Erschwerend kommt hinzu, daß sich dieser Quellenbestand nur bedingt rekonstruieren läßt, da das Schriftgut der horizontalen und vertikalen Untergliederungen und Suborganisationen – von Ausnahmen abgesehen – für diese Jahre ebenfalls unergiebig ist[85]. Am meisten findet sich noch in den Nachlässen von Josef Müller und Hans Ehard sowie in der Korrespondenz zwischen der Landesleitung und den Geschäftsstellen der Landtagsfraktion und der Landesgruppe.

Der zweite große Quellenbestand, der dieser Studie zugrunde liegt, ist das Schriftgut der CSU-Fraktion im bayerischen Landtag[86]. Diese umfangreichen Materialien – für die vier Legislaturperioden (1946 bis 1962) mehrere hundert Aktenordner – waren der Forschung bisher weitgehend verschlossen. Lediglich Peter Jakob Kock konnte für seine Arbeiten über Föderalismus und Föderalismuspolitik in Bayern für die Jahre 1946 bis 1949 auf die Sitzungsprotokolle der Unionsfraktion zurückgreifen. Die Akten der Landtagsfraktion umfassen neben diesen Protokollen, die anders als die Niederschriften über die Sitzungen des Landesvorstands weitgehend lückenlos überliefert sind, die Korrespondenz der Fraktionsvorsitzenden und der Fraktionsgeschäftsstelle, Materialsammlungen zu den einzelnen Abgeordneten sowie zu den wichtigsten Fragen bayerischer und deutscher Politik. Einzelne Problemfelder – z. B. Schulpolitik und Lehrerbildung, Föderalismus, das Verhältnis zur Bayernpartei oder zur SPD – sind erstaunlich dicht dokumentiert. Dieses Material ermöglicht es beispielsweise, nach Kontinuitäten und Zäsuren in der Politik der CSU zu fragen. Für die vorliegende Untersuchung ist unter anderem das Verhältnis zwischen Parteiführung und Frak-

[85] Die Quellenbestände Junge Union und Frauen-Union im ACSP erwiesen sich als unergiebig, aus dem Bestand EAK der CSU ließen sich jedoch wichtige Erkenntnisse gewinnen. Die Geschichte der Arbeitsgemeinschaften der CSU ist noch weitgehend unbekannt; zur JU vgl. Jürgen Mittrücker, Junge Union und CSU, dargestellt am Beispiel des Regierungsbezirks Oberfranken bis 1983. Die Junge Union als Arbeitsgemeinschaft der CSU, unveröffentlichte Diplomarbeit, Bamberg 1984.

[86] Vgl. dazu Claus Brügmann, Die Fraktionsakten der Christlich-Sozialen Union (CSU) im Archiv für Christlich-Soziale Politik der Hanns-Seidel-Stiftung, in: Günter Buchstab (Hrsg.), Parteien im Parlament. Fraktionsakten in europäischen Partei- und Parlamentsarchiven. Tagung der Sektion der Archive und Archivare der Parlamente und politischen Parteien im Internationalen Archivrat. Budapest 17.–19. November 1995, St. Augustin 1997, S. 28–31.

tionsmehrheit von wesentlicher Bedeutung, das lange Zeit gespannt war. Die Akten der Landtagsfraktion lassen es nicht nur zu, den Dualismus zwischen Partei und Fraktion in seiner ganzen Tragweite zu erfassen und zu beurteilen, sondern liefern darüber hinaus wertvolle Ergänzungen zur lückenhaften Überlieferung der Landesleitung.

Nach den ersten Bundestagswahlen im August 1949 trat mit der Landesgruppe der CSU im Deutschen Bundestag ein Gremium ins Leben, das sich gleichsam als Fraktion innerhalb der gemeinsamen CDU/CSU-Fraktion konstituierte und sich in kurzer Zeit neben den Führungsgremien der Parteiorganisation und der Landtagsfraktion zu einem weiteren Gravitationszentrum politischer Macht entwickelte. Die Protokolle der Landesgruppensitzungen galten bis vor wenigen Jahren als geheime Verschlußsache und wurden noch 1992 von den Abgeordneten in Bonn selbst verwahrt[87]. Sie sind nahezu vollständig überliefert, lediglich für die ersten Jahre bis 1951 bestehen Lücken. Überwiegend handelt es sich um relativ kurze Verlaufs- oder um Ergebnisprotokolle, so daß man in vielen Fällen weder die Diskussion noch die Entscheidungsfindung nachvollziehen kann. Dennoch sind die Protokolle der Landesgruppensitzungen ein Quellenbestand, der für die Geschichte der Bundesrepublik ebenso von Bedeutung ist wie für die Geschichte der CSU. Gut dokumentiert sind darin die Anfänge westdeutscher Außen- und Sicherheitspolitik, die immer wieder problematische Zusammenarbeit mit der CDU sowie die Vorgänge in der bayerischen Unionspartei selbst. Die Protokolle der Landesgruppensitzungen zeigen innerbayerische und innerparteiliche Entwicklungen aus dem Blickwinkel der Bundespolitik und ermöglichen fundierte Aussagen über die Koordination der politischen Arbeit zwischen München und Bonn, über gemeinsame Ziele oder Interessendivergenzen und über die sich verändernde Rolle der Landesgruppe in der CSU. Vervollständigen läßt sich dieses Bild durch weiteres Aktenmaterial der Landesgruppe, insbesondere Korrespondenzen der Landesgruppenvorsitzenden und der Parlamentarischen Geschäftsführer, die im ACSP einzusehen sind.

Eine geradezu ideale Ergänzung zu den Akten der Parteiorganisation, der Landtagsfraktion und der Landesgruppe – und das ist die vierte Säule, auf der die Quellenbasis dieser Studie ruht – bilden Nachlässe wichtiger Persönlichkeiten der bayerischen und deutschen Nachkriegspolitik[88]. Private Aufzeichnungen und Briefwechsel lassen Sach- und Personalentscheidungen, wie sie sich in parteioffiziellem Material widerspiegeln, oftmals in einem anderen Licht erscheinen und geben überdies eher Auskunft über persönliche Beziehungen und Konflikte zwischen führenden Politikern oder über innerparteiliche Koalitionen, als dies die Bestände der Parteiorganisation und der Fraktionen tun. Von besonderer Bedeutung waren für die vorliegende Untersuchung die Nachlässe der Parteivorsitzenden Müller (ACSP)[89], Ehard (BayHStA) und Seidel (ACSP)[90]. Die Nachlässe von Josef Müller und Hans Ehard enthalten für die

[87] Ergänzend dazu findet sich in der BSB, NL Schwend 18 und 19, eine Reihe von Berichten aus der Dienststelle des bayerischen Bevollmächtigten beim Bund über Sitzungen der Landesgruppe und der CDU/CSU-Bundestagsfraktion für die Jahre 1950 bis 1954.

[88] Für die Genehmigung, die Nachlässe ihrer verstorbenen Angehörigen auswerten zu dürfen, bin ich Frau Dr. Gerda Bracker, Frau Dr. Sieglinde Ehard, Frau Christa Müller und Frau Rosa-Sophie Freifrau von und zu Guttenberg zu großem Dank verpflichtet.

[89] Bei Abschluß der Quellenrecherchen war dieser Nachlaß noch nicht vollständig archiviert, so daß sich Abweichungen bei den Archivsignaturen ergeben können.

[90] Neue Erkenntnisse über die Geschichte der CSU läßt der Nachlaß des 1988 verstorbenen Franz Josef

Jahre 1945 bis 1955 Materialien, die man eigentlich in den Akten der Landesleitung erwarten würde. So finden sich Unterlagen über Aufbau, Organisation und Finanzierung des Parteiapparats oder über Anfänge und Entwicklung der Parteipresse, die im überlieferten Schriftgut der Parteiorganisation anscheinend fehlen und ohne die eine Geschichte der bayerischen Unionspartei nur schwer geschrieben werden könnte. Der Nachlaß von Hans Ehard wird ergänzt durch die Nachlässe seiner Mitarbeiter Anton Pfeiffer (BayHStA) und Karl Schwend (BSB), die den Ministerpräsidenten als leitende Beamte der Staatskanzlei zunächst bei der Formulierung und Durchsetzung seiner Politik, später aber auch bei der Führung der CSU unterstützten.

Als weiterer Quellenbestand, der gleichsam quer zu allen genannten Überlieferungen liegt, konnte die umfangreiche Sammlung von Alf Mintzel ausgewertet werden, die sich seit März 1991 im Archiv des Instituts für Zeitgeschichte befindet. Es handelt sich dabei um 56 Bände, die vornehmlich Kopien von Unterlagen der Landesgeschäftsstelle und verschiedener Bezirksgeschäftsstellen der CSU sowie Druckschriften der Partei, aber auch einige Originaldokumente enthalten. Den Kern der Sammlung bilden Protokolle von Sitzungen wichtiger Parteigremien und die vorwiegend vertraulichen Rechenschaftsberichte der Generalsekretäre und Landesgeschäftsführer. Die Dokumente umfassen den Zeitraum von der Gründung der Partei im Herbst 1945 bis zum Ende der sechziger Jahre; die Druckschriften, z. B. Reden von CSU-Politikern auf Parteitagen, reichen teilweise bis ins Jahr 1976. Wenn die Sammlung Mintzel auch den wohl größten Bestand an Dokumenten zur Geschichte der CSU außerhalb der einschlägigen Archive darstellt, so muß doch der selektive Charakter der Sammlung betont werden, da die Quellenauswahl Mintzels stark von seinen spezifischen Fragestellungen geprägt war. Ein Rückgriff auf die Originalbestände – sofern sie zugänglich sind – ist deshalb unerläßlich.

Strauß erwarten, der derzeit im ACSP archiviert wird. Dieser umfangreiche Bestand ist für die Forschung größtenteils noch nicht zugänglich und konnte auch für die vorliegende Arbeit nicht ausgewertet werden.

# Nachwort

Die vorliegende Studie ist die überarbeitete und ergänzte Fassung meiner Dissertation, die im Sommersemester 1996 von der Philosophischen Fakultät der Ludwig-Maximilians-Universität München angenommen wurde. Als ich 1991 zusammen mit Barbara Fait und Alf Mintzel an der dreibändigen Dokumentation zur Frühgeschichte der CSU zu arbeiten begann, hätte ich nicht gedacht, daß daraus einmal ein eigenes Buch entstehen würde – und ohne die tatkräftige Hilfe meiner akademischen Lehrer, meiner Kollegen, meiner Freunde und meiner Familie wäre es wohl auch nie entstanden. Besonders zu Dank verpflichtet bin ich Klaus-Dietmar Henke und Hans Woller, die mich ermutigt haben, in ihre Fußstapfen zu treten, ebenso Hans Günter Hockerts, meinem Doktorvater, der stets ein offenes Ohr für alle wissenschaftlichen und persönlichen Anliegen hatte. Dem Direktor des Instituts für Zeitgeschichte, Horst Möller, und seinem Stellvertreter Udo Wengst verdanke ich es, daß ich meine Dissertation in der einzigartigen Atmosphäre dieses Hauses verfassen konnte; auch Georg Maisinger, der Mann, der das Unmögliche möglich macht, hat mich unterstützt, wo immer er konnte. Mein Dank gilt auch der Christlich-Sozialen Union, die mir die Auswertung wichtiger Quellenbestände gestattet und diese Arbeit dadurch erst ermöglicht hat. Bei den Mitarbeiterinnen und Mitarbeitern des Archivs für Christlich-Soziale Politik der Hanns-Seidel-Stiftung möchte ich mich dafür bedanken, daß sie mir stets mit Rat und Tat zur Seite gestanden und meine Ungeduld mit Nachsicht ertragen haben. Ausgezeichnet betreut wurde ich auch im Bayerischen Hauptstaatsarchiv, in der Abteilung V insbesondere von Michael Stephan und in der Abteilung II von Hermann-Joseph Busley, der zudem so freundlich war, das Zweitgutachten für meine Dissertation zu erstellen. Freunde und Kollegen wie Theresia Bauer, Renate Bihl, Christoph Boyer, Jaromír Dittmann-Balcar, Claus Fackler, Norbert Frei, Karl-Ulrich Gelberg, Katja Klee, Rainer Ostermann, Dieter Pohl sowie Dietmar und Winfried Süß haben mit Anregungen und Kritik nicht gespart, Gott sei Dank auch nicht mit aufmunternden Worten. Am meisten zu verdanken habe ich aber meinem Freund Hans Woller, nicht nur wissenschaftlich, sondern auch menschlich. Er hat meine Arbeit von Anfang an mit Interesse und Engagement begleitet, war auch zu den ungewöhnlichsten Zeiten immer für eine Diskussion zu haben, spornte mich an, wenn ich zögerlich war, und ließ mich an seinem reichen Erfahrungsschatz teilhaben. Widmen möchte ich dieses Buch meiner Frau Regina. Sie hat meine Arbeit durch ihre Fähigkeiten als Historikerin und Germanistin bereichert, war stets die Zuversicht in Person und wußte auch in schwierigen Zeiten immer einen Ausweg.

# Nachwort

# Abkürzungsverzeichnis

| | |
|---|---|
| ACDP | Archiv für Christlich-Demokratische Politik |
| ACSP | Archiv für Christlich-Soziale Politik |
| AG | Adjutant General |
| AG | Aktiengesellschaft |
| Anm. | Anmerkung |
| APuZ | Aus Politik und Zeitgeschichte |
| AsD | Archiv der sozialen Demokratie |
| BAK | Bundesarchiv Koblenz |
| BayHStA | Bayerisches Hauptstaatsarchiv |
| BBB | Bayerischer Bauernbund |
| BBV | Bayerischer Bauernverband |
| BCBV | Bayerischer Christlicher Bauernverein |
| Bd., Bde. | Band, Bände |
| bearb. | bearbeitet |
| BGB | Bayerischer Gewerkschaftsbund |
| BHE | Bund der Heimatvertriebenen und Entrechteten |
| BHKP | Bayerische Heimat- und Königspartei |
| Bl. | Blatt |
| BLB | Bayerischer Landbund |
| BP | Bayernpartei |
| BRD | Bundesrepublik Deutschland |
| BSB | Bayerische Staatsbibliothek |
| BVP | Bayerische Volkspartei |
| CDU | Christlich-Demokratische Union |
| CIC | Counter Intelligence Corps |
| CSU | Christlich-Soziale Union |
| CSVD | Christlich-sozialer Volksdienst |
| DAF | Deutsche Arbeitsfront |
| DBV | Deutscher Bauernverband |
| DDP | Deutsche Demokratische Partei |
| DDR | Deutsche Demokratische Republik |
| DG | Deutsche Gemeinschaft |
| Diss. | Dissertation |
| DM | Deutsche Mark |
| DNVP | Deutsch-Nationale Volkspartei |
| DP | Deutsche Partei |
| DVP | Deutsche Volkspartei |
| EAK | Evangelischer Arbeitskreis |
| eingel. | eingeleitet |

| | |
|---|---|
| EJPR | European Journal of Political Research |
| EUCOM | European Command |
| ev. | evangelisch |
| e. V. | eingetragener Verein |
| FDP | Freie Demokratische Partei |
| frktls. | fraktionslos |
| Gestapo | Geheime Staatspolizei |
| GiW | Geschichte im Westen |
| GmbH | Gesellschaft mit beschränkter Haftung |
| GuG | Geschichte und Gesellschaft |
| GWU | Geschichte in Wissenschaft und Unterricht |
| HICOG | High Commissioner (U. S.), Germany |
| HJb | Historisches Jahrbuch |
| Hrsg., hrsg. | Herausgeber, herausgegeben |
| IfZ | Institut für Zeitgeschichte |
| JMH | The Journal of Modern History |
| JU | Junge Union |
| Kap. | Kapitel |
| kath. | katholisch |
| KL | Konzentrationslager |
| KPD | Kommunistische Partei Deutschlands |
| KZG | Kirchliche Zeitgeschichte |
| LG | Landesgruppe |
| LL | Landesleitung |
| LL | Landesliste |
| LRA | Landratsamt |
| LSG | Landesschiedsgericht |
| LTF | Landtagsfraktion |
| LTW | Landtagswahl |
| MdB | Mitglied des Bundestags |
| MdL | Mitglied des Landtags |
| MdR | Mitglied des Reichstags |
| MdS | Mitglied des Senats |
| MdVLV | Mitglied der Verfassunggebenden Landesversammlung |
| MdWR | Mitglied des Wirtschaftsrats |
| Mfr. | Mittelfranken |
| NA | National Archives |
| Nachr. | Nachrücker |
| Nachw. | Nachwahl |
| Ndb. | Niederbayern |
| NL | Nachlaß |
| NS | Nationalsozialismus, nationalsozialistisch |
| NSDAP | Nationalsozialistische Deutsche Arbeiterpartei |
| Obb. | Oberbayern |
| Ofr. | Oberfranken |
| o. J. | ohne Jahr |

| | |
|---|---|
| OLCB | Office of the Land Commissioner for Bavaria |
| OMGBY | Office of Military Government for Bavaria |
| OMGUS | Office of Military Government for Germany, United States |
| o. O. | ohne Ort |
| o. P. | ohne Paginierung |
| Opf. | Oberpfalz |
| OSS | Office of Strategic Services |
| POLAD | Political Advisor |
| PVS | Politische Vierteljahresschrift |
| RG | Record Group |
| RM | Reichsmark |
| SA | Sturmabteilung |
| SBZ | Sowjetische Besatzungszone |
| Schw. | Schwaben |
| SED | Sozialistische Einheitspartei Deutschlands |
| SMAD | Sowjetische Militäradministration |
| Smlg. | Sammlung |
| SPD (SOPADE) | Sozialdemokratische Partei Deutschlands (im Exil) |
| SS | Schutzstaffel |
| StA | Staatsarchiv |
| StBKAH | Stiftung Bundeskanzler-Konrad-Adenauer-Haus |
| StK | Staatskanzlei |
| StP | Deutsche Staatspartei |
| SZ | Süddeutsche Zeitung |
| UdA/UdV | Union der Ausgewiesenen bzw. der Vertriebenen |
| Ufr. | Unterfranken |
| USA | United States of America |
| Verz. | Verzicht |
| VfZ | Vierteljahrshefte für Zeitgeschichte |
| WAV | Wirtschaftliche Aufbau-Vereinigung |
| ZBSL | Zeitschrift des Bayerischen Statistischen Landesamts |
| ZfBLG | Zeitschrift für bayerische Landesgeschichte |
| ZfP | Zeitschrift für Politik |
| ZfParl | Zeitschrift für Parlamentsfragen |
| zit. | zitiert |

# Quellen- und Literaturverzeichnis

## 1. Archivalien

*Archiv der CSU-Landesgruppe, Bonn*
Protokolle der Landesgruppensitzungen
Zeitungsausschnitte und Materialien

*Archiv der sozialen Demokratie, Bonn (AsD)*
SPD-Landesverband Bayern

*Archiv des Bayerischen Rundfunks, München*
Aufzeichnung eines Interviews mit Josef Müller anläßlich seines 70. Geburtstags am 27. 3. 1968

*Archiv des Erzbistums Bamberg*
Repertorium 4/3 – Erzbischöfliches Ordinariat, Generalia

*Archiv für Christlich-Demokratische Politik, St. Augustin (ACDP)*
I-175 Nachlaß Siegfried Balke
I-369 Nachlaß Hermann Ehlers
IV-001 Evangelischer Arbeitskreis der CDU/CSU

*Archiv für Christlich-Soziale Politik, München (ACSP)*
Protokolle der Sitzungen des geschäftsführenden Landesvorstands
Protokolle der Sitzungen des Landesvorstands
Protokolle der Sitzungen des Landesausschusses
Protokolle der Landesversammlungen und Parteitage
Protokolle der Sitzungen der Landtagsfraktion
Registraturgut der Geschäftsstelle der Landtagsfraktion
Korrespondenz des Vorsitzenden der CSU-Landesgruppe in Bonn
Korrespondenz des Parlamentarischen Geschäftsführers der CSU-Landesgruppe in Bonn
Bestand Landesschiedsgericht
Evangelischer Arbeitskreis der CSU
Materialien zu Land- und Bundestagswahlen
Druckschriften
Nachlaß Wilhelm Arnold
Nachlaß Franz Elsen
Nachlaß Josef Müller
Nachlaß Hanns Seidel

*Bayerisches Hauptstaatsarchiv, München (BayHStA)*
Akten der Bayerischen Staatskanzlei
Nachlaß Hans Ehard
Nachlaß Hans Kraus
Nachlaß Josef Panholzer
Nachlaß Anton Pfeiffer
Nachlaß Otto Schedl
Nachlaß Josef Schwalber
Nachlaß Lorenz Sedlmayr

*Bayerische Staatsbibliothek, München (BSB)*
Ana 308 Nachlaß Karl Schwend

*Bundesarchiv, Koblenz (BAK)*
Nachlaß 1018 Jakob Kaiser
Nachlaß 1147 Hans Ritter von Lex
Nachlaß 1168 Fritz Schäffer
Nachlaß 1219 Maria Probst
Nachlaß 1397 Karl Theodor Freiherr von und zu Guttenberg

*Institut für Zeitgeschichte, München (IfZ)*
ED 92 Nachlaß Josef Müller
ED 120 Nachlaß Wilhelm Hoegner
ED 132 Nachlaß Joseph Baumgartner
ED 145 Nachlaß Dieter Sattler
ED 719 Sammlung Bayernpartei
ED 720 Sammlung Alf Mintzel
Fh 56 Dokumente zur Frühgeschichte der CSU
MA 90 Nachlaß Johannes Semler
MS 343 Sammlung Karl Köhler
Sammlung Klaus-Dietmar Henke
ZS 659 Transkripte von Interviews mit Josef Müller
Record Group 260 OMGUS/OMGBY:

| | | |
|---|---|---|
| AG 1945/46–1/5 | 10/125–2/12 | 13/150–1/6 |
| AG 1945/46–1/6 | 10/130–3/1 | 13/150–1/9 |
| AG 1945/46–6/7 | 11/35–2/9 | 13/150–1/11 |
| AG 1947/1/2 | 12/147–2/16 | 13/150–1/13 |
| AG 1948–27/2 | 13/100–1/10 | 13/150–1/14 |
| 7/29–1/13–16 | 13/142–2/1 | 13/150–1/15 |
| 10/80–1/26 | 13/142–2/3 | 13/150–1/16 |
| 10/89–3/5 | 13/143–3/4 | 13/150–3/1 |
| 10/90–1/16 | 13/147–2/16 | 13/150–3/8 |
| 10/90–1/24 | 13/147–3/3 | 13/150–3/10 |
| 10/90–1/33 | 13/149–2/1 | 13/150–3/12 |
| 10/90–3/1 | 13/149–2/3 | 15/102–2/1 |
| 10/90–3/4 | 13/149–3/3 | 15/102–2/10 |
| 10/90–3/5 | 13/150–1/1 | 15/102–2/11 |
| 10/90–3/8 | 13/150–1/2 | 15/108–2/17 |
| 10/90–3/9 | 13/150–1/3 | 15/108–2/23 |
| 10/91–1/1 | 13/150–1/4 | 17/162–1/7 |
| 10/91–1/4 | 13/150–1/5 | |

Record Group 84 POLAD:

| | |
|---|---|
| 459/2 | 747/30 |
| 461/16 | 747/33 |

OMGBY Selected Records:
MA 1420/13
MA 1479/9

*Staatsarchiv Bamberg*
K3/1981 – Regierung von Oberfranken:
Personalakten oberfränkischer Landräte
Politische Parteien

*Staatsarchiv Würzburg*
Landratsamt Alzenau

*Stadtarchiv Bamberg*
Bamberg-Sammlung
Nachlaß Hermann Etzel
Nachlaß Thomas Dehler

*Stadtarchiv Ingolstadt*
CSU Ingolstadt-Stadt und -Land

*National Archives, Washington (NA)*
Record Group 466 HICOG – Office of the Land Commissioner for Bavaria:
Central Files
Field Operations Division

## 2. Gedruckte Quellen

Adenauer. Briefe 1945–1955, bearb. von Hans Peter Mensing, 5 Bde., Berlin 1983–1995.
Adenauer: „Es mußte alles neu gemacht werden." Die Protokolle des CDU-Bundesvorstands 1950–1953, bearb. von Günter Buchstab, Düsseldorf 1986.
Adenauer: „Wir haben wirklich etwas geschaffen." Die Protokolle des CDU-Bundesvorstands 1953–1957, bearb. von Günter Buchstab, Düsseldorf 1990.
Adenauer: „... um den Frieden zu gewinnen." Die Protokolle des CDU-Bundesvorstands 1957–1961, bearb. von Günter Buchstab, Düsseldorf 1994.
Auftakt zur Ära Adenauer. Koalitionsverhandlungen und Regierungsbildung 1949, bearb. von Udo Wengst, Düsseldorf 1985.
Die CDU/CSU im Parlamentarischen Rat. Sitzungsprotokolle der Unionsfraktion, bearb. von Rainer Salzmann, Stuttgart 1981.
Die CDU/CSU im Frankfurter Wirtschaftsrat. Protokolle der Unionsfraktion 1947–1949, bearb. von Rainer Salzmann, Düsseldorf 1988.
Die CSU-Landtagsfraktion berichtet, in: Politisches Jahrbuch der CSU 1954, S. 96–118.
Die CSU 1945–1948. Protokolle und Materialien zur Frühgeschichte der Christlich-Sozialen Union, hrsg. von Barbara Fait und Alf Mintzel unter Mitarbeit von Thomas Schlemmer, 3 Bde., München 1993.
Dokumente zur Geschichte von Staat und Gesellschaft in Bayern, Abt. III, Bd. 9: Die Regierungen von 1945–1962, bearb. von Fritz Baer, München 1976.
Dokumente zur parteipolitischen Entwicklung in Deutschland seit 1945, hrsg. von Ossip K. Flechtheim, 9 Bde., Berlin 1962–1971.
Walter L. Dorn, Inspektionsreisen in der US-Zone. Notizen, Denkschriften und Erinnerungen aus dem Nachlaß, hrsg. von Lutz Niethammer, Stuttgart 1973.
Entwurf einer bayerischen Verfassung zur Vorlage an die Verfassunggebende Landesversammlung, hrsg. von der Bayerischen Staatskanzlei, München 1946.
Das „Ermächtigungsgesetz" vom 24. März 1933. Quellen zur Geschichte und Interpretation des „Gesetzes zur Behebung der Not von Volk und Reich", hrsg. von Rudolf Morsey, Düsseldorf 1992.
Karl-Ulrich Gelberg, Die Protokolle der SPD-Fraktion in der bayerischen Verfassunggebenden Landesversammlung 1946, in: Zeitschrift für bayerische Landesgeschichte 60 (1997), S. 1051–1093.
Hermann Graml, Zur Frage der Demokratiebereitschaft des deutschen Bürgertums nach dem Ende der NS-Herrschaft. Hermann Maus Bericht über eine Reise nach München im März 1946, in: Wolfgang Benz (Hrsg.), Miscellanea. Festschrift für Helmut Krausnick zum 75. Geburtstag, Stuttgart 1980, S. 149–168.
Otto Gritschneder, Die Akten des Sondergerichts über Stadtpfarrer Dr. Emil Muhler, in: Beiträge zur altbayerischen Kirchengeschichte 29 (1975), S. 125–149.
Im Zeichen des Föderalismus. Programme und Programmatisches der Bayerischen Volkspartei, München 1924.
Lehrjahre der CSU. Eine Nachkriegspartei im Spiegel vertraulicher Berichte an die amerikanische Militärregierung, hrsg. von Klaus-Dietmar Henke und Hans Woller, Stuttgart 1984.
Politische Zeitfragen. Lose Mitteilungen über alle Gebiete des öffentlichen Lebens, hrsg. vom Generalsekretariat der BVP, o. O. 1919.

Die Protokolle des Bayerischen Ministerrats 1945–1954: Das Kabinett Schäffer – 28. Mai bis 28. September 1945, bearb. von Karl-Ulrich Gelberg, München 1995.
Die Protokolle des Bayerischen Ministerrats 1945–1954: Das Kabinett Hoegner I – 28. September 1945 bis 21. Dezember 1946, bearb. von Karl-Ulrich Gelberg, München 1996.
Sammlung der vom Alliierten Kontrollrat und der amerikanischen Militärregierung erlassenen Proklamationen, Gesetze, Verordnungen, Befehle, hrsg. von Ruth Hemken, 3 Bde., Stuttgart o. J.
Stenographische Berichte über die Verhandlungen des Bayerischen Landtags, 1919–1933, München o. J.
Stenographische Berichte über die Verhandlungen des Bayerischen Landtags, 1946–1955, München o. J.
Stenographische Berichte über die Verhandlungen der Bayerischen Verfassunggebenden Landesversammlung, München 1946.
Stenographische Berichte über die Verhandlungen des Verfassungsausschusses der Verfassunggebenden Landesversammlung Bayerns, München 1946.
Um den Bestand Bayerns! Bayerische Reichsprovinz? – nein, Staat Bayern! Gedanken und Materialien zu dem Verfassungskampf zwischen Einheitsstaat und Bundesstaat in Deutschland, hrsg. vom Generalsekretariat der BVP, München 1929.
Die Unionsparteien 1946–1950. Protokolle der Arbeitsgemeinschaft der CDU/CSU Deutschlands und der Konferenzen der Landesvorsitzenden, bearb. von Brigitte Kaff, Düsseldorf 1991.
Verhandlungen des Bayerischen Landtags, 1919–1933, Beilagenbände, München o. J.
Was ist und was will die Bayerische Volkspartei? München 1929.
Otto Weinkamm – Politiker der ersten Stunde. Aufbau und Konsolidierung eines demokratischen Europas. Berichte eines Zeitzeugen, hrsg. von Peter Eisenmann, Frankfurt am Main 1993.
Zwischen Befreiung und Besatzung. Analysen des US-Geheimdienstes über Positionen und Strukturen deutscher Politik 1945, hrsg. von Ulrich Borsdorf und Lutz Niethammer, Wuppertal 1976.

## 3. Autobiographien, Memoiren und Tagebücher

Hans Ehard, Tatsachen und Zusammenhänge aus meiner elfjährigen Ministerpräsidentschaft, München 1964 (Historisch-Politische Schriftenreihe des Neuen Presseclubs, München: Die Bayerischen Ministerpräsidenten der Nachkriegszeit 3).
Hans Ehard, Der Wiederbeginn des Bayerischen Landtags nach dem Zweiten Weltkrieg, in: Heinz Rosenbauer, Volkmar Gabert (Hrsg.), Parlamentarismus und Föderalismus. Festschrift für Rudolf Hanauer aus Anlaß seines 70. Geburtstages, München 1978, S. 45–48.
Erinnerungsinterview mit Werner Dollinger, in: Geschichte einer Volkspartei. 50 Jahre CSU 1945–1995, Grünwald 1995, S. 525–540.
Erinnerungsinterview mit Franz Heubl, in: Geschichte einer Volkspartei. 50 Jahre CSU 1945–1995, Grünwald 1995, S. 541–561.
Erinnerungsinterview mit Richard Jaeger, in: Geschichte einer Volkspartei. 50 Jahre CSU 1945–1995, Grünwald 1995, S. 563–580.
Erinnerungsinterview mit Richard Stücklen, in: Geschichte einer Volkspartei. 50 Jahre CSU 1945–1995, Grünwald 1995, S. 581–603.
Erinnerungsinterview mit Hans Weiß, in: Geschichte einer Volkspartei. 50 Jahre CSU 1945–1995, Grünwald 1995, S. 605–617.
Erinnerungsinterview mit Friedrich Zimmermann, in: Geschichte einer Volkspartei. 50 Jahre CSU 1945–1995, Grünwald 1995, S. 619–632.
Franz Haas, Regierungsbildung mit klammen Fingern, in: Michael Schröder, Bayern 1945: Demokratischer Neubeginn. Interviews mit Augenzeugen, München 1985, S. 163–174.
„Harte Knochenarbeit statt Amt und Würden“. Die ersten Jahre des CSU-Kreisverbands aus der Sicht von Freiherr Otto von Feury, in: 50 Jahre CSU im Landkreis Ebersberg, hrsg. vom CSU-Kreisverband Ebersberg, o. O. o. J., S. 19–25.
Ulrich von Hassell, Vom andern Deutschland. Aus den nachgelassenen Tagebüchern 1938–1944, Zürich, Freiburg 1946.

August Haußleiter, Der Sturz des „Ochsensepp", in: Michael Schröder, Bayern 1945: Demokratischer Neubeginn. Interviews mit Augenzeugen, München 1985, S. 89–104.
Franz Heubl, Jugend und Demokratie. Erfahrungen nach dem Zusammenbruch, in: Christoph Böhr (Hrsg.), Jugend bewegt Politik. Die Junge Union Deutschlands 1947 bis 1987, Krefeld 1988, S. 69–80.
Wilhelm Hoegner, Der schwierige Außenseiter. Erinnerungen eines Abgeordneten, Emigranten und Ministerpräsidenten, München 1959.
Alois Hundhammer, Mein Beitrag zur bayerischen Politik 1945–1965, München 1965 (Historisch-Politische Schriftenreihe des Neuen Presseclubs, München: Bayerische Profile 1).
Im Zentrum der Macht. Das Tagebuch von Staatssekretär Lenz 1951–1953, bearb. von Klaus Gotto, Hans-Otto Kleinmann, Reinhard Schreiner, Düsseldorf 1989.
Hugo Karpf, Erinnerungen, in: Abgeordnete des Deutschen Bundestages. Aufzeichnungen und Erinnerungen, Bd. 3, Boppard am Rhein 1985, S. 88–139.
Franziska Kimpfler, Erinnerungen an Adam Stegerwald, in: Politische Studien 39 (1988), S. 208–221.
Karl Köhler, Der Mittwochskreis beim „Ochsensepp". Die Union wird geboren, in: Michael Schröder, Bayern 1945: Demokratischer Neubeginn. Interviews mit Augenzeugen, München 1985, S. 67–88.
Heinrich Krone. Tagebücher, Bd. 1: 1945–1961, bearb. von Hans-Otto Kleinmann, Düsseldorf 1995.
Adolf Miller, Parteiarbeiter aus Verlegenheit, in: Michael Schröder, Bayern 1945: Demokratischer Neubeginn. Interviews mit Augenzeugen, München 1985, S. 111–120.
Josef Müller, Bis zur letzten Konsequenz. Ein Leben für Frieden und Freiheit, München 1975.
Fritz Schäffer, Die Bayerische Volkspartei (BVP), in: Politische Studien 14 (1963), S. 46–63.
Fritz Schäffer, Die Zeit der ersten Ministerpräsidentschaft in Bayern nach dem Zusammenbruch im Jahre 1945, München 1963 (Historisch-Politische Schriftenreihe des Neuen Presseclubs, München: Die Bayerischen Ministerpräsidenten der Nachkriegszeit 1).
Hannes Schinagl, Politische Bildung im „Dienstag-Club", in: Michael Schröder, Bayern 1945: Demokratischer Neubeginn. Interviews mit Augenzeugen, München 1985, S. 105–110.
Hans Schütz, Die Deutsche Christlichsoziale Volkspartei in der Ersten Tschechoslowakischen Republik, in: Karl Bosl (Hrsg.), Die Erste Tschechoslowakische Republik als multinationaler Parteienstaat, München, Wien 1979, S. 271–290.
Hans Schütz, Die christlichen Gewerkschaften und die Politik, in: Hans Schütz – Helfer und Wegweiser in schwerer Zeit. Gewerkschafter – Sozialpolitiker – Jungaktivist – Vertriebenenpolitiker – Europapolitiker, hrsg. von der Ackermann-Gemeinde, München 1982, S. 115–122.
Wilhelm Seutter von Lötzen, Bayerns Königstreue im Widerstand. Erinnerungen 1933–1964, Feldafing o. J. (1978).
Franz Josef Strauß, Die Erinnerungen, Berlin 1989.
Friedrich Zimmermann, Kabinettstücke. Politik mit Strauß und Kohl 1976–1991, München, Berlin 1991.

## 4. Reden und Schriften prominenter Politiker von BVP, CDU und CSU

Konrad Adenauer. Reden 1917–1967. Eine Auswahl, hrsg. von Hans-Peter Schwarz, Stuttgart 1975.
Hans Ehard, Bayerische Politik. Ansprachen und Reden des bayerischen Ministerpräsidenten, ausgewählt und eingeleitet von Karl Schwend, München 1952.
Hans Ehard, Die CSU als Regierungspartei, in: Politisches Jahrbuch der CSU 1954, S. 55–80.
Hermann Ehlers. Präsident des Deutschen Bundestages. Ausgewählte Reden, Aufsätze und Briefe 1950–1954, bearb. von Rüdiger Wenzel, hrsg. und eingel. von Karl Dietrich Erdmann, Boppard am Rhein 1991.
Franz Elsen, Der Wirtschaftsbeirat, in: Politisches Jahrbuch der CSU 1954, S. 126–127.
25 Jahre Christlich-Soziale Union in Bayern, hrsg. von der CSU-Landesleitung, München 1971.

Fritz Gerathewohl, Die Quellen erfolgreicher Lebensführung, München ²1934.
Fritz Gerathewohl, Jederzeit redebereit, hrsg. von der DAF, München o. J.
Georg Haindl, Der Wirtschaftsbeirat der CSU. Mittler zwischen Politik und Wirtschaft, in: Gesellschaftspolitische Kommentare 14 (1967), S. 236–238.
August Haußleiter, Wolfgang Prechtl, Kulturpolitik der Union. Warum Bekenntnisschule? Die Union zur Frage Staat und Kirche, München 1946 (Fragen der Zeit. Schriftenreihe der Christlich-Sozialen Union Bayerns 2).
Roman Herzog, Die geistigen Grundlagen der freiheitlichen Gesellschaftsordnung. Zugleich: zu den Aufgaben des Evangelischen Arbeitskreises der CDU/CSU in Politik und Kirche, in: Hermann Kunst, Helmut Kohl, Peter Egen (Hrsg.), Dem Staate verpflichtet. Festgabe für Gerhard Schröder, Stuttgart, Berlin 1980, S. 157–169.
Alois Hundhammer, Staatsbürgerliche Vorträge, Regensburg ²1931.
In Verantwortung für Bayern. 50 Jahre CSU-Fraktion im Bayerischen Landtag 1946–1996, hrsg. von der CSU-Landtagsfraktion, München 1996.
Richard Keßler, 30 Jahre Landtags-Fraktion der CSU, in: Festschrift zum 30 jährigen Bestehen der Landtagsfraktion der CSU , München 1976, S. 4–9 (Sondernummer der CSU-Correspondenz).
Walter Künneth, Die Stellung des evangelischen Christen zur Politik, in: Hanns Seidel, Weltanschauung und Politik, München ²1961, S. 59–71.
Hermann Leeb, Die Regierungsfraktion im Bayerischen Parlament, in: Auftrag, Bewährung, Ausblick. 40 Jahre Bayerische Verfassung 1946–1986, München 1986, S. 45–51.
Josef Müller, Maximen der Unionspolitik, in: Unsere soziale Revolution, München 1948, S. 3–7 (Fragen der Zeit. Schriftenreihe der Christlich-Sozialen Union Bayerns 5).
Josef Müller, Festansprache, in: 10 Jahre Christlich-Soziale Union in Bayern, hrsg. vom Generalsekretariat der Christlich-Sozialen Union in Bayern aus Anlaß des Landesparteitages am 23. Oktober 1955 in München, München 1955, S. 37–50.
Emil Muhler, Die ideologischen Grundlagen der CSU, in: Politisches Jahrbuch der CSU 1954, S. 13–32.
Anton Pfeiffer, Wie Bayern wieder ein Staat wurde, in: Unser Bayern. Politik, Wirtschaft, Kultur, hrsg. von der Bayerischen Staatskanzlei, München 1950, S. 7–10.
Eugen Rindt, Der Weg zur staatsbürgerlichen Selbsthilfe, in: Unsere soziale Revolution, München 1948, S. 11–16 (Fragen der Zeit. Schriftenreihe der Christlich-Sozialen Union Bayerns 5).
Franz Sackmann, Die Junge Union Bayerns, in: Politisches Jahrbuch der CSU 1954, S. 179–184.
Fritz Schäffer, Ein bayerischer Staatspräsident. Kritische Betrachtungen und Vorschläge zur Bayerischen Verfassung vom 14. 8. 1919, München 1922 (Politische Zeitfragen. Monatsschrift über alle Gebiete des öffentlichen Lebens 4 (1922) H. 1).
Fritz Schäffer, Der Föderalismus in Deutschland. Die Lage Ende Dezember 1927 vor Beginn der „Länderkonferenz" in Berlin, o. O. 1928.
Fritz Schäffer, Die Aushöhlungs- und Aushungerungspolitik des Reiches gegenüber den Ländern. Nach einer Rede in der großen politischen Aussprache im bayerischen Landtag am 27. November 1928, München 1929.
Franz August Schmitt (Hrsg.), Zehn Jahre Wirtschaftsbeirat der Bayerischen Volkspartei. Ein Beitrag zur regionalen Wirtschaftspflege, München 1930.
Karl Schubert, Die Heimatvertriebenen und die Christlich-Soziale Union, in: Politisches Jahrbuch der CSU 1954, S. 155–175.
Lorenz Sedlmayr, Die soziale Neuordnung, in: Unsere soziale Revolution, München 1948, S. 8–10 (Fragen der Zeit. Schriftenreihe der Christlich-Sozialen Union Bayerns 5).
Johannes Semler, Wirtschaftslage und Wirtschaftsgestaltung, München 1946 (Fragen der Zeit. Schriftenreihe der Christlich-Sozialen Union Bayerns 1).
Adam Stegerwald, Von deutscher Zukunft, Würzburg 1946.
Adam Stegerwald, Wo stehen wir?, Würzburg 1946.
Adam Stegerwald, Wohin gehen wir?, Würzburg 1946.
Franz Josef Strauß, Die politische Arbeit der CSU im Bundestag, in: Politisches Jahrbuch der CSU 1954, S. 81–95.
Franz Josef Strauß, An der Wiege der CSU. Der Gewerkschaftsführer und Politiker Adam Stegerwald, in: Politische Studien Sonderheft 3/1981, S. 41–45.

Franz Josef Strauß, Ein Glücksfall deutscher Geschichte. Die CSU feiert Geburtstag – 40 Jahre Leistung und Erfolg für Bayern, Deutschland und Europa, in: Bayern-Kurier vom 30. 11. 1985, S. 17–23.
Gerold Tandler (Hrsg.), 40 Jahre Landtagsfraktion der CSU, Würzburg 1986 (Schriftenreihe der CSU-Fraktion XIX).
40 Jahre Junge Union Bayern. 1947–1987, hrsg. von der Jungen Union Bayern, München 1987.
Theo Waigel, Die Rolle der CSU-Landesgruppe im Spannungsfeld von Partei, Regierung und Fraktion, in: Politische Studien Sonderheft 1/1989, S. 106–112.

## 5. Interviews

Franz Sachmann am 3. 4. 1998 in Roding
Friedrich Zimmermann am 2. 6. 1992 in München

## 6. Zeitungen und Zeitschriften

Abendzeitung (München)
Bayerische Landeszeitung
Bayerische Rundschau
Bayerischer Kurier
Bayern-Kurier
CSU-Correspondenz
Echo der Woche
Fränkische Volksstimme
Fränkischer Tag (Bamberg)
Frankfurter Allgemeine Zeitung
Frankenpost (Hof)
Der Gerade Weg
Isar Post (Landshut)
Kurier (Berlin)
Main-Echo (Aschaffenburg)
Main-Post (Würzburg)
Mitteilungen der Christlich-Sozialen Union
Mittelbayerische Zeitung (Regensburg)
Münchner Merkur
Neue Zeitung
Neue Zürcher Zeitung
Oberbayerisches Volksblatt (Rosenheim)
Die Politische Information
Passauer Neue Presse
Regensburger Post
Schwäbische Landeszeitung (Augsburg)
Sopade-Informationsdienst
Der Spiegel
Stuttgarter Nachrichten
Stuttgarter Zeitung
Süddeutsche Zeitung (München)
Südost-Kurier (Bad Reichenhall)
Tagespost (Augsburg)
Tagesspiegel
Telegraf
Union-Dienst
Die Zeit

## 7. Bibliographien und Nachschlagewerke

Die Bestände des Archivs für Christlich-Demokratische Politik der Konrad-Adenauer-Stiftung. Kurzübersicht, Melle 3., veränderte und aktualisierte Auflage 1992.
Bibliographie zur Geschichte der CDU und CSU 1945–1980, bearb. von Gerhard Hahn, Stuttgart 1982.
Bibliograhie zur Geschichte der CDU und CSU 1981–1986. Mit Nachträgen 1945–1980, bearb. von Brigitte Krahe und Michaela Seibel, Düsseldorf 1990.
Bibliograhie zur Geschichte der CDU und CSU 1987–1990, bearb. von Thomas Schaarschmidt und Hildegard Krengel, Düsseldorf 1994.
Die Bundestagswahl von A bis Z. 11. Bundestagswahl in Bayern am 25. Januar 1987, hrsg. vom Bayerischen Landesamt für Statistik und Datenverarbeitung und der Bayerischen Landeszentrale für politische Bildungsarbeit, München 1987.
Die erste Bundestagswahl in Bayern am 14. August 1949, hrsg. vom Bayerischen Statistischen Landesamt, München 1950.

Handbuch politischer Institutionen und Organisationen 1945–1949, bearb. von Heinrich Potthoff in Zusammenarbeit mit Rüdiger Wenzel, Düsseldorf 1983.

Handbücher des Bayerischen Landtags, hrsg. vom Landtagsamt, München 1948–1991.

Handbücher des Deutschen Bundestags, hrsg. vom Deutschen Bundestag, Bonn 1950–1991.

Peter Jakob Kock, Der Bayerische Landtag 1946–1986, Bd. 1: Chronik, Bd. 2: Protokolle, Bamberg 1986.

Die Landtagswahl von A bis Z. 12. Landtagswahl in Bayern am 14. Oktober 1990, hrsg. vom Bayerischen Landesamt für Statistik und Datenverarbeitung und der Bayerischen Landeszentrale für politische Bildungsarbeit, München 1990.

Gerhard A. Ritter, Merith Niehuss, Wahlen in Deutschland 1946–1991. Ein Handbuch, München 1991.

Martin Schumacher (Hrsg.), M. d. R. Die Reichstagsabgeordneten der Weimarer Republik in der Zeit des Nationalsozialismus. Politische Verfolgung, Emigration und Ausbürgerung 1933–1945. Eine biographische Dokumentation, Düsseldorf 3., erheblich erweiterte und überarbeitete Auflage 1994.

Martin Schumacher (Hrsg.), Das Ende der Parlamente 1933 und die Abgeordneten der Landtage und Bürgerschaften der Weimarer Republik in der Zeit des Nationalsozialismus. Politische Verfolgung, Emigration und Ausbürgerung 1933–1945. Ein biographischer Index, Düsseldorf 1995.

Statistisches Jahrbuch für Bayern für 1947, hrsg. vom Bayerischen Statistischen Landesamt, München o. J. (1948).

Wer ist Wer? Das deutsche Who's Who, Bd. XI-XVI, Berlin 1951–1970.

Zweite Bundestagswahl in Bayern am 6. September 1953, hrsg. vom Bayerischen Statistischen Landesamt, München 1954.

# 8. Literatur

Dieter Albrecht, Von der Reichsgründung bis zum Ende des Ersten Weltkrieges (1871–1918), in: Max Spindler (Hrsg.), Handbuch der bayerischen Geschichte, Bd. IV/1: Das Neue Bayern 1800–1970, München 1974, S. 283–386.

Dieter Albrecht, Hans Ehard (1887–1980), in: Jürgen Aretz, Rudolf Morsey, Anton Rauscher (Hrsg.), Zeitgeschichte in Lebensbildern. Aus dem deutschen Katholizismus des 19. und 20. Jahrhunderts, Bd. 5, Mainz 1982, S. 266–280.

Otto Altendorfer, Fritz Schäffer. Politik in schwierigen Zeiten. Eine Studie zum 100. Geburtstag (1888–1988), in: Politische Studien 39 (1988), S. 305–322.

Otto Altendorfer, Fritz Schäffer als Politiker der Bayerischen Volkspartei (1888–1945), 2 Bde., München 1993.

Helmut Anzeneder, Willi Götz, 1946–1996. 50 Jahre CSU in Erlangen, Erlangen 1995.

Helmut Anzeneder, Die Anfänge der CSU, in: Jürgen Sandweg, Gertraud Lehmann (Hrsg.), Hinter unzerstörten Fassaden – Erlangen 1945–1955, Erlangen 1996, S. 232–276.

Fritz Baer, Die Ministerpräsidenten Bayerns 1945–1962. Dokumentation und Analyse, München 1971.

Winfried Becker, Historische Grundlagen der christlich-demokratischen Parteibildung nach 1945, in: Günter Buchstab, Klaus Gotto (Hrsg.), Die Gründung der Union. Traditionen, Entstehung und Repräsentanten, München, Wien 1981, S. 7–33.

Winfried Becker, Die CDU im demokratischen Neubeginn 1945/1946 – Motive der Gründung und parteipolitischer Standort, in: Günther Rüther (Hrsg.), Geschichte der Christlich-Demokratischen und Christlich-Sozialen Bewegungen in Deutschland. Grundlagen, Unterrichtsmodelle, Quellen und Arbeitshilfen für die politische Bildung, Bonn [2]1987, S. 333–360.

Winfried Becker, CDU und CSU 1945–1950. Vorläufer, Gründung und regionale Entwicklung bis zum Entstehen der CDU-Bundespartei, Mainz 1987.

Winfried Becker, Fritz Schäffer und der Föderalismus, in: Wolfgang J. Mückl (Hrsg.), Föderalismus und Finanzpolitik. Gedenkschrift für Fritz Schäffer, Paderborn u. a. 1990, S. 9–36.

Winfried Becker, Franz Josef Strauß (1915–1988), in: Jürgen Aretz, Rudolf Morsey, Anton Rauscher (Hrsg.), Zeitgeschichte in Lebensbildern. Aus dem deutschen Katholizismus des 19. und 20. Jahrhunderts, Bd. 7, Mainz 1994, S. 227–244.

Winfried Becker, Gründung und Wurzeln der Christlich-Sozialen Union, in: Geschichte einer Volkspartei. 50 Jahre CSU 1945–1995, Grünwald 1995, S. 69–107.

Wolfgang Behr, Sozialdemokratie und Konservatismus. Ein empirischer und theoretischer Beitrag zur regionalen Parteianalyse am Beispiel der Geschichte und Nachkriegsentwicklung Bayerns, Hannover 1969.

Wolfgang Benz, Föderalistische Politik in der CDU/CSU. Die Verfassungsdiskussion im „Ellwanger Kreis" 1947/48, in: Vierteljahrshefte für Zeitgeschichte 25 (1977), S. 776–820.

Wolfgang Benz, Der politische Neubeginn in Bayern – Hanns Seidel und die CSU, in: Hanns Seidel – „Ein Leben für Bayern". Symposion der Hanns-Seidel-Stiftung am 18. und 19. Juli 1986 in Wildbad Kreuth, o. O. 1987, S. 38–49.

Wolfgang Benz, Parteigründungen und erste Wahlen. Der Wiederbeginn des politischen Lebens, in: ders. (Hrsg.), Neuanfang in Bayern 1945–1949. Politik und Gesellschaft in der Nachkriegszeit, München 1988, S. 9–35.

Walter Berberich, Die CSU als neue interkonfessionell-christliche und föderalistische Mehrheitspartei. Ein Beitrag zur Geschichte der Christlich-Sozialen Union in Bayern, in: Politisches Jahrbuch der CSU 1954, S. 33–53.

Walter Berberich, 10 Jahre Christlich-Soziale Union in Bayern. Arbeit, Kampf, Verantwortung und Erfolge, in: 10 Jahre Christlich-Soziale Union in Bayern, hrsg. vom Generalsekretariat der Christlich-Sozialen Union in Bayern aus Anlaß des Landesparteitages am 23. Oktober 1955 in München, München 1955, S. 5–36.

Walter Berberich, Die historische Entwicklung der Christlich-Sozialen Union in Bayern bis zum Eintritt in die Bundespolitik, Diss., Würzburg 1965.

Helmut Berding, Staatliche Identität, nationale Integration und politischer Regionalismus, in: ders., Aufklären durch Geschichte. Ausgewählte Aufsätze, Göttingen 1990, S. 284–309.

Hannsjörg Bergmann, Der Bayerische Bauernbund und der Bayerische Christliche Bauernverein 1919–1928, München 1986.

Gerhard Besier, „Christliche Parteipolitik" und Konfession. Zur Entstehung des Evangelischen Arbeitskreises der CDU/CSU, in: Kirchliche Zeitgeschichte 3 (1990/1991), S 166–187.

Jutta Beyer, Demokratie als Lernprozeß. Politische Kultur und lokale Politik nach 1945 am Beispiel der Städte Forchheim und Schwabach, Nürnberg 1989.

Klaus von Beyme, Die politischen Theorien der Gegenwart. Eine Einführung, München, Zürich 6., überarbeitete und ergänzte Auflage 1986.

Andreas Biefang, Die Wiederentstehung politischer Parteien in Deutschland nach 1945, in: Aus Politik und Zeitgeschichte 18–19/95, S. 34–46.

Adolf M. Birke, Die Bundesrepublik Deutschland. Verfassung, Parlament und Parteien, München 1997.

Günter Bischof, Die Instrumentalisierung der Moskauer Erklärung nach dem 2. Weltkrieg, in: Zeitgeschichte 20 (1993), S. 345–366.

Detlef Bischoff, Franz Josef Strauß, die CSU und die Außenpolitik. Konzeption und Realität am Beispiel der Großen Koalition, Meisenheim am Glan 1973.

Werner K. Blessing, Georg Meixner (1887–1960), in: Fränkische Lebensbilder 16 (1996), S. 213–240.

Rebecca Boehling, German Municipal Self-Government and the Personnel Policies of the Local U. S. Military Government in Three Major Cities of the Zone of Occupation: Frankfurt, Munich and Stuttgart, in: Archiv für Sozialgeschichte 25 (1985), S. 333–383.

Lothar Bossle, Nachruf auf Wilhelm Arnold, in: Politische Studien 35 (1984), S. 3–4.

Heike Bretschneider, Die Bildung der Viererkoalition. Die parteipolitische Konstellation in Bayern in der ersten Hälfte der fünfziger Jahre, in: Zeitschrift für bayerische Landesgeschichte 41 (1978), S. 999–1038.

Fritz Brickwedde, Josef Müller, in: Günter Buchstab, Klaus Gotto (Hrsg.), Die Gründung der Union. Traditionen, Entstehung und Repräsentanten, München, Wien 1981, S. 222–233.

Claus Brügmann, Die Fraktionsakten der Christlich-Sozialen Union (CSU) im Archiv für Christlich-Soziale Politik der Hanns-Seidel-Stiftung, in: Günter Buchstab (Hrsg.), Parteien im Parlament. Fraktionsakten in europäischen Partei- und Parlamentsarchiven. Tagung der Sektion der Archive und Archivare der Parlamente und politischen Parteien im Internationalen Archivrat. Budapest 17.–19. November 1995, St. Augustin 1997, S. 28–31.

Hans Buchheim, Die Lebensbedingungen unter totalitärer Herrschaft, in: Karl Forster (Hrsg.), Möglichkeiten und Grenzen für die Bewältigung historischer und politischer Schuld in Strafprozessen, Würzburg 1962, S. 89–106.

Hubert Buchinger, Volksschule und Lehrerbildung im Spannungsfeld politischer Entscheidungen 1945–1970, München 1975.

Günter Buchstab, Brigitte Kaff, Hans-Otto Kleinmann (Hrsg.), Verfolgung und Widerstand 1933–1945. Christliche Demokraten gegen Hitler, Düsseldorf 1986.

Günter Buchstab, Der Ellwanger Freundeskreis der CDU/CSU, in: Winfried Becker, Werner Chrobak (Hrsg.), Staat, Kultur, Politik. Beiträge zur Geschichte Bayerns und des Katholizismus. Festschrift zum 65. Geburtstag von Dieter Albrecht, Kallmünz 1992, S. 431–441.

Werner Burger, Die CDU in Baden-Württemberg und die CSU in Bayern. Eine vergleichende Analyse, Freiburg 1984.

Heinz Burghart, Das Ende der „Provinz", in: Georg Jenal (Hrsg.), Gegenwart in Vergangenheit. Beiträge zur Kultur und Geschichte der neueren und neuesten Zeit. Festschrift für Friedrich Prinz zum 65. Geburtstag, München 1993, S. 391–417.

Carol Carl-Sime, Bavaria, the CSU and the West German Party System, in: West European Politics 2 (1979), S. 89–107.

Noel D. Cary, Political Catholicism and the reform of the German party system 1900–1957, Diss., Ann Arbor/Mich. 1988.

Christlich-Soziale Union (CSU), in: Die westdeutschen Parteien 1945–1965. Ein Handbuch, hrsg. vom Deutschen Institut für Zeitgeschichte, Berlin (Ost) 1966, S. 184–219.

Bernhard Claußen, Was ist und wie erforscht man politische Sozialisation?, in: ders., Klaus Wasmund (Hrsg.), Handbuch der politischen Sozialisation, Braunschweig 1982, S. 1–22.

Bernhard Claußen, Historische Sozialisationsmuster in Deutschland, in: Dirk Berg-Schlosser, Jakob Schissler (Hrsg.), Politische Kultur in Deutschland. Bilanz und Perspektiven der Forschung, Opladen 1987, S. 155–165.

Clay Clemens, The CSU and West German Foreign Policy. The Strauß Era and beyond, in: Politics and Society in Germany, Austria and Switzerland 2 (1990), S. 16–38.

Werner Conze, Jakob Kaiser, Bd. 3: Politiker zwischen Ost und West 1945–1949, Stuttgart u. a. 1969.

Hans-Ulrich Derlien, Continuity and change in the West German federal elite 1949–1984, in: European Journal of Political Research 18 (1990), S. 349–372.

Ernst Deuerlein, CDU/CSU 1945–1957. Beiträge zur Zeitgeschichte, Köln 1957.

Ernst Deuerlein, Wolf D. Gruner, Die politische Entwicklung Bayerns 1945–1972, in: Max Spindler (Hrsg.), Handbuch der bayerischen Geschichte, Bd. IV/1: Das Neue Bayern 1800–1970, München 1974, S. 538–644.

Wolfgang F. Dexheimer, Die CSU-Landesgruppe. Ihre organisatorische Stellung in der CDU/CSU-Fraktion, in: Zeitschrift für Parlamentsfragen 3 (1972), S. 307–313.

Wolfgang F. Dexheimer, Koalitionsverhandlungen in Bonn 1961, 1965, 1969. Zur Willensbildung in Parteien und Fraktionen, Bonn 1973.

Jürgen Domes, Mehrheitsfraktion und Bundesregierung. Aspekte des Verhältnisses der Fraktion der CDU/CSU im 2. und 3. Deutschen Bundestag zum Kabinett Adenauer, Köln 1964.

James Donohoe, Hitler's conservative opponents in Bavaria 1930–1945. A study of Catholic, monarchist and separatist anti-Nazi activities, Leiden 1961.

D. R. Dorondo, Bavaria and German Federalism. Reich to Republic. 1918–33, 1945–49, New York 1992.

Ulrich Dübber, Parteifinanzierung in Deutschland. Eine Untersuchung über das Problem der Rechtslegung in einem künftigen Parteiengesetz, Köln, Opladen 1962.

Dieter Düding, Bayern und der Bund. Bayerische „Opposition" während der Grundgesetzberatungen im Parlamentarischen Rat (1948/49), in: Der Staat 29 (1990), S. 355–370.

Hansjörg Dürr, Soziale Strukturen des Bayerischen Landtags. Aspekte der Soziologie parlamentarischer Mandatsträger, in: Reinhold Bocklet (Hrsg.), Das Regierungssystem des Freistaates Bayern, Bd. 1: Beiträge, München 1977, S. 211–393.

Wolfgang Eckart, Amerikanische Reformpolitik und deutsche Tradition. Nürnberg 1945–1949. Nachkriegspolitik im Spannungsfeld zwischen Neuordnungsvorstellungen, Notlage und pragmatischer Krisenbewältigung, Nürnberg 1988.

Peter Egen, Die Entstehung des Evangelischen Arbeitskreises der CDU/CSU, Diss., Bochum 1971.

Alois Egger, Die Landtagswahl am 24. April 1932, in: Zeitschrift des Bayerischen Statistischen Landesamts 64 (1932), S. 357–424.

Andreas Eichmüller, Landwirtschaft und bäuerliche Bevölkerung in Bayern. Ökonomischer und sozialer Wandel 1945–1970. Eine vergleichende Untersuchung der Landkreise Erding, Kötzting und Obernburg, München 1997.

Erich Eisner, Das europäische Konzept von Franz Josef Strauß. Die gesamteuropäischen Ordnungsvorstellungen der CSU, Meisenheim am Glan 1975.

Günter Endruweit, Elitebegriffe in den Sozialwissenschaften, in: Zeitschrift für Politik 26 (1979), S. 31–46.

Sylvia Epp, Die Anfänge der CSU in Augsburg 1945–1950, in: Peter Fassl, Wilhelm Liebhart, Wolfgang Wüst (Hrsg.), Aus Schwaben und Altbayern. Festschrift für Pankraz Fried zum 60. Geburtstag, Sigmaringen 1991, S. 11–20.

Paul Erker, Keine Sehnsucht nach der Ruhr. Grundzüge der Industrialisierung in Bayern 1900–1970, in: Geschichte und Gesellschaft 17 (1991), S. 480–511.

Paul Erker, Der lange Abschied vom Agrarland. Zur Sozialgeschichte der Bauern im Industrialisierungsprozeß, in: Matthias Frese, Michael Prinz (Hrsg.), Politische Zäsuren und gesellschaftlicher Wandel im 20. Jahrhundert. Regionale und vergleichende Perspektiven, Paderborn 1996, S. 327–360.

Konrad Maria Färber, Bayern wieder ein Königreich? Die monarchistische Bewegung in Bayern nach dem Zweiten Weltkrieg, in: Wolfgang Benz (Hrsg.), Neuanfang in Bayern 1945–1949. Politik und Gesellschaft in der Nachkriegszeit, München 1988, S. 163–182.

Barbara Fait, „In einer Atmosphäre der Freiheit“. Die Rolle der Amerikaner bei der Verfassunggebung in den Ländern der US-Zone 1946, in: Vierteljahrshefte für Zeitgeschichte 33 (1985), S. 420–455.

Barbara Fait, Auf Befehl der Besatzungsmacht? Der Weg zur Bayerischen Verfassung, in: Wolfgang Benz (Hrsg.), Neuanfang in Bayern 1945–1949. Politik und Gesellschaft in der Nachkriegszeit, München 1988, S. 36–63.

Barbara Fait, Die Anfänge der CSU 1945–1948. Der holprige Weg zur Erfolgspartei, München 1995.

Jürgen W. Falter, Bayerns Uhren gehen wirklich anders. Politische Verhaltens- und Einstellungsunterschiede zwischen Bayern und dem Rest der Bundesrepublik, in: Zeitschrift für Parlamentsfragen 13 (1982), S. 504–521.

Jürgen W. Falter, Wie gehen sie nun wirklich, die bayerischen Uhren?, in: Zeitschrift für Parlamentsfragen 19 (1988), S. 113–114.

Heinz-Dietrich Fischer, Parteien und Presse in Deutschland seit 1945, Bremen 1971.

Franz Focke, Sozialismus aus christlicher Verantwortung. Die Idee eines christlichen Sozialismus in der katholisch-sozialen Bewegung und in der CDU, Wuppertal [2]1981.

Marie Elise Foelz-Schroeter, Föderalistische Politik und nationale Repräsentation 1945–1947. Westdeutsche Länderregierungen, zonale Bürokratien und politische Parteien im Widerstreit, Stuttgart 1974.

Christina M. Förster, Der Harnier-Kreis. Widerstand gegen den Nationalsozialismus in Bayern, Paderborn u. a. 1996.

Helmut Fogt, Politische Generationen. Empirische Bedeutung und theoretisches Modell, Opladen 1982.

Norbert Frei, Nationalsozialistische Eroberung der Provinzpresse. Gleichschaltung, Selbstanpassung und Resistenz in Bayern, Stuttgart 1980.

Norbert Frei, Amerikanische Lizenzpolitik und deutsche Pressetradition. Die Geschichte der Nachkriegszeitung Südost-Kurier, München 1986.

Volkmar Gabert, Die Bedeutung der Viererkoalition und des Spielbankenuntersuchungsausschusses für die Entwicklung der politischen Verhältnisse in Bayern, in: Hans Jochen Vogel, Helmut Simon, Adalbert Podlech (Hrsg.), Die Freiheit des Anderen. Festschrift für Martin Hirsch, Baden-Baden 1981, S. 187–206.

Karl Gabriel, Die Katholiken in den 50er Jahren: Restauration, Modernisierung und beginnende Auflösung eines konfessionellen Milieus, in: Axel Schildt, Arnold Sywottek (Hrsg.), Modernisierung im Wiederaufbau. Die westdeutsche Gesellschaft der 50er Jahre, Bonn 1993, S. 418–430.

Thomas M. Gauly, Katholiken. Machtanspruch und Machtverlust, Bonn 1991.

Thomas M. Gauly, Konfessionalismus und politische Kultur in Deutschland, in: Aus Politik und Zeitgeschichte 20/91, S. 45–53.

Karl-Ulrich Gelberg, Hans Ehard. Die föderalistische Politik des bayerischen Ministerpräsidenten 1946–1954, Düsseldorf 1992.

Karl-Ulrich Gelberg, Hans Ehard und Karl Arnold. Stationen eines wechselvollen Verhältnisses 1948–1952, in: Zeitschrift für bayerische Landesgeschichte 55 (1992), S. 625–646.

Karl-Ulrich Gelberg, Bayerischer Landtag und Föderalismus in Deutschland nach 1945, in: Walter Ziegler (Hrsg.), Der Bayerische Landtag vom Spätmittelalter bis zur Gegenwart. Probleme und Desiderate historischer Forschung. Kolloquium des Instituts für Bayerische Geschichte am 20. Januar 1995 im Maximilianeum in München, München 1995, S. 185–204.

Karl-Ulrich Gelberg, Josef Müller (1898–1979), in: Jürgen Aretz, Rudolf Morsey, Anton Rauscher (Hrsg.), Zeitgeschichte in Lebensbildern. Aus dem deutschen Katholizismus des 19. und 20. Jahrhunderts, Bd. 8, Mainz 1997, S. 155–172.

Günther Gerstenberg, Der Wiederaufbau der Münchner Gewerkschaftsbewegung und der Bayerische Gewerkschaftsbund 1945 bis 1949, unveröffentlichte Magisterarbeit, München 1984.

Constantin Goschler, Der Fall Philipp Auerbach. Wiedergutmachung in Bayern, in: Ludolf Herbst, Constantin Goschler (Hrsg.), Wiedergutmachung in der Bundesrepublik Deutschland, München 1989, S. 77–98.

Klaus Gotto, Die deutschen Katholiken und die Wahlen in der Adenauer-Ära, in: Albrecht Langner (Hrsg.), Katholizismus im politischen System der Bundesrepublik 1949–1963, Paderborn 1978, S. 7–32.

Hans-Jürgen Grabbe, Unionsparteien, Sozialdemokratie und Vereinigte Staaten von Amerika 1945–1966, Düsseldorf 1983.

Hans Ferdinand Groß, Hanns Seidel 1901–1961. Eine politische Biographie, München 1992.

Dieter Grosser, Die Rolle Fritz Schäffers als Finanzminister in den ersten beiden Kabinetten Konrad Adenauers, in: Wolfgang J. Mückl (Hrsg.), Föderalismus und Finanzpolitik. Gedenkschrift für Fritz Schäffer, Paderborn u. a. 1990, S. 67–80.

Thomas Grossmann, Zwischen Kirche und Gesellschaft. Das Zentralkomitee der deutschen Katholiken 1945–1970, Mainz 1991.

Wolf D. Gruner, Fritz Schäffer und der Neubeginn in Bayern nach 1945, in: Wolfgang J. Mückl (Hrsg.), Föderalismus und Finanzpolitik. Gedenkschrift für Fritz Schäffer, Paderborn u. a. 1990, S. 37–66.

Dietmar Grypa, Studien zu Kriegsende und Neuanfang im Landkreis Altötting, Burghausen 1991.

Georg Güttler, Die Entwicklung des CSU-Kreisverbands Bamberg-Stadt (1945–1975), unveröffentlichte Zulassungsarbeit, Bamberg 1976.

Arcadius R. L. Gurland, Die CDU/CSU. Ursprünge und Entwicklung bis 1953, Frankfurt am Main 1980.

Peter Gutjahr-Löser, CSU: Porträt einer Partei, München 1979.

Christian Hacke, Die Ost- und Deutschlandpolitik der CDU/CSU. Wege und Irrwege der Opposition seit 1969, Köln 1975.

M. Hagmann, Volksentscheid und Landtagswahl 1946, in: Bayern in Zahlen. Monatshefte des Bayerischen Statistischen Landesamts 1 (1947), S. 118–123.

M. Hagmann, Die Land- und Stadtkreiswahlen in Bayern am 25. April und am 30. Mai 1948. Sonderheft der Reihe Bayern in Zahlen. Monatshefte des Bayerischen Statistischen Landesamts, München 1948.

Manfred Hanisch, Für Fürst und Vaterland. Legitimitätsstiftung in Bayern zwischen Revolution 1848 und deutscher Einheit, München 1991.

Bernhard Hanssler, Der Pluralisierungsprozeß im deutschen Katholizismus und seine gesellschaftlichen Auswirkungen, in: Albrecht Langner (Hrsg.), Katholizismus im politischen System der Bundesrepublik 1949–1963, Paderborn 1978, S. 103–121.

Peter Claus Hartmann, Fritz Schäffer – ein bedeutender Politiker in schwierigen Zeiten (1888–1967), in: ders., Otto Altendorfer (Hrsg.), 100 Jahre Fritz Schäffer. Politik in schwierigen Zeiten. Katalog der Ausstellung im Museum Kloster Asbach 12. Mai – 15. August 1988, Passau 1988, S. 15–28.

Peter Claus Hartmann, Bayerns Weg in die Gegenwart. Vom Stammesherzogtum zum Freistaat heute, Regensburg 1989.

Heinz Haushofer, Der Bayerische Bauer und sein Verband 1945–1970, München u. a. 1970.

Horstwalter Heitzer, Die CDU in der britischen Zone 1945–1949. Gründung, Organisation, Programm und Politik, Düsseldorf 1988.

Klaus-Dietmar Henke, Die amerikanische Besetzung Deutschlands, München 1995.

Christoph Henzler, Fritz Schäffer 1945–1967. Eine biographische Studie zum ersten bayerischen Nachkriegs-Ministerpräsidenten und ersten Finanzminister der Bundesrepublik Deutschland, München 1994.

Christoph Henzler, Die Christlich-Soziale Union in den ersten Nachkriegsjahren, in: Geschichte einer Volkspartei. 50 Jahre CSU 1945–1995, Grünwald 1995, S. 109–161.

Peter Herde, Unionsparteien zwischen Tradition und Neubeginn: Adam Stegerwald, in: Winfried Becker (Hrsg.), Die Kapitulation von 1945 und der Neubeginn in Deutschland, Köln, Wien 1987, S. 245–295.

Friedrich Hermann Hettler, Josef Müller („Ochsensepp"). Mann des Widerstandes und erster CSU-Vorsitzender, München 1991.

Reinhard Heydenreuter, Office of Military Government for Bavaria, in: Christoph Weisz (Hrsg.), OMGUS-Handbuch. Die amerikanische Militärregierung in Deutschland 1945–1949, München 1994, S. 143–315.

Helmut Hoffmann, Bayern. Handbuch zur staatspolitischen Landeskunde der Gegenwart, München 7., völlig überarbeitete Auflage 1981.

Peter Hubert, Uniformierter Reichstag. Die Geschichte der Pseudo-Volksvertretung 1933–1945, Düsseldorf 1992.

Isa Huelsz, Schulpolitik in Bayern zwischen Demokratisierung und Restauration in den Jahren 1945–1950, Hamburg 1970.

Paul Hussarek, Hundhammer. Weg des Menschen und Staatsmannes, München 1951.

Ernst-Ulrich Huster u. a., Determinanten der westdeutschen Restauration 1945–1949, Frankfurt am Main 1972.

Detlev Ipsen, Thomas Fuchs, Die Modernisierung des Raumes – Blockierung und Öffnung. Raumbilder als historische Bedingung regionaler Entwicklung in Nordhessen und Oberbayern, in: 1999 6 (1991) H.1, S. 13–33.

Wolfgang Ismayr, Gerhard Kral, Bayern, in: Falk Esche, Jürgen Hartmann (Hrsg.), Handbuch der deutschen Bundesländer, Frankfurt am Main, New York 1990, S. 91–131.

Hans Jaeger, Generationen in der Geschichte. Überlegungen zu einer umstrittenen Konzeption, in: Geschichte und Gesellschaft 3 (1977), S. 429–452.

Larry Eugene Jones, Adam Stegerwald und die Krise des deutschen Parteiensystems, in: Vierteljahrshefte für Zeitgeschichte 27 (1979), S. 1–29.

Heino Kaack, Die soziale Zusammensetzung des Deutschen Bundestages, in: Uwe Thaysen, Roger H. Davidson, Robert G. Livingston (Hrsg.), US-Kongreß und Deutscher Bundestag. Bestandsaufnahmen im Vergleich, Opladen 1988, S. 128–151.

Brigitte Kaff, Eine Volkspartei entsteht. Zirkel und Zentren der Unionsgründung, in: Günter Buchstab, Klaus Gotto (Hrsg.), Die Gründung der Union. Traditionen, Entstehung und Repräsentanten, München, Wien 1981, S. 70–101.

Josef Kirchmann, Die Bedeutung christlicher Werte in Programm und Praxis der CSU, Diss., St. Ottilien 1985.

Gerhard Kleinhenz, Wirtschafts- und Sozialpolitik – Die Verwirklichung einer Sozialen Marktwirtschaft durch die Landespolitik der CSU, in: Geschichte einer Volkspartei. 50 Jahre CSU 1945–1995, Grünwald 1995, S. 253–289.

Hans-Otto Kleinmann, Geschichte der CDU 1945–1982, Stuttgart 1993.

Christoph Kleßmann, Kontinuitäten und Veränderungen im protestantischen Milieu, in: Axel Schildt, Arnold Sywottek (Hrsg.), Modernisierung im Wiederaufbau. Die westdeutsche Gesellschaft der 50er Jahre, Bonn 1993, S. 403–417.

Georg Knauss, Kulturhoheit der Länder – Chance oder Hypothek?, in: Rainer A. Roth, Freistaat Bayern. Die politische Wirklichkeit eines Landes der Bundesrepublik Deutschland, München 3., überarbeitete Auflage 1982, S. 161–174.

Peter Jakob Kock, Bayern und Deutschland. Föderalismus als Anspruch und Wirklichkeit, in: Wolfgang Benz (Hrsg.), Neuanfang in Bayern 1945–1949. Politik und Gesellschaft in der Nachkriegszeit, München 1988, S. 183–204.

Peter Jakob Kock, Bayerns Weg in die Bundesrepublik, München ²1988.

Peter Jakob Kock, Warum im Senat so viele Landwirte wie Gewerkschafter sitzen. Protokoll beweist: Der CSU-Wirtschaftsflügel wurde ausgebootet, in: Maximilianeum 4 (1992) Nr. 3, S. 36.

Peter Jakob Kock, Bayern nach dem Zweiten Weltkrieg, in: Manfred Treml, Geschichte des modernen Bayern. Königreich und Freistaat, München 1994, S. 375–498.

Henning Köhler, Adenauer. Eine politische Biographie, Frankfurt am Main, Berlin 1994.

Daniel Koerfer, Schwierige Geburten: Regierungsbildungen 1961, 1962, 1963 und 1965, in: Wolfgang Mischnick (Hrsg.), Verantwortung für die Freiheit. 40 Jahre F. D. P., Stuttgart 1989, S. 156–162.

Ferdinand Kramer, Der Neuanfang des U. S.-Generalkonsulates in München nach 1945, in: Egon Johannes Greipl, Alois Schmid, Walter Ziegler (Hrsg.), Aus Bayerns Geschichte. Forschungen als Festgabe zum 70. Geburtstag von Andreas Kraus, St. Ottilien 1992, S. 465–496.

Dorit-Maria Krenn, Die christliche Arbeiterbewegung in Bayern vom Ersten Weltkrieg bis 1933, Mainz 1991.

Wolfgang Krieger, Franz Josef Strauß. Der barocke Demokrat aus Bayern, Göttingen, Zürich 1995.

Wolfgang Krieger, Franz Josef Strauß und die zweite Epoche in der Geschichte der CSU, in: Geschichte einer Volkspartei. 50 Jahre CSU 1945–1995, Grünwald 1995, S. 163–193.

Peter Kritzer, Wilhelm Hoegner. Politische Biographie eines bayerischen Sozialdemokraten, München 1979.

Peter Kritzer, Wilhelm Hoegner und seine Verfassungspolitik, in: Hartmut Mehringer (Hrsg.), Von der Klassenbewegung zur Volkspartei. Wegmarken der bayerischen Sozialdemokratie 1892–1992, München u. a. 1992, S. 228–235.

Erich Kuby u. a., Franz Josef Strauß. Ein Typus unserer Zeit, Wien u. a. 1963.

Franz Kühnel, Die CSU und der fränkische Protestantismus 1945–1953, unveröffentlichte Magisterarbeit, Erlangen 1983.

Aline M. Kuntz, Conservatives in Crisis: The Bavarian Christian-Social Union and the Ideology of Antimodernism, Diss., Ann Arbor/Mich. 1987.

Rainer Kunz, Richard Stücklen, in: Walther L. Bernecker, Volker Dotterweich (Hrsg.), Persönlichkeit und Geschichte in der BRD. Politische Porträts, Bd. 2, Göttingen 1982, S. 209–217.

Christiane Landfried, Parteifinanzen und politische Macht. Eine vergleichende Studie zur Bundesrepublik Deutschland, zu Italien und den USA, Baden-Baden 1990.

Claudia Lanig-Heese, Gewerkschaften in Bayern 1945 bis 1949, Marburg 1991.

Maximilian Lanzinner, Zwischen Sternenbanner und Bundesadler. Bayern im Wiederaufbau 1945–1958, Regensburg 1996.

Heinz Laufer, Bayern und die Bundesrepublik. Der Freistaat Bayern im föderativen System der Bundesrepublik Deutschland, in: Reinhold Bocklet (Hrsg.), Das Regierungssystem des Freistaates Bayern, Bd. 2: Beiträge, München 1979, S. 109–165.

Werner Lederer, Die Einflußnahme der kleinen Koalitionsparteien auf die Regierungspolitik des Bundeskanzlers in den Jahren 1949–1957, Diss., Kiel 1967.

Bernhard Lehmann, Katholische Kirche und Besatzungsmacht in Bayern 1945–1949 im Spiegel der OMGUS-Akten, München 1994.

Kurt Lenk, „Elite" – Begriff oder Phänomen?, in: Aus Politik und Zeitgeschichte 42/82, S. 27–37.

Leonhard Lenk, Zur Geschichte der bayerischen Volksvertretung. Grundlinien – Wahlrecht – Parteien – Parlamentsarbeit, in: Reinhold Bocklet (Hrsg.), Das Regierungssystem des Freistaates Bayern, Bd. 2: Beiträge, München 1979, S. 19–77.

M. Rainer Lepsius, Generationen, in: Martin Greiffenhagen, Sylvia Greiffenhagen, Rainer Prätorius (Hrsg.), Handwörterbuch der Politischen Kultur der Bundesrepublik Deutschland, Opladen 1981, S. 172–176.

Bernd Lerch, Klaus Stephan, Josef Walter König, Eine Stadt und ihre Christlich-Soziale Union. Donauwörth 1945–1995, Donauwörth 1995.

Richard Ley, Föderalismusdiskussion innerhalb der CDU/CSU von der Parteigründung bis zur Verabschiedung des Grundgesetzes, Mainz 1978.

Johannes Ludwig, Boykott, Enteignung, Mord. Die „Entjudung" der deutschen Wirtschaft, Hamburg, München 1989.

Josef Ludwig Lypp, Die Entstehungsgeschichte der Christlich-Sozialen Union in Bamberg, unveröffentlichte Diplomarbeit, Bamberg 1983.

Ursula Männle, Mit Mütterlichkeit verbundene Energie: Maria Probst (1902–1967), in: Renate Hellwig (Hrsg.), Unterwegs zur Partnerschaft. Die Christdemokratinnen, Stuttgart 1984, S. 194–203.

Ursula Männle, Maria Probst (1902–1967), in: Jürgen Aretz, Rudolf Morsey, Anton Rauscher (Hrsg.), Zeitgeschichte in Lebensbildern. Aus dem deutschen Katholizismus des 19. und 20. Jahrhunderts, Bd. 7, Mainz 1994, S. 113–127.

Christian Maga, Prälat Johann Leicht (1868–1940). Konservativer Demokrat in der Krise der Zwischenkriegszeit, Diss., Würzburg 1990.

Karl Mannheim, Das Problem der Generationen, in: Martin Kohli (Hrsg.), Soziologie des Lebenslaufs, Darmstadt, Neuwied 1978, S. 38–53.

Berthold Mauch, Die bayerische FDP. Portrait einer Landespartei 1945–1949, München 1981.

Klaus-Jürgen Matz, Reinhold Maier (1889–1971). Eine politische Biographie, Düsseldorf 1989.

Josef H. Mauerer, Aus dem Leben und politischen Wirken des Dr. Josef Müller (Ochsensepp) 1945–1965, München 1967 (Historisch-Politische Schriftenreihe des Neuen Presseclubs, München: Bayerische Profile 4).

Hartmut Mehringer, Waldemar von Knoeringen. Eine politische Biographie. Der Weg vom revolutionären Sozialismus zur sozialen Demokratie, München u. a. 1989.

Hartmut Mehringer, Die bayerische SPD zwischen Verbot und Wiederaufbau, in: ders. (Hrsg.), Von der Klassenbewegung zur Volkspartei. Wegmarken der bayerischen Sozialdemokratie 1892–1992, München u. a. 1992, S. 195–211.

Franz Menges, Fritz Schäffer (1888–1967), in: Jürgen Aretz, Rudolf Morsey, Anton Rauscher (Hrsg.), Zeitgeschichte in Lebensbildern. Aus dem deutschen Katholizismus des 19. und 20. Jahrhunderts, Bd. 6, Mainz 1984, S. 139–152.

Alf Mintzel, Die CSU in Bayern: Phasen ihrer organisationspolitischen Entwicklung, in: Politische Vierteljahresschrift 13 (1972), S. 205–243.

Alf Mintzel, Die CSU. Anatomie einer konservativen Partei 1945–1972, Opladen 1975.

Alf Mintzel, 21 Thesen zur Entwicklung der CSU. Ergebnisse einer parteiensoziologischen Analyse, in: Zeitschrift für Parlamentsfragen 6 (1975), S. 218–233.

Alf Mintzel, Bayern und die CSU, in: Revue d'Allemagne 9 (1977), S. 433–460.

Alf Mintzel, Geschichte der CSU. Ein Überblick, Opladen 1977.

Alf Mintzel, Gesellschaft, Staat und Parteiorganisation. Ein analytisches Stenogramm der Entwicklung Bayerns und der CSU, in: Wolf-Dieter Narr (Hrsg.), Auf dem Weg zum Einparteienstaat, Opladen 1977, S. 173–212.

Alf Mintzel, The Christian-Social Union in Bavaria. Analytical notes on its development, role and political success, in: Max Kaase, Klaus von Beyme (Hrsg.), Elections and Parties, London 1978, S. 191–225.

Alf Mintzel, Die Bayerische Landtagswahl vom 27. Oktober 1974. Triumph einer konservativen Partei: Ein wahlsoziologischer Sonderfall?, in: Reinhold Bocklet (Hrsg.), Das Regierungssystem des Freistaates Bayern, Bd. 2: Beiträge, München 1979, S. 259–278.

Alf Mintzel, Franz Josef Strauß und die CSU-Landesgruppe im Deutschen Bundestag, in: Friedrich Zimmermann (Hrsg.), Anspruch und Leistung. Widmungen für Franz Josef Strauß, Stuttgart 1980, S. 281–307.

Alf Mintzel, Franz Josef Strauß, in: Walther L. Bernecker, Volker Dotterweich (Hrsg.), Persönlichkeit und Politik in der Bundesrepublik Deutschland. Politische Porträts, Bd. 2, Göttingen 1982, S. 196–208.

Alf Mintzel, Die Bayernpartei, in: Richard Stöss (Hrsg.), Parteien-Handbuch. Die Parteien der Bundesrepublik Deutschland 1945–1980, Bd. 1: AUD-CDU, Opladen 1986, S. 395–489.

Alf Mintzel, Die Christlich-Soziale Union in Bayern e. V., in: Richard Stöss (Hrsg.), Parteien-Handbuch. Die Parteien der Bundesrepublik Deutschland 1945–1980, Bd. 2: CSU bis DSU, Opladen 1986, S. 661–718.

Alf Mintzel, Besonderheiten der politischen Kultur Bayerns. Facetten und Etappen einer politisch-kulturellen Homogenisierung, in: Dirk Berg-Schlosser, Jakob Schissler (Hrsg.), Politische Kultur in Deutschland. Bilanz und Perspektiven der Forschung, Opladen 1987, S. 295–308.

Alf Mintzel, Die Christlich-Soziale Union: Bollwerk Bayern, in: Peter Haungs, Eckhard Jesse (Hrsg.), Parteien in der Krise? In- und ausländische Perspektiven, Köln 1987, S. 109–114.

Alf Mintzel, Gehen Bayerns Uhren wirklich anders?, in: Zeitschrift für Parlamentsfragen 18 (1987), S. 77–93.

Alf Mintzel, Die Rolle der CSU-Landesgruppe im politischen Kräftespiel der Bundesrepublik Deutschland, in: Politische Studien Sonderheft 1/1989, S. 113–134.

Alf Mintzel, Die Christlich-Soziale Union in Bayern, in: ders., Heinrich Oberreuter (Hrsg.), Parteien in der Bundesrepublik Deutschland, Bonn 1990, S. 199–236.

Alf Mintzel, Political and Socio-Economic Developments in the Post-War Era: The Case of Bavaria 1945–1989, in: Karl Rohe (Hrsg.), Elections, Parties and Political Traditions. Social Foundations of German Parties and Party Systems 1867–1987, New York u. a. 1990, S. 145–178.

Alf Mintzel, Regionale politische Traditionen und CSU-Hegemonie in Bayern, in: Dieter Oberndörfer, Karl Schmitt (Hrsg.), Parteien und regionale Traditionen in der Bundesrepublik Deutschland, Berlin 1991, S. 125–180.

Alf Mintzel, Die CSU in Bayern als Forschungsobjekt – Entwicklung, Stand, Defizite und Perspektiven der CSU-Forschung, in: Oskar Niedermayer, Richard Stöss (Hrsg.), Stand und Perspektiven der Parteienforschung in Deutschland, Opladen 1993, S. 81–118.

Alf Mintzel, Bayern und die CSU – Regionale politische Traditionen und Aufstieg zur dominierenden Kraft, in: Geschichte einer Volkspartei. 50 Jahre CSU 1945–1995, Grünwald 1995, S. 195–252.

Maria Mitchell, Materialism and Secularism: CDU Politicians and National Socialism 1945–1949, in: The Journal of Modern History 67 (1995), S. 278–308.

Jürgen Mittrücker, Junge Union und CSU, dargestellt am Beispiel des Regierungsbezirks Oberfranken bis 1983. Die Junge Union als Arbeitsgemeinschaft der CSU, unveröffentlichte Diplomarbeit, Bamberg 1984.

Karl Möckl, Die Struktur der Christlich-Sozialen Union in Bayern in den ersten Jahren ihrer Gründung, in: Zeitschrift für bayerische Landesgeschichte 36 (1973), S. 719–753.

Karl Möckl, Hanns Seidel in seiner Zeit. Die politisch-historische Entwicklung Bayerns (1946–1961), in: Hanns Seidel – „Ein Leben für Bayern“. Symposion der Hanns-Seidel-Stiftung am 18. und 19. Juli 1986 in Wildbad Kreuth, o. O. 1987, S. 50–60.

Horst Möller, Franz Josef Strauß 1915–1988, in: Lothar Gall (Hrsg.), Die großen Deutschen unserer Epoche, Berlin 1995, S. 535–553.

Hans Mommsen, Preußentum und Nationalsozialismus, in: Wolfgang Benz, Hans Buchheim, Hans Mommsen (Hrsg.), Der Nationalsozialismus. Studien zur Ideologie und Herrschaft, Frankfurt am Main 1993, S. 29–41.

Rudolf Morsey, Die Bildung der ersten Regierungskoalition 1949. Adenauers Entscheidung von Frankfurt und Rhöndorf am 20. und 21. August 1949, in: Historisches Jahrbuch 97/98 (1978), S. 418–438.

Rudolf Morsey, Katholizismus und Unionsparteien in der Ära Adenauer, in: Albrecht Langner (Hrsg.), Katholizismus im politischen System der Bundesrepublik 1949–1963, Paderborn 1978, S. 33–59.

Rudolf Morsey, Die Rhöndorfer Weichenstellung am 21. August 1949. Neue Quellen zur Vorgeschichte der Koalitions- und Regierungsbildung nach der Wahl zum ersten Deutschen Bundestag, in: Vierteljahrshefte für Zeitgeschichte 28 (1980), S. 508–542.

Rudolf Morsey, Zwischen Bayern und der Bundesrepublik. Die politische Rolle des bayerischen Ministerpräsidenten Hans Ehard 1946–1949, in: Juristenzeitung 36 (1981), S. 361–370.

Rudolf Morsey, Die Bundesrepublik Deutschland. Entstehung und Entwicklung bis 1969, München 1987.

Rudolf Morsey, Die Bundesrepublik Deutschland. Entstehung und Entwicklung bis 1969, München 3., überarbeitete und erweiterte Auflage 1995.
Rudolf Morsey, Hans Ehard (1887–1980), in: Dr. Hans Ehard 1887–1980. Eine Ausstellung des Bayerischen Hauptstaatsarchivs aus dem Nachlaß des Bayerischen Ministerpräsidenten anläßlich seines 100. Geburtstags, München 1987, S. 7–23.
Rudolf Morsey, Hans Ehard (1887–1980), in: Geschichte im Westen 2 (1987), S. 71–89.
Rudolf Morsey, Föderalismus im Bundesstaat. Die Rolle des bayerischen Ministerpräsidenten Hans Ehard in der Vor- und Frühgeschichte der Bundesrepublik Deutschland, in: Historisches Jahrbuch 108 (1988), S. 430–447.
Rudolf Morsey, Prälaten auf der politischen Bühne. Zur Rolle geistlicher Parlamentarier im 19. und 20. Jahrhundert, in: Winfried Becker, Werner Chrobak (Hrsg.), Staat, Kultur, Politik. Beiträge zur Geschichte Bayerns und des Katholizismus. Festschrift zum 65. Geburtstag von Dieter Albrecht, Kallmünz 1992, S. 313–323.
Rudolf Morsey, Das föderalistische Konzept Hans Ehards. Ansprache anläßlich der Präsentation des Buches von Karl-Ulrich Gelberg über den bayerischen Ministerpräsidenten, in: Zeitschrift für bayerische Landesgeschichte 56 (1993), S. 769–775.
Günter Müchler, Zum frühen Verhältnis von CDU und CSU, in: Politische Studien 23 (1972), S. 595–613.
Günter Müchler, CDU/CSU. Das schwierige Bündnis, München 1976.
Winfried Müller, Schulpolitik in Bayern im Spannungsfeld von Kultusbürokratie und Besatzungsmacht 1945–1949, München 1995.
Franz Neumann, Der Block der Heimatvertriebenen und Entrechteten 1950–1960. Ein Beitrag zur Geschichte und Struktur einer politischen Interessenpartei, Meisenheim am Glan 1968.
Rainer Nick, Schwesterparteien. CDU, CSU und Österreichische Volkspartei. Ein Vergleich, Innsbruck 1984.
Oskar Niedermayer, Hermann Schmitt, Sozialstruktur, Partizipation und politischer Status in Parteiorganisationen, in: Politische Vierteljahresschrift 24 (1983), S. 293–310.
Lutz Niethammer, Die amerikanische Besatzungsmacht zwischen Verwaltungstradition und politischen Parteien in Bayern 1945, in: Vierteljahrshefte für Zeitgeschichte 15 (1967), S. 153–210.
Lutz Niethammer, Die Mitläuferfabrik. Die Entnazifizierung am Beispiel Bayerns, Berlin, Bonn 1982.
Lutz Niethammer, Problematik der Entnazifizierung in der BRD, in: Sebastian Meissl, Klaus-Dieter Mulley, Oliver Rathkolb (Hrsg.), Verdrängte Schuld, verfehlte Sühne. Entnazifizierung in Österreich 1945–1955, München 1986, S. 15–27.
Thomas Nipperdey, Christliche Parteien, in: ders., Nachdenken über die deutsche Geschichte. Essays, München 1986, S. 126–139.
Heinrich Oberreuter, Konkurrierende Kooperation – Die CSU in der Bundespolitik, in: Geschichte einer Volkspartei. 50 Jahre CSU 1945–1995, Grünwald 1995, S. 319–332.
Günter Opitz, Der Christlich-soziale Volksdienst. Versuch einer protestantischen Partei in der Weimarer Republik, Düsseldorf 1969.
Wolfgang Pauly, Christliche Demokraten und Christlich-Soziale. Untersuchungen zum innerparteilichen Bündnisverhalten von CDU und CSU 1969–1979, Diss., Trier 1981.
Detlef Peukert, Die Weimarer Republik. Krisenjahre der Klassischen Moderne, Frankfurt am Main 1987.
Hans Pflaumer, Hanns Seidel, in: Christliche Demokraten der ersten Stunde, hrsg. von der Konrad-Adenauer-Stiftung, Bonn 1966, S. 331–361.
Jürgen Plöhn, Untersuchungsausschüsse der Landesparlamente als Instrumente der Politik, Opladen 1991.
Johann Pörnbacher, Ein Pfarrer im Widerstand in München. Vor 100 Jahren wurde Emil Muhler in München geboren, in: Unser Bayern vom Oktober 1992, S. 78–80.
Geoffrey Pridham, Christian Democracy in Western Germany. The CDU/CSU in Government and Opposition 1945–1976, London 1977.
Michael Renner, Nachkriegsprotestantismus in Bayern. Untersuchungen zur politischen und sozialen Orientierung der Evangelisch-Lutherischen Kirche Bayerns und ihres Landesbischofs Hans Meiser in den Jahren 1945–1955, München 1991.

Konrad Repgen, Über die Anfänge des CSU-Programms von 1945, in: Andreas Kraus (Hrsg.), Land und Reich, Stamm und Nation. Probleme und Perspektiven bayerischer Geschichte. Festgabe für Max Spindler zum 90. Geburtstag, Bd. 3: Vom Vormärz bis zur Gegenwart, München 1984, S. 459–471.

Christiane Reuter, „Graue Eminenz der bayerischen Politik". Eine politische Biographie Anton Pfeiffers (1888–1957), München 1987.

Hans-Günter Richardi, Klaus Schumann, Geheimakte Gerlich/Bell. Röhms Pläne für ein Reich ohne Hitler, München 1993.

Jana Richter, Eine Schule für Bayern. Die schulpolitischen Auseinandersetzungen um die Einführung der Christlichen Gemeinschaftsschule in Bayern nach 1945, München 1997.

Michaela Riebel, CSU im Werden. Gründung und Entwicklung der Christlich-Sozialen Union in Regensburg von 1945 bis zu den Wahlen zum Ersten Deutschen Bundestag, Regensburg 1985.

Herbert Riehl-Heyse, CSU. Die Partei, die das schöne Bayern erfunden hat, München 1979.

Gerhard A. Ritter, Wilhelm Hoegner (1887–1980), in: Ferdinand Seibt (Hrsg.), Gesellschaftsgeschichte. Festschrift für Karl Bosl zum 80. Geburtstag, Bd. 2, München 1988, S. 337–360.

Karl Rohe, Vom Revier zum Ruhrgebiet. Wahlen, Parteien, politische Kultur, Essen 1986.

Hans-Georg Roth, Entstehungsgeschichte des Bayerischen Senats. Tradition und Kontinuität des Bayerischen Zweikammersystems, in: Zeitschrift für bayerische Landesgeschichte 40 (1977), S. 231–244.

Rainer Roth, Zentralgewalt und Eigenstaatlichkeit. Das Ringen um die Mitgestaltung der Bundespolitik, in: Rainer A. Roth, Freistaat Bayern. Die politische Wirklichkeit eines Landes der Bundesrepublik Deutschland, München 3., überarbeitete Auflage 1982, S. 143–160.

Günther Rüther, Der Weg zur Gründung der Union. Eine Einführung, in: ders. (Hrsg.), Geschichte der Christlich-Demokratischen und Christlich-Sozialen Bewegungen in Deutschland. Grundlagen, Unterrichtsmodelle, Quellen und Arbeitshilfen für die politische Bildung, Bonn [2]1987, S. 11–26.

Karsten Ruppert, Im Dienst am Staat von Weimar. Das Zentrum als regierende Partei in der Weimarer Demokratie 1923–1930, Düsseldorf 1992.

Walter Siegel, Bayerns Staatwerdung und Verfassungsentstehung 1945/1946. Ein Beitrag zur politischen und rechtlichen Problematik bei der Entstehung der Verfassung des Freistaates Bayern von 1946, Bamberg 1978.

Richard Schachtner, Die Wahlen in den Gemeinden und Kreisen Bayerns 1946 und 1948, München 1949.

Richard Schachtner, Die Wahl zum ersten Bundestag. Vorläufiges Ergebnis der Wahl vom 14. August 1949, in: Bayern in Zahlen. Monatshefte des Bayerischen Statistischen Landesamts 3 (1949), S. 189–195.

Axel Schildt, Arnold Sywottek, „Wiederaufbau" und „Modernisierung". Zur westdeutschen Gesellschaftsgeschichte in den fünfziger Jahren, in: Aus Politik und Zeitgeschichte 6–7/89, S. 18–32.

Thomas Schlemmer, Die Amerikaner in Bayern. Militärregierung und Demokratisierung nach 1945, in: Heinrich Oberreuter, Jürgen Weber (Hrsg.), Freundliche Feinde? Die Alliierten und die Demokratiegründung in Deutschland, München 1996, S. 67–99.

Thomas Schlemmer, Auf dem Weg zur Demokratie. Parteigründungen und erste Wahlen in Regensburg 1945/46, in: Regensburger Almanach 29 (1996), S. 59–72.

Thomas Schlemmer, Gesellschaft und Politik in Bayern 1949–1973. Ein neues Projekt des Instituts für Zeitgeschichte, in: Maximilian Lanzinner, Michael Henker (Hrsg.), Landesgeschichte und Zeitgeschichte. Forschungsperspektiven zur Geschichte Bayerns nach 1945, Augsburg 1997, S. 103–109.

Eduard Schmidt, Staatsgründung und Verfassungsgebung in Bayern. Die Entstehung der Bayerischen Verfassung vom 8. Dezember 1946, 2 Bde., München 1997.

Ute Schmidt, Zentrum oder CDU. Politischer Katholizismus zwischen Tradition und Anpassung, Opladen 1987.

Karl Schmitt, Religious Cleavages in the West German Party System: Persistence and Change 1949–1987, in: Karl Rohe (Hrsg.), Elections, Parties and Political Traditions. Social Foundations of German Parties and Party Systems 1867–1987, New York u. a. 1990, S. 179–201.

Horst W. Schmollinger, Die Deutsche Partei, in: Richard Stöss (Hrsg.), Parteien-Handbuch. Die Parteien der Bundesrepublik Deutschland 1945–1980, Bd. 2: CSU-DSU, Opladen 1986, S. 1025–1111.

Wulf Schönbohm, Die CDU wird moderne Volkspartei. Selbstverständnis, Mitglieder, Organisation und Apparat 1950–1980, Stuttgart 1985.

Klaus Schönhoven, Die Bayerische Volkspartei 1924–1932, Düsseldorf 1972.

Klaus Schönhoven, Der politische Katholizismus in Bayern unter der NS-Herrschaft 1933–1945, in: Martin Broszat, Hartmut Mehringer (Hrsg.), Bayern in der NS-Zeit, Bd. 5: Die Parteien KPD, SPD, BVP in Verfolgung und Widerstand, München, Wien 1983, S. 541–646.

Helmut J. Schorr, Adam Stegerwald. Gewerkschaftler und Politiker der ersten deutschen Republik. Ein Beitrag zur Geschichte der christlich-sozialen Bewegung in Deutschland, Recklinghausen 1966.

Helmut J. Schorr, Adam Stegerwald. Skizze eines mutigen Lebens, in: Christliche Demokraten der ersten Stunde, hrsg. von der Konrad-Adenauer-Stiftung, Bonn 1966, S. 363–382.

Herbert Schott, Die Amerikaner als Besatzungsmacht in Würzburg 1945–1949, Würzburg 1985.

Hilde Schrepfer, Beiträge zur Frühgeschichte der CSU in Bayern, unveröffentlichte Zulassungsarbeit, Bamberg 1965.

Klaus Schreyer, Bayern – ein Industriestaat. Die importierte Industrialisierung. Das wirtschaftliche Wachstum nach 1945 als Ordnungs- und Strukturproblem, München, Wien 1969.

Michael Schröder, Die Parteien-Lizenzierungspolitik der amerikanischen Militärregierung in Bayern nach 1945, in: ders., Bayern 1945: Demokratischer Neubeginn. Interviews mit Augenzeugen, München 1985, S. 9–14.

Wilhelm Heinz Schröder, Lebenslaufforschung zwischen biographischer Lexikographik und kollektiver Biographik. Überlegungen zu einem „Biographischen Handbuch der Parlamentarier in den deutschen Reichs- und Landtagen bis 1933“ (BIOPARL), in: Historical Social Research 31 (1984), S. 38–62.

Wilhelm Heinz Schröder, Kollektive Biographien in der historischen Sozialforschung: Eine Einführung, in: ders. (Hrsg.), Lebenslauf und Gesellschaft. Zum Einsatz von kollektiven Biographien in der historischen Sozialforschung, Stuttgart 1985, S. 7–17.

Gerhard Schulz, Die CDU – Merkmale ihres Aufbaus, in: Max Gustav Lange u. a., Parteien in der Bundesrepublik. Studien zur Entwicklung der deutschen Parteien bis zur Bundestagswahl 1953, Stuttgart, Düsseldorf 1955, S. 3–153.

Hagen Schulze, Die Biographie in der „Krise der Geschichtswissenschaft“, in: Geschichte in Wissenschaft und Unterricht 29 (1978), S. 508–518.

Hans-Peter Schwarz, Modernisierung oder Restauration? Einige Vorfragen zur künftigen Sozialgeschichtsforschung über die Ära Adenauer, in: Rheinland-Westfalen im Industriezeitalter, Bd. 3: Vom Ende der Weimarer Republik bis zum Land Nordrhein-Westfalen, hrsg. von Kurt Düwell und Wolfgang Köllmann, Wuppertal 1984, S. 278–293.

Hans-Peter Schwarz, Die Fünfziger Jahre als Epochenzäsur, in: Jürgen Heideking, Gerhard Hufnagel, Franz Knipping (Hrsg.), Wege in die Zeitgeschichte. Festschrift zum 65. Geburtstag von Gerhard Schulz, Berlin, New York 1989, S. 473–496.

Hans-Peter Schwarz, Adenauer. Der Aufstieg: 1876–1952, Stuttgart [2]1986.

Hans-Peter Schwarz, Adenauer. Der Staatsmann: 1952–1967, Stuttgart 1991.

Karl Schwend, Bayern zwischen Monarchie und Diktatur. Beiträge zur Bayerischen Frage in der Zeit von 1918–1933, München 1954.

Karl Schwend, Die Bayerische Volkspartei, in: Erich Matthias, Rudolf Morsey (Hrsg.), Das Ende der Parteien 1933, Düsseldorf 1960, S. 457–519.

Leo Schwering, Vorgeschichte und Entstehung der CDU, Köln [2]1952.

Joachim Selzam, Monarchistische Strömungen in der Bundesrepublik Deutschland 1945–1989, Diss., Erlangen 1994.

Heinrich Senfft, Glück ist machbar. Der bayerische Spielbankenprozeß, die CSU und der unaufhaltsame Aufstieg des Doktor Friedrich Zimmermann. Ein politisches Lehrstück, Köln 1988.

Franz Sonnenberger, Die Rekonfessionalisierung der bayerischen Volksschule 1945–1950, in: Zeitschrift für bayerische Landesgeschichte 45 (1982), S. 87–155.

Max Spindler, Die Grundlagen der Kulturentwicklung in Bayern. Vortrag im Herbst 1946, gehalten vor dem Bayerischen Landesverein für Heimatpflege, in: ders., Erbe und Verpflichtung.

Aufsätze und Vorträge zur bayerischen Geschichte, hrsg. von Andreas Kraus, München 1966, S. 4–23.

Frederic Spotts, Kirchen und Politik in Deutschland, Stuttgart 1976.

Georg Stadtmüller, Hanns Seidel. Lebensweg, Weltbild, Persönlichkeit, München 1964 (Historisch-politische Schriftenreihe des Neuen Presseclubs, München: Die bayerischen Ministerpräsidenten der Nachkriegszeit 4).

Otto Stammer, Das Elitenproblem in der Demokratie, in: Wilfried Röhrich (Hrsg.), „Demokratische“ Elitenherrschaft. Traditionsbestände eines sozialwissenschaftlichen Problems, Darmstadt 1975, S. 192–224.

Walter Stelzle, Föderalismus und Eigenstaatlichkeit. Aspekte der bayerischen Innen- und Außenpolitik 1945–1947. Ein Beitrag zur Staatsideologie, Diss., München 1980.

Richard Stöss, Vom Nationalismus zum Umweltschutz. Die Deutsche Gemeinschaft/Aktionsgemeinschaft Unabhängiger Deutscher im Parteiensystem der Bundesrepublik, Opladen 1980.

Richard Stöss, Die Deutsch-Soziale Union, in: ders. (Hrsg.), Parteien-Handbuch. Die Parteien der Bundesrepublik Deutschland 1945–1980, Bd. 2: CSU-DSU, Opladen 1986, S. 1243–1278.

Richard Stöss, Der Gesamtdeutsche Block/BHE, in: ders. (Hrsg.), Parteien-Handbuch. Die Parteien der Bundesrepublik Deutschland 1945–1980, Bd. 3: EAP-KSP, Opladen 1986, S. 1424–1477.

Richard Stöss, Struktur und Entwicklung des Parteiensystems der Bundesrepublik. Eine Theorie, in: ders. (Hrsg.), Parteien-Handbuch. Die Parteien der Bundesrepublik Deutschland 1945–1980, Bd. 1: AUD-CDU, Opladen 1986, S. 17–309.

Lawrence Stone, Prosopographie – englische Erfahrungen, in: Konrad Jarausch (Hrsg.), Quantifizierung in der Geschichtswissenschaft, Düsseldorf 1976, S. 64–97.

Heinz-Werner Stuiber, Die CSU in Nürnberg-Fürth. Zur Geschichte des Bezirksverbandes 1945–1983, Nürnberg 1983.

Arnold Sywottek, Wege in die 50er Jahre, in: Axel Schildt, Arnold Sywottek (Hrsg.), Modernisierung im Wiederaufbau. Die westdeutsche Gesellschaft der 50er Jahre, Bonn 1993, S. 13–39.

Klaus Tenfelde, Bayerische Wirtschaft und Gesellschaft im 19. und frühen 20. Jahrhundert, in: Hartmut Mehringer (Hrsg.), Von der Klassenbewegung zur Volkspartei. Wegmarken der bayerischen Sozialdemokratie 1892–1992, München u. a. 1992, S. 9–19.

Dietrich Thränhardt, Wahlen und politische Strukturen in Bayern 1848–1953. Historisch-soziologische Untersuchungen zum Entstehen und zur Neuerrichtung eines Parteiensystems, Düsseldorf 1973.

Norbert Trippen, Interkonfessionelle Irritationen in den ersten Jahren der Bundesrepublik Deutschland, in: Karl Dietrich Bracher u. a. (Hrsg.), Staat und Parteien. Festschrift für Rudolf Morsey zum 65. Geburtstag, Berlin 1992, S. 345–377.

Günter J. Trittel, Hans Schlange-Schöningen. Ein vergessener Politiker der „Ersten Stunde“, in: Vierteljahrshefte für Zeitgeschichte 35 (1987), S. 25–63.

Günter J. Trittel, Hunger und Politik. Die Ernährungskrise in der Bizone 1945–1949, Frankfurt am Main, New York 1990.

Rudolf Uertz, Christentum und Sozialismus in der frühen CDU. Grundlagen und Wirkungen der christlich-sozialen Ideen in der Union 1945–1949, Stuttgart 1981.

Ilse Unger, Die Bayerische Bewegung. Politische Strömungen in Bayern nach 1945, unveröffentlichte Magisterarbeit, Erlangen 1969.

Ilse Unger, Die Bayernpartei. Geschichte und Struktur 1945–1957, Stuttgart 1979.

Hildegard Vieregg, Wächst Gras darüber? München: Hochburg des Nationalsozialismus und Zentrum des Widerstands, München 1993.

Adolf Voelcker, Die Verteilung der katholischen und evangelischen Bevölkerung in Bayern 1933 und 1946, in: Zeitschrift des Bayerischen Statistischen Landesamts 81 (1949), S. 37–44.

Clemens Vollnhals, Die Evangelische Landeskirche in der Nachkriegspolitik. Die Bewältigung der nationalsozialistischen Vergangenheit, in: Wolfgang Benz (Hrsg.), Neuanfang in Bayern 1945–1949. Politik und Gesellschaft in der Nachkriegszeit, München 1988, S. 143–162.

Clemens Vollnhals, Evangelische Kirche und Entnazifizierung 1945–1949. Die Last der nationalsozialistischen Vergangenheit, München 1989.

Clemens Vollnhals, Die Hypothek des Nationalprotestantismus. Entnazifizierung und Strafverfolgung von NS-Verbrechen nach 1945, in: Geschichte und Gesellschaft 18 (1992), S. 51–69.

Vor den Landtagswahlen. Bericht über die Bevölkerungsumfragen in Hessen und Bayern, durchgeführt vom Institut für Demoskopie, Allensbach 1954.

Voraussetzungen der Landtagswahlen 1954 in Bayern. Eine Spezialstudie im Auftrage der Landesgeschäftsführung der CSU Bayern, durchgeführt vom Emnid-Institut für Meinungsforschung, Bielefeld 1954.

Regina Vossen, „Föderalistisch leben oder asiatisch sterben". Joseph Baumgartner und die bayerische Politik 1945–1953, unveröffentlichte Zulassungsarbeit, München 1993.

Max Weber, Wirtschaft und Gesellschaft. Grundriß der verstehenden Soziologie, bearb. von Johannes Winckelmann, Tübingen 5., überarbeitete Auflage 1980.

Hans-Ulrich Wehler, Zum Verhältnis von Geschichtswissenschaft und Psychoanalyse, in: ders. (Hrsg.), Geschichte und Psychoanalyse, Köln 1971, S. 9–30.

Paul-Ludwig Weinacht, Der Weg in den Südweststaat, in: Der Weg zum Südweststaat, hrsg. von der Landeszentrale für politische Bildung Baden-Württemberg, Karlsruhe 1991, S. 310–323.

Udo Wengst, Die CDU/CSU im Bundestagswahlkampf 1949, in: Vierteljahrshefte für Zeitgeschichte 34 (1986), S. 1–52.

Udo Wengst, Deutsche Parteien nach 1945 und ihre Geschichte. Anmerkungen zu Quellen und Ergebnissen historischer Parteienforschung in der Bundesrepublik Deutschland, in: Jürgen Heideking, Gerhard Hufnagel, Franz Knipping (Hrsg.), Wege in die Zeitgeschichte. Festschrift zum 65. Geburtstag von Gerhard Schulz, Berlin, New York 1989, S. 165–181.

Emil Werner, Die SPD in Regierung und Opposition, in: Hartmut Mehringer (Hrsg.), Von der Klassenbewegung zur Volkspartei. Wegmarken der bayerischen Sozialdemokratie 1892–1992, München u. a. 1992, S. 279–294.

Karl Jörg Wohlhüter, Die CSU. Der linke Flügel lahmt, in: Peter Josef Bock u. a. (Hrsg.), Im Prinzip sozial. Die großen Parteien und die Arbeitnehmer, Hannover 1976, S. 87–105.

Konstanze Wolf, CSU und Bayernpartei. Ein besonderes Konkurrenzverhältnis, 1948–1960, Köln $^{2}$1984.

Hans Woller, Die Loritz-Partei. Geschichte, Struktur und Politik der Wirtschaftlichen Aufbau-Vereinigung (WAV) 1945–1955, Stuttgart 1982.

Hans Woller, Gesellschaft und Politik in der amerikanischen Besatzungszone. Die Region Ansbach und Fürth, München 1986.

Zehn Jahre Bayerischer Bauernverband, München 1955.

Ulrich Zelinsky, Bedingungen und Probleme der Neubildung von Führungsgruppen in Deutschland 1945–1949, in: Josef Becker, Theo Stammen, Peter Waldmann (Hrsg.), Vorgeschichte der Bundesrepublik Deutschland. Zwischen Kapitulation und Grundgesetz, München 2., überarbeitete Auflage 1987, S. 223–239.

Annette Zimmer, Demokratiegründung und Verfassungsgebung in Bayern. Die Entstehung der Verfassung des Freistaates Bayern von 1946, Frankfurt am Main u. a. 1987.

Bernhard Zittel, Alois Hundhammer (1900–1974), in: Jürgen Aretz, Rudolf Morsey, Anton Rauscher (Hrsg.), Zeitgeschichte in Lebensbildern. Aus dem deutschen Katholizismus des 19. und 20. Jahrhunderts, Bd. 5, Mainz 1982, S. 253–265.

Wolfgang Zorn, Bayerns Geschichte im 20. Jahrhundert. Von der Monarchie zum Bundesland, München 1986.

# Abbildungsverzeichnis

## Photos, Plakate, Karikaturen

## Karten und Schaubilder

# Register

## Personenregister

# Ortsregister